Die besten italienischen Modeschöpfer kaufen die Stoffe für ihre Kreationen im Raum Biella ein, weil hier die Eleganz mit der höchsten Qualität des Produkts verschmilzt. Zahlreiche Firmen haben Räume zum Publikumsverkauf neben ihren Fabriken eingerichtet, so dass das Shopping eines der vergnüglichsten Beschäftigungen der Touristen geworden ist, bei der Jagd nach Stoffen und Konfektionen zu Fabrikpreisen. Im Bieller Raum haben die bekanntesten Weltmarken ihren Sitz, was Kaschmir, Sportwear, elegante Kleidung und Dessous betrifft.

Warum nicht neben einem Souvenir zum Anziehen auch eine Flasche D.O.C. Wein mit nach Hause nehmen, der auf den Weinbergen der grünen Bieller Hügel angebaut wurde, oder ein charakteristisches Gebäck, wie die Canestrelli? Die Bieller Küche, erst kürzlich wiederentdeckt, ist eine "arme" Küche, denn die Bauern benutzten nur Produkte der Erde oder kleinerer Anzuchten, jedoch nicht weniger schmackhaft. Versucht doch einmal die "Polenta concia", den "Ris an Cagnon", die "Capuniti", die typischen Kräutersuppen und regionalen Käsesorten – eine Gaumenfreude!

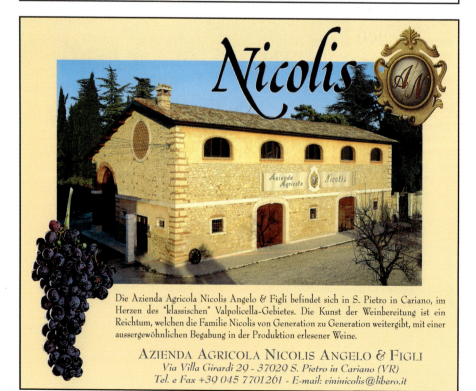

# Weinreisen Italien 2002/03

DOCG- & DOC-Weine
Weinstraßen
Kellereien
Restaurants und Hotels
Lagenkarten

Touring Club Italiano
Präsident: Roberto Ruozi

---

Touring Editore
Generaldirektor: Marco Ausenda
Stellvertretender Generaldirektor: Renato Salvetti
Verlagsleitung: Michele D'Innella
Herausgeber: Francesco Soletti
Verantwortlich für das Archiv: Viviana Arrigoni
Redaktion: Guglielmo Martinello, Agostina Pizzocri, Giovanna Rosselli
Kartographie: Servizio cartografico del Touring Club Italiano
Technische Koordination: Vittorio Sironi

---

An der Verwirklichung dieses Buches haben mitgewirkt:
Enoteca Italiana – Siena, Einführung
Luigi Cremona, Rubriken «Gaumenfreuden», Auswahl der Hotels und Restaurants
Davide Di Corato, «Wein genießen in Italiens Großstädten», «Virtuelle Weinreisen»

Redaktionelle Überarbeitung: Marco Abate/A&P Editing – Mailand
Kartographie: LS International Cartography – Mailand
Grafische Mitarbeit: Alessandro Scandelli und Mara Rold

---

Werbeleitung: Claudio Bettinelli
Werbekonzessionen: Progetto s.r.l.
Milano, piazza Fidia 1, Tel.: 0269007848, Fax 0269009334
Trento, via Grazioli 67, Tel.: 0461231056, Fax 0461231984
Photolitographie: APV Vaccani s.r.l. – Mailand

Touring Club Italiano, corso Italia 10, 20122 Milano, www.touringclub.it

---

Die italienische Originalausgabe ist unter dem Titel
«Turismo del vino in Italia» im Verlag Touring Editore, Mailand, erschienen.


Deutsche Übersetzung: Britta Nord, Edeltraut Günterberg,
Stefano Albertini, Armin Weissenseel, Iris Plack
Redaktion: Jürgen Schönwälder, Martin Waller
DTP und Satz: Anja Dengler
Gesamtproduktion der deutschen Ausgabe: Werkstatt München · Martin Waller

Umschlaggestaltung: KMS Team GmbH, München
Umschlagfoto: Luc Hautecoeur, Stone GettyImages
Herstellung: Maike Harmeier
Druck und Bindung: Grafiche Mazzuchelli – Settimo Milanese (MI), Italien

Hallwag ist ein Unternehmen des Gräfe und Unzer Verlags GmbH, München


ISBN 3-7742-0757-7

# Inhalt

# Hinweise zur Benutzung

Dieser Weinreiseführer ist nach den **Regionen Italiens** in 20 Kapitel unterteilt. Jedes Kapitel gibt in seinem Einführungsteil einen Überblick über Geschichte und Tradition des Weinbaus in der jeweiligen Region, über die wichtigsten Rebsorten, die produzierten Mengen, geltende Bestimmungen und etwaige neue Entwicklungen. Eine Übersichtskarte zeigt die Lage sämtlicher DOCG- und DOC-Anbaugebiete.

## Weinbauzonen

Die einzelnen Kapitel sind in Abschnitte unterteilt, die über die Hauptweinbaugebiete der jeweiligen Region näher informieren und eine Detailkarte der Umgebung enthalten. Das abgebildete Beispiel zeigt die Anbauzone Colli Fiorentini in dem Kapitel Toskana. Bei großen Anbaugebieten ist noch eine weitere Unterteilung möglich, so werden etwa in diesem Unterkapitel die Teile Colli Fiorentini und Montalbano getrennt voneinander beschrieben.

Toskana

Die Colli Fiorentini

und der Montalbano

*Die Hügellandschaft um Florenz bietet dem Weinliebhaber zahlreiche Gelegenheiten, seiner Leidenschaft zu frönen.*



Hotels und Restaurants

Barberino Val d'Elsa
Il Paese dei Campanelli
Petrognano
0558075318
Carmignano
Paggeria Medicea
Biagio Pignatta
frazione Artimino
viale Papa Giovanni XXIII 3
055871808I
0558718086
Delfina
frazione Artimino
via della Chiesa 1
0558718074
Fiesole
Villa Aurora
piazza Mino 39
05559100

Unter den Weinen der Gegend um Florenz, zu der auch die noch junge Provinz Prato gerechnet werden muss, genießt der Chianti eine unangefochtene Vorrangstellung. Am renommiertesten ist natürlich der Chianti Classico DOCG, dessen Anbaugebiet teilweise in die Provinz Siena hineinreicht und sich auf florentinischer Seite über die Gemeindebezirke von Greve in Chianti, Barberino Val d'Elsa, San Casciano und Tavernelle Val di Pesa erstreckt. Der sehr viel weitläufigere Bereich des Chianti DOCG ist hier mit vier Unterbereichen vertreten: Chianti Colli Fiorentini in der näheren Umgebung von Florenz, Chianti Rufina am Rand des Mugellotals, Chianti Montalbano in der Provinz Prato und schließlich der Chianti Montespertoli in der Gegend der gleichnamigen Ortschaft südwestlich von Florenz.

## Weinstädte

Unter dieser Rubrik werden die Weinorte vorgestellt, die Mitglied der Vereinigung Associazione Nazionale Città del Vino sind (siehe Seite 30).

## Enoteche

sind auf Wein spezialisierte Geschäfte, in denen Sie oft nicht nur einkaufen sondern auch ein Gläschen trinken können. Im Text werden nur von der Region, der Gemeinde, der Genossenschaft usw. betriebene öffentliche Einrichtungen aufgeführt; eine Auswahl privat geführter Enoteche findet sich in den Randspalten.

## Kellereien

Die hier beschriebenen Weingüter und Kellereien sind Mitglied im Movimento del Turismo del Vino (siehe Seite 31).

Weinstädte

**Montescudaio.** Herrlich ist der Ausblick, den dieser auf einem Hügel gelegene Ort eröffnet: Zu Füßen breitet sich das Tal des Cecina aus, dahinter erkennt man das Meer und in der Ferne die Insel Elba. Vor mehr als 1000 Jahren wurde hier ein Kloster gegründet, das später, vor allem nachdem das Adelsgeschlecht der Gherardesca in unmittelbarer Nachbarschaft eine Burg bezog, zum Mittelpunkt einer ländlichen Ansiedlung wurde. Heute ist Montescudaio Hauptort des gleichnamigen Anbaugebiets, dessen Erzeugnisse im Mittelpunkt von zwei Weinfesten stehen, dem **Vino Estate** an Mariä Himmelfahrt und der **Sagra del Vino DOC** Anfang Oktober.

kern begründet wurde und auf ein bewegtes Mittelalter zurückblickt. In der Umgebung grün gewelltes Land mit stattlichen Gutshäusern, Pfarrkirchen und sogar einer Abtei, vor allem aber Rebstöcken, die das Lesegut für den Chianti Colline Pisane und den Bianco Pisano di San Torpé liefern. Beste Gelegenheit zur Verkostung bietet sich bei der **Festa dell'Uva e del Vino** am zweiten Septembersonntag. Bereits Mitte Mai lohnt sich ein Besuch beim **Festival della Fragola** (Erdbeerfest).

Kellereien

**Crespina.** *Tenuta Torre, frazione Cenaia, via delle Colline, Tel. 0506 43739.* **Palaia.** *San Gervasio, località San Gervasio, Tel. 0587483360.* **Pon-**

einschlägigen Reiseführern wegen seiner Etiketten Erwähnung findet. **Villeneuve.** *Azienda Renato Anselmet, frazione la Crête, Tel. 016595217.* Die Weinkellerei ist berühmt für ihre Spätlesen (Vendemmie tardive). Stilvolles Ambiente.

Enoteche

**Aosta.** *Taberna ad Forum, via De Sales 11, Tel. 016540011. Öffnungszeiten: im Winter 8–20 Uhr, Mittwoch geschlossen, im Sommer 8–24 Uhr.* Das mächtige Gemäuer wirkt wie aus dem 15. Jahrhundert. In der Kellerei aber sind sogar noch Überreste der Mauern des Forum Romanum zu erkennen, woraus sich auch der latinisierte Name des Lokals ableitet. Als Sitz der Enoteca Regionale vertreibt das Lokal 95 Prozent der

## Rund um den Wein

Für den Weintouristen interessante Einrichtungen wie Museen, Bibliotheken und Ähnliches finden sich unter dieser Rubrik.

## Tourenvorschläge

Die mit Karten illustrierten und im Text beschriebenen Tourenvorschläge wurden vom Touring Club Italiano (TCI) ausgearbeitet. Pfeile (→) verweisen auf Einträge im selben (Unter-) Kapitel.

## DOC-Weine

In den grau unterlegten Kästen sind alle DOCG- und DOC-Weine der im jeweiligen (Unter-) Kapitel beschriebenen Anbauzonen aufgelistet. Folgende Informationen werden gegeben: vorgeschriebene oder zugelassene Rebsorten, Ertrag in Hektolitern und Anbaufläche in Hektar, Eigenschaften wie Farbe, Geruch und Geschmack, vorgeschriebene und darüber hinaus empfohlene Alterung, Weinarten und Qualitätsstufen sowie Vorschläge, zu welchen Speisen der Wein passt.

## Randspalten

Hier wird für die Weinregionen eine Auswahl von Hotels und Restaurants, Agriturismo-Betreibern (die also die Möglichkeit bieten, Ferien auf dem Lande zu verbringen) sowie privat geführten Enoteche gegeben. Hotels werden mit Sternen von ★ bis ★★★ bewertet, Restaurants mit 🍴 bis 🍴🍴🍴🍴🍴 nach den Kriterien des TCI bezüglich Qualität und Preis. Die Symbole 🍷 und 🍴 bedeuten, dass eine Enoteca mit Ausschank bzw. mit Küche geführt wird. Vervollständigt werden die Informationen in den Randspalten durch einen Veranstaltungskalender. Sofern kein genaues Datum angegeben ist, bedeuten ❶ die Woche im jeweiligen Monat und ① das entsprechende Wochenende.

**Hotels und Restaurants**

**Arzignano**
**Principe** 🍴🍴🍴
via Caboto 16
☎ 0444675131

**Asolo**
**Al Sole** ★★★
via Collegio 33
☎ 0423528111
**Villa Cipriani** ★★★
via Canova 298
☎ 0423523411
**Hosteria Ca' Derton** 🍴🍴
piazza D'Annunzio 11
☎ 0423529648

**Bardolino**
**Kriss Internazionale** ★★★
lungolago Cipriani 3
☎ 0456212433

176

Venetien

**DOC-Weine aus den Colli Euganei und aus Bagnoli**

ter ins Granatrote spielend. Geruch: weinig, eher intensiv, mit angenehmem Duft. Geschmack: trocken, intensiv, samtig und harmonisch. Alkoholgehalt: 11%. Alterung: bis zu 2 Jahren. Zu den Mahlzeiten zu trinken. Qualitätsstufen: *Classico, Riserva* mindestens 2 Jahre Alterung, davon 1 Jahr in Holzfässern. *Classico Riserva.* – **Cabernet.** Rebsorten: Cabernet franc und/oder Cabernet Sauvignon und/oder Carmenère (85 bis 100%). Produktion: 480 hl (11 ha). Farbe: intensives Rubinrot, bei zunehmendem Alter mit Hang zu Ziegel- oder Granatrot. Geruch: weinig, sortentypisch, als alter Wein mit intensiverem Duft. Geschmack: trocken, voll, bisweilen kräuterwürzig, ausgewogen, tanninhaltig, körperreich, als alter Wein spröde und samtig. Alkoholgehalt: 11%. Alterung: bis zu 2 Jahren. Zu den Mahlzeiten zu trinken. Qualitätsstufen: *Classico, Riserva* mindestens 2 Jahre Alterung, davon 1 Jahr in Holzfässern; *Classico Riserva.* – **Friularo.** Rebsorten: Raboso Piave (90–100%), sonstige (bis 10%). Produktion: 1569 hl (21 ha). Farbe: volles Rubinrot, bei zunehmendem Alter ins Granatrote spielend. Geruch: weinig, markant, sortentypisch, bei

Geschmack: trocken, weich, ausgewogene Tannine, harmonisch. Alkoholgehalt: 11%. Alterung: bis zu 2 Jahren. Zu den Mahlzeiten zu trinken. Qualitätsstufen: *Classico, Riserva* mindestens 2 Jahre Alterung, *Classico Riserva.* – **Passito.** Rebsorten: Raboso Piave und/oder Raboso veronese (70–100%). Farbe: unterschiedlich intensives Rubinrot, als alter Wein ins Granatrote spielend. Geruch: sortentypisch, angenehm. Geschmack: lieblich, samtig, sortentypisch. Alkoholgehalt: 14,5%. Alterung: mindestens 2 Jahre, dann noch 5 Jahre und mehr. Zum Abschluss der Mahlzeiten zu trinken.
**COLLI EUGANEI.** – **Bianco.** Rebsorten: Garganega (30–50%), Prosecco (10–30%), Tocai friulano und/oder Sauvignon blanc (20–40%), Pinella und/oder Pinot bianco und/oder Riesling italico und/oder Chardonnay (bis 20%). Produktion: 10644 hl (165 ha). Farbe: helles Strohgelb. Geruch: weinig, mit angenehmem, sortentypischem Duft. Geschmack: trocken, bisweilen vollmundig, fein, samtig. Alkoholgehalt: 10,5%. Arten: *Spumante* 10,5% Alkohol. Zu den Mahlzeiten zu trinken. – **Chardonnay.** Rebsorten: Chardonnay

Hotels und
estaurants
Treviso
erie – 1875 🍴
za Ancillotto 10
☎ 0422540871
L'Incontro 🍴
lungomare
Porta Altinia 13

# Die Welt des Weins

## Ein kleiner Streifzug

*Diese kleine Einführung in die Weinkunde ist all jenen zugedacht, die ihre Italienreise mit dem Genuss des einen oder anderen guten Tropfens verbinden wollen.*

Bevor man sich aufmacht, die Welt der Weingüter, Kellereien und Enoteche zu erkunden, sollte man sich unbedingt mit den grundlegenden Begriffen der Weinkunde vertraut machen. Nur mit einem Bündel Wissen im Gepäck lassen sich wirklich anregende Gespräche mit Winzern und Sommeliers führen, insbesondere dann, wenn man über Rebsorten, Weinbereitung oder den Ausbau der edlen Tropfen sprechen möchte. Die folgende Einführung wurde von Fachleuten der Enoteca Italiana di Siena zusammengestellt, einer öffentlichen Einrichtung, deren Aufgabe es ist, den Ruf der ausgezeichneten Weine Italiens zu pflegen und zu verbreiten(siehe Seite 29).

## Von Weißen, Roten und Rosés

### Grundlegendes über Wein

Nicht alle Weine werden auf die gleiche Weise bereitet. Vinifizierung und Ausbau können sich je nach Art des Weins erheblich unterscheiden. Für Weiße etwa verwendet man Horizontalpressen: Die Trauben werden in

einen Zylinder gefüllt, der sich um seine eigene Achse dreht, während ein Pressdeckel die Früchte zerdrückt. Der Most fließt durch die Löcher des Zylinders in einen Behälter, in dem er ohne weiteren Kontakt mit den Traubenschalen vergoren wird. Dieses klassische Verfahren zur Herstellung von Weißwein, das in Italien «in bianco» genannt wird, kann auch bei bestimmten roten Trauben eingesetzt werden, aus denen dann ein entweder farbloser oder aber leicht rötlich gefärbter Most gewonnen wird. Ersteren setzt man vorwiegend für die Erzeugung von Schaumwein ein – Champagner zum Beispiel besteht zu zwei Dritteln aus Pinot noir. Aus Letzerem entsteht Rosé, der also keineswegs aus roten und weißen Trauben zusammengemischt wird, wie man vielerorts immer noch glaubt, sondern das Ergebnis eines ganz bestimmten Kellerverfahrens ist.

## Traubenschalen geben den Ton an

Ganz anders geht man bei Rotwein vor: Vor dem Pressen werden die Trauben entrappt, also die Beeren von den Stielen getrennt, dann lässt man je nach Rebsorte und Art des Weins den Most eine gewisse Zeit auf den Schalen gären. Bei einem leichten Chianti oder einem fruchtigen Bardolino dauert das nur ein paar Tage, bei schwereren Weinen dagegen, einem Barolo etwa oder einem Brunello di Montalcino, können die Schalen 20 bis 30 Tage lang im Most verbleiben. Gelegentlich wird dieses traditionell den Rotweinen vorbehaltene Herstellungsverfahren auch für weiße Trauben angewandt, was zumeist einen eher kräftigen und bodenständigen Wein ergibt. Manchmal gärt der Most lediglich für ein paar Stunden bei niedriger Temperatur auf den Schalen, dabei entstehen Weißweine mit einer besonderen Geschmacksnote, die das Fruchtfleisch der Beeren allein nicht abzugeben imstande wäre. Nach dem Abstich des Mosts wird der Wein in Holzfässern unterschiedlicher Größe gelagert, wo man ihn den jeweils gültigen Bestimmungen entsprechend eine gewisse Zeit ruhen lässt. Bei Qualitätsweinen handelt es sich dabei in der Regel um zwei bis drei Jahre.

## Visitenkarten des Weins: die Etiketten

«Ist das Wirtshausschild einladend, muß auch das Wirtshaus gut sein», weiß ein italienisches Sprichwort, das sich auch auf den Wein übertragen ließe. Ein Winzer, der von seinem Wein wirklich überzeugt ist, wird auch alles daran setzen, ihn möglichst vorteilhaft zu präsentieren. Doch auch die Konsumenten sind gut beraten, dem Etikett Aufmerksamkeit zu schenken. Schon von Gesetz wegen muss es einige grundlegende Produktinformationen enthalten. Der Name des Erzeugers muss angegeben sein sowie Hinweise zur Art des Weins; von der einfachen Aufschrift «weiß», «rot» oder «rosé» bis hin zur Angabe der Rebsorte bei reinsortigen Tropfen; ferner gibt das Etikett Auskunft über Alkoholgehalt und Klassifikation (zum Beispiel «Friuli Aquileia DOC»); schließlich können noch Jahrgangsangaben, bestimmte Auszeichnungen wie «Superiore» oder «Riserva» und bei besonders edlen Tropfen sogar eine genaue Bezeichnung der Lage hinzukommen. Auch bisweilen aufgeführte Zusatzinformationen, die das Weinbaugebiet, das Herstellungsverfahren, Rebsortenkombinationen, Lagerbedingungen, Speiseempfehlungen und die Trinktemperatur betreffen können, sind durchaus wertvoll. Zu guter Letzt birgt auch die ästhetische Gestaltung des Etiketts Botschaften, die es richtig zu entschlüsseln gilt, geben sie doch Aufschluss über die «Philosophie» eines Weinguts, also beispielsweise darüber, ob es sich eher der Tradition verpflichtet fühlt oder modern sein will. In dem Maße, wie die Gestalter von Weinetiketten zunehmend künstlerischen Ehrgeiz entwickelten, wurden die kleinen Papieraufkleber sogar zu beliebten Sammlerobjekten. In Cupra Montana bei Ancona gibt es ein Etikettenmuseum, das alljährlich die besten Entwürfe prämiert, ganz zu schweigen von der italienischen Vereinigung der Etikettensammler (AICEV), die Tauschbörsen und Ausstellungen organisiert und sich darüber hinaus bei der Messe Vinitaly in Verona regelmäßig trifft.

*AICEV – Associazione Italiana Collezionisti Etichette Vino*
*C. P. 17096 Milano, Telefon und Fax: 027532208*

## Herkunftsbezeichnungen und Gütesiegel

Italienische Weine werden je nach Qualität in verschiedene Kategorien eingeteilt. Die entsprechenden Bezeichnungen sind gesetzlich festgelegt. Auf der untersten Stufe stehen die «Vini da Tavola», wörtlich «Tafelweine», einfache Gewächse, die mindestens zehn Prozent Alkohol enthalten müssen und keinen weiteren Qualitätsvermerk tragen dürfen. Den nächsthöheren Rang nehmen die IGT-Weine ein, wobei IGT für «Indicazione Geografica Tipica» steht: Eine Herkunftsbezeichnung, die zwar recht großzügig ausgelegt wird und sich auf ganze Regionen erstrecken kann, doch ebenfalls Bestimmungen unterliegt, die den Maximalertrag pro Hektar, die zulässigen Rebsorten und die Bedingungen für eine Jahrgangsangabe festlegen. Die bei weitem größte Kategorie ist die der DOC-Weine: Hier unterscheidet man rund 700 Anbaugebiete, die einen beträchtlichen Teil der italienischen Gesamtweinbaufläche ausmachen. DOC steht für «Denominazione di Origine Controllata», also «kontrollierte Herkunftsbezeichnung». Für das entsprechende Siegel sind bestimmte Bedingungen zu erfüllen, die das Herkunftsgebiet, den maximalen Hektarertrag, Methoden und Dauer von Ausbau und Reifung und sogar den Weinertrag pro Kilo Trauben betreffen. Doch auch die Beschaffenheit des Weins selbst unterliegt gewissen Anforderungen, etwa hinsichtlich des Gehalts an Alkohol, Säure und Trübstoffen. Auf den Etiketten der DOC-Weine können der Jahrgang und die verwendeten Rebsorten angegeben werden.

## DOCG – Die höchste Qualitätsstufe

An der Spitze der Hierarchie stehen die Weine mit dem Gütesiegel DOCG, was für «Denominazione di Origine Controllata e Garantita» steht, also eine «kontrollierte Herkunftsbezeichnung mit Qualitätsgarantie». Derzeit können sich etwas mehr als 20 Weine mit diesem Etikett schmücken. Die bekanntesten unter ihnen sind Chianti, Chianti Classico, Barolo, Barbaresco, Brunello di Montalcino, Asti, Albana di Romagna,Vernaccia di San Gimignano, Franciacorta und Vino Nobile di Montepulciano. Im Vergleich zur DOC-Einstufung sieht das DOCG-Gütesiegel noch strengere Produktionsbestimmungen vor, deren Einhaltung nur durch umfassende Qualitätskontrollen sowie Geschmacks- und Geruchsanalysen zu gewährleisten ist. Man erkennt die DOCG-Weine an einem rosa beziehungsweise grünen Papierstreifen am Flaschenhals, je nachdem, ob es sich um einen Rot- oder um einen Weißwein handelt. Diese Banderole ist ein staatliches, mit Prüfnummer versehenes Siegel, das nur Produkten zuerkannt wird, die den strengen Qualitätsanforderungen genügen.

## Wein wird von Profis gemacht

Auch in die Weinerzeugung hat die Technik mit Macht Einzug gehalten. Moderne Kellereien haben nichts Romantisches mehr, sondern erinnern eher an chemische Labors, in denen Weißbekittelte komplizierte Analysen und Qualitätskontrollen durchführen. Heute sind zumeist Spezialisten mit Fachausbildung oder studierte Önologen für die Weinbereitung verantwortlich. Ihnen obliegt es vom Keltern der Trauben bis zur Flaschenlagerung Sorge für einen optimalen Reifungsprozess des Rebensafts zu tragen. Wichtigste Voraussetzung für einen guten Wein sind freilich geeignete Trauben mit optimaler Reife. Daher ist es ebenso wichtig, die Reben an einem für sie geeigneten Standort anzupflanzen und für eine sachgemäße Pflege des Weinbergs das ganze Jahr über zu sorgen. Hierfür zeichnet eine weitere Gruppe von Fachleuten verantwortlich: auf den Weinbau spezialisierte Agronomen, die in der Regel ebenfalls über eine Fachausbildung verfügen oder sogar ein einschlägiges Hochschulstudium absolviert haben.

### Von der Kellerei auf den Tisch

Nach Beendigung der eigentlichen Herstellungsphase – zu der gegebenenfalls auch eine Reifungszeit im Fass oder in der Flasche gehört – ist der Wein schließlich bereit, in den Handel zu gelangen. Doch auch mit dem fertigen Produkt gilt es richtig umzugehen. Wie soll der Wein gelagert werden? Wann ausgeschenkt? Zu welchen Speisen soll man ihn servieren? Doch auch hierfür gibt es Spezialisten: die Sommeliers. In den meisten Fällen sind dies die Inhaber von Restaurants selbst, aber auch spezialisierte Kellner, Schankmeister gehobener Hotels oder Weineinkäufer für Supermarktketten. Der italienische Sommelierverband (AIS – Associazione Italiana Sommeliers) bietet für das Verkosten von Wein eine dreistufige Ausbildung an und nur wer die Abschlussprüfung nach dem dritten Ausbildungsabschnitt bestanden hat, darf den Titel Sommelier führen.

## Speis und Trank

**Wie findet man den passenden Wein?**

Einen bestimmten Wein zu einer bestimmten Speise auszuwählen ist eine nur scheinbar leichte Aufgabe. Zwar gibt es einige Grundregeln, die hier nicht verheimlicht werden sollen, doch ist Vorsicht geboten: Wo es um Geschmack geht, können keine unverrückbaren Gesetze aufgestellt werden. Umso weniger, als jeder Wein seinen eigenen Charakter hat. Je nach Jahrgang und Alter ändert er sich, und wie ein und dasselbe Rezept niemals zu immer demselben Gericht führt, können selbst zwei allem Anschein nach gleiche Flaschen spürbare Unterschiede aufweisen. Zwar stellen Erfahrungswerte, regionale Gepflogenheiten, Empfehlungen echter Kenner sowie die Grundregeln der klassischen Gastronomie eine wichtige Orientierungshilfe dar, doch letztendlich muss sich jeder sein eigenes Urteil bilden.

### Das Gesetz von Harmonie und Kontrapunkt

Ein klassisches Kriterium für die Auswahl des geeigneten Weins zu einer bestimmten Speise besteht darin, dass sich beide kontrapunktisch ergänzen sollten. So empfiehlt es sich etwa, zu einem deftigen, fettreichen Gericht einen trockenen, vielleicht sogar prickelnden Wein zu trinken, der dank seiner Frische Lust auf einen weiteren schweren Bissen macht. Klassisches Beispiel hierfür ist der trockene Lambrusco, den man in der Emilia-Romagna traditionell zu fetten Schlackwürsten reicht. Zu Gerichten, die mit Essig oder Zitronensaft angemacht sind, also eine vorwiegend säuerliche Geschmacksnote aufweisen, sollte man hingegen eher einen weichen Weißwein anbieten. Speisen mit einem kräftigen und nachhaltigen Geschmack wiederum brauchen einen ebenso vollmundigen Begleiter mit langem Abgang als Gegengewicht. So lässt sich beispielsweise ein würziger Parmesan hervorragend mit einem körperreichen, mehrere Jahre gelagerten Roten oder mit einem eleganten rassigen Schaumwein kombinieren. Zu Nudel- und Reisgerichten, deren Geschmack in der Regel weniger stark ausgeprägt ist, sind eher geschmeidige Weine angeraten. Zu den elementarsten Grundregeln gehört ferner, dass sich das Tannin der Rotweine nur schwer mit dem zarten Geschmack von Fischgerichten verträgt. Zu diesen trinkt man traditionell Weißwein, der umso körperreicher ausfallen darf, je würziger der Fisch zubereitet wird. Doch auch hier gibt es Ausnahmen: Denken Sie nur an eine kräftige, vielleicht sogar etwas feurige Fischsuppe – wie trefflich eignet sich da als Begleiter ein gut gekühlter, gerbstoffarmer Rotwein! Fleischgerichte sind das unangefochtene Reich der Roten, die je nach Zubereitungsart und Fleischsorte schwerer oder leichter ausfallen dürfen. Spannend wird die Sache beim Käse: Ist er jung und mild, so erweist sich ein säurereicher Weißwein häufig als idealer Begleiter, handelt es sich jedoch um einen würzigen Weichkäse mit hohem Fettgehalt und nachhaltiger Geschmackswirkung, so setzt ein vollmundiger oder gar likörartiger Tropfen einen faszinierenden Kontrapunkt. Bei den Desserts allerdings sollte man sich nicht an das Gegensatzprinzip halten, sondern lieber zu einem ebenfalls süßen Wein greifen. Auf cremige Nachspeisen wirkt ein prickelnder Schaumwein angenehm «reinigend», trockenes Gebäck hingegen verlangt eher nach einem mehr oder weniger süßen Likörwein.

## Nudel- und Reisgerichte

Soll zu Nudel- oder Reisgerichten Wein serviert werden, so richtet sich die Auswahl nach den jeweiligen Zutaten. Nehmen wir als Beispiel einen Klassiker unter den Saucen, das Ragù Emiliano (Sauce Bolognese), das durch die enthaltene Butter und das Fleisch recht fett ist. Zwar sorgen die Tomaten in der Sauce für eine säuerliche Note, trotzdem nimmt sie der Gaumen in Kombination mit Spaghetti oder Rigatoni (und erst recht mit Eiernudeln) als vorwiegend mild und ölig wahr. Bei der Auswahl eines passenden Weins sollte man folglich darauf achten, dass dem Fett entgegengewirkt wird: Ein leicht adstringierender Rotwein mit hohem Tanningehalt, beispielsweise ein Sangiovese di Romagna, böte hier eine gute Lösung. Wer keinen allzu großen Wert darauf legt, dass zu typischen Gerichten einer Region auch Weine aus der gleichen Gegend serviert werden, wäre auch mit einem Barbera d'Alba, Valpolicella Classico, Merlot del Collio, Chianti Classico oder einem Torgiano Rosso gut bedient.

## Pasta mit Meeresfrüchten, Pilzen oder Gemüse

Ähnliche Überlegungen sind anzustellen, wenn man einen passenden Begleiter für Gerichte mit Meeresfrüchten sucht. Zumeist empfiehlt sich dabei ein Weißwein, der etwa bei Spaghetti mit Venusmuscheln etwas leichter und prickelnder sein sollte, bei einem Risotto ai Frutti di Mare hingegen auch kräftiger und körperreicher ausfallen darf: Für Ersteres kommt ein Gavi, ein Verdicchio dei Castelli di Jesi oder ein Fiano dell'Avellino in Betracht, für Letzteres eher ein Sauvignon del Collio oder ein Riesling aus Südtirol. Pilze wiederum vertragen sich nicht mit robusten, tanninreichen Weinen, die ihren zarten Geschmack völlig überdecken würden. Zu Nudeln mit einer Pilzsauce sollte man daher besser einen Rosé reichen, etwa einen Rosato di Bolgheri, einen Alezio Rosato, einen Bardolino Chiaretto oder einen Lagrein Chiaro. Werden Nudel- oder Reisgerichte – wie es heute immer häufiger geschieht – allein mit Gemüse zubereitet, so passen am besten diskrete Weißweine, beispielsweise ein Locorotondo, ein Alcamo oder ein Vermentino di Gallura dazu. Wieder anders verhält es sich bei kräftigen Suppen mit Nudel- oder Reiseinlage und Hülsenfrüchten: Hier empfehlen sich durchaus auch junge Rotweine, etwa ein Chianti, ein Rosso di Montepulciano oder ein Cabernet Franc aus Grave del Friuli.

## Zum Fleisch ein kräftiger Roter

Beginnen wir mit der einfachsten Zubereitungsart, einem direkt am offenen Feuer gegrillten Stück Fleisch: Mit einem jungen Chianti Classico als Begleiter kann man da nur wenig falsch machen, doch kommen generell alle Sangiovese-Weine in Frage, ob nun ein Rosso di Montalcino, ein Torgiano, ein Sangiovese di Romagna, ein Velletri Rosso, ein Chianti Rùfina oder ein Rosso Piceno. Ebenfalls eher einfach ist die Auswahl bei Bollito misto, dem berühmten italienischen Fleischeintopf. Besonders gut eignen sich da beispielsweise ein Dolcetto d'Alba, ein Barbera d'Asti, ein Bonarda dell'Oltrepò Pavese oder ein Valpolicella Classico. Geschmortes Fleisch und Wildgerichte verlangen dagegen nach länger gealterten Weinen: Ein Barolo, ein Barbaresco, ein Gattinara, ein Amarone, ein Brunello di Montalcino, ein Vino Nobile di Montepulciano oder ein Taurasi wären hier eine gute Wahl. Zu kalten Fleischspeisen schließlich, Hühnerpastete etwa, Hühnerfleischsalat, Vitello tonnato oder kaltes Roastbeef, sollte man einen Silvaner oder einen Gewürztraminer aus Südtirol reichen.

## Fisch, Krebse und Meeresfrüchte verlangen nach Weißwein

Das leicht bekömmliche zarte, weiße Fleisch eines blau zubereiteten oder vorsichtig gegrillten Fischs verträgt sich am besten mit gleichermaßen delikaten, säurearmen Weißweinen, deren Alkoholgehalt nicht zu hoch sein sollte: Dies kann beispielsweise ein Trentino Chardonnay, ein Ribolla Gialla del Collio, ein sardischer Vermentino, ein Lugana oder ein Bianco di Custoza sein. Zu Schalentieren darf es gern auch ein etwas aromatischerer Tropfen mit leicht herbem Nachgeschmack sein, ein gelungener Kontrast zu dem eher süßlichen Fleisch: vielleicht ein Sauvignon aus Südtirol, ein Malvasia Istriana del Carso oder auch ein Verdicchio dei Castelli di Jesi. Zu einer frittierten Fischplatte kann man Gavi, Ribolla Gialla del Collio, Verdicchio di Matelica, Greco di Tuffo oder sogar Spumante servieren. Bei fetteren Fischen wie Sardinen, Sardellen, Makrelen oder bei geschmorten Fischgerichten sollte man sich eher an körperreiche Weißweine oder markige Rosés halten, etwa an einen Soave Classico Superiore, einen Vernaccia di San Gimignano, einen Fiano di Avellino, einen Corvo Colomba Platino oder einen Montepulciano d'Abruzzo Cerasuolo. Fischsuppen schließlich vertragen sich gut mit kräftigen, alkoholstarken Weißweinen und Rosés – aber auch leichtere Rote kommen in Betracht, etwa ein Novello, ein Colli del Trasimeno oder ein junger Chianti. Diese sollten dann allerdings kühl genug getrunken werden, etwa so, wie man auch einen Weißen servieren würde.

## Pilze und Gemüse: Schwierige Kandidaten

Der ausgesprochen feine Geschmack, durch den sich Pilzgerichte in der Regel auszeichnen, lässt eigentlich nur milde Weißweine oder Rosés als

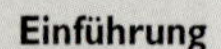

Begleiter zu; einen Roten allenfalls auf Merlot-Basis. Südtiroler Vernatsch, Marzemino aus dem Trentino, Bardolino, Garda Bresciano Chiaretto, Montecarlo Bianco oder Tocai Friulano del Collio seien hier genannt. Reine Gemüsegerichte machen es einem besonders schwer. Zu kräftigen Suppen mit Hülsenfrüchten eignen sich Rotweine von durchschnittlichem Körper, beispielsweise Valpolicella oder Chianti. Stehen Auberginen im Mittelpunkt, wie etwa bei der berühmten Parmigiana, so empfiehlt sich der Griff zu einem rustikalen Gragnano aus dem neapolitanischen Hinterland. Und dann gibt es da auch noch regionale Gepflogenheiten: Undenkbar, in Rom die in reichlich Fett frittierten Carciofi alla Giudìa (Artischocken auf jüdische Art) zu speisen, ohne dazu einen Frascati oder Marino zu trinken! Und auch in der friaulischen Ebene wird man kaum um einen Tocai delle Grave herumkommen, will man in einer örtlichen Osteria weißen Spargel essen.

## Käse: Alles eine Frage der Reife

Manche Käsesorten haben einen so ausgeprägten Geschmack, dass der Gaumen im schlimmsten Fall schon nach ein paar Bissen überfordert ist. Dem hat ein passender Wein entgegenzuwirken: So sollte man beispielsweise zu einem ausgereiften Asiago oder zu einem würzigen Grana einen gut strukturierten, ebenfalls lange gelagerten Rotwein mit hohem Alkoholgehalt servieren, zum Beispiel Nebbiolo-Weine aus dem Piemont, etwa einen Barbaresco, einen Barolo oder einen Gattinara, aber auch die namhaften toskanischen Gewächse wie den Vino Nobile di Montepulciano oder den Chianti Classico Riserva. Die großen Roten Süditaliens, etwa ein Salice Salentino oder ein Cirò Classico Rosso, ergänzen hervorragend den Caciocavallo aus Apulien oder den scharfen Provolone aus der Gegend von Cremona. Haben wir es hingegen mit einem jungen, milden Käse zu tun, beispielsweise einem Stracchino oder einer Mozzarella, sollte der Wein leicht und feinwürzig sein: Zu erwägen wären ein Grave del Friuli, ein Greco di Tufo, ein Bianco di Custoza, ein Gavi oder sogar ein Verdicchio dei Castelli di Jesi, obwohl dieser in dem Ruf steht, vor allem ein unübertrefflicher Begleiter zu Fischgerichten zu sein. Überraschende Kontrastwirkungen ergeben sich, wenn man einen gut ausgereiften, kräftigen Pecorino mit einem alkoholstarken, fast likörartigen Roten kombiniert oder aber einen weichen Schimmelkäse wie den Gorgonzola mit einem vollmundigen, leicht süßen Wein paart, etwa mit einem Amarone della Valpolicella oder einem Marsala Vergine.

## Rote und Rosés: Die richtigen Begleiter zu italienischen Wurst- und Schinkenspezialitäten

Italienische Wurst- und Schinkenspezialitäten bieten eine schier unendliche Vielfalt an Geschmackserlebnissen, was die Auswahl des passenden

Weins zu einer heiklen Aufgabe macht. Ein guter Anhaltspunkt sind mitunter die lokalen Gepflogenheiten, besonders wenn man für fettreiche Kochsalamis, Schlackwürste oder etwa für einen gefüllten Schweinefuß einen geeigneten Begleiter sucht: Denkbar wären ein lebhafter Barbera, ein Bonarda dell'Oltrepò Pavese, ein trockener Lambrusco, ein Fortana oder ein spritziger Cesanese del Piglio. Zu scharfen Würsten, etwa einer kalabrischen Salsiccia oder einer gepfefferten Salami, passen hervorragend die harmonischen und alkoholstarken Rosés Süditaliens, beispielsweise ein Alezio oder ein Squinzano, aber auch ein Cirò Rosato. Ganz gegen alle Erwartung schwierig ist die Wahl bei lang gereiften, mit Salz haltbar gemachten Wurstwaren, allen voran rohem Schinken: Grundsätzlich eignen sich gut die milden Weine Südtirols, etwa ein Kalterersee, ein Vernatsch oder ein St. Magdalener, die ja allesamt klassische Begleiter des Südtiroler Specks sind. Aber auch ein Rosato di Bolgheri, ein Cerasuolo d'Abruzzo oder ein Morellino di Scansano kommen für derartige Schinkenspezialitäten in Frage.

## Zum Abschluss ein harmonischer Zweiklang aus Dessert und Wein

Desserts, die man mit dem Löffel isst, also Creme, Mousse, Halbgefrorenes und dergleichen, verlangen grundsätzlich nach einem likörartigen Wein mit hohem Alkoholgehalt, etwa einem Moscadello di Montalcino, einem Moscato di Cagliari oder einem Malvasia delle Lipari. Zu Desserts aus Bitterschokolade sollte ein noch süßerer Tropfen serviert werden, zum Beispiel ein Passito di Pantelleria. Hefeteigkuchen wie Panettone, Pandoro und Colomba, die in Italien besonders zur Oster- und Weihnachtszeit gerne gegessen werden, vertragen sich hervorragend mit Asti, aber auch ein Moscato Fior d'Arancio dei Colli Euganei oder ein Moscadello di Montalcino kämen in Frage. Bei Obstkuchen und Strudel wiederum, Desserts, die nicht allzu süß sind, empfehlen sich zarte Weine mit einem nicht allzu hohen Zuckergehalt. Ein Picolit oder ein Verduzzo di Ramandolo, zu einem Apfelkuchen getrunken, ist ein wahrer Genuss. Besonders schwierig gestaltet sich die Suche nach einem passenden Begleiter für eine Crostata, diesen typisch italienischen, meist mit Konfitüre zubereiteten Mürbeteigkuchen. Wenn überhaupt, kommt bestenfalls ein Brachetto d'Acqui oder ein roter Malvasia di Castelnuovo Don Bosco in Betracht, aber auch diese nur dann, wenn das Gebäck mit Sauerkirsch- oder Erdbeerkonfitüre zubereitet wurde. Die raffinierten cremigen Kreationen der gehobenen Patisserie vertragen sich, sofern sie nicht bereits selbst mit Likör zubereitet wurden, am besten mit mäßig süßen Weinen mit hohem Alkoholgehalt, zum Beispiel einem Recioto di Soave oder di Gambellara. Zu Schokoladendesserts wie etwa einer Sachertorte will kaum ein italienischer Wein passen, man könnte immerhin einen Ala aus Sizilien oder einem Anghelu Ruju aus Sardinien versuchen. Zu Eis und Sorbets gehört definitiv kein Wein, denn Kaltes betäubt den Geschmackssinn und zerstört die Aromen.

# Wein servieren

## Ein kleiner Ratgeber für angehende Mundschenke

Einen Wein wirklich perfekt zu servieren, ist eine Kunst. Man muss auf die richtige Temperatur achten, den idealen Zeitpunkt finden, um die Flasche zu entkorken und entscheiden, ob der Wein dekantiert werden soll. Nicht zuletzt ist auch die Wahl der passenden Gläser von Bedeutung.

### Die richtige Temperatur

Die ideale Temperatur für einen Wein richtet sich nach seinen jeweiligen Besonderheiten, also nach der Art, dem Reifegrad und der Herkunft des Gewächses. Einige Grundregeln ergeben sich aber schon aus der Farbe. Um bei jungen Weißweinen, Rosés und Schaumweinen den höchsten Genuss zu erzielen, sollten sie auf sechs bis zehn Grad gekühlt, das heißt etwa vier Stunden vor dem Öffnen der Flasche in den Kühlschrank gestellt werden. Körperreichere Weißweine benötigen mit zwölf bis 14 Grad eine etwas höhere Temperatur, die nach drei Stunden im Kühlschrank erreicht wird. Für junge Rotweine beträgt die Idealtemperatur 13 bis 16 Grad, für solche mit durchschnittlichem Körper 14 bis 18 Grad. Schwere, kräftige Rote entfalten sich am besten bei rund 18 Grad, während für Dessertweine schließlich eine Temperatur zwischen acht und 14 Grad angemessen ist. Da Weine keine allzu abrupten Temperaturschwankungen vertragen, ist das Tiefkühlfach absolut tabu. Bei Schaumweinen und auch so manchem Weißen stellen Sektkübel eine gute Alternative zum Kühlschrank dar. Mag der Grundsatz, dass die Temperierung sehr behutsam erfolgen sollte, auch für alle Weine gelten, so ist er doch

am striktesten bei großen Rotweinen einzuhalten: Derart edle Tropfen muss man unbedingt mehrere Stunden vor dem Servieren aus dem Keller holen und dort bereitstellen, wo sie getrunken werden sollen.

## Das Öffnen der Flasche

Das Öffnen der Flasche ist eine Angelegenheit, die mit großer Sorgfalt durchgeführt werden sollte. Zunächst entfernt man den Kunststoff- oder Metallverschluss über dem Korken, beseitigt dann eventuelle Unreinheiten und setzt schließlich den Korkenzieher an: Die Flasche sollte dabei stets aufrecht gehalten und der Korken möglichst mittig und gerade angebohrt werden, damit er nicht auseinander bricht. Anders verfährt man dagegen bei Schaumwein: Nachdem man den Korken etwas gelockert hat, sollte man die Flasche leicht schräg halten und mit entschlossenen, aber runden Bewegungen – auf keinen Fall durch Schütteln! – dem Druck im Inneren so weit nachhelfen, dass der Korken schließlich herausgetrieben wird. Nach dem Öffnen der Flasche gibt eine Prüfung des Korkens einen Hinweis darauf, in welchem Zustand sich der Wein befindet. Ein guter Korken ist mindestens viereinhalb Zentimeter lang und weist eine gewisse Elastizität auf, ohne allerdings zu weich zu sein. Bei einer Geruchsprobe sollte das gute Aroma des Weins deutlich wahrnehmbar sein – ist dies nicht der Fall, kann das bedeuten, dass er verdorben ist. Nun folgt ein Schritt, auf den besonders bei körperreichen Rotweinen nicht verzichtet

werden sollte: das Umgießen von der Flasche in eine Dekantierkaraffe. Mit dieser Prozedur, die kaum langsam genug vollzogen werden kann, erreicht man zweierlei: Zum einen wird ein eventuell vorhandenes Depot zurückgehalten, zum anderen wird dem Wein durch den Kontakt mit der Luft die Möglichkeit gegeben, sein Bukett optimal zu entfalten.

## Die Gläser

Es gibt eine von der International Standard Organisation (ISO) festgelegte Idealform für Weingläser, die weltweit von Sommelierverbänden gutgeheißen wird. Dabei handelt es sich um ein vollständig transparentes Kristallglas ohne jegliche Gravur oder sonstige Musterung, das in der Form einer Tulpe ähnelt: Nach oben hin verjüngt es sich, doch ist die Öffnung breit genug, damit sich das Bukett optimal entfalten kann. Von diesem Grundmodell verwendet man je nach Art des Weins eine geringfügig abweichende Form. Kräftige Weißweine oder schlichte beziehungsweise junge Rote sollte man aus schlankeren Gläsern trinken, bei perlenden Weißen hingegen ist ein zugleich bauchigeres und länglicheres Modell angemessen; Rosés mögen gerne einen etwas weiteren Glasrand, während sich für Schaumweine eine Flûte, also ein langes, relativ schmales Glas am besten eignet. Likörartige Weine schließlich machen sich am besten in kleineren Gefäßen mit einem verengten Rand. Bei einer Weinprobe sollten die Gläser nur bis zu einem Drittel gefüllt sein, bei Mahlzeiten hingegen darf bis halb voll eingegossen werden.

# Die Lagerung

## Ratschläge für den privaten Weinkeller

Wer sich zu Hause einen Weinvorrat anlegen will, muss sich zuallererst darüber im Klaren sein, dass Wein andere klimatische Bedingungen bevorzugt als der Mensch. Eine Temperatur von 20 Grad beispielsweise, die wir als recht angenehm empfinden, beschleunigt im Wein auf dramatische Weise den Alterungsprozess. Bei einem Barolo etwa, den man bei optimalen Lagerbedingungen gut 20 Jahre reifen lassen kann, kann sich diese Zeit auf die Hälfte verringern, wenn die Temperatur nur ein wenig zu hoch ist. Folglich müssen wir einen Wein, dem wir keine idealen Lagerbedingungen bieten können, wohl schon früher öffnen, als uns manch schlauer Ratgeber glauben machen will.

### Fünf einfache Grundregeln

Dies soll aber nun natürlich keinesfalls heißen, dass man zu Hause unmöglich Wein lagern könnte. Es sind eben nur einige Regeln dabei zu beachten. Erstens: Die Flaschen müssen stets waagerecht liegen – denn es stimmt nicht, dass der Wein den Geschmack des Korkens annimmt, wenn er diesen fortwährend benetzt. Ganz im Gegenteil: Gerade dadurch, dass der Korken feucht gehalten wird, liegt er enger am Flaschenhals an und verhindert so das Eindringen von Luft und damit eine un-

erwünschte Oxidierung. Zweitens: Da warme Luft bekanntlich nach oben steigt, sollte man zuunterst die Schaumweine und Weißen lagern, da diese empfindlicher auf Temperaturschwankungen reagieren als die Roten. Drittens: In Nähe des Lagerorts sollte sich keine Wärmequelle befinden. Viertens: Da Wein mitunter Gerüche aus seiner Umgebung annimmt, darf man in der Nähe keinesfalls Wurstwaren, Käse, Knoblauch oder gar Anstreichfarbe oder Ähnliches lagern. Fünftens: Ein Wein sollte niemals allzu lang im Kühlschrank aufbewahrt werden.

## Am wichtigsten bei der Lagerung: Die Temperatur

Zu viel Kälte schadet dem Wein genauso wie übermäßige Wärme. Weißweine und Schaumweine sollten daher niemals länger als ein paar Tage im Kühlschrank liegen, Tiefkühlfächer und Gefriertruhen ohnehin grundsätzlich vermieden werden. Zum Kühlen eignet sich übrigens ein mit Wasser, Eis und etwas Salz gefüllter Behälter noch besser als der Kühlschrank. Sollten Sie keinen geeigneteren Ort zur Lagerung zur Verfügung haben, so opfern Sie doch einfach die untersten Fächer ihres Bücherregals. Und wenn sie verschließbar sind, umso besser! Holz ist ein sehr schlechter Wärmeleiter, darum empfiehlt es sich auch gegebenenfalls, Flaschen, die in einer Holzkiste geliefert werden, gleich darin zu belassen. Falls Sie ihren Weinen etwas mehr Platz bieten können, so sind montierbare Holzregale, die man schon in besser sortierten Baumärkten bekommt, eine brauchbare Lösung. Auch eine Konstruktion aus Zement eignet sich sehr gut, aber natürlich ist dafür ein Raum mit einem geeigneten Fußboden vonnöten. Und noch ein letzter Rat: Sind Sie in der Lage, ihren Weinen einen eigenen Raum, und sei es auch nur eine Abstellkammer, als Lagerstätte zur Verfügung zu stellen, so sollte dieser zumindest so weit isoliert sein, dass Temperatur und Feuchtigkeit nicht allzu sehr schwanken. Ist dies nicht möglich, dann packen Sie die Flaschen am besten in Styropor. Ferner werden auf dem Markt Weinklimaschränke mit verschiedenen Fächern angeboten, in denen jeweils eine andere Temperatur herrscht, sodass sie sowohl für Rot- als auch für Weißweine verwendet werden können. Diese Geräte sind zwar nicht gerade billig, erweisen aber doch gute Dienste, wenngleich die herstellerseits eingestellten Temperaturen tendenziell etwas zu niedrig sind. Sie kommen vor allem für eine Lagerung von ein paar Wochen in Frage und können einen richtigen Weinkeller nicht ersetzen.

# Die großen Weine Italiens

*Diese Tabelle listet 359 Kreszenzen auf, die in den bedeutendsten italienischen Weinführern des Jahres 2002 bewertet wurden. Von jedem Wein werden Farbe (R= rot, W= weiß), Name, Jahrgang und Erzeuger aufgeführt. Die einzelnen Bewertungssysteme sind wie folgt:* ***Associazione Italiana Sommelier*** *gut (•••) bis exzellent (•••••),* ***Gambero Rosso*** *gute Weine (🍷) bis Spitzenweine (🍷🍷🍷),* ***Luca Maroni*** *Punktebewertung (max. 100 Punkte),* ***Luigi Veronelli*** *gut (★) bis exzellent (★★★).*

| | | | | AIS | Gambero Rosso | Maroni | Veronelli |
|---|---|---|---|---|---|---|---|
| **AOSTATAL** | | | | | | | |
| W | Chambave Moscato Passito | 1999 | La Crotta di Vegneron | •••• | 🍷🍷 | 79 | ★ |
| R | Fumin La Tour | 1999 | Les Crêtes | •••• | 🍷🍷 | 79 | ★★★ |
| W | Rayon Blanc de Morgex | 2000 | Cave Morgex et de La Salle | - | 🍷 | 76 | ★★★ |
| R | Trésor du Caveau | 1999 | Institut Agricole Régional | ••• | 🍷🍷 | 75 | ★★ |
| W | Vallée d'Aoste Chardonnay Cuvée Frissoniére les Crêtes Cuvée Bois | 1999 | Les Crêtes | ••••• | 🍷🍷🍷 | 79 | ★★★ |
| **PIEMONT** | | | | | | | |
| R | Barbaresco | 1998 | Gaja | ••••• | 🍷🍷🍷 | 88 | ★★ |
| R | Barbaresco Asili Riserva | 1996 | Bruno Giacosa | ••••• | 🍷🍷🍷 | 78 | ★★★ |
| R | Barbaresco Il Bricco | 1997 | Pio Cesare | - | 🍷🍷🍷 | 77 | ★★★ |
| R | Barbaresco Bricco Asili | 1998 | Ceretto | ••••• | 🍷🍷 | - | ★★★ |
| R | Barbaresco Cottà | 1998 | Sottimano | ••••• | 🍷🍷🍷 | 75 | ★★ |
| R | Barbaresco Rabajà | 1998 | Bruno Rocca | •••• | 🍷🍷🍷 | - | ★★★ |
| R | Barbaresco Sorì Burdin | 1998 | Fontanabianca | •••• | 🍷🍷🍷 | 74 | ★★★ |
| R | Barbaresco Sorì Paitin | 1998 | Paitin | ••••• | 🍷🍷 | 75 | ★★★ |
| R | Barbaresco Vigneto Loreto | 1998 | Albino Rocca | ••••• | 🍷🍷🍷 | - | ★★ |
| R | Barbaresco Vigneto Starderi | 1998 | La Spinetta | ••••• | 🍷🍷🍷 | 84 | ★★★ |
| R | Barbera d'Alba Giada | 1999 | Andrea Oberto | ••••• | 🍷🍷 | - | ★★★ |
| R | Barbera d'Alba Vigneto Gallina | 1999 | La Spinetta | •••• | 🍷🍷🍷 | 86 | ★★ |
| R | Barbera d'Alba Vigneto Pozzo dell'Annunziata Riserva | 1998 | Roberto Voerzio | ••••• | 🍷🍷 | - | ★★★ |
| R | Barbera d'Asti Costamiòle | 1999 | Prunotto | ••••• | 🍷🍷🍷 | 80 | ★★★ |
| R | Barbera d'Asti Emozioni | 1999 | Tenuta La Tenaglia | •••• | 🍷🍷🍷 | 81 | ★★★ |
| R | Barbera d'Asti Pomorosso | 1999 | Coppo & Figli | •••• | 🍷🍷🍷 | 79 | ★★★ |
| R | Barbera d'Asti Quorum | 1999 | Hastae | ••••• | 🍷🍷 | - | ★★★ |
| R | Barbera d'Asti Superiore | 1999 | La Spinetta | ••••• | 🍷🍷 | 87 | ★★★ |
| R | Barbera d'Asti Superiore Alfiera | 1999 | Marchesi Alfieri | •••• | 🍷🍷🍷 | 77 | ★★★ |
| R | Barolo Bricco Prapò | 1997 | Ceretto | ••••• | - | - | ★★★ |
| R | Barolo Brunate | 1997 | Enzo Boglietti | ••••• | 🍷🍷🍷 | - | ★★ |
| R | Barolo Brunate | 1997 | Roberto Voerzio | ••••• | 🍷🍷 | - | ★★★ |
| R | Barolo Bussia Vigna Munie | 1997 | Armando Parusso | •••• | 🍷🍷🍷 | 84 | ★★★ |
| R | Barolo Cannubi | 1997 | Marchesi di Barolo | •••• | 🍷🍷 | 86 | ★★★ |
| R | Barolo Cannubi | 1997 | E. Pira e Figli-Chiara Boschis | •••• | 🍷🍷🍷 | 77 | ★★★ |
| R | Barolo Cannubi Boschis | 1997 | Luciano Sandrone | ••••• | 🍷🍷 | 88 | ★★★ |
| R | Barolo Cascina Francia | 1997 | Giacomo Conterno | ••••• | 🍷🍷🍷 | 75 | ★★★ |
| R | Barolo Cerequio | 1997 | Michele Chiarlo | ••• | 🍷🍷🍷 | 82 | ★★ |
| R | Barolo Cerequio | 1996 | Roberto Voerzio | ••••• | 🍷🍷 | 79 | ★★★ |
| R | Barolo Cerequio Tenuta Secolo | 1997 | Contratto | •••• | 🍷🍷🍷 | 80 | ★★★ |
| R | Barolo Cicala | 1997 | Aldo Conterno | ••••• | 🍷🍷 | 78 | ★★★ |
| R | Barolo Colonnello | 1997 | Aldo Conterno | ••••• | 🍷🍷 | 78 | ★★★ |
| R | Barolo Falletto | 1997 | Bruno Giacosa | ••••• | 🍷🍷 | 79 | ★★★ |
| R | Barolo Gran Bussia Riserva | 1995 | Aldo Conterno | ••••• | 🍷🍷🍷 | 78 | ★★★ |
| R | Barolo La Serra | 1997 | Roberto Voerzio | ••••• | 🍷🍷🍷 | - | ★★ |
| R | Barolo Lazzarito | 1997 | Vietti | ••••• | 🍷🍷 | - | ★★★ |
| R | Barolo Le Rocche del Falletto | 1997 | Bruno Giacosa | ••••• | 🍷🍷 | 83 | ★★★ |
| R | Barolo Le Vigne | 1996 | Luciano Sandrone | •••• | 🍷 | 87 | ★★★ |
| R | Barolo Mondoca di Bussia Soprana | 1997 | Oddero | - | 🍷🍷🍷 | 77 | ★★★ |
| R | Barolo Ornato | 1997 | Pio Cesare | - | 🍷🍷 | 80 | ★★★ |
| R | Barolo Percristina | 1996 | Domenico Clerico | ••••• | 🍷🍷🍷 | - | ★★★ |

| | Wein | Jahrgang | Erzeuger | AIS | Gambero Rosso | Maroni | Veronelli |
|---|---|---|---|---|---|---|---|
| R | Barolo Ravera | 1997 | Flavio Roddolo | ⁙ | 🍷🍷🍷 | - | - |
| R | Barolo Runcot | 1996 | Elio Grasso | ⁙ | 🍷🍷🍷 | - | *** |
| R | Barolo San Giovanni | 1997 | Gianfranco Alessandria | ⁙ | 🍷🍷🍷 | - | *** |
| R | Barolo Sarmassa | 1997 | Marchesi di Barolo | ••• | 🍷🍷 | 86 | *** |
| R | Barolo Sorì Ginestra | 1997 | Conterno Fantino | ⁙ | 🍷🍷 | 79 | *** |
| R | Barolo Vigna Bricco Gattera | 1997 | Monfalletto - Cordero | ⁙ | 🍷🍷 | 84 | *** |
| R | Barolo Vigneto Marenca | 1997 | Luigi Pira | ⁙ | 🍷🍷🍷 | - | *** |
| R | Dolcetto d'Alba Barturot | 2000 | Cà Viola | ⁙ | 🍷🍷 | - | - |
| R | Dolcetto d'Alba Coste & Fossati | 2000 | Giuseppe Domenico Vajra | ⁙ | 🍷🍷 | 84 | *** |
| R | Dolcetto di Dogliani Papà Celso | 2000 | Marziano e Enrico Abbona | ⁙ | 🍷🍷🍷 | - | *** |
| R | Dolcetto di Dogliani San Fereolo | 2000 | San Fereolo | ⁙ | 🍷🍷 | 75 | *** |
| R | Dolcetto di Dogliani Siri d'Jermu | 2000 | Pecchenino | ⁙ | 🍷🍷 | - | *** |
| R | Dolcetto di Dogliani Superiore Bricco Botti | 1999 | Pecchenino | ⁙ | 🍷🍷 | - | *** |
| R | Dolcetto di Dogliani Superiore Vigna del Pilone | 2000 | San Romano | ⁙ | 🍷🍷 | - | *** |
| R | Harys | 1999 | Giovanni Battista Gillardi | ⁙ | 🍷🍷🍷 | - | ** |
| R | Langhe La Villa | 1999 | Elio Altare | - | 🍷🍷🍷 | - | *** |
| R | Langhe Nebbiolo Conteisa | 1997 | Gaja | ⁙ | 🍷🍷 | - | *** |
| R | Langhe Nebbiolo Costa Russi | 1997 | Gaja | ⁙ | 🍷🍷 | 90 | *** |
| R | Langhe Nebbiolo Sorì San Lorenzo | 1997 | Gaja | ⁙ | 🍷🍷 | 90 | *** |
| R | Langhe Nebbiolo Sperss | 1997 | Gaja | ⁙ | 🍷🍷 | 90 | *** |
| R | Langhe Rosso Bric du Luv | 1999 | Cà Viola | ⁙ | 🍷🍷🍷 | - | *** |
| R | Langhe Rosso Monsordo | 1999 | Ceretto | ••• | 🍷🍷 | 80 | *** |
| R | Langhe Rosso Seifile | 1998 | Fiorenzo Nada | ⁙ | 🍷🍷 | 79 | *** |
| R | Langhe Rosso Sorì Tildin | 1997 | Gaja | ⁙ | 🍷🍷🍷 | 94 | *** |
| W | Monferrato Bianco Pafoj | 2000 | Icardi | ⁙ | 🍷🍷 | 96 | ** |
| W | Piemonte Chardonnay Giarone | 1999 | Bertelli | ⁙ | 🍷🍷 | 79 | *** |
| R | Roero Ròche d'Ampsèj | 1998 | Matteo Correggia | ⁙ | 🍷🍷🍷 | - | *** |
| W | Roero Superiore | 1999 | Filippo Gallino | ⁙ | 🍷🍷🍷 | - | * |
| R | Rouchet del Cru Bricco Rosa | 1998 | Scarpa | ⁙ | 🍷🍷🍷 | - | - |
| R | St. Marsan Rosso | 1998 | Poderi Bertelli | ⁙ | 🍷🍷 | 84 | ** |

## LOMBARDEI

| | Wein | Jahrgang | Erzeuger | AIS | Gambero Rosso | Maroni | Veronelli |
|---|---|---|---|---|---|---|---|
| R | Carmenero Rosso del Sebino | 1998 | Ca' del Bosco | ⁙ | 🍷🍷 | 84 | *** |
| W | Franciacorta Brut Cabochon | 1997 | Monte Rossa | ⁙ | 🍷🍷🍷 | - | *** |
| W | Franciacorta Brut Magnificentia | 1995 | Uberti | ⁙ | 🍷🍷🍷 | - | ** |
| W | Franciacorta Brut Saten | 1997 | Il Mosnel | ⁙ | 🍷🍷 | 74 | - |
| W | Franciacorta Cuvée Annamaria Clementi | 1994 | Cà del Bosco | ⁙ | 🍷🍷 | 74 | *** |
| W | Franciacorta Gran Cuvée Brut | 1997 | Bellavista | ⁙ | 🍷🍷🍷 | - | ** |
| W | Franciacorta Saten | 1997 | Ferghettina | ⁙ | 🍷🍷🍷 | - | * |
| W | Franciacorta Saten | 1997 | Ricci Curbastro | ⁙ | 🍷🍷 | 72 | ** |
| R | Maurizio Zanella Rosso del Sebino | 1998 | Cà del Bosco | ⁙ | - | 79 | *** |
| W | Oltrepò Pavese Pinot Nero Classese Nature | | Monsupello | ⁙ | 🍷🍷🍷 | - | *** |
| W | Oltrepò Pavese Spumante Brut Classese | 1997 | Travaglino | ⁙ | 🍷🍷 | 72 | *** |
| W | Terre di Franciacorta Bianco Convento dell'Annunciata | 1998 | Bellavista | ⁙ | 🍷🍷 | 77 | *** |
| W | Terre di Franciacorta Chardonnay | 1999 | Cà del Bosco | ⁙ | 🍷🍷🍷 | 84 | *** |
| R | Valtellina Sforzato | 1999 | Triacca | | 🍷🍷🍷 | 74 | *** |
| R | Valtellina Sforzato Canua | 1999 | Sertoli Salis | ⁙ | 🍷🍷🍷 | 79 | *** |
| R | Valtellina Sforzato Ronco del Picchio | 1998 | Fay Sandro | ⁙ | 🍷🍷 | - | *** |
| R | Valtellina Sfursat 5 Stelle | 1999 | Nino Negri | ⁙ | 🍷🍷🍷 | 77 | *** |
| R | Valtellina Sfurzat Fruttaio Cà Rizzieri | 1998 | Aldo Rainoldi | ⁙ | 🍷🍷🍷 | 73 | *** |

## TRENTINO

| | Wein | Jahrgang | Erzeuger | AIS | Gambero Rosso | Maroni | Veronelli |
|---|---|---|---|---|---|---|---|
| W | Bianco Faye | 1998 | Pojer & Sandri | ⁙ | 🍷🍷 | 82 | ** |
| R | Campi Sarni Rosso | 1999 | Vallarom | ⁙ | 🍷🍷 | 76 | ** |
| W | Olivar | 2000 | Cesconi | ⁙ | 🍷🍷 | 84 | - |
| R | San Leonardo | 1997 | San Leonardo | ⁙ | 🍷🍷🍷 | - | *** |
| R | Teroldego Rotaliano Granato | 1999 | Foradori | ⁙ | 🍷🍷🍷 | 98 | *** |
| R | Trentino Moscato Rosa | 2000 | Maso Bergamini | ⁙ | 🍷🍷 | 93 | * |
| W | Trentino Pinot Grigio Ritratti | 2000 | La Vis | ⁙ | 🍷🍷 | 89 | ** |

| | Wein | Jahrgang | Erzeuger | AIS | Gambero Rosso | Maroni | Veronelli |
|---|---|---|---|---|---|---|---|
| W | Trentino Traminer | 2000 | Maso Furli | ••••• | 🍷🍷 | 90 | - |
| W | Trento Giulio Ferrari Riserva del Fondatore | 1993 | Ferrari - Fratelli Lunelli | ••••• | 🍷🍷🍷 | - | ★★★ |
| W | Vigneti delle Dolomiti Manzoni | 2000 | Giuseppe Fanti | ••••• | 🍷🍷 | 79 | ★ |

## SÜDTIROL

| | Wein | Jahrgang | Erzeuger | AIS | Gambero Rosso | Maroni | Veronelli |
|---|---|---|---|---|---|---|---|
| R | Alto Adige Cabernet Sauvignon Lafoa | 1997 | Produttori Colterenzio | ••••• | 🍷🍷 | - | ★★★ |
| W | Alto Adige Chardonnay Cornell | 1998 | Produttori Colterenzio | ••• | 🍷🍷🍷 | 77 | ★★★ |
| W | Alto Adige Gewürztraminer Campaner | 2000 | Viticoltori Caldaro | ••• | 🍷🍷 | 86 | ★★★ |
| W | Alto Adige Gewürztraminer Kastelaz | 2000 | Elena Walch | •••• | 🍷🍷🍷 | 81 | ★★ |
| W | Alto Adige Gewürztraminer Lunare | 1999 | Cantina di Terlano | ••••• | - | 79 | ★★★ |
| W | Alto A. Gewürztraminer Passito Terminum | 1999 | Produttori di Termeno | ••••• | 🍷🍷🍷 | 94 | ★★★ |
| W | Alto Adige Gewürztraminer Puntay | 2000 | Erste & Neue | •••• | 🍷🍷 | 77 | ★★★ |
| W | Alto Adige Gewürztraminer St. Valentin | 2000 | Produttori San Michele App. | •••• | 🍷🍷🍷 | 89 | ★★★ |
| R | Alto Adige Lagrein Scuro Gries Riserva | 1999 | Niedermayr Josef | •••• | 🍷🍷 | 79 | ★★★ |
| R | Alto Adige Lagrein Scuro Abtei Riserva | 1998 | Convento Muri-Gries | ••• | 🍷🍷🍷 | 79 | ★★★ |
| R | Alto Adige Lagrein Scuro Taberhof | 1999 | Prod. Santa Maddalena | ••••• | 🍷🍷🍷 | 84 | ★★★ |
| R | Alto Adige Merlot Brenntal | 1998 | Produttori Cortaccia | •••• | 🍷🍷 | 77 | ★★★ |
| R | Alto Adige Moscato Rosa Schweizer | 2000 | Franz Haas | - | 🍷🍷🍷 | 78 | ★★★ |
| R | Alto Adige Pinot Nero Barthenau | 1998 | Hofstätter | ••••• | 🍷🍷 | - | ★★★ |
| W | Alto Adige Sauvignon Sanct Valentin | 2000 | Produttori San Michele App. | ••••• | 🍷🍷🍷 | 84 | ★★ |
| W | Aureus Passito | 1999 | Niedermayr | •••• | 🍷🍷🍷 | 77 | ★★★ |

## VENETIEN

| | Wein | Jahrgang | Erzeuger | AIS | Gambero Rosso | Maroni | Veronelli |
|---|---|---|---|---|---|---|---|
| W | Acininobili | 1998 | Maculan | ••••• | 🍷🍷 | 79 | ★★★ |
| R | Amarone Valpolicella Classico | 1997 | Allegrini | ••••• | 🍷🍷🍷 | 79 | ★★★ |
| R | Amarone Valpolicella Classico | 1995 | Bertani | ••••• | 🍷🍷 | 79 | ★★ |
| R | Amarone Valpolicella Classico | 1997 | Zenato | •••• | 🍷🍷🍷 | 84 | ★★ |
| R | Amarone Valpolicella Classico Acinatico | 1997 | Accordini Stefano | ••••• | 🍷🍷 | 80 | ★★★ |
| R | Amarone Valpolicella Classico Mazzano | 1995 | Masi | ••••• | 🍷🍷 | 76 | ★★★ |
| R | Amarone Valpolicella Classico Terre di Cariano | 1997 | Cecilia Beretta | ••••• | - | 76 | ★ |
| R | Amarone Valpolicella Cl. Tulipano Nero | 1997 | Viviani | ••••• | 🍷🍷🍷 | 78 | ★★ |
| R | Amarone Valpolicella Cl. Vigneto Monte Ca' Bianca | 1997 | Lorenzo Begali | •••• | 🍷🍷🍷 | - | ★★ |
| R | Amarone Valpolicella La Fabriseria | 1998 | Tedeschi | ••••• | 🍷🍷 | - | ★★ |
| R | Amarone Valpolicella Mithas | 1998 | Corte Sant'Alda | •••• | 🍷🍷🍷 | 86 | ★★ |
| R | Amarone Valpolicella Vigneto Monte Lodoletta | 1996 | Romano Dal Forno | - | 🍷🍷🍷 | - | ★★★ |
| R | Colli Euganei Rosso Gemola | 1999 | Vignalta | - | 🍷🍷🍷 | 76 | ★ |
| R | Fratta Rosso del Veneto | 1999 | Maculan | •••• | 🍷🍷🍷 | 90 | ★★★ |
| W | I Capitelli Passito Veneto | 1999 | Roberto Anselmi | ••••• | 🍷🍷 | 88 | ★★★ |
| R | Il Rosso dell'Abbazia | 1998 | Serafini & Vidotto | ••••• | 🍷🍷🍷 | - | ★★ |
| W | Moscato Fior d'Arancio | 1999 | La Montecchia | •••• | 🍷🍷 | 98 | ★★ |
| R | Quaiare | 1997 | Le Fraghe | ••••• | 🍷🍷 | 76 | ★★ |
| R | La Poja Corvina del Veronese | 1997 | Allegrini | ••••• | 🍷🍷🍷 | 84 | ★★★ |
| R | Recioto della Valpolicella Classico La Roggia | 1997 | Speri | ••••• | 🍷🍷 | 77 | ★★ |
| R | Recioto della Valpolicella Classico | 1998 | Tommaso Bussola | - | 🍷🍷🍷 | - | ★★★ |
| W | Recioto di Soave La Broia | 1998 | Roccolo Grassi | ••••• | - | - | ★★★ |
| W | Soave Classico Superiore Bucciato | 1999 | Ca' Rugate | •••• | 🍷🍷🍷 | 75 | ★★ |
| W | Soave Classico Superiore Contrada Salvarenza Vecchie Vigne | 2000 | Sandro e Claudio Gini | •••• | 🍷🍷🍷 | 79 | ★★ |
| W | Soave Classico Superiore La Rocca | 1999 | Leonildo Pieropan | ••••• | 🍷🍷🍷 | - | ★★★ |
| W | Soave Classico Superiore Le Rive | 1998 | Suavia | ••••• | 🍷🍷🍷 | - | ★★ |
| W | Soave Classico Superiore Vigneto Du Lot | 1999 | Inama | •••• | 🍷🍷🍷 | - | ★★ |

## FRIAUL-JULISCH VENETIEN

| | Wein | Jahrgang | Erzeuger | AIS | Gambero Rosso | Maroni | Veronelli |
|---|---|---|---|---|---|---|---|
| W | Braide Alte | 1999 | Livon | ••••• | 🍷🍷 | 80 | ★★★ |
| W | Carso Chardonnay | 1999 | Kante | ••••• | 🍷🍷 | 75 | ★★ |
| W | Colli Or. Friuli Bianco Pomedes | 1999 | Scubla | ••••• | 🍷🍷🍷 | 79 | - |
| W | Colli Or. Friuli Bianco Zuc di Volpe Le Roverelle | 1999 | Volpe Pasini | ••••• | 🍷🍷 | 78 | ★★★ |

| | | | | AIS | Gambero Rosso | Maroni | Veronelli |
|---|---|---|---|---|---|---|---|
| R | Colli Or. Friuli Boscorosso | 1999 | Rosa Bosco | ••••• | 🍷🍷 | - | *** |
| W | Colli Or. Friuli Chardonnay Ronc di Juri | 1999 | Girolamo Dorigo | ••••• | 🍷🍷🍷 | 80 | ** |
| W | Colli Or. Friuli Malvasia | 2000 | Le Vigne di Zamò | •••• | 🍷🍷🍷 | - | *** |
| R | Colli Or. Friuli Merlot | 1998 | Miani | •••• | 🍷🍷🍷 | - | *** |
| R | Colli Or. Friuli Merlot Focus | 1999 | Volpe Pasini | ••••• | 🍷🍷🍷 | 79 | *** |
| R | Colli Or. Friuli Merlot Ronc di Subule | 1999 | Ronchi di Manzano | ••••• | 🍷🍷🍷 | 79 | ** |
| W | Colli Or. Friuli Picolit | 1999 | Rocca Bernarda | ••••• | 🍷🍷 | 84 | ** |
| R | Colli Or. Friuli Pignolo | 1999 | Moschioni | ••••• | 🍷🍷 | 92 | *** |
| R | Colli Or. Friuli Pignolo Riserva | 1997 | Walter Filiputti | ••••• | - | 78 | *** |
| W | Colli Or. Friuli Rosazzo Picolit Riserva | 1997 | Livio Felluga | ••••• | 🍷🍷 | 93 | *** |
| R | Colli Or. Friuli Rosso di Gnemiz | 1997 | Ronco del Gnemiz | ••••• | 🍷🍷 | 84 | *** |
| R | Colli Or. Friuli Rosso Sacrisassi | 1999 | Le Due Terre | •••• | 🍷🍷 | 80 | *** |
| W | Colli Or. Friuli Sauvignon Podere dei Blumeri | 2000 | Schiopetto | ••••• | 🍷🍷 | 79 | ** |
| W | Colli Or. Friuli Siùm | 1999 | La Viarte | ••••• | 🍷🍷 | 79 | ** |
| W | Colli Or. Friuli Tocai Friulano Storico | 2000 | Adriano Gigante | •••• | 🍷🍷🍷 | - | *** |
| W | Colli Or. Friuli Tocai Friulano Vigne Cinquant'anni | 2000 | Le Vigne di Zamò | ••••• | 🍷🍷🍷 | - | ** |
| W | Collio Pinot Bianco | 2000 | Schiopetto | •••• | 🍷🍷🍷 | 74 | ** |
| W | Collio Sauvignon de la Tour | 2000 | Villa Russiz | ••••• | 🍷🍷 | 79 | *** |
| W | Collio Sauvignon Ronco delle Mele | 2000 | Venica & Venica | ••••• | 🍷🍷 | 74 | *** |
| W | Collio Studio di Bianco | 1999 | Borgo del Tiglio | ••••• | 🍷🍷 | 74 | *** |
| W | Collio Tocai Friulano | 2000 | Russiz Superiore | ••••• | 🍷🍷 | 78 | ** |
| W | Confini | 1999 | Lis Neris - Pecorari | ••••• | - | 87 | ** |
| W | Friuli Isonzo Bianco Arbis Blanc | 2000 | Borgo San Daniele | ••••• | 🍷🍷 | 90 | ** |
| W | Friuli Isonzo Pinot Bianco | 2000 | Mauro Drius | ••• | 🍷🍷🍷 | 74 | ** |
| W | Friuli Isonzo Pinot Grigio Dessimis | 1999 | Vie di Romans | ••••• | 🍷🍷🍷 | - | ** |
| W | Friuli Isonzo Sauvignon | 2000 | Ronco del Gelso | •••• | 🍷🍷🍷 | - | ** |
| W | Friuli Isonzo Sauvignon Vieris | 1999 | Vie di Romans | ••••• | 🍷🍷 | - | *** |
| R | Rubrum | 1999 | Il Carpino | ••• | 🍷🍷🍷 | 88 | *** |
| W | Tal Luc | 1999 | Lis Neris - Pecorari | ••••• | 🍷🍷🍷 | 79 | *** |
| W | Vintage Tunina | 2000 | Vinnaioli Jermann | ••••• | 🍷🍷🍷 | - | ** |

## LIGURIEN

| | | | | AIS | Gambero Rosso | Maroni | Veronelli |
|---|---|---|---|---|---|---|---|
| W | Cinque Terre La Polenza | 2000 | La Polenza | ••••• | 🍷 | - | - |
| W | Colli di Luni Vermentino Sarticola | 2000 | Ottaviano Lambruschi | ••••• | 🍷 | - | - |
| R | Feipu dei Massaretti Rossese | 2000 | Feipu dei Massaretti | ••• | - | - | *** |
| W | Golfo del Tigullio Passito Acinirari | 1997 | Bisson | •••• | 🍷 | 77 | ** |
| W | Riviera Ligure di Ponente Pigato Apogeo | 2000 | Cascina delle Terre Rosse | •••• | 🍷🍷 | - | *** |
| W | Riviera Ligure di Ponente Pigato U Bacan | 2000 | Bruna | ••••• | 🍷🍷 | - | - |
| W | Vermentino Podere Paterno | 2000 | Il Monticello | - | 🍷 | 80 | - |

## EMILIA ROMAGNA

| | | | | AIS | Gambero Rosso | Maroni | Veronelli |
|---|---|---|---|---|---|---|---|
| W | Albana di Romagna Passito | 1999 | Tre Monti | ••••• | 🍷🍷 | 85 | ** |
| W | Albana di Romagna Passito Scacco Matto | 1998 | Fattoria Zerbina | ••••• | 🍷🍷 | - | *** |
| R | Colli Bolognesi Cabernet Sauvignon Selezione | 1999 | Vallona | ••• | 🍷🍷🍷 | 79 | ** |
| R | Colli Bolognesi Cabernet Sauvignon Rocca di Bonacciara | 1999 | Tenuta Bonzara | •••• | 🍷🍷 | 81 | ** |
| R | Colli Piacentini Cabernet Sauvignon Luna Selvatica | 1999 | La Tosa | ••••• •••• | 🍷🍷 | 93 | ** |
| R | Colli Piacentini Cabernet Sauvignon Stoppa | 1999 | La Stoppa | •••• | 🍷🍷 | 79 | *** |
| W | Colli Piacentini Malvasia Le Rane | 2000 | Luretta | - | 🍷🍷 | 88 | *** |
| W | Colli Piacentini Malvasia Sorriso di Cielo | 2000 | La Tosa | ••••• | 🍷🍷 | 93 | * |
| R | Marzieno Ravenna Rosso | 1999 | Fattoria Zerbina | •••• | 🍷🍷🍷 | - | *** |
| R | Mito Riserva Forlì Rosso | 1997 | Fattoria Paradiso | ••••• | 🍷🍷 | 84 | ** |
| R | Montepirolo Rubicone Rosso | 1999 | San Patrignano | •••• | 🍷🍷🍷 | 84 | *** |
| R | Ronco delle Ginestre Forlì Rosso | 1998 | Castelluccio | •••• | 🍷🍷 | 84 | *** |
| R | Pezzolo Forlì Cabernet Sauvignon | 1998 | Tenuta Pandolfa | ••••• | 🍷🍷 | 79 | *** |
| R | Sangiovese di Romagna Superiore Il Pruno Riserva | 1997 | Drei Donà Tenuta La Palazza | ••••• | 🍷🍷 | - | ** |

## TOSKANA

| | | | | AIS | Gambero Rosso | Maroni | Veronelli |
|---|---|---|---|---|---|---|---|
| R | Avvoltore | 1999 | Moris Farms | ●●●● | 🍷🍷🍷 | 79 | ★★★ |
| R | Bolgheri Rosso Superiore Grattamacco | 1998 | Grattamacco | ●●●●● | 🍷🍷 | 78 | ★★★ |
| R | Bolgheri Rosso Superiore Guado al Tasso | 1998 | Antinori | ●●●●● | 🍷🍷 | 84 | ★★★ |
| R | Bolgheri Rosso Superiore Paleo Rosso | 1998 | Le Macchiole | ●●●●● | 🍷🍷 | - | ★★★ |
| R | Bolgheri Sassicaia | 1998 | Tenuta San Guido | ●●●●● | 🍷🍷🍷 | 88 | ★★★ |
| R | Bolgheri Superiore Ornellaia | 1998 | Tenuta dell'Ornellaia | ●●●●● | 🍷🍷🍷 | - | ★★★ |
| R | Brancaia | 1998 | La Brancaia | ●●●●● | 🍷🍷🍷 | 78 | ★★ |
| R | Brunello di Montalcino | 1996 | Siro Pacenti | ●●●●● | 🍷🍷🍷 | - | ★★ |
| R | Brunello di Montalcino Ugolaia | 1995 | Lisini | ●●●●● | - | - | ★★★ |
| R | Brunello di Montalcino Cerretalto | 1996 | Casanova di Neri | ●●●●● | 🍷🍷 | - | ★★★ |
| R | Brunello di Montalcino Poggio all'Oro Riserva | 1995 | Banfi | ●●●●● | 🍷🍷🍷 | 80 | ★★ |
| R | Brunello di Montalcino Poggio al Vento Riserva | 1995 | Tenuta Col d'Orcia | ●●●● | 🍷🍷🍷 | - | ★★★ |
| R | Brunello di Montalcino Riserva | 1995 | Fanti - San Filippo | ●●●●● | 🍷🍷🍷 | 77 | ★★★ |
| R | Brunello di Montalcino Vigna La Casa | 1996 | Tenuta Caparzo | ●●●●● | 🍷🍷🍷 | 78 | ★★★ |
| R | Brunello di Montalcino Vigna Pian Rosso | 1995 | Ciacci Piccolomini d'Aragona | ●●●●● | 🍷🍷🍷 | 78 | ★★★ |
| R | Brunello di Montalcino Vigna Spuntali | 1995 | Tenimenti Angelini | ●●●●● | 🍷🍷🍷 | - | ★★ |
| R | Bruno di Rocca | 1998 | Vecchie Terre di Montefili | ●●●●● | 🍷🍷 | 82 | ★★★ |
| R | Camartina | 1997 | Querciabella | ●●●●● | 🍷🍷🍷 | 80 | ★★★ |
| R | Carmignano Riserva | 1998 | La Piaggia | ●●●●● | 🍷🍷🍷 | - | ★★★ |
| R | Carmignano Villa di Capezzana | 1999 | Capezzana | ●●● | 🍷🍷🍷 | 86 | ★★★ |
| R | Casalferro | 1999 | Barone Ricasoli | ●●●●● | 🍷🍷🍷 | 84 | ★★ |
| R | Cepparello | 1999 | Isole e Olena | ●●●●● | 🍷🍷🍷 | - | ★★★ |
| R | Cerviolo Rosso | 1999 | San Fabiano Calcinaia | ●●●●● | 🍷🍷🍷 | 76 | ★★★ |
| R | Chianti Classico Giorgio Primo | 1999 | La Massa | - | 🍷🍷🍷 | 84 | ★★★ |
| R | Chianti Classico Novecento Riserva | 1997 | Dievole | ●●●●● | 🍷 | 84 | ★★ |
| R | Chianti Classico Rancia Riserva | 1998 | Fattoria di Felsina | ●●●●● | 🍷🍷 | - | ★★★ |
| R | Chianti Classico Riserva | 1998 | Fattoria Nittardi | ●●●● | 🍷🍷🍷 | 75 | ★★★ |
| R | Chianti Rufina Montesodi | 1999 | Marchesi De' Frescobaldi | ●●●●● | 🍷🍷🍷 | - | ★★★ |
| R | Cortaccio | 1998 | Villa Cafaggio | ●●●●● | 🍷🍷 | 86 | ★★ |
| R | Flaccianello della Pieve Colli Toscana Centr. | 1998 | Tenuta Fontodi | ●●●●● | 🍷🍷 | 77 | ★★★ |
| R | Fontalloro Sangiovese di Toscana | 1998 | Fattoria di Felsina | ●●●● | 🍷🍷🍷 | - | ★★★ |
| R | Galatrona Rosso Toscana | 1999 | Tenuta di Petrolo | - | 🍷🍷🍷 | 93 | ★★★ |
| R | Ghiaie della Furba | 1999 | Capezzana | ●●●●● | 🍷🍷 | 86 | ★★★ |
| R | Il Carbonaione | 1998 | Podere Poggio Scalette | ●●●●● | 🍷🍷🍷 | - | ★★★ |
| R | La Vigna di Alceo | 1999 | Castello dei Rampolla | ●●●●● | 🍷🍷🍷 | 79 | ★★★ |
| R | Lamaione | 1998 | Castelgiocondo | ●●●●● | 🍷🍷 | 79 | ★★★ |
| R | Le Stanze del Poliziano | 1999 | Poliziano | ●●●●● | 🍷🍷 | 79 | ★★★ |
| R | Luenzo | 1999 | Vincenzo Cesani | ●●●●● | 🍷🍷🍷 | - | ★★★ |
| R | Lupicaia | 1999 | Castello del Terriccio | ●●●●● | 🍷🍷🍷 | 81 | ★★★ |
| R | Masseto | 1998 | Tenuta dell'Ornellaia | ●●●● | 🍷🍷🍷 | - | ★★★ |
| R | Messorio | 1998 | Le Macchiole | - | 🍷🍷🍷 | - | ★★★ |
| R | Millanni | 1999 | Guicciardini Strozzi | ●●●● | 🍷🍷🍷 | 88 | ★★★ |
| R | Montecalvi | 1998 | Montecalvi | ●●●● | 🍷🍷🍷 | 77 | ★★★ |
| R | Montervo | 1999 | Cima | ●●●●● | 🍷🍷 | 84 | ★★★ |
| R | Morellino di Scansano Poggio Valente | 1999 | Le Pupille | ●●●● | 🍷🍷🍷 | 91 | ★★ |
| R | Nambrot Rosso Toscana | 1999 | Ghizzano | ●●●●● | 🍷🍷 | 79 | ★★★ |
| R | Olmaia | 1997 | Col d'Orcia | ●●●●● | 🍷 | 78 | ★★★ |
| R | Poggio Granoni | 1995 | Farnetella | - | 🍷🍷🍷 | - | ★★★ |
| R | Promis | 1999 | Pieve Santa Restituta | ●●●●● | - | 93 | ★★ |
| R | Romitorio di Santedame | 1999 | Ruffino | ●●●●● | 🍷🍷🍷 | 79 | ★★★ |
| R | Rosso di Sera | 1999 | Fattoria Poggiopiano | ●●●●● | 🍷🍷🍷 | 79 | ★★★ |
| R | Saffredi | 1999 | Le Pupille | ●●●●● | 🍷🍷 | 91 | ★★★ |
| R | Sant'Antimo Excelsus | 1998 | Banfi | ●●●●● | 🍷🍷 | 85 | ★★ |
| R | Schidione | 1998 | Jacopo Biondi Santi | ●●●●● | - | 85 | ★★★ |
| R | Siepi | 1999 | Castello di Fonterutoli | ●●●●● | 🍷🍷🍷 | 86 | ★★★ |
| R | Syrah | 1999 | Poggio Al Sole | ●●●●● | 🍷🍷🍷 | - | ★★★ |
| R | Solaia Rosso Toscana | 1998 | Antinori | ●●●●● | 🍷🍷🍷 | 80 | ★★★ |
| R | Tignanello Rosso Toscana | 1998 | Antinori | ●●●●● | 🍷🍷 | 79 | ★★★ |
| W | Vin Santo Occhio di Pernice | 1989 | Avignonesi | ●●●● | 🍷🍷🍷 | - | ★★★ |
| R | Vino Nobile di Montepulciano Asinone | 1998 | Poliziano | ●●●●● | 🍷🍷🍷 | 78 | ★★★ |
| R | Vino Nobile di Montepulciano Riserva | 1997 | Tenuta Valdipiatta | ●●●●● | 🍷🍷 | 79 | ★★★ |
| R | Vino Nobile di Montepulciano Riserva Grandi Annate | 1997 | Avignonesi | ●●●●● | 🍷 | 88 | ★★★ |

| | | | | AIS | Gambero Rosso | Maroni | Veronelli |
|---|---|---|---|---|---|---|---|
| R | Vino Nobile di Montepulciano Simposio | 1998 | Tenimenti Angelini | ••••• | 🍷🍷 | 84 | ★★★ |
| R | Vino Nobile di Montepulciano Vigna Antica Chiusina | 1998 | Fattoria del Cerro | ••••• | 🍷🍷🍷 | 90 | ★★★ |
| **MARKEN** | | | | | | | |
| R | Akronte Marche Rosso | 1998 | Boccadigabbia | ••••• | 🍷🍷🍷 | - | ★★★ |
| W | Arkezia Muffo di San Sito | 1998 | Fazi Battaglia | ••••• | 🍷🍷 | 79 | ★★ |
| R | Kurni Marche Rosso | 1999 | Oasi degli Angeli | ••••• | 🍷🍷 | - | ★★★ |
| W | Maximo Marche Bianco | 1998 | Umani Ronchi | ••••• | 🍷🍷 | 79 | ★★★ |
| R | Pelago Marche Rosso | 1998 | Umani Ronchi | ••••• | 🍷🍷 | 80 | ★★★ |
| R | Rosso Conero Fibbio | 1999 | Lanari | - | 🍷🍷🍷 | 84 | ★★ |
| R | Rosso Conero Passo del Lupo Riserva | 1997 | Fazi Battaglia | ••••• | 🍷🍷 | 75 | ★★ |
| R | Terre dei Goti Marche Rosso | 1999 | Mancinelli | •••• | 🍷🍷 | 92 | ★★★ |
| W | Verdicchio Castelli Jesi Cl. S. Contrada Balciana | 1999 | Sartarelli | ••••• | 🍷🍷 | - | ★★★ |
| W | Verdicchio Castelli Jesi Cl. Sup. Podium | 1999 | Garofoli | •••• | 🍷🍷🍷 | 72 | ★★ |
| W | Verdicchio Castelli Jesi Cl. Sup. S. Michele | 2000 | Vallerosa - Bonci | •••• | 🍷🍷🍷 | 72 | ★★ |
| W | Verdicchio Castelli Jesi Cl. Passito Tordiruta | 1998 | Terre Cortesi Moncaro | ••••• | 🍷🍷 | 84 | ★★ |
| **UMBRIEN** | | | | | | | |
| R | Campoleone Rosso dell'Umbria | 1999 | La Fiorita - Lamborghini | ••••• | 🍷🍷🍷 | 85 | ★★★ |
| W | Cervaro della Sala Chardonnay dell'Umbria | 1999 | Castello della Sala | ••••• | 🍷🍷🍷 | 80 | ★★★ |
| R | Colli del Trasimeno Rosso Corniolo | 2000 | Duca della Corgna | •••• | 🍷🍷 | 88 | ★ |
| R | Fobiano Umbria Rosso | 1999 | La Carraia | •••• | 🍷🍷🍷 | 80 | ★★★ |
| R | Montefalco Sagrantino | 1998 | Colpetrone | ••• | 🍷🍷🍷 | 88 | ★★★ |
| R | Montefalco Sagrantino 25 anni | 1997 | Arnaldo Caprai-Val di Maggio | ••••• | 🍷🍷🍷 | - | ★★★ |
| R | Montefalco Sagrantino Passito | 1997 | Adanti | ••••• | 🍷 | 81 | - |
| W | Muffato della Sala | 1999 | Castello della Sala | ••••• | - | 87 | ★★ |
| R | San Giorgio Rosso dell'Umbria | 1993 | Lungarotti | ••••• | 🍷🍷 | 73 | ★ |
| R | Rubino della Palazzola Umbria Rossa | 1998 | La Palazzola | •••• | 🍷🍷 | 79 | ★★★ |
| R | Villa Fidelia Rosso | 1999 | Sportoletti | ••••• | 🍷🍷 | 87 | ★★★ |
| **LATIUM** | | | | | | | |
| R | Colle Picchioni Vigna del Vassallo | 1999 | Di Mauro | •••• | 🍷🍷 | - | ★★★ |
| W | Frascati Cannellino | 2000 | Castel De Paolis | ••• | 🍷 | 84 | ★★ |
| R | Mater Matuta Lazio Rosso | 1998 | Casale del Giglio | ••••• | 🍷🍷 | 81 | ★★ |
| R | Montiano | 1999 | Falesco | ••••• | 🍷🍷🍷 | - | ★★★ |
| R | Paterno Sangiovese | 1999 | Trappolini | •••• | 🍷🍷 | 77 | ★★ |
| W | Grechetto Latour a Civitella | 1999 | Sergio Mottura | •••• | 🍷🍷 | 78 | ★★ |
| **ABRUZZEN** | | | | | | | |
| R | Controguerra Lumen | 1998 | Dino Illuminati | ••••• | 🍷🍷 | 80 | ★★ |
| R | Montepulciano d'Abruzzo | 1995 | Edoardo Valentini | ••••• | 🍷🍷🍷 | - | ★★ |
| R | Montepulciano d'Abruzzo Spelt | 1996 | Fattoria La Valentina | •••• | 🍷🍷 | 78 | ★ |
| R | Montepulciano d'Abruzzo Inferi | 1998 | Marramiero | •••• | 🍷🍷 | 79 | ★ |
| R | Montepulciano d'Abruzzo Villa Gemma | 1997 | Masciarelli | ••••• | 🍷🍷🍷 | 85 | ★★★ |
| R | Rosso di Macchia | 1998 | Sarchese Dora | •••• | 🍷🍷 | 87 | - |
| W | San Clemente Bianco | 2000 | Zaccagnini | •••• | 🍷🍷 | 79 | ★ |
| W | Trebbiano d'Abruzzo Marina Cvetic | 1998 | Masciarelli | ••••• | 🍷🍷 | 78 | ★★★ |
| **MOLISE** | | | | | | | |
| W | Apianae | 1999 | Di Majo Norante | •••• | 🍷 | 79 | ★★ |
| R | Biferno Rosso Gironia | 1998 | Borgo di Colloredo | •••• | 🍷🍷 | 80 | ★ |
| R | Molise Montepulciano Don Luigi | 1999 | Di Majo Norante | ••• | 🍷🍷🍷 | 82 | ★★★ |
| **KAMPANIEN** | | | | | | | |
| W | Campanaro Irpinia Bianco Vend. Tard. | 2000 | Feudi di San Gregorio | ••••• | 🍷🍷 | 95 | ★★★ |
| R | Cenito | 1999 | Luigi Maffini | ••••• | 🍷🍷 | 86 | ★★★ |
| R | Clanius Aglianico | 2000 | Caputo | ••• | 🍷🍷 | 84 | ★★ |
| R | Falerno del Massico Vigna Camarato | 1998 | Villa Matilde | ••••• | 🍷🍷🍷 | 84 | ★★★ |

| | | | | AIS | Gambero Rosso | Maroni | Veronelli |
|---|---|---|---|---|---|---|---|
| R | Delius Aglianico | 1999 | Cantina del Taburno | ••••• | 🍷🍷 | 84 | ★★ |
| W | Fiano di Avellino Pietracalda Vend. Tard. | 2000 | Feudi di San Gregorio | ••••• | 🍷🍷 | 92 | ★★ |
| W | Idem Irpinia Bianco | 2000 | Feudi di San Gregorio | ••••• | - | 99 | ★★ |
| W | Mel | 1999 | Antonio Caggiano | ••••• | 🍷🍷 | 80 | ★★★ |
| R | Montevetrano | 1991 | Montevetrano | ••••• | 🍷🍷🍷 | 90 | ★★★ |
| R | Naima Paestum Aglianico | 1998 | De Conciliis | ••••• | 🍷🍷 | 84 | ★★ |
| R | Patrimo | 1999 | Feudi San Gregorio | ••••• | 🍷🍷🍷 | 96 | ★★★ |
| R | Serpico Irpinia Rosso | 1999 | Feudi di San Gregorio | ••••• | 🍷🍷🍷 | 97 | ★★★ |
| R | Taurasi Piano di Montevergine | 1996 | Feudi di San Gregorio | ••••• | 🍷🍷 | 86 | ★★★ |
| R | Taurasi Vigna Macchia dei Goti | 1998 | Antonio Caggiano | ••••• | 🍷🍷 | 76 | ★★★ |
| R | Terra di Lavoro Roccamonfina Rosso | 1999 | Galardi | ••••• | 🍷🍷🍷 | 89 | ★★★ |
| R | Zero | 1999 | De Conciliis | ••••• | 🍷🍷 | 90 | ★★★ |

## APULIEN

| | | | | AIS | Gambero Rosso | Maroni | Veronelli |
|---|---|---|---|---|---|---|---|
| R | Brindisi Rosso Gallico | 2000 | Tenute Rubino | •••• | 🍷🍷 | 79 | - |
| R | Castel del Monte Il Falcone Riserva | 1997 | Rivera | •••• | 🍷🍷 | 77 | ★★ |
| W | Chardonnay Teresa Manara | 2000 | Cantele | ••••• | 🍷🍷 | 71 | ★★ |
| R | Illemos | 1997 | Leone de Castris | ••••• | 🍷 | 78 | ★★ |
| R | Patriglione | 1995 | Cosimo Taurino | - | 🍷🍷 | 75 | ★★★ |
| W | Paule Calle | 1997 | Candido | •••• | 🍷🍷 | 77 | ★ |
| R | Platone | 1998 | Albano Carrisi | •••• | 🍷🍷🍷 | 74 | - |
| R | Rosso del Salento Graticciaia | 1996 | Vallone | ••••• | 🍷🍷 | 77 | ★★★ |
| R | Rosso del Salento Nero | 1999 | Conti Zecca | ••••• | 🍷🍷🍷 | 78 | ★★ |
| R | Salice Salentino Riserva Donna Lisa | 1997 | Leone de Castris | •••• | 🍷🍷 | 80 | ★ |

## BASILIKATA

| | | | | AIS | Gambero Rosso | Maroni | Veronelli |
|---|---|---|---|---|---|---|---|
| R | Aglianico del Vulture Villa Rotondo | 1998 | Paternoster | •••• | 🍷🍷🍷 | 78 | ★★★ |
| R | Aglianico del Vulture Basilisco | 1999 | Basilisco | ••••• | 🍷🍷 | 88 | ★★ |
| R | Aglianico del Vulture La Firma | 1999 | Cantine del Notaio | ••••• | 🍷🍷 | 88 | ★★★ |
| R | Canneto | 1998 | D'Angelo | •••• | 🍷🍷 | 72 | ★★ |

## KALABRIEN

| | | | | AIS | Gambero Rosso | Maroni | Veronelli |
|---|---|---|---|---|---|---|---|
| W | Amineo Bianco Donnacaterina | 2000 | Dattilo | •••• | 🍷🍷 | 75 | ★★ |
| R | Cirò Rosso Classico Ronco dei Quattro Venti | 1999 | San Francesco | ••••• | 🍷🍷 | - | ★★★ |
| W | Contessa Emburga Capsula Nera | 2000 | Lento | •••• | 🍷🍷 | 76 | - |
| R | Gravello Rosso Val di Neto | 1998 | Librandi | - | 🍷🍷🍷 | 80 | ★★★ |
| R | Magno Megonio | 1999 | Librandi | - | 🍷🍷 | 77 | ★★★ |

## SIZILIEN

| | | | | AIS | Gambero Rosso | Maroni | Veronelli |
|---|---|---|---|---|---|---|---|
| W | Abraxas Passito di Pantelleria | 2000 | Abraxas | •••• | 🍷🍷 | 94 | - |
| R | Baglio Florio | 1998 | Florio | ••••• | 🍷 | 78 | ★★★ |
| R | Cabernet Sauvignon | 1998 | Tasca d'Almerita | ••••• | 🍷🍷🍷 | 74 | ★★★ |
| R | Camelot | 1999 | Firriato | ••••• | 🍷🍷 | 95 | ★★★ |
| W | Chardonnay | 2000 | Planeta | ••••• | 🍷🍷🍷 | 78 | ★★★ |
| R | Don Antonio Nero d'Avola | 1999 | Morgante | ••••• | 🍷🍷🍷 | 79 | ★★★ |
| R | Faro Palari | 1999 | Palari | •••• | 🍷🍷 | 78 | ★★★ |
| R | L'Ardenza | 1999 | Cottanera | ••••• | 🍷🍷 | 80 | ★★★ |
| R | Litra Rosso Sicilia | 1999 | Santa Anastasia | •••• | 🍷🍷🍷 | 88 | ★★★ |
| R | Merlot | 1999 | Planeta | ••••• | 🍷🍷🍷 | 77 | ★★★ |
| W | Moscato Passito di Pantelleria Martignana | 1998 | Salvatore Murana | ••••• | 🍷🍷🍷 | - | ★★ |
| W | Passito di Pantelleria Ben Ryè | 2000 | Donnafugata | ••••• | 🍷🍷 | 84 | ★★ |
| R | Schietto Cabernet Sauvignon Sicilia | 1999 | Spadafora | •••• | 🍷🍷 | 79 | ★★★ |

## SARDINIEN

| | | | | AIS | Gambero Rosso | Maroni | Veronelli |
|---|---|---|---|---|---|---|---|
| R | Alghero Marchese di Villamarina | 1997 | Sella & Mosca | •••• | 🍷🍷🍷 | 71 | ★★ |
| R | Carignano del Sulcis Terre Brune | 1997 | Cantina Sociale di Santadi | ••••• | 🍷🍷 | 72 | ★★★ |
| R | Turriga Isole dei Nuraghi | 1997 | Argiolas | ••••• | 🍷🍷🍷 | 84 | ★★★ |
| W | Vermentino di Gallura Vendemmia Tardiva | 2000 | Tenute di Capichera | - | 🍷🍷🍷 | 80 | ★★★ |
| W | Vermentino di Sardegna Superiore Canayli | 2000 | Cantina Sociale Gallura | •••• | 🍷🍷 | 83 | ★★ |

# Virtuelle Weinreisen

*Auch Weinliebhaber sollten jetzt das Surfen lernen, denn im Internet gibt es bereits Tausende von Seiten für Freunde italienischer Weine und Spezialitäten.*

Auch Italiens Weine und Spezialitäten haben inzwischen einen festen Wohnsitz im Global Village des Internet und es fehlt nicht an Seiten mit Informationen für jeden, der eine Reise plant oder ein spezielles Produkt sucht. Ein gutes Beispiel ist www.veronelli.it, die Homepage des Journalisten Luigi Veronelli, auf der sich alles um die Freuden des Gaumens dreht: Beschrieben werden regionale Spezialitäten, Weine, traditionelle Volksfeste und natürlich Restaurants und Hotels. Sehr informativ ist auch www.eno.it. Besonders interessante Ergebnisse findet man unter dem Stichwort «Geographica»: eine Datenbank mit 2700 Betrieben, deren Produktpalette mehr als 10 000 Weine umfasst, und ein hilfreiches Nachschlagewerk namens «Abc del vino». Speziellere Informationen findet man zum Beispiel unter www.umbriadoc.com, wo das Umbrische Institut für Landwirtschaft und Lebensmittelkunde einen «Online-Sommelier-Service» mit der Beschreibung aller örtlichen DOC- und DOCG-Weine und einen aktuellen Veranstaltungskalender bietet. Natürlich kann man auch nach einzelnen Weinen suchen. So erfährt man unter www.barbaresco.it alles Wissenswerte über Nebbiolo, die Rebsorte, aus der dieser Wein gekeltert wird, und das Herkunftsgebiet. Außerdem hat man Zugang zu den Adressen von Kellereien, zu Empfehlungen für passende Speisen und zu einem Glossar mit Suchfunktion. Die Toskana präsentiert sich mit einer eigenen Homepage für den Brunello di Montalcino, web.tiscalinet.it/brunello, und Internetauftritten einzelner Erzeuger: www.frescobaldi.it, www.castellobanfi.com, www.sienanet.it/biondi_santi und www.antinori.it. Und das ist nur der Anfang, denn man muss nur «Chardonnay» eingeben, um auf die französische Seite www.chardonnay-du-monde.com zu gelangen, von der aus man eine Kreuzfahrt durch die Weinberge auf vier Kontinenten unternehmen kann.

**Vereinigungen**

Movimento del Turismo del Vino
www.wine.it/mtv/index_i.html

Associazione Nazionale Città del Vino
www.explorer.it/citvin/

Enoteca Italiana Siena
www.agriline.it/wol/enosiena/default.htm

**Online-Publikationen**

Civiltà del Bere
www.wine-it.com

Corriere Vinicolo
www.corrierevinicolo.com

Enogea
www.winereport.com/enogea.htm

Enotime
www.enotime.it

Fuoricasa
www.furoicasa.it

Gambero Rossso
www.gamberorosso.it

La Cucina Italiana
www.cucinaitaliana.it

# Weintourismus in Italien

*Der Touring Club Italiano wurde bei seiner ersten Entdeckungstour durch die faszinierendsten Weinlandschaften Italiens von drei weiteren Organisationen unterstützt, die im Folgenden vorgestellt werden.*

Die **Enoteca Italiana – Siena** ist eine in ihrer Art einmalige öffentliche Einrichtung, die im Jahre 1950 per Dekret des damaligen italienischen Staatspräsidenten gegründet wurde. Ihre oberste Aufgabe bestand und besteht darin, dem interessierten Publikum eine Auswahl der besten italienischen Weine zu präsentieren, die von einer Kommission zusammengestellt wird. Als Auswahlkriterium gilt, dass ein Wein mindestens 75 der maximal 100 möglichen Punkte auf den Bewertungsbögen der internationalen Önologenvereinigung erreichen muss. Heutzutage sind es zumeist DOCG- und DOC-Weine, die diesen Test bestehen, doch sind auch einige Gewächse mit IGT-Siegel und sogar Vini da Tavola dabei. Sitz der Enoteca ist die beeindruckende Fortezza Medicea im Zentrum von Siena. Hat man sich für eine der Weinproben unter Anleitung professioneller Sommeliers angemeldet, so kann man hier durch die weiten Säle mit Backsteingewölben schreiten, deren Einrichtung ganz auf die Zwecke des Präsentierens und Verkostens zugeschnitten ist. Mittlerweile sind in der Enoteca über 1000 Weine vertreten, zu denen sich noch zahlreiche Grappe und Liköre gesellen. Damit bietet die Enoteca Italiana über 400 vor allem kleinen und mittleren Erzeugerbetrieben die Möglichkeit, ihre Produkte einem breiteren Publikum vorzustellen. Besonders hervorzuheben ist die traditionsreiche «Settimana dei Vini» (Weinwoche) Anfang Juni. Heute deckt die Enoteca Italiana, die sich längst zu einem zeitgemäßen Dienstleistungsunternehmen entwickelt hat, ein breit gefächertes Aufgabengebiet ab: Sie ist auf allen wichtigen Fachmessen vertreten, unterstützt weltweit Werbekampagnen für italienischen Wein und bietet darüber hinaus logistische Hilfe beim Erwerb und Versand der toskanischen Tropfen ins Ausland. Beachtlich ist auch ihre rege Publikationstätigkeit, die von leicht verständlichen Einführungen bis hin zu Fachstudien reicht.

**Enoteca Italiana**
Fortezza Medicea 1
Siena
☎ 0577288497
Fax 0577270717
Direktion
Ente Mostra
Vino – Enoteca Italiana,
piazza Matteotti 30,
☎ 057722881 1
Fax 0577228888
E-Mail: enoteca_italiana_siena@sienanet.it;
Internet: www.enotecaitaliana.it

Die **Associazione Nazionale Città del Vino,** die «Italienische Vereinigung der Weinstädte», wurde im Jahr 1987 mit dem Ziel, die Weinkultur auf lokaler Ebene zu fördern, in Siena gegründet. Anspruch dieser Vereinigung ist es, in Zusammenarbeit mit Erzeugern und Behörden für die Qualität der Weinproduktion Sorge zu tragen. Hierzu gehören auch Aufgaben wie die Beachtung des Umweltschutzes, die Wahrung traditioneller Techniken und Gepflogenheiten, die Organisation von Veranstaltungen rund um den Wein sowie Werbemaßnahmen im Dienste der verschiedenen Anbaugebiete.

Bis heute sind über 300 Städte, die sich allesamt der Weinproduktion verschrieben haben, dieser Vereinigung beigetreten, egal, ob nun ein eigenes Gewächs nach ihnen benannt ist oder ob sie lediglich ein anonymes Dasein innerhalb eines DOC-Gebiets führen: Orte mit Rang und Namen wie Alba, Asti, Siena, Montalcino oder Marsala gehören ebenso dazu wie kleine, unbekannte Dörfer, die vielleicht nur ein paar Hundert Einwohner zählen und dennoch als Mitglieder in der Vereinigung absolut gleichberechtigt sind.

Unter den zahlreichen Initiativen ragt besonders das zusammen mit dem Movimento del Turismo del Vino ins Leben gerufene Projekt «Strade del Vino» (Weinstraßen) heraus, ein Fremdenverkehrsangebot, das sich nicht nur auf die Mitwirkung von Winzern, Enoteche und Kellereien stützt, sondern auch Restaurants, Hotels, Tourismusbehörden und kulturelle Institutionen mit einbezieht. Andere Projekte zielen auf städtebauliche Maßnahmen in den verschiedenen Weinstädten ab oder aber auf Öffentlichkeitsarbeit im Dienste des Weins, so die Initiative «Enoteche delle Città del Vino». Die Associazione Nazionale Città del Vino ist Mitglied des «Recevin», des europäischen Verbands der Weinstädte, der mit EU-Fördermitteln verschiedenste Projekte unterstützt.

Die «Città del Vino» sind bei allen bedeutenden Tourismus- und Gastronomiemessen vertreten, ob bei der Bit in Mailand, der Vinitaly in Verona oder beim Salone del Gusto in Turin.

Zu ihren Publikationen gehören ein jährlich erscheinender Weinführer sowie die Monatszeitschrift «Vino e Città», die per Abonnement bezogen werden kann. Und Liebhaber des italienischen Weins haben die Möglichkeit, dem Freundeskreis der Weinstädte («Albo degli Amici delle Città del Vino») beizutreten.

**Associazione Nazionale Città del Vino**
via Massetana Romana 58/b
53100 Siena
☎ 0577271556
Fax 0577271595
E-mail cittvino@explorer.it

Das **Movimento del Turismo del Vino** wurde 1993 in Verona anlässlich der Messe Vinitaly ins Leben gerufen. Den Startschuss für seine Gründung bildete eine Umfrage unter italienischen Weinerzeugern über den typischen Weintouristen, zu deren Initiatoren auch Donatella Cinelli Colombini gehörte, eine energische Unternehmerin aus Montalcino, die seither Präsidentin und unermüdliche Botschafterin des «Movimento» ist. Erstmals trat die «Bewegung» mit der Aktion «Cantine Aperte» (offene Keller) an die Öffentlichkeit, der ein ungeheurer Erfolg beschieden war: Nahmen anfangs rund 100 Kellereien aus der Toskana daran teil, so sind es heute über 1000 in ganz Italien; und auch der Zuspruch des Publikums, das unter der Führung von Fachleuten alljährlich am letzten Sonntag im Mai an Degustationen und Besichtigungen von Weingütern teilnimmt, scheint kaum Grenzen zu kennen.

Heute ist das Movimento in allen Weinregionen Italiens präsent und zählt über 700 Mitglieder, die sich größtenteils aus Weinbauern, aber auch aus Inhabern von Enoteche und Restaurants, Reiseveranstaltern, Journalisten sowie anderen Leuten vom Fach zusammensetzen. Wichtigste öffentliche Veranstaltung des Movimento ist neben «Cantine Aperte» das in Zusammenarbeit mit der Associazione Nazionale Città del Vino organisierte Fest «Calici di Stelle», das alljährlich am 10. August mit Weinproben unter dem Sternenzelt und verschiedenen künstlerischen Darbietungen lockt. Das Movimento gibt einen Katalog der ihm angeschlossenen Weingüter heraus, der auch im Internet unter wineday.org konsultiert werden kann. Die wichtigste programmatische Initiative ist das Projekt «Strade del Vino», das, wie bereits erwähnt, einen Beitrag zur Förderung des Weintourismus leisten soll. Hiermit verbunden ist auch ein Programm zur Einrichtung von Ausbildungskursen für Weinspezialisten, das sowohl von der Region Toskana als auch von der Europäischen Gemeinschaft gefördert wird. Und sogar ein Club für Weintouristen, der «Club dei Turisti del Vino», ist vom Movimento als notwendiges Gegengewicht zu den Verbänden der Weinproduzenten ins Leben gerufen worden.

**Movimento del Turismo del Vino**
Rechtssitz
Enoteca Italiana
Fortezza Medicea 1
Siena
Organisationsbüro
c/o Tirso srl
via Cardassi 6
70121 Bari
☎ 080523291
Fax 0805275510
Präsident
Ornella Venica
via Mernico 42
34074 Dolegna
del Collio (GO)

# Treffpunkt

Das wichtigste Ereignis des Jahres für Leute, die beruflich mit Wein zu tun haben, aber auch für Normalsterbliche, ist die *Vinitaly*, die Internationale Wein- und Spirituosenausstellung, die Anfang April auf dem Messegelände in Verona stattfindet. Dieser fünftägige Weinmarathon kann auf Neulinge ganz schön einschüchternd wirken: zehn riesige Messehallen und zahlreiche Stände im Freien; 3000 italienische Aussteller und über 20 ausländische Vertretungen für weitere 300 Kellereien; über 120 000 Besucher und fast ebenso viele entkorkte Flaschen. Für Kenner und Liebhaber ist dies eine gute, wenn nicht die einzige Möglichkeit «in fünf Tagen um die Welt des Weins» zu reisen, wie dies ein überaus treffender Werbeslogan verspricht. Die Veranstaltungen – Degustationen, Jahresversammlungen von Vereinen und andere Treffen rund um den Wein – kann man gar nicht alle einzeln aufzählen, so viele sind es. Abgesehen von jenen Erzeugern, die so berühmt sind, dass sie sich in ihren Ständen verbarrikadieren müssen, herrscht auf der Messe eine geradezu entwaffnende Offenheit und Verfügbarkeit. Man kann an zwei verschiedene Typen von Erzeugern geraten: Auf der einen Seite stehen die Önologen, die sich selbst sehr wichtig nehmen, auf der anderen die Kellermeister, mit denen man meist viel besser reden kann. Die Erfahrung rät, die Messe an einem der mittleren Tage zu besuchen, wenn sich alles eingespielt hat und die Aussteller noch nicht am Ende ihrer Kräfte und ihrer Geduld sind.

Anfang November tummeln sich Experten und Liebhaber dagegen auf der *Fiera del Novello* in Vicenza, auf der die ersten Korken des neuen Jahrgangs knallen. Die Messe ist ein Muss für über 200 Erzeuger aus diesem Bereich. Der Trubel ist natürlich nicht mit dem der *Vinitaly* zu vergleichen, doch für Weinkenner ist es die beste Gelegenheit, die neue Verkostungssaison zu eröffnen.

Entdeckungsreisen
durch das
Weinland Italien

# Aostatal

## Seltene und außergewöhnliche Rebensäfte

*Im Flusstal der Dora Baltea wird bis hinauf zum Fuß des Montblanc Wein angebaut. Der fortwährende, mühsame Kampf ums Überleben, dem die Winzer in der kargen Gebirgslandschaft des Aostatals ausgesetzt sind, bringt einzigartige Weine hervor, die eine Entdeckungsreise durch die zahlreichen Weinkeller entlang der «Route des Vins» lohnen.*

Seit der Römerzeit wird im Aostatal Weinbau betrieben und es spricht sogar einiges dafür, dass bereits die salassischen Kelten Geschmack an den Trauben gefunden hatten. Die Talrinne der Dora Baltea ist als ein Landstrich der großen Gegensätze bekannt, der den Reben eine enorme Anpassungsleistung abverlangt. Ihr Lebensraum erstreckt sich von der auf 300 Meter Höhe gelegenen Ortschaft Pont-Saint-Martin, wo die Reflexion von den Felsen die Sonneneinstrahlung noch intensiviert, bis Morgex auf knapp 1000 Meter, wo die Trauben am Fuß des Montblanc zwischen Lärchen und Tannen gedeihen. Gerade die Anpassung an einen so kargen Boden, dem sich nur unter ungewöhnlichen klimatischen Bedingungen das zum Gedeihen Notwendige abtrotzen läßt, verleiht dem Weinbau im Aostatal seine charakteristische Note. Geeignet sind nahezu ausschließlich die «adret» genannten Hänge auf der Sonnenseite, auf die in den Mittagsstunden die wärmenden Strahlen nahezu senkrecht einfallen und so eine maximale Energiemenge an die Reben abgeben. Aber es bestehen noch weitere Einschränkungen. Im Aostatal gedeihen Weinstöcke nur in den am besten vor Wind geschützten Lagen mit günstigen Wasserverhältnissen, zumal das Tal – eingebettet in Gebirgsketten, die einen Großteil der Wolken abfangen – zu den regenärmsten Landstrichen Italiens gehört. An derart erlesenen Standorten ist denn auch die Gefahr eines anderswo häufig vorkommenden Pilzbefalls sehr gering, sodass die Weinstöcke nur selten mit Schädlingsbekämpfungsmitteln gespritzt werden müssen.

### Der Anteil des Menschen am Weinbauwunder Aostatal

An diesem Wunder alpiner Weinbereitung hat natürlich auch der Mensch erheblichen Anteil. Er hat es verstanden, jede Ausbuchtung des Bodens durch Terrassierung landwirtschaftlich nutzbar zu machen, und damit das Landschaftsbild nachhaltig verändert. Die Trockenmauern, die als Erosionsschutz und zur Gewinnung größerer Anbauflächen angelegt wurden, spielen auch für den Vegetationszyklus der Rebstöcke eine wichtige Rolle. Die Steine absorbieren und speichern die Sonnenwärme und gleichen so die starken nächtlichen Temperaturschwankungen aus. Gleichzeitig geben Pflöcke und Pergolen den Reblingen Halt und schützen sie vor dem unerbittlichen Wind. Vom agronomischen Wissen der Bewohner des Aostatals zeugt auch die Auswahl besonders resistenter Rebstöcke, die dem rauen Gebirgsklima trotzen. Das Musterexemplar ist der Blanc de Morgex, der auf Rekordhöhen gedeiht. Doch es gibt noch weitere einheimische Rebsorten, die im Lauf der Jahrhunderte aufgrund ihrer bodenkundlichen Eigenschaften ausgewählt worden sind und noch heute in der regionalen Önologie eine entscheidende Rolle spielen. In den Weinverordnungen sind gut 22 alte und junge Rebsorten verzeichnet, die für eine beachtliche Vielfalt an Weinen sorgen.

## Ein einziges DOC-Prädikat für eine Region der «kleinen» Qualitätsweine

Ein Teil der regionalen Erzeugnisse ist gesetzlich unter einem einzigen DOC-Prädikat zusammengefasst: Valle d'Aosta DOC oder – mit Rücksicht auf die Zweisprachigkeit der Region – Vallée d'Aoste. Während einige Weine in allen traditionellen Anbaugebieten der Region erzeugt werden dürfen, bleibt die Produktion anderer auf bestimmte Gegenden beschränkt. Erstere weisen neben der allgemeinen Herkunftsangabe auf dem Etikett die Bezeichnung Bianco/Blanc, Rosso/Rouge oder Rosato/Rosé beziehungsweise Angaben über die Rebsorte auf, bei Letzteren hingegen ist der genaue Herkunftsort vermerkt. Angesichts der bemerkenswerten Weinvielfalt im Aostatal sind die Produktionsmengen allerdings ausgesprochen begrenzt, nach nationalen Maßstäben sogar geradezu lächerlich gering. Die für den Weinbau genutzte Fläche umfasst lediglich 700 Hektar, aufgeteilt unter 3000 Weingüter, die insgesamt nicht einmal 40 000 Hektoliter erzeugen. Damit bildet die Region das Schlusslicht in der nationalen Statistik. Hinsichtlich Qualität und Seltenheit kommt den Weinen des Aostatals allerdings ein Platz unter den besten Gewächsen des Landes zu – und das, obwohl sie aus einer rauen Gebirgsgegend stammen.

## Wein als Wirtschaftsfaktor in der Gebirgsregion

Da sich eine Steigerung der Produktionsmengen von selbst verbot, hat man sich auf die Verfeinerung der Erzeugnisse verlegt. Nur so konnten die Weine des Aostatals dem Druck des heutigen Marktes standhalten. Ein kleines Wunder, wenn man bedenkt, dass der Weinbau – abgesehen von vereinzelten spezialisierten Einrichtungen im mittleren Tal – noch nach traditionellem Muster und immer häufiger als Nebenerwerb betrieben wird. Das Engagement der Winzer ist jedoch von größter Wichtigkeit: Zum einen unter Umweltgesichtspunkten, denn der Weinbau dient in nicht geringem Maße dem hydrogeologischen Schutz der Hänge und trägt somit zum Erhalt des charakteristischen Landschaftsbildes im Aostatal bei; zum anderen stellt die Weinerzeugung in vielen Bereichen der Region den einzigen überhaupt möglichen Wirtschaftszweig dar und sichert auf diese Weise selbst ihren Fortbestand.

**Movimento del Turismo del Vino**
Beauftragter:
Andrea Costa
c/o La Crotta
di Vegneron
piazza Costa 2
Chambave (Ao)
☎ 016646670

# DOC-Bereiche im Aostatal

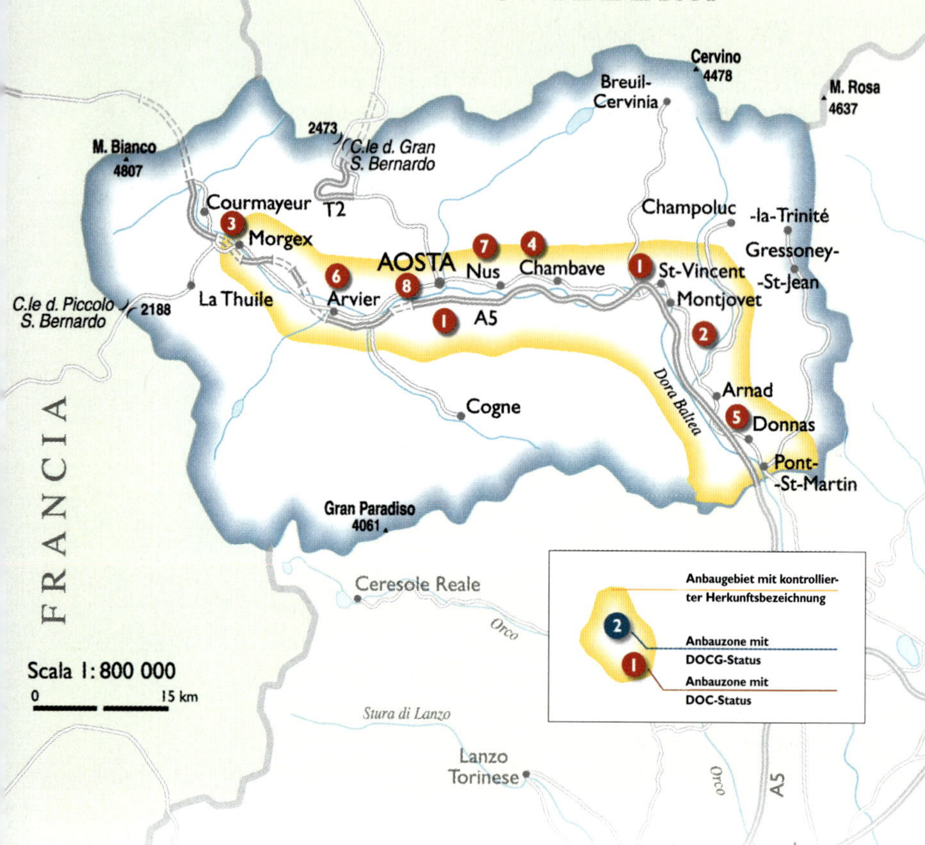


DOC Valle d'Aosta oder Vallée d'Aoste – 126 ha innerhalb der gesamten DOC-Region, betrifft alle Gemeinden entlang des Dora-Baltea-Tals und erstreckt sich über mehr als 80 km. Dieser regionale DOC-Bereich unterteilt sich in 9 Produktionszonen:

- ❶ Valle d'Aosta/Vallée d'Aoste – 30 ha in 30 Gemeinden der Provinz Aosta, einschließlich der Provinzhauptstadt selbst
- ❶ Valle d'Aosta/Vallée d'Aoste – 9 ha in 26 Gemeinden, einschließlich der Stadt Aosta
- ❷ Valle d'Aosta/Vallée d'Aoste Arnad-Montjovet – 3 ha in 7 Gemeinden der Provinz Aosta, unter anderem in Arnad und Montjovet
- ❸ Valle d'Aosta/Vallée d'Aoste Blanc de Morgex et de La Salle – 22 ha in den Gemeinden Morgex und La Salle
- ❹ Valle d'Aosta/Vallée d'Aoste Chambave – 14 ha in 7 Gemeinden des mittleren Tals, darunter Chambave
- ❺ Valle d'Aosta/Vallée d'Aoste Donnas – 15 ha in 4 Gemeinden des unteren Tals, darunter Donnas
- ❻ Valle d'Aosta/Vallée d'Aoste Enfer d'Arvier – 5 ha in der Gemeinde Arvier
- ❼ Valle d'Aosta/Vallée d'Aoste Nus – 2 ha in 5 Gemeinden, darunter Nus und Aosta
- ❽ Valle d'Aosta/Vallée d'Aoste Torrette – 24 ha in 10 Gemeinden, einschließlich der Stadt Aosta

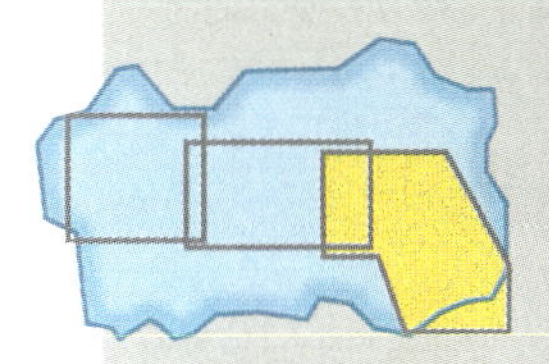

# Das untere Tal

*Hier ist eine regionale Unterart der Nebbiolo-Traube beheimatet, aus der einer der besten Weine der gesamten Alpenregion bereitet wird.*

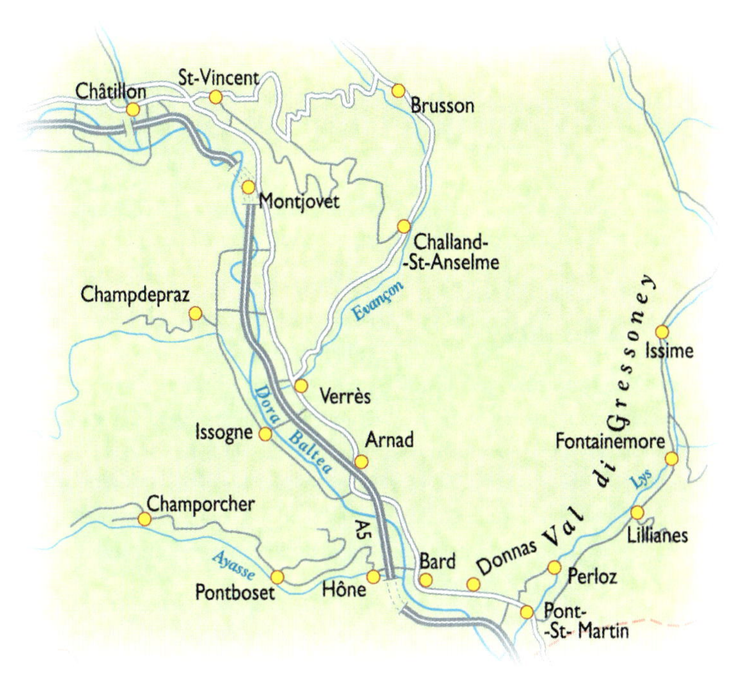


Das untere Tal beginnt in Pont-Saint-Martin – vom Piemont aus gesehen die erste Gemeinde des Aostatals –, zieht sich über die Bardschlucht und endet in der Talenge von Montjovet. Mitten hindurch verläuft die antike Via delle Gallie, die Zeugnis eines vergangenen Jahrtausends ablegt. Kennzeichnend für diese Gegend sind stolze Schlösser und Burgen, vor allem aber das atemberaubende Alpenpanorama. Die von terrassenförmig angelegten Weinbergen durchzogenen Gebirgshänge bieten ein beeindruckendes Landschaftsbild. Die wichtigste Traube ist Nebbiolo, in der Region auch als Picoutener oder Picotendro bekannt. Sie wird hier neben anderen Sorten zur Erzeugung des Donnas wie auch des Arnad-Montjovet verwendet. Abgesehen von Nebbiolo findet man noch andere Trauben, vorwiegend rote, etwa die autochthonen Sorten Neyret und Freisa bleu. In den Landstrichen Arnad und Montjovet schließlich kommen erstmals auch jene beiden Rebsorten vor, die für das mittlere Tal typisch sind: Vien de Nus und Cornallin. Übrigens war Donnas die erste DOC-Zone des Aostatals und der Wein gehört noch immer zu den Spitzenerzeugnissen der Region.

## Hotels und Restaurants

### Aosta

**Europe** ★★★
piazza Narbonne 8
☎ 0165236363

**Holiday Inn** ★★★
corso Battaglione
Aosta 30
☎ 0165236356

**Valle D'Aosta** ★★★
corso Ivrea 146
☎ 016541845

**Milleluci** ★★★
località Porossan Rappoz
☎ 0165235278

**Mignon** ★★
viale Gran
San Bernardo 7
☎ 016540980

## DOC-Weine des unteren Tals

**VALLE D'AOSTA ARNAD-MONTJOVET.** Rebsorten: Nebbiolo (70 bis 100%), Dolcetto und/oder Vien de Nus und/oder Pinot nero und/oder Neyret und/oder Freisa (bis 30%). Produktion: 71 hl (1,8 ha). Farbe: leuchtendes Rubinrot mit granatroten Reflexen. Geruch: fein, sortentypisch, leicht mandelartig. Geschmack: trocken, mit leicht bitterer, weicher und harmonischer Note. Alkoholgehalt: 12%. Alterung: mindestens 8 Monate, dann bis zu 2 Jahren. Als Tischwein und zu Gebratenem zu trinken. Qualitätsstufen: *Superiore* mindestens 12% Alkohol und 1 Jahr Alterung (dann bis zu 4 Jahren); zu trinken zu Rind- oder Schweinefleisch vom Rost oder Holzkohlegrill.

**VALLE D'AOSTA DONNAS.** Rebsorten: Nebbiolo bzw. Picoutener oder Picotendro (85–100%), Freisa und/oder Neyret (bis 15%). Produktion: 224 hl (14 ha). Farbe: leuchtendes Rot, mit zunehmender Reife zu hellem Granatrot neigend. Geruch: fein, sortentypisch, besonders bei fortgeschrittener Reife mit Mandelaroma. Geschmack: trocken, samtig, guter Körper, leicht mandelartig. Alkoholgehalt: 11,5%. Alterung: mindestens 2 Jahre, dann bis zu 5 Jahren. Zu Rind- oder Schweinefleisch sowie Wild zu trinken.

## Weinstädte

**Donnas.** Mit ihren stilvollen historischen Häusern breitet sich die alte Hauptstadt des unteren Tals entlang der Trasse aus, auf der ehemals die römische Via delle Gallie verlief, von der noch zahlreiche Überreste zeugen. Die Weinbauern der Ortschaft blicken auf eine mehrere Jahrhunderte alte Tradition zurück. Begünstigt durch die Lage des Orts in der sandigen Talsohle wird hier Nebbiolo angebaut, aus dem der sowohl mengenmäßig wie auch seinem Renommee nach erste DOC-Wein des Tals bereitet wird. Dieser kraftvolle, charakteristische Rotwein spielt eine Hauptrolle beim Weinfest **Festa dell'Uva,** das jährlich am zweiten oder dritten Sonntag im Oktober zeitgleich mit dem Kastanienfest **Sagra delle Castagne** stattfindet.

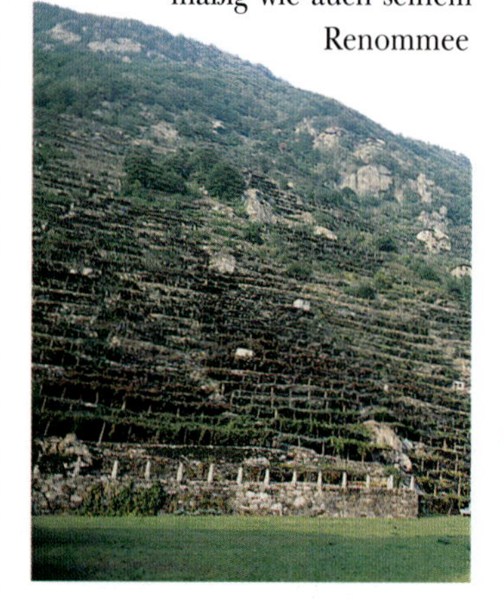

## Kellereien

**Donnas.** *Caves Coopératives de Donnas, via Roma 97, Tel. 0125807096. Öffnungszeiten: an Wochentagen 8 bis 12 Uhr und 14–16.30 Uhr.* Hier findet der Besucher einen Großteil der Weinerzeugnisse aus Donnas selbst wie auch aus Pont-Saint-Martin, Perloz und Bard. Bei Vorbestellung ist ein Besuch der Weinkeller mit Verkostung möglich, dazu werden Schwarzbrot und Speck aus Arnad gereicht. Weinverkauf und Restaurant mit regionaler Küche im Gebäude.

**Und außerdem ... Arnad.** *Bonin, località Pied de Ville 13, Tel. 0125 966067. La Kiuva, località Pied de Ville 42, Tel. 0125966351.*

## Hotels und Restaurants

**Aosta**

**Le Foyer** 🍴
corso Ivrea 146
☎ 016532136

**Vecchia Aosta** 🍴
piazza Porte Pretoriane 4
☎ 0165361186

**Vecchio Ristoro** 🍴
via Tourneuve 4
☎ 016533238

**La Bagatelle** 🍴
corso Ivrea 69
☎ 016532291

**Châtillon**

**Rendez Vous** ★★★
regione Soleil 3
☎ 0166563150

**Le Verger** ★★
via Tour de Grange 53
☎ 016662314

**Privé Parisien** 🍴🍴🍴
regione Panorama 1
☎ 0166537053

# Das mittlere Tal

*Hier ist die Heimat des Petit Rouge und des Vien de Nus, zweier unverwechselbarer Glanzpunkte unter den lokalen Weinerzeugnissen.*

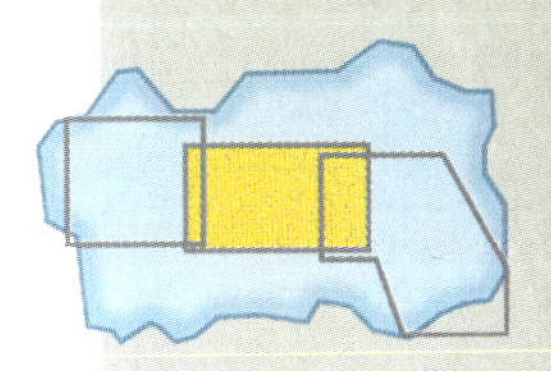

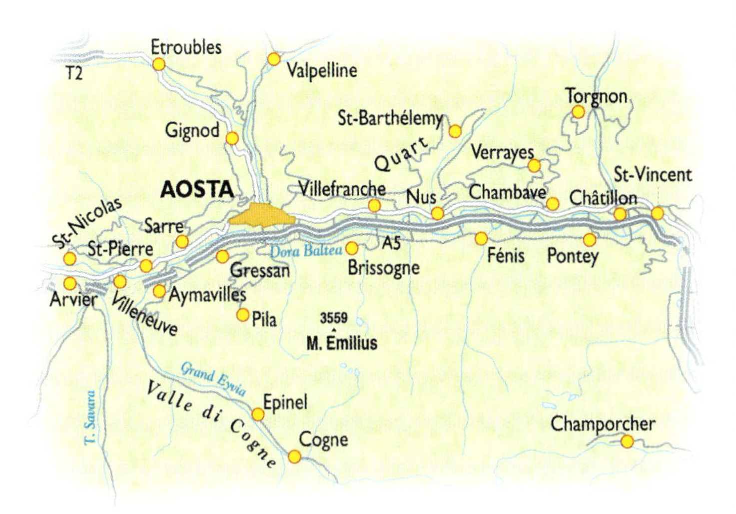


Das mittlere Tal erstreckt sich in ostwestlicher Richtung von den Schluchten von Pierre Tailée, kurz vor Avise, bis Saint-Vincent. Auf diesen 45 Kilometern bestimmen Weinstöcke sehr eindrucksvoll das Landschaftsbild. Von dem geschützt gelegenen und sorgfältig bestellten Trogtal von Saint-Vincent aus gelangt man in die trockene, sonnendurchflutete Gegend hinter Châtillon, in der es so warm ist, dass sogar mediterrane Pflanzenarten gedeihen. In der Aostaebene erreicht das Tal seine weiteste Ausdehnung und geht in eine fruchtbare Hügellandschaft über, bis schließlich die atemberaubenden Terrassierungen von Arvier, die wegen der glutheißen Sommer den Beinamen «Enfer» (Hölle) tragen, das Ende des mittleren Tals markieren.

Die charakteristischste Rebsorte hier ist Petit Rouge, die auch auf der Nordseite des Hangs, in Envers, angebaut wird. Sie wird unter anderem in dem seit 1600 weithin berühmten Torrette-Wein verarbeitet, ebenso im Enfer d'Arvier, der zu den Spitzenerzeugnissen des hiesigen Weinbaus zählt. In Valle di Quart macht eine weitere bedeutende autochthone Rebe von sich reden: Vien de Nus. Andere einheimische rote Sorten sind Fumin und Neyret sowie die Importtrauben Gamay, Pinot nero, Dolcetto und Freisa. Das Spektrum der weißen Rebsorten umfasst Pinot bianco, Pinot grigio, Petite Arvine (eine interessante, aus dem Wallis importierte Sorte), Müller-Thurgau, Chardonnay und Moscato bianco.

## Hotels und Restaurants

**La Terrazza** 🍴
regione Panorama 3
☎ 0166512548

**Cogne**

**Mira Monti** ★★★
viale Cavagnet 31
☎ 016574030

**Herbetet** ★★
3 km nach Valnontey
☎ 016574180

**Courmayeur**

**Gallia Gran Baita** ★★★
strada Larzey
☎ 0165844040

**Les Jumeaux** ★★★
strada Regionale 35
☎ 0165846796

**Pavillon** ★★★
strada Regionale 62
☎ 0165846120

**Courmayeur** ★★★
via Roma 158
☎ 0165846732

## DOC-Weine des mittleren Tals

**VALLE D'AOSTA CHAMBAVE. – Rosso/Rouge.** Rebsorten: Petit Rouge (60–75%); Dolcetto und/oder Gamay und/oder Pinot nero (25–40%), Sonstige (bis 15%). Produktion: 224 hl (4,5 ha). Farbe: rubinrot. Geruch: sortentypisch, bei zunehmender Reife mit veilchenartigem Anklang. Geschmack: trocken, würzig, harmonisch. Alkoholgehalt: 11%. Alterung: mindestens 6 Monate, dann bis zu 3–4 Jahren. Als Tischwein. – **Moscato/Muscat.** Rebsorten: Moscato bianco (100%). Produktion: 27 hl (7,5 ha). Farbe: strohgelb. Geruch: intensiv, sortentypisch. Geschmack: trocken, fein, delikat, aromatisch. Alkoholgehalt: 11%. Alterung: mindestens 3 Monate, dann bis zu 2 Jahren. Zum Abschluss der Mahlzeit. – **Moscato Passito/Muscat Flétri.** Rebsorten: Moscato bianco (100%), aus rosinierten Trauben. Produktion: 22 hl. Farbe: goldgelb mit einem Hang ins Bernsteinfarbene. Geruch: intensiv, sortentypisch nach Muskat. Geschmack: lieblich, aromatisch, sortentypisch. Alkoholgehalt: 13+3,5%. Alterung: mindestens 1 Jahr, dann bis zu 5–6 Jahren. Zum Abschluss der Mahlzeit zu trinken.

**VALLE D'AOSTA NUS. – Rosso/Rouge.** Rebsorten: Vien de Nus (50 bis 80%), Petit Rouge und/oder Pinot nero (30–50%), Sonstige (bis 20%). Produktion: 96 hl (2,4 ha). Farbe: intensives Rot mit granatroten Reflexen. Geruch: weinig, intensiv, nachhaltig. Geschmack: trocken, samtig, leicht kräuterwürzig. Alkoholgehalt: 11%. Alterung: mindestens 6 Monate, dann bis zu 3 Jahren. Als Tischwein. – **Malvoisie.** Rebsorten: Pinot grigio di Malvoisie (100%). Farbe: bernsteingelb mit goldgelben Reflexen. Geruch: sortentypisch, äußerst intensiv. Geschmack: trocken, angenehm, harmonisch. Alkoholgehalt: 12%. Alterung: mindestens 3 Monate, dann bis zu 2 Jahren. Als Tischwein. – **Malvoisie Passito/Flétri.** Rebsorten: Pinot grigio di Malvoisie (100%), leicht rosiniert. Produktion: 22,3 hl (1,5 ha). Farbe: intensiv kupferfarben. Geruch: angenehm, intensiv. Geschmack: lieblich, sehr alkoholstark, Kastanienaroma im Abgang, bisweilen mit Holznote. Alkoholgehalt: 14+2,5%. Alterung: mindestens 12 Monate, dann bis zu 5–6 Jahren. Zum Abschluss der Mahlzeiten zu trinken.

**VALLE D'AOSTA TORRETTE.** Rebsorten: Petit Rouge (70–100%), Pinot nero und/oder Gamay und/oder Fumin und/oder Vien de Nus und/oder Dolcetto und/oder Mayolet und/oder Premetta (bis 30%). Produktion: 683 hl (20 ha). Farbe: lebhaftes Rot mit violetten Reflexen. Geruch: Duft nach Wildrosen, mit zunehmender Reife ins Mandelartige spielend. Geschmack: trocken, samtig, mit gutem Körper und leicht bitterer Grundnote. Alkoholgehalt: 11%. Alterung: mindestens 6 Monate, dann bis zu 3 Jahren. Als Tischwein. Qualitätsstufen: *Superiore* mindestens 12% Alkohol und 8 Monate Alterung (dann bis zu 4 Jahren); mit Schmor- oder Saucenfleisch zu trinken.

**VALLE D'AOSTA ENFER D'ARVIER.** Rebsorten: Petit Rouge (85–100%), Vien de Nus und/oder Neyret und/oder Dolcetto und/oder Pinot nero und/oder Gamay (bis 15%). Produktion: 199 hl (5 ha). Farbe: intensives Granatrot. Geruch: delikat, mit sortentypischem Bukett. Geschmack: trocken, samtig, angemessener Körper und angenehm bittere Note. Alkoholgehalt: 11,5%. Alterung: mindestens 6 Monate, dann bis zu 5 Jahren. Als Tischwein.

*Aosta, Porta Pretoriana.*

### Hotels und Restaurants

**Courmayeur**

**Svizzero** ★★
SS 26 n.14
☎ 0165842035

**Cadran Solaire** 🍴
via Roma 122
☎ 0165844609

**Pierre Alexis 1877** 🍴
via Marconi 54
☎ 0165843517

## Kellereien

**Aosta.** *Institut Agricole Régional, regione la Rochere 1/a, Tel. 0165 215811. Öffnungszeiten: Montag bis Samstag 8–12 und 14–17 Uhr.* Der Betrieb mit angegliederter Fachschule wurde von den Chorherren des Gran San Bernardo gegründet, die ihn auch heute noch führen. Hier wird nicht nur Wein erzeugt – vor allem die aus alten, wiederentdeckten heimischen Rebsorten gewonnenen Tafelweine genießen einen ausgezeichneten Ruf –, sondern auch Käse und Obst der Saison aus eigener Produktion zum Verkauf angeboten. Es besteht Gelegenheit zur Besichtigung der Weinkellerei und des zugehörigen Museums sowie zu einem geführten Rundgang durch die mit modernster Technologie bewirtschafteten Weinberge.

**Chambave.** *La Crotta di Vegneron, piazza Roncas 2, Tel. 016646670. Öffnungszeiten: Montag, Dienstag und Freitag 8–12 und 14–17 Uhr, Samstag 8–12 Uhr.* In dieser Genossenschaftskellerei finden sich Erzeugnisse aus Chambave und den umliegenden Gemeinden. Neben den zehn DOC-Weinen wird eine ganze Palette von Vini da Tavola angeboten. Besucher haben Gelegenheit zur Besichtigung der Kellerei inklusive Weinprobe; im angegliederten Restaurant kann man einen Imbiss einnehmen.

**Aymavilles.** *Cave des Onze Communes, frazione Urbains, Tel. 0165 902912. Öffnungszeiten: Montag bis Samstag 8–12 und 15–18 Uhr.* Dies ist die bedeutendste Genossenschaft und das Aushängeschild des Weinbaus im Aostatal. *Azienda Les Crêtes, località Villetos 50, Tel. 0165902274. Öffnungszeiten: Montag–Samstag 9–12 und 15 bis 19 Uhr.* Von der Weinkellerei aus eröffnet sich ein herrliches Panorama mit vier Burgen und Weinbergen soweit das Auge reicht. Dem modernsten und innovativsten Privatbetrieb der Region mit 10 Hektar Rebfläche ist ein kleines Museum angegliedert.

**Und außerdem ... Quart.** *Maison Vigneronne Frères Grosjean, frazione Ollignan 1, Tel. 0165765283.* Ein schöner Privatbetrieb, der in allen einschlägigen Reiseführern wegen seiner Etiketten Erwähnung findet.

**Villeneuve.** *Azienda Renato Anselmet, frazione la Crête, Tel. 016595217.* Die Weinkellerei ist berühmt für ihre Spätlesen (Vendemmie tardive). Stilvolles Ambiente.

## Enoteche

**Aosta.** *Taberna ad Forum, via De Sales 11, Tel. 016540011. Öffnungszeiten: im Winter 8–20 Uhr, Mittwoch geschlossen, im Sommer 8–24 Uhr.* Das mächtige Gemäuer wirkt wie aus dem 15. Jahrhundert. In der Kellerei aber sind sogar noch Überreste der Mauern des Forum Romanum zu erkennen, woraus sich auch der latinisierte Name des Lokals ableitet. Als Sitz der Enoteca Regionale vertreibt das Lokal 95 Prozent der Erzeugnisse des Aostatals sowie eine Auswahl an Produkten aus Gegenden, die dem «Cervim» angehören (Centro internazionale sulla viticoltura di montagna – internationales Weinbauzentrum der Gebirgsregionen). Das kleine Restaurant bringt regionale Erzeugnisse auf den Tisch.

### Hotels und Restaurants

**La Grange** ★★★
1 km nach Entrèves
strada La Brenva
☎ 0165869733

**Pilier d'Angle** ★★★
1 km nach Entrèves
☎ 0165869760

**La Maison de Filippo** 🍴
1 km nach Entrèves
☎ 0165869797

**Gignod**

**La Clusaz** 🍴
5 km nach La Clusaz
☎ 016556075

**Gressan**

**Hostellerie de la Pomme Couronnée** 🍴
località Rosselin
☎ 0165251191

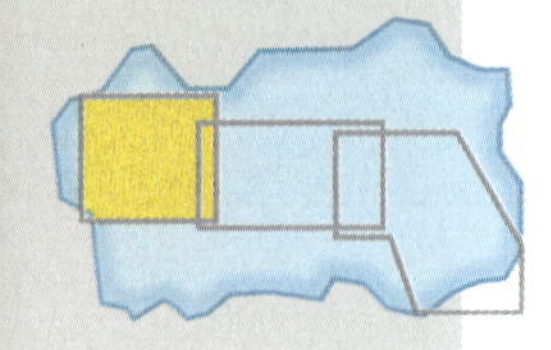

# Das obere Tal

*Am Fuß des Montblanc gedeiht ein wahrhaft außergewöhnlicher Wein, der Blanc de Morgex.*

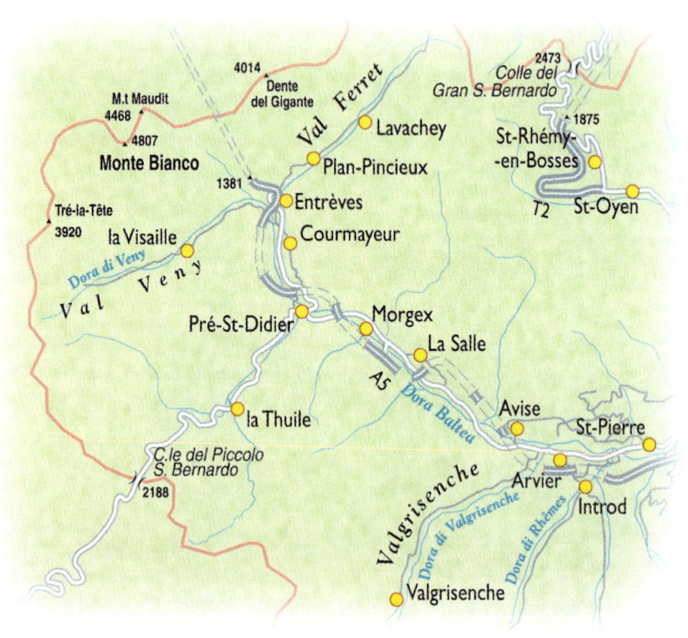


Als «oberes Tal» wird das höchstgelegene Teilstück des Dora-Baltea-Beckens bezeichnet, das nach üblicher Auffassung mit der kurz vor der Ortschaft Avise gelegenen Talenge von Pierre Taillée beginnt. Hinsichtlich des Weinbaus ist lediglich ein kleiner Flecken in der Mitte des oberen Tals interessant, nämlich das Gebiet zwischen Morgex (923 Meter) und La Salle (994 Meter), wo die Berghänge weniger steil abfallen und sich die Talsohle um zwei bis drei Kilometer erweitert. In solch alpiner Höhe gedeiht nur eine einzige Rebsorte: Blanc de Morgex, auch Blanc di Valdigne genannt, das önologische Aushängeschild des Aostatals. Das Anbaugebiet für Reben beschränkt sich auf das Schwemmland, das sich an der Mündung der Nebenflüsse der Dora Baltea gebildet hat. Insgesamt beläuft sich die Weinbaufläche auf kaum 20 Hektar, verteilt auf die beiden Ortschaften Morgex und La Salle, die auch abwechselnd jedes Jahr das örtliche Weinfest ausrichten. Darüber hinaus bietet das obere Tal dem Besucher zahlreiche weitere touristische Attraktionen, von den alten historischen Ortskernen bis hin zur mondänen Geschäftigkeit der Stadt Courmayeur, von den idyllischen waldgesäumten Almen bis zum erhabenen Anblick des vereisten Montblanc.

## Hotels und Restaurants

**Saint-Christophe**
**Casale** ★★★ 🍴
località Condemine 1
☎ 0165541272

**Saint-Vincent**
**G. H. Billia** ★★★★
viale Piemonte 72
☎ 016652311

**Elena** ★★★
piazza Zerbion 2
☎ 0166512140

**Posta** ★★★
piazza 28 Aprile 1
☎ 0166512250

## DOC-Weine des oberen Tals

**VALLE D'AOSTA BLANC DE MORGEX ET DE LA SALLE.** Rebsorte: Blanc de Morgex (100%). Produktion: 543 hl (19,2 ha). Farbe: ins Grünliche spielendes Strohgelb. Geruch: delikat, mit einer an Bergkräuter erinnernden Grundnote. Geschmack: trocken, säuerlich, leicht perlend, äußerst delikat. Alkoholgehalt: 9%. Alterung: mindestens 3 Monate. Zu Vorspeisen und Fisch zu trinken. Arten: *Spumante,* als *Extra brut, Brut* und *Demi sec.*

## Kellereien

**Morgex.** *Cave du Vin Blanc de Morgex et de La Salle, località Les Iles, La Ruine, Tel. 0165800331. Öffnungszeiten: Montag–Freitag außer Mittwoch 10–12 und 16–18 Uhr, Samstag 10–12 und 17–19 Uhr, Sonntag 17–19 Uhr.* Geräumige Berghütte am Fuß des Montblanc, die ihre Weine mit Hilfe modernster Technologie erzeugt.

**Und außerdem ... Arvier.** *Co-Enfer, via C. Gex 65, Tel. 016599238.* **Morgex.** *Vevey Marziano, viale del Convento, Tel. 0165808931, mobil 03284583541.*

## Rund um den Wein

**Morgex.** *Artari Alfredo e C., via Valdigne 55, Tel. 016599238.* Hier werden außer Wein und Spirituosen auch Süß- und Kolonialwaren feilgeboten. Das Geschäft besteht bereits seit mehr als 100 Jahren und wird von der Familie Artari in vierter Generation geführt. Guter Ausgangspunkt für einen Besuch der Kirche und der Burg.

## Tourenvorschläge

**La Route des Vins.** Eine Reise durch die Weinberge der Region.

### Hotels und Restaurants

**Leon d'Oro** ★★
via Chanoux 26
☎ 0166512202
**Batezar** 🍴🍴🍴🍴
via Marconi 1
☎ 0166513164
**Le Grenier** 🍴🍴
piazza Zerbion 1
☎ 0166512224
**Sarre**
**Etoile du Nord** ★★★
località Arensod 11/a
☎ 0165258219
**Panoramique** ★★★
località Pont d'Avisod 32
☎ 0165551246
**Mille Miglia** 🍴🍴
Saint Maurice
☎ 0165257227
**Verrès**
**Evancon** ★★★
via Circonvallazione 33
☎ 0125929152
**Pierre** 🍴🍴🍴
via Martorey 73
☎ 0125929376

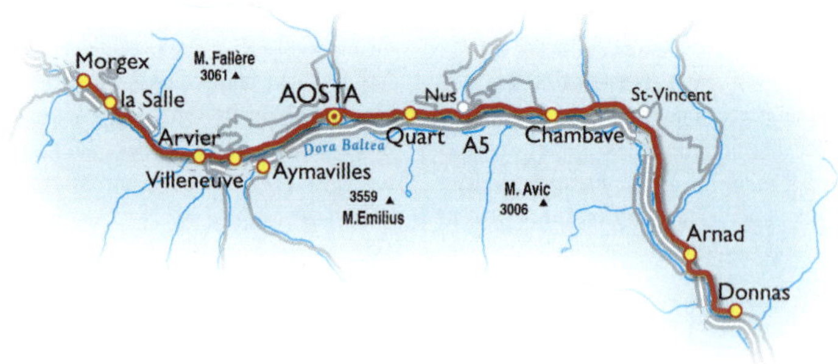


## Agriturismo

**Antey-Saint-André**
**Au Jardin Fleuri**
☎ 0166548372
**Aosta**
**La Ferme**
regione Chabloz 18
☎ 0165551647
**Plan d'Avie**
Arpuilles
☎ 016551126
**Fénis**
**Le Bonheur**
Chez-Croiset 53/a
☎ 0165764117
**Gignod**
**Le Myosotis**
Arliod 7
☎ 0165256893
**Introd**
**Plantey**
Villes Dessus 65
☎ 016595531
**Pré-Saint-Didier**
**Petit Mont Blanc**
Verrand, avenue
Dent du Geant 24
☎ 0165845083
**Saint-Pierre**
**L'Abri**
località
Vetan Dessous 83
☎ 0165908830
**Les Ecureuils**
località
Homené Dessus 8
☎ 0165903831
**Villeneuve**
**Les Fleurettes**
località Vereytaz 6
☎ 0165903483

Streckenweise führt der Weg über die Staatsstraßen 26 und 27, vorwiegend jedoch über kleinere Straßen. Entlang der Route liegen die Genossenschaftskellereien (Caves Coopératives), die sich auch als Treffpunkte zur Absatzförderung von Weinen und anderen regionalen Spezialitäten anbieten. **Donnas.** In der einzigen Weinstadt (→) des Aostatals, die der Associazione Nazionale Città del Vino angehört, sollte der Besucher bei den Caves Coopératives de Donnas (→ Kellereien) einkehren. **Arnad.** Mitten im Gewerbegebiet hat die Genossenschaft La Kiuva ihren Sitz, die (neben dem berühmten Arnad-Montjovet) mit sortenreinen Weinen aus internationalen Rebsorten aufwartet, darunter Chardonnay, Pinot nero, Müller-Thurgau und die ursprünglich aus der Schweiz stammende Petite Arvine. Erwähnenswert ist auch die Privatkellerei Dino Bonin. **Chambave.** Heimat des berühmten Moscato. Ein Muss ist der Besuch bei der Genossenschaftskellerei Crotta di Vegneron (→). Hier wird der Gast mit einer Palette von gut zehn DOC-Weinen empfangen, den Glanzlichtern der Produktion, die auch Vini da Tavola in allen Farben

*Eine Burg inmitten von Weinterrassen im Aostatal.*

## DOC-Weine aus der Region

**VALLE D'AOSTA. – Bianco/Blanc.** Rebsorten: alle zugelassenen weißen Trauben. Farbe: strohgelb mit grünlichen oder goldenen Reflexen. Geruch: frisch, gefällig, sortentypisch. Geschmack: trocken, leicht säuerlich, bisweilen lebhaft. Alkoholgehalt: 9%. Als Aperitif oder zu Vorspeisen zu trinken. – **Chardonnay.** Rebsorten: Chardonnay (90–100%). Produktion: 143 hl (4 ha). Farbe: strohgelb. Geruch: intensiv, fruchtig, sortentypisch. Geschmack: würzig, trocken, voll, sortentypisch, bisweilen mit Holznote. Alkoholgehalt: 11%. Alterung: mindestens 3 Monate. Zu Fisch zu trinken. – **Müller-Thurgau.** Rebsorten: Müller-Thurgau (90–100%). Produktion: 268 hl (5,3 ha). Farbe: grünlich-gelb, mit strohgelben Reflexen. Geruch: intensiv, angenehm, aromatisch. Geschmack: trocken, fruchtig, fein. Alkoholgehalt: 10%. Alterung: mindestens 3 Monate. Als Tischwein zu trinken. – **Petite Arvine.** Rebsorten: Petite Arvine (90–100%). Produktion: 85 hl (2,3 ha). Farbe: grünliches Gelb. Geruch: fein, fruchtig. Geschmack: harmonisch, lebhaft, sortentypisch. Alkoholgehalt: 11%. Alterung: mindestens 3 Monate. Als Tischwein zu trinken. – **Pinot Grigio/Pinot Gris.** Rebsorten: Pinot grigio (90–100%). Produktion: 23 hl (1,3 ha). Farbe: intensives Strohgelb mit goldgelben Reflexen. Geruch: typischer, sehr intensiver Duft. Geschmack: trocken, angenehm, harmonisch. Alkoholgehalt: 11%. Alterung: mindestens 3 Monate. Zu Fisch zu trinken. – **Pinot Nero (Bianco/Blanc).** Rebsorten: Pinot nero (90–100%), weiß gekeltert. Farbe: intensives oder leicht ins Rosé spielendes Strohgelb. Geruch: fruchtig und nachhaltig. Geschmack: trocken, harmonisch, sortentypisch. Alkoholgehalt: 11,5%. Alterung: mindestens 3 Monate. Zu Fisch zu trinken. – **Rosato/Rosé.** Rebsorten: alle zugelassenen roten Trauben, teilweise weiß gekeltert. Produktion: 39 hl. Farbe: rosé. Geruch: weinig, frisch, sortentypisch. Geschmack: trocken, angenehm, bisweilen lebhaft. Alkoholgehalt: 9,5%. Alterung: mindestens 3 Monate. Als Tischwein. – **Premetta.** Rebsorten: Premetta (90–100%). Farbe: kirschrot mit roséfarbenen Reflexen. Geruch: fein, intensiv, sortentypisch. Geschmack: trocken, leicht tanninhaltig, angenehm. Alkoholgehalt: 10,5%. Alterung: mindestens 6 Monate, dann bis zu 2 Jahren. Als Tischwein. – **Rosso/Rouge.** Rebsorten: alle zugelassenen roten Trauben. Produktion: 77 hl (2,1 ha). Farbe: rubinrot. Geruch: weinig, frisch, sortentypisch. Geschmack: trocken, angenehm, bisweilen lebhaft. Alkoholgehalt: 9,5%. Alterung: mindestens 3 Monate, dann bis zu 2 Jahren. Als Tischwein zu trinken. Arten: *Novello/Nouveau.* – **Fumin.** Rebsorten: Fumin (90–100%). Produktion: 30 hl (1,3 ha). Farbe: intensives Purpurrot. Geruch: sortentypisch nach Gewürzen. Geschmack: trocken, spröde, mit leicht bitterem Grundton, bisweilen mit Holznote. Alkoholgehalt: 11%. Alterung: mindestens 6 Monate, dann bis zu 2–3 Jahren. Als Tischwein. – **Gamay.** Rebsorten: Gamay (90 bis 100%). Produktion: 203 hl (5,5 ha). Farbe: lebhaftes Rubinrot. Geruch: fruchtig, intensiv, sortentypisch. Geschmack: trocken, fruchtig, leicht tanninhaltig, mit bitterem Grundton. Alkoholgehalt: 11%. Alterung: mindestens 6 Monate, dann bis zu 3 Jahren. Als Tischwein. – **Petit Rouge.** Rebsorten: Petit Rouge (90–100%). Produktion: 140 hl (4,3 ha). Farbe: lebhaftes Rot. Geruch: nach Wildrose, sortentypisch. Geschmack: trocken, samtig, mittlerer Körper. Alkoholgehalt: 11%. Alterung: mindestens 6 Monate, dann bis zu 3–4 Jahren. Als Tischwein. – **Pinot Nero (Rosso/Rouge).** Rebsorten: Pinot nero (90 bis 100%). Produktion: 319 hl (10,5 ha). Farbe: ins Granatrote spielendes Rubinrot. Geruch: fruchtig und nachhaltig. Geschmack: trocken, weinig, leicht tanninhaltig, so auch im Abgang, bisweilen mit Holznote. Alkoholgehalt: 11,5%. Alterung: mindestens 6 Monate, dann bis zu 3 Jahren. Als Tischwein.

### Enoteche

**Aosta**
**La Cave Valdotaine**
via Challand 34
☎ 016544164
**Caffè Roma**
via Aubert 28
☎ 0165262422

**Arvier**
**Café du Bourg**
via Lostan 12
☎ 016599094

**Breuil-Cervinia**
**Enoteca dell'Albergo Les Neiges d'Antan**
Cret Perrères
☎ 0166948775

**Cogne**
**La Brasserie du Bon Bec**
rue Bourgeois 68
☎ 0165749288
**Pub Brasserie Les Pertzes**
via Grappein 93
☎ 0165749227

**Courmayeur**
**Enoteca La Crotta**
via Circonvallazione 102
☎ 0165841735

**Morgex**
**Café Quinson Vieux Bistrot**
piazza Principe Tommaso 9
☎ 0165809499

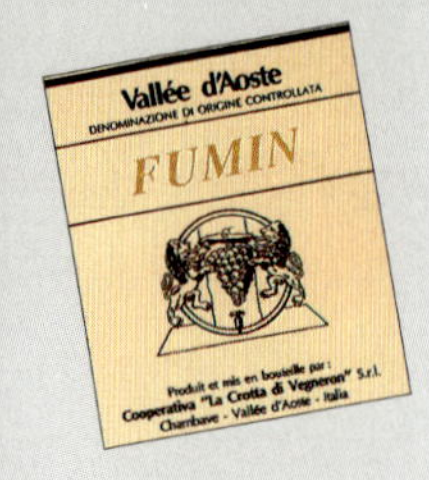


umfasst. **Quart.** Empfehlenswert ist ein Besuch bei dem schmucken, privat geführten Unternehmen Maison Vigneronne Frères Grosjean. **Aosta.** In der Provinzhauptstadt sollte man sich einen Besuch bei der direkt auf dem Domplatz gelegene Enoteca Regionale (→) sowie dem Institut Agricole Régional (→ Kellereien) nicht entgehen lassen. Letzteres lohnt besonders wegen des dort betriebenen Versuchsweinbaus und der DOC-Produktion, interessant sind aber auch die Weine aus alten, wiederentdeckten einheimischen Rebsorten. **Aymavilles.** Diese Ortschaft am Südhang des Tals bietet dem Besucher interessante Privatbetriebe wie die Weinkellerei von Costantino Praz oder die unweit der Burg gelegene Kellerei Les Crêtes (→). Ganz in der Nähe befindet sich die Cave des Onze Communes (→ Kellereien), die nicht nur – wie der Name nahe legt – der Größe nach, sondern auch in puncto Qualität einer der Spitzenbetriebe im Aostatal ist. **Villeneuve.** Im Betrieb Anselmet empfiehlt sich eine Verkostung der Spätlesen, die sich für gemütliche

*Pinot nero.*

Stunden vor dem Kamin eignen und zu würzigen Käsesorten passen. **Arvier.** Hier ist die Kellerei Co-Enfer angesiedelt, die sich auf DOC-Weine von den im Sommer glutheißen Weinbergen des Enfer spezialisiert hat. **La Salle.** In dieser Gegend ist der berühmte Blanc beheimatet, der am Fuß der höchsten Berge in Europa seit Jahrtausenden auf niedrigen Pergolen gezogen wird. **Morgex.** Die Cave du Vin Blanc de Morgex et de La Salle (→ Kellereien) mit angegliedertem Restaurant hat hier ihren Sitz. Sehenswert ist auch der Familienbetrieb Maison Vevey Albert.

*Weingärten im oberen Tal bei La Salle.*

## Veranstaltungskalender

**Januar**
**Champorcher**
1. Januar
Traditionelles Neujahrsfest
**Februar**
**Châtillon**
❶❷❸ Karneval
**Pont-Saint-Martin**
❶❷❸ Carnevale Storico (historischer Karneval)
**Verrès**
❶❷❸ Karneval
**Juni**
**Bosses**
② Incontro Gastronomico

## Gaumenfreuden

In Europas höchsten Bergen finden sich idyllische Dörfer, imposante Burgen, köstliche regionale Spezialitäten und außergewöhnliche Weine. Traditionell werden hier eher kalorienreiche, schlichte Gerichte unter reichlicher Verwendung von Butter, Schmalz und Eingelegtem gereicht. Zur einfachen Hausmannskost gehören Suppen in den unterschiedlichsten Variationen und Polenta. Eines der am weitesten verbreiteten Gerichte der Region ist allerdings die Carbonade, bestehend aus gesalzenem, eingelegtem Rindfleisch, das zu Ragout verarbeitet und langsam in Rotwein geschmort wird. Zu dieser schmackhaften, mit reichlich Sauce garnierten Speise wird Polenta oder Brot gereicht. Weitere berühmte Spezialitäten sind Fontina und Mocetta; beide findet man aber inzwischen nur noch selten in bester Qualität. Die Milch für den Fontina-Käse nämlich wird nicht mehr allein auf den Gebirgsweiden der Alpen – ursprünglich in Font, daher der Name Fontina – produziert, sondern in der Molkerei mit Milch unterschiedlicher Herkunft vermischt. Insgesamt erzielt man dadurch zwar stabilere Ergebnisse, das Niveau der Spitzenerzeugnisse aber wird gedrückt. Mocetta ist eine Wurst, die traditionell aus der Keule des Steinbocks zubereitet wurde, heute allerdings werden aus nahe liegenden Gründen andere Fleischsorten dafür verwendet, etwa Gemsen- oder Ziegenfleisch. In zahlreichen Gasthöfen finden sich auch heute noch regionale Spezialitäten, allerdings sind viele Lokale sehr teuer und haben nur wenige Monate im Jahr geöffnet, genannt sei etwa das Grand Baou im Val di Vertosan. Zu den erschwinglicheren gehört das Restaurant L'Hostellerie du Paradis in Valsavarenche, das seinem Namen alle Ehre macht. Hier erwarten den Gast Speisen gutbürgerlicher Tradition, zum Beispiel ein hervorragender Tome-Schafskäse aus den Alpen; Übernachtungsmöglichkeiten bieten die rund 30 ganz in Stein und Holz gehaltenen Zimmer. An der Straße zum Großen Sankt Bernhard liegt ein weiteres berühmtes Lokal, das Clusaz. Es verfügt ebenfalls über ein paar Zimmer und hat einige besondere Gaumenfreuden auf dem Speiseplan: Neben köstlichem Aufschnitt und Käse gibt es Graupensuppe und Carbonade. Dem Besucher, der eher das Unkonventionelle sucht, ist das Hôtel Dolonne kurz vor dem Montblanc-Tunnel zu empfehlen. Hier bietet Wirt Mirko eine hochrangige, sehr interessante Küche. Wer hingegen die Talsohle vorzieht, dem sei ein Besuch des Vecchio Ristoro in Aosta angeraten, eine umgebaute alte Mühle, in der die Inhaber, ein junges Ehepaar, erlesen-verlockende Speisen auftischen. Schließlich darf ein Hinweis auf die Brüder Vai nicht fehlen, die das Hotel Royal e Golf in Courmayeur führen. Das Restaurant dieses renommierten Hotels ist zwar etwas kostspieliger, aber angesichts der hervorragenden Qualität, die seine Küche zu bieten hat, lohnt sich die Ausgabe allemal.

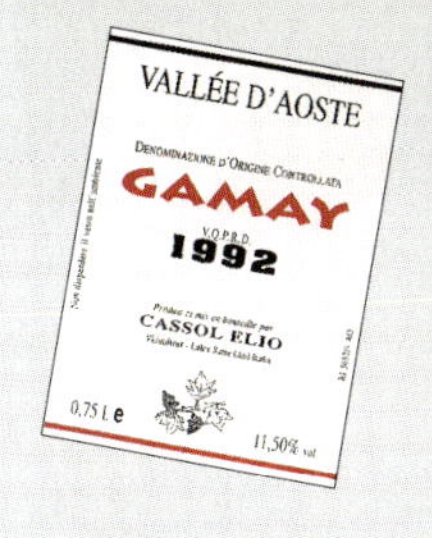


### Veranstaltungskalender

**Juli**

**Bosses**
① Sagra gastronomica dello «Jambon de Bosses» (Fest rund um den Bosses-Schinken)

**Champorcher**
③ Festa del pane nero (Schwarzbrotfest)

**Hône**
② Polentafest

**September**

**Chambave**
③ Sagra dell'Uva (Traubenfest)

**Oktober**

**Donnas**
❷❸ Sagra dell'Uva, Fest von San Luca und Sagra delle Castagne (Kastanienfest).

**Dezember**

**Chambave**
24. Dezember Presepe vivente (Krippenspiel)

**Pont-Saint-Martin**
Natale pontsanmartinese (Weihnachtsfeier)

**Verrès**
24. Dezember Panettone und Vin brulé

# Piemont

## Heimat großer Rotweine

*Die Langhe und das Monferrato sind die herausragenden Vertreter des Weinbaus in einer Region, die es verstanden hat, über allen notwendigen technischen Neuerungen ihre eigenen Traditionen nicht zu verleugnen. Den Weintouristen erwarten hier außergewöhnliche Entdeckungen.*

Das Piemont ist mit seinen 43 DOC- und sieben DOCG-Weinen eine der angesehensten, für viele Kenner sogar die beste Weinregion Italiens. In diesem Landstrich steht der Weinbau für Kultur, Freude an der Arbeit und eine jahrhundertealte handwerkliche Tradition, und man bricht hier mit dem Ehrgeiz ins neue Jahrtausend auf, rund um Weinberg und Keller – nicht zuletzt auch im Hinblick auf den Umweltschutz – neue Wege zu beschreiten.

### Weinberge, so weit das Auge reicht – vom Voralpenland bis hin zum Apennin

Der Erfolg des piemontesischen Weinbaus beruht zunächst einmal auf der besonders günstigen Lage jenes Hügellands, das etwa ein Drittel des Gebiets ausmacht. Das Anbaugebiet kann grob in zwei Bereiche aufgeteilt werden: Der bedeutendere liegt im Südosten und reicht vom Monferrato am rechten Poufer bis in die vom Tanaro durchzogene Gegend der Langhe hinein und umfasst damit die Provinzen Asti, Alessandria und einen Teil der Provinz Cuneo. Der zweite Bereich hingegen erstreckt sich entlang des Voralpenlands, das dem weiten Halbkreis der Alpen von der Provinz Cuneo bis hin zu den Provinzen Torino, Biella, Vercelli, Novara und Verbania folgt. Diese Hänge unterscheiden sich durch ihren erdgeschichtlichen Ursprung und folglich auch durch ihre Bodenbeschaffenheit. Die Hügel des Monferrato und der Langhe sind dadurch entstanden, dass sich der Grund des Urmeers anhob, das einst die Poebene bedeckte, und zeichnen sich daher durch Sedimentablagerungen aus, die ideale Voraussetzungen für den Weinbau bieten. Die Hänge des Voralpenlands hingegen sind entweder felsig – wie die gleich hinter ihnen emporragenden Berge – oder bestehen an den Talausgängen aus Moränenwällen, die sich nur selten für Rebpflanzungen eignen.

### Das Land von Barolo und Barbaresco

Die einzigartige Kombination aus geeignetem Boden und optimalen klimatischen Bedingungen im Monferrato und in den Langhe bringt außer-

**Movimento del Turismo del Vino**
Beauftragte:
Delfina Quattrocolo
via Santuario di Crea 6
Serralunga di Crea (Al)
☎ 0142940252
Sekretariat:
c/o Archimede
via Ratti 6
Asti
☎ 0141436947

gewöhnliche Weine hervor: unter den Roten sind Barolo, Barbaresco und Nebbiolo d'Alba an erster Stelle zu nennen, unter den Weißen vor allem der Asti. Wenn man das Profil des in drei Landstriche aufgeteilten Anbaugebiets genauer untersucht, fällt sofort seine extreme Vielgestaltigkeit auf. Der wärmste Bereich beginnt in der Tanaroebene in 250 bis 300 Meter Höhe; hier gedeihen Rebsorten mit einer längeren Reifezeit und höherem Wärmebedarf wie Barbera, Nebbiolo und, in zweiter Linie, Grignolino. Dies ist die Heimat der Weine mit langer Alterung. In 300 bis 400 Meter Höhe dann, wo größere Temperaturschwankungen mit mäßiger Feuchtigkeit einhergehen, erstreckt sich der große Weingarten, der hauptsächlich fruchtige und aromatische rote und weiße Tropfen wie Moscato d'Asti, Dolcetto, Brachetto, Cortese und Favorita erbringt. Weiter oben schließlich, zwischen 450 und 600 Metern, wo im Frühjahr und im Spätsommer beträchtliche Temperaturschwankungen auftreten, werden noch Rebsorten wie Moscato, Brachetto und Dolcetto kultiviert.

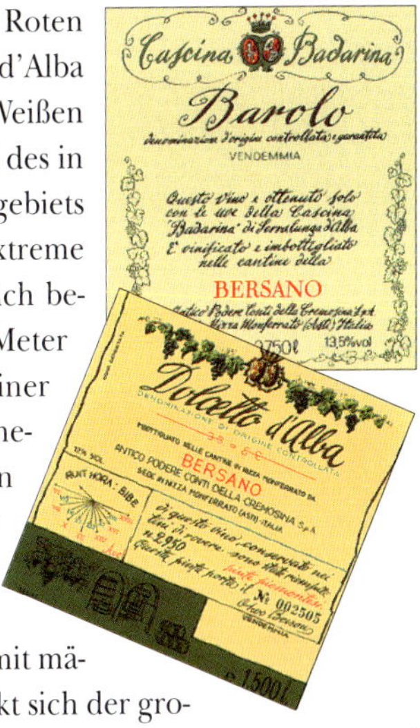

## Die Hänge des Ghemme und des Gattinara

Im Unterschied hierzu wird der Weinbau des Voralpenlands größtenteils an Hängen betrieben, die in der Regel durch hohe Temperaturen, große Temperaturschwankungen und starke Sonneneinstrahlung gekennzeichnet sind. Zweifellos nicht gerade ideale Voraussetzungen; und doch werden auf dem raren für Rebpflanzungen geeigneten Boden erstklassige Ergebnisse erzielt. Dies gilt für die Gebiete von Caluso, Carema, Gattinara und Ghemme, deren Namen nicht ohne Grund für exzellente, in einigen Fällen sogar herausragende Weine stehen.
Interessant ist, wie sich diese Widersprüchlichkeit auch auf die ansässige Unternehmerschaft auswirkt: Die Größe der Rebflächen beträgt zwar durchschnittlich eineinhalb Hektar pro Winzer, doch besteht ein gewaltiger Unterschied zwischen den spezialisierten, bisweilen nahezu industrieähnlichen Betrieben, die die nach Süden ausgerichteten Hänge bewirtschaften, und den Familienbetrieben im Voralpengebiet, bei denen der Weinbau als Nebenerwerb betrieben wird.

## König Nebbiolo und sein Hofstaat

Der piemontesische Weinbau gründet sich im Wesentlichen auf einheimische Rebsorten, die seit Jahrhunderten angebaut werden und sich ausgezeichnet an die hiesigen Böden angepasst haben. Neue Rebstöcke wurden erst in jüngerer Vergangenheit eingeführt, um die Angebotspalette für einen Markt auszuweiten, der zwar große Weine bewundert, aber

auch nach leichter zugänglichen Produkten verlangt. Hier werden überwiegend rote Trauben angebaut, und nur 30 Prozent der Rebflächen entfallen auf weiße Sorten. Die piemontesische Weinrebe schlechthin ist der schon seit dem Mittelalter verbürgte Nebbiolo, seines Zeichens Stammvater der berühmtesten Kreszenzen, um nur die DOCG-Weine Barolo, Barbaresco, Gattinara und Ghemme zu nennen. Die am weitesten verbreitete Sorte ist jedoch Barbera, die die Hälfte der Rebflächen des Piemont bedeckt. Unter den roten Reben folgen dann Dolcetto, Freisa, Grignolino, Bonarda, Brachetto und Malvasia, durchwegs Namen, die Weinkenner in der ganzen Welt schätzen. Spitzenreiter unter den weißen Reben ist Moscato, der in jährlich stolze 80 Millionen Flaschen Asti sprudelt. Weitere traditionelle weiße Rebsorten sind Cortese, Erbaluce und Arneis, während beispielsweise Pinot bianco, Pinot grigio, Riesling italico (Welschriesling), Rheinriesling, Chardonnay, Silvaner und Müller-Thurgau erst in jüngerer Zeit eingebürgert wurden.

## Eine ganze Region unter dem DOC-Prädikat

Der piemontesische Weinbau zeichnet sich durch gleichbleibend hohe Qualitätsmaßstäbe aus, die sich sowohl in den Vorschriften wie auch in der Praxis widerspiegeln. Zu einer großen Anzahl an DOC-Weinen, die teilweise auf exklusive limitierte Auflagen beschränkt sind, haben sich nun auch einige weiter gestreckte Gebiete – früher Erzeuger einer Unzahl von Weinen mit Herkunftsbezeichnung und Tafelweinen – gesellt. Im Einzelnen betrifft das die Bereiche Piemonte, Langhe, Monferrato und Colline Novaresi, die im Jahr 1995 mit dem DOC-Prädikat geadelt wurden, wodurch nun 75 Prozent der Rot- und 90 Prozent der Weißweine hinsichtlich ihrer Qualität geschützt sind. Die Erzeuger fühlen sich aber nicht nur diesen, in ihrer nahezu flächendeckenden Gültigkeit für Italien einzigartigen Bestimmungen verpflichtet, sondern auch einer steten Qualitätssteigerung, die durch Ertragsbeschränkung und hohe Investitionen in Weinherstellung und Vertrieb erreicht werden soll. Dies lässt sich anhand von zwei Beispielen verdeutlichen: Einerseits war trotz gegenläufiger EU-Politik, die die Kappung von Überschüssen anstrebt, eine Erweiterung der Anbaufläche um 2500 Hektar möglich, begleitet von Niederlassungen neuer Weinkellereien in den renommiertesten Gegenden, die zugleich Aushängeschild eines «Unternehmens» mit einem Jahresumsatz von rund 700 Millionen DM sind. Andererseits konnte sich aber ein historisches Erzeugnis des lokalen Weinbaus, die Barbera-Rebe, ungeachtet des in jüngerer Vergangenheit entstandenen Überangebots erfolgreich behaupten. Die Winzer haben sowohl im

Weinberg als auch in der Kellerei innovative Verfahren, etwa den Barriqueausbau, eingeführt und damit für ein Produkt gesorgt, das besser auf die Ansprüche der internationalen Märkte abgestimmt ist.

## Enoteche und Botteghe del Vino

In der Strategie zur Förderung des Piemont nehmen Rebstock und Wein eine entscheidende Rolle ein. Davon zeugt ein komplexes System von Enoteche Pubbliche und Botteghe del Vino, das in Italien seinesgleichen sucht. Die Einrichtungen unterscheiden sich in Größe und Zweck: Während die Enoteca Pubblica in regionalem Kontext steht und sich, häufig in einem historischen Gebäude, der Förderung der Weine eines ganzen Gebiets widmet, ist die Bottega del Vino das Sprachrohr von Winzergenossenschaften, bewegt sich auf Gemeindeebene und wendet sich an Fachkreise. Beide sind Ausdruck einer weit entwickelten Weinkultur, die ihren Niederschlag auch in der beträchtlichen Mitgliederzahl in der Vereinigung der Weinstädte (Associazione delle Città del Vino) findet, der 64 Gemeinden angeschlossen sind, sowie in der Bewegung für den Weintourismus (Movimento del Turismo del Vino) mit ihren über 120 der Öffentlichkeit zugänglichen Kellereien.

## Zukunft Europa

Der rasche Beitritt des Piemont zu den Förderprogrammen der EU für Weinstraßen und Weinregionen, auf den ein regionaler Gesetzentwurf dringt, sowie der ökologische Anbau, der schon auf 26 000 von 60 000 Hektar Weinbergen praktiziert wird, zeigen die Dynamik dieser Branche. Ein weiteres wichtiges Projekt ist die Enoteca Regionale del Piemonte, für die in Turin ein repräsentativer Sitz gesucht wird, der auch einem großen Besucherandrang gewachsen sein soll. Hinsichtlich der Berufsauffassung der Privatwirtschaft möge ein Verweis auf die Initiative der Winzer von Barolo und Fontanafredda genügen, die in Anlehnung an italienische staatliche Wertpapiere (BOT) die so genannten Barolo-Schatzbriefe (Buoni Ordinari del Barolo – BOB) herausgeben haben: Investitionen in Weinpartien, mit denen man verfährt, als ob sie an der Börse gehandelt würden. Zeitgemäße Finanzideen, die mit einem jahrhundertealten Produkt harmonieren.

# DOCG- und DOC-Bereiche im Piemont

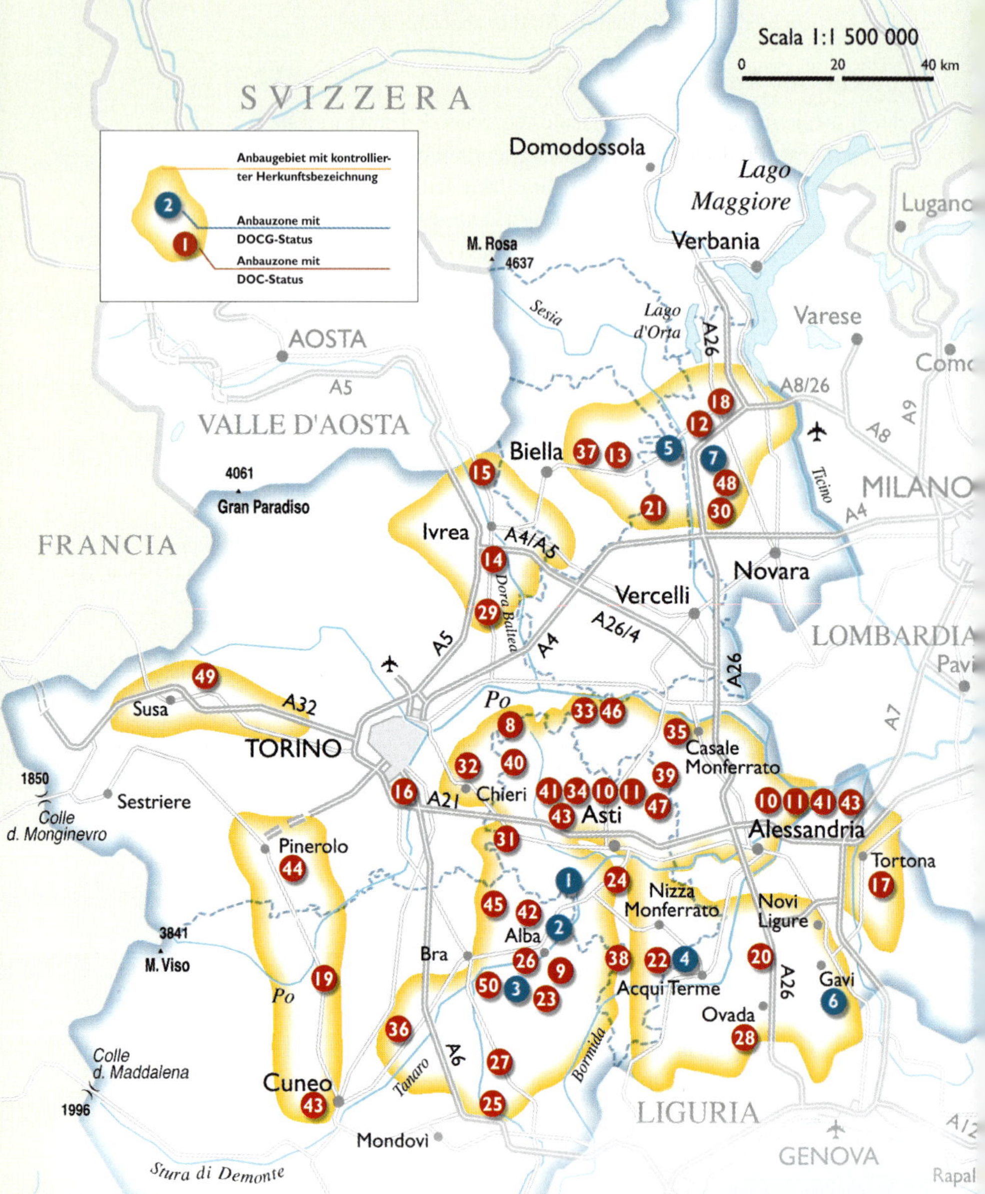


1. DOCG Asti – 9130 ha in über 60 Gemeinden der Provinzen Asti, Cuneo und Alessandria
2. DOCG Barbaresco – 484 ha im Barbaresco-Gebiet und in 3 weiteren Gemeinden der Provinz Cuneo
3. DOCG Barolo – 1239 ha in der Gemeinde Barolo und in 10 weiteren Orten der Provinz Cuneo
4. DOCG Brachetto d'Acqui – 434 ha in 26 Gemeinden der Provinzen Asti und Alessandria
5. DOCG Gattinara – 90 ha in der Gemeinde Gattinara, Provinz Vercelli
6. DOCG Gavi oder Cortese di Gavi – 978 ha in der Gemeinde Gavi und einigen Nachbarorten, Provinz Alessandria
7. DOCG Ghemme – 69 ha in Ghemme und Romagnano Sesia, Provinz Novara

8 DOC Albugnano – im Gebiet um Albugnano und in 3 Nachbargemeinden, Provinz Asti

9 DOC Barbera d'Alba – 2335 ha in 54 Gemeinden der Provinz Cuneo, darunter Alba

10 DOC Barbera d'Asti – 9604 ha in zahlreichen Gemeinden der Provinzen Asti und Alessandria

11 DOC Barbera del Monferrato – 4326 ha in etlichen Orten der Provinzen Alessandria und Asti

12 DOC Boca – 14 ha im Gebiet von Boca und in 3 weiteren Gemeinden der Provinz Novara

13 DOC Bramaterra – 26 ha in 6 Gemeinden der Provinzen Vercelli und Biella

14 DOC Canavese – 35 ha in zahlreichen Gemeinden der Provinzen Torino, Biella und Vercelli

15 DOC Carema – 36 ha in der Gemeinde Carema, Provinz Torino

16 DOC Collina Torinese – in 28 Gemeinden der Provinz Turin

17 DOC Colline Novaresi – 79 ha in 25 Gemeinden der Provinz Novara

18 DOC Colline Saluzzesi – in Saluzzo und in 8 weiteren Orten der Provinz Cuneo

19 DOC Colli Tortonesi – 1496 ha in 30 Gemeinden der Provinz Alessandria, darunter Tortona

20 DOC Cortese dell'Alto Monferrato – 787 ha in zahlreichen Orten der Provinzen Alessandria und Asti

21 DOC Coste della Sesia – 5,5 ha in einigen Gemeinden der Provinzen Biella und Vercelli

22 DOC Dolcetto d'Acqui – 614 ha in 22 Gemeinden der Provinz Alessandria, u. a. Acqui Terme

23 DOC Dolcetto d'Alba – 2137 ha in 36 Gemeinden der Provinzen Cuneo und Asti, u. a. Alba

24 DOC Dolcetto d'Asti – 230 ha im Raum Asti

25 DOC Dolcetto delle Langhe Monregalesi – 43 ha in 11 Gemeinden der Provinz Cuneo

26 DOC Dolcetto di Diano d'Alba – 332 ha in der Gemeinde Diano d'Alba, Provinz Cuneo

27 DOC Dolcetto di Dogliani – 975 ha in der Gemeinde Dogliani und in 10 weiteren Orten im Raum Cuneo

28 DOC Dolcetto di Ovada – 1518 ha in 22 Gemeinden der Provinz Alessandria, u. a. Ovada

29 DOC Erbaluce di Caluso – 141 ha in Caluso und in verschiedenen Orten der Provinzen Torino, Biella und Vercelli

30 DOC Fara – 21 ha in den Gemeinden Fara und Briona in der Provinz Novara

31 DOC Freisa d'Asti – 499 ha im Raum Asti

32 DOC Freisa di Chieri – 96 ha in der Gemeinde Chieri und in 12 weiteren Orten der Provinz Torino

33 DOC Gabiano – 7,5 ha in den Gemeinden Gabiano und Moncestino in der Provinz Alessandria

34 DOC Grignolino d'Asti – 512 ha in 35 Gemeinden der Provinz Asti

35 DOC Grignolino del Monferrato Casalese – 488 ha in der Gemeinde Casale Monferrato und in 33 weiteren Orten der Provinz Alessandria

36 DOC Langhe – 904 ha in 94 Gemeinden der Provinz Cuneo

37 DOC Lessona – 6,5 ha in der Gemeinde Lessona, Provinz Biella

38 DOC Loazzolo – 2,5 ha in der Gemeinde Loazzolo, Provinz Asti

39 DOC Malvasia di Casorzo d'Asti – 57 ha auf dem Gebiet von Casorzo und in 7 weiteren Gemeinden der Provinzen Asti und Alessandria

40 DOC Malvasia di Castelnuovo Don Bosco – 90 ha auf dem Gebiet von Castelnuovo Don Bosco und 5 weiteren Gemeinden im Raum Asti

41 DOC Monferrato – 461 ha in über 200 Gemeinden der Provinzen Asti und Alessandria

42 DOC Nebbiolo d'Alba – 557 ha in 32 Gemeinden im Raum Alba, Provinz Cuneo

43 DOC Piemonte – 2312 ha auf einer ausgedehnten Fläche in den Provinzen Alessandria, Asti und Cuneo

44 DOC Pinerolese – 72 ha in 32 Gemeinden der Provinz Torino, darunter Pinerolo, sowie zwei Orten im Raum Cuneo

45 DOC Roero – 606 ha in 19 Orten im Raum Cuneo

46 DOC Rubino di Cantavenna – 25 ha im Ortsteil Cantavenna, Gemeinde Gabiano, und in 3 Nachbargemeinden, Provinz Alessandria

47 DOC Ruché di Castagnole Monferrato – 15 ha im gleichnamigen Ort und in 6 Gemeinden im Raum Asti

48 DOC Sizzano – 34 ha in der Gemeinde Sizzano, Provinz Novara

49 DOC Valsusa – 19 Gemeinden des Valsusatals

50 DOC Verduno Pelaverga – 7,5 ha in den Orten Verduno, La Morra und Roddi d'Alba im Raum Cuneo

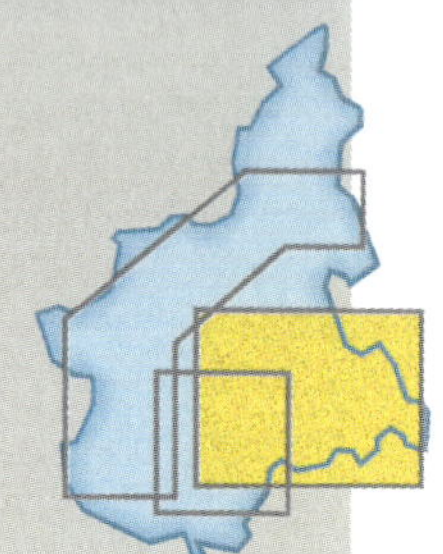

# Das Monferrato

## und die Colli Tortonesi

*Eine eindrucksvolle Hügellandschaft, deren Name untrennbar mit drei großen piemontesischen Weinen verbunden ist: Barbera, Grignolino und Moscato d'Asti.*

Das Monferrato ist eine ausgedehnte Hügellandschaft im Südosten des Piemont, die sich entlang des Pobogens von Chivasso bis Casale Monferrato erstreckt und im Süden ungefähr der Grenze zwischen den Provinzen Asti und Cuneo folgt. Eine weitere Begrenzungslinie, die mitten durch diesen Landstrich verläuft, teilt das Gebiet in zwei von Charakter und Natur her verschiedene Landschaften, was sich natürlich auch in der Weinproduktion niederschlägt. Das Basso Monferrato ist offen und freundlich, das Alto Monferrato dagegen unwirtlicher und rauer. Lässt man die geographischen Feinheiten einmal außer Acht, kann man als Grenze die Linie von Chieri über Asti bis Alessandria annehmen, die zunächst in etwa der Trasse der Via Padana Inferiore folgt, dann um einiges genauer dem Unterlauf des Tanaro. Eingebettet zwischen diesen beiden Gebieten liegen die Hügel von Asti, die eine kleine Weinwelt für sich darstellen – man denke nur an den berühmten Spumante, der rund um den Globus einen ausgezeichneten Ruf genießt.

### Hotels und Restaurants

**Acqui Terme**

**Ariston** ★★★
piazza Matteotti 13
☎ 0144322996

**Pineta** ★★★
strada della Salita 1
☎ 0144320688

**Mignon** ★★
via Monteverde 34
☎ 0144322594

**La Schiavia** 🍴🍴🍴
vicolo della Schiavia
☎ 014455939

**Parisio 1933** 🍴🍴
via Battisti 7
☎ 014457034

**San Marco** 🍴
via Ghione 5
☎ 0144322456

# Das Basso Monferrato

## Reich des Barbera und des Grignolino

Entgegen üblicher Lesarten ist das Basso Monferrato nicht der «untere», sondern der nördliche Teil dieses großen Weinbaugebiets, in dem sich auch die höchsten, bis 700 Meter hohen Erhebungen finden. Das durchschnittliche Niveau liegt jedoch bei für Weinreben behaglichen 350 Metern. Zwischen Casale Monferrato und Asti zeichnet sich die Gegend aus önologischer Sicht durch die Vorherrschaft des Barbera und des Grignolino aus – sie umschmeicheln den Gaumen hier mit einer Freundlichkeit, die aus dem Umfeld der strengen piemontesischen Roten herausragt. Diese beiden Weine sind die Spitzenreiter einer Region, in der man bei allem Stolz auf die eigenen Traditionen noch lange nicht unzeitgemäß ist. Das beweist nicht zuletzt die Tatsache, dass seit jüngerer Zeit konsequent den Wünschen des Marktes Rechnung getragen wird, etwa mit den in der Barrique ausgebauten Weinen, die die Antwort auf einen immer «jüngeren» und weltläufigeren Geschmack darstellen. Als weiteres Beispiel mögen auch die Weine aus kleineren Anbaugebieten dienen, wie etwa der Ruché di Castagnole, ein besonders erlesener Rotwein mit der unverwechselbaren Duftnote von Hyazinthen: einer der zahlreichen önologischen Schätze des Piemont. Eine Erwähnung am Rande verdienen schließlich die Hügel, die sich östlich von Turin erheben, um dann in die Landschaft des unteren Monferrato überzugehen. Der Hauptort dieser Gegend ist Chieri, wo ein Freisa erzeugt wird, der sich sein DOC-Gütesiegel wirklich verdient hat.

### Weinstädte

**Asti.** Einige wenige Zeilen reichen wohl kaum aus, um die Kunststadt Asti zu beschreiben. Um die Magie dieses Orts zu spüren, genügt ein Spaziergang durch die Altstadt, wo in einer Symphonie von rotem Backstein und gelbem Tuffstein Wohnhäuser mit strengen barocken Fassaden übergangslos mit den Überresten der mittelalterlichen Türme verschmelzen. Auf seiner Entdeckungstour durch die Stadt wird der Besucher von dem bewegenden Gefühl begleitet, in der Heimat des Spumante und des Barbera zu weilen. Höhepunkt der Weinsaison ist das **Duja d'Or** in der ersten Septemberhälfte: ein traditionelles Fest, das seinen Namen von dem Tonkrug herleitet, aus dem früher der Wein ausgeschenkt wurde. Damit einher geht ein nationaler Wettbewerb der DOC-Weine. Am zweiten Sonntag desselben Monats findet das **Festival delle Sagre** statt, auf dem Erzeugnisse aus Küche und Keller angeboten werden.

**Agliano.** In dem beliebten Ferienort wird ein vorzüglicher Barbera erzeugt, aber auch andere edle Tropfen wie Freisa, Grignolino, Dolcetto und Cortese. Einen charmanten Rahmen zur Verkostung bietet die **Giornata del Barbera** (Tag des Barbera) am letzen Sonntag im April.

### Hotels und Restaurants

**Agliano Terme**

**Fons Salutis** ★★★
via alle Fonti 125
☎ 0141954018

**San Giacomo** ★★★
via Arullani 4
☎ 0141954178

**Mario Dellavalle** 🍴
via Principe Amedeo 30
☎ 0141954020

**Alessandria**

**Alli Due Buoi Rossi 4**
via Cavour 32
☎ 0131445252

**Antico Ristorante dei Buoi Rossi** 🍴🍴
via Cavour 32
☎ 0131445050

**La Fermata** 🍴🍴
via Vochieri 120
☎ 0131251350

## DOC-Weine aus dem Basso Monferrato

**ALBUGNANO.** Rebsorten: Nebbiolo (85–100%), Freisa und/oder Barbera und/oder Bonarda (bis 15%). Produktion: in den Gemeinden Albugnano, Pino d'Asti, Castelnuovo Don Bosco und Passerano Marmorito. Farbe: mehr oder weniger intensives Rubinrot, bisweilen mit granatroten Reflexen. Geruch: delikater Duft, sortentypisch, mitunter weinig. Geschmack: trocken bis vollmundig, von mittlerem Körper, mehr oder minder tanninhaltig, von schöner Nachhaltigkeit, mitunter lebhaft. Alkoholgehalt: 11,5%. Alterung: bis zu 2 Jahren empfohlen. Zu den Mahlzeiten zu trinken. Arten: *Rosato* mindestens 11% Alkohol, zu leichten Speisen. Qualitätsstufen: *Superiore* mindestens 11,5% Alkohol und 1 Jahr Alterung (dann bis zu 3 Jahren); zu allen Speisen zu trinken.

**BARBERA D'ASTI.** Rebsorten: Barbera d'Asti (85–100%), Freisa und/oder Grignolino und/oder Dolcetto (bis 15%). Produktion: 151850 hl (3718 ha). Farbe: rubinrot, mit zunehmender Alterung ins Granatrote spielend. Geruch: weinig mit sortentypischem Duft, mit zunehmender Alterung ätherisch. Geschmack: trocken, ruhig, körperreich, nach angemessener Alterung harmonisch, angenehm und voll. Alkoholgehalt: 12%. Nicht vor dem 1. März nach der Lese zu trinken, 3 Jahre Alterung empfohlen. Zu allen Speisen zu trinken. Qualitätsstufen: *Superiore* mindestens 12,5% Alkohol und 1 Jahr Alterung, davon 6 Monate in Eichenfässern (dann bis zu 4 Jahren); zu deftigen Gerichten der bäuerlichen Küche, Braten von rotem Fleisch sowie altem Käse zu trinken.

**BARBERA DEL MONFERRATO.** Rebsorten: Barbera del Monferrato (85–100%), Freisa und/oder Grignolino und/oder Dolcetto (bis 15%). Produktion: 129370 hl (2932 ha). Farbe: mehr oder weniger intensives Rubinrot. Geruch: weinig. Geschmack: trocken oder leicht vollmundig, von mittlerem Körper, mitunter lebhaft und perlend. Alkoholgehalt: 11,5%. Alterung: bis zu 2 Jahren empfohlen. Zu allen Speisen zu trinken. Qualitätsstufen: *Superiore* mindestens 12,5% Alkohol und 1 Jahr Alterung, davon 6 Monate in Eichenfässern (dann bis zu 4 Jahren); zu Gerichten der bäuerlichen Küche, Braten von rotem Fleisch und altem Käse zu trinken.

**COLLINA TORINESE. – Rosso.** Rebsorten: Barbera (60–75%), Freisa (25 bis 40%), andere (bis zu 15%). Farbe: mehr oder weniger intensives Rubinrot. Geruch: intensiv, charakteristisch, weinig. Geschmack: herb, harmonisch. Alkoholgehalt: 10,5%. Alterung: bis zu 2 Jahren empfohlen. Zu den Mahlzeiten zu trinken. Arten: *Novello*. – **Barbera.** Rebsorten: Barbera (85–100%), andere (bis zu 15%). Farbe: intensives Rubinrot. Geruch: weinig, charakteristisch. Geschmack: trocken, harmonisch, frisch, körperreich. Alkoholgehalt: 10,5%. Alterung: bis zu 2 Jahren empfohlen. Zu den Mahlzeiten zu trinken. – **Bonarda.** Rebsorten: Bonarda (85–100%), andere (bis zu 15%). Farbe: mäßig intensives Rubinrot. Geruch: intensiv weinig. Geschmack: herb und charakteristisch. Alkoholgehalt: 10,5%. Alterung: bis zu 2 Jahren empfohlen. Zu den Mahlzeiten zu trinken. – **Malvasia.** Rebsorten: Malvasia di Schierano (85–100%), andere (bis zu 15%). Farbe: kirschrot. Geruch: frisch, sortentypischer Duft. Geschmack: süß, leicht aromatisch. Alkoholgehalt: 5,5+4,5%. Zum Abschluss des Mahls. – **Pelaverga** oder **Cari.** Rebsorten: Pelaverga oder Cari (85–100%), andere (bis zu 15%). Farbe: kirschrot. Geruch: sortentypischer Duft. Geschmack: süß, angenehm, charakteristisch. Alkoholgehalt: 5+5%. Zum Abschluss der Mahlzeiten.

**FREISA D'ASTI.** Rebsorten: Freisa (100%). Produktion: 10527 hl (300 ha). – **Secco.** Farbe: eher helles Granat- oder Kirschrot, mit der Alterung zu orange tendierend. Geruch: sortentypisch mit delikatem Duft nach Himbeeren und Rosen. Geschmack: trocken mit fruchtiger Himbeernote, weich nach kurzer

### Hotels und Restaurants

**Asti**

**Hasta Hotel** ★★★
Valle Benedetta 25
☎ 0141213312

**Reale** ★★★
piazza Alfieri 6
☎ 0141530240

**Gener Neuv** 🍴🍴🍴🍴
Lungotanaro
Pescatori 4
☎ 0141557270

**Dente** 🍴🍴
Valle Tanaro 43
Torrazzo
☎ 0141436560

**Trattoria del Bricco** 🍴🍴
Quarto Sup.re 50
☎ 0141293385

**Calosso**

**Da Elsa** 🍴
via S. Siro 4
☎ 0141853142

Alterung. Alkoholgehalt: 11%. Alterung: bis zu 2 Jahren empfohlen. Zu deftigen Wurstspezialitäten, Nudel- oder Risottogerichten und weißem Fleisch zu trinken. Qualitätsstufen: *Superiore* mindestens 11,5% Alkohol und Alterung bis zum 1. November des auf die Weinlese folgenden Jahres. Zu allen Speisen zu trinken. – **Amabile.** Farbe: eher helles Granat- oder Kirschrot, mit der Alterung zu orange tendierend. Geruch: sortentypisch, mit delikatem Duft nach Himbeeren und Rosen. Geschmack: lieblich, frisch mit einem sehr angenehmen Grundton von Himbeeren. Alkoholgehalt: 11%. Arten: *Spumante* und *Frizzante*. Zum Abschluss der Mahlzeiten zu trinken.

**FREISA DI CHIERI.** Rebsorten: Freisa (100%). Produktion: 2349 hl (54 ha). – **Secco.** Farbe: nicht zu intensives Rubinrot. Geruch: fein, mit Reminiszenzen an Himbeeren und Veilchen. Geschmack: trocken, säuerlich, was sich mit der Alterung verfeinert. Alkoholgehalt: 11%. Alterung: bis zu 3 Jahren empfohlen. Zum Essen zu trinken. Qualitätsstufen: *Superiore* mindestens 11,5% Alkohol und 1 Jahr Alterung. – **Amabile.** Farbe: nicht zu intensives Rubinrot. Geruch: fein, mit Reminiszenzen an Himbeeren und Veilchen. Geschmack: lieblich, aromatisch. Alkoholgehalt: 11%. Zum Abschluss der Mahlzeiten zu trinken. Arten: *Frizzante* und *Spumante*, zum Abschluss der Mahlzeiten zu trinken.

**GABIANO.** Rebsorten: Barbera (90 bis 95%), Freisa und/oder Grignolino (5–10%). Produktion: 207 hl (10 ha in den Gemeinden Gabiano und Moncestino). Farbe: von sattem Rubinrot bis Granatrot mit der Alterung. Geruch: weinig und mit der Alterung sortentypischer Duft. Geschmack: trocken, harmonisch und von angemessenem Körper. Alkoholgehalt: 12%. Alterung: 3 Jahre und mehr empfohlen. Zu allen Speisen zu trinken. Qualitätsstufen: *Riserva* mindestens 12,5% Alkohol und 2 Jahre Alterung (dann bis zu 5–6 Jahren). Zu weißem Fleisch und zu Braten von rotem Fleisch zu trinken.

**GRIGNOLINO D'ASTI.** Rebsorten: Grignolino (90–100%) und Freisa (bis 10%). Produktion: 16675 hl (351 ha). Farbe: mehr oder weniger intensives Rubinrot, mit der Alterung zu orange tendierend. Geruch: typischer und feiner Duft. Geschmack: trocken, leicht tanninhaltig, angenehm bitter mit langem Abgang. Alkoholgehalt: 11%. Alterung: bis zu 2 Jahren. Zu allen Speisen zu trinken, besonders geeignet als Begleiter zu weißem Fleisch.

**GRIGNOLINO DEL MONFERRATO CASALESE.** Rebsorten: Grignolino (90–100%) und Freisa (bis 10%). Produktion: 8776 hl (371 ha). Farbe: helles Rubinrot, mit der Alterung zu orange tendierend. Geruch: sortentypischer und feiner Duft. Geschmack: trocken, leicht tanninhaltig, angenehm bitter mit langem Abgang. Alkoholgehalt: 11%. Alterung: bis zu 2 Jahren empfohlen. Zu allen Speisen zu trinken.

**MALVASIA DI CASORZO D'ASTI.** Produktion: 2554 hl (39 ha in den Gemeinden Casorzo, Grana, Grazzano, Vignale Monferrato, Altavilla, Ottiglio, Grazzano Badoglio und Olivola). Rebsorten: Malvasia di Casorzo (90–100%), Freisa und/oder Grignolino und/oder Barbera und/oder andere aromatische Sorten (bis 10%). Farbe: rubin- bis kirschrot. Geruch: duftiges, sortentypisches Aroma der Malvasia di Casorzo. Geschmack: süß, leicht aromatisch, sortentypisch. Alkoholgehalt: 4,5+6%. Zum Abschluss der Mahlzeiten. Arten: rosé *Spumante* (6,5+4%); zum Abschluss der Mahlzeiten; roter *Passito* (10+5%), in ruhigen Stunden zu genießen.

**MALVASIA DI CASTELNUOVO DON BOSCO.** Produktion: 3399 hl (65 ha in den Gemeinden Albugnano, Castelnuovo Don Bosco, Passerano Marmorito, Pino d'Asti, Berzano und Moncucco). Rebsorten: Malvasia di Schierano (85–100%), Freisa (bis 15%). Farbe: kirschrot. Geruch: duftiges, sortentypisches Aroma der Malvasia di Schierano.

## Hotels und Restaurants

**Canelli**
**Grappolo d'Oro** ★★★
viale Risorgimento 59/61
☎ 0141823882
**San Marco** 🍴🍴🍴
via Alba 136
☎ 0141823544

**Cartosio**
**Cacciatori** 🍴🍴
via Moreno 30
☎ 014440123

**Casale Monferrato**
**Principe** ★★★
via Cavour 55
☎ 0142452019
**La Torre** 🍴🍴🍴
via Garoglio 3
☎ 014270295

## DOC-Weine aus dem Basso Monferrato

Geschmack: süß, leicht aromatisch, sortentypisch. Alkoholgehalt: 10,5%. Arten: *Frizzante* (10,5%) und *Spumante* (11%). Zum Abschluss der Mahlzeiten.

**RUBINO DI CANTAVENNA.** Produktion: 269 hl (11 ha in den Gemeinden Gabiano und Camino). Rebsorten: Barbera (75–90%), Grignolino und/oder Freisa (10–25%). Farbe: helles Rubinrot mit granatroten Reflexen. Geruch: weinig mit angenehmem, sortentypischem Duft. Geschmack: trocken und harmonisch. Alkoholgehalt: 11,5%. Alterung: mindestens 1 Jahr, bis zu 4 Jahren empfohlen. Zu allen Speisen zu trinken.

**RUCHÉ DI CASTAGNOLE MONFERRATO.** Rebsorten: Ruché (90 bis 100%), Barbera und/oder Brachetto (bis 10%). Produktion: 695 hl (13 ha in den Gemeinden Castagnole Monferrato, Grana, Montemagno, Portacomaro, Refrancore, Scurzolengo und Viarigi). Farbe: nicht zu sattes Rubinrot mit ins Violette spielenden Reflexen, mitunter auch zu orange tendierend. Geruch: intensiv, nachhaltig, leicht aromatisch, fruchtig. Geschmack: trocken oder lieblich, harmonisch, mitunter leicht tanninhaltig, von mittlerem Körper mit einer aromatischen Komponente. Alkoholgehalt: 12%. Alterung: 3–4 Jahre für den Trockenen empfohlen, 2–3 Jahre für den Lieblichen. Ersterer zu allen Speisen, Letzterer zum Dessert.

**Castagnole Monferrato.** Neben mittelalterlichen Bauten gibt es hier auch schöne Barockkirchen zu bewundern. Der Name des Orts wird vor allem mit der Verarbeitung der einheimischen Rebe Ruché in Verbindung gebracht. Eine einzigartige Gelegenheit, diese alte Tradition zu erleben, ist die **Vendemmia del Nonno** (Großvaters Weinlese), bei der man die gute alte Zeit mit Weinlesekarren, dem Keltern auf der Piazza und einer öffentlichen Weinprobe wieder aufleben lässt.

**Cocconato.** Das Rathaus ist ein seltenes Beispiel gotischer Architektur. Nicht weit davon entfernt liegt die prachtvolle Abtei Vezzolano. Der Ort ist umgeben von Weingärten, in denen Barbera und Freisa gedeihen. Man muß nicht unbedingt auf die **Festa dell'Uva** (Fest der Traube) am ersten Sonntag im Oktober warten, um sie zu verkosten, doch kann man bei dieser Gelegenheit auch Schlackwurst und andere Köstlichkeiten der Gegend probieren. Freunde der Weinkultur sollten unbedingt die Casa Brina der Kellerei Bava besuchen.

**Moncalvo.** Der Ort auf einer Anhöhe, von der aus man sowohl das Monferrato als auch die Ebene überblickt, ist die «kleinste Stadt Italiens». Die vielen prächtigen, an die einstige Bedeutung gemahnenden Gebäude und Kirchen rechtfertigen noch heute diesen bereits im Jahr 1705 verliehenen Titel. Die hiesige Weinpalette bietet Barbera del Monferrato und Barbera d'Asti, Grignolino sowie Freisa. Sehr abwechslungsreich ist der Veranstaltungskalender: Am dritten Sonntag im Juni findet die **Sagra delle Cucine Monferrine** statt, die den verschiedenartigen Küchen des Monferrato gewidmet ist, an den letzten beiden Sonntagen im Oktober die **Fiera del Tartufo** (Trüffelfest) und schließlich im Dezember die **Fiera del Bue Grasso** (Fest des fetten Ochsen). Je-

### Hotels und Restaurants

**Cassinasco**
**I Caffi** 🍴
Santuario dei Caffi
☎ 0141826900

**Castelnuovo Don Bosco**
**Monferrato** 🍴
via Marconi 16
☎ 0119927100

**Chieri**
**La Vigna** 🍴
strada Airali 50
☎ 0119423546

**San Domenico** 🍴
via San Domenico 2
☎ 0119411864

**Cocconato**
**Cannon d'Oro3** 🍴
piazza Cavour 21
☎ 0141907794

**Costigliole d'A.**
**Guido** 🍴🍴🍴
piazza Umberto 127
☎ 0141966012

den ersten Sonntag im Monat wird ein Antiquitätenmarkt abgehalten. **Portacomaro.** Im Herzen des Grignolino-Gebiets gelegen, beherbergt das Städtchen eine Entoteca Pubblica in den Kellergewölben eines historischen Gebäudes, die aus dem Tuffstein herausgeschlagen wurden. Weitere DOC-Weine des Orts sind Barbera d'Asti, Barbera del Monferrato, Ruché di Castagnole und Freisa d'Asti.

**Und außerdem ... Casorzo.** 25 km von Asti. Vom 5. bis 10. August findet hier das Fest von **San Vincenzo** statt. **Castello di Annone.** Der Ort liegt etwa 12 km östlich von Asti oberhalb des Tanaro und ist noch nicht lange Mitglied im Kreis der Weinstädte. **Montegrosso d'Asti.** 15 km von Asti. Dienstags Markt. Ende November findet die **Fiera del tartufo** (Trüffelmesse) statt.

## Enoteche

**Moncucco Torinese.** *Bottega del vino, via Mosso 6, Tel. 0119874765. Öffnungszeiten: Montag, Donnerstag, Freitag 15–24 Uhr, Samstag und Sonntag 9–24 Uhr.* Die Bottega gehört zur exzellenten Trattoria del Freisa und vermarktet önologische und kulinarische Erzeugnisse der Gegend um Chieri.

**Portacomaro.** *Bottega del Grignolino, piazza Marconi 16, Tel. 0141 202666. Öffnungszeiten: Samstag, Sonn- und Feiertage: 11–19 Uhr.* Weinproben und Verkauf im alten Wachturm. Restaurant (geöffnet 12.30–15 und 20–22 Uhr, Montag und Dienstagmittag geschlossen).

**Vignale Monferrato.** *Enoteca Regionale del Monferrato, Palazzo Callori, piazza del Popolo 7, Tel. 0142 933243. Öffnungszeiten: Montag 9–13 Uhr, Mittwoch–Freitag 9–13 und 13.30–16.30 Uhr, Samstag und Sonntag 10–12 und 15–19 Uhr, Dienstag geschlossen.* Diese auf Barbera und Grignolino del Monferrato spezialisierte Enoteca hat ihren Sitz in einem historischen Gebäude, dessen eindrucksvolle Weinkeller, die so genannten Infernotti, in den Tuffstein gehauen sind. Restaurant; Verkostung nach Voranmeldung.

## Kellereien

**Alfiano Natta.** *Fattorie Augustus, Castello di Razzano, frazione Casarello, Tel. 0141922426. Öffnungszeiten: Montag–Freitag 9–12 und 14.30–18.30 Uhr, Samstag und Sonntag nach Voranmeldung.* Ein alter, burgähnlicher Wohnsitz mit eindrucksvollen Weinkellern. Spitzenprodukt ist der Barbera d'Asti, der entweder in Eichenfässern (Cru Campasso) oder als Superiore (Cru Vigna del Beneficio) in Barriques ausgebaut wird.

**Cocconato.** *Azienda vitivinicola Bava, strada Monferrato 2, Tel. 0141 907083. Öffnungszeiten: Montag bis Freitag 8–12 und 14–18 Uhr, Samstag 8–12 Uhr, Voranmeldung empfohlen.* Einer der großen Erzeugernamen des Monferrato. Neben exzellenten DOC-Weinen hat man hier auch drei selbst kreierte Tropfen im Angebot: Stradivario, Alteserra und Malvasia Rosa Canina.

**Ozzano Monferrato.** *Cantine Valpane, cascina Valpane 10/1, Tel. 0142 486713. Öffnungszeiten: täglich 9 bis 20 Uhr, Voranmeldung erwünscht.* In diesem Gutshof aus dem späten

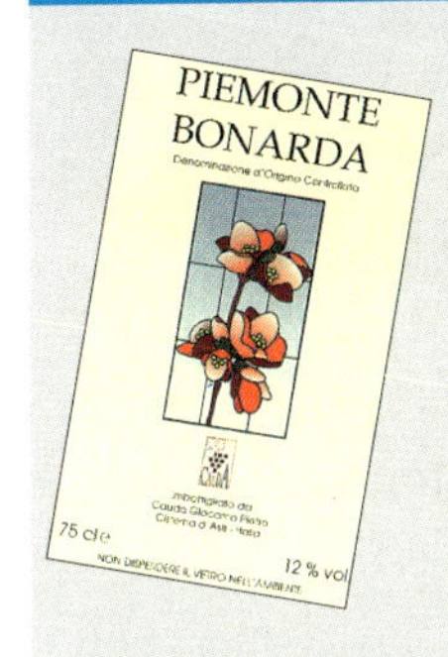


### Hotels und Restaurants

**Gassino T.se**
**Villata** 🍴
Tetti Villata 25
☎ 0119605818

**Gavi**
**Castello** ★★★
piazza Dante 13
☎ 0143642794
**Cantine del Gavi** 🍴
via Mameli 69
☎ 0143642458
**Le Volte** 🍴
via Roma 19/r
☎ 0143643686
**Marietto** 🍴
5 km nach Rovereto
☎ 0143682118

**Grazzano Badoglio**
**Natalina L'Albergotto** 🍴
Madonna d. Monti
☎ 0141925185
**Bagatto** 🍴
piazza Cotti 17
☎ 0141925110

18. Jahrhundert, der einen schmucken Innenhof umschließt, werden seit über einem Jahrhundert prämierte Weine erzeugt. Im eindrucksvollen Weinkeller wird vor allen Dingen Barbera gekeltert, der teilweise für den Barriqueausbau bestimmt ist und dann das Etikett Valpane trägt. Als Übernachtungsmöglichkeit stehen den Gästen drei Zimmer mit Frühstück zur Verfügung.

**Serralunga di Crea.** *Tenuta La Tenaglia, Via Santuario di Crea 5, Tel. 0142940252. Öffnungszeiten: täglich 9–12 und 14–19 Uhr, Gruppen nur nach Voranmeldung.* Auf einem Hügel liegen Kellerei und Herrenhaus aus dem 17. Jahrhundert, das ständig für Kunstausstellungen genutzt wird. Der umliegende Grund umfasst 30 Hektar, von denen 14 Hektar für den Weinbau genutzt werden. Herausragend der Grignolino del Monferrato und der Barbera d'Asti Giorgio Tenaglia. Möglichkeit zur Einkehr und zur Übernachtung auf dem Gut.

**Vignale Monferrato.** *Giulio Accornero & Figli, Ca' Cima 1, Tel. 0142 933317. Öffnungszeiten: Montag bis Freitag 9–12 und 16–18 Uhr, an Sonn- und Feiertagen 10–12 und 15–18 Uhr.* Es war Urgroßvater Bartolomeo, Jahrgang 1839, der unter großen Entbehrungen den Gutshof Ca' Cima übernommen und mit der Weinproduktion begonnen hatte. Auf 16 Hektar werden die Reben für die Barbera-, Grignolino-, Freisa-, Malvasia- und Chardonnay-Weine angebaut. Übernachtungsmöglichkeit in den sechs Zimmern des Gutshauses.

**Und außerdem ... Casale Monferrato.** *Ermenegildo Leporati – Tenuta la Pavesa, strada Asti 29, Tel. 014255616.* **Castello di Annone.** *Villa Fiorita, via Case Sparse 2, Tel. 0141401231.* **Cittadella Monferrato.** *Antica Distilleria di Altavilla, regione Cittadella 1, Tel. 0142 926185.* **Cocconato.** *Dezzani, Tel. 0141907236.* **Conzano Monferrato.** *Tenuta San Rocco, regione Martini 17, Tel. 0142925122.* **Frassinello Monferrato.** *Castello di Lignano, regione Lignano, Tel. 0142334511. Ferraris Evasio, piazza Margherita 3, Tel. 0142928117.* **Lu Monferrato.** *Tenuta San Sebastiano, cascina San Sebastiano 41, Tel. 0131741353.* **Moncalvo.** *Cascina Orsolina, Tel. 0141917277.* **Portacomaro.** *Castello del Poggio, frazione Poggio, Tel. 0141202543.* **Rosignano M.** *Vicara – Visconti Cassinis Ravizza, cascina della Madonna 5, Tel. 0142 488054.* **San Giorgio M.** *La Puledra, via San Lorenzo 54, Tel. 0142 806192.* **Scurzolengo.** *Cantine Sant'Agata, regione Mezzena 19, Tel. 0141 203186.* **Serralunga di Crea.** *Ristorante Santuario, Tel. 0142940108.* **Treville M.** *Livio Pavese, regione Bettola, Tel. 0142487215.* **Vignale Monferato.** *Canato, Tel. 0142 933653. Colonna, Ca' Accatino 1, frazione San Lorenzo, Tel. 0142933239. Il Mongetto, via Pavie 2, Tel. 0142 933442. La Scamuzza, cascina Pomina 18, Tel. 0142926214. Silvio Morando, Ca' San Rocco 6, Tel. 0142*

*Portacomaro, Castello del Poggio.*

## Hotels und Restaurants

**Isola d'Asti**
**Cascinale Nuovo**
SS Asti-Alba 15
☎ 0141958166

**Masio**
**Losanna**
via S. Rocco 36
☎ 0131799525

**Moncalieri**
**Cà Mia**
strada Revigliasco 138
☎ 0116472808

*933590. Nuova Cappelletta, frazione Ca' Cappelletta 9, Tel. 0142 933135.*

## Rund um den Wein

**Chieri.** *Museo Martini e Rossi di storia dell'enologia, c/o Cantine Martini e Rossi, piazza Rossi 11, frazione Pessione, Tel. 01194191. Öffnungszeiten: Dienstag–Freitag 14–17 Uhr, Samstag und Sonntag 9–12 und 14 bis 17 Uhr, im August geschlossen.* Gleich neben der traditionsreichen Kellerei Martini e Rossi befindet sich eines der schönsten Weinmuseen Italiens. Besonders sehenswert ist wegen ihrer herrlichen Schnitzarbeiten mit Bacchusmotiven die Abteilung mit den einstmals für die Weinlese eingesetzten Karren. Führungen und Verkostung.

## Tourenvorschläge

**Die Kellereien des Barbera.** Zwei Wegstrecken, die zu den besten DOC-Lagen von Barbera d'Asti und Barbera del Monferrato führen.

**I. Costigliole d'Asti.** Eine beeindruckende Weinstadt, die von der gewaltigen, gotisch anmutenden Burg überragt wird, in der die städtische Kellerei (Cantina Comunale) ihren Sitz hat. **Nizza Monferrato.** Weinstadt mit viel Flair und vielseitigem Veranstaltungskalender. Beachtlich ist das große Angebot von Küche und Keller. **Castel Boglione.** Reizende Ortschaft in Hanglage, umgeben von hochklassigen Weinbergen. **Mombaruzzo.** Lebendige Weinstadt, die auch mit köstlichen Amaretti aufwarten kann. **Vinchio.** Der Ort inmitten von steil abfallenden Weinbergen wird auch für seinen Spargel und seine Karden gerühmt. **Cortiglione.** Ein Muss ist das Restaurant Ai Campi in einer alten Mühle. **Montegrosso d'Asti.** Eine geschäftige Weinstadt (→) im Schatten einer mächtigen turmbewehrten Burg.

**II. Castagnole Monferrato.** Weinstadt (→) mit Winzergenossenschaft, in der unter anderem der exklusive Ruché erzeugt wird. Im Tuffstein des Hügels lagern zahllose kostbare Flaschen. **Montemagno.** Unbedingt ausprobieren sollte man die vorzügliche Küche des Restaurants Braja. **Vignale Monferrato.** Spitzenreiter der Produktion und deshalb Sitz der Enoteca

## Hotels und Restaurants

**Moncalvo**

**Centrale** 🍴🍴🍴
piazza C. Alberto24
☎ 0141917126

**Tre Re** 🍴🍴
piazza Romita 3
☎ 0141917125

**Tavernetta** 🍴
C. XXV Aprile 128
☎ 0141917301

Regionale del Monferrato. **San Giorgio Monferrato.** Von einem hohen Wall aus wacht der Ort mit seiner trutzigen Burg Ricaldone über die Barbera-Region. **Casale Monferrato.** Bauten aus dem 18. Jahrhundert künden von einer Zeit, als diese am Po gelegene Ortschaft noch Hauptstadt des Monferrato war.

**Grignolino, eine Weltanschauung.** Vom Hauptort Portacomaro aus beginnt diese Entdeckungsreise in das Gebiet des Grignolino d'Asti DOC. **Portacomaro.** Die Bottega del Grignolino (→ Enoteche) mit angeschlossener Osteria ist Beweis für die unangefochtene Vorrangstellung des Orts. **Scurzolengo.** Kleines Wehrdorf, in dem man die bedeutende Kellerei Sant'Agata (→) besichtigen sollte. **Castagnole Monferrato.** Obwohl bereits im Tourenvorschlag zur Barbera-Region genannt, verdient die Weinstadt (→) eine zweite Erwähnung. **Montemagno.** Die nächste Überschneidung mit der Barbera-Route, die aber trotzdem sein muss. **Grazzano Badoglio.** Eindrucksvoll ist der mittelalterliche Stadtkern und erwähnenswert die Kellerei Fracchia, auch die guten Restaurants lohnen einen Besuch. Wegen der hochwertigen lokalen Malvasia-Rebe sollte in jedem Fall im einige Kilometer entfernt gelegenen Casorzo ein Halt eingelegt werden. **Moncalvo.** Höher gelegene Weinstadt (→). Unbedingt empfehlenswert das Restaurant Centrale, ein Paradies für Freunde des Bollito (gesottenes Fleisch und Gemüse).

**In der Heimat des Freisa.** Diese Route führt zu den Turiner Hügeln und den Weinbergen von Castelnuovo Don Bosco im Raum Asti, den Hochburgen des Freisa di Chieri DOC und des Freisa del Monferrato DOC. **Chieri.** Beeindruckende Kirchen und Häuser zeugen von der ruhmreichen Ver-

**Hotels und Restaurants**

**Montemagno**
**Braja**
via S. Giovanni Bosco 11
☎ 014633925

**Nizza M.to**
**Due Lanterne**
piazza Garibaldi 52
☎ 0141702480

gangenheit der Ortschaft als Stadtstaat. Gute Einkaufsmöglichkeiten und Restaurants. **Andezeno.** Auf einem Hügel gelegene mauerbewehrte Ortschaft, die zugleich Sitz der Weinkellerei Balbiano ist, des größten Erzeugers von Freisa di Chieri; angeschlossen ist ein Museum der bäuerlichen Kultur. **Castelnuovo Don Bosco.** Altehrwürdiger Ort des Hügellands. Gute Einkaufsmöglichkeiten bei der Winzergenossenschaft Cantina Sociale del Freisa. Lokales Highlight ist der Malvasia DOC, ein weiteres Aushängeschild der Region. Gute Restaurants. **Colle Don Bosco.** Hier gibt es das Geburtshaus des Hl. Giovanni Bosco (mit angeschlossenem Museum des bäuerlichen Lebens) sowie die große Wallfahrtskirche zu besichtigen. **Pino d'Asti.** Anmutiger Fremdenverkehrsort und Ausgangspunkt einer landschaftlich reizvollen Route. **Passerano.** Sehenswert ist die Burg Doria, in der Ausstellungsstücke an ihren illustren Gast Robert Schumann erinnern. **Albugnano.** Dieser von Reben umrankte Ort liegt auf dem Weg zur Abtei von Vezzolano, einem der Hauptbauwerke der Spätromanik im Piemont. Eine Verkostung lohnt auch der Albugnano, ein lokaler, aus der Nebbiolo-Traube gewonnener Wein, der seit 1997 Mitglied im Reigen der DOC-Weine des Monferrato ist. **Moncucco Torinese.** Pflichtetappe wegen der Bottega del vino (→ Enoteche) samt zugehöriger Trattoria, die beide auf Freisa spezialisiert sind.

## Hotels und Restaurants

### Novi Ligure

**Relais Villa Pomela** ★★★
via Serravalle 69
☎ 0143329910

**Viaggiatori** ★★★
corso Marenco 83
☎ 0143322800

**Fattore** 🍴
via Cassano 126
☎ 014378289

# Die Hügel um Asti

## und die Moscato-Kellereien

Südlich der Provinzhauptstadt Asti tut sich um Canelli und Nizza Monferrato herum eine Gegend mit außergewöhnlich reger önologischer Tätigkeit auf: Die Landschaft ist geprägt von ihren Weingärten, in denen unter anderem ihre vornehmsten Vertreter Moscato und Barbera d'Asti heranreifen, besticht aber auch durch das harmonische Zusammenspiel von Farben und Formen, das die Weinbauflächen in den feuchten Talsohlen und die verbliebenen Waldgürtel an den Nordhängen bieten. Was diese Gegend jedoch von allen angrenzenden unterscheidet, ist die Kultur des Spumante, der hier vor einem Jahrhundert erfunden wurde und sie nach wie vor zur Hochburg der Schaumweinproduktion macht. Genau hier befinden sich die Wallfahrtstätten der Spumante-Jünger aus aller Welt, und genau hier pflegt und wahrt man das kollektive Ritual einer in aller Welt einzigartigen Weinbereitung.

### Hotels und Restaurants

**Ovada**
**Italia** ★★★
via S. Paolo 54
☎ 014386502
**Vittoria** ★★★
via Voltri 27
☎ 014380331
**Volpina** 🍴
strada Volpina 1
☎ 014386008
**Pecetto T.se**
**Giardino Fiorito** 🍴
via Umberto I 55
☎ 0118608194
**Portacomaro**
**Osteria del Torrione** 🍴
piazza Marconi 16
☎ 0141202666
**Revigliasco**
**La Taverna di Fra Fjus** 🍴
via Beria 32
☎ 0118608224
**Rocchetta Tanaro**
**I Bologna** 🍴
via Sardi 4
☎ 0141644600

### Weinstädte

**Canelli.** Inmitten des vom Grün seiner Weinreben geprägten Belbotals liegt die Hauptstadt des Spumante mit dem über die ehrwürdige Altstadt wachenden Castello Gancia. Überall weisen Schilder auf die Kellereien weltberühmter Erzeuger hin, deren kilometerlang in den Tuff des Hangs gehauene Weinkeller jedes Jahr fast 80 Millionen Flaschen verlassen. Praktisch an jeder Ecke bietet sich eine Gelegenheit zur Verkostung des bekanntesten Vertreters italienischer Weinbaukultur, aber auch seiner ausgezeichneten Verwandten mit so wohlklingenden Namen wie Cortese, Barbera, Dolcetto und Freisa. Ebenso unparteiische wie kompetente Gralshüterin ist die Enoteca Regionale in der Via Roma. Lokalkolorit bietet die **Rievocazione dell'Assedio** am dritten Wochenende im Juni, ein großes Spektakel, bei dem Tausende kostümierter Statisten vor großem Publikum an die historische Belagerung der Stadt im Jahr 1613 erinnern. Unschlagbar sind auch die bei dieser Gelegenheit dargebotenen piemontesischen Spezialitäten aus Küche und Keller!

### DOCG-Weine aus den Hügeln um Asti

**ASTI.** Rebsorten: Moscato bianco (100%). Produktion: 688240 hl (9066 ha). – **Moscato.** Farbe: leuchtend, klar, mehr oder weniger intensives Strohgelb. Geruch: sortentypisch, duftend. Geschmack: süß, aromatisch, sortentypisch, mitunter lebhaft und perlend. Alkoholgehalt: 11%. Als Dessertwein und zwischen den Mahlzeiten zu trinken. – **Spumante.** Schaum: feinporig und beständig. Klarheit: leuchtend. Farbe: von strohgelb bis ganz zart goldfarben. Geruch: sortentypisch, ausgeprägt, delikat. Geschmack: fein süß, aromatisch, sortentypisch, ausgewogen. Alkoholgehalt: 12%. Als Dessertwein und außerhalb der Mahlzeiten zu trinken.

**Nizza Monferrato.** Schon früh machte der Handel mit Wein, Vieh und hochwertigen Stoffen diesen Ort an der Straße zum Turchino zu einem beliebten Marktflecken für Piemonteser, Ligurer und Lombarden. Noch heute beruht sein Wohlstand auf den Erzeugnissen der umliegenden Hügel. Zu einem Besuch laden eine Bottega del vino und das der bäuerlichen Kultur gewidmete **Museo Bersano delle Contadinerie** (→ Rund um den Wein) ein, das an das Leben im Weinberg von einst erinnert. Den Ruhm der lokalen Küche macht vor allem das wegen seines besonders festen Fleisches so genannte piemontesische Schlegelrind aus, dem Anfang November die **Fiera del Bue Grasso** (Fest des fetten Ochsen) gewidmet ist. Ihr folgen die Festtage zu Ehren des Trüffels, **Giornata del Tartufo** und der «buckligen Karde», **Giornata del Cardo Gobbo,** sowie die **Giornata della Barbera.** Wer nicht sonderlich vertraut ist mit der piemontesischen Küche, muss wissen, dass die artischockenähnliche «bucklige» Karde aus Nizza Monferrato eine wichtige Zutat für die Bagna Cauda darstellt, ein typisch piemontesisches Gericht, dessen Pflege sich eine illustre Bruderschaft aus dem Ort verschrieben hat.

**San Marzano Oliveto.** Eine Burg wacht über diesen Neuling unter den Weinstädten zwischen Canelli und Nizza Monferrato.

**Und außerdem ... Calamandrana.** Montags Markt. **Calosso.** 24 km von Asti. **Rocchetta Tanaro.** 13 km von Asti. Donnerstags Markt. Mitte Juni findet die **Festa del Barbera** statt.

## Enoteche

**Canelli.** *Enoteca Regionale di Canelli e delle Terre d'oro, Casa del Moscato, corso Libertà 61, Tel. 0141823431. Öffnungszeiten: täglich außer Montag 9–12.30 und 16–19 Uhr.* In dem nach dem Hochwasser von 1994 renovierten Gebäude kann man nicht nur Weine verkosten, sondern auch typische Erzeugnisse der Gegend erstehen. Freitag-, Samstag- und Sonntagabend Weinausschank mit musikalischer Unterhaltung.

**Nizza Monferrato.** *Vineria della Signora in Rosso, Palazzo Crova, Tel. 0141793350. Öffnungszeiten: Freitag–Sonntag 11–13 und 17 bis 1 Uhr.* Im Herzen der Altstadt führt ein Arkadengang aus dem 18. Jahrhundert zu dieser altehrwürdigen Kellerei, wo der Barbera-Traube gehuldigt wird. Verkauf und Verkostung, dazu eine kleine Speisekarte mit typischen regionalen Erzeugnissen.

**Calamandrana.** *Bottega del Vino, via Maestra 7, Tel. 014175733. Öffnungszeiten: an Feiertagen und Vorfeiertagen.*

**Calosso.** *Crota 'd Calos, via Cairoli 7, Tel. 0141853126. Öffnungszeiten: Mittwoch–Sonntag, am Abend.*

## Kellereien

**Nizza Monferrato.** *Bersano – Antiche Cantine Conti della Cremosina, piazza Dante 21, Tel. 0141721273. Öffnungszeiten: Besichtigung und Verkostung nach Voranmeldung.* Die traditionsreiche Kellerei Bersano bezieht ihr Lesegut von neun Gütern, die über insgesamt 200 Hektar Weinbaufläche verfügen. Tonan-

### Hotels und Restaurants

**San Giorgio Monferrato**
**Castello di San Giorgio** ★★★
via Cavalli d'Olivola 3
☎ 0142806203

**San Mauro Torinese**
**Bontan** 🍴🍴🍴🍴
via Canua 55
☎ 0118222680

**Santena**
**Andrea** 🍴🍴🍴
via Torino 48
☎ 0119492783

**Serralunga di Crea**
**Ristorante di Crea** 🍴
piazza Santuario 4
☎ 0142940108

**Tigliole**
**Vittoria** 🍴🍴🍴
via Roma 14
☎ 0141667123

gebend ist der Barbera, vom Klassiker Barbera d'Asti Cremosina bis hin zum innovativen Barbera d'Asti Generala. Vervollständigt wird das Angebot an bedeutenden Rotweinen durch einen Barolo Badarina. Dazu gesellen sich Dessertweine wie der köstliche Moscato d'Asti San Michele und der Brachetto d'Aqui Castelgaro. Angeschlossen ist ein Museum der bäuerlichen Kultur.

**Rocchetta Tanaro.** *Consorzio la Corte Chiusa – Cantine Marchesi Incisa della Rocchetta, Via Roma 66, Tel. 0141644647. Öffnungszeiten: Samstag und Sonntag 10–12.30 und 15–18.30 Uhr, nach Voranmeldung.* Dieses in der Altstadt gelegene Gebäude aus der zweiten Hälfte des 19. Jahrhunderts mit seinem schmucken Innenhof verfügt über großzügig bemessene Kellergewölbe für Kelterung und Lagerung der Weine. Im Angebot sind Besichtigungen und Verkostung; ganzjährig gibt es Übernachtungsmöglichkeiten im Gästehaus.

*Braida, via Roma 94, Tel. 0141 644113. Öffnungszeiten: Montag bis Freitag 9–12 und 15–18 Uhr nach Voranmeldung, Samstag und Sonntag nach Vereinbarung.* Unter uralten Dachbalken gleißt der Stahl modernster Technik, über die eine Winzerfamilie mit langer Tradition gebietet. Neben dem Brachetto gibt es die Lagenweine Barbera Bricco dell'Uccellone, Bricco della Bigotta und Ai Suma sowie den jungen Barbera La Monella.

**Costigliole d'Asti.** *Cascina Castlèt, strada Castelletto 6, Tel. 0141 966651. Öffnungszeiten: Montag bis Freitag 8.30–12 und 14–18 Uhr, Samstag und Sonntag nach Voranmeldung.* «Weine mit dem Lächeln der Überzeugung» lautet das Motto der Familie Borio, die seit mehreren Generationen Weinbau betreibt. Die Kellerei befindet sich in einem Gutshof aus dem 19. Jahrhundert inmitten von zehn Hektar Weinbergen, die zwar «mit den Trauben geizen, aber dafür großzügig Qualität schenken». Bevorzugte Rebsorten sind Barbera und Moscato. Vor Ort werden Weinseminare für kleine Gruppen abgehalten.

**Und außerdem ... Calamandrana.** *Michele Chiarlo, strada Nizza-Canelli 99, Tel. 0141769030. La Giribaldina, regione San Vito 39, Tel. 0141718043.* **Canelli.** *Vittorio Bera & Figlio, regione Serra Masio 21, Tel. 0141831157. Fair Play, Tel. 0141831988. Villa Giada, regione Ceirole 4, Tel. 0141831100.* **Cerro Tanaro.** *Giorgio Carnevale, via Trombetta 157, Tel. 0141409115.* **Cisterna d'Asti.** *Tenuta La Pergola, frazione San Matteo 26, Tel. 0141979246.* **Fontanile.** *Ca' del Grifone, SS Baretta, regione Boschi 5, Tel. 0290 756436. Corte del Cavaliere, strada Barretta 25, Tel. 0141739355.* **Moasca.** *Pietro Barbero, via S. Giuseppe 19, Tel. 0141856484.* **Mombercelli.** *Giuseppe Sconfienza, frazione Crocetta 25, Tel. 0141959919.* **Montaldo Scarampi.** *Marco Rabino, via San Pietro 28, Tel. 0141953306.* **Nizza Monferrato.** *Cantine Scrimaglio, via Alessandria 67, Tel. 0141 721385. Clemente Guasti & Figli, corso IV Novembre 80, Tel. 0141721350.* **Rocchetta Tanaro.** *Pinbologna, via Sardi 35, Tel. 0141644128.* **San Marzano Oliveto.** *Ca' 'd Carussin, regione Mariano 27, Tel. 0141 831358.* **Vigliano d'Asti.** *Cascina*

## Hotels und Restaurants

**Turin**

**Sitea** ★★★★
via Carlo Alberto 35
☎ 0115170171

**Piemontese** ★★★
via Berthollet 21
☎ 0116698101

**Victoria** ★★★
via N. Costa 4
☎ 0115611909

**La Grupia** 🍴🍴🍴
via Rocciamelone
☎ 0117714051

**Le Maschere** 🍴🍴🍴
via Vandalino 16
☎ 011796723

**Gianfaldoni** 🍴🍴
via Pastrengo 2
☎ 0115175041

**Monferrato** 🍴🍴
via Monferrato 6
☎ 0118190674

**Ij Brandè** 🍴
via Massena 5
☎ 011537279

*del Tiglio, via Nalbissano 24, Tel. 0141951204, E-Mail: castiglio@-dinacom.shiny.it.*

## Rund um den Wein

**Nizza Monferrato.** *Museo Bersano delle Contadinerie e delle Stampe del Vino, c/o Kellerei Bersano, piazza Dante 21, Tel. 0141721273. Öffnungszeiten: auf Anfrage.* Das Museum enthält eine einzigartige Sammlung von Stichen und Gegenständen rund um den Wein vom 17. Jahrhundert bis heute: Im Außenbereich kann man Weinpressen, Weinlesekarren und Werkzeuge aller Art bewundern, während die grafische Sammlung, um die das Museum erweitert wurde, von ampelographischen Schätzen bis hin zu den witzigsten Etiketten einiges zu bieten hat. Ebenfalls im Museum hat die Bruderschaft der Bagna Cauda ihren Sitz, die während ihrer feierlichen Hauptversammlung im Herbst die Auszeichnung «Paisan Vignaiolo» (Winzergenosse) an Personen verleiht, die sich um die italienische Kultur verdient gemacht haben. *Libreria Bernini, via Carlo Alberto 40, Tel. 0141 721609.* Unter den Arkaden entlang der «Hauptstraße», hat sich dieser Ableger des Touring Club Italiano angesiedelt und eine erwähnenswerte Weinabteilung eingerichtet: Neben einschlägiger Fachliteratur werden auch einige von der örtlichen Bottega del Vino ausgewählte Flaschen Barbera angeboten. Der Inhaber gibt bereitwillig Auskunft über die Wein- und Feinschmeckerreisen des Circuito Winelands Travels, die ein ortsansässiges Reisebüro ausrichtet.

## Tourenvorschläge

**Die Hügel des Moscato.** Eine bezaubernde Landschaft zwischen den Langhe und dem Monferrato, dazu ein üppiges Angebot aus Küche und Keller – was will sich der Weintourist vom Paradies mehr wünschen? **Canelli.** Die heimliche Hauptstadt des Asti Spumante (→ Weinstädte) besitzt ausgesprochenes Flair und lohnt einen Besuch schon allein wegen ihrer traditionsreichen Kellereien und des vielseitigen Veranstaltungskalenders. **Moasca.** Im Mittelalter war die Burg Schauplatz blutiger Auseinandersetzungen zwischen Guelfen und Ghibellinen. Heute trägt der Ort das Banner des Moscato. **San Marzano Oliveto.** Im Schatten der turmbewehrten Burg Asinari und der klassizistischen Kirche finden hier im Juli Theateraufführungen und gastronomische Veranstaltungen zu Ehren des Weins, der Tüffel und der lokalen Wurstspezialitäten statt. **Calamandrana.** Eine Weinstadt mit einer schönen Bottega del Vino (→ Enoteche). Die Altstadt liegt etwas abseits und wird von einer Burg überragt, die einst Vorposten der Marchesi von Monferrato gegen die Astigianer war. Ganz in der Nähe liegt das romanische Kirchlein San Giovanni in Conca. Im Juli findet auf der kleinen Piazza der Altstadt das Theaterfestival Teatro e Colline statt. **Rocchetta Palafea.** Ein Sarazenenturm erinnert an kummervolle Zeiten im Mittelalter, die schönen Barockkirchen künden von der Frömmigkeit ihrer Erbauer. **Sessame.** Neben dem Moscato wird hier schon seit alters her der

### Agriturismo

**Montegrosso d'A.**
**Da Elvira**
via S. Stefano 69
☎ 0141956138
**Vignale M.**
**Cascina Alberta**
Cà Prano 14
☎ 0142933313

### Enoteche

**Asti**
**Caffè Torrefazione Ponchione**
corso Alfieri 151
☎ 0141592469
**La Cantina**
via Palio 13
☎ 0141530217
**Al Beato Bevitore**
via Bonzanigo 14
☎ 014131668
**Cassine**
**Il Ventaglio**
via Migliara 1
☎ 014471174
**Castelnuovo Don Bosco**
**Cantina del Freisa**
via S. Giovanni 6
☎ 0119876117

## Enoteche

**Grazzano Badoglio**
**Cantine Fracchia**
viale Pininfarina 15
☎ 0141925136

**Mombello M.**
**Hostaria dal Paluc**
via S. Grato 32
Zenevreto
☎ 0142944126

**Nizza Monferrato**
**Distilleria Berta**
via S. Nicolao 30
☎ 0147771139

**Turin**
**Moiso**
corso Francia 308
☎ 011728871

**Steffanone**
via Maria Vittoria 2
☎ 011546737

**Rabezzana**
via S. Francesco 23
☎ 011543070

**Moncalieri**
**La Cantina della Luna Nuova**
via S. Martino 6/c
☎ 011641913

**Villa S. Secondo**
**Osteria Per Bacco**
via Montechiaro 26
San Carlo
☎ 0141905525

Brachetto erzeugt, der eine wichtige Rolle bei den Festen auf der Piazza spielt, beispielsweise auf der Sagra del Risotto im Mai und dem Rostbratenfest im August. **Monastero Bormida.** Eine Brücke über die Bormida und ein befestigtes Kloster waren der Ursprung dieser Ortschaft, deren Grundriss und einige steinerne Häuser noch aus dem Mittelalter stammen. Anfang April wird die Sagra del Polentone (Polentafest) abgehalten. **Bubbio.** Dieses Örtchen liegt auf einem Felsausläufer oberhalb der ehemaligen Verbindungsstraße zwischen dem Monferrato und den Langhe. Über malerische Gassen gelangt man zur barocken Pfarrkirche und zur Burg, die heute eleganter Privatbesitz ist. Gleich nach Ostern findet ein Polentafest statt. **Cassinasco.** Der Ort ist schon wegen seiner typischen Erzeugnisse wie Wein, Wurstspezialitäten, Trüffeln, Käse, Honig und Torrone (eine dem türkischen Honig nicht unähnliche Süßigkeit) einen Besuch wert, aber auch wegen des Restaurants I Caffi mit angeschlossener Enoteca. **Loazzolo.** Bezaubernde Ortschaft der Astigianer Langhe, die man am besten auf einem Spaziergang durch die gepflasterten Gassen der Altstadt erkundet, die an robusten Steinhäusern vorbeiführen. Ganz in der Nähe finden sich die Überreste der ursprünglichen Stadt, eines kleinen Pompeji aus dem 13. Jahrhundert, das zugunsten des heutigen Standorts aufgegeben wurde. **Santo Stefano Belbo.** Die Worte, mit denen der Schriftsteller Cesare Pavese seine Geburtsstadt liebevoll beschrieb, verleihen diesem Ort in den Langhe zusätzlichen Charme. Interessant sind die Überreste der Abtei San Gaudenzio, die heute Teil einer Kellerei sind. **Castiglione Tinella.** Von hier aus genießt man einen herrlichen Rundblick über die untere Langa und die Heimat des Moscato. Der Ort selbst ist ein friedliches landwirtschaftliches Zentrum in oberer Hanglage. Im Tinellatal liegt der in Paveses Werk häufig erwähnte Wallfahrtsort Madonna del Buon Consiglio. **Calosso.** Hoch gelegener Weiler, von dessen mittelalterlicher Anlage noch das befestigte Stadttor, einige Häuser und die Burg, einst Familiensitz der Roero d'Asti, künden. Weinfreunden bietet diese Weinstadt eine Bottega Comunale. Ende Juni finden das Renaissance-Fest und die Passegiata Enogastronomica (kulinarischer Weinspaziergang) statt, im Oktober gib es dann die Festa del Beato mit traditioneller Bagna Cauda.

# Das Alto Monferrato

## Drei Aushängeschilder: Cortese, Dolcetto und Bracchetto

Ungeachtet ihres Namens («hohes Monferrato») und trotz der Nähe zum Apennin sind die Hügel im südlichen Teil der Provinz Alessandria niedriger als im Basso Monferrato. Gleichwohl sind sie mit ihren schroffen Abhängen und tief eingeschnittenen Tälern deutlich unwegsamer – eigenwillige Launen der Natur, die sich natürlich auch auf den Weinbau und seine Erzeugnisse auswirken. Neben dem Barbera del Monferrato und dem Moscato d'Asti, die sich selbstverständlich auch hier finden, gilt das Hauptinteresse einigen Rebsorten, die vermutlich diesem Landstrich entstammen. Dazu gehört beispielsweise die hier «Courteis» genannte Cortese-Rebe, die mittlerweile zur bedeutendsten weißen Rebsorte im Piemont avanciert ist. Doch obgleich auch anderswo angebaut, erreicht sie an diesen Hängen eine einzigartige Qualität. Hochburg ihrer Produktion ist das Städchen Gavi, Ursprungsort des gleichnamigen Weins, der erst kürzlich mit dem DOCG-Prädikat ausgezeichnet wurde. Als Zweites ist der Dolcetto zu nennen, zeitigt die Rebe doch – trotz einigen Hickhacks um ihre verschlungene Genealogie – gerade hier, wo sie auf noch geeignetere Lebensbedingungen stößt als in den nahe gelegenen und bereits günstigen Langhe, einzigartige Ergebnisse. Wichtigste lokale Produktionszentren sind Acqui und Ovada, die jeweils über ein DOC-Prädikat verfügen. Der Dritte im Bunde der großen Weine des Alto Monferrato ist der in der Vergangenheit weit verbreitete und sogar dem Moscato vorgezogene Brachetto mit seiner Hochburg Strevi, der heute jedoch nur noch auf gerade mal 40 Hektar angebaut wird und fast schon Sammlerwert besitzt.

### Weinstädte

**Castagnole delle Lanze.** Die im Ortsnamen noch anklingenden Kastanienbäume haben hochwertigen Rebflächen Platz gemacht. Ende April wird der Wein anläßlich der **Festa della Barbera** verkostet, und dann verwandelt sich der ganze Ort in einen einzigen großen Weinkeller mit Aufführungen und gastronomischen Veranstaltungen. Ansonsten sollte man unbedingt das kleine, der bäuerlichen Kultur gewidmete **Museo della Civiltà Contadina** besuchen.

**Castelletto d'Orba.** Die Stadt der Heilwasserquellen hat auch exzellente Rebensäfte zu bieten. In den Weinkellern werden Cortese, Dolcetto und Barbera ausgebaut, in der Trattoria bekommt man Agnolotti al Vino, gefüllte Teigtaschen in Weinsauce. Im März wird eine Weinmesse, die **Rassegna dei Vini dell'Alto Monferrato,** abgehalten, Mitte August dann das Weinfest **Sagra dell'Uva e del Vino.**

**Celle Enomondo.** Diese bereits im Jahr 899 erstmals urkundlich erwähnte Ortschaft verdankt ihren Namen antiken Weinkellern, den

### Veranstaltungskalender

**Januar**
**Castelnuovo Belbo**
① Fest von San Biagio
**März**
**Castagnole Lanze**
②③ Karneval
**Cortona**
① Grigliata gigante (Riesengrillfest)
**Tonco**
① Fest des Pitu
**Monastero Bormida**
① Polentonissimo
**Quaranti**
②③ Sagra dei Ceci e del Cotechino (rund um Kirchererbsen und Schlackwurst)
**Castelnuovo Scrivia**
③ Fest von San Giuseppe
**Sarizzola**
③ Fest von San Giuseppe

## DOCG- und DOC-Weine aus dem Alto Monferrato

### DOCG

**BRACHETTO D'ACQUI** oder **Acqui.** Rebsorten: Brachetto (100%). Produktion: 16331 hl (335 ha). Farbe: zu hellem Granatrot oder Rosé tendierendes, mäßig ausgeprägtes Rubinrot. Geruch: sehr delikates Moschusaroma. Geschmack: süß, weich, delikat. Alkoholgehalt: 5+6,5%. Arten: *Spumante* 6+6% Alkohol. Zum Abschluss der Mahlzeiten zu trinken.

**GAVI** oder **Cortese di Gavi.** Rebsorten: Cortese (100%). Produktion: 54477 hl (958 ha). Farbe: mehr oder weniger zartes Strohgelb. Geruch: delikat, sortentypisch. Geschmack: trocken, frisch und harmonisch. Alkoholgehalt: 10,5%. Arten: *Frizzante* und *Spumante,* die etwas trockener im Geschmack sind als der Stillwein. Still- wie Schaumweine sind als Aperitif, zu Fisch oder zu leichten Speisen zu trinken.

### DOC

**CORTESE DELL'ALTO MONFERRATO.** Rebsorten: Cortese (85–100%). Produktion: 30227 hl (517 ha). Farbe: helles Strohgelb, mitunter zu grünlich tendierend. Geruch: sortentypisch, delikat, sehr zart und dennoch nachhaltig. Geschmack: trocken, harmonisch, würzig, angenehm bitter. Alkoholgehalt: 10%. Arten: *Frizzante* und *Spumante,* etwas trockener als der Stillwein. Zu Vorspeisen und Fisch oder zu leichen Speisen zu trinken.

**DOLCETTO D'ASTI.** Rebsorten: Dolcetto (100%). Produktion: 8324 hl (167 ha). Farbe: leuchtendes Rubinrot. Geruch: weinig, angenehm, sortentypisch. Geschmack: trocken, samtig, harmonisch mit mäßiger Säure. Alkoholgehalt: 11,5%. Alterung: bis zu 2 Jahren empfohlen. Zu allen Speisen zu trinken. Qualitätsstufen: *Superiore* mindestens 12,5% Alkohol und 1 Jahr Alterung (dann bis zu 4 Jahren); zu geschmortem Fleisch und Braten sowie zu altem Käse zu trinken.

**DOLCETTO DI ACQUI.** Rebsorten: Dolcetto (100%). Produktion: 16455 hl (420 ha). Farbe: intensives Rubinrot, mit der Alterung zu ziegelrot tendierend. Geruch: weinig, mild, sortentypisch. Geschmack: trocken, weich, angenehme Bittermandelnote oder angenehm herb. Alkoholgehalt: 11,5%. Alterung: bis zu 2 Jahren empfohlen. Zu allen Speisen zu trinken. Qualitätsstufen: *Superiore* mindestens 12,5% Alkohol und 1 Jahr Alterung (dann bis zu 4 Jahren); zu rustikalen und deftigen Speisen, geschmortem Fleisch und altem Käse zu trinken.

**DOLCETTO DI OVADA.** Rebsorten: Dolcetto (100%). Produktion: 25833 hl (716 ha). Farbe: intensives Rubinrot, mit der Alterung zu granatrot tendierend. Geruch: weinig, sortentypisch. Geschmack: trocken, weich, harmonisch, angenehme Bittermandelnote oder angenehm herb. Alkoholgehalt:

---

so genannten celle. Ihr heutiges Ansehen gründet sich auf einen exzellenten Barbera, der Mitte August groß gefeiert wird.

**Cortiglione.** Eine der bedeutendsten Veranstaltungen dieses Orts ist die dem Dreschen gewidmete **Festa della Trebbiatura** am letzten Sonntag im Juli: Im Trachtengewand stellen die Einwohner ihre Geschicklichkeit im Umgang mit Werkzeugen vergangener Tage unter Beweis. Ausgesprochen zeitgemäß ist dagegen die gute Küche, die auf einen hervorragenden, alterungsfähigen Barbera und ausgezeichnete Weine der Umgebung zählen darf.

**Costigliole d'Asti.** In der gotisch anmutenden, den Ort überragenden Burg ist die Enoteca Comunale untergebracht. Hier werden Weinverkostungen und Veranstaltungen wie etwa Ende Mai die Ver-

**Veranstaltungskalender**

**April**

**San Damiano d'Asti**
③ Due Giorni di Primavera (Frühlingsfest)

**In den Tälern Barbera, Spinti, Curone, Grue und Ossona**
Von April bis Juni Frühlingsveranstaltung der lokalen Gastronomie

**Bubbio**
②③ Sagra del Superpolentone (Polentafest)

11,5%. Alterung: bis zu 3 Jahren empfohlen. Zu allen Speisen zu trinken. Qualitätsstufen: *Superiore* mindestens 12,5% Alkohol und 1 Jahr Alterung (dann bis zu 5 Jahren); zu rustikalen Speisen, geschmortem Fleisch und Braten sowie zu altem Käse zu trinken.

**LOAZZOLO.** Rebsorten: Moscato Bianco (100%). Produktion: 21,5 hl (1,3 ha in der Gemeinde Loazzolo). Farbe: leuchtendes Goldgelb. Geruch: vielschichtig, intensiv, mit Anklängen an Moschus, Vanille und kandierte Früchte. Geschmack: süß, sortentypisch mit leichtem Muskateller-Aroma. Alkoholgehalt: 11+4,5%. Alterung: mindestens 2 Jahre, davon 6 Monate in Holzfässern, deren Fassungsvermögen 250 l nicht überschreiten darf (dann bis zu 6 Jahren). Zum Abschluss der Mahlzeiten zu trinken.

**MONFERRATO.** Produktion: 47462 hl (2089 ha in den Provinzen Asti und Alessandria). – **Bianco.** Rebsorten: eine oder mehrere empfohlene oder zugelassene weiße Sorte(n). Farbe: strohgelb. Geruch: sortentypisch, intensiv, angenehm. Geschmack: frisch, trocken, mitunter lebhaft. Alkoholgehalt: 10%. – **Rosso.** Rebsorten: eine oder mehrere empfohlene oder zugelassene rote Sorte(n). Farbe: rot. Geruch: weinig, angenehm. Geschmack: frisch, trocken, mitunter lebhaft. Alkoholgehalt: 11%. Alterung: bis zu 2 Jahren empfohlen. Qualitätsstufen: *Novello.* Zu den Mahlzeiten zu trinken. – **Chiaretto** oder **Ciaret.** Rebsorten: Barbera und/oder Bonarda piemontese und/oder Cabernet franc, Cabernet Sauvignon und/oder Freisa und/oder Grignolino und/oder Pinot nero und/oder Nebbiolo (85–100%). Farbe: rosé oder helles Rubinrot. Geruch: weinig, delikat, angenehm. Geschmack: trocken und harmonisch. Alkoholgehalt: 10,5%. Qualitätsstufen: *Novello.* Zu Vorspeisen zu trinken. – **Casalese Cortese.** Rebsorten: Cortese (85–100%). Farbe: helles Strohgelb, mitunter zu grünlich tendierend. Geruch: sortentypisch, delikat, sehr zart, aber nachhaltig. Geschmack: trocken, harmonisch, würzig, angenehm bitter. Alkoholgehalt: 11%. Als Aperitif und zu Fisch zu trinken. – **Dolcetto.** Rebsorten: Dolcetto (85–100%). Farbe: rubinrot. Geruch: weinig, sortentypisch, angenehm. Geschmack: trocken, angenehm bitter, mäßiger Körper, harmonisch. Alkoholgehalt: 11%. Alterung: bis zu 2 Jahren empfohlen. Qualitätsstufen: *Novello.* Zu den Mahlzeiten zu trinken. – **Freisa.** Rebsorten: Freisa (85–100%). Farbe: rubinrot, mitunter zu granatrot tendierend. Geruch: sortentypisch, delikat. Geschmack: trocken oder lieblich, leicht bitter, zuweilen lebhaft. Alkoholgehalt: 11%. Alterung: bis zu 2 Jahren empfohlen. Qualitätsstufen: *Novello.* Trocken ausgebaut zu den Mahlzeiten zu trinken, lieblich zum Dessert.

steigerung von Barbera-Weinen aus historischen Weinbergen, die **Asta di Barbera di Vigneti Storici,** ausgerichtet. Im August feiert man in der Stadt außerdem die **Festa Patronale di Costigliole** und im November das Weinfest **Miracolo del Barbera**.

**Fontanile.** Der gewaltige Glockenturm der neogotischen Kirche wacht über einen Ort, dessen Ursprünge ebenso weit zurückreichen wie seine Weinbautradition. Der Johannistag **(San Giovanni Battista)** wird am 24. Juni mit einem großen Fest begangen. Eine hervorragende Gelegenheit zur Weindegustation bietet das traditionelle Dorffest, die **Fiera del Paese,** das am ersten Montag im September stattfindet.

**Gavi.** Dieses anmutige, unweit des Bocchettapasses im Lemmetal gelegene Städtchen stellt seit alters

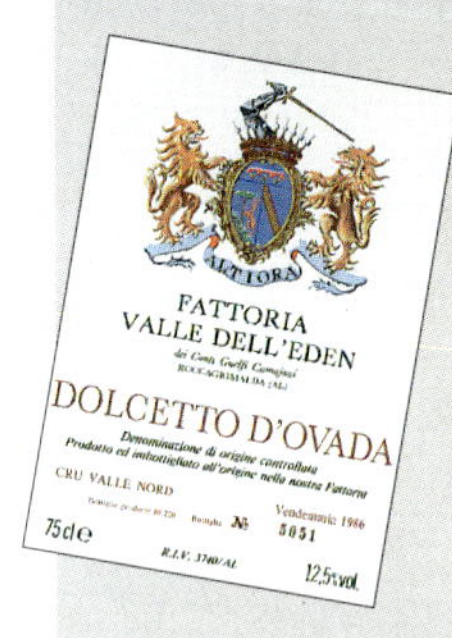


## Veranstaltungskalender

**April**

**San Giorgio Monferrato**
③④ Fiera del Vigneto (Fest zu Ehren der Weinberge)

**Ponti**
③④ Sagra del Polentone (Polentafest)

**San Giorgio Monferrato**
③④ Festa del Patrono e del Vigneto (Fest zu Ehren des Schutzheiligen und der Weinberge)

**Aramengo**
④ Fiera Agricola, Ballo e Palchetto (Landwirtschaftsfest mit Tanz)

her die Verbindung zwischen der Poebene und Genua dar. Dies erklärt sowohl den ausgeprägt ligurischen Charakter des Orts als auch das günstige Klima für den Weinbau. Die Winzer, die mit Stolz auf eine gut tausendjährige Weinkultur zurückblicken, bereiten noch heute aus der Cortese-Rebe einen weit über ihre Heimat hinaus berühmten Wein. Gründe genug, so manches Fest zu Ehren des Weingottes zu feiern, wie beispielsweise am letzten Sonntag im Juni die **Festa del Gavi** und im September die **Sagra del Vino.** Und im Herbst kommt dann die Trüffelzeit.

**Isola d'Asti.** Im Tal werden Obst und Gemüse angebaut, am Hang stehen die Rebstöcke, hauptsächlich Barbera, aber auch Grignolino und Freisa. Gute Verkostungsgelegenheiten bieten zur Karnevalszeit der **Carnevale Isolano,** zu dem große Mengen Polenta und Hausmacherwurst gereicht werden, und am dritten Sonntag im Juni die **Sagra del Maseng** anlässlich des ersten Heuschnitts.

**Novi Ligure.** Am Ausgang des Scriviatals gelegen, erinnern der Name und die prächtigen Gebäude des Orts an die Jahrhunderte währende Vorherrschaft der Genueser. Ein lebendiges Städtchen in einer herrlichen Umgebung mit Weinbergen, Burgen und alten Weilern. Ende November gibt es die verlockende **Mostra Mercato Enogastronomica,** eine Küche und Weinkeller gewidmete Verkaufsmesse.

**Mombaruzzo.** Der mittelalterliche Uhrturm und eine schöne gotische Kirche gemahnen an eine ferne Zeit, in der der Ort bereits über eigene Weinbau- und Handelsgesetze verfügte. Und auch im Jahr 1887 hatte man wieder die Nase vorn, als die noch heute aktive Cantina Sociale gegründet wurde, in deren Räumlichkeiten in der ersten Junihälfte die traditionelle **Festa del Vino** ausgerichtet wird. Im Sommer finden zahlreiche Feste statt, deren Höhepunkt im August erreicht wird, wenn unter dem Sternenhimmel Wein und Amaretti gereicht werden.

**Ovada.** Der Weiler liegt am Fuße des Apennin, wo der Zusammenfluss von Orba und Stura eine Art Halbinsel bildet. Lange Zeit Zankapfel zwischen den Marchesi des Monferrato und den Genuesern, wurde der Ort schließlich von den siegreichen Ligurern nachhaltig geprägt. Heute führt zwar ganz in der Nähe die Autobahn vorbei, die bei Voltri zum Meer vorstößt, doch hat man das große Erbe der Vergangenheit nicht verspielt, was unter anderem der einzigartige Dolcetto beweist, der auf den umliegenden Weinbergen heranreift. Bekannt ist Ovada auch wegen seiner Trüffeln und einer besonderen Keksspezialität. Bei verschiedenen Festen wird dem Wein gehuldigt und jeden Sonntag findet ein hübscher Flohmarkt statt.

**Quaranti.** Dieses Dorf zählt gerade einmal 200 Einwohner, bietet aber ein reiches Veranstaltungsprogramm für Weintouristen. Besonders erwähnenswert ist die Bottega del Vino, die sich um die Erzeugnisse der 80 Kellereien aus der Umgegend kümmert. Am 10. August, in der **Notte di S. Lorenzo** wird eine vorzügliche Weindegustation veranstaltet, bevor man sich unter freien Himmel begibt, um

## Veranstaltungskalender

**Mai**

**Quarto**
① Fagiolata (Bohnenschmaus)

**Vignale Monferrato**
①②③④ Festa del Grignolino

**Asti**
① Fiera Carolingia (Fest der Karolinger)

**Villanova Monferrato**
① Festa del Riso – Padella d'Oro (Reisfest)

die Sternschnuppen zu bewundern. Die Saison der Kostproben beginnt am dritten Sonntag im März mit der **Sagra dei Ceci e del Barbera** (Kichererbsen- und Barbera-Fest) und endet am dritten Sonntag im Oktober bei gerösteten Kastanien und Glühwein mit einem Fest zu Ehren der Madonna di San Damiano.

**San Damiano d'Asti.** Dieses im Borboretal gelegene Städtchen birgt noch heute ein aus dem 13. Jahrhundert stammendes Gitter, das in die bezaubernden Laubengänge des Corso Roma eingelassen ist. In den umliegenden Weinbergen wachsen Barbera und Freisa, doch ist auch die Trüffelernte eine kleine Berühmtheit. Auf dem Veranstaltungskalender stehen im März die **Fiera di S. Giuseppe** mit Verkostung des Frühlingsweins, im Oktober und November das Herbstfest **Autunno Enogastronomico** und das gesottenem Rindfleisch gewidmete **Festival del Bollito,** im Dezember schließlich die **Fiera del Cappone Nostrano** zu Ehren des Kapauns sowie die kulinarische Veranstaltung **Rassegna Gastronomica.**

**San Martino Alfieri.** Der Name geht auf die Familie des berühmten Schriftstellers zurück, der noch heute ein fürstlicher Palast aus dem 18. Jahrhundert gehört. Sehenswert die klassizistische Pfarrkirche, in der ein wertvoller Flügelaltar aus dem 16. Jahrhundert aufbewahrt wird. Barbera und Freisa sind hier die wichtigsten Rebsorten. Im Juli begeht man die **Festa di S. Anna,** das Fest zu Ehren der Hl. Anna, und im September das Traubenfest **Sagra dell'Uva.**

**Strevi.** Der süße und lebhafte rote Brachetto-Schaumwein, der lange im Schatten der trockenen weißen Spumante-Sorten stand, darf wieder auf mehr Aufmerksamkeit hoffen – ein Verdienst der Winzer von Strevi, die auch einen ausgezeichneten robusten, fassgereiften Dolcetto erzeugen. Der Sommer ist reich an Veranstaltungen rund um Küche und Keller: Ende Juni begeht man die **Sagra di Septebrium,** die an den lateinischen Namen des Orts erinnert und die gute Küche vergangener Tage wieder aufleben lässt, dann folgt ein wahres Crescendo an Düften und Gaumenfreuden, das schließlich an **Ferragosto,** dem 15. August, in einem kulinarischen Fest auf der Piazza gipfelt.

**Tagliolo Monferrato.** Der Ort liegt genau gegenüber von Ovada, und hier wie dort wird vor allem Dolcetto angebaut. Von den einstmals drei Burgen hat das auf das 13. Jahrhundert zurückgehende Schlösschen Montmemorial dem Lauf der Zeiten trotzen können und lebt fort als zwar liebevoll, aber nicht unbedingt originalgetreu restaurierter Weinkeller mit Wohnhaus. Anfang September ist der ganze Ort anlässlich der **Storie del Vino** auf den Beinen, und die Bacchusjünger pilgern von Weinkeller zu Weinkeller.

## Enoteche

**Acqui Terme.** *Enoteca Regionale del Brachetto, Palazzo Robellini, piazza Levi 7, Tel. 0144321873. Öffnungszeiten: Dienstag und Freitag–Sonntag 10–12 und 15–18.30 Uhr, Donnerstag 15–18.30 Uhr.* In den Kellergewölben eines Palazzo aus dem

### Veranstaltungskalender

**Mai**
**Passerano Marmorito**
②③ Frühlingsfest
**Refrancore**
②③ Pfingstfest
**Cessole**
②③ Sagra delle Fritelle (Krapfenfest)
**Valmacca**
②③ Mostra Mercatò dell'Asparago (Spargelmarkt)

15. Jahrhundert wird eine vollständige Auswahl an DOC-Weinen des Piemont angeboten. Von April bis Oktober kostenlose Degustationen «mit Anleitung».

**Castagnole delle Lanze.** *Bottega del Vino, via Bettica 13, Tel. 0141 877132 oder 877219. Öffnungszeiten: Samstag, Sonntag 9–12.30 und 15–18 Uhr, an den übrigen Tagen auf Anfrage.* Sehr ansprechendes Ladenlokal unter alten Bogengängen. Verkostung und Verkauf.

**Castigliole d'Asti.** *Cantina Comunale, via Roma 9, Tel. 0141961661. Öffnungszeiten: Freitag 10–12 Uhr, Samstag und Sonntag 10–12 und 15–18 Uhr (im Sommer 16–19 Uhr).* Verkostung und Verkauf.

**Quaranti.** *Bottega del Vino, via Don Reggio 2, Tel. 014177081.* Im Museo delle Contadinerie (Museum der bäuerlichen Kultur). Öffnungszeiten: Feiertage und Vorfeiertage.

## Kellereien

**Gavi.** *Castellari Bergaglio, frazione Rovereto 136, Tel. 0143644000, Internet: http://www.castellaribergaglio.it, E-Mail: gavi@castellaribergaglio.it. Öffnungszeiten: täglich außer Sonntag 8.30–12 und 14–18.30 Uhr, Voranmeldung erwünscht.* Aus Trauben von Cortese-Rebstöcken, die bis zu 80 Jahre alt sind, wird der ganze Stolz des Familienbetriebs gekeltert, ein Cru Gavi di Rovereto und ein Barricato Bilin.

**Strevi.** *Marenco, piazza Vittorio Emanuele II 10, Tel. 0144363133. Öffnungszeiten: Montag–Freitag 8.30 bis 12 und 14.30–19 Uhr, Samstag und Sonntag nach Voranmeldung.* Auf insgesamt 80 Hektar Rebfläche reifen die Trauben für die in Borgo Alto di Strevi gelegene Kellerei heran. Brachetto und Moscato d'Asti sind die Spitzenprodukte des von den drei Töchtern des Gründers geleiteten Betriebs.

**Und außerdem ... Carpeneto.** *Tenuta La Cannona, località Cannona 518, Tel. 014385121.* **Castel Rocchero.** *Antica Vineria, via IV Novembre 15, Tel. 0141760131.* **Costa Vescovato.** *Luigi Boveri, via XX Settembre 6, Montale Celli, Tel. 0131 838165.* **Gavi.** *Broglia, Tenuta Meirana, Tel. 0143743267. La Chiara, località Vallegge 24, Tel. 0143642293. La Scolca, Villa Scolca, Tel. 0143682176. Morgassi Superiore, Case Sparse Sermoria 7, Tel. 0143642007. Tenuta La Giustiniana, frazione Rovereto 5, Tel. 0143682132. Villa Sparina, frazione Monterotondo, Tel. 0143634880.* **Loazzolo.** *Forteto della Luja, regione Bricco Casa Rosso 6, Tel. 014487197.* **Monleale.** *Vigneti Massa, piazza Capsoni 10, Tel. 013180302.* **Morsasco.** *La Guardia, regione La Guardia, Tel. 014473076.* **Novi Ligure.** *Tenuta La Marchesa, via Gavi 87, Tel. 0143743362.* **Ovada.** *Villa Montoggia, strada Parasio 16, Tel. 0143 822039.* **San Martino Alfieri.** *La Vallata, Inhaber: Domenico Bussolino, Tel. 0141976156. Marchesi Alfieri, Castello Alfieri, piazza Alfieri 32, Tel. 01419761288.* **Spigno Monferrato.** *Cascina Bertolotto, via Porro 70, Tel. 014491551.* **Tagliolo Monferrato.** *Castello di Tagliolo, via Castello 1, Tel. 014389195.*

*Dolcetto.*

**Veranstaltungskalender**

**Mai**

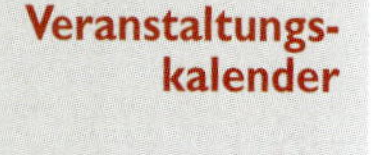

**Gremiasco**
②③ Sagra del Raviolo – Mercatino del Salame (Raviolifest – kleiner Markt mit Wurstspezialitäten)

**Nizza Monferrato**
③④ Corsa delle Botti (Weinfassrennen)

# Die Colli Tortonesi

## An der Schwelle zum Oltrepò Pavese

Eingebettet zwischen dem Alto Monferrato und dem Oltrepò Pavese erstrecken sich die Colli Tortonesi, die landschaftlich wie kulturell eine besondere Stellung im Piemont einnehmen. Geographisch betrachtet gehört diese Region zu Alessandria, historisch gesehen hat sich die Nähe zu Pavia und Mailand jedoch schon zu jener Zeit bemerkbar gemacht, als die beim Dombau in Mailand beschäftigten Arbeiter mit Wein aus den Hügeln um Tortona bei Laune gehalten wurden. Dieser Einfluss hat sich auch önologisch niedergeschlagen: Im Weinberg herrschen zwar zwei große Piemonteser vor, Barbera und Cortese, aber in Landwirtschaft und Weinbereitung ist der Einfluss der angrenzenden Gebiete bereits deutlich spürbar. Rechtlich gesehen fällt die lokale Produktion zunächst unter die Bestimmungen der DOC Colli Tortonesi und dann – im weiteren Sinne – unter die der DOC Piemonte.

### Kellereien

**Monleale.** *Vigneti Massa, piazza Capsoni 10, Tel. 013180302. Öffnungszeiten: nach Voranmeldung.* 30 Hektar Weinberge und Obstgärten (köstlich die Volpedo-Pfirsiche!) bilden das Herzstück dieses Betriebs mit Sitz in der Altstadt. Die Massas sind Winzer bereits in der vierten Generation und völlig zu Recht stolz auf ihre drei in Reinform ausgebauten DOC-Gewächse: die beiden Barbera-Weine Monleale und Bigolla und darüber hinaus ein ganz besonderer Weißer, der aus der einheimischen Timorasso-Rebe gekeltert wird.

**Und außerdem ... Costa Vescovato.** *Luigi Boveri, via XX Settembre 6, Montale Celli, Tel. 0131838165.*

### Tourenvorschläge

**Die Cortese-Straße** führt durch eine Gegend, die ein ebenso griffiger wie zutreffender Werbeslogan als «5-Sterne Gebiet» anpreist: Der Besucher findet hier erstklassige Restaurants und Hotels im Zeichen eines außergewöhnlich charakterstarken Weißweins. **Gavi.** Die heimliche Hauptstadt des Cortese ist eine Weinstadt (→), die auch in kulinarischer Hinsicht einiges zu bieten hat – Ravioli und Amaretti beispielsweise sollte man sich auf gar keinen Fall entgehen lassen! Nachdem der Besucher das kulturelle Pflichtprogramm absolviert hat, empfiehlt sich ein Schaufensterbummel mit Stippvisiten in den Werkstätten der ortsansässigen Zünfte. **Serravalle Scrivia.** Ein Spaziergang zum Ausgrabungsgelände um die römische Stadt Libarna bietet eine schöne Gelegenheit, bereits bei Tisch begangenen Sünden entgegenzuwirken (oder aber wieder etwas Platz zu schaffen). **Novi Ligure** ist eine für ihre Süßspeisen berühmte Weinstadt, die jedem Leckermäulchen ganz sicher etwas zu bieten hat, vor allem aber eine köstliche und nach überlieferten Rezepten hergestellte

### Veranstaltungskalender

**Juni**

**Roccaverano**
① Sagra del Polentone (Polentafest)

**Vesime**
① Sagra della Robiola (Kräuterfrischkäsefest)

**Vignale Monferrato**
①② Degustazione di Vini (Weinverkostung)

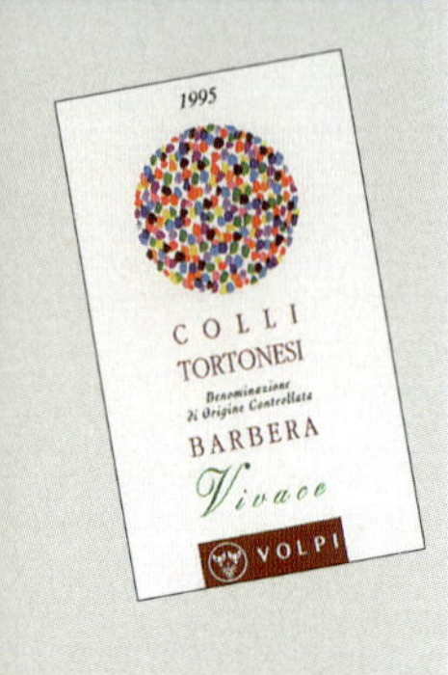


Schokolade. Sportfans sollten unbedingt die den beiden Stars Girardengo und Coppi gewidmete Radsportausstellung besuchen. **Pasturana.** Am Ortseingang steht das romanische Kirchlein S. Martino; die Burg der Marchesi Gavotti thront auf der höchsten Erhebung. **Capriata d'Orba.** Im ältesten, aus dem Mittelalter stammenden Teil der Altstadt haben der mächtige Turm der Burg Castelvecchio und einige alte Wohnhäuser den Zeitläuften trotzen können. **San Cristoforo.** Die im 14. Jahrhundert erbaute Burg Spinola besitzt einen schönen Innenhof sowie einen Turm mit polygonalem Grundriss, von dem aus der Wachtposten, sobald er an-

greifende Sarazenen erblickte, die Bewohner im Tal warnen konnte. **Bosio.** Der nicht weit entfernt gelegene Naturpark Capanne di Marcarolo lädt zu einer Pause in freier Natur ein.

## DOC-Weine aus den Colli Tortonesi

**COLLI TORTONESI.** Produktion: 13144 hl (380 ha). – **Rosso.** Rebsorten: empfohlene oder zugelassene rote Trauben. Farbe: rot. Geruch: weinig, angenehm. Geschmack: trocken, harmonisch, mitunter lebhaft. Alkoholgehalt: 10%. Qualitätsstufen: *Novello.* Zu den Mahlzeiten zu trinken. – **Chiaretto.** Rebsorten: empfohlene oder zugelassene rote Trauben. Farbe: rosé oder helles Rubinrot. Geruch: weinig, delikat, angenehm. Geschmack: trocken, frisch, mitunter lebhaft. Alkoholgehalt: 10%. Zu den Mahlzeiten. – **Bianco.** Rebsorten: empfohlene oder zugelassene weiße Trauben. Farbe: mehr oder weniger intensives Strohgelb. Geruch: sortentypisch, intensiv, angenehm. Geschmack: frisch, trocken, mitunter lebhaft. Alkoholgehalt: 10%. Als Aperitif oder zu Fisch zu trinken. – **Barbera.** Rebsorten: Barbera (85–100%). Farbe: eher kräftiges Rot, das mit der Alterung nachlässt und Granatreflexe annimmt. Geruch: angenehm weinig mit nachhaltigem, sortentypischem Duft. Geschmack: trocken, frisch, lebhaft, würzig, robust, mit dem Alter und zunehmender Reife voll, rund und harmonisch. Alkoholgehalt: 11,5%. Alterung: bis zu 3 Jahren. Qualitätsstufen: *Superiore* mindestens 12,5% Alkohol und 1 Jahr Alterung, davon 6 Monate in Holzfässern. Zu den Mahlzeiten zu trinken. – **Dolcetto.** Rebsorten: Dolcetto (85–100%). Farbe: rubinrot, zu violett tendierend. Geruch: weinig, sortentypisch, angenehm. Geschmack: trocken, angenehm bitter, mäßiger Körper, harmonisch. Alkoholgehalt: 10,5%. Alterung: bis zu 2 Jahren. Zu den Mahlzeiten zu trinken. – **Cortese.** Rebsorten: Cortese (100%). Farbe: helles Strohgelb mit grünlichen Reflexen. Geruch: delikat, angenehm, nachhaltig, sortentypisch. Geschmack: trocken, frisch, leicht, mit sehr feinem Bittermandelton. Zu Vorspeisen und Fisch zu trinken. Arten: *Frizzante* 10,5%, *Spumante* 11% Alkohol, zu leichten Speisen zu trinken.

### Veranstaltungskalender

**Juni**

**Pecetto**
③④ Festa delle Ciliegie (Kirschenfest)

**San Paolo Solbrito**
②③ Asado Gigante (Riesengrillfest)

**Isola d'Asti**
②③ Sagra del Maseng (Heuschnittfest)

**Auf den Straßen des Brachetto.** Ein Rundweg mit einem geraden Streckenabschnitt, der Acqui Terme und Nizza Monferrato verbindet. Auf der Fahrt gibt es so manche Gelegenheit zum Einkauf bei den Cantine Sociali sowie zahlreichen Erzeugern. **Acqui Terme.** Schon die alten Römer schätzten den Ort wegen seiner Thermen. Im Mittelalter dann war er Hauptstadt des Monferrato, wovon noch heute zahlreiche Zeugnisse künden. Zwei DOC-Weine sind hier zu Hause: der Brachetto, dem die Enoteca Pubblica gewidmet ist, und der Dolcetto d'Acqui. Ausgezeichnete Gastronomie. **Bistagno.** Dieser in der ausgedehnten Talsohle des Flüsschens Bormida gelegene Ort ist stolz auf einen ganz besonderen Turm auf dreieckigem Grundriss. Mehr ist allerdings auch nicht erhalten von der Burg aus dem 13. Jahrhundert. Ganz in der Nähe liegt das Kloster Bormida, das um eine Brücke und eine kleine Benediktinergemeinschaft herum entstanden ist. **Bubbio.** Inmitten von geometrisch angelegten Weinbergen und grünenden Haselnusssträuchern geht es von hier weiter in Richtung Loazzolo, wo ein altehrwürdiger DOC-Rotwein gekeltert wird. **Calamandrana.** Weinstadt mit guten Einkaufsmöglichkeiten in der Bottega del Vino und der Cantina Sociale. **Nizza Monferrato.** Bedeutende Weinstadt mit reichhaltigem Angebot für wein- und spezialitätenbegeisterte Touristen. **Mombaruzzo.** Weinstadt, deren Cantina Sociale zu den ältesten der Gegend zählt. Schön die gotische Kirche, berühmt die Amaretti. **Quaranti.** Obwohl winzig klein, unterhält diese nur ein wenig abseits der Strecke liegende Weinstadt eine Bottega del Vino mit vielseitigem Veranstaltungskalender. **Fontanile.** Ein weiterer kleiner Abstecher vom eigentlichen Streckenverlauf entlang einer landschaftlich reizvollen Straße, die zur Staatsstraße des Turchinopasses führt. Kleine Weinstadt mit einer Cantina Sociale. **Maranzana.** Hervorragende Weine und Trüffeln sind die Schätze, die hier zwischen Stadtmauern und Türmen gehütet werden. Sehr schöne Cantina Sociale. **Cassine.** Eine der interessantesten Ortschaften des Alto Monferrato mit malerischen Plätzen und bedeutenden Gebäuden. Dazu gehören die Kirche S. Francesco aus dem 13. Jahrhundert und der Palazzo Zoppi, dessen Fresken Szenen aus dem höfischen Leben darstellen. Cantina Sociale. **Strevi.** Weinstadt mit einer sehr hübsch angelegten Altstadt, die ebenso

## Veranstaltungskalender

**Juni**

**Casorzo**
❸❹ Festa della Malvasia

**Gremiasco**
❸❹ Sagra del Raviolo – Mostra del Salame (Raviolifest – Markt mit Wurstspezialitäten)

**Morano sul Po**
❸❹ Sagra della Panissa (einem Reisgericht mit Bohnen gewidmetes Fest)

**San Marzanotto**
❸❹ Festa della Mietitura (Mähfest)

schöne Ausblicke gewährt. **Alice Belcolle.** In berückender Lage unweit der Verbindungsstraße zwischen Acqui Terme und Nizza Monferrato bietet dieser Ort zwei sehr gut geführte Cantine Sociali. **Castel Rocchero.** Auf der Fahrt von Belbo nach Bormida kommt man an diesem Weindorf vorbei, das sich nebst seiner Kellerei an ein Schlösschen aus dem 16. Jahrhundert schmiegt. **Castel Boglione.** Schöner Ferienort in Hanglage mit Cantina Sociale.

**Die Straße des Dolcetto.** Die sieben dem Dolcetto vorbehaltenen DOCs umfassen ein ausgedehntes Gebiet in den Provinzen Alessandria, Asti und Cuneo. Unsere Wegstrecke durchquert es von Ost nach West und führt dabei durch die sehenswertesten Orte. **Ovada.** In der Nähe der Autobahn gelegen, die bei Voltri zum Meer vorstößt, und deutlich von ligurischem Einfluss geprägt, bietet diese Weinstadt zahlreiche Attraktionen und verfügt über eine eigene DOC. Nachdem man den Orba überquert hat, führt die kurvenreiche Straße vorbei an wunderschönen Hügeln hinauf nach Tagliolo Monferrato und Castelletto d'Orba, zwei weiteren Weinstädten, in denen ein hervorragender Dolcetto erzeugt wird. **Acqui Terme.** Eine weitere große Dolcetto-Produktionsstätte, deren beste Tropfen in der Enoteca Pubblica verkostet werden können. Nach nur wenigen Kilometern gelangt man auf der nach Alessandria führenden Straße nach Strevi, einer lebhaften Weinstadt. **Diano d'Alba.** Weinstadt, deren Name für einen Dolcetto steht, dem hier nicht nur die besten Lagen vorbehalten sind, sondern auch ein Fest in der ersten Maihälfte. **Alba.** Was bleibt einem zu der an Gaumenfreuden und sublimen Geschmackserlebnissen so überreich gesegneten Hauptstadt der Langhe zu sagen? Als Weinstadt überrascht sie selbst wahre Kenner. **Dogliani.** Diese Weinstadt mit einer Enoteca Pubblica, die ihrem großen Dolcetto alle Ehre macht, bildet den Abschluss unserer Route. Unterwegs lohnen auch Serravalle Langhe und Monforte d'Alba, zwei weitere sehenswerte Weinstädte, einen Besuch.

## Veranstaltungskalender

**Juni**

**Spineto**
②③ Spaghettata dei Quattro Rioni (Spaghettifest der vier Stadtteile)

**Calliano**
④ Sagra dell'Agnolotto d'Asino (Teigtaschenfest)

## Gaumenfreuden

Ach wie schön war doch die Jugendzeit, als wir nach Frinco fuhren, um im Castello Fritto misto zu essen: Bries, Hirn, Fleisch- und Leberscheibchen sowie Hühnerfleischkroketten, gefolgt von Pilzen, Äpfeln, Amaretti, Grießklößchen und vielem anderen mehr wanderten in den mächtigen ölgefüllten Topf und wurden anschließend dampfend heiß an die Tische gebracht. Ein mitunter Stunden dauerndes Ritual, das im Rückblick den Charme des Unwiederbringlichen hat. Ähnliches gilt für die Zeremonie um das Bollito (Gesottenes vom Jungochsen), das hinsichtlich der Vielzahl von Tranchiertechniken und köstlichen Saucen seinesgleichen sucht. Auch Ungewohntes bringt die piemontesische Küche auf den Tisch, beispielsweise Fonduta, eine Art Käsefondue, und Bagna Cauda, ein Gemüsefondue: Die Wärmequelle steht mitten auf dem Tisch, das sonst omnipräsente Öl nimmt eher eine Statistenrolle ein (ebenso wie der einzige Salzwasserfisch, der Kabeljau, der früher von der Küste Liguriens her in diesen Landstrich geliefert wurde), vielmehr verdanken die Speisen Butter und Milchprodukten ihren unnachahmlichen Geschmack. Apropos: Keine andere Region Italiens kann eine ähnliche Vielfalt an Käsesorten vorweisen und hat es dabei so gut verstanden, hochklassige Produkte zu entwickeln und zu schützen. Jede Hochalmwiese mit ihren unzähligen Kräutern, Gerüchen und Geschmäckern bringt einen «Cru» hervor, der dann im Tal durch die charakteristischen Verarbeitungs- und Verfeinerungstechniken zu einem echten Spitzenprodukt wird. Namen wie Raschera, Murazzano, Castelmagno und Bra wäre es zu wünschen, dass sie eines Tages den gleichen Wohlklang haben wie Dolcetto, Barolo und Barbera. Wer die Produkte einmal vor Ort auf einer Alm verkosten will, dem empfehlen wir den Betrieb Occelli in Farigliano.

Jedes Tal ist eine kleine Welt für sich, und kaum eines zeigt dies deutlicher als das Valpellice, in dem vor langer Zeit die der Ketzerei bezichtigten Waldenser Zuflucht fanden und ungestört ihre Traditionen weiterführen konnten. Hier findet sich alles Mögliche, angefangen von zahlreichen typischen Rezepten über ziemlich eigenwillige Sitten und Gebräuche bis hin zu einem großartigen Restaurant, dem Flipot. In entspannter, familiärer Atmosphäre wird hier jene Küche geboten, die Italiens Gastronomie berühmt gemacht hat: Gerichte wie Agnoli di mostardele (gefüllte Teigtaschen) mit Lauch, Tagliatelle di ceci (Kichererbsennudeln) mit Brennnesseln und Schnecken, im Maiheu gesottener Hammel oder Kabeljau mit Rettich.

Und mitunter ziert es sich ja auch, dieses Piemont, und ist nur mit einigem guten Willen zu erreichen, wie etwa der Montacuto hoch im Apennin, wo die Familie Forlino sämtliche Köstlichkeiten – vom Brot über die Butter und das Fleisch bis hin zum Gemüse – selbst herstellt.

### Veranstaltungskalender

**Juni**

**Noasca**
④ Festa dei Ss. Pietro e Paolo

**Castagnole Lanze**
④ Festa di San Pietro

**Calosso**
④ Festa dell'Estate (Sommerfest)

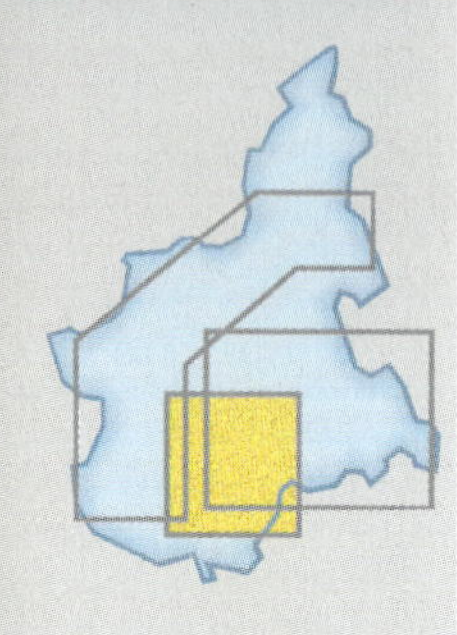

# Langhe

## und Roero

*Mit Barolo und Barbaresco sind diese Hügel zu einem der berühmtesten Weinbaugebiete der Welt geworden, das Weintouristen von überall her anzieht.*

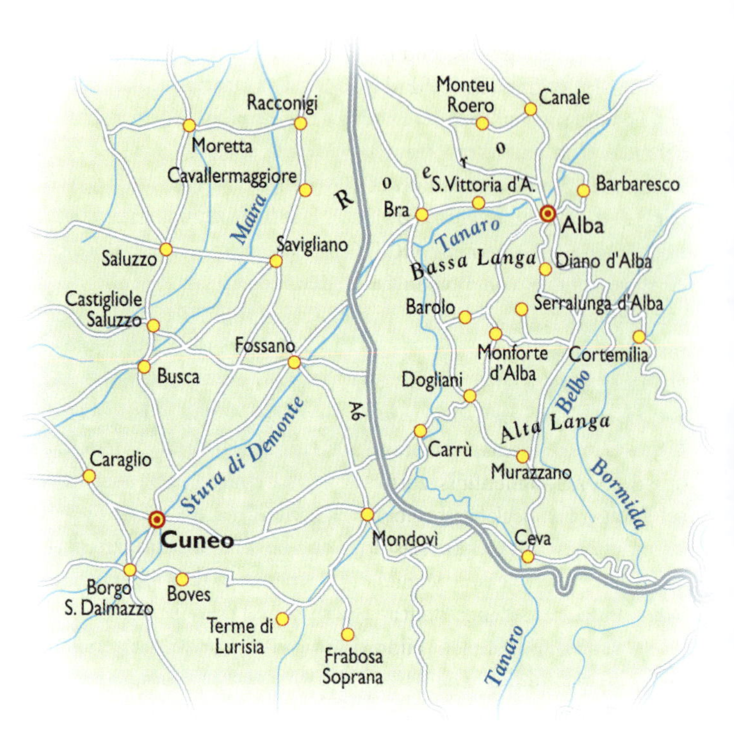


### Hotels und Restaurants

**Alba**

**I Castelli** ★★★★
corso Torino 14/1
☎ 0173361978

**Savona** ★★★
via Roma 1
☎ 0173440440

**Piemonte** ★★
piazza Rossetti 6
☎ 0173441354

**Il Vicoletto** 🍴🍴🍴
via Bertero 6
☎ 0173363196

**Osteria dell'Arco** 🍴🍴
piazza Savona 5
☎ 0173363974

Die Langhe sind ein weites Hügelland, das sich in etwa von den Ligurischen Alpen bis hin zum Monferrato erstreckt, mit dem es neben seinen Ursprüngen (Ansteigen und Auffaltung des urzeitlichen Meeresgrundes in der Poebene) auch geologische Gegebenheiten (verschiedenste Sedimentablagerungen) und klimatische Bedingungen teilt, die sich ausgezeichnet für den Weinbau eignen. Die «langhe», jene Kämme also, die der Landschaft ihren Namen gegeben haben, sind zwischen 400 und 800 Meter hoch und liegen damit leicht über dem durchschnittlichen Niveau des Monferrato. Der Lauf des Belbo trennt jedoch zwei klar voneinander unterschiedene Landstriche: im Norden die Bassa Langa oder Langa domestica, die Cesare Pavese gefühlvoll in seinem Werk verewigte, im Süden die Alta Langa oder Langa selvaggia. Im Norden überwiegt der Weinbau, ähnlich wie im angrenzenden Monferrato, den Süden dagegen prägen Wälder, Weiden und eine bescheidenere Landwirtschaft.

# Die Langhe

## Barolo und Barbaresco, zwei unvergleichliche Weine aus der Nebbiolo-Traube

Die Langhe liegen in der Provinz Cuneo, das wichtigste Weinbauzentrum ist zweifellos Alba. Ihren Weltruhm jedoch verdankt die Gegend zwei eher kleinen Weinstädten: Barolo und Barbaresco. Hier werden der Nebbiolo-Traube, die auch in anderen Gegenden des Piemont weit verbreitet ist, in den beiden gleichnamigen Weinen ihre vornehmsten Tugenden entlockt. So waren Barolo und Barbaresco auch die ersten italienischen Gewächse, die im Jahr 1981 das Qualitätsprädikat DOCG erhielten. Daneben werden in den Langhe ein erstklassiger Moscato d'Asti gekeltert, eine Reihe hervorragender Rotweine wie der Nebbiolo und der Barbera d'Alba sowie vier Dolcetti, die aus ebenso renommierten Orten stammen. Vervollständigt wird die Liste der hier beheimateten Weinarten von der allgemeinen DOC Langhe, die eingeführt wurde, um zwar weniger edle, doch deswegen nicht unbedingt minder gute Produkte auszuweisen.

### Weinstädte

**Alba.** Dort, wo Cherasca und Tanaro ihrem Zusammenfluss zuströmen und ein Dreieck beschreiben, ragen im weiten Rund die Bastionen dieser noch heute wunderschönen mittelalterlichen Stadt auf. Einen würdigen Rahmen bilden die sanft geschwungenen Hügel der Bassa Langa, unter Feinschmeckern wegen ihrer hochwertigen Weine und der edlen Trüffel eine erste Adresse. Beiden widmet Alba, das wirtschaftliche Zentrum dieses paradiesischen Stückchens Erde, bedeutende Veranstaltungen: In der zweiten Aprilhälfte wird die Weinschau **Vinum** abgehalten, die sich vor allem um für den sofortigen Verbrauch bestimmte önologische Erzeugnisse dreht, und in den ersten drei Oktoberwochen die **Fiera nazionale del Tartufo,** die italienische Trüffelmesse. Und so sind Wein und Trüffel denn auch die Säulen der exzellenten hiesigen Gastronomie.

**Barbaresco.** Schier endlos ist die Reihe von Weinbergen, auf denen Örtchen und Straßen buchstäblich zu schweben scheinen – ein beeindruckender Anblick. Wie ein Leuchtturm ragt der Torre del Bricco empor, das Wahrzeichen dieser berühmten Gemeinde und Stein gewordene mächtige Erinnerung an eine Zeit, als Asti und Alba sich ihretwegen befehdeten. Es ist also gar nicht so verwunderlich, dass auch die Einweihung in die unaussprechlichen Geheimnisse des Barbaresco inmitten altehrwürdiger Mauern stattfindet, in der säkularisierten Kirche S. Donato, die heute als Enoteca Regionale sowie als Völkerkundemuseum genutzt wird. Am ersten Sonntag im September wird hier als Krönung der Weinlese die **Festa della Vendemmia** veranstaltet, die Verkostungen und gastronomische Höhe-

### Hotels und Restaurants

**Albaretto d. Torre**
**Cacciatori – Da Cesare** 🍴🍴🍴
via S. Bernardo 9
☎ 0173520141
**Barbaresco**
**Rabajà** 🍴🍴
via Rabajà 9
☎ 0173635223
**Pertinace** 🍴🍴
località Pertinace
☎ 01733000

punkte sowie gute Einkaufsmöglichkeiten bietet.

**Barolo.** Die wunderschönen Hügel, die der Tanaro südwestlich von Alba durchfließt, behüten dieses Dorf mit seinen unzähligen charakteristischen Gässchen und Winkeln wie einen Schatz. Höchster Punkt ist jene Burg, in der die Marchesa Falletti vor hundert Jahren den Barolo erfand. In diesem herrlichen Anwesen, das zugleich die Lebensader eines der bekanntesten Weinbaugebiete der Welt ist, hat auch die Enoteca Regionale ihren Sitz, die zahlreiche Gelegenheiten zu Begegnung und Degustation der köstlichen Tropfen bietet: Anfang Mai wird hier der neue Barolo-Jahrgang präsentiert, in der zweiten Septemberwoche findet zu Ehren des Vino dei Re, des Weins der Könige, die **Festa del Barolo** statt, mit gastronomischen Abenden und der Gelegenheit, die Werke von Pflastermalern gebührend zu bewundern. Im Ortsteil Vergne findet am ersten Sonntag im September eine Verkostung von Barolo-Weinen statt.

**Cherasco.** Dort, wo die Stura di Demonte in den Tanaro einmündet, liegt dieses hübsch anzusehende Städtchen mit seinen breiten, von Bogengängen gesäumten Straßen und seiner herrschaftlichen Architektur. Als «italienische Hauptstadt der Schnecken» bietet der Ort seinen Besuchern zahlreiche kulinarische und önologische Variationen zu diesem Thema.

**Diano d'Alba.** Lange Zeit politischer und militärischer Rivale von Alba, wird der Ort von einer Burg überragt, die einen unvergleichlichen Blick über die Langhe eröffnet. Abgesehen von einer gewissen Menge Barolo wird hier ein Dolcetto gekeltert, der oft schlicht Diano genannt wird. Möglich wurde dies durch eine konsequente Politik zur Aufwertung der für die Weinerzeugung geeignetsten Orte, die heute den hochwertigsten Gewächsen ihren Namen geben dürfen. Im Juni wird die **Festa di San Giovanni** (der Johannistag) feierlich begangen. Im September findet der **Premio Baretti – Amicizia Enoica** statt.

**Dogliani.** Eine vornehme und elegante Stadt, deren Berühmtheit seit kurzer Zeit eng mit dem Dolcetto verwoben ist. Selbst der einstige Staatspräsident Luigi Einaudi stellte ihn her, sodass der Wein für alle zum «Dolcetto del Presidente» avancierte. Heute findet in der zweiten und dritten Septemberwoche die **Sagra del Dolcetto** statt, mit Musikabenden, Weinverkostung auf der Piazza und einem Lottospiel, bei dem tausend Flaschen Wein auf ihre glücklichen Gewinner warten. In der ersten Novemberwoche wird die **Fiera dei Santi** feierlich begangen. Im Übrigen findet der Besucher im Palazzo Comunale eine schöne Enoteca Pubblica.

**Grinzane Cavour.** Die Ortschaft liegt im Barolo-Gebiet und ist mit ihrer Burg, die einst dem bedeutenden Staatsmann Camillo Benso Graf Cavour gehörte, Anziehungspunkt für zahlreiche Weintouristen. Die Burg, inzwischen Enoteca Regionale und zugleich historisch-völkerkundliches Museum, ist der Lieblingssitz der Confraternita dei Cavalieri del Tartufo e dei Vini

## Hotels und Restaurants

**Barolo**

**La Cantinetta** 🍴
via Roma 33
☎ 017356198

**Locanda nel Borgo Antico** 🍴
piazza Municipio 2
☎ 017356355

**Osteria La Cantinella** 🍴
via Acqua Gelata 4/a
☎ 017356267

**Barolo** ★★★
**Brezza** 🍴
via Lomondo 2
☎ 017356354
☎ 017356191

d'Alba (Bruderschaft der Ritter der Trüffel und der Weine von Alba): Hier wird Ende Mai ein Literaturpreis verliehen, darüber hinaus finden zahlreiche Konferenzen und Tagungen statt.

**Und außerdem ...** sind da noch zwei weitere Städte, in denen Barbaresco erzeugt wird: **Neive,** das auf einem Hügel mit herrlicher Aussicht liegt und eine eindrucksvolle Enoteca namens Dei Quattro Vini hat, und **Treiso** mit seinen wertvollen Trüffelvorkommen und den zu den höchsten der Gegend zählenden Weinbergen. Weitaus länger ist dagegen die Liste der Orte, die Barolo keltern: **Castiglione Falletto,** ein von gewaltigen Wachtürmen überragter kleiner Ort auf einem Gebirgskamm, und **Serralunga d'Alba** mit seiner eindrucksvollen Burg. Zum Teil zählen auch folgende Gemeinden dazu: **La Morra** mit herrlichem Ausblick, einem mittelalterlichen Turm, einer Bottega del Vino sowie einem Weinmuseum; **Novello** mit seinem Herrschaftssitz aus dem 19. Jahrhundert, einer barocken Pfarrkirche samt romanischem Turm und einer hübschen Bottega del Vino; **Monforte d'Alba,** ein beliebtes Ziel für Sommerfrischler, sowie **Verduno,** auch bekannt wegen des Rotweins aus der traditionsreichen Pelaverga-Traube. Unweit von Alba folgen dann noch **Montelupo Albese, Roddi, Roddino** und **Rodello.** Im Hochtal des Tinella liegt **Neviglie,** in dessen Pfarrkirche sich ein wertvolles Gemälde aus dem 16. Jahrhundert befindet. Schließlich noch zwei Ortschaften im grünen Tal des Belbo: **Santo Stefano Belbo,** Heimat des Schriftstellers Cesare Pavese (das Geburtshaus kann besichtigt werden), mit dem alten Albergo della Posta und **Cossano Belbo,** ein paar Kilometer weiter flussaufwärts, ein typischer Winzer- und Viehzüchterort der Langhe.

## Enoteche

**Barbaresco.** *Enoteca Regionale, via Torino 8/a, Tel. 0173635251. Öffnungszeiten: 9.30–13 und 14.30 bis 18 Uhr, Mittwoch, im Januar sowie eine Woche im Juli geschlossen.* Im einzigartigen Ambiente einer säkularisierten Kirche stellt die Enoteca die Weine aus den vier Gemeinden der DOCG Barbaresco vor. Degustation und Verkauf.

**Barolo.** *Enoteca Regionale del Barolo, Castello di Barolo, Tel. 017356277. Öffnungszeiten: 10–12.30 und 15 bis 18.30 Uhr, Donnerstag und im Januar geschlossen.* Auf Betreiben der elf DOCG-Gemeinden eingerichtet, befindet sich die Enoteca im Castello Falletti, wo im 19. Jahrhundert zum ersten Mal der Barolo gekeltert wurde. Degustation und Verkauf, Kultur- und Werbeveranstaltungen. Ausstellungsräume.

**Dogliani.** *Bottega del Vino Dolcetto, piazza S. Paolo 9, Tel. 017370107. Öffnungszeiten: Freitag 15–19 Uhr, Samstag und Sonntag 9.30–12.30 und 15–19 Uhr, Montag–Donnerstag auf Anfrage, von September bis Oktober täglich.* Winzervereinigung im Rathaus in einem gemauerten Kellergewölbe aus dem 16. Jahrhundert. Degustation und Verkauf.

**Grinzane Cavour.** *Enoteca Regionale Cavour, via Castello 5, Tel. 0173 262159. Öffnungszeiten: 9–12 und 14–18 Uhr (14.30–18.30 Uhr im*

### Hotels und Restaurants

**Bonvicino**
**La Tana dell'Orso** 🍴🍴
frazione Lovera 10
☎ 0173798017

**Bra**
**Battaglino** 🍴🍴
piazza Roma 18
☎ 0172412509
**Badellino** 🍴
piazza
XX Settembre 4
☎ 0172439050
**Boccondivino** 🍴
via della
Mendicità Istruita 14
☎ 0172425674

**Castiglione Falletto**
**Granduca** 🍴
piazza del Centro 4
☎ 017362829

## DOCG- und DOC-Weine aus den Langhe

### DOCG

**BARBARESCO.** Rebsorten: Nebbiolo (Michet, Lampia, Rosé; 100%). Produktion: 19439 hl (454 ha in den Gemeinden Barbaresco, Neive, Treiso und Alba). Farbe: granatrot mit orangefarbenen Reflexen. Geruch: sortentypischer, ätherischer, angenehmer, intensiver Duft. Geschmack: trocken, voll, robust, spröde, aber samtig, harmonisch. Alkoholgehalt: 12,5%. Alterung: mindestens 2 Jahre, davon 1 Jahr in Eichen- oder Kastanienfässern, bis zu 10 Jahren empfohlen. Qualitätsstufen: *Riserva* mindestens 4 Jahre Alterung (dann bis zu 10 Jahren). Zu rotem Fleisch und Wild zu trinken.

**BAROLO.** Rebsorten: Nebbiolo (Michet, Lampia, Rosé; 100%). Produktion: 50014 hl (1164 ha in den Gemeinden Barolo, Castiglione Falletto, Serralunga d'Alba und zum Teil in 8 Nachbargemeinden). Farbe: granatrot mit orangefarbenen Reflexen. Geruch: sortentypischer, ätherischer, intensiver Duft. Geschmack: trocken, voll, robust, spröde, aber samtig, harmonisch. Alkoholgehalt: 13%. Alterung: mindestens 3 Jahre, davon 2 Jahre in Eichen- oder Kastanienfässern, bis zu 10 Jahren oder mehr empfohlen. Qualitätsstufen: *Riserva* mindestens 5 Jahre Alterung. Arten: *Chinato* mit Kräutern, Gewürzen und Chinarinde aromatisiert. Zu Gerichten der gehobenen Küche (rotes Fleisch oder Wild) und altem Käse zu trinken, der Chinato außerhalb der Mahlzeiten.

### DOC

**BARBERA D'ALBA.** Rebsorten: Barbera (100%). Produktion: 55704 hl (1230 ha). Farbe: als junger Wein rubinrot, mit der Alterung zu granatrot tendierend. Geruch: weinig, intensiv, sortentypisch. Geschmack: trocken, körperreich, relativ ausgeprägte Säure, leicht tanninhaltig; nach angemessener Alterung voll und harmonisch. Alkoholgehalt: 12%. Alterung: bis zu 3 Jahren empfohlen. Zu weißem und rotem Fleisch, deftigen Gerichten und zu mittelaltem Käse zu trinken. Qualitätsstufen: *Superiore* mindestens 12,5% Alkohol und 1 Jahr Alterung in Eichen- oder Kastanienfässern (dann bis zu 7 Jahren); zu Fleisch, deftigen Gerichten und pikantem Käse zu trinken.

**DOLCETTO D'ALBA.** Rebsorten: Dolcetto (100%). Produktion: 60770 hl (1503 ha). Farbe: rubinrot, im Schaum bisweilen zu violett neigend. Geruch: weinig, angenehm, sortentypisch. Geschmack: trocken, angenehm bitter, mäßige Säure, guter Körper, harmonisch. Alkoholgehalt: 11,5%. Alterung: bis zu 3 Jahren empfohlen. Zu allen Speisen zu trinken. Qualitätsstufen: *Superiore* mindestens 12,5% Alkohol und 1 Jahr Alterung (dann bis zu 5 Jahren); zu Schmorfleisch, Polenta und mittelaltem Käse zu trinken.

**DOLCETTO DELLE LANGHE MONREGALESI.** Rebsorten: Dolcetto (100%). Produktion: 1031 hl (28 ha in den Gemeinden Briaglia, Castellino Tanaro, Igliano, Marsaglia, Niela Tanaro und zum Teil in 6 Nachbargemeinden). Farbe: lebhaftes Rubinrot. Geruch: weinig, sortentypisch. Geschmack: trocken, leicht bitter, mäßige Säure, mäßiger Körper. Alkoholgehalt: 11%. Alterung: 1 Jahr. Zu allen Speisen zu trinken. Qualitätsstufen: *Superiore* mindestens 12% Alkohol und 1 Jahr Alterung (dann bis zu 3 Jahren); zu Polenta, Fleisch und mittelaltem Käse.

**DOLCETTO DI DIANO D'ALBA** oder **Diano d'Alba.** Rebsorten: Dolcetto (100%). Produktion: 6967 hl (198 ha in der Gemeinde Diano d'Alba). Farbe: rubinrot. Geruch: weinig, angenehm sortentypisch. Geschmack: trocken, mit angenehmem Mandelaroma, mäßige Säure, guter Körper, harmonisch. Alkoholgehalt: 11,5%. Alterung: bis zu 2 Jahren. Zu allen Speisen zu trinken. Qualitätsstufen: *Superiore* mindestens 12,5% Alkohol und 1 Jahr Alterung (dann bis zu 5 Jahren); zu Primi mit würzigen Saucen, zu Polenta, Geschmortem und Fleisch zu trinken.

## Hotels und Restaurants

**Canale**
**All'Enoteca**
via Roma 57
☎ 017395857

**Carrù**
**Moderno**
via della Misericordia 12
☎ 017375493

**Castagnito**
**La Cantinetta**
via Roma 24
☎ 0173213388

**Castellinaldo**
**La Trattoria**
via Roma 15
☎ 0173213083

**Cherasco**
**Osteria della Rosa Rossa**
via S. Pietro 31
☎ 0172488133

**DOLCETTO DI DOGLIANI.** Rebsorten: Dolcetto (100%). Produktion: 20919 hl (673 ha in den Gemeinden Bastia, Belvedere Langhe, Clavesana, Ciglìè, Dogliani, Farigliano, Monchiero, Rocca di Ciglìè und zum Teil in den Gemeinden Roddino und Sornano). Farbe: rubinrot, zu violett neigend. Geruch: weinig, gefällig, sortentypisch. Geschmack: mäßige Säure, trocken, leicht bitter, delikat, mäßiger Körper, angenehm. Alkoholgehalt: 11,5%. Alterung: bis zu 3 Jahren empfohlen. Zu würzigen Primi, Speisen mit ausgeprägtem Geschmack und Fleischgerichten zu trinken. Qualitätsstufen: *Superiore* mindestens 12,5% Alkohol und 1 Jahr Alterung (dann bis zu 5 Jahren); zu Fleischgerichten, vor allem zu Schmorbraten zu trinken.

**NEBBIOLO D'ALBA.** Rebsorten: Nebbiolo (100%). Produktion: 9032 hl (225 ha). Farbe: mehr oder weniger volles Rubinrot, bei Alterung mit granatroten Reflexen. Geruch: sortentypischer Duft, mit der Alterung zunehmend sanft und delikat, Veilchenduft. Geschmack: von trocken bis angenehm süß, guter Körper, als junger Wein angenehm tanninhaltig, samtig, harmonisch. Alkoholgehalt: 12%. Alterung: für die trockene Variante mindestens 1 Jahr (dann bis zu 6 Jahren), für die süße bis zu 2 Jahren empfohlen. Arten: *Spumante*. Trocken ausgebaut zum Essen zu trinken, die liebliche Variante und der Spumante zum Abschluss der Mahlzeiten.

**VERDUNO PELAVERGE** oder **Verduno.** Rebsorten: Pelaverga Piccolo (85–100%). Produktion: 399 hl (7,3 ha in der Gemeinde Verduno und zum Teil in den Gemeinden Roddi d'Alba und La Morra). Farbe: mehr oder weniger volles Rubinrot mit kirschroten oder violetten Reflexen. Geruch: intensiv, duftend, fruchtig, sortentypisch. Geschmack: frisch, trocken, samtig und harmonisch. Alkoholgehalt: 11%. Alterung: bis zu 3 Jahren empfohlen. Zu allen Speisen zu trinken.

**LANGHE.** Produktion: 70494 hl (2207 ha). – **Rosso.** Rebsorten: verschiedene. Farbe: rubinrot mit Tendenz zu granatrot. Geruch: sortentypisch, weinig, intensiv. Geschmack: trocken, guter Körper. Alkoholgehalt: 11%. Alterung: bis zu 2 Jahren empfohlen. Zu den Mahlzeiten zu trinken. – **Bianco.** Rebsorten: verschiedene. Farbe: helles Strohgelb, mehr oder weniger intensiv. Geruch: delikat, fein, harmonisch. Geschmack: delikat, harmonisch. Alkoholgehalt: 10,5%. Zu Fisch zu trinken. – **Dolcetto.** Rebsorten: Dolcetto (100%). Farbe: rubinrot. Geruch: weinig, sortentypisch, gefällig. Geschmack: trocken, angenehm bitter, mäßiger Körper, harmonisch. Alkoholgehalt: 11%. Alterung: bis zu 2 Jahren empfohlen. Zu den Mahlzeiten zu trinken. – **Freisa.** Rebsorten: Freisa (100%). Farbe: rubinrot oder kirschrot. Geruch: sortentypisch, delikat. Geschmack: lieblich, frisch, trocken, weich oder aber lebhaft. Alkoholgehalt: 11%. Qualitätsstufen: *Vigna*. Zu den Mahlzeiten zu trinken. – **Nebbiolo.** Rebsorten: Nebbiolo (100%). Farbe: rubinrot, bisweilen mit orangefarbenen Reflexen. Geruch: sortentypisch, zart und delikat. Geschmack: trocken oder lieblich, guter Körper, samtig oder aber lebhaft. Alkoholgehalt: 11,5%. Alterung: bis zu 2 Jahren empfohlen. Zu den Mahlzeiten zu trinken. – **Arneis.** Rebsorten: Arneis (100%). Farbe: strohgelb. Geruch: sortentypisch, fein, intensiv. Geschmack: trocken, frisch, delikat. Alkoholgehalt: 10,5%. Zu Fisch zu trinken. – **Favorita.** Rebsorten: Favorita (100%). Farbe: strohgelb. Geruch: sortentypisch, delikat. Geschmack: trocken, mit leichten Mandelnoten im Abgang. Alkoholgehalt: 10,5%. Qualitätsstufen: *Vigna*. Zu Fisch zu trinken. – **Chardonnay.** Rebsorten: Chardonnay (100%). Farbe: helles Strohgelb mit grünlichen Nuancen. Geruch: leicht, sortentypischer Duft. Geschmack: trocken, samtig, weich, harmonisch. Alkoholgehalt: 10,5%. Qualitätsstufen: *Vigna*. Zu Fisch.

## Hotels und Restaurants

**Cissone**
**Osteria dell'Arco**
piazza Olmo
☎ 0173748200

**Cortemilia**
**San Carlo ★★★**
corso Divisioni Alpine 41
☎ 017381546

**Cossano Belbo**
**Trattoria della Posta da Camulin**
via Negro 3
☎ 014188126

**Dogliani**
**Albero Fiorito**
piazza Confraternita 13
☎ 017370582

*Sommer), Dienstag sowie im Januar geschlossen.* Im Schlösschen, das einst dem Grafen Cavour gehörte, befinden sich ein Verkaufs- und Degustationsstand der Assaggiatori dell'Ordine dei Maestri Cavalieri del Tartufo e dei Vini d'Alba sowie ein landestypisches Restaurant (Tel. 0173262172). Ausstellungsräume zu Ehren des Staatsmannes, der Trüffel und des Handwerks der Gegend um Alba.

**La Morra.** *Cantina Comunale, via Carlo Alberto 2, Tel. 0173509204. Öffnungszeiten: 10–12.30 und 14.30 bis 18.30 Uhr, Dienstag geschlossen.* In historischem Ambiente bietet die Kellerei lokale Weine an. Degustation und Verkauf, außerdem Bücher und Lehrmittel.

**Mango.** *Enoteca Regionale Colline del Moscato, Castello dei Busca, piazza XX Settembre, Tel. 014189291. Öffnungszeiten: Februar–März 14.30 bis 17.30 Uhr, April–Dezember 10.30 bis 13 und 15–18 Uhr.* Degustation und Verkauf von etwa 150 Weinen, Süßwaren und anderen Produkten. Mit Restaurantbetrieb.

**Neive.** *Bottega dei Quattro Vini, piazza Italia, Tel. 017367004. Öffnungszeiten: Mittwoch–Samstag 14.30 bis 19 Uhr, Sonntag 10.30–19 und 14.30–19 Uhr, Februar geschlossen.* Degustation und Verkauf einheimischer Produkte in einem Palazzo aus dem 18. Jahrhundert.

**Novello.** *Bottega del Vino, via Roma 1, Tel. 0173731147. Öffnungszeiten: Samstag 15–18 Uhr, Sonntag 10–12 und 15–18 Uhr.* Im Ortskern, einzigartiges Ambiente in der aufgelassenen Krypta der Kirche S. Sebastiano. Verkauf und Degustation.

**San Giorgio Scarampi.** *Bottega della Langa Astigiana e della Val Bormida, via Roma 6, Tel. 014489230. Öffnungszeiten: 9–12 und 14–19 Uhr, Montag geschlossen.* In einem historischen Gebäude des Orts. Degustation und Verkauf, mit Restaurantbetrieb.

**Serralunga d'Alba.** *Bottega del Vino, via Foglio 1, Tel. 0173613528. Öffnungszeiten: April–November Samstag, Sonn- und Feiertage 9–12 und 15–18 Uhr, an den übrigen Tagen nach Vereinbarung.* In den Kellerräumen des ehemaligen Rathauses. Degustation und Verkauf, Begegnungsstätte für Weinerzeuger und Händler.

## Kellereien

**Barbaresco.** *Tenute Cisa Asinari dei Marchesi di Gresy, via Rabajà 43, Tel. 0173635222. Öffnungszeiten: nach Vereinbarung, Montag–Freitag 9–17 Uhr.* Die Kellerei umfasst drei Betriebe: das Hausgut Martinenga, wo hauptsächlich Nebbiolo gekeltert wird, Monte Aribaldo in Treiso d'Alba, wo der Dolcetto überwiegt, und La Serra in Cassine, wo ausschließlich für den Moscato d'Asti bestimmte Trauben heranreifen. Stolz des Hauses sind die beiden Crus Barbaresco Camp Gros und Gaiun, die nur in den besten Jahrgängen erzeugt werden.

**Barolo.** *Marchesi di Barolo, via Alba 12, Tel. 0173564400, Internet: http://www.marchesibarolo.com.* Die Überlieferung des Kanonikers Massè lässt keinen Zweifel zu: Der Barolo erlebte seine Geburtsstunde in den Kellern dieses großen «gelb getünchten Hauses», das jenen Marchesi Falletti gehörte, nach denen der Betrieb benannt wurde. Aus der umfangreichen

### Hotels und Restaurants

**La Morra**

**Belvedere** 🍴
piazza Castello 5
☎ 017350190

**Bel Sit** 🍴
via Alba 17
☎ 017350350

**Monforte d'Alba**

**Giardino-Da Felicin** 🍴
via Vallada 18
☎ 017378225

**Trattoria della Posta** 🍴
piazza XX Settembre 9
☎ 017378120

**Priocca**

**Centro** 🍴
via Umberto I 5
☎ 0173616112

Produktion stechen die traditionsreichen Cru-Weine hervor: Barolo Cannubi, Sarmassa, Coste di Rose und Barbera d'Alba Paiagal. Für Gruppen besteht die Möglichkeit, im historischen Weinkeller zu speisen. *Fratelli Borgogno, via Crosia 12, località Cannubi, Tel. 017356107. Öffnungszeiten: Montag–Freitag 8 bis 12 und 14–18 Uhr, Samstag und Sonntag 10–12 und 14–18 Uhr.* Eineinhalb Kilometer vom Dorfkern entfernt, inmitten der Weinberge der Collina di Cannubi, findet sich diese innovative Kellerei, in der man erstklassige Weine und Spezialitäten der Langhe verkosten kann.
**Castiglione Falletto.** *Cantina Gigi Rosso, via Alba-Barolo 20, Tel. 0173 262369. Öffnungszeiten: Montag bis Freitag 8–12 und 14–18 Uhr, Samstag 9–12 Uhr.* Zum Betrieb gehören vier Weingüter in den besten Gegenden der Langhe. Seit über 40 Jahren werden hier Barolo, Barbaresco und andere großartige piemontesische Weine produziert. In den besten Jahrgängen liefert der «Sorì» (Weinberg) dell'Ulivo, dessen Lage und Bodenbeschaffenheit ihresgleichen suchen, einen Barolo «in limitierter Auflage».
**La Morra.** *Poderi Cantine Fratelli Oddero, frazione Santa Maria, Tel. 017350618. Öffnungszeiten: nach Vereinbarung.* Die Odderos, schon seit dem 19. Jahrhundert als Winzer tätig, bewirtschaften einige der schönsten «Sorì» der Langhe, darunter den Weinberg Rionda, der einen ausgezeichneten Barolo hervorbringt. Das Gelände, das zu zwei Dritteln mit Nebbiolo-Trauben bestockt ist, erstreckt sich über 45 Hektar. Auf weiteren 23 werden Pfirsiche geerntet. Es gibt zwei Kellereien: in Santa Maria wird vinifiziert, in Bricco Chiesa lagern die Rotweine mit Alterungspotenzial. *Rocche Costamagna, via Vittorio Emanuele 10, Tel. 0173509225. Öffnungszeiten: täglich 8–12 und 14 bis 18 Uhr, Gruppen nach Vereinbarung.* Ein altehrwürdiger Betrieb, der 1911 in Turin mit einer Goldmedaille bedacht wurde und sich mitten im Ort befindet, in einem Haus mit Kellergewölben aus dem 18. Jahrhundert. Hier werden Barolo Rocche dell'Annunziata und Cru Bricco Francesco aus Nebbiolo sowie Barbera und Dolcetto gekeltert. *Aldo Vaira, via delle Viole 25, Vergne, Tel. 017356257. Öffnungszeiten: Montag–Freitag 8–12 und 14–18 Uhr, Samstag und Sonntag nach Vereinbarung.* Die Vairas bezeichnen sich stolz als Traditionalisten, «Winzer aus Leidenschaft». Die Kellerei mit kunstvoll gestalteten Glasfenstern birgt drei exzellente Rote: Barolo und Barbera vom Weinberg Bricco delle Viole sowie trockenen Freisa Kye.
**Serralunga d'Alba.** *Tenimenti di Barolo e Fontanafredda, via Alba 15, Tel. 0173613161. Öffnungszeiten: Montag–Freitag 9–11 und 15.30 bis 17 Uhr, Samstag und Sonntag nach Vereinbarung.* 70 Hektar Weinbaufläche umgeben die Kellerei, die bereits Jagdhaus von König Vittorio Emanuele II. war und Wohnsitz der Gräfin Rosa di Mirafiori, besser bekannt als Bella Rosin. Draußen dann das bäuerliche Dorf, in dem 20 Familien wohnen. Der schon immer ausgesprochen fortschrittliche Betrieb, der in den 60er-Jahren als erster den Nebbiolo reinsortig kelterte, gehört heute dem Geldinstitut Monte dei Paschi

## Hotels und Restaurants

**Murazzano**
**Da Lele** 🍴
piazza Giuseppe Cerrina
☎ 0173798016
**Neive**
**La Luna nel Pozzo** 🍴
piazza Italia 23
☎ 017367098
**La Contea** 🍴
piazza Cocito 8
☎ 017367126
**Novello**
**Al Castello** ★★★
piazza Marconi 4
☎ 0173744011
**Barbacuc** ★★★
via Giordano 35
☎ 0173731298
**Piobesi d'Alba**
**Locanda Le Clivie** 🍴
via Canoreto 1
☎ 0173619261
**Roddi**
**La Crota** 🍴
piazza Principe Amedeo 1
☎ 0173615187

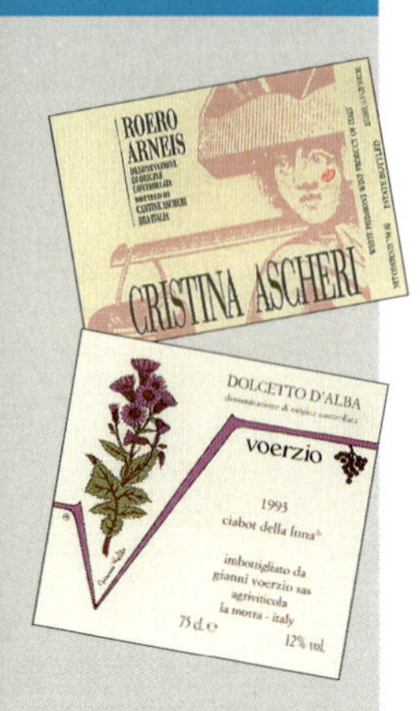


di Siena. Spitzenwein ist der Barolo der Lagen La Delizia, La Rosa, La Villa und Lazzarito.

**Treiso.** *Villa Ile, strada Rizzi 18, Tel. 0173362333, Internet: www.colline.com/az/villaile/, E-mail: villaile@colline.com. Öffnungszeiten: 9–12 und 14.30–19 Uhr, Gruppen nach Vereinbarung.* Seine wunderschöne Lage inmitten eines von Weinbergen und Wäldern gebildeten Amphitheaters macht den Hof von Donna Ileana bereits zu einem lohnenden Ziel für Reisende, die dem Agriturismo (Bed-and-Breakfast-Urlaub auf dem Lande) frönen möchten. Und dann erst ihr Keller: Dort lagern neben einem Barbaresco auch ein Garassino, ein außergewöhnlicher Barbera und der Moscadile, eine in kleinen Fässern gereifte Spätlese.

**Und außerdem ... Alba.** *Ceretto, regione San Cassiano 34, Tel. 0173 282582. Penna Luigi & Figli, frazione San Rocco Seno d'Elvio 96, Tel. 0173286991.* **Barbaresco.** *Varaldo, via Secondina 2, Tel. 0173635160.* **Barolo.** *G. Camerano & Figli, via Roma 10, Tel. 017356137. Cascina Adelaide, via Aie Sottane 14, Tel. 0173560503. G. D. Vaira, frazione Vergne, via delle Viole 25, Tel. 0173 56257.* **Castiglione Falletto.** *Fratelli Cavallotto – Tenuta Bricco Boschis, via Alba-Monforte, località Bricco Boschis, Tel. 017362814.* **Clavesana.** *Cantina Luzi, Donadei Fabiani, borgata Chiecchi Soprani 3, Tel. 0173790387.* **Diano d'Alba.** *Casavecchia, via Roma 2, Tel. 017369205. Ferdinando Giordano, via Cane Guido 50, Tel. 0173239111* **Dogliani.** *Del Turo, via Madonna delle Grazie 33, Tel. 017370692. Poderi La Collina di Piergiorgio Marengo, via Dante Alighieri 42, Tel. 017377402. Poderi Luigi Einaudi, Borgata Gombe 31, Tel. 017370191.* **Farigliano.** *Annamaria Abbona, frazione Moncucco 21, Tel. 0173797228.* **Grinzane Cavour.** *Giovanni Grimaldi, via Parea 7, località Gallo, Tel. 0173262094.* **La Morra.** *Cascina Ballarin, frazione Annunziata 115, Tel. 017350365. Rocche Costamagna, via Vittorio Emanuele II 10, Tel. 0173509225. Aurelio Settimo, frazione Annunziata 30, Tel. 017350803.* **Monforte d'Alba.** *Pira, località San Sebastiano 59, Tel. 017378538.* **Neive.** *Cantina del Glicine, via Giulio Cesare 1, Tel. 0173 67215. Collina Serragrilli, via Serragrilli 30, Tel. 017367174. Punset – Marina Marcarino, frazione Moretta 5, Tel. 0173677072.* **Penango.** *Massimo Baiano, strada Praie 3, Tel. 0141916264.* **Santo Stefano Belbo.** *Tenuta Il Falchetto, frazione Ciombi, via Valletinella 16, Tel. 0141 840344.* **Serralunga d'Alba.** *Cantine Gemma, via G. Mazzini 19, Tel. 017356137. Cerretta, località Cerretta 1, Tel. 0173613528.* **Treiso.** *Ada Nada, via Ausario 12, Tel. 0173638127.* **Vicoforte.** *Cascina Monsignore, via San Giovanni 22, Tel. 0174563187.*

## Rund um den Wein

**Monforte d'Alba.** *Hotel Villa Beccaris 3, via Bava Beccaris 1, Tel. 0173 78158–9.* Dieses von Weinkundigen für Weinfreunde eingerichtete Haus aus dem 18. Jahrhundert liegt gar nicht weit von Barolo. Einst Domizil des Generals Bava Beccaris, bietet es heute seinen Gästen 23 Zimmer mit angenehmer Atmosphäre und einem schönen Blick auf den Park mit Swimmingpool. Glanzstück des Hauses

### Hotels und Restaurants

**Santa Vittoria d'Alba**
**Castello Santa Vittoria** ★★★
via Cagna 4
☎ 0172478198

**Treiso**
**Belvedere** 🍴
frazione Cappelletto 3
☎ 0173630174
**Osteria dell'Unione** 🍴
via Alba 1
☎ 0173638303
**La Ciau del Tornavento** 🍴🍴🍴
piazza Baracco 7
☎ 0173638333

**Verduno**
**Real Castello** ★★
via Umberto I 9
☎ 0172470125

ist die Enoteca, die in einem unterirdischen Gewölbe eingerichet wurde. Jenseits der Straße liegt die Antica Dispensa, ein Laden, in dem Kulinaria der Langhe verkauft werden, darunter Trüffeln, Eingemachtes, Käse, Wurstwaren, Nudeln und Süßwaren.

*Nebbiolo.*

**La Morra.** *Museo Ratti dei Vini d'Alba, Abbazia dell'Annunziata, frazione Annunziata 7, Tel. 017350185. Öffnungszeiten: Montag–Freitag 8.30 bis 12 und 14.30–18 Uhr, Samstag und Sonntag auf Anfrage, Gruppen nach Vereinbarung, Eintritt frei.* Das zum bekannten Weinbaubetrieb gehörige Museum wurde in den alten Kellern des Klosters eingerichtet und bietet eine Sammlung von historischen Weinbaugerätschaften.

## Tourenvorschläge

**In der Heimat des Barolo.** Die Wegstrecke führt durch alle elf DOCG-Gemeinden, von denen die ersten drei ausschließlich Barolo erzeugen. Eine Wanderroute ist in Vorbereitung. **Barolo.** Die kleine, eindrucksvolle Weinstadt (→) bildet das Zentrum eines einzigartigen Anbaugebiets mit renommierten Kellereien und exzellenter Gastronomie. Die Burg ist zugleich Sitz der Enoteca Regionale (→). **Castiglione Falletto.** Weinstadt (→) mit Burg, Pfarrkirche und der Bruderschaft Confraternita dei Battuti. Unter dem Rathaus liegt die sonntags geöffnete Cantina Communale (Tel. 017362868). Weitere Einkaufsmöglichkeiten in der Kellerei Terre di Barolo. **Serralunga d'Alba.** Ellipsenförmig um ihre Burg angelegte Weinstadt (→) mit prachtvollen Nebbiolo-Weinbergen. Im Juni feiert man Degustar per Vigne und im September das Weinlesefest Festa della Vendemmia. Beim Rathaus liegt die Bottega del Vino (→ Enoteche). **Monforte d'Alba.** Die mittelalterliche Weinstadt (→) windet sich mit ihren zahllosen Gässchen den Hügel hinauf, bis hin zu ihrem Wahrzeichen, dem uralten Glockenturm. Vor der Kirche befindet sich das Auditorium Horzowsky, wo im Juli und August hochklassige Symphoniekonzerte stattfinden. Im November dann ein traditionelles Kirchweihfest. **Novello.** Weinstadt (→) mit neogotischem Schlösschen in bezaubernder Lage hoch über dem Tanaro, Bottega del Vino (→ Enoteche). **La Morra.** Die fächerförmig angelegte alte Weinstadt (→) bietet einen zauberhaften Blick auf die Alpen und eine ganze Reihe von Sehenswürdigkeiten, darunter die Cantina Comunale (→ Enoteche). Von August bis September findet hier die Festa del Vino Barolo nella Sua Terra e Mangialonga statt, im Zweijahresrhythmus die Wahl des weltbesten Winzers (Vignaiolo del Mondo). **Verduno.** Den Beinamen «Wachposten der Langhe» verdankt die Weinstadt (→) ihrer Lage und der Burg, die inzwischen in ein stilvolles Hotel umgewandelt wurde. Neben dem Nebbiolo wird

### Agriturismo

**Alba**
**Villa La Meridiana – Ca' Reiné**
località Altavilla 9
☎ 0173440112

**Bosia**
**Borgo Robinie**
via Lopiano 9
☎ 0173529293

**Cossano Belbo**
**Cascina Serra**
località Rovere 27
☎ 014188572

**La Morra**
**Erbaluna**
Borgata Pozzo 43
☎ 017350800

**Treiso**
**Villa Ile**
strada Rizzi 18
☎ 0173362333

hier auch der exklusive Pelaverga (seit 1995 DOC) gekeltert, der mit einem Volksfest Mitte Juni gefeiert wird. **Grinzane Cavour.** Weinstadt (→) mit Enoteca Regionale (→) in der Burg Cavour. Der Trüffel ist die Fiera Nazionale im November gewidmet. **Diano d'Alba.** Der Name der Weinstadt (→) ist eng verwoben mit einem großartigen Dolcetto, der seine eigene Bottega hat und in der ersten Maihälfte gefeiert wird. **Cherasco.** Barolo,

Barbera und Nebbiolo sind die drei Weine dieser Weinstadt (→), die auch für ihre köstlich zubereiteten Schnecken bekannt ist. **Roddi.** Die Burg über der Stadt, von der die Straßen strahlenförmig hinabführen, eröffnet einen herrlichen Panoramablick.

**Die vier Gemeinden des Barbaresco.** Eine Reise zu den vier Produktionszentren – drei Gemeinden und einem Gemeindeteil – dieses DOCG-Bereichs. **Barbaresco.** Mit einem Besuch der Enoteca Regionale (→) dieser Weinstadt (→) beginnt hier, im Schatten des Torre del Bricco, die Reise in eines der Paradiese des Nebbiolo. **Neive.** Die Weinstadt (→) windet sich in konzentrischen Kreisen um die trutzige Festung, die einstmals Menschen und Ernten vor Räubern schützte. In einem alten Palazzo befindet sich eine Bottega del Vino (→ Enoteche), deren Zuname «dei Quattro Vini» sich auf die vier hier erzeugten Weine Barbaresco, Moscato d'Asti, Barbera und Dolcetto d'Alba bezieht. **Treiso.** Wein und Trüffeln begleiten seit jeher die Geschichte dieser beschaulichen Weinstadt (→). Einziges nicht traditionelles Phänomen ist das Faustballspiel, das an Festtagen für Auflockerung sorgt. Wichtigste Veranstaltung ist das Weinlesefest in der zweiten Septemberwoche. **San Rocco Seno d'Elvio.** Ein Ortsteil von Alba, der früher zu Barbaresco gehörte und deswegen auch zum typischen Weinbaugebiet zählt.

Neben der hier vorgeschlagenen Autostrecke empfiehlt sich auch der markierte Wanderweg namens **Dal Barbaresco al Moscato alla Langa di Fenoglio,** der über Neive, Barbaresco, Treiso und Alba und anschließend über Neviglie, Trezzo Tinella und Mango führt.

## Kulturelle Einrichtungen

**Turin**
**Istituto Cultura del Vino**
c/o Mare Nostrum
Antica Cantina
via Matteo Pescatore 9/d
☎ 01118394543

# Das Roero

## Arneis und Favorita, zwei ganz besondere Weißweine aus dem Nebbiolo-Gebiet

Neben den Langhe gebührt auch dem Roero als einem Weinbaugebiet mit unverwechselbarem Charakter eine besondere Erwähnung. Es umfasst etwa 20 Gemeinden jenseits des linken Ufers des Tanaro, also auf der gegenüberliegenden Seite von Alba. Der Name geht auf die Familie zurück, die jahrhundertelang über die Geschicke dieses Gebiets entschied. Wichtigste Städte sind Bra und Canale. Ebenso wie in den Langhe überwiegt hier Nebbiolo, doch ihren stetig wachsenden Ruhm verdankt die Gegend zwei weißen Trauben: Arneis und Favorita, die früher zur Verfeinerung von Rotweinen verwendet wurden, heute jedoch reinsortig vinifiziert werden – mit hervorragendem Ergebnis!

### Weinstädte

**Canale d'Alba.** Das Städtchen liegt im oberen Borboretal an der Staatsstraße, die sich den Colle di Cadibona hinaufwindet. Es zeichnet sich vor allem durch seine Enoteca Regionale mit angeschlossenem Restaurant aus. Ende Juli findet zu Ehren einer landwirtschaftlichen Tradition die **Fiera del Pesco** (Pfirsichfest) statt: Musik auf der Piazza, Tanzabende und Verkostung einheimischer Produkte. Um hochwertige Weine geht es dagegen in Frühjahr und Herbst, wenn die Erzeuger ihre **Banchi di Assaggio** (Probierstände) für die neuen Jahrgänge aufstellen. Eine weitere ansprechende Veranstaltung ist die **Porta Disné** Ende Mai, ein «Wanderpicknick», das von Hügel zu Hügel zieht und mit einem großen Erdbeeressen auf der Piazza endet.

**Castellinaldo.** Eng an die Burg aus dem 13. Jahrhundert gedrängt, lugt diese mittelalterliche Ortschaft zwischen den Hügeln hervor, die den Tanaro vom Borbore trennen. Die Gemeinde, die im Wappen eine Weintraube führt, hat die Hälfte ihrer landwirtschaftlichen Fläche mit Reben bestockt und feiert deren Erzeugnisse am 1. Mai auf einem Fest mit dem viel sagenden Namen **Non Solo Arneis** (nicht nur Arneis). Mitte August findet dann das Pfirsichfest **Festa del Pesco** statt, ein weiterer Höhepunkt mit kulinarischen Genüssen.

**Govone.** Die Ortschaft liegt unweit der Straße, die sich das Tal hinaufschlängelt, und hat städtebaulich einiges zu bieten. Im oberen Teil des Orts befindet sich der barocke Palazzo Comunale, einst Sommerresidenz von König Carlo Felice. Am Horizont ein Meer von Rebstöcken, überwiegend Barbera-Trauben. Der Wein ist bei der **Festa del Vino** am zweiten Sonntag im Mai zu degustieren.

**Guarene.** Hier gibt es einige schöne barocke Kirchen und das Castello Provana, ein imposantes Bauwerk mit prunkvoll ausgestatteten Innenräumen. Der Blick schweift über die Langhe und die mächtigen Silhouetten der Burgen von

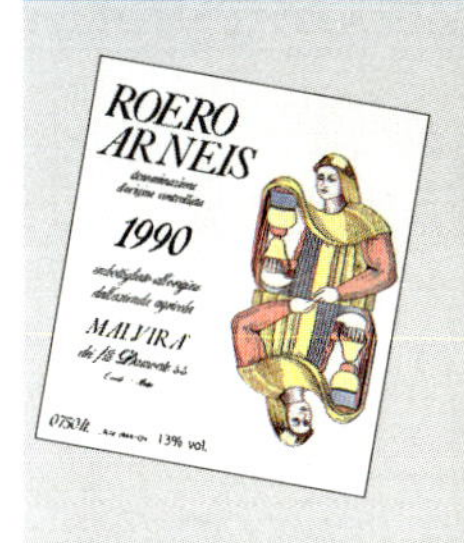


### Enoteche

**Alba**
**Carosso Enoteca Confetteria**
via Vittorio Emanuele II 23
☎ 0173440600
**Enoteca Fracchia & Berchialla**
via Vernazza 9
☎ 0173440508
**Enoteca GV Grandi Vini**
via Vittorio Emanuele II 1/a
☎ 0173361204

**Cherasco**
**La Lumaca**
via Cavour 8
☎ 0172489421

## Veranstaltungskalender

**Februar**
**Vezza d'Alba**
Karneval
**April**
**Alba**
❹ Vinum (Weinmesse)
**Canale d'Alba**
❹ Vinum
**Neive**
Fiera Agricola (Landwirtschaftsfest)
**Priocca**
③ Fiera di Primavera e del Vino Nuovo (Frühlingsfest)
**Santo Stefano Roero**
③ Sagra del Nebbiolo e Roero DOC
**Mai**
**Barbaresco**
Barbaresco a Tavola (Weinfest)
**Canale d'Alba**
Porta Disnè (Wanderpicknick)
**Castellinaldo**
Non Solo Arneis (Weinfest)
**Castiglione Falletto**
Confraria
**Cossano Belbo**
② Festa degli In
**Govone**
② Festa del Vino
**Montà**
❶ Sagra dell'Asparago (Spargelfest)
④ Porta Disnè (Wanderpicknick)
**Neviglie**
Festeggiamenti dell'Ascensione (Christi Himmelfahrt)
**Santa Vittoria**
④ Sali e Scendi da Santa Vittoria (Wanderausflug)

Barbaresco und Neive. Die Ebene des Tanaro beschert dem Ort eine reiche Gemüseernte, die Ende Juli bei der traditionsreichen **Fiera della Vaccheria** gefeiert wird. Am 25. Juli feiert man in Guarene die **Festa di San Giacomo** (das Fest des hl. Jakob), am dritten Sonntag im September schließlich steht die **Sagra Vendemmiale** anlässlich der Weinlese und die **Fiera della Nocciola** (Haselnussfest) auf dem Programm.

**Montà.** Im Hochtal des Borbore gelegen, lockt dieser Ort den Gast mit einigen schönen Kirchen und dem Castello Malabaila aus dem 16. Jahrhundert an der Piazza della Vittoria. Ganz in der Nähe befindet sich die romanische Wallfahrtskirche Santuario dei Piloni mit einem Kreuzweg durch den Wald. Im Programm: am ersten und letzten Sonntag im Mai die dem Spargel gewidmete **Festa dell'Asparago** und **Porta Disné,** ein «Wanderpicknick» in freier Natur, und in der Woche zwischen dem ersten und zweiten Sonntag im September **Sagra di Settembre e del Vino** mit gastronomischen Höhepunkten.

**Monteu Roero.** Ein von der mächtigen Burg der Roeros überragter Ort, der auf zwei Anhöhen unweit eines Quellausläufers des Borbore erbaut wurde. Dass er auf eine ehrwürdige landwirtschaftliche Tradition zurückblickt, zeigen der köstliche Wein und die herrlich duftenden Erdbeeren, die hier angebaut werden. Um den Wein dreht sich alles bei der bedeutenden **Festa del Roero Arneis,** die Ende Juli im Ortsteil Sant'Anna stattfindet und auf der auch kulinarische und kulturelle Genüsse nicht fehlen. Im Ort selbst werden dagegen die guten Gaben gefeiert, die der Wald zu bieten hat: zwischen August und September findet die **Sagra del Fungo,** ein Pilzfest, statt.

**Priocca.** Der Schwindel erregend hohe Glockenturm der Pfarrkirche macht schon von weitem auf die Ortschaft aufmerksam, doch ist die in der Nähe liegende Pfarrei von S. Vittore die wahre Perle für Kunstliebhaber. So mancher jedoch besucht den Ort vor allem, um das Fritto misto alla piemontese (gemischte frittierte Platten)

## DOC-Weine aus dem Roero

**ROERO.** Rebsorten: Nebbiolo (95 bis 98%), Arneis (2–5%), sonstige (bis 3%). Produktion: 5455 hl (152 ha). Farbe: mehr oder weniger volles Rubinrot, bei Alterung mit granatroten Reflexen. Geruch: delikat, duftig, fruchtig und mit typisch ätherischem Duft bei Alterung. Geschmack: trocken, guter Körper, samtig, harmonisch und nachhaltig. Alkoholgehalt: 11,5%. Alterung: mindestens bis zum Juni nach der Lese, bis zu 5 Jahren empfohlen. Qualitätsstufen: *Superiore* 12% Alkohol. Zu allen Speisen zu trinken. – **Arneis.** Rebsorten: Arneis (100%). Produktion: 19758 hl (317 ha). Farbe: mehr oder weniger kräftiges Strohgelb mit ins Bernsteinfarbene spielenden Reflexen. Geruch: delikat, frisch, kräuterwürzig. Geschmack: trocken, angenehm bitter, kräuterwürzig. Alkoholgehalt: 10,5%. Alterung: mindestens bis zum Juni nach der Lese. Arten: *Spumante.* Der Stillwein empfehlenswert zu Vorspeisen und Fisch, der Schaumwein zu leichten Gerichten.

zu kosten, das begehrteste Gericht der **Festa d'Autunno,** des am dritten Sonntag im Oktober stattfindenden Herbstfestes.

**Santa Vittoria d'Alba.** Auf einem Bergrücken mit herrlichem Rundblick gelegen, ist dieser Ort auf jeden Fall sehenswert wegen seines Torre di Guardia, der Kirche dell'Assunta und der mit Fresken ausgemalten Kapelle der Bruderschaft Confraternita di S. Francesco. Ein Muss ist auch der Besuch der Dauerausstellung Mostra Permanente degli Archivi Storici Cinzano (→ Rund um den Wein). Ende Mai findet außerdem der Wanderausflug **Sali e Scendi da Santa Vittoria** statt, bei dem Wein und feine Speisen nicht fehlen.

**Santo Stefano Roero.** Von der Burg ist nur ein imposanter Turm am Rande steil abfallender Felsen geblieben, deren im Laufe der Jahrhunderte fortschreitende Erosion dem Ort sein heutiges Erscheinungsbild verliehen hat. Die Gastronomie ist auf Trüffel spezialisiert; im Juni findet die **Sagra del Roero DOC** statt.

**Vezza d'Alba.** Die Ruine eines Wachturms überragt die Ortschaft, in der die Wanderroute **Sentieri del Roero** beginnt. Ganz in der Nähe ist in bezaubernder Lage das Santuario della Madonna dei Boschi zu bewundern.

**Und außerdem … Castagnito.** 30 km von Asti. Am 1. Mai findet die **Fiera dei Fiori** (Blumenfest) statt. Am ersten Sonntag im Juli gibt es die **Rassegna dei dolci delle nostre case** (es werden hausgemachte Süßspeisen angeboten). Ein Rundgang in der Altstadt mit Weinverkostung und gastronomischen Spezialitäten wird am ersten Sonntag im September angeboten.

## Enoteche

**Canale d'Alba.** *Enoteca Regionale del Roero, piazza Roma 57, Tel. 0173 978228. Öffnungszeiten: 9.30–12.30 und 16–19.30 Uhr, Mittwoch geschlossen.* Auf Betreiben der umliegenden Gemeinden wurde in kürzester Zeit ein Schulgebäude auf der Piazza restauriert, in dem nun Weine zur Degustation und zum Verkauf angeboten werden. Das angeschlossene Restaurant All'Enoteca gilt als eine der besten Adressen der Langhe. Hier finden kulturelle Ereignisse und Veranstaltungen zum Weinbau statt.

**Castellinaldo.** *Bottega del Vino, piazza Castello, Tel. 0173213066. Öffnungszeiten: an Sonn- und Feiertagen 9–19 Uhr.* Die Gemeinde hat die Bottega in einem Saal aus dem 15. Jahrhundert mitten in der Burg untergebracht. Degustation und Verkauf, Themenabende und Werbeveranstaltungen.

**Cisterna d'Asti.** *Bottega del Vino, via Duca d'Aosta 25, Tel. 0141 979126. Öffnungszeiten: Samstag 15–18.30 Uhr, Sonntag 10–12 und 15–18.30 Uhr.* In einem altehrwürdigen Gebäude in der Nähe der Piazza. Degustation und Verkauf.

## Kellereien

**Bra.** *Cantine Giacomo Ascheri, via Piumati 23, Tel. 0172412394. Öffnungszeiten: Montag–Freitag 9–12 und 15–19 Uhr, Samstag und Sonntag nach Voranmeldung.* Ein Bauernhof aus dem 19. Jahrhundert, umgeben von 40 Hektar Anbaufläche

## Veranstaltungskalender

**Juni**

**Diano d'Alba**
④ Fest von San Giovanni
④ Esposizione e Degustazione dei Sorì (Weinschau und Verkostung)

**Niella Bembo**
① Gastronomia in Langa Vini e Formaggi Tipici (Weine und einheimischer Käse)

**Neviglie**
Vinum (Weinmesse)

**Santo Stefano Belbo**
④ Moscati d'Italia in Vetrina (Muskateller-Weinschau)

**Santo Stefano Roero**
Sagra del Roero DOC

**Serralunga**
③ Degustar per Vigne

**Juli**

**Canale d'Alba**
④ Fiera del Pesco (Pfirsichfest)

**Montà**
① Festival delle Rocche

**Monteu Roero**
④ Sagra del Roero Arneis

**August**

**Castellinaldo**
Sagra del Pesco

**Guarene**
④ Fiera di Vaccheria (Obst- und Gemüsefest)

**La Morra**
④ Festa del Barolo nella sua Terra (Weinfest)

**Monforte d'Alba**
④ Festa del Paese Concerti (Konzerte)

**Monteu Roero**
④ Sagra del Fungo (Pilzfest)

**Novello**
① Festa d'Estate (Sommerfest)

## Veranstaltungskalender

**September**

**Barbaresco**
① Festa della Vendemmia (Weinlesefest)

**Barolo**
① Festa del Barolo

**Castellinaldo**
① Festa dell'Uva (Traubenfest)

**Castiglione Falletto**
② Cantacaussagna

**Cherasco**
② Rassegna Nazionale di Elicicoltura (Ausstellung der Schneckenzüchter)

**Diano d'Alba**
Premio Baretti Amicizia Enoica (Preisverleihung)

**Dogliani**
② Sagra del Dolcetto

**Grinzane Cavour**
① Fiera Gallese

**Guarene**
③ Sagra Vendemmiale (Weinlesefest)

**Montà**
① Sagra di Settembre e del Vino (September- und Weinfest)

im Roero und in den Langhe, in dem jedoch ein hochmodernes Herz schlägt. Stolz des Hauses ist der jeweils reinsortig ausgebaute Syrah und Viognier. Hausgemachte Gerichte bietet die Osteria Murivecchi, die im altehrwürdigen Keller liegt (Montag–Freitag mittags und abends, am Wochenende nur abends geöffnet).

**Castellinaldo.** *Emilio Marsaglia, via Mussone 2, Tel. 0173213048. Öffnungszeiten: Samstag und Sonntag 9–12 und 14–18 Uhr, Montag–Freitag nach Voranmeldung.* Seit Beginn des 20. Jahrhunderts ist die Familie Marsaglia erfolgreicher Erzeuger von Barbera d'Alba. Heute produziert sie auch den Castellinaldo, einen Tropfen für Mußestunden, der in Barriques ausgebaut wird. Darüber hinaus vinifiziert man den Arneis, der hier, auf den sandigen Böden des Roero herangereift, unbeschreibliche Nuancen entwickelt.

**Und außerdem ... Castellinaldo.** *Barocco de Baracho, via Vittorio Emanuele 6, Tel. 017321334.* **Cisterna d'Asti.** *F.lli Povero, Tel. 0141979258.* **Monteu Roero.** *Angelo Negro, frazione Sant'Anna 1, Tel. 017390252.* **Vezza d'Alba.** *Fratelli Casetta, via Castellero 5, Tel. 0173 65010.*

### Rund um den Wein

**Santa Vittoria d'Alba.** *Francesco Cinzano & Cia, Mostra Permanente degli Archivi Storici, statale 63, Tel. 0172477111. Öffnungszeiten: Führung nach Vereinbarung.* Das Motto des weltberühmten Hauses lautet: «Feuriger Rotwein, blaues Blut. Seit 1757». Die Villa Storica, ehemals Jagdhaus König Karl Alberts, ist von Rebflächen umgeben, die noch heute 80 Prozent des Leseguts für die hier erzeugten Produkte liefern. Die Palette reicht von Schaumweinen – Padosé Asti

Cinzano (Extra brut, Champagnerverfahren) und Pinot Chardonnay (Brut, Charmat-Martinotti-Methode) – über den berühmten Wermut bis hin zum Aperitif. Besonders beeindruckend sind die un-

## DOC-Weine von regionaler Bedeutung

Anmerkung: Die DOC-Gebiete Monferrato, Colli Tortonesi und Langhe weisen ein noch größeres Gebiet aus, in dem ein Wein mit kontrollierter Herkunftsbezeichnung erzeugt wird, der die allgemeine Bezeichnung «Piemonte» führt. Eine kurze abschließende Übersicht dieser Weine soll das Kapitel mit seiner detaillierten Erfassung der einzelnen Weingegenden abrunden.

**PIEMONTE.** Produktion: 307930 hl (6189 ha). – **Chardonnay.** Rebsorten: Chardonnay (85–100%). Farbe: helles Strohgelb mit grünlichen Reflexen. Geruch: leicht, typischer Duft. Geschmack: trocken, samtig, weich, harmonisch. Alkoholgehalt: 10,5%. Arten: *Spumante.* Zu Vorspeisen und Fisch zu trinken. – **Cortese.** Rebsorten: Cortese (85–100%). Farbe: strohgelb mit grünlichen Reflexen. Geruch: delikat, angenehm, nachhaltig. Geschmack: frisch, trocken, angenehm. Alkoholgehalt: 10%. Arten: *Spumante.* Zu Vorspeisen und Fisch zu trinken. – **Moscato.** Rebsorten: Moscato (85–100%). Farbe: strohgelb oder mehr oder minder intensives Goldgelb. Geruch: sortentypischer Duft. Geschmack: sortentypisch, zuweilen perlend. Alkoholgehalt: 10,5%. Zum Abschluss der Mahlzeiten zu trinken. – **Moscato Passito.** Rebsorten: Moscato (85–100%). Farbe: goldgelb, zu mehr oder minder kräftigem Bernsteingelb neigend. Geruch: intensiver, vielschichtiger Duft, sortentypischer moschusartiger Anklang. Geschmack: süß, harmonisch, samtig, aromatisch. Alkoholgehalt: 15,5%. Außerhalb der Mahlzeiten zu trinken. – **Piemonte Spumante – Pinot Bianco Spumante – Pinot Grigio Spumante – Pinot Nero Spumante.** Rebsorten: jeweils Chardonnay und/oder Pinot bianco und/oder Pinot grigio und/oder Pinot nero; Pinot bianco (85–100%) und/oder Pinot grigio und/oder Pinot nero und/oder Chardonnay (bis 15%); Pinot grigio (85 bis 100%) und/oder Pinot bianco und/oder Pinot nero und/oder Chardonnay (bis 15%); Pinot nero (85–100%) und/oder Pinot bianco und/oder Pinot grigio und/oder Chardonnay (bis 15%). Farbe: strohgelb. Geruch: typisch fruchtig. Geschmack: würzig, sortentypisch. Alkoholgehalt: 10,5%. Zu Vorspeisen und Fisch zu trinken. – **Barbera.** Rebsorten: Barbera (85–100%). Farbe: mehr oder weniger intensives Rot. Geruch: typisch weinig. Geschmack: trocken, guter Körper, zuweilen lebhaft. Alkoholgehalt: 11%. Alterung: bis zu 3 Jahren. Qualitätsstufen: *Novello.* Zu den Mahlzeiten zu trinken. – **Bonarda.** Rebsorten: Bonarda (85–100%). Farbe: intensives Rubinrot. Geruch: intensiv, gefällig. Geschmack: trocken, lieblich, leicht tanninhaltig, frisch, zuweilen lebhaft oder perlend. Alkoholgehalt: 11%. Alterung: bis zu 3 Jahren. Qualitätsstufen: *Novello.* Zu den Mahlzeiten zu trinken. – **Brachetto.** Rebsorten: Brachetto (85–100%). Farbe: mehr oder weniger intensives Rubinrot, zuweilen zu rosarot neigend. Geruch: sortentypisch, mit feinem Moschusaroma. Geschmack: delikat, mehr oder weniger süß, zuweilen perlend. Alkoholgehalt: 11%. Alterung: bis zu 3 Jahren. Arten: *Spumante.* Qualitätsstufen: *Novello.* Zu den Mahlzeiten zu trinken, der Spumante als Dessertwein empfehlenswert. – **Grignolino.** Rebsorten: Grignolino (85–100%). Farbe: mehr oder weniger intensives Rubinrot. Geruch: sortentypisch, delikat, fruchtig. Geschmack: trocken, leicht tanninhaltig, angenehm bitter. Alkoholgehalt: 11%. Alterung: bis zu 3 Jahren. Qualitätsstufen: *Novello.* Zu den Mahlzeiten zu trinken.

### Veranstaltungskalender

**September**

**Monteu Roero**
② Sagra della Castagna e del Vino (Kastanien- und Weinfest)

**Neive**
② Festa Vendemmiale (Weinlesefest)

**Santo Stefano Belbo**
① Festa del Moscato e dell'Asti Spumante

**Serralunga**
① Festa della Vendemmia

**Treiso**
① Festa Vendemmiale

**Oktober**

**Alba**
① Palio degli Asini (Eselrennen)
②③④ Fiera del Tartufo (Trüffelmesse)

**Priocca**
③ Festa d'Autunno (Herbstfest)

**Roburent**
① Sagra della Caldarrosta (Maronifest)

**Somano**
① Castagnata (Kastanienschmaus)

terirdischen Weinkeller, die sich im Innern des Santa-Vittoria-Hügels über beachtliche 3000 Quadratmeter erstrecken, sowie der Museumstrakt: Im Archiv befinden sich die Dokumente und das Werbematerial, die das Haus und seinen Wein 22 Jahre lang bei seiner Eroberung des Weltmarkts begleitet haben. Die «Glass Collection» zeigt 140 Kelche und Gläser aus der Römerzeit bis hin zur großen englischen Schule. Für Gruppen besteht die Möglichkeit, in der traditionsreichen Villa typisch piemontesische Gerichte zu kosten.

## Tourenvorschläge

**Die Hügel des Arneis.** Eine Rundfahrt, die in Bra startet und die zehn Weinstädte des Roero im Programm hat: Zuerst geht es auf halber Höhe das Tanarotal hinab, von dort aus weiter ins Borboretal, das abschließend wieder nach Bra hinaufführt. **Bra.** Das barocke Städtchen muss dank seiner zahlreichen Möglichkeiten, Küche und Keller zu erleben, einfach besucht werden. **Santa Vittoria d'Alba.** Die Weinstadt (→) ist vor allem berühmt für ihren Moscato d'Asti. **Guarene.** Ein erstklassiges Museum für zeitgenössische Kunst birgt diese Weinstadt (→) im Palazzo Re Rabaudengo. **Castellinaldo,** Weinstadt (→). Fragen Sie in der Bottega del Vino (→ Enoteche) auch nach dem hochwertigen heimischen Barbera. **Priocca.** Absolutes Muss in dieser Weinstadt (→) ist das Fritto misto (gemischte frittierte Platte) von Mamma Rita im Restaurant Centro. **Govone.** Der stete Wechsel von Obst- und Gemüsegärten mit Rebhängen schenkt den Hügeln rund um die Weinstadt (→) ihr farbenfrohes Kolorit. **Canale.** Unter romantischen Arkaden kann man in der Weinstadt (→) zur Enoteca Regionale (→) und ihrem renommierten Restaurant spazieren. **Montà.** Die Weinstadt (→) hat neben ihren Rebensäften Spargel, Kastanien und Honig zu bieten. **Cisterna d'Asti.** In dieser Weinstadt (→) lohnt die Bottega Comunale del Vino (→ Enoteche) einen Besuch. **Monteu Roero.** Ende Juli veranstaltet die Weinstadt (→) beim Fest von Sant'Anna eine Hommage an den Arneis. **Santo Stefano Roero.** Diese Weinstadt (→) ist auf Weine der DOC Roero und auf Arneis spezialisiert. **Vezza d'Alba.** Bekannt für ihre Trüffeln, lädt die Weinstadt (→) Ende November zur regionalen Trüffelmesse.

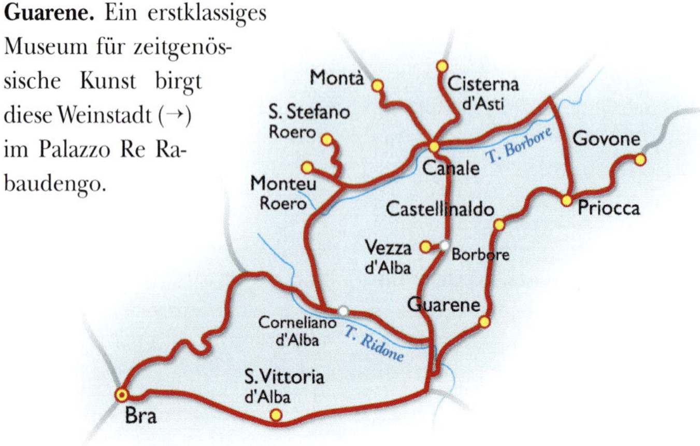


### Veranstaltungskalender

**November**

**Barolo**
11. November
Sankt-Martins-Fest

**Dogliani**
Fiera dei Santi
(Allerheiligen)

**Grinzane Cavour**
Marcia del Tartufo
(Trüffelmarsch)

**Monforte d'Alba**
Fiera di Novembre
(Novemberfest)

## Gaumenfreuden

Ein Hoch auf die Frauen der Langhe! Den Männern verdanken wir zwar den Wein – die Namen Gaja, Macarello, Grasso, Altare, Voerzio, Scavino, Ceretto, Clerico und viele andere mehr stehen für traditionelle oder moderne Tropfen –, doch haben die Frauen ebenso zur Berühmtheit der Gegend beigetragen: Ihre Hände waren es, die die Tajarin zum ersten Mal formten, jene schmalen Bandnudeln mit den berühmten dreißig Eidottern, die heute jedem Italiener ein Begriff sind. Ebenfalls ihren Händen verdanken wir die wunderbar abwechslungsreichen Füllungen der Ravioli del Plin oder das gleichermaßen schlichte wie majestätische Ei auf der Trüffel. Auch ihr Wirken hat also zur Aufwertung der Region und zur Berühmtheit der Langhe beigetragen, die heute eines der bekanntesten Aushängeschilder italienischer Weinkunst und Gastronomie sind – ihre Küche zählt zu den besten Italiens, und das (abgesehen von der Trüffel) bei einem ausgezeichneten Preis-Leistungs-Verhältnis. Jedes noch so kleine Dorf und jeder Weiler hat sein eigenes Gasthaus oder Restaurant, in dem der Gast sicher sein kann, so gut zu speisen, wie es den berühmten Weinen der Gegend geziemt. Wie bereits erwähnt, ist die Küche vorwiegend weiblich geprägt – man braucht schon sehr feine, sorgsame und geduldige Hände, um engelshaargleiche Tajarin zu schneiden oder Ravioli zu formen, die kleiner sind als ein Fingerhut. So wie Mamma Alciati aus Costigliole, die dem Namen ihres Restaurants Guido nicht nur im Piemont, sondern auch im Ausland zu Ruhm verholfen hat, oder wie Mamma Barale, die in ihrem Rododendro in Boves wunderbar köstliche Speisen zubereitet, und wieder andere wie Mariuccia aus Canelli, Claudia und Vera aus Neive, Signora Anna vom Castello di Mango oder Rita und Elide aus Priocca. Diesen und anderen Frauen ist es zu verdanken, dass die Küche der Langhe inzwischen internationalen Ruf erlangt hat.

Die Köchin folgt hier strikt dem Lauf der Jahreszeiten und dem, was das Land zu bieten hat: Fisch gibt es kaum, statt Thunfisch bevorzugt man Kaninchen, Fleisch spielt eine wichtige Rolle, und das nicht nur in den Hauptspeisen. Man denke nur an Carne all'Albese, den Vorläufer des Carpaccio, und an die zahlreichen Fleischsaucen zu den Primi, die schon einmal Appetit machen auf den großen Auftritt eines Tafelspitz oder Schmorbratens. Aus der Küche der Langhe stammen auch großartige Saucen, die schon als eigenständige Gerichte gelten können, etwa die Bagna Cauda, eine Sauce aus Öl, Knoblauch und Sardellen für Gemüsefondues, und die Finanziera aus Hühnerinnereien und Pilzen. In diesem Landstrich zaubert man selbst aus einfachsten Zutaten noch kleine Meisterwerke, beispielsweise die Batsoa («bas de soie», Seidenstrümpfe, oder genauer gesagt gegarte und frittierte Schweinefüßchen), um dann zu schwelgen, wo geschwelgt werden darf: rund um die Trüffel.

### Veranstaltungskalender

**Dezember**

**Dogliani**
Presepe Vivente (Krippenspiel)

**Neive**
22. Dezember
Fiera dei Capponi (Kapaunfest)

**Santo Stefano Belbo**
① Sagra Gastronomica

# Der Voralpenbogen

*Zwischen Ebene und Gebirge glänzt die Nebbiolo-Rebe mit den DOCG-Weinen Gattinara und Ghemme.*

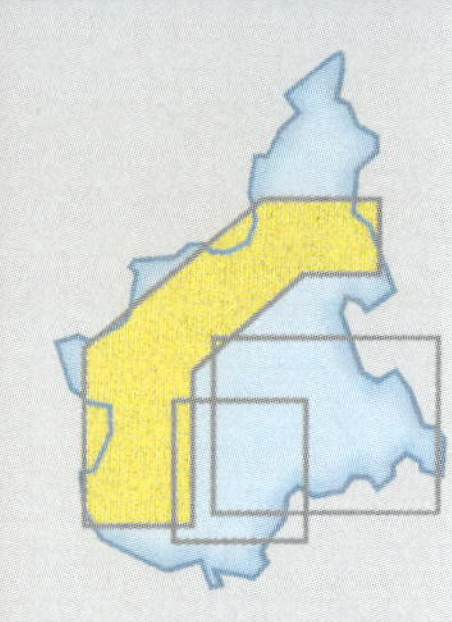

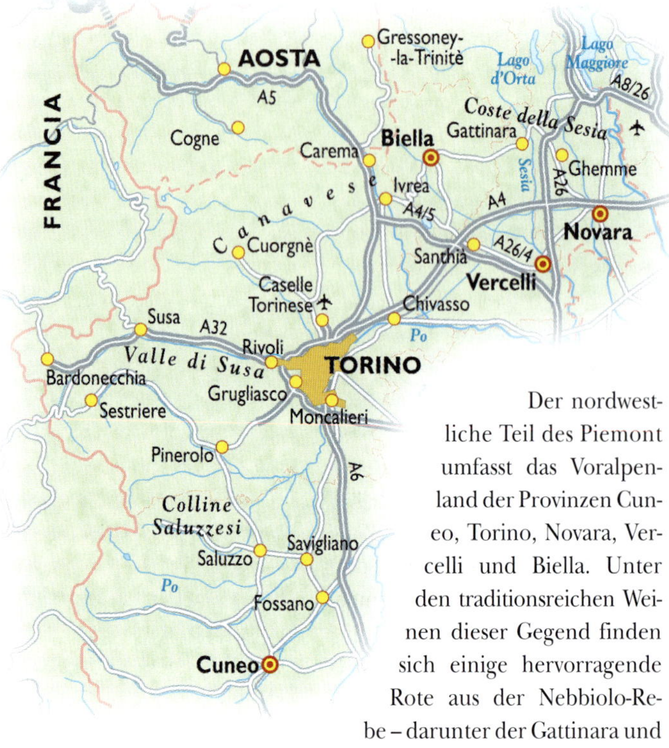


Der nordwestliche Teil des Piemont umfasst das Voralpenland der Provinzen Cuneo, Torino, Novara, Vercelli und Biella. Unter den traditionsreichen Weinen dieser Gegend finden sich einige hervorragende Rote aus der Nebbiolo-Rebe – darunter der Gattinara und der Ghemme DOCG –, aber auch edle und seltene Weißweine, wie zum Beispiel der Erbaluce di Caluso. Darüber hinaus hat man in den letzten Jahren damit begonnen, die Produktion schon nahezu vergessener Weine wieder aufzunehmen (man denke an die Weine des Valsusa) und eine Reihe zum sofortigen Verbrauch bestimmter Tropfen qualitativ auf DOC-Niveau gebracht.

## Das Canavese

### Von Caluso bis Carema

Dieses Weinbaugebiet umfasst das Hügelland im Nordosten der Provinz Torino und schwingt sich zu Höchstleistungen in der Gegend zwischen der Staatsstraße durch das Aostatal und der Grenze zur Provinz Biella auf. Zwei Zonen tun sich dabei besonders hervor: In der ersten, die sich ausgehend von der Gemeinde Caluso bis hin zu den Moränenhügeln von

**Hotels und Restaurants**

**Arona**
**Taverna del Pittore** ¶¶¶¶
piazza del Popolo 39
☎ 0322243366

**Avigliana**
**Chalet del Lago – La Magnolia** ★★★
via Monginevro 26
☎ 0119369225

**Caccia Reale** ¶
corso Laghi 409
☎ 0119328717

**Bellinzago Novarese**
**Osteria San Giulio** ¶¶
4 km nach Badia di Dulzago
☎ 032198101

Ivrea mit ihren anmutigen Seen von Candia und Viverone erstreckt, überwiegt die Erbaluce-Traube, eine autochthone weiße Rebsorte, aus der ein traditionsreicher Passito (Süßwein) sowie ein ausgemacht feiner Weißwein gewonnen werden. Das zweite Glanzstück ist das Gebiet um Carema, wo die Dora Baltea ins Piemont fließt. Die Umgebung entspricht der des Aostatals, mit schroffem Felsgestein, das mit Moränenablagerungen und Schwemmland wechselt, und auch die Weinterrassen mit ihren Trockenmauern und Weinlauben, an deren Säulen die Reblinge emporranken, sind ähnlich. Wichtigste Rebsorte ist die Nebbiolo-Traube, aus der hier einer der besten Rotweine des Piemont gekeltert wird.

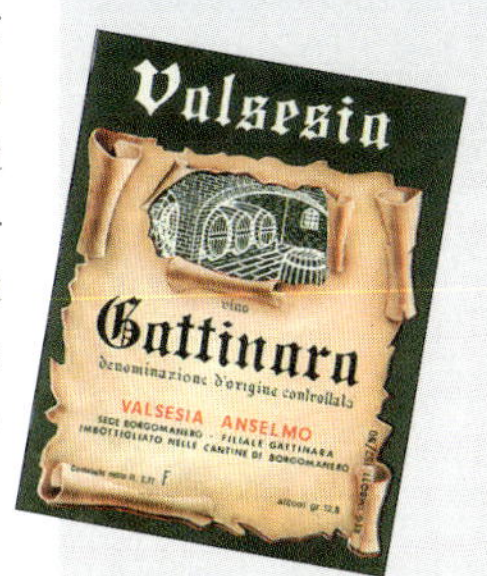


## Weinstädte

**Caluso.** Der Ort weist noch beachtliche Überreste seiner mittelalterlichen Stadtmauer auf. Hoch droben auf einem Hügel liegen die Ruinen einer Burg; von hier hat man einen herrlichen Ausblick über Candida mit seinem See, die Ebene und die Alpen. Im Weinkeller trifft man am häufigsten den Erbaluce an, dem die **Festa dell'Uva** (Traubenfest) am dritten Sonntag im September gewidmet ist.

**Carema.** Das Städtchen, in einem sonnigen Talkessel gelegen, bildete bereits vor dem Jahr 1000 die Grenze zum Königreich Burgund und ist heute die letzte piemontesische Gemeinde vor dem Aostatal, dessen Charakteristika hier bereits anklingen. Eine Ähnlichkeit, die sich nicht im Erscheinungsbild der Landschaft erschöpft – hier wie dort überwiegen großflächige Weinterrassen –, sondern auch in Sitten und Gebräuchen Ausdruck findet: Es ist natürlich kein Zufall, dass anlässlich des Traubenfests **Festa dell'Uva** von Ende September bis Anfang Oktober, auch die so genannte Battaglia delle Reine ausgefochten wird, ein erbitterter Kampf der wildesten Kühe um den Titel «Königin des Tals». Wer hierher kommt, um den Carema DOC zu verkosten, darf sich an der gut sortierten Bottega del Vino erfreuen.

## Enoteche

**Roppolo.** *Enoteca Regionale della Serra, Castello di Roppolo, Tel. 0161 98501. Öffnungszeiten: Oktober bis März Freitag–Sonntag 9–12 und 15–18.30 Uhr, April–September auch Donnerstag 15–19 Uhr, vom 7. Januar bis 15. Februar geschlossen.* Die Enoteca ist in der Burg von Roppolo untergebracht, deren Geschichte eng mit einem gewissen Carlo Beccaria verwoben ist: Als Diener Lothars I. bewahrte er seinen Herrn vor einem Kelch mit vergiftetem Wein, wofür er zum Dank den Adelstitel und einen Landsitz

## Hotels und Restaurants

**Borgomanero**
**Ramoverde** ★★★
via Matteotti 1
☎ 032281479
**Pinocchio** 🍴🍴🍴🍴
via Matteotti 147
☎ 032282273
**Il Bersagliere** 🍴🍴🍴
corso Mazzini 11
☎ 032282277
**Borgo Vercelli**
**Osteria Cascina dei Fiori** 🍴🍴🍴
regione Forte
☎ 016132827
**Caluso**
**Gardenia** 🍴🍴
corso Torino 9
☎ 0119832249
**Carmagnola**
**Carmagnole** 🍴🍴🍴🍴
via Chiffi 31
☎ 0119712673

am See von Viverone erhielt. Zum ewigen Gedenken an diese glückliche Fügung änderte der ehemalige Diener seinen Namen Beccaria in Bicchiero und führte fortan drei Rotweinkelche auf silbernem Grund in seinem Wappen. So weit also die Sage, die sich um diesen Betrieb rankt, der auf die lokalen Weine von Vercelli und Novara (und hier insbesondere auf die in Gattinara aus der Nebbiolo-Traube gekelterten Tropfen) spezialisiert ist, in dem sich daneben aber auch ein Erbaluce aus Caluso findet. Die Enoteca mit Hotelrestaurant ist im Sommer Schauplatz zahlreicher Konzerte.

## Kellereien

**Agliè.** *Cascina Cieck, via Bordesono 1, Tel. 012432225.*

**San Giorgio Canavese.** *Orsolani, via Michele Chiesa 12, Tel. 0124 32386.*

## DOC-Weine aus dem Canavese

**CAREMA.** Rebsorten: Nebbiolo (Picutener, Pugnet, Nebbiolo-Spanna; 100%). Produktion: 436 hl (15 ha in der Gemeinde Carema). Farbe: zu granatrot neigend. Geruch: fein und sortentypisch, zart nach Rosenöl duftend. Geschmack: weich, samtig, körperreich. Alkoholgehalt: 12%. Alterung: mindestens 4 Jahre, davon 2 Jahre in Eichen- oder Kastanienfässern, dann bis zu 10 Jahren. Zu rotem Fleisch, Wild und altem Käse zu trinken.

**ERBALUCE DI CALUSO** oder **Caluso.** Rebsorten: Erbaluce (100%). Produktion: 5838 hl (141 ha). Farbe: leuchtendes Strohgelb. Geruch: weinig, fein, sortentypisch. Geschmack: trocken, frisch, sortentypisch. Alkoholgehalt: 11%. Zu Vorspeisen und Fisch zu trinken. Arten: *Spumante* 11,5% Alkohol, zu leichten Speisen zu trinken, *Passito* mit Bonarda-Anteil (bis 5%), goldgelb bis dunkel bernsteinfarben, 13,5% Alkohol und mindestens 5 Jahre Alterung (dann bis zu 10 Jahren); zum Abschluss der Mahlzeiten und in Mußestunden zu trinken; *Passito Liquoroso,* wie Passito, aber mit 17,5% Alkohol, auch zu pikantem Käse zu trinken.

**CANAVESE.** Produktion: 1142 hl (24 ha). – **Bianco.** Rebsorten: Erbaluce (100%). Farbe: strohgelb. Geruch: sortentypisch, intensiv fruchtig, angenehm. Geschmack: trocken, harmonisch. Alkoholgehalt: 10%. Zu Fisch zu trinken. – **Rosato.** Rebsorten: Nebbiolo und/oder Barbera und/oder Bonarda und/oder Freisa und/oder Neretto (60 bis 100%). Farbe: rosé bis hell rubinrot. Geruch: delikat, angenehm, weinig. Geschmack: trocken, harmonisch. Alkoholgehalt: 10,5%. Alterung: bis zu 1 Jahr empfohlen. Zum Essen zu trinken. – **Rosso.** Rebsorten: Nebbiolo und/oder Barbera und/oder Bonarda und/oder Freisa und/oder Neretto (60–100%). Farbe: mehr oder weniger volles Rubinrot. Geruch: intensiv, sortentypisch, weinig. Geschmack: trocken, harmonisch. Alkoholgehalt: 10,5%. Alterung: bis zu 2 Jahren empfohlen. Qualitätsstufen: *Novello.* Zu den Mahlzeiten. – **Barbera.** Rebsorten: Barbera (85–100%). Farbe: mehr oder weniger volles Rubinrot, zuweilen mit violetten Reflexen. Geruch: weinig, sortentypisch, leicht fruchtig. Geschmack: trocken, harmonisch, guter Körper. Alkoholgehalt: 10,5%. Alterung: bis zu 2 Jahren. Zu den Mahlzeiten zu trinken. – **Nebbiolo.** Rebsorten: Nebbiolo (85–100%). Farbe: rubin- oder granatrot, zuweilen mit orangefarbenen Reflexen. Geruch: sortentypisch, delikat, leicht blumig. Geschmack: trocken, herb, guter Körper, leicht tanninhaltig. Alkoholgehalt: 11%. Alterung: bis zu 2 Jahren. Zu den Mahlzeiten zu trinken.

### Hotels und Restaurants

**Cavaglià**
**Green Park Hotel** ★★★
4 km nach Navilotto
SS 143 n. 75
☎ 0161966771

**Cavaglietto**
**Arianna** 🍴🍴🍴
via Umberto 4
☎ 0322806134

**Chiaverano**
**Castello San Giuseppe** ★★★
località Castello
San Giuseppe
☎ 0125424370

**Fossano**
**Apollo** 🍴🍴
viale Regina
Elena 19
☎ 0172694309

# Die östlichen Voralpen

Die piemontesischen Anhöhen, die sich vom Canavese bis hin zum Lago Maggiore erstrecken, sind ein weiterer Beleg für das prächtige Gedeihen der Nebbiolo-Rebe im italienischen Voralpenland. Dass die Weinproduktion hier etwas ganz Besonderes ist, verdankt sie der Beschaffenheit ihrer Böden, auf denen sich auch zwei weitere Rebsorten ausgezeichnet entwickeln: Bonarda novarese und Vespolina, die den hiesigen Nebbiolo-Weinen eine typisch duftige Note verleihen, dank derer sie sich von allen verwandten Arten klar unterscheiden. Daneben wachsen hier Croatina, eine sonst eher im Oltrepò Pavese zu findende rote Traube, sowie einige weiße Rebsorten wie zum Beispiel Greco, eigentlich nichts anderes als Erbaluce canavesano, und Malvasia, aus denen einige gefällige Weißweine entstehen.

## Gattinara und Ghemme – zwei weitere Spitzenweine aus der Nebbiolo-Rebe

Dank Nebbiolo kann sich das Gebiet nicht nur zahlreicher DOC-Weine, sondern auch zweier absolut herausragender Tropfen rühmen. Vornehmer ist zweifellos der Gattinara, ein traditionsreicher Rotwein, dessen Vorzüge bereits von Kardinal Mercurino Arborio, Kanzler am Hofe Karls V., besungen wurden. Inzwischen wurde ihm DOCG-Status zuerkannt, was dazu geführt hat, dass die Kellereien ihre Produktion noch weiter diversifizieren und ganz gezielt einzelne Crus anbieten. Mit derselben Qualitätsbezeichnung darf sich seit dem Jahr 1997 auch der Ghemme schmücken, der von Liebhabern in einem Atemzug mit weiteren großen Weinen wie Bramaterra, Fara und anderen genannt wird, die ebenfalls zielsicher auf ein DOCG-Prädikat zusteuern.

### Weinstädte

**Gattinara.** Der Ort liegt am rechten Ufer des Sesia, am Rande der Ebene; dahinter erstrecken sich die östlichsten Hügel der Provinz Biella, wo die Römer bereits im 2. Jahrhundert nach Christus mit dem Weinbau begannen. Der schachbrettartige Aufbau des Orts geht jedoch auf seine Gründung durch Vercelli im Jahre 1242 zurück. In der Ortsmitte ragt die Pfarrkirche San Pietro aus dem 15. Jahrhundert empor, mit sehenswertem Zierwerk aus Terrakotta und einem Renaissance-Kreuzgang. Der hiesige Nebbiolo-Wein vereinigt sämtliche Aspekte ländlichen Lebens in sich und allein der Besuch der zahlreichen Botteghe und Osterie ist bereits ein Vergnügen. Am zweiten Septembersonntag findet die **Festa dell'Uva e del Vino** statt, jährlicher Höhepunkt für Weinbau und Gastronomie.

**Ghemme.** Auf halbem Weg zwischen den Reisfeldern der Ebene und den Voralpen liegt dieser Ort, dessen einzigartiges Klima dem Weinbau geradezu Flügel verleiht. Ein Umstand, um den man bereits in der Antike wusste, war es doch kein Geringerer als Plinius, der das

### Hotels und Restaurants

**Ivrea**

**La Villa** ★★★
San Bernardo
via Torino 334
☎ 0125631696

**Ritz** ★★★
Banchette
via Castellamonte 45
☎ 0125611200

**Il Convento** 🍴🍴
via Monte Navale 1
☎ 0125641328

**Monferrato** 🍴
via Gariglietti 1
☎ 0125641012

**Loranzè**

**Panoramica** 🍴🍴🍴🍴
via S. Rocco 7
☎ 0125669966

**Momo**

**Macallè** 🍴🍴
via Boniperti 2
☎ 0321926064

Städtchen in seinem Werk erwähnte und als Quell eines großartigen Weins vorstellte. Die Ruinen einer Vorburg, einem jener befestigten Bauwerke mit Ställen und Kellern, in denen die Bauern bei Gefahr mit Hab und Gut Zuflucht fanden, künden vom Mittelalter, an das ansonsten nur noch das pittoreske Aussehen des Ortskerns erinnert. Hier ist die Heimat des gleichnamigen Weins, den ein Weiser einstmals als «Wohltat für den Magen und Balsam für die Seele» bezeichnete. Und selbst wenn er nur Gaumenfreuden beschert, werden dem Ghemme doch große Ehren zuteil: Jedes Jahr findet vom 25. April bis zum 10. Mai die viel besuchte **Mostra Mercato** statt.

**Sizzano.** In diesem geschichtsträchtigen bäuerlichen Ort erinnert noch heute so manches an seine uralte Weinbautradition: Neben der mittelalterlichen Vorburg, die gleichzeitig als Kornkammer und Keller diente und Schutz vor Räubern bot, wird im Palazzo der Marchesi Torniella eine Schraubenpresse aus dem 16. Jahrhundert aufbewahrt. Und im Gemeinderegister steht zu lesen, dass im Jahr 1508 wie schon einige Jahrzehnte zuvor die Zahlung des Zehnten an den Bischof in Rebensaft erfolgte. Stolz der Ortschaft ist ein Nebbiolo, der dank der Beimischung von Bonarda und Vespolina weniger herb ist als seine Verwandten aus der Gegend. Seine Tugenden werden am vierten Sonntag im Juni bei der an Attraktionen reichen **Mostra del Vino Sizzano DOC** gefeiert.

**Und außerdem ... Roasio** und **Romagnano Sesia.**

## Enoteche

**Gattinara.** *Enoteca Regionale, corso Valsesia 112, Tel. 0163834070. Öffnungszeiten: Donnerstag und Freitag 16–19.30 Uhr, Samstag und Sonntag 10–12.30 und 16–19.30 Uhr.* Sitz des Istituto Terre del Nebbiolo del Nord Piemonte, das all jene Weine fördert, die in diesem weiten Gebiet erzeugt werden. 1999 wurde das Institut anlässlich seiner Beförderung zur Enoteca Regionale mit all seinen Aktivitäten in die restaurierte Villa Paolotti verlegt.

## Kellereien

**Gattinara.** *Antoniolo, corso Valsesia 277, Tel. 0163833612. Öffnungszeiten: Montag–Samstag 9–12.30 und 15–19 Uhr.* In der Kellerei werden sowohl ein spröder Gattinara als auch ein delikater Erbaluce vinifiziert. Die Spitzenversionen des Ersteren sind Weine von drei jeweils auf dem Etikett angegebenen Einzellagen, darunter der Vigneto Osso San Grato, der drei Jahre lang im Eichenfass und anschließend 12 Monate in der Flasche reift.

**Sizzano.** *Giuseppe Bianchi, via Roma 27, Tel. 0321810004. Öffnungszeiten: Montag–Samstag 8.30–12 und 14.30–18.30 Uhr, Sonntag 14 bis 18.30 Uhr.* Der Begründer, Giuseppe Bianchi, der in der zweiten Hälfte des 18. Jahrhunderts lebte, darf mehr als nur stolz sein auf seine Nachfahren, die sich mit wahrer Hingabe um ihre Weingärten kümmern. Das belegt unter anderem das AIAB-Zertifikat (Associazione Italiana Agricoltura Biologica) für biologischen Anbau, mit dem die gesamte Produktion, vom

### Hotels und Restaurants

**Novara**
**Italia** ★★★
**La Famiglia** 🍴
via P. Solaroli 8
☎ 0321399316
**Tantris** 🍴
5 km nach Lumellongo
via Pier Lombardo 35
☎ 0321469153

**Pinerolo**
**Taverna degli Acaia** 🍴
corso Torino 106
☎ 0121794727

**Saluzzo**
**Astor** ★★★
piazza Garibaldi 39
☎ 017545506
**Griselda** ★★★
corso XXVII Aprile 13
☎ 017547484

Gattinara bis hin zum Passito di Erbaluce, ausgezeichnet wurde.

**Und außerdem … Ghemme.** *Antichi vigneti di Cantalupo, via Michelangelo Buonarroti 5, Tel. 0163 840041. Rovellotti, via Interno Castello, Tel. 0163840478. Torraccia del Piantavigna, via Romagnano 69/a, Tel. 0163840040.* **Fara Novarese.** *Dessilani Luigi & Figlio, via Cesare Battisti 21, Tel. 0321829252.* **Maggiora.** *Vallana Antonio & Figlio, via Mazzini 3, Tel. 032287116/87979.* **Suno.** *Francesco Brigatti, via Olmi 29, Tel. 032285037.* **Villa del Bosco.** *Le Rive Rosse, via Torino 103, Tel. 0163860461* **Viverone.** *Cella Grande, via Cascine di Ponente 21, Tel. 016198245.*

## Tourenvorschläge

**Der Nebbiolo des Voralpenlands.** Die Route führt vom Lago Maggiore bis nach Ivrea, wobei sie drei Provinzen und drei bedeutende DOC-Bereiche durchquert: Colline Novaresi, Coste della Sesia und Canavese, in denen sich auch die Weinberge einiger der bekanntesten typisch piemontesischen Erzeuger befinden. **Fara Novarese.** Der Ort langobardischen Ursprungs liegt in den ersten Hügeln der Provinz Novara und hat bis zum heutigen Tag eine alte Weinbautradition bewahren können, die im gleichnamigen renommierten DOC-Wein ihren Ausdruck findet. Auf dem Berg, wo die Ortschaft ursprünglich stand, kann man die Kirche von San Pietro mit ihren Fresken aus dem 15. Jahrhundert besichtigen. **Sizzano.** Auf gerade mal zehn Hektar Rebfläche reifen die Nebbiolo-, Vespolina- und Bonarda-novarese-Trauben für den DOC-Wein heran, der traditionell drei Jahre lang in Edelholzfässern ausgebaut wird und schönstes Aushängeschild der Weinstadt (→) ist. **Ghemme.** Die Weinstadt (→) empfiehlt sich besonders durch die Kellerei Antichi Vigneti di Cantalupo (→) der Gebrüder Arlunno, die nach historisch überlieferten Rezepturen wirklich beeindruckende Weine und Grappe erzeugt. **Romagnano Sesia.** In der Cantina dei Santi dieser Weinstadt (→), einst der Abtei San Silano zugehörig, kann man spätgotische Fresken bewundern. Abgesehen davon gebühren hier den DOC-Weinen von den Colline Novaresi Aufmerksamkeit. **Boca.** Vor den Toren des Naturparks Monte Isella erstrecken sich die Weinberge für einen weiteren großen Roten aus Nebbiolo. Degustation und Einkaufsmöglichkeit im Podere ai Valloni. **Borgomanero.** Inmitten der Morä-

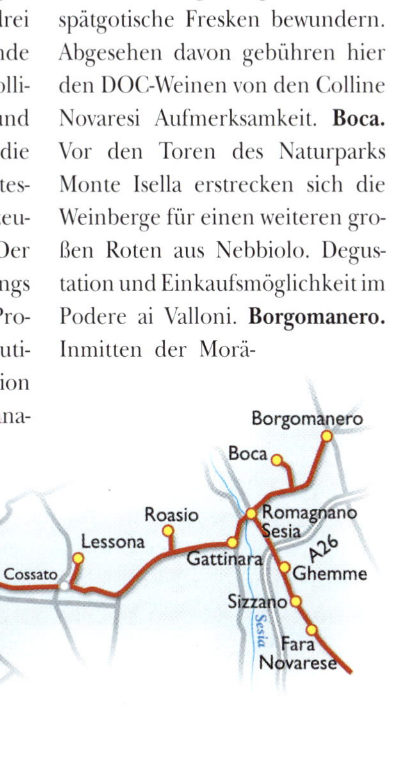

## Hotels und Restaurants

**La Gargotta del Pellico**
piazzetta dei Mondagli 5
☎ 017546833

**L'Ostu dij Baloss**
via Gualtieri 38
☎ 0175248618

**Taverna di Porti Scür**
via Volta 14
☎ 017541961

**San Maurizio Canavese**

**La Credenza**
via Cavour 22
☎ 0119278014

**Savigliano**

**Granbaita** ★★★
via Cuneo 25
☎ 0172711500

**Granbaita**
via Cuneo 23
☎ 0172712060

## DOCG- und DOC-Weine der östlichen Voralpen

### DOCG

**GATTINARA.** Rebsorten: Nebbiolo (Spanna), Vespolina (bis 4%) und/oder Bonarda di Gattinara (zusammen bis 10%). Produktion: 3126 hl (89 ha in der Gemeinde Gattinara). Farbe: granatrot, zu orangefarben tendierend. Geruch: fein, vor allem nach langer Alterung zarter Veilchenduft. Geschmack: trocken, harmonisch, mit typischer Bitternote. Alkoholgehalt: 12,5%. Alterung: mindestens 3 Jahre, davon 1 Jahr in Holzfässern, 10 Jahre und mehr empfohlen. Qualitätsstufen: *Riserva* mindestens 13% Alkohol und 4 Jahre Alterung, davon 2 im Fass (dann bis zu 10 Jahren und mehr). Zu Schmorfleisch, Braten von rotem Fleisch und Wildgerichten sowie zu sehr altem Käse zu trinken.

**GHEMME.** Rebsorten: Nebbiolo (Spanna, 75–100%), Vespolina und/oder Uva rara (Bonarda novarese, bis 25%). Produktion: 1556 hl (40 ha in der Gemeinde Ghemme und in Teilbereichen der Gemeinde Romagnano Sesia). Farbe: granatrot. Geruch: typischer Veilchenduft, fein und angenehm. Geschmack: trocken, schmackhaft, mit angenehm bitterer Note, harmonisch. Alkoholgehalt: 12%. Alterung: mindestens 3 Jahre, davon 20 Monate in Holzfässern und 9 in der Flasche, dann noch 10 Jahre und mehr empfohlen. Qualitätsstufen: *Riserva* mindestens 12,5% Alkohol und 4 Jahre Alterung, davon 25 Monate im Fass und 9 in der Flasche (dann noch 10 Jahre und mehr). Zu rotem Fleisch, Wildgerichten und altem Käse zu trinken.

### DOC

**BOCA.** Rebsorten: Nebbiolo (Spanna, 45–70%), Vespolina (20–40%), Bonarda novarese (Uva rara, bis 20%). Produktion: 167 hl (10 ha in der Gemeinde Boca und in Teilbereichen der Gemeinden Maggiora, Cavallirio, Prato Sesia und Grignasco). Farbe: leuchtendes Rubinrot mit leichten granatroten Nuancen. Geruch: sortentypischer und gefälliger Veilchenduft. Geschmack: schmackhaft, trocken, harmonisch mit Granatapfelaroma im Abgang. Alkoholgehalt: 12%. Alterung: mindestens 3 Jahre, davon 2 in Eichen- oder Kastanienholzfässern, bis zu 10 Jahren empfohlen. Zu rotem Fleisch und altem Käse zu trinken.

**BRAMATERRA.** Rebsorten: Nebbiolo (Spanna, 50–70%), Croatina (20 bis 30%), Bonarda und/oder Vespolina (10–20%). Produktion: 417 hl (17 ha nördlich der Staatsstraße 142 in den Gemeinden Massarano, Brusnengo, Curino Roasio, Villa del Bosco, Sostegno und Lozzolo). Farbe: granatrot, mit der Zeit verblassende orangefarbene Reflexe. Geruch: typischer, intensiver, leicht ätherischer Duft, der mit der Alterung zunimmt. Geschmack: voll und trocken, samtig mit angenehm bitterer Note im Hintergrund, fein, robust und harmonisch. Alkoholgehalt: 12%. Alterung: mindestens 2 Jahre, davon mindestens 18 Monate in Holzfässern, 10 Jahre und mehr empfohlen. Qualitätsstufen: *Riserva* mindestens 3 Jahre Alterung, davon 2 im Fass. Zu rotem Fleisch, Wildgerichten und altem Käse zu trinken.

**FARA.** Rebsorten: Nebbiolo (Spanna, 30–50%), Vespolina (10–30%), Bonarda novarese (Uva rara, 20–40%). Produktion: 1266 hl (19 ha in den Gemeinden Fara und Brioni). Farbe: rubinrot. Geruch: feiner Veilchenduft. Geschmack: trocken, schmackhaft, harmonisch. Alkoholgehalt: 12%. Alterung: mindestens 3 Jahre, davon 2 in Eichen- oder Kastanienfässern, 6 Jahre und mehr empfohlen. Zu rotem Fleisch, Wild und altem Käse zu trinken.

**LESSONA.** Rebsorten: Nebbiolo (Spanna, 75–100%), Vespolina und/oder Bonarda (bis 25%). Produktion: 160 hl (6,5 ha in der Gemeinde Lessona). Farbe: granatrot, mit der Alterung orangefarbene Nuancen. Geruch: typischer Veilchenduft, fein und intensiv. Geschmack: trocken, angenehm tanninhaltig, mit typischer Würze und

### Hotels und Restaurants

**Soriso**
**Al Sorriso** 🍴🍴🍴🍴
via Roma 18
☎ 0322983228

**Torre Pellice**
**Flipot** 🍴🍴🍴
corso Gramsci 17
☎ 0121953465

**Trana**
**La Betulla** 🍴🍴🍴
San Bernardino
strada Giaveno 29
☎ 011933106

### Agriturismo

**Candelo**
**Tenuta La Mandria**
via Castellengo 106
☎ 0152536078

**Cerrione**
**La Bessa – Ippica S. Giorgio**
Cascina Pianone
☎ 0152587916

**Mattie**
**Il Mulino**
località Giordani
☎ 012238132

angenehmem, nachhaltigem Abgang. Alkoholgehalt: 12%. Alterung: mindestens 2 Jahre, davon 1 Jahr in Holzfässern, bis zu 10 Jahren empfohlen. Zu Fleisch und altem Käse zu trinken.

**SIZZANO.** Rebsorten: Nebbiolo (Spanna, 40–60%), Vespolina (15–40%), Bonarda novarese (Uva rara, bis 25%). Produktion: 425 hl (11 ha in der Gemeinde Sizzano). Farbe: rubinrot mit granatroten Reflexen. Geruch: weinig, typischer Veilchenduft, fein und angenehm. Geschmack: trocken, schmackhaft, harmonisch. Alkoholgehalt: 12%. Alterung: mindestens 3 Jahre, davon 2 Jahre in Eichen- oder Kastanienholzfässern, bis zu 10 Jahren empfohlen. Zu rotem Fleisch, Wildbret und altem Käse zu trinken.

**COLLINE NOVARESI.** Produktion: 5574 hl (92 ha). – **Bianco.** Rebsorten: Erbaluce (100%). Farbe: mehr oder weniger intensives Strohgelb. Geruch: duftend, delikat. Geschmack: leichte Bitternote, zuweilen lebhaft. Alkoholgehalt: 11%. Alterung: bis zu 1 Jahr. Zu Fischgerichten zu trinken. – **Rosso.** Rebsorten: Nebbiolo (30–100%), Uva rara (bis 40%), Vespolina und/oder Croatina (bis 30%). Farbe: mehr oder weniger volles Rot. Geruch: intensiv. Geschmack: trocken, harmonisch, voll. Alkoholgehalt: 11%. Alterung: bis zu 2 Jahren. Qualitätsstufen: *Novello.* Zu den Mahlzeiten zu trinken. – **Barbera.** Rebsorten: Barbera (85–100%). Farbe: rubinrot. Geruch: gedeckt weinig. Geschmack: trocken, zuweilen lebhaft. Alkoholgehalt: 11%. Alterung: bis zu 2 Jahren. Qualitätsstufen: *Novello.* Zu den Mahlzeiten zu trinken. – **Croatina.** Rebsorten: Croatina (85–100%). Farbe: granatrot. Geruch: weinig, intensiv. Geschmack: trocken. Alkoholgehalt: 11%. Alterung: bis zu 2 Jahren. Qualitätsstufen: *Novello.* Zu den Mahlzeiten zu trinken. – **Nebbiolo** oder **Spanna.** Rebsorten: Nebbiolo (Spanna, 85–100%). Farbe: mehr oder weniger intensives Rot, zuweilen roséfarben. Geruch: intensiv, sortentypisch. Geschmack: harmonisch, sortentypisch. Alkoholgehalt: 11%. Alterung: bis zu 2 Jahren. Qualitätsstufen: *Novello.* Zu den Mahlzeiten zu trinken. – **Uva Rara** oder **Bonarda.** Rebsorten: Bonarda (Uva rara, 85 bis 100%). Farbe: mehr oder weniger intensives Rubinrot. Geruch: weinig, frisch. Geschmack: harmonisch, zuweilen lebhaft. Allkoholgehalt 11%. Alterung: bis zu 2 Jahren. Qualitätsstufen: *Novello.* Zu den Mahlzeiten zu trinken. – **Vespolina.** Rebsorten: Vespolina (85–100%). Farbe: mehr oder weniger intensives Rot. Geruch: weinig, fruchtig. Geschmack: trocken, harmonisch. Alkoholgehalt: 11%. Alterung: bis zu 2 Jahren. Qualitätsstufen: *Novello.* Zu den Mahlzeiten zu trinken.

**COSTE DELLA SESIA.** Produktion: 199 hl (7,5 ha). – **Bianco.** Rebsorten: Erbaluce (100%). Farbe: mehr oder weniger intensives Strohgelb. Geruch: sortentypisch, fein, intensiv. Geschmack: trocken, harmonisch, sortentypisch. Alkoholgehalt: 10,5%. Zu Fisch zu trinken. – **Rosato.** Rebsorten: Nebbiolo oder Bonarda oder Vespolina oder Croatina oder Barbera (50–100%). Farbe: mehr oder weniger intensives Rosé. Geruch: delikat mit sortentypischem Duft. Geschmack: trocken, harmonisch. Alkoholgehalt: 10,5%. Zu den Mahlzeiten zu trinken. – **Rosso.** Rebsorten: Nebbiolo oder Bonarda oder Vespolina oder Croatina oder Barbera (50 bis 100%). Farbe: intensives Rubinrot, nach der Alterung zu orange neigend. Geruch: fein, intensiv, sortentypisch. Geschmack: trocken, harmonisch, sortentypisch. Alkoholgehalt: 11%. Alterung: bis zu 2 Jahren. Qualitätsstufen: *Novello.* Zu den Mahlzeiten zu trinken. – **Bonarda** oder **Uva rara.** Rebsorten: Bonarda (85–100%). Farbe: mehr oder weniger volles Rubinrot. Geruch: fein, intensiv, nachhaltig. Geschmack: schmackhaft, ausgewogen, zuweilen lebhaft. Alkoholgehalt: 11%. Alterung: bis zu 2 Jahren. Zu den Mahlzeiten zu trinken. – **Croatina.** Rebsorten: Croatina (85–100%). Farbe: mehr oder weniger volles, leb-

## Enoteche

**Arona**
**Simonotti**
lungolago
Marconi 19
☎ 032245381

**Biella**
**Le Premier Cru**
via Repubblica 46
☎ 01530820

**Ghemme**
**Francoli Center**
via per
Romagnano
Sesia 69/b
☎ 0163841320

## DOCG- und DOC-Weine der östlichen Voralpen

haftes Rot. Geruch: weinig, sortentypisch, intensiv. Geschmack: trocken, ausgewogen, körperreich. Alkoholgehalt: 11%. Alterung: bis zu 2 Jahren. Zu den Mahlzeiten zu trinken. – **Nebbiolo oder Spanna.** Rebsorten: Nebbiolo oder Spanna (85–100%). Farbe: granatrot, nach der Alterung zu orange neigend. Geruch: intensiv, sortentypisch. Geschmack: trocken, guter Körper, sortentypisch. Alkoholgehalt: 11%. Alterung: bis zu 2 Jahren. Zu den Mahlzeiten zu trinken. – **Vespolina.** Rebsorten: Vespolina (85–100%). Farbe: ausgesprochen volles Rot. Geruch: sehr sortentypisch, intensiv. Geschmack: trocken, ausgewogene Tannine, zuweilen lebhaft. Alkoholgehalt: 11%. Alterung: bis zu 2 Jahren. Zu den Mahlzeiten zu trinken.

nenhügel rund um den Ortasee findet der Besucher hervorragende Bewirtung in gastfreundlicher Atmosphäre.

Unvergesslich unser Besuch der Locanda Sorriso. **Gattinara.** Gute Einkaufsmöglichkeiten bietet die Enoteca Regionale (→) der Weinstadt (→), zum Mittagessen kann man in eine der hübschen Trattorie einkehren, die zum Gattinara-Wein Risotto-Gerichte und weitere Köstlichkeiten servieren. **Roasio.** Heimat des Bramaterra, eines illustren Rotweins. Die Cantina Perazzi bietet ihn in Barriques ausgebaut an. **Lessona.** Der Ort besteht aus einer Reihe von Gehöften und Weilern, die über die Weinberge des gleichnamigen DOC-Bereichs verstreut sind. Einkaufsmöglichkeiten bei den Fratelli Sella. **Biella.** In diesem hübschen Städtchen gibt es zahlreiche Möglichkeiten, Keller und Küche auf die Probe zu stellen. Wer gerne in besonderer Atmosphäre zu Abend isst, mache sich nach dem mittelalterlichen Ort Candelo nur wenige Kilometer außerhalb von Biella auf. **Ivrea.** Heimliche Hauptstadt des Canavese. All jenen, die es gemütlich angehen wollen, sei ein gastronomischer Ausflug zum Panoramica di Loranzè («Hotel of the Year 1996») dringend ans Herz gelegt. Auf dem direkten Weg nach Carema lohnt ein Abstecher ins Restaurant Casa Vicina in Borgofranco. **Carema.** Unmittelbar vor der Grenze zum Aostatal – die Weinlauben lassen es erahnen – besteht in der Weinstadt (→) die Möglichkeit zu Degustation und Kauf in der Cantina Produttori Nebbiolo di Carema.

*Typische Pergolaerziehung in Carema.*

### Veranstaltungskalender

**April**
**Ghemme**
❹ Mostra mercato Vino Ghemme (Weinschau) bis zum 10. Mai

**Mai**
**Gattinara**
Mese dei Nebbioli del Nord (Weinfest)

**August**
**Sizzano**
① Mostra del Sizzano DOC (Weinmesse)

**Viverone**
② Ferragosto Viveronese (Mariä Himmelfahrt)

**Verbania**
Alla Ricerca del Buon Vino (Weinprämierung) bis zum 10. September

# Die westlichen Voralpen

## Vom Hügelland in die Berge

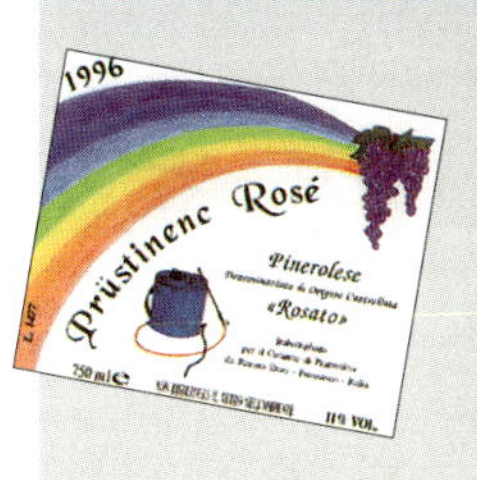


Der westliche Teil der piemontesischen Voralpen umfasst drei Weinbaugebiete, zwei davon sind reines Hügelland, eines befindet sich bereits im Gebirge. Im Uhrzeigersinn das Erste ist der aus neun Gemeinden der Provinz Cuneo bestehende DOC-Bereich Colline Saluzzesi. Seine sanft geschwungenen Hügel ziehen sich an der Flussbiegung entlang, die der Po um das schöne Städtchen Saluzzo am Fuße des Monviso beschreibt. Häufigste Rebsorten neben Barbera und Nebbiolo sind hier die roten Trauben Pelaverga und Quagliano, aus denen die gleichnamigen reinsortigen Weine gewonnen werden. Als Nächstes folgt der DOC-Bereich Pinerolese, ein weitläufiges Gebiet am Fuße der Berge rund um die am Ausgang des Chisonetals gelegene Stadt Pinerolo. Es umfasst 31 Gemeinden in der Provinz Torino und zwei in der Provinz Cuneo. Bei den Rebsorten fallen so ungewöhnliche Namen wie Neretto, Doux d'Henry, Avanà oder Averengo auf.

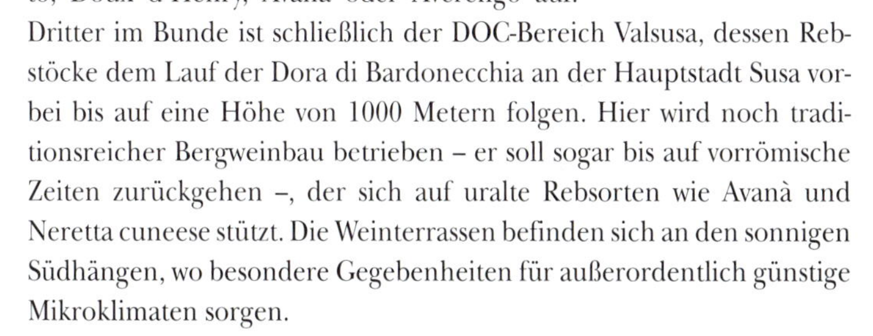

*Barbera.*

Dritter im Bunde ist schließlich der DOC-Bereich Valsusa, dessen Rebstöcke dem Lauf der Dora di Bardonecchia an der Hauptstadt Susa vorbei bis auf eine Höhe von 1000 Metern folgen. Hier wird noch traditionsreicher Bergweinbau betrieben – er soll sogar bis auf vorrömische Zeiten zurückgehen –, der sich auf uralte Rebsorten wie Avanà und Neretta cuneese stützt. Die Weinterrassen befinden sich an den sonnigen Südhängen, wo besondere Gegebenheiten für außerordentlich günstige Mikroklimaten sorgen.

### Veranstaltungskalender

**September**

**Caluso**
③ Festa dell'Uva (Traubenfest)

**Carema**
④ Festa dell'Uva e del Vino

**Cerano**
① Festa e Corsa del Vino (Weinfest)

**Gattinara**
③ Festa dell'Uva (Traubenfest)

Masera
③ Festa dell'Uva

**Roppolo**
① Festa dell'Uva

## DOC-Weine der westlichen Voralpen

**PINEROLESE.** Produktion: 2566 hl (66 ha). – **Rosso.** Rebsorten: Barbera und/oder Bonarda und/oder Nebbiolo und/oder Neretto (50–100%). Farbe: mehr oder weniger volles Rubinrot. Geruch: intensiv, sortentypisch, weinig. Geschmack: trocken, harmonisch. Alkoholgehalt: 10%. Alterung: bis zu 3 Jahren. Zu den Mahlzeiten zu trinken. – **Rosato.** Rebsorten: Barbera und/oder Bonarda und/oder Nebbiolo und/oder Neretto (50–100%). Farbe: rosé oder helles Rubinrot. Geruch: delikat, angenehm, weinig. Geschmack: trocken, harmonisch. Alkoholgehalt: 10%. Alterung: bis zu 2 Jahren. Zu den Mahlzeiten zu trinken. – **Barbera.** Rebsorten: Barbera (85–100%). Farbe: volles Rubinrot. Geruch: weinig, intensiv. Geschmack: trocken, frisch, sortentypisch. Alkoholgehalt: 10,5%. Alterung: bis zu 3 Jahren. Zu den Mahlzeiten zu trinken. – **Bonarda.** Rebsorten: Bonarda piemontese (85–100%). Farbe: rubinrot. Geruch: weinig, sortentypisch, intensiv. Geschmack: weich, frisch. Alkoholgehalt: 10,5%. Alterung: bis zu 3 Jahren. Zu den Mahlzeiten zu trinken. – **Dolcetto.** Rebsorten: Dolcetto (85–100%). Farbe: rubinrot mit violetten Reflexen. Geruch: delikat, weinig. Geschmack: trocken, weich, frisch. Alkoholgehalt: 10,5%. Alterung: bis zu 3 Jahren. Zu den Mahlzeiten zu trinken. – **Doux d'Henry.** Rebsorten: Doux d'Henry (85–100%). Farbe: intensives Rubinrot. Geruch: frisch, fruchtig, angenehm. Geschmack: weich, harmonisch, zuweilen vollmundig. Alkoholgehalt: 10%. Alterung: bis zu 3 Jahren. Der trockene Wein ist zum Essen zu trinken, der vollmundige zum Abschluss der Mahlzeiten. – **Freisa.** Rebsorten: Freisa (85–100%). Farbe: intensives Rubinrot. Geruch: sortentypisch, weinig, intensiv. Geschmack: frisch, zuwei-

## Weinstädte

**Frossasco.** Donnerstags Markt. Anfang August findet das Fest **Sagra degli Abbà** statt.

## Kellereien

**Borgone Susa.** *Azienda agricola Carlotta, via Condove 61, Tel. 0119 646150. Öffnungszeiten: Montag bis Samstag 9–12 und 14.30–19 Uhr, an Sonn- und Feiertagen nach Voranmeldung.* Der noch junge Betrieb engagiert sich vor allem in der Wiederbelebung des Talweinbaus. Die Barbera- und die Avanà-Trauben (eine autochthone Rebsorte) für einen seiner typischsten Weine reifen auf den Terrassen des traditionsreichen Weinbergs Rocca del Lupo heran, nach dem der Tropfen auch benannt ist.

**Giaglione.** *Marco Martina, frazione San Rocco 10, Tel. 012231320. Öffnungszeiten: nach Voranmeldung.* Der jahrhundertealte Betrieb besitzt noch heute seine altehrwürdigen Kellergewölbe. Neben DOC-Weinen bietet die Kellerei auch den beliebten, reinsortig aus der fran-

### Veranstaltungskalender

**Oktober**

**Chiaverano**
① Sagra dell'Uva e Mostra dei Vini (Weinfest und -messe)

**Sizzano**
① Festa del Ringraziamento (Erntedankfest)

len lebhaft. Alkoholgehalt: 10,5%. Alterung: bis zu 3 Jahren. Zu den Mahlzeiten. – **Ramie** (in den Gemeinden Pomaretto und Perosa Argentina). Rebsorten: Avanà (30%), Averengo (15 bis 50%), Neretto (20–55%), sonstige (bis 35%). Farbe: mehr oder minder volles Rot. Geruch: sortentypisch, frisch, delikat. Geschmack: trocken, harmonisch. Alkoholgehalt: 10%. Alterung: bis zu 2 Jahren. Zu den Mahlzeiten zu trinken.

**COLLINE SALUZZESI.** – **Rosso** oder **Rosato.** Rebsorten: Pelaverga und/oder Nebbiolo und/oder Barbera (60 bis 100%). Farbe: rubinrot. Geruch: fruchtig, weinig, intensiv, sortentypisch. Geschmack: frisch, trocken, fruchtig, intensiv, sortentypisch. Alkoholgehalt: 10%. Alterung: bis zu 2 Jahren. Zu den Mahlzeiten. – **Pelaverga.** Rebsorten: Pelaverga (100%). Farbe: hellrot. Geruch: fein, delikat, duftend, leicht fruchtig mit Kirschen- und Himbeerduft, würzig, sortentypisch. Geschmack: trocken, harmonisch, weich oder lieblich, frisch, delikat, mit Himbeeraroma, zuweilen lebhaft. Alkoholgehalt: 10%. Alterung: bis zu 2 Jahren. Der trockene Wein ist zum Essen zu trinken, der liebliche zum Abschluss der Mahlzeiten. – **Quagliano.** Rebsorten: Quagliano (100%). Farbe: hellrot. Geruch: leicht weinig, mit Veilchenduft und sortentypischem Aroma. Geschmack: lieblich und angenehm süß, mittlerer Körper, fruchtig, zuweilen lebhaft. Alkoholgehalt: 5,5+4,5%. Alterung: bis zu 2 Jahren. Arten: *Spumante* 7+4% Alkohol. Zum Abschluss der Mahlzeiten zu trinken.

**VALSUSA.** Rebsorten: Avanà und/oder Barbera und/oder Dolcetto und/oder Neretta cuneese (60–100%). Farbe: mehr oder weniger volles Rubinrot, zuweilen mit orangefarbenen Reflexen. Geruch: intensiv, sortentypisch, weinig, mit eindeutig fruchtiger Note. Geschmack: trocken, harmonisch, säuerlich, mäßig tanninhaltig, zuweilen mit leichter Holznote. Alkoholgehalt: 11%. Alterung: bis zu 2 Jahren. Zu allen Speisen zu trinken.

zösischen Beyquet-Traube gewonnenen Magliolo sowie weitere lokale, auch weiße Tafelweine an.

**Gravere.** *Vitivinicola Sibille, regione Colfacero 3, Tel. 0122622744. Öffnungszeiten: 9–12 und 14–19 Uhr, Gruppen nach Voranmeldung.* Im Kellergewölbe des traditionsreichen Guts werden die lokalen Rebsorten Avanà, Neretta cuneese und Barbera vinifiziert. Besonders interessant ist der reinsortige Valsusa DOC von Avanà sowie der Vino da Tavola Cru Fasè, ein Verschnitt aus verschiedenen Rebsorten.

**Und außerdem ... Frossasco.** *Vinicola Renato Dora, via Roletto 10/2, Tel. 0121352193.*

*Die Azienda Carlotta in Borgone Susa.*

## Veranstaltungskalender

**November**

**Andrate**
① Castagnata e Vin brulé (Kastanienschmaus mit Glühwein)

**Gattinara**
②③ Sankt-Martins-Fest

**Dezember**

**Ghemme**
Notte di Natale in Piazza (Heilige Nacht auf der Piazza)

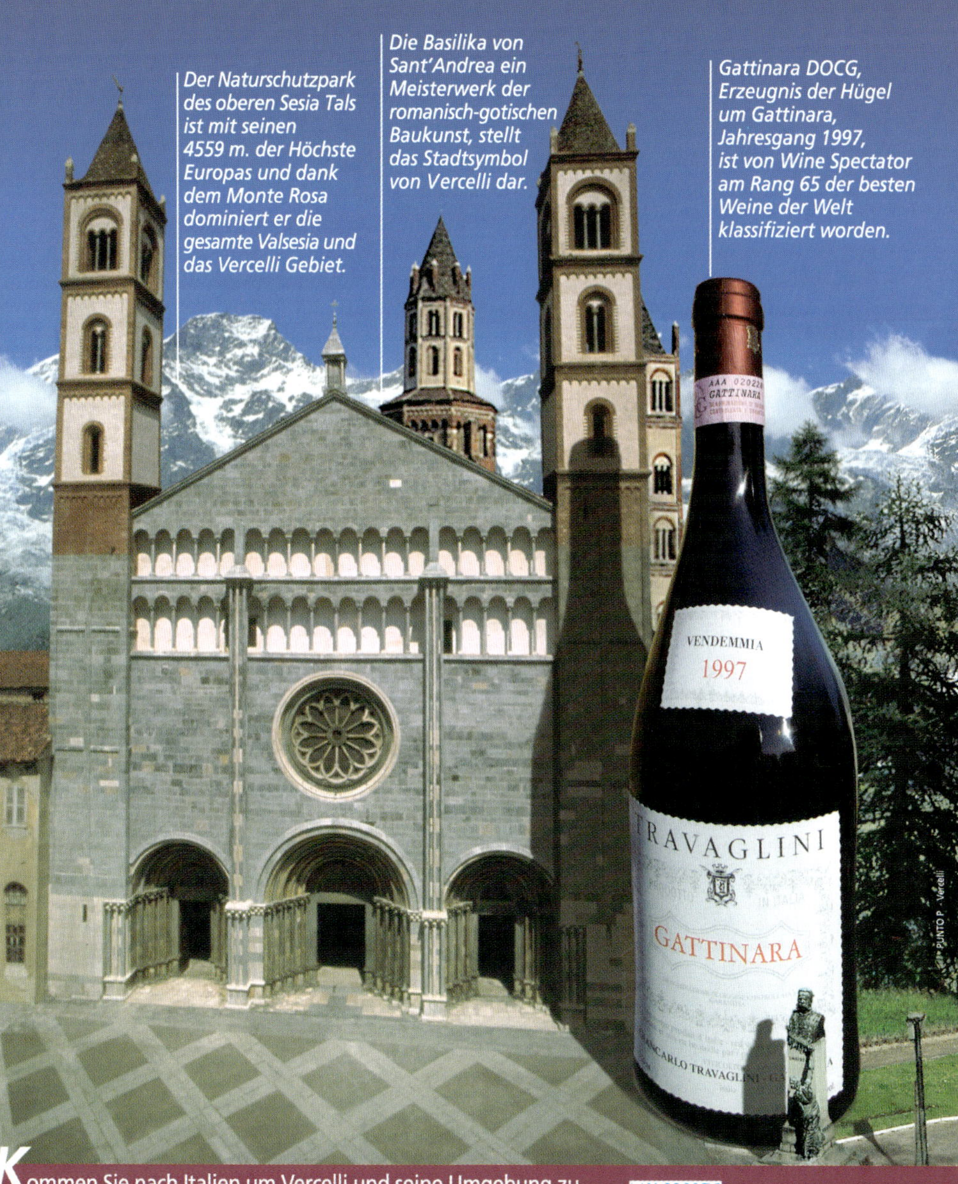
Die bedeutendsten Höhepunkte unseres Gebiets
Der Naturschutzpark des oberen Sesia Tals ist mit seinen 4559 m. der Höchste Europas und dank dem Monte Rosa dominiert er die gesamte Valsesia und das Vercelli Gebiet.
Die Basilika von Sant'Andrea ein Meisterwerk der romanisch-gotischen Baukunst, stellt das Stadtsymbol von Vercelli dar.
Gattinara DOCG, Erzeugnis der Hügel um Gattinara, Jahresgang 1997, ist von Wine Spectator am Rang 65 der besten Weine der Welt klassifiziert worden.
VENDEMMIA
1997
TRAVAGLINI
GATTINARA
PUNTO P. - Vercelli

TURISMO
VALSESIA
VERCELLI

# dal 1898 Cantine Valpane

**Arditi Pietro Landwirtschaftsbetrieb**
**Cascina Valpane, 10/1 - 15039 Ozzano Monferrato (AL)**
**Tel. und Fax 0142 486713**

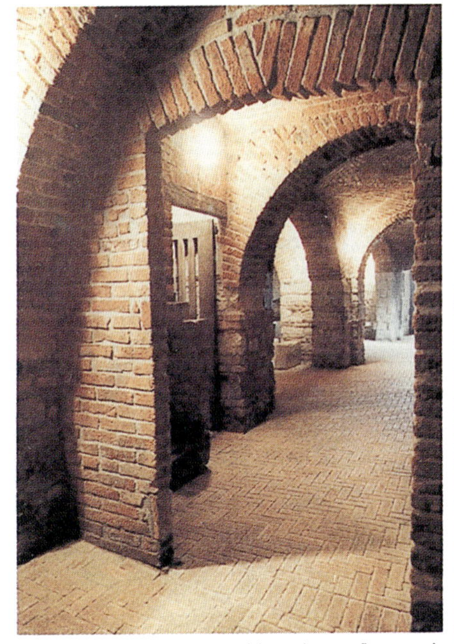

*Der Betrieb hat seinen Sitz in einem alten Bauernhof des achtzehnten Jahrhunderts, mitten im Monferrato. Die aus Kalk und Lehm bestehende Böden und sehr günstige klimatische Bedingungen sind für die Herstellung erlesener Weine gut geeignet. Die alte Weinbautradition ist durch alte Grundbuchpläne und Urkunden bewiesen, die im Familienarchiv aufbewahrt sind. So wurden 1898 diese Weine mit Goldmedaillen in Dijon und Bordeaux ausgezeichnet. Sie wurden zuerst nach Belgien und danach in die Schweiz exportiert. Der Weinanbau wird besonders gepflegt. Dank eines "integrierten Schutzprogramms" wird der Einsatz von Chemikalien beim Anbau stark reduziert. Dieses umweltfreundliche Verfahren ergibt gesunde Trauben.*
*Hergestellte Weine: BARBERA DEL MONFERRATO DOC und VALPANE (in Barriques gelagerter Barbera).*

*Demnächst Unterkunftsmöglichkeit (Zimmer).*

*Kellereibesichtigung nach telefonischer Absprache möglich.*

**Barale Fratelli** di Barale Sergio
Via Roma, 6 • 12060 Barolo CN
Telefono: 0173.56127 • Fax: 0173.56350
www.areacom.it/biz/cantine/barale
e-mail: barale.fratelli@areacom.it
Öffnungszeiten: Jeden Tag, von 9.00 Uhr bis 18.00 Uhr.
Feiertage Die Reservierung ist empfohlen.

Der landwirtschaftliche Betrieb entstand im Jahre 1870, als Francesco Barale mit der Produktion des Baroloweines begann. Es ist heute der Besitzer Sergio Barale der Mensch, der die Tradition der Familie in den altertümlichen unterirdischen Kellern des Herrenhauses auf dem Hauptplatz von Barolopflegt. Auf 20 Hektar Rebfläsche die sich in den besten Lagen von Barolo und Monforte d'Alba befinden, produziert der Betrieb die typischen Weine des Alba-Gebietes. Die "Baroli" nach traditioneller Methode, sind sehr langlebig undwerden in den Weinbergen Castellero, Bussia, Costa di Rose und Preda produziert.

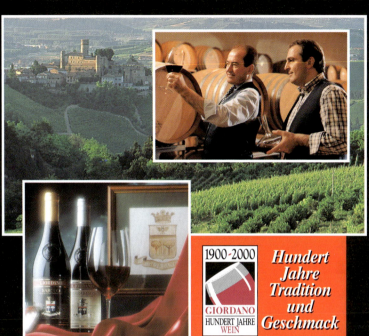

# Lombardei

## Vom Oltrepò Pavese bis ins Veltlin

*Die Lombardei produziert zwar keine großen Mengen, bietet aber eine einzigartige Vielfalt an Lagen und Weinen: von den großen Rotweinen des Veltlin bis hin zu den Spumanti aus der Franciacorta und dem Oltrepò Pavese.*

Die mannigfaltigen Zeugnisse über den Weinbau in der Lombardei reichen von den detaillierten Schilderungen Vergils, dem aus Mantua stammenden römischen Dichter, bis zu der Anekdote von dem Mailänder Weinberg, den Ludovico Sforza seinem Günstling Leonardo da Vinci geschenkt haben soll. Derselbe Leonardo bezeichnete sich als großen Liebhaber eines gewissen Retico-Weins, der vielleicht der Vorgänger des heutigen Sfurzat aus dem Veltlin war. Aus Frankreich importierte Kenntnisse und Methoden verhalfen dem lombardischen Weinbau schon im 17. Jahrhundert zu außerordentlichen Ergebnissen und drei Gebieten zu internationaler Bekanntheit: dem Gardaseeufer in der Provinz Brescia, dem Oltrepò Pavese und dem Veltlin, das auf Italienisch Valtellina heißt. Reisende, die in Italien die Erfüllung ihrer romantischen Wünsche suchten, widmeten dem Chiaretto del Garda und seinesgleichen weihevolle Worte. In jüngster Zeit hat sich die Palette der Gewächse durch den Import neuer Trauben, zum Beispiel die Pinot-Sorten und Riesling, erweitert; vor allem die Spumanti aus der Franciacorta verdienen eine besondere Erwähnung.

### Von den Alpen bis zum Apennin

Auf den ersten Blick scheint es schwer verständlich, dass die größte Industrieregion Italiens eine solche Vielfalt an Weinen hervorbringt. Die Karte

**Movimento del Turismo del Vino**

Beauftragter:
Carlo Pietrasanta
via Sforza 55
San Colombano
al Lambro (Mi)
☎ 0371897540

lässt jedoch keinen Zweifel: Die «extremsten» Weinbaugebiete dieser Region sind die Alpen mit den grandiosen Terrassenweinbergen des Valtellina und der Apennin mit den Lehmhängen im Oltrepò Pavese; dazwischen liegen die Hügel der Provinzen Bergamo und Brescia mit der großartigen Franciacorta, die Ufer des Gardasees und die Poebene mit den Hängen der Provinz Mantua und dem kleinen isolierten Gebiet San Colombano al Lambro, das auf einem der wenigen Hügel in der Nähe von Mailand liegt. Die lombardische Anbauregion ist nicht sehr groß, aber reich an Facetten, die sich für den Kenner in den Weinen widerspiegeln.

## Individuelle Rebsorten

Das Spektrum an Rebsorten ist sehr vielfältig und weitgehend von Importtrauben geprägt. Von den autochthonen Reben spielt nur Groppello mit 4,3 Prozent eine erwähnenswerte Rolle, aus dem in der Provinz Brescia ein unverwechselbarer Rotwein gekeltert wird. Den Löwenanteil stellen die piemontesischen Sorten: Im Oltrepò Pavese wird sowohl Barbera (mit 28,6 Prozent der Spitzenreiter unter den regionalen Rebsorten) als auch Croatina (9,7 Prozent) angebaut, Letztere konzentriert sich auf das Grenzgebiet. Im Veltlin ist dagegen hauptsächlich Nebbiolo (7,3 Prozent) anzutreffen, der damit eine Verbindung zu den Langhe herstellt. An der südöstlichen Grenze knüpft Lambrusco, genauer gesagt Lambrusco Marani und Lambrusco Salamino, an die emilianische Tradition an, während weiter im Norden Marzemino an die Nähe des Etschtals gemahnt. Nicht unerheblich ist auch die Präsenz der bekanntesten französischen Trauben, die ein Viertel der regionalen Produktion ausmachen. Auch bei der Rebenerziehung achtet man auf Qualität. Auf knapp der Hälfte der Flächen wird das Guyot-System angewendet; erwähnenswert ist auch die Sylvoz-valtellinese-Erziehung, die man ausschließlich in den Weinbergen der Provinz Sondrio antrifft.

*Groppello.*

## Eine exklusive Weinauswahl

Die Lombardei, die mit 748 305 Hektolitern der sechstgrößte Erzeuger von DOC-Weinen in Italien ist, verfügt über 2 DOCG-Anbaugebiete – die Franciacorta mit ihren berühmten Spumanti und Valtellina mit seinem Rosso Superiore – und 14 DOC-Regionen. Den ersten Rang nimmt das Oltrepò Pavese ein mit einer Produktion von über 550 000 Hektolitern. Im nationalen Vergleich steht es damit an dritter Stelle. Mit einigem Abstand folgt die Franciacorta mit etwa 45 000 Hektolitern. Kaum ins Gewicht fallen Gebiete wie Valcalepio (6000 Hektoliter) und Botticino (1000 Hektoliter); sie zeugen jedoch von dem Willen, kleine Erzeuger zu fördern.

### Kulturelle Einrichtungen

**Mailand**
**Istituto di Cultura del Vino**
via Aselli 11
☎ 027490816
Die einzige Einrichtung Italiens, die das Diplom eines Master of Wine verleiht

# DOC-Bereiche in der Lombardei

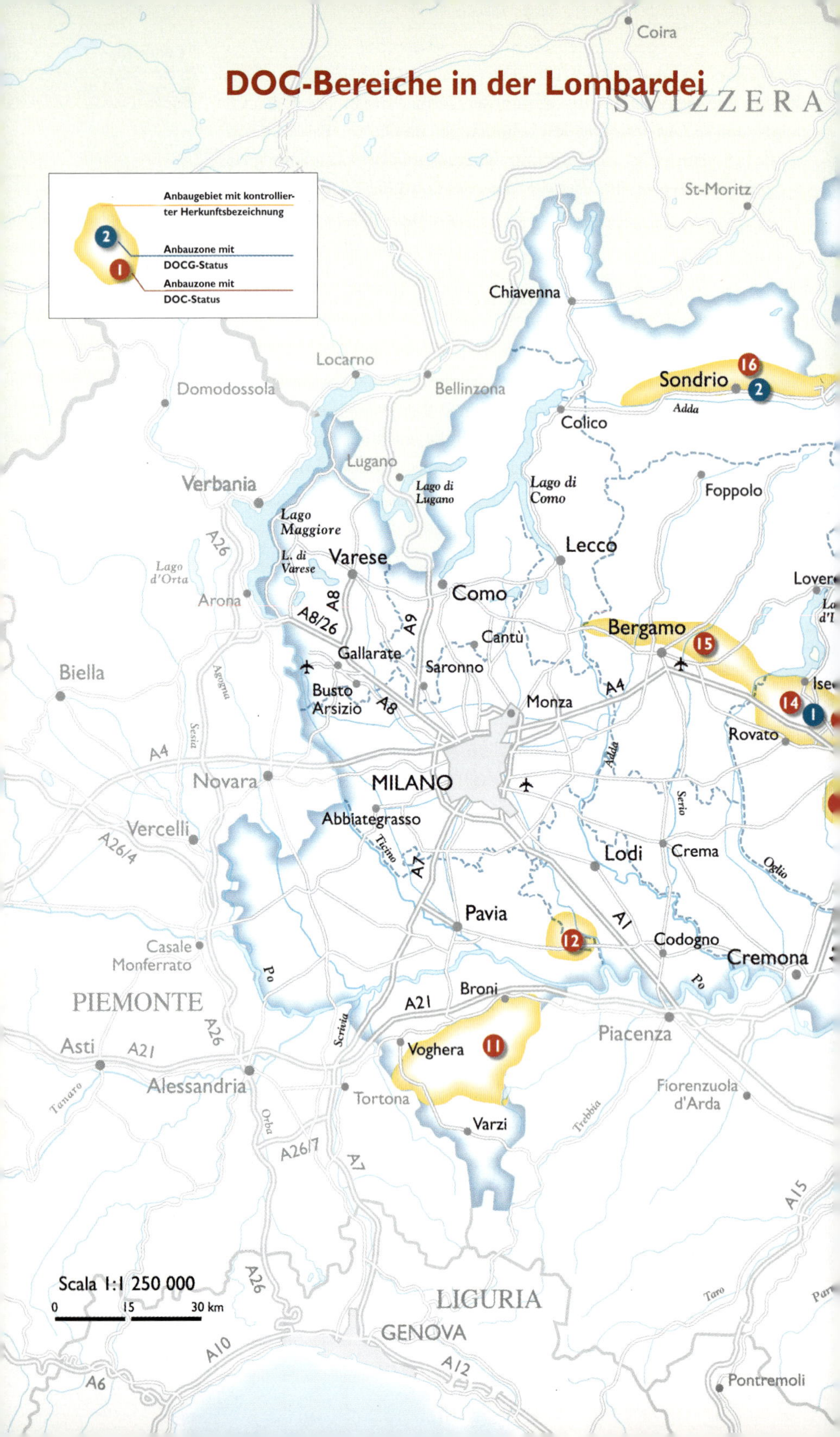

Anbaugebiet mit kontrollierter Herkunftsbezeichnung
2 Anbauzone mit DOCG-Status
1 Anbauzone mit DOC-Status

SVIZZERA
Coira
St-Moritz
Chiavenna
Locarno
Bellinzona
Domodossola
Sondrio 16 2
Adda
Colico
Lugano
Lago di Lugano
Lago di Como
Foppolo
Verbania
Lago Maggiore
L. di Varese
Varese
Lecco
Lago d'Orta
A26
Arona
A8
A8/26
A9
Como
Lovere
Cantù
Bergamo 15
Gallarate
Saronno
A4
Biella
Busto Arsizio
A8
Monza
Iseo
14 1
Rovato
Agogna
Sesia
A4
Novara
MILANO
Adda
Serio
Abbiategrasso
Vercelli
A26/4
Ticino
A7
Lodi
Crema
Oglio
Pavia
12
A1
Codogno
Cremona
Casale Monferrato
Po
Po
PIEMONTE
Broni
A21
A26
Scrivia
Piacenza
Asti
A21
Voghera 11
Tanaro
Alessandria
Tortona
Fiorenzuola d'Arda
Orba
Trebbia
Varzi
A26/7
A7
A15

Scala 1:1 250 000
0 15 30 km

LIGURIA
Taro
GENOVA
A10
A12
A6
Pontremoli

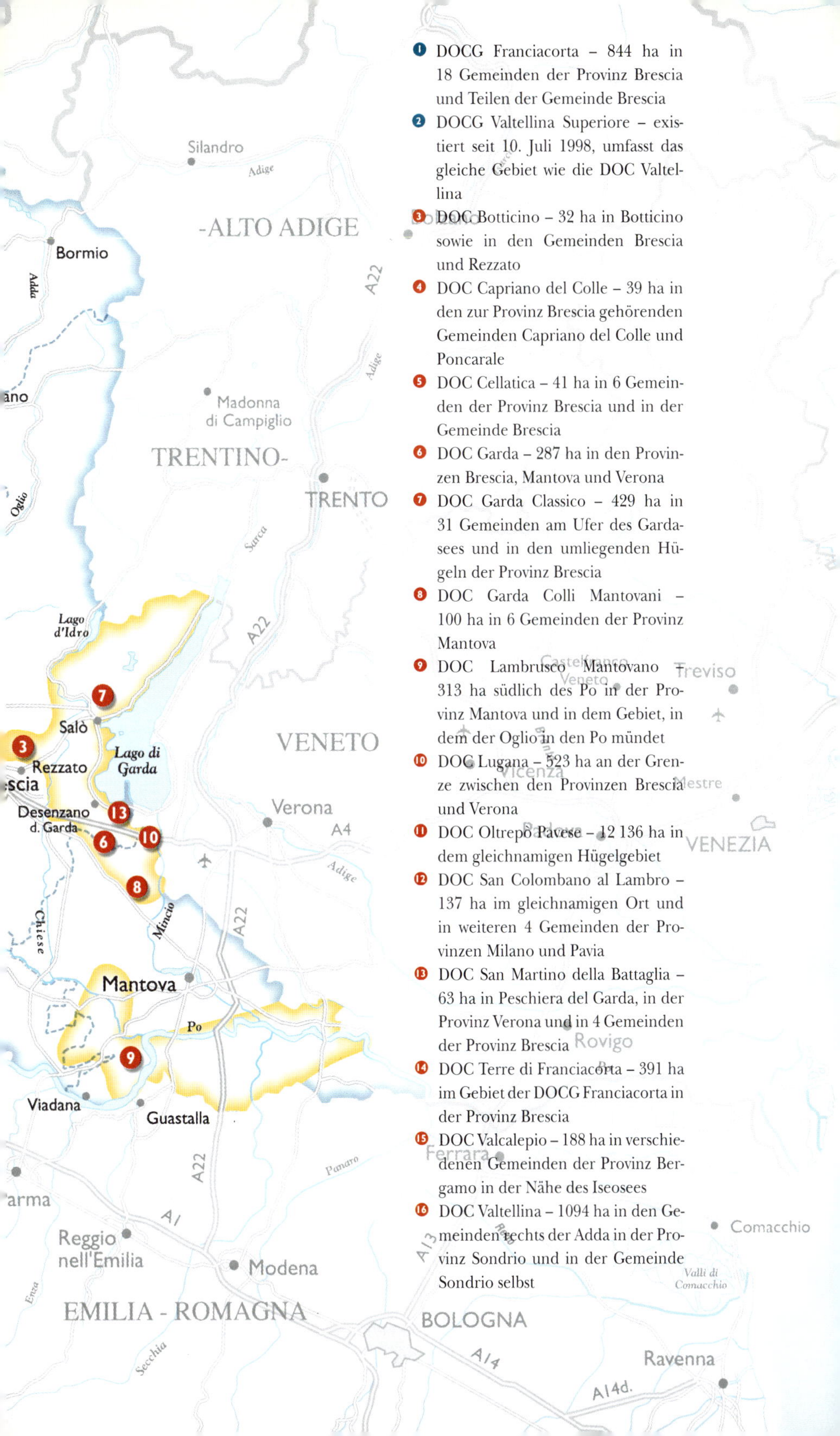


1. DOCG Franciacorta – 844 ha in 18 Gemeinden der Provinz Brescia und Teilen der Gemeinde Brescia
2. DOCG Valtellina Superiore – existiert seit 10. Juli 1998, umfasst das gleiche Gebiet wie die DOC Valtellina
3. DOC Botticino – 32 ha in Botticino sowie in den Gemeinden Brescia und Rezzato
4. DOC Capriano del Colle – 39 ha in den zur Provinz Brescia gehörenden Gemeinden Capriano del Colle und Poncarale
5. DOC Cellatica – 41 ha in 6 Gemeinden der Provinz Brescia und in der Gemeinde Brescia
6. DOC Garda – 287 ha in den Provinzen Brescia, Mantova und Verona
7. DOC Garda Classico – 429 ha in 31 Gemeinden am Ufer des Gardasees und in den umliegenden Hügeln der Provinz Brescia
8. DOC Garda Colli Mantovani – 100 ha in 6 Gemeinden der Provinz Mantova
9. DOC Lambrusco Mantovano 313 ha südlich des Po in der Provinz Mantova und in dem Gebiet, in dem der Oglio in den Po mündet
10. DOC Lugana – 523 ha an der Grenze zwischen den Provinzen Brescia und Verona
11. DOC Oltrepò Pavese – 12 136 ha in dem gleichnamigen Hügelgebiet
12. DOC San Colombano al Lambro – 137 ha im gleichnamigen Ort und in weiteren 4 Gemeinden der Provinzen Milano und Pavia
13. DOC San Martino della Battaglia – 63 ha in Peschiera del Garda, in der Provinz Verona und in 4 Gemeinden der Provinz Brescia
14. DOC Terre di Franciacorta – 391 ha im Gebiet der DOCG Franciacorta in der Provinz Brescia
15. DOC Valcalepio – 188 ha in verschiedenen Gemeinden der Provinz Bergamo in der Nähe des Iseosees
16. DOC Valtellina – 1094 ha in den Gemeinden rechts der Adda in der Provinz Sondrio und in der Gemeinde Sondrio selbst

# Wein genießen in Mailand

## Enoteche

**Arcore**
**Arco del Re**
via Papina 4
☎ 0396013644

**Mailand**
**Boccondivino**
via Boccaccio
☎ 02866040

**Cantine Isola**
via Paolo Sarpi 30
☎ 023315249

**Collina d'Italia**
Uferstraße des Naviglio Grande 46
☎ 028373426

**Grand Hotel Pub**
via A. Sforza 75
☎ 028951653

**Le Terre di Marengo**
viale Gorizia 34
☎ 028372408

**Ombre Rosse**
via Plinio 29
☎ 0229524734

**Osteria del Santo Bevitore**
via A. Aleardi 22

**Taverna Visconti**
via Marziale 11
☎ 02795821

**Wine & Food**
via Monte Bianco 2a
☎ 024814677

**Ornago**
**Osteria della Buona Condotta**
via Burago 3
☎ 0396919056

**Segrate**
**Osteria dei Fauni**
via Turati 5
☎ 0226921411

In Mailand, einst Begründerin der Weinlokale, der populären «trani», denen der Mailänder Sänger Giorgio Gaber ein berühmtes Lied widmete, wurde in den letzten Jahren die Kultur der Weinlokale und der mittlerweile seltenen Osterien und überhaupt alles rund um den Wein vernachlässigt. Echte Weinlokale gibt es nicht mehr viele. Eine gute Adresse für jeden Weinliebhaber ist heute das Lokal **Cantine Isola** in Mailands Chinesenviertel. Dieses Weinlokal mit mehr als hundertjähriger Tradition bietet eine umfangreiche Auswahl an nationalen und ausländischen, vor allem französischen Weinen. Das Speisenangebot konzentriert sich auf das Abendessen, danach schließt das Lokal. Zum offen ausgeschenkten Wein serviert man interessante Gerichte, etwa Meeresfrüchte, Röstbrot, in Öl eingelegtes Gemüse, Kroketten, Klößchen. Ein weiteres empfehlenswertes Beispiel ist das **Le Terre di Marengo**. Dieses kleine und gemütliche Lokal hält mehr als 20 offene Weine bereit, außerdem ein ausgewähltes Sortiment an nationalen Gewächsen. Die Speisenauswahl ist begrenzt (und hat eigentlich schon beim Aperitif ihren Höhepunkt erreicht).

Nachdem sich in Mailand im Lauf der Zeit die Zahl der traditionellen Weinlokale stark reduziert hatte, erlebte die Stadt in den Neunzigerjahren eine Wiederbelebung dieser Einrichtungen, sei es aus Mode, sei es aus erneutem Interesse am Wein. Und so entstanden die Weinlokale der neuen Generation. Nennenswert darunter die **Taverna Visconti** mitten im Zentrum. In behaglichem und einladendem Ambiente können Weine aus Italien, Frankreich und der Neuen Welt zu Crêpes, Quiches, Käse und Aufschnitt verkostet werden. Das **Ombre Rosse** bietet eine breite Palette an Wurstspezialitäten aus ganz Italien, insbesondere aus der Gegend von Parma, sowie italienischen und französischen Käse. Auch das Weinangebot ist groß und wird glasweise und in der Flasche gereicht. Im Messeviertel sticht das kürzlich von dem bekannten Gastronomen Claudio Sadler eröffnete **Wine & Food** heraus. In modernem und gemütlichem Ambiente kann man warme wie kalte Speisen genießen, etwa Gegrilltes, üppige Salate und Desserts, auch eine Wurst- und Käseauswahl fehlt nicht. Die Weinkarte zählt mehr als 400 Etiketten, von denen etwa zehn auch im Glas zu haben sind. Ein wichtiger Vertreter in Sachen Wein ist auch der **Grand Hotel Pub**, an den beliebten Navigli gelegen, der sich mit behaglicher, charakteristischer und einladender Atmosphäre präsentiert. Umfangreich und gut strukturiert ist das Speisenangebot (Reisgerichte, Suppen, Kotelett nach Mailänder Art), das mit der Weinauswahl harmoniert. An den Navigli liegt weiterhin das **Collina d'Italia**. Hier gibt es italienische und französische Käsespezialitäten, typische Wurst, Salate, Röstbrot, Suppen und andere Leckerbissen. Nicht zu verachten ebenfalls das Angebot an Weinen aus dem In- und Ausland.

Die **Osteria del Santo Bevitore** wurde erst kürzlich eröffnet und zeichnet sich durch eine nordeuropäisch geprägte Küche aus. Vorrangig werden kalte Speisen serviert, wie Aufschnittplatten, französischer Käse, Stör, Lachs, Gemüsepasteten und anderes mehr. Außerdem stehen ver-

schiedene Fondues sowie hausgemachte Süßspeisen und Gebäck zur Wahl. Ein weiteres interessantes Lokal, in dem man unbedingt vorher reservieren sollte, ist das **Boccondivino**. Bei einem umfangreichen Degustationsmenü kann man vielerlei Wurst und Käse probieren, dazwischen noch einige Primi. Den Wein gibt es passend zu den Gerichten im Glas und in der Flasche.

In der Umgebung von Mailand haben in den letzten Jahren zahlreiche gute Weinlokale und Osterien eröffnet. Hervorzuheben sind das **Arco del Re** in Arcore, die **Osteria della Buona Condotta** in Ornago und die **Osteria dei Fauni** in Segrate. Das Erstgenannte liegt nicht weit von der Schnellstraße Richtung Vimercate entfernt im Erdgeschoss eines modernen Komplexes. In behaglichem und einladendem Ambiente serviert man Aufschnitt, einige warme Gerichte und eine Käseauswahl, dazu ein vielfältiges Weinangebot. Nicht schlecht auch und mit einem größeren, auf hiesigen Produkten basierenden Speisenangebot wartet die Osteria in Ornago auf. Die Auswahl reicht von Carpaccio von gepökeltem Rindfleisch über Varzi-Salami, Rinderschlackwurst in Öl aus Rovato bis zu Bohnen aus Lamon. In der im klassischen Stil eingerichteten Osteria dei Fauni schließlich findet man das Speisenangebot auf einer Tafel, die dem Gast an den Tisch gebracht wird. Zu den Spezialitäten gehören Aufschnitt, einige warme Speisen, Wurst, Pastete und andere Köstlichkeiten. Gutes und umfassendes Weinsortiment.

Wer hingegen lieber in ein klassisches Restaurant oder eine traditionelle Trattoria geht, wo der Wein immer eine besondere Rolle spielt, ist in der **Osteria di Porta Volta** in Mailand an der richtigen Adresse. Hier steht die traditionelle Mailänder Küche (Reisgerichte, Kalbshaxe, Klößchen) im Vordergrund, dazu gibt es Weine vorwiegend aus der Lombardei und dem Piemont. Ein weiteres Lokal, das auf Tradition setzt, in der Küche jedoch eindeutig piemontesische Einflüsse zeigt, ist das **Masuelli San Marco**. Seine Weinkarte umfasst zwei Teile: der erste Part widmet sich den herkömmlichen Weinen, der zweite versammelt die großen und bedeutenden Riserve. Aus der Küche kommen die verschiedensten Vorspeisen (Sardellen, Heringe, Kochwurst), klassische Teigtaschen mit Ragout, Bohnensuppe mit Nudeln, Fleischeintöpfe und Schmorbraten.

Will man aus Mailand raus, bietet sich ein Halt in Concorezzo, im Restaurant **Via del Borgo** an. In einem umgebauten, traditionellen lombardischen Bauernhaus mit Sommergarten, im Zentrum des Ortes gelegen, kann man sowohl Fisch- als auch Fleischgerichte und eine üppige Auswahl an Käse probieren. Dazu gibt es eine angemessene und korrekte Weinkarte. In Melzo, ebenfalls etwas außerhalb von Mailand, findet man das Restaurant **Due Spade** (auch Hotel). In klassischem und gemütlichem Ambiente bekommt man kreative Küche mit Fleisch und Fisch, aber auch ganz typische Gerichte geboten. Lobenswert der Käsewagen und das Angebot an Spirituosen und Zigarren nach dem Essen. Ein Muss für jeden Gourmet ist schließlich das vielgerühmte Mailänder Restaurant **Aimo e Nadia**. Wegen der begrenzten Anzahl an Plätzen ist eine vorzeitige Reservierung unbedingt erforderlich. Die Küche hält ein breites Spektrum bereit: marinierte Fische und Schalentiere, Wurst aus Siena, Meerbarbenfilets auf Bohnencreme, Bandnudeln mit Taube, mit Goldbrasse, Scampi und Steinpilzen gefüllter Tintenfisch, Kälbchen im Teigmantel und weitere Köstlichkeiten. Die Weinkarte ist sehr umfangreich und hat die bedeutendsten nationalen und internationalen Gewächse im Programm.

## Restaurants

### Concorezzo

**Via del Borgo**
via Libertà 136
☎ 0396042615

### Mailand

**Aimo e Nadia**
via Montecuccoli 6
☎ 02416886

**Masuelli San Marco**
via Umbria 80
☎ 0255184138

**Osteria di Porta Volta**
viale Montello 14
☎ 023495039

### Melzo

**Due Spade**
via Francesco Bianchi 19
☎ 029550267

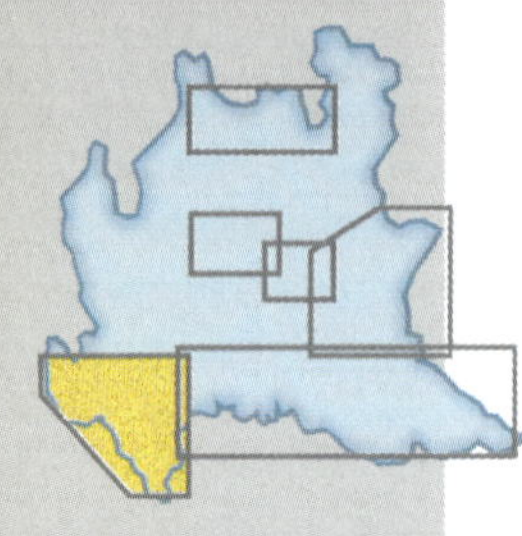

# Das Oltrepò Pavese

*Als eines der wichtigsten Anbaugebiete Italiens wird das Oltrepò Pavese auch im Ausland wegen der Qualität und der Vielfalt seiner Erzeugnisse geschätzt.*

«Oltrepò Pavese» ist zunächst einmal der Name für eine Landschaft, doch wenn man von den Weinen aus dem Oltrepò Pavese spricht, ist nur ein Teil dieser Region gemeint, nämlich die sich zwischen 100 und 500 Höhenmeter erhebende Hügelkette entlang des Flusses Staffora. Der Weinbau, der hier auf eine tausendjährige Tradition zurückblickt, wird auf gut 16 000 Hektar betrieben, die auf 42 Gemeinden verteilt sind. Der Boden, vorwiegend kalkhaltiger Lehm, und das Klima, leichte Winde aus Ligurien, schaffen günstige Voraussetzungen. Großteils sind die Rebflächen mit roten Trauben bestockt, die am besten in sonnigen Lagen auf gemäßigten Höhen gedeihen; hauptsächlich sind dies Barbera, Pinot nero und Bonarda. Auf dem Vormarsch befinden sich jedoch auch die weißen Reben, die die Osthänge mit ausgeprägteren Temperaturschwankungen bevorzugen. Die Produktion von DOC-Weinen beläuft sich auf über 550 000 Hektoliter, damit steht das Oltrepò Pavese in Italien nach dem Chianti und Asti an dritter Stelle.

## Weinstädte

**Canneto Pavese.** Ein Ort mit langer Weintradition, der schon 1902 auf der Weltausstellung in Buenos Aires für seine Rotweine ausgezeichnet wurde. Die Anbauflächen reichen bis an die steilen Abhänge und bedecken fast das ganze Gemeindegebiet. Hier konzentriert sich die Produktion der DOC-Weine Buttafuoco und Sangue di Giuda, zu deren Ehren Mitte Juli eine **Weinschau** veranstaltet wird, bei der auch kulinarische Spezialitäten gekostet werden können.

### Hotels und Restaurants

**Casteggio**
**Ai Colli di Mairano** 🍴
Mairano
via Bernini 79
☎ 038383296

**Broni**
**Liros** ★★★
quartiere Piave 104
☎ 038551007

**Montecalvo Versiggia**
**Prato Gaio** 🍴🍴
via Versa 16
☎ 038599726

**Montescano**
**Pino** 🍴🍴🍴
via Pianazza 11
☎ 038560479

*Das Weingut Castello di Luzzano in Rovescala.*

**Montù Beccaria.** Der Ort ist bereits im 12. Jahrhundert als Lehen der Beccaria erwähnt. Im Veranstaltungskalender sticht vor allem der **Agosto Montuese** hervor, ein zehntägiges Fest in der zweiten Augusthälfte mit einer Ausstellung typischer Weine; im November **Polenta- und Kastanienfest.**

**Rovescala.** Ein Gebäudekomplex am oberen Ende der Via Castello umschließt einen Turm aus dem Jahr 1371, und bereits zu dieser Zeit war die Ortschaft für ihre Weine berühmt. Im März **Primavera dei Vini,** ein Frühlingsweinfest, im Dezember die **Festa del Vino Nuovo e della Chisola,** das Fest des neuen Weins und der Kastanie.

**Santa Giuletta.** Ein Ort mit sehr langer Weinbautradition. Sehenswert wegen einiger Fresken von Caravaggio ist die Pfarrkirche. Kurz vor der Eröffnung steht ein Puppenmuseum. Im Juni **Burgfest;** Ende November eine **Ausstellung von Weinbaugerätschaften.**

**Torrazza Coste.** Von diesem Ort aus blickt man auf Obstgärten, riesige Weizenfelder und 350 Hektar Rebfläche. Das Verhältnis von 200 Weingütern auf 1470 Einwohner lässt keinen Zweifel an der Rolle des Weins für die örtliche Wirtschaft.

**Und außerdem ... Pietra de' Giorgi, San Damiano al Colle, Santa Maria della Versa.**

## Kellereien

**Casteggio.** *Frecciarossa, via Vigorelli 141, Tel. 038304465. Öffnungszeiten: nach Voranmeldung.* Die Anfänge des Betriebs gehen auf das 18. Jahrhundert zurück, das Herrenhaus stammt aus dem Jahr 1860. Auf 16 Hektar Kalk-Lehm-Böden reifen die Reben für die DOC-Weine Riesling und Pinot Nero sowie den roten Villa Odero, Stolz des Hauses, der nach langer Reifung als Riserva verkauft werden darf. Außerdem erzeugt man hier eine Grappa namens Ciriacus.

**Codevilla.** *Montelio, via Mazza 1, Tel. 038373090. Öffnungszeiten: Montag–Samstag 8.30–12 und 14.30 bis 18 Uhr.* Der seit 1802 bestehende Betrieb birgt in seinem untersten Kellergeschoss wertvolle alte Flaschen. Für Besucher werden Weinproben im ehemaligen Gärkeller veranstaltet. Für Übernachtungen stehen sechs Appartements zur Verfügung.

### Hotels und Restaurants

**Stradella**
**Italia** ★★★
via Mazzini 4
☎ 0385245178

**Santa Maria della Versa**
**Al Ruinello** 🍴
località Ruinello 1/a
☎ 0385798164

**Salice Terme**
**Milano** ★★★
viale delle Terme 62
☎ 038391206

**President Hotel Terme** ★★★
via Fermi 5
☎ 038391941

**Ca Vègia by Musoni** 🍴
via Diviani 27
☎ 0383944731

## Agriturismo

**Borgo Priolo**
**Torrazzetta**
località Torrazzetta
☎ 0383871041

**Montalto Pavese**
**Cella di Montalto**
località Cella di Montalto
☎ 0383870519

**Rovescala**
**Castello di Luzzano**
via Luzzano 5
☎ 0523863277

## Enoteche

**Pavia**
**Osteria del Naviglio**
via Alzaia 39
☎ 0382460392

**Santa Maria della Versa**
**Ca' Versa**
località Ca' Versa 1
☎ 0385278198

**Voghera**
**La Enoteca**
via Plana 59
☎ 038343986

## DOC-Weine aus dem Oltrepò Pavese

**OLTREPÒ PAVESE.** Produktion: 546456 hl (10374 ha). – **Chardonnay.** Rebsorten: Chardonnay (85–100%), Pinot nero und/oder Pinot grigio und/oder Pinot bianco (bis 15%). Produktion: 13290 hl (250 ha). Farbe: mehr oder weniger volles Strohgelb. Geruch: sortentypisch, fruchtig mit feinen Aromen. Geschmack: frisch, intensiv, angenehm, bisweilen lebhaft oder perlend. Alkoholgehalt: 10,5%. Arten: *Frizzante* und *Spumante.* Vor Ablauf des Jahres zu trinken, als Aperitif und zu leichten Speisen. – **Cortese.** Rebsorten: Cortese (85–100%). Produktion: 5569 hl (112 ha). Farbe: hell strohgelb. Geruch: weinig, sortentypisch. Geschmack: weich, frisch, angenehm, bisweilen lebhaft oder perlend. Alkoholgehalt: 10,5%. Jung zu trinken; zu allen Speisen, passt zu typischen Gerichten wie Käsesuppe oder Fröschen. Arten: *Frizzante* und *Spumante,* als Aperitif oder zu Fisch- und Eiergerichten. – **Malvasia.** Rebsorten: Malvasia di Candia aromatica (85–100%). Produktion: 8072 hl (125 ha). Farbe: strohgelb. Geruch: aromatisch, sortentypisch, intensiv. Geschmack: trocken, lieblich oder süß, bisweilen lebhaft oder perlend. Alkoholgehalt: 10%. Arten: *Frizzante* und *Spumante.* Jung zu trinken; zum Abschluss der Mahlzeiten. – **Moscato.** Rebsorten: Moscato bianco (85–100%), Malvasia di Candia aromatica (bis 15%). Produktion: 34402 hl (662 ha). Farbe: strohgelb mit goldenen Reflexen. Geruch: aromatisch, sortentypisch, intensiv. Geschmack: süß, angenehm, lebhaft oder perlend. Alkoholgehalt: 10%. Innerhalb eines Jahres zu trinken; zum Dessert und außerhalb der Mahlzeiten. Arten: *Frizzante* und *Spumante* (10% Alkohol); *Passito,* goldgelb oder leicht bernsteinfarben, 18% Alkohol und mindestens 6 Monate Alterung (dann bis zu 5–6 Jahren), außerhalb der Mahlzeiten zu trinken; *Liquoroso Dolce* und *Secco,* goldgelb oder leicht bernsteinfarben, 22% Alkohol (Alterung bis zu 7–8 Jahren empfohlen); zum Dessert und zur Entspannung. – **Pinot Grigio.** Rebsorten: Pinot grigio (85–100%), Pinot nero und/oder Pinot bianco (bis 15%). Produktion: 19658 hl (370 ha). Farbe: mehr oder weniger kräftiges Strohgelb oder leicht kupferfarben. Geruch: sortentypisch, fruchtig. Geschmack: frisch, angenehm, bisweilen lebhaft oder perlend. Alkoholgehalt: 10,5%. Vor Ablauf des Jahres zu trinken; zu allen Speisen, im Sommer, vor allem zu Fisch. – **Pinot Nero.** Rebsorten: Pinot nero (85–100%), Pinot grigio und/oder Pinot bianco und/oder Chardonnay (bis 15%). Produktion: 92558 hl (2045 ha). Farbe: je nach Vinifizierungsmethode strohgelb, grünlich, rosé oder rot. Geruch: sortentypisch. Geschmack: frisch, schmackhaft, fein; die Weiß- und Roséweine bisweilen lebhaft und perlend. Alkoholgehalt: 10,5%. Alterung: Rotwein bis zu 2 Jahren. Der Rotwein zu allen Speisen, vor allem zu Fleisch zu trinken; Rosé- und Weißwein vor Ablauf des Jahres, zu allen Speisen, vor allem zu Fisch. Arten: *Frizzante, Spumante,* weiß oder rosé, mindestens 18 Monate Alterung, als Aperitif und zum Essen; *Spumante Metodo Classico (Millesimato),* mindestens 2 Jahre Alterung, als Aperitif und zum Essen. – **Riesling Italico.** Rebsorten: Riesling italico (85–100%), Riesling und/oder Pinot nero und/oder Pinot bianco (bis 15%). Produktion: 94459 hl (1738 ha). Farbe: strohgelb, hellgelb, grünlich gelb. Geruch: sortentypisch, angenehm. Geschmack: frisch, angenehm und bisweilen lebhaft oder perlend. Alkoholgehalt: 10,5%. Arten: *Spumante.* Klassischer Wein zu Fisch oder auch zu ausgebackenen Fröschen. – **Riesling Renano.** Rebsorten: Riesling renano (85–100%), Riesling italico und/oder Pinot nero und/oder Pinot grigio und/oder Pinot bianco (bis 15%). Produktion: 2885 hl (62 ha). Farbe: hell strohgelb. Geruch: sortentypisch, angenehm. Geschmack: frisch, angenehm, bisweilen lebhaft. Alkoholgehalt: 11%. Arten: *Spumante.* Vor Ablauf des Jahres zu trinken, zu leichten Fischgerichten.

– **Sauvignon.** Rebsorten: Sauvignon blanc (85–100%). Produktion: 546 hl (12 ha). Farbe: strohgelb. Geruch: sortentypisch, delikat. Geschmack: trocken, frisch, angenehm. Alkoholgehalt: 11%. Arten: *Spumante.* Zu Fisch zu trinken. – **Spumante.** Rebsorten: Pinot nero (weiß gekeltert, 70–100%), Chardonnay und/oder Pinot bianco und/oder Pinot grigio (bis 30%). Produktion: wie Pinot Nero. Farbe: mehr oder weniger kräftiges Strohgelb oder ins Kirschrot spielendes Rosé. Geruch: sortentypisch, angenehm. Geschmack: frisch oder nach Hefe, harmonisch, angenehm. Alkoholgehalt: 11,5%. Alterung: mindestens 18 Monate. Qualitätsstufen: *Metodo Classico; Millesimato* mindestens 2 Jahre Reifung. Als Aperitif und zu allen Speisen zu trinken. – **Rosato.** Rebsorten: Barbera (25–64%), Croatina (25–65%), Uva rara und/oder Ughetta (Vespolina) und/oder Pinot nero (bis 45%). Produktion: 137 hl. Farbe: in zartes Kirschrot spielendes Rosé. Geruch: leicht weinig, sortentypisch. Geschmack: trocken, harmonisch, bisweilen lebhaft oder perlend. Alkoholgehalt: 10,5%. Vor Ablauf des Jahres zu trinken; zu allen Speisen, auch zu Vorspeisen mit Wurst. – **Rosso.** Rebsorten: Barbera (25–65%), Croatina (25–65%), Uva rara und/oder Ughetta (Vespolina) und/oder Pinot nero (bis 45%). Produktion: 16168 hl (373 ha). Farbe: kräftiges Rubinrot. Geruch: intensiv weinig. Geschmack: voll, leichte Tannine, körperreich, bisweilen lebhaft. Alkoholgehalt: 11,5%. Alterung: bis zu 2 Jahren empfohlen. Zu allen Speisen zu trinken, passt zu deftigen Gerichten wie dem Mailänder Eintopf «Cassoeula». Qualitätsstufen: *Riserva* trocken und körperreich, mindestens 12% Alkohol und 2 Jahre Alterung (dann bis zu 5 bis 6 Jahren); zu Braten, Schmorfleisch und Wild zu trinken. – **Barbera.** Rebsorten: Barbera (85–100%), Croatina und/oder Uva rara und/oder Ughetta (Vespolina) und/oder Pinot nero (bis 15%). Produktion: 139593 hl (2393 ha). Farbe: kräftiges, klares Rubinrot. Geruch: weinig, nach Alterung sortentypischer Duft. Geschmack: würzig, körperreich, leichte Tannine, säuerlich und bisweilen lebhaft oder perlend. Alkoholgehalt: 11%. Alterung: bis zu 3 Jahren empfohlen. Zu allen Speisen, besonders zu Schmorfleisch zu trinken. – **Bonarda.** Rebsorten: Croatina (Bonarda, 85 bis 100%), Barbera und/oder Uva rara und/oder Ughetta (Vespolina) und/oder Pinot nero (bis 15%). Produktion: 104934 hl (1974 ha). Farbe: kräftiges Rubinrot. Geruch: intensiv, angenehm. Geschmack: trocken, lieblich oder süß, leichte Tannine, frisch und bisweilen lebhaft oder perlend. Alkoholgehalt: 11%. Alterung: bis zu 3 Jahren empfohlen. Jung zu allen Speisen zu trinken, nach Alterung zu herzhaften Gerichten wie Schweinebraten und Ähnlichem. – **Buttafuoco.** Rebsorten: Barbera (25–65%), Croatina (25–65%), Uva rara und/oder Ughetta (Vespolina) und/oder Pinot nero (bis 45%). Produktion: 7312 hl (145 ha). Farbe: mehr oder weniger kräftiges Rot. Geruch: weinig, intensiv. Geschmack: trocken, körperreich, bisweilen lebhaft oder perlend. Alkoholgehalt 12%. Alterung: bis zu 3 Jahren empfohlen. Zu reichhaltigen und deftigen Speisen wie den typischen Schneckengerichten zu trinken. – **Cabernet Sauvignon.** Rebsorten: Cabernet Sauvignon (85–100%). Produktion: 1078 hl (19 ha). Farbe: kräftiges Rubinrot. Geruch: kräuterwürzig, sortentypisch. Geschmack: harmonisch, voll, leichte Tannine. Alkoholgehalt: 11,5%. Alterung: bis zu 3 Jahren empfohlen. Zu allen Speisen, besonders zu Fleisch zu trinken. – **Sangue di Giuda.** Rebsorten: Barbera (25–65%), Croatina (25–65%), Uva rara und/oder Ughetta (Vespolina) und/oder Pinot nero (bis 45%). Produktion: 5776 hl (93 ha). Farbe: kräftiges Rubinrot. Geruch: intensiv weinig. Geschmack: voll, körperreich, perlend, fast süß. Alkoholgehalt: 12%. Alterung: bis zu 2 Jahren empfohlen. Zum Dessert oder außerhalb der Mahlzeiten zu trinken.

## Veranstaltungskalender

**Februar**
**Dorno**
Carnevale di Re Fagiolo (Karneval des Bohnenkönigs)
**Sannazzaro de' Burgundi**
Gran Carnevale del Burgundo
**März**
**Retorbido**
① Festa del Polentone e dei Salamini (Polenta- und Würstchenfest)
**Rovescala**
❶❷❸❹ Primavera dei Vini Rovescalesi (Frühjahrsweinfest)
**April**
**Ruino**
❸ Festa del Vino Nuovo (Fest des neuen Weins)

**Corvino San Quirico.** *Tenuta Mazzolino, via Mazzolino 26, Tel. 0383 876122. Öffnungszeiten: nach Voranmeldung.* In dem 150 Jahre alten Keller reift in kleinen Fässern aus französischer Eiche der Noir, der ausschließlich aus Pinot-nero-Trauben gewonnen und mit einzigartigem Können verarbeitet wird.

**Rovescala.** *Castello di Luzzano, località Luzzano 5, Tel. 052863277. Öffnungszeiten: Montag–Samstag 8.30–12 und 14.30–18 Uhr, Sonntag nach Voranmeldung.* Das Weingut mit tausendjähriger Geschichte wird heute von den zwei energischen Winzerinnen Maria Giulia und Giovanella Fugazza geführt. In den Kellerräumen kostet man die DOC-Weine Oltrepò Pavese und Colli Piacentini; im Ort kann man in hübschen Appartements oder in den Zimmern der Pension mit Restaurant übernachten. *Martilde, frazione Croce, Tel. 0385 756280. Öffnungszeiten: nach Voranmeldung.* Hier spielt Bonarda die Hauptrolle – wen wundert's, schließlich ist Rovescala seine Heimat. Hier wird aus der Traube sowohl ein fester junger als auch ein in großen Fässern oder Barriques ausgebauter Wein gewonnen. Sehr gut auch der Barbera, besonders duftig und weich. Unter den Weißen sei besonders der Malvasia erwähnt, trocken und fest.

**Santa Giuletta.** *Isimbarda, cascina Isimbardi, frazione Castello, Tel. 0388 99256. Öffnungszeiten: nach Voranmeldung.* Tradition und technisches Know-how sind die Stärken dieses Betriebs, der eine Rebfläche von 33 Hektar nach streng ökologischen Prinzipien bewirtschaftet. Besonders zu empfehlen der hervorragende DOC-Wein aus ausgewählten, weiß gekelterten Pinot-nero-Trauben.

**Zenevredo.** *Tenuta il Bosco, località Il Bosco, Tel. 0385245326. Öffnungszeiten: Montag–Freitag 10–12 und 15–18 Uhr, Samstag 9–12 Uhr.* Aus erlesenen Croatina-Trauben wird der DOC-Wein Oltrepò Pavese Bonarda hergestellt, der 1995 mit dem Oscar der Douja d'Or in Asti ausgezeichnet wurde. Das ist sowohl der mit großem Können bewirtschafteten Rebfläche als auch dem mit modernster Technik ausgestatteten Betrieb zu verdanken.

**Und außerdem ... Borgo Priolo.** *Agricola Paolo Percivalle, frazione Torchi 15, Tel. 0383871175.* **Calvignano.** *Agricola Travaglino, frazione Travaglino, Tel. 0383872222.* **Camevino.** *Agricola Caseo, frazione Caseo 9, Tel. 038599937.* **Casteggio.** *Tenuta Pegazzera, via Vigorelli 141, Tel. 0383804646.* **Montalto Pavese.** *Doria, Casa Tacconi 3, Tel. 0383 870143.* **Montebello della Battaglia.** *Tenuta la Costaiola, località Costaiola 11, Tel. 038383169.* **Montecalvo Versiggia.** *Tenimenti Castelrotto – Dino Torti, frazione Castelrotto 6, 038599762.* **Montesegale.** *Arpesina, frazione Cencerate 3, Tel. 0383 80414.* **Montù Beccaria.** *Cantina Storica Il Montù, via Marconi 10, 0385262252.* **Rocca de' Giorgi.** *Anteo, località Chiesa, Tel. 0385 48583.* **San Damiano al Colle.** *Vanzini, frazione Barbaleone 7.* **Santa Giuletta.** *Le Buone Terre di Castello – Azienda Agraria Marchesi, località Casa Gian Pietro, frazione Castello, Tel. 0385262252. Podere San Giorgio, località Castello, Tel. 0383899168.* **Santa Maria della Versa.** *Gambero, località Case Nuove, Tel. 038579268.*

## Veranstaltungskalender

**Juni**
**Sannazaro de' Burgundi**
① Sagra del Riso Lomellino (Reisfest)
**Vescovato**
① Sagra dello Gnocco (Knödelfest)
**Juli**
**Torrazza Coste**
❸ Settimana Torazzese dei Vini (Weinwoche)
**Canneto Pavese**
③ Weinschau
**August**
**San Damiano al Colle**
❷ Ausstellung von Weinen aus dem Oltrepò Pavese

## Gaumenfreuden

Im Oltrepò Pavese gibt es nicht nur Pilze und Trüffeln. So zählt etwa eine der hiesigen Wurstsorten zu den besten der Welt: die so genannte Salame di Varzi aus Schweinefleisch. Einer der besten Erzeuger ist der junge Thogan Porri. In den letzten Jahren hat auch der Käse ein hohes Qualitätsniveau erreicht, was hauptsächlich der Familie Boscasso zu verdanken ist. Sie hat in den Höhenlagen des Oltrepò Pavese die Ziegenzucht eingeführt und kombiniert bei der Herstellung ihrer Käse neueste technische Verfahren mit Sorgfalt und handwerklichem Können. Das Ergebnis ist ein Genuss! Bei den Restaurants sind vor allem Vater und Sohn Musoni zu nennen, die zwei Lokale besitzen: das Pino in Montescano und das Ca' Vegia in Salice. Zu empfehlen ist außerdem das ruhig gelegene, hübsche Prato Gaio in der Nähe der Weingärten von Santa Maria della Versa, dem ein gemütliches kleines Hotel angeschlossen ist.

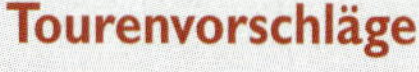

## Tourenvorschläge

**Die Weinstädte des Oltrepò Pavese.** Eine beschauliche Weinrundfahrt, die viele Anlaufstellen fürs Kosten und Verkosten bietet. **Casteggio.** Das ehemalige Clastidium war Schauplatz einer berühmten Schlacht zwischen Römern und Galliern. Mehr darüber erfährt man im archäologischen Museum nahe dem Palazzo della Certosa. Empfehlenswert ein Gang durch die rund um einen Hügel gewachsene mittelalterliche Stadt. **Santa Giuletta.** Weinstadt (→), nicht weit von der Padana inferiore. **Broni.** In der Stadt antiken Ursprungs ist die Stiftskirche von Interesse, die im Jahr 1547 begonnen, im Inneren jedoch barock ausgestaltet wurde. An jedem zweiten Sonntag im Monat netter kleiner Flohmarkt auf der Piazza Garibaldi. **Canneto Pavese.** Weinstadt (→) an der Aussichtsstrecke, die von Stradella den Kamm hinaufführt. In Montescano lohnt das hervorragende Restaurant Pino. **Montù Beccaria.** Die Weinstadt (→) liegt auf einer Anhöhe rechts des Flüsschens Versa. **Rovescala.** Weinstadt (→) an der Grenze zur Emilia. **Santa Maria della Versa.** Interessante Weinstadt (→), deren Name auf die an der Hauptstraße gelegene Wallfahrtskirche aus dem 17. Jahrhundert zurückgeht. **Montalto Pavese.** Der Ort liegt auf einem Berg im Schatten einer Burg aus dem 16. Jahrhundert. **Torazza Coste.** Weinstadt (→) in der Nähe der Strada Statale zum Passo Pernice.

### Veranstaltungskalender

**September**
**Mortara**
③ Sagra del Salame d'Oca (Gänsewurstfest)
**Oktober**
**Varzi**
② Sagra delle Castagne (Kastanienfest)
**November**
**Pietra de' Giorgi**
① Fiera dell'Agricoltura (Landwirtschaftsausstellung)
**Goiasco**
② Sankt-Martins-Fest
**Santa Giuletta**
③ Fest von San Colombano
**Dezember**
**Rovescala**
① Festa della Chisola e del Vino Nuovo (Fest des neuen Weins)

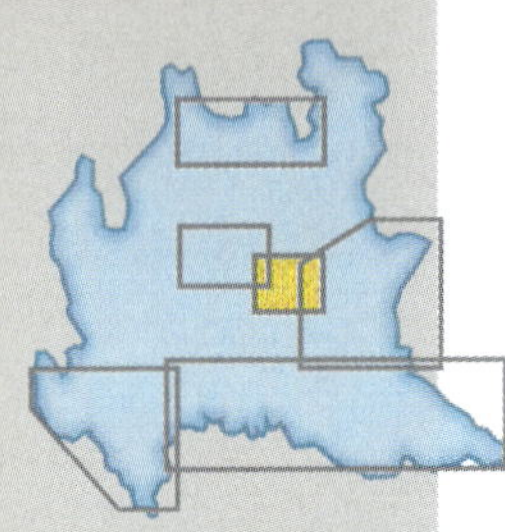

# Die Franciacorta

## und die Hügel in der Provinz Brescia

*Dieser traditionsreiche Landstrich ist in der ganzen Welt für seinen einzigartigen Spumante berühmt.*

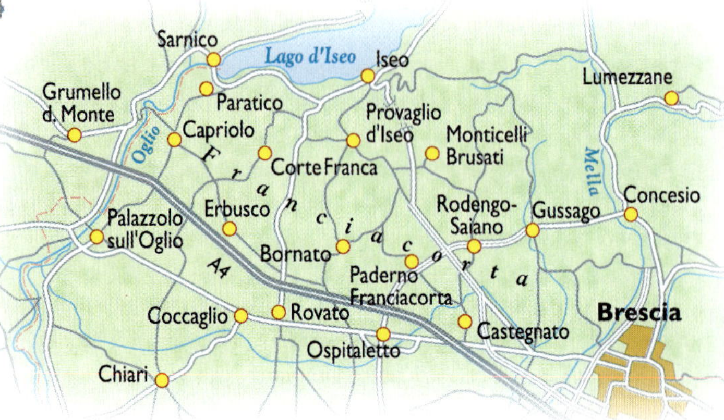


Die Weinregion Franciacorta umfasst die Moränenhügel am südlichen Ufer des Iseosees, reicht also ungefähr von den Vororten Brescias bis zur Grenze der Provinz Bergamo. Das sehr einheitliche Gebiet verfügt über ein mildes Klima mit kühlenden Luftströmen sowie über Böden, die eine große Rebsortenvielfalt erlauben. An erster Stelle sind Pinot bianco, Pinot nero und Chardonnay zu nennen, aus denen die berühmten DOCG-Spumanti, Stolz nicht nur der Lombardei, gekeltert werden. Ihre Produktion beläuft sich auf 43 597 Hektoliter; in der Rangliste der italienischen Klasseweine belegen sie somit den dritten Platz hinter Barolo und Brunello di Montalcino. Am anderen Ende des Spektrums stehen die roten Trauben – Cabernet franc, Cabernet Sauvignon, Barbera, Nebbiolo und Merlot –, die zu den DOC-Weinen Terre di Franciacorta verarbeitet werden. In der Provinz Brescia werden außerdem die DOC-Weine Botticino, Cellatica und Capriano del Colle erzeugt.

### Weinstädte

**Erbusco.** Die Hauptstadt der Weinregion Franciacorta liegt in der Senke zwischen dem Monte Orfano und den Moränenhügeln um Iseo. Es gibt einige schöne Villen aus dem 17. und 18. Jahrhundert sowie mittelalterliche Spuren im Stadtkern zu bewundern. Hervorragende Küche im Restaurant Gualtiero Marchesi, Weinkauf bei der Cantina di Franciacorta.

**Provaglio d'Iseo.** Das Benediktinerkloster San Pietro in Lamosa (ein Stück außerhalb des Orts zu besichtigen), prägte die Geschichte dieses Städtchens. Das

### Hotels und Restaurants

**Cazzago San Martino**
**Il Priore** 🍴
via Sala 70
☎ 0307254665

**Coccaglio**
**Touring** ★★★
via Vittorio Emanuele 40
☎ 030723453

**Corte Franca**
**Trattoria la Colombara** 🍴
via Manzoni 29
Colombaro
☎ 0309826461

ehemalige Bergbaugebiet Torbiere del Sebino steht heute unter Naturschutz.

**Und außerdem ... Rodengo Saiano.**

## Kellereien

**Adro.** *Cornaletto, via Cornaletto 2, Tel. 0307450565.* Der Betrieb von Luigi Lancini ist eine wunderschön gelegene Oase der Gastlichkeit: In dem geräumigen, gemütlichen Speisesaal werden regionale Gerichte und originelle Kreationen sowie edle Weine und Spumanti serviert. Angenehme Übernachtungsmöglichkeiten und ein großer Tagungsraum.

**Borgonato di Corte Franca.** *Fratelli Berlucchi, via Broletto, Tel. 030 984381.* Der Betrieb, eine Institution im Weingebiet Franciacorta, stellt höchste Ansprüche an seine Erzeugnisse (das von Franco Maria Ricci entworfene Etikett erhielt 1993 auf dem nationalen Wettbewerb von Cupramontana eine Auszeichnung). Paradepferd ist der DOCG-Wein Franciacorta Millesimato, weiß oder rosé, flankiert von dem traditionellen DOC-Wein Terre di Franciacorta Rosso.

**Camignone.** *Il Mosnel, Tel. 030 653117. Öffnungszeiten: auf Voranmeldung.* Das 100 Jahre alte Herrenhaus zeugt von der langen Weintradition der Familie Barboglio, die heute auf 40 Hektar Rebfläche hochkarätige Spumanti und feste Weine erzeugt. Interessant der Vino da Tavola Pienne, der aus den burgundischen Pinot-nero-Trauben eines kleinen Areals gewonnen wird und ein Jahr in der Barrique reift.

**Capriolo.** *Ricci Cubastro, via Adro 37, Tel. 030746094. Öffnungszeiten: 8.30–12 und 14–19 Uhr.* In den Kellergewölben der Villa Evelina aus dem 19. Jahrhundert besichtigt man die Räume, in denen die Spumanti gären und reifen. Dann besucht man das Landwirtschaftsmuseum mit Exponaten aus dem bäuerlichen Alltag, den Abschluss bildet eine Verkostung. In einer alten Molkerei stehen fünf Appartements zur Verfügung.

**Corte Franca.** *Barone Pizzini, v. Brescia 1, Timoline, Tel. 030984136. Öffnungszeiten: Montag bis Freitag 8.30–12.30 und 13.30–19 Uhr, Samstag und Sonntag 8.30–23 Uhr.* Der Betrieb erzeugt seit 1870 bekannte Rotweine und seit 20 Jahren hochkarätige Weiße. Der beste ist der Bagnadore, ein Franciacorta DOC in limitierter Auflage, der neueste der Chardonnay Riserva Vigneto Pulcina. Am Wochenende Verkostung in der «Osteria», regionale Küche im angeschlossenen Restaurant Santa Giulia (Tel. 030982838448, Montagabend und Dienstag geschlossen).

**Und außerdem ... Adro.** *Contadi Castaldi, via Colzano 32, località Fornaci, Tel. 0307450126.* **Coccaglio.** *Faccolli, via Cava 7, Tel. 030772276.* **Cologne.** *La Boscaiola, via Riccafana 19, Tel. 0307156386.* **Erbusco.** *Boschi, via Iseo 44/a, Tel. 030 7703096.* **Monticelli Brusati.** *Lo Sparviere, via Costa 2, Tel. 030 652382.* **Ome.** *Majolini, via Manzoni, Tel. 0306527378.* **Paratico.** *Lantieri, via San Paratico 50, Tel. 030 736151.* **Provaglio d'Iseo.** *Bersi Serlini, via Correto 7, Tel. 0309823338.* **Rovato.** *Conti Terzi, v. Sopramura 8, Tel. 0307721037.*

### Hotels und Restaurants

**Erbusco**

**L'Albereta** ★★★
☎ 0307760550

**Gualtiero Marchesi** 🍴🍴🍴🍴🍴
☎ 0307760562
via Vittorio Emanuele 11

**Iseo**

**I due Roccoli** ★★★
Invino
via S. Bonomelli
☎ 0309822977

**Osteria il Volto** 🍴🍴🍴
via Mirolte 33
☎ 030981462

## DOCG- und DOC-Weine aus der Franciacorta und den Hügeln in der Provinz Brescia

**DOCG**

**FRANCIACORTA.** Produktion: 43597 hl (764 ha). – **Spumante.** Rebsorten: Chardonnay und/oder Pinot bianco und/oder Pinot nero (100%). Farbe: strohgelb, teilweise mit grünlichen oder goldenen Reflexen. Geruch: für die Flaschengärung typisches Bukett, fein, zart, voll und vielschichtig. Geschmack: frisch, fein und harmonisch. Alkoholgehalt: 11,5%. Alterung: mindestens 2 Jahre. Arten: *Cremant* ausschließlich aus Chardonnay und/oder Pinot bianco. Qualitätsstufen: *Millesimato* und *Millesimato Cremant* mindestens 3 Jahre Reifung. Als Aperitif und zu allen Speisen. – **Spumante Rosé.** Rebsorten: Pinot nero (15 bis 100%), Chardonnay und/oder Pinot bianco (bis 85%). Farbe: mehr oder weniger kräftiges Rosé. Geruch: für die Flaschengärung typisches Bukett, fein, zart, voll, vielschichtig. Geschmack: frisch, fein, harmonisch. Alkoholgehalt: 11,5%. Alterung: mindestens 2 Jahre. Qualitätsstufen: *Rosé Millesimato* mindestens 3 Jahre Reifung. Zu allen Speisen zu trinken.

**DOC-Weine aus der Franciacorta**

**TERRE DI FRANCIACORTA.** – **Bianco.** Rebsorten: Chardonnay und/oder Pinot bianco/und oder Pinot nero (100%). Produktion: 7929 hl (141 ha). Farbe: strohgelb mit grünlichen Reflexen. Geruch: delikat, sortentypisch. Geschmack: trocken und weich, harmonisch. Alkoholgehalt: 11%. Qualitätsstufen: *Vigna* mindestens 12% Alkohol und 10 Monate Alterung. Innerhalb eines Jahres zu trinken, besonders zu Fisch- und Eiergerichten. – **Rosso.** Rebsorten: Cabernet Sauvignon und Cabernet franc (25–70%), Barbera (10 bis 55%), Merlot (10–55%), weitere nicht aromatische (bis 10%). Produktion: 15747 hl (278 ha). Farbe: lebhaftes Rot, bei jungem Wein mit violetten Reflexen. Geruch: fruchtig, kräuterwürzig, sortentypisch. Geschmack: von mittlerem Körper, trocken, weinig, harmonisch. Alkoholgehalt: 11%. Alterung: bis zu 4–5 Jahren empfohlen. Zu allen Speisen. Qualitätsstufen: *Vigna* mindestens 12% Alkohol und 2 Jahre Alterung (dann bis zu 5–6 Jahren); passt zu gehaltvollen Speisen und altem Käse.

## Tourenvorschläge

**Dörfer und Burgen in der Franciacorta.** Die Rundfahrt beginnt in Brescia, übernachten kann man in Sarnico oder in Iseo, dazwischen gibt es viele Gelegenheiten, Küche und Keller der Franciacorta kennen zu lernen. **Rovato.** Von dem geschäftigen Städtchen fährt man hinauf auf den Monte Orfano, zum Kloster der Heiligen Jungfrau. Jeden Montag traditioneller Viehmarkt; die örtliche Spezialität ist Rindfleisch in Olivenöl. **Erbusco.** Die Weinstadt (→), pulsierendes Herz der Franciacorta, bietet kulinarische Höhepunkte bei Gualtiero Marchesi im Hotel

### Hotels und Restaurants

**Paratico**
**Franciacorta Golf Hotel** ★★★
via XXIV Maggio 48
☎ 035913333

**Rovato**
**Due Colombe** 🍴🍴
via Bonomelli 17
☎ 0307721534

**DOC-Weine aus den Hügeln in der Provinz Brescia**

**BOTTICINO.** Rebsorten: Barbera (30–40%), Schiava gentile (media und grigia, 20–30%), Marzemino (Berzamino, 15–25%), Sangiovese (10–20%). Produktion: 1000 hl (21 ha). Farbe: funkelndes, volles Rubinrot mit granatroten Reflexen. Geruch: weinig, intensiv, nach Alterung leicht ätherisch. Geschmack: warm, voll, ausgewogene Tannine. Alkoholgehalt: 12%. Alterung: mindestens bis zum 31. August des Jahres nach der Ernte, bis zu 3–4 Jahren empfohlen. Jung zu allen Speisen zu trinken; nach 2 Jahren Alterung zu Braten, passt besonders zu dem für Brescia typischen Lamm- und Milchkitzbraten.

**CAPRIANO DEL COLLE.** Rebsorten: Sangiovese (40–50%), Marzemino (Berzamino, 35–45%), Barbera (3–10%), Merlot und/oder Incrocio Terzi N. 1 (bis 15%). Produktion: 882 hl (17 ha). Farbe: rubinrot, lebhaft, leuchtend. Geruch: weinig, sortentypisch. Geschmack: trocken, lebhaft, harmonisch. Alkoholgehalt: 11%. Alterung: bis zu 2 Jahren empfohlen. Zu allen Speisen zu trinken. – **Trebbiano.** Rebsorten: Trebbiano di Soave (Trebbiano Veronese oder Trebbiano di Lugana) und/oder Trebbiano toscano (100%). Produktion: 985 hl (16 ha). Farbe: grünlich bis mehr oder weniger kräftig strohgelb. Geruch: delikat, angenehm. Geschmack: trocken, als junger Wein leicht säuerlich. Alkoholgehalt: 11%. Möglichst jung zu trinken, passt am besten zu leichten Speisen.

**CELLATICA.** Rebsorten: Marzemino (30–50%), Barbera (30–50%), Schiava gentile (10–30%), Incrocio Terzi N. 1 (Barbera x Cabernet franc, 10–30%). Produktion: 1155 hl (25 ha). Farbe: funkelndes Rubinrot. Geruch: weinig, sortentypisch. Geschmack: schmackhaft, trocken mit leicht bitterem Abgang. Alkoholgehalt: 11,5%. Alterung: bis zu 2 Jahren empfohlen. Leichter Wein zu allen Speisen. Qualitätsstufen: *Superiore* mindestens 12% Alkohol und 1 Jahr Alterung (dann bis zu 3 Jahren); zu allen Speisen zu trinken, besonders zu gehaltvollen Gerichten der Küche von Brescia wie Gans in Salz.

Albareta. **Adro.** Von diesem Ort mit seinem ghibellinischen Turm aus Felsgestein zweige man für den unverzichtbaren Besuch in der Kellerei der Brüder Berlucchi nach Corte Franca ab. **Capriolo.** Die Stadt am Oglio hat einen gut erhaltenen mittelalterlichen Stadtkern mit Burg und vier Wachtürmen. Sehenswert das Museum in der Familienkellerei Ricci Curbastro. **Paratico.** Seeort mit dem großartigen Castello Lantieri, Sitz einer bekannten Kellerei. **Provaglio d'Iseo.** Interessante Weinstadt (→) in Seenähe. Besonders zu empfehlen: in Iseo die Osteria Il Volto, in Corte Franca das Weingut Barone Pizzini. **Montecelli Brusati.** Weinort mit diversen Kellereien sowie dem Santuario Madonna della Rosa. **Passirano.** Bevor Sie Passirano erreichen, empfiehlt sich eine Pause beim Weingut Mosnel in Camignone. Nach der Ortsdurchfahrt passiert man einen beeindruckenden alten Festungsring. **Bornato.** Kleiner Ort mit vielen schönen Gebäuden, allen voran die grandiose Villa Bornati Rossa. **Paderno Franciacorta.** Netter Weinort mit Atmosphäre und verschiedenen Weinbaubetrieben. **Rodengo Saiano.** Krönender Abschluss: ein Besuch des Benediktinerklosters San Nicola.

## Agriturismo

**Adro**
**Cornaleto**
via Cornaletto 2
☎ 0307450554

**Capriolo**
**Ricci Curbastro & Figli**
via Adro 37
☎ 030736094

## Enoteche

**Erbusco**
**Cantine di Franciacorta**
via Iseo 56
☎ 0307751116

**Iseo**
**Osteria Il Volto**
via Manica 2
☎ 030981462

**Pilzone**
**Taverna del ristorante La Fenice**
via Fenice 21
☎ 030981565

## Veranstaltungskalender

**Februar**
**Erbusco**
Karneval der Franciacorta
**März**
**Brescia**
① Fest des Seligen Innocenzo
**September**
**Gussago**
② ③ Weinfest und Ausstellung regionaler Weine
**Oktober**
**Rovato**
❶ Verkaufsausstellung von DOC-Weinen aus der Franciacorta und Ausstellung von Käse aus Brescia
**Provaglio d'Iseo**
① Sagra d'Ottobre

## Gaumenfreuden

Der gute Wein der Franciacorta verlangt nach einer guten Küche – und nach guten Hotelrestaurants. Unbestrittener Spitzenreiter ist das Albereta. Die Familie Moretti vom Weingut Bellavista hat hier ein äußerst komfortables Haus geschaffen, das sich ohne weiteres mit den berühmtesten französischen Relais messen kann, und den renommiertesten italienischen Koch verpflichtet, der nach den Experimenten der Nouvelle Cuisine nun eine anspruchsvolle regionale Küche mit persönlichen Akzenten bietet: zum Beispiel jenen wunderbar leichten goldgelben Blätterteig, der seinen berühmten Risotto krönt. Im Winter gibt es jedoch auch den deftigen Eintopf «Cassoeula» aus Schweinefleisch (je nach Region auch Schweinsfüßen, -ohren, Rippchen und Schwarte) und dem so genannten Eiswirsing, der erst nach dem ersten Schnee geerntet wird. Schweinefleisch, Rindfleisch, und dann sind wir schon bei den Kalbskoteletts: Jeder hat sein eigenes Rezept, wichtig ist der «Griff» (das heißt der Knochen) und dass es gut flachgedrückt, in Ei und Paniermehl gewendet und in nicht allzu viel Butter gebraten ist. Für eine noch typischere Küche, in der auch Kalbshaxe und Kutteln nicht fehlen, sollte man weiter in das Due Colombe nach Rovato fahren, wo die Familie Cerveri in ausgesprochen netter Atmosphäre gehaltvolle Gerichte serviert. Auch die Seen sind nicht weit: Das Weingebiet des Garda Classico und des Lugana liegt unmittelbar am See, und wenn man Glück hat, bekommt man leckeren Süßwasserfisch. Am Iseosee ist zweifellos das Volto die beste Adresse, wo Vittorio Fusari anspruchsvolle Gerichte zaubert (unvergesslich seine Kastanien-Wirsing-Suppe mit Süßwasserfischfilet, ursprünglich ein Arme-Leute-Gericht). Am Gardasee ist die Auswahl groß: Erstklassige Restaurants sind das Esplanade in Desenzano, das Rucola in Sirmione und das Capriccio in Manerba, während sich in Salò einige typische Lokale befinden, etwa die Enoteca all'Orologio, in der man mitten in der Altstadt einheimische Speisen genießen kann, oder, nicht weit davon entfernt, die Trattoria Campagnola.

*Die Cantina Fratelli Berlucchi in Borgonato di Corte Franca.*

# Das Brescianer Gardaseeufer

## und die Moreniciberge um Mantua

*Das Ufer des Gardasees in der Provinz Brescia ist ein Mekka für Weinliebhaber.*

Klima- und Bodenbedingungen einerseits und die jahrhundertealte Kellereitradition andererseits machen den Gardasee zu einem der interessantesten Weinbauregionen Italiens. Aus önologischer Sicht besteht die Besonderheit vor allem in der einheimischen Groppello-Traube, aus der ein sehr charakteristischer Rotwein sowie ein Rosé, der beliebte Chiaretto, bereitet werden. Die wichtigste Anbauzone ist die DOC Garda, die sich über große Teile des westlichen Seeufers und des Hinterlands erstreckt, während das Teilgebiet Garda Classico die Hügel zwischen Desenzano und Salò umfasst. Am südlichen Ufer, auf der Höhe von Sirmione, liegt der DOC-Bereich Lugana und in dessen Mitte die kleine Subzone San Martino della Battaglia DOC. Jenseits der Provinzgrenze schließt sich auf den Anhöhen der Moränenhügel der DOC-Bereich Garda Colli Mantovani an.

## Weinstädte

**Desenzano del Garda.** Das lebhafte, vielseitige Städtchen war ein sehr beliebter Ferienort der Belle Epoque. Zur Gemeinde gehört San Martino della Battaglia, berühmt für seinen DOC-Wein aus Tocai-Reben und für das **Weinfest** in der zweiten Augustwoche.

**Sirmione.** Die aus dem Wasser aufragende Skaliger-Festung und die Grotten des Catull sind die bekanntesten Bilder aus der Stadt am unteren Gardasee. Hier ist der Kernbereich der DOC Lugana. Im nahe gelegenen Lugana selbst findet im September die **Festa dell'Uva** (Traubenfest) statt.

**Und außerdem ... Moniga del Garda, Polpenazze** und **Puegnago** (siehe Tourenvorschlag «Auf den Spuren des Garda Classico», Seite 132).

### Hotels und Restaurants

**Desenzano del Garda**

**Aquila d'Oro** ***
Rivoltella
via Agello 47/49
☎ 0309902253

**Piroscafo** 🍴🍴🍴
via Porto Vecchio 11
☎ 0309141128

**Cavallino** 🍴🍴🍴
via Gherla 30
ang. Muracchette
☎ 0309120217

**Esplanade** 🍴🍴🍴
via Lario 10
☎ 0309143361

**Gardone Riviera**

**Garda & Suisse** ***
via Zanardelli 126
☎ 0365290485

**Spiaggia d'Oro** ***
Barbarano di Salò
via Spiaggia d'Oro 15
☎ 0365290034

## DOC-Weine vom Brescianer Gardaseeufer und den Morenicibergen um Mantua

**GARDA CLASSICO. – Bianco.** Rebsorten: Riesling und/oder Riesling italico (70–100%). Farbe: strohgelb mit leuchtenden grünlichen Reflexen. Geruch: frisch, delikat, sortentypisch, teilweise mit blumigen Noten. Geschmack: harmonisch, samtig mit leicht salziger Note, teilweise leichtes Mandelaroma im Abgang. Alkoholgehalt: 11%. Alterung: bis zu 2 Jahren empfohlen. Ideal zu Fisch und Schalentieren. – **Chiaretto.** Rebsorten: Groppello (Gentile, S. Stefano, Mocasina; 30–85%), Marzemino (5–85%), Sangiovese (5–85%), Barbera (5–85%), andere (bis 10%). Farbe: blütenrosa bis hell kirschrot mit rubinroten Reflexen. Geruch: fein, intensiv, teilweise mit blumigen und fruchtigen Noten. Geschmack: trocken, frisch, fein, schmackhaft, mit ausgeprägter Salznote und teilweise leichtem Mandelaroma im Abgang. Alkoholgehalt: 11,5%. Innerhalb eines Jahres zu trinken; zu allen Speisen, vor allem zu hellem Fleisch. – **Rosé.** Rebsorten: siehe Chiaretto. Schaum: zart, feinporig und beständig. Farbe: mehr oder weniger kräftiges Rosé. Geruch: duftend, mit fruchtiger Note, wenn nach der Charmat-Methode hergestellt; bei Champagnerverfahren feines, vielschichtiges, für die Flaschengärung typisches Bukett. Geschmack: frisch, schmackhaft, nachhaltig, mit Mandelnoten im Abgang. Alkoholgehalt: 11,5%. Vor Ablauf des Jahres zu trinken; zu Gerichten mit hellem Fleisch. – **Rosso.** Rebsorten: Groppello (Gentile, S. Stefano, Mocasina; 30–85%), Marzemino (5–85%), Sangiovese (5–85%), Barbera (5–85%), andere (bis 10%). Farbe: rubinrot, leuchtend. Geruch: weinig, sortentypisch, als junger Wein bisweilen fruchtig, auch würzig. Geschmack: schmackhaft, sortentypisch, fein, mit typischer Salznote und teilweise Mandelaromen im Abgang. Alkoholgehalt: 11%. Alterung: bis zu 2 Jahren empfohlen. Zu allen Speisen, besonders zu Fleischgerichten zu trinken. Qualitätsstufen: *Superiore* mindestens 12% Alkohol und 1 Jahr Alterung (dann bis zu 3–4 Jahren), teilweise mit leichter Holznote durch Fassreifung; zum Essen, besonders zu Fleisch zu trinken. – **Classico Groppello.** Rebsorten: Groppello (85 bis 100%). Farbe: rubinrot, leuchtend. Geruch: weinig, frisch, fruchtig, sortentypisch, leicht würzig. Geschmack: samtig, schmackhaft, mit Mandelnoten im Hintergrund. Alkoholgehalt: 11%. Alterung: bis zu 4 Jahren empfohlen. Zu allen Speisen zu trinken. Qualitätsstufen: *Riserva* mindestens 12% Alkohol und 2 Jahre Alterung (dann bis zu 4 Jahren), teilweise mit leichter Holznote durch Fassausbau; zu dunklem Fleisch und Wild.

**GARDA.** Produktion: 19720 hl (230 ha). – **Chardonnay.** Rebsorten: Chardonnay (85–100%). Farbe: strohgelb. Geruch: sortentypisch. Geschmack: frisch, schmackhaft, harmonisch, bisweilen vollmundig. Alkoholgehalt: 10,5%. Arten: *Spumante* mindestens 11% Alkohol und mögliche Ergänzung durch weiß gekelterte Pinot-nero-Trauben (bis 15%). Vor Ablauf des Jahres zu trinken, zu Fischgerichten. – **Cortese.** Rebsorten: Cortese (85–100%). Farbe: strohgelb. Geruch: angenehm, sortentypisch. Geschmack: harmonisch, bisweilen geschmeidig. Alkoholgehalt: 10,5%. Jung zu trinken, zu fleischlosen Vorspeisen und Fischgerichten. – **Garganega.** Rebsorten: Garganega (85 bis 100%). Farbe: strohgelb. Geruch: angenehm, sortentypisch. Geschmack: harmonisch, voll, bisweilen lieblich. Alkoholgehalt: 10,5%. Innerhalb eines Jahres zu trinken, zu leichten Speisen. – **Pinot Bianco.** Rebsorten: Pinot bianco (85–100%). Farbe: strohgelb. Geruch: angenehm, sortentypisch. Geschmack: harmonisch, frisch, schmackhaft, bisweilen geschmeidig. Alkoholgehalt: 10,5%. Vor Ablauf des Jahres zu trinken, zu Vorspeisen, hellem Fleisch und Fisch. Arten: *Spumante* mindestens 11% Alkohol und mögliche Ergänzung

### Hotels und Restaurants

**Gargnano**
**Bartabel** ★★★
via Roma 39
☎ 036571330

**Maderno**
**Maderno** ★★★
via Statale 12
☎ 0365641070

**Lonato**
**Oscar** 🍴🍴
Barcuzzi
☎ 0309130409

**Manerba del Garda**
**Villa Schindler** ★★
via Bresciani 68
☎ 0365651046
**Capriccio** 🍴🍴🍴
piazza S. Bernardo 6
☎ 0365551124

**Moniga del Garda**
**Al Porto** 🍴🍴🍴
via Porto 29
☎ 0365502069

mit weiß gekelterten Pinot-nero-Trauben; zu leichten Speisen zu trinken. – **Pinot Grigio.** Rebsorten: Pinot grigio (85–100%). Farbe: strohgelb, bisweilen kupferfarben. Geruch: angenehm, sortentypisch. Geschmack: voll, harmonisch, bisweilen geschmeidig. Alkoholgehalt: 10,5%. Innerhalb eines Jahres zu trinken, zu Vorspeisen sowie zu Fisch- und Eiergerichten. – **Riesling.** Rebsorten: Riesling (85–100%). Farbe: strohgelb. Geruch: delikat, leicht aromatisch. Geschmack: harmonisch, bisweilen vollmundig. Alkoholgehalt: 10,5%. Vor Ablauf des Jahres zu trinken, zu würzigen Vorspeisen, Fischgerichten und frischem Käse. Arten: *Spumante* mindestens 11% Alkohol und mögliche Ergänzung durch weiß gekelterte Pinot-nero-Trauben (bis 15%); zu feinen Fischgerichten. – **Riesling Italico.** Rebsorten: Riesling italico (85 bis 100%). Farbe: strohgelb. Geruch: angenehm, sortentypisch. Geschmack: harmonisch, frisch, bisweilen geschmeidig. Alkoholgehalt: 10,5%. Innerhalb eines Jahres zu trinken, zu Vorspeisen und Fisch. – **Tocai.** Rebsorten: Tocai friulano (85–100%). Farbe: strohgelb. Geruch: weinig, angenehm, sortentypisch. Geschmack: harmonisch, frisch, mäßig säuerlich, bisweilen vollmundig. Alkoholgehalt: 10,5%. Innerhalb eines Jahres zu trinken, zu leichten Speisen. – **Frizzante.** Rebsorten: Chardonnay oder Garganega (85–100%). Farbe: strohgelb. Geruch: angenehm, sortentypisch. Geschmack: trocken oder lieblich, fruchtig. Alkoholgehalt: 10%. Jung zu trinken, zu leichten Speisen. – **Barbera.** Rebsorten: Barbera (85 bis 100%). Farbe: rubinrot. Geruch: sortentypisch, angenehm. Geschmack: voll, weinig, ausgewogene Tannine. Alkoholgehalt: 10,5%. Alterung: bis zu 2 Jahren empfohlen. Zu allen Speisen zu trinken. – **Cabernet.** Rebsorten: Cabernet franc und/oder Cabernet Sauvignon und/oder Carmenère (85 bis 100%). Farbe: mehr oder weniger kräftiges Rubinrot. Geruch: weinig, angenehm. Geschmack: harmonisch, mäßig säuerlich. Alkoholgehalt: 11%. Alterung: bis zu 2 Jahren empfohlen. Zu allen Speisen zu trinken. – **Cabernet Sauvignon.** Rebsorten: Cabernet Sauvignon (85–100%). Farbe: rubinrot. Geruch: angenehm sortentypisch, leicht kräuterwürzig. Geschmack: harmonisch. Alkoholgehalt: 11%. Alterung: bis zu 2 Jahren empfohlen. Zu allen Speisen zu trinken. – **Corvina.** Rebsorten: Corvina (85–100%). Farbe: rubinrot. Geruch: delikat, frisch, angenehm. Geschmack: angenehm, harmonisch. Alkoholgehalt: 10,5%. Alterung: bis zu 2 Jahren empfohlen. Zu allen Speisen zu trinken. – **Marzemino.** Rebsorten: Marzemino (85–100%). Farbe: rubinrot. Geruch: sortentypisch, angenehm. Geschmack: harmonisch, voll, angenehm. Alkoholgehalt: 10,5%. Alterung: bis zu 2 Jahren empfohlen. – **Merlot.** Rebsorten: Merlot (85–100%). Farbe: rubinrot. Geruch: weinig, sortentypisch. Geschmack: voll, angenehm, harmonisch. Alkoholgehalt: 11%. Alterung: bis zu 3 Jahren. Zu allen Speisen zu trinken. – **Pinot Nero.** Rebsorten: Pinot nero (85–100%). Farbe: rubinrot. Geruch: delikat, angenehm, sortentypisch. Geschmack: angenehm, weinig, harmonisch. Alkoholgehalt: 11%. Alterung: bis zu 3 Jahren. Zu allen Speisen zu trinken.

**GARDA COLLI MANTOVANI.** – **Bianco.** Rebsorten: Garganega (bis 35%), Trebbiano toscano (di Soave oder nostrano und/oder giallo und/oder toscano, bis 35%), Chardonnay (bis 35%), Sauvignon blanc und/oder Riesling italico und/oder Riesling (bis 15%). Produktion: 1967 hl (30 ha). Farbe: strohgelb. Geruch: delikat, sortentypisch. Geschmack: trocken, harmonisch. Alkoholgehalt: 10,5%. Vor Ablauf des Jahres zu trinken, zu allen leichten Speisen. – **Chardonnay.** Rebsorten: Chardonnay (85–100%). Farbe: strohgelb. Geruch: fein, sortentypisch,

## Hotels und Restaurants

**Padenghe sul Garda**
**West Garda** ★★★
via Prais 32
☎ 0309907161

**Salò**
**Laurin** ★★★★
viale Landi 9
☎ 036522022

**Sirmione**
**G.H.Terme** ★★★★★
viale Marconi 7
☎ 030916261

**La Rucola** 🍴🍴🍴
via Strentelle 3
☎ 030916326

**Vecchia Lugana** 🍴🍴🍴🍴
Lugana
piazzale Vecchia Lugana 1
☎ 030919012

## DOC-Weine vom Brescianer Gardaseeufer und den Morenicibergen um Mantua

leicht fruchtig. Geschmack: trocken, fein, bisweilen weich. Alkoholgehalt: 11%. Vor Ablauf des Jahres zu trinken. Zum Essen. – **Pinot Bianco.** Rebsorten: Pinot bianco (85–100%). Farbe: strohgelb. Geruch: delikat, sortentypisch. Geschmack: voll, weich, harmonisch. Alkoholgehalt: 11%. Vor Ablauf des Jahres zu trinken, zu Vorspeisen und Fischgerichten. – **Pinot Grigio.** Rebsorten: Pinot grigio (85–100%). Farbe: strohgelb bis kupferfarben. Geruch: intensiv, sortentypisch. Geschmack: samtig, weich und harmonisch. Alkoholgehalt: 11%. Vor Ablauf des Jahres zu trinken, zu Vorspeisen und Fischgerichten. – **Sauvignon.** Rebsorten: Sauvignon blanc (85–100%). Farbe: helles Goldgelb. Geruch: delikat, mit aromatischem Einschlag. Geschmack: trocken, körperreich, samtig. Alkoholgehalt: 11%. Vor Ablauf des Jahres zu trinken, zu Vorspeisen und Fischgerichten. – **Tocai Italico.** Rebsorten: Tocai italico (85–100%). Farbe: strohgelb. Geruch: weinig, angenehm, sortentypisch. Geschmack: harmonisch, frisch, mäßig säuerlich, bisweilen geschmeidig. Alkoholgehalt: 11%. Zum Essen zu trinken.

– **Rosato.** Rebsorten und Produktion: siehe Rosso. Farbe: leuchtendes Rosé. Geruch: delikat, fruchtig, erinnert an Zitrusfrüchte, besonders an die Zitronatzitrone. Geschmack: weich, frisch, mit Mandeltönen. Alkoholgehalt: 10,5%. Arten: Auf dem Etikett darf die Spezifizierung *Chiaretto* angegeben werden. Innerhalb eines Jahres zu trinken, zu allen Speisen. – **Rosso.** Rebsorten: Merlot (bis 45%), Rondinella (bis 40%), Cabernet (bis 20%), Sangiovese und/oder Molinara (Rossanella) und/oder Negrara Trentina (bis 15%). Produktion: 3359 hl (53 ha). Farbe: rubinrot, mit Alterung ins Kirschrote spielend. Geruch: weinig, delikat, angenehm. Geschmack: trocken, harmonisch, leicht bitter. Alkoholgehalt: 10,5%. Alterung: bis zu 2 Jahren empfohlen. Arten: Auf dem Etikett darf die Spezifizierung *Rubino* angegeben werden. Zu allen Speisen zu trinken. – **Cabernet.** Rebsorten: Cabernet (85 bis 100%). Farbe: rubinrot, nach Alterung fast granatrot. Geruch: weinig, intensiv, sortentypisch, angenehm. Geschmack: trocken, körperreich, leicht kräuterwürzig, ausgewogene Tannine, harmo-

## Kellereien

**Calvagese della Riviera.** *Borgo alla Quercia – Villa Redaelli De Zinis, via Nobile Ugo De Zinis, Tel. 030 601001. Öffnungszeiten: 9–12 und 14–18 Uhr, an Sonn- und Feiertagen 9–18 Uhr.* Die Kellerei, seit dem 18. Jahrhundert in Betrieb, ist eine der besten in der Region Garda Classico. Im angeschlossenen Restaurant wird man auf höchstem Niveau bewirtet, der Zauber des Parks, der das Gebäude umgibt, tut ein Übriges.

**Desenzano del Garda.** *Provenza, via dei Colli Storici, Tel. 0309910006. Öffnungszeiten: 9–12 und 14–18 Uhr.* Am Eingang zur Villa ist das Datum 1710 eingemeißelt. Dann aber zeigen sich fortschrittliche Vinifizierungsanlagen. Es ist wohl kein Zufall, dass die Lugana-Weine dieses Betriebs überall in der Welt verkauft werden …

**Lonato.** *Spia d'Italia, via Cerutti 61, Tel. 0309130233. Kellerei immer geöffnet.* Der tüchtige Andrea Guetta bietet seinen Gästen Köstliches aus der Tocai-friulano-Traube, Reiturlaube und eine Riesenauswahl an Käsesorten.

**Manerba del Garda.** *Cantina e Frantoio Avanzi, Strada Statale De-*

### Agriturismo

**Salò**
**Conti Terzi**
via Panoramica 13
☎ 036522071

**Toscolano Maderno**
**Scuderia Castello**
Gaino
via Castello 10
☎ 0365644101

### Enoteche

**Brescia**
**La Vineria**
via Dieci Giornate 4
☎ 030280477

**Per Bacco!**
via Lechi 9
☎ 0303752999

**Castellaro Lagusello**
**La dispensa**
via Castello 21
☎ 037688850

nisch und sortentypisch. Alkoholgehalt: 11,5%. Alterung: bis zu 3 Jahren empfohlen. Zu allen Speisen zu trinken. Qualitätsstufen: *Riserva* mindestens 12% Alkohol und 2 Jahre Alterung (dann bis zu 3–4 Jahren); zu allen Speisen, besonders zu deftigen Fleischgerichten. – **Merlot.** Rebsorten: Merlot (85–100%). Farbe: rubinrot, mit Alterung ins Granatrot spielend. Geruch: weinig, intensiv, sortentypisch, delikat, ätherisch und angenehm nach Alterung. Geschmack: trocken, schmackhaft, körperreich, ausgewogene Tannine. Alkoholgehalt: 11,5%. Alterung: bis zu 3 Jahren empfohlen. Zu allen Speisen zu trinken. Qualitätsstufen: *Riserva* mindestens 12% Alkohol und 2 Jahre Alterung (dann bis zu 3–4 Jahren); zu allen Speisen, dunklem Fleisch und altem Käse.

**LUGANA.** Rebsorten: Trebbiano di Lugana (Veronese, 90–100%), andere außer Moscato und Malvasia (bis 10%). Produktion: 38000 hl (497 ha). Farbe: hell strohgelb oder grünlich, mit Alterung in zartes Goldgelb spielend. Geruch: delikat, angenehm, sortentypisch. Geschmack: frisch, weich, harmonisch, besonders delikat. Alkoholgehalt: 11,5%. Vorzugsweise vor Ablauf des Jahres zu trinken; zu fleischlosen Vorspeisen und Fischgerichten, vor allem Süßwasserfisch. Arten: *Spumante* mindestens 12% Alkohol; als Aperitif und zu allen Speisen zu trinken.

**SAN MARTINO DELLA BATTAGLIA.** Rebsorten: Tocai friulano (100%). Produktion: 3069 hl (53 ha in den Gemeinden Desenzano, Lonato, Peschiera, Pozzolengo und Sirmione). Farbe: zitronengelb, mit Alterung ins Goldgelb spielend. Geruch: angenehm, recht intensiv, sortentypisch. Geschmack: trocken, rund, mit typisch bitterem Abgang. Alkoholgehalt: 11,5%. Vorzugsweise vor Ablauf des Jahres zu trinken, obwohl er sich auch 1 weiteres Jahr hält; zu Vorspeisen und würzigen Fischgerichten. – **Liquoroso.** Rebsorten und Produktion: siehe oben. Farbe: leuchtend helles Strohgelb, bisweilen mit grünlichen Reflexen. Geruch: fruchtig, zart, sortentypisch. Geschmack: angenehm süß, samtig, harmonisch, üppig. Alkoholgehalt: 16%. Alterung: mindestens 6 Monate; bis zu 5–6 Jahren empfohlen. Nach dem Essen zu trinken.

*senzano-Salò, Tel. 0365551309. Öffnungszeiten: 9–12.30 und 14 bis 18 Uhr.* Neben Wein stellt man hier ein ausgezeichnetes Olivenöl her. Nicht weit entfernt, in der Villa in Polpenazze (via della Valle 30, Tel. 03042059), befindet sich ein erstklassiges Restaurant.

**Puegnago del Garda.** *Pasini Produttori, località Raffa, via Videlle 2, Tel. 0365651419. Immer geöffnet.* Hier gibt es Lugana und Garda Classico, San Gioan I Carati (Cabernet, Marzemino und Groppello) und San Gioan Brinat, Spätlese von Chardonnay und Torbiana.

**Und außerdem ... Moniga del Garda.** *Cantine Valtenesi e Lugana, via Pergola 21, Tel. 0365502002.* **Monzambano.** *Ricchi, strada Festoni 13/d, Tel. 0376800238.* **Muscoline.** *La Guarda, via Zanardelli 49, Castrezzone, Tel. 03653712948.* **Pozzolengo.** *Tenuta Marangona, Tel. 030919379.* **Puegnago del Garda.** *La Cantina di Colosio, località Raffa, via Nazionale 11, Tel. 0365651012. Tenuta Roveglia, Tel. 030918663.* **San Martino della Battaglia.** *Tenute Formentini, cascina Colombara, Tel. 0309910381.* **Sirmione.** *Ca' Lojera, località Rovizza, Tel. 0457551901.*

## Enoteche

**Rezzato**
**Enoteca Gastronomia Altopalato**
via Garibaldi 1
☎ 0302593259

**Moniga del Garda**
**Garda & Vino**
via Pergola 21
☎ 0365502002

**Salò**
**Berealto**
via Europa 2
☎ 0365520217

**Cantina Santa Giustina**
salita Santa Giustina 8
☎ 0365520320

**Toscolano Maderno**
**Enoteca Pasticceria Viennese**
viale Marconi 9
☎ 0365540295

## Veranstaltungskalender

**Februar**
**Valtenesi**
Karneval von Valtenesi

**März**
**Castiglione delle Stiviere**
② Fest von S. Luigi Gonzaga

**Mai**
**Polpenazze del Garda**
② Fiera del Vino Garda Bresciano

**Juli**
**Moniga del Garda**
② Chiaretto- und Olivenöl-Ausstellung

**Oktober**
**Castiglione delle Stiviere**
① Palio (Wettstreit der Stadtviertel)
**Puegnago**
② Polenta-Fest
③ Festa delle Castagne e del Vino Nuovo al Lago (Kastanien- und Weinfest)

## Tourenvorschläge

**Auf den Spuren des Garda Classico.** Ausgedehnte Rundfahrt am Südwestufer des Gardasees. **Desenzano del Garda.** Alte Weinstadt (→) mit erstklassigen Restaurants wie dem Cavallino im Stadtzentrum oder dem Esplanade am See. Verkostung in der Kellerei Provenza (→). **Sirmione.** Die Weinstadt (→) ist Hauptlieferant des DOC-Weins Lugana. Im Stadtzentrum bietet das Rucola ausgezeichnete regionale Küche, den Kaffee trinkt man im 1894 gegründeten Grande Italia. **Moniga del Garda.** Der schöne Weinort richtet jeden letzten Sonntag im April einen Palio aus. **Manerba del Garda.** Von der Festung einzigartiger Rundblick. Einkäufe in der Kellerei Avanzi (→). **Polpenazze del Garda.** Am letzten Sonntag im Mai wird der örtliche Wein auf einer Messe vorgestellt; am zweiten Septembersonntag Weinlesefest. **Puegnago del Garda.** Mit 300 Hektar Rebfläche das Hauptanbaugebiet im Valtenesital; unter den Erzeugern hat die Kellerei Pasini (→) einen Namen. Im Laurin in Salò schöne Jugendstilatmosphäre. **Calvagese della Riviera.** Lohnenswert die Kellerei Redaelli De Zinis (→). **Lonato.** Würdiger Abschluss in der Kellerei Spia d'Italia (→).

**Durch die Moreniciberge.** Kurze Rundfahrt über die Hügel am unteren Gardasee. Ausgangspunkt ist das hübsche **Ponti sul Mincio,** dann geht es weiter nach **Monzambano,** wo die Winzergenossenschaft des Gebiets ihren Sitz hat. Danach fährt man über **Castellaro Lagusello** (Ort mit historischen Anklängen), **Cavriana** und **Solferino** (Museum zur Geschichte des Risorgimento) nach **Castiglione delle Stiviere** (einzigartiges Museum zur Geschichte des Roten Kreuzes) und gelangt schließlich nach **Volta Mantovana.**

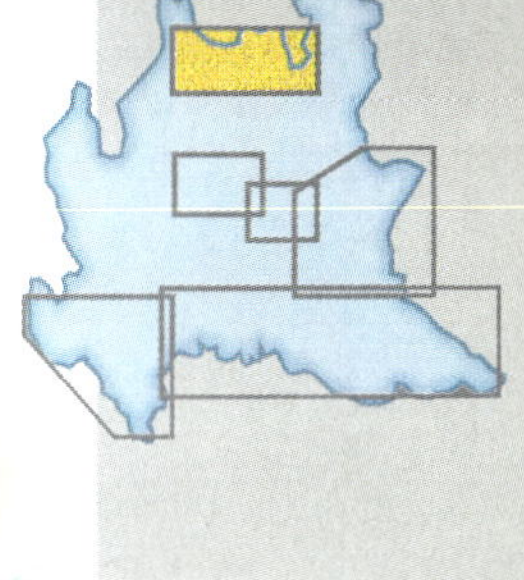

# Das Veltlin

*In dem einzigartigen Bergweinbaugebiet im oberen Addatal werden aus der Nebbiolo-Traube Weine von außerordentlicher Qualität und Besonderheit gewonnen.*

Das Veltlin, italienisch Valtellina, erstreckt sich entlang der oberen Adda, von ihrem Quellgebiet in den Bergen des Nationalparks Stelvio bis zu ihrer Mündung in den Comer See. Die Stadt Tirano markiert die nördliche Grenze des Weinbaugebiets, südlich von ihr verläuft das Tal in Ost-West-Richtung – dieser Teil profitiert von voller Sonneneinstrahlung und ist fast gänzlich von terrassierten Weinbergen bedeckt. Die bedeutendste Rebsorte ist Nebbiolo, hier «Chiavennasca» genannt, die somit in dieser Region die herrliche Tradition aus dem Piemont fortsetzt. Neben ihr bilden einige traditionelle Trauben wie Brugnola, Pignola und Rossola und einige erst vor kurzem eingeführte Sorten wie Merlot oder Pinot nero die Grundlage für die körperreichen Rotweine mit langer Alterung. Das Gebiet umfasst zwei DOC-Bereiche: Valtellina und Valtellina Superiore (DOCG), die in die vier Unterbereiche Sassella, Grumello, Inferno und Valgella aufgeteilt sind. In guten Jahrgängen wird der Sfurzat hergestellt, ein Passito aus handverlesenen Trauben.

## Weinstädte

**Sondrio.** Ein Besuch des Landwirtschafts- und Handelszentrums am Ausgang des Val Malenco ist Pflicht für jeden, der die regionalen Spezialitäten kennen lernen will, zum Beispiel die Pizzoccheri, dicke Bandnudeln aus Buchweizen, die mit Gemüse und einer üppigen Sauce aus Butter und Almkäse serviert werden. Die Hauptattraktion im Veranstaltungskalender der Stadt ist der **Settembre Valtellinese,** ein großer Jahrmarkt mit dem traditionellen Palio, einem Wettkampf zwischen den einzelnen Stadtvierteln.

### Hotels und Restaurants

**Albosaggia**
**Campelli** ★★★
Moia
☎ 0342510662

**Bormio**
**Taulà** 🍴
via Dante 6
☎ 0342904771

**Chiesa Valmalenco**
**Palú** ★★
via Roma 22/24
☎ 0342451142

**Grosio**
**Sassella** ★★★ 🍴
via Roma 2
☎ 0342847272

**Morbegno**
**Margna** ★★★
via Margna 36
☎ 0342610377
**Vecchio Ristorante Fiume** 🍴
contrada di Cima alle Case 3
☎ 0342610248

**Ponte in Valtellina**
**Cerere** 🍴
via Guicciardi 7
☎ 0342482294

## DOCG- und DOC-Weine aus dem Veltlin

**DOCG**

**VALTELLINA SUPERIORE. – Grumello – Inferno – Sasella – Valgella.** Die übergeordnete Bezeichnung wird verwendet, wenn Reben aus verschiedenen Unterbereichen gekeltert werden. Rebsorten: Chiavennasca (95 bis 100%), andere (bis 5%), Pinot nero und/oder Merlot und/oder Rossola und/oder Pignola Valtellinese und/oder Brugnola (bis 5%). Produktion: Grumello 4033 hl (75 ha); Inferno 2681 hl (54 ha); Sassella 5310 hl (122 ha); Valgella 5955 hl (125 ha). Farbe: ins Granatrote spielendes Rubinrot. Geruch: sortentypischer, nachhaltiger Duft, der mit der Alterung feiner und angenehmer wird. Geschmack: trocken, leichte Tannine, spröde, samtig, harmonisch und sortentypisch. Alkoholgehalt: 12%. Alterung: mindestens 2 Jahre, davon 1 Jahr in Holzfässern; bis zu 5–6 Jahren empfohlen. Qualitätsstufen: *Riserva* mindestens 4 Jahre Alterung (dann bis zu 10 Jahren und länger), davon mindestens 1 Jahr in Holzfässern. Zu Wild und altem Veltliner Käse zu trinken.

**DOC**

**VALTELLINA.** Rebsorten: Chiavennasca (70–100%), Pinot nero und/oder Merlot und/oder Rossola und/oder Pignola Valtellinese und/oder Brognola (bis 30%). Produktion: 17564 hl (358 ha). Farbe: lebhaftes Rot. Geruch: feiner, nachhaltiger und sortentypischer Duft. Geschmack: trocken und leicht tanninhaltig. Alkoholgehalt: 11%. Alterung: mindestens 1 Jahr, bis zu 3–4 Jahren empfohlen. Zu gehaltvollen Primi wie den Pizzoccheri und dunklem Fleisch zu trinken. Arten: *Sfurzat (Sforzato),* aus halbgetrockneten Trauben (14,5% Alkohol); innerhalb von 3 Jahren zu trinken, zu sehr altem Käse, zum Abschluss der Mahlzeiten oder in besinnlichen Stunden.

## Hotels und Restaurants

**Sondrio**
**Della Posta** ★★★
**Sozzani** 🍴🍴🍴
piazza Garibaldi 19
☎ 0342510404
**Europa** ★★★
lungo Mallero Cadorna 27
☎ 0342515010
**Torre della Sassella** 🍴🍴
Sassella
☎ 0342218500
**Teglio**
**Combolo** ★★★
via Roma 5
☎ 0342780083
**Tirano**
**Piccolo Mondo** ★★★
via Porta Milanese 81
☎ 0342701489
**Bernina** 🍴🍴
via Roma 24/28
☎ 0342701302
**Villa di Chiavenna**
**Lanterna Verde** 🍴🍴🍴
località San Barnaba 7
☎ 034338588

## Kellereien

**Tirano.** *Conti Sertoli Salis, piazza Salis 3, Tel. 0342710404. Öffnungszeiten: nach Voranmeldung.* Im Herzen der Altstadt erzählt ein prunkvoller Palazzo aus dem späten 16. Jahrhundert vom Schicksal einer der berühmtesten Familien im Tal. In den Kellergewölben stehen die alten Gärbehälter, in denen Weine gekeltert werden, die schon im 17. Jahrhundert bei den Habsburgern beliebt waren.

**Chiuro.** *Nino Negri, via Ghibellini 3, Tel. 0342482521. Öffnungszeiten: nach Voranmeldung.* Der 1897 gegründete Betrieb in den Räumen des Castello Quadrio nennt 40 Hektar Rebfläche im Bereich Valtellina Superiore sein Eigen. Ein exklusiver Wein ist der Cru Fracia. *Aldo Rainoldi, via Stelvio 128, Tel. 0342482225. Öffnungszeiten: nach Voranmeldung.* Aus der beachtlichen Produktion dieses Betriebs sind besonders die Weine aus weiß gekelterten Nebbiolo-Trauben hervorzuheben: der trocken schmeckende Tzapel, der lange mit natürlichen Hefen vergorene San Valentino, der in der Barrique ausgebaute Ghibellino und der im Champagnerverfahren hergestellte Brut (auch Rosé).

**Und außerdem ... Sondrio.** *Pelizzatti Perego, via Buon Consiglio 4, Tel. 0342214120. Villa di Triano, Domenico Triacca, via Nazionale 121, Tel. 0342701352.* **San Giacomo di Teglio.** *Fay, via Pila Caselli 1, Tel. 0342786071.* **Villa di Tirano.** *Triacca Domenico, via Nazionale 121, Tel. 0342701352.*

## Tourenvorschläge

**Auf den Terrassen des Veltlin.** Die Strecke führt zunächst unten im Addatal an hübschen Orten und Aussichtspunkten vorbei und dann auf einer Panoramastraße durch die terrassierten Weinberge zurück zum Ausgangspunkt. **Sondrio.** Weinstadt (→) mit vielfältigen touristischen Attraktionen. Kurz vor der Stadt kann man in den Weinbergen im Torre della Sassella, in der Nähe der gleichnamigen Wallfahrtskirche, essen. Nicht weit entfernt lädt die Versuchskellerei Fondazione Fojanini zu einem Besuch ein. Im Stadtzentrum empfiehlt sich das 1835 gegründete Hotel della Posta besonders für Feinschmecker und Liebhaber historischer Interieurs. Die gleich außerhalb der Stadt gelegene Kellerei Arturo Pellizzatti Perego hat drei ausgezeichnete DOC-Weine – Sassella Rocce Rosse Riserva, Sassella Vigna Regina und Grumello Buon Consiglio – sowie den interessanten roten Tafelwein Stella Retica im Angebot. **Ponte in Valtellina.** Mittelalterliche Spuren und aristokratisch-gediegene Bauten aus Renaissance und Barock verleihen diesem Ort eine geschichtsträchtige Atmosphäre. Nicht entgehen lassen sollte man sich die einheimische Küche im Restaurant Cerere. **Chiuro.** Im 15. Jahrhundert erbaute der ghibellinische Feldherr Stefano Quadrio hier seine Trutzburg, und auf seine Familie verweisen die Bürgerhäuser, die den Charme des Orts ausmachen. Verkostung und Einkäufe bei den Kellereien Negri (→) und Rainoldi (→). Startpunkt für Ausflüge in die vier Unterbereiche des Valtellina Superiore. **Teglio** geht auf das römische «Tillium» zurück, nach dem möglicherweise das Tal benannt ist. Der Ort lässt vergangene Zeiten aufleben und verfügt mit dem Palazzo Besta über eines der schönsten Herrenhäuser der Gegend. Im wenige Kilometer entfernten San Giacomo kann man in der Kellerei Fay die Vendemmia Tardiva Valgella Ca' Moréi kosten. **Tirano.** Das Santuario della Madonna ist ein Renaissance-Schmuckstück in den kargen Bergen des Veltlin. Ganz in der Nähe verläuft die Schmalspurbahn nach Sankt Moritz. Die Kombination von Kunst und Wein erlebt der Besucher in der Kellerei Conti Sertoli Salis (→). Wenige Kilometer weiter bietet das Hotel Sassella komfortable Übernachtungsmöglichkeiten und ein ausgezeichnetes Restaurant. Zum Abschluss geht es hinauf in die Berge nach Bormio, wo ein Besuch im traditionsreichen Restaurant Taulà sehr zu empfehlen ist.

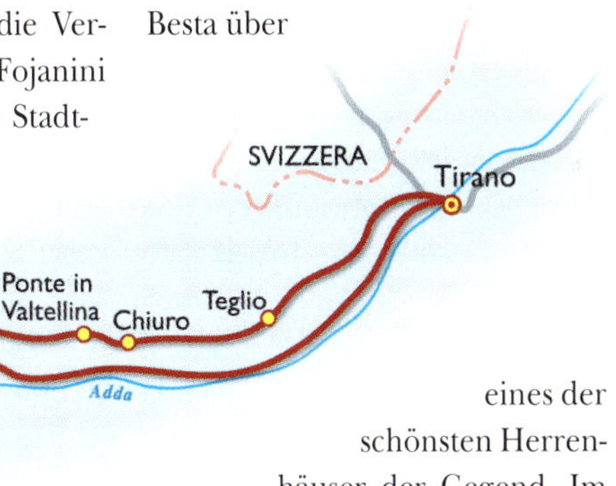

### Enoteche

**Chiavenna**
**Enoteca Marino**
via Dolzino 64
☎ 034332720

**Sondrio**
**Amici Vecchie Cantine**
via Parravicini 6
☎ 0342512590

**Tirano**
**Enoteca Dalla Valle**
via Beato Mario Omodei 7
☎ 0342701112

### Reiseveranstalter

**Como**
**Olinad Tours**
via Carloni 8
☎ 031300385

## Gaumenfreuden

Im Veltlin werden das Filet und das Eckstück vom Rind gepökelt und luftgetrocknet, um daraus die berühmte Bresaola zu bereiten, mit Öl, Pfeffer und Zitronensaft angemachte hauchdünne Rindfleischscheiben. Im nahen Valchiavenna wird das Fleisch außerdem leicht geräuchert, um ihm einen noch charakteristischeren Geschmack zu verleihen. Bekannter sind in diesem Tal allerdings die Violini, Ziegenschinken, die man hier zubereitet und reifen lässt. Beim Käse ist vor allem der Bitto zu nennen, der lange Zeit gelagert werden kann und typisch für die Gegend um Morbegno ist. Dieser Käse wird in vielen Gerichten verarbeitet, nicht zuletzt ist er eine wichtige Zutat zu den Pizzoccheri. Diese dicken Bandnudeln aus Buchweizen- und Weizenmehl und Wasser werden mit Kartoffeln und Wirsing gekocht und mit Butter und in Stücke gebrochenem oder geriebenem Bitto-Käse serviert. Ebenfalls aus Buchweizenmehl und Käse werden die so genannten Sciatt zubereitet, weiche Pfannkuchen in vielen Variationen, von denen jeder sein kleines Geheimnis hat (ein Tropfen Grappa, ein bisschen Bier). Zu den klassischen Lokalen gehört ohne Zweifel das Posta in Sondrio, ein traditions- und ruhmreiches Hotel mit Restaurant. Oder das Taulà in Bormio, ebenfalls in historischen Räumen, wo man traditionelle Speisen genießen kann, zum Beispiel die leckeren Tagliatelle mit Kastanienmehl. Das beste Restaurant befindet sich jedoch in Villa di Chiavenna, das Lanterna Verde. Hier interpretiert die Familie Tonola die regionale Küche in anspruchsvoller Weise: Kaninchen, Pizzoccheri in Form von gefüllten Ravioli, Kartoffelfondant mit Trüffeln und viele andere Köstlichkeiten.

**Veranstaltungskalender**

**Februar**
**Berbenno**
① Fest von S. Benigno
**Aprica**
④ Sunà da Mars (Frühlingsfest)
**März**
**Colico**
③ Festa di Marzireu
**Ponte in Valtellina**
❶❷❸❹ Ponte in Fiore (Blühende Brücke)
**Trevisio**
④ Fest von S. Pietro
**August**
**Stazzona**
❶ Sagra dei Crotti (Kellereifest)
**Oktober**
**Morbegno**
① Ausstellung von Milchprodukten
**November**
**Ardenno**
② Waren- und Viehmesse
**Domaso**
③ Herbstmesse

*Sondrio, Santuario della Sassella.*

# Die Bergamasker Hügel

*Die DOC-Weine aus Valcalepio, einem zum Iseosee hin sanft abfallenden Tal, gehören zum Besten, was Bergamo an Weinen zu bieten hat.*

Das Weinbaugebiet der Provinz Bergamo erstreckt sich über die Bergausläufer, die die Hauptstadt halbkreisförmig umgeben: von Almenno nach Grumello und Sarnico am Iseosee. Die Produktion ist von Importtrauben beherrscht, hauptsächlich Merlot und Cabernet Sauvignon bei den Rotweinen sowie Pinot bianco und Pinot grigio bei den Weißweinen. Traditionell werden dagegen die roten Rebsorten Groppello, Marzemino, Rossera und Rossolo angebaut. Das Gebiet umfasst den IGT-Bereich Bergamasca und im Osten den DOC-Bereich Valcalepio.

## Weinstädte

**Grumello del Monte.** Der Ort wird von einer Burg überragt, die sich ehemals im Besitz der Gonzaga befand – heute hingegen ist sie die Produktionsstätte der Kellerei (→) Castello di Grumello. Für Einkäufe und Bewirtung empfiehlt sich ein Besuch der Enoteca Vino Buono. Weitere Kellereien: Le Corne (→) und Carlo Zadra (→).

## Kellereien

**Grumello del Monte.** *Le Corne, via S. Pantaleone, Tel. 035830215. Öffnungszeiten: nach Voranmeldung.* Ein großartiges Gebäude aus dem 15. Jahrhundert, teilweise in den Felsen gehauen, in dem heute die Weine in der Barrique reifen. Schöne Auswahl an Spumanti und zwei edle Rotweine: Messernero und Torcularia. *Tenuta Castello di Grumello, via Fosse 11, Tel. 035*



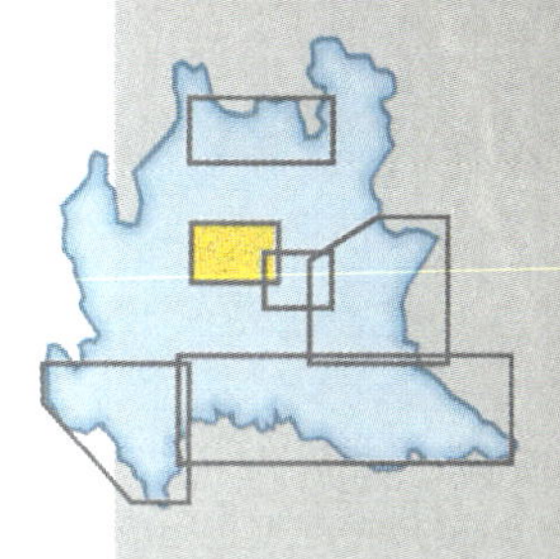

### Hotels und Restaurants

**Ambivere**
**Antica Osteria dei Cameli** 🍴🍴🍴
via Marconi 13
☎ 035908000
**Bergamo**
**Vittorio** 🍴🍴🍴🍴
viale Giovanni XXIII 21
☎ 035218060
**Osteria di via Solata** 🍴🍴
via Solata 8
☎ 035271993
**Taverna del Colleoni-dell'Angelo** 🍴🍴🍴
piazza Vecchia 7
☎ 035232596
**Capriate San Gervasio**
**Vigneto** ★★★ 🍴🍴🍴
via al Porto 5
☎ 0290939351
**Scanzorosciate**
**La Taverna** 🍴🍴🍴
via Colleoni 35
☎ 035661068
**Trescore Balneario**
**Della Torre** ★★★
piazza Cavour 26
☎ 035941365
**Villa d'Almè**
**Osteria della Brughiera** 🍴🍴
via Brughiera 49
☎ 035638008

## DOC-Weine aus den Bergamasker Hügeln

**VALCALEPIO.** – **Bianco.** Rebsorten: Pinot bianco und Chardonnay (55 bis 80%), Pinot grigio (20–45%). Produktion: 2230 hl (48 ha). Farbe: mehr oder weniger kräftiges Strohgelb. Geruch: delikat, sortentypisch. Geschmack: trocken, harmonisch, sortentypisch. Alkoholgehalt: 11,5%. Innerhalb eines Jahres zu trinken, zu allen leichten Speisen, vor allem Fisch. – **Moscato Passito.** Rebsorten: Moscato di Scanzo oder Moscato (100%). Produktion: 34 hl (3 ha in den Gemeinden Albano Sant'Alessandra, Carrobbio degli Angeli, Cenate Sotto, Gandosso, Grumello del Monte, Torre de' Roveri). Farbe: mehr oder weniger kräftiges Rubinrot, das ins Kirschrot mit granatroten Reflexen spielen kann. Geruch: delikat, intensiv, nachhaltig, sortentypisch. Geschmack: süß, angenehm, harmonisch, mit leichter Mandelnote im Abgang. Alkoholgehalt: 15+2%. Alterung: mindestens 18 Monate, bis zu 3–4 Jahren empfohlen. Arten: *di Scanzo,* im Bereich Scanzorosciate (7 ha mit einer Produktion von 122 hl). Zum Dessert und zur Entspannung zu trinken. – **Rosso.** Rebsorten: Cabernet Sauvignon (25–60%), Merlot (40–75%). Produktion: 3669 hl (90 ha). Farbe: mehr oder weniger kräftiges Rubinrot mit ins Granatrote spielenden Reflexen. Geruch: ätherischer Duft, intensiv, angenehm, sortentypisch. Geschmack: trocken, voll, harmonisch, nachhaltig. Alkoholgehalt: 11,5%. Alterung: mindestens 1 Jahr, bis zu 3–4 Jahren empfohlen. Jung zu allen Speisen zu trinken, später zu deftigen Gerichten wie den traditionellen Singvögeln am Spieß mit Polenta («polenta e uccelli») oder zu altem Käse. Qualitätsstufen: *Riserva* mindestens 12,5% Alkohol und 3 Jahre Alterung (dann bis zu 5–6 Jahren); zu dunklem Fleisch und altem Käse zu trinken.

*4420817. Öffnungszeiten: Dienstag und Donnerstag 8–17 Uhr, Samstag 8–12 Uhr und nach Voranmeldung.* Die Burg, einst Besitz der Colleoni, gibt einen grandiosen Rahmen für die erstklassige Kellerei ab. Der Erfolg von 40 Jahren harter Arbeit lässt sich am Valcalepio Rosso Colle del Calvario ablesen.

**Scanzorosciate.** *La Brugherata, via Medolago 47, Tel. 035655202. Öffnungszeiten: nach Voranmeldung.* Die herrlichen Weinberge sind von mediterranen Gewächsen wie Myrte, Erdbeerbäumen und Rosmarin umgeben; Rosen und Olivenbäume vervollständigen die Kulisse der Kellerei, die einen hervorragenden Moscato di Scanzo Passito und zwei in der Barrique ausgebaute Weine erzeugt: den Bianco di Alterico aus Chardonnay und den Vescovado Rosso aus Cabernet Sauvignon.

**Trescore Balneario.** *Medolago Albani, Redona, Tel. 035942022.* Auf eine lange Geschichte blickt diese Kellerei zurück. Merlot, Cabernet Sauvignon und Pinot grigio sind die Zugpferde der Produktion, aus der auch ein beliebter Spumante Metodo Classico hervorgeht.

**Und außerdem ... Almenno San Salvatore.** *Lurani Cernuschi, via Gerosa 3, Tel. 035640102.* **Castelli Calepio.** *Il Calepino, via Surripe 1, Tel. 035847178.* **Gandosso.** *Il Fontanile, via Fontanile 7, 035834003.* **Grumello del Monte.** *Carlo Zadra, via Gandossi 13, Tel. 035442066.* **Pontida.** *Cantina Sociale Val San Martino, via Bergamo 1195, Tel. 035795035.* **San Paolo d'Argon.** *Cantina Sociale Bergamasca, via Bergamo 10, Tel. 035 951098. Angelo Pecis, via S. Pietro delle Passere 12, Tel. 035959104.* **Scanzorosciate.** *Con-*

### Hotels und Restaurants

**Treviglio**
**La Lepre ★★★**
via Caravaggio 37
☎ 0363303222

### Enoteche

**Bergamo**
**Bar Donizetti**
via Gombito 17
☎ 035242661
**Daisy's Club Champagneria**
via Clara Maffeis 11
☎ 035242485
**L'Enoteca di Bergamo**
via Paglia 19
☎ 035249574
**Vineria Cozzi**
via Colleoni 22
☎ 035238836

**Grumello del Monte**
**Enoteca Vino Buono**
via Castello 18
☎ 0354420450

**Ponte San Pietro**
**Enoteca Al Portico**
via Roma 13
☎ 035614257

*sorzio Tutela Moscato Di Scanzo, via Abadia 29, Tel. 035657551.* **Torre de' Roveri.** *La Tordela, via Torricella 1, Tel. 035580172.*

## Tourenvorschläge

**Berg- und Talfahrt in den Bergamasker Hügeln.** Ein Rundweg mit der venezianisch anmutenden Stadt Bergamo als Ausgangspunkt. Pflichtprogramm in Bergamo: eine Kostprobe der Fischküche des Angelo Pecis. **Torre de' Roveri.** Ein Halt in der Kellerei Tordela, wo neben den üblichen Weinen in guten Jahrgängen der Valcalepio Rosso Riserva und zwei interessante in der Barrique vergorene und ausgebaute Vini da Tavola hergestellt werden: der Rovere Bianco aus Chardonnay und der Rovere Rosso aus Cabernet Sauvignon. **Scanzorosciate.** Besuch der Kellerei La Brugherata (→). In der Taverna erstklassige Küche, um-

Restaurants Vittorio, für manche die beste Italiens. **Grumello del Monte.** Der mittelalterliche Ort wird von der Gonzaga-Burg überragt, in der sich heute die Kellerei Castello di Grumello (→) befindet. Im Ort Bewirtung und Einkäufe bei der Enoteca Vino Buono. Weitere Kellereien: Le Corne (→) und Carlo Zadra (→). **Trescore Balneario.** In der Kirche Santa Barbara des traditionsreichen Thermalbads sind zwei kostbare Fresken von Lotto zu besichtigen. Etwas außerhalb die Kellerei Medolago Albani (→). **San Paolo d'Argon.** Die Stadt beherbergt ein gut 1000 Jahre altes Benediktinerkloster und bietet gute Verkostungs- und Einkaufsmöglichkeiten in der Cantina Sociale und in der Kellerei fangreicher Weinkeller und Verkostungsraum. **Almenno San Salvatore.** Der Ort liegt auf einer kleinen Anhöhe rechts vom Brembo, unweit der hübschen romanischen Kirche San Tomè. Erwähnenswert die ehemals zum benachbarten Augustinerkloster gehörige Kellerei Lurani Cernuschi, Verkostung und typische Gerichte im angeschlossenen Restaurant La Frasca. In Villa d'Almè die Osteria della Brughiera. **Pontida.** In alten Schulbüchern ist zu lesen, dass sich im Jahr 1167 hier die lombardischen Städte mit einem Schwur gegen Friedrich Barbarossa verbündeten. In der Abtei finden sich Fresken der Burgundischen Schule. Verkostung und Einkäufe bei der Winzergenossenschaft Val San Martino (→).

### Veranstaltungskalender

**April**
**Pontida**
① Rievocazione del Giuramento (Gedenkfeier für den Schwur der lombardischen Städte)
**Oktober**
**Bracca**
② Sagra delle Castagne (Kastanienfest)
**Martinengo**
③ Palio dei cantòn (Wettstreit der Stadtviertel)

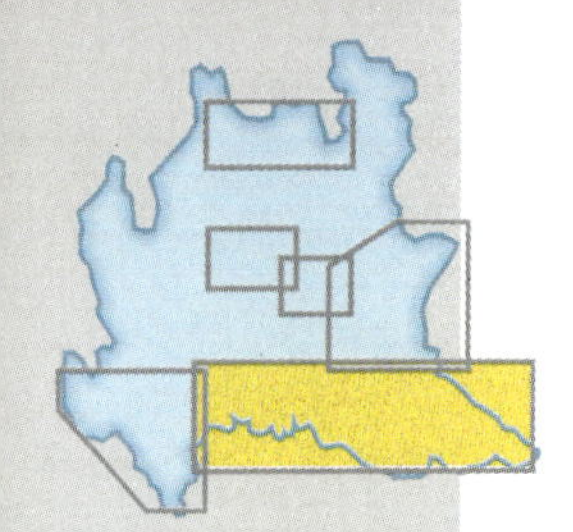

# Die untere Poebene

## San Colombano al Lambro und die Gegend um Mantua

*Aus den Kellereien in Lodi kommt ein charaktervoller Rotwein, in Mantua gibt es bereits Lambrusco.*

Der wasserreiche Teil der Poebene, der seit jeher von Viehzucht, Milchproduktion und großen landwirtschaftlich genutzten Flächen geprägt ist, verfügt über zwei in mancher Hinsicht bemerkenswerte Weinbaugebiete. Das erste erstreckt sich über den Hügel von San Colombano al Lambro, ein Stück des Apennin, das durch urzeitliche Verschiebungen auf der linken Seite des Po gelandet ist. Der gleichnamige DOC-Wein zeigt, dass die Reben – genauer die Sorten Barbera, Croatina und Uva rara – hier fruchtbaren Boden gefunden haben. Der IGT-Wein Collina Milanese vervollständigt das Spektrum der regionalen Erzeugnisse. Weiter südlich des Po, in der Gegend um Mantua – aber auch im Dreieck zwischen Oglio, Po und der Provinzgrenze bei Viadana – stößt man dagegen auf

**Hotels und Restaurants**

**Castiglione delle Stiviere**
**La Grotta** ★★★
via dei Mandorli 22
☎ 0376632530

**Goito**
**Al Bersagliere** 🍴🍴🍴
S.S. Goitese 260
☎ 037660007

**Lodi**
**Anelli** ★★★
viale Vignati 7
☎ 0371421354

**Isola di Caprera** 🍴🍴🍴
via Isola di Caprera 14
☎ 0371421316

**Tre Gigli – All'Incoronata** 🍴🍴
piazza della Vittoria 47
☎ 0371421404

**Mantua**
**Bianchi Stazione** ★★★
piazza Don Leoni 24
☎ 0376326465

**Cigno – Trattoria dei Martini** 🍴🍴
piazza d'Arco 1
☎ 0376327101

**Ochina Bianca** 🍴🍴
via Finzi 2
☎ 0376323700

**Miradolo Terme**
**Milano** ★★★
piazzale Terme 2
☎ 038275211

Ableger der emilianischen Weinbautradition, die unter dem Namen Lambrusco Mantovano laufen. Daneben bringt dieses Gebiet drei IGT-Weine hervor: Quistello, Sabbioneta und Provincia di Mantova.

## DOC-Weine aus der unteren Poebene

**SAN COLOMBANO AL LAMBRO** oder **San Colombano.** Rebsorten: Croatina (30–45%), Barbera (25–40%), Uva rara (5–15%), andere (bis 15%). Produktion: 3698 hl (79 ha in den Gemeinen Graffignana, Inverno Monteleone, Miradolo Terme, San Colombano al Lambro und Sant'Angelo Lodigiano). Farbe: rubinrot. Geruch: sortentypisch weinig. Geschmack: trocken, schmackhaft, körperreich mit leichter Mandelnote im Abgang. Alkoholgehalt: 11%. Alterung: bis zu 3 Jahren empfohlen. Zu allen Speisen, besonders zu hellem Fleisch zu trinken.

**LAMBRUSCO MANTOVANO.** Rebsorten: Lambrusco (Unterart Lambrusco Viadanese oder Grappello Ruberti, Lambrusco Maestri oder Grappello Maestri, Lambrusco Marani und Lambrusco Salamino; (85–100%), Ancelotta und Fortana (Uva d'Oro) (bis 15%). Produktion: 18907 hl (238 ha). Schaum: flüchtig. Farbe: Rosé bis mehr oder weniger kräftiges Rubin- oder Granatrot. Geschmack: frisch, harmonisch, schmackhaft, trocken oder lieblich, perlend. Alkoholgehalt: 10,5%. Vor Ablauf des Jahres zu trinken, den trockenen Wein zu allen Speisen, den lieblichen zum Essen oder zum Dessert.

## Kellereien

**San Colombano al Lambro.** *Carlo Pietrasanta – Poderi di San Pietro, via Sforza 55, Tel. 0371897540. Immer geöffnet.* Die Pietrasantas, Winzer in San Colombano seit Mitte des 18. Jahrhunderts, empfangen den Gast auf ihrem wunderschönen Familiensitz. Aus der Weinauswahl ist vor allem der DOC-Wein Riserva San Colombano, Podere Costa della Regina hervorzuheben, der zwölf bis 18 Monate in großen Eichenfässern und dann sechs Monate in der Flasche reift. *Enrico Riccardi, via Capra 17. Tel. 0371897381.* Das Gut liegt in den nach wissenschaftlichen Gesichtspunkten angelegten Weingärten. Das breite Rebsortenspektrum bringt eine große Vielfalt an Weinen hervor, vom sprödesten Rotwein bis zum fülligsten Weißwein. Genannt seien der Domm, ein ausgezeichneter Champenois Millesimato, und der Passito Verdea. *Panizzari, via Madonna dei Monti 39, Tel. 0371897613*

## Tourenvorschläge

**Der Hügel von San Colombano.** Die Rundfahrt durch das wohl

*San Colombano al Lambro.*

### Hotels und Restaurants

**Quistello**
**Ambasciata** ŸŸŸŸ
via Martiri di Belfiore 33
☎ 0376619169

**San Colombano al Lambro**
**La Caplania** ŸŸŸ
via Serafina 11
☎ 0371897097

**Sant'Angelo Lodigiano**
**San Rocco** Ÿ
via Cavour 19
☎ 037190729

**Volta Mantovana**
**Buca di Bacco** ★★★
via S. Martino
☎ 0376801711

eigentümlichste Weingebiet der Lombardei beginnt in der Kultur- und Weinstadt Lodi. **San Colombano al Lambro.** Zu Römerzeiten als Station am Fluss von Bedeutung, verdankt die Stadt ihren Namen jenem irischen Mönch, der sie im 6. Jahrhundert christianisierte. Sehenswert die Belgioioso-Burg und der mittelalterliche Ortskern. Verkostung und Einkäufe bei den Kellereien Pietrasanta und Riccardi (→). Im Frühjahr Kirschen- und Wildkräuterfest, am vierten Sonntag im September Traubenfest. **Graffignana.** In der um einen Flusshafen entstandenen Stadt finden sich noch Überreste der Stadtmauern aus dem 16. Jahrhundert. Im September Fest der Trauben und des neuen Weins, im Oktober Messe, bei der Polenta, Cotechino-Wurst und Weinproben angeboten werden. **Miradolo Terme.** Stadt der Salzwasserquellen, die in den 30er-Jahren einige Berühmtheit erlangte. Im Veranstaltungskalender Ende Mai Fest der Erbsen und des neuen Weins, im September Traubenfest. **Sant'Angelo Lodigiano.** Die im Mittelalter bedeutende Stadt besitzt eine Burg aus dem 13. Jahrhundert, die später zu einer prunkvollen Residenz umgebaut wurde. Se-

## Enoteche

**Monzambano**
**La Dispensa**
via Castello 21
☎ 037688850

henswert unter anderem die Sammlungen des Museo Lombardo di Storia dell'Agricoltura, das sich der Geschichte der Landwirtschaft in der Lombardei verschrieben hat.

**Die Poebene bei Mantua.** Die Strecke führt durch die herrliche Landschaft der Poebene, in der immer wieder ganz unverhofft Weingärten auftauchen. Von Mantua aus fährt man über den mit der Geschichte des römischen Dichters Vergil verbundenen Ort **Virgilio,** vorbei an Feldern und Wiesen nach **Sabbioneta,** einem der großartigsten Renaissance-Herrschersitze in der Poebene. Danach geht es weiter nach **Viadana,** reich an kulinarischen Angeboten, und entlang der Grenze zur Nachbarregion Emilia-Romagna nach **Gonzaga, Moglia** und **Poggio Rusco.** Auf dem Rückweg nach Mantua passiert man **Quistello, San Benedetto Po** (mit sehenswerter Abtei) und **Governolo.**

## Enoteche

**Viadana**
**Enoteca Osteria Caol Ila**
vicolo Quarterino 10
☎ 0375830381

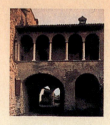

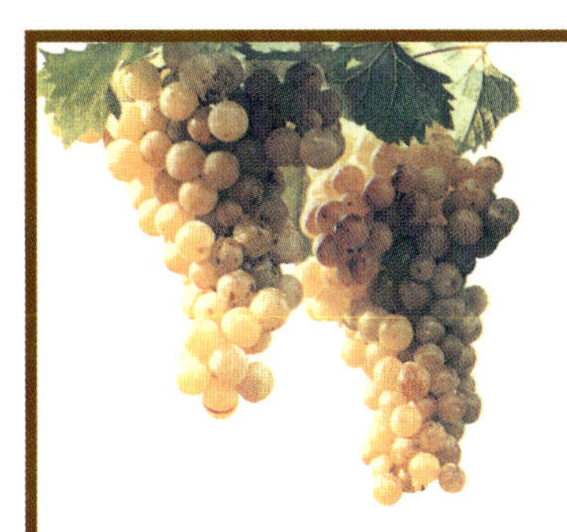

# COLLI A LAGO

*Die wahre Geschichte der Weinkellereien Colli a Lago entstand im Jahre 1908, als Graf BONMARTINI die sogenannte Weinkellerei Hirundo Gründete.*
*Hirundo bedeutet Scwalbe, abgeleitet aus dem lateinischen hirundo-hirundinis.*
*Als die Kellerei in unseren Familienbesitz überging, entschlossen wir uns eine GmbH zu gründen und dennoch den geschichtlichen Namen unserer Kellerei beizubehalten, sowie die Aufrechterhaltung der Produktion zur klassischen Herstellung unserer Weine genannt Charmat zu gewährleisten.*
*Heute führt unsere Kellerei die Gesamtproduktion durch; begonnen vom Anbau und Pflege der Reben bis hin zur Kultivierung unserer Olivenhaine. Weinproben von Weinen aus eigener Produktion und ausge-zeichnete Bewirtung unserer Gäste im eigenen Restaurant. Die Herstellung unserer Weine unterstehen einer "kontrollierten" Produktion; Doc. Unser Anbaugebiet unterteilt sich in folgende Anbauzonen: Lugana, Garda Classico und San Martino della Battaglia. Der Lugana wird in verschiedenen Arten hergestellt, z.B.: "Lugana Tradizionale" (Colli a Lago), Lugana "Cru e Cru affinato" (Podere Selva Capuzza); der Garda Classico wird mit verschiedenen roten Rebsorten hergestellt, z.B.: Colli a Lago, Garda Classico Superiore (Madèr), Garda Classico Chiaretto (Colli a Lago) und schließlich der San Martino della Battaglia, der Im roduktionsverfahren ähnlich wie der Cru (Campo di Soglio) behandelt wird. Der Spumante wird ebenfalls aus der Rebsorte Lugana hergestellt und in spezieller Verarbeitung gen. Lugana vsqprd. Metodo charmat produziert. Ebenso wird der Cuvèe behandelt und produziert, beide nennen sich Hirundo. Viele dieser Weine sind auch ausserhalb des Landes bekannt und prämiert Worden. Die meistprämierten Weine sind der Lugana und der Garda Classico Chiaretto, ( Garda Classico Superiore ist erst seit ca. einem Jahr im Handel). Desweiteren destillieren wir unsere bearbeiteten Reben zur Produktion von Grappa; zusätzlich verarbeiten wir unseren noch geringen Olivenbestand zu Olivenöl Extra Vergine. Cascina Capuzza liegt zwischen San Martino della Battaglia, Desenzano und Sirmione. Die Gesamtstruktur blieb ursprünglich erhalten, wie sie vergleichbar um 1500 entstanden ist.*
*Die Cascina Capuzza befindet sich in exponierter Lage, umgeben von Wein-Bergen direkt gelegen am Lago di Garda, ideal zur Produktion unserer Weine, z. B. den typischen Lugana und viele mehr.*

# Trentino – Südtirol

## Wein und Tradition

*Im Etschtal wird seit der Antike Weinbau betrieben. Die jahrhundertelange Erfahrung in der Erzeugung von Qualitätsweinen schlägt sich in einer außerordentlichen Vielfalt von DOC-Gewächsen nieder.*

Das Etschtal war bereits zur Zeit der Römer für seine Weine berühmt; damals erstreckte sich das Anbaugebiet aufgrund anderer klimatischer Bedingungen allerdings sehr viel weiter und brachte mehr Ertrag als heute. Im Mittelalter sicherten sich bayerische und schwäbische Mönchsorden, die sich südlich des Brenners niedergelassen hatten, das alleinige Recht auf die Weinerzeugung; sie hatten bis ins napoleonische Zeitalter das Monopol auf die Schiava-Rebe, die im deutschsprachigen Raum Vernatsch genannt wird. 1874 wurde das Istituto Agrario di San Michele all'Adige gegründet, ein Meilenstein in der jüngeren Geschichte des Weinbaus in dieser Region. Bedingt durch die Unzugänglichkeit des Gebiets und das alpine Klima hat sich in Trentino – Südtirol eine immer stärkere Spezialisierung entwickelt. Auf die Weinproduktion, die auch heute noch eine bedeutende Rolle für die Wirtschaft der gesamten Region spielt, entfällt eine Fläche von etwa 8800 Hektar in der Provinz Trient und 4800 Hektar in der Provinz Bozen/Bolzano – fast ausschließlich mit

*Pergolaerziehung in einem Weinberg im Trentino.*

**Movimento del Turismo del Vino**
Beauftragter:
Roberto Sebastiani
via Clementi 31
Lavis (Tn)
☎ 0461246315

spezialisiertem Anbau. Die hohen Kosten, die der aufwendige Weinbau im alpinen Gelände mit sich bringt, stellen zwar ein Problem dar, aber für geeignete Weinstöcke sind die natürlichen Gegebenheiten so günstig, dass die Region eine einzigartige Vielfalt an Weinen von höchster Qualität erzeugt.

*Schiava (Vernatsch).*

## Das große Anbaugebiet der Schiava

Das Spektrum der in Trentino–Südtirol erzeugten Weine ist weit gefächert. Die Reihe traditioneller Rebsorten, Relikte aus einer fernen Vergangenheit, wurde in jüngerer Zeit durch österreichische und – eine Besonderheit dieser Region – deutsche sowie durch französische Trauben ergänzt. In Südtirol, wo die Spezialisierung sehr ausgeprägt ist, wird in einem Weinberg häufig nur eine einzige Rebsorte angebaut, während im Trentino die traditionelle Mischform vorherrscht. Typisch für die Region ist die Erziehung der Reben zu ein- oder zweiarmigen Pergolen. Die traditionelle Schiava (Vernatsch) ist die am weitesten verbreitete Rebsorte, und zwar in den Varianten Schiava grossa (Großvernatsch) und Schiava gentile (Edelvernatsch) (37 Prozent), auf die in einigem Abstand die große Gruppe der Importtrauben folgt. Drei einheimische Sorten sind besonders hervorzuheben: Teroldego, der nur auf der Kiesebene Campo Rotaliano zwischen Mezzolombardo und Mezzocorona wächst und aus dem der bekannteste Wein im Trentino gewonnen wird, die Marzemino-Traube, die aus Isera stammen soll und im Vallagarina bestens gedeiht, und schließlich Nosiola, typisch für das Sarcatal, die, wenn man ihr Zeit zum Reifen lässt, einen hervorragenden Vin Santo hervorbringen kann.

## Rekordverdächtige Qualität und Vielfalt

In der Erzeugung von Qualitätsweinen liegt Trentino–Südtirol an vierter Stelle in Italien, doch im Hinblick auf den Anteil von DOC-Weinen an der Gesamtproduktion der Region (67 Prozent) nimmt sie den ersten Rang ein. Den DOC-Bereich Valdadige/Etschtaler teilt sich Trentino–Südtirol mit Venetien; ansonsten sind innerhalb der Region die Gebiete Trentino und Südtirol klar unterschieden und belegen in der italienischen Rangfolge der einzelnen Weine den neunten beziehungsweise den zehnten Platz. Der DOC-Bereich Südtirol/Alto Adige umfasst die gesamte Produktion der Provinz Bozen/Bolzano (über 30 Weine!), wobei die namhaftesten Gewächse, wie etwa Sankt Magdalener/Santa Maddalena oder Meraner Hügel/Collina di Merano, geographischen Unterzonen zugeordnet werden. Das Trentino verfügt neben der DOC gleichen Namens über vier weitere Bereiche, nämlich die DOCs Casteller, Lago di Caldaro, Teroldego Rotaliano und Trento.

# DOC-Bereiche in Trentino – Südtirol

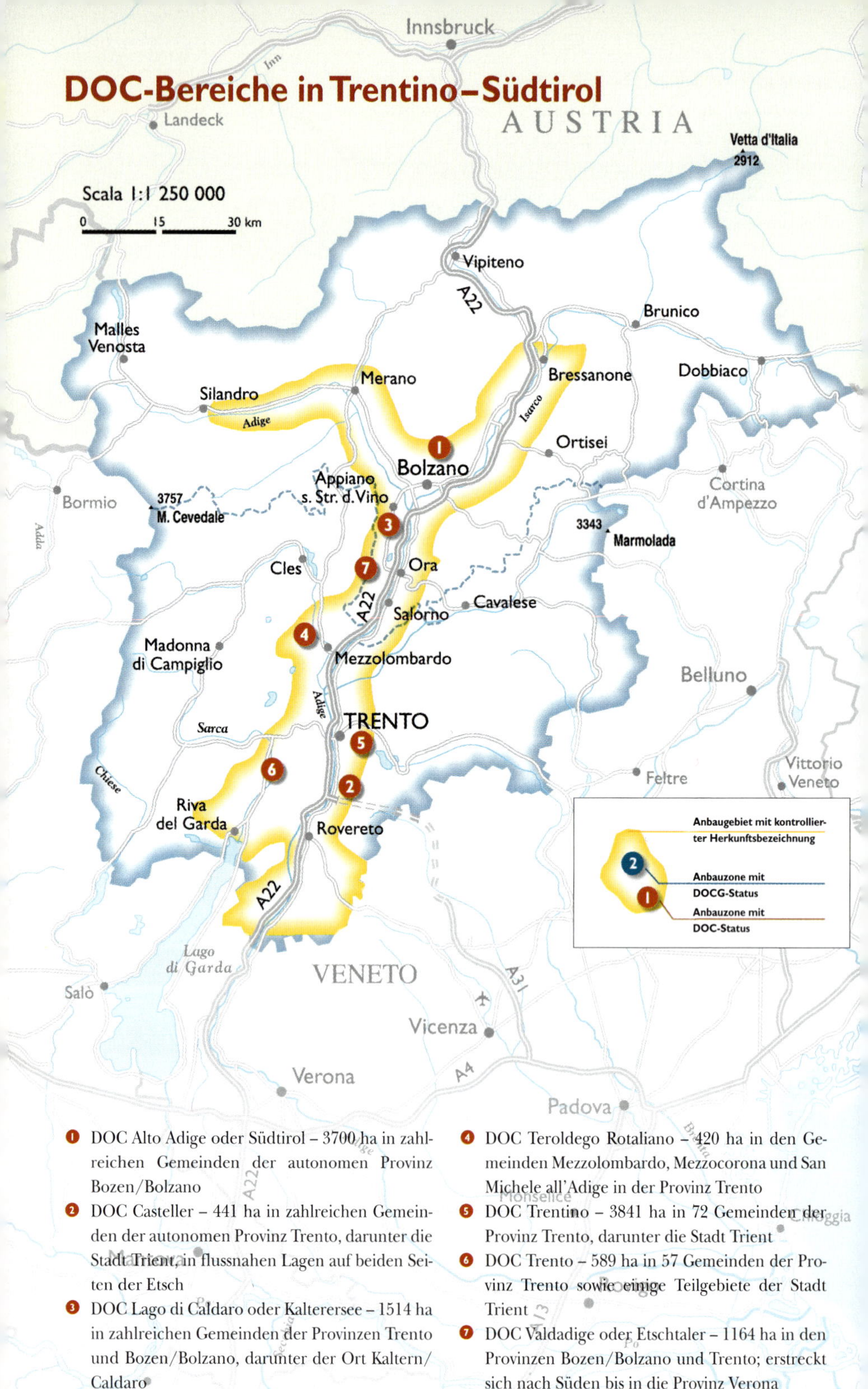


1. DOC Alto Adige oder Südtirol – 3700 ha in zahlreichen Gemeinden der autonomen Provinz Bozen/Bolzano
2. DOC Casteller – 441 ha in zahlreichen Gemeinden der autonomen Provinz Trento, darunter die Stadt Trient, in flussnahen Lagen auf beiden Seiten der Etsch
3. DOC Lago di Caldaro oder Kalterersee – 1514 ha in zahlreichen Gemeinden der Provinzen Trento und Bozen/Bolzano, darunter der Ort Kaltern/Caldaro
4. DOC Teroldego Rotaliano – 420 ha in den Gemeinden Mezzolombardo, Mezzocorona und San Michele all'Adige in der Provinz Trento
5. DOC Trentino – 3841 ha in 72 Gemeinden der Provinz Trento, darunter die Stadt Trient
6. DOC Trento – 589 ha in 57 Gemeinden der Provinz Trento sowie einige Teilgebiete der Stadt Trient
7. DOC Valdadige oder Etschtaler – 1164 ha in den Provinzen Bozen/Bolzano und Trento; erstreckt sich nach Süden bis in die Provinz Verona

# Die Weingärten des Trentino

*Ein äußerst vielseitiges Weinbaugebiet, das sich vom Gardasee bis zur venetischen Tiefebene zieht. Die erste Geige spielt hier die Marzemino-Traube.*

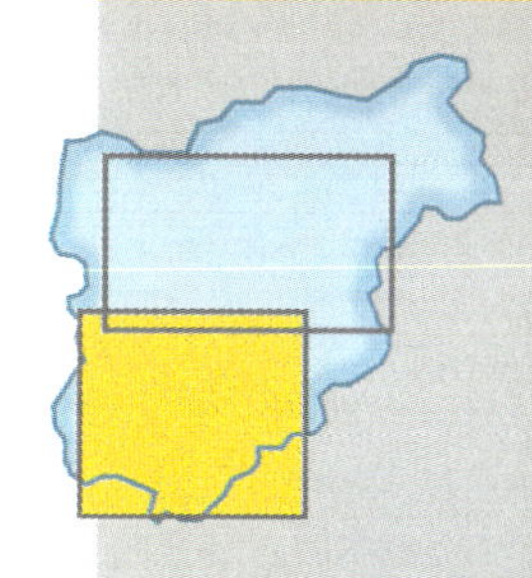

Die Weinbaugebiete in der Provinz Trento konzentrieren sich hauptsächlich auf den Teil des Etschtals, der sich von der Grenze zu Südtirol etwa auf der Höhe der Talenge von Salorno nach Süden bis zur Nachbarregion Venetien erstreckt. Hinzu kommen zwei Gebiete am Ausgang des Valsugana und des Val di Cembra sowie Anbauflächen in der Niederung des Flusses Sarca oberhalb des Gardasees. Die Rebfläche erscheint wie ein Mosaik aus traditionellen Rebsorten, zum Beispiel Marzemino, und Importtrauben, wie die in der zweiten Hälfte des 19. Jahrhunderts eingeführten verschiedenen Pinot- und Cabernet-Sorten sowie Chardonnay, der in den 60er-Jahren vom Istituto Agrario di San Michele all'Adige angesiedelt wurde, um die Palette der Weißweine aufzufrischen.

## Das Vallagarina und der Marzemino

Der südliche Teil des Etschtals zwischen der Talenge von Rivoli in der Provinz Verona und der Talenge von Calliano nördlich von Rovereto heißt Vallagarina. Das voralpine Gebiet, insbesondere der Ort Isera, wird als die Wiege des Marzemino gerühmt, ein charaktervoller Rotwein mit leichtem Veilchenaroma, der schon in Mozarts Oper «Don Giovanni» besungen wird. Außerdem wachsen im Etschtal die Rebsorten Pinot nero, Lagrein, Cabernet franc, Cabernet Sauvignon und Merlot, die ebenfalls nicht unerheblich zum Ansehen der großen Rotweine aus dem Trentino beigetragen haben.

## Hotels und Restaurants

**Arco**
**Palace Hotel Città** ★★★
viale Roma 10
☎ 0464531100
**Lega** 🍴
via Vergolano 8
☎ 0464516205

**Mezzocorona**
**Cacciatora** 🍴🍴
via Canè 133
☎ 0461650124

**Riva del Garda**
**Al Volt** 🍴🍴
via Fiume 73
☎ 0464552570
**Casa della Trota** 🍴
3 km zur Cascata del Ponale
via Gardesana Occidentale
☎ 0464554666

## Zwischen Etsch und Sarca: der Casteller

Dieses Gewächs war schon seit dem 17. Jahrhundert als der «Wein aus Trient» schlechthin bekannt, weil er auf den Hügeln nahe der Stadt wuchs. Heute umfasst das Anbaugebiet des Casteller einen weitläufigeren Teil des Etschtals zwischen Avio und Lavis sowie einen Teil der Uferregion des Sarca in der Nähe des Lago di Toblino und weiter südlich in der Umgebung von Arco. In den Talsohlen liegen die Casteller-Rebflächen neben denjenigen der DOC Trentino, von denen sie sich durch eine herkömmlichere Zusammensetzung unterscheiden: Neben der Schiava, die den Hauptanteil stellt, werden für Casteller auch Merlot und Lambrusco a foglia frastagliata verarbeitet, die dem Wein Körper und seine charakteristische Farbe verleihen.

## Das Tal der Seen: Nosiola und Moscato

Im Sarcatal wächst die heimische Nosiola, eine für das Trentino typische und hier am weitesten verbreitete Rebsorte, deren typisches Geschmacksmerkmal eine sanfte Haselnussnote ist. Ein Teil der Trauben wird getrocknet und zu Vin Santo verarbeitet, dem drei Jahre Fassreife eine herrlich feine Note verleihen. Die Palette wird ergänzt durch zwei seltene Moscato-Weine, von denen sich der erste durch seine gelbe Farbe von der Vielfalt weißer Moscato-Weine abhebt und der zweite die Nase mit einem rosenblumigen Bukett erfreut. Auch ein Spumante wird hier erzeugt, vorwiegend von Chardonnay.

## Die Sornihügel nördlich von Trient und die großen Spumante-Sorten

Die Hänge des Monte Corona zwischen Giovo, Lavis und San Michele all'Adige bilden den Unterbereich Sorni der DOC Trentino. Der Sorni Rosso blickt auf eine jahrhundertelange Tradition zurück: Der delikaten Schiava wird durch Beimischung einer gewissen Menge Teroldego vom nahen Campo Rotaliano mehr Körper verliehen. Sorni Bianco keltert man aus Pinot bianco und Nosiola. Außerdem werden in der Gegend Müller-Thurgau und Sylvaner angebaut. Ein Kapitel für sich sind die Pinot-Reben, die zwischen Lavis und San Michele all'Adige wachsen: Zusammen mit Chardonnay und heutzutage auch Pinot meunier geben sie die Grundlage für erstklassigen Spumante ab.

## Der Teroldego vom Campo Rotaliano

Cesare Battisti sprach vom «schönsten Weingarten Europas», und tatsächlich ist die große Rebfläche in der Ebene zwischen Mezzolombardo und Mezzocorona, der so genannte Campo Rotaliano unterhalb des Ortes San Michele all'Adige, eines der faszinierendsten Anbaugebiete der Region, wenn nicht ganz Italiens. Für den besonderen Reiz sorgt nicht zuletzt der Teroldego, ein Rotwein aus der gleichnamigen Traube mit kräftiger Substanz und delikatem Himbeerduft, traditionell das Aushängeschild der Weinproduktion im Trentino.

### Hotels und Restaurants

**Ronzone**
**Orso Grigio** 🍴
via Regole 10
☎ 0463880625

**Rovereto**
**Leon d'Oro** ★★★
via Tacchi 2
☎ 0464437333
**Novecento** 🍴
corso Rosmini 82/d
☎ 0464435222
**Al Borgo** 🍴🍴🍴
via Garibaldi 13
☎ 0464436300

## Weinstädte

**Ala.** Zu Füßen der Lessiniberge am Ausgang des Vallagarina gelegen. Die Altstadt, von den Bewohnern Villa Alta genannt, mit ihren gepflasterten Gassen und mittelalterlich anmutenden Innenhöfen ist von 2500 Hektar Weinbergen der DOCs Trentino, Vallagarina und Casteller umgeben. Im Juni **Percorsi della Memoria** (Streifzüge durch die Geschichte), von September bis November **Landwirtschaftsmesse.**

**Isera.** Die Ortschaft gilt als die Heimat des Marzemino. Die Ruine einer römischen Villa mit Überresten von Mosaiken und Wandgemälden zeugt von den antiken Ursprüngen der Stadt. Veranstaltungen: im Juni die Weinschau **Incontri di Vini,** im September die **Festa della Vendemmia** (Weinlesefest). Verkostung und Einkäufe bei der Casa del Vino della Vallagarina.

**Lavis.** Der Name der Stadt ist eine Verkürzung von «Villa d'Avisio» nach dem Fluss, der durch Lavis fließt. «Avisio» hieß aber auch ein antiker Weingott, und so ist es nicht verwunderlich, dass der Ort am Ausgang des Val di Cembra, unbestrittenes Herrschaftsgebiet des Müller-Thurgau, für die Weinproduktion des Trentino einige Bedeutung besitzt.

**Mezzolombardo.** Der ehemals wichtigste Ort der Rotaliano-Ebene war schon bei den Römern für seinen Teroldego berühmt, der heute von sechs Weinen des DOC-Bereichs Trentino flankiert wird. Hier verlief die Grenze zwischen dem Trentino und Tirol; und wie der Name verrät, befand sich Mezzolombardo auf der lombardischen, also italienischen Seite.

**Und außerdem ... Aldeno.** Einstmals Sitz einer mittelalterlichen Herrscherdynastie. **Avio.** Ort inmitten von Weinbergen. Ein Besuch der Castelbarco-Burg lohnt sich. **Cembra.** Hauptort des gleichnamigen Tals, am Grund sehr eng, weiter oben sonnig und mit Weingärten und Wald bedeckt. Im Juli die Weinausstellung **Rassegna del Müller-Thurgau. Nogaredo.** Sehenswert der Palazzo der Lodron aus dem 16. Jahrhundert und die kleine Kirche San Leonardo aus dem 18. Jahrhundert. **Nomi.** In dem alten Ort mit venezianischem Einschlag sollte man das Renaissance-Rathaus und, hoch auf dem Hügel, das Castel Beseno gesehen haben. **Trient.** Am 15. und 16. April findet die Käsemesse **La Casolara. Fiera dei formaggi delle Alpi** statt, vom 10. bis 14. Mai die Weinmesse **Mostra vini del Trentino,** der 10. bis 12. Juni ist dem **Trentino dei Vignaioli** gewidmet. **San Michele all'Adige.** Am dritten Sonntag der Fastenzeit findet die **Fiera di mezza Quaresima** statt. **Volano.** Ein gotisches Schmuckstück: die Kirche San Rocco.

**Und schließlich ... Mori.**

## Kellereien

**Lavis.** *Cantina La Vis, via del Carmine 12, Tel. 0461246325. Öffnungszeiten: 9–12.30 und 15–19 Uhr, Montagnachmittag geschlossen.* Die 1948 gegründete Kellerei ist ein Zusammenschluss von 800 Erzeugern. Gemeinsam mit dem Istituto Agrario in San Michele beteiligt sie sich an Projekten zur Klassifizierung von

### Hotels und Restaurants

**San Michele all'Adige**
**Silvio** 🍴
Masetto
1 km von Faedo
via Nazionale 1
☎ 0461650324

**Trient**
**Buonconsiglio** ★★★
via Romagnosi 16/18
☎ 0461272888
**Grand Hotel Trento** ★★★
via Alfieri 1
☎ 0461271000

Lagen und zur Weiterentwicklung von Managementmethoden bei Weinbaubetrieben. Verkostung und Einkäufe in der modernen Vinothek.

**Mezzocorona.** *Cantine MezzaCorona, via 4 Novembre 127, Tel. 0461 605163. Öffnungszeiten: Montag bis Freitag 8–12 und 14–18 Uhr, Samstag 8– 12 Uhr. Cantina Rotari, via del Teroldego 1, Tel. 0461616300/1. Führungen mit Verkostung: Montag bis Samstag 8.30–12.30 und 14–18 Uhr.* Die 1904 gegründete Kellerei ist mit 1300 beteiligten Weingütern und 2000 Hektar Rebfläche mit integriertem Anbau und Qualitätskontrolle der wichtigste Erzeuger in der Region. Die Stammhaus Cantine MezzaCorona ist Italiens größter Produzent von Teroldego, Lagrein, Pinot grigio und Chardonnay; in der Cantina Rotari, die bedeutenden Anteil an der Produktion von Spumante Metodo Classico in Europa hat, wird der berühmte Talento Trento DOC Rotari hergestellt.

**Pergolese.** *Fratelli Pisoni, via San Siro 5, Tel. 0461563216. Öffnungszeiten: 8–12 und 14–18 Uhr.* Der im 17. Jahrhundert gegründete Betrieb hat schon immer die Prominenz beliefert, zum Beispiel den Bischof Prinz Emanuele Madruzzo. Unter dem alten Wirtschaftsgebäude verläuft ein unterirdischer Gang, in dem der Spumante Trento Classico hergestellt wird.

**Roverè della Luna.** *Gaierhof, via IV Novembre 51, Tel. 0461658527. Öffnungszeiten: Montag–Freitag 8–12 und 14–18 Uhr, Samstag und Sonntag Gruppen auf Voranmeldung.* In dieser Kellerei ist, sei es aufgrund der Anbaubedingungen, sei es wegen einer Vorliebe des Eigentümers Luigi Togn, der Weißwein König; besonders die ertragsbeschränkten Gewächse Müller-Thurgau dei Settecento, Algo Adige Sauvignon, Trentino Traminer Aromatico und Trentino Riesling.

**Rovereto.** *Conti Bossi Fedrigotti, via Unione 43, Tel. 0464439250. Öffnungszeiten: 8–12 und 14–18 Uhr außer Samstagnachmittag und Sonntag, Gruppen auf Voranmeldung.* Seit dem 19. Jahrhundert befindet sich die Kellerei in diesem Gutshaus, in dem die Trauben von vier Weingütern rechts der Etsch verarbeitet werden. Die Höhepunkte der Produktion sind der aus Cabernet Sauvignon und Merlot der besten Jahrgänge gewonnene Conte Federico sowie der weiße oder rote Fojaneghe. *Letrari, via Monte Baldo*

*Die Cantina La Vis in Lavis.*

## Hotels und Restaurants

### Trient

**America** ★★★
via Torre Verde 50
☎ 0461983010

**Everest** ★★★
corso Alpini 14
☎ 0461825300

**Vela** ★★★
3 km nach Vela
via Ss. Cosma e Damiano 21
☎ 0461827200

**Villa Fontana** ★★★
via F.lli Fontana 11
☎ 0461829800

**Villa Madruzzo** ★★★
3 km nach Cognola
Ponte Alto 26
☎ 0461986220

*13/15, Tel. 046480200. Öffnungszeiten: auf Voranmeldung Montag–Freitag 8–12 und 13.30–18.30 Uhr.* Man kann 16 Weine aus dem Vallagarina und ein ausgezeichnetes Olivenöl verkosten. Unter den DOC-Weinen ist der Marzemino hervorzuheben, der Trento Brut Letrari und der viel versprechende Ballistrarius, ein Rotwein aus den Trauben Cabernet, Merlot und Lagrein.

**San Michele all'Adige.** *Istituto Agrario Provinciale, Tel. 0461 615252. Öffnungszeiten: auf Voranmeldung.* Seit 1874 verfügt das Trentino mit dem Istituto Agrario über eine richtiggehende Weinakademie, ein internationales Forum für önologische Studien und Experimente. Die Kellerei im mittelalterlichen Augustinerkloster bietet eine interessante Mischung aus Tradition und moderner Technologie.

**Trient.** *Ferrari Fratelli Lunelli, via del Ponte 15, Tel. 0461972311. Öffnungszeiten: Montag–Freitag 8.30 bis 12.30 und 14.30–18 Uhr, nur Führungen, Samstag und Sonntag auf Voranmeldung.* 1952 erwarb die Familie Lunelli die historische Kellerei Ferrari und begründete damit einen der bedeutendsten Erzeugerbetriebe in Italien. Zu den berühmten Spumanti gesellen sich der Chardonnay Villa Margon, der Chardonnay Villa Gentilotti und der Sauvignon Villa San Nicolò. Hier ist auch das einzigartige Weinmuseum Museo dell'Enologia.

**Und außerdem … Arco.** *Madonna delle Vittorie-Mandelli, via Linfano 81, Tel. 0464505542.* **Avio.** *Valerio Bongiovanni, via S. Antonio 28, Tel. 0464684063. Marchesi Guerrieri Gonzaga, frazione Borghetto all'Adige, località San Leonardo, Tel. 0464689004. Rizzi, via alla Ca', Borghetto all'Adige, Tel. 04647689007.* **Calliano.** *Vallis Agri, via Valentini 37, Tel. 0464834113.* **Cembra.** *Cantina Valle di Cembra, via IV Novembre 34, Tel. 0461680010.* **Cimone.** *Maso ai Dossi, località ai Dossi, Tel. 0461842781.* **Cognola.** *Maso Bergamini, località Bergamini 3, Tel. 0461983079.* **Isera.** *Cantina d'Isera, via al Ponte 1, Tel. 0464433795. Spagnoli, via Rosina 4a, Tel. 0464 409054.* **Lavis.** *Casata Monfort, via Carlo Sette 21, Tel. 0461241484.* **Marco di Rovereto.** *Maso Speron d'Oro, località Gazzi 24, Tel. 0464 943189.* **Martignano.** *Maso Martis, via Albera 52, Tel. 0461821057.* **Mezzocorona.** *Distilleria Bertagnolli, via del Teroldego, Tel. 0461603800.* **Mezzolombardo.** *Cantina Rotaliana di Mezzolombardo, corso del Popolo 6, Tel. 0461601010. Le Brul Spumante, via Fiorini 19, Tel. 0461 603303. Villa de Varda via Rotaliana 27/a, Tel. 0461601486.* **Nogaredo.** *Cantina Destra Adige, via per Brancolino 4, Tel. 0464412073. Distilleria Marzadro, località Brancolino, via Silvestri 2, Tel. 0464435595.* **Nomi.** *Battistotti, via III Novembre 21, Tel. 0464834145. Cantina Sociale di Nomi, via Roma 1, Tel. 0464834195. Bruno Grigoletti, via Garibaldi 4, Tel. 0464834215.* **Ravina di Trento.** *Ca' Vit, via del Ponte 31, Tel. 0461 381711.* **Rovereto.** *Balter, via Vallunga II 24, Tel. 0464430101.* **San Michele all'Adige.** *Endrizzi, località Masetto 2, Tel. 0461650129.* **Segonzano.** *Barone Ferdinando a Prato, località Piazzo 44, Tel. 0461686241.* **Trient.** *Giovanni Bailoni, frazione Ravina, via delle Masere 7/a, Tel. 0461911842.*

## Hotels und Restaurants

**Chiesa** 🍴
Parco S. Marco
☎ 0461238766

**Accademia** 🍴
vicolo Colico 6/8
☎ 0461981580

**Cantinota** 🍴
via S. Marco 22
☎ 0461238527

**Clesio** 🍴
via Alfieri 1
☎ 0461271000

**Osteria alle Due Spade** 🍴
via Don Rizzi 11
☎ 0461234343

**Vezzano**

**Fior di Roccia** 🍴
2 km nach Lon
via Nazionale 2
☎ 0461864029

## DOC-Weine aus dem Trentino

**CASTELLER.** Rebsorten: Schiava grossa und/oder Schiava gentile (30 bis 100%), Lambrusco a foglia frastagliata (bis 60%), Merlot und/oder Lagrein und/oder Teroldego (bis 20%). Produktion: 38242 hl (522 ha). Farbe: mehr oder weniger kräftiges Rubinrot. Geruch: weinig mit angenehmem, leichtem Duft. Geschmack: trocken oder leicht lieblich oder lieblich, harmonisch, samtig, angenehm. Alkoholgehalt: 10,5%. Zu allen Speisen zu trinken. Qualitätsstufen: *Superiore* mindestens 11,5% Alkohol, bis zu 2 Jahren Alterung, zu allen Speisen.

**LAGO DI CALDARO/KALTERERSEE** oder **Caldaro/Kalterer.** Rebsorten: Schiava grossa und/oder Schiava gentile und Schiava grigia (85–100%), Pinot nero und Lagrein (bis 15%). Produktion: 124400 hl (1323 ha). Farbe: helles bis mittleres Rubinrot. Geruch: delikat, angenehm, sortentypisch. Geschmack: weich, harmonisch, leichte Mandelnote. Alkoholgehalt: 10,5%. Zu allen Speisen zu trinken. Qualitätsstufen: *Scelto* mindestens 11,5% Alkohol; *Classico,* wenn in einem bestimmten Gebiet erzeugt, und *Classico Superiore,* wenn gereift (beide eventuell mit der Spezifikation *Alto Adige/Südtiroler);* der Scelto kann bis zu 2 Jahren altern und passt zu weißem gebratenen Fleisch.

**TEROLDEGO ROTALIANO.** Rebsorten: Teroldego (100%). Produktion: 33232 hl (355 ha). Farbe: rosé, ins Granatrote spielend (beim Rosato/Kretzer), relativ kräftiges Rubinrot, bisweilen mit violettem Saum (beim Rosso). Geruch: sortentypisch, angenehm fruchtig, besonders intensiv beim Rosso. Geschmack: trocken, schmackhaft, leicht bitter, mit zarter Mandelnote; etwas mehr Körper und leichte Tannine beim Rosso. Alkoholgehalt: 11,5%. Alterung: bis zu 2–3 Jahren. Zum Essen zu trinken. Qualitätsstufen: *Superiore* mindestens 12% Alkohol, *Riserva* mindestens 12% Alkohol und 2 Jahre Alterung; beide können bis zu 4–5 Jahren altern und passen zu Braten.

**TRENTINO. – Bianco.** Rebsorten: Chardonnay und/oder Pinot bianco (80 bis 100%), Sauvignon blanc und/oder Müller-Thurgau und/oder Incrocio Manzoni 6.0.13 (Riesling renano x Pinot bianco) (bis 20%). Produktion: 1302 hl (17 ha). Farbe: strohgelb. Geruch: angenehm, fein. Geschmack: trocken, voll, harmonisch, sortentypisch, bisweilen mit angenehmen Holztönen. Alkoholgehalt: 11%. Als Aperitif oder zu Fisch zu trinken. Qualitätsstufen: *Riserva* mindestens 11,5% und 2 Jahre Alterung. Zum Essen zu trinken. **– Chardonnay.** Rebsorten: Chardonnay (85 bis 100%). Produktion: 67617 hl (878 ha). Farbe: strohgelb. Geruch: delikat, angenehm, sortentypisch. Geschmack: trocken, glatt, harmonisch, bisweilen mit angenehmer Holznote. Alkoholgehalt: 11%. Qualitätsstufen: *Riserva* mindestens 11,5% Alkohol und 2 Jahre Alterung. Zum Essen zu trinken. **– Moscato Giallo.** Rebsorten: Moscato giallo (85 bis 100%). Produktion: 3576 hl (54 ha). Farbe: strohgelb, bisweilen goldgelb. Geruch: aromatisch, sortentypisch. Geschmack: feines Muskataroma, bisweilen süß und alkoholstark. Alkoholgehalt: 11%. Arten: *Liquoroso.* Alterung: Liquoroso bis zu 2 Jahren. Zum Abschluss der Mahlzeit zu trinken. **– Müller-Thurgau.** Rebsorten: Müller-Thurgau (85–100%). Produktion: 18069 hl (215 ha). Farbe: strohgelb mit grünlichen Reflexen. Geruch: delikat, leicht aromatisch. Geschmack: trocken, frisch, fruchtig, harmonisch. Alkoholgehalt: 11%. Zum Essen zu trinken. **– Nosiola.** Rebsorten: Nosiola (85–100%). Produktion: 4434 hl (62 ha). Farbe: strohgelb. Geruch: fein, sortentypisch. Geschmack: trocken, schmackhaft, leicht bitter. Alkoholgehalt: 10,5%. Zum Essen zu trinken. **– Pinot Bianco.** Rebsorten: Pinot bianco (85–100%). Produktion: 4784 hl (71 ha). Farbe: strohgelb. Geruch: delikat, fein, sortentypisch. Geschmack: trocken, leicht bitter, harmonisch, schlicht, bisweilen mit angenehmer Holznote. Alkoholgehalt: 11%.

### Agriturismo

**Ala**
**Maso Rocca**
località Maso Rocca
☎ 0464680021

**Arco**
**Michelotti**
Bolognano
via Soccesure 2
☎ 0464516272

**Calavino**
**La Toresela**
via Garibaldi 56
☎ 0461564231

**Faedo**
**Ai Molini**
via Molini 8
☎ 0461651088

**Maso Nello**
via Pineta 3
☎ 0461650384

Qualitätsstufen: *Riserva* mindestens 11,5% Alkohol und 2 Jahre Alterung. Als Aperitif und zu Fisch zu trinken. – **Pinot Grigio.** Rebsorten: Pinot grigio (85–100%). Produktion: 26322 hl (286 ha). Farbe: strohgelb, bisweilen kupferfarben. Geruch: angenehm, sortentypisch. Geschmack: trocken, voll, harmonisch, sortentypisch. Alkoholgehalt: 11%. Zum Essen zu trinken. Arten: *Vendemmia Tardiva* mindestens 15% Alkohol und 1 Jahr Alterung (dann bis zu 3–4 Jahren); zum Abschluss der Mahlzeit zu trinken. – **Riesling Italico.** Rebsorten: Riesling italico (85–100%). Produktion: 98 hl (2,5 ha). Farbe: hell strohgelb, grünlich. Geruch: angenehm, sortentypisch. Geschmack: trocken, angenehm säuerlich, fruchtig. Alkoholgehalt: 10,5%. Als Aperitif und zu Fisch zu trinken. – **Riesling Renano.** Rebsorten: Riesling renano (85–100%). Produktion: 713 hl (10,7 ha). Farbe: ins Grünliche spielendes Strohgelb. Geruch: delikat, mit sortentypischem Aroma. Geschmack: trocken, angenehm säuerlich. Alkoholgehalt: 11%. Als Aperitif und zu Fisch zu trinken. Arten: *Riserva* mindestens 11,5% Alkohol und 2 Jahre Alterung. Zum Essen zu trinken. – **Sauvignon.** Rebsorten: Sauvignon blanc (85–100%). Produktion: 2264 hl (34 ha). Farbe: ins Grünliche spielendes Strohgelb. Geruch: angenehm, sortentypisch. Geschmack: trocken, schmackhaft, mit sortentypischem Aroma, bisweilen mit angenehmer Holznote. Alkoholgehalt: 11%. Zum Essen zu trinken. Arten: *Riserva* mindestens 11,5% Alkohol und 2 Jahre Alterung. Zum Essen zu trinken. – **Sorni Bianco.** Rebsorten: Nosiola und/oder Müller-Thurgau und/oder Sylvaner verde und/oder Pinot bianco und/oder Pinot grigio und/oder Chardonnay. Produktion: 212 hl (4,8 ha in den Gemeinden Lavis, Giovo und San Michele all'Adige). Farbe: strohgelb mit grünlichen Reflexen. Geruch: sortentypisch, angenehm, delikat. Geschmack: frisch, harmonisch, bisweilen weich. Alkoholgehalt: 10%. Als Aperitif oder zu Fisch zu trinken. – **Traminer Aromatico.** Rebsorten: Traminer aromatico (85–100%). Produktion: 2264 hl (34 ha). Farbe: ins Goldgelb spielendes Strohgelb. Geruch: aromatisch, intensiv, sortentypisch. Geschmack: harmonisch, fein, delikat, sortentypisch. Alkoholgehalt: 11,5%. Zum Essen zu trinken. – **Vendemmia Tardiva.** Rebsorten: Chardonnay oder Müller-Thurgau oder Nosiola oder Pinot bianco oder Pinot grigio oder Riesling italico oder Riesling renano oder Sauvignon blanc oder Traminer oder Moscato giallo oder Moscato rosa (85–100%), teilweise am Rebstock getrocknet. Farbe: goldgelb oder granatrot (Moscato rosa). Geruch: delikat, angenehm, sortentypisch. Geschmack: lieblich oder süß, voll, harmonisch. Alkoholgehalt: 15%. Alterung: mindestens 1 Jahr. Zum Abschluss der Mahlzeit zu trinken. – **Vin Santo.** Rebsorten: Nosiola, auf Gittern getrocknet. Produktion: 93,6 hl (2,3 ha am oberen Gardasee). Farbe: ins Bernsteinfarbene spielendes Goldgelb. Geruch: angenehm, harmonisch, fein, delikat. Geschmack: angenehm süß, passitoähnlich. Alkoholgehalt: 16%. Alterung: mindestens 3 Jahre (dann bis zu 6 Jahren). Zum Abschluss der Mahlzeit zu trinken. – **Kretzer/Rosato.** Rebsorten: Enantio und/oder Schiava und/oder Teroldego und/oder Lagrein (mindestens zwei davon, keine mehr als zu 70%). Farbe: rosé bis hell rubinrot. Geruch: delikat, angenehm. Geschmack: frisch, weich,

*Marzemino.*

## Enoteche

**Fondo**
**Enoteca Bar Trevini**
via S. Lucia 1
☎ 0463832004

**Levico Terme**
**Enoiteca Boivin**
via Garibaldi 9
☎ 0461701670

**Trient**
**Enoteca Bruno Lunelli**
largo Carducci 12
☎ 0461982496

**Enoteca La Sgeva**
via Brennero 20
☎ 0461829672

**Enoteca del Corso**
corso III Novembre 54
☎ 0461916424

## Kulturelle Einrichtungen

**Trient**
**Istituto Trentino del Vino**
Palazzo Trautmannsdorf
via del Suffragio 3
☎ 0461235858

## DOC-Weine aus dem Trentino

harmonisch. Alkoholgehalt: 11%. Zum Essen zu trinken. – **Moscato Rosa/Moscato delle Rose.** Rebsorten: Moscato rosa (85–100%). Produktion: 276 hl (7,85 ha). Farbe: rot bis hell granatrot. Geruch: delikat, angenehm aromatisch. Geschmack: süß, voll, angenehm, bisweilen alkoholstark. Alkoholgehalt: 12%. Arten: *Liquoroso.* Alterung: bis zu 3 Jahren. Zum Abschluss der Mahlzeit zu trinken. – **Rosso.** Rebsorten: Cabernet franc und/oder Cabernet Sauvignon (50–85%), Merlot (15–50%). Produktion: 2708 hl (47 ha). Farbe: kräftiges Rubinrot. Geruch: angenehm, ätherisch, bisweilen mit Eichennote. Geschmack: trocken, voll, harmonisch, leichte Tannine, bisweilen mit Eichennote. Alkoholgehalt: 11,5%. Alterung: mindestens 4 Monate, dann bis zu 2 Jahren. Zum Essen zu trinken. Qualitätsstufen: *Riserva* mindestens 12% Alkohol und 2 Jahre Alterung (dann noch 3–4 Jahre), zu Braten zu trinken. – **Cabernet.** Rebsorten: Cabernet franc und/oder Cabernet Sauvignon (85–100%). Produktion: 6607 hl (95 ha). Farbe: kräftiges Rubinrot. Geruch: leicht kräuterwürzig, ätherisch. Geschmack: trocken, voll, leichte Tannine, bisweilen mit angenehmer Holznote. Alkoholgehalt: 11%. Alterung: bis zu 2 Jahren. Zum Essen zu trinken. Qualitätsstufen: *Riserva* mindestens 11,5% Alkohol und 2 Jahre Alterung (dann bis zu 3 Jahren), zu dunklem Fleisch, Wild und altem Käse zu trinken. – **Cabernet Franc.** Rebsorten: Cabernet franc (85– 100%). Produktion: 611 hl (9 ha). Farbe: kräftiges Rubinrot. Geruch: angenehm kräuterwürzig, ätherisch, bisweilen mit angenehmer Holznote. Geschmack: trocken, harmonisch, voll. Alkoholgehalt: 11%. Alterung: bis zu 2 Jahren. Zum Essen zu trinken. Qualitätsstufen: *Riserva* mindestens 11,5% Alkohol und 2 Jahre Alterung (dann bis zu 3 Jahren); zu dunklem Fleisch, Wild und altem Käse zu trinken. – **Cabernet Sauvignon.** Rebsorten: Cabernet Sauvignon (85 bis 100%). Produktion: 6203 hl (80 ha). Farbe: rubinrot. Geruch: ätherisch, leicht kräuterwürzig. Geschmack: trocken, harmonisch, bisweilen mit angenehmer Holznote. Alkoholgehalt: 11%. Alterung: bis zu 3 Jahren. Zum Essen zu trinken. Qualitätsstufen: *Riserva* mindestens 11,5% Alkohol und 2 Jahre Alterung (dann bis zu 5 Jahren); zu dunklem Braten- oder Schmorfleisch. – **Lagrein.** Rebsorten: Lagrein (85–100%). Produktion: 4390 hl (63 ha). Farbe hell rosé (Kretzer) oder rubinrot (Dunkel). Geruch: fruchtig, sortentypisch. Geschmack: trocken, samtig, bisweilen mit angenehmer Holznote. Alkoholgehalt: 11%. Alterung: Dunkel bis zu 3 Jahren. Zum Essen zu trinken; Dunkel auch zu hellem Bratenfleisch und mittelaltem Käse. – **Marzemino.** Rebsorten: Marzemino (85–100%). Produktion: 12090 hl (172 ha in einem begrenzten Gebiet des unteren Vallagarina). Farbe: rubinrot. Geruch: sortentypisch, ausgeprägt. Geschmack: trocken, voll, angenehm. Alkoholgehalt: 11%. Alterung: bis zu 2 Jahren. Zum Essen zu trinken. Qualitätsstufen: *Riserva* mindestens 11,5% Alkohol und 2 Jahre Alterung (dann bis zu 4 Jahren); zu dunklem Fleisch und Wild zu trinken. – **Merlot.** Rebsorten: Merlot (85–100%). Produktion: 17363 hl (209 ha). Farbe: rubinrot. Geruch: sortentypisch, ausgeprägt. Geschmack: trocken, voll, bisweilen mit angenehmer Holznote. Alkoholgehalt: 11%. Alterung: bis zu 2 Jahren. Zum Essen zu trinken. Qualitätsstufen: *Riserva* mindestens 11,5% Alkohol und 2 Jahre Alterung (dann bis zu 3 Jahren); zu gehaltvollen Speisen zu trinken. – **Pinot Nero.** (85–100%). Rebsorten: Pinot nero. Produktion: 4000 hl (67 ha). Farbe: mehr oder weniger kräftiges Rubinrot. Geruch: delikat, sortentypisch. Geschmack: trocken, angenehm bitter, bisweilen mit angenehmer Holznote. Alkoholgehalt: 11,5%. Alterung: bis zu 2 Jahren. Zum Essen zu trinken. Qualitätsstufen: *Riserva* mindestens 12% Al-

### Veranstaltungskalender

**Februar**

**Arco**
①② Gran Gala asburgico (große habsburgische Gala)

**Mai**

**Nogaredo**
① Notte della magica Festa di Primavera (Frühlingsfest)

**Nogaredo**
③ Itinerari enogastronomici tra le Cantine (kulinarische Weinspaziergänge von Kellerei zu Kellerei)

**Trient**
❶②③④ Ausstellung von Weinen aus dem Trentino

kohol und 2 Jahre Alterung (dann bis zu 4 Jahren). – **Rebo.** Rebsorten: Rebo (85– 100%). Farbe: rubinrot. Geruch: angenehm, ausgeprägt. Geschmack: trocken, harmonisch. Alkoholgehalt: 11%. Alterung: bis zu 2 Jahren. Zum Essen zu trinken. – **Sorni Rosso.** Rebsorten: Teroldego und/oder Schiava gentile und/oder Schiava grigia und/oder Schiava grossa, Lagrein. Produktion: 921 hl (7,2 ha in den Gemeinden Lavis, Giovo und San Michele all'Adige). Farbe: mehr oder weniger kräftiges Rubinrot. Geruch: sortentypisch, ätherisch, angenehm, delikat. Geschmack: trocken, harmonisch, voll. Alkoholgehalt: 11%. Alterung: bis zu 2 Jahren. Zum Essen zu trinken.

**TRENTO.** – **Bianco.** Rebsorten: Chardonnay und/oder Pinot bianco und/oder Pinot nero und/oder Pinot meunier. Produktion: 41352 hl (538 ha). Schaum: fein und beständig. Farbe: mehr oder weniger volles Gelb. Geruch: sortentypisch, mit zarter Hefenote. Geschmack: sortentypisch, lebhaft, harmonisch. Alkoholgehalt: 11,5%. Als Aperitif zu trinken. Qualitätsstufen: *Riserva* mindestens 12% Alkohol und 36 Monate Alterung, als Aperitif und zu Vorspeisen zu trinken. Arten: *Rosato* mehr oder weniger zart rosé, bisweilen fruchtiger Duft, von mittlerem Körper, zu Vorspeisen zu trinken.

**VALDADIGE/ETSCHTALER.** In den Provinzen Trento, Bozen/Bolzano und Verona. – **Bianco.** Rebsorten: Pinot bianco und/oder Pinot grigio und/oder Riesling italico und/oder Müller-Thurgau und/oder Chardonnay (20 bis 100%), Bianchetta trevigiana und/oder Trebbiano toscano und/oder Nosiola und/oder Vernaccia und/oder Garganega (bis 80%). Produktion: 54018 hl (720 ha). Farbe: strohgelb. Geruch: weinig, angenehm. Geschmack: harmonisch, frisch, bisweilen lieblich. Alkoholgehalt: 10,5%. Zum Essen zu trinken. – **Chardonnay.** Rebsorten: Chardonnay (85–100%), andere nicht aromatische weiße (bis 15%). Produktion: 10851 hl (129 ha). Farbe: strohgelb. Geruch: angenehm, sortentypisch. Geschmack: frisch, schmackhaft, harmonisch. Alkoholgehalt: 10,5%. Zum Essen zu trinken. – **Pinot Bianco.** Rebsorten: Pinot bianco (85–100%), andere nicht aromatische weiße (bis 15%). Produktion: 889 hl (9,6 ha). Farbe: strohgelb. Geruch: angenehm, sortentypisch. Geschmack: harmonisch, frisch, schmackhaft. Alkoholgehalt: 10,5%. Zum Essen zu trinken. – **Pinot Grigio.** Rebsorten: Pinot grigio (85–100%), andere nicht aromatische weiße (bis 15%). Produktion: 28029 hl (316 ha). Farbe: strohgelb. Geruch: angenehm, sortentypisch. Geschmack: harmonisch, voll, bisweilen lieblich. Alkoholgehalt: 10,5%. Zum Essen zu trinken. – **Rosato.** Rebsorten und Produktion siehe Rosso. Farbe: mehr oder weniger intensives Rosé. Geruch: weinig, angenehm, delikat. Geschmack: weich, leicht säuerlich, bisweilen lieblich. Alkoholgehalt: 10,5%. Zum Essen. – **Rosso.** Rebsorten: Schiava in den verschiedenen Varianten und/oder Lambrusco a foglia frastagliata (30–100%, davon mindestens 20% Schiava), Merlot und/oder Pinot nero und/oder Lagrein und/oder Teroldego und/oder Negrara (bis 70%). Produktion: 31466 hl (418 ha). Farbe: mehr oder weniger kräftiges Rubinrot. Geruch: weinig, angenehm. Geschmack: harmonisch, bisweilen lieblich. Alkoholgehalt: 11%. Zum Essen. – **Schiava.** Rebsorten: Schiava gentile und/oder Schiava grigia und/oder Schiava grossa (85–100%), andere nicht aromatische rote (bis 15%). Produktion: 22450 hl (252 ha). Farbe: granatrot bis rubinrot. Geruch: weinig, angenehm. Geschmack: weich, mäßig säuerlich, bisweilen lieblich. Alkoholgehalt: 10,5%. Zum Essen zu trinken.

## Veranstaltungskalender

**Juni**

**Aldeno**
② Fest von S. Modesto

**Mezzolombardo**
④ Fest von San Pietro

**Juli**

**Calavino**
② Feste Madruzziane (zum Gedenken an die Kardinalsdynastie Madruzzo)

**Cembra**
❷ Rassegna del Müller-Thurgau (Weinschau)

**Canazei**
❹ Wein-, Spumante- und Grappa-Ausstellung mit Verkostung

## Tourenvorschläge

**In den Weinbergen des Trentino.** Die Strecke führt von Süden durch das Vallagarina, die Hügel um Trient sowie den Campo Rotaliano und kann um Abstecher in das Valle dei Laghi und das Val di Cembra erweitert werden. **Ala.** Kleine Weinstadt (→) mit guten Einkaufsmöglichkeiten. **Rovereto.** Kulturell, önologisch und gastronomisch gleichermaßen interessanter Ort mit der empfehlenswerten Kellerei Conti Bossi Fedrigotti (→) und der Enoteca Micheli. Anspruchsvolle Küche in den Restaurants Novecento und Al Borgo, Verkostung in der Kellerei Letrari (→). In der Nähe liegen die Weinstädte Isera, Nogaredo, Nomi, Volano und Aldeno. In Nogaredo Verkostung in der Enoteca Osteria delle Strie. **Trient.** (→) Mit der Beschreibung der Hauptstadt des Trentino könnte man Seiten füllen. Weintouristen sollten unbedingt die historische Kellerei Ferrari Lunelli (→) besichtigen. Drei Restaurants verdienen Beachtung: das Chiesa, das Cantinota und die Osteria alle due spade. Im historischen Palazzo Trautmannsdorf hat das Istituto dei Vini del Trentino seinen Sitz: Im Frühjahr findet dort die Ausstellung der Weine aus dem Trentino statt. **Arco.** Faszinierendes Städtchen am Ausgang des Valle dei Laghi am Gardasee. Auf der Weiterfahrt empfiehlt sich ein Halt in Vezzano mit dem ausgezeichneten Restaurant Fior di Roccia und bei der Kellerei Pisoni (→) in Pergolese Sarche. In Dro Einkäufe in dem Geschäft Tipico Trentino. **Lavis.** Die Weinstadt (→) ist berühmt für die Produktion der Kellerei La Vis (→). **Cembra.** Die Hochburg des Müller-Thurgau. **Mezzolombardo.** Die «Hauptstadt» des Campo Rotaliano ist der größte Erzeuger von Teroldego. In San Michele all'Adige Besuch des bekannten Istituto Agrario (→) und des Museo degli Vini e dei Costumi della Gente Trentina. In **Mezzocorona** Führung mit Verkostung in der Kellerei Rotari (→). **Roverè della Luna.** Kurz vor der Grenze zu Südtirol, Verkostung in der Kellerei Gaierhof (→).

### Veranstaltungskalender

**August**
**Fondo**
❷ Wein-, Spumante- und Grappa-Ausstellung mit Verkostung
**September**
**Trient**
❹ Weinfestival
**Rovereto**
❷❸ Festival della Vendemmia (Weinlesefest)

## Gaumenfreuden

Das Trentino ist ein Land der Gegensätze, in dem verschiedenartige Kulturen und unterschiedliche klimatische Bedingungen aufeinander treffen. Eine reichhaltige und vielfältige Natur prägt die Küche der Region. Die Talgründe sind mit Obstgärten bedeckt; hier werden beinahe in Monokultur Äpfel angebaut. Äpfel sind auch die Grundlage für den Strudel, der beliebten Süßspeise aus dem Trentino mit ihrem fruchtigen Geschmack und dem Zimtduft: eine süße, warme Masse, umhüllt von einer zarten Teigschicht. Früher rollte man den Strudelteig zwischen zwei Küchentüchern so dünn aus, dass man hindurchsehen konnte; heute nimmt man immer häufiger Blätterteig dafür, der sich zwar einfacher zubereiten lässt, aber weniger luftig ist. Leckeren Strudel und unzählige andere Köstlichkeiten gibt es im Borgo di Rovereto, einem Lokal, das sich seit Jahren der Küche des Trentino verschrieben hat. Das historische Städtchen Rovereto ist mit seinen Kunstschätzen und seinem Mozart-Festival ohnehin einen Aufenthalt wert. Weinliebhaber werden gerne in San Michele all'Adige mit seinem berühmten Istituto Agrario Halt machen; ganz in der Nähe ist das Silvio, ein wunderbares Lokal mit wirklich ausgefallener futuristischer Einrichtung. Während man sich an den großen, auf dem heißen Stein servierten Fleischportionen gütlich tut, kann man in Ruhe die Bilder und Möbel betrachten. Auf der Apfelstraße, der Strada delle mele, kommt man natürlich auch durch die einzigartige Landschaft des Val di Non, ein Meer aus Früchten, aus dem nur die Kirchtürme der Dörfer emporragen, die den Weg zum Mendolapass säumen. Kurz vor dem Pass legt man an einem kleinen Haus mitten im Wald eine Pause ein, um in dem hübschen Lokal Orso Grigio regionale Spezialitäten zu genießen. Oder man fährt hinunter zum See, wo die Täler sich den warmen Winden öffnen, das Castello di Toblino romantische Gefühle weckt und die dicken, honigsüßen Trauben für den reichhaltigsten und süßesten Vin Santo ganz Italiens reifen, der erstmalig zu Zeiten des Konzils von Trient für die hier versammelten Prälaten hergestellt wurde. Auch auf den Felsen blühen Blumen – das suggeriert zumindest der Name des schönen Restaurants Fior di Roccia in Vez-

zano, wo ein junger Koch leckeres Backwerk aus Buchweizen und ein Gerstengericht mit wilden Mäusedorn- und Hopfensprossen zubereitet. Am See angekommen, wendet man sich der wunderschönen Stadt Riva und einem beliebten Lokal zu: dem Volt, wo sowohl das Speisenangebot als auch der Empfang in romantischem Ambiente ihresgleichen suchen.

### Veranstaltungskalender

**Oktober**

**Mori**
① Ganzega d'Autunno (Herbstfest)

**Volano**
③ Fest von S. Rocco

**Rovereto**
❸ Ausstellung der großen Weine des Trentino

**November**

**Ala**
❸ Landwirtschaftsmesse

**Trient**
❶❷❸❹ Weinfestival

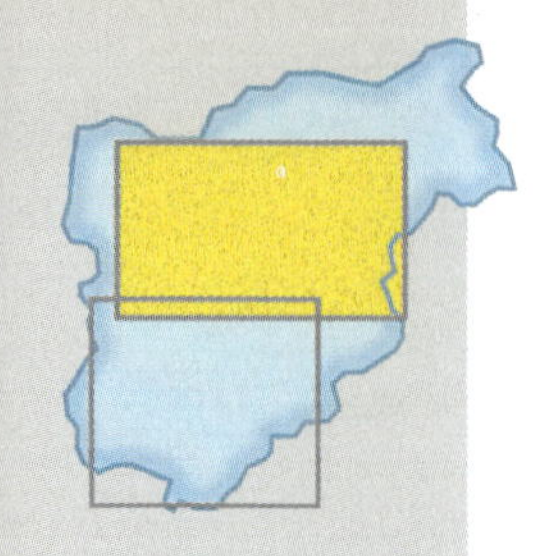

# Die Südtiroler Weinberge

*Eine großartige Weinlandschaft, die sich durch das Etschtal von der Talenge bei Salurn bis hinauf nach Schlanders und durch das Eisacktal bis Brixen zieht.*

Das Südtiroler Weinanbaugebiet erstreckt sich entlang der Etsch / Adige von der Talenge bei Salurn / Salorno bis Meran / Merano, dann weiter über die Sonnenseite des Vinschgau / Val Venosta bis nach Schlanders / Silandro sowie über die Uferregion des Eisack / Isarco zwischen Bozen / Bolzano und Brixen / Bressanone. Die Rebfläche ist insgesamt nicht sehr groß, aber fast überall DOC-Bereich. Traditionell nimmt ein Großteil der Produktion den Weg in die Schweiz, nach Deutschland und nach Österreich. Grob gesprochen, gilt für die gesamte autonome Provinz Bozen / Bolzano die DOC Südtirol / Alto Adige, in der verschiedene ehemals eigenständige DOCs aufgegangen sind; diese werden heute durch eine geographische oder Rebsortenbezeichnung nach dem allgemeinen DOC-Namen ausgewiesen. Beachtlich ist die Palette an Gewächsen, die aus Vernatsch (Schiava) gekeltert werden, schon seit dem Mittelalter die bedeutendste Südtiroler Rebsorte. Jüngeren Datums sind dagegen Weine von Blauburgunder (Pinot nero) und den Cabernet-Sorten, die immer häufiger in der Barrique ausgebaut werden. In Südtirol wird zwischen Cabernet Sauvignon und Cabernet franc oft nicht unterschieden, sodass man häufig bei der Traubensorte die einfache Angabe «Cabernet» vorfindet. Bei den Weißweinen herrschen traditionell die Pinot-Sorten Weiß- und

## Hotels und Restaurants

**Eppan/Appiano**
**Zur Rose** 🍴🍴🍴
San Michele
via Innerhofer 2
☎ 0471662249

**Bozen/Bolzano**
**Alpi** ★★★
via Alto Adige 35
☎ 0471970535

**Parkhotel Laurin** ★★★★
**Belle Epoque** 🍴🍴🍴
via Laurin 4
☎ 0471311000

**Hosteria Argentieri** 🍴🍴
via Argentieri 14
☎ 0471981718

**Cavallino Bianco – Weißes Rössl** 🍴
via dei Bottai 6
☎ 0471973267

**Ca' de Bezzi** 🍴
via A. Hofer 30
☎ 0471976183

**Moritzingzehof** 🍴🍴
via Merano 113
☎ 0471917491

Grauburgunder (Ruländer) vor, im Trend steht aber auch Chardonnay im Verbund mit hoch entwickelten Kellermethoden.

## Ein großer Rotwein am Kalterer See

An der Talenge bei Salurn beginnt ein Weingebiet, das sich über das Etschtal bis nördlich von Bozen erstreckt. Hier wachsen in erster Linie Trauben für die DOC Kalterersee / Lago di Caldaro. Die Rebflächen befinden sich zum Großteil auf der linken Talseite; Namensgeber ist der schön gelegene Kalterer See, dessen Einfluss zweifellos das Klima für den Weinbau begünstigt. Auf den Gebieten um den See herum wird hauptsächlich Vernatsch angebaut, daneben Blauburgunder an den Hängen und Lagrein auf den wenigen ebenen Flächen. Rotweine von diesen Reben stammen vorwiegend aus dem westlich der Etsch gelegenen Ort Kaltern / Caldaro sowie aus Eppan / Appiano etwas weiter im Norden. In den DOC-Bereich fallen weitere zehn Südtiroler Gemeinden und sieben zum Trentino gehörige Orte am Ausgang des Val di Cembra.

## Ehrwürdige Tropfen von den Hügeln um Bozen

Dem Lauf der Etsch folgend, gelangt man in die von Weingärten umgebene Hauptstadt Bozen. Die Orte Branzoll / Bronzolo und Vilpian / Vilpiano bilden die Eckpunkte eines Gebietes, aus dem zwei Weine mit ehemals eigener DOC stammen: Bozner Leiten / Colli di Bolzano und Sankt Magdalener / Santa Maddalena – heute Unterbereiche der DOC Südtirol / Alto Adige. Das Rebsortenspektrum wird von Vernatsch beherrscht, daneben baut man Blauburgunder und Lagrein an. Der Sankt Magdalener ist einer der wichtigsten und bekanntesten Südtiroler Weine mit einer langen Geschichte. Die Landschaft des Anbaugebiets, das das Dorf St. Magdalena und einige andere Siedlungen umfasst, ist von einmaliger Schönheit.

*Bozen, Castel Mareccio.*

### Hotels und Restaurants

**Brixen/Bressanone**

**Dominik** ★★★
via Terzo di Sotto 13
☎ 0472830144

**Elefante** ★★★ 🍴🍴🍴
via Rio Bianco 4
☎ 0472832750

**Grüner Baum** ★★★
via Stufles 11
☎ 0472832732

**Bel Riposo** ★★★
via dei Vigneti 1
☎ 0472836548

**Sunnegg** 🍴🍴
via Vigneti 67
☎ 0472834760

## Terlan: eine Weißweinoase

Oberhalb von Bozen, am linken Ufer der Etsch, liegt das herrliche Wein- und Urlaubsgebiet, das dem DOC-Wein Terlaner / Terlano seinen Namen gibt: eine Weißweinoase im Rotweinland. Die unbestrittene Hauptrolle spielt der Weißburgunder (Pinot bianco), der hier auf günstigste Bedingungen stößt. Ein weiterer recht großer Anteil entfällt auf Sauvignon blanc; in einigem Abstand folgen Chardonnay, der hier sehr gut gedeiht, Welsch- und Rheinriesling, von denen Ersterer einen etwas größeren Anteil hat, und schließlich Müller-Thurgau sowie zu einem verschwindend geringen Anteil Silvaner. Der Anbau konzentriert sich auf das Gebiet zwischen Siebeneich / Settequerce und Vilpian / Vilpiano, hinzu kommen die größeren Orte jenseits der Etsch.

## Die Meraner Hügel: Reich des Vernatsch

Die Stadt Meran / Merano schmiegt sich in eine sonnige Senke, umgeben von Hügeln voller Wein- und Obstgärten. Hier herrscht die Vernatsch-Traube in ihren verschiedenen Varianten, die reinsortig zu dem berühmten Meraner Hügel / Meranese di Collina gekeltert werden. Die Anbauregion zieht sich von den Südhängen des Monte Mutta bis vor die Tore der Stadt hin und dann weiter am linken Ufer der Etsch / Adige bis nach Tisens / Tesimo und am rechten Ufer bis nach Gargazon / Gargazzone; insgesamt zwölf Gemeinden zählen dazu, darunter Lana, Riffian / Rifiano, Tirol / Tirolo und Schenna / Scena. Das Zentrum ist dennoch Meran, wo im Oktober ein gigantisches Traubenfest stattfindet.

## Im Vinschgau

Der oberste Teil des Etschtals verläuft größtenteils in Ost-West-Richtung und bekommt daher viel Sonne ab. Das Tal ist weit und grün, unten bedecken Wiesen und Felder die Hänge. Die Rebstöcke wachsen auf der Sonnenseite längs der etwa 30 Kilometer zwischen Meran und Schlanders / Silandro. Erzeugt werden fast ausschließlich reinsortige Weine: neben einer ganzen Reihe von Weißen, nämlich Chardonnay, Kerner, Müller-Thurgau, Weißburgunder, Ruländer, Riesling und Gewürztraminer, gibt es mit Blauburgunder und Vernatsch auch zwei Rote.

## Brixen und seine vortrefflichen Kellereien

Wenn man oberhalb von Bozen dem Lauf des Eisack, des größten Nebenflusses der Etsch, folgt, gelangt man in den DOC-Bereich Eisacktaler / Valle Isarco. Die Reben gedeihen an den steilen Berghängen zwischen Völs am Schlern / Fiè allo Sciliar und Brixen – eine herrliche Gegend in der ohnehin grandiosen Landschaft Südtirols. Bis in eine Höhe von 800 Metern wird Wein angebaut, was besondere Techniken erfordert: Auch bei Pergolen zieht man hier die Bögen fast bis auf den Boden, um jeden Sonnenstrahl auszunutzen. Im Eisacktal wachsen ausschließlich weiße Rebsorten: Silvaner etwas mehr als Müller-Thurgau, außerdem Gewürztraminer, Veltliner, Ruländer und Kerner.

### Hotels und Restaurants

**Kaltern/Caldaro**
**Kartheiner Hof** ★★★
strada del Vino 22
☎ 0471968000

**Girlan/Cornaiano**
**Bellavista Marklhof** 🍴🍴
via Belvedere 14
☎ 0471662407

**Corvara**
**Romantik Hotel La Perla** ★★★
strada Col Alt 105
☎ 0471836132

**Pfalzen/Falzes**
**Schöneck** 🍴🍴🍴
3 km nach Molini
via Castello
Schöneck 11
☎ 0474565550

## Weinstädte

**Bozen/Bolzano.** Die geschäftige Handelsstadt römischen Ursprungs liegt an der Mündung der Flüsse Eisack/Isarco und Talfer/Talvero in die Etsch/Adige.

## Kellereien

**Mölten/Meltina.** *Vivaldi Arunda, via Civico 53, Tel. 0471668033. Öffnungszeiten: 8–12 und 14–18 Uhr, Samstagnachmittag und Sonntag geschlossen.* Der in einem alten Gutshaus untergebrachte Betrieb ist das erste Südtiroler Mitglied im Movimento del Turismo del Vino. Nach Mölten, auf der Hochebene zwischen dem Sarntal/Sarentino und Hafling/Avelengo gelegen, gelangt man mit dem Auto von Terlan aus oder in einer schönen, 45-minütigen Seilbahnfahrt von Vilpian. Die Produktion umfasst Spumante von Chardonnay, Blau- und Weißburgunder. Der Stolz des Hauses sind die Cuvée Marianna und die Riserva.

## Tourenvorschläge

**Entlang der Weinstraße.** Die Strecke folgt der traditionellen Weinstraße durch das Überetsch, die über 42 Kilometer von Süden her das Etschtal entlang bis Bozen und weiter nach Terlan und Meran führt. **Magreid/Magrè.** Hübsches Stadtbild mit vielen Bögen, Balkonen und von Blüten bedeckten Loggien. Die Attraktion des Orts sind die uralten Rebstöcke, die anlässlich von Geburten und Hochzeiten hinter den Häusern gepflanzt und über Generationen liebevoll gepflegt werden. Empfehlenswert ein Besuch in der 1855 gegründeten Kellerei Lageder, berühmt für ihre Weine von Chardonnay und Ruländer. **Kurtatsch/Cortaccia.** In der Burg von Niclara kann man den Müller-Thurgau Feldmarschall der Kellerei Tiefenbrunner verkosten. **Tramin/Termeno.** Die Heimat des duftenden Gewürztraminers ist ein herrschaftlich anmutender Ort. Halt bei der mehrfach preisgekrönten Kellerei Hofstätter, die schon Kaiser Franz Josef belieferte. Wer will, kann von hier aus einen Abstecher nach Neumarkt/Egna am linken Etschufer machen und den berühmten Blauburgunder der Kellerei Franz Haas probieren. **Kaltern/Caldaro.** Im Zentrum der prachtvollen Stadt am See mit ihren altehrwürdigen Häusern kann man in der alten Kellerei Di Pauli das interessante Weinmuseum besichtigen. Übernachtung im Kartheiner Hof mit Seeblick von der großen Veranda. Für Weinproben ist zuvorderst die Kellerei Castel Salleg im oberen Teil der Stadt zu nennen. Das Juwel des 1848 gegründete Betriebs ist der DOC Kalterersee Scelto Bischofsleiten. Empfehlenswert auch die Kellerei Erste & Neue und die örtliche Winzergenossenschaft. **Eppan/Appiano.** Weinstädtchen mit vielen Herrschaftshäusern im typischen Südtiroler Stil und der Kirche St. Michael aus dem 12. Jahrhundert. Verkostung und Einkäufe bei der Winzergenossenschaft. Unverzichtbar der Besuch des Restaurants Zur Rose. **Girlan/Cornaiano.** Hübscher Ort inmitten von Weingärten. Von den Kellereien ist vor allem die Cantina Produttori Colterenzio mit

### Hotels und Restaurants

**Marling/Marlengo**
**Marlena** ★★★
via Tramontana 6
☎ 0473222266

**Meran/Merano**
**Kurhotel Castel Rundegg** ★★★★★
via Scena 2
☎ 0473234100

**Palace** ★★★★★
**Grillstube Schloss Maur** 🍴🍴🍴
via Cavour 2
☎ 0473271000

**Artemis** 🍴🍴
via Verdi 72
☎ 0473446282

**Europa Splendid** ★★★
corso Libertà 178
☎ 0473232376

den Weinen Praedium, Selection und Cornell hervorzuheben. Aus den privaten Betrieben sticht die 1852 gegründete Kellerei Niedermayr hervor, die sich eines Dessertweins aus Chardonnay, Weißburgunder und Sauvignon blanc namens Aureus rühmt. Zum Essen sollte man im Bellavista-Marklhof einkehren, für das ein altes Kloster samt Keller, Wein- und Obstgärten die Kulisse abgibt. **Bozen / Bolzano.** Auffällig an der schönen Stadt am Eisack ist erstens die gotische Prägung der Altstadt mit der malerischen Laubengasse und dem Dom und zweitens das eher mittel- als südeuropäische Flair. Um es gebührend zu genießen, steigt man in dem 1910 erbauten Parkhotel Laurin ab, dem «kleinen Schloss» des letzten österreichischen Kaisers Karl. Das angeschlossene Restaurant Belle Epoque ist berühmt für die Künste seines Kochs Nardelli. Besondere Erwähnung verdient die Winzergenossenschaft Gries, bekannt für ihre Weine aus Lagrein-Trauben, unter anderem der exklusive Lagrein Dunkel Riserva Barrique. In **Terlan / Terlano** lohnt ein Besuch der 1893 gegründeten Cantina Produttori di Terlano, die heute mit modernster Kellertechnik arbeitet. Danach weiter nach Mölten zur Kellerei Vivaldi Arunda (→), das bisher einzige Südtiroler Mitglied im Movimento del Turismo del Vino. Schon die Seilbahnfahrt von Vilpian ist diesen Ausflug wert. **Meran / Merano.** Eine herrliche, von Burgen und Bergen umkränzte Senke mit Wein- und Obstgärten tut sich auf. Spaziergänge am Flüsschen Passer, Palazzi, Thermen und eine Pferderennbahn, Cafés und Geschäfte, Erinnerungen an die Kaiserin Sisi, die regelmäßig hierher kam – all das bietet die faszinierende Stadt Meran, wo heute noch die traditionellen Traubenkuren durchgeführt werden. Besonders sei auf die historischen Kurhotels Castel Rundegg und Palace Hotel hingewiesen, nicht zuletzt wegen ihrer Restaurants Andrea, Flora und Sissi. Für den Weinfreund ist die Enoteca Vinschger Tor eine gute Adresse. Führungen und Verkostungen bietet die örtliche Winzergenossenschaft an, die exklusiv zwei Unterbereiche der DOC Meraner bebaut: St. Valentin und Schloss Labers. Für den krönenden Abschluss der Fahrt muss man einen Umweg in Richtung Brixen in Kauf nehmen: Wirklich einzigartig ist das Kloster Neustift (Abbazia di Novacella), das seit 1142 Wein erzeugt.

## Hotels und Restaurants

**Meran/Merano**
**Westend** ★★★
via Speckbacker 9
☎ 0473447654
**Forst** 🍴
corso Libertà 90
☎ 0473236535
**Sissi** 🍴🍴🍴
via Galilei 44
☎ 0473231062

**Mühlbach/Rio di Pusteria**
**Pichler** 🍴🍴🍴
via Katharina Lanz 5
☎ 0472849458

**Sankt Kassian/San Cassiano**
**Ciasa Salares** ★★★★
**La Siriola** 🍴🍴🍴🍴
località Armentarola 127
☎ 0471849445

**Sterzing/Vipiteno**
**Pretzhof** 🍴🍴
8 km nach Tulve
Val di Vizze
☎ 0472764455

## DOC-Weine aus Südtirol

**SÜDTIROL/ALTO ADIGE** oder **Südtiroler/dell'Alto Adige.** Umfasst die Provinz Bozen/Bolzano mit den Gemeinden Andrian/Andriano, Auer/Ora, Bozen/Bolzano, Branzoll/Bronzolo, Burgstall/Postal, Eppan/Appiano, Kaltern/Caldaro, Leifers/Laives, Meran/Merano, Nals/Nalles, Pfatten/Vadena, Ritten/Renon, Terlan/Terlano, Tirol/Tirolo, Tramin/Termeno und andere sowie bestimmte, auf dem Etikett ausgewiesene Untergebiete. – **Chardonnay.** Rebsorten: Chardonnay (95–100%). Produktion: 23292 hl (256 ha). Farbe: grünlich gelb. Geruch: delikat, sortentypisch, fruchtig. Geschmack: schmackhaft, trocken, voll, sortentypisch. Alkoholgehalt: 11%. Zum Essen zu trinken. Arten: *Spumante Brut* und *Extra brut* mindestens 11,5% Alkohol, als Aperitif und zu leichten Speisen zu trinken. – **Goldmuskateller/Moscato Giallo.** Rebsorten: Goldmuskateller (95–100%), Produktion: 1103 hl (15,8 ha). Farbe: strohgelb. Geruch: aromatisch, typischer Muskatduft, intensiv. Geschmack: trocken oder süß, aromatisch, angenehm. Alkoholgehalt: 11%. Zum Abschluss der Mahlzeit zu trinken, die trockene Version auch als Aperitif. – **Weißburgunder/Pinot Bianco.** Rebsorten: Weißburgunder (95–100%). Produktion: 27546 hl (303 ha). Farbe: ins Grünliche spielendes Strohgelb. Geruch: angenehm, sortentypisch. Geschmack: angenehm bitter, angemessene Säure, schmackhaft, sortentypisch. Alkoholgehalt: 11%. Zu Vorspeisen zu trinken. Arten: *Spumante Brut* und *Extra brut* mindestens 11,5% Alkohol, als Aperitif und zu leichten Speisen zu trinken. – **Ruländer/Pinot Grigio.** Rebsorten: Ruländer (95–100%). Produktion: 17731 hl (195 ha). Farbe: strohgelb. Geruch: nicht sehr ausgeprägt, angenehm. Geschmack: trocken, voll, harmonisch, sortentypisch. Alkoholgehalt: 11,5%. Als Aperitif und zu Fisch zu trinken. Arten: *Spumante Brut* und *Extra brut,* als Aperitif und zu leichten Speisen zu trinken. – **Welschriesling/Riesling Italico.** Rebsorten: Welschriesling (95–100%). Produktion: 266 hl (2,9 ha). Farbe: hell strohgelb, grünlich. Geruch: delikat, angenehm. Geschmack: trocken, voll, von leichtem Körper. Alkoholgehalt: 11%. Zu leichten Speisen zu trinken. – **Rheinriesling/Riesling Renano.** Rebsorten: Rheinriesling (95– 100%). Produktion: 2731 hl (30 ha). Farbe: ins Grünliche spielendes Strohgelb. Geruch: delikat, angenehm, sortentypisch. Geschmack: trocken, angenehm säuerlich, frisch. Alkoholgehalt: 11%. Zu Vorspeisen und zu Fisch zu trinken. – **Müller-Thurgau/Riesling x Sylvaner.** Rebsorten: Müller-Thurgau (95–100%). Produktion: 3940 hl (43 ha). Farbe: ins Grünliche spielendes Strohgelb. Geruch: delikat, leicht aromatisch. Geschmack: trocken, weich, fruchtig. Alkoholgehalt: 11%. Zu Vorspeisen und zu Fisch zu trinken. – **Sauvignon.** Rebsorten: Sauvignon blanc (95–100%). Produktion: 2428 hl (27 ha). Farbe: ins Grünliche spielendes Gelb. Geruch: angenehm, fruchtig. Geschmack: trocken, charakteristisches Aroma. Alkoholgehalt: 11,5%. Alterung: bis zu 2 Jahren. Zu Fisch, Meeresfrüchten und Schalentieren sowie zu leichten Speisen zu trinken. – **Silvaner/Sylvaner.** Rebsorten: Silvaner (95– 100%). Produktion: 453 hl (5 ha). Farbe: ins Grünliche spielendes Strohgelb. Geruch: sortentypisch, angenehm, fruchtig. Geschmack: trocken, delikat, frisch, harmonisch. Alkoholgehalt: 11%. Zu leichten Speisen zu trinken. – **Gewürztraminer/Traminer Aromatico.** Rebsorten: Gewürztraminer (95–100%). Produktion: 5540 hl (66 ha). Farbe: strohgelb bis goldgelb. Geruch: leicht aromatisch bis intensiv. Geschmack: voll, angenehm aromatisch, trocken. Alkoholgehalt: 11,5%. Zu Fisch und Schalentieren sowie zu leichten Speisen zu trinken. – **Spumante (Brut oder Extra Brut).** Rebsorten: Weißburgunder und/oder Chardonnay (70–100%), Ruländer und/oder Blauburgunder (bis 30%). Schaum: fein, regelmäßig, beständig.

*Riesling.*

### Agriturismo

**Brixen/Bressanone**
**Gfaderhof**
località Tecelinga
☎ 0472852506

**Kaltern/Caldaro**
**Zur Traube**
località Pozzo
☎ 0471963369

**Meran/Merano**
**Sittnerhof**
via Verdi 60
☎ 0473221631

## DOC-Weine aus Südtirol

Farbe: strohgelb mit grünlichen Reflexen. Geruch: fein, delikat, leicht nach Hefe. Geschmack: trocken als Extra brut, leicht geschmeidig als Brut, weich, angenehm voll. Alkoholgehalt: 11,5%. Als Aperitif und zu leichten Speisen zu trinken. – **Lagrein Kretzer/ Lagrein Rosato.** Rebsorten: Lagrein (95–100%). Produktion: siehe Lagrein. Farbe: hell rubinrot, rosé mit lachsfarbenen Reflexen. Geruch: delikat, angenehm. Geschmack: geringer Körper, harmonisch, elegant, frisch. Alkoholgehalt: 11%. Zum Essen zu trinken. Qualitätsstufen: *Grieser Lagrein/Lagrein di Gries,* wenn in der Gemeinde Bozen angebaut. – **Merlot Kretzer** bzw. **Rosé/Merlot Rosato.** Rebsorten: Merlot (95–100%). Produktion: siehe Merlot. Farbe: rosé mit orangefarbenen Reflexen. Geruch: leicht kräuterwürzig, sortentypisch, angenehm. Geschmack: trocken, angenehm, leicht kräuterwürzig. Alkoholgehalt: 11%. Alterung: bis zu 2 Jahren. Zum Essen zu trinken. – **Rosenmuskateller/Moscato Rosa.** Rebsorten: Rosenmuskateller (95–100%). Produktion: 195 hl (5 ha). Farbe: rot bis hell rubinrot. Geruch: delikat und angenehm. Geschmack: süß, angenehmes Muskataroma. Alkoholgehalt: 12,5%. Alterung: bis zu 3 Jahren. Zum Abschluss der Mahlzeit zu trinken. – **Blauburgunder Kretzer** bzw. **Rosé/Pinot Nero Rosato.** Rebsorten: Blauburgunder (95–100%). Produktion: siehe Blauburgunder. Farbe: rosé. Geruch: fruchtig, harmonisch, angenehm. Geschmack: trocken, harmonisch, angenehm, weich. Alkoholgehalt: 11,5%. Zum Essen zu trinken. – **Cabernet** oder **Cabernet Franc** oder **Cabernet Sauvignon.** Rebsorten: Cabernet franc bzw. Cabernet Sauvignon (95–100%). Produktion: 4021 hl (52 ha). Farbe: kräftiges Rubinrot bis volles Granatrot. Geruch: sortentypisch, leicht kräuterwürzig, ätherisch. Geschmack: trocken, voll, leichte Tannine. Alkoholgehalt: 11,5%. Alterung: bis zu 3 Jahren. Zum Essen zu trinken. Qualitätsstufen: *Riserva* mindestens 2 Jahre Alterung (dann bis zu 5 Jahren); zu dunklem Fleisch und Wild zu trinken. – **Cabernet-Lagrein.** Rebsorten: Cabernet (21–79%) und Lagrein (21–79%) mit Spezifikation der dominanten Sorte auf dem Etikett. Farbe: kräftiges Rubinrot bis helles Granatrot. Geruch: sortentypisch, leicht kräuterwürzig, ätherisch. Geschmack: trocken, weich, voll, leichte Tannine. Alkoholgehalt: 11,5%. Alterung: bis zu 3 Jahren. Zum Essen zu trinken. Qualitätsstufen: *Riserva* mindestens 2 Jahre Alterung (dann bis zu 6 Jahren); zu dunklem Fleisch und Wild zu trinken. – **Cabernet-Merlot.** Rebsorten: Cabernet (21–79%) und Merlot (21–79%) mit Spezifikation der dominanten Sorte auf dem Etikett. Farbe: kräftiges Rubinrot bis Granatrot. Geruch: sortentypisch, leicht kräuterwürzig. Geschmack: trocken, voll, leichte Tannine. Alkoholgehalt: 11,5%. Alterung: bis zu 3 Jahren. Zum Essen zu trinken. Qualitätsstufen: *Riserva* mindestens 2 Jahre Alterung (dann bis zu 6 Jahren); zu dunklem Fleisch und Wild zu trinken. – **Lagrein** oder **Lagrein Dunkel/Lagrein Scuro.** Rebsorten: Lagrein (95–100%). Produktion: 19649 hl (200 ha). Farbe: kräftiges Rubinrot bis volles Granatrot. Geruch: trocken, angenehm, sortentypisch. Geschmack: weich, samtig, voll. Alkoholgehalt: 11,5%. Alterung: bis zu 2 Jahren. Zum Essen zu trinken. Qualitätsstufen: *Riserva* mindestens 2 Jahre Alterung (dann bis zu 3–4 Jahren); zu hellem Fleisch und Wurstwaren (Südtiroler Bauernspeck) zu trinken; *Grieser Lagrein/Lagrein di Gries,* wenn in der Gemeinde Bozen angebaut. – **Malvasier/Malvasia.** Rebsorten: Malvasier (95–100%). Produktion: 185 hl (2,4 ha). Farbe: rubinrot mit orangefarbenen Reflexen. Geruch: angenehm, duftend. Geschmack: trocken, weich, voll, harmonisch. Alkoholgehalt: 11,5%. Zum Essen zu trinken. – **Merlot.** Rebsorten: Merlot (95–100%). Produktion: 2328 hl (26 ha). Farbe: rubinrot. Geruch: sor-

### Kellereien

**Eppan/Appiano**

**Cantina Sociale San Paolo**
via Castel Guardia 1
San Paolo
☎ 047152183

**Cantina Produttori Colterenzio**
frazione Cornaiano
strada del Vino 8
☎ 0471664466

**Joseph Niedermayr**
via Casa di Gesù 15
☎ 0471662451

**Bozen/Bolzano**

**Cantina Gries**
piazza Gries 2
☎ 0471270909

**Kaltern/Caldaro**

**Castel Salleg**
vicolo di Sotto 15
☎ 0471963132

**Erste & Neue**
via Cantine 5
☎ 0471963122

**Cantina Viticoltori di Caldaro**
via Cantine 12
☎ 0471963124

tentypisch, angenehm, kräuterwürzig. Geschmack: voll, schmackhaft, trocken, leicht kräuterwürzig. Alkoholgehalt: 11%. Alterung: bis zu 2 Jahren. Zum Essen zu trinken. Qualitätsstufen: *Riserva* mindestens 2 Jahre Alterung (dann noch 4 Jahre und mehr); zum Essen zu trinken. – **Blauburgunder/Pinot Nero.** Rebsorten: Blauburgunder (95–100%). Produktion: 10710 hl (127 ha). Farbe: rubinrot, nach Alterung mit orangefarbenen Reflexen. Geruch: ätherisch, angenehm, sortentypisch. Geschmack: trocken, weich und voll, mit leichter Bitternote im Abgang, harmonisch. Alkoholgehalt: 11,5%. Alterung: bis zu 2 Jahren. Zum Essen zu trinken. Qualitätsstufen: *Riserva* mindestens 2 Jahre Alterung, zu dunklem Fleisch und Wild zu trinken. Arten: *Spumante Brut*, eher vollmundig, und *Extra brut*, trocken, weiß gekeltert; als Aperitif und zum Essen zu trinken. – **Vernatsch/Schiava.** Rebsorten: Vernatsch in den verschiedenen Varianten (85–100%). Produktion: 66700 hl (681 ha). Farbe: hell bis mittel rubinrot. Geruch: angenehm, fruchtig, sortentypisch. Geschmack: weich, leichte Mandelnote, angenehm. Alkoholgehalt: 10,5%. Zum Essen zu trinken. – **Grauvernatsch/Schiava Grigia.** Rebsorten: Grauvernatsch (85 bis 100%). Farbe: hell bis mittel rubinrot. Geruch: delikat, angenehm, sortentypisch, fruchtig. Geschmack: weich, angenehm, leichte Mandelnote. Alkoholgehalt: 11,5%. Alterung: bis zu 2 Jahren. Zum Essen zu trinken.

**SÜDTIROL BOZNER LEITEN/ ALTO ADIGE COLLI DI BOLZANO.** Rebsorten: Vernatsch in den verschiedenen Varianten (90–100%), Lagrein und/oder Blauburgunder (bis 10%). Produktion: 886 hl (9,7 ha in der Gemeinde Leifers/Laives und in Teilen der Gemeinden Bozen/Bolzano, Jenesien/San Genesio, Karneid/Cornedo, Ritten/Renon, Terlan/Terlano und Völs/Fiè). Farbe: hell bis mittel rubinrot. Geruch: sortentypisch, duftend. Geschmack: voll, weich, harmonisch. Alkoholgehalt: 11%. Zum Essen zu trinken. Qualitätsstufen: *Gewächs (Wachstum)/Vigna* mit entsprechender Ortsangabe.

**SÜDTIROL MERANER HÜGEL/ ALTO ADIGE MERANESE DI COLLINA** oder **Meraner/Meranese.** Rebsorten: Vernatsch in den verschiedenen Varianten (100%). Produktion: 9471 hl (108 ha in den Gemeinden Meran/ Merano, Algund/Lagundo, Burgstall/ Postal, Gargazon/Gargazzone, Kuans/ Caines, Lana, Marling/Marlengo, Riffian/Rifiano, Sankt Pankraz/San Pancrazio, Schenna/Scena, Tirol/Tirolo, Tisens/Tesimo, Tscherms/Cermes). Farbe: hell bis mittel rubinrot. Geruch: sortentypisch, leicht duftend. Geschmack: harmonisch, schmackhaft. Alkoholgehalt: 11%. Alterung: bis zu 2 Jahren. Zum Essen zu trinken. Qualitätsstufen: *Burggräfler/del Burgravito*, wenn auf dem Gebiet der ehemaligen Grafschaft Tirol erzeugt; *Gewächs (Wachstum)/Vigna* mit entsprechender Ortsangabe.

**SÜDTIROL SANKT MAGDALENER/ALTO ADIGE SANTA MADDALENA.** Rebsorten: Vernatsch in den verschiedenen Varianten (90–100%), Lagrein und/oder Blauburgunder (bis 10%). Produktion: 18956 hl (217 ha in den Gemeinden Bozen/Bolzano, Jenesien/San Genesio, Ritten/Renon und Terlan/Terlano). Farbe: rubinrot bis kräftig granatrot. Geruch: weinig, sortentypisch, mit veilchenartigem Duft, nach kurzer Alterung ätherisch. Geschmack: voll, samtig, leichte Mandelnote, schmackhaft. Alkoholgehalt: 11,5%. Alterung: mehr als 3 Jahre. Zum Essen zu trinken. Qualitätsstufen: *Klassisch/Classico*, wenn im ursprünglichen Herkunftsgebiet bei Sankt Magdalena/Santa Maddalena erzeugt; *Gewächs (Wachstum)/Vigna* mit entsprechender Ortsangabe.

**SÜDTIROL TERLANER/ALTO ADIGE TERLANO.** Rebsorten: Chardonnay und/oder Pinot Bianco (50–100%), Müller-Thurgau und/oder Weißbur-

## Kellereien

**Kurtatsch/ Cortaccia**
**Tiefenbrunner**
Cantina Turmhof
Niclara
via Castello 4
☎ 0471880122

**Meran/Merano**
**Cantina Produttori di Merano**
via S. Marco 11
☎ 0473235544

**Terlan/Terlano**
**Cantina Produttori di Terlano**
via Silberleiten 7
☎ 0471257135

**Tramin/Termeno**
**Josef Hofstätter**
piazza Municipio 5
☎ 0471860161

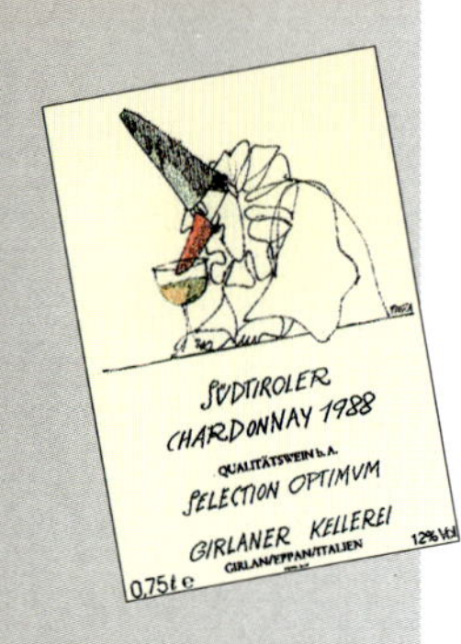


gunder und/oder Welschriesling und/oder Rheinriesling, Sauvignon blanc und/oder Silvaner (bis 45%). Produktion: 405 hl (4,5 ha in den Gemeinden Terlan/Terlano, Andrian/Andriano und Nals/Nalles, die das klassische Gebiet ausmachen, sowie Eppan/Appiano, Jenesien/San Genesio, Kaltern/Caldaro, Mölten/Meltina und Tisens/Tesimo). Farbe: hell strohgelb. Geruch: sortentypisch, fruchtig, delikat. Geschmack: trocken, von mittlerem Körper. Alkoholgehalt: 11,5%. Zu Fisch zu trinken. Qualitätsstufen: *Klassisch/Classico,* wenn im ursprünglichen Herkunftsgebiet erzeugt; *Gewächs (Wachstum)/Vigna* mit entsprechender Ortsangabe. Arten: *Spumante* mindestens 11,5% Alkohol, *Brut,* eher vollmundig, und *Extra brut,* trocken; als Aperitif und zu leichten Speisen zu trinken. – **Terlaner/Terlano Chardonnay.** Rebsorten: Chardonnay (90–100%). Produktion: 387 hl (4,25 ha). Farbe: grünlich gelb. Geruch: delikat, sortentypisch, fruchtig. Geschmack: schmackhaft, trocken, voll, sortentypisch. Alkoholgehalt: 11%. Zum Essen zu trinken. Qualitätsstufen: *Klassisch/Classico,* wenn im ursprünglichen Herkunftsgebiet erzeugt; *Gewächs (Wachstum)/Vigna* mit entsprechender Ortsangabe. Arten: *Spumante* mindestens 11,5% Alkohol, *Brut,* eher vollmundig, und *Extra brut,* trocken; als Aperitif und zu leichten Speisen zu trinken. – **Terlaner Weißburgunder/Terlano Pinot Bianco.** Rebsorten: Weißburgunder (90–100%). Produktion: 6030hl (53 ha). Farbe: grünlich gelb bis goldgelb. Geruch: sortentypisch. Geschmack: trocken, von mittlerem Körper. Alkoholgehalt: 11%. Zu Fisch zu trinken. Qualitätsstufen: *Klassisch/Classico,* wenn im ursprünglichen Herkunftsgebiet erzeugt; *Gewächs (Wachstum)/Vigna* mit entsprechender Ortsangabe. Arten: *Spumante* mindestens 11,5% Alkohol, *Brut,* eher vollmundig, und *Extra brut,* trocken; als Aperitif und zu leichten Speisen zu trinken. – **Terlaner Welschriesling/Terlano Riesling Italico.** Rebsorten: Welschriesling (90–100%). Produktion: 305 hl (3,5 ha). Farbe: grünlich gelb. Geruch: sortentypisch. Geschmack: trocken, lebhaft, körperreich, harmonisch. Alkoholgehalt: 10,5%. Zu Fisch zu trinken. Qualitätsstufen: *Klassisch/Classico,* wenn im ursprünglichen Herkunftsgebiet erzeugt; *Gewächs (Wachstum)/Vigna* mit entsprechender Ortsangabe. Arten: *Spumante* mindestens 11,5% Alkohol, *Brut,* eher vollmundig, und *Extra brut,* trocken: als Aperitif und zu leichten Speisen zu trinken. – **Terlaner Rheinriesling/Terlano Riesling Renano.** Rebsorten: Rheinriesling (90– 100%). Produktion: 57 hl (0,6 ha). Farbe: grünlich, ins Gelb spielend. Geruch: sortentypisch. Geschmack: trocken, körperreich, harmonisch. Alkoholgehalt: 11,5%. Zu Fisch zu trinken. Qualitätsstufen: *Klassisch/Classico,* wenn im ursprünglichen Herkunftsgebiet erzeugt; *Gewächs (Wachstum)/Vigna* mit entsprechender Ortsangabe. Arten: *Spumante* mindestens 11,5% Alkohol, *Brut,* eher vollmundig, und *Extra brut,* trocken; als Aperitif und zu leichten Speisen zu trinken. – **Terlaner Sauvignon/Terlano Sauvignon.** Rebsorten: Sauvignon blanc (90–100%). Produktion: 1164 hl (13 ha). Farbe: ins Strohgelb spielendes Grünlichgelb. Geruch: delikat, leicht aromatisch. Geschmack: voll, sortentypisch. Alkoholgehalt: 12%. Zu Fisch zu trinken. Qualitätsstufen: *Klassisch/Classico,* wenn im ursprünglichen Herkunftsgebiet erzeugt; *Gewächs (Wachstum)/Vigna* mit entsprechender Ortsangabe. Arten: *Spumante* mindestens 11,5% Alkohol, *Brut,* eher vollmundig, und *Extra brut,* trocken; als Aperitif und zu leichten Speisen zu trinken. – **Terlaner Silvaner/Terlano Sylvaner.** Rebsorten: Silvaner (90–100%). Produktion: 23 hl (0,25 ha). Farbe: grünlich gelb. Geruch: delikat, sortentypisch. Geschmack: harmonisch, körperreich. Alkoholgehalt: 11,5%. Zu Fisch zu trinken. Qualitätsstufen: *Klassisch/Classico,* wenn im ursprünglichen Herkunftsgebiet erzeugt;

## Kulturelle Einrichtungen

**Kaltern/Caldaro**

**Weinmuseum**
via dell'Oro 1
☎ 0471963168
Öffnungszeiten:
April bis Oktober
Dienstag–Samstag
9.30–12 und
14–18 Uhr,
an Sonn- und
Feiertagen
10–12 Uhr

*Gewächs (Wachstum)/Vigna* mit entsprechender Ortsangabe. Arten: *Spumante* mindestens 11,5% Alkohol, *Brut,* eher vollmundig, und *Extra brut,* trocken; als Aperitif und zu leichten Speisen.

**SÜDTIROL EISACKTALER/ALTO ADIGE VALLE ISARCO. – Kerner.** Rebsorten: Kerner (100%). Produktion: 243 hl (3,5 ha in den Gemeinden Barbian/Barbiano, Brixen/Bressanone, Feldthurns/Velturno, Klausen/Chiusa, Lajen/Laion, Natz-Schabs/Naz-Sciavez, Ritten/Renon, Vahrn/Varna, Villanders/Villandro, Villnöss/Funes, und Völs/Fiè). Farbe: grünlich gelb. Geruch: leicht aromatisch, fein. Geschmack: trocken, voll, sortentypisch. Alkoholgehalt: 11%. Zu leichten Speisen zu trinken. Qualitätsstufen: *Brixner/di Bressanone,* wenn in den Gemeinden Brixen und Vahrn erzeugt; *Gewächs (Wachstum)/Vigna* mit entsprechender Ortsangabe. – **Eisacktaler Müller-Thurgau/Valle Isarco Müller-Thurgau.** Rebsorten: Müller-Thurgau (100%). Produktion: 3748 hl (41 ha). Farbe: strohgelb mit leicht grünlichen Schimmer. Geruch: weinig mit leichtem, delikatem Duft, sortentypisch. Geschmack: trocken, frisch, kaum Körper, schmackhaft. Alkoholgehalt: 10,5%. Zum Essen zu trinken. Qualitätsstufen: *Brixner/di Bressanone,* wenn in den Gemeinden Brixen und Vahrn erzeugt; *Gewächs (Wachstum)/Vigna* mit entsprechender Ortsangabe. – **Eisacktaler Ruländer/Valle Isarco Pinot Grigio.** Rebsorten: Ruländer (100%). Produktion: 204 hl (2,9 ha). Farbe: strohgelb. Geruch: weinig mit leichtem, sortentypischem Duft. Geschmack: trocken, körperreich, frisch, schmackhaft, angenehm, sortentypisch. Alkoholgehalt: 11%. Qualitätsstufen: *Brixner/di Bressanone,* wenn in den Gemeinden Brixen und Vahrn erzeugt; *Gewächs (Wachstum)/Vigna* mit entsprechender Ortsangabe. – **Eisacktaler Silvaner/Valle Isarco Sylvaner.** Rebsorten: Silvaner (100%). Produktion: 3877 hl (43 ha). Farbe: hellgelb, grünlich. Geruch: weinig, leichter, delikater Duft, sortentypisch. Geschmack: trocken, delikat, frisch, angemessener Körper, sortentypisch. Alkoholgehalt: 10,5%. Zum Essen zu trinken. Qualitätsstufen: *Brixner/di Bressanone,* wenn in den Gemeinden Brixen und Vahrn erzeugt; *Gewächs (Wachstum)/Vigna* mit entsprechender Ortsangabe. – **Eisacktaler Gewürztraminer/Valle Isarco Traminer Aromatico.** Rebsorten: Gewürztraminer (100%), Produktion: 944 hl (13,5 ha). Farbe: sehr helles Gelb mit grünlichen Reflexen. Geruch: leicht aromatisch, fein bis intensiv. Geschmack: trocken, frisch, samtig, angenehm sortentypisch und aromatisch. Alkoholgehalt: 11%. Zu Fisch zu trinken. Qualitätsstufen: *Brixner/di Bressanone,* wenn in den Gemeinden Brixen und Vahrn erzeugt; *Gewächs (Wachstum)/Vigna* mit entsprechender Ortsangabe. – **Eisacktaler Veltliner/Valle Isarco Veltliner.** Rebsorten: Veltliner (100%). Farbe: ins Grünliche spielendes Gelb. Geruch: weinig und leicht; angenehmer, sortentypischer Duft. Geschmack: trocken, frisch, fruchtig, schmackhaft, angemessener Körper, sortentypisch. Alkoholgehalt: 10,5%. Zum Essen zu trinken. Qualitätsstufen: *Brixner/di Bressanone,* wenn in den Gemeinden Brixen und Vahrn erzeugt; *Gewächs (Wachstum)/Vigna* mit entsprechender Ortsangabe. – **Eisacktaler Klausner Leitacher/Valle Isarco Klausner Leitacher.** Rebsorten: Vernatsch in den verschiedenen Varianten (60 bis 100%), Portoghese und/oder Lagrein (bis 40%). Produktion: 1,4 ha in den Gemeinden Barbian/Barbiano, Feldthurns/Velturno, Klausen/Chiusa und Villanders/Villandro. Farbe: hellrot bis rubinrot. Geruch: nicht sehr intensiv, angenehm, sortentypisch. Geschmack: leicht säuerlich, körperreich. Alkoholgehalt: 11%. Alterung: bis zu 2 Jahren. Zum Essen zu trinken. Qualitätsstufen: *Gewächs (Wachstum)/Vigna* mit entsprechender Ortsangabe.

**SÜDTIROL VINSCHGAU/ALTO ADIGE VALLE VENOSTA. – Chardonnay.**

## Veranstaltungskalender

**April**
**Kaltern/Caldaro**
❸ Gastronomische Veranstaltungen
**Mai**
**Bozen/Bolzano**
**Castel Mareccio**
②③ Weinausstellung mit Verkostung
**Tramin/Termeno**
②③ Gewürztraminer-Ausstellung mit Verkostung

## DOC-Weine aus Südtirol

Rebsorten: Chardonnay (95–100%). Produktion: 0,5 ha in den Gemeinden Kastelbell-Tschars/Castelbello-Ciardes, Latsch/Laces, Naturns/Naturno, Partschins/Parcines, Schlanders/Silandro. Farbe: grünlich gelb. Geruch: delikat, sortentypisch, fruchtig. Geschmack: trocken, schmackhaft, sortentypisch. Alkoholgehalt: 11%. Als Aperitif oder zu Fisch zu trinken. Qualitätsstufen: *Gewächs (Wachstum)/Vigna* mit entsprechender Ortsangabe. – **Vinschgau/Valle Venosta Kerner.** Rebsorten: Kerner (95–100%). Geruch: leicht aromatisch, fein. Geschmack: trocken, schmackhaft, sortentypisch. Alkoholgehalt: 11%. Zum Essen zu trinken. Qualitätsstufen: *Gewächs (Wachstum)/Vigna* mit entsprechender Ortsangabe. – **Vinschgau/Valle Venosta Müller-Thurgau.** Rebsorten: Müller-Thurgau (95– 100%). Produktion: 1 ha. Farbe: zartes Strohgelb, mit grünlichen Reflexen. Geruch: leichter Duft, delikat, sortentypisch, aromatisch. Geschmack: trocken, frisch, fruchtig. Alkoholgehalt: 10,5%. Zum Essen zu trinken. Qualitätsstufen: *Gewächs (Wachstum)/Vigna* mit entsprechender Ortsangabe. – **Vinschgau Weißburgunder/Valle Venosta Pinot Bianco.** Rebsorten: Weißburgunder (95–100%). Produktion: 1,6 ha. Farbe: ins Grünliche spielendes Strohgelb. Geruch: angenehm, sortentypisch. Geschmack: angenehm bitter, angemessene Säure und trocken. Alkoholgehalt: 10,5%. Zu Vorspeisen zu trinken. Qualitätsstufen: *Gewächs (Wachstum)/Vigna* mit entsprechender Ortsangabe. – **Vinschgau Ruländer/Valle Venosta Pinot Grigio.** Rebsorten: Ruländer (95– 100%). Produktion: 0,5 ha. Farbe: strohgelb. Geruch: weinig mit leichtem, sortentypischem Duft. Geschmack: trocken, sortentypisch. Alkoholgehalt: 11%. Zu Fisch zu trinken. Qualitätsstufen: *Gewächs (Wachstum)/Vigna* mit entsprechender Ortsangabe. – **Vinschgau/Valle Venosta Riesling.** Rebsorten: Riesling (95–100%). Produktion: 1 ha. Farbe: ins Grünliche spielendes Strohgelb. Geruch: delikat, fruchtig, sortentypisch. Geschmack: trocken, angenehm säuerlich, sortentypisch. Alkoholgehalt: 11%. Qualitätsstufen: *Gewächs (Wachstum)/Vigna* mit entsprechender Ortsangabe. – **Vinschgau Gewürztraminer/Valle Venosta Traminer Aromatico.** Rebsorten: Gewürztraminer (95–100%). Produktion: 1 ha. Farbe: zartes Hellgelb mit grünlichen Reflexen. Geruch: leicht aromatisch bis intensiv. Geschmack: trocken, frisch, samtig, angenehm sortentypisch und aromatisch. Alkoholgehalt: 11%. Zum Essen zu trinken. Qualitätsstufen: *Gewächs (Wachstum)/Vigna* mit entsprechender Ortsangabe. – **Vinschgau Blauburgunder/Valle Venosta Pinot Nero.** Rebsorten: Blauburgunder (95–100%). Produktion: 4,5 ha. Farbe: rubinrot, nach Alterung mit orangefarbenen Nuancen. Geruch: ätherisch, angenehm, sortentypisch. Geschmack: trocken, weich oder voll mit bitterer Note im Abgang, harmonisch. Alkoholgehalt: 11%. Alterung: bis zu 3 Jahren. Zum Essen zu trinken. Qualitätsstufen: *Gewächs (Wachstum)/Vigna* mit entsprechender Ortsangabe. – **Vinschgau Vernatsch/Valle Venosta Schiava.** Rebsorten: Vernatsch (95–100%). Produktion: 3 ha. Farbe: hell bis mittel rubinrot. Geruch: angenehm, fruchtig, sortentypisch. Geschmack: weich, angenehm. Alkoholgehalt: 10,5%. Alterung: bis zu 2 Jahren. Qualitätsstufen: *Gewächs (Wachstum)/Vigna* mit entsprechender Ortsangabe.

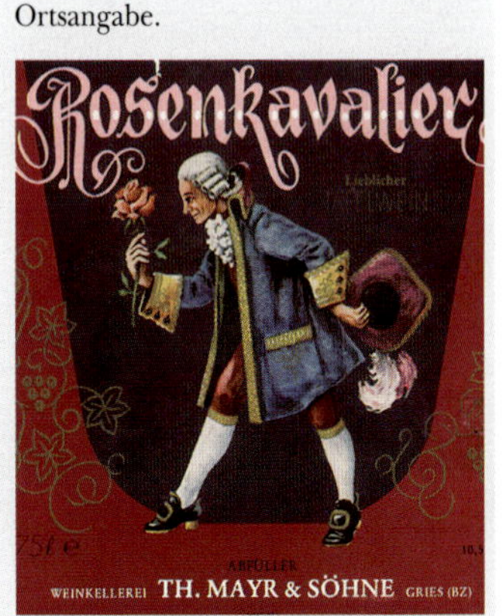


**Veranstaltungskalender**

**August**
**Olag/Valdaora**
❶ Ausstellung und Verkostung der örtlichen Weine
**Kaltern/Caldaro**
❹ Weinwoche
**September**
**Sarntal/Valle Sarentina**
❸ Gastronomische Woche
**Bruneck/Brunico**
③ Festa delle Malghe (Almfest)

## Gaumenfreuden

Armut erweist sich manchmal als wahrhafter Reichtum, nämlich dann, wenn die Not erfinderisch macht. Ein Beispiel dafür liefern viele der Täler in Südtirol. Aufgrund des Klimas sind eigene Erzeugnisse rar, und die typischen Rezepte ergeben häufig Arme-Leute-Gerichte, die das raue Klima und die harten Bedingungen des Lebens in den Alpen widerspiegeln. Sogar der Südtiroler Käse (zumindest der qualitativ hochwertige) ist eine Errungenschaft der neueren Zeit, und dass er mittlerweile weit verbreitet ist, verdanken wir hauptsächlich Hans Baumgartner vom Restaurant Pichler in Mühlbach/Rio di Pusteria. Inzwischen haben sich die Zeiten geändert. Dank einer intelligenten Fremdenverkehrspolitik ist die Qualität der Hotels in Südtirol, zumal im Verhältnis zu den Preisen, sehr hoch, vielleicht am höchsten in ganz Italien. Einige junge Restaurantbesitzer verzeichnen wachsenden Erfolg bei Kritikern und Kundschaft und infolge einiger zielgerichteter und vorausschauender Investitionen in Rebflächen und Kellereien hat sich auch die Qualität der Weine entscheidend verbessert. Paradoxerweise ist das Einzige, was sich verschlechtert hat, der typische Bauernspeck. Einst Südtirols bekanntestes Erzeugnis, ist er heute höchstens noch bei einem befreundeten Bauern in der gewohnten Güte zu bekommen. In der Küche ist der deutsche Einfluss deutlich spürbar, doch auch aus anderen Regionen werden Anregungen aufgenommen und neu kombiniert; gerade weil tief verwurzelte – und häufig einengende – Traditionen fehlen, ist der Weg frei für neue gastronomische Kreationen. Neben dem bereits erwähnten Restaurant Pichler ist auch Franz Baumgartner zu nennen, der im nahe gelegenen Pfalzen/Falzes das Restaurant Schöneck betreibt. Erstklassige Küche findet man auch im Abteital/Val Badia, wo es bis kurz nach dem Krieg nur Wiesen gab, aber heute einige der besten Restaurants Italiens mit traumhaften Weinkellern angesiedelt sind, zum Beispiel das La Perla in Corvara und das La Siriola in Sankt Kassian/San Cassiano. Seit Jahren eine feste Größe in der Speisekarte des Restaurants Elefante in Brixen/Bressanone ist die gleichnamige Fleischplatte von wahrhaft titanischen Ausmaßen. Erwähnenswert in dieser Stadt sind auch die hervorragenden Konditoreien und Bäckereien sowie der junge, talentierte Koch Armin Mairhofer, der in seinem Lokal Zum Auenhaus unermüdlich neue Speisen kreiert und alten, in Vergessenheit geratenen Rezepten zu neuem Glanz verhilft. Der Pretzhof in Tulve bei Sterzing/Vipiteno lässt dagegen die Vergangenheit aufleben und erfreut die Gäste mit seiner beliebten Gerstensuppe mit Knödeln. Elegante Nuancen findet man im Restaurant Zur Rose, der bekanntesten Adresse der Region in der Nähe des Weinbaugebiets von Kaltern/Caldaro, wo Herbert Hintner, der Vorsitzende der italienischen Sektion der Jeunes Restaurateurs, tätig ist.

### Veranstaltungskalender

**Oktober**
**Meran/Merano**
Traubenfest
**Völs am Schlern/ Fiè allo Sciliar**
❶❷❸❹ Gastronomischer Herbst
**Dezember**
**Sterzing/Vipiteno**
① Fest von San Nicolò

# Venetien

## Region der Spitzenweine

*Bei den DOC-Weinen hält Venetien drei nationale Rekorde: Die Region produziert beachtliche zwei Millionen Hektoliter pro Jahr, verfügt über 20 DOC-Prädikate, und vier dieser DOC-Weine gehören zu den besten des Landes. Trotz alledem ist das Gebiet im Ausland bekannter als in Italien selbst.*

Von der Gegend um Verona bis hin zur Marca Trevigiana, dem Landstrich um Treviso, prägen Weinberge das Landschaftsbild Venetiens. Dies ist den mittelalterlichen Mönchsorden zu verdanken, die die Urbarmachung und Kultivierung der Ländereien zwischen den Flüssen Adda und Piave erstmals in Angriff genommen hatten. Sie waren es auch, die dem Weinbau wieder jenen Stellenwert einräumten, der ihm bereits unter den alten Römer zugekommen, in der Zwischenzeit aber halb in Vergessenheit versunken war. Ebenfalls eine wichtige Rolle spielte die Weinrebe in dem Zeitalter, als die Region unter der Herrschaft der Serenissima stand, der Adelsrepublik Venedig, die aus ihren Kolonien neue Rebsorten einführte. Im 19. Jahrhundert fand dann mit dem Import französischer Weinstöcke eine tiefgreifende Neuerung statt. Heute hat sich der Weinbau zu einem der wirtschaftlichen Grundpfeiler der Region Venetien und zugleich zu einer ihrer verlässlichsten Wachstumsquellen entwickelt.

### Von der Riviera del Garda zur Marca Trevigiana

Die Weinberge Venetiens beginnen – in fließendem Übergang zu den Rebflächen der Lombardei – am östlichen Ufer des Gardasees und erstrecken sich längs der sanften Erhebungen des Moränengürtels, der die südliche Seeseite umgibt. Östlich von ihnen, das heißt jenseits der von der Etsch gebildeten Rinne (die man als einen Ausläufer des Trentino ansehen kann), zieht sich ein breiter Streifen von Weingärten am Fuß der Alpen entlang. Er beginnt im Westen mit den Monti Lessini und reicht bis an die Grenze zu Friaul. Die Kalksteinerhebungen der Monti Lessini bestimmen den Charakter der Region Valpolicella sowie der Weinberge um Soave und Gambellara; drei Bereiche, in denen auch der berühmte Recioto erzeugt wird, der vor kurzer Zeit erst mit dem DOCG-Prädikat ausgezeichnet wurde. An den Ausläufern der Monti Lessini, auf halbem Wege zwischen den Provinzen Verona und Vicenza, liegt die

*Merlot.*

**Movimento del Turismo del Vino**
Beauftragter:
Hans Onno Stepsi Doliwa
c/o Rechsteiner
via Frassenè 2
Piavon di Oderzo (Tv)
☎ 0422752074

Region Durello; südlich der Hochebene von Asiago erstrecken sich die Weinberge von Breganze. Der Gürtel am Fuß der Alpen setzt sich dann fort über die Hügel des Montello und die Colli Asolani, während sich jenseits des Flusses Piave die Hügelkette von Conegliano ausbreitet, die jedem Weinfreund als Heimat des berühmten Prosecco ein Begriff ist. Die venetische Ebene schließlich birgt zwei Weinbauzonen ganz eigenen Charakters. Erstere umfasst zwei Hügelketten, die sich deutlich aus dem flachen Einerlei der Poebene erheben, nämlich die vorwiegend aus Kalkstein bestehenden Colli Berici südlich von Vicenza und die südlich von Padua gelegenen Colli Euganei, die auf einen vulkanischen Ursprung zurückgehen. Die zweite Weinregion der Ebene, im Schwemmland des Piave, bietet bereits einen Vorgeschmack auf das typische Landschaftsbild der Weinberge des angrenzenden Friaul.

## Die große Region des Merlot

Geht man den Weinbau Venetiens von statistischer Seite an, bekommt man folgende Ergebnisse: Die am weitesten verbreitete Rebsorte ist Merlot, die allein ganze 30 Prozent der Rebflächen der Region bedeckt, gefolgt von den einheimischen Trauben Garganega und Prosecco. Diese drei nehmen bereits mehr als die Hälfte der Gesamtfläche ein. Einen hohen Stellenwert erreichen auch andere regionale Sorten, etwa Corvina veronese und Rondinella, sowie zahlreiche Importreben, die im Lauf der Zeit zur Bereicherung der önologischen Bandbreite beigetragen haben. Hierzu gehören die weißen Trauben Chardonnay, Pinot bianco, Pinot grigio, Riesling und Sauvignon blanc sowie Cabernet franc, Cabernet Sauvignon und Pinot nero bei den Rotweinsorten. Hinsichtlich der Produktion fällt als erstes die rekordverdächtige Menge an DOC-Erzeugnissen auf: Mit über zwei Millionen Hektolitern nimmt Venetien die erste Stelle in der nationalen Statistik ein und deckt etwa 20 Prozent der gesamten italienischen DOC-Produktion ab. Es ist schon beeindruckend, dass allein die Provinz Verona ebenso viel Wein erzeugt wie das gesamte Piemont und sogar noch mehr als die Toskana! Die Erzeugnisse Venetiens sind durch 20 DOC-Prädikate geschützt – der zweite Rekord der Region, der den reichen Segen an önologischen Schätzen sowie die Tatkraft der hiesigen Weinerzeuger aufzeigt. Unter den DOC-Prädikaten betreffen 15 exklusiv die Region, während fünf DOC-Bereiche auch in die angrenzenden Gebiete Lombardei, Trentino–Südtirol und Friaul–Julisch Venetien hineinreichen. Unter den 15 Erstgenannten – und damit kommen wir zum dritten Rekord – haben sich ganze vier einen Platz in der besonderen Liste der zehn besten italienischen DOC-Weine erobert. Der Rangfolge nach sind dies Soave, Valpolicella, Prosecco di Conegliano und Bardolino. Aufschlussreich ist ferner die ungewöhnlich hohe Zahl von Exportweinen, die Spitzenwerte von 70 Prozent erreicht. Somit haben die Weine Venetiens im Ausland bereits einen höheren Bekanntheitsgrad erreicht als in Italien selbst, was effektivere Vermarktungsbemühungen im Inland angezeigt erscheinen lässt.

DOCG- und DOC-Bereiche in Venetien
SVIZZERA
Merano
Silandro
Adige
-ALTO ADIGE
Isarco
St. Moritz
Bolzano
Dolomiti
3343
Marmola
Cles
A22
Adige
Avisio
Sondrio
Tirano
Adda
Madonna
di Campiglio
TRENTINO-
TRENTO
Sarca
Oglio
Chiese
Feltre
Valdobbiade
Lovere
Lago
d'Iseo
Bassano
del Grappa
A31
Thiene
Iseo
A4
Salò
Castelfr
Vene
Brenta
Lago
di Garda
Bardolino
Brescia
Vicenza
Desenzano
d. Garda
Peschiera
d. Garda
Verona
Soave
Padova
Oglio
LOMBARDIA
A4
Adige
Mincio
Chiese
Monselice
A21
Legnago
A22
Cremona
Mantova
Rovig
Po
Po
A13
A1
Secchia
Po
Anbaugebiet mit kontrollierter Herkunftsbezeichnung
Anbauzone mit
DOCG-Status
Anbauzone mit
DOC-Status
Ferrara
Panaro
Reno
A13
Modena
Scala 1:1 250 000
EMILIA - ROMAGNA
BOLOGNA
0
15
30 km
A1
A14
A14
Secchia

1. DOCG Recioto di Soave – in 11 Gemeinden der Provinz Verona
2. DOC Bagnoli di Sopra – 135 ha auf dem Gebiet Bagnoli di Sopra sowie in 14 weiteren Ortschaften der Provinz Padova
3. DOC Bardolino – 2689 ha in 16 Gemeinden der Provinz Verona, darunter Bardolino
4. DOC Bianco di Custoza – 1401 ha in 9 Gemeinden der Provinz Verona südlich des Gardasees
5. DOC Breganze – 611 ha in den Gemeinden Breganze, Fara Vicentina und Molvena sowie in 10 weiteren Ortschaften der Provinz Vicenza
6. DOC Colli Berici – 1359 ha in zahlreichen Gemeinden der Provinz Vicenza, einschließlich der Provinzhauptstadt
7. DOC Colli di Conegliano – 106 ha in Conegliano und einigen Nachbarorten, Provinz Treviso
8. DOC Colli Euganei – 1364 ha in 17 Gemeinden der südlichen Provinz Padova
9. DOC Gambellara – 1010 ha in 4 Gemeinden der Provinz Vicenza, darunter Gambellara
10. DOC Garda – 287 ha im Grenzgebiet der Provinzen Verona, Mantova und Brescia (siehe auch Lombardei)
11. DOC Lessini Durello – 520 ha in den Gemeinden des Gebietes Monti Lessini, zwischen den Provinzen Verona und Vicenza
12. DOC Lison-Pramaggiore – 2274 ha in diversen Orten der Provinzen Venezia, Treviso und Pordenone (siehe auch Friaul-Julisch Venetien)
13. DOC Lugana – 523 ha in den Gemeinden von der Provinz Brescia bis zur Provinz Verona (siehe auch Lombardei)
14. DOC Montello und Colli Asolani – 436 ha in diversen Orten der Provinz Treviso, darunter Asolo
15. DOC Prosecco di Conegliano Valdobbiadene – 3593 ha in Conegliano, Valdobbiadene sowie in 13 weiteren Gemeinden der Provinz Treviso
16. DOC San Martino della Battaglia – 63 ha in Peschiera del Garda in der Provinz Verona sowie in 4 Gemeinden der Provinz Brescia (siehe auch Lombardei)
17. DOC Soave – 6584 ha in Soave sowie in 12 weiteren Gemeinden der Provinz Verona
18. DOC Valdadige oder Etschtaler – 2152 ha in zahlreichen Gemeinden der Provinzen Verona, Trento und Bozen/Bolzano (siehe auch Trentino–Südtirol)
19. DOC Valpolicella und Recioto della Valpolicella – 5337 ha in zahlreichen Ortschaften der nördlichen Provinz Verona
20. DOC Vini del Piave – 8126 ha in verschiedenen Ortschaften an den Ufern des Piave, die zu den Provinzen Treviso und Venezia gehören

# Wein genießen in Venedig

Venedig, La Serenissima, kann ohne weiteres als Urmutter der Weinlokale betrachtet werden. In diesen hier «bacari» genannten und einst zahlreich vertretenen Lokalen trinkt man gewöhnlich den traditionellen Schoppen Wein, hier «ombra» genannt, und isst dazu wohlschmeckende und verführerische kleine Gerichte oder Happen, die so genannten cicheti, beispielsweise eine Scheibe Presskopf, Moschuskraken, marinierte Sardinen, hartgekochte Eier, Klößchen und andere Leckerbissen. Zu diesen Lokalen gehört das **Al Bacareto** in der Nähe des Palazzo Grassi, eine historische Osteria, deren Küche ganz in der lokalen Tradition verankert ist: Stockfisch in Pfannkuchenteig, Klößchen und frittierte Sardinen sind einige der klassischsten Speisen. Nicht weniger interessant ist das Weinangebot, das zu jeder Tageszeit zum Ausschank bereitsteht. Beim Markt in der Nähe der Rialtobrücke liegt das **All'Arco**. Die Spezialität dieses Hauses sind die zahlreichen «cicheti», wie Aufschnitt, Röstbrot, schmackhafte Mozzarella auf dem Wagen, die zu bemerkenswerten Weinen und vor allem zum typischen und klassischen Prosecco gereicht werden. Aufmerksamkeit verdient weiterhin das Lokal **Anice Stellato**. Auch hier sind Tradition und typische Hausmannskost das Markenzeichen, wie die «cicheti» beweisen, darunter marinierte Sardinen, Klößchen und Tintenfisch mit Polenta, in Begleitung von einem Glas Wein. Das **Bentigodi** ist eher eine Trattoria als ein «bacaro», obwohl die Auswahl an kleinen Leckerbissen und Appetithappen, zur traditionellen «ombra» gereicht, ziemlich groß ist. Denkwürdig unter den Spezialitäten des Hauses sind das verführerische und schmackhafte Käsesortiment, der Aufschnitt und die Fisch- und Gemüsespeisen. Nicht weniger schlecht der Weinkeller. Ein weiteres empfehlenswertes Lokal in Cannaregio ist das **La Colombina**. In einem Ambiente aus dem 19. Jahrhundert genießt man Röstbrot, Käse, geräucherten Fisch, typische Gerichte und andere venezianische Köstlichkeiten und trinkt dazu einen der etwa 100 ausgesuchten Weine. Einem ganz anderen gastronomischen Konzept folgt das **Bistrot ai do Draghi**. Hier isst man Tramezzini, die italienische Variante des Sandwich, oder aber Panini, beides würdige Vertreter der traditionellen «cicheti». Aus dem Weinkeller kann man eine beachtliche Vielfalt an Weinen genießen. Die Spezialitäten des Lokals **Al Volto** sind Röstbrot mit Stockfisch, marinierte Sardinen, Kalbshaxenknorpel, Sardellen, Krebsspießchen, dazu ein gut gefüllter Weinkeller. In der Nähe der Ca' Rezzonico bietet das Lokal **Da Sandro** Klößchen, gefüllte Reisbällchen und Stockfisch, um nur einige der Leckerbissen zu nennen, die zusammen mit einer bemerkenswerten Weinauswahl gereicht werden. **Alla Mascareta** hingegen ist gleichzeitig ein Weinlokal und eine Osteria, in rustikalem Stil eingerichtet. Neben einem guten Angebot an italienischen Weinen gehören die Wurst und der Auf-

## Enoteche

### Venedig

**Al Bacareto**
San Marco
San Samuele 3447
☎ 0415289336

**Alla Mascareta**
Castello 5183
Calle Lunga
S.M. Formosa Ovest
☎ 0415230744

**All'Arco**
San Polo 436
☎ 0415205666

**Al Ponte**
Cannaregio 6378
ponte del Cavallo
☎ 0415286157

**Al Volto**
San Marco 4081
Calle Cavalli
☎ 0415228945

**Anice Stellato**
Fondamenta de la Sensa
Cannaregio 3572
☎ 041720744

**Bentigodi**
Calesele Cannaregio
1423–24
☎ 041716269

**Bistrot ai do Draghi**
Dorsoduro 3665
Campo Santa Margherita
☎ 0415289731

**Cantina Do Mori**
Calle dei Do Mori
☎ 0415225401

**Cantinone già Schiavi**
Dorsoduro 992
San Trovaso
☎ 0415230034

schnitt zu den Spezialitäten des Hauses. Ein behagliches Ambiente bietet das **Cantinone già Schiavi** mit seinen Regalen voller Weinflaschen an den Wänden und der schönen Theke, wo unzählige «cicheti», darunter Sardellen und Stockfisch, die Zugpferde des Hauses, ausgestellt sind. Kaum 100 Meter vom Lokal entfernt findet man eine ganz andere Kuriosität: die Werkstatt eines der letzten Gondelbauer. Ein weiterer charakteristischer «bacaro» ist die **Cantina do Mori** nicht weit vom Fischmarkt entfernt und mit seinem Entstehungsjahr 1462 als einer der ältesten Weinkeller der Lagunenstadt bekannt. Heute werden hier schmackhafte «cicheti» an der Theke und eine leckere Auswahl an Tramezzini serviert. Denkwürdige Spezialitäten sind die Kochwurst, der Stockfisch, die luftgetrocknete Coppa, die Klößchen und die kleinen Tintenfische. Aus dem Weinkeller kommen mehr als 200 Weine in der Flasche oder im Glas. Wer auf der Suche nach Frittüren ist, kommt am **Vecio Fritoin** nicht vorbei. Zugpferd dieses Lokals sind frittierter Fisch und Gemüse, dazu ein anständiges Weinsortiment. Wurstliebhaber, insbesondere von Presskopf, Mortadella, Salami und Speck, können ihre Gelüste im **Al Ponte** befriedigen. Neben Aufschnitt gibt es hier eine Vielfalt an «cicheti» und vor allem Röstbrot mit Stockfischpüree. Interessant die Weine, auch offen ausgeschenkt. Nicht weit von der Bootshaltestelle Ca' Rezzonico stößt man auf das Lokal **Quatro Feri**, das ganz im Zeichen der lokalen Tradition steht. Außer den unzähligen klassischen «cicheti» (Eierkuchen, Gemüse und Kalbshaxenknorpel) serviert man warme Speisen und insbesondere Suppen, lecker zum Beispiel die Kürbis-Lauch-Suppe. Weitere empfehlenswerte Lokalitäten sind die **Osteria da Pinto** und die **Osteria Ca' d'Oro**, die mit schmackhaften Gerichten wie Klößchen, marinierten Sardinen, gebratenen kleinen Tintenfischen und Stockfisch aufwarten, sowie das **Vini da Arturo**. Während die «bacari» noch ein recht buntes Angebot bereithalten, leidet die Gastronomieszene Venedigs doch sehr unter dem massiven Einfluss der Touristen. Trotz dieses Problems, wenn man es als solches bezeichnen will, gibt es noch einige interessante, typische Trattorien und Restaurants. Ein sehr gutes Beispiel ist das **Antico Pizzo**, eine historische Trattoria, in der gute hausgemachte Pasta, traditionelle Fisch- und Gemüsegerichte sowie frittierte Speisen gereicht werden. Eine weitere sichere Adresse ist das Restaurant **Gran Canal** im Hotel Monaco. In raffiniertem, elegantem Ambiente speist man gepflegte und schön präsentierte typisch venezianische Küche.

## Enoteche

**Da Sandro**
Dorsoduro 2753
Calle Lunga
San Barnaba
☎ 0415230531

**La Colombina**
Cannaregio 1828
☎ 0412750622

**Osteria Ca' d'Oro**
Cannaregio 3912
Calle del Pistor
☎ 0415285324

**Osteria da Pinto**
San Polo
Rialto 367
☎ 0415224599

**Quatro Feri**
Dorsoduro 2754
Campo Santa Margherita
☎ 0415206978

**Vecio Fritoin**
Santa Croce 2262
Calle della Regina
☎ 0415222881

**Vini da Arturo**
Calle degli Assassini 3656
☎ 0415286974

## Restaurants

### Venedig

**Antico Pizzo**
Calle Santa Maria
Rialto San Polo 814
☎ 0415231575

**Gran Canal**
San Marco
Calle Vallaresso 1325
☎ 0415200501

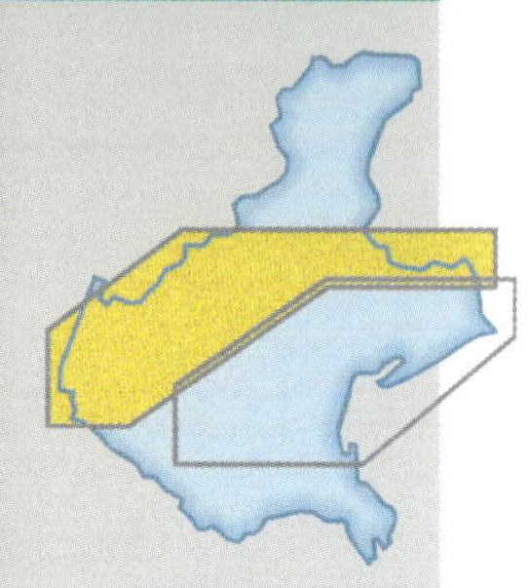

# Die Voralpen

*Der Landstrich vom Gardasee über die Valpolicella-Region bis zum Montello und zu den Hügeln von Conegliano hält ein breit gefächertes Spektrum von Weinen bereit, das vom Rotwein mit langem Reifeprozess bis zum erlesenen Schaumwein reicht.*

Am Fuß des venetischen Gebirgsgürtels wechseln hügelige Weinbaugebiete recht unterschiedlicher Lage und Tradition einander ab. Den Anfang macht die Region am Gardasee, die von den südlichen Ausläufern der Moränenhügel durchzogen wird. Weiter östlich erstrecken sich dann die Kalksteinfelsen der Monti Lessini, die zur Region Valpolicella gehören und auch die Landstriche Soave und Gambellara streifen. Schließlich erreicht man über Breganze das Anbaugebiet des Prosecco, wo sich beiderseits des Piave die Colli Asolani, der Montello und die Hügel von Conegliano erstrecken. Für den Weinliebhaber hält diese Reiseroute viele unterschiedliche Landschaften bereit, in denen die Weinberge beinahe unmerklich immer wieder ihr Gesicht verändern.

## Das Veroneser Gardaseeufer

### Der Uferstreifen des Bardolino und des Custoza

Reisende alter wie moderner Zeiten haben sich in Lobeshymnen auf die Weine vom Gardasee gegenseitig übertroffen. Einen beinahe legendären Ruf genießt der Bardolino, ein traditionsreicher Roter aus einem komplexen Traubengemisch. Er enthält vorwiegend lokale Rebsorten wie Corvina, die Königin der Veroneser Trauben, und Rondinella, ferner begrenzte Anteile von Molinara und Negrara. Daneben müssen heute auch

**Hotels und Restaurants**

**Arzignano**
**Principe** 🍴🍴🍴
via Caboto 16
☎ 0444675131

**Asolo**
**Al Sole** ★★★
via Collegio 33
☎ 0423528111
**Villa Cipriani** ★★★
via Canova 298
☎ 0423523411
**Hosteria Ca' Derton** 🍴🍴
piazza D'Annunzio 11
☎ 0423529648

**Bardolino**
**Kriss Internazionale** ★★★
lungolago Cipriani 3
☎ 0456212433

der Chiaretto und der berühmte Novello genannt werden, wobei Letzterer inzwischen zu den ersten 20 DOC-Gewächsen Italiens gehört. Das Anbaugebiet für diese Weine erstreckt sich auf einen Großteil des Gardaseeufers, die klassische Zone allerdings ist auf die unmittelbare Umgebung der Ortschaft Garda beschränkt. Am südöstlichen Ufer werden hingegen vorwiegend weiße Traubensorten kultiviert. Hier ist der Custoza DOC beheimatet, der in erster Linie aus der toskanischen Rebsorte Trebbiano sowie aus Garganega gekeltert wird. Daneben enthält er Anteile von Tocai friulano, Malvasia toscana, Riesling italico und Cortese (eine Importtraube aus dem Piemont, die dort unter der Bezeichnung Bianca Fernanda bekannt ist). Abgesehen von den genannten Weinbaugebieten sind noch die gemeinschaftlichen DOC-Bereiche Venetiens und der Lombardei zu erwähnen: die genau an der Regionalgrenze gelegenen Zonen Lugana und San Martino della Battaglia sowie der Bereich Garda, der bis über die Provinzhauptstadt hinaus in die Provinz Verona hinreicht.

## Weinstädte

**Bardolino.** Die fächerförmig zum See hin angelegte Ortsschft ist seit jeher berühmt für ihren Rotwein, seit einiger Zeit jedoch auch für ihr Olivenöl, das mit dem Gütesiegel DOP ausgezeichnet wurde. Ein Muss für den Weinkenner ist die Enoteca del Bardolino (→). Die Weinfeste beginnen Ende Mai mit der **Festa del Chiaretto,** am 29. und 30. September und am 1. und 2. Oktober findet die **Festa dell'uva e del Bardolino Classico** statt, und Anfang November wird mit der **Partenza del Vino Novello** die Ankunft des neuen Weins gefeiert.

**Sommacampagna.** Der Name erinnert an den herrlichen Blick auf die Moränenhügel des Gardasees, wo die Trauben des Bianco di Custoza heranreifen. Die Verwaltung ist auf die kluge Idee gekommen, die Wanderroute **Sentiero del Vino** anzulegen, die den Besucher auf Entdeckungsreise durch die Weinberge schickt, wo ihn Villen und Weingüter erwarten. Im August findet die **Festa della Madonna del Monte** statt, gefolgt von der **Antica Fiera di Sommacampagna** Ende des Monats. Mitte September begeht das Dorf die **Festa del Bianco di Custoza.**

## Enoteche

**Bardolino.** *Enoteca del Bardolino, Villa Carrara Bottagisio, Tel. 0456 211184. Öffnungszeiten: nach Voranmeldung.* Die von der Villa Carrara Bottagisio initiierte Enoteca wird vom Consorzio di Tutela verwaltet, das über die Einhaltung der DOC-Vorschriften wacht und für Gruppen (ab vier Personen) Weinproben organisiert.

## Kellereien

**Bardolino.** *Conti Guerrieri Rizzardi, via Verdi 4, Tel. 0457210028. Öffnungszeiten: Montag bis Freitag 9–12 und 14.30–17.30 Uhr, Samstag und Sonntag nach Voranmeldung.* Die Kellerei liegt unterhalb des Wasserspiegels des Gardasees und zieht sich an den zinnengekrönten Stadtmauern der Ortschaft entlang. In

### Hotels und Restaurants

**Bassano del Grappa**
**Belvedere** ★★★
piazzale Generale Giardino 14
☎ 0424529845
**Al Camin** ★★★
7 km nach Cassola
via Valsugana 64
☎ 0424566134
außerdem:
**Palladio** ★★★
**Brennero** ★★★
**Victoria** ★★★
**Cavaion Veronese**
**Garni Anita** ★★
via Berengario 22
☎ 0456260500
**Cavaso del Tomba**
**Locanda alla Posta** 🍴
piazza XIII Martiri 13
☎ 0423543112

ihrem abgelegensten Teil befindet sich ein Kellergewölbe mit historischen Weinflaschen sowie einer Sammlung kleiner Wunderwerke der Weinkultur. Im altehrwürdigen Heuschober bietet sich dem Besucher Gelegenheit zu Kostproben oder einem kleinen Imbiss. Neben exzellenten DOC-Weinen ist der Castello Guerrieri zu empfehlen, ein ganz besonderer Tropfen aus seltenen lokalen Rebsorten, der nach venezianischer Tradition durch lange Lagerung in kleinen Eichenfässern veredelt wird. *Fratelli Zeni, via Costabella 9, Tel. 0457210022. Öffnungszeiten: 9–13 und 14–18 Uhr.* Der historische Betrieb der Gemeinde Bardolino besteht bereits seit 1870 und wird heute in der fünften Generation geführt. Neben der obligatorischen Weinprobe bietet sich hier auch ein Besuch des Weinmuseums an.

**Sommacampagna.** *Le Vigne di San Pietro, via San Pietro 23, Tel. 045 510016. Öffnungszeiten: 9–12 und 15–19 Uhr, nach Voranmeldung.* Das Gut liegt in den Hügeln am Südende des Gardasees. Zunächst sollte man den erlesenen Refolà-Wein probieren, aus halbgetrockneten Cabernet-Sauvignon-Trauben bereitet und danach durch einjährige Lagerung in der Barrique veredelt. Es folgt die Begegnung mit einem intensiv aromatischen Dessertwein: Sein Name, Sud, passt zum Charakter dieses Moscato Giallo mit exotischem Bukett.

**Sona.** *Daniele Zamuner, via Valeccia 40, Tel. 0456081090. Öffnungszeiten: nach Voranmeldung.* Hier hält man Schaumweine für Kenner bereit, die – einzigartig in Italien –

## DOC-Weine aus Bardolino und Custoza

**BARDOLINO.** Rebsorten: Corvina veronese (35–65%), Rondinella (10 bis 40%), Molinara (10–20%) und Negrara (bis 10%), ggf. Rossignola und/oder Barbera und/oder Sangiovese und/oder Garganega (bis 10%). Produktion: 203773 hl (2545 ha). Farbe: helles Rubinrot, bisweilen mit Hang zu kirschrot, mit zunehmendem Alter ins Granatrote übergehend. Geruch: weinig, mit leichtem, feinen Duft. Geschmack: trocken, würzig, leicht bitter, harmonisch, fein, bisweilen leicht perlend. Alkoholgehalt: 10,5%. Arten: *Chiaretto,* roséfarben, mit zunehmendem Alter ins Granatrote spielend, *Chiaretto Spumante.* Zu den Mahlzeiten zu trinken. Qualitätsstufen: *Classico* 11,5% Alkohol, erzeugt in der traditionsreichsten Zone, die die Gemeinden Bardolino, Garda, Lazise, Affi, Costermano und Cavaion umfasst, *Chiaretto Spumante Classico* 11,5% Alkohol, *Novello* 10,5% Alkohol, *Superiore* 11,5% Alkohol und mindestens 1 Jahr Alterung (dann bis zu 3 Jahren); zu den Mahlzeiten sowie zu Huhn oder Lamm zu trinken.

**BIANCO DI CUSTOZA.** Rebsorten: Trebbiano toscano (20–45%), Garganega (20–40%), Tocai friulano (5 bis 30%), Cortese und/oder Malvasia toscana und/oder Riesling italico und/oder Pinot bianco und/oder Chardonnay (20–30%). Produktion: 102618 hl (1123 ha). Farbe: strohgelb. Geruch: weinig, mit intensivem, leicht aromatischem Duft. Geschmack: würzig, weich, feines Aroma. Alkoholgehalt: 11%. Arten: *Spumante.* Zu Vorspeisen, Fisch und jungem Käse zu trinken, der Spumante als Aperitif und als Tischwein.

**GARDA.** Siehe Lombardei.

**LUGANA.** Siehe Lombardei.

**SAN MARTINO DELLA BATTAGLIA.** Siehe Lombardei.

**VALDADIGE.** Siehe Trentino–Südtirol.

### Hotels und Restaurants

**Conegliano**

**Canon d'Oro** ★★★
via XX Settembre 129
☎ 043834246

**Tre Panoce** 🍴🍴🍴
via Vecchia Trevigiana 50
☎ 043860071

**Al Salisà** 🍴🍴
via XX Settembre 2
☎ 043831007

**Follina**

**Romantik Hotel Abbazia** ★★★
via Martiri della Libertà
☎ 0438971277

aus denselben Rebsorten gewonnen werden wie der Champagner, unter anderem aus Pinot meunier. Daneben kann man noch andere Weine verkosten, und dies sowohl in der Kellerei als auch in dem edlen Geschäftssitz Villa Matarrana, nur wenige Minuten vom Stadtzentrum Veronas entfernt. *Sparici Landini, via Montecorno 10, Tel. 0456081292. Öffnungszeiten: Montag–Samstag 8.30–18.30 Uhr, an Feiertagen nach Voranmeldung.* Neben mehrfach ausgezeichneten DOC-Weinen werden hier zwei Spumanti ersten Ranges erzeugt: der reinsortig aus Chardonnay vinifizierte Sinfonia und der La Grisa, der seinen Namen zu Ehren der energiegeladenen Inhaberin Signora Maddalena trägt und durch seinen Anteil an aromatischen Müller-Thurgau-Trauben besticht.

**Valeggio sul Mincio.** *Corte Marzago, località Le Bugne, Tel. 0457945104. Öffnungszeiten: 9–19 Uhr, nach Voranmeldung.* In den Mauern eines Klosters des 16. Jahrhunderts gelegen, bietet dieser Betrieb seinen Gästen Weinproben in einem eindrucksvollen aus dem Felsen gehauenen Saal sowie Gaumenfreuden der unterschiedlichsten Art.

**Und außerdem ... Custoza.** *Cavalchina, località Cavalchina, Tel. 045516002.* **Dolcè.** *Albino Armani, via Ceradello, Tel. 0457290033.* **Cavaion Veronese.** *Le Fraghe, località La Colombara, Tel. 0457236832. Monte Saline, via Pozzo dell'Amore 47, Tel. 0457235032.* **Lazise.** *La Meridiana, via Gardesana 1, Tel. 045 7580034.* **Peschiera del Garda.** *Ottella, via Ottella 1, San Benedetto, Tel. 0457551950. Zenato, via San Benedetto 8, Tel. 0457550300.*

## Tourenvorschläge

**Der Uferstreifen um Bardolino.** Eine Rundreise durch die sechs Ortschaften der klassischen Weinbauzone des berühmten Bardolino mit anschließenden Abstechern in Weinorte des restlichen Anbaugebiets. **Lazise.** In diesem alten Zollhafen der Republik Venedig kann der Reisende noch die Burg bewundern, zu deren Füßen ehemals der Militärhafen lag. Die turmbewehrten Stadtmauern, das Zollgebäude und einige alte Kirchen sind ebenfalls noch erhalten. Übernachtungsmöglichkeit im idyllisch gelegenen Hotel Casa Mia. **Bardolino.** Die Weinstadt (→) hat dem Liebhaber guter Tropfen einiges zu bieten, angefangen bei der Kellerei Conti Guerrieri Rizzardi (→). Auch die hervorragende Weinkarte der Osteria Solferino verdient Beachtung. **Garda.** Das Städtchen in bezaubernder Lage ist für seine ansprechende Atmosphäre bekannt. Zu empfehlen ist ein Spaziergang auf dem Naturwanderweg, der sich durch den immergrünen Buschwald am Ufer der Bucht schlängelt. Wer will, kann

### Hotels und Restaurants

**Garda**

**Locanda San Vigilio** ★★★
3 km nach San Vigilio
☎ 0457256688

**Conca d'Oro** ★★
lungolago Europa 2
☎ 0457255275

**Pino Due** 🍴
località Giare
☎ 0457255694

**Gorgo al Monticano**

**Villa Revedin** ★★★
via Palazzi 4
☎ 0422800033

**Isola Rizza**

**Perbellini** 🍴🍴🍴🍴
via Muselle 10/11
☎ 0457135352

auch einen Abstecher nach Castion Veronese und Torri del Benaco im nördlichen Grenzgebiet der DOC-Region machen. **Costermano.** Diese Ortschaft an den südlichen Ausläufern des Monte Baldo gehört zu den Ferienorten im nahe gelegenen Hinterland und besitzt einige stilvolle Herrschaftshäuser, etwa die Villa Marchi aus dem 16. Jahrhundert. **Affi.** Im Zentrum des Städtchens am Fuß des Monte Moscal finden sich noch alte Wohnhäuser aus Kieselsteinen, deren runde Form durch die eiszeitliche Erosion entstand. **Cavaion Veronese.** Der Ort erstreckt sich an der Sonnenseite des von Weinbergen und Olivenhainen bedeckten Monte San Michele. In der Pfarrkirche findet sich ein eindrucksvolles Renaissance-Gemälde. Von hier aus kann man über Pastrengo, Sandrà, Castelnuovo del Garda, Cavalcaselle und Pacengo einen Abstecher zur südlichen Erzeugerzone des Bardolino DOC machen.

**In den Hügeln von Custoza.** Die kleine Rundreise führt von Valeggio aus zu den Moränenhügeln des Gardasees, wo die Weinbauregion Bardolino in den DOC-Bereich Bianco di Custoza übergeht. **Valeggio sul Mincio.** Angenehmes Städtchen mit einer eindrucksvollen zerstörten Brücke, einer Burg und dem Park Sigurtà sowie beachtlicher Gastronomie. Weinproben und traditionelle Küche bietet die Kellerei Corte Marzago (→); für Übernachtungen empfiehlt sich das Hotel Eden. **Custoza.** Hier wurden zwei entscheidende Schlachten während der Unabhängigkeitskriege ausgefochten; im Beinhaus wird der 4654 Gefallenen gedacht. Beim Rundgang durch die Ortschaft gelangt man durch eine Zypressenallee zur hoch gelegenen Villa Ottolini. **Sommacampagna.** Die Weinstadt (→) verdient wegen ihrer empfehlenswerten Kellereien und auch wegen ihrer Renaissance-Atmosphäre Beachtung. Hier kann der Besucher in der Kellerei Le Vigne di San Pietro (→) an

Weinproben teilnehmen. Das Ambiente in der Casa del Tamburino Sardo im Bezirk Mondato erinnert an die Zeiten von Edmondo de Amicis. **Sona.** Ein Besuch in der rustikalen Dorfkirche der Heiligen San Quirico und Giulitta ist Balsam für die Seele und ein Augenschmaus für den Kunstliebhaber. Die Weine der Erzeugerbetriebe Sparici e Landini (→ Kellereien) und Zamuner (→ Kellereien) bieten Erquickung für den müden Reisenden. Danach führt die Reiseroute am Mincio entlang nach San Giorgio in Salici und San Rocco. In Salionze angelangt, stößt man schließlich auf den Fluss und auf die Straße, die Peschiera mit Valeggio verbindet.

## Hotels und Restaurants

**Lazise**

**Casa Mia** ★★★
località Risare
☎ 0456470244

**Il Porticciolo** 🍴
lungolago Marconi 22
☎ 0457580254

**Marostica**

**Europa** ★★★
via Pizzimano 19
☎ 042477842

**Rosina** ★★★
Valle San Floriano
via Marchetti 4
☎ 0424470360

**Miane**

**Gigetto** 🍴🍴
via De Gasperi 4
☎ 0438960020

# Die Hügel des Recioto

## Valpolicella, Soave und Gambellara

Ein breiter Streifen von Kalksteinhügeln zieht sich vom Flusslauf der Etsch aus durch die Region Valpolicella bis über das Grenzgebiet zwischen Verona und Vicenza hinaus. Von Westen her kommend, durchquert man so das große Weinbaugebiet des Valpolicella. In dieser DOC-Region mit dem viertgrößten Erzeugervolumen Italiens werden vor allem rote Rebsorten angebaut, wie man sie auch in der Umgebung von Bardolino antrifft. Es schließen sich die Gebiete Soave und Gambellara an, wo überwiegend weiße Rebsorten das Landschaftsbild bestimmen, allen voran die einheimische Traube Garganega. Allen drei Weinbaugebieten gemeinsam ist die Erzeugung des renommierten Recioto, dem erst kürzlich das DOCG-Prädikat verliehen wurde. Die Bezeichnung leitet sich von der Dialektform «recia» (Ohr) ab, was die am höchsten hängenden Beeren einer Weintraube bezeichnet, die am meisten Sonne bekommen und dadurch den höchsten Zuckergehalt aufweisen. Diese Trauben werden bei der Lese aussortiert und für einen Zeitraum von 20 bis 90 Tagen zum Trocknen gelagert. Die mit den ersten Winterfrösten einsetzende Gärung vollzieht sich auf ganz andere Weise als die herbstliche Gärung. Sie begünstigt jene charakteristischen Merkmale, auf denen der Erfolg dieses Weins beruht. Vor allem der Unterschied zwischen einem Recioto mit lieblicher, süßer oder trockener Geschmacksrichtung bildet sich zum Zeitpunkt des Abstichs heraus. Erfolgt dieser zu einem frühen Zeitpunkt, bevor der Zuckeranteil sich vollständig oder bis auf einen geringfügigen Rest in Alkohol umgewandelt hat, ergibt das die süßen Recioto-Versionen, wird der Abstich hingegen später vorgenommen, so erhält man trockene Recioto-Arten, als deren typischer Vertreter der Amarone gilt.

### Weinstädte

**Soave.** Die mittelalterliche Ortschaft, die sich an den äußersten Ausläufern der Monti Lessini erhebt, bietet einen herrlichen Anblick. Sie ist nicht nur Namensgeberin der renommierten DOC-Weine, sondern bietet, ebenso wie das nahe gelegene **Monteforte d'Alpone** dem Weinkenner und Feinschmecker eine Vielzahl von Möglichkeiten, seinen Gaumen zu verwöhnen.

**Und außerdem ... Marano di Valpolicella** und **Roncà.**

### Kellereien

**Negrar.** *Le Ragose, Arbizzano, Tel. 0457513241. Öffnungszeiten: 8–12 und 13–17 Uhr, nach Vereinbarung.* Der ganze Stolz des Betriebs ist der Weinberg Sassine, an dessen über 50 Jahre alten Stöcken seltene Trauben der Region gedeihen. Er stand Pate für den gleichnamigen Valpolicella Classico Superiore, der paarweise mit einem Amarone von derselben Lage auftritt. *Roberto Mazzi, via Crosetta 8, Sanperetto, Tel. 0457502072. Öffnungszeiten: Montag–Samstag 9–18 Uhr, nach*

### Hotels und Restaurants

**Monfumo**
**Osteria alla Chiesa – da Gerry** 🍴
via Chiesa 14
☎ 0423545077

**Montebelluna**
**Alla Pineta** ★★★
2 km nach Biadene
via Brigata Campania 42/a
☎ 0423302831

**Enoiteca Marchi** 🍴
via Castellana 177
☎ 0423303530

**Montecchio Precalcino**
**La Locanda di Piero** 🍴
via Roma 34
☎ 0445864827

*Vereinbarung.* In der Kellerei aus dem 19. Jahrhundert werden erlesene Weine der DOC Valpolicella bereitet, daneben zwei bemerkenswerte IGT-Weine: der Libero aus Cabernet Sauvignon, Nebbiolo und Sangiovese sowie der Bianco Passito aus Garganega und Sauvignon blanc. Unterkunft und Verpflegung findet der Gast im Antica Corte al Mulino, einem Betrieb, der Ferien auf dem Lande (Agriturismo) bietet.

**San Pietro in Cariano.** *Santa Sofia, via Ca' Dedè 61, località Pedemonte, Tel. 0457701074. Öffnungszeiten: Montag bis Freitag 9–12 und 15 bis 17 Uhr, nach Voranmeldung.* Vor der außergewöhnlichen Kulisse der Villa Sarego Boccoli, einem der schönsten Bauwerke Andrea Palladios, ist dieser seit 1811 bestehende Betrieb angesiedelt. Hier werden Weine der DOC-Zonen Bardolino, Custoza, Soave und Valpolicella gekeltert, daneben der Spumante Brut Santa Sofia sowie die erlesenen Vini da Tavola Croara und Predaia. *Villa Bellini, via di Fraccaroli 6, località Castelrotto, Negarine, Tel. 0457725630. Öffnungszeiten: nach Voranmeldung.* Die Villa, umgeben von einer Parkanlage und Weinbergen, wurde im 18. Jahrhundert erbaut. Unter den Weinen zeichnet sich der Tatrino aus, ein Weißer aus Garganega-Trauben und einheimischen Sorten mit halbgetrockneten Beeren.

**Und außerdem ... Illasi.** *Trabucchi, località Monte Tenda, Tel. 0457833233.* **Montebello Vicentino.** *Luigino Dal Maso, via Selva 62, Tel. 0444649104.* **San Bonifacio.** *Cantina Sociale di San Bonifacio, via Chiavichetta 92, Tel. 0457610544.* **San Floriano.** *Brigaldara, località Brigaldara, Tel. 0457701055.* **San Pietro in Cariano.** *Fratelli Bolla, via Bolla 1, Pedemonte, Tel. 0458 670911. Fratelli Tedeschi, via Verdi 4, Pedemonte, Tel. 0457701487. Tommasi, via Ronchetto 2, Tel. 0457 701266. Nicolis, via Villa Girardi 29, Tel. 0457701261. Tenuta Pule, via Monga 9, Tel. 0457701246.*

*Gambellara, Weinbaumuseum der Casa Zonin.*

## Hotels und Restaurants

**Nervesa della Battaglia**
**Roberto Miron** 🍴
via Brigata Aosta 26
☎ 0422885185

**Pedemonte**
**Villa del Quar** ★★★
**Arquade** 🍴
via Quar 12
☎ 0456800681

## Rund um den Wein

**Gambellara.** *Collezioni della Casa Vinicola Zonin, via Borgolecco 9, Tel. 0444640111. Öffnungszeiten: nach Voranmeldung.* Die Zonins, «Meister des Weinbaus seit 1821», wie die Wappeninschrift des Betriebs lautet, sind Inhaber der wichtigsten Privatkellerei Italiens, die über Weinberge in sechs unterschiedlichen Regionen verfügt. Die Palette ihrer Erzeugnisse ist äußerst umfangreich und umfasst traditionelle wie auch avantgardistische Weinsorten, darunter Spitzenweine von erlesenster Qualität. Der Geschäftssitz in Gambellara verfügt über ein kleines Weinmuseum, in dem es Weinkarren, Fässer und andere Kuriositäten zu besichtigen gibt. Übertroffen werden diese noch von einer Sammlung größtenteils aus Venetien stammender Weinkelche sowie von Korkenziehern in allen erdenklichen Formen. Daneben findet der Besucher auch alte Werbeplakate und Briefmarken rund um den Wein.

**Verona.** *Vinitaly. Salone Internazionale del Vino e dei Distillati,* Messe in Verona. Anfang April versammeln sich die Weinexperten an den Ufern der Etsch. Hier sind mehr als 3000 Erzeuger anzutreffen und trotz des unglaublichen Andrangs bietet sich eine einmalige Gelegenheit, einen Blick auf die unterschiedlichsten Erzeugnisse der Region zu werfen. Die Aussteller legen eine Engelsgeduld an den Tag, wenn es darum geht, die Neugier von Unternehmern und privaten Weinliebhabern zu befriedigen, und gewähren stets bereitwillig eine Kostprobe. Es lohnt sich, an diesen fünf Tagen begeisterten Treibens teilzunehmen, und sei es nur, um sich unter das bunte Weinvölkchen zu mischen, das vom griesgrämigen Südtiroler Winzer bis zum vornehmen toskanischen Handelsmann viele Gesichter zu bieten hat (siehe auch S. 32).

## Tourenvorschläge

**Im Lande des Valpolicella Classico.** Von Verona aus folgt man der Staatsstraße 12, die zum Brenner führt und zweigt dann Richtung Parona ab. Hier einige gastronomische Tipps für die Provinzhauptstadt: Allen voran ist das Restaurant Desco zu empfehlen, nicht zuletzt wegen seiner hervorragenden Weinkarte, gefolgt von den Speiselokalen Arche, Dodici Apostoli und Tre Marchetti. Für Einkäufe lohnt sich ein Besuch im Istituto Enologico Italiano, darüber hinaus kann man in einer Reihe von Enoteche Weine verkosten. **Negrar.** Auf dieser ersten Etappe unserer Entdeckungsreise durch die einzigartige Schönheit der Monti Lessini steht ein Besuch der Kellereien Roberto Mazzi (→) und Le Ragose (→) auf dem Programm. Weinproben und kulinarische Spezialitäten der Region bietet die Antica Vineria. **Fumane.** Beachtung verdient die Villa della Torre, über deren in jedem Falle adlige Erbauer – Sanmicheli oder Giulio Romano – noch Unklarheit herrscht. Von hier aus kann man zum Parco delle Cascate hinaufsteigen, der sicherlich zum Eindrucksvollsten zählt, was die Region Lessinia zu bieten hat. Weinliebhaber sollten bei der Enoteca della Valpolicella

### Hotels und Restaurants

**Pieve di Soligo**
**Contà** ★★★
corte delle Caneve 4
☎ 0438980435
**Al Ringraziamento** 🍴🍴🍴
via S. Michele 2
☎ 043883699

**Sandrigo**
**Antica Trattoria Due Spade** 🍴
via Roma 5
☎ 0444659948

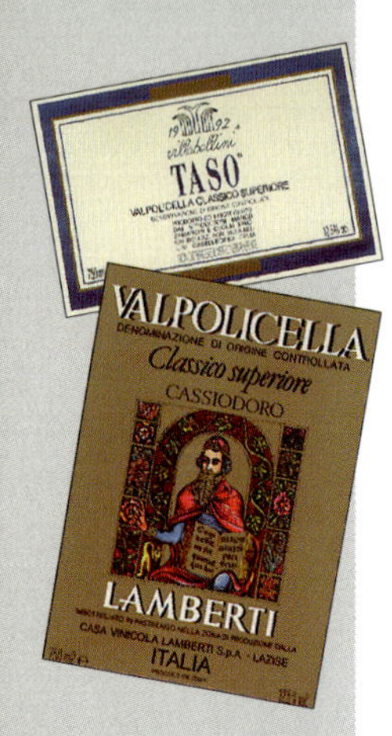


Station machen. **Sant'Ambrogio di Valpolicella.** In Fremdenführern wird auf die alte Pfarrei verwiesen, von der aus man den Ausblick bis hinunter zum Gardasee genießen kann. Kenner schätzen auch die einfache, bekömmliche Küche in der Groto de Corgnan und die Weine der Enoteca Al Covolo. **San Pietro in Cariano.** Ein Muss in Pedemonte ist der Besuch der Villa Sarego Boccoli, dem architektonischen Meisterwerk Palladios, in der heute die Kellerei Santa Sofia (→) untergebracht ist. In Castelrotto di Negarine lockt der eindrucksvolle Obstgarten der Villa Bellini (→ Kellereien). Ganz in der Nähe, in Villa del Quar, findet sich ein herrliches Relais mit Restaurant. In San Floriano bietet sich für Einkäufe und Weinproben die Enoteca Enotria an.

S. Ambrogio di Valpolicella
Fumane
Negrar
S. Pietro in Cariano
Pedemonte
A22
Adige
Pescantina
Verona

**Die Weinberge von Soave.** Eine Rundreise durch die Weinzentren der drei Täler Mezzane, Illasi und Alpone, da, wo die Ausläufer der Monti Lessini beginnen, in die Ebene überzugehen. **Soave.** Im Viereck sind die unversehrten Stadtmauern angeordnet, die sich bis zur ebenfalls vollständig erhaltenen Burg ziehen. Der Name dieser mittelalterlichen Weinstadt (→) mit ihren venezianischen Anklängen leitet sich wahrscheinlich von den Sueven (Schwaben, italienisch «soavi») ab, die diese nach den Langobarden wieder aufgebaut haben. Hier befindet sich der Sitz des Consorzio di Tutela, das über die Einhaltung der DOC-Vorschriften wacht, wie auch der Castellania di Suavia, der einzigen den Frauen vorbehaltenen Weinbruderschaft. Im Mai findet die Festa del Vino statt, gefolgt von der Festa dell'Uva (Traubenfest) im September. **Colognola ai Colli.** Diese hübsche Ortschaft am Eingang des Illasitals ist von den Römern gegründet worden, was sich an der heutigen Architektur der Pfarrkirche und einiger Landhäuser noch ablesen lässt. **Illasi.** Ursprünglich ist der Ort aus einer Ansammlung verschiedener Adelsresidenzen entstanden. Besondere Beachtung verdient die von Palladio erbaute Villa Carlotti im Ortskern sowie der ganz in der Nähe gelegene Prachtbau der Villa Peres Pompei Sagramoso, deren Parkanlage bis hinauf zu einem Hügel reicht, auf dem die Ruine der Scaliger-Burg thront. **Cazzano di Tramigna.** Auf einer mit Olivenbäumen bestandenen Anhöhe liegt die mit Fresken aus dem 14. Jahrhundert ausgestattete Dorfkirche San Pietro. **Montecchia di Crosara.** Ein relativ bedeutender Ort im Herzen des Alponetals. Im Ortsteil Castello liegt die romanische Kirche San Salvatore, deren Säulenkrypta reich mit schönen Kapitellen und Fresken verziert ist. **Monteforte d'Alpone.** Weinstadt (→) mit der neoklassizistischen Pfarrkirche Santa

## Hotels und Restaurants

**San Pietro di Feletto**
**Al Doppio Fogher** 🍴
5 km nach San Michele di Feletto
☎ 043860157

**Sant'Ambrogio di Valpolicella**
**Groto de Corgnan** 🍴
via Corgnan 41
☎ 0457731372

**Soave**
**Cangrande** ★★★
viale del Commercio 20
☎ 0456102424

**Tarzo**
**Il Capitello** 🍴🍴
3 km nach Corbanese
via S. Francesco 1/e
☎ 0438564279

Maria Maggiore. Weinausschank, begleitet von Hausmannskost, gibt es in der Enoteca del Soave. Zu den Veranstaltungen gehören die Festa del Vino im Mai und das Traubenfest im September.

**Auf den Spuren des Recioto di Gambellara.** Die Route führt durch die Provinz Vicenza und verbindet die gleichnamige DOC-Region mit

Montecchio Maggiore am Ausgang des Chiampotals. **Gambellara.** Seine ganze Bedeutung verdankt der Ort dem Wein. Schon seit 1821 befindet sich hier der Sitz der Firma Zonin, der besten Privatkellerei Italiens. Man kann dort das Firmenmuseum (→ Rund um den Wein) besichtigen oder sich mit Erzeugnissen der verschiedenen Betriebe der Zonin-Gruppe eindecken, Letztere strategisch verteilt vom Monferrato bis Friaul, von der Toskana bis nach Sizilien. In den letzten zehn Septembertagen wird die Festa dell'Uva e del Recioto (Trauben- und Recioto-Fest) begangen. **Montebello Vicentino.** Von der ehemaligen Bedeutung des Orts als wichtiger Verkehrsknotenpunkt, an dem sich die Postumia und die Straßen der umliegenden Täler kreuzten, zeugen noch heute eine Burg und zahlreiche Villen. Zu Ostern findet hier die Festa del Vino Doc statt. Die lokale Küche hat Interessantes zu bieten, etwa das Paradegericht Tacchina al melograno (Pute mit Granatapfel).

**Montecchio Maggiore.** Die beiden Burgen von Romeo und Julia, die einander so romantisch gegenüberstehen, sowie die Villa Cordellina Lombardi mit ihren Fresken von Tiepolo bilden die Glanzstücke dieses Landstrichs auf halbem Weg zwischen Hügelland und Ebene. Der eine oder andere interessierte Besucher wird die Gelegenheit nutzen, um einen Abstecher nach Arzignano zu machen: Die exzellente Küche im dortigen Restaurant Principe lohnt einen Besuch, ebenso die Enoteca La Corte in Cornedo, wohin man über eine landschaftlich reizvolle Strecke durch Valdagno gelangt.

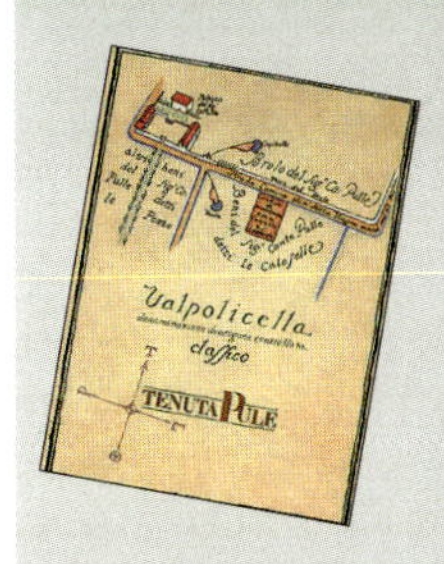


## Hotels und Restaurants

**Torri del Benaco**
**Lake Garda** ★★★
4 km nach Albisano
via Bardino
☎ 0456296755
**Al Caval** 🍴🍴
via Gardesana 186
☎ 0457225666

**Valdobbiadene**
**Marianna** 🍴🍴
2 km nach San Pietro di Barbozza
☎ 0423972616

**Valeggio sul Mincio**
**Eden** ★★★
via Don G. Beltrame 10
☎ 0456370850
**Antica Locanda Mincio** 🍴🍴🍴
1 km nach Borghetto
via Michelangelo 12
☎ 0457950059

## Hotels und Restaurants

**Verona**
**Due Torri Baglioni** ★★★★★
piazza S. Anastasia 4
☎ 045595044
**Gabbia d'Oro** ★★★★★
corso Porta Borsari 4/a
☎ 0458003060
**Firenze** ★★★★
corso Porta Nuova 88
☎ 0458011510
**Montresor Hotel Giberti** ★★★★
via Giberti 7
☎ 0458006900
**Bologna** ★★★
piazzetta Scalette Rubiano 3
☎ 0458006830
**Porta Palio** ★★★
via Galliano 21
☎ 0458102140
**Arche** 🍴🍴🍴🍴
via Arche Scaligere 6
☎ 0458007415
**Dodici Apostoli** 🍴🍴🍴🍴
vicolo Corticella S. Marco 3
☎ 045596999
**Il Desco** 🍴🍴🍴🍴
via Dietro S. Sebastiano 7
☎ 045595358
**Tre Marchetti** 🍴🍴
vicolo Tre Marchetti 19/b
☎ 0458030463

## DOCG- und DOC-Weine aus Soave, Gambellara und dem Valpolicella

### DOCG

**RECIOTO DI SOAVE.** Rebsorten: Garganega (70–100%), Pinot bianco und/oder Chardonnay und/oder Trebbiano di Soave und/oder sonstige (bis 30%). Produktion: siehe Soave. Farbe: helles Goldgelb. Geruch: intensiv weinig und fruchtig. Geschmack: lieblich oder süß, samtig, harmonisch, körperreich. Alkoholgehalt: 11,5+2,5%. Arten: *Spumante.* Alterung: bis zu 2 Jahren. Zum Abschluss der Mahlzeiten zu trinken. Qualitätsstufen: *Classico.*

### DOC

**GAMBELLARA.** Rebsorten: Garganega (80–100%), sonstige nicht aromatische Sorten (bis 20%). Produktion: 60408 hl (647 ha). Farbe: von strohgelb bis zu hellem Goldgelb. Geruch: leicht weinig, mit typischem, markantem Duft. Geschmack: trocken oder bisweilen vollmundig, mit feiner Bitternote, von mittlerem Körper und angemessener Säure, harmonisch, samtig. Alkoholgehalt: 10,5%. Zu leichten Gerichten zu trinken. Qualitätsstufen: *Classico* 11,5% Alkohol, erzeugt in der traditionsreichsten Region in der Umgegend von Gambellara, Alterung bis zu 2 Jahren, zu Vorspeisen, Fisch und Eiergerichten. – **Recioto.** Produktion: 2381 hl (34 ha). Farbe: von strohgelb bis goldgelb. Geruch: intensiv fruchtig. Geschmack: sortentypisch, harmonisch, mit leichtem Passito-Anklang, lieblich oder süß, mehr oder weniger lebhaft, leicht bitter im Abgang. Alkoholgehalt: 12%. Alterung: bis zu 2 Jahren. Als Dessertwein oder aber zu rohen Krustentieren. Qualitätsstufen: *Classico.* – **Vin Santo.** Produktion: 136 hl (2,5 ha). Farbe: volles Bernsteingelb. Geruch: intensiver Duft, Passito-typisch. Geschmack: harmonisch, samtig nach Passito. Alkoholgehalt: 14%. Alterung: mindestens 2 Jahre, dann bis zu 4 Jahren. Zum Abschluss der Mahlzeiten. Qualitätsstufen: *Classico.*

**LESSINI DURELLO.** Rebsorten: Durello (85–100%), Garganega und/oder Trebbiano di Soave und/oder Pinot bianco und/oder Pinot nero und/oder Chardonnay (bis 15%). Produktion: 37356 hl (494 ha). Farbe: mehr oder weniger volles Strohgelb. Geruch: weinig, delikat, sortentypisch. Geschmack: trocken, säuerlich, körperreich, bisweilen leicht tanninhaltig. Alkoholgehalt: 10%. Arten: *Spumante* 11% Alkohol. Zu leichten Speisen, der Spumante auch als Aperitif. Qualitätsstufen: *Superiore* mindestens 11% Alkohol.

**RECIOTO DELLA VALPOLICELLA (Valpantena).** Rebsorten: Corvina veronese (40–70%), Rondinella (20–40%), Molinara (5–25%), Rossignola und/oder Negrara trentina und/oder Barbera und/oder Sangiovese (bis 15%). Produktion: siehe Valpolicella. Farbe: ziemlich volles Granatrot. Geruch: sortentypisch, markant. Geschmack: voll, samtig, delikat, lieblich. Alkoholgehalt: 12+2%. Arten: *Spumante; Liquoroso* 16% Alkohol. Alterung: bis zu 2 Jahren. Zum Abschluss der Mahlzeiten, der Liquoroso in Mußestunden.

**SOAVE.** Rebsorten: Garganega (70 bis 100%), Pinot bianco und/oder Chardonnay und/oder Trebbiano di Soave und/oder sonstige (bis 30%). Produktion: 561102 hl (6264 ha in der Umgebung von Soave). Farbe: bisweilen ins Grünliche spielendes Strohgelb. Geruch: weinig, mit sortentypischem, intensivem und delikatem Duft. Geschmack: trocken, von mittlerem Körper, harmonisch, leicht bitter. Alkoholgehalt: 10,5%. Arten: *Spumante* 11% Alkohol, auch *Classico.* Zu leichten Gerichten zu trinken, der Spumante auch als Aperitif. Qualitätsstufen: *Classico* in der traditionsreichsten Region erzeugt; *Superiore,* auch *Classico,* mindestens 11,5% Alkohol und 4 Monate Alterung, zu den Mahlzeiten, besonders zu Fisch und Eierspeisen.

**VALDADIGE/ETSCHTALER.** – **Bianco.** Rebsorten: Pinot bianco und/oder Pinot grigio und/oder Riesling italico und/oder Müller-Thurgau und/oder

Chardonnay (20–100%), Bianchetta trevigiana und/oder Trebbiano toscano und/oder Nosiola und/oder Vernaccia und/oder Garganega (bis 80%). Produktion: 17263 hl (200 ha). Farbe: strohgelb. Geruch: weinig, angenehm, sortentypisch. Geschmack: harmonisch, frisch, mäßige Säure, bisweilen lieblich. Alkoholgehalt: 10,5%. Zu den Mahlzeiten zu trinken. – **Chardonnay.** Rebsorten: Chardonnay (85–100%), sonstige nicht aromatische Sorten (bis 15%). Produktion: 3509 hl (44 ha). Farbe: strohgelb. Geruch: angenehm, sortentypisch. Geschmack: frisch, harmonisch. Alkoholgehalt: 10,5%. Zu den Mahlzeiten zu trinken. – **Pinot Bianco.** Rebsorten: Pinot bianco (85–100%), sonstige nicht aromatische Sorten (bis 15%). Produktion: 793 hl (8,5 ha). Farbe: strohgelb. Geruch: angenehm, sortentypisch. Geschmack: harmonisch, frisch. Alkoholgehalt: 10,5%. Zu den Mahlzeiten zu trinken. – **Pinot Grigio.** Rebsorten: Pinot grigio (85 bis 100%), sonstige nicht aromatische Sorten (bis 15%). Produktion: 4525 hl (50 ha). Farbe: strohgelb. Geruch: angenehm, sortentypisch. Geschmack: harmonisch, voll, bisweilen lieblich. Alkoholgehalt: 10,5%. Zu leichten Gerichten. – **Rosato.** Rebsorten und Produktion: siehe Rosso. Farbe: unterschiedlich intensives Hellrot. Geruch: weinig, angenehm, delikat. Geschmack: weich, leicht säuerlich, bisweilen lieblich. Alkoholgehalt: 10,5%. Zu den Mahlzeiten zu trinken. – **Rosso.** Rebsorten: Schiava und/oder Lambrusco a foglia frastagliata (30–100%, davon mindestens 20% Schiava), Merlot und/oder Pinot nero und/oder Lagrein und/oder Teroldego und/oder Negrara (bis 70%). Produktion: 18898 hl (256 ha). Farbe: unterschiedlich intensives Rubinrot. Geruch: weinig, angenehm. Geschmack: harmonisch, mäßige Säure, bisweilen lieblich. Alkoholgehalt: 11%. Zu den Mahlzeiten zu trinken. – **Schiava.** Rebsorten: Schiava grossa und/oder Schiava gentile und/oder Schiava grigia (85–100%), sonstige nicht aromatische Sorten (bis 15%). Produktion: 1347 hl (14 ha). Farbe: von granat- bis rubinrot. Geruch: weinig, angenehm. Geschmack: weich, mäßige Säure, bisweilen lieblich. Alkoholgehalt: 10,5%. Zu den Mahlzeiten zu trinken.

**VALPOLICELLA (Valpantena).** Rebsorten: Corvina veronese (40–70%), Rondinella (20–40%), Molinara (5 bis 25%), Rossignola und/oder Negrara trentina und/oder Barbera und/oder Sangiovese (bis 15%). Produktion: 318213 hl (4708 ha). Farbe: mäßig intensives Rubinrot, bei zunehmendem Alter ins Granatrote übergehend. Geruch: weinig, mit angenehmem Duft, delikat, sortentypisch, zuweilen mit Bittermandelaroma. Geschmack: trocken oder samtig, körperreich, leicht bitter, harmonisch. Alkoholgehalt: 11%. Zu den Mahlzeiten zu trinken. Qualitätsstufen: *Classico* aus der traditionsreichsten Erzeugerregion in den Gemeinden Negrar, Marano, Fumane, Sant'Ambrogio und San Pietro in Cariano, *Superiore* mindestens 12% Alkohol und 1 Jahr Alterung (dann bis zu 2–3 Jahren); zu Schaf- und Schweinefleisch zu trinken. – **Amarone.** Farbe: ziemlich volles Granatrot. Geruch: sortentypisch, markant. Geschmack: voll, samtig, warm. Alkoholgehalt: 14%. Alterung: mindestens 2 Jahre, dann bis zu 3–4 Jahren. Zu Rind- und Schweinefleisch sowie zu Wild zu trinken. Qualitätsstufen: *Classico.*

*Corvina.*

## Agriturismo

**Caerano di San Marco**
**Col delle Rane**
via Mercato Vecchio 18
☎ 0423650085

**Castelnuovo del Garda**
**Finilon**
località Finilon 7
☎ 0457575114

**Crocetta del Montello**
**Montello**
Ciano del Montello
via Vaccari presa XVI
☎ 042384838

**Illasi**
**Centro Ippico Agrituristico**
Cellore
località Deserto 1
☎ 0457834441

**Lazise**
**Le Caldane**
Colà
località Caldane 1
☎ 0457590300

**San Pietro in Cariano**
**Fioravante**
San Floriano
via Don C. Biasi 7
☎ 0457701317

## Gaumenfreuden

Jahr für Jahr trifft sich in Verona die italienische Weinelite, um sich zu feiern und untereinander zu messen. Nicht nur ihre günstige Lage, sondern auch ihre zweifellos weit zurückreichende Weinbautradition prädestinieren die Stadt für diese Veranstaltung. Verona ist die Heimat einiger in der ganzen Welt geschätzter Gewächse wie Valpolicella und Soave. Manche Weine haben in den letzten Jahren eine qualitative Verbesserung erfahren, andere genießen von jeher einen hervorragenden Ruf wie der Amarone, die trockene Version des Recioto della Valpolicella, der den Gehalt, die Fruchtigkeit, die Reife und Kräuterwürze der ursprünglichen Weinbereitung aus teilrosinierten Trauben behalten hat.
Und die Kulisse der Stadt steht der Erlesenheit derartiger Weine in nichts nach. Man denke nur an die herrliche Villa del Quar in Pedemonte, die, umgeben von Weinbergen, auch einen eigenen Valpolicella erzeugt. Ihre Räumlichkeiten hinterlassen einen bleibenden Eindruck, ganz zu schweigen von ihrer faszinierenden alten Kellerei. Oder die im Herzen der Stadt angesiedelte Bottega del Vino, deren historische, überreich bestückte Kellerei Weinkultur mit den kulinarischen Gaumenfreuden der Region verbindet. Ein anderes Beispiel ist das Tre Marchetti, dessen Inhaber, Signor Barca, seine Gäste mit ebenso vielen Leckerbissen (etwa einem Schmorgulasch in aromatischer Sauce) wie Anekdoten erfreut. Aber so sehr sich in dieser hügeligen Gegend alles um die Weinrebe dreht, darf man doch nicht vergessen, dass gleich dahinter die Ebene beginnt, in der Reis die Hauptrolle in der lokalen Küche spielt – der berühmte Vialone nano lässt sich gut mit Gemüse und Fisch kombinieren. Weitere Spezialitäten sind Risi e bisi, ein Reisgericht mit Erbsen, oder Riso primavera mit Stockfisch beziehungsweise mit Radicchio, um nur einige zu nennen.
Bei alledem ist Verona auch noch führend im Bereich der Süßwaren. Aus dem traditionsreichen Nadalin ist eines der bekanntesten Hefebackwerke entstanden, der Pandoro. Das Gelingen dieses «goldenen Kuchens» hängt entscheidend von der geschickten Zubereitung des Sauerteigs ab, der aus vielen Eiern und reichlich Butter besteht. In Verona sollte man sich die Gelegenheit nicht entgehen lassen, in den besten Konditoreien – genannt seien Tommaso oder Rossini – den originalen Nadalin zu kosten. Dazu passt etwa ein Recioto dolce di Amarone oder ein Soave, eventuell auch einer der modernen Likörweine, die zu den besten Italiens zählen. Ein anderes edles und traditionsreiches Hefebackwerk ist die Offella, besonders die der Marke Perbellini, die ebenfalls seit beinahe einem Jahrhundert nach derselben Rezeptur hergestellt wird. Den Perbellinis verdanken wir heute auch ein berühmtes Restaurant – in dem Städtchen Isola Rizza –, dessen Inhaber Giancarlo mit liebevoll zubereiteten Speisen auf internationalem Niveau aufwartet.

### Agriturismo

**Sant'Ambrogio di Valpolicella**
**Coop. 8 Marzo – Cà Verde**
località Cà Verde
☎ 0456861760

**Treviso**
**Il Cascinale**
via Torre d'Orlando 6/b
☎ 0422402203

**Tarzo**
**Mondragon**
Arfanta
via Mondragon 1
☎ 0438933021

**Valdobbiadene**
**Riva de Milan**
via Erizzo 126
☎ 0423973496

**Verona**
**San Mattia**
via Santa Giuliana 2
☎ 0458343432

**Vittorio Veneto**
**Le Colline**
Cozzuolo
via San Mor 13
☎ 0438560282

# Die Weinberge von Breganze

## Der besondere Reiz des Torcolato

Dort, wo das Flachland in die ersten Erhebungen der Hochebene von Asiago übergeht, zwischen Thiene und Bassano del Grappa auf der West-Ost-Achse und zwischen Salcedo und Sandrigo auf der Nord-Süd-Achse, liegt in der Provinz Vicenza das Weinbaugebiet Breganze. Die gleichnamige Ortschaft nimmt seit Jahrhunderten den ersten Platz in der lokalen Weinerzeugung ein. In den Weinbergen wird die traditionsreiche Rebsorte Vespaiola angebaut. Ihren Namen verdankt sie den Wespen («vespe»), die scharenweise von der austretenden Flüssigkeit ihrer reifen Trauben angelockt werden. Aus diesen Trauben gewinnt man hier unter anderem den Torcolato, einen Süßwein mit langer Reifezeit.

### Kellereien

**Breganze.** *Maculan, via Castelletto 3, Tel. 0445873733. Öffnungszeiten: Montag bis Freitag 8–12 und 13.30–17.30 Uhr, Voranmeldung erwünscht.* Der Stolz des Hauses ist der Weinberg Ferrata mit seinen 10000 Rebstöcken pro Hektar, sechs Trauben pro Rebe und einem auf 40 Hektoliter begrenzten Ertrag. Die hier angebauten Sorten Sauvignon blanc, Chardonnay und Cabernet Sauvignon werden zu reinsortigen Weinen verarbeitet, die auch den kritischsten Weinkenner überzeugen. Aus den Vespaiola-, Garganega- und Tocai-Trauben gewinnt man große Dessertweine, vor allem den Torcolato, aber auch die mit großer Sorgfalt bereitete Grande Riserva Acininobili.

**Sandrigo.** *Villa Magna, via Repubblica 26, Tel. 0444659219. Öffnungszeiten: Montag–Freitag 8.30–12 und 14.30–18 Uhr, Samstag und Sonntag nach Voranmeldung.* Die Schwemmebene des Astico, gekennzeichnet durch ihren lockeren, sandigen Boden und ihr warmes Klima, bietet sowohl der einheimischen Vespaiola als auch so hochrangigen Rebsorten wie Cabernet Sauvignon und Pinot bianco geradezu ideale Wachstumsbedingungen. Besonders ist hier das Landgut Le Vegre vor den Toren von Sandrigo zu nennen, das der Betriebsgründer Gino Novello mit sicherem Instinkt als eines der geeignetsten Weinbaugebiete erkannt hat. Auf diesem Gelände gedeihen die Trauben für die Spitzenerzeugnisse des Hauses, darunter die beiden Schaumweine Villa Magna Rosé Brut und Pinot Brut.

*Prosecco.*

### Tourenvorschläge

**DOC-Weine und Grappe aus der Region von Breganze bis Bassano.** Die Strecke verläuft zwischen Ebene und Hügelland in der un-

### Enoteche

**Bassano del Grappa**

**Bar Breda**
via Jacopo Da Ponte 3
☎ 0424522123

**Bottega del vino italiano**
via Pio X 47
☎ 0424512290

**La Cantinota**
località Sarson 31
☎ 0424501115

**Grapperia Nardini**
Ponte Vecchio 2
☎ 0424227741

**Conegliano**

**Osteria Due Spade**
via Beato Ongaro 69
☎ 043831990

**Cornedo Vicentino**

**La Corte**
via Volta 2
☎ 0445952910

**Follina**

**Osteria Ballarin**
via Marino De Mari 6
☎ 0438970538

**Fumane**

**Enoteca della Valpolicella**
via Osan 45
☎ 0456839146

mittelbaren Umgebung von Breganze. Ein Abstecher nach Bassano del Grappa, verbunden mit einer Kostprobe der berühmten Destillate, sollte unbedingt auf dem Programm stehen. **Breganze.** In alter Zeit war dies ein befestigtes Dorf an der Straße zur Hochebene Altopiano dei Sette Comuni. Noch heute zeugen davon die zahlreichen Türme, die – als Taubenschläge getarnt – das Stadtbild bestimmen. Nicht von ungefähr trägt die lokale Taubenspezialität den Namen «torresano allo spiedo» (Turmwächter am Spieß). Zum Veranstaltungsprogramm gehören der Maggio Breganzese mit Weinmes-

## DOC-Weine aus Breganze

**BREGANZE.** – **Bianco.** Rebsorten: Tocai friulano (85–100%), sonstige nicht aromatische Sorten (bis 15%). Produktion: 6616 hl (98 ha). Farbe: strohgelb. Geruch: weinig, fein intensiv. Geschmack: trocken, rund, frisch, körperreich, mit oder ohne angenehme Holznote. Alkoholgehalt: 11%. Zu den Mahlzeiten zu trinken. Qualitätsstufen: *Superiore* mindestens 12% Alkohol. **– Chardonnay.** Rebsorten: Chardonnay (85–100%), sonstige nicht aromatische Sorten (bis 15%). Farbe: unterschiedlich volles Strohgelb. Geruch: intensiv, ausgewogen aromatisch. Geschmack: angenehm weich, samtig, harmonisch, mit oder ohne angenehme Holznote. Alkoholgehalt: 11%. Zu Vorspeisen und Fisch zu trinken. Qualitätsstufen: *Superiore* mindestens 12 % Alkohol. Zu den Mahlzeiten zu trinken. **– Pinot Bianco.** Rebsorten: Pinot bianco (85 bis 100%), sonstige nicht aromatische Sorten (bis 15%). Produktion: 2215 hl (47 ha). Farbe: helles Strohgelb. Geruch: feiner, angenehmer, sortentypischer Duft. Geschmack: trocken, harmonisch und samtig, mit oder ohne angenehme Holznote. Alkoholgehalt: 11%. Zu leichten Vorspeisen und Fisch zu trinken. Qualitätsstufen: *Superiore* mindestens 12% Alkohol. **– Pinot Grigio.** Rebsorten: Pinot grigio (85 bis 100%), sonstige nicht aromatische Sorten (bis 15%). Produktion: 1424 hl (26 ha). Farbe: von strohgelb bis goldgelb, bisweilen mit rötlichem Schimmer. Geruch: delikat, angenehm, sortentypisch. Geschmack: trocken, harmonisch und samtig, mit oder ohne angenehme Holznote. Alkoholgehalt: 11%. Zu Fischgerichten, vor allem zu gegrilltem Fisch zu trinken. Qualitätsstufen: *Superiore* mindestens 12% Alkohol. **– Sauvignon.** Rebsorten: Sauvignon blanc (85–100%), sonstige nicht aromatische Sorten (bis 15%). Farbe: strohgelb. Geruch: delikat, unterschiedlich aromatisch. Geschmack: trocken, harmonisch und angenehm, mit oder ohne angenehme Holznote. Alkoholgehalt: 11%. Zu Vorspeisen und Fischgerichten zu trinken. Qualitätsstufen: *Superiore* mindestens 12% Alkohol und 2 Jahre Alterung. Zu den Mahlzeiten zu trinken. **– Torcolato.** Rebsorten: Vespaiola (85–100%), sonstige nicht aromatische Sorten (bis 15%). Farbe: von goldgelb bis zu vollem Bernsteingelb. Geruch: intensiver, sortentypischer Duft nach Honig und rosinierten Trauben. Geschmack: vollmundig bis süß, harmonisch, samtig, ausgeprägt, mit oder ohne angenehme Holznote. Alkoholgehalt: 14%. Alterung: mindestens 5 Jahre. Zum Abschluss der Mahlzeiten zu trinken. Qualitätsstufen: *Riserva* mindestens 2 Jahre Alterung. **– Vespaiolo.** Rebsorten: Vespaiola (85 bis 100%), sonstige nicht aromatische Sorten (bis 15%). Produktion: 2120 hl (42 ha). Farbe: von strohgelb bis zu ziemlich vollem Goldgelb. Geruch: sortentypischer, intensiv fruchtiger Duft. Geschmack: voll, frisch, mit oder ohne angenehme Holznote. Alkoholgehalt: 11%. Zu allen Gerichten zu trinken. Qualitätsstufen: *Superiore* mindestens

### Enoteche

**Marostica**
**Enoclub Caffè Centrale**
piazza Castello 42
☎ 042472054

**Miane**
**Bever..in**
via De Gasperi 44
☎ 0438893254

**Monteforte d'Alpone**
**L'Ambrosia**
piazza Salvo D'Acquisto 1
☎ 0457613422

**Negrar**
**Antica Vineria**
Arbizzano
via Valpolicella 42
☎ 0457513817

**Oderzo**
**Borgo San Rocco**
via Postumia 15
☎ 0422712121
**El Bacaro**
piazza Tomitano 4
☎ 0422712397

**Pieve di Soligo**
**Bar Buon Vino**
Corte del Medà
Centro Balbi
Valier 15
☎ 0438840605

se und Prämierung der DOC-Weine im Mai sowie die Prima del Torcolato, die traditionelle Weinbereitung aus teilrosinierten Trauben, im November. Für Verkostungen empfiehlt sich die Kellerei Maculan (→). **Sandrigo.** Nördlich von Vicenza liegt diese Ortschaft im Grenzgebiet zwischen einem quellenreichen, saftig grünen Landstrich und der trockenen Ebene mit ihrem offenen Gelände, das sich ideal für den Weinbau eignet. Zu den hiesigen Attraktionen gehören die Kellerei Villa Magna (→) sowie die Settimana del Baccalà, die Stockfischwoche, die Ende September unter der Schirmherr-

12% Alkohol. Zu Wurstspezialitäten und mittelaltem Käse wie dem lokalen Asiago zu trinken. – **Rosso.** Rebsorten: Merlot (85–100%), sonstige nicht aromatische Sorten (bis 15%). Produktion: 6894 hl (157 ha). Farbe: lebhaftes Rubinrot. Geruch: weinig, sortentypisch. Geschmack: harmonisch, körperreich, trocken, kräftig, ausgewogene Tannine, mit oder ohne angenehme Holznote. Alkoholgehalt: 11%. Alterung: bis zu 2 Jahren. Zu den Mahlzeiten zu trinken. Qualitätsstufen: *Superiore* mindestens 12% Alkohol, *Riserva* mindestens 11% Alkohol und 2 Jahre Alterung, zu Rind- und Schweinefleisch zu trinken. – **Cabernet Sauvignon.** Rebsorten: Cabernet Sauvignon (85–100%), sonstige nicht aromatische Sorten (bis 15%). Produktion: siehe Cabernet. Farbe: intensives Rubinrot, bei zunehmendem Alter mit einem Hang zum Ziegelroten. Geruch: weinig, sortentypisch, mehr oder weniger kräuterwürzig, mit intensivem, nachhaltigem Duft. Geschmack: trocken, voll, samtig, mit oder ohne angenehme Holznote. Alkoholgehalt: 11%. Alterung: bis zu 2 Jahren. Zu Huhn oder Lamm zu trinken. Qualitätsstufen: *Superiore* mindestens 12% Alkohol, *Riserva* mindestens 11% Alkohol und 2 Jahre Alterung, zu Rind- oder Schweinefleisch zu trinken. – **Cabernet.** Rebsorten: Cabernet franc und/oder Cabernet Sauvignon und/oder Carmenère (85–100%), sonstige nicht aromatische Sorten (bis 15%). Produktion: 4023 hl (74 ha). Farbe: dunkles Rubinrot mit granatroten Reflexen. Geruch: sehr intensiv, angenehm, sortentypisch. Geschmack: trocken, kräftig, ausgewogene Tannine, mit oder ohne angenehme Holznote. Alkoholgehalt: 11%. Alterung: bis zu 2 Jahren. Zu geschmortem oder gebratenem Huhn oder Lamm zu trinken. Qualitätsstufen: *Superiore* mindestens 12% Alkohol, *Riserva* mindestens 11% Alkohol und 2 Jahre Alterung, zu Rind- oder Schweinefleisch zu trinken. – **Marzemino.** Rebsorten: Marzemino (85–100%), sonstige nicht aromatische Sorten (bis 15%). Farbe: unterschiedlich lebhaftes Rubinrot. Geruch: sehr intensiv, angenehm, sortentypisch. Geschmack: weinig, intensiv und angenehm, mit oder ohne Holznote. Alkoholgehalt: 11%. Alterung: bis zu 2 Jahren. Zu den Mahlzeiten zu trinken. Qualitätsstufen: *Superiore* mindestens 12% Alkohol, *Riserva* mindestens 11% Alkohol und 2 Jahre Alterung, zu Gebratenem zu trinken. – **Pinot Nero.** Rebsorten: Pinot nero (85–100%), sonstige nicht aromatische Sorten (bis 15%). Produktion: 1413 hl (30 ha). Farbe: rubinrot mit ziegelroten Nuancen. Geruch: feiner Duft. Geschmack: trocken, würzig, leicht bitter im Abgang, mit oder ohne angenehme Holznote. Alkoholgehalt: 11%. Alterung: bis zu 2 Jahren. Zu Schaffleisch zu trinken. Qualitätsstufen: *Superiore* mindestens 12% Alkohol, *Riserva* mindestens 11% Alkohol und 2 Jahre Alterung, zu gehaltvollen Gerichten wie der Breganzer Spezialität «torresani allo spiedo» (Tauben am Spieß) zu trinken.

## Enoteche

**Portobuffolè**
**Cavin-Villa Giustinian**
☎ 0422850244

**San Pietro in Cariano**
**Enoteca Enotria**
San Floriano
via Don Biasi 31
☎ 0457704760

**Sant'Ambrogio di Valpolicella**
**Al Covolo**
piazza Vittorio Emanuele II 2
☎ 0457732350

**Treviso**
**Abbiati-Casa del Liquore**
via Municipio 1
☎ 0422306693
**Enoteca Trevigiana**
viale IV Novembre 62
☎ 0422411745

**Verona**
**Al Calmiere**
piazza S. Zeno 10
☎ 0458030765
**Alla Corte**
piazzetta Ottolini 2
☎ 0458005117

schaft der Ordensbruderschaft Venerata Confraternità stattfindet. In der Antica Trattoria Due Spade versteht man sich meisterhaft auf die Zubereitung dieses Gerichts. Unweit davon kann man sich in Montecchio Precalcino persönlich vom Eifer des jungen Küchenchefs der Locanda di Piero überzeugen. **Marostica.** Diese Ortschaft mit ihrem mittelalterlichen Flair ist von zinnengekrönten Stadtmauern umgeben, die die beiden Burgen des Städtchens miteinander verbinden. In jedem geraden Jahr wird bei der weithin bekannten Schachpartie mit lebenden Figuren die Legende der schönen Leonora wieder zum Leben erweckt. Regionale Spezialitäten, angefangen bei Spargel und Pilzen, werden dem Besucher im Restaurant Rosina serviert. Auch im traditionsreichen Caffè Centrale gibt es hervorragende Weine und Delikatessen der Region. **Bassano del Grappa.** Eine der schönsten Städte der italienischen Provinz, von deren tausendjähriger Geschichte ihre historischen Kirchen und Palazzi, die berühmte Brücke über den Brenta und auch die schmucken Villen auf dem Lande zeugen. Doch für den Feinschmecker ist Bassano vor allem ein Synonym für weißen Spargel und Grappa, weshalb sich ein Besuch im historischen Lokal Nardini Station und im Grappa-Museum von Jacopo Poli empfiehlt. Unter den Veranstaltungen ist die Mostra dell'Asparago, die jährlich im April stattfindende

Spargelmesse, zu nennen, bei der darüber hinaus diverse regionale Delikatessen auf Käufer warten. Gute Übernachtungsmöglichkeiten bieten das Belvedere oder das Al Camin in Cassola. Auch den Restaurants der beiden Hotels gebührt eine lobende Erwähnung. Bei einem Stadtbummel hat man reichlich Gelegenheit zu Weinverkostungen und zum Probieren der regionalen Köstlichkeiten.

*Die berühmte Palladio-Villa in Maser, Sitz der Kellerei Villa di Maser.*

## Enoteche

**Verona**

**Antica Bottega del Vino**
via Scudo di Francia 3
☎ 0458004535

**Antico Caffè Dante**
via delle Fogge 1
☎ 0458003593

**Dlf Da Gianni e Nadia**
via XX Settembre 17
☎ 0458031913

**Dal Zovo Oreste**
vicolo S. Marco in Foro 7
☎ 0458034369

**Enoteca Brigliadoro**
via San Michele alla Porta 4
☎ 0458004515

**Fratelli Dal Zovo**
viale della Repubblica 12
☎ 045918050

**Istituto Enologico Italiano**
via Sottoriva 7
☎ 045590366

# Die Prosecco-Region

## Montello, Colli Asolani und Conegliano

Nördlich von Treviso verlaufen zwei Hügelketten, die durch den Lauf des Piave voneinander getrennt sind. Zur Rechten des Flusses befinden sich der Montello und die Colli Asolani, zu seiner Linken liegen die sanften Erhebungen, die sich von Conegliano bis nach Valdobbiadene ausdehnen. Trotz aller geologischen Unterschiede haben diese Landstriche eines gemeinsam: den Anbau von Prosecco, der hier neben den üblichen Importreben gedeiht. Dabei ist heute die unter dem Namen Prosecco tondo bekannte weiße Traube die begehrteste und am weitesten verbreitete. Seit jeher wird sie als hervorragender Grundstoff für Schaumweine geschätzt. Der Spumante aus der Zone Conegliano-Valdobbiadene gilt als der beste, besonders der aus Cartizze Superiore.

### Weinstädte

**Asolo.** Reisende und Dichter haben diesen Ort in höchsten Tönen besungen, der den Besucher mit mittelalterlichem Flair, nostalgischen Winkeln, Springbrunnen und blumengeschmückten Fensterbänken bezaubert. Ringsum dehnt sich das mit Olivenbäumen und Zypressen bestandene Land mit seinen unzähligen Villen aus. Die Gastfreundschaft der Bewohner und die lokale Gastronomie machen dem Ruf des traditionsreichen Fleckens alle Ehre, und auch die Schaufenster, mit denen sich Antiquitätenhändler und andere prestigebedachte Kaufleute gegenseitig zu übertrumpfen suchen, stehen dem in nichts nach. Darüber hinaus wird ein reichhaltiges Kunst- und Folkloreprogramm geboten.

**Conegliano.** Im Dom kann man eine Madonna auf dem Thron bewundern, ein Werk des als Cima da Conegliano berühmt gewordenen Renaissance-Malers. Von der Burg aus bietet sich dem Besucher ein herrlicher Panoramablick, der die gesamte Marca Trevigiana von der Ebene bis zu den Hügeln umfasst. Im September findet die **Festa dell'Uva** (Traubenfest) statt, gefolgt von der Ausstellung **Dama Castellana** im Oktober mit Gelegenheit zur Verkostung regionaler Weine und Delikatessen.

**Valdobbiadene.** Auf den Weinbergen, die vom Hügelland zum ausgedehnten Kiesbett des Piave hin abfallen, reifen die Trauben für den berühmten und viel kopierten Cartizze heran, der wichtigsten Attraktion des Orts. So ist dieser Wein denn auch im September Schauplatz von Italiens Schaumweinmesse, der **Mostra Nazionale dello Spumante.**

### Kellereien

**Maser.** *Villa di Maser, via Cornuda 1, Tel. 0423923003. Öffnungszeiten: 8.30–12 und 14.30–18 Uhr, Samstag geschlossen.* Das Landhaus, eine der eindrucksvollsten Villen des Baumeisters Andrea Palladio, ziert ein großer Freskenzyklus von Vero-

### Veranstaltungskalender

**Februar**
**Verona**
Carnevale Antica, Festa di San Biagio und «Bacanal del Gnoco» (Karneval nach alter Art und «Knödelschmaus»)
**Oppeano**
Festa del Carnevale (Karneval)
**März**
**Treviso**
Zioba de Meza Quaresima

nese. Auch das Museo delle Carrozze, das in einem nahe gelegenen Bauernhaus untergebrachte Wagenmuseum, versetzt den Betrachter in Staunen, und schließlich sollte ein Besuch der Kellerei nicht fehlen. In ihren Gewölben lagern Fässer mit den vier DOC-Weinen aus Montello und den Colli Asolani – Cabernet Sauvignon, Merlot, Chardonnay und Prosecco –, daneben Fässer mit dem gefälligen Maserino Rosato.

**Susegana.** *Conte Collalto, via XXIV Maggio 1, Tel. 0438738241. Öffnungszeiten: 8–12 und 13.30 bis 17.30 Uhr, nach Voranmeldung, Samstagnachmittag und Sonntag geschlossen.* Bereits im Mittelalter wurden die Weinberge des Orts von der Großgrundbesitzerfamilie Collalto bestellt. Seit 1905 jedoch keltert man den Wein im heutigen Firmensitz und nicht mehr in der Burg San Salvatore. Unter anderem sind die Ausleseweine «Vini della Selezione» zu empfehlen, die seit vielen Jahren in Zusammenarbeit mit dem lokalen Landwirtschaftsinstitut erzeugt werden.

**Volpago del Montello.** *Conte Loredan Gasperini, via Martignano Alto 24, Venegazzù, Tel. 0423870024. Öffnungszeiten: 9–12 und 14–18 Uhr, Sonntag geschlossen.* An den Hängen des Montello bilden 80 Hektar Weingelände eine standesgemäße Kulisse für die imposante Palladio-Villa, in der die Firma residiert. Zu den Erzeugnissen des Hauses zählen auch Schaumweine und Destillate, besonderes Interesse erregt jedoch der IGT-Wein Incrocio Manzoni 6.0.13. So heißt die Rebsortenkreuzung von Rheinriesling und Pinot bianco, die Professor Manzoni in Conegliano entwickelte.

**Vittorio Veneto.** *Cosmo Bellenda, via Giardino 90, località Carpesica, Tel. 0438920025. Öffnungszeiten: Montag–Freitag 10–12.30 und 15 bis 18 Uhr, Samstag 10–12 Uhr, nach Voranmeldung.* Die venezianische Familie Cosmo ist Anfang des 18. Jahrhunderts nach Vittorio Veneto gezogen und kann auf eine lange landwirtschaftliche Tradition zurückblicken. Weinbau gehört allerdings erst seit wenigen Jahren dazu. Auf dem Landgut Bellenda pflanzte die Familie eine Auswahl der vielversprechendsten Reben an, um dann im Jahr 1987 mit dem Colli di Conegliano Rosso DOC Contrada di Concenigo einen eigenen DOC-Wein auf den Markt zu bringen. Andere Weine mit der Etikettierung Bellenda und Col di Luna sind ihm gefolgt.

**Und außerdem ... Conegliano.** *Carpenè Malvolti, via Carpenè 1, Tel. 0438364611. Loggia del Colle, via Mangesa 10, Tel. 043823719.* **Pieve di Soligo.** *Le Case Bianche, via Chisini 79, Tel. 0438841608.* **Valdobbiadene.** *Bruno Agostinetto, frazione Saccol, via Piander 2, Tel. 0423972884. Bisol, località Santo Stefano, Tel. 0423900138. Ca' Salina, via Santo Stefano 2, Tel. 0423 975296. Franco Nino, via Garibaldi 167, Tel. 0423972051. Le Groppe, strada Farra 4, Tel. 0423972305.*

*Die Piazza von Asolo.*

## Veranstaltungskalender

**April**

**Asolo**
❶❷ Settimana del Capretto (Woche des Böckleins) mit Prosecco und Cabernet

**Refrontolo**
② Mostra del Prosecco di Collina e del Marzemino di Refrontolo (regionale Prosecco-Messe)

**Verona**
❸ Vinitaly (italienische Weinmesse)

**Pramaggiore**
❸❹ Mostra Nazionale dei Vini (nationale Weinmesse)

**Guia**
❸❹ Mostra del Prosecco dei Colli di Guia (regionale Prosecco-Messe)

## Tourenvorschläge

**Die Prosecco-Route.** Die gemütliche Ausflugsstrecke verbindet die beiden wichtigsten Städte der Altamarca Trevigiana. **Conegliano.** Erste Adressen dieser sehenswerten Weinstadt (→) sind die Restaurants Tre Panoce und Al Salisà sowie die Osteria Due Spade. Dem Weinliebhaber sei ein Ausflug nach Vittorio Veneto zur Kellerei Cosmo Bellenda (→) empfohlen. **San Pietro di Feletto.** Die Einsiedelei der Camaldolesi sowie die jahrtausendealte Pieve laden zu einer Rast ein. In San Michele lockt das Doppio Fogher mit köstlichen Fischgerichten und in Tarzo das erst kürzlich eröffnete, aber bereits renommierte Restaurant Capitello. **Refrontolo.** Ein auf Marzemino spezialisiertes Dörfchen in grüner Umgebung mit dem beeindruckenden Restaurant Molinetto della Croda. **Pieve di Soligo.** Im Quartier del Piave, dem Herzen des Prosecco-Gebiets, liegt die Provinzhauptstadt mit ihren imposanten Palazzi im venezianischen Stil und einem reichhaltigen gastronomischen Angebot. Die Enoteca Corte del Medà bietet Weinproben und leckere traditionelle Gerichte. Meisterhafte Küche im Ringraziamento, Service auf höchstem Niveau im Hotel Contà und dem angegliederten Restaurant San Martino. **Soligo.** An der Abzweigung nach Follina liegt dieser Ort, dessen Osteria Ballarin zu Weinproben lädt; Übernachtungsmöglichkeit im Romantik-Hotel Abbazia. Im nahe gelegenen Miane eines der besten Restaurants der Gegend, das Gigetto, und die anheimelnde Enoteca Bever..in. **Valdobbiadene.** Bei dieser Weinstadt (→) denkt man sofort an den Spumante Cartizze. Hier finden sich mehrere Kellereien, die der Organisation Movimento del Turismo del Vino angehören, sowie eine ausgezeichnete Gastronomie.

**Der Montello und die Colli Asolani.** Die Strecke verläuft durch eine besonders malerische Gegend des Trevigiano. Hier werden hauptsächlich Weißweine erzeugt; unter den Roten ist der Rosso del Montello DOC besonders zu empfehlen. **Asolo.** Die Weinstadt (→) «der hundert Horizonte» liegt im Herzen einer außergewöhnlich reizvollen Gegend. Zu empfehlen ist die Kellerei Villa di Maser (→), für Übernachtungen das Al Sole oder die Villa Cipriani und unter den Restaurants die Hosteria Ca' Der-

### Veranstaltungskalender

**April**

**Saccol di Valdobbiadene**
③ Rassegna dei Vini Tipici (regionale Weinschau)

**Fregona**
❹ Sagra del Vino Torchiato

**Mai**

**Fregona**
❶ Sagra del Vino Torchiato

**San Pietro di Feletto**
1. Mai
Mostra del Vino Bianco di Collina e del Prosecco (Prosecco- und regionale Weißweinmesse)

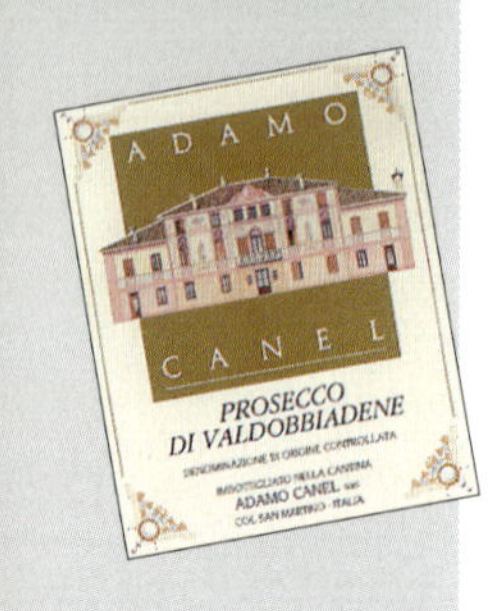


ton oder die Osteria alla Chiesa in Monfumo. Ganz Unternehmungslustige können einen Abstecher nach Possagno machen, Geburtsort des Bildhauers Antonio Canova und Sitz der exzellenten Locanda alla Posta di Cavaso del Tomba. **Crocetta del Montello.** Dort, wo der Piave in malerischen Mäandern das umliegende Land durchzieht, liegt dieses Städtchen. Hingewiesen sei auf das ortsansässige Zentrum für Kultur und Weintourismus Amistani di Guarda. Eine weitere wichtige Etappe ist Cornuda, wo der bekannte Curaçao-Likör hergestellt wird. **Montebelluna.** Die Villa Zuccareda-Binetti aus dem 16. Jahrhundert beherbergt das Museo dello Scarpone, das Bergschuhmuseum, das sich mit dem wichtigsten Produkt die-

## DOC-Weine aus den Colli Trevigiani

**COLLI DI CONEGLIANO. – Bianco.** Rebsorten: Incrocio Manzoni 6.0.13 (30–70%), Pinot bianco und/oder Chardonnay (30–70%), Sauvignon blanc und/oder Riesling renano (bis 10%). Produktion: 760 hl (24 ha). Farbe: strohgelb. Geruch: weinig, mit angenehm aromatischem, sortentypischen Duft. Geschmack: trocken, würzig, fein, samtig. Alkoholgehalt: 11%. Alterung: mindestens 5 Monate. Zu den Mahlzeiten. – **Torchiato di Fregona.** Rebsorten: Verdiso (30–75%), Boschera (25–70%), sonstige (bis 15%). Produktion: 73 hl (5,6 ha). Farbe: volles Goldgelb. Geruch: intensiv, sortentypisch. Geschmack: trocken bis süß, rund, voll, nachhaltig. Alkoholgehalt: 14+2%. Alterung: mindestens 1 Jahr. Zum Abschluss der Mahlzeiten zu trinken. – **Rosso.** Rebsorten: Cabernet franc (10–70%), Cabernet Sauvignon (10–70%), Marzemino (10–70%), Merlot (10–40%), Incrocio Manzoni 2.15 (bis 10%). Produktion: 326 hl (10,6 ha). Farbe: rubinrot, mit Hang zum Granatroten. Geruch: weinig, sortentypisch, mäßig kräuterwürzig, angenehmer Duft, mit zunehmendem Alter intensiver. Geschmack: trocken, schmackhaft, körperreich, harmonisch, ausgewogene Tannine. Alkoholgehalt: 12%. Alterung: mindestens 2 Jahre, davon mindestens 6 Monate in Holzfässern, dann bis zu 4–5 Jahren. Zu Gebratenem zu trinken. – **Refrontolo Passito.** Rebsorten: Marzemino (95–100%). Produktion: 292 hl (8 ha). Farbe: intensives Rubinrot. Geruch: weinig, angenehm, delikat, sortentypisch. Geschmack: lieblich oder bisweilen leicht süß, samtig, körperreich, harmonisch, schmackhaft, bisweilen lebhaft. Alkoholgehalt: 12+3%. Alterung: mindestens 5 Monate, dann bis zu 10 Jahren. Zum Abschluss der Mahlzeiten zu trinken.

**PROSECCO DI CONEGLIANO-VALDOBBIADENE.** Rebsorten: Prosecco (90–100%), Verdiso (bis 10%). Produktion: 223416 hl (3012 ha). Farbe: unterschiedlich volles Strohgelb. Geruch: weinig, sortentypisch mit feinem, fruchtigen Duft, vor allem bei den lieblichen Arten. Geschmack: angenehm bitter mit wenig Körper bei den trockenen Arten, lieblich oder süß und fruchtig bei den lieblichen Arten. Alkoholgehalt: 10,5%. Arten: *Frizzante; Spumante* 11% Alkohol. Je nach Art zum Essen oder zum Abschluss der Mahlzeiten zu trinken. Qualitätsstufen: *Superiore di Cartizze* 11% Alkohol, aus der Erzeugerregion San Pietro di Barbozza, auch *Frizzante* und *Spumante* 11,5% Alkohol. Produktion: 8261 hl (100 ha).

**MONTELLO E COLLI ASOLANI. – Chardonnay.** Rebsorten: Chardonnay (85–100%), Pinot bianco und/oder Pinot grigio (bis 15%). Produktion: 309 hl (5,5 ha). Farbe: strohgelb mit grünlichen Reflexen. Geruch: fruchtig, fein und delikat. Geschmack: harmonisch, würzig, lebhaft. Alkoholgehalt:

### Veranstaltungskalender

**Mai**

**Saccol di Valdobbiadene**
1. Mai
Mostra del Cartizze e del Prosecco (Weinmesse)

**Refrontolo**
1. Mai
Mostra del Prosecco e del Refrontolo Passito

**Guia**
Mostra del Prosecco dei Colli di Guia

**San Vendemiano**
1. Mai
Rassegna dei Vini Tipici (regionale Weinschau)

**Basalghelle di Mansuè**
1. Mai
Mostra dei Vini Locali (regionale Weinmesse)

**Illasi**
① Festa del Valpolicella

**Soave**
③ Festa del Vino Classico e del Recioto di Soave

**Bardolino**
④ Festa del Chiaretto

ser Region befasst. Empfehlenswert das Restaurant Marchi. **Volpago del Montello.** Vor einer von Palladio entworfenen Kulisse genießt man in der Kellerei Conte Loredan Gasperini (→) erstklassige Weine. **Nervesa della Battaglia.** Das Monument des Beinhauses soll an die Gräueltaten aus dem Ersten Weltkrieg erinnern. Die Ruinen des Klosters San Eustachio rufen dem Besucher die Gestalt des Giovanni della Casa ins Gedächtnis zurück, der dort sein Anstandsbuch «Il Galateo» verfasste. Pilzliebhabern sei das Restaurant Roberto Miron ans Herz gelegt. Die letzte Etappe auf der Route ist Susegana, wo neben der Besichtigung verschiedener Monumente ein Besuch der Kellerei Conte Collalto (→) auf dem Programm steht.

10,5%. Arten: *Spumante* 11,5% Alkohol. Zu Fisch zu trinken. – **Pinot Bianco.** Rebsorten: Pinot bianco (85–100%), Chardonnay und/oder Pinot grigio (bis 15%). Farbe: strohgelb. Geruch: delikat, fein, sortentypisch. Geschmack: frisch, weich, harmonisch. Alkoholgehalt: 10,5%. Arten: *Spumante* 11,5% Alkohol. Zu Fisch zu trinken. – **Pinot Grigio.** Rebsorten: Pinot grigio (85 bis 100%), Chardonnay und Pinot bianco (bis 15%). Produktion: 168 hl (5 ha). Farbe: je nach Bereitungsart strohgelb oder kupferfarben. Geruch: intensiv, sortentypisch fruchtig. Geschmack: samtig, weich und harmonisch. Alkoholgehalt: 11%. Zu den Mahlzeiten zu trinken. – **Prosecco.** Rebsorten: Prosecco (85–100%), Chardonnay und/oder Pinot bianco und/oder Pinot grigio und/oder Riesling italico und/oder Bianchetta trevigiana (bis 15%). Produktion: 8122 hl (146 ha). Farbe: strohgelb, bisweilen mit Hang zu einem mehr oder weniger vollen Goldgelb. Geruch: weinig, sortentypisch fruchtig. Geschmack: trocken, rund, leicht mandelartig, beim Frizzante lieblich. Alkoholgehalt: 10,5%. Arten: *Frizzante; Spumante* 11% Alkohol. Zu Vorspeisen oder zu den Mahlzeiten zu trinken. – **Rosso.** Rebsorten: Merlot (40–60%), Cabernet franc (20–30%), Cabernet Sauvignon (10–20%), sonstige (bis 15%). Farbe: rubinrot, bei zunehmendem Alter zu granatrot tendierend. Geruch: intensiv, sortentypisch, angenehm, als alter Wein mit ätherischer Note. Geschmack: trocken, kräftig, leicht kräuterwürzig, harmonisch. Alkoholgehalt: 11%. Alterung: bis zu 3 Jahren. Zu den Mahlzeiten zu trinken. Qualitätsstufen: *Superiore* mindestens 11,5% Alkohol und 2 Jahre Alterung, zu gebratenem Fleisch zu trinken. – **Cabernet.** Rebsorten: Cabernet franc und/oder Cabernet Sauvignon (85–100%), Malbech (bis 15%). Produktion: 1120 hl (30 ha). Farbe: rubinrot, als alter Wein fast granatrot. Geruch: weinig, intensiv, sortentypisch, angenehm. Geschmack: trocken, körperreich, leicht kräuterwürzig, ausgewogene Tannine, harmonisch, sortentypisch. Alkoholgehalt: 11,5%. Alterung: bis zu 4 Jahren. Zu allen Gerichten. Qualitätsstufen: *Superiore* mindestens 12% Alkohol und 2 Jahre Alterung, zu Fleischgerichten und pikantem Käse zu trinken. – **Merlot.** Rebsorten: Merlot (85 bis 100%), Malbech und/oder Cabernet franc und/oder Cabernet Sauvignon (bis 15%). Produktion: 2043 hl (56 ha). Farbe: rubinrot, bei zunehmendem Alter ins Granatrote spielend. Geruch: als junger Wein weinig, intensiv, sortentypisch, als alter Wein eher delikat, ätherisch und angenehm. Geschmack: trocken, von kräftigem Körper, ausgewogene Tannine, harmonisch. Alkoholgehalt: 11%. Alterung: bis zu 3 Jahren. Zu den Mahlzeiten zu trinken. Qualitätsstufen: *Superiore* mindestens 11,5% Alkohol und 2 Jahre Alterung, zu Gebratenem und altem Käse zu trinken.

## Veranstaltungskalender

**Juni**
**Colfosco**
❶ Mostra dei Vini Tipici (regionale Weinmesse)
**Orsago**
① Festa del Pesce e dei Vini da Pesce (Fisch- und Weinfest)
**Juli**
**Cavalon**
❸ Concorso del Bardolino (Bardolino-Prämierung)
**Fontanelle**
❷❸ Mostra dei Vini Superiori del Piave-Livenza (Messe der Qualitätsweine von Piave-Livenza)
**September**
**Valdobbiadene**
❶❷ Mostra Nazionale dello Spumante (nationale Schaumweinmesse)
**Montebelluna**
❶❷ Rassegna dei Vini DOC Montello e Colli Asolani (Weinschau)
**Monteforte d'Alpone**
① Festa dell'Uva (Traubenfest)

## Veranstaltungskalender

**September**

**Soave**
② Festa dell'Uva (Traubenfest)

**Sommacampagna**
② Festa del Bianco di Custoza

**Farra di Soligo**
❸ Festa Provinciale dell'Uva e dei Vini Pregiati (Trauben- und Qualitätsweinfest der Provinz)

**Bardolino**
❸ Festa dell'Uva e del Bardolino

**Conegliano**
❹ Festa dell'Uva

**November**

**Bardolino**
1. November Partenza del Vino Novello (Fest des neuen Weins)

**San Giorgio di Valpolicella**
1. November Festa delle Fave (Ackerbohnenfest)

**Soave**
❶❷❸❹ Buon Vino (Guter Wein)

**Treviso**
2. November Festa del Pane (Brotfest)

**Povegliano Veronese**
❷ Antica Fiera di San Martino (Sankt-Martins-Fest)

## Gaumenfreuden

Die kurze Strecke von Valdobbiadene nach Follina führt in scharfen Kurven durch eine steil ansteigende, saftig grüne Hügellandschaft. Hier ist die Heimat des Prosecco, der die Leichtigkeit und Lebensfreude dieses Landstrichs und seiner Bewohner vermittelt. Und hier haben wir vor vielen Jahren bei unserem ersten Besuch im Restaurant Gigetto, das noch immer das berühmteste im Umkreis ist, die Sopa coada entdeckt. In dem stilvollen, mit Kupfergerätschaften ausgestatteten Saal herrscht stets eine herzliche Atmosphäre und der überschwängliche Wirt versetzt seine Gäste mit typischen Gerichten aus der Region immer wieder in Erstaunen. Auf der Speisekarte stehen zarte Radicchiosoufflés in Radicchiosauce, Hirnsalat und eben auch die göttliche Sopa coada: eine Suppe frisch aus dem Ofen, sämig durch altbackenes Brot und von kräftigem Geschmack, sehr aromatisch und mit reichlich Taubenfleisch zubereitet.

Die Basis dieser Küche bildet stets Gemüse, vor allem Radicchio, aber auch Pilze, Spargel und Artischocken, das je nach Saison den Charakter des jeweiligen Gerichts bestimmt. Radicchio und Pilze sind wie geschaffen für immer neue Zubereitungsarten, während Spargel etwas weniger Abwechslung verträgt, insbesondere die edle weiße Sorte, die in Bassano del Grappa mit der klassischen Eiersauce kombiniert wird.

In einem Land der großen Tischgesellschaften gelten unsere angenehmsten Erinnerungen eher den ruhigen, beschaulichen Restaurants. Dazu zählt etwa die Locanda di Condo mit ihren Spezialitäten Risi e bisi (Reis mit Erbsen) und Faraona in peverada (Perlhuhn in Pfeffersauce). In der gemütlichen Trattoria herrscht reichlich Lokalkolorit, und der Inhaber Signor Enrico, eine außergewöhnliche Persönlichkeit, zeigt mit seiner fantasievoll gestalteten Speisekarte, wie man seinen Gästen einen Landstrich kulinarisch näher bringen kann. Im Restaurant Tarso bietet eine Gruppe erfahrener junger Leute moderne, abwechslungsreiche Küche, während in Soligo der fähige, bescheidene Küchenchef Mauro Fumei ausgesprochen erlesene Gerichte serviert. Doch vor allem sollte man sich die auf dem gleichnamigen Berg gelegene Locanda Dolada nicht entgehen lassen, einer der seltenen Orte der Glückseligkeit, der dem Gast einen bleibenden Eindruck hinterlassen wird. Es gibt sieben Zimmer, jedes in einer anderen Regenbogenfarbe gehalten, und zu den Mahlzeiten werden Speisen von Enzo De Prà gereicht, einem der Spitzenköche Italiens. Auf dem Rückweg ins Tal gelangt man schließlich an einen weiteren romantischen Gasthof, der dem Besucher die Schönheiten von Follina und seiner Abtei näher bringt: Direkt gegenüber des Klosters hat die Familie Zanon einen prachtvollen Herrschaftssitz mit erlesenem Geschmack und viel Selbstbewusstsein neu eingerichtet und sich dabei aus einem reichhaltigen Fundus von Kuriositäten bedient.

# Die Ebene

*Die Hügelketten der Colli Berici und der Colli Euganei bringen Abwechslung in das Profil des südlichen Venetien und bieten dem Wein geradezu ideale Wachstumsbedingungen. Weiter in Richtung Grenze beginnt das Weinbaugebiet Piave.*

Vor Urzeiten bedeckte ein tropisches Meer die Ebene Venetiens, und nur zwei Archipele ragten daraus hervor. Heute sind aus ihnen die Hügelketten inmitten der von den Flüssen Bacchiglione und Brenta durchzogenen Ländereien entstanden. Im Westen liegen unmittelbar südlich von Vicenza die überwiegend aus Kalkstein bestehenden Colli Berici. Weiter östlich, vor den Toren Paduas, erheben sich die Colli Euganei, deren Kegelform ihren vulkanischen Ursprung verrät. Beide haben sich als geradezu prädestiniert für den Weinbau erwiesen. Ein zweites Weinbaugebiet zieht sich am Lauf des Piave entlang. Die Anschwemmungen des Flusses haben zur Entwicklung eines lockeren, sandigen und wohltemperierten Bodens beigetragen, der sich ebenso gut für Rebpflanzungen eignet.

## Die Colli Berici

### Das Anbaugebiet des Tocai rosso

Mildes, freundliches Klima und fruchtbarer Boden haben von alters her in diesen sanften Erhebungen des südlichen Venetien den Weinbau

**Hotels und Restaurants**

**Abano Terme**

**G. H. Trieste e Victoria** ★★★★★
via P. d'Abano 1
☎ 0498669101

**G.H. Abano** ★★★★
via Fiacco 1
☎ 0498248100

**Terme Centrale** ★★★
via Jappelli 37
☎ 0498669860

**Casa Vecia** 🍴🍴
2 km nach Monterosso
via Appia 130
☎ 0498600138

**Arcugnano**

**Villa Michelangelo** ★★★★
via Sacco 19
☎ 0444550300

**Trattoria Zamboni** 🍴🍴🍴
6 km nach Lapio
via S. Croce 14
☎ 0444273079

begünstigt. Aus mittelalterlichen Quellen geht hervor, dass der Landstrich bereits zu damaliger Zeit mit Weinstöcken bedeckt war. Angebaut werden die für Venetien typischen Rebsorten, wobei bei den roten Merlot und Cabernet Sauvignon überwiegen, während man bei den weißen aufgrund der Nähe zu Gambellara den Pinot-Sorten und Garganega den Vorzug gibt. Besondere Erwähnung verdient hier Tocai rosso: Über die Einführung dieser Rebsorte existieren zahlreiche Legenden, doch fest steht, dass sie in dieser Gegend erstmals in Italien angepflanzt wurde; und noch heute sind die Colli Berici eine ihrer interessantesten Anbauzonen.

## Weinstädte

**Barbarano.** Hier, am Fuß der Colli Berici, gibt es den besten Tocai Rosso DOC. Am Horizont winkt bereits eine neue DOC: der Name «Rosso di Barbarano» könnte schon bald für die Weine aus dem Erzeugergebiet Nanto und Costozza stehen. Am dritten Sonntag im September feiert man das Weinlesefest **Festa dell'Uva e del Vino.**

**Lonigo.** Der Ort liegt am südwestlichen Ende der Colli Berici, in dem Weinberggürtel, der die Niederung von den bewaldeten Hügeln trennt. Im Jahr 1404 übergab Venedig die Ortschaft an die Familie Pisani, der wir den wichtigsten Palazzo der Stadt sowie zwei Villen der Baumeister Scamozzi und Palladio verdanken. Traditionell wird im März die **Fiera di Marzo** abgehalten, deren Ursprünge noch auf die Zeiten des Pferdehandels zurückgehen. Seitdem Lonigo als Weinstadt etabliert ist, finden hier regelmäßig Weinschauen und Zusammenkünfte statt, bei denen die Erzeugnisse der Colli Berici präsentiert werden.

## Kellereien

**San Germano dei Berici.** *Villa Dal Ferro Lazzarini, via Chiesa 23, Tel. 0444868025. Öffnungszeiten: nach Voranmeldung.* Die im 16. Jahr-

*La Rotonda in Vicenza.*

### Hotels und Restaurants

**Arcugnano**
**Antica Osteria da Penacio** 🍴
via Soghe 22
☎ 0444273081

**Battaglia Terme**
**Terme Euganee** ★★
viale Sant'Elena 34
☎ 049525055

**Bolzano Vicentino**
**Locanda Grego** ★★★
via Roma 24
☎ 0444350588

**Castelfranco Veneto**
**Al Moretto** ★★★★
via S. Pio X 10
☎ 0423721313
**Roma** ★★★
via F. Filzi 39
☎ 0423721616
**Alle Mura – Al Teatro** 🍴
via Preti 69
☎ 0423498098

**Costozza**
**Taverna Aeolia** 🍴
piazza da Schio 1
☎ 0444555036

## DOC-Weine der Colli Berici

**COLLI BERICI. – Chardonnay.** Rebsorten: Chardonnay (85–100%), Pinot bianco (bis 15%). Produktion: 1672 hl (21 ha). Farbe: strohgelb mit grünlichen Reflexen. Geruch: delikat, harmonisch, einfach, sortentypisch. Geschmack: trocken, harmonisch, einfach, sortentypisch. Alkoholgehalt: 11%. Zu leichten Gerichten und Fisch zu trinken. – **Garganega.** Rebsorten: Garganega (90–100%), Trebbiano di Soave (bis 10%). Produktion: 51988 hl (590 ha). Farbe: helles, goldschimmerndes Strohgelb. Geruch: leicht weinig, mit feinem, sortentypischem Duft. Geschmack: trocken, mit leichter Bitternote, von mittlerem Körper und ausgewogener Säure, harmonisch. Alkoholgehalt: 10%. Zu leichten Speisen und Süßwasserfisch zu trinken. – **Pinot Bianco.** Rebsorten: Pinot bianco (85–100%), Pinot grigio (bis 15%). Produktion: 4231 hl (67 ha). Farbe: helles Strohgelb. Geruch: fein, intensiv, sortentypisch. Geschmack: harmonisch, voll, samtig. Alkoholgehalt: 11%. Als Aperitif, zu Vorspeisen sowie zu Reis- und Fischgerichten zu trinken. – **Sauvignon.** Rebsorten: Sauvignon blanc (90 bis 100%), Garganega (bis 10%). Produktion: 3046 hl (49 ha). Farbe: strohgelb. Geruch: delikat, sortentypisch. Geschmack: trocken, harmonisch, frisch, körperreich. Alkoholgehalt: 11%. Zu leichten Speisen und Fisch zu trinken. – **Tocai Italico.** Rebsorten: Tocai italico (90–100%), Garganega (bis 10%). Produktion: 3098 hl (44 ha). Farbe: strohgelb. Geruch: fein weinig. Geschmack: trocken, harmonisch, frisch, körperreich. Alkoholgehalt: 11%. Zu leichten Gerichten, Fisch und jungem Käse zu trinken. – **Cabernet.** Rebsorten: Cabernet franc und/oder Cabernet Sauvignon (100%). Produktion: 7822 hl (124 ha). Farbe: volles Rubinrot, mit zunehmendem Alter ins Orangefarbene spielend. Geruch: angenehm intensiv, sortentypisch. Geschmack: trocken, kräftig, ausgewogene Tannine. Alkoholgehalt: 11%. Alterung: bis zu 3 Jahren. Zu allen Speisen, vor allem zu Wurstspezialitäten und mittelaltem Käse zu trinken. Qualitätsstufen: *Riserva* mindestens 12% Alkohol und 3 Jahre Alterung, davon mindestens 6 Monate in Holzfässern (dann bis zu 4–5 Jahren); zu gebratenem Rind- und Schweinefleisch, zu Wild sowie zu altem Käse zu trinken. – **Merlot.** Rebsorten: Merlot (100%). Produktion: 15294 hl (203 ha). Farbe: rubinrot. Geruch: weinig, angenehm intensiv, sortentypisch. Geschmack: weich, harmonisch, körperreich, voll. Alkoholgehalt: 11%. Alterung: bis zu 2 Jahren. Zu den Mahlzeiten, zu gekochtem oder am Spieß gebratenen Fleisch sowie zu mittelaltem Käse zu trinken. – **Tocai Rosso.** Rebsorten: Tocai rosso (85–100%), Garganega (bis 15%). Produktion: 8978 hl (140 ha). Farbe: nicht sehr intensives Rubinrot. Geruch: weinig, intensiv, sortentypisch. Geschmack: angenehm, leicht bitter, harmonisch, ausgewogene Tannine. Alkoholgehalt: 11%. Alterung: bis zu 3 Jahren. Zu allen Speisen zu trinken, vor allem zu Wurstspezialitäten und mittelaltem Käse, traditioneller Begleiter des Stockfischs aus Vicenza. Qualitätsstufen: *di Barbarano* oder, wenn in der gleichnamigen Gemeinde erzeugt, *Barbarano* 11,5% Alkohol. – **Spumante.** Rebsorten: Garganega (50–100%), Pinot bianco und/oder Pinot grigio und/oder Chardonnay und/oder Sauvignon blanc (bis 50%). Schaum: fein und dauerhaft. Farbe: unterschiedlich helles, leuchtendes Strohgelb. Geruch: angenehm, fruchtig. Geschmack: trocken, frisch, fein, harmonisch. Alkoholgehalt: 11%. Zu den Mahlzeiten zu trinken.

*Vicenza, Biblioteca La Vigna.*

### Hotels und Restaurants

**Este**
**Beatrice d'Este** ★★
viale Rimembranze 1
☎ 0429600533

**Farra di Soligo**
**Da Condo** 🍴
3 km nach
Col S. Martino
via Fontana 134
☎ 0438898106

**Grancona**
**Trattoria Isetta** 🍴
Pederiva
via Pederiva 96
☎ 0444889521

**Lonigo**
**La Peca** 🍴🍴
via Principe
Giovanelli 2
☎ 0444830214
**Trattoria La Rocca Leonicea** 🍴
via Rocca 5
☎ 0444832117

**Monselice**
**Ceffri** ★★★
via Orti 7/b
☎ 0429783111
**La Torre** 🍴
piazza Mazzini 14
☎ 042973752

hundert erbaute Villa der Sanmicheli bildet den Kern des landwirtschaftlichen Anwesens. Die Weine des Hauses, unter denen sich vor allem der Merlot des Landguts Campo del Lago auszeichnet, zieren Etiketten mit Bacchusmotiven von Tono Zancanaro.

**Villaga.** *Alessandro Piovene Porto Godi, via Villa, Toara, Tel. 0444 885142. Öffnungszeiten: nach Voranmeldung.* In einer der ertragreichsten Weinbauzonen der Colli Berici liegt dieses Herrenhaus aus dem 17. Jahrhundert mit angrenzender Getreidekammer, umgeben von 22 Hektar Rebfläche. Neben den klassischen DOC-Weinen der Colli Berici, allen voran dem Tocai Rosso, wird hier auch ein außergewöhnlicher Tafelwein angeboten, der aus der einheimischen Rebsorte Pinella gewonnen wird.

## Rund um den Wein

**Vicenza.** *Biblioteca Internazionale La Vigna, Contrà Porta Santa Croce 3, Tel. 0444543000. Öffnungszeiten: Montag–Freitag 8.30–12 und 15–18.30 Uhr.* Im Jahr 1951 erwarb Demetrio Zaccaria den Band «Dictionary of Wines» von Frank Schoonmaker und legte damit den Grundstein für eine Bilderbuchkarriere als Bücherfreund und Agrarwissenschaftler. Die Bibliothek, die heute mehr als 35 000 Bände umfasst, ist sein Vermächtnis an die Stadt Vicenza. Daneben sorgt das Centro di Cultura e Civiltà Contadina für die Verbreitung der landwirtschaftlichen Kultur.

## Tourenvorschläge

**Die Straße des Tocai Rosso.** An Weinbergen und Ackerland vorbei folgt die beschauliche Reise dem Grenzstreifen zwischen Ebene und Hügelland. Zahlreiche Landsitze und historische Ortschaften bilden den kulturellen Hintergrund für einen denkwürdigen Ausflug auf den Spuren des Weins. **Vicenza.** Ausgangspunkt der Tour ist diese

**Hotels und Restaurants**

**Motta di Livenza**
**Bertacco**
via Ballarin 18
☎ 0422861400

**Noventa Vicentina**
**Antico Ristorante Primon**
via Garibaldi 6
☎ 0444787149

Stadt, der es weder an kulinarischen Attraktionen noch an kulturellen Glanzpunkten fehlt – nicht umsonst ist der Ort, in dem Palladio starb, von der UNESCO in die World Heritage List, die Liste des weltweiten Kulturerbes, aufgenommen worden. Für Übernachtungen stehen mehrere Hotels im Zentrum zur Verfügung, darüber hinaus sei ein Besuch in der Locanda Grego in Bolzano Vicentino mit einer lobenswerten Küche und Weinkarte empfohlen. Auf der Messe im November lohnt sich ein Besuch des Salone Nazionale del Novello; kulinarische Veranstaltungen stehen das ganze Jahr über auf dem Programm. **Longare.** Für Liebhaber guter Weine steht der Ortsteil Costozza im Mittelpunkt des Interesses. Hier befindet sich die imposante Villa Trento Carli, die dem Conte Alvise Da Schio als Firmensitz dient. Über ein paar Stufen gelangt man zu einem außergewöhnlichen Verkaufsraum, von dessen Fenstern aus man direkt gegenüber die Villa Aeolia bewundern kann. Der Pavillon ist nach antikem Vorbild mit Fresken bemalt und klimatisiert, wobei die natürlichen Luftströme der darunter liegenden Grotten geschickt ausgenutzt werden. Das hier betriebene Restaurant verfügt über ein gewisses Renommee. **Barbarano.** Die Weinstadt (→) hat auch noch andere Attraktionen zu bieten. Dem Kunstinteressierten seien der Palazzo dei Vicari, ein prachtvolles Gebäude im venezianischen Stil, sowie die alte Pfarrkirche aus dem 18. Jahrhundert mit ihren zwei kunstvollen Gemälden von Maganza und Palma il Giovane ans Herz gelegt. Ganz in der Nähe, in Toara di Villaga, kann der Weinliebhaber bei Alessandro Piovene Porto Godi (→ Kellereien) Station machen, in San Germano dei Berici bei den Kellereien Villa Dal Ferro Lazzarini (→). Für eine Kostprobe der kulinarischen Spezialitäten aus den Colli Berici empfehlen sich die Restaurants Arcugnano da Penacio und Zamboni. **Lonigo.** Die Weinstadt (→) hat ein reichhaltiges Kulturprogramm zu bieten, darunter ein reges Theaterleben. Für den Feinschmecker sei auf eine regionale Schinkenspezialität, den Prosciutto berico-euganeo, hingewiesen, der erst vor kurzem mit dem Gütesiegel DOP ausgezeichnet wurde. In der Stadt ist auch die Brendolan ansässig, eine der angesehensten Firmen ganz Italiens mit einer erstklassigen Produktion auch von Parma- und San-Daniele-Schinken. Bei den Gaststätten gilt unsere besondere Empfehlung dem Restaurant La Peca mit seiner innovativen Küche. Einen Besuch wert ist auch die Trattoria La Rocca Leonicea.

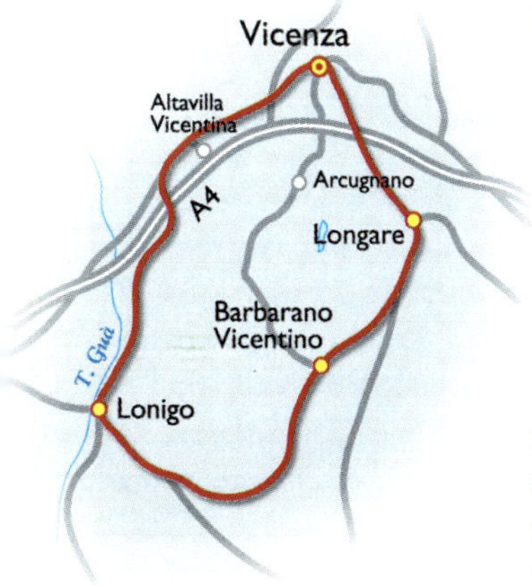


## Hotels und Restaurants

**Padua**

**Majestic Toscanelli** ★★★★
via dell'Arco 2
☎ 049663244

**Sagittario** ★★★
Ponte di Brenta
via Randaccio 6
☎ 049725877

# Die Colli Euganei

## und das Anbaugebiet des Bagnoli

Die Weinbautradition der Colli Euganei lässt sich bis in die Zeit der alten Römer zurückverfolgen. Heute verfügt das Gebiet über 1300 Hektar mit spezialisiertem Anbau und gut 13 verschiede DOC-Weine. Die Rebsorten Tocai, Merlot und Cabernet Sauvignon sind am weitesten verbreitet, doch werden darüber hinaus auch Moscato bianco und Moscato giallo angebaut, die in ganz Venetien einzigartig und bei den Winzern der Gegend unter der Bezeichnung Fior d'Arancio bekannt sind. Daneben wird die einheimische Pinella-Traube kultiviert, die schon immer in den Verschnitt von Weißweinen einging, seit einiger Zeit jedoch auch erfolgreich zu sortenreinen Perlweinen verarbeitet wird. Eine weitere außergewöhnliche Rebsorte ist Serprino, über deren Herkunft wenig bekannt ist, die aber allgemein als Verwandte der Prosecco-Traube gilt. Ähnlich wie diese wird sie für schäumende Weinsorten eingesetzt, und hier wegen ihrer Fruchtigkeit insbesondere für Dessertweine. An das Gebiet der Colli Euganei grenzt der seit 1995 anerkannte DOC-Bereich Bagnoli an, dessen Rebstöcke in der Tiefebene von Padua, der Bassa Padovana, wachsen. Seine Einzigartigkeit verdankt dieser Bereich der roten Rebsorte Raboso (auch Friularo genannt), die lange reifen muss, aber äußerst vielseitig ist und in nahezu allen lokalen Verschnittrezepturen vorkommt.

### Weinstädte

**Cinto Euganeo.** Der Ort verfügt über gut 340 Weinbaubetriebe und wird vom Gebirgsmassiv des Monte Cinto dominiert, dessen Trachytgruben Jahrhunderte lang eine ergiebige Handelsquelle waren – im paläogeographischen Museum von Cavabomba kann man Näheres darüber erfahren. Der Campanile der Pfarrkirche aus dem 18. Jahrhundert wurde auf einem Turm der antiken Befestigungsanlage erbaut. In Valnogaredo lässt sich die imposante Villa der Contarini besichtigen, jener Familie, der die Republik Venedig einst die Verwaltung der Ortschaft übertragen hatte. Etwas weiter oben befindet sich der «Buso della Crosara», eine unterirdische Konstruktion aus römischer Zeit, deren Entstehung in etwa mit der Einnahme des Aquädukts von Este zusammenfällt.

**Vò.** Der Name der Ortschaft leitet sich vom lateinischen «vadum» (Furt) ab, über die man an dieser Stelle einst den Bisattokanal durchqueren konnte. Der alte Stadtkern fungierte zugleich als Flussanlegestelle und als Umschlagplatz für Handelsgüter. Hier ist die im 17. Jahrhundert errichtete Villa Contarini Venier zu bewundern, deren großzügig angelegte Getreidekammern später zu Wohnhäusern umfunktioniert wurden. Nicht weit davon entfernt befindet sich das moderne Stadtviertel, dessen Bewohner sich ganz dem Weinbau verschrieben haben. Sehenswert ist auch die elegante Villa Sceriman, heute eine Kellerei.

### Hotels und Restaurants

**Padua**

**Antico Brolo** 🍴🍴🍴
corso Milano 22
☎ 049664555

**Bastioni del Moro** 🍴🍴
via P. Bronzetti 18
☎ 0498710006

**Osteria L'Anfora** 🍴
via Soncin 13
☎ 049656629

**Portogruaro**

**Antico Spessotto** ★★★
via Roma 2
☎ 042171040

**Alla Botte** 🍴🍴
via Pordenone 46
☎ 0421760122

**Alla Lanterna** 🍴
via Triestina 2
☎ 0421704775

## Kellereien

**Bagnoli di Sopra.** *Dominio di Bagnoli, piazza Marconi 63, Tel. 049 5380008. Öffnungszeiten: Dienstag–Samstag 9–12.30 und 15 bis 18.30, Voranmeldung erwünscht.* Die Geschichte dieses großen Anwesens reicht bis in uralte Zeiten zurück und gleicht einem Abenteuerroman, in dem sich vor der Kulisse des weitläufigen Herrenhauses mit seinen Weinkellern aus dem 14. Jahrhundert Krieger und Menschen unterschiedlicher Couleur tummeln. Aushängeschild des Hauses ist der Friularo, der seine Vielseitigkeit sowohl bei weiß gekelterten Schaumweinen als auch bei Spätlesen (Vendemmia Tardiva) und Süßweinen (Passito) unter Beweis stellt.

**Selvazzano.** *La Montecchia dei Conti Emo Capodilista, via Montecchia 16, Tel. 049637294. Öffnungszeiten: 9–12 und 15–18.30 Uhr, Sonntag und Montag geschlossen, Verkostungen nach Voranmeldung.* Seit dem Mittelalter gehört die Anhöhe der Montecchia zum Anwesen der Familie Capodilista. Das eindrucksvolle Herrenhaus des Anwesens stammt aus dem 16. Jahrhundert (Besichtigungen: 15. März bis 15. November Mittwoch und Samstag, Führungen um 16 und 17.30 Uhr, Gruppen nach Vereinbarung). Der landwirtschaftliche Betrieb ist in den umliegenden Gebäuden der nahen Burg untergebracht. Hier befinden sich auch ein Museum des ländlichen Lebens sowie drei Unterkünfte für Touristen im Agriturismo-Stil. Zu den wichtigsten Erzeugnissen zählen die DOC-Weine Colli Euganei Cabernet, Rosso und Fior d'Arancio Passito sowie ein bemerkenswerter Cabernet Godimondo.

**Und außerdem … Due Carrare.** *Pigozzo-Salvan, via Mincana 143, Tel. 049525841.* **Monticelli di Monselice.** *Borin, via dei Colli 5, Tel. 042974384.* **Praglia.** *La Pratalea, via Abbazia 12, Tel. 0499900332.*

## Tourenvorschläge

**Die Weinberge der Provinz Padova.** Ein Rundweg, auf dem man von Padua aus die Umgebung mit den umliegenden Ortschaften am Fuß der Colli Euganei erkunden kann. Von dieser Hauptreiseroute

### Hotels und Restaurants

**Rubano**

**Le Calandre** ★★★
2 km nach Sarmeola
via Liguria 1/a
☎ 049635200

**Le Calandre** 🍴🍴🍴🍴
2 km nach Sarmeola
Statale 11
☎ 049630303

**Zuan de la Bulesca** 🍴🍴
via Fogazzaro 2
☎ 0498975297

führt anschließend ein Abstecher nach Bagnoli di Sopra, dem Kerngebiet des gleichnamigen DOC-Weins. **Padua.** Die Stadt des Hl. Antonius mit ihren Fresken von Giotto in der Cappella degli Scrovegni bedarf keiner großen Worte. Dem Besucher wird hier reichlich Gelegenheit zu Weinproben und zum Kennenlernen der regionalen Küche gegeben, so etwa in der gleich hinter der Piazza della Frutta gelegenen Enoteca Leonardi. Empfehlenswerte Restaurants sind das Antico Brolo, das San Clemente sowie Le Calandre in Rubano, ein wenig außerhalb in Richtung Vicenza. **Abano Terme.** Berühmte Bäderstadt mit sehenswerter Jugendstil-Architektur. Feinschmeckern sei ein Umweg über Monterosso empfohlen, wo die Casa Vecia mit den erlesenen Speisen Venetiens lockt, Weinkennern die Villa und Kellerei der Conti Emo Capodilista (→) in Selvazzano, die auch Ferien auf dem Lande (Agriturismo) anbieten. Einkäufe in Abano bei der Enoteca Lazzaretto. In Torreglia kann man der traditionsreichen Firma Luxardo und ihrem berühmten Maraschino-Likör seine Referenz erweisen. **Battaglia Terme.** Dass diese Stadt einst ein lebhafter Handelshafen war, kann man im neuen Museo del Burchio nachvollziehen. Herrschaftliche Adelsresidenzen wie das Cataio und die Villa Selvatico Capodilista erinnern an die glanzvolle Epoche der Serenissima. Weiter im Landesinneren liegt Arquà Petrarca, ein idyllischer kleiner Ort in den Hügeln, wo das Haus des Dichters besichtigt werden kann. **Monselice.** Der Ortsname geht auf das lateinische «mons silicis», Kieselberg, zurück und meint den Trachytkegel unweit der Hügel, auf dem die Burg erbaut wurde. Ein Spazierweg führt zu den Sehenswürdigkeiten. Das Städtchen selbst liegt weiter talwärts. **Bagnoli di Sopra.** Der Ort mit seinem traditionsreichen Wein Friularo und der renommierten Kellerei Dominio di Bagnoli (→) lohnt einen Abstecher in südöstlicher Richtung. **Este.** Ein mittelalterlicher, von Stadtmauern umgebener Ort, über dem die Burg der Carraresi thront. Im archäologischen Museum des Orts finden sich noch zahlreiche Zeugnisse aus vorrömischer Zeit, als Este die wichtigste Stadt der Veneter war. Macht der Besucher sich zu einem Spaziergang durch die umliegenden Ländereien auf, kann er etwas von der Lebensart der Landhausbewohner zu Zeiten der Republik Venedig erahnen. **Cinto Euganeo.** Die Weinstadt (→) liegt am Westhang der Colli Euganei, dort, wo die Ebene von Weinstöcken und Olivenbäumen abgelöst wird, um dann in Kastanienwälder überzugehen. In diesem Gebiet bietet der landwirtschaftliche Betrieb Rocco-

## Hotels und Restaurants

**San Michele al Tagliamento**
**Mattarello**
via A. Venudo 2
☎ 043150450

**San Polo di Piave**
**Parco Gambrinus**
località Gambrinus 22
☎ 0422855043

**Saonara**
**Boccalon**
3 km nach Villatora
via XX Settembre 24
☎ 049640088

**Selvazzano Dentro**
**Golf Club della Montecchia**
via Montecchia 12
☎ 0498055323
**Piroga** ***
via Euganea 23
località Tencarola
☎ 049637966

la Touristen Kost und Logis (Agriturismo), daneben ist dem Weinkenner die Kellerei Fattoria Monte Fasolo zu empfehlen. **Vò** (→). Das lebhafte Weinbauzentrum ist erst kürzlich der Organisation der italienischen Weinstädte beigetreten. Unter seinen Herrenhäusern verdient die Villa Sceriman aus dem 17. Jahrhundert besondere Beachtung. Sie liegt im Stadtteil Boccon und beherbergt einen Weinbaubetrieb und eine Enoteca, die im ehemaligen Marstall untergebracht ist. **Teolo.** Im Ortskern befindet sich ein kleiner Palazzo aus dem 16. Jahrhundert mit Bogengängen und Uhrturm, in dem einst die venezianischen Landvögte residierten. Weiter die Anhöhe hinauf stößt man auf die Pfarrkirche Santa Giustina, in der Nähe einer Straße, die tiefer in die Wälder des Monte Grande führt. **Praglia.** Von der Gebirgsstraße hinunter nach Padua gelangt man über eine Abzweigung zu der Benediktinerabtei, die um die Jahrhundertwende durch den Dichter Antonio Fogazzaro und seinen Roman «Piccolo mondo moderno» (Kleine Welt unserer Zeit) einige Berühmtheit erlangte. Ganz in der Nähe liegt der Betrieb Pratalea, der dem Movimento del Turismo del Vino angehört.

## DOC-Weine aus den Colli Euganei und aus Bagnoli

**BAGNOLI DI SOPRA (Bagnoli).** – **Bianco.** Erzeugt in 15 Ortschaften der Provinz Padova. Rebsorten: Chardonnay (30–70%), Tocai italiano und/oder Sauvignon blanc (20–60%), Raboso Piave und/oder Raboso veronese (10–50%), sonstige (bis 10%). Produktion: 703 hl (7,5 ha). Farbe: unterschiedlich intensives Strohgelb. Geruch: weinig, mit angenehmem, sortentypischen Duft. Geschmack: trocken oder lieblich, fein, schmackhaft, samtig. Alkoholgehalt: 10,5%. Die trockene Sorte als Aperitif, die liebliche zum Abschluss der Mahlzeiten zu trinken. Qualitätsstufen: *Classico* aus der traditionsreichen Erzeugerzone in der Gemeinde Bagnoli di Sopra. – **Spumante Bianco.** Rebsorten: Chardonnay (20–60%), Raboso Piave und/oder Raboso veronese (40–80%), sonstige (bis 10%). Produktion: 133 hl (1,4 ha). Schaum: lebhaft, fein. Perlbildung: fein, regelmäßig, dauerhaft. Farbe: zartes Strohgelb. Geruch: angenehm, mit fruchtiger Note. Geschmack: trocken, frisch, harmonisch. Alkoholgehalt: 11,5%. Als Aperitif zu trinken. – **Rosato.** Rebsorten: Raboso Piave und/oder Raboso veronese (50 bis 100%), Merlot (bis 40%), sonstige (bis 10%). Produktion: 168 hl (1,8 ha). Farbe: hellrot mit Hang zu lebhaftem Rubinrot. Geruch: leicht weinig, mit angenehmem Duft. Geschmack: trocken oder leicht lieblich, harmonisch. Alkoholgehalt: 10,5%. Zu leichten Speisen zu trinken. Qualitätsstufen: *Classico.* – **Spumante Rosato.** Rebsorten: Chardonnay (20–60%), Raboso Piave und/oder Raboso veronese (40–80%), sonstige (bis 10%). Produktion: siehe Spumante Bianco. Schaum: lebhaft, fein. Perlbildung: fein, regelmäßig, dauerhaft. Farbe: hellrot mit Hang zu zartem Rubinrot. Geruch: leicht weinig, sortentypisch fruchtig. Geschmack: trocken, frisch oder leicht lieblich, harmonisch und angenehm. Alkoholgehalt: 11,5%. Als Aperitif zu trinken. – **Rosso.** Rebsorten: Merlot (15–60%), Cabernet franc und/oder Carmenère und/oder Cabernet Sauvignon (15 bis 70%), Raboso Piave und/oder Raboso veronese (15–70%), sonstige (bis 10%). Produktion: 1948 hl (27 ha). Farbe: als junger Wein rubinrot, mit zunehmendem Al-

## Hotels und Restaurants

**Silea**
**La Fattoria** ★★★
1 km nach Lanzago
via Callalta 83
☎ 0422361770

**Teolo**
**Al Sasso** 🍴
Castelnuovo
via Ronco 11
☎ 0499925073

**Treviso**
**Carlton** ★★★
largo Porta Altinia 15
☎ 0422411661
**Al Foghèr** ★★★
viale della Repubblica 10
☎ 0422432950
**Alfredo** 🍴🍴🍴
via Collalto 26
☎ 0422540275
**Antica Torre** 🍴🍴
via Inferiore 55
☎ 0422583694

## DOC-Weine aus den Colli Euganei und aus Bagnoli

ter ins Granatrote spielend. Geruch: weinig, eher intensiv, mit angenehmem Duft. Geschmack: trocken, intensiv, samtig und harmonisch. Alkoholgehalt: 11%. Alterung: bis zu 2 Jahren. Zu den Mahlzeiten zu trinken. Qualitätsstufen: *Classico, Riserva* mindestens 2 Jahre Alterung, davon 1 Jahr in Holzfässern, *Classico Riserva.* – **Cabernet.** Rebsorten: Cabernet franc und/oder Cabernet Sauvignon und/oder Carmenère (85 bis 100%). Produktion: 480 hl (11 ha). Farbe: intensives Rubinrot, bei zunehmendem Alter mit Hang zu Ziegel- oder Granatrot. Geruch: weinig, sortentypisch, als alter Wein mit intensiverem Duft. Geschmack: trocken, voll, bisweilen kräuterwürzig, ausgewogen, tanninhaltig, körperreich, als alter Wein spröde und samtig. Alkoholgehalt: 11%. Alterung: bis zu 2 Jahren. Zu den Mahlzeiten zu trinken. Qualitätsstufen: *Classico, Riserva* mindestens 2 Jahre Alterung, davon 1 Jahr in Holzfässern; *Classico Riserva.* – **Friularo.** Rebsorten: Raboso Piave (90–100%), sonstige (bis 10%). Produktion: 1569 hl (21 ha). Farbe: volles Rubinrot, bei zunehmendem Alter ins Granatrote spielend. Geruch: weinig, markant, sortentypisch, bei zunehmendem Alter mit Sauerkirsch- und Veilchennoten. Geschmack: trocken, spröde, ausgewogene Tannine, leicht säuerlich. Alkoholgehalt: 11%. Arten: *Vendemmia Tardiva* traditionell nach dem «Estate di San Martino» am 11. November mit mindestens 60% der gelesenen und verarbeiteten Trauben erzeugt. Alterung: bis zu 2 Jahren. Zu den Mahlzeiten zu trinken. Qualitätsstufen: *Classico; Riserva* (auch *Vendemmia Tardiva*) mindestens 2 Jahre Alterung, davon mindestens 1 Jahr in Holzfässern; *Classico Riserva* (auch *Vendemmia Tardiva*). – **Merlot.** Rebsorten: Merlot (85 bis 100%). Produktion: 3812 hl (43 ha). Farbe: als junger Wein lebhaftes Rubinrot, als alter Wein Hang zum Granatroten. Geruch: intensiv, fruchtig, leicht kräuterwürzig, sortentypisch und mit angenehmem Duft. Geschmack: trocken, weich, ausgewogene Tannine, harmonisch. Alkoholgehalt: 11%. Alterung: bis zu 2 Jahren. Zu den Mahlzeiten zu trinken. Qualitätsstufen: *Classico, Riserva* mindestens 2 Jahre Alterung, *Classico Riserva.* – **Passito.** Rebsorten: Raboso Piave und/oder Raboso veronese (70–100%). Farbe: unterschiedlich intensives Rubinrot, als alter Wein ins Granatrote spielend. Geruch: sortentypisch, angenehm. Geschmack: lieblich, samtig, sortentypisch. Alkoholgehalt: 14,5%. Alterung: mindestens 2 Jahre, dann noch 5 Jahre und mehr. Zum Abschluss der Mahlzeiten zu trinken.

**COLLI EUGANEI.** – **Bianco.** Rebsorten: Garganega (30–50%), Prosecco (10–30%), Tocai friulano und/oder Sauvignon blanc (20–40%), Pinella und/oder Pinot bianco und/oder Riesling italico und/oder Chardonnay (bis 20%). Produktion: 10644 hl (165 ha). Farbe: helles Strohgelb. Geruch: weinig, mit angenehmem, sortentypischem Duft. Geschmack: trocken, bisweilen vollmundig, fein, samtig. Alkoholgehalt: 10,5%. Arten: *Spumante* 10,5% Alkohol. Zu den Mahlzeiten zu trinken. – **Chardonnay.** Rebsorten: Chardonnay (90–100%). Produktion: 221 hl (4 ha). Farbe: strohgelb. Geruch: angenehm, sortentypisch, delikat. Geschmack: trocken, bisweilen vollmundig. Alkoholgehalt: 10,5%. Arten: *Spumante* 11% Alkohol. Als Aperitif zu trinken. – **Fior d'Arancio.** Rebsorten: Moscato giallo (95–100%). Produktion: 296 hl (5,25 ha). Farbe: mehr oder weniger volles Strohgelb. Geruch: kräftig aromatisch, sortentypisch. Geschmack: lieblich bis süß, intensiv, unterschiedlich lebhaft. Alkoholgehalt: 10,5%. Arten: *Spumante; Passito* mindestens 15,5% Alkohol und 1 Jahr Alterung (dann noch 5 Jahre und mehr). Zum Abschluss der Mahlzeiten zu trinken. – **Moscato.** Rebsorten: Moscato (95 bis 100%). Produktion: 9900 hl (188 ha). Farbe: mehr oder weniger volles Strohgelb. Geruch: intensiv, sortentypisch

### Hotels und Restaurants

**Treviso**

**Beccherie – 1875** 🍴🍴
piazza Ancillotto 10
☎ 0422540871

**L'Incontro** 🍴🍴
lungomare di Porta Altinia 13
☎ 0442547717

**Toni del Spin** 🍴
via Inferiore 7
☎ 0422543829

**Trissino**

**Locanda Masieri** ★★★
**Ca' Masieri** 🍴🍴🍴🍴
via Masieri 16
☎ 0445490122
☎ 0445962100

**Vicenza**

**Campo Marzio** ★★★
viale Roma 21
☎ 0444545700

**Jolly Hotel Europa** ★★★
SS Padana Richtung Verona
☎ 0444564111

**Continental** ★★★
viale Trissino 89
☎ 0444505476

nach Muskat. Geschmack: lieblich bis süß, intensiv, sortentypisch nach Muskat, still oder mehr oder weniger lebhaft. Alkoholgehalt: 10,5%. Arten: *Spumante*. Zum Abschluss der Mahlzeiten zu trinken. – **Pinello.** Rebsorten: Pinella (90–100%). Produktion: 10 hl (0,8 ha). Farbe: strohgelb. Geruch: delikat, sortentypisch. Geschmack: trocken, bisweilen vollmundig. Alkoholgehalt: 10,5%. Arten: *Frizzante*. Die trockene Sorte zum Abschluss der Mahlzeiten, die vollmundige in Mußestunden zu trinken. – **Pinot Bianco.** Rebsorten: Pinot bianco (90–100%). Produktion: 4888 hl (75 ha). Farbe: helles Strohgelb, bisweilen mit grünlichen Reflexen. Geruch: delikat, angenehm, sortentypisch. Geschmack: trocken, bisweilen vollmundig. Alkoholgehalt: 11,5%. Arten: *Spumante* 11% Alkohol. Zu den Mahlzeiten zu trinken. – **Serprino.** Rebsorten: Prosecco (90 bis 100%). Produktion: 2137 hl (34 ha). Farbe: strohgelb. Geruch: fruchtig, delikat, fein. Geschmack: trocken, bisweilen vollmundig. Alkoholgehalt: 10,5%. Arten: *Frizzante*. Die trockene Sorte zum Essen, die vollmundige außerhalb der Mahlzeiten zu trinken. – **Tocai Italico.** Rebsorten: Tocai italico (90–100%). Produktion: 3921 hl (59 ha). Farbe: strohgelb. Geruch: delikat, angenehm, sortentypisch. Geschmack: trocken oder vollmundig. Alkoholgehalt: 11%. Arten: *Spumante*. Die trockene Sorte zum Essen, die vollmundige zum Abschluss der Mahlzeiten zu trinken. – **Rosso.** Rebsorten: Merlot (60–80%), Cabernet franc und/oder Cabernet Sauvignon und/oder Barbera und/oder Raboso veronese (20–40%). Produktion: 13143 hl (195 ha). Farbe: mehr oder weniger volles Rubinrot. Geruch: kräftig weinig mit sortentypischem Duft. Geschmack: trocken, bisweilen vollmundig, würzig, weich, fein, samtig. Alkoholgehalt: 11%. Alterung: bis zu 3 Jahren. Zu allen Gerichten zu trinken. Qualitätsstufen: *Novello; Riserva* mindestens 12,5% Alkohol und 2 Jahre Alterung. Zu Rind- und Schweinefleisch sowie Wildgerichten, etwa der gefüllten Ente aus der Region, zu trinken. – **Cabernet.** Rebsorten: Cabernet franc und/oder Cabernet Sauvignon (90–100%). Produktion: 7226 hl (110 ha). Farbe: intensives Rot. Geruch: angenehm, sortentypisch. Geschmack: trocken, angenehm, leicht kräuterwürzig. Alkoholgehalt: 11%. Alterung: bis zu 3 Jahren. Zu Wurstspezialitäten und gebratenem Huhn oder Lamm zu trinken. Qualitätsstufen: *Riserva* mindestens 12,5% Alkohol und 2 Jahre Alterung (dann bis zu 3–4 Jahren); zu geschmortem und gebratenem Fleisch sowie zu der regionalen Gänsefleischspezialität «oca in onto» zu trinken. – **Cabernet Franc.** Rebsorten: Cabernet franc (90–100%). Produktion: 94 hl (3,5 ha). Farbe: kräftiges Rubinrot. Geruch: intensiv kräuterwürzig. Geschmack: sortentypisch, intensiv kräuterwürzig und nachhaltig. Alkoholgehalt: 11%. Arten: *Spumante*. Alterung: bis zu 3 Jahren. Zu allen Gerichten zu trinken. Qualitätsstufen: *Riserva* mindestens 12,5% Alkohol und 2 Jahre Alterung, zu gehaltvollen Speisen zu trinken. – **Cabernet Sauvignon.** Rebsorten: Cabernet Sauvignon (90 bis 100%). Produktion: 133 hl (1,75 ha). Farbe: rubinrot. Geruch: angenehm, sortentypisch. Geschmack: harmonisch, intensiv, sortentypisch. Alkoholgehalt: 11%. Alterung: bis zu 3 Jahren. Zu allen Gerichten zu trinken. Qualitätsstufen: *Riserva* mindestens 12,5% Alkohol und 2 Jahre Alterung, zu kräftigen Fleischgerichten zu trinken. – **Merlot.** Rebsorten: Merlot (90–100%). Produktion: 8633 hl (113 ha). Farbe: mehr oder weniger volles Rubinrot, als alter Wein blass granatrot. Geruch: angenehm, sortentypisch. Geschmack: trocken, bisweilen vollmundig. Alkoholgehalt: 11%. Alterung: bis zu 2 Jahren. Zu den Mahlzeiten zu trinken. Qualitätsstufen: *Riserva* mindestens 12,5% Alkohol und 2 Jahre Alterung, zu gebratenem Fleisch zu trinken.

## Hotels und Restaurants

**Vicenza**

**Nuovo Cinzia e Valerio** 🍴🍴🍴
piazzetta Porta Padova 65/67
☎ 0444505213

**Antica Trattoria Tre Visi** 🍴🍴
corso Palladio 25
☎ 0444324868

**Trattoria Framarin** 🍴
via Battaglione Framarin 48
☎ 0444570407

**Villafranca Padovana**

**Dai Grandi** 🍴🍴
3 km nach Taggi di Sopra
via Firenze 6
☎ 0499075220

**Zero Branco**

**Ca' Busatti** 🍴🍴🍴
via Gallese 26
☎ 042297629

# Die östliche Ebene

## Lison-Pramaggiore und Piave

In der weiten Ebene, die sich von Treviso bis zur Friauler Grenze erstreckt, werden die Weine der DOCs Piave und Lison-Pramaggiore erzeugt, wobei letzterer Bereich bis in die Provinz Pordenone hineinreicht. Die Region besteht überwiegend aus Schwemmland, das sich allerdings aufgrund der systematischen Entwässerung gut für den Weinbau eignet. Im Landstrich Piave werden vor allem die Rebsorten Merlot, Cabernet Sauvignon, Tocai, Verduzzo trevigiano und Verduzzo friulano angebaut. Dazu kommen unterschiedliche Pinot- sowie Raboso-Sorten. Letztere, wohl die typischste Rebe der Region, verdankt ihre Beliebtheit ihrer gleichbleibenden Ergiebigkeit, nicht weniger aber auch der Qualität der aus ihr gewonnenen Weine. Beim ökologischen Weinbau ist Piave Italiens Spitzenreiter: beachtliche 350 Hektar, verteilt auf sieben Betriebe, werden nach biologischen Prinzipien bewirtschaftet. Im Landstrich Pramaggiore findet man die Rebsorten Cabernet Sauvignon, Merlot und Tocai, daneben einige weniger verbreitete Arten. In der kleinen Region Lison ist vor allem der Tocai bemerkenswert, der hier eine ganz eigene Note entwickelt.

### Weinstädte

**Annone Veneto.** Der Name der Ortschaft geht auf das lateinische «ad nonum» zurück, was soviel heißt wie «an der neunten Meile» entlang der antiken Via Postumia, die bereits zur Zeit des Römischen Reichs Oderzo und Concordia Sagittaria verband, woran sich bis heute nichts geändert hat. Im Ort sorgen über 300 Betriebe dafür, dass die Weinstadt ihrem Titel alle Ehre macht. Am ersten Sonntag im September feiert man das Weinlesefest **Festa della Vendemmia.**

**Portogruaro.** Die Stadt ist ein alter Handelshafen am Fluss Lemene, der sich seinen Charakter größtenteils bewahrt hat. Zu den Sehenswürdigkeiten zählen das paläontologische Museum im Palazzo Marzotto sowie das archäologische Museum in der Casa Fabrici. Mehr als 1000 Hektar Weinberge und nahezu 50 000 Hektoliter Produktionsvolumen kennzeichnen den Weinbau dieser Ortschaft. An Veranstaltungen findet jeden zweiten Sonntag im Monat der Sammler- und Antiquitätenmarkt **Mercatino dell'Antiquariato e del Collezionismo** statt, während in der letzten Novemberwoche die **Fiera di Sant'Andrea** mit dem traditionellen Gänsemarkt auf dem Veranstaltungskalender steht.

**Pramaggiore.** Zu Zeiten der Serenissima stand der Ort als «Weinkeller der Republik» in hohem Ansehen und auch heute noch spielt er im venezianischen Hinterland als Erzeuger von DOC-Weinen und als Sitz des Consorzio di Tutela (ihm obliegt die Überwachung der DOC-Vorschriften) sowie der Enoteca Regionale del Veneto eine führende Rolle. Prall gefüllt ist der Veranstaltungskalender: In den letzten zehn Apriltagen

### Agriturismo

**Barbarano Vicentino**
**Il Castello**
via Castello 6
☎ 0444886055

**Bovolenta**
**Venturato**
Fossaragna
via Argine Destro 29
☎ 0495347010

**Cinto Euganeo**
**La Roccola**
in Faedo
via Dietromonte 10
☎ 042994298

**Montegalda**
**Il Palazzone**
via G. Roi 33
☎ 0444635001

**Motta di Livenza**
**La Casa di Bacco**
via Callalta 52
☎ 0422768488

**Ponte di Piave**
**Rechsteiner**
San Nicolò
☎ 0422752074

**Roncade**
**Castello di Roncade**
via Roma 141
☎ 0422708736

findet die nationale Weinmesse **Mostra Nazionale dei Vini** statt, darauf folgen in der zweiten Maiwoche die **Sagra delle Rane,** das Fest der Frösche, Anfang Juli die **Sagra della Sopressa,** und schließlich im Oktober das Traubenfest **Festa dell'Uva.** An den Ufern des Locon ist man gerade dabei, im reizvollen Vecchio Mulino ein Museum der bäuerlichen Kultur einzurichten.

**Santo Stino di Livenza.** Der kleine Grenzort war einst Zankapfel zwischen den Städten Venedig und Aquileia, wobei Letztere für seine Befestigung sorgte. Die Serenissima behielt die Oberhand und das Kastell wurde zur Residenz der Zeno. Ihnen verdankt der Ort zwei Kirchen, San Marco und Madonna della Salute, sowie die Herrschaftshäuser in der Umgebung.

**Vazzola.** In einem von Grundwasserquellen gespeisten Landstrich mit Pappeln und Weinbergen liegt diese Ortschaft. Die zahlreichen Villen der Gegend waren ursprünglich oft Jagdhäuser. Der Palazzo Ghetta aus dem 18. Jahrhundert zeugt von der traditionellen Geschäftigkeit dieser einzigen Weinstadt im DOC-Bereich Piave.

## Enoteche

**Pramaggiore.** *Enoteca Regionale del Veneto, via Vittorio Veneto 13, Tel. 0421799036. Öffnungszeiten: 8.30 bis 12.30 und 14–18 Uhr, an Feiertagen nach Vereinbarung.* In der Nähe des Consorzio di Tutela gelegen, verfügt die Enoteca über mehr als 1000 Quadratmeter Ausstellungsfläche. Neben Weinen werden hier Grappe und andere Spezialitäten aus der Region Venetien zu Verkostung und Verkauf angeboten.

## Kellereien

**Annone Veneto.** *Azienda Bosco del Merlo, via Postumia 18, Tel. 0422 768167. Öffnungszeiten: 8.30–12 und 14–18 Uhr, Samstag 8.30 bis 12 Uhr.* Der Betrieb verfügt über gut 50 Hektar eigener Weinbaufläche, die vollständig auf biologische Weise bewirtschaftet werden. Die Einhaltung der Bestimmungen wird von der Associazione Italiana per l'Agricoltura Biologica (AIAB), der italienischen Vereinigung für biologische Landwirtschaft, überwacht. Führungen durch das Weingelände und die Kellerei inklusive Weinproben.

**Piavon di Oderzo.** *Rechsteiner, via Frassenè 2, Tel. 0422752074. Öffnungszeiten: 8.30–12 und 14 bis 17.30 Uhr, nach Voranmeldung, Samstagnachmittag geschlossen.* 1881 erwarb Friederich Rechsteiner, ein Adliger aus Mitteleuropa, die Villa Bonamico Revedin aus dem 17. Jahrhundert mitsamt dem umliegenden großen Anwesen. Heute wird der Betrieb von einem seiner Urenkel geführt. Unter den durchwegs feinen Tropfen sind vor allem die erlesenen Riserva-Weine aus der Reihe Villa Bonamico hervorzuheben. Ebenso bemerkenswert ist das touristische Angebot, das von Weinproben in der Kellerei bis zu Ferien auf dem Bauernhof (Agriturismo) reicht.

**Und außerdem ... Gorgo al Monticano.** *Villa Brunesca, via Serenissima 12, Tel. 0422800026.* **San Polo di Piave.** *Giol, viale della Repubblica 2, Tel. 0422855032.*

### Agriturismo

**Santo Stino di Livenza**
**Al Cantinon**
Corbolone
via Pordenone 2
☎ 0421310211

**Selvazzano Dentro**
**Castello della Montecchia**
Montecchia
via Montecchia 16
☎ 049637294

**Vo**
**Enoturismo Bacco e Arianna**
Boccon
via Ca' Sceriman 12
☎ 0499940187

Enoteche

**Abano Terme**
**Lazzaretto srl**
via Valerio Flacco 5
☎ 049667056
**Mogliano Veneto**
**Enoteca La Caneva**
via Machiavelli 3
☎ 0415901568
**Enoiteca La Sosta**
via G. Marconi 14/a
☎ 0415901428
**Padua**
**Caffè Pedrocchi**
via VII Febbraio 15
☎ 0498781231
**Enoteca dei Tadi**
via Tadi 16
☎ 049656937
**Enoteca La Mia Cantina**
piazzale Santa Croce 21
☎ 0498801330
**Enoteca La Moscheta**
corso Milano 58
☎ 049660946



## DOC-Weine aus Lison-Pramaggiore und Piave

**LISON-PRAMAGGIORE.** – **Chardonnay.** Rebsorten: Chardonnay (90 bis 100%). Produktion: 10850 hl (153 ha). Farbe: strohgelb. Geruch: fein, sortentypisch, elegant. Geschmack: trocken, bisweilen weich, äußerst fein. Alkoholgehalt: 11%. Arten: *Spumante.* Zu Fisch zu trinken. – **Pinot Bianco.** Rebsorten: Pinot bianco (90–100%). Produktion: 4002 hl (49 ha). Farbe: strohgelb. Geruch: fein, sortentypisch, eher fruchtig. Geschmack: trocken, bisweilen weich, samtig, harmonisch. Alkoholgehalt: 11%. Arten: *Spumante.* Zu Fisch zu trinken, der Spumante als Aperitif und zu allen Gerichten. – **Pinot Grigio.** Rebsorten: Pinot grigio (90–100%). Produktion: 12110 hl (190 ha). Farbe: von strohgelb bis bernsteinfarben mit kupferfarbenen Reflexen. Geruch: delikat, sortentypisch, fruchtig. Geschmack: trocken, harmonisch, sortentypisch. Alkoholgehalt: 11%. Arten: *Spumante.* Zu Fisch, Lamm oder Geflügel zu trinken, der Spumante zu allen Gerichten. – **Riesling Italico.** Rebsorten: Riesling italico (90–100%). Produktion: 517 hl (8 ha). Farbe: helles Strohgelb. Geruch: delikat, sortentypisch. Geschmack: trocken, mit säuerlicher Note. Alkoholgehalt: 11%. Arten: *Spumante.* Als Aperitif oder zu Fisch. – **Sauvignon.** Rebsorten: Sauvignon blanc (90–100%). Produktion: 4296 hl (62 ha). Farbe: strohgelb, bisweilen mit goldgelben Reflexen. Geruch: sortentypisch, angenehm. Geschmack: trocken, samtig, sortentypisch. Alkoholgehalt: 11%. Arten: *Spumante.* Zu Fisch zu trinken. – **Tocai Italico.** Rebsorten: Tocai italico (90 bis 100%). Produktion: 6160 hl (117 ha). Farbe: mehr oder weniger volles Strohgelb mit grünlichen Reflexen. Geruch: sortentypisch, angenehm. Geschmack: trocken, samtig. Alkoholgehalt: 11%. Arten: *Spumante.* Zu Fisch zu trinken, der Spumante als Aperitif oder zu den Mahlzeiten. Qualitätsstufen: *Classico* 11,5% Alkohol, reinsortig (100%) erzeugt im traditionsreichsten Anbaugebiet. – **Verduzzo.** Rebsorten: Verduzzo (90–100%). Produktion: 3335 hl (48 ha). Farbe: strohgelb, bisweilen mit goldgelben Reflexen. Geruch: sortentypisch. Geschmack: trocken, mitunter weich, leicht tanninhaltig. Alkoholgehalt: 11%. Arten: *Spumante.* Zu Fisch zu trinken, der Spumante als Aperitif und zu allen Gerichten. – **Cabernet.** Rebsorten: Cabernet franc und/oder Cabernet Sauvignon (90–100%). Produktion: 4853 hl (71 ha). Farbe: intensives Rubinrot, bei Alterung ins Ziegel- oder Granatrote spielend. Geruch: weinig, sortentypisch, mäßig kräuterwürzig, als alter Wein mit intensiverem Duft. Geschmack: trocken, voll, kräuterwürzig, mit ausgewogener Säure und Tanninen, körperreich, als alter Wein spröde und samtig. Alkoholgehalt: 11%. Alterung: bis zu 4 Jahren. Zu den Mahlzeiten, vor allem zu gehaltvollen Gerichten zu trinken. Qualitätsstufen: *Riserva* mindestens 11,5% Alkohol und 3 Jahre Alterung (dann noch 5 Jahre und mehr); zu Gebratenem, Wild und altem Käse. – **Cabernet Franc.** Rebsorten: Cabernet franc (90–100%). Produktion: 15542 hl (239 ha). Farbe: intensives Rubinrot, bei Alterung mit Hang zum Granatroten. Geruch: weinig, sortentypisch, intensiv kräuterwürzig, nachhaltig. Geschmack: trocken, voll, intensiv kräuterwürzig, samtig, harmonisch. Alkoholgehalt: 11%. Alterung: bis zu 4 Jahren. Passt besonders zu kräftigen Speisen. Qualitätsstufen: *Riserva* mindestens 11,5% Alkohol und 3 Jahre Alterung (dann noch 5 Jahre und mehr); zu Rind-, Schweinefleisch und Wild sowie zu pikantem Käse. – **Cabernet Sauvignon.** Rebsorten: Cabernet Sauvignon (90–100%). Produktion: 5174 hl (61 ha). Farbe: intensives Rubinrot, bei zunehmendem Alter ins Ziegelrote spielend. Geruch: weinig, sortentypisch, kräuterwürzig, mit ausgeprägtem, nachhaltigen Duft. Geschmack: trocken, voll, kräuterwürzig, samtig. Alkoholgehalt: 11%. Alterung: bis zu 2 Jahren. Zu allen Speisen, insbesondere zu ländlich-rustikalen Gerichten zu trinken. Qualitätsstufen: *Riserva* mindestens 11,5% Alkohol und 3 Jahre Alterung (dann noch 5 Jahre und mehr); zu Braten, Wild sowie zu altem Käse. – **Merlot.** Rebsorten: Merlot (90–100%). Produktion: 24432 hl (392 ha). Farbe: als junger Wein rubinrot, als alter Wein Hang zum Granatroten; hellrot, wenn weiß gekeltert. Geruch: ziemlich intensiv weinig, leicht kräuterwürzig, sortentypisch, angenehm. Geschmack: trocken, bisweilen weich, ausgewogene Tannine, harmonisch. Alkoholgehalt: 11%. Alterung: bis zu 3 Jahren. Zu allen Gerichten zu trinken. Qualitätsstufen: *Riserva* mindestens 11,5% Alkohol und 2 Jahre Alterung (dann bis zu 4–5 Jahren); zu Rind- und Schweinefleisch vom Grill, Gebratenem sowie zu würzigem Käse zu trinken. – **Refosco dal Peduncolo Rosso.** Rebsorten: Refosco dal peduncolo rosso (90–100%). Produktion: 3193 hl (53 ha). Farbe: intensives Rot. Geruch: weinig. Geschmack: trocken, rund, voll, bisweilen leicht bitter. Alkoholgehalt: 11%. Alterung: bis zu 3 Jahren. Zu den Mahlzeiten zu trinken.

**VINI DEL PIAVE (Piave). – Chardonnay.** Rebsorten: Chardonnay (95 bis 100%). Produktion: 12921 hl (176 ha). Farbe: strohgelb. Geruch: fein, sortentypisch. Geschmack: trocken, fein, bisweilen weich. Alkoholgehalt: 11%. Zu Fisch zu trinken. – **Pinot Bianco.** Rebsorten: Pinot bianco (95–100%). Produktion: 2608 hl (34 ha). Farbe: strohgelb. Geruch: delikat, sortentypisch. Geschmack: voll, weich, harmonisch. Alkoholgehalt: 11%. Zu den Mahlzeiten. – **Pinot Grigio.** Rebsorten: Pinot grigio (95–100%). Produktion: 9063 hl (135 ha). Farbe: je nach Bereitungsart von strohgelb bis kupferfarben. Geruch: intensiv, sortentypisch. Geschmack: samtig, weich, harmonisch. Alkoholgehalt: 11%. Zu den Mahlzeiten zu trinken. – **Tocai Italico.** Rebsorten: Tocai italico (95–100%). Produktion: 10970 hl (212 ha). Farbe: helles Strohgelb mit Hang zum Grünlichen. Geruch: delikat, angenehm, sortentypisch, nicht sehr intensiv. Geschmack: trocken, frisch, harmonisch, leicht aromatisch. Alkoholgehalt: 11%. Zu Fisch zu trinken. – **Verduzzo.** Rebsorten: Verduzzo trevigiano und/oder Verduzzo friulano (95–100%). Produktion: 18355 hl (315 ha). Farbe: unterschiedlich intensives Goldgelb oder Strohgelb mit Hang zum Grünlichen. Geruch: weinig, delikat, sortentypisch, angenehm. Geschmack: trocken, harmonisch, angenehm. Alkoholgehalt: 11%. Zu Fisch zu trinken. – **Cabernet.** Rebsorten: Cabernet franc und/oder Cabernet Sauvignon (95 bis 100%). Produktion: 27566 hl (487 ha). Farbe: rubinrot, als alter Wein beinahe granatrot. Geruch: weinig, intensiv, sortentypisch, angenehm. Geschmack: trocken, würzig, körperreich, leicht kräuterwürzig, ausgewogene Tannine, harmonisch, sortentypisch. Alkoholgehalt: 11%. Alterung: bis zu 3–4 Jahren. Zu Gebratenem zu trinken. Qualitätsstufen: *Riserva* mindestens 12,5% Alkohol und 3 Jahre Alterung (dann noch 5 Jahre und mehr); zu Rind- und Schweinefleisch und Wild sowie zu altem Käse zu trinken. – **Cabernet Sauvignon.** Rebsorten: Cabernet Sauvignon (95 bis 100%). Produktion: 6654 hl (100 ha). Farbe: rubinrot, bei zunehmendem Alter ins Granatrote spielend. Geruch: weinig, markant, sortentypisch, bei zunehmendem Alter mit Veilchennote. Geschmack: trocken, harmonisch, körperreich, sortentypisch. Alkoholgehalt: 11%. Alterung: bis zu 3–4 Jahren. Zu Gebratenem zu trinken. Qualitätsstufen: *Riserva* mindestens 12,5% Alkohol und 3 Jahre Alterung (dann noch 5 Jahre und mehr); zu Rind- und Schweinefleisch, Wild sowie zu pikantem Käse zu trinken. – **Merlot.** Rebsorten: Merlot (95–100%). Produktion: 84269 hl (1510 ha). Farbe: rubinrot, bei zunehmendem Alter mit Hang zum Granatroten. Geruch: weinig, intensiv, sortentypisch, als alter Wein eher delikat, ätherisch und angenehm. Geschmack: trocken oder lieblich, körperreich, aus-

## Enoteche

**Enoiteca Leonardi**
via P. D'Abano 1
☎ 0498750083
**Circolo Enogastronomico Per Bacco**
piazzale Pontecorvo 10
☎ 0498754664
**Enoteca Severino Leonardi**
via del Santo 44
☎ 049650697

### Paese

**Enoteca del Ristorante Al Cigno Bianco**
via Postumia 128
☎ 0422959007

### Pramaggiore

**Enoteca del Veneto**
via Cavalieri di Vittorio Veneto 13
☎ 0421799036

## DOC-Weine aus Lison-Pramaggiore und Piave

gewogene Tannine, harmonisch. Alkoholgehalt: 11%. Alterung: bis zu 3 Jahren. Zu allen Gerichten zu trinken. Qualitätsstufen: *Riserva* mindestens 12,5% Alkohol und 2 Jahre Alterung (dann bis zu 4–5 Jahren); zu Gebratenem und altem Käse. – **Pinot Nero.** Rebsorten: Pinot nero (95–100%). Produktion: 809 hl (13 ha). Farbe: rubinrot, als alter Wein ins Granatrote spielend. Geruch: weinig, sortentypisch, angenehm. Geschmack: trocken oder leicht lieblich, körperreich, harmonisch. Alkoholgehalt: 11%. Alterung: bis zu 3–4 Jahren. Zu allen Gerichten zu trinken. Qualitätsstufen: *Riserva* mindestens 12,4% Alkohol und 2 Jahre Alterung (dann bis zu 4–5 Jahren); zu Rind- und Schweinefleisch, Wild und altem Käse. – **Raboso.** Rebsorten: Raboso Piave und/oder Raboso veronese (95–100%). Produktion: 2361 hl (44 ha). Farbe: volles Rubinrot, mit zunehmendem Alter ins Granatrote spielend. Geruch: weinig, markant, sortentypisch, bei zunehmendem Alter mit Veilchennote. Geschmack: trocken, spröde, ausgewogene Tannine, leicht säuerlich. Alkoholgehalt: 11,5%. Alterung: mindestens 3 Jahre (dann bis zu 4–5 Jahren); zu allen Speisen.

## Tourenvorschläge

**Beiderseits des Piave.** Eine von Conegliano ausgehende Rundstrecke. Über die Weinstadt Vazzola (→) mit der dort ansässigen Cantina Communale gelangt man nach **Oderzo,** einer aus dem antiken Opitergium entstandenen Ortschaft, die im 1. Jahrhundert ihre Blütezeit erlebte. Historischer Stadtkern mit edlen Palazzi und arkadengesäumten Häusern. Degustationen sowie Kostproben regionaler Spezialitäten in den Enoteche Borgo San Rocco und El Bacaro. Im Bezirk Piavon lohnt die Kellerei Rechsteiner (→) einen Besuch. Übernachtungsmöglichkeiten im nahe gelegenen charmanten Hotel Villa Revedini di Gorgo al Monticano. **Motta di Livenza.** Zu den hiesigen Attraktionen zählen der Dom mit seinen herrlichen Malereien venezianischer Schule und das eindrucksvolle Heiligtum der Madonna dei Miracoli. Empfehlenswert das Restaurant Bertacco. **Roncade.** Wenn man den Fluss bei Ponte di Piave überquert, gelangt man in diesen Weinort, der in früheren Zeiten als beliebte Sommerfrische galt. Zahlreiche Herrschaftshäuser, darunter die burgähnliche Villa Giustinian aus dem 15. bis 16. Jahrhundert. Das Restaurant Galli bietet sich für eine Rast an. **Ormelle.** Hat man das Gebiet Casale sul Sile durchquert, Treviso gestreift und dabei Carbonera und Breda di Piave berührt, passiert man die beiden Flussarme, die sich bei den Grave di Papadopoli bilden. Auf diesem Weg erreicht man Ormelle

Conegliano
Vazzola
Ormelle
Oderzo
Motta di Livenza
A27
A4
Piave
Ponte di Piave
Treviso
Roncade

### Enoteche

**Treviso**
**Enoteca Abbiati Casa del Liquore**
via Municipio 1
☎ 0422306693
**Enoteca Trevigiana**
viale IV Novembre 62
☎ 0422411745
**Vicenza**
**Antica Casa della Malvasia**
contrà Morette 5
☎ 0444543704
**Enoteca Bar Al Grottino**
piazza Delle Erbe 2
☎ 0444320138
**Enoteca Berealto**
contrà Pedemuro San Biagio 55
☎ 0444322144
**La Badessa**
contrà Mura Corpus Domini 3
☎ 04443222185

mit zwei emporragenden Kirchen der Tempelritter aus dem 12. bis 13. Jahrhundert und der umgestalteten Kirche San Giorgio aus dem 8. Jahrhundert. In San Polo di Piave liegt inmitten einer jahrhundertealten Parkanlage das Restaurant Parco Gambrinus.

**In den Weinbergen der Dogen.** Das Weinkonsortium Lison-Pramaggiore DOC hat drei schöne Touren zum Kennenlernen von Wein und Küche der Region zusammengestellt. Hier soll eine Route vorgeschlagen werden, die diese drei Strecken zu einer zusammenfasst. **Portogruaro.** Charmante Weinstadt (→) mit unzähligen Palazzi aus Mittelalter und Renaissance. An den Ufern des Lemene mit seinen alten Mühlen ist noch der typische Charakter der Pescheria zu spüren. Sehr zu empfehlen ist das Hotelrestaurant Alla Botte. Von der Stadt aus beginnt die erste Tour durch das klassische Weinbaugebiet mit Summaga, Lison, Loncon und Belfiore. In Pradipozzo sollte man in der ländlichen Taverna del Tocai einkehren. **Santo Stino di Livenza.** Weinstadt (→) mit Villen und Kirchen aus der Zeit der venezianischen Stadtherrschaft. Samstags findet hier ein Markt statt. Einen antiken Ortskern und kulinarische Spezialitäten, besonders Fisch, bietet der Adriahafen Caorle. **Annone Veneto.** Weinstadt (→) mit beachtlichem gastronomischen Angebot sowie der Kellerei Bosco del Merlo (im Besitz des Movimento del Turismo del Vino), die biologisch angebaute Prädikatsweine erzeugt. Die Osteria Molino in Motta di Livenza bietet Aalgerichte. **Pramaggiore.** Weinstadt (→) und Sitz der Enoteca Regionale del Veneto (→). In der friaulischen Ortschaft Sesto al Reghena lohnen die Schätze der Abtei Santa Maria in Silvis mit ihrem mittelalterlichen Hof und den Fresken aus der Schule Giottos einen Besuch. **Cordovado.** In seinem Roman «Le confessioni di un italiano» (deutsch: «Bekenntnisse eines Achtzigjährigen») erwähnte der Schriftsteller Ippolito Nievo die Fontana di Venchiaredo. Die Burg Fratta, Ausgangspunkt seiner Erzählung, existiert heute nicht mehr, doch in der malerischen Ortschaft findet man allenthalben Spuren ihres einstigen Glanzes. **Fossalta di Portogruaro.** Die hiesige Sehenswürdigkeit ist Alvisopoli, eine Industrie- und Landwirtschaftsgemeinschaft, die der venezianische Edelmann Alvise Mocenigo nach aufklärerischen Grundsätzen initiiert hatte. **San Michele al Tagliamento.** Der Ort liegt an der vom Fluss gebildeten Grenze zu Friaul; Konkurrenz macht ihm das jenseits gelegene Latisana. Einen erholsamen Abschluss der Tour bieten schließlich der Strand und die Lokale von Bibione.

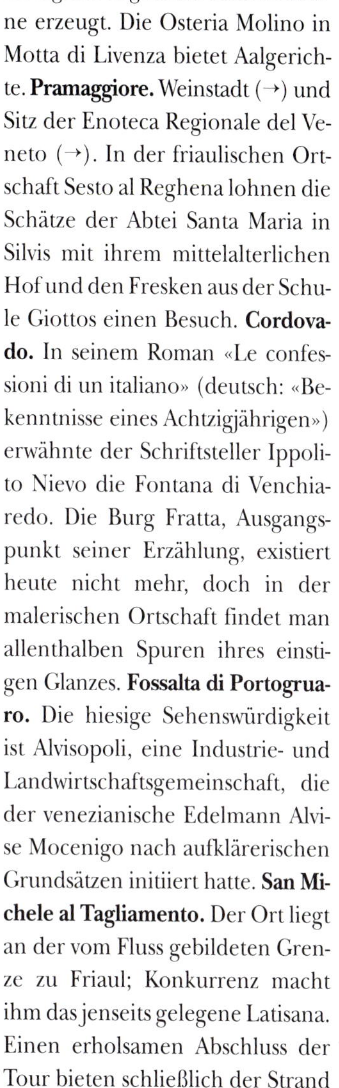

## Veranstaltungskalender

**April–Mai**
**Maserada sul Piave**
❸❹ Mostra dei Vini (Weinmesse) und Sagra del I° Majo (Maifeier)

**Mai**
**Cinto Euganeo**
① Mostra dei Vini DOC dei Colli Berici (Weinmesse)

**Juni–Juli**
**Motta di Livenza**
Mostra Regionale dei Vini (regionale Weinmesse)

**September**
**Barbarano Vicentino**
③ Festa dell'Uva (Traubenfest)

**November**
**Vicenza**
① Fiera del Novello (Fest des neuen Weins)

360
Ruber Capite

LA MONTECCHIA
Die Geschichte Venetiens und der Euganeischen Hügel nimmt in Montecchia mit einer der größten Familien Venetiens ihren Ausgang: die Grafen Emo Capodilista, die seit jeher schon Eigentümer dieses Weingutes waren. In dem mittelalterlichen Bauernhaus, das am Fuße der Villa Capodilista liegt, stehen komfortable Appartaments zur Verfügung (Mindestaufenthalt eine Woche) Außerdem können die betriebseigenen Weine degustiert werden, die aufgrund ihrer Qualität in der ganzen Welt berühmt sind.
CONTE EMO CAPODILISTA
VILLA CAPODILISTA
LA MONTECCHIA
agriturist
Azienda Agricola
CONTE EMO CAPODILISTA
Via Montecchia, 16
35030 Selvazzano Dentro (PD)
Tel. 049 637294 - Fax 049 8055826
www.ware.it/Agritour/MTV/Veneto/Padova/La Montecchia
lamontecchia@libero.it

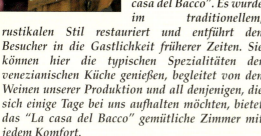

# Friaul – Julisch Venetien

## Von Grave bis zum Karst

*Geographisch eher klein, spielt diese Region dennoch eine bedeutende Rolle in der italienischen Weinbautradition – ein Verdienst der Winzer, die es verstanden haben, ihre Traditionen mit einem zeitgemäßen Qualitätsanspruch zu vereinen.*

«Ein Weingarten namens Friaul»: Unter diesem Motto, das keineswegs als leeres Versprechen aufzufassen ist, bemüht sich die Region, ihren Weintourismus anzukurbeln. Denn die bereits von den Chronisten der Antike besungenen Weinberge von Aquileia, Cividale und Istrien werden auch heute noch dem Ruf gerecht, den sie damals hatten, ja vielleicht übertreffen sie ihn sogar.

### Eine einzigartige Kulisse für den Weinbau

Friaul–Julisch Venetien weist eine große Vielfalt an unterschiedlichen Landschaftsformen auf: Von den trockenen Hochebenen erstreckt sich die Region bis weit hinunter in die von Quellwässern durchzogenen Landstriche rund um die venetischen Lagunen, dann wieder von den schroffen Kalkfelsen der karnischen Bergwelt bis zu den nach frischer Meerbrise duftenden Feldern. Hier gehören nach wie vor der Zusammenhalt der Menschen untereinander und ihre tiefe Verbundenheit mit der eigenen bäuerlichen Kultur zu den vornehmsten Tugenden. Unnachahmliche Lebensmittelspezialitäten wie der berühmte San-Daniele-Schinken sind Ausdruck dieser Verbundenheit. Eine Region, in der es noch zahlreiche Osterie des alten Schlags gibt, offen für jeden, der einfach nur ein Glas Wein kosten oder den kleinen Hunger mit einem Teller Kutteln oder Schlackwurst (musetto) stillen möchte.

### Vom Merlot bis zum Picolit

Die Rebflächen des Friaul, die sich zu 70 Prozent in der Ebene befinden und nur zu 30 Prozent in den Hügeln, werden von Merlot dominiert, der allein mehr als die Hälfte (54 Prozent) der Gesamtfläche be-

**Movimento del Turismo del Vino**
Beauftragte:
Antonella Pistoni
via Garibaldi 2
località Le Monde
Prata di Pordenone (Pn)
 0434626096

legt. Mit deutlichem Abstand folgen der autochthone Tocai friulano (11 Prozent) und eine ganze Reihe importierter Rebsorten wie Cabernet franc, Pinot bianco und Pinot grigio. Weitere heimische Trauben, deren Weine sich mit dem DOC-Prädikat schmücken dürfen, sind Refosco dal peduncolo rosso, Verduzzo friulano, Malvasia istriano sowie die seltene Picolit-Rebe. Bei den verschiedenen Arten der Rebenerziehung überwiegt eindeutig die heimische Casarsa (42 Prozent), gefolgt vom Sylvoz-System und dem Rundbogenschnitt.

## Weinbau auf höchstem Niveau in neun DOC-Bereichen

Der Maßstab zur Beurteilung der Qualität einer Weinregion, das Verhältnis nämlich zwischen der Gesamtproduktion und der Menge an erzeugten DOC-Weinen, bescheinigt Friaul die Zugehörigkeit zu den modernsten Weinbaugebieten Italiens. Nahezu drei Viertel aller Weingärten, also 13 000 Hektar Fläche, sind hier in die Register eingetragen. Mit ungefähr 685 000 Hektolitern jährlichem Ertrag, was rein statistisch 6,75 Prozent der Produktion des gesamten Landes entspricht, nimmt Friaul Rang sieben in Italien ein. Neun Weingebiete dürfen sich mit der Bezeichnung Denominazione di Origine Controllata schmücken: Carso, Colli Orientali del Friuli, Collio, Friuli Annia, Friuli Aquileia, Friuli Grave, Friuli Isonzo, Friuli Latisana und Lison-Pramaggiore (gemeinsam mit Venetien). Am ertragreichsten ist dabei zweifellos die DOC Grave, die auf nationaler Ebene den sechsten Platz in der Weinerzeugung belegt. Den Reigen der klassifizierten Anbaugebiete schließen drei Bereiche mit dem Status Indicazione Geografica Tipica (IGT) ab: Alto Livenza, Delle Venezie (gemeinsam mit Venetien) und Venezia Giulia. Für die Zukunft ist geplant, die gesamte Weinbaufläche der Region als DOC auszuweisen, gleichzeitig aber eine detailliertere Unterteilung vorzunehmen und so das Produkt Wein noch klarer seiner Landschaft zuzuordnen, deren Vielfalt ja gerade in Friaul–Julisch Venetien ihresgleichen sucht.

# DOC-Bereiche in Friaul–Julisch Venetien

1. DOC Carso – 67 ha in der gleichnamigen Unterregion, die 6 Gemeinden der Provinz Trieste einschließlich der Provinzhauptstadt sowie 6 Gemeinden der Provinz Gorizia umfasst
2. DOC Colli Orientali del Friuli – 2284 ha in zahlreichen Gemeinden des gleichnamigen Gebiets in der Provinz Udine
3. DOC Collio Goriziano – 1593 ha im gesamten Gebiet der Provinz Gorizia
4. DOC Friuli Annia – 64 ha in 8 Gemeinden der Provinz Udine
5. DOC Friuli Aquileia – 948 ha in der Gemeinde Aquileia und weiteren 16 Gemeinden der Provinz Udine
6. DOC Friuli Grave – 6694 ha in zahlreichen Gemeinden der Provinzen Pordenone und Udine
7. DOC Friuli Isonzo – 1349 ha in 21 Gemeinden der Provinz Gorizia einschließlich der Provinzhauptstadt
8. DOC Friuli Latisana – 372 ha in der Gemeinde Latisana und in weiteren 11 Ortschaften der Gegend um Udine
9. DOC Lison-Pramaggiore – 2274 ha in zahlreichen Gemeinden der Provinzen Venezia, Treviso und Pordenone (siehe auch Venetien)

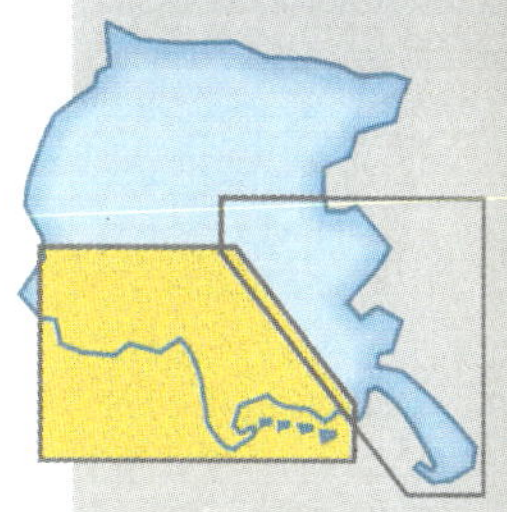

# Die Pianura friulana

*Mit ihren trockenen Kiesböden in den Höhenlagen und ihrem von Quellwassern tiefer gelegenen Teil ist die friaulische Ebene das bedeutendste Weinbaugebiet der Region.*

## Grave: Rebstöcke lieben den steinigen Boden

Geröll und Erdreich, das von zahlreichen Flüssen in die Ebene geschwemmt wurde, hat nach und nach einen weiten Landstrich mit lockeren, wasserdurchlässigen Böden geschaffen, der sämtliche Höhenzüge in Friaul umgibt, von der Grenze zu Venetien bis hin zu den Colli Orientali. Der Mangel an oberirdischen Wasserläufen sorgt für eine karge Vegetation und die typischen «magredi», ausgedehnte Flächen, auf denen nicht viel mehr als niederes Strauchwerk wächst. Doch gerade diese kargen Böden bieten der Weinrebe, die bekanntlich unter extremen Bedingungen (wie ja auch im Hochgebirge) zu qualitativen Höchstleistungen bei geringen Erträgen fähig ist, ein ideales Umfeld. Der größte Teil dieses Landstrichs bleibt dem Anbau für die DOC Friuli Grave vorbehalten, während im östlichen Teil die DOC Isonzo vorherrscht; es überwiegen die weißen Rebsorten mit Tocai friulano, Pinot grigio, Chardonnay und Pinot bianco; die verbreitetste rote Traube ist Merlot.

## Die Bassa: Grünes Land bis hin zum Meer

Das vom Boden des Grave aufgenommene Regenwasser dringt tief ins Erdreich ein, bis es auf die erste wasserundurchlässige Schicht trifft. Hier bilden sich kleine Wasseradern, die sanft abfallend dem Meer zustreben. Ungefähr 30 Kilometer vor der Küste tritt das Wasser wieder an die Oberfläche und durchzieht das Land mit unzähligen kleinen Quellwasserläufen, die sich zu breiteren Bächen vereinigen. Durch ein Projekt von wahr-

### Hotels und Restaurants

**Aquileia**
**Patriarchi** ★★★
via Giulia
Augusta 12
☎ 0431919595

**Arta Terme**
**Gardel** ★★★
2 km nach Piano d'Arta
via Marconi 6/8
☎ 043392588

**Poldo** ★★★
2 km nach Piano d'Arta
via Marconi 1
☎ 043392056

**Casarsa della Delizia**
**Al Posta** ★★★
via Valvasone 12/14
☎ 0434870808

**Cervignano del Friuli**
**Internazionale La Rotonda** 🍴
via Ramazzotti 2
località La Rotonda
☎ 043130751

**Cimolais**
**Margherita** ★★
via Roma 7
☎ 042787060

haft titanischem Ausmaß wurden diese ursprünglich sumpfigen Gebiete in landwirtschaftliche Nutzflächen verwandelt, auf denen auch der Weinstock günstige Lebensbedingungen vorgefunden hat. Von Westen her reihen sich die drei DOC-Bereiche Latisana, Annia und Aquileia aneinander. Überwiegend vertreten sind hier rote Trauben wie Merlot, Cabernet Sauvignon, Cabernet franc und Refosco dal peduncolo rosso, doch auch weiße Rebsorten wie Tocai friulano und diverse Pinot-Varianten sind zu finden.

## Weinstädte

**Cividale del Friuli.** Eine Schatztruhe langobardischer Kostbarkeiten hoch über dem Fluss Natisone. Vom Ponte del Diavolo genießt man eine prachtvolle Aussicht. An der Piazza laden der Dom und das archäologische Museum im alten Palazzo dei Provveditori zur Besichtigung ein. Was den Wein angeht, liegt Cividale exakt am Übergang zwischen Grave und den Colli Orientali. Veranstaltungen sind im Juli das Weinfest **Civitas** und das **Mittelfest** mit Prosa, Musik und Tanz aus Mitteleuropa.

**Gradisca d'Isonzo.** Mächtige Mauern, Bastionen, Tore und Türme rund um eine Altstadt, in der winzige Gässchen die parallel ausgerichteten Straßen verbinden – mehr ist nicht mehr übrig von der Festung, die im 15. Jahrhundert von den Venezianern am Ufer des Isonzo errichtet worden war. Interessant sind vor allem der palladianische Palazzo Torrani, der heute die Galerie für moderne Kunst birgt, und die von den Österreichern während ihrer vier Jahrhunderte währenden Herrschaft umgebaute alte Burg. In der Casa dei Provveditori Veneti befindet sich heute die Enoteca Regionale La Serenissima. Veranstaltungen: Ende April **Gradisca Golosa;** im Mai der Weinwettbewerb **Selezione Grandi Vini «Noé d'Oro»** und im August die **Settimana Medievale** (mittelalterliche Woche).

**Und außerdem ... Casarsa della Delizia.** Am Dienstag Markt. Am 25. April und 1. Mai findet das Frühlings-Weinfest **Sagra del Vino festa di Primavera** statt. **Farra d'Isonzo.** Ein Dorf zwischen den Colli und dem Fluss. In Borgo Grotta wartet das Museo della Civiltà contadina (Museum für bäuerliche Kultur) auf interessierte Besucher. **Torreano.** Dieses an den Ufern des Chiarò gelegene Städtchen ist berühmt für den «piasentina», einen Stein, der zahlreichen Häusern der Region ihr typisches Erscheinungsbild verleiht.

**Und schließlich ... Bertiolo, Chiopis Viscone, Povoletto.**

## Kellereien

**Azzano Decimo.** *Principi di Porcia e Brugnera, via Zuiano 29, Tel. 0434 631001. Historische Kellerei in Porcia, via Castello 1, Tel. 0434921408. Öffnungszeiten: Dienstag–Samstag, 8 bis 12 und 14.30–18.30 Uhr.* Dieser Betrieb hat seit dem Jahr 1200 die landwirtschaftlichen Geschicke der Provinz Pordenone in bedeutendem Maße mit geprägt. Heute umfasst der Besitz 840 Hektar Land, von denen 142 für den Weinbau

### Hotels und Restaurants

**Cividale del Friuli**
**Locanda al Castello** ★★★
via del Castello 20
☎ 0432733242
**Roma** ★★★
piazza Picco
☎ 0432731871
**Al Monastero** 🍴🍴🍴
**Taverna di Bacco**
via Ristori 11
☎ 043270080
**Alla Frasca** 🍴
via de Rubeis 8/a
☎ 0432731270
**Zorutti** 🍴🍴
borgo di Ponte 9
☎ 0432731100
**Colloredo di Monte Albano**
**La Taverna** 🍴🍴🍴
piazza Castello 2
☎ 0432889045
**Là di Pètros** 🍴🍴
4 km nach Mels
piazza Tiglio 3
☎ 0432889626
**Fagagna**
**Roma** 🍴🍴
via Zoratti 22
☎ 0432810371

genutzt werden. Bemerkenswert ist der in Barrique ausgebaute Refosco dal Peduncolo Rosso Titianus.

**Cervignano.** *Ca' Bolani, via Ca' Bolani 2, Tel. 043132670. Öffnungszeiten: 8–12 und 14–18 Uhr mit Voranmeldung.* Die Weinetiketten dieses Guts schmückt stets der palladianische Bogen der Piazza von Udine, der dem Prokurator Bolani gewidmet ist. Die zum Konsortium Zonin gehörende Kellerei umfasst 300 Hektar Weingärten mit einer Produktion von 1,5 Millionen Flaschen der DOC Aquileia.

**Codroipo.** *Vigneti Pietro Pittaro, via Udine 67, frazione Zampicchia, Tel. 0432904726. Öffnungszeiten: 8–12 und 14–18 Uhr, Sonntag geschlossen; Anmeldung erwünscht.* Die Pittaros, Weinbauern seit 500 Jahren, empfangen ihre Besucher in einem modern ausgestatteten Betrieb, in dem Technik und Tradition einander die Hand reichen. So verwundert es auch nicht, mit welcher Hingabe die önologischen Schätze des kleinen Betriebsmuseums in der historischen Kellerei präsentiert werden. Neben einem DOC Delle Grave bietet die Kellerei auch interessante Vini da Tavola, wie den aus einer außerordentlich seltenen Chardonnay-Variante gekelterten weißen Mousqué.

**Prata di Pordenone.** *Vigneti Le Monde, via Garibaldi 2, località Le Monde, Tel. 0434626096. Öffnungszeiten: Montag–Freitag 9–18 Uhr, Weinproben nach Voranmeldung.* Wir sind in Grave, an den Ufern des Flusses Livenza. In mancherlei Hinsicht herrscht hier noch ein Gefühl von guter alter Zeit, mit einem alten Gutshaus, in dessen Küche die typische, «fogher» genannte Feuerstelle erhalten geblieben ist. Im technischen Herzstück des Betriebs dann wird der Wein bereitet, unter anderem der ausgezeichnete Querceto, ein in Eichenfässern ausgebauter Verschnitt aus Bordeaux-Reben (70 Prozent Cabernet Sauvignon und 30 Prozent Cabernet franc).

**Risano.** *Fratelli Pighin, viale Grado 1, Tel. 0432675444. Öffnungszeiten: Montag–Freitag 8–12 und 14–18 Uhr, Samstag und Sonntag nach Voranmeldung.* Weingut mit 150 Hektar rund um das alte Herrenhaus. Aus Cabernet, Merlot und Refosco entsteht hier der Baredo, ein guter Rotwein aus Julisch Venetien. Von einem Landgut im Collio hingegen stammen Pinot bianco und Sauvignon blanc für den raffinierten Soreli. Übernachtungsmöglichkeiten im Gästehaus.

**Sacile.** *Vistorta – Conti Brandolini d'Adda, via Vistoria 82, Tel. 0434 71135. Öffnungszeiten: 10–12 und 15–18 Uhr nach Voranmeldung, Samstag und Sonntag geschlossen.* In diesem Bereich des Grave mit seinen lehm- und kalkhaltigen Böden herrschen ideale Bedingungen für Merlot, aus dem ein gut strukturierter, angenehm voller, eleganter Rotwein gekeltert wird, der sich mit der Zeit sehr schön entwickelt. Die Kellerei Brandolini d'Adda besteht seit 1850, als Graf Guido begann, auf seinen Besitzungen Wein anzubauen.

**Und außerdem ... Bertiolo.** *Cabert, via Madonna 27, Tel. 0432 917434.* **Camino al Tagliamento.** *Paolo Ferrin, Casali Maione 8, Bugnins, Tel. 0432919106.* **Carlino.** *Bortobisso, via Oltregorgo 10, Tel. 043167596.* **Casarsa della Delizia.**

## Hotels und Restaurants

**Fiume Veneto**
**L'Ultimo Mulino** ★★★★
2 km nach Bannia
via Molino 45
☎ 0434957911

**Forni Avoltri**
**Samassa** ★★★
via III Novembre 7
☎ 043372020

**Gemona del Friuli**
**Pittini** ★★★
piazzale della Stazione 1
☎ 0432971195

**Gradisca d'Isonzo**
**Franz** ★★★
**Il Melogranο** 🍴🍴
viale Trieste 45
☎ 048199211
**Al Ponte** 🍴🍴
viale Trieste 122
☎ 048199213

**Gradiscutta**
**Da Toni** 🍴🍴🍴
via Sentinis 1
☎ 0432778003

**Grado**
**Antica Villa Bernt** ★★★★
via Colombo 5
☎ 043182516

*La Delizia, via Udine 24, Tel. 0434 869564. Internet: www.ladelizia.com, info@ladelizia.com.* **Palazzolo dello Stella.** *Isola Augusta, casali Isola Augusta 4, Tel. 043158046.* **Pasiano di Pordenone.** *Lazzarotto, Azzanello, via Santa Maria 4, Tel. 0434628775, www.lazzarotto.it, info@lazzarotto.it.* **Pinzano al Tagliamento.** *Emilio Bulfon, via Roma 4, Valeriano, Tel. 043950061.* **Porcia.** *San Simone, via Prata 30, Tel. 0434 8633.* **Povoletto.** *Teresa Raiz, località Marsure di Sotto, via della Roggia 22, Tel. 0432679071, traiz@tin.it.* **Rauscedo.** *Cantina Sociale di Rauscedo, via del Sile 16, Tel. 042794020.* **Rive d'Arcano.** *Castello di Arcano Superiore, Arcano Superiore 11/c, Tel. 0432809500, Internet: www.unitalia.com, castellodiarcano@unitalia.com.* **San Giorgio della Richinvelda.** *Forchir, frazione Provesano, via Ciasutis 1/b, Tel. 0427 96037, Internet: www.forchir.it, forchir@libero.it. I Magredi, via del Sole 15, Tel. 042794720.* **San Leonardo Valcellina.** *Agribene, via Maniago 7, Tel. 042775375.* **San Quirino.** *Borgo delle Rose, via San Rocco 79/1, Tel. 0434521011. Terre Magre, via Pordenone 33, Tel. 0434919491, Internet: www.terremagre.com, terremagre@terremagre.com.* **San Vito al Tagliamento.** *Bianchi Giovanni Enrico, piazzale Colloredo 3, Prodolone, Tel. 043480431.* **Strassoldo.** *Romano Vitas, Villa Vitas, via S. Marco 5, Tel. 043193083.* **Teor.** *Comisso Susin, località Chiarmacis, Tel. 0432779051.* **Zoppola.** *Friulvini, via Treviso 40, Tel. 0434979274.*

## Enoteche

**Gradisca d'Isonzo.** *Enoteca Regionale La Serenissima, via Battisti 26, Tel. 048199528.* Die Enoteca im Palazzo dei Provveditori Veneti bietet auf über 1000 Quadratmetern Wein und andere typische Produkte der Gegend. Jedes Jahr findet hier der Wettbewerb «Noé d'Oro» statt: Hier werden die 200 besten Weine der Region Friaul–Julisch Venetien ausgewählt und in der zweiten Maiwoche der Öffentlichkeit präsentiert; danach kann man sie das ganze Jahr über verkosten.

## Rund um den Wein

**Rauscedo.** *Vivai Rauscedo, via Udine 39, Tel. 042794022. Öffnungszeiten: nach Vereinbarung.* Das «Märchen» von Rauscedo begann im Jahre 1933, als sich einige Familien der Gegend zu einer Genossenschaft zusammenschlossen, die sich zur größten Rebenschule der Welt entwickeln sollte: Aus 1800 Sorten werden in Rauscedo jährlich 35 Millionen «barbatelle» gezogen, wie man die jungen Pflanzen hier nennt. Ein Besuch ist insbesondere aus wissenschaftlicher Sicht interessant, bekommt man doch einen umfassenden Einblick in die Forschungsarbeit, die sich mit Krankheitsprävention und Ertragssteigerung beschäftigt.

## Tourenvorschläge

**In den Weingärten von Grave.** Die Route führt durch die friaulische Ebene, von den Ufern des Flusses Livenza bis hin zu denen des Natisone. Man folgt der Staatsstraße 13 in Richtung Pontebbana und nimmt dann die Abzweigung in Richtung San Daniele, von wo aus es weiter geht bis nach Cividale.

### Hotels und Restaurants

**Grado**
**Grand Hotel Astoria** ★★★
largo San Grisogono 2
☎ 043183550
**All'Androna**
calle Porta Piccola 4
☎ 043180950
**De Toni**
piazza Duca d'Aosta 37
☎ 043180104

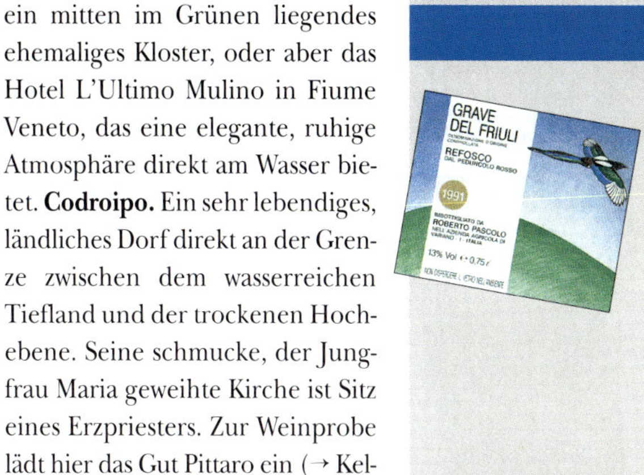


**Sacile.** Die Stadt liegt auf zwei Inseln des Livenza und erlebte insbesondere in der Renaissance eine Blütezeit. Zahlreiche von Bogengängen überwölbte Straßen und bis direkt ans Ufer gebaute Stadtvillen künden vom venezianischen Erbe Saciles. Historische Atmosphäre dann auch im Restaurant Pedrocchino, das weithin bekannt ist für seine Fischgerichte und die Pilz- und Trüffelspezialitäten. Weinproben bei der Kellerei Vistorta Conti Brandolini d'Adda (→). **Pordenone.** Der Name leitet sich her von «Portus Naonis», Hafen am Naone, dem heutigen Noncello, und erinnert an eine Zeit, in der die Stadt über die Binnengewässer mit den Küstenlagunen Handel betrieb. Die Achse der Altstadt, der Corso Vittorio Emanuele, ist gesäumt von Palazzi und Kirchen, die die Serenissima errichten ließ. An jedem letzten Sonntag im Monat findet dort der Antiquitätenmarkt Antiquariato in contrada statt. In Prata, an der Straße nach Oderzo, kann man das Weingut Vigneti Le Monde (→) besuchen. In San Quirino auf dem Weg nach Maniago wartet dann die Antica Trattoria La Primula mit Spezialitäten der Region und eigenen Kreationen auf. Wer nicht unbedingt in der Stadt Quartier nehmen möchte, sollte die prächtige Villa Luppis in Pasiano ansteuern, ein mitten im Grünen liegendes ehemaliges Kloster, oder aber das Hotel L'Ultimo Mulino in Fiume Veneto, das eine elegante, ruhige Atmosphäre direkt am Wasser bietet. **Codroipo.** Ein sehr lebendiges, ländliches Dorf direkt an der Grenze zwischen dem wasserreichen Tiefland und der trockenen Hochebene. Seine schmucke, der Jungfrau Maria geweihte Kirche ist Sitz eines Erzpriesters. Zur Weinprobe lädt hier das Gut Pittaro ein (→ Kellereien). Ein Muss ist ein Abstecher nach Passariano und zur Villa Manin, in deren atemberaubenden Räumlichkeiten wechselnde Ausstellungen und Veranstaltungen stattfinden; empfehlenswert ist auch ein Sprung nach Gradiscutta, Richtung Meer: Hier verwöhnt Toni seine Gäste mit Grill- und Spießgerichten. **Spilimbergo.** Auf einer natürlichen Terrasse errichtet, thront der Ort hoch über der Ebene des Tagliamento. Rundherum genießt man eine prächtige Aussicht auf die gesamte Kulisse des Grave mit seinen Weinbergen und Obstgärten, die weiter oben dann in trockenes, unbebautes

## Hotels und Restaurants

**Latisana**
**Bella Venezia** ★★★
parco C. Gaspari 3
☎ 043159647

**Lignano Sabbiadoro**
**Ambra** ★★★
Lungomare Trieste 124/a
☎ 043171027
**Bidin** 🍴🍴
viale Europa 1
☎ 043171988
**Erica** ★★★
4 km nach Lignano Pineta
Arco del Grecale 21/23
☎ 0431422123

**Mortegliano**
**Blasut** 🍴🍴🍴
4 km nach Lavariano
via Aquileia 7
☎ 0432767017

**Palmanova**
**Buona Vite – da Baffo** 🍴
borgo Cividale 30
☎ 0432928508

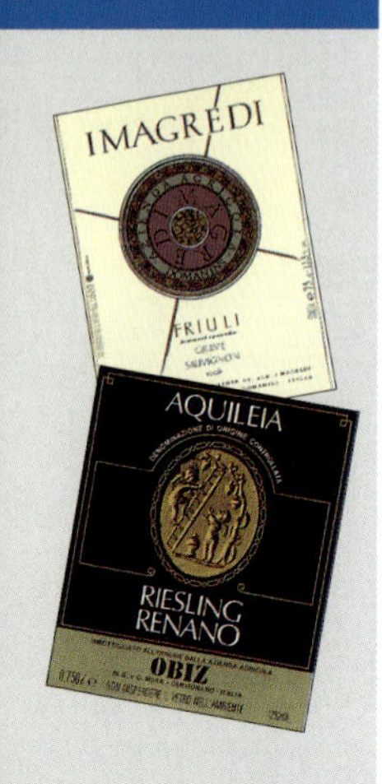


Land übergehen. Ebenso sehenswert wie der gotische Dom ist die Burg mit ihrer zum Hof hin freskengeschmückten Fassade. Gleich am Eingang zum mittelalterlichen Dorf befindet sich das Restaurant Torre mit einem gut sortierten Angebot an Produkten kleiner, aber feiner Erzeuger. Empfehlenswert schließlich auch die Osteria da Afro mit ihrer Terrasse und den Bocciabahnen. **San Daniele del Friuli.** Ein Name, der vor allem dank des berühmten Schinkens, dem Prosciutto col piedino, weit über die Landesgrenzen hinaus bekannt ist. Doch auch architektonisch und kulturell hat das Dorf so manches zu bieten, wenn man erst einmal durch den hoch oben auf einem Hügel gelegenen historischen Stadtkern spaziert. Wer Interesse an Zeugnissen bäuerlicher Kultur hat, sollte unbedingt einen Besuch im Museo del Territorio einplanen. Weiter geht's dann entlang der so genannten Straße der Schlösser und des Schinkens (Strada dei castelli e del prosciutto) nach Fagagna und Pagnacco. Eilige steuern direkt die gepflegte Taverna gleich neben der Burg in Colloredo di Monte Albano an, um dann frisch gestärkt in der etwas rustikaleren Enoteca Mauro in Cassacco einzukehren. An der Kreuzung mit der Straße nach Pontebba bietet sich in Tricesimo mit der Antica Trattoria Boschetti die nächste Möglichkeit zur gemütlichen Einkehr. **Udine.** Geschichte und Reiz der auf halbem Wege zwischen Venedig und den Alpen gelegenen Provinzhauptstadt finden ihren schönsten Ausdruck in der prächtigen Piazza, die nicht nur großzügig Elemente aus Gotik und Renaissance miteinander verschmilzt, sondern im nahe gelegenen erzbischöflichen Palast auch Meisterwerke von Palladio und dem jungen Tiepolo zu bieten hat. Immer lohnend ist ein Besuch des Antiquitätenmarkts an jedem ersten Sonntag im Monat auf der Piazza Matteotti. Für Weinprobe und -kauf empfiehlt sich zunächst einmal die seit 1929 bestehende Enoteca Speziaria pei Sani. Erst in den letzten Jahren eröffnet wurden dagegen Enoteca und Weinlokal in der restaurierten Casa della Contadinanza auf dem Burgplatz. Weitere drei Adressen in Sachen Gaumenfreuden: das Passeggio, gleich hinter der Porta Gemona, ein wenig stadtauswärts in Richtung Faedis das Agli Amici, und das ausgezeichnete Blasut im 14 Kilometer entfernten Mortegliano an der Staatsstraße Bassa Friulana. Beste Übernachtungsmöglichkeiten bieten das Ambassador Palace Hotel und Là Di Moret, die dem Movimento del Turismo del Vino angeschlossen sind. Bliebe noch ein kurzer Zwischenstopp bei den Fratelli Pighin (→ Kellereien) in Risano auf dem Weg nach Palmanova. **Cividale del Friuli.** Eine traditionsreiche Weinstadt (→) an der Stelle, wo der Natisone die Colli Orientali verlässt und nach Grave fließt. Zum Mittagessen lädt die schattige Pergola der historischen Trattoria La Frasca unweit des Doms ein. Daneben lohnt sich ein Besuch in der seit 1835 bestehenden Cantina Rubini, in der neben Weinproben auch Führungen durch die alte Villa geboten sind; Übernach-

## Hotels und Restaurants

**Pasiano di Pordenone**
**Villa Luppis** ★★★★
5 km nach Rivarotta
via S. Martino 34
☎ 0434626969

**Passariano**
**Frecce Tricolori** ★★
4 km nach Zompicchia
via Udine 63
☎ 0432906237
**Del Doge** 🍴
via dei Dogi 2
☎ 0432906591

**Pavia di Udine**
**Al Fogolar** 🍴
SS 352 nach Lauzacco
località Crosada
☎ 0432675173

**Polcenigo**
**Cial De Brent** 🍴🍴🍴
via Pordenone 3
☎ 0434748777

**Porcia**
**Casetta** 🍴
2 km nach Palse
via Colombo 35
☎ 0434922720
**Gildo** 🍴
viale Marconi 17
☎ 0434921212

tungsmöglichkeiten in den umliegenden Landhäusern (Tel. 0432 716161).

**Im Land der Quellwasser.** Diese Weinreise durch die grüne, direkt an die Lagunen der nördlichen Adria angrenzende Ebene des Friaul führt entlang eines von Lignano nach Grado reichenden Bogens durch die DOC-Bereiche Latisana, Annia und Aquileia. **Latisana.** Dieses Städtchen am Ufer des Tagliamento birgt im Dom ein künstlerisches Kleinod, die «Taufe Christi» von Veronese. Zwei Tipps für Wein- und Gastronomiereisende: ein paar Kilometer landeinwärts das vor allem für seine Fischgerichte bekannte Ferarut in Rivignano, in Lignano Sabbiadoro dann das Restaurant da Bidin mit gut sortierter Enoteca. **Cervignano del Friuli.** Hier gibt es zahlreiche Möglichkeiten, Aquileia-Weine zu verkosten, zum Beispiel in der Kellerei Ca' Bolani (→). Übernachtungsmöglichkeit im Hotelrestaurant Internazionale. Überaus lohnend ist ein Abstecher nach **Palmanova** mit seiner im 17. Jahrhundert in Form eines neuneckigen Sterns von den Venezianern angelegten Festung. Zu einer Rast lädt die typisch friaulische Osteria Ai Provveditori in Borgo Udine ein. **Aquileia.** Während die Ruinen des Binnenhafens von der einstigen Pracht der antiken römischen Stadt zeugen, künden die prunkvollen Mosaiken in der frühchristlichen Basilika von den Patriarchen, die ihre weltliche Macht auf ein gewaltiges Gebiet ausdehnen konnten. Heute gilt das Städtchen als eines der archäologisch interessantesten Zeugnisse Italiens. Besonders gastfreundlich das Hotel Patriarchi mit dem Restaurant Fonzari. **Grado.** Zur Zeit der Hunnenzüge suchten die Bewohner von Aquileia Schutz auf einer Insel zwischen offenem Meer und Lagune. Noch heute ist hier der historische Stadtkern mit seinem Gewirr von kleinen Gassen und Plätzen und die frühchristliche Basilika S. Eufemia zu besichtigen. Erlesene friaulische Fischspezialitäten bietet die Tavernetta Androna, gute Übernachtungsmöglichkeiten die Antica Villa Bernet und das Gran Hotel Astoria.

## Hotels und Restaurants

**Pordenone**

**Palace Hotel Moderno** ★★★
viale Martelli 1
☎ 043428215

**Villa Ottoboni** ★★★
piazzetta Ottoboni 2
☎ 043421967

**Da Zelina** 🍴🍴
piazza San Marco 13
☎ 043427290

**Vecia Osteria del Moro** 🍴
via Castello 2
☎ 043428658

**Reana del Roiale**

**Al Scus** 🍴🍴
2 km nach Cortale
via Monsignor Cattarossi 3
☎ 0432853872

**Rivignano**

**Al Ferarut** 🍴🍴
via Cavour 34
☎ 0432775039

**Dal Diaul** 🍴🍴
via Garibaldi 20
☎ 0432776674

**Sacile**

**Due Leoni** ★★★
piazza del Popolo 24
☎ 0434788111

## Hotels und Restaurants

**Sacile**
**Pedrocchino** 🍴🍴🍴
piazza IV Novembre 4
☎ 043470034

**San Daniele del Friuli**
**Alla Torre** ★★★
via del Lago 1
☎ 0432954562
**Al Cantinon** 🍴🍴
via C. Battisti 2
☎ 0432955186
**Alle Vecchie Carceri** 🍴🍴
via G. D'Artegna 25
☎ 0432957403

**San Quirino**
**La Primula Antica Trattoria** 🍴🍴🍴
via S. Rocco 47
☎ 043491005
**Alle Nazioni** 🍴
via S. Rocco 49
☎ 043491005

**San Vito al Tagliamento**
**Patriarca** ★★★
via Pascatti 6
☎ 0434875555
**Griglia d'Oro** 🍴🍴
2 km nach Rosa
via della Dogna 2
☎ 043480301



## DOC-Weine aus der Pianura friulana

**FRIULI ANNIA.** – **Bianco.** Rebsorten: eine oder mehrere der zugelassenen Sorten Chardonnay, Pinot bianco, Pinot grigio, Sauvignon blanc, Tocai friulano und Verduzzo friulano. Farbe: mehr oder weniger kräftiges Strohgelb. Geruch: angenehm, fein. Geschmack: harmonisch, frisch. Alkoholgehalt: 10,5%. Zum Essen zu trinken. – **Chardonnay.** Rebsorten: Chardonnay (90 bis 100%). Produktion: 114 hl (5 ha). Farbe: helles Strohgelb, zuweilen mit grünlichen Nuancen. Geruch: sortentypischer leichter Duft. Geschmack: trocken, samtig, harmonisch. Alkoholgehalt: 11%. Arten: *Frizzante.* Als Aperitif und zu Fisch zu trinken. – **Malvasia.** Rebsorten: Malvasia (Malvasia istriana), (90–100%). Produktion: 184 hl (3 ha). Farbe: strohgelb, zuweilen mit grünlichen Nuancen. Geruch: angenehm, fein. Geschmack: trocken, delikat, sortentypisch. Alkoholgehalt: 11%. Arten: *Frizzante.* Zu Vorspeisen und Fisch zu trinken. – **Pinot Bianco.** Rebsorten: Pinot bianco (90–100%). Produktion: 122 hl (4 ha). Farbe: helles Strohgelb bis Goldgelb. Geruch: delikat, sortentypisch. Geschmack: fein, typisch. Alkoholgehalt: 11%. Arten: *Frizzante.* Als Aperitif und zu Fisch zu trinken. – **Pinot Grigio.** Rebsorten: Pinot grigio (90 bis 100%). Produktion: 118 hl (4 ha). Farbe: goldgelb, zuweilen kupferfarben. Geruch: sortentypisch. Geschmack. Trocken, voll, harmonisch. Alkoholgehalt: 11%. Zu Vorspeisen und Fisch zu trinken. – **Sauvignon.** Rebsorten: Sauvignon blanc (90–100%). Produktion: 86 hl (1 ha). Farbe: mehr oder weniger intensives Strohgelb. Geruch: delikat, leicht aromatisch, sortentypisch. Geschmack: trocken, frisch, harmonisch. Alkoholgehalt: 11%. Zu Fisch, Aufläufen und Eierkuchen zu trinken. – **Tocai Friulano.** Rebsorten: Tocai friulano (90–100%). Produktion: 346 hl (4,7 ha). Farbe: strohgelb, zuweilen ins Zitronengelbe spielend. Geruch: delikat, angenehm. Geschmack: harmonisch, sortentypisch, fein. Alkoholgehalt: 11%. Zu Fisch, Krustentieren und Frischkäse zu trinken. – **Verduzzo Friulano.** Rebsorten: Verduzzo friulano (90–100%). Produktion: 200 hl (4,8 ha). Farbe: goldgelb. Geruch: weinig, sortentypisch. Geschmack: trocken oder lieblich bis süß, leicht tanninhaltig, körperreich. Alkoholgehalt: 11%. Arten: *Frizzante.* Zu leichten Fisch- oder Eiergerichten zu trinken. – **Rosato.** Rebsorten: eine oder mehrere der zugelassenen Sorten Cabernet franc, Cabernet Sauvignon, Merlot und Refosco dal peduncolo rosso. Farbe: rosé, zu zartem Kirschrot neigend. Geruch: trocken, harmonisch, voll. Alkoholgehalt: 10,5%. Arten: *Frizzante.* Zu allen Gerichten zu trinken. – **Rosso.** Rebsorten: eine oder mehrere der zugelassenen Sorten Cabernet franc, Cabernet Sauvignon, Refosco dal peduncolo rosso. Farbe: rubin- oder granatrot. Geruch: angenehm, weinig. Geschmack: trocken, harmonisch. Alkoholgehalt: 10,5%. Alterung: bis zu 2 Jahren. Zu allen Gerichten zu trinken. Qualitätsstufen: *Riserva* mindestens 13% Alkohol und 2 Jahre Alterung, dann bis zu 3–4 Jahren. – **Cabernet Franc.** Rebsorten: Cabernet franc (90–100%). Produktion. 391 hl (6,1 ha). Farbe: intensives Rubinrot. Geruch: typisch kräuterwürzig. Geschmack: leicht kräuterwürzig, trocken. Alkoholgehalt: 11%. Alterung: bis zu 3 Jahren. Zu allen Gerichten zu trinken. Qualitätsstufen: *Riserva* mindestens 13% Alkohol und 2 Jahre Alterung, dann bis zu 4 Jahren; zu Grillfleisch und altem Käse zu trinken. – **Cabernet Sauvignon.** Rebsorten. Cabernet Sauvignon (90–100%). Produktion: 124 hl (2,2 ha). Farbe: volles Rubinrot, zuweilen granatrot. Geruch: weinig, sortentypisch. Geschmack: körperreich, harmonisch. Alkoholgehalt: 11%. Alterung: bis zu 3–4 Jahren. Zum Essen, vor allem zu deftigen Speisen zu trinken. Qualitätsstufen: *Riserva* mindestens 13% Alkohol und 2 Jahre Alterung, dann bis zu 5 Jahren; zu rotem Fleisch und Wild. – **Merlot.** Rebsorten: Merlot (90–100%). Produktion: 402 hl

(5,7 ha). Farbe: mehr oder weniger intensives Rubinrot. Geruch: weinig, sortentypisch. Geschmack: trocken, harmonisch, weich. Alkoholgehalt: 11%. Alterung: bis zu 3 Jahren. Zu allen Speisen zu trinken. Qualitätsstufen: *Riserva* mindestens 13% Alkohol und 2 Jahre Alterung, dann bis zu 4 Jahren; zu rotem Fleisch und Wild zu trinken. **– Refosco dal Peduncolo Rosso.** Rebsorten: Refosco dal peduncolo rosso (90–100%). Produktion. 77 hl (1,7 ha). Farbe: rubinrot mit violettem Schimmer. Geruch: weinig, sortentypisch. Geschmack: trocken, voll, leicht bitter. Alkoholgehalt. 11%. Alterung: bis zu 3 Jahren. Zu Fleisch und altem Käse zu trinken. Qualitätsstufen: *Riserva* mindestens 13% Alkohol und 2 Jahre Alterung, dann bis zu 5–6 Jahren; zu rotem Fleisch und Wild zu trinken. **– Spumante.** Rebsorten: Chardonnay und/oder Pinot bianco (90–100%). Farbe: leuchtendes Strohgelb. Geruch: sortentypisch, fruchtig. Geschmack: körperreich, weich, fein, brut oder demi sec. Alkoholgehalt: 11%. Als Aperitif und zum Essen zu trinken.

**FRIULI AQUILEIA. – Chardonnay.** Rebsorten: Chardonnay (85–100%), Pinot bianco und/oder Pinot grigio und/ oder Riesling renano und/oder Sauvignon blanc und/oder Tocai friulano und/oder Traminer aromatico und/ oder Verduzzo friulano (bis 15%). Produktion: 3108 hl (68 ha). Farbe: helles Strohgelb mit grünlichen Nuancen. Geruch: leichter, sortentypischer Duft. Geschmack: trocken, samtig, weich, harmonisch. Alkoholgehalt: 11%. Arten: *Spumante* 12% Alkohol, Sec. Als Aperitif und zu Fisch zu trinken. **– Pinot Bianco.** Rebsorten: Pinot bianco (85–100%), Chardonnay und/oder Pinot grigio und/oder Riesling renano und/oder Sauvignon blanc und/oder Tocai friulano und/oder Traminer aromatico und/oder Verduzzo friulano (bis 15%). Produktion: 6105 hl (122 ha). Farbe: strohgelb bis goldgelb. Geruch: leichter, sortentypischer Duft. Geschmack: samtig, sortentypisch. Alkoholgehalt: 11%. Zu Vorspeisen und Fisch zu trinken. **– Pinot Grigio.** Rebsorten: Pinot grigio (85–100%), Chardonnay und/oder Pinot bianco und/ oder Riesling renano und/oder Sauvignon blanc und/oder Tocai friulano und/oder Traminer aromatico und/ oder Verduzzo friulano (bis 15%). Produktion: 5684 hl (90 ha). Farbe: kupferfarben oder goldgelb. Geruch: sortentypisch. Geschmack: trocken, voll, harmonisch. Alkoholgehalt: 10,5%. Als Aperitif und zu Fisch zu trinken. **– Riesling Renano.** Rebsorten: Riesling renano (85–100%), Chardonnay und/ oder Pinot bianco und/oder Pinot grigio und/oder Sauvignon blanc und/ oder Tocai friulano und/oder Traminer aromatico und/oder Verduzzo friulano (bis zu 15%). Produktion: 990 hl (19 ha). Farbe: helles Strohgelb. Geruch: sortentypisch. Geschmack: trocken, leicht säuerlich, harmonisch. Alkoholgehalt: 10,5%. Zu Fisch und zu Frischkäse zu trinken. **– Sauvignon.** Rebsorten: Sauvignon blanc (85 bis 100%), Chardonnay und/oder Pinot bianco und/oder Pinot grigio und/ oder Riesling renano und/oder Tocai friulano und/oder Traminer aromatico und/oder Verduzzo friulano (bis 15%). Produktion: 3216 hl (67 ha). Farbe: blasses Strohgelb. Geruch: delikat, sortentypisch. Geschmack: trocken, harmonisch. Alkoholgehalt: 11%. Alterung: bis zu 2 Jahren. Zu Fisch und Aufläufen zu trinken. **– Tocai Friulano.** Rebsorten: Tocai friulano (85–100%), Chardonnay und/oder Pinot bianco und/oder Pinot grigio und/oder Riesling renano und/oder Sauvignon blanc und/oder Traminer aromatico und/ oder Verduzzo friulano (bis 15%). Produktion: 4658 hl (72 ha). Farbe: strohgelb, zu zitronengelb neigend. Geruch: delikat, sortentypisch. Geschmack: trocken, harmonisch, mit leicht bitterem Abgang. Alkoholgehalt: 10,5%. Zu Fisch und Krustentieren sowie zu Frischkäse zu trinken. **– Traminer Aromatico.**

## Hotels und Restaurants

**Spilimbergo**
**Grand Hotel President ★★★**
via Cividale
☎ 042750050
**Michielini ★★**
viale Barbacane 3
☎ 042750450
**Osteria da Afro 🍴🍴**
via Umberto I 14
☎ 04272264
**Torre 🍴🍴**
piazza Castello
☎ 042750555
**Tarcento**
**Centrale ★★**
via Garibaldi 1
☎ 0432785150
**Mulin Vieri 🍴🍴**
via dei Mulini 10
☎ 0432785076
**Tavagnacco**
**Furlan 🍴🍴**
via Nazionale 130
☎ 0432572895
**Grop 🍴🍴**
via Matteotti 7
☎ 0432660240
**Tolmezzo**
**Cimenti 🍴**
via della Vittoria 28
☎ 04332926
**Roma 🍴🍴🍴**
piazza XX Settembre 14
☎ 043320811
**Tricesimo**
**Boschetti 🍴🍴**
piazza Mazzini 10
☎ 0432851230
**Udine**
**Ambassador Palace ★★★**
via Carducci 46
☎ 0432503777

## DOC-Weine aus der Pianura friulana

Rebsorten: Traminer aromatico (85 bis 100%), Chardonnay und/oder Pinot bianco und/oder Pinot grigio und/oder Riesling renano und/oder Sauvignon blanc und/oder Tocai friulano und/oder Verduzzo friulano (bis 15%). Produktion: 851 hl (18 ha). Farbe: kräftiges Strohgelb. Geruch: charakteristisches Aroma. Geschmack: aromatisch, voll, kräftig. Alkoholgehalt: 11%. Alterung: bis zu 2 Jahren. Ideal zu Krustentieren, auch zu reifem pikantem Käse. – **Verduzzo Friulano.** Rebsorten: Verduzzo friulano (85–100%), Chardonnay und/oder Pinot bianco und/oder Pinot grigio und/oder Riesling renano und/oder Sauvignon blanc und/oder Tocai friulano und/oder Traminer aromatico (bis 15%). Produktion: 944 hl (20 ha). Farbe: hell goldgelb oder strohgelb. Geruch: weinig, delikat, angenehm. Geschmack: trocken, körperreich, leicht tanninhaltig. Alkoholgehalt: 11%. Zu Fisch- und Eierspeisen. – **Rosato.** Rebsorten: Merlot (70–80%), Cabernet franc und/oder Cabernet Sauvignon und/oder Refosco nostrano und/oder Refosco dal peduncolo rosso (20–30%). Produktion: 471 hl (6 ha). Farbe: rosé, zu zartem Kirschrot neigend. Geruch: weinig, intensiv, angenehm. Geschmack: trocken, harmonisch, voll. Alkoholgehalt: 10,5%. Zu allen Speisen zu trinken. – **Cabernet.** Rebsorten: Cabernet franc und/oder Cabernet Sauvignon (85–100%), Merlot und/oder Refosco dal peduncolo rosso (bis 15%). Farbe: volles Rubinrot. Geruch: kräuterwürziger Duft, angenehm, intensiv. Geschmack: sortentypisch, angenehm, leicht, kräuterwürzig, samtig. Alkoholgehalt: 11%. Alterung: bis zu 3 Jahren. Zu allen Speisen zu trinken. – **Cabernet Franc.** Rebsorten: Cabernet franc (85–100%), Cabernet Sauvignon und/oder Merlot und/oder Refosco dal peduncolo rosso (bis 15%). Produktion: 4494 hl (77 ha). Farbe: volles Rubinrot. Geruch: kräuterwürziger Duft, angenehm, intensiv. Geschmack: sortentypisch, angenehm, leicht kräuterwürzig, samtig. Alkoholgehalt: 11%. Alterung: bis zu 3 Jahren. Zu Braten und altem Käse zu trinken. – **Cabernet Sauvignon.** Rebsorten: Cabernet Sauvignon (85–100%), Cabernet franc und/oder Merlot und/oder Refosco dal peduncolo rosso (bis 15%). Produktion: 1832 hl (55 ha). Farbe: volles Rubinrot. Geruch: kräuterwürziger Duft, angenehm, intensiv. Geschmack: sortentypisch, angenehm, leicht kräuterwürzig, samtig. Alkoholgehalt: 11%. Alterung: bis zu 5 Jahren. Zu Braten. – **Merlot.** Rebsorten: Merlot (85–100%), Cabernet franc und/oder Cabernet Sauvignon und/oder Refosco dal peduncolo rosso (bis 15%). Produktion: 5190 hl (86 ha). Farbe: rubinrot. Geruch: trocken, weich, leicht kräuterwürzig. Geschmack: weinig, sortentypisch. Alkoholgehalt: 10,5%. Alterung: bis zu 2 Jahren. Zu allen Speisen zu trinken. – **Refosco dal Peduncolo Rosso.** Rebsorten: Refosco dal peduncolo rosso (85–100%), Cabernet franc und/oder Cabernet Sauvignon und/oder Merlot und/oder Refosco nostrano (bis 15%). Produktion: 4093 hl (74 ha). Farbe: volles Rubinrot bis violett. Geruch: weinig. Geschmack: trocken, voll, leicht bitter. Alkoholgehalt: 10,5%. Alterung: bis zu 2 Jahren. Zu allen Speisen zu trinken.

**FRIULI GRAVE.** – **Bianco.** Rebsorten: Chardonnay und/oder Pinot bianco und/oder Pinot grigio und/oder Riesling renano und/oder Sauvignon blanc und/oder Tocai friulano und/oder Verduzzo friulano. Produktion: 50 hl (1,2 ha). Farbe: mehr oder weniger volles Strohgelb. Geruch: angenehm, fein. Geschmack: harmonisch, samtig, trocken. Alkoholgehalt: 10,5%. Qualitätsstufen: *Superiore* (11,5%). Zu allen Speisen zu trinken. – **Chardonnay.** Rebsorten: Chardonnay (90–100%). Produktion: 39942 hl (527 ha). Farbe: mehr oder weniger volles Strohgelb. Geruch: sortentypisch. Geschmack: trocken, harmonisch, mitunter lebhaft. Alkoholgehalt: 10,5%. Arten: *Frizzan-*

### Hotels und Restaurants

**Udine**

**Astoria Hotel Italia** ★★★★
piazza XX Settembre 24
☎ 0432505091

**Continental** ★★★
viale Tricesimo 71
☎ 043246969

**Cristallo** ★★★
piazzale D'Annunzio 43
☎ 0432501919

**Friuli** ★★★
viale Ledra 24
☎ 0432234351

**Là Di Moret** ★★★
viale Tricesimo 276
☎ 0432545096

**President** ★★★
via Duino 8
☎ 0432509905

**Ramandolo** ★★★
via Forni di Sotto 28
☎ 0432470994

**San Giorgio** ★★★
piazzale Cella 2
☎ 0432505577

**Clocchiatti** ★★
via Cividale 29
☎ 0432505047

**Agli Amici** 🍴🍴🍴
5 km nach Godia
via Liguria 250
☎ 043256541 1

*te, Spumante.* Qualitätsstufen: *Superiore* (11,5%), *Riserva* mindestens 10,5% Alkohol und 2 Jahre Alterung. Zu allen Speisen zu trinken, die lebhaften Arten vor allem als Aperitif. – **Pinot Bianco.** Rebsorten: Pinot bianco (90–100%). Produktion: 24616 hl (355 ha). Farbe: mehr oder weniger volles Strohgelb. Geruch: sortentypisch. Geschmack: trocken, harmonisch, mitunter lebhaft. Alkoholgehalt: 10,5%. Arten: *Frizzante, Spumante.* Qualitätsstufen: *Superiore* (11,5%), *Riserva* mindestens 10,5% Alkohol und 2 Jahre Alterung. Zu Fisch zu trinken, die lebhaften Arten vor allem zu Vorspeisen. – **Pinot Grigio.** Rebsorten: Pinot grigio (90–100%). Produktion: 62557 hl (763 ha). Farbe: strohgelb, zuweilen mit kupferfarbenen Reflexen. Geruch: sortentypisch. Geschmack: harmonisch, trocken. Alkoholgehalt: 10,5%. Qualitätsstufen: *Superiore* (11,5%); *Riserva* 10,5% Alkohol und 2 Jahre Alterung. Zu Vorspeisen und Fisch zu trinken. – **Riesling.** Rebsorten: Riesling renano (90 bis 100%). Produktion: 3623 hl (55 ha). Farbe: mehr oder weniger volles Strohgelb. Geruch: leicht aromatisch. Geschmack: trocken. Alkoholgehalt: 10,5%. Qualitätsstufen: *Superiore* (11,5%), *Riserva* 10,5% Alkohol und 2 Jahre Alterung. Zu Vorspeisen und Fisch zu trinken. – **Sauvignon.** Rebsorten: Sauvignon blanc (90–100%). Produktion: 26233 hl (377 ha). Farbe: mehr oder weniger volles Strohgelb. Geruch: sortentypisch. Geschmack: frisch, harmonisch, trocken. Alkoholgehalt: 10,5%. Qualitätsstufen: *Superiore* (11,5%), *Riserva* mindestens 10,5% Alkohol und 2 Jahre Alterung. Zu Vorspeisen, Fisch oder Eierspeisen und zu frischem Käse zu trinken. – **Tocai Friulano.** Rebsorten: Tocai friulano (90–100%). Produktion: 50005 hl (675 ha). Farbe: mehr oder weniger volles Strohgelb. Geruch: angenehm, sortentypisch. Geschmack: trocken, harmonisch. Alkoholgehalt: 10,5%. Qualitätsstufen: *Superiore* (11,5%), *Riserva* mindestens 10,5% Alkohol und 2 Jahre Alterung. Zu allen Speisen zu trinken. – **Traminer Aromatico.** Rebsorten: Traminer aromatico (90–100%). Produktion: 1657 hl (27 ha). Farbe: mehr oder weniger volles Strohgelb. Geruch: aromatisch, intensiv. Geschmack: fein, sortentypisch, trocken. Alkoholgehalt: 10,5%. Arten: *Frizzante.* Qualitätsstufen: *Superiore* (11,5%), *Riserva* mindestens 10,5% Alkohol und 2 Jahre Alterung. Zu Krustentieren und zu würzigem Käse zu trinken. – **Verduzzo Friulano.** Trauben: Verduzzo friulano (90–100%). Produktion: 15730 hl (218 ha). Farbe: hell strohgelb bis goldgelb. Geruch: sortentypisch. Geschmack: trocken, lieblich oder süß, mitunter lebhaft. Alkoholgehalt: 10,5%. Arten: *Frizzante.* Qualitätsstufen: *Superiore* (11,5%), *Riserva* mindestens 10,5% Alkohol und 2 Jahre Alterung. Zu allen Speisen zu trinken. – **Spumante.** Rebsorten: Chardonnay und/oder Pinot bianco und/oder Pinot nero. Schaum: fein und dauerhaft. Farbe: mehr oder weniger volles Strohgelb. Geruch: sortentypisch. Geschmack: schmackhaft, harmonisch. Alkoholgehalt: 11%. Als Aperitif und zu allen Speisen zu trinken. – **Rosato.** Rebsorten: Cabernet franc und/oder Cabernet Sauvignon und/oder Merlot und/oder Pinot nero und/oder Refosco dal peduncolo rosso. Produktion: 238 hl (4 ha). Farbe: rosé. Geruch: fein. Geschmack: trocken, harmonisch, mitunter auch lebhaft. Alkoholgehalt: 10,5%. Arten: *Frizzante.* Zu allen Speisen zu trinken. – **Rosso.** Rebsorten: Cabernet franc und/oder Cabernet Sauvignon und/oder Merlot und/oder Pinot nero und/oder Refosco dal peduncolo rosso. Farbe: rubinrot, nach Alterung zu Granatrot neigend. Geruch: intensiv, fein. Geschmack: trocken, harmonisch. Alkoholgehalt: 10,5%. Alterung: bis zu 2 Jahren. Qualitätsstufen: *Novello* mit fruchtig weinigem Duft und sortentypischem Geschmack, *Superiore* (11,5%). Zu allen Speisen zu trinken. – **Cabernet.** Rebsorten: Caber-

## Hotels und Restaurants

**Vitello d'Oro**
via Valvason 4
☎ 0432508982
**Alla Buona Vite**
via Treppo 10
☎ 043221053
**Al Cappello**
via Sarpi 5
☎ 0432299327
**Alla Vedova**
via Tavagnacco 9
☎ 0432470291
**Villa Vicentina**
**Al Cjastinars** ★★★
SS 14
borgo Pacco 1
☎ 043196155

## Agriturismo

**Cassacco**
**La Poce des Stries**
località Montegnacco
☎ 0432881343
**Malborghetto – Valbruna**
**Malga Priu**
Ugovizza
☎ 042860265
**Paularo**
**Al Cippo – Malga Val Bertat**
☎ 043370553

## Agriturismo

**Povoletto**
**La Faula**
Ravosa
☎ 0432666394
**Villa Coren**
Siacco
via Cividale 1
☎ 0432679078
**Taipana**
**Coop. Campo di Bonis**
località Campo di Bonis
☎ 0432788136
**Tarcento**
**Frasca Clotz**
Sedilis
via Nimis
☎ 0432791930
**Vivaro**
**Gelindo dei Magredi**
via Roma 16
☎ 042797037

## Enoteche

**Andreis**
**Antica Osteria La Molassa**
località Ponte Molassa
☎ 042776147
**Cassacco**
**Enoteca Mauro**
località Montegnacco
vicolo Simone Mauro 1
☎ 0432851643

## DOC-Weine aus der Pianura friulana

net franc und/oder Cabernet Sauvignon (90–100%). Produktion: 4864 hl (62 ha). Farbe: mehr oder weniger volles Rubinrot, nach Alterung zu Granatrot neigend. Geruch: angenehm, sortentypisch, mitunter kräuterwürzig. Geschmack: harmonisch, trocken. Alkoholgehalt: 10,5%. Alterung: bis zu 3–4 Jahren. Qualitätsstufen: *Superiore* (11,5%); *Riserva* mindestens 2 Jahre Alterung, dann bis zu 5–6 Jahren. Zu allen Speisen zu trinken. – **Cabernet Franc.** Rebsorten: Cabernet franc (90 bis 100%). Produktion: 18187 hl (171 ha). Farbe: volles Rubinrot, nach Alterung zu Granatrot neigend. Geruch: sortentypisch, kräuterwürzig. Geschmack: fein, trocken. Alkoholgehalt: 10,5%. Alterung: bis zu 3–4 Jahren. Zu allen Speisen zu trinken. Qualitätsstufen: *Superiore* (11,5%), *Riserva* mindestens 10,5% Alkohol und 2 Jahre Alterung, dann bis zu 4–5 Jahren; zu Braten und weißem gegrillten Fleisch zu trinken. – **Cabernet Sauvignon.** Rebsorten: Cabernet Sauvignon (90–100%). Produktion: 28534 hl (431 ha). Farbe: rubinrot, nach Alterung zu Granatrot neigend. Geruch: sortentypisch. Geschmack: harmonisch, trocken. Alkoholgehalt: 10,5%. Alterung: bis zu 3–4 Jahren. Zu allen Speisen zu trinken. Qualitätsstufen: *Superiore* (11,5%), *Riserva* mindestens 10,5% Alkohol und 2 Jahre Alterung, dann bis zu 4–5 Jahrn; zu Fleisch und Wild zu trinken. – **Merlot.** Rebsorten: Merlot (90–100%). Produktion: 91962 hl (1331 ha). Farbe: rubinrot, nach Alterung zu Granatrot neigend. Geruch: sortentypisch. Geschmack: trocken, harmonisch. Alkoholgehalt: 10,5%. Alterung: bis zu 2 Jahren. Zu allen Speisen zu trinken. Qualitätsstufen: *Superiore* (11,5%), *Riserva* mindestens 10,5% Alkohol und 2 Jahre Alterung, dann noch bis zu 3–4 Jahren. Vor allem zu deftigen Speisen zu trinken. – **Pinot Nero.** Rebsorten: Pinot nero (90–100%). Produktion: 2690 hl (56 ha). Farbe: rubinrot, nach Alterung zu Granatrot neigend. Geruch: delikat, sortentypisch. Geschmack: trocken. Alkoholgehalt: 10,5%. Alterung: bis zu 3–4 Jahren. Zu weißem Fleisch und mittelaltem Käse zu trinken. Qualitätsstufen: *Superiore* (11,5%) *Riserva* mindestens 10,5% Alkohol und 2 Jahre Alterung, dann bis zu 4–5 Jahren; zu Braten, Wild und altem Käse. – **Refosco dal Peduncolo Rosso.** Rebsorten: Refosco dal peduncolo rosso (90 bis 100%). Produktion: 11856 hl (165 ha). Farbe: rubinrot, nach Alterung zu Granatrot neigend. Geruch: sortentypisch. Geschmack: trocken, körperreich. Alkoholgehalt: 10,5%. Alterung: bis zu 2 Jahren. Zu allen Speisen zu trinken. Qualitätsstufen: *Superiore* (11,5%), *Riserva* mindestens 10,5% Alkohol und 2 Jahre Alterung, dann bis zu 4–5 Jahren; zu rotem Fleisch und altem Käse zu trinken.

**FRIULI ISONZO.** – **Bianco.** Rebsorten: Chardonnay und/oder Pinot und/oder Riesling und/oder Sauvignon blanc und oder Verduzzo. Produktion: 372 hl (6,5 ha). Farbe: mehr oder weniger kräftiges Strohgelb. Geruch: fruchtig. Geschmack: trocken oder lieblich, lebhaft, harmonisch, angemessene Säure und Tannin. Alkoholgehalt: 10,5%. Arten: *Frizzante.* Zu allen Speisen zu trinken. – **Chardonnay.** Rebsorten: Chardonnay (100%). Produktion: 5884 hl (89 ha). Farbe: mehr oder weniger volles Strohgelb. Geruch: delikat, sortentypisch, angenehm. Geschmack: trocken, samtig, weich, harmonisch. Alkoholgehalt: 11%. Zu Fisch zu trinken. – **Malvasia.** Rebsorten. Malvasia (100%). Produktion: 2422 hl (37 ha). Farbe: strohgelb. Geruch: angenehm. Geschmack: trocken, delikat, nicht sonderlich körperreich, angenehm. Alkoholgehalt: 10,5%. Als Aperitif und zu Vorspeisen zu trinken. – **Moscato Giallo.** Rebsorten: Moscato giallo (100%). Produktion: 503 hl (8 ha). Farbe: typisches Strohgelb. Geruch: sortentypisches Aroma. Geschmack: aromatisch, lieblich, harmonisch. Alkoholgehalt: 10,5%. Arten: *Spumante* (11%).

Als Dessertwein. – **Moscato Rosa.** Rebsorten: Moscato rosa (100%). Produktion: 60 hl (2,5 ha). Farbe: rosé oder zu rosé neigendes Goldgelb. Geruch: fruchtiger Rosenduft. Geschmack: aromatisch lieblich oder süß. Alkoholgehalt: 10,5%. Arten: *Spumante* (11%). Als Dessertwein. – **Pinot Bianco.** Rebsorten: Pinot bianco (100%). Produktion: 5078 hl (79 ha). Farbe: hell strohgelb oder leicht goldfarben. Geruch: delikat, sortentypisch. Geschmack: trocken, samtig, harmonisch. Alkoholgehalt: 11%. Arten: *Spumante* (11%). Zu Fisch und Gemüsegerichten. – **Pinot Grigio.** Rebsorten: Pinot grigio (100%). Produktion: 9513 hl (130 ha). Farbe: gelb mit roséfarbenen Nuancen. Geruch: sortentypisch. Geschmack: trocken, harmonisch, sortentypisch. Alkoholgehalt: 11%. Zu Fisch, Eierspeisen und mittelaltem Käse. – **Riesling.** Rebsorten: Riesling (100%). Produktion: 738 hl (15 ha). Farbe: strohgelb. Geruch: ziemlich intensiv, delikat. Geschmack: trocken, körperreich, harmonisch, sortentypisch. Alkoholgehalt: 11%. Zu Fisch. – **Riesling Italico.** Rebsorten: Riesling italico (100%). Produktion: 20 hl (0,3 ha). Farbe: strohgelb. Geruch: ziemlich intensiv, delikat. Geschmack: trocken, körperreich, sortentypisch. Alkoholgehalt: 11%. Zu Fisch. – **Sauvignon.** Rebsorten: Sauvignon blanc (100%). Produktion: 7102 hl (119 ha). Farbe: hell goldgelb. Geruch: sortentypisch. Geschmack: trocken, angemessener Körper, samtig. Alkoholgehalt: 11%. Zu Fisch. – **Tocai Friulano.** Rebsorten: Tocai friulano (100%). Produktion: 14066 hl (205 ha). Farbe: strohgelb oder hell goldgelb, zu Zitronengelb neigend. Geruch: delikat, sortentypisch. Geschmack: trocken, warm, voll, leicht aromatisch. Alkoholgehalt: 10,5%. Zu allen Speisen. – **Traminer Aromatico.** Rebsorten: Traminer aromatico (100%). Produktion: 892 hl (17 ha). Farbe: volles Strohgelb. Geruch: ausgeprägt sortentypischer Duft. Geschmack: trocken, leicht aromatisch, intensiv, körperreich. Alkoholgehalt: 11%. Zu Fisch. – **Verduzzo Friulano.** Rebsorten: Verduzzo friulano (100%). Produktion: 1735 hl (26 ha). Farbe: mehr oder weniger kräftiges Goldgelb. Geruch: weinig, sortentypisch, fruchtig. Geschmack: trocken oder lieblich oder fruchtig süß, körperreich, leicht tanninhaltig. Alkoholgehalt: 11%. Arten: *Spumante.* Zu allen Speisen. – **Pinot Spumante.** Rebsorten: Pinot (100%). Farbe: leuchtendes Strohgelb. Geruch: sortentypisch fruchtig. Geschmack: trocken oder lieblich, angenehm fruchtig. Alkoholgehalt: 11%. Als Aperitif und zu allen Speisen. – **Vendemmia Tardiva.** Rebsorten: Chardonnay und/oder Pinot bianco und/oder Sauvignon blanc und/oder Tocai friulano und/oder Verduzzo friulano. Farbe: mehr oder weniger kräftig bernsteinfarben. Geruch: intensiver, komplexer Moschusduft. Geschmack: harmonisch süß. Alkoholgehalt: 13,5%. Alterung: bis zu 5 Jahren. Zum Dessert und in Mußestunden. – **Rosato.** Rebsorten: Cabernet und/oder Franconia und/oder Merlot und/oder Pinot nero und/oder Refosco und/oder Schioppettino. Farbe: rosé, zu zartem Kirschrot neigend. Geruch: leicht weinig, sortentypisch. Geschmack: trocken oder lieblich, voll, frisch. Alkoholgehalt: 10,5%. Arten: *Frizzante.* Zu allen Speisen. – **Rosso.** Rebsorten: Cabernet und/oder Franconia und/oder Merlot und/oder Pinot nero und/oder Refosco und/oder Schioppettino. Produktion: 352 hl (6 ha). Farbe: lebhaftes Rot. Geruch: leicht kräuterwürzig. Geschmack: trocken oder lieblich, körperreich, voll, aromatisch. Alkoholgehalt: 10,5%. Arten: *Frizzante, Spumante* (11%). Alterung: bis zu 2 Jahren. Zu allen Speisen. – **Cabernet.** Rebsorten: Cabernet franc und/oder Cabernet Sauvignon (100%). Produktion: 8341 hl (121 ha). Farbe: volles Rubinrot. Geruch: weinig, intensiv, sortentypisch, kräuterwürzig. Geschmack: trocken, körperreich, leicht kräuterwürzig (deutlicher beim Cabernet franc), sam-

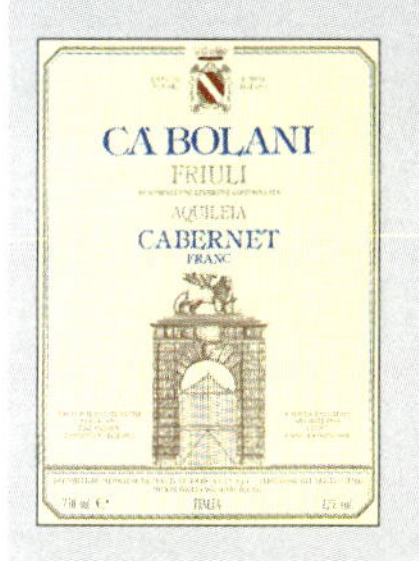


## Enoteche

**Gradisca d'Isonzo**
**Enoteca Regionale La Serenissima**
via Cesare Battisti 26
☎ 048199528

**Lignano Sabbiadoro**
**Enoiteca del Ristorante Bidin**
viale Europa 1
☎ 043171988

**Maniago**
**Enoteca Danilo Piazza**
via De Amicis 2
☎ 042771302

**Palmanova**
**Enoteca ai Provveditori**
borgo Udine 26
☎ 0432929452

**Spilimbergo**
**Bar All'Alpino**
via Umberto I° 14
☎ 04272264

**Enoteca La Torre Orientale**
via di Mezzo 2
☎ 04272998

**Udine**
**Casa della Contadinanza**
piazza Libertà 10
☎ 0432509696

**Enoteca Speziaria pei Sani**
via Poscolle 13
☎ 0432505061

## DOC-Weine aus der Pianura friulana

tig. Alkoholgehalt: 11%. Alterung: bis zu 3 Jahren. Zu allen Speisen. – **Franconia.** Rebsorten: Franconia (100%). Produktion: 229 hl (3 ha). Farbe: rubinrot. Geruch: weinig und harmonisch. Geschmack: trocken, leicht fruchtig und kräuterwürzig. Alkoholgehalt: 11%. Alterung: bis zu 3 Jahren. Zu rotem Fleisch und Wild. – **Merlot.** Rebsorten: Merlot (100%). Produktion: 9578 hl (143 ha). Farbe: rubinrot. Geruch: sortentypisch. Geschmack: trocken, voll, schmackhaft, leicht kräuterwürzig. Alkoholgehalt: 10,5%. Alterung: bis zu 1 Jahr. Zu allen Speisen. – **Pinot Nero.** Rebsorten: Pinot nero (100%). Produktion: 558 hl (12 ha). Farbe: nicht sonderlich intensives Rubinrot. Geruch: sortentypisch. Geschmack: trocken, leicht aromatisch, etwas bitter. Alkoholgehalt: 11%. Alterung: bis zu 3 Jahren. Zu hellem Fleisch. – **Refosco dal Peduncolo Rosso.** Rebsorten: Refosco dal peduncolo rosso (100%). Produktion: 981 hl (14 ha). Farbe: rot, zu Violett neigend. Geruch: weinig, sortentypisch. Geschmack: trocken, voll, leicht bitter. Alkoholgehalt: 11%. Alterung: bis zu 2 Jahren. Zu allen Speisen. – **Schioppettino.** Rebsorten: Schioppettino (100%). Produktion: 78 hl (1,5 ha). Farbe: volles Rubinrot, zuweilen mit granatroten Nuancen. Geruch: weinig, sortentypisch, mit fruchtiger Note. Geschmack: trocken, samtig, warm und voll, elegant. Alkoholgehalt: 11%. Alterung: bis zu 3 Jahren. Zu allen Speisen.

**FRIULI LATISANA.** – **Chardonnay.** Rebsorten: Chardonnay (90–100%). Produktion: 827 hl (11 ha). Farbe: hell strohgelb, zuweilen mit grünlichen Nuancen. Geruch: sortentypisch. Geschmack: trocken, samtig. Alkoholgehalt: 10,5%. Arten: *Frizzante.* Qualitätsstufen: *Superiore* (11,5%). Zu allen Speisen. – **Malvasia Istriana.** Rebsorten: Malvasia istriana (90–100%). Farbe: strohgelb, zuweilen mit grünlichen Nuancen. Geruch: angenehm. Geschmack: trocken, delikat. Alkoholgehalt: 10,5%. Arten: *Frizzante.* Qualitätsstufen: *Superiore* (11,5%). Als Aperitif und zu allen Speisen. – **Pinot Bianco.** Rebsorten: Pinot bianco (90–100%). Produktion: 1054 hl (22 ha). Farbe: von hell strohgelb bis goldgelb. Geruch: delikat, sortentypisch. Geschmack: weich, sortentypisch. Alkoholgehalt: 10,5%. Arten: *Frizzante.* Qualitätsstufen: *Superiore* (11,5%). Zu Fisch. – **Pinot Grigio.** Rebsorten: Pinot grigio (90 bis 100%). Produktion: 1221 hl (20 ha). Farbe: goldgelb, zuweilen kupferfarben. Geruch: sortentypisch. Geschmack: trocken, voll, harmonisch, sortentypisch. Alkoholgehalt: 10,5%. Qualitätsstufen: *Superiore* (11,5%). Zu Fisch, aber auch zu Weichkäse zu trinken. – **Riesling Renano.** Rebsorten: Riesling renano (90–100%). Farbe: strohgelb. Geruch: delikat, sortentypisch. Geschmack: trocken, harmonisch. Alkoholgehalt: 10,5%. Qualitätsstufen: *Superiore* (11%). Zu Vor- und Eierspeisen sowie Fischgerichten zu trinken. – **Sauvignon.** Rebsorten: Sauvignon blanc (90–100%). Produktion: 390 hl (6,5 ha). Farbe: hell strohgelb. Geruch: trocken, harmonisch. Geschmack: sortentypisch. Alkoholgehalt: 10,5%. Qualitätsstufen: *Superiore* (11,5%). Zu Vorspeisen, Eiergerichten und Frischkäse. – **Tocai Friulano.** Rebsorten: Tocai friulano (90 bis 100%). Produktion: 1300 hl (34 ha). Farbe: hell strohgelb, zuweilen zu Zitronengelb neigend. Geruch: delikat, angenehm. Geschmack: sortentypisch. Alkoholgehalt: 10,5%. Qualitätsstufen: *Superiore* (11,5%). Zu allen Speisen zu trinken, ideal zu Käse. – **Traminer Aromatico.** Rebsorten: Traminer aromatico (90–100%). Produktion: 24 hl (0,75 ha). Farbe: hell strohgelb. Geruch: sortentypisch. Geschmack: leicht tanninhaltig, voll, delikat. Alkoholgehalt: 10,5%. Qualitätsstufen: *Superiore* (11,5%). Zu Krustentieren und würzigem Käse. – **Verduzzo Friulano.** Rebsorten: Verduzzo friulano (90–100%). Produktion: 381 hl (7 ha). Farbe: goldgelb. Geruch: weinig, sortentypisch. Geschmack: leicht tanninhaltig, voll, de-

### Veranstaltungskalender

**März**
**Bertiolo**
③ Weinfest
**Forni Avoltri**
② Tir des Cidulos tipici della Zona
**April**
**Gradisca d'Isonzo**
❹ Gradisca Golosa (kulinarische Woche)
**Mai**
**Cividale del Friuli**
③ Weinfest
**Gradisca d'Isonzo**
❶❷❸❹ Selezione Grandi Vini «Noé d'Oro» (Auswahl erlesener Weine)

likat. Alkoholgehalt: 10,5%. Arten: *Frizzante.* Qualitätsstufen: *Superiore* (11,5%). Zu allen Speisen. – **Spumante.** Rebsorten: Chardonnay und/oder Pinot bianco und/oder Pinot nero (90–100%). Farbe: leuchtend helles Strohgelb. Geruch: fruchtig. Geschmack: schmackhaft, körperreich. Alkoholgehalt: 10,5%. Als Aperitif und zu allen Speisen. – **Rosato.** Rebsorten: Merlot (70–80%), Cabernet franc und/oder Cabernet Sauvignon und/oder Refosco dal peduncolo rosso und/oder Refosco nostrano (20–30%). Produktion: 117 hl (1,3 ha). Farbe: rosé. Geruch: weinig. Geschmack: trocken, harmonisch. Alkoholgehalt: 10,5%. Arten: *Frizzante.* Qualitätsstufen: *Novello.* Zu allen Speisen. – **Cabernet.** Rebsorten: Cabernet franc und/oder Cabernet Sauvignon (90–100%). Produktion: 507 hl (10 ha). Farbe: volles Rubinrot. Geruch: kräuterwürzig, intensiv. Geschmack: sortentypisch, leicht kräuterwürzig, fein. Alkoholgehalt: 10,5%. Alterung: bis zu 3 Jahren. Qualitätsstufen: *Novello, Superiore* (11,5%), *Riserva* mindestens 11,5% Alkohol und 2 Jahre Alterung (dann bis zu 5 Jahren, auch der Superiore). Zu allen Speisen zu trinken; Superiore und Riserva für die gehobene Küche. – **Cabernet Franc.** Rebsorten: Cabernet franc (90–100%). Produktion: 1717 hl (43 ha). Farbe: volles Rubinrot. Geruch: typisch, kräuterwürzig. Geschmack: sortentypisch, leicht kräuterwürzig, fein. Alkoholgehalt: 10,5%. Alterung: bis zu 3 Jahren. Zu allen Speisen. Qualitätsstufen: *Novello,* zu allen Speisen zu trinken, *Superiore* und *Riserva* mindestens 11,5% Alkohol und 2 Jahre Alterung (beide zu Braten oder Gegrilltem zu trinken; Alterung bis zu 5 Jahren). – **Cabernet Sauvignon.** Rebsorten: Cabernet Sauvignon (90 bis 100%). Produktion: 613 hl (12 ha). Farbe: mehr oder weniger volles Rubinrot. Geruch: sortentypisch, intensiv. Geschmack: typisch, fein, weich. Alkoholgehalt: 10,5%. Alterung: bis zu 3 Jahren. Zu allen Speisen. Qualitätsstufen: *Novello,* zu allen Speisen, *Superiore* und *Riserva* mindestens 11,5% Alkohol und 2 Jahre Alterung (beide zu Braten oder Gegrilltem; Alterung bis zu 5 Jahren). – **Franconia.** Rebsorten: Franconia (90–100%). Produktion: 36 hl (0,4 ha). Farbe: volles Rubinrot. Geruch: weinig, harmonisch. Geschmack: trocken, leicht fruchtig. Alkoholgehalt: 10,5%. Alterung: bis zu 3 Jahren. Zu allen Speisen. Qualitätsstufen: *Novello,* zu allen Speisen zu trinken, *Superiore* und *Riserva* mindestens 11,5% und 2 Jahre Alterung (beide zu weißem und rotem Fleisch; Alterung bis zu 4 Jahren). – **Merlot.** Rebsorten: Merlot (90 bis 100%). Produktion: 4020 hl (74 ha). Farbe: mehr oder weniger volles Rubinrot. Geruch: sortentypisch weinig. Geschmack: trocken, weich, sortentypisch. Alkoholgehalt: 10,5%. Alterung: bis zu 2 Jahren. Qualitätsstufen: *Novello; Superiore* und *Riserva;* mindestens 11,5% Alkohol und 2 Jahre Alterung. Zu allen Speisen. – **Pinot Nero.** Rebsorten: Pinot nero (90–100%). Produktion: 26 hl (0,5 ha). Farbe: nicht sehr kräftiges Rubinrot. Geruch: sortentypisch. Geschmack: trocken. Alkoholgehalt: 10,5%. Alterung: bis zu 2 Jahren. Arten: *Frizzante.* Zu allen Speisen. Qualitätsstufen: *Novello,* zu allen Speisen, *Superiore* und *Riserva* mindestens 11,5% Alkohol und 2 Jahre Alterung (beide können bis zu 3 Jahren altern und passen am besten zu weißem Fleisch). – **Refosco dal Peduncolo Rosso.** Rebsorten: Refosco dal peduncolo rosso (90–100%). Produktion: 649 hl (21 ha). Farbe: rubinrot mit violetten Reflexen. Geruch: kräuterwürzig, intensiv. Geschmack: sortentypisch, leicht kräuterwürzig, fein. Alkoholgehalt: 10,5%. Alterung: bis zu 2 Jahren. Zu allen Speisen. Qualitätsstufen: *Novello,* zu allen Speisen; *Superiore* und *Riserva* mindestens 11,5% Alkohol und 2 Jahre Alterung (beide können bis zu 3 Jahren altern und passen zu Geflügel und Schwein).

**LISON-PRAMAGGIORE.** Siehe Venetien.

## Veranstaltungskalender

**Mai**

**Latisana**
❶❷❸❹ Mostra degli Asparagi (Spargelausstellung)

**Povoletto**
1. Mai
Weinfest und Vorstellung der typischen Weine der Gegend

**Premariacco**
❸ Weinfest von Ipplis

**Tavagnacco**
❷ Mostra Mercato degli Asparagi (Spargelverkaufsausstellung)

**Juni**

**Campeglio**
②③❷❸ Weinfest der Colli di Campeglio

## Gaumenfreuden

In Friaul ist es von den Bergen bis zum Meer nicht weit, ein Umstand, den die Küche deutlich widerspiegelt. Und auch die Geschichte spielt eine Rolle: Während im Westen die Traditionen Venetiens überwiegen, so spürt man nach Osten hin zunehmend den Einfluss der ehemaligen Donaumonarchie und Sloweniens. Im Osten seien auf jeden Fall das Campiello, ein kleines Gasthaus in San Giovanni del Natisone, und die junge Küche der Zwillinge Zoppolatti in Cormons genannt. Cormons ist ohnehin einen Abstecher wert. Hier lädt das hervorragende historische Restaurant Cacciatore zu einem Besuch ein, hier wird aber auch der kurz angeräucherte und anschließend lange reifende Schinken von D'Osvaldo hergestellt, ein wirklich hervorragendes Produkt, das das Angebot der Region an ausgezeichneten Schinkensorten (wie den milden und berühmten San-Daniele-Schinken und den geräucherten Sauris-Schinken) vervollständigt. Zwei Persönlichkeiten, die man aufgrund ihrer engen Verbindung mit der Welt des Weins kennen sollte, sind Dante Bernardis und Stefano Mauro. Bernardis hat aus seinem Lokal Blasut eine der besten Osterie mit angeschlossener Enoteca in der Region gemacht, während die Enoteca Mauro in einem umgebauten Stall mit etlichen edlen Kreszenzen und schönen Andenken aufwartet.

Richtung Westen, in der Provinz Pordenone, befindet sich das Ristorante Primula, das sicherlich zu den besten der Gegend zählt. Chefkoch Andrea Cantons kocht mit jugendlichem Elan – wer dagegen eine schlichtere, traditionelle Küche sucht, sollte gleich nebenan in die kürzlich von der Familie wieder eröffnete alte Osteria einkehren. Hier stehen Gerichte der Gegend aus den allerbesten Zutaten auf der Karte. Übernachtungsmöglichkeiten bieten die wunderschöne Villa Luppis und Pasiano di Pordenone, eine alte herrschaftliche Residenz, die in ein mit allem Komfort und einer ausgezeichneten Küche ausgestattetes Hotel umgewandelt wurde. Auf Wunsch können Sie hier zusammen mit den Hausherren zu Abend speisen.

### Veranstaltungskalender

**August**

**San Daniele del Friuli**
③④❸ Sagra del Prosciutto (Schinkenfest)

**San Giovanni al Natisone**
❹❶ Sagra di Settembre (Septemberfest im Ortsteil Villanova)

**Oktober**

**Attimis**
① Festa dei Funghi e delle Castagne (Pilz- und Kastanienfest)

**Gradisca d'Isonzo**
❶❷❸❹ Abendveranstaltungen mit Weinen und kulinarischen Spezialitäten aus Friaul–Julisch Venetien in der Enoteca La Serenissima

# Colli Orientali und Collio

*An der östlichen Grenze Friaul–Julisch Venetiens findet sich eines der interessantesten und unverwechselbarsten Weinbaugebiete ganz Italiens.*

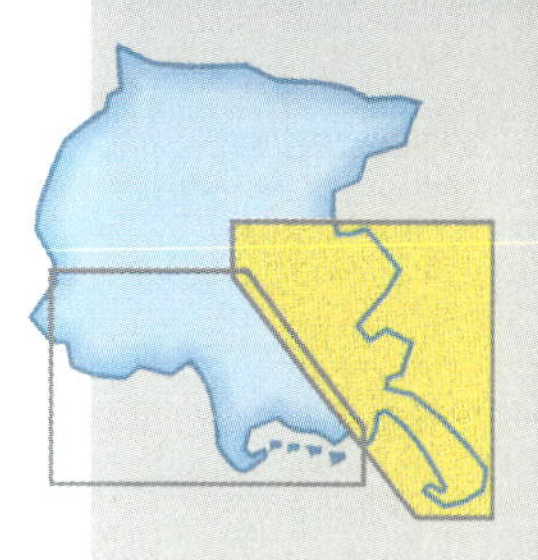

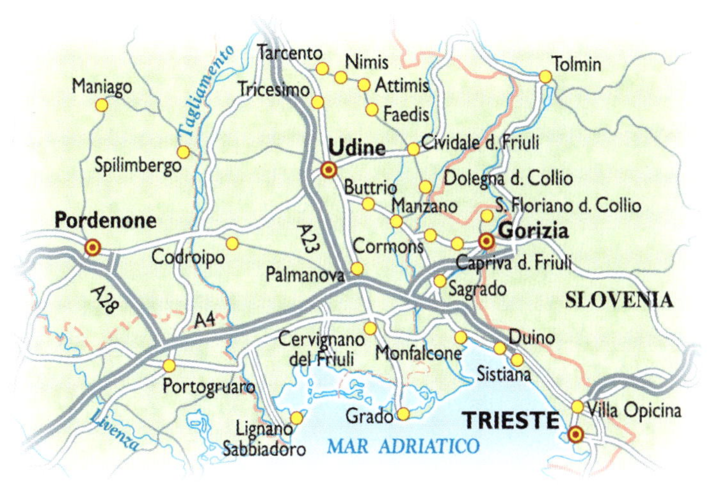


## Die Colli Orientali: Vom Merlot bis zum Picolit

Dieses Weinbaugebiet, das ungefähr 2000 Hektar umfasst, erstreckt sich über die im Osten der Provinz Udine gelegenen Hügel. Hier herrschen Weißweinsorten wie Tocai friulano, Sauvignon blanc und Pinot grigio vor. Gering in der Menge, doch dafür ausgesprochen hochklassig fällt hingegen der Picolit aus, der als das Aushängeschild des friaulischen Weinbaus gilt. Bei den Rotweinen überwiegt Merlot, mit großem Abstand gefolgt von Cabernet Sauvignon, Cabernet franc und Refosco dal peduncolo rosso. Besonders erwähnenswert sind auch die zwei autochthonen Rebsorten Pignolo und Tazzelenghe, die vor dem völligen Verschwinden bewahrt werden konnten.

## Collio, ein weltbekannter Name

Der DOC-Bereich Collio, geologisch und klimatisch ähnlich beschaffen wie die Colli Orientali, erstreckt sich von der nördlich von Gorizia gelegenen Hügellandschaft bis hin an die slowenische Grenze (auch jenseits dieser Grenze werden übrigens gute Tropfen erzeugt). Die Weine des Collio sind für die unnachahmliche Weichheit und Feinheit ihres Dufts berühmt. Hier überwiegen weiße Trauben, darunter die Pinot-Sorten,

### Hotels und Restaurants

**Buttrio**
**Locanda alle Officine** ★★★
via Nazionale 46/48
☎ 0432673304

**Cormons**
**Felcaro** 🍴
via S. Giovanni 45
☎ 048160214
**Cacciatore della Subida** 🍴🍴🍴
località Monte 22
☎ 048160531
**Giardinetto** 🍴🍴🍴
via Matteotti 54
☎ 048160257

**Dolegna del Collio**
**Castello dell'Aquila d'Oro** 🍴🍴🍴
7 km nach Ruttars
☎ 048161255

**Duino**
**Duino Park Hotel** ★★★
☎ 040208184
**Forte Agip** ★★★
in der Nähe des Autobahnkreuzes
☎ 040208273

Tocai friulano und Sauvignon blanc, dazu kommen die reinsortig gekelterten autochthonen Reben Ribolla gialla und Picolit.

## Der Karst: eine Entdeckung wert

Der julische Karst (italienisch Carso), genauer gesagt der schmale hügelige Streifen vor Triest, ist eines der charakteristischsten Weinbaugebiete Italiens – dafür sorgen die kalkhaltigen Böden, das maritime Klima und die angestammten einheimischen Rebsorten, aus denen größtenteils Weißweine bereitet werden. Malvasia istriana, Terrano und Vitouska liefern zwar nur bescheidene Mengen, die aus ihnen bereiteten Weine sind aber durchweg hochwertig.

## Weinstädte

**Buttrio.** Wahrzeichen dieser bereits zur Zeit des Langobardenkönigs Alboin erwähnten Stadt ist ein mächtiger Glockenturm mit umgekehrtem Zifferblatt. Die Weinrebe, so will es der Volksmund wissen, wurde hier bereits zwischen dem 13. und dem 12. Jahrhundert v. Chr. eingeführt, und auch heute noch bedecken Weinreben neben Olivenbäumen den größten Teil der landwirtschaftlichen Nutzfläche. Typisch für die Gegend ist auch die Rinderzucht, die den hervorragenden Montasio-Käse hervorbringt und der Stadt den Beinamen «Schweiz des Friaul» eingebracht hat. Zwischen April und Mai findet hier die Weinmesse **Fiera Regionale dei Vini** statt, mit dem Palio delle Botti, einem Wettstreit, bei dem sich die Vertreter der Weinstädte Italiens ganz friedlich messen.

**Capriva del Friuli.** Die Hügel im Norden des Ortes sind fest in der Hand der Winzer und fallen unter die DOC-Bereiche Isonzo und Collio. Aquileia, Venedig und Wien herrschten nacheinander über dieses Städtchen, dessen schönste Sehenswürdigkeiten das Castello di Spessa und die Pfarrkirche sind. In der zweiten Julihälfte heißt es hier: **Festestate!**

**Cormons.** In dieser Stadt aus vorrömischer Zeit sind noch Teile der mittelalterlichen Ringmauer und herrschaftliche Gebäude aus dem 16. und 17. Jahrhundert erhalten, darunter der Dom S. Adalberto. Cormons, heimliche Haupstadt des Collio und traditioneller Umschlagplatz für die Weine der Umgebung, ist auch Sitz einer Enoteca Regionale (→) und einer Cantina Sociale, die den schönen Brauch des Vino della Pace (Friedensweins) initiiert hat, der in kunstvoll gestaltete Flaschen abgefüllt und Staatsoberhäuptern als Geschenk zugesandt wird. Bedeutendere Veranstaltungen sind hier das **Genetliaco di Francesco Giuseppe,** ein Freundschaftsfest für die Völker Mitteleuropas, und die **Festa dell'Uva,** das Weinlesefest in der zweiten Septemberwoche.

**Corno di Rosazzo.** Der Ort verdankt seinen Ruf der mittelalterlichen Abtei von Rosazzo, dem unangefochtenen Heiligtum friaulischen Weinbaus. In dem aus römischer Zeit stammenden Ortskern, der später zum Besitz der Patriarchen von Aquileia gehörte, sind noch der Turm der Burg von

### Hotels und Restaurants

**Gorizia**

**Nanut** ★★★
via Trieste 118
☎ 048120595

**Palace Hotel** ★★★
corso Italia 63
☎ 048182166

**Alla Luna** 🍴
via Oberdan 13
☎ 0481530374

**Ca' di Pieri** 🍴
via Codelli 5
☎ 0481533308

**Da Sandra** 🍴
piazza de Amicis 7
☎ 048131644

**Manzano**

**Il Borgo** 🍴🍴
4 km nach Soleschiano
via Principale 24/26
☎ 0432754119

Gramogliano und die Villa Torrani aus dem 16. Jahrhundert zu sehen. Doch zurück zum Wein: Erwähnung verdient der Weinverband, der eine eigene Enoteca betreibt. Alter Brauch ist das Weinfest **Festa dei Vini dei Colli Orientali** am zweiten Sonntag im Mai.

**Dolegna del Collio.** In der am Fluss Judro gelegenen Stadt an der Grenze zu Slowenien verschmelzen drei Kulturen miteinander: die italienische, die slawische und die österreichische. Ihr ganzer Stolz ist das Castello di Trussio, letzter stummer Zeuge einstmals vieler mittelalterlicher Burgen. 1792 wurde in Dolegna der Dichter Pietro Zorutti geboren. Anfang August trifft man sich auf der Piazza zur **Festa della Ribolla.**

**Faedis.** Die Kirche und die Ruinen dreier Burgen erinnern an die Geschichte des Ortes, der jedoch vor allem durch seinen Wein berühmt geworden ist. In Campeglio wird Mitte Mai die **Festa del Vino dei Colli** gefeiert, Mitte Juni ist die **Festa delle Fragole e del Vino,** das Erdbeer- und Weinfest, an der Reihe.

**Gorizia.** An den letzten Ausläufern der Julischen Alpen, wo der Fluss Isonzo die Ebene erreicht, liegt diese vom Borgo Castello überragte Stadt. Neben anderen Veranstaltungen findet hier Ende August das **Festival del Folklore** statt.

**Manzano.** Untergang und Wiederaufbau bestimmten über Jahrhunderte hinweg das Leben des Dorfes, bis schließlich im Zeichen der Donaumonarchie eine Blütezeit begann: 1878 entstand die erste Stuhlfabrik. Heute bildet Manzano zusammen mit Corno di Rosazzo und San Giovanni al Natisone das Industriedreieck dieser Branche. Doch auch der Wein verdient Erwähnung: In den Weingärten reifen die seit alters her geschätzten Picolit- und Ribolla-gialla-Reben. Veranstaltungen: im Juni **Sagra delle Case di Manzano,** ein Volksfest, und im August **Sagra delle Pesche e del Vino,** ein Pfirsich- und Weinfest.

**Nimis.** Eine Gemeinde, die sich in zahlreiche ländliche Weiler aufgliedert, jeder mit eigener Kirche und eigenem Charakter. Unter Weinliebhabern ist Ramandolo als Unterbereich der DOC Colli Orientali am besten bekannt. Anfang September findet das achttägige traditionelle Weinlesefest **Festa del Vino** statt.

**Premariacco.** Der keltische Ortsname und die von den Römern erbaute Brücke über den Natisone zeugen von dem antiken Ursprung des Ortes. Die Kirche San Silvestro mit ihren schönen Fresken und die Burg Rocca Bernarda stammen dagegen aus dem Mittelalter. Der Weinbau stellt die wirtschaftliche

*Der Weiler Ruttars bei Dolegna del Collio.*

## Hotels und Restaurants

**Mariano del Friuli**
**Le Dune** 🍴
via Dante 41
☎ 048169021

**Monfalcone**
**Lombardia** ★★★
piazza Repubblica 21
☎ 0481411275
**Excelsior** ★★★
via Arena 4
☎ 0481412566
**Lussino** ★★
via Duca d'Aosta 37
☎ 0481410409
**Ai Campi di Marcello** 🍴
via Napoli 7
☎ 0481481937

Grundlage der Gemeinde dar, die am dritten Sonntag im Mai die Weinmesse **Fiera del Vino di Ipplis** ausrichtet.

**Prepotto.** Das Mikroklima dieser kleinen Ortschaft in den Colli Orientali verleiht den Reben einen ganz besonderen, unnachahmlichen Charakter.

**San Floriano del Collio.** Zwei Burgen erinnern hier an die einstige strategische Rolle des Städtchens. Und auch seiner Weine und Kirschen wegen ist San Floriano seit alters her bekannt. Eine Gedenkstätte aus dem Ersten Weltkrieg und das am ersten Wochenende im Juli stattfindende **Festival della Canzone Folkloristica Slovena** lassen den Besucher spüren, dass die Grenze nicht mehr weit ist.

**San Giovanni al Natisone.** Ursprünglich war dieser Ort wahrscheinlich eine Poststation entlang der Römerstraße von Aquileia nach Cividale. Rund 130 Betriebe sind heute im Weinbau tätig und bilden ein gutes Gegengewicht zur Stuhlindustrie. Besonders sehenswert sind die Kirche San Giusto aus dem 15. Jahrhundert und die Villa Trento im Ortsteil Dolegnano.

## Kellereien

**Buttrio.** *Valle, via Nazionale 3, Tel. 0432674289. Öffnungszeiten: 9–12 und 14–18 Uhr nach Voranmeldung.* Auf den Gütern in Rosazzo in den Colli Orientali und Ruttars im Collio Goriziano entstehen edle Weine. Die Besten aus dieser Produktion sind in der Selezione Araldica (besonders interessant der Rote L'Araldo) und der Collezione Valle zusammengefasst. Direktverkauf von Wein und anderen typischen Produkten.

**Capriva del Friuli.** *Schiopetto, via Palazzo Arcivescovile 1, Tel. 0481 80332. Öffnungszeiten: Montag–Freitag nach Voranmeldung.* Mitten auf dem Weingut liegt der ehemalige Landsitz des Bischofs von Gorizia. Die Familie Schiopetto plant, das Gebäude restaurieren zu lassen und teilweise dem Tourismus zu öffnen. Aus ihrer Kellerei stammen DOC-Weine der Colli Orientali und des Collio, wie zum Beispiel die Riserva-Arten Pinot Bianco Amrità und Tocai Pardes, die sehr lange in großen Holzfässern reifen. Darüber hinaus stammen von hier auch zwei interessante IGT-Regionalweine, Blanc de Rosis und Riva Rossa, in denen sich die besten Rebsorten des Guts ein Stelldichein geben. *Russiz Superiore, via Russiz 7, Tel. 048199164. Öffnungszeiten: nach Voranmeldung.* Marco Felluga schmückt seine Etiketten mit dem Wappen des Fürsten von Torre Taso, unter dessen Herrschaft hier schon im 14. Jahrhundert Wein angebaut wurde. Hervorragend unter den DOC-Weinen des Collio ist der Rosso Riserva degli Orzoni, eine Spätlese vorwiegend von Cabernet Sauvignon. Beeindruckende unterirdische Kellerei, Übernachtungsmöglichkeit im Gästehaus. *Villa Russiz, via Russiz 6, Tel. 048180047. Öffnungszeiten: nach Voranmeldung 8–12 und 14.30 bis 18 Uhr, Samstag und Sonntag geschlossen.* 1869 ließ sich der französische Graf Theodore De la Tour in diesem Winkel des Collio nieder und brachte Rebsorten und neuartige Techniken aus seiner Heimat mit. Aus dieser Zeit stammt

### Hotels und Restaurants

**Monfalcone**
**Hannibal** 🍴
via Bagni
☎ 0481798006

**Monrupino**
**Furlan** 🍴
Zolla
☎ 040327125

**Mossa**
**Blanch** 🍴
via Blanchis 35
☎ 048180020

**Muggia**
**Sole** ★★★
6 km nach Lazzaretto
strada per Lazzaretto 93
☎ 040271106
**All'Arciduca** 🍴
strada per Chiampore 46
☎ 040271019
**Lido** 🍴
via C. Battisti 22
☎ 040273338

auch der Hauptsitz des Betriebs mit seinen großzügigen Kellergewölben. Die besten Weine des Hauses sind der Sauvignon De la Tour und der Merlot Graf De la Tour.

**Manzano.** *Walter Filiputti, piazza dell'Abbazia 15, Rosazzo, Tel. 0432 759429. Öffnungszeiten: 9–19 Uhr.* Vor der unvergleichlichen Kulisse der Abtei von Rosazzo geht eine der traditionsreichsten Kellereien des Friaul ihrer Arbeit nach. Bereits 1438 besang Marin Sanudo ihre «vollkommenen Weine». Heute ist unter den Weinen der DOC Colli Orientali vor allem der ausgezeichnete Ronco degli Agostiniani zu erwähnen, ein edler, vorzüglich haltbarer Weißwein, sowie der Poiesis, in dem sich neben einem Grundstock aus Chardonnay-Trauben auch Tocai friulano, Pinot bianco und eine Spur Picolit finden. In dem Geschäft Vino e Cose am Ort kann man typische Erzeugnisse der Gegend und kulinarische Spezialitäten kaufen.

**Premariacco.** *Rocca Bernarda, località Ipplis, Tel. 0432716273. Öffnungszeiten: Montag bis Freitag 8–12 und 14–17 Uhr, Samstag 8–12 Uhr.* Eine Frau namens Pantasilea Capiferro war es, die Anfang des 16. Jahrhunderts die Weingärten rund um das Schloss als Aussteuer einbrachte. Die Kellerei, die heute im Besitz des Malteserordens ist, weist eine beachtliche Vielzahl an Weinen mit Einzellagenbezeichnung auf, etwa den Cru Merlot Centis und den Picolit, der just in Zusammenhang mit Rocca Bernarda in einer alten Schrift zum ersten Mal Erwähnung fand.

**Und außerdem ... Buttrio.** *Conte D'Attimis Maniago, via Sottomonte 21, Tel. 0432674027. Petrucco, via Morpurgo 14, Tel. 0432674387.* **Capriva del Friuli.** *Castello di Spessa, via Spessa 1, Tel. 0481639914, www.boatina.com, info@boatina.com. Puiatti, via Aquileia 30, Tel. 0481 809922.* **Cividale.** *Dal Fari, via Darnazzacco, Tel. 0432731219, dalfari@faber_italy.com. Paolo Rodaro, via Cormons Sotto, Tel. 0432716066. Ronchi di Fornaz, via Della Fornaz 17, Tel. 0432701462. Rubini, frazione Spessa, via Case Rubini 4, Tel. 0432716141. Colli S. Anna, via S. Anna 5, Spessa, Tel. 0432716289. Vieri di Lune, via S. Anna 19/2, Spessa, Tel. 0432 716176. Villa Martina, Ca' delle Vallade 3/b, Tel. 048160733, www.villamartina.it, villamartina@villamartina.it.* **Cormons.** *Cantina Produttori di Cormons, via Vino della Pace 31, Tel. 048160579. Paolo Caccese, via Pradis 6, Tel. 048161062. Livio Felluga, frazione Brazzano, via Risorgimento 1, Tel. 048160203, www.felluga.it, info@felluga.it. Gradnik, località Plessiva 5, Tel. 048161395, E-Mail: mirtha@tin.it. Roncada, località Roncada 5, Tel. 048161394.* **Corno di Rosazzo.** *Ca' di Bon, via Casali Gallo 1, Tel. 0432759316. Collavini, via della Ribolla Gialla 2, località Gramogliano, Tel. 0432753222. Ronco di Gramogliano, frazione Gramogliano, via Casali Gallo 21, Tel. 0432 759427. Perusini, frazione Gramogliano, Tel. 0432675018.* **Dolegna del Collio.** *Ca' Ronesca, località Lonzano 27, Tel. 048160034. Collarig, località Ruttars 33, Tel. 0481630310. Venica & Venica, via Mernico 42, Cerò, Tel. 0481 61264, Internet: www.seta.it/venica.* **Dolegnano.** *Livon, via Montarezza 33, Tel. 0432757173.* **Faedis.** *Accordini, frazione Campeglio, via P. Diacono 12, Tel. 0432*

## Hotels und Restaurants

**Muggia**
**Trattoria Risorta** 🍴
riva De Amicis 1/a
☎ 040271219

**Ronchi dei Legionari**
**Doge Inn** ★★★
viale Serenissima 71
☎ 0481779401
**Martin Pescatore** 🍴
via Roma 4
☎ 0481474060

**San Dorligo della Valle**
**Locanda Mario** 🍴
7 km nach Draga Sant'Elia
☎ 040228193

711005. *Marco Cecchini, via Colombani, Tel. 0432671615, www.cecchinimarco.com, info@cecchinimarco.com. Colle Villano, via Divisione Julia 41, Tel. 0432728257. Paolino Comelli, via della Chiesa, Colloredo, Tel. 0432 711226.* **Farra d'Isonzo.** *Borgo Conventi, strada Colombara 13, Tel. 0481 888004. Vinnaioli Jermann, via Monte Fortino 21, Villanova, Tel. 0481 888080.* **Lucinico.** *Conti Attems, via Giulio Cesare 36/a, Tel. 0481888162.* **Manzano.** *Bandut-Colutta, via Orsaria 32, Tel. 0432740315. Cencig, via Sottomonte 171, Tel. 0432740789. Le Vigne die Zamò, via Abate Corrado 55, Rosazzo, Tel. 0432759693. Midolini, via Udine 40, Tel. 0432754555. Ronchi di Manzano, via Orsaria 42, Tel. 0432 740718. Ronco delle Betulle, frazione Rosazzo, via A. Colonna 24, Tel. 0432740547.* **Mariano del Friuli.** *Luisa Eddi, via Campo Sportivo, Tel. 048169680.* **Nimis.** *Il Roncat, via Pescia 7, Ramandolo, Tel. 0432478211.* **Oslavia.** *Fiegl, via Lenzuolo Bianco 1, Tel. 048131072.* **Premariacco.** *Ermacora, via Solzaredo 9, Ipplis, Tel. 0432716250. R. Scubla, via Rocca Bernarda 22, Ipplis, Tel. 0432716258. Vigne Fantin Noda'r, via Casali Ottellio, Tel. 0434 28893, vignefantin@libero.it.* **Prepotto.** *La Viarte, via Novacuzzo 50, Tel. 0432759458. Marinig, via Brolo 41, Tel. 0432713012. Rieppi, via Albana 55, 0432713013.* **Ronchi dei Legionari.** *Tenuta di Blasig, via Roma 63, Tel. 0481475480.* **Sagrado.** *Castelvecchio, via Castelnuovo 2, Tel. 048199742.* **San Canzian d'Isonzo.** *Lorenzon, località Pieris, via Ca' del Bosco 6, Tel. 048176445, www.ifeudi.it, ifeudi@ifeudi.it.* **San Dorligo della Valle.** *Parovel Euro, località Caresana 81, Tel. 040227050. Iacuss, viale Kennedy 39/a, Montina, Tel. 0432715147. Valchiarò, via Laurini 3, Tel. 0432712393. Volpe Pasini, via Cividale 16, Toglieano, Tel. 0432 715151.* **San Giovanni al Natisone.** *Alfieri Cantarutti, via Ronchi 9, Tel. 0432756317, www.madeinfriuli.com, alficant@tin.it.* **Talmassons.** *Mangilli, Flumignano, via Tre Avieri 12, Tel. 0432766248.* **Torreano.** *Jacuss, viale Kennedy 39/a, Montina, Tel. 0432 715147. Valchiarò, via Laurini 3, Tel. 0432712393. Volpe Pasini, via Cividale 16, Toglieano, Tel. 0432715151.*

## Enoteche

**Cormons.** *Enoteca di Cormons, piazza XXIV Maggio 21, Tel. 0481 630371. Öffnungszeiten: 10.30 bis 13 und 17–21.30 Uhr; Dienstag geschlossen.* Die Enoteca mit Sitz in einem Flügel des Palazzo Locatelli am Hauptplatz wird von einer Gruppe von 28 lokalen Erzeugern geführt. Sie ist aufgeteilt in einen Ausstellungsraum mit Schenke und eine Weinprobierstube, die Platz für 60 Personen bietet. Kleinere typisch friaulische Gerichte sorgen für das leibliche Wohl. Von April bis Juni wird jeden Samstagabend eine kostenlose Degustation lokaler Weine angeboten. Im August findet die Veranstaltung **Mostra Assaggio degli Uvaggi a DOC** statt.

## Rund um den Wein

**San Floriano del Collio.** *Museo del Vino, via Oslavia 5, Tel. 0481 884131. Öffnungszeiten: an Werktagen 8–12 und 13–17 Uhr, an Sonn- und Feiertagen nach Vereinbarung.* Das Castello Formentini ist ein be-

## Hotels und Restaurants

**San Floriano del Collio**
**Golf Hotel** ★★★★
via Oslavia 2
☎ 0481884051
**Castello Formentini** 🍴🍴
piazza Libertà 3
☎ 0481884034
**San Giovanni al Natisone**
**Wiener Hotel** ★★★
via Stazione 68
☎ 0432757378
**Campiello** 🍴🍴🍴
via Nazionale 40
☎ 0432757910
**Savogna d'Isonzo**
**Da Tommaso** ★★★
2 km nach Gabria
via Trieste 1
☎ 0481882004
**Pos Gostilna Devetak** 🍴🍴
4 km nach San Michele del Carso
☎ 0481882005

redtes Zeugnis dafür, was Weintourismus alles zu bewirken vermag. Doch auch neben dem Weinbaubetrieb bietet der Ort dem Touristen so manches, vom reichhaltigen Gastronomieangebot über die Unterbringung auf einem Bauernhof (Agriturismo) bis hin zu hochkarätigen Hotels. Insbesondere sei hier auf das Weinmuseum hingewiesen, das im Keller des Schlosses eingerichtet wurde. Es enthält zahlreiche Exponate aus Landwirtschaft und Weinbau sowie eine umfangreiche Bilddokumentation. Das Museum ergänzt die Sammlung des Museo della Civiltà Contadina del Friuli Imperiale im 20 Kilometer entfernten Aiello, das 1987 ebenfalls von den Formentini gegründet wurde.

## Tourenvorschläge

**Unterwegs in den Colli Orientali.** Hauptachse dieser Route sind die Staatsstraßen 356 zwischen Tarcento und Cormons und 56 zwischen Udine und Gorizia. **Tarcento.** Urlaubsort am Ufer des Flusses Torre, eingebettet in Weinberge und Obstgärten. Für den Aufenthalt empfehlen wir das Green Hotel in Magnano in Riviera, das dem Movimento del Turismo del Vino angeschlossen ist. Auf dem Weg nach Cividale folgen dann zwei kleinere Weinstädte: **Nimis** (→) und **Faedis** (→). In Nimis kann man eine gemütliche Pause in den rustikalen, holzverkleideten Räumen der Enoteca alla Vite einlegen. **Cividale** (→) bietet zahlreiche touristische und gastronomische Möglichkeiten. Wer Zeit hat, die Gegend etwas genauer zu erkunden, sollte **Torreano** und dann **Stregna** ansteuern, wo es die ebenso einfachen wie unvergesslichen Gerichte des Restaurants Sale e Pepe zu entdecken gilt. **Premariacco** (→). Die Kellerei Rocca Bernarda (→) in einem historischen Schlösschen ist einen Abstecher wert. **Buttrio** (→). Die Kellereien Girolamo Dorigo und Marina Danieli laden zu Besichtigungen und Weinproben ein. Schmackhafte Stärkung bietet die Locanda alle Officine des Movimento del Turismo del Vino. **Manzano** (→). Einladendes kleines Hotel mit entzückendem Restaurant. Erwähnenswert auch das Weingut von Walter Filiputti (→ Kellereien). **San Giovanni al Natisone** (→). Ein wirklich heißer Tipp ist hier das Hotelrestaurant Il Campiello, das eine ausgezeichnete Fischküche bietet. Beachtenswert auch die Enoteca della Casa Shangri-La, ein rustikales Lokal nahe eines Agriturismo-Betriebs. **Corno di Rosazzo** (→). Zu empfehlen sind hier die Enoteca del Gruppo Coltivatori di Rosazzo und die Kellereien Collavini (→) und Livon. **Dolegna del Collio** (→). Urlaub auf dem Land bei Venica & Venica (→ Kellereien) möglich, Weinproben außerdem in der Kellerei La Viarte in dem zwei Kilometer entfernten Prepotto. Das vorzügliche Restaurant Castello Aquila d'Oro, sieben Kilometer weiter in Ruttars, verfügt auch über einen der besten Weinkeller Italiens. **Cormons** (→). Zwei Restaurants, denen besondere Aufmerksamkeit gebührt, sind das Giardinetto und das Cacciatore della Subida im Ortsteil Monte. Für einen kurzen Zwischenstopp bietet sich da-

## Hotels und Restaurants

**Sistiana**

**Posta** ★★★
Sistiana 51
☎ 040299103

**Stregna**

**Sale e Pepe** 🍴
via Capoluogo 19
☎ 0432724118

**Triest**

**G. H. Duchi d'Aosta** ★★★
piazza Unità d'Italia 2
☎ 0407600011

**Jolly** ★★★
corso Cavour 7
☎ 0407600055

**Starhotel Savoia Excelsior** ★★★
riva del Mandracchio 4
☎ 04077941

gegen die Enoteca dei Produttori di Rosazzo am Hauptplatz an. **Capriva del Friuli.** Weinstadt (→) mit einer stolzen Reihe bedeutender Kellereien: Schiopetto (→), Russiz Superiore (→), Villa Russiz (→) und Puiatti (→), um nur einige zu nennen. **Gorizia.** Unter den Habsburgern galt die Stadt als das «Nizza Österreichs». Liebhaber der Atmosphäre jener Zeit zieht es in die Trattoria Alla Luna. **San Floriano del Collio** (→). Dieser Ort, in dem sich auch das Castello Formentini befindet, ist ein Mekka für Weintouristen: Zuerst steht die Besichtigung des Weinmuseums und der Kellerei des Schlosses auf dem Programm, dann kehrt man im nahe gelegenen Restaurant ein (samstags mittelalterliches Abendessen mit Musik und Kostümen) und zu guter Letzt locken die romantischen Zimmer des Golf Hotel.

## Auf Entdeckungsreise im Karst.

Die Route beginnt in Gorizia, führt zunächst durch das Tal des Isonzo und dann in die unverwechselbare Landschaft rund um Triest, um schließlich über Nebenstraßen die Provinzhauptstadt zu erreichen. **Gradisca d'Isonzo.** Eine Stadt mit vielfältigem Angebot. Übernachtung im Hotel Franz, und wie schön, dass da auch gleich das Restaurant Ai Patriarchi ist! Oder doch lieber in die Trattoria Alle Viole, wo der Name Felluga für ausgezeichnete Qualität steht? In der kleinen Stadt **Farra d'Isonzo** gibt es die Kellereien Borgo Conventi (→) und Vinnaioli Jermann (→) zu besichtigen. Wenn man sich ab Gorizia auf der rechten Seite des Isonzo hält, sollte man auf keinen Fall die Trattoria Gostilna Devetak in Savogna d'Isonzo auslassen, eine für den Karst typische Gastwirtschaft. **Duino.** Hoch auf einer Klippe überragt die Ruine des Castello Nuovo das ehemalige Fischerdorf. Die Straße folgt der Küste bis Sistiana, einem von dichtem Wald umgebenen Badeort. Dann führt sie ins Hinterland nach Malchina, von wo aus es über Sgonico, Monrupino und Villa Opicina weiter geht bis zur Hauptstadt der Region. **Triest.** Unmöglich, all die Schätze aus Geschichte und Kunst dieser Stadt auch nur annähernd aufzuzählen. Machen Sie sich zu Fuß auf den Weg, zum Beispiel durch Cafés wie das Pirona,

### Hotels und Restaurants

**Triest**

**Novo Hotel Impero** ★★★
via S. Anastasio 1
☎ 040364242

**San Giusto** ★★★
via C. Belli 3
☎ 040764824

**Antica Trattoria Suban** 🍴🍴🍴
via Comici 2
☎ 04054368

**Ai Fiori** 🍴🍴
piazza Hortis 7
☎ 040300633

**Città di Cherso** 🍴🍴
via Cadorna 6
☎ 040366044

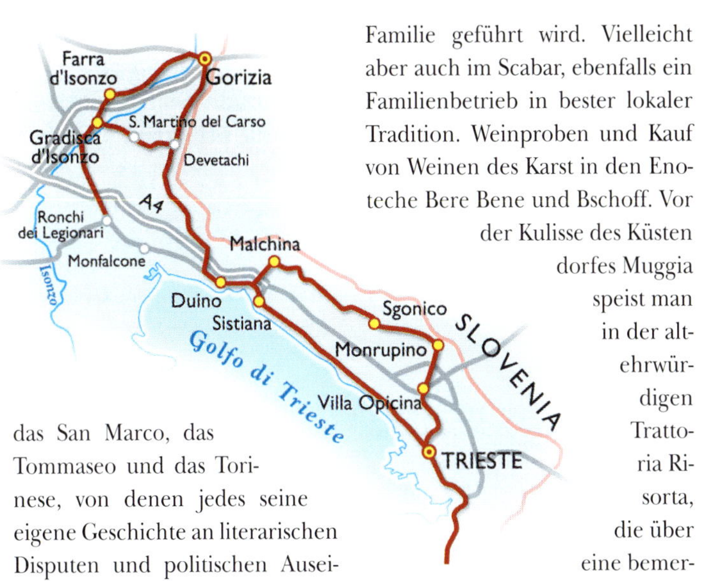


das San Marco, das Tommaseo und das Torinese, von denen jedes seine eigene Geschichte an literarischen Disputen und politischen Auseinandersetzungen hütet. Oder nehmen Sie Ihr Mittagessen im charakteristischsten Lokal am Platz, dem 1865 gegründeten Suban ein, das noch heute von der gleichen Familie geführt wird. Vielleicht aber auch im Scabar, ebenfalls ein Familienbetrieb in bester lokaler Tradition. Weinproben und Kauf von Weinen des Karst in den Enoteche Bere Bene und Bschoff. Vor der Kulisse des Küstendorfes Muggia speist man in der altehrwürdigen Trattoria Risorta, die über eine bemerkenswerte Weinkarte verfügt. In San Dorligo della Valle an der slowenischen Grenze empfiehlt sich ein Besuch des Weinguts Parovel (→ Kellereien).

## DOC-Weine aus den Colli Orientali, Collio und Karst

**CARSO.** – **Chardonnay.** Rebsorten: Chardonnay (85–100%). Produktion: 66 hl (1 ha). Farbe: strohgelb. Geruch: delikat, sortentypisch. Geschmack: trocken, voll, harmonisch. Alkoholgehalt: 11%. Zu Fisch zu trinken. – **Malvasia.** Rebsorten: Malvasia istriana (85 bis 100%). Produktion: 688 hl (14 ha). Farbe: mehr oder weniger volles Strohgelb. Geruch: aromatisch, sortentypisch oder fruchtig, harmonisch. Geschmack: trocken, angenehm. Alkoholgehalt: 11%. Zu Vorspeisen und Fisch zu trinken. – **Pinot Grigio.** Rebsorten: Pinot grigio (85–100%). Produktion: 50 hl (2,2 ha). Farbe: mehr oder weniger volles Strohgelb. Geruch: sortentypisch. Geschmack: trocken, voll, harmonisch. Alkoholgehalt: 11,5%. Zu Krustentieren und Meeresfrüchten zu trinken. – **Sauvignon.** Rebsorten: Sauvignon blanc (85–100%). Produktion: 240 hl (3,7 ha). Farbe: mehr oder weniger volles Strohgelb. Geruch: delikat, sortentypisch. Geschmack: trocken, frisch, harmonisch. Alkoholgehalt: 11,5%. Alterung: bis zu 2 Jahren. Zu Fisch zu trinken. – **Traminer.** Rebsorten: Traminer (85–100%). Produktion: 150 hl (2,6 ha). Farbe: mehr oder weniger volles Strohgelb. Geruch: delikat, mit sortentypischem Aroma. Geschmack: trocken, harmonisch. Alkoholgehalt: 11,5%. Alterung: bis zu 2 Jahren. Zu allen Speisen, vor allem aber zu Krustentieren zu trinken. – **Vitouska.** Rebsorten: Vitouska (85 bis 100%). Produktion: 188 hl (3,5 ha). Farbe: strohgelb. Geruch: delikat, fein. Geschmack: trocken, frisch, harmonisch. Alkoholgehalt: 10,5%. Zu Fisch zu trinken. – **Rosso.** Rebsorten: Terrano (70–100%). Produktion: 311 hl (7,8 ha). Farbe: volles Rubinrot.

### Hotels und Restaurants

**Scabar** 🍴
erta di S. Anna 63
☎ 040810368

**Riviera & Maximilian's** ★★★
8 km nach Grignano
strada Costiera 22
☎ 040224551

### Agriturismo

**Buttrio**

**Scacciapensieri**
via Morpurgo 29
☎ 0432674907

**Cormons**

**Kitzmuller Thomas**
Brazzano
via XXIV Maggio 56
☎ 048160853

## DOC-Weine aus den Colli Orientali, Collio und Karst

Geruch: weinig, sortentypisch. Geschmack: trocken, körperreich, harmonisch. Alkoholgehalt: 10%. Alterung: bis zu 2 Jahren. Zu allen Speisen zu trinken. – **Cabernet Franc.** Rebsorten: Cabernet franc (85–100%). Produktion: 300 hl (5,8 ha). Farbe: ziemlich intensives Rubinrot. Geruch: sortentypisch, kräuterwürzig, angenehm. Geschmack: trocken, kräuterwürzig, harmonisch. Alkoholgehalt: 10%. Alterung: bis zu 3 Jahren. Zu gegrilltem Fleisch und altem Käse zu trinken. – **Cabernet Sauvignon.** Rebsorten: Cabernet Sauvignon (85–100%). Produktion: 150 hl (3,1 ha). Farbe: rubinrot, auch mit granatroten Reflexen. Geruch: sortentypisch, angenehm, intensiv. Geschmack: trocken, rund, harmonisch. Alkoholgehalt: 10,5%. Alterung: bis zu 3 Jahren. Zu rotem Fleisch zu trinken. – **Merlot.** Rebsorten: Merlot (85–100%). Farbe: ziemlich volles Rubinrot. Geruch: sortentypisch, angenehm. Geschmack: trocken, rund, kräuterwürzig, harmonisch. Alkoholgehalt: 10,5%. Alterung: bis zu 2–3 Jahren. Zu allen Speisen zu trinken. – **Refosco.** Rebsorten: Refosco dal peduncolo rosso (85–100%). Produktion: 79 hl (1,5 ha). Farbe: recht intensives Rubinrot. Geruch: sortentypisch, angenehm, fruchtig. Geschmack: trocken, sortentypisch, harmonisch. Alkoholgehalt: 10,5%. Alterung: bis zu 3 Jahren. Zu allen Speisen zu trinken. – **Terrano.** Rebsorten: Terrano (85–100%). Produktion: 319 hl (5,8 ha). Farbe: volles Rubinrot. Geruch: weinig, sortentypischer Duft. Geschmack: trocken, angenehm säuerlich, körperreich. Alkoholgehalt: 10%. Alterung: bis zu 2 Jahren. Zu allen Speisen zu trinken.

**COLLI ORIENTALI DEL FRIULI.**

– **Bianco.** Rebsorten: Chardonnay und/oder Malvasia und/oder Picolit und/oder Pinot bianco und/oder Pinot grigio und/oder Ribolla gialla und/oder Riesling renano und/oder Sauvignon blanc und/oder Tocai friulano und/oder Verduzzo friulano. Farbe: mehr oder weniger volles Strohgelb. Geruch: delikat, angenehm, harmonisch. Geschmack: trocken, lebhaft. Alkoholgehalt: 11%. Qualitätsstufen: *Superiore* (11,5%), *Riserva* mindestens 11% Alkohol und 2 Jahre Alterung. Als Tischwein zu trinken. – **Chardonnay.** Rebsorten: Chardonnay (85–100%). Produktion: 4328 hl (90 ha). Farbe: mehr oder weniger volles Strohgelb. Geruch: delikat, sortentypisch. Geschmack: trocken, voll, harmonisch. Alkoholgehalt: 11%. Qualitätsstufen: *Superiore* (11,5%), *Riserva* mindestens 11% Alkohol und 2 Jahre Alterung. Zu allen Speisen zu trinken. – **Malvasia Istriana.** Rebsorten: Malvasia istriana (85–100%). Produktion: 321 hl (6 ha). Farbe: mehr oder weniger volles Strohgelb. Geruch: angenehm, sortentypisch. Gesschmack: trocken, rund, harmonisch. Alkoholgehalt: 11%. Qualitätsstufen: *Superiore* (11,5%), *Riserva* mindestens 11% Alkohol und 2 Jahre Alterung. Zu Fischgerichten zu trinken. – **Picolit.** Rebsorten: Picolit (85–100%). Produktion: 759 hl (40 ha). Farbe: mehr oder weniger volles Strohgelb. Geruch: delikat, fein, angenehm. Geschmack: lieblich oder süß, warm, harmonisch. Alkoholgehalt: 14%. Alterung: bis zu 3 Jahren. Qualitätsstufen: *Superiore* (14,5%), *Riserva* mindestens 14% Alkohol und 2 Jahre Alterung, beide sollten nicht länger als 4 Jahre gelagert werden. Als Dessertwein und in Mußestunden zu trinken. – **Pinot Bianco.** Rebsorten: Pinot bianco (85 bis 100%). Produktion: 4276 hl (83 ha). Farbe: mehr oder weniger volles Strohgelb. Geruch: delikat, sortentypisch. Geschmack: trocken, voll, harmonisch. Alkoholgehalt: 11%. Qualitätsstufen: *Superiore* (11,5%), *Riserva* mindestens 11% Alkohol und 2 Jahre Alterung. Zu Vorspeisen und Fisch zu trinken. – **Pinot Grigio.** Rebsorten: Pinot grigio (85–100%). Produktion: 11054 hl (181 ha). Farbe: strohgelb mit kupferfarbenen Reflexen. Geruch: sortentypisch. Geschmack: trocken, voll, harmonisch. Alkoholgehalt: 11%. Qualitätsstufen: *Superiore* (11,5%), *Riserva*

### Agriturismo

**Dolegna del Collio**
**Venica & Venica**
via Mernico 42
☎ 048161264

**Faedis**
**Casa del Grivò**
borgo Canal del Ferro 19
☎ 0432728638

**Manzano**
**Carlo Beria de Carvalho de Puppi**
via Don Pagnutti
☎ 0432758000

**Nimis**
**I Comelli**
largo Diaz 8
☎ 0432790685

mindestens 11% Alkohol und 2 Jahre Alterung. Zu Vorspeisen und Fisch zu trinken. – **Ribolla Gialla.** Rebsorten: Ribolla gialla (85–100%). Produktion: 2240 hl (42 ha). Farbe: mehr oder weniger volles Strohgelb. Geruch: sortentypisch, delikat. Geschmack: trocken, lebhaft, frisch. Alkoholgehalt: 11%. Qualitätsstufen: *Superiore* (11,5%), *Riserva* mindestens 11% Alkohol und 2 Jahre Alterung. Zu allen Speisen zu trinken. – **Riesling.** Rebsorten: Riesling renano (85–100%). Produktion: 1092 hl (29 ha). Farbe: mehr oder weniger volles Strohgelb. Geruch: intensiv, delikat, angenehm, zum Aromatischen neigend. Geschmack: trocken, frisch, aromatisch. Alkoholgehalt: 11%. Qualitätsstufen: *Superiore* (11,5%), *Riserva* mindestens 11% Alkohol und 2 Jahre Alterung. Zu Vorspeisen, Gemüsegerichten und Fisch zu trinken. – **Sauvignon.** Rebsorten: Sauvignon blanc (85–100%). Produktion: 10742 hl (206 ha). Farbe: mehr oder weniger volles Strohgelb. Geruch: delikat, zum Aromatischen neigend. Geschmack: trocken, frisch, harmonisch. Alkoholgehalt: 11%. Alterung: bis zu 2 Jahren. Qualitätsstufen: *Superiore* (11,5), *Riserva* mindestens 11% Alkohol und 2 Jahre Alterung. Zu Vorspeisen und Fisch zu trinken. – **Tocai Friulano.** Rebsorten: Tocai friulano. Produktion: 18548 hl (354 ha). Farbe: mehr oder weniger volles Strohgelb. Geruch: delikat, angenehm, sortentypisch. Geschmack: trocken, harmonisch, leicht bitter. Alkoholgehalt: 11%. Qualitätsstufen: *Superiore* (11,5%), *Riserva* mindestens 11% Alkohol und 2 Jahre Alterung. Zu allen Speisen zu trinken. – **Traminer Aromatico.** Rebsorten: Traminer aromatico (85–100%). Produktion: 370 hl (6 ha). Farbe: mehr oder weniger volles Strohgelb. Geruch: sortentypisch mit intensivem Aroma. Geschmack: trocken, aromatisch, intensiv, sortentypisch und voll. Alkoholgehalt: 11%. Qualitätsstufen: *Superiore* (11,5%), *Riserva* mindestens 11% Alkohol und 2 Jahre Alterung. Zu Krustentieren und würzigem Käse zu trinken. – **Verduzzo.** Rebsorten: Verduzzo friulano. Produktion: 4983 hl (103 ha). Farbe: mehr oder weniger intensiv goldgelb. Geruch: sortentypisch, intensiv, angenehm. Geschmack: trocken oder lieblich bis süß, körperreich, leicht tanninhaltig. Alkoholgehalt: 11%. Qualitätsstufen: *Superiore* (11,5%), *Riserva* mindestens 11% Alkohol und 2 Jahre Alterung. Der Trockene ist zu Fisch zu trinken, als Dessertwein der Liebliche. – **Rosato.** Rebsorten: Cabernet franc und/oder Cabernet Sauvignon und/oder Merlot und/oder Pignolo und/oder Pinot nero und/oder Refosco dal peduncolo rosso und/oder Schioppettino und/oder Tazzelenghe. Produktion: 50 hl. Farbe: rot, zu zartem Kirschrot neigend. Geruch: leicht weinig, angenehm, charakteristisch. Geschmack: trocken, harmonisch, voll, frisch. Alkoholgehalt: 11%. Alterung: bis zu 2 Jahren. Qualitätsstufen: *Superiore* (11,5%), *Riserva* mindestens 11% Alkohol und 2 Jahre Alterung. Als Tischwein zu trinken. – **Rosso.** Rebsorten: Cabernet franc und/oder Cabernet Sauvignon und/oder Merlot und/oder Pignolo und/oder Pinot nero und/oder Refosco dal peduncolo rosso und/oder Schioppettino und/oder Tazzelenghe. Farbe: rot, granatrot nach Alterung. Geruch: charakteristisch, angenehm. Geschmack: trocken, körperreich, harmonisch. Alkoholgehalt 11%. Alterung: bis zu 2–3 Jahren. Qualitätsstufen: *Superiore* (11,5%), *Riserva* mindestens 11% Alkohol und 2 Jahre Alterung. Zu allen Speisen zu trinken. – **Cabernet.** Rebsorten: Cabernet franc und/oder Cabernet Sauvignon (85 bis 100%). Produktion: 2130 hl (36 ha). Farbe: intensives Rot, granatrot nach Alterung. Geruch: weinig, intensiv, sortentypisch. Geschmack: trocken, angemessener Körper, harmonisch, leicht kräuterwürzig. Alkoholgehalt: 11%. Alterung: bis zu 3 Jahren. Zu allen Speisen zu trinken. Qualitätsstufen: *Superiore* (11,5%), *Riserva* mindestens 11%

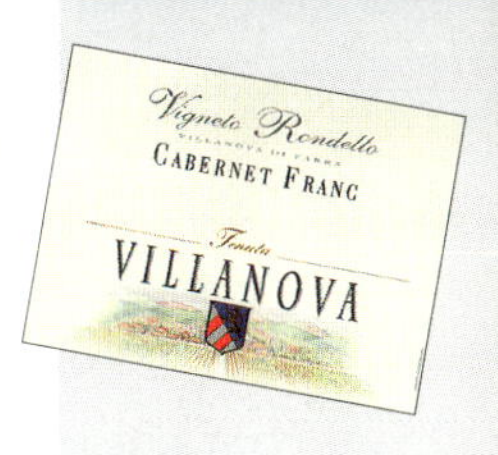


## Agriturismo

**San Giovanni al Natisone**
**Carlo Beria de Carvalho de Puppi**
Villanova del Judrio
☎ 0432758000
**Shangri-La**
via Bolzano 70
☎ 0432757844

## Enoteche

**Cormons**
**Enoteca di Cormons**
piazza XXIV Maggio 21
☎ 0481630371

## DOC-Weine aus den Colli Orientali, Collio und Karst

und 2 Jahre Alterung; beide können bis zu 4 Jahren reifen und sind zu gegrilltem Fleisch und altem Käse zu trinken. – **Cabernet Franc.** Rebsorten: Cabernet franc (85–100%). Produktion: 4740 hl (75 ha). Farbe: volles Rubinrot, nach Alterung granatrot. Geruch: kräuterwürzig, intensiv. Geschmack: sortentypisch, trocken, leicht kräuterwürzig. Alkoholgehalt: 11%. Alterung: bis zu 3 Jahren. Zu allen Speisen zu trinken. Qualitätsstufen: *Superiore* (11,5%), *Riserva* mindestens 11% Alkohol und 2 Jahre Alterung; beide können bis zu 4 Jahren reifen und sind zu gegrilltem Fleisch und Wild zu trinken. – **Cabernet Sauvignon.** Rebsorten: Cabernet Sauvignon (85–100%). Produktion: 2108 hl (39 ha). Farbe: rubinrot, granatrot nach Alterung. Geruch: sortentypisch, angenehm, intensiv. Geschmack: trocken, harmonisch. Alkoholgehalt: 11%. Alterung bis zu 3 Jahren. Zu allen Speisen zu trinken. Qualitätsstufen: *Superiore* (11,5%), *Riserva* mindestens 11% Alkohol und 2 Jahre Alterung; beide können bis zu 4 Jahren reifen und sind zu rotem Fleisch und Wild zu trinken. – **Merlot.** Rebsorten: Merlot (85 bis 100%). Produktion: 14594 hl (276 ha). Farbe: rubinrot oder granatrot nach Alterung. Geruch: sortentypisch, angenehm. Geschmack: trocken, voll, schmackhaft. Alkoholgehalt: 11%. Alterung: bis zu 3 Jahren. Qualitätsstufen: *Superiore* (11,5%), *Riserva* mindestens 11% Alkohol und 2 Jahre Alterung; beide reifen bis zu 4 Jahren. Zu allen Speisen zu trinken. – **Pignolo.** Rebsorten: Pignolo (85–100%). Produktion: 26 hl (1,4 ha). Farbe: rubinrot, nach Alterung granatrot. Geruch: sortentypisch, angenehm. Geschmack: trocken, elegant. Alkoholgehalt: 11%. Alterung: bis zu 3 Jahren. Qualitätsstufen: *Superiore* (11,5%), *Riserva* mindestens 11% Alkohol und 2 Jahre Alterung; beide können bis zu 4 Jahren reifen. Zu allen Speisen zu trinken. – **Pinot Nero.** Rebsorten: Pinot nero (85–100%). Produktion: 1050 hl (28 ha). Farbe: nicht sonderlich intensives Rubinrot, nach Alterung granatrot. Geruch: intensiv, sortentypisch, delikat. Geschmack: trocken, angenehm, leicht bitter. Alkoholgehalt: 11%. Alterung bis zu 2 Jahren. Qualitätsstufen: *Superiore* (11,5%), *Riserva* mindestens 11% Alkohol und 2 Jahre Alterung; beide können bis zu 3–4 Jahren gelagert werden. Zu weißem Fleisch zu trinken, auch zu Schweinefleisch. – **Refosco.** Rebsorten: Refosco dal peduncolo rosso. Produktion: 4741 hl (84 ha). Farbe: volles Rubinrot mit violetten Nuancen, nach Alterung granatrot. Geruch: sortentypisch, intensiv. Geschmack: trocken, körperreich, leicht bitter. Alkoholgehalt: 11%. Alterung: bis zu 3 Jahren. Qualitätsstufen: *Superiore* (11,5%), *Riserva* mindestens 11% Alkohol und 2 Jahre Alterung; beide können bis zu 4 Jahren gelagert werden. Zu Braten und altem Käse zu trinken. – **Schioppettino.** Rebsorten: Schioppettino (85–100%). Produktion: 1333 hl (24 ha). Farbe: rubinrot, nach Alterung granatrot. Geruch: sortentypisch, intensiv. Geschmack: voll, kräuterwürzig, typisch, trocken. Alkoholgehalt: 11%. Alterung: bis zu 3 Jahren. Zu allen Speisen zu trinken. Qualitätsstufen: *Superiore* (11,5%), *Riserva* mindestens 11% Alkohol und 2 Jahre Alterung; beide können bis zu 4 Jahren gelagert werden und sind zu gehaltvollen Fleischgerichten zu trinken. – **Tazzelenghe.** Rebsorten: Tazzelenghe (85–100%). Produktion: 78 hl (1,7 ha). Farbe: intensiv rotviolett. Geruch: sortentypisch. Geschmack: kräftig, tanninhaltig, kräuterwürzig, trocken. Alkoholgehalt: 11%. Alterung: bis zu 3 Jahren. Qualitätsstufen: *Superiore* (11,5%), *Riserva* mindestens 11% Alkohol und 2 Jahre Alterung; beide können bis zu 4 Jahren gelagert werden. Zu allen Speisen zu trinken. – **Ramandolo.** Rebsorten: Verduzzo friulano (Verduzzo giallo, 100%). Produktion: 2203 hl (52 ha). Farbe: mehr oder weniger intensiv goldgelb. Geruch: sortentypisch, delikat. Geschmack: körper-

### Enoteche

**Corno di Rosazzo**

**Enoteca Quattroventi**
località Quattroventi
☎ 0432753220

**Gruppo Viticoltori**
via Aquileia 68
☎ 0432753220

**Nimis**

**Enoteca alla Vite**
via Manzoni 17
☎ 0432790584

**San Giovanni al Natisone**

**Enoteca della Casa Shangri-La**
via Bolzano 60
☎ 0432757844

**Triest**

**Bere Bene**
viale Ippodromo 2/3
☎ 040390965

**Enoteca Bschoff**
via Mazzini 21
☎ 040631422

**Enoteca Nanut**
via Genova 10
☎ 040360642

reich, leicht tanninhaltig, typischerweise lieblich oder süß. Alkoholgehalt: 12+2%. Alterung: bis zu 4–5 Jahren. Als Dessertwein zu trinken. – **Cialla Bianco.** Rebsorten: Picolit und/oder Ribolla gialla und/oder Verduzzo friulano und/oder Refosco dal peduncolo rosso und/oder Schioppettino. Farbe: mehr oder weniger volles Strohgelb. Geruch: sortentypisch, delikat. Geschmack: harmonisch, frisch, weinig. Alkoholgehalt: 12%. Alterung mindestens 1 Jahr. Qualitätsstufen: *Riserva* mindestens 12% Alkohol und 4 Jahre Alterung. Zu allen Speisen zu trinken. – **Cialla Picolit.** Rebsorten: Picolit (100%). Produktion: 19 hl (0,9 ha). Farbe: mehr oder weniger intensiv goldgelb. Geruch: delikat nach Akazienblüten duftend. Geschmack: lieblich oder süß, warm, harmonisch, delikat. Alkoholgehalt: 15%. Alterung: mindestens 2 Jahre. Qualitätsstufen: *Riserva* mindestens 15% Alkohol und 4 Jahre Alterung. Als Dessertwein zu trinken. – **Cialla Ribolla Gialla.** Rebsorten: Ribolla gialla (100%). Produktion: 99 hl (2,9 ha). Farbe: strohgelb mit grünlichem Einschlag. Geruch: sortentypischer Duft. Geschmack: trocken, weinig, frisch, harmonisch. Alkoholgehalt: 12%. Alterung: mindestens 2 Jahre. Qualitätsstufen: *Riserva* mindestens 12% Alkohol und 4 Jahre Alterung. Zu allen Speisen zu trinken. – **Cialla Verduzzo Friulano.** Rebsorten: Verduzzo friulano (100%). Produktion: 116 hl (2,7 ha). Farbe: mehr oder weniger intensiv goldgelb. Geruch: sortentypisch, fruchtig, leicht nach Aprikose und/oder Akazienblüten duftend, leichte Vanillenote. Geschmack: trocken oder lieblich bis süß, leicht tanninhaltig. Alkoholgehalt: 12%. Alterung: mindestens 2 Jahre. Qualitätsstufen: *Riserva* mindestens 12% Alkohol und 4 Jahre Alterung. Der trockene Wein ist zu Fisch zu trinken, als Dessertwein der süße. – **Cialla Rosso.** Rebsorten: Picolit und/oder Ribolla gialla und/oder Verduzzo friulano und/oder Refosco dal peduncolo rosso und/oder Schioppettino. Farbe: volles Rubinrot, zuweilen mit granatroten Nuancen. Geruch: weinig, sortentypisch. Geschmack: voll, trocken. Alkoholgehalt: 12%. Alterung: mindestens 1 Jahr. Zu allen Speisen zu trinken. Qualitätsstufen: *Riserva* mindestens 12% Alkohol und 4 Jahre Alterung. Zu Gerichten mit ausgeprägtem Geschmack zu trinken. – **Cialla Refosco.** Rebsorten: Refosco dal peduncolo rosso (100%). Produktion: 65 hl (1,7 ha). Farbe: mehr oder weniger intensiv granatrot, zuweilen mit violetten Reflexen. Geruch: sortentypisch, mit leicht würziger und fruchtiger Note. Geschmack: trocken, voll, warm, mehr oder weniger bitter. Alkoholgehalt: 12%. Alterung: mindestens 3 Jahre. Qualitätsstufen: *Riserva* mindestens 12% Alkohol und 4 Jahre Alterung. Zu weißem und rotem Fleisch und altem Käse zu trinken; die Riserva für die gehobene Küche. – **Cialla Schioppettino.** Rebsorten: Schioppettino (100%). Produktion: 144 hl (3,3 ha). Farbe: volles Rubinrot, zuweilen mit granatroten Nuancen. Geruch: sortentypisch und elegant, mit leicht fruchtiger Note. Geschmack: samtig, warm, voll, trocken, mit einer Note von grünem Pfeffer. Alkoholgehalt: 12%. Alterung: mindestens 3 Jahre. Qualitätsstufen: *Riserva* mindestens 12% Alkohol und 4 Jahre Alterung. Zu allen Speisen zu trinken. – **Rosazzo Bianco.** Rebsorten: Picolit und/oder Ribolla gialla und/oder Pignolo. Produktion: 488 hl (12 ha). Farbe: mehr oder weniger volles Strohgelb. Geruch: sortentypisch, delikat. Geschmack: harmonisch, weinig. Alkoholgehalt: 12%. Qualitätsstufen: *Riserva* mindestens 12% Alkohol und 2 Jahre Alterung. Zu allen Speisen zu trinken. – **Rosazzo Picolit.** Rebsorten: Picolit (85–100%). Produktion: 29 hl (2,7 ha). Farbe: mehr oder weniger intensiv goldgelb. Geruch: delikat duftend. Geschmack: lieblich oder süß, warm, harmonisch, delikat. Alkoholgehalt: 15%. Alterung: 5 Jahre und mehr. Qualitätsstufen: *Riserva* mindestens 15% Alkohol

## Veranstaltungskalender

**Januar**
**Ronchi**
Falò dell'Epifania (Epiphaniasfeuer)
**April**
**Buttrio**
④ Mostra dei Vini tipici della Zona (Weinschau)
**Mai**
**Corno di Rosazzo**
③ Festa dei Vini dei Colli Orientali del Friuli (Weinfest)
**Faedis**
②③ Festa del Vino dei Colli di Campeglio (Weinfest)

## DOC-Weine aus den Colli Orientali, Collio und Karst

und 2 Jahre Alterung. Als Dessertwein zu trinken. – **Rosazzo Ribolla Gialla.** Rebsorten: Ribolla gialla (85–100%). Farbe: mehr oder weniger volles Strohgelb. Geruch: duftend, sortentypisch. Geschmack: trocken, frisch, harmonisch. Alkoholgehalt: 12%. Qualitätsstufen: *Riserva* mindestens 12% Alkohol und 2 Jahre Alterung. Zu allen Speisen zu trinken. – **Rosazzo Rosso.** Rebsorten: Pignolo und/oder Picolit und/oder Ribolla gialla. Produktion: 170 hl (3,7 ha). Farbe: intensiv rot, nach Alterung granatrot. Geruch: weinig, sortentypisch. Geschmack: voll, trocken. Alkoholgehalt: 12%. Alterung: bis zu 3 Jahren. Qualitätsstufen: *Riserva* mindestens 12% Alkohol und 2 Jahre Alterung. Zu allen Speisen zu trinken. – **Rosazzo Pignolo.** Rebsorten: Pignolo (85–100%). Produktion: 73 hl (1,75 ha). Farbe: rubinrot, nach Alterung granatrot. Geruch: sortentypisch, angenehm. Geschmack: trocken, elegant. Alkoholgehalt: 12%. Alterung: bis zu 3 Jahren. Qualitätsstufen: *Riserva* mindestens 12% Alkohol und 2 Jahre Alterung. Zu allen Speisen zu trinken.

**COLLIO GORIZIANO** (oder **Collio**). – **Bianco.** Rebsorten: Chardonnay und/oder Malvasia istriana und/oder Müller-Thurgau und/oder Pinot bianco und/oder Pinot grigio und/oder Riesling italico und/oder Riesling renano und/oder Ribolla gialla und/oder Sauvignon blanc und/oder Tocai friulano und/oder Traminer aromatico. Produktion: 328 hl (7 ha). Farbe: mehr oder weniger volles Strohgelb. Geruch: delikat, leicht aromatisch. Geschmack: trocken, lebhaft, frisch, harmonisch. Alkoholgehalt: 11%. Zu allen Speisen. – **Chardonnay.** Rebsorten: Chardonnay (100%). Produktion: 5571 hl (98 ha). Farbe: strohgelb. Geruch: delikat, sortentypisch. Geschmack: trocken, voll, harmonisch. Alkoholgehalt: 11,5%. Qualitätsstufen: *Riserva* mindestens 11,5% Alkohol und 2 Jahre Alterung. Zu Fisch zu trinken. – **Malvasia Istriana.** Rebsorten: Malvasia istriana (100%). Produktion: 1331 hl (26 ha). Farbe: strohgelb. Geruch: sortentypisch. Geschmack: trocken, rund, harmonisch. Alkoholgehalt: 11,5%. Qualitätsstufen: *Riserva* mindestens 11,5% Alkohol und 2 Jahre Alterung. Als Aperitif und zu Fisch. – **Müller-Thurgau.** Rebsorten: Müller-Thurgau (100%). Produktion: 240 hl (4,7 ha). Farbe: strohgelb. Geruch: intensiv, sortentypisch, angenehm. Geschmack: trocken, harmonisch, voll. Alkoholgehalt: 11,5%. Reifung: bis zu 2 Jahren. Qualitätsstufen: *Riserva* mindestens 11,5% Alkohol und 2 Jahre Alterung. Als Aperitif und zu Fisch. – **Picolit.** Rebsorten: Picolit (100%). Produktion: 104 hl (5 ha). Farbe: mehr oder weniger volles Strohgelb. Geruch: delikat, fein. Geschmack: lieblich oder süß, warm, harmonisch. Alkoholgehalt: 14%. Alterung: bis zu 5 Jahren und länger. Als Dessertwein. – **Pinot Bianco.** Rebsorten: Pinot bianco (100%). Produktion: 6660 hl (131 ha). Farbe: mehr oder weniger volles Strohgelb. Geruch: delikat, sortentypisch. Geschmack: trocken, voll, harmonisch. Alkoholgehalt: 11,5%. Alterung: bis zu 2 Jahren. Qualitätsstufen: *Riserva* mindestens 11,5% Alkohol und 2 Jahre Alterung. Zu Vorspeisen und zu Fisch. – **Pinot Grigio.** Rebsorten: Pinot grigio (100%). Produktion: 18932 hl (309 ha). Farbe: mehr oder weniger volles Strohgelb. Geruch: sortentypisch. Geschmack: trocken, voll, harmonisch. Alkoholgehalt: 11,5%. Alterung: bis zu 2 Jahren. Qualitätsstufen: *Riserva* mindestens 11,5% Alkohol und 2 Jahre Alterung. Zu Fisch und Meeresfrüchten. – **Ribolla Gialla.** Rebsorten: Ribolla gialla (100%). Produktion: 1551 hl (28 ha). Farbe: strohgelb. Geruch: sortentypisch. Geschmack: trocken, lebhaft, frisch. Alkoholgehalt: 11,5%. Qualitätsstufen: *Riserva* mindestens 11,5% Alkohol und 2 Jahre Alterung. Als Aperitif und zu allen Speisen. – **Riesling.** Rebsorten: Riesling renano (100%). Produktion: 414 hl (10 ha). Farbe: strohgelb, zu Goldgelb neigend. Geruch: intensiv,

### Veranstaltungskalender

**Juni**
**Faedis**
①② Festa del Vino e delle Fragole (Wein- und Erdbeerfest)

**Juli**
**Farra d'Isonzo**
❶ Mostra Assaggio dei Vini e dei Dolci tipici (Wein- und Süßigkeitenschau mit Probiermöglichkeit)

**Manzano**
①② Sagra delle Pesche e del Vino Soleschiano (Wein- und Pfirsichfest)

**Prepotto**
① Mostra e Degustazione dei Vini tipici (Weinschau mit Verkostung)

delikat. Geschmack: trocken, sortentypisch, harmonisch. Alkoholgehalt: 11,5%. Qualitätsstufen: *Riserva* mindestens 11,5% Alkohol und 2 Jahre Alterung. Als Aperitif und zu Fisch. – **Riesling Italico.** Rebsorten: Riesling italico (100%). Produktion: 448 hl (13 ha). Farbe: leicht strohgelb mit grünlichen Nuancen. Geruch: sortentypisch. Geschmack: trocken, harmonisch. Alkoholgehalt: 11,5%. Alterung: bis zu 2 Jahren. Qualitätsstufen: *Riserva* mindestens 11,5% Alkohol und 2 Jahre Alterung. Als Aperitif und zu Fisch. – **Sauvignon.** Rebsorten: Sauvignon blanc (100%). Produktion: 12856 hl (245 ha). Farbe: mehr oder weniger volles Strohgelb. Geruch: delikat, sortentypisch. Geschmack: trocken, voll, harmonisch. Alkoholgehalt: 11,5%. Alterung: bis zu 2 Jahren. Qualitätsstufen: *Riserva* mindestens 11,5% Alkohol und 2 Jahre Alterung. Zu Fisch. – **Tocai Friulano.** Rebsorten: Tocai friulano (100%). Produktion: 14954 hl (290 ha). Farbe: strohgelb mit zitronengelben Reflexen. Geruch: delikat, mit sortentypischem Duft. Geschmack: trocken, warm, voll, leicht bitter, harmonisch. Alkoholgehalt: 11,5%. Qualitätsstufen: *Riserva* mindestens 11,5% Alkohol und 2 Jahre Alterung. Zu allen Speisen. – **Traminer Aromatico.** Rebsorten: Traminer aromatico (100%). Produktion: 937 hl (21 ha). Farbe: strohgelb mit goldgelben Nuancen. Geruch: typisches Aroma. Geschmack: trocken, aromatisch, intensiv, voll. Alkoholgehalt: 11,5%. Alterung: bis zu 2 Jahren. Qualitätsstufen: *Riserva* mindestens 11,5% Alkohol und 2 Jahre Alterung. Zu allen Speisen, besonders zu Krustentieren. – **Rosso.** Rebsorten: Merlot und/oder Cabernet franc und/oder Cabernet Sauvignon und/oder Pinot nero. Produktion: 373 hl (6,4 ha). Farbe: rubinrot, zuweilen mit granatroten Reflexen. Geruch: leicht kräuterwürzig, weinig. Geschmack: trocken, körperreich, voll, harmonisch. Alkoholgehalt: 11,5%. Alterung: bis zu 2 Jahren. Qualitätsstufen: *Riserva* mindestens 12 % Alkohol und 3 Jahre Alterung. Zu allen Speisen. – **Cabernet.** Rebsorten: Cabernet franc und/oder Cabernet Sauvignon (100%). Produktion: 61 hl (1,2 ha). Farbe: rubinrot mit granatroten Reflexen. Geruch: sortentypisch, kräuterwürzig, mit der Zeit ätherisch. Geschmack: trocken, harmonisch, leicht kräuterwürzig. Alkoholgehalt: 11,5%. Alterung: bis zu 4–5 Jahren. Qualitätsstufen: *Riserva* mindestens 12% Alkohol und 3 Jahre Alterung. Zu rotem Fleisch, Wild und altem Käse. – **Cabernet Franc.** Rebsorten: Cabernet franc (100%). Produktion: 3381 hl (54 ha). Farbe: ziemlich volles Rubinrot. Geruch: sortentypisch, kräuterwürzig. Geschmack: trocken, rund, kräuterwürzig, harmonisch. Alkoholgehalt: 11,5%. Alterung: bis zu 4–5 Jahren. Qualitätsstufen: *Riserva* mindestens 12% Alkohol und 3 Jahre Alterung. Zu rotem Fleisch, Wild und altem Käse. – **Cabernet Sauvignon.** Rebsorten: Cabernet Sauvignon (100%). Produktion: 665 hl (12 ha). Farbe: rubinrot mit granatroten Reflexen. Geruch: sortentypisch, intensiv. Geschmack: trocken, harmonisch. Alkoholgehalt: 11,5%. Alterung: bis zu 4 bis 5 Jahren. Qualitätsstufen: *Riserva* mindestens 12% Alkohol und 3 Jahre Alterung. Zu rotem Fleisch, Wild und altem Käse. – **Merlot.** Rebsorten: Merlot (100%). Produktion: 5283 hl (88 ha). Farbe: nicht sehr intensives Rubinrot. Geruch: sortentypisch, zuweilen mit kräuterwürziger Note. Geschmack: trocken, leicht bitter. Alkoholgehalt: 11,5%. Alterung: bis zu 3 Jahren. Qualitätsstufen: *Riserva* mindestens 12% Alkohol und 3 Jahre Alterung. Zu allen Speisen. – **Pinot Nero.** Rebsorten: Pinot nero (100%). Produktion: 909 hl (18 ha). Farbe: mehr oder weniger volles Rubinrot. Geruch: intensiv, sortentypisch. Geschmack: trocken, samtig. Alkoholgehalt: 11,5%. Alterung: bis zu 3–4 Jahren. Qualitätsstufen: *Riserva* mindestens 12% Alkohol und 3 Jahre Alterung. Zu allen Speisen zu trinken.

## Veranstaltungskalender

**August**
**Dolegna del Collio**
❶ Festa della Ribolla
**September**
**Cormons**
①❷ Festa provinciale dell'Uva e Mostra Assaggio dei Vini del Collio (Weinfest)
**Nimis**
❶ Festa del Vino (Weinfest)
**Oktober**
**Prepotto**
① Sagra del Burnik (Kastanienfest)
**Dezember**
**Manzano**
24. Dezember Bicchierata di Mezzanotte (Heiligabend-Umtrunk)

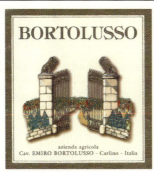

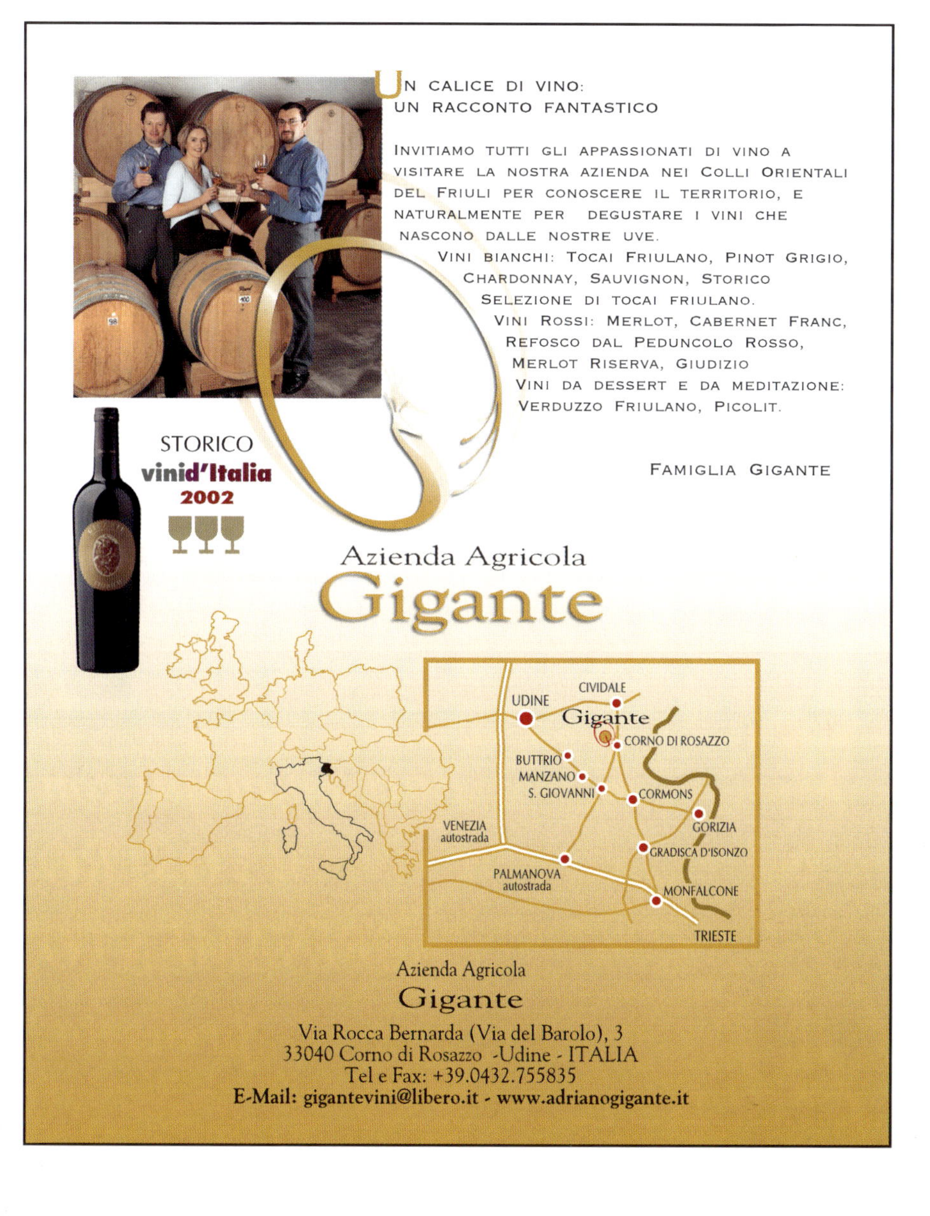

UN CALICE DI VINO:
UN RACCONTO FANTASTICO
INVITIAMO TUTTI GLI APPASSIONATI DI VINO A VISITARE LA NOSTRA AZIENDA NEI COLLI ORIENTALI DEL FRIULI PER CONOSCERE IL TERRITORIO, E NATURALMENTE PER DEGUSTARE I VINI CHE NASCONO DALLE NOSTRE UVE.
VINI BIANCHI: TOCAI FRIULANO, PINOT GRIGIO, CHARDONNAY, SAUVIGNON, STORICO SELEZIONE DI TOCAI FRIULANO.
VINI ROSSI: MERLOT, CABERNET FRANC, REFOSCO DAL PEDUNCOLO ROSSO, MERLOT RISERVA, GIUDIZIO
VINI DA DESSERT E DA MEDITAZIONE: VERDUZZO FRIULANO, PICOLIT.
FAMIGLIA GIGANTE
STORICO
vinid'Italia
2002
Azienda Agricola
Gigante
CIVIDALE
UDINE
Gigante
CORNO DI ROSAZZO
BUTTRIO
MANZANO
S. GIOVANNI
CORMONS
GORIZIA
VENEZIA autostrada
GRADISCA D'ISONZO
PALMANOVA autostrada
MONFALCONE
TRIESTE
Azienda Agricola
Gigante
Via Rocca Bernarda (Via del Barolo), 3
33040 Corno di Rosazzo -Udine - ITALIA
Tel e Fax: +39.0432.755835
E-Mail: gigantevini@libero.it - www.adrianogigante.it

# L'Araldo InH. Gigi Valle:

## Noblesse Oblige

*Noblesse Oblige - auch beim Wein.*
*Seine edle Herkunft*

*Tenuta Rosazzo: uno dei vigneti della Famiglia Valle.*

*verpflichtet dazu, jeder großen Gelegenheiten gewachsen zu sein. Immer, ohne jemals die hohen Erwartungen zu enttäuschen.*

AZIENDE VITIVINICOLE VALLE
DI LUIGI VALLE & C. S.A.S.
33042 BUTTRIO (UD) ITALIEN
TEL. 0432 - 674289

www.valle.it e.mail: info@valle.it

# Ligurien

## Wo die Weinberge steil zum Meer hin abfallen

*Denkt man an Ligurien, hat man die Weinberge der Cinque Terre vor Augen, die in Jahrhunderten mühevoller Arbeit dem Fels abgerungen wurden. Doch die Experten sind sich einig: Heute holen weitere, nicht minder attraktive Bereiche auf.*

Der Weinbau in Ligurien bewegt sich zwischen zwei Extremen: Einem der Landwirtschaft überaus zuträglichen Meeresklima steht ein ausgesprochen bergiges Land entgegen, das in weitem Bogen dem Küstenverlauf folgt und dessen mitunter Schwindel erregend steile Hänge kaum landwirtschaftlich nutzbare Böden bieten. Nur große Hingabe und die Gewissheit, dass weitere Faktoren wie Sonne und Meer den Weinbau begünstigen, bringen die ligurischen Winzer dazu, sich auch weiterhin in ihren dem Fels abgerungenen Rebterrassen abzumühen, deren Erscheinungsbild weite Küstenabschnitte prägt. Angesichts dieser Umstände war und ist die Produktion jedoch sehr begrenzt: Spezialisierter Weinbau kommt praktisch gar nicht vor und die meisten Winzer gehen ihrem Handwerk im Nebenerwerb nach, was sich natürlich in den Produktionsmengen niederschlägt, die nur allzu häufig gerade mal den Hausbedarf decken. Mit der Ausweisung neuer DOC-Bereiche war in jüngster Vergangenheit eine leichte Trendwende zu verzeichnen, doch bleiben ligurische Weine auch heute noch eine Spezialität, die außerhalb der Region so gut wie unauffindbar bleibt.

### Große Rebsortenvielfalt

Eines der Hauptmerkmale des ligurischen Weinbaus ist die große Zahl der hier kultivierten Rebsorten – bis vor nicht allzu langer Zeit wurden noch gut 85 vorwiegend weiße Weine aus etwa 100 verschiedenen Rebsorten gekeltert. Diese Vielfalt ist typisch für jene Regionen Italiens, die direkten Zugang zum Meer haben: Damals wie heute trieb man Handel, in dessen Schlepptau Rebsorten aus anderen, mitunter fernen Regionen und Ländern Einzug hielten. Die Vermentino-Traube beispielsweise scheint aus Spanien über Korsika nach Ligurien gelangt zu sein, die Dolcetto-Rebe aus dem Piemont über die Alpenpässe, während Canaiolo, Ciliegiolo nero, Trebbiano toscano und Vernaccia del Chianti aus der nahen Toskana stammen. Bei anderen Rebsorten hingegen, etwa der Rossese-Traube, der Grundlage des DOC-Weins Dolceacqua, oder auch bei Bosco und Albarola, die wichtiger Bestandteil der Weine aus den Cinque Terre sind, verliert sich die Herkunft im Dunkel der Vergangenheit – gewiss ist nur, dass man sie schon seit Jahrhunderten in Ligurien kennt. Die DOC-Bestimmungen haben die Anzahl der hiesigen Rebsorten drastisch reduziert, was sich nicht nur ausgesprochen positiv auf die Ausgewogenheit der Produktion auswirkt, sondern dem Weinbau der Region vielleicht auch insgesamt eine Tür in die Zukunft geöffnet hat.

## Sieben DOC-Bereiche und zahlreiche IGT-Weine

Der ligurische Weinbau umfasst die zwei mehr oder minder historischen DOC-Bereiche Cinque Terre und Rossese di Dolceacqua an den Antipoden des ligurischen Küstenbogens sowie fünf weitere, erst in jüngerer Zeit ausgewiesene Gebiete: an der Riviera di Levante die Colline di Levanto und – teils auf ligurischem, teils auf toskanischem Boden – die Colli di Luni, an der Riviera di Ponente der flächenmäßig größte Bereich Riviera Ligure di Ponente und schließlich noch die jüngsten DOC-Gebiete Golfo del Tigullio und Valpolcevera in der Provinz Genova. Zahlreiche weitere Produktionsbereiche dürfen das Landweingütesiegel IGT führen. Trotz dieser sicherlich begrüßenswerten territorialen Neugliederung wird die hiesige Weinproduktion nach wie vor mit einigen wenigen Vertretern in Verbindung gebracht, die ungeachtet ihrer begrenzten Verfügbarkeit seit alters her über Liguriens Grenzen hinaus einen guten Ruf genießen. Typisches Produkt der Region ist die süße Berühmtheit Sciacchetrà: Ihr Name entstand durch die Verschmelzung zweier mundartlicher Begriffe der Cinque Terre, nämlich «sciac» (von schiacciare, auspressen) und «trà» (von trarre, beiseite schaffen). Die Trauben für den Sciacchetrà lässt man zunächst zwei bis drei Monate trocknen, bevor sie gekeltert und kaum 24 Stunden später wieder aus dem Bottich herausgeholt werden. Der Most wird sofort in Fässer gepumpt, durchschnittlich dreimal neu abgezogen und schließlich im April in Flaschen gefüllt. Auf diese Weise bleibt der Restzuckergehalt sehr hoch und sorgt für den gewünschten lieblichen Geschmack. Zweiter Bannerträger der hiesigen Weinbautradition ist der Rossese di Dolceacqua, der einzige Rotwein Liguriens mit ausgeprägter Persönlichkeit, der ebenfalls sofort mit seinem Herkunftsgebiet assoziiert wird, dem landschaftlich außerordentlich reizvollen und traditionsbewussten Hinterland von Ventimiglia.

*Weinterrassen in den Cinque Terre.*

**Movimento del Turismo del Vino**
Beauftragter:
Carlo Ravanello
corso Firenze 14/11
Genua
☎ 010216387

# DOC-Bereiche in Ligurien

❶ DOC Cinque Terre und Cinque Terre Sciacchetrà – 101 ha in den Gemeinden Riomaggiore, Vernazza und Monterosso, Provinz La Spezia, sowie der Provinzhauptstadt selbst

❷ DOC Colli di Luni – 135 ha in 14 Gemeinden der Provinz La Spezia, darunter die Provinzhauptstadt selbst, sowie in 3 Gemeinden der Provinz Massa-Carrara

❸ DOC Colline di Levanto – 30 ha in Levanto sowie in 3 weiteren Gemeinden der Provinz La Spezia

❹ DOC Golfo del Tigullio – Zu diesem erst 1997 ausgewiesenen DOC-Bereich, der die Provinzhauptstadt Genua sowie zahlreiche Gemeinden in deren Provinz bis hin zur Provinz La Spezia umfasst, liegen noch keine statistischen Daten vor

❺ DOC Riviera Ligure di Ponente – 386 ha in zahlreichen Gemeinden der Provinzen Imperia und Savona, darunter die beiden Provinzhauptstädte, sowie in 2 Gemeinden der Provinz Genova

❻ DOC Rossese di Dolceacqua – 120 ha in der Gemeinde Dolceacqua sowie in zahlreichen weiteren Gemeinden der Provinz Imperia, darunter das Hinterland von Ventimiglia

❼ DOC Valpolcevera – in 7 Gemeinden der Provinz Genua und der Provinzhauptstadt selbst

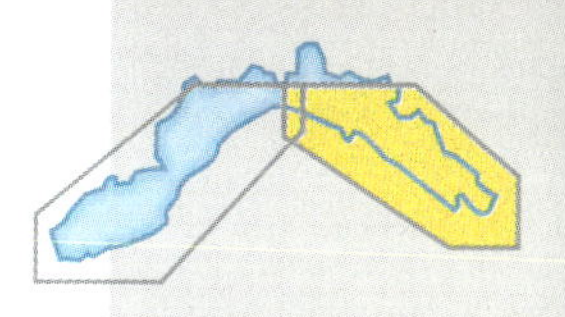

# Die Riviera di Levante

*Steil zum Meer hin abfallende Weinterrassen wie in den Cinque Terre machen den besonderen Zauber dieser bergigen Küstenregion aus.*

Das recht umfangreiche Weinbaugebiet dieses Küstenabschnitts konzentriert sich im unmittelbaren Umland von La Spezia, wo sich zu dem bereits 1973 ausgewiesenen DOC-Bereich Cinque Terre im Jahr 1995 auf der einen Seite die DOC Colline di Levanto, auf der anderen die DOC Colli di Luni (in deren Gebiet auch drei toskanische Gemeinden fallen) hinzugesellt haben. Kürzlich wurden in der Provinz Genua zwei neue DOC-Gebiete anerkannt, nämlich Golfo del Tigullio (Chiavari, Sestri Levante, Casarza, Castiglione Chiavarese etc.) sowie Valpolcevera (Sant'Olcese, Serrà, Riccò, Mignanego, Campomorone, Ceranesi, Mele etc.)

## Cinque Terre: Weinbau hoch über dem Meer

Die Reben, die die Winzer auf den Weinterrassen entlang der Steilküste der Cinque Terre (mit ihren fünf Gemeinden Riomaggio, Manarola, Corniglia, Vernazza und Monterosso) unter großen Mühen anbauen, erbringen hochgelobte Weine. Mythisch ist der seit jeher rare Sciacchetrà. Die wichtigsten Rebsorten sind Bosco und Albarola sowie in jüngerer Zeit Vermentino. Weiter in Richtung Genua liegen die Colline di Levanto, deren Produktion der der Cinque Terre entspricht.

## Colli di Luni: Grenzland zwischen Ligurien und der Toskana

Seinen Namen verdankt dieser vornehmlich in der Provinz La Spezia sowie in drei Gemeinden der Provinz Massa-Carrara gelegene Bereich der alten Etruskerstadt Luni, deren Ausgrabungsgelände kurz vor der

## Hotels und Restaurants

**Ameglia**
**Paracucchi Locanda dell'Angelo** ★★★
viale XXV Aprile 60
☎ 018764391
**Locanda delle Tamerici** 🍴🍴🍴
Fiumaretta
via Litoranea 106
☎ 018764262

**Castelnuovo Magra**
**Armanda** 🍴
piazza Garibaldi 6
☎ 0187674410

**Chiavari**
**Monte Rosa** ★★★
via Marinetti 6
☎ 0185300321
**Armia** 🍴🍴
corso Garibaldi 68
☎ 0185305441

**Deiva Marina**
**Clelia** ★★★
corso Italia 23
☎ 0187815827

toskanischen Grenze nahe der Via Aurelia liegt. Die Lehm-Kalk-Böden hier bieten insbesondere roten Trauben gute Wachstumsbedingungen, was sich auch in der – regional ausgewogenen – Statistik niederschlägt: Neben der autochthonen Pollera-Rebe, die dem hiesigen DOC-Wein seine besondere Note verleiht, finden sich die toskanischen Sorten Canaiolo, Ciliegiolo nero und Sangiovese, die all ihre guten, beim Chianti bereits bestens bewährten Eigenschaften mit einbringen.

## Weinstädte

**Riomaggiore.** Verwinkelte Gässchen, die zwischen hohen, aneinander geschmiegten Häusern zu winzigen Piazzas führen, ringsum das Grün der Weinberge, durch das sich die putzigen Gleise einer uralten Bahnstrecke ziehen, tief drunten dann das Tosen der Brandung an den Klippen – kein Zweifel, wir sind in einer der fünf Gemeinden der Cinque Terre. Die über dem Meer in den Felsen geschlagene Via dell'Amore weist dem Besucher den Weg in das von Reben und Gemüsegärtchen umrahmte romantische Winzerdorf Manarola. In der Genossenschaftskellerei von Riomaggiore kann man sich mit den lokalen Weinen eindecken.

## Kellereien

**Ortonovo.** *Cantine Lunae Bosoni, via Bozzi 63, Tel. 0187660187 und 0187669222. Öffnungszeiten: Gruppen nach Voranmeldung.* Seit nun bereits 20 Jahren kultiviert die Familie Bosoni, die bereits auf ein Jahrhundert Weinbautradition zurückblickt, ihre scherzhaft als «unsere Tonleiter» bezeichneten sieben Rebsorten Vermentino, Trebbiano toscano, Malvasia, Greco, Sangiovese, Ciliegiolo und Merlot. Neben DOC-Weinen der Colli di Luni entstehen hier einige Vini da Tavola mit fantasievollen Namen, darunter der Vetusto («der Betagte»), ein Verschnitt von ausgewählten Rebsorten, der nach alter Tradition in Eichenfässern ausgebaut wird.

**Und außerdem ... Antica Luni.** *La Baia del Sole, via Forlino 3, Tel. 0187661821.* **Ne.** *Fratelli Parma, via G. Garibaldi 8, Tel. 0185337073.* **Ortonovo.** *Vecchia Casano, via Cantinone 6, Tel. 0187661479.* **Riomaggiore.** *Cooperativa Cinque Terre, località Groppo, Tel. 0187920435.* **Serra Riccò.** *Cantina Le Fasce, via F. Profumo 2 p. t., Tel. 01875664.*

## Enoteche

**Castelnuovo Magra.** *Enoteca Pubblica della Liguria e della Lunigiana, Palazzo Civico, Tel. 018765166 und*

*Das Städtchen Riomaggiore.*

### Hotels und Restaurants

**La Spezia**
**Firenze ★★★ e Continentale**
via Paleocapa 7
☎ 0187713210
**Parodi 🍴🍴🍴**
via Amendola 210
☎ 0187715777
**Lavagna**
**Rajeu 🍴**
Cavi
via Milite Ignoto 23
☎ 0185390145
**Leivi**
**Ca' Peo 🍴🍴🍴**
strada Panoramica
☎ 0185319696
**Lerici**
**Florida ★★★**
lungomare Biaggini 35
☎ 0187967332
**Calata 🍴🍴**
via Mazzini 4
☎ 0187967143

*0187675394. Öffnungszeiten: 10.30 bis 13.30 und 16.30–19.30 Uhr.* In den Kellergewölben des Palazzo Comunale aus dem 18. Jahrhundert werden Weine aus Ligurien sowie den Colli del Candia aus der Nachbarprovinz Massa-Carrara angeboten. Bei einem überaus lohnenden Spaziergang durch den Ortskern sollte man einen Blick in die Pfarrkirche werfen, deren wertvollster Schatz das beeindruckende Gemälde «Kreuzigung Christi» von Pieter Brueghel dem Jüngeren, genannt Höllenbrueghel, ist.

## Tourenvorschläge

**Die Kellereien der Riviera di Levante.** Diese Tour von Genua nach La Spezia vermittelt Ihnen einen Eindruck von vier der fünf DOC-Bereiche des Landstrichs. **Chiavari.** Der Hauptort des DOC-Bereichs Golfo del Tigullio wartet auch

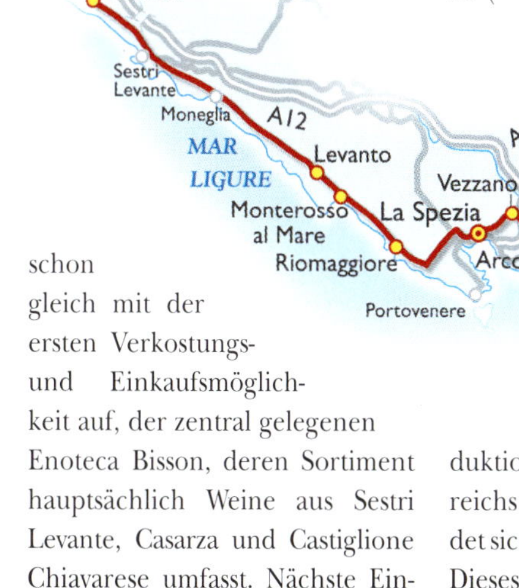


schon gleich mit der ersten Verkostungs- und Einkaufsmöglichkeit auf, der zentral gelegenen Enoteca Bisson, deren Sortiment hauptsächlich Weine aus Sestri Levante, Casarza und Castiglione Chiavarese umfasst. Nächste Einkaufsmöglichkeit dann in Ne, bei der Kellerei und Brennerei der Fratelli Parma (→). **Levanto.** Mitten durch Weinberge und Olivenhaine gelangen wir zu diesem ehemaligen Fischerdorf, das zugleich der erste Vorposten des gleichnamigen DOC-Bereichs ist. Möglichkeiten zu Verkostung und Kauf (auch von Öl und Honig) bieten die Cooperativa Vallata di Levante und die Privatkellerei Levantese. **Monterosso al Mare.** Der lange Sandstrand und das scharfkantige Profil von Punta Mesco in der Ferne vermitteln jene Atmosphäre, die der Nobelpreisträger Eugenio Montale in seinen Versen unsterblich gemacht hat. Weiter landeinwärts dann, flankiert von Oliven- und Zitronenbäumen, die ersten Weingärten des DOC-Bereichs Cinque Terre. Einkäufe in der Kellerei Sassarini. **Riomaggiore.** In dieser Weinstadt (→) kann man sich selbst einen Eindruck von der unendlichen Mühsal des Weinbaus dieser Gegend verschaffen. Heute ist der Ort Sitz der Winzergenossenschaft Cooperativa Cinque Terre (→) und damit wichtigste Produktionsstätte des gesamten Bereichs. Im Ortsteil Vernazza befindet sich die Cantina Molo. **Vezzano.** Dieses am ligurischen Abschnitt des Flusses Magra gelegene Städtchen ist der erste wichtige Weinort des DOC-Bereichs Colli di Luni.

### Hotels und Restaurants

**Levanto**

**Nazionale** ★★★
via Jacopo da Levanto 20
☎ 0187808102

**Manarola**

**Ca' D'Andrean** ★★★
via Discovolo 101
☎ 0187920040

**Marina Piccola** 🍴
via lo Scalo 16
☎ 0187920103

**Moneglia**

**Piccolo Hotel** ★★★
corso Longhi 18/19
☎ 0185490432

**Ortonovo**

**Locanda Cervia** 🍴
Nicola
piazza della Chiesa
☎ 018766049I

Seine beiden hoch auf einem Grat thronenden historischen Ortskerne zeugen vom Mittelalter zwischen Meer und Apennin. **Arcola.** Auf einem Hügel liegt diese mittelalterliche Ortschaft mit ihren verwinkelten, zwischen uralten Häusern hindurchführenden Gassen. **Sarzana.** Einst Hauptort der antiken Region Lunigiana, die das Mündungsgebiet des Magra zwischen La Spezia und Massa-Carrara umfasste, bietet diese Stadt ihren Besuchern natürlich auch heute noch so manche Sehenswürdigkeit aus bewegter Zeit. Rings umher die Hügel, in deren weitem Rund einst die Etruskerstadt Luni stand, die dem hiesigen DOC-Bereich bei der Namensgebung Pate stand. **Castelnuovo Magra.** Im Herzen des Hügellands gelegen, ist diese Stadt sowohl wegen ihrer ereignisreichen Geschichte als auch wegen ihrer städtebaulichen Struktur mit den zwei Angelpunkten Kirche und Burg beachtenswert. Pflichtbesuch in der Enoteca Pubblica (→). **Ortonovo.** In diesem Ort, der sich im engen, wasserreichen und einst vom Klappern zahlreicher Mühlen erfüllten Parmignolatal verschanzt, sollte man die prächtige Wallfahrtskirche im Myrtenhain, das Santuario del Mirteto, besichtigen.

## DOC-Weine von der Riviera di Levante

**CINQUE TERRE.** Rebsorten: Bosco (60–100%), Albarola und/oder Vermentino (bis 40%). Produktion: 2026 hl (69 ha in den Gemeinden Riomaggiore, Vernazza und Monterosso sowie in den zur Provinz La Spezia gehörenden Orten Tramonti di Biassa und Tramonti di Campiglia). Farbe: mehr oder minder kräftiges Strohgelb. Geruch: fein. Geschmack: trocken, sortentypisch, angenehm. Alkoholgehalt: 11%. Vor Ablauf des Jahres zu trinken, zu Fisch, insbesondere wenn in der Papierhülle oder Alufolie zubereitet, und zu Gemüsegerichten. – **Sciacchetrà.** Rebsorten: siehe Cinque Terre. Produktion: 84 hl (6 ha). Farbe: von goldgelb bis bernsteinfarben. Geruch: angenehm blumig. Geschmack: von süß bis nahezu trocken, angenehm. Alkoholgehalt: 13,5+3,5%. Alterung: mindestens 1 Jahr, bis zu 4–5 Jahren empfohlen. Arten: *Liquoroso,* zum Dessert zu trinken.

**COLLI DI LUNI.** – **Bianco.** Rebsorten: Vermentino (35 bis 75%), Trebbiano toscano (25–40%), sonstige (bis 30%). Produktion: 454 hl (12 ha). Farbe: strohgelb. Geruch: fein, angenehm. Geschmack: trocken, harmonisch, sortentypisch. Alkoholgehalt: 11%. Vor Ablauf des Jahres zu trinken, passt zu Fisch. – **Vermentino.** Rebsorten: Vermentino (90–100%), sonstige (bis 10%). Produktion: 2743 hl (63 ha). Farbe: mehr oder minder kräftiges Strohgelb. Geruch: fein, weinig. Geschmack: trocken, fein, harmonisch. Alkoholgehalt: 11,5%. Vor Ablauf des Jahres zu trinken, zu allen Speisen. – **Rosso.** Rebsorten: Sangiovese (60–70%), Canaiolo und/oder Pollera nera und/oder Ciliegiolo nero (15 bis 40%), sonstige (bis 25%, davon höchstens 10% Cabernet). Produktion: 1076 hl (24 ha). Farbe: mehr oder minder kräftiges Rubinrot. Geruch: fein, weinig. Geschmack: trocken, fein, harmonisch. Alkoholgehalt: 11,5%. Alterung: bis zu 2 Jahren empfohlen. Qualitätsstufen: *Riserva* mindestens 12,5% Alkohol und 2 Jahre Alterung (dann bis zu 3–4 Jahren). Zu allen Speisen zu trinken.

**COLLINE DI LEVANTO.** – **Bianco.** Rebsorten: Vermentino (40–75%), Albarola (20–55%), Bosco (5–40%), sonstige (bis 35%). Produktion: 758 hl (22 ha).

### Hotels und Restaurants

**Rapallo**
**Riviera** ★★★
piazza IV Novembre 2
☎ 018550248

**Riomaggiore**
**Da Aristide**
via A. Discovolo 138
☎ 0187920000

**Sestri Levante**
**G. H. Villa Balbi** ★★★★
viale Rimembranza 1
☎ 018542941

**El Pescador**
via Pilade Queirolo 1
☎ 018542888

**Polpo Mario**
via XXV Aprile 163
☎ 0185480203

**Vernazza**
**Gambero Rosso**
piazza Marconi 7
☎ 0187812265

## DOC-Weine von der Riviera di Levante

Farbe: mehr oder minder kräftiges Strohgelb. Geruch: fein, nachhaltig, zu Fruchtigkeit neigend, sortentypisch. Geschmack: trocken, würzig, harmonisch. Alkoholgehalt: 11%. Vor Ablauf des Jahres zu trinken, passt zu Fisch. – **Rosso.** Rebsorten: Sangiovese (40 bis 60%), Ciliegiolo (20 bis 40%), sonstige (20–40%). Produktion: 155 hl (3 ha). Farbe: mehr oder minder kräftiges Rubinrot. Geruch: fein, nachhaltig, zart weinig. Geschmack: trocken, delikat, harmonisch, von mittlerem Körper. Alkoholgehalt: 11%. Alterung: bis zu 3 Jahren empfohlen. Arten: *Novello.* Zu allen Speisen zu trinken.

**GOLFO DEL TIGULLIO.** – **Bianco.** Rebsorten: Vermentino (20–70%), Bianchetta genovese (20–70%), sonstige (bis 40%). Farbe: mehr oder minder kräftiges Strohgelb. Geruch: fein und nachhaltig. Geschmack: trocken und würzig. Alkoholgehalt: 10,5%. Arten: *Frizzante.* Vor Ablauf des Jahres zu trinken, passt zu Vorspeisen und Fisch. – **Bianco Passito.** Rebsorten: siehe Bianco. Farbe: mehr oder minder kräftiges Goldgelb. Geruch: voll, intensiv, nachhaltig. Geschmack: süß, warm, würzig, voll, nachhaltig. Alkoholgehalt: 14+2,5%. Alterung: mindestens 1 Jahr, bis zu 5–6 Jahren empfohlen. Als Dessertwein und in Mußestunden zu trinken. – **Bianchetta Genovese.** Rebsorten: Bianchetta genovese (85–100%). Farbe: mehr oder minder kräftiges Strohgelb. Geruch: fein, delikat, relativ nachhaltig. Geschmack: trocken, würzig, voll und sortentypisch. Alkoholgehalt: 10,5%. Arten: *Frizzante.* Zu Vorspeisen und Fisch zu trinken. – **Moscato.** Rebsorten: Moscato bianco (100%). Farbe: ziemlich volles Strohgelb, manchmal auch zu Goldgelb neigend. Geruch: aromatisch und sortentypisch. Geschmack: süß, würzig mit nachhaltigem Aroma, mitunter lebhaft. Alkoholgehalt: 5,5+4,5%. Vor Ablauf des Jahres zu trinken, als Dessertwein und in Mußestunden. – **Moscato Passito.** Rebsorten: siehe Moscato. Farbe: mehr oder minder kräftiges Goldgelb.

*Weinberge im Hinterland von Vernazza.*

### Agriturismo

**Riomaggiore**
**Riomaggiore**
via De Battè 61
☎ 0187718550

## DOC-Weine von der Riviera di Levante

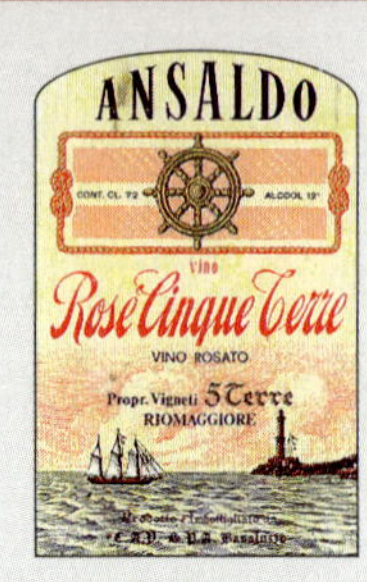


Geruch: intensiv, vielschichtig, sortentypisch. Geschmack: süß, warm und harmonisch, sehr aromatisch. Alkoholgehalt: 11+4,5%. Alterung: mindestens 1 Jahr, bis zu 5–6 Jahren empfohlen. Als Dessertwein und in Mußestunden zu trinken. – **Vermentino.** Rebsorten: Vermentino (85–100%). Farbe: strohgelb, manchmal mit grünlichen Reflexen. Geruch: sortentypisch, fein, harmonisch. Geschmack: trocken, schmackhaft, harmonisch. Alkoholgehalt: 10,5%. Arten: *Frizzante.* Zu den Mahlzeiten, besonders zu Fisch zu trinken. – **Spumante.** Rebsorten: siehe Bianco. Farbe: strohgelb. Geruch: fein, nachhaltig. Geschmack: trocken, frisch, leicht und doch nachhaltig. Alkoholgehalt: 11%. Vor Ablauf des Jahres zu trinken, passt zu sommerlichen Mahlzeiten und zum Dessert. – **Rosato.** Rebsorten: siehe Rosso. Farbe: rosé. Geruch: weinig, fein duftend. Geschmack: trocken, frisch, harmonisch. Alkoholgehalt: 10,5%. Alterung: bis zu 2 Jahren. Arten: *Frizzante.* Zu den Mahlzeiten zu trinken. – **Rosso.** Rebsorten: Ciliegiolo (20–70%), Dolcetto (20–70%), sonstige (bis 40%). Farbe: mehr oder minder kräftiges Rubinrot. Geruch: ziemlich nachhaltig und zart weinig. Geschmack: trocken, von mittlerem Körper, dezente Tanninnote. Alkoholgehalt: 10,5%. Alterung: bis zu 2 Jahren empfohlen. Arten: *Frizzante.* Qualitätsstufen: *Novello* 11% Alkohol. Zu den Mahlzeiten zu trinken. – **Ciliegiolo.** Rebsorten: Ciliegiolo (85–100%). Farbe: von kirschrot bis rubinrot. Geruch: fruchtig, ausgeprägt, nachhaltig. Geschmack: würzig und harmonisch bei gutem Körper. Alkoholgehalt: 11%. Alterung: bis zu 2–3 Jahren empfohlen. Arten: *Frizzante.* Qualitätsstufen: *Novello.* Zu allen Speisen zu trinken.

**VALPOLCEVERA.** – **Bianco.** Rebsorten: Vermentino und/oder Bianchetta genovese und/oder Albarola (60 bis 100%), Pigato, Rollo, Bosco (bis 40%). Farbe: mehr oder minder kräftiges Strohgelb. Geruch: charakteristisch, delikat, nachhaltig. Geschmack: trocken, schmackhaft. Alkoholgehalt: 10%. Arten: *Frizzante, Spumante* (11%). Vor Ablauf des Jahres zu trinken, passt zu Vorspeisen und Fisch. – **Rosso.** Rebsorten: Dolcetto und/oder Sangiovese und/oder Ciliegiolo (60–100%), Barbera (bis 40%). Farbe: mehr oder weniger intensives Rubinrot. Geruch: angenehm, zart weinig. Geschmack: herb, trocken, mittlerer Körper. Alkoholgehalt: 10,5%. Arten: *Frizzante.* Qualitätsstufen: *Novello.* Zu Suppen und leichten Gerichten zu trinken. – **Rosato.** Rebsorten: siehe Rosso. Farbe: rosé oder helles Rubinrot. Geruch: weinig, delikat, angenehm. Geschmack: trocken, frisch, harmonisch. Alkoholgehalt: 10,5%. Arten: *Frizzante.* Vor Ablauf des Jahres zu trinken, passt zu leichten Gerichten. – **Bianchetta Genovese.** Rebsorten: Bianchetta genovese (85–100%). Farbe: mehr oder weniger kräftiges Strohgelb. Geruch: fein, delikat, auf sanfte Weise nachhaltig. Geschmack: trocken, schmackhaft, voll, charakteristisch. Alkoholgehalt: 10,5%. Arten: *Frizzante, Spumante* (11%). Vor Ablauf des Jahres zu trinken, passt zu Vorspeisen und Fisch. – **Vermentino.** Rebsorten: Vermentino (85–100%). Farbe: strohgelb, gelegentlich mit grünlichen Reflexen. Geruch: charakteristisch, delikat, fruchtig. Geschmack: trocken, schmackhaft, harmonisch. Alkoholgehalt: 10,5%. Arten: *Frizzante* (11%). Vor Ablauf des Jahres zu trinken, passt zu Vorspeisen und Fisch. – **Passito.** Rebsorten: siehe Bianco. Farbe: mehr oder weniger kräftiges Gelb. Geruch: voll, intensiv, nachhaltig. Geschmack: süß, warm, schmackhaft, voll, nachhaltig. Alkoholgehalt: 14 +1,5%. Zum Dessert zu trinken. – **Coronata.** Rebsorten: siehe Bianco. Farbe: strohgelb. Geruch: charakteristisch, delikat, auf zurückhaltende Weise intensiv und nachhaltig. Geschmack: trocken, schmackhaft, charakteristisch. Alkoholgehalt: 11%. Arten: *Spumante.* Zu Vorspeisen und Fisch zu trinken.

### Enoteche

**Castelnuovo Magra**

**Mulino del Cibus**
via Canale 46
☎ 0187676102

**Chiavari**

**Gran Caffè Defilla**
corso Garibaldi 4
☎ 0185309829

**Lord Nelson Pub**
via Valparaiso 27
☎ 0185302595

**Enoteca Bisson**
corso Giannelli 28
☎ 0185314462

**Genua**

**Il Pampino Vino e Cucina**
via Ruspoli 31r
☎ 010588402

**La Spezia**

**Fratelli Bresciani**
via Prione 157
☎ 018734015

**Nettare e Ambrosia**
via Fazio 85
☎ 0187737252

## Gaumenfreuden

Ebenso abwechslungsreich wie das Klima dieser Region zwischen Meer und Bergen ist ihre Küche. Die feinen Olivenöle Liguriens sowie seine intensiv duftenden Kräuter, allen voran Basilikum und Majoran, kommen etwa im Cappon magro zur Geltung, einem Gericht, bei dem verschiedene getrennt zubereitete Fisch- und Gemüsearten abwechselnd mit Zwiebackscheiben aufeinander geschichtet und zum krönenden Abschluss mit einer Sauce aus Olivenöl und frischen Kräutern übergossen werden. Und natürlich besteht auch die berühmteste Sauce Liguriens, der aufwendig zubereitete Pesto, vor allem aus Kräutern.

Unter den vielfältigen Rezepten des Landes finden sich Spezialitäten wie Panissa, ein Reisgericht mit Wurst, die Ostertorte Torta pasqualina oder Zimino, eine besondere Zubereitungsform für Fische und Muscheln, bei der zunächst eine Mischung aus Sellerie, Karotten, Zwiebeln, Knoblauch, Tomaten, Petersilie, Salz und Pfeffer oder Pfefferschoten in heißem Öl angebraten wird, in die dann der Fisch mit zuvor blanchierten Rüben oder Spinat hineingegeben und fertig gegart wird. Für Nudelfans ist Ligurien geradezu ein Paradies: Von den langen, breiten Piccagge über Trenette und Pansoti bis hin zu den klößchenförmigen Trofie ist alles vertreten. Und dann sind da natürlich noch die hohen, weichen Focaccia-Brote, die jeder ligurische Bäcker allmorgendlich mit seiner ganz persönlichen Kräuterrezeptur frisch zubereitet – außer in Recco, wo man einer jüngeren Tradition folgt und die Focaccia hauchdünn und mit einer Füllung aus Stracchino (einem lombardischen Blauschimmelkäse) backt.

Einfachheit ist Trumpf in der ligurischen Küche, und so servieren selbst schlichteste Lokale, «tavole calde» oder «friggitorie» genannt, köstliche lokale Spezialitäten. Zu nennen wäre beispielsweise in Genua das hafennahe Viertel Caricamento, berühmt für seine in den verwinkelten Gässchen versteckten typischen Lokale, oder Quinto mit seinem renommierten Restaurant Cicchetti (kosten Sie die Lasagnette al pesto – einfach unvergesslich!) oder auch Quarto, wo sich Garibaldi mit seinen Getreuen zum legendären Zug der Tausend einschiffte, mit der ebenso geschichtsträchtigen Osteria del Bai. An der Riviera di Ponente findet sich in der Altstadt von Albenga mit dem Dei Leoni eine weitere historische Adresse für klassische italienische Kochkunst, während Freunde modernerer Küche samt passender Weine im Paolo e Barbara in Sanremo und im Doc in Borgio Verezzi einkehren sollten.

Hoch droben in Leivi bei Genua wartet schließlich das vielleicht beste Lokal Liguriens, das müden Schlemmern auch Übernachtungsmöglichkeiten bietet: das Ca' Peo. Oder Sie kehren im Luchin ein, wo Sie gewiss auch satt werden, aber sicher etwas günstiger. Schließlich bietet die Locanda delle Tamerici in Ameglia direkt am Strand köstliche Meeresspezialitäten.

### Enoteche

**Monterosso**
**Enoteca Internazionale**
via Roma 62
☎ 0187817278

**Rapallo**
**Cantine d'Italia**
via Mazzini 59
☎ 018550538

**Sarzana**
**Taverna Napoleone**
via Bonaparte 16
☎ 0187627974

**Sestri Levante**
**Bottega del Vino**
via Nazionale 530
☎ 018543349

**Enos**
via XXV Aprile 76
☎ 018543090

**Enoteca Grazia**
via Nazionale 529
☎ 018542647

# Die Riviera di Ponente

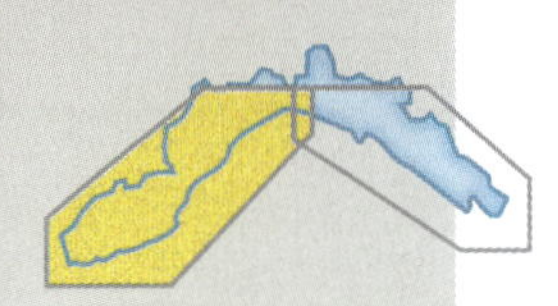

*Glanzstück der Provinzen Savona und Imperia ist der große Traditionswein Rossese di Dolceacqua.*

Im westlichen Teil Liguriens befinden sich zwei DOC-Bereiche: Rossese di Dolceacqua, direkt an der französischen Grenze, und Riviera Ligure di Ponente, der ein gut Teil der Provinzen Savona und Imperia abdeckt.

## Dolceacqua: Heimat des einzigen herausragenden Rotweins aus Ligurien

Der älteste DOC-Bereich Liguriens, ausgewiesen im Jahr 1972, ist nach dem Städtchen Dolceacqua benannt, einer typischen Ortschaft des Nerviatals mit der Ruine einer mittelalterlichen Burg. Ganz im Gegensatz zur nahen Côte Azur, an der man sich mit Leib und Seele dem Fremdenverkehr verschrieben hat, setzen die Bewohner des Hinterlands von Bordighera und Ventimiglia auch weiterhin auf ihr angestammtes Winzerhandwerk. Hier ist die Wahlheimat der Rossese-Rebe mit ihrer typischen gefiederten Traube und den violettroten Beeren. Und nur hier erbringt sie – obwohl auch in anderen Teilen Liguriens angebaut – die Weine mit der berühmten feinen Note.

## Zwischen Savona und Imperia eine DOC mit vier Unterbereichen

Da ein und dieselbe Rebsorte innerhalb eines so großen Gebiets je nach Standort durchaus unterschiedliche Resultate erbringt, sehen die DOC-Bestimmungen für die DOC Riviera Ligure di Ponente vier Unterbereiche vor: die Riviera dei Fiori zwischen Cervo und Ventimiglia, wo vor

### Hotels und Restaurants

**Alassio**

**Ambassador** ★★★★
corso Europa 64
☎ 0182643957

**Flora** ★★★
via Doria 34
☎ 0182640336

**Majestic** ★★★
corso Leonardo da Vinci 300
☎ 0182642721

**Palma** 🍴🍴🍴🍴
via Cavour 5
☎ 0182640314

**Albenga**

**Antica Osteria dei Leoni** 🍴🍴
via Monte Lengueglia 49
☎ 018251937

**Pernambucco** 🍴🍴
viale Italia 35
☎ 018253458

allem die spanischstämmige Vermentino-Traube gedeiht, Ormeasco im Hinterland von Imperia und Ventimiglia, das vom piemontesischen Dolcetto dominiert wird, das Albenganese im Hinterland von Albenga und Andora mit vornehmlich Pigato- und Rossese-di-Albenga-Trauben und schließlich das Finalese zwischen Noli und Borghetto Santo Spirito, in dem Lumassina (Bozzetto) und Vermentino zu Hause sind.

## Weinstädte

**Ranzo.** Eine im Hinterland von Albenga über das mittlere Arrosciatal verstreute Gemeinde: Während an den steileren Hängen dicht an dicht Kastanienbäume wachsen, sind die sanfter geschwungenen Hügel von geometrisch angelegten Wein- und Obstgärten sowie von silbrig grünen Olivenhainen bedeckt. Letzte Akzente in der mediterranen Farbenpracht setzen schließlich die zahlreichen Blumen- und Kräutergärten. Im Hauptort Borgo di Ranzo kann im Oratorio

## DOC-Weine von der Riviera di Ponente

**RIVIERA LIGURE DI PONENTE.** Produktion: 14169 hl (251 ha). – **Ormeasco** (Unterbereich **Riviera dei Fiori**). Rebsorten: Dolcetto (95–100%), sonstige (bis 5%). Farbe: leuchtendes Rubinrot. Geruch: weinig, angenehm, sortentypisch. Geschmack: trocken, angenehm, leicht bitter bei leidlichem Körper. Alkoholgehalt: 11%. Alterung: bis zu 3 Jahren empfohlen. Zu allen Speisen zu trinken. Qualitätsstufen: *Superiore* mindestens 12,5% Alkohol und 1 Jahr Alterung (dann bis zu 4 Jahren). Zu rotem Fleisch, insbesondere Braten zu trinken. – **Rossese** (Unterbereiche **Riviera dei Fiori, Albenga** und **Finale**). Rebsorten: Rossese (95 bis 100%), sonstige nicht aromatische Sorten (bis 5%). Farbe: helles Rubinrot. Geruch: fein, sortentypisch, weinig. Geschmack: trocken, delikat, weich, leicht bitter. Alkoholgehalt: 11%. Alterung: bis zu 3 Jahren empfohlen. Zu allen Speisen zu trinken. – **Ormeasco Sciac-trà.** Rebsorten: Dolcetto (95–100%), sonstige (bis 5%). Farbe: korallenrot. Geruch: weinig, angenehm, sortentypisch. Geschmack: trocken, angenehm. Alkoholgehalt: 11%. Vor Ablauf des Jahres zu trinken, passt zu allen Speisen. – **Pigato** (Unterbereiche **Riviera dei Fiori, Albenga** und **Finale**). Rebsorten: Pigato (95–100%), sonstige nicht aromatische Sorten (bis 5%). Produktion: 6482 hl (107 ha). Farbe: mehr oder minder kräftiges Strohgelb. Geruch: intensiv, sortentypisch, leicht aromatisch. Geschmack: trocken, voll, leicht bitter mit Mandelnote. Alkoholgehalt: 11%. Vor Ablauf des Jahres zu trinken, zu Fisch. – **Vermentino** (Unterbereiche **Riviera dei Fiori, Albenga** und **Finale**). Rebsorten: Vermentino (95–100%), sonstige nicht aromatische Sorten (bis 5%). Farbe: strohgelb. Geruch: fein, sortentypisch, fruchtig. Geschmack: trocken, frisch, harmonisch, delikat fruchtig. Alkoholgehalt: 11%. Alterung: bis zu 2 Jahren empfohlen. Vor Ablauf des Jahres zu trinken, zu Fisch.

**ROSSESE DI DOLCEACQUA** oder **Dolceacqua.** Rebsorten: Rossese (95 bis 100%), sonstige nicht aromatische Sorten (bis 5%). Farbe: rubinrot, mit zunehmender Alterung granatrot. Geruch: weinig, intensiv und doch fein, sortentypisch. Geschmack: weich, aromatisch, warm. Alkoholgehalt 12%. Alterung: bis zu 4–5 Jahren empfohlen. Zu allen Speisen zu trinken. Qualitätsstufen: *Superiore* mindestens 13% Alkohol und 1 Jahr Alterung (dann noch 5–6 Jahre und mehr); zu rotem Fleisch, Wild und altem Käse zu trinken.

### Hotels und Restaurants

**Bordighera**
**G. H. del Mare** ★★★★
via Portico
della Punta 34
☎ 0184262201
**Astoria** ★★★
via Tasso 2
☎ 0184262906
**Via Romana**
via Romana 57
☎ 0184266681
**Carletto** 🍴🍴🍴
via Vittorio
Emanuele 339
☎ 0184261725

**Cervo**
**San Giorgio** 🍴🍴
via A. Volta 19
☎ 0183400175

**Dolceacqua**
**Gastone** 🍴🍴
piazza Garibaldi 2
☎ 0184206577
**La Vecchia** 🍴🍴
via Roma 86
☎ 0184206024
**Trattoria Re** 🍴🍴
via Patrioti Martiri 26
☎ 0184206137

**Finale Ligure**
**Internazionale** ★★★
via Concezione 3
☎ 019692054
**Serenval** ★★★
via Lido 5
☎ 019601231
**Ai Torchi** 🍴🍴🍴
Finalborgo
via dell'Annunziata 12
☎ 019690531

## Hotels und Restaurants

**Finale Ligure**
**Osteria del Castel Gavone** ⑂
Perti Alto
☎ 019692277
**Rosita** ⑂
via Manie 67
☎ 019600719

**Imperia**
**Lanterna Blu – da Tonino** ⑂⑂⑂⑂
Porto Maurizio
via Scarincio 32
☎ 018363859
**Tamerici** ⑂⑂
Porto Maurizio
lungomare Colombo 142
☎ 0183667105

**Molini di Triora**
**Santo Spirito** ⑂
piazza Roma 23
☎ 018494092

**Pietra Ligure**
**Buca di Bacco** ⑂⑂
corso Italia 113
☎ 019615307
**Capanno** ⑂
Ranzi
via Cappelletta 63
☎ 019625198

**Ventimiglia**
**Calypso** ★★
via Matteotti 8
☎ 0184352742
**Marco Polo** ⑂⑂
passegiata Cavallotti 2
☎ 0184352678



della Madonna della Neve ein Giorgio Guidi zugeschriebener Flügelaltar aus dem Jahr 1544 besichtigt werden. **Und außerdem ... Pornassio.**

## Kellereien

**Bastia d'Albenga.** *Cascina Feipu dei Massaretti, via Regione Massaretti 7, Tel. 018220131. Öffnungszeiten: nach Voranmeldung.* Im Ortsteil Bastia werden am Fuße des Hügellands die beiden DOC-Weine Pigato und Rossese gekeltert. Darüber hinaus gibt es den Vino da Tavola Russu du Feipù, ein einzigartiger Verschnitt von lokalen Rebsorten (darunter Brachetto d'Albenga) sowie Sangiovese und Barbera.

einem Blumenanbaugebiet. Zum Verkauf stehen die erstklassigen lokalen DOC-Gewächse mit Lagenbezeichnung. **Und außerdem ... Albenga.** *Agostino Sommariva, via Mameli 1, Tel. 0182559222.* **Diano Marina.** *Agricola Montali & Temesio, frazione Gorleri, strada di Savoia, Tel. 0183495207.* **Finale Ligure.** *Ruffino, frazione Varigotti, via Strada Vecchia 19, Tel. 019698522.* **Ortovero.** *Cantina Viticoltori Ingauni, via Roma 1, Tel. 0182547127.* **Ranzo.** *Massimo Alessandri, via Costa Parrocchia 22, Tel. 018253458. Fiorenzo Guidi, via Parrocchia 4, Tel. 0183318076.* **Spotorno.** *Agricola Sancio Riccardo, via Laiolo 73, Tel. 019747666.*

## Tourenvorschläge

**Die Weinberge um Savona.** Eine kurze Rundfahrt, die zu den besten Weinbaugebieten im Landesinneren führt. **Albenga.** Der auf das römische Albium Ingaunum zurückgehende Ort hat sicherlich die interessanteste Altstadt der Riviera di Ponente zu bieten, mit zahlreichen mittelalterlichen Bauwerken und Museen. Gaumen und Magen kommen auch nicht zu kurz, gibt es hier doch eine Vielzahl von Einkehrmöglichkeiten.

**Ranzo.** Weinstadt (→) mit reichem Angebot für Weinreisende. **Finale Ligure.** Lebhafter Badeort mit schönen Bauwerken in seinen drei historischen Stadtkernen. Im Hinterland zahlreiche kleine Hochebenen mit landwirtschaftlich genutzten Flächen und mediterraner Pflanzenwelt. Verkostungs- und Einkaufsmöglichkeiten bei der Winzergenossenschaft Cooperativa Finalese. Empfehlenswert ist die Kellerei Ruffino (→) im Stadtteil Varigotti. **Alassio.** Die Seele des alten Küstenstädtchens bildet noch heute die kleine Straße, die parallel zum schier endlosen feinkörnigen Sandstrand verläuft. Weiter landeinwärts dann Gärten und Häuser aus der Gründerzeit der touristischen Erschließung. **Pietra Ligure.** Pietra heißt Stein, und in dieser Stadt steht Pietra für den Felsen, auf dem noch heute die mittelalterliche Burg thront. Rings umher Frühgemüsegärten und Vermentino-Reben. **Quiliano.** Interessant wegen seiner Bozzetto-Weine aus autochthonen Rebsorten und dem Granaccia aus vor Urzeiten hierher gelangten Alicante-Trauben. **Ortovero.** Einkaufsmöglichkeiten bei der Cantina Viticoltori Ingauni. (→)

## Das Hinterland von Imperia.

Unangefochtenes Zentrum der Rossese-Produktion ist Dolceacqua, das sich damit auch als Ausgangspunkt für unseren kleinen Ausflug in die hiesigen Weinbaugebiete anbietet. **Dolceacqua.** Mitten im satten Grün des Val Nervia tun sich Einkaufsmöglichkeiten bei der Vineria Du Re auf und hungrige Ausflügler können gleich auf ein typisches Gericht und einen guten Tropfen in die Trattoria Re einkehren. Auch die Kellereien Terre Bianche und Tenuta Giuncheo lohnen einen Besuch. **Soldano.** Der Eingang des nächsten Tals, des Vallecrosia, wird von der Ortschaft Perinaldo bewacht. Hat man den historischen Kern passiert, gelangt man ins Umland, wo neben Weinreben auch Olivenbäume und Blumen gedeihen. **San Biagio della Cima.** Eine verfallene Kapelle erhebt sich hoch oben über dem Steilhang des Monte Santa Croce, zu dessen Füßen auf der Wasserscheide zwischen den beiden Rossese-Tälern der pittoreske Ort selbst liegt.

## Agriturismo

**Albenga**
**Il Colletto**
Campochiesa
via Cavour 34
☎ 018221858

**Camporosso**
**Il Bausco**
località Brunetti
☎ 0184206013

**Dolceacqua**
**Terre Bianche – Locanda del Bricco**
località Arcagna
☎ 018431426

**Finale Ligure**
**Villa Piuma**
Perti
via Cappelletta Nuova 8
☎ 019687030

**Quiliano**
**Casalina**
Montagna
via Chicchezza 7
☎ 019887604

## Enoteche

**Albenga**
**Enoteca del Vascello**
via G.M. Oddo 16
☎ 018251374

**Imperia**
**Pane e Vino**
via des Geneys 52
☎ 0183290044

## Vom Lambrusco zum Sangiovese

*Von den Hügeln des Apennin bis hinunter zu den Ufern des Po und der Adria erstrecken sich weitläufige Rebflächen. Die renommierten Weine der Emilia-Romagna sind zum Markenzeichen einer Region geworden, in der gutes Essen und Geselligkeit das Lebensgefühl des Alltags bestimmen.*

Dem Reisenden stellt sich dieser Landstrich sehr schematisch dar, einmal der Länge nach – sprich von Nordwesten bis Südosten – durchschnitten von der großen Verkehrsader der Region, der Via Emilia. Auf der südlichen Seite erheben sich die ersten Ausläufer des Apennin, die aufgrund ihrer Lage und ihrer klimatischen Bedingungen wie geschaffen für den Weinbau sind. Auf der nördlichen Seite erstreckt sich eine in Richtung Po und Adriaküste abfallende Ebene, deren Eignung für den Weinbau selbst anspruchsvollsten Erwartungen genügt.

### Vier Weinbaubezirke entlang der Via Emilia

Die vier Erzeugerzonen der Emilia-Romagna unterscheiden sich hinsichtlich Anbautradition und ampelographischer Zusammensetzung. Die westliche Zone umfasst die beiden Hügelregionen Colli di Piacenza und Colli di Parma, wo die Dominanz von Barbera- und Bonarda-Reben den Einfluss des angrenzenden Oltrepò Pavese erkennen lässt. Nordöstlich schließt sich das Reich des Lambrusco an, das von den Ufern des Po bis zu den Hügeln der Provinzen Reggio nell'Emilia und Modena reicht. Südöstlich davon liegen die Colli Bolognesi mit dem Renotal, Heimat vor allem traditionsreicher Weißweine. Schließlich beherrscht im Osten das große Weingelände der Romagna mit seinen Sangiovese-, Trebbiano- und Albana-Reben das Landschaftsbild. Etwas abseits im Norden liegt der Bereich Fortana in der Provinz Ferrara, wo die Rebstöcke auf dem sandigen Boden des Podeltas gedeihen.

### Das große Land von Trebbiano und Sangiovese

In der Emilia-Romagna herrschen zwei Rebsorten vor, die fast die Hälfte der Anbauflächen einnehmen: die weiße Trebbiano-romagnolo-Traube (30 Prozent) und der rote Sangiovese (15 Prozent), der die Produktion der Romagna in erster Linie prägt. Zur Unterstützung der roten Sorten kommen die Gruppe der Lambrusco-Reben, Ancellotta sowie Barbera und Bonarda hinzu. An weißen Trauben ist noch Albana von Bedeutung, aus der der einzige DOCG-Wein der Region gewonnen wird. Daneben finden sich noch weitere interessante regionale Rebsorten, etwa Montù

**Movimento del Turismo del Vino**
Beauftragter:
Francesco Lambertini
via San Chierlo 37a
Monte San Pietro (Bo)
☎ 0516768324

im südlichen Valle del Reno oder Malvasia bianca di Candia in Parma und Piacenza. Reben mit horizontaler Wuchsrichtung werden im Pergola-System der Emilia-Romagna und im Pergoletta-romagnola-System erzogen, die sich bei der traditionellen Mischkultur bewährt haben, während bei den Spalierformen das Guyot-piacentine-System verwendet wird.

## Ein DOCG- und 19 DOC-Bereiche

Die Rebflächen der Emilia-Romagna umfassen mehr als 60 000 Hektar, die zu zwei Dritteln auf die Ebene und zu einem Drittel auf das Hügelland verteilt sind. Rote Traubensorten sind hier geringfügig häufiger vertreten. Der ganze Stolz der Region ist das dem Albana di Romagna verliehene DOCG-Prädikat. Ihm stehen beeindruckende 19 DOC- sowie zehn IGT-Bereiche zur Seite. Mit ihrer DOC-Produktion steht die Emilia-Romagna in Italien an fünfter Stelle und die Colli Piacentini sowie Reggiano zählen sogar zu den besten 20 DOC-Bereichen des Landes. Nebenbei bemerkt werden auf diesem Anbaugebiet mehr als doppelt so viele Rot- wie Weißweine erzeugt.
Es bleibt schließlich festzuhalten, dass die regionale Gesamtproduktion – immerhin um die sieben Millionen Hektoliter – lediglich teilweise durch DOC- (25 Prozent) beziehungsweise IGT-Qualitätsvorschriften (40 Prozent) geschützt ist. Für die Zukunft ist allerdings geplant, in verstärktem Maße Weine der höherwertigen Qualitätsstufen zu erzeugen, insbesondere, weil man in der Region sehr darauf bedacht ist, das gegebene wirtschaftliche Potenzial im Bereich Weinanbau voll und ganz auszuschöpfen. Die Dynamik dieses Marktsektors lässt sich nicht leugnen – man denke beispielsweise an die Verkaufsidee, den Rebensaft als «Tütenwein» zu vermarkten, die zunächst allseits auf helle Empörung stieß. Die positive Reaktion seitens der Konsumenten allerdings gab jenen Unternehmen Recht, die durch eine solche etwas respektlose Verpackung junge Leute und Verbraucher, die sich bisher von den hohen Preisen hatten abschrecken lassen, an qualitativ hochwertigen Wein herangeführt haben. Der nächste Schritt muss konsequenterweise darin bestehen, diese Kunden dazu zu bewegen, künftig auch zu Qualitätsweinen in Flaschen zu greifen.

*Bentivoglio, Museum der bäuerlichen Kultur.*

# DOCG- und DOC-Bereiche in der Emilia-Romagna

1. DOCG Albana di Romagna – 1634 ha auf dem Gebiet zahlreicher Gemeinden der Provinzen Ravenna, Bologna und Forlì
2. DOC Bosco Eliceo – 177 ha in 5 Orten der Provinz Ferrara und in 2 der Provinz Ravenna
3. DOC Cagnina di Romagna – 72 ha in 16 Gemeinden der Provinz Forlì und in 5 Ortschaften der Provinz Ravenna
4. DOC Colli Bolognesi – 971 ha in 14 Gemeinden der Provinz Bologna, u. a. ein Teil der Hauptstadt, sowie in 1 Gemeinde der Provinz Modena
5. DOC Colli Bolognesi Classico Pignoletto – DOC-Bereich seit 1997, für den noch keine Daten vorliegen; umfasst 9 Gemeinden der Provinz Bologna und 1 Gemeinde der Provinz Modena
6. DOC Colli di Faenza – DOC-Bereich seit 1997, erstreckt sich über zahlreiche Gemeinden der Provinzen Ravenna und Forlì, darunter Faenza
7. DOC Colli d'Imola – DOC-Bereich seit 1997, umfasst ein Gebiet von 7 Gemeinden der Provinz Bologna, darunter Imola
8. DOC Colli di Parma – 248 ha in 14 Gemeinden der Provinz Parma
9. DOC Colli di Rimini – DOC-Bereich seit 1997, erstreckt sich über 18 Gemeinden der Provinz Rimini einschließlich der Provinzhauptstadt
10. DOC Colli di Scandiano e di Canossa – 272 ha in 14 Gemeinden der Provinz Reggio nell'Emilia, darunter Scandiano, Canossa sowie die Provinzhauptstadt selbst

⓫ DOC Colli Piacentini – 4740 ha auf einem breiten Hügelstreifen der Provinz Piacenza

⓬ DOC Lambrusco di Sorbara – 536 ha in der Provinz Modena, einschließlich der Stadt Modena und der umliegenden Ortschaften

⓭ DOC Lambrusco Grasparossa di Castelvetro – 993 ha in einem Teilgebiet von Modena sowie in einer Reihe anderer Gemeinden der Panaroregion, darunter Castelvetro

⓮ DOC Lambrusco Salamino di Santa Croce – 333 ha in zahlreichen Gemeinden der Provinz Modena, darunter die Provinzhauptstadt selbst

⓯ DOC Pagadebit di Romagna – 128 ha in zahlreichen Gemeinden der Provinzen Ravenna, Forlì und Rimini

⓰ DOC Reggiano – 2920 ha in 33 Orten der Provinz Reggio nell'Emilia, einschließlich der Provinzhauptstadt

⓱ DOC Vini del Reno – 505 ha in 28 Orten der Provinz Bologna, einschließlich der Provinzhauptstadt, sowie in 5 Orten der Provinz Modena

⓲ DOC Romagna Albana Spumante – DOC-Bereich seit 1995, umfasst Teilgebiete der Provinzen Forlì, Ravenna und Bologna

⓳ DOC Sangiovese di Romagna – 906 ha in zahlreichen Gemeinden der Provinzen Bologna, Forlì, Ravenna und Rimini

⓴ DOC Trebbiano di Romagna – 786 ha in verschiedenen Orten der Provinzen Bologna, Forlì, Ravenna und Rimini

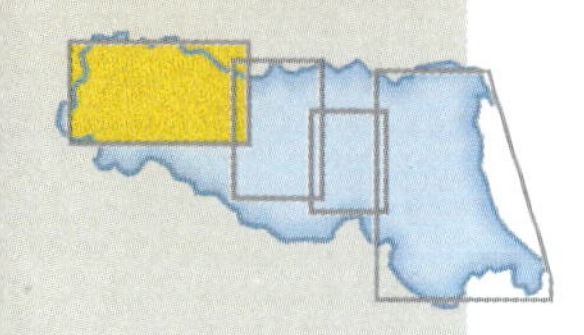

# Die Hügel von Piacenza und Parma

*Auf der Strecke vom Oltrepò Pavese bis ins Anbaugebiet des Lambrusco dominieren in den Weinbergen zunächst die Rebsorten Barbera und Bonarda, um dann der aromatischen Malvasia-Traube das Feld zu überlassen.*

Die Nordseite des Apennin, die sich die Emilia-Romagna mit der Toskana teilt, bildet von der Grenze zur Lombardei im Westen bis zum Grenzgebiet zwischen den Provinzen Parma und Reggio nell'Emilia im Osten eine relativ homogene Weinbauregion. Die Rebflächen liegen auf einer Höhe zwischen etwa 150 und 450 Metern, wobei sowohl rote als auch weiße Trauben mit gleichermaßen unverwechselbarem Charakter das Landschaftsbild bestimmen.

## Das Hügelland von Piacenza und der Gutturnio

In den im Westen gelegenen Colli Piacentini wird aus den ursprünglich aus dem Oltrepò Pavese stammenden Rebsorten Barbera und Bonarda jener Wein erzeugt, den man für gewöhnlich als erstes mit dieser Region verbindet: der Gutturnio. Dolcetto und Merlot sind piemontesischer Herkunft, während Cabernet Sauvignon und Pinot nero Anfang des 20. Jahrhunderts eingeführt wurden. Unter den weißen Sorten haben sich Malvasia di Candia, Trebbiano und Ortrugo einen Namen gemacht, aus denen der Trebbianino Val Trebbia erzeugt wird. Dasselbe Kleeblatt bildet – zusammen mit Moscato – die Grundlage für den Monterosso Val d'Arda. Weniger bedeutende einheimische Traubensorten wie Marsanne

### Hotels und Restaurants

**Alseno**
**Giovanni** 🍴🍴🍴
9 km nach Cortina
☎ 0523948304

**Besenzone**
**Fiaschetteria** 🍴🍴🍴
via Bersano 59
☎ 0523830444

**Cadeo**
**Le Ruote** ★★★
Roveleto
via Emilia Parmense 204
☎ 0523500427

**Calestano**
**Mariella** 🍴
4 km nach Fragno
☎ 052552102

**Carpaneto Piacentino**
**Antica Osteria della Pesa** 🍴🍴
5 km nach Travazzano
via della Valle 195
☎ 0523852875

**Castell'Arquato**
**Maps** 🍴🍴
piazza Europa 3
☎ 0523804411

**Rocca** 🍴🍴
via Asilo 4
☎ 0523805154

**Castel San Giovanni**
**Palace Hotel** ★★★
via Emilia Pavese 4
☎ 0523849441

**Collecchio**
**Villa Maria Luigia – da Ceci** 🍴🍴🍴
via Galaverna 28
☎ 0521805489

und Berverdino werden zur Herstellung des Vin Santo di Vigoleno verwendet. Sehr gute weiße Importtrauben sind Sauvignon blanc, Chardonnay, Pinot bianco sowie Pinot grigio.

## Ein großer Malvasia aus den Hügeln um Parma

Die Provinz Parma ist weltweit für ihren Käse und ihren luftgetrockneten Schinken bekannt, daneben hat sie aber auch noch andere Gaumenfreuden zu bieten, wie etwa die Salamispezialität Salame di Felino, die Spalla di San Secondo oder den Culatello di Zibello, einen zarten Kernschinken. Was den Wein anbelangt, so fließt in den Tälern zwischen den Flüssen Enza und Stirone der rote Rebensaft von Barbera und Bonarda in den Bottichen des Rosso Colli di Parma zusammen, womit sich der Kreis zum Oltrepò Pavese schließt. Unter den Weißen verdient der Malvasia di Candia aus der gleichnamigen Traube besondere Beachtung, den man zu Zeiten Napoleons gar über die Alpen sandte, außerdem die Sauvignon-blanc-Rebe, aus der im Champagnerverfahren häufig Schaumweine von Rang bereitet werden.

### Weinstädte

**Castel San Giovanni.** Der Name geht auf eine Burg zurück sowie auf die aus dem 14. Jahrhundert stammende Kollegiatskirche mit ihrem geschnitzten Polyptychon aus dem Jahr 1448. Von der Burg ist heute zwar nichts mehr zu sehen, doch diente sie einst als Bollwerk gegen die Einfälle der Langobarden. Wir befinden uns in der fruchtbaren Ebene, durch die sich die alte Handelsstraße Padana Inferiore zieht, nicht weit vom Po entfernt, und damit erklärt sich auch die immer noch rege Geschäftstätigkeit im Ort. Obwohl unmittelbar ans Oltrepò Pavese grenzend, liegt der Akzent hier bereits auf Gutturnio und Ortrugo-Weinen. Im April und im September findet die Fotoausstellung **Mostra Materiale Fotografico** statt.

**Ziano Piacentino**. Ein hübsches Dörfchen im beginnenden Hügelland, ganz in der Nähe von Castel San Giovanni.

### Kellereien

**Ozzano Taro.** *Monte delle Vigne, via Costa 27, Tel. 0521809105. Öffnungszeiten: Montag–Samstag 8 bis 12 und 14–18 Uhr, nach Voranmeldung.* Von vier Landgütern werden die Trauben für die DOC-Weine Colli di Parma und ein breit gefächertes Spektrum an Tafelweinen zusammengetragen. Sehr empfehlenswert unter den Letzteren ist der Nabucco, ein charaktervoller Roter aus Barbera und Merlot, der in Barriques ausgebaut wird. Erstmals wurde er 1993 erzeugt und avancierte sehr schnell zum Markenzeichen des Hauses.

**Rivergaro.** *La Stoppa, località Ancarano, Tel. 0523958159. Öffnungszeiten: 8.30–12.30 und 14–18 Uhr, Samstag- und Sonntagnachmittag geschlossen, an Feiertagen nach Voranmeldung.* Den Mittelpunkt des Landguts bildet ein Wachtturm aus dem 15. Jahrhundert, umrahmt von stilgerechten, altehrwürdigen Bauernhäusern. Hier wird sowohl

### Hotels und Restaurants

**Colorno**
**Versailles** ★★★
via Saragat 3
☎ 0521312099
**Stendhal**
4 km nach Sacca
☎ 0521815493
**Farini**
**Cantoniera**
località Cantoniera
☎ 0523919113
**Felino**
**La Cantinetta**
via Calestano 14
☎ 0521831125
**Fidenza**
**Astoria** ★★★
via Gandolfi 5
☎ 0524524314
**Antica Trattoria del Duomo**
via Micheli 27
☎ 0524524268
**Fiorenzuola d'Arda**
**Concordia** ★★★
via XX Settembre 54
☎ 0523982827
**Domus** ★★★
viale Matteotti 68
☎ 0523943800

Weinbau als auch die Zucht von Limousin-Rindern betrieben. Aushängeschild der Kellerei ist der Alfeo, ein Pinot nero aus dem DOC-Bereich Colli Piacentini, der aus ausgesuchten Trauben gekeltert und in Barriques ausgebaut wird. Ähnliche Sorgfalt verwendet man hier auf die Erzeugung des Süßweins Passito Vigna del Volta, der auf der Grundlage von Malvasia-Trauben bereitet wird und durch einen Hauch Moscato bianco seine besondere Note erhält.

**Travo.** *Il Poggiarello, località Poggiarello di Stato, Tel. 0523571610. Öffnungszeiten: Sonntag 10–19 Uhr, an den übrigen Tagen nach Voranmeldung.* Nachdem die Familien Ferrari und Perini das Gut im Jahr 1982 übernommen hatten, wurde das Gehöft restauriert und die Stallung in eine Kellerei umgebaut. Die Rebflächen hat man in nach Lage und Sonneneinstrahlung unterschiedene Parzellen eingeteilt und sie mit der jeweils am besten geeigneten Rebsorte bestockt. Heute werden aus diesen Rebstöcken DOC-Weine von Rang gewonnen, und zwar in erster Linie der Gutturnio Riserva Vigna Valandrea, der durch 18-monatige Lagerung in französischen und slawonischen Holzfässern geschmacklich abgerundet wird.

**Vigolzone.** *Villa Peirano, località Albarola, Tel. 0523875146. Öffnungszeiten: 9–12 und 14.30–18.30 Uhr, Sonntag geschlossen, Gruppen nach Voranmeldung.* Die Hausherrin Signora Barberini Oltrona Visconti persönlich offeriert den Gästen ihre hausgemachten Weine: Die Palette reicht von den bewährten Klassikern der Colli Piacentini bis hin zu neueren Kreationen wie dem aus Sauvignon blanc-, Trebbiano- und Malvasia-Trauben bereiteten Bianco del Lago oder dem Rosa del Lago aus Pinot nero.

**Und außerdem … Carpaneto.** *Montesissa – Cascina Boffalora, località Rezzano, Tel. 0523850123.* **Castell'Arquato.** *Giulio Cardinali, località Montepascolo, Tel. 0523803502.* **Langhirano.** *Il Cortile, Casatico, via della Nave 14, Tel. 0521484086. Isodoro Lamoretti, Casatico, via della Nave 6, Tel. 0521863590. Terzi, Casatico, via della Nave 3, Tel. 0522 887080.* **Nibbiano.** *Dionisia, Tenuta la Torretta, Tel. 0523997008.* **Vigolo Marchese.** *Pusterla, località Pusterla, Tel. 0523896105.* **Vigolzone.** *Campominosi, Poggio di Carmiano, Tel. 0523877853. Tosa, località La Tosa, Tel. 0523870727.* **Ziano Piacentino.** *Gaetano Lusenti, Vicobarone, località Case Piccioni, Tel. 0523 868479. Podere Casale, Vicobarone, via Creta, Tel. 0523868302. Luigi Pagani, via Marconi 60, Tel. 0523 863203.*

## Enoteche

**Castell'Arquato.** *Enoteca Comunale, Palazzo del Podestà, piazza del Municipio, Tel. 0523896105. Öffnungszeiten: auf Anfrage.* In den Aufsichtsräumen des Palazzo del Podestà, des Bürgermeisteramts, wurde 1973 die Enoteca eröffnet, um die Vermarktung des regionalen Monterosso Val d'Arda zu fördern. Auch heute noch, nachdem der Wein bereits das DOC-Prädikat erhalten hat, wird dieses Ziel weiter verfolgt, indem man die Erzeugnisse der führenden Kellereien anbietet.

## Hotels und Restaurants

**Fornovo di Taro**
**Cavalieri** ★★★
via Case Bisetti 10
☎ 052539857
**Trattoria di Cafragna** 🍴🍴
16 km nach Cafragna
☎ 05252363

**Grazzano Visconti**
**Biscione** 🍴
piazza del Biscione
☎ 0523870149

**Langhirano**
**Ai Tigli** ★★★
8 km nach Pilastro
via Parma 44
☎ 0521639006

**Noceto**
**Aquila Romana** 🍴🍴
via Gramsci 6
☎ 0521625398

**Parma**
**Grand Hotel Baglioni** ★★★★
viale Piacenza 12/c
☎ 0521292929
**Hotel Verdi** ★★★★
via Pasini 18
☎ 0521293549
**Park Hotel Stendhal** ★★★★
via Bodoni 3
☎ 0521208057
**Villa Ducale** ★★★★
via del Popolo 35
☎ 0521272727
**Daniel** ★★★
**Cocchi** 🍴🍴
via Gramsci 16
☎ 0521995147

## Rund um den Wein

**Vigolzone.** *Museo della Vite e del Vino, Azienda La Tosa, località La Tosa, Tel. 0523870727. Öffnungszeiten: nach Voranmeldung.* Der Betrieb der Gebrüder Pizzamiglio beherbergt ein dem Weinbau gewidmetes Museum. Der Besucher kann sich über die verschiedenen Phasen des Weinbaus und der Weinbereitung sowie über Aspekte des bäuerlichen Lebens zu früheren Zeiten informieren. Der Betrieb bietet auch für große Gruppen Verpflegungsmöglichkeiten.

## Tourenvorschläge

**Die Täler zwischen Piacenza und Parma.** Die Strecke verläuft entlang zweier Orientierungslinien: Die eine führt durch das Weinbaugebiet am Fuß des Apennin, die andere entlang der Via Emilia durch die Ebene, vorbei an den wichtigsten Ortschaften der Region. Von dort aus sind auch Abstecher in die Poebene eingeplant. **Piacenza.** Das Flair der Stadt mit ihrem altertümlichen, strengen Charakter und der für die Poebene typischen Ziegelsteinbauweise verweist auf ihre Nähe zur Lombardei. Monumente aller Stilepochen von Romanik bis Barock legen Zeugnis ab von der Geschichte eines Orts, der einst Hauptstadt eines Herzogtums war. Zum Entspannen und Genießen empfiehlt sich die hervorragende Küche der Antica Osteria del Teatro. **Castel San Giovanni.** Die Weinstadt (→) im Grenzgebiet zwischen dem Oltrepò Pavese und den Colli Piacentini ist die erste Etappe auf der Via dei Castelli, dem Burgenweg, der den abwechslungsreichen Landstrich am Fuß des Apennin durchzieht. Eine besondere Empfehlung verdient die Kellerei Dionisia (→) in Nibbiano, im oberen Tidonetal. **Rivergaro.** Die Route verläuft entlang der breiten Talrinne des Flusses Trebbia. Auf dem Weg kann man die ursprüngliche Natur genießen und Bobbios berühmte Brücke Ponte Gobbo besichtigen. Unter den Weinbaubetrieben der Region zeichnen sich vor allem die Kellereien La Stoppa (→) in Ancarano bei Rivergaro und Il Poggiarello (→) in Travo aus. **Grazzano Visconti.** Während die Burg selbst ein DOC-Prädikat verdiente, ist das

### Hotels und Restaurants

**Farnese International Hotel** ★★★
via Reggio 51/a
☎ 0521994247

**Al Tramezzino** 🍴🍴🍴
3 km nach
San Lazzaro Parmense
via del Bono 5/b
☎ 0521487906

**La Greppia** 🍴🍴🍴
strada Garibaldi 39/a
☎ 0521233686

**Parizzi** 🍴🍴🍴
via Repubblica 71
☎ 0521285952

**Antica Cereria** 🍴
borgo R. Tanzi 5
☎ 0521207387

**Piacenza**

**Park Hotel** ★★★
strada Val Nure 7
☎ 0523712600

**Florida** ★★★
via C. Colombo 20
☎ 0523592600

**Antica Osteria del Teatro** 🍴🍴🍴🍴
via Verdi 16
☎ 0523323777

**Polesine Parmense**

**Al Cavallino Bianco** 🍴🍴🍴
via Sbrisi 2
☎ 052496136

**Colombo** 🍴🍴
3 km nach Santa Franca
via Mogadiscio 110
☎ 052498114

## DOC-Weine aus den Hügeln von Piacenza und Parma

### Hotels und Restaurants

**Ponte dell'Olio**
**Riva** 🍴
via Riva 16
☎ 0523875193

**Rivergaro**
**Castellaccio – da Attendolo** 🍴
4 km nach Marchesi di Travo
☎ 0523957333

**Salsomaggiore Terme**
**Grand Hotel et de Milan** ★★★★★
via Dante 1
☎ 0524572241
**Regina** ★★★
largo Roma 3
☎ 0524571611
**Nazionale** ★★★
viale Matteotti 43
☎ 0524573757
**Querce** 🍴
via Parma 85
☎ 0524578281
**Vecchio Parco** 🍴
via Parma 95
☎ 0524573492

**Soragna**
**Locanda del Lupo** ★★★★
via Garibaldi 64
☎ 0524597100

**Zibello**
**La Buca** 🍴
via Ghizzi 6
☎ 052499214

**COLLI DI PARMA.** – **Malvasia.** Rebsorten: Malvasia di Candia aromatica (85–100%), Moscato bianco (bis 15%). Produktion: 4458 hl (88 ha). Farbe: mehr oder weniger volles Strohgelb. Geruch: angenehmer, aromatischer, sortentypischer Duft. Geschmack: trocken, harmonisch, sortentypisch, still oder perlend. Alkoholgehalt: 10,5%. Arten: *Amabile, Spumante.* Zu Fisch- und Eiergerichten zu trinken. – **Sauvignon.** Rebsorten: Sauvignon blanc (100%). Produktion: 1116 hl (33 ha). Farbe: strohgelb. Geruch: delikat, erlesen, aromatisch, sortentypisch. Geschmack: trocken, körperreich, leichte Bittermandelnote im Abgang, frisch, harmonisch, bisweilen perlend. Alkoholgehalt: 11,5%. Arten: *Spumante.* Zu Fisch und mittelalten Käsesorten. – **Rosso.** Rebsorten: Barbera (60–75%), Bonarda Piemontese und/oder Croatina (25–40%), sonstige (bis 15%). Produktion: 1764 hl (45 ha). Farbe: rubinrot. Geruch: weinig, mit sortentypischem Duft. Geschmack: trocken, harmonisch, leicht perlend. Alkoholgehalt: 11%. Alterung: bis zu 3 Jahren. Zu allen Gerichten zu trinken.

**COLLI PIACENTINI.** – **Chardonnay.** Rebsorten: Chardonnay (85–100%). Produktion: 3280 hl (63 ha). Farbe: strohgelb mit grünlichen Nuancen. Geschmack: trocken, harmonisch, frisch, still. Alkoholgehalt: 11%. Arten: *Frizzante, Spumante.* Zu allen Gerichten zu trinken. – **Malvasia.** Rebsorten: Malvasia di Candia aromatica (85 bis 100%). Produktion: 53719 hl (719 ha). Farbe: mehr oder minder volles Strohgelb. Geruch: sortentypisches, oft auch intensives Aroma. Geschmack: trocken oder vollmundig oder lieblich oder süß, aromatisch, frisch, still oder lebhaft. Alkoholgehalt: 10,5%. Arten: *Frizzante, Spumante.* Zu Vorspeisen und Fisch. – **Monterosso Val d'Arda.** Rebsorten: Malvasia di Candia aromatica und Moscato bianco (20 bis 50%), Trebbiano romagnolo und Ortrugo (20–50%), Berverdino und/oder Sauvignon blanc und/oder sonstige weiße Sorten (bis 30%). Produktion: 11773 hl (242 ha). Farbe: von strohgelb bis goldgelb. Geruch: delikat, sortentypisch. Geschmack: trocken oder vollmundig oder lieblich, von feinem, zartem Körper, still oder lebhaft. Alkoholgehalt: 11%. Arten: *Frizzante, Spumante.* Zu Süßwasserfisch und mittelaltem Käse zu trinken. – **Ortrugo.** Rebsorten: Ortrugo (90–100%). Produktion: 15439 hl (222 ha). Farbe: helles, ins Grünliche spielendes Strohgelb. Geruch: delikat, sortentypisch. Geschmack: trocken oder vollmundig, leicht bitter im Abgang, still oder lebhaft. Alkoholgehalt: 11%. Arten: *Frizzante, Spumante.* Zu allen Gerichten zu trinken. – **Pinot Grigio.** Rebsorten: Pinot grigio (85–100%). Produktion: 2469 hl (57 ha). Farbe: hell strohgelb oder kupferfarben. Geruch: sortentypisch. Geschmack: trocken oder vollmundig, frisch, fein, sehr angenehm, still oder lebhaft. Alkoholgehalt: 11%. Arten: *Frizzante, Spumante.* Zu allen Gerichten, besonders zu Vorspeisen und Wurstspezialitäten. – **Pinot Spumante.** Rebsorten: Pinot nero (85–100%), Chardonnay (bis 15%). Produktion: 8 hl (0,7 ha). Farbe: unterschiedlich intensives Strohgelb oder hellrot. Geruch: sortentypisch, delikat, fein. Geschmack: von Extra brut bis Brut, schmackhaft, frisch. Alkoholgehalt: 11%. Zu allen Gerichten zu trinken. – **Sauvignon.** Rebsorten: Sauvignon blanc (85–100%). Produktion: 5010 hl (99 ha). Farbe: bisweilen intensives Strohgelb. Geruch: delikat, sortentypisch. Geschmack: trocken oder vollmundig, harmonisch, fein, still oder lebhaft. Alkoholgehalt: 10%. Arten: *Frizzante.* Zu Vorspeisen und Fisch zu trinken. – **Trebbianino Val Trebbia.** Rebsorten: Ortrugo (35–65%), Malvasia di Candia und Moscato bianco (10–20%), Trebbiano romagnolo und Sauvignon blanc (15–30%), sonstige (bis 15%). Produktion: 6881 hl (132 ha). Farbe: strohgelb oder helles Goldgelb. Geruch: weinig, angenehm. Geschmack: trocken oder vollmundig, delikat, zart, still oder lebhaft. Alkoholgehalt: 11%. Arten: *Frizzante, Spumante.* Zu allen Gerichten zu trinken. – **Val Nure.** Rebsorten: Malvasia di Candia aromatica (20–50%), Trebbiano romagnolo und Ortrugo (20–65%), sonstige (bis 15%). Produktion: 449 hl (8,5 ha). Farbe: helles Strohgelb. Geruch: sortentypisch, angenehm, aromatisch. Geschmack: trocken oder vollmundig oder lieblich, angenehm, still oder lebhaft. Alkoholgehalt: 11%. Arten: *Frizzante, Spumante.* Zu allen Gerichten zu trinken. – **Vin Santo.** Rebsorten: Malvasia di Candia aromatica und/oder Ortrugo und/oder Sauvignon blanc und/oder Marsanne und/oder Trebbiano romagnolo (80–100%). Farbe: strohgelb oder goldgelb. Geruch: intensiv, aromatisch, sortentypisch, ätherisch. Geschmack: trocken oder süß, weich, harmonisch, intensiv, aromatisch, still. Alkoholgehalt: 16%. Alterung: mindestens 4 Jahre, dann noch 10 Jahre und mehr. In Mußestunden zu trinken. – **Vin Santo di Vigoleno.** Rebsorten: Marsanne und/oder Berverdino und/oder Sauvignon blanc und/oder Ortrugo und/oder Trebbiano romagnolo (60–100%). Farbe: goldgelb oder unterschiedlich intensiv bernsteinfarben. Geruch: intensiv, aromatisch, sortentypisch. Geschmack: süß, aromatisch, voll, körperreich, samtig. Alkoholgehalt: 18%. Alterung: mindestens 5 Jahre, dann noch 10 Jahre und mehr. In Mußestunden zu trinken. – **Barbera.** Rebsorten: Barbera (85 bis 100%). Produktion: 27340 hl (446 ha). Farbe: rubinrot. Geruch: weinig, sortentypisch. Geschmack: trocken oder vollmundig, würzig, leicht tanninhaltig, still oder lebhaft. Alkoholgehalt: 11,5%. Alterung: bis zu 3 Jahren. Arten: *Frizzante.* Zu allen Gerichten zu trinken. – **Bonarda.** Rebsorten: Bonarda (85 bis 100%). Produktion: 26561 hl (431 ha). Farbe: rubinrot, bisweilen intensiv. Geruch: sortentypisch, angenehm. Geschmack: trocken oder vollmundig oder lieblich oder süß, leicht tanninhaltig, frisch, still oder lebhaft. Alkoholgehalt: 11,5%. Alterung: bis zu 3 Jahren. Arten: *Frizzante.* Zu allen Gerichten zu trinken. – **Cabernet Sauvignon.** Rebsorten: Cabernet Sauvignon (85 bis 100%). Produktion: 1753 hl (36 ha). Farbe: rubinrot, bisweilen granatrot. Geruch: sortentypisch, angenehm, leicht kräuterwürzig. Geschmack: trocken oder vollmundig, leicht tanninhaltig, still. Alkoholgehalt: 12%. Alterung: bis zu 3–4 Jahren. Zu Wild sowie zu Rind- und Schweinefleisch. – **Gutturnio.** Rebsorten: Barbera (55–70%), Croatina (30–45%). Produktion: 56316 hl (897 ha). Farbe: leuchtendes Rubinrot von unterschiedlicher Intensität. Geruch: weinig, sortentypisch. Geschmack: trocken oder vollmundig, frisch, jung, still oder lebhaft. Alkoholgehalt: 11,5%. Arten: *Frizzante.* Alterung: die trockene, stille Sorte bis zu 5 Jahren, die liebliche sowie die lebhaften Sorten bis zu 2 Jahren. Qualitätsstufen: *Superiore* mindestens 12% Alkohol und 1 Jahr Alterung (dann bis zu 7 Jahren), *Riserva* mindestens 12,5% Alkohol und 2 Jahre Alterung (dann bis zu 9 Jahren), *Classico* 12% Alkohol, auch *Classico Superiore* und *Classico Riserva.* Zu allen Gerichten zu trinken, Superiore und Riserva zu Rind- und Schweinefleisch sowie zu Wild. – **Novello.** Rebsorten: Pinot nero und/oder Barbera und/oder Croatina (60–100%). Farbe: rubinrot. Geruch: sortentypisch, weinig, fruchtig. Geschmack: trocken oder vollmundig, säuerlich, duftend und fruchtig, manchmal still, manchmal lebhaft. Alkoholgehalt: 11%. Als Aperitif sowie zu Huhn oder Lamm zu trinken. – **Pinot Nero.** Rebsorten: Pinot nero (85–100%). Produktion: 105 hl (71 ha). Farbe unterschiedlich intensives Rot oder Hellrot. Geruch: sortentypisch. Geschmack: trocken oder vollmundig, angenehm, still, bisweilen lebhaft. Alkoholgehalt: 11,5%. Alterung: bis zu 4 Jahren. Zu Huhn und Lamm wie auch zu Rind- und Schweinefleisch sowie zu mittelaltem Käse zu trinken.

## Agriturismo

**Borgonovo Val Tidone**
**Il Corniolo**
Castelnuovo
☎ 0523869293

**Fidenza**
**Il Tondino**
Tabiano Castello
via Tabiano 58
☎ 052462106
03356445707

**Noceto**
**Il Cerreto**
Pieve di Cusignano
via Gabbiano 96
☎ 052462113

**Ponte dell'Olio**
**La Torre**
Torrano
località Torre di Torrano
☎ 0523878244

**Salsomaggiore Terme**
**Antica Torre**
Cangelasio
Case Bussandri 197
☎ 0524575425

## Enoteche

**Bobbio**
**Enoteca San Nicola**
corso da dell'Ospedale
☎ 0523932355

**Cortemaggiore**
**Enoteca Massimo Volpari**
via Cavour 1/c
☎ 0523839537

**Parma**
**Antica Osteria Fontana**
strada Farini 24/a
☎ 0521286037

**Piacenza**
**Maison du Cognac**
stradone Farnese 55
☎ 0523388990

umgebende Dorf nichts als vergnügliches Beiwerk im mittelalterlichen Stil. In Vigolzone, wo die Gegend langsam hügeliger zu werden beginnt, sind zwei Kellereien von besonderem Interesse: Villa Peirano (→) und La Tosa (→ Rund um den Wein) mit angegliedertem Weinmuseum. Anschließend geht es das Nuretal hinauf bis zur Brücke Ponte dell'Olio, wo man im schlichten, aber aufstrebenden Restaurant Riva eine Rast einlegen kann. Weiter oben auf der Anhöhe trifft man in Farini auf das Lokal Cantoniera, wo ein hervorragender italienisch-französischer Chefkoch am Herd steht. **Castell'Arquato.** Auf dem Abstieg ins Val d'Arda sollte man in Vigolo Marchese Station machen: Die romanische Kirche San Giovanni ist ebenso wie die Weine der Kellerei Pusterla (→) einen Besuch wert. Anschließend sollte der Besucher zum beeindruckenden Platz von Castell'Arquato hinaufsteigen, wo ihn Sehenswürdigkeiten wie die Festung, die Kollegiatskirche sowie der Palazzo Pretorio mit der Enoteca Comunale erwarten. Im Restaurant Maps, in einem traditionellen Steinhaus des Orts, kann der Gast zwischen zwei Menüs mit Spezialitäten von Land oder Meer wählen. Ein Muss in Cortina di Alseno ist ein Besuch bei Giovanni, wo großartige Stör- und Gansgerichte, abgerundet durch verführerische Desserts, auf der Speisekarte stehen. **Fiorenzuola d'Arda.** Zunächst geht es zurück an die Via Emilia, um die Fresken der Kollegiatskirche San Fiorenzo zu besichtigen. Auf dem letzten Streckenabschnitt hinunter zum Po steht ein Besuch der Abtei Abbazia di Chiaravalle della Colomba auf dem Programm. In Besenzone sollte man in der Fiaschetteria Rast machen – das Restaurant mit ausgesucht elegantem Ambiente bietet exzellente Gerichte der Region. In Cortemaggiore ist die Enoteca von Massimo Volpari zu empfehlen, der nicht nur über über 700 Etiketten im Angebot hat, sondern auch über einen unerschöpflichen Fundus an nützlichen Tipps zur Kombination von Weinen und Speisen verfügt. **Salsomaggiore Terme.** Der eindrucksvolle Wehrort Vigoleno am Eingang des Stironetals ist Naturliebhabern wegen seiner Parkanlage am Fluss und wegen der bunten Bienenfresser bekannt, die dort am Himmel ihre Bahnen ziehen. Am gegenüberliegenden Hang findet sich die Bäderstadt mit ihren überreich mit Mosaiken und exotischen Skulpturen geschmückten Jugendstilgebäuden. **Fidenza.** Im Dom sind beeindruckende Plastiken von Benedetto Antelami zu besichtigen: Sie zeigen Szenen aus dem Leben des Märtyrers Donnino und der mittelalterlichen Pilger, die vor ihrem Marsch durch das Gebirge eine Rast in der Ortschaft einlegten. Aus dem üppigen gastronomischen Angebot sei der bewährte Familienbetrieb Antica Trattoria Duomo genannt. In der Nähe des Po, in der Heimat von Verdi und Guareschi, wo auch die Schinkenspezialität Culatello zu Hause ist, sollte man in Zibello das in einem historischen Palazzo untergebrachte Lokal Buca aufsuchen. Für Polesine Parmense gleich zwei Empfehlungen, nämlich das Colombo, das

## Veranstaltungskalender

**März**
**Cortemaggiore**
19.–22. März
Fest von San Giuseppe
**April**
**Carpineto**
③ Mostra dei Prodotti Agricoli (Landwirtschaftsmesse)
**Mai**
**Grazzano Visconti**
③ Corteo Storico della Castellana (Historischer Umzug der Burgherrin)
**Pianello Val Tidone**
1. Mai
Mostra dei Vini DOC (Messe der DOC-Weine)
**Sarmato**
③ Festa del Salame (Salamifest)

seit vier Generationen im Dienste der guten Küche steht, sowie das Cavallino Bianco, ein hübsches Restaurant am Ufer des Po, das auch kleine Wurstmahlzeiten sowie Radtouren auf dem Damm anbietet. Wer seinen Aufenthalt noch etwas verlängern möchte, findet Unterkunft in der Locanda del Lupo, ein Hotel mit angenehmer Atmosphäre in Soragna. **Fornovo di Taro.** An der Straße, die auf die Cisa hinaufführt, liegt diese Ortschaft mit ihrer hübschen romanischen Kirche und geschichtsträchtigen Erinnerungen an die Pilger der Via Francigena. Bemerkenswerte Naturschönheiten bereichern die Gegend, angefangen bei den sonnendurchfluteten Kiesbetten des am Fluss gelegenen Naturparks Taro bis hin zu den schattigen Waldwegen der Boschi di Carrega. In Ozzano Taro lohnt ein Besuch der exzellenten Kellerei Monte delle Vigne (→). Gute regionale Küche, im Sommer auch auf der hübschen Veranda, bietet die Trattoria di Cafragna. In Collecchio ist das Restaurant Villa Maria Luigia zu empfehlen, wo erlesene Gerichte aus Parma, vor allem mit Pilzen, in einem an das 19. Jahrhundert gemahnenden Ambiente serviert werden. **Calestano.** An der ins Baganzatal führenden Strecke lädt ein viel versprechender Gasthof zur Einkehr ein: Die Locanda Mariella bietet ausgesprochen leckere Küche; ihr Weinkeller ist einer Mitgliedschaft der Vereinigung Movimento del Turismo del Vino würdig. **Langhirano.** Der Ort, bekannt für seinen Parmaschinken, bildet den letzten Verkehrsknotenpunkt auf der Hügelstrecke. Auf der einen Seite geht es hinunter in die Provinzhauptstadt, auf der anderen führt der Weg weiter nach Traversetolo – mit einer sehenswerten Burg – und San Polo d'Enza, das bereits zur Provinz Reggio nell'Emilia gehört. **Parma.** Die Stadt der Herzogin Marie Louise, kurzzeitig Ehefrau Napoleons I., in wenigen Worten zu beschreiben ist kaum möglich. Auch der abgebrühteste Reisende wird hier von Emotionen überwältigt. Das Überangebot an Sehenswürdigkeiten, von romanischen Bauten auf dem Domplatz bis hin zu Meisterwerken der Malerei in der Galleria Nazionale, strapaziert die Kräfte selbst des versiertesten Touristen. Parma ist aber auch eine Attraktion für Feinschmecker: In der Antica Osteria Fontana stehen Weinproben sowie köstliche Wurstspezialitäten aus der hohen Schule der Salumeria auf dem Programm. Bei den Restaurants ist an erster Stelle das Parizzi zu nennen, gefolgt vom La Greppia und dem Cocchi, das dem Hotel Daniel angegliedert ist. Im Vorort San Lazzaro empfiehlt sich das Al Tramezzino, Mitglied des Movimento del Turismo del Vino. In Noceto hingegen, unweit der Via Emilia, ist das Aquila Romana einen Besuch wert, das von der Familie Petrini mit Traditionsbewusstsein und Können geführt wird. Wer sich schließlich zu der verlockenden Reiseroute durch die Residenzen der Poebene entschließt, dem sei eine Rast im Stendhal in Colorno empfohlen. Die dortige Speisekarte bietet vor allem Pilzgerichte, Trüffeln und Flussfische, daneben eine beachtliche Weinauswahl.

## Veranstaltungskalender

**Juni**
**Castel San Giovanni**
24.–25. Juni
Fest von San Giovanni
**September**
**Borgotaro**
❶❷❸ Settembre Gastronomico e Premio Fungo d'Oro (Gastronomischer September mit Verleihung des Preises «Goldener Pilz»)
**Castellerano**
③ Festa Provinciale dell'Uva (Traubenfest)
**Oktober**
**Calestano**
② Festa del Tartufo (Trüffelfest)
**Rivergaro**
② Sagra della Castagna di Bosco (Kastanienfest)

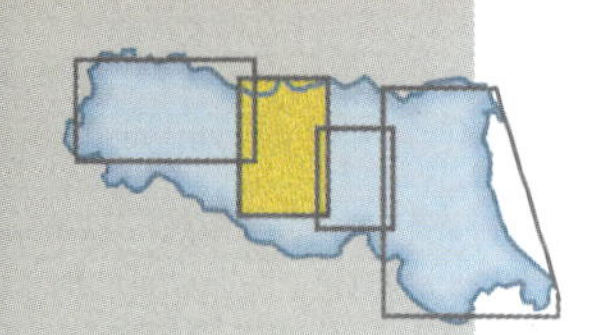

# Die Weingärten des Lambrusco

*Gewisse Vorurteile über leicht zugängliche Tropfen halten sich äußerst hartnäckig. Der Lambrusco ist jedoch ein vielseitiger Wein, wie Feinschmecker rund um Reggio nell'Emilia und Modena sehr wohl wissen.*

Die Lambrusco-Reben gedeihen auf einem Landstrich in der Gegend zwischen Reggio nell'Emilia und Modena, der sich vom Hügelland bis beinahe an den Po erstreckt. Die hier erzeugten Gewächse harmonieren ganz hervorragend mit den traditionellen Gerichten der Region, angefangen bei den handgemachten Teigwaren bis hin zum gefüllten Schweinefuß aus Modena und den lokalen Süßspeisen.

## Modena und seine Lambrusco-Weine

Auf drei Lambrusco-Arten, allesamt mit DOC-Prädikat, konzentriert sich der Weinbau in der Provinz Modena. In der Ebene zwischen den Flüssen Panaro und Secchia wird Lambrusco di Sorbara angebaut, nordwestlich der Stadt und in der Tiefebene Lambrusco Salamino di Santa Croce und schließlich bedeckt Lambrusco Grasparossa di Castelvetro die Rebflächen vom Hügelland bis hin zur Via Emilia.

## Reggio nell'Emilia: Lambrusco – und ein Schuss Weißwein

Im DOC-Bereich Reggiano werden die Reben, vor allem Lambrusco Marani, in Hügelland und Ebene angebaut. Darüber hinaus ist der DOC-Bereich Colli di Scandiano e di Canossa zu nennen, eines der seltenen Anbaugebiete weißer Sorten, und hier besonders des Sauvignon blanc, der die Basis für einen traditionsreichen Wein bildet. Unter den Roten haben sich vor allem die alten, wiederentdeckten einheimischen Trauben Marzemino und Malbo gentile einen Namen gemacht.

### Hotels und Restaurants

**Campegine**
**Trattoria Lago di Gruma** 🍴🍴🍴
4 km nach Caprara
vicolo Lago 7
☎ 0522679336

**Carpi**
**Touring** ★★★
viale Dallai 1
☎ 059686111
**L'incontro** 🍴🍴🍴
SS 468 per Correggio 43
☎ 059664581

**Castelnovo di Sotto**
**Poli** ★★★
via Puccini 1
☎ 0522683168
**Poli – alla Stazione** 🍴🍴🍴
viale Repubblica 10
☎ 0522682342

**Castelvetro di Modena**
**Zoello** ★★★
4 km nach Settecani
via Modena 181
☎ 059702635
**Al Castello** 🍴🍴
piazza Roma 7/8
☎ 059790276

**Cavriago**
**Picci** 🍴🍴🍴
via XX Settembre 4
☎ 0522371801

## Weinstädte

**Bomporto.** Die Ortschaft war früher eine wichtige Anlegestelle am Zusammenfluss des Navigliokanals und des Panaro. Noch heute finden sich entlang des Flusses inmitten weitläufiger Parkanlagen die Herrschaftshäuser der alten Adelsfamilien von Modena. Am dritten Sonntag im September findet hier die **Festa del Lambrusco di Sorbara** statt (Sorbara ist ein Vorort der Gemeinde).

**Castelvetro di Modena.** Im Mittelalter war dies ein Wehrdorf an der Kreuzung der Straße, die sich am Fuß des Gebirges entlangzieht, und des Verkehrswegs, der zum Apennin hinaufführt. Nach dem Erdbeben im Jahr 1501 wurde der Ort wieder aufgebaut, und sein malerischer Charakter zeigt sich vor allem auf dem Dorfplatz. Hier findet jedes Jahr in der zweiten Septemberhälfte ein Damespiel mit lebenden Figuren statt, die **Dama Vivente.** Außerdem veranstaltet man im Mai die Weinfeier **Stappa Maggio** und Ende September das Trauben- und Lambrusco-Fest **Sagra dell'Uva e dei Lambruschi.** Empfehlenswert die Enoteca Casa dei Lambruschi in der Burg von Levizzano.

**Und außerdem ... Vignola.**

## Kellereien

**Baggiovara.** *Villa di Corlo, strada Cavezzo 200, Tel. 059510736.* **Castelvetro di Modena.** *Cantina Sociale di Settecani, Settecani, via Modena 181, Tel. 059702505.* **Nonantola.** *Giuseppe Pedroni, Rubbiara, via Risaia 2, Tel. 059549019.* **Quattro Castella.** *Venturini Baldini, via Turati 42, Roncolo, Tel. 0522887080. Cantina Sociale di Puianello, via Marx 19, Tel. 052289120.* **Sant'Ilario.** *Moro, a Calerno, via Patrioti 47, Tel. 0522679190.* **Scandiano.** *Casali Viticoltori, Pratissolo, via delle Scuole 7, Tel. 0522855441*

## Enoteche

**Castelvetro di Modena.** *Enoteca Casa dei Lambruschi, Castello di Levizzano, Tel. 059791562.* Die Festung mit ihrem hoch emporragenden Hauptturm aus dem 14. Jahrhundert beherbergt eine Auswahl an Lambrusco-Sorten aus Sorbara, Salamino di Santa Croce und Grasparossa di Castelvetro.

*Gattatico, Museum Cervi.*

### Hotels und Restaurants

**Correggio**
**Dei Medaglioni** ★★★★
corso Mazzini 8
☎ 0522632233

**Gualtieri**
**Antonio Ligabue** ★★★
**Al Sole** 🍴
piazza IV Novembre 6
☎ 0522828120

**Guastalla**
**Old River** ★★★
viale Po 2
☎ 0522838401
**Briciola** 🍴
5 km auf der Straße nach Carpi
via Sacco e Vanzetti 17
☎ 0522831378
**San Valentino** 🍴
2 km nach Tagliata
via Carboni 97
☎ 0522838650

**Mirandola**
**Pico** ★★★
via Statale Sud 20
☎ 053520050
**Castello** 🍴
piazza Marconi 22
☎ 053522918

**Modena**
**Canalgrande** ★★★★
corso Canal Grande 6
☎ 059217160

## Tourenvorschläge

**Vom Apennin bis in die Tiefebene.** Der Rundweg umfasst das gesamte Anbaugebiet des Lambrusco, von der sanft gewellten Hügellandschaft bis hin zum weiten Gelände im Vorfeld des Po. Der Streckenabschnitt von San Polo d'Enza bis Vignola führt die Tälerroute von Piacenza nach Parma fort. **Reggio nell'Emilia.** Entlang der Trasse, an der einst die Stadtmauern standen, verlaufen heute mehrere im Sechseck angeordnete Alleen. Sie umschließen den historischen Stadtkern mit seinem Gewirr von engen Gassen, die sich rund um den Domplatz mit dem Palazzo Comunale winden. Unter den Restaurants empfiehlt sich das Cinque Pini – da Pelati, wo ausgesuchte Gerichte aus der Region Emilia und ein gern gewähltes Degustationsmenü geboten werden. Hervorragende Weine und eine ebenso viel versprechende Speisekarte erwarten den Gast in der Enoteca Morini sowie im Restaurant Il Pozzo. Im Ortskern finden sich einige gute Adressen für einen Vier-Sterne-Aufenthalt: das exklusive, gediegene Hotel Delle Notarie mit angegliedertem Restaurant sowie das Posta, das der Hotelkette Abitare la Storia («Wohnen in historischem Ambiente») angehört. Auf der Strecke nach San Polo kann man in Cavriago beim Restaurant Picci Station machen, wo raffinierte Gerichte auf der Grundlage von Pilzen und Aceto Balsamico serviert werden. **San Polo d'Enza.** Ein ehrwürdiger Wachtturm markiert den Beginn einer Straße mit antiken Laubengängen. Sie führt den Besucher hinauf auf den Platz, wo sich eine Festung über die Weite des Tals erhebt. Ein Muss ist der Gang nach Canossa: Von der Felsenburg, die der bußfertige König Heinrich IV. auf seiner Pilgerreise aufsuchte, ist nur noch eine Ruine geblieben, doch das unwirkliche Szenario des durch Erosion zerfurchten Geländes ist den Umweg in jedem Fall wert. Wir setzen den Weg fort auf der Straße am Fuße des Gebirges bis nach Quattro Castella, wo sich die Kellerei Venturini Baldini (→) mit ihrer Auswahl von DOC-Weinen aus dem Bereich Colli di Scandiano e di Canossa für eine Rast anbietet. Nachdem der Reisende die Cerreto-Staatsstraße passiert hat, erwartet ihn ein höchst angenehmer Aufenthalt in Puianello, wo inmitten stiller Hügel die Casa Matilde aus dem 17. Jahrhundert

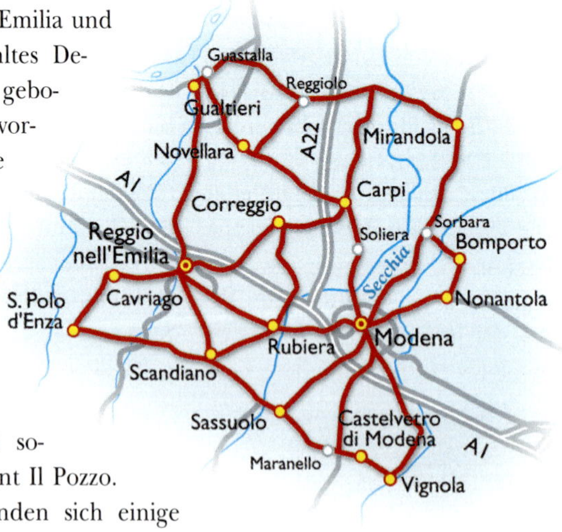

### Hotels und Restaurants

**Modena**

**Central Park Hotel** ★★★
viale Vittorio Veneto 10
☎ 059225858

**Europa** ★★★
corso Vittorio Emanuele II 52
☎ 059217721

**Fini** 🍴🍴🍴🍴
rua Frati Minori 54
☎ 059223314

**Borso d'Este** 🍴🍴🍴
piazza Roma 5
☎ 059214114

**Le Temps Perdu** 🍴🍴🍴
via Sadoleto 3
☎ 059220353

**Osteria** 🍴🍴🍴 **La Francescana**
via Stella 22
☎ 059210118

**Aurora** 🍴🍴
via Coltellini 24
☎ 059225191

**Nonantola**

**Osteria di Rubbiara** 🍴
4 km nach Rubbiara
via Risaia 2
☎ 059549019

**Quattro Castella**

**Casa Matilde** ★★★
8 km nach Puianello
via Ada Negri 11
☎ 0522889006

zum Verweilen einlädt. **Scandiano.** Vor der Kulisse der ersten Apenninausläufer zeichnen sich die Festung und die antiken Türme des Städtchens ab, das als Zentrum der Weinkultur und als einer der Namensgeber des DOC-Bereichs Colli di Scandiano e di Canossa bekannt ist. Unter den lokalen Kellereien, die dem Movimento del Turismo del Vino angehören, sind die Viticoltori Casali (→) zu nennen. **Sassuolo.** Der Fluss Secchia bestimmte von jeher die Geschicke der Stadt, die Herzöge von Este bevorzugten sie im 17. Jahrhundert wegen ihrer Lage in einem anmutigen Tal als Sommerresidenz und die Tonerde vom Flussufer schließlich ist für ihr Ansehen als modernes Zentrum der Keramikfliesenproduktion verantwortlich. Aber auch der Weinbau trägt sein Scherflein zum wirtschaftlichen Wohlstand bei, und zwar mit dem Lambrusco Grasparossa di Castelvetro. **Rubiera.** Die an der Via Emilia gelegene Ortschaft ist vor allem wegen ihres traditionsreichen Gasthauses Arnaldo zu empfehlen. In einem Gebäude aus dem 15. Jahrhundert werden dem Besucher hier Kost und Logis der absoluten Spitzenklasse geboten. **Castelvetro di Modena.** Die Weinstadt (→) beherbergt die eindrucksvolle Enoteca dei Lambruschi Modenesi (→), die in der Burg von Levizzano untergebracht ist. Für Weinproben und Einkäufe bietet sich die Cantina Sociale di Settecani an. **Vignola.** Während der Kirschblüte im Frühling verwandeln sich die umliegenden Hügel des Panarotals jedes Jahr in ein weißes Blütenmeer. Im Herbst bietet die Landschaft ein ähnlich faszinierendes Schauspiel, wenn die Natur in bunten Farben erstrahlt und die bevorstehende Ernte ankündigt. Sehenswert ist die Burg mit ihren Ecktürmen und ihrer majestätischen Architektur. Im Burghof erwartet den Besucher die Trattoria Bolognese, ein traditioneller Familienbetrieb. **Modena.** Die Via Emilia trennt das mittelalterliche Stadtviertel, das sich in konzentrischen Kreisen um den Domplatz herum entwickelt hat, vom großzügigen, geradlinig angelegten Stadtteil der Herzöge von Este. Hier befindet sich auf der einen Seite die romanische Kathedrale mit ihrem hoch aufragenden Ghirlandina-Turm, auf der anderen der Herzogspalast, in dem heute die Militärakademie untergebracht ist. Unbedingt erwähnt werden muss das 1912 gegründete Restaurant Fini, das gastronomische Aushängeschild der Stadt. Ein weiterer würdiger Vertreter der lokalen Gastronomie ist das Borso d'Este, wo den Gast eine ausgesuchte, erstklassige Küche erwartet. Die Hostaria Giusti und die Enoteca Compagnia del Taglio bieten Weinverkostungen und regionale Spezialitäten an. Wir setzen unsere Reise in der Nähe des Po fort, im DOC-Bereich Lambrusco di Sorbara. **Nonantola.** In der berühmten Abtei, deren einstigen Bewohnern die Bebauung des Landstrichs Emilia zu verdanken ist, kann man die Kirche San Silvestro sowie einige Bereiche des Klosters besichtigen. Zu den interessanten Weinbaubetrieben der Region zählt die Kellerei Pedroni (→). Gaumenfreuden kann man sich in der

## Hotels und Restaurants

**Reggio nell'Emilia**
**Astoria Mercure** ★★★
viale Nobili 2
☎ 0522435245
**Delle Notarie** ★★★
via Palazzolo 5
☎ 0522453500
**Posta** ★★★
piazza Del Monte 2
☎ 0522432944
**Park Hotel** ★★★
via De Ruggero 1
☎ 0522292141
**Cinque Pini – da Pelati** 🍴🍴🍴
viale Martiri di Cervarolo 46
☎ 0522553663
**Enoteca Morini** 🍴🍴🍴
via Passo Buole 82
☎ 0522323986
**Rubiera**
**Arnaldo** ★★★
**Clinica Gastronomica** 🍴🍴🍴
piazza XXIV Maggio 3
☎ 0522626124
**San Polo d'Enza**
**Mamma Rosa** 🍴🍴
via XXIV Maggio 1
☎ 0522874760
**Sant'Ilario d'Enza**
**Forum** ★★★
via Roma 4/a
☎ 0522671480

## Hotels und Restaurants

**Sant'Ilario d'Enza**
**Prater**
via Roma 39
☎ 0522672375

**Sassuolo**
**Paggeria**
piazzale della Rosa 19
☎ 0536805190

**Scandiano**
**Sirio** ★★★
via Palazzina 30
☎ 0522981144

**Sestola**
**San Marco** ★★★
via delle Rose 2
☎ 053662330

**Faggio**
via Libertà 68
☎ 053661566

**Soliera**
**Secchia** ★★★
4 km nach Secchia
via Serrasina 1085
☎ 059565748

**Lancellotti**
via Grandi 120
☎ 059567406

**Vignola**
**La Bolognese**
via Muratori 1
☎ 059771207

## DOC-Weine aus Reggio nell'Emilia und Modena

**COLLI DI SCANDIANO E DI CANOSSA.** – **Bianco.** Rebsorten: Sauvignon blanc (85–100%), Malvasia di Candia und/oder Trebbiano romagnolo und/oder Pinot bianco und/oder Pinot grigio (bis 15%). Produktion: 9980 hl (199 ha). Farbe: mehr oder weniger volles Strohgelb. Geruch: sortentypisch, angenehm aromatisch. Geschmack: sortentypisch, frisch, harmonisch, von trocken bis süß. Alkoholgehalt: 10,5%. Arten: *Spumante* 11% Alkohol. Qualitätsstufen: *Classico* aus der traditionsreichsten Erzeugerzone. Zu allen Gerichten zu trinken. – **Chardonnay.** Rebsorten: Chardonnay (85 bis 100%), Pinot bianco und/oder Pinot nero und/oder Pinot grigio (bis 15%). Produktion: 220 hl (2,1 ha). Farbe: helles Strohgelb mit grünlichen Nuancen. Geruch: angenehm, delikat, fein, sortentypisch. Geschmack: trocken, harmonisch, samtig, weich. Alkoholgehalt: 11%. Arten: *Spumante*. Zu allen Gerichten zu trinken. – **Malvasia.** Rebsorten: Malvasia di Candia aromatica (85 bis 100%), Malvasia di Candia bianca und/oder Pinot bianco und/oder Pinot grigio und/oder Trebbiano romagnolo und/oder Chardonnay (bis 15%). Produktion: 666 hl (10 ha). Farbe: mehr oder weniger volles Strohgelb. Geruch: sortentypisch, bisweilen intensiv. Geschmack: aromatisch, frisch, harmonisch, von trocken bis süß. Alkoholgehalt: 10,5%. Arten: *Spumante* 11% Alkohol. Zu Fisch zu trinken. – **Pinot.** Rebsorten: Pinot bianco und/oder Pinot nero (100%). Produktion: 138 hl (2,6 ha). Farbe: strohgelb mit grünlichen Reflexen. Geruch: intensiv, sortentypisch. Geschmack: trocken, harmonisch, frisch, voll, samtig. Alkoholgehalt: 11%. Zu Fisch- und Eierspeisen zu trinken. – **Sauvignon.** Rebsorten: Sauvignon blanc (90–100%), Malvasia di Candia und/oder Pinot bianco und/oder Pinot grigio und/oder Trebbiano romagnolo und/oder Chardonnay (bis 10%). Produktion: 475 hl (4,9 ha). Farbe: mehr oder weniger volles Strohgelb. Geruch: sortentypisch, angenehm aromatisch, delikat. Geschmack: sortentypisch, trocken, frisch, harmonisch, mit angemessenem Körper. Alkoholgehalt: 10,5%. Arten: *Passito* mindestens 10+6% Alkohol und 2 Jahre Alterung (dann noch 6 Jahre und mehr). Zu Huhn und Lamm sowie zu Fischsuppen zu trinken, der Passito in Mußestunden. – **Cabernet Sauvignon.** Rebsorten: Cabernet Sauvignon (85–100%), Sangiovese und/oder Merlot (bis 15%). Produktion: 248 hl (2,6 ha). Farbe: rubinrot. Geruch: sortentypisch, angenehm kräuterwürzig und ätherisch. Geschmack: harmonisch, leicht kräuterwürzig, leicht tanninhaltig, trocken, still. Alkoholgehalt: 12%. Alterung: bis zu 4 Jahren. Qualitätsstufen: *Riserva* mindestens 2 Jahre Alterung (dann bis zu 5–6 Jahren). Zu Rind- und Schweinefleisch, die Riserva zu gehaltvolleren Speisen. – **Lambrusco Grasparossa.** Rebsorten: Lambrusco Grasparossa (85–100%), Lambrusco Marani und/oder Lambrusco Montericco und/oder Ancellotta (bis 15%). Produktion: 134 hl (1,2 ha). Farbe: rubinrot. Geruch: sehr weinig und duftig. Geschmack: harmonisch, von trocken bis süß. Alkoholgehalt: 10,5%. Zu allen Gerichten zu trinken. – **Lambrusco Montericco.** Rebsorten: Lambrusco Montericco (85–100%), Lambrusco Marani und/oder Lambrusco Grasparossa und/oder Lambrusco Salamino und/oder Malbo gentile (bis 15%). Produktion: 330 hl (8,3 ha). Farbe: rot. Geruch: angenehm, sortentypisch, fruchtig, frisch. Geschmack: sortentypisch, frisch, angenehm, harmonisch, angemessener Körper, trocken oder vollmundig. Alkoholgehalt: 10,5%. Zu allen Gerichten zu trinken. – **Malbo Gentile.** Rebsorten: Malbo gentile (85–100%), Croatina und/oder Sgavetta (bis 15%). Farbe: rubinrot. Geruch: sortentypisch, intensiv. Geschmack: sortentypisch, angenehm, voll, leicht kräuterwürzig, von trocken bis süß. Alkoholgehalt: 11%. Alterung: bis zu

2–3 Jahren. Qualitätsstufen: *Novello.* Zu allen Gerichten zu trinken. – **Marzemino.** Rebsorten: Marzemino (85 bis 100%), Croatina und/oder Sgavetta und/oder Malbo Gentile (bis 15%). Produktion: 163 hl (1,5 ha). Farbe: rubinrot. Geruch: sortentypisch, intensiv. Geschmack: leicht kräuterwürzig, angenehm, voll, von trocken bis süß. Alkoholgehalt: 11%. Alterung: bis zu 3 Jahren. Zu allen Gerichten zu trinken.

**LAMBRUSCO DI SORBARA.** Rebsorten: Lambrusco di Sorbara (60 bis 100%), Lambrusco Salamino (bis 40%). Produktion: 82307 hl (1208 ha). Farbe: unterschiedlich intensives Rubinrot oder Granatrot. Geruch: angenehm, mit veilchenähnlichem Duft. Geschmack: trocken oder vollmundig oder halbtrocken oder lieblich oder süß, schmackhaft, harmonisch, frisch. Alkoholgehalt: 10,5%. Arten: *Rosato.* Zu allen Gerichten zu trinken.

**LAMBRUSCO GRASPAROSSA DI CASTELVETRO.** Rebsorten: Lambrusco Grasparossa (85–100%), Fortana und/oder Malbo Gentile und/oder sonstige Lambrusco-Sorten (bis 15%). Produktion: 54890 hl (855 ha). Farbe: rubinrot mit violetten Rändern. Geruch: ausgesprochen weinig und duftig. Geschmack: trocken oder vollmundig oder halbtrocken oder lieblich oder süß, harmonisch, frisch. Alkoholgehalt: 10,5%. Arten: *Rosato.* Zu allen Gerichten zu trinken.

**LAMBRUSCO SALAMINO DI SANTA CROCE.** – **Rosso Frizzante.** Rebsorten: Lambrusco Salamino (90 bis 100%), sonstige Lambrusco-Sorten und/oder Ancellotta und/oder Fortana (bis 10%). Produktion: 55813 hl (885 ha). Farbe: unterschiedlich intensives Rubinrot. Geruch: weinig, intensiv, mit sortentypisch fruchtigem Duft. Geschmack: trocken oder vollmundig oder halbtrocken oder lieblich oder süß, frisch, harmonisch. Alkoholgehalt: 10,5%. Arten: *Rosato.* Zu allen Gerichten zu trinken.

**REGGIANO.** – **Bianco Spumante.** Rebsorten: Lambrusco Marani und/oder Lambrusco Maestri und/oder Lambrusco Salamino und/oder Lambrusco Montericco und/oder Lambrusco di Sorbara (100%). Farbe: hellgelb mit leichter Tendenz zu strohgelb. Geruch: sortentypisch, blumig, fruchtig. Geschmack: frisch, harmonisch, schmackhaft, samtig, weich. Alkoholgehalt: 11%. Zu allen Gerichten zu trinken, eignet sich aber auch sehr gur als Aperitif. – **Rosso.** Rebsorten: Ancellotta (50–60%), Lambrusco Salamino und/oder Lambrusco Marani und/oder Lambrusco di Sorbara und/oder Malbo gentile und/oder Lambrusco Maestri (40–50%). Farbe: rot. Geruch: sortentypisch, fruchtig, blumig. Geschmack: trocken oder vollmundig oder lieblich oder süß, bisweilen lebhaft, angenehm, voll. Alkoholgehalt: 10,5%. Alterung: 1 Jahr. Arten: *Novello* 11% Alkohol. Zu allen Gerichten zu trinken. – **Lambrusco.** Rebsorten: Lambrusco Marani und/oder Lambrusco Salamino und/oder Lambrusco Montericco und/oder Lambrusco Maestri und/oder Lambrusco di Sorbara (85–100%), Ancellotta (bis 15%). Farbe: unterschiedlich intensives Hellrot oder rubinrot bis tiefrot. Geruch: angenehm, sortentypisch, variiert zwischen fruchtig und blumig. Geschmack: trocken oder vollmundig oder lieblich oder süß, bisweilen lebhaft, frisch, angenehm, sortentypisch. Alkoholgehalt: 10,5%. Arten: *Novello* 11% Alkohol. Zu allen Gerichten zu trinken. – **Lambrusco Salamino.** Rebsorten: Lambrusco Salamino (85–100%), Ancellotta und/oder Lambrusco Marani und/oder Lambrusco di Sorbara (bis 15%). Farbe: rosé oder hellrot bis rot. Geruch: angenehm, sortentypisch, variiert zwischen fruchtig und blumig. Geschmack: trocken oder vollmundig oder lieblich oder süß, bisweilen lebhaft, frisch, angenehm, sortentypisch. Alkoholgehalt: 10,5%. Zu allen Gerichten zu trinken.

## Agriturismo

**Carpineti**
**Ca' Braglia**
Braglia di Poiago
via Braglia 101
☎ 0522816418
**Le Scuderie**
località Regigno,
via San Donnino 77
☎ 0522618397
**Castelfranco Emilia**
**Villa Gaidello Club**
via Gaidello 18
☎ 059926806
**Castelnovo ne' Monti**
**Il Ginepro**
località Ginepreto,
via Chiesa 1
☎ 0522611088
**Guiglia**
**Ca' di Marchino**
Monteorsello
via Buzzeda 4
☎ 059795582
**Novellara**
**Nuova Agricola Riviera**
San Bernardino
via Riviera 7
☎ 0522668189
**San Polo d'Enza**
**Montefalcone**
località Pontenovo
☎ 0522874174

Osteria di Rubbiara hingeben, wo als besondere Spezialität Huhn in Lambrusco serviert wird. **Bomporto.** Die Weinstadt (→) liegt unweit der Ortschaft Sorbara, die dem DOC-Bereich ihren Namen gab. **Mirandola.** Vier Jahrhunderte lang war die Ortschaft Reichshauptstadt unter der italienischen Adelsfamilie Pico della Mirandola, aus der der enzyklopädisch gebildete Humanist und Philosoph Giovanni hervorging. Auch wenn die Festung und die viel gepriesenen Mauern schon lange nicht mehr stehen, bleibt doch die Erinnerung an diese Zeit in den Heldenerzählungen lebendig, die sich um die Piazza Grande ranken. Rundherum erstreckt sich eine Landschaft aus sanft gewellten Erhebungen, die dem Verlauf alter Flussbetten folgen. Hier werden die Reben für den Lambrusco Salamino di Santa Croce gezogen. **Carpi.** Die Stadt und ihre wichtigsten Bauwerke sind im Renaissance-Stil angelegt. Im Ortskern kann man die Piazza dei Martiri mit der Kathedrale, den 52 Arkaden des Portico Lungo und dem Palazzo dei Pio mit seiner massigen, durch Türme aufgelockerten Architektur bewundern. Unter den südlichen Vororten befindet sich Santa Croce, die Namensgeberin des DOC-Bereichs Lambrusco Salamino di Santa Croce. An der Straße nach Modena liegt die Ortschaft Soliera mit der Trattoria Lancellotti – ein echter Geheimtipp! Hier werden erstklassige Fleischgerichte und Wurstspezialitäten serviert und der Küchenchef zaubert mit meisterlicher Hand Köstliches aus den selbst angebauten Gemüsesorten.

**Correggio.** Zu Römerzeiten bezeichnete der Name «Corrigia» einen Landstrich zwischen dem Crostolo und dem Tresinaro, später ging er jedoch auch auf die Ortschaft sowie auf die Herrscher über, die sie seit dem späten Mittelalter verwalteten. Berühmter Sohn des Städtchens ist der Maler Antonio Allegri, der sich il Correggio nannte. Nostalgisches Flair und einige interessante Bauwerke zeugen von vergangenen Jahrhunderten, doch beim Wein ist die Stadt auf der Höhe der Zeit: Sie gehört dem DOC-Bereich Reggiano Lambrusco an. **Gualtieri.** Über einen wasserreichen Landstrich geht es an Novellara vorbei bis an die Nordgrenze des DOC-Bereichs. Herzstück des kleinen Städtchens ist die harmonisch angelegte Piazza Bentivoglio mit ihren Laubengängen auf drei Seiten und dem Torre dell'Orologio, dem Uhrturm. Das Museum Antonio Ligabue zeigt Bilder des naiven Malers, eines berühmten Sohns der Stadt, und ist unbedingt einen Besuch wert. Da Ligabue lautet auch der Name eines Hotelrestaurants ersten Ranges, das in einem hübschen Gebäude aus dem 19. Jahrhundert untergebracht ist. Der Rückweg nach Reggio nell'Emilia führt an Campegine vorbei, wo den Reisenden als ruhender Pol die Trattoria Lago di Gruma erwartet. Nicht entgehen lassen sollte er sich auch das Museum Cervi in Gattatico, gelegen auf dem Landgut einer Familie, die in der italienischen Widerstandsbewegung gefallen ist. Zum Abschluss bietet sich eine Weinprobe in der Kellerei Moro in Sant'Ilario d'Enza an.

## Enoteche

**Modena**

**Hostaria Giusti**
vicolo Squallore 46
☎ 059222533

**Compagnia del Taglio**
via del Taglio 12
☎ 059210377

**Reggio nell'Emilia**

**Alti Spiriti**
viale R. Margherita 1/c
☎ 05252922147

**Bigliardi & Garuti**
via Emilia all'Angelo 21/a
☎ 0522792098

**Enoteca del Ristorante Il Pozzo**
via Allegri 7
☎ 0522451300

**Sassuolo**

**Enoiteca La Cantina**
via Monzambano 1
☎ 0536804648

**Sestola**

**Enoteca Il Faggio**
corso Libertà 70
☎ 053662211

## Gaumenfreuden

Über der winterlichen Landschaft liegen dichter Nebel und klirrende Kälte, doch das Dorf vibriert in spürbarer Spannung: Heute ist der große Tag, es ist Januar, man feiert das Fest der «Maialata». Diesem Brauch wird jedes Jahr aufs Neue und überall in der Region gehuldigt, zum Beispiel in der kleinen, geschäftigen Ortschaft San Pietro in Casale. Auf dem Dorfplatz, wo seit vielen Jahren der Wochenmarkt stattfindet, zeigt sich die Gaststätte Dolce & Salato (Süß & Salzig, genau genommen aber eher salzig als süß) von ihrer besten Seite.

An diesem lang erwarteten Tag drängt sich eine dichte Menschenmenge auf dem Platz. Jeder versucht ein Stück jenes gelblichen, fettgetränkten Papiers zu erhaschen, das Pfannküchlein mit Schweinefleisch («maiale») und Speck enthält, kleine Appetitanreger, die die Wartezeit auf die mit Ragout aus frischen Würstchen zubereiteten Makkaroni verkürzen sollen. Doch der spannendste Augenblick ist sicherlich gekommen, wenn nach einer Kochzeit von etwa vier Stunden der dampfende Schweinskopf aufgetragen wird und jedermann sich den schmackhaftesten Bissen sichern will, etwa das Wangenstück oder die Zunge. Die Augen allerdings sind bereits vorher zugeteilt worden, um allzu heftige Revierkämpfe zu vermeiden. In der Zwischenzeit ist man schon mit den Grieben beschäftigt, deren Zubereitung ebenso viel Geduld wie Sorgfalt erfordert, damit sie die für den anschließenden Pressvorgang nötige geschmeidige Konsistenz erhalten. So oder ähnlich spielt sich zur gleichen Zeit in unzähligen Ortschaften der Ebene dieselbe Szene ab. Zu derart gehaltvollen, schmackhaften und fetten Speisen passen hervorragend die leichten, perlenden Weine der Region. Es sind unkomplizierte, leicht zugängliche Tropfen, die sich niemals in den Vordergrund drängen, denn die ungeteilte Aufmerksamkeit gebührt stets dem Schwein.

Der gleiche Grundsatz gilt auch sonst für die regionale Gastronomie: Dem Essen wird stets uneingeschränkter Vorrang vor dem Trinken eingeräumt. Und die Winzer des Landes haben sich immer der Nachfrage angepasst und Weine wie Malvasia, Lambrusco oder Pignoletto erzeugt. Heute allerdings gehen wir anderen Zeiten entgegen: Die Gewohnheiten wandeln sich, und mit ihnen das gesellschaftliche Leben. Man isst bewusster als früher, vor allem aber werden die traditionellen Gerichte nun in kleineren Portionen serviert und die Rezepte den modernen Gesundheitsgrundsätzen angepasst.

*Der berühmte Culatello-Schinken.*

### Veranstaltungskalender

**März**

**Scandiano**
19.–22. März
Fest von San Giuseppe

**September**

**Bomporto**
③ Festa del Lambrusco di Sorbara

**Castelvetro di Modena**
④ Sagra dell'Uva e dei Lambruschi (Trauben- und Lambrusco-Fest)

**November**

**Bomporto**
① Fiera di San Martino e del Lambrusco (Sankt-Martins- und Lambrusco-Fest)

**Guastalla**
25.–26. November
Fiera di Santa Caterina (Fest der Hl. Katharina)

**Scandiano**
③❹ Autunno Gastronomico (Gastronomischer Herbst)

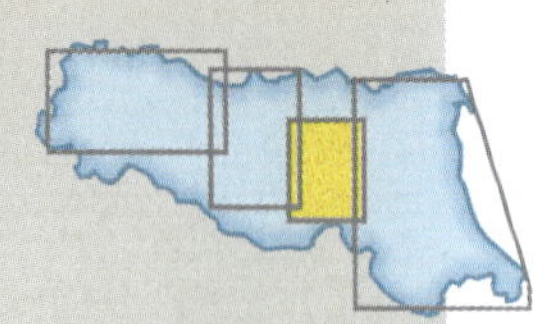

# Die Colli Bolognesi und die Renoebene

*Vor den Toren Bolognas werden zwischen Hügelland und Ebene zwei geschichtsträchtige weiße Traubensorten angebaut, Pignoletto und Montuni, mit denen eine alte Tradition zu neuem Leben erweckt werden soll.*

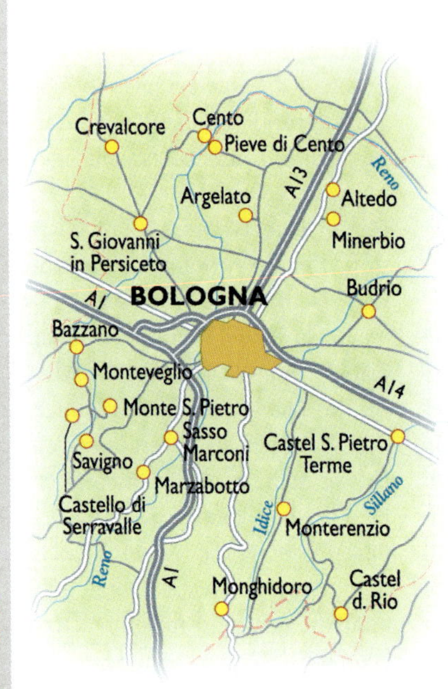


Östlich des Lambrusco-Gebiets und westlich der Romagna liegt Bologna mit seinem hügeligen Umland. Die Rebflächen dieser Region erstrecken sich von den Kalksteinformationen der ersten Apenninausläufer, den so genannten Gessi Bolognesi, bis zur Ebene, deren Charakter vom Reno und seinen Nebenflüssen geprägt ist. Obgleich der Landstrich hinsichtlich seiner Weine keine besonderen Glanzpunkte zu bieten hat, steht doch außer Frage, dass er einige interessante landschaftliche und historische Eigenheiten aufweist, die eine kleine Erkundungsreise lohnen.

## Die Bologneser Hügel und ihr traditionsreicher Pignoletto

In den Colli Bolognesi mit dem Produktionszentrum Monte San Pietro werden vorwiegend weiße Rebsorten angebaut, vor allem Chardonnay, Pinot bianco, Riesling italico und Sauvignon blanc. Ihren unverwechselbaren Charakter verdankt die Region allerdings dem autochthonen Pignoletto. Mit einer Werbekampagne will man derzeit die Wiederverbreitung dieser Rebe fördern und auch eine Classico-Zone ausweisen. Bei den roten Rebsorten herrschen neben Barbera die neueren Importreben Merlot und Cabernet Sauvignon vor. Seit 1995 hat man das Gebiet in sieben genau begrenzte Qualitätszonen unterteilt, innerhalb derer die Winzer zu Ertragsbegrenzung in Weinberg und Kellerei verpflichtet sind.

## Die Weine der Renoebene

Der DOC-Bereich Vini del Reno umfasst den Unterlauf des gleichnamigen Flusses, genauer gesagt, das Gebiet zwischen den letzten Hügelaus-

### Hotels und Restaurants

**Argelato**
**L'800** 🍴
via Centese 33
☎ 051893032

**Bologna**
**Corona d'Oro 1890** ★★★★
via G. Oberdan 12
☎ 051236456

**Grand Hotel Baglioni** ★★★★★
via dell'Indipendenza 8
☎ 051225445

**City Hotel** ★★★
via Magenta 10
☎ 051372676

**Orologio** ★★★
via IV Novembre 10
☎ 051231253

**Touring** ★★★
via de' Mattuiani 1/2
☎ 051584305

läufern und der halbkreisförmigen Ebene, die sich im Norden der Hauptstadt Bologna bis fast nach Pieve di Cento erstreckt. Charakteristisch für diesen DOC-Bereich ist die weiße Rebsorte Montù oder Montuni. Diese teilweise auch in den Nachbarprovinzen Modena und Ravenna verbreitete Traube kann auf eine lange Tradition zurückblicken und hat dank der Schutzbestimmungen in letzter Zeit wieder größere Verbreitung gefunden.

## Weinstädte

**Castello di Serravalle.** Das malerische Örtchen liegt auf einer Anhöhe mit herrlichem Panoramablick. Den ganzen Mai hindurch feiert man hier das Dorffest **Maggiociondolo** und an den ersten beiden Sonntagen im Oktober die **Sagra dello Gnocco Fritto**.

**Castel San Pietro Terme.** Die Bologneser haben die Ortschaft im Mittelalter zur Verteidigung der Grenze zur Romagna gegründet. Ihr ursprünglicher Charakter ist teilweise noch spürbar, so etwa bei der **Sagra Castellana della Braciola,** dem Schnitzelfest der Burgherren im September. Mit der Zeit hat sich jedoch eher ihr guter Ruf als Thermalbad durchgesetzt.

**Monte San Pietro.** Unweit von Castello di Serravalle gelegen und Namensgeberin einer der Qualitätszonen der Colli Bolognesi DOC. Der Ort verfügt über eine reiche Weinbautradition. Am ersten Sonntag im September **Sagra del Vino.**

**Monteveglio** und **Zola Predosa** liegen ebenfalls in dieser Gegend. Beide Orte sind wie **Sasso Marconi** erst seit kurzem Weinstädte.

## Kellereien

**Castel San Pietro Terme.** *Umberto Cesari, via Stanzano 1120, Tel. 051 940234. Öffnungszeiten: nach Voranmeldung.* Zu dem 1965 gegründeten Betrieb gehören etwa 90 Hektar Rebfläche. Zu umweltfreundlichen Anbaumethoden gesellen sich hier modernste Kelter- und Abfüllverfahren. Die vorherrschende rote Rebsorte ist Sangiovese, die häufigsten weißen sind Chardonnay, Pignoletto, Albana und Trebbiano.

**Monte San Pietro.** *Bonzara, località San Chierlo 37 a, Tel. 0516768324. Öffnungszeiten: Montag–Samstag 8 bis 12 und 13.30–17.30 Uhr, nach Voranmeldung.* Ein in vielen Bereichen erfolgreicher Betrieb: Das Angebot umfasst DOC-Weine der Colli Bolognesi ebenso wie einen exquisiten Sauvignon Blanc Spätlese, die touristischen Offerten reichen von der Bewirtung in der Antica Trattoria di Santierlo bis zu Ferien auf dem Bauernhof (Agriturismo). Und schließlich gibt es noch das Museo delle Tradizioni Agricole di Collina, das regionale Museum für bäuerliche Kultur.

**Und außerdem ... Casalecchio di Reno.** *Tizzano, via Marescalchi 13, Tel. 051571208.* **Castello di Serravalle.** *Vallona, via Sant'Andrea 203, Fagnano, Tel. 0516703058.* **Monte San Pietro.** *Isola, via Bernardi 3, Tel. 0516768428. Santarosa, via San Martino 82, Tel. 051969203.* **Monteveglio.** *La Mancina, via Motta 8, Montebudello, Tel. 051832691. San Vito, via Monte Rodano 6, Oliveto, Tel. 051964521. Tenuta Bonfiglio, via*

### Hotels und Restaurants

**Pappagallo** 🍴🍴🍴🍴
piazza Mercanzia 3
☎ 051231200

**Battibecco** 🍴🍴🍴
via Battibecco 4
☎ 051223298

**San Giorgio** ★★
via delle Moline 17
☎ 051248659

**Bitone** 🍴🍴🍴
via Emilia Levante 111
☎ 051546110

**Rodrigo** 🍴🍴🍴
via della Zecca 2/h
☎ 051235536

**Buca San Petronio** 🍴
via de' Musei 4
☎ 051224589

**Diana** 🍴🍴
via Indipendenza 24
☎ 051231302

**Biagi alla Grada** 🍴🍴
via della Grada 6
☎ 051572063

**La Pernice e la Gallina** 🍴🍴
via dell'Abbadia 4
☎ 051269922

**Le Siepi** ★★★
2 km nach San Lazzaro di Savena, località Idice
via Emilia 514
☎ 0516256200

**Silverio** 🍴🍴
via Mirasole 19
☎ 05158587

**Sole** 🍴🍴🍴
8 km nach Trebbo di Reno
via Lame 67
☎ 051700102

*Cassola 21, Tel. 051830758.* **Zola Predosa.** *Bortolotti, via Risorgimento 327, Tel. 051756763. Gaggioli–Vigneto Bagazzana, via Raibolini 55, Tel. 051753489. Lodi Corazza, via Risorgimento 223, Tel. 051756805. Malcantone, via Venturi 4, Tel. 051 6766650. Vigneto delle Terre Rosse, via Predosa 83, Tel. 051755845.*

## Tourenvorschläge

**Bologna und seine Kellereien.** Der breite, vom Reno und seinen Nebenflüssen durchzogene Hügelstreifen in der unmittelbaren Umgebung Bolognas bietet sich für eine vergnügliche Tälertour mit vielen Zwischenstopps in den Kellereien und Restaurants der Gegend an. Nicht ganz so abwechslungsreich, doch ebenfalls sehenswert ist die Ebene, die sich beinahe bis nach Pieve di Cento erstreckt. **Bologna.** Die Stadt der beiden schiefen Türme und der ältesten Universität Italiens hat dem Liebhaber guter Weine einiges zu bieten. Im Hinblick auf Verkostungs- und Einkaufsmöglichkeiten seien hier nur die traditionsreichsten Geschäfte wie die Antica Drogheria Calzolari und die Bottega del Vino Olindo Faccioli erwähnt. Dem Gourmet seien das Rodrigo in der Via della Zecca mit stilvollem Ambiente und erstklassigen Fisch- und Pilzgerichten sowie das Bitone an der Emilia del Levante empfohlen, das mit traditioneller, handfester Küche aufwartet. Gleich vor den Toren der Stadt liegt Trebbo di Reno mit dem Lokal Sole, das viel Liebe zum Detail und eine hervorragende Weinkarte zu bieten hat. Das Blu One Tour Operator hat sich auf dem Weinsektor einen Namen gemacht.

**Die Ortschaften und Weinberge der Hügel.** Von Porta Saragozza aus führt der Weg an **Casalecchio di Reno** und **Bazzano** vorbei und dann am Panaro entlang bis zur Westgrenze des DOC-Bereichs Colli Bolognesi, nach Savignano. In Casalecchio die Kellerei Tizzano (→), die dem Movimento del Turismo del Vino angehört, in Zola Predosa die Kellereien Bortolotti (→), Vigneto Bagazzana (→) und Vigneto delle Terre Rosse (→). Hinter der schmucken Weinstadt (→) **Castello di Serravalle,** führt der Weg bergab bis zum Samoggiastausee. Im Tal liegt die Weinstadt (→) **Monteveglio** mit der gleichnamigen Abtei und weiteren drei Kellereien: La Mancina (→), San Vito (→) sowie Tenuta Bonfiglio (→). Ein kulinarischer Geheimtipp, vor allem für Pilz- und Trüffelliebhaber, ist das charmante Restaurant Amerigo in **Savigno.** Am Osthang des Tals liegt die Weinstadt (→) **Monte San Pietro** mit dem bemerkenswerten Landgut Tenuta Bonzara (→ Kellereien) sowie den Kellereien Isola (→) und Santarosa (→). Im Renotal liegt die Weinstadt (→) **Sasso Marconi**, wo man das Museum im Haus des Wissenschaftlers Guglielmo Marconis besichtigen kann. Weiter bergan trifft man auf die Ortschaft **Marzabotto.** Die unweit gelegene Parkanlage Parco Storico di Monte Sole birgt die etruskische Nekropole Misa und einige mit dem Zweiten Weltkrieg verknüpfte Orte. Zum Abschluss durchquert man bei **Pianoro** das Savenatal, und das Tal der Idice, die durch **Monterenzio** fließt.

### Hotels und Restaurants

**Castel Guelfo di Bologna**
**Locanda Solarola** 🍴🍴🍴🍴
via S. Croce 5
☎ 0542670102
**Castel San Pietro Terme**
**Nuova Italia** ★★★
via Cavour 73
☎ 051941932
**Maraz** 🍴🍴
piazzale Vittorio Veneto 1
☎ 051941236
**Trattoria Trifoglio** 🍴🍴
San Giovanni in Bosco
☎ 051949066

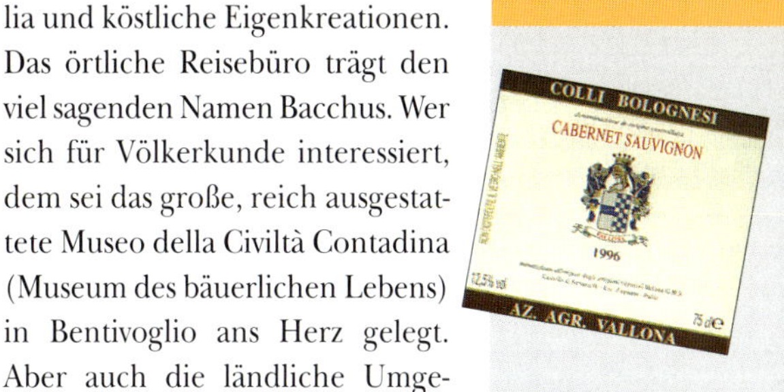


Die beiden Flüsse durchziehen das Gebiet des Naturparks Parco Regionale dei Gessi Bolognesi sowie die Calanchi dell'Abbadessa. Kurz vor den Toren Bolognas liegt an der Via Emilia als letzte Etappe die Ortschaft **San Lazzaro di Savena.**

**Die Renoebene und ihre Weine.** Aus Bologna fährt man in westlicher Richtung die Via Emilia entlang. In Anzola zweigt man nach **San Giovanni in Persiceto** ab, von wo aus strahlenförmig Straßen nach Castelfranco Emilia, Nonantola und Crevalcore ausgehen. Anziehungspunkt im Herzen des DOC-Bereichs Vini del Reno ist das für seine Gastronomie berühmte **San Giorgio di Piano** mit sei-

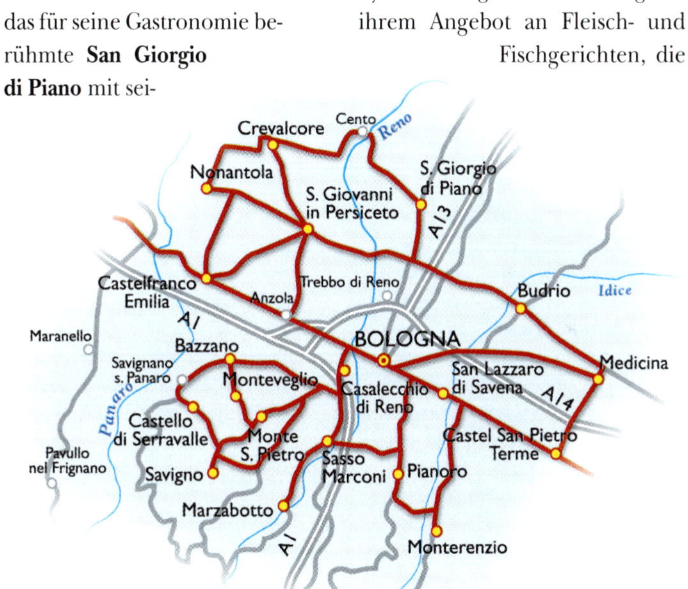


nem Umland: So serviert etwa das Restaurant L'800 in Argelato ausgesuchte Pilzgerichte oder auch Ungewöhnliches wie Froschsuppe, während das Dolce e Salato in San Pietro in Casale mit Pasta-Gerichten aller erdenklicher Variationen und Füllungen aufwartet. Im Buriani in Pieve di Cento genießt man die exzellente Küche der Emilia und köstliche Eigenkreationen. Das örtliche Reisebüro trägt den viel sagenden Namen Bacchus. Wer sich für Völkerkunde interessiert, dem sei das große, reich ausgestattete Museo della Civiltà Contadina (Museum des bäuerlichen Lebens) in Bentivoglio ans Herz gelegt. Aber auch die ländliche Umgebung ist einen Ausflug wert. Die nächste Etappe unserer Tour ist **Budrio,** von wo aus sich ein Abstecher in das etwas außerhalb des DOC-Bereichs gelegene Minerbio anbietet. Die dortige Osteria Dandy rechtfertigt diesen Umweg mit ihrem Angebot an Fleisch- und Fischgerichten, die man wirklich nicht jeden Tag serviert bekommt. Von **Medicina** aus geht es dann querfeldein nach San Giovanni in Bosco, wo die exquisite Trattoria Trifoglio als Geheimtipp gehandelt wird. Schließlich treten wir den Rückweg auf der Via Emilia zur Weinstadt (→) **Castel San Pietro Terme** an.

## Hotels und Restaurants

**Minerbio**

**Nanni** ★★★
via Garibaldi 28
☎ 051878276

**Prim Hotel** ★★★
4 km nach Ca' de' Fabbri
via Nazionale 33
☎ 0516604108

**Osteria Dandy** 🍴🍴🍴
Tintoria
via Savena
Inferiore 122
☎ 051876040

**Monte San Pietro**

**Antica Trattoria di Santierlo** 🍴
c/o Tenuta Bonzara
San Chierlo
via San Chierlo 37/a
☎ 0516768324

**Pieve di Cento**

**Buriani dal 1967** 🍴🍴🍴
via Provinciale 2/a
☎ 051975177

**San Giovanni in Persiceto**

**La Posta** ★★
via IV Novembre 16
☎ 051821235

**Antica Osteria del Mirasole** 🍴🍴
via Matteotti 17/a
☎ 051821273

**Giardinetto** 🍴
circonvallazione
Italia 20
☎ 051821590

## DOC-Weine aus den Colli Bolognesi und der Renoebene

**COLLI BOLOGNESI. – Bianco.** Rebsorten: Albana (60–80%), Trebbiano romagnolo (20–40%). Produktion: 3270 hl (57 ha). Farbe: mehr oder weniger volles Strohgelb. Geruch: weinig, sortentypisch, charakteristisch. Geschmack: trocken oder vollmundig, schmackhaft, harmonisch, der Frizzante angenehm perlend. Alkoholgehalt: 10,5%. Arten: *Vivace* und *Frizzante.* Zu allen Gerichten zu trinken. – **Chardonnay.** Rebsorten: Chardonnay (85 bis 100%). Produktion: 1265 hl (30 ha). Farbe: mehr oder weniger volles Strohgelb. Geruch: delikat, fruchtig, sortentypisch. Geschmack: trocken oder vollmundig, harmonisch, der Frizzante angenehm perlend. Alkoholgehalt: 11%. Arten: *Vivace, Frizzante* und *Spumante.* Zu allen Gerichten zu trinken. – **Pignoletto.** Rebsorten: Pignoletto (85 bis 100%). Produktion: 15425 hl (275 ha). Farbe: helles Strohgelb, bisweilen mit grünlichen Reflexen. Geruch: delikat, sortentypisch, beim Frizzante leicht aromatisch. Geschmack: trocken oder lieblich, sortentypisch, harmonisch, der Frizzante angenehm perlend. Alkoholgehalt: 11%. Arten: *Vivace, Frizzante* und *Spumante.* Qualitätsstufen: *Superiore* 12% Alkohol. Zu allen Gerichten zu trinken. – **Classico Pignoletto.** Rebsorten: Pignoletto (85–100%), Pinot bianco und/oder Riesling italico und/oder Trebbiano romagnolo (bis 15%). Farbe: helles Strohgelb mit grünlichen Reflexen. Geruch: delikat, sortentypisch. Geschmack: still, fein. Alkoholgehalt: 12%. Alterung: mindestens 5 Monate. Zu allen Gerichten zu trinken. – **Pinot Bianco.** Rebsorten: Pinot bianco (85–100%). Produktion: 2448 hl (55 ha). Farbe: mehr oder weniger volles Strohgelb, bisweilen mit grünlichen Reflexen. Geruch: delikat, sortentypisch. Geschmack: trocken oder vollmundig, harmonisch, der Frizzante angenehm perlend. Alkoholgehalt: 11%. Arten: *Vivace, Frizzante* und *Spumante.* Zu Vor- und Eierspeisen sowie Fischgerichten zu trinken. – **Riesling Italico.** Rebsorten: Riesling italico (85–100%). Produktion: 625 hl (15 ha). Farbe: mehr oder weniger volles Strohgelb. Geruch: delikat, sortentypisch. Geschmack: trocken oder leicht lieblich, sortentypisch, harmonisch, der Frizzante angenehm perlend. Alkoholgehalt: 11%. Arten: *Vivace* und *Frizzante.* Zu Vorspeisen und Fischgerichten zu trinken. – **Sauvignon.** Rebsorten: Sauvignon blanc (85–100%). Produktion: 2090 hl (52 ha). Farbe: mehr oder weniger volles Strohgelb. Geruch: delikat, leicht aromatisch, sortentypisch. Geschmack: trocken oder vollmundig, frisch, harmonisch, der Frizzante angenehm perlend. Alkoholgehalt: 11%. Arten: *Vivace* und *Frizzante.* Qualitätsstufen: *Superiore* 12% Alkohol. Zu Fisch, Huhn oder Lamm zu trinken, der Superiore zu allen Gerichten. – **Barbera.** Rebsorten: Barbera (85–100%). Produktion: 2862 hl (70 ha). Farbe: volles, ins Violette spielendes Rot. Geruch: weinig und sortentypisch. Geschmack: harmonisch und trocken oder lieblich, der Frizzante angenehm perlend. Alkoholgehalt: 11,5%. Alterung: 3 Jahre und mehr. Arten: *Vivace* und *Frizzante.* Zu allen Gerichten zu trinken. Qualitätsstufen: *Riserva* mindestens 12% Alkohol und 3 Jahre Alterung (dann bis zu 6–7 Jahren); zu Gebratenem zu trinken. – **Cabernet Sauvignon.** Rebsorten: Cabernet Sauvignon (85–100%). Produktion: 1496 hl (37 ha). Farbe: rot, mit zunehmendem Alter ins Granatrote spielend. Geruch: weinig und sortentypisch. Geschmack: trocken, weich, voll, harmonisch. Alkoholgehalt: 11,5%. Alterung: bis zu 4–5 Jahren. Zu Rind- und Schweinefleisch sowie zu Wild zu trinken. Qualitätsstufen: *Riserva* mindestens 12% Alkohol und 3 Jahre Alterung (dann bis zu 7 Jahren); zu Festtagsbraten zu trinken. – **Merlot.** Rebsorten: Merlot (85–100%). Produktion: 309 hl (7,2 ha). Farbe: rot mit violetten Reflexen. Geruch: sortentypisch und kräuterwürzig. Geschmack: trocken oder leicht lieb-

### Hotels und Restaurants

**San Lazzaro di Savena**
**Le Siepi** ★★★
**La Pietra Cavata**
2 km nach Idice
via Emilia 514
☎ 0516256200
**Campagnola** 🍴
via Caselle 60
☎ 051460197

**San Pietro in Casale**
**Dolce e Salato** 🍴🍴
piazza Calori 16
☎ 051811111

**Savigno**
**Amerigo** 🍴🍴
via Marconi 16
☎ 0516708326

**Zola Predosa**
**Zola Motel** ★★★
via Risorgimento 186
☎ 051751101

lich, harmonisch. Alkoholgehalt: 11%. Alterung: bis zu 2–3 Jahren. Zu allen Gerichten zu trinken. – **Colline di Riosto Pignoletto.** Rebsorten: Pignoletto (90–100%). Farbe: hellgelb, bisweilen mit grünlichen Reflexen. Geruch: delikat, sortentypisch. Geschmack: trocken, sortentypisch, harmonisch, still, fein. Alkoholgehalt: 12%. Arten: *Frizzante* 11,5% Alkohol. Zu allen Gerichten zu trinken. – **Colline di Riosto Sauvignon.** Rebsorten: Sauvignon blanc (100%). Farbe: strohgelb. Geruch: delikat, leicht aromatisch, sortentypisch. Geschmack: trocken, frisch, harmonisch. Alkoholgehalt: 12%. Zu Fischsuppen sowie zu Huhn oder Lamm zu trinken. – **Colline di Riosto Barbera.** Rebsorten: Barbera (100%). Farbe: volles, ins Violette spielendes Rubinrot. Geruch: weinig, sortentypisch. Geschmack: trocken, harmonisch, mit ausgewogenen Tanninen. Alkoholgehalt: 11,5%. Alterung: bis zu 3 Jahren. Zu allen Gerichten zu trinken. Qualitätsstufen: *Riserva* mindestens 12,5% Alkohol und 3 Jahre Alterung (dann bis zu 6–7 Jahren); zu Gebratenem zu trinken. – **Colline di Riosto Cabernet Sauvignon.** Rebsorten: Cabernet Sauvignon (100%). Farbe: rubinrot, bei zunehmendem Alter Tendenz zu granatrot. Geruch: weinig, mit sortentypischem, leicht kräuterwürzigem Duft. Geschmack: trocken, voll, harmonisch. Alkoholgehalt: 12%. Alterung: bis zu 3–4 Jahren. Zu Rind- und Schweinefleisch sowie zu Wild zu trinken. Qualitätsstufen: *Riserva* mindestens 12,5% Alkohol und 3 Jahre Alterung (dann noch 7 Jahre und mehr); zu Festtagsbraten. – **Colline Marconiane Pignoletto.** Rebsorten: Pignoletto (85–100%). Farbe: hell strohgelb mit grünlichen Reflexen. Geruch: delikat und sortentypisch. Geschmack: trocken oder vollmundig, harmonisch, leicht aromatisch, lebhaft. Alkoholgehalt: 11,5%. Arten: *Spumante* 11% Alkohol, zu den Mahlzeiten zu trinken, *Passito* 15% Alkohol, in besinnlichen Stunden. – **Colline Marconiane Sauvignon.** Rebsorten: Sauvignon blanc (85–100%). Farbe: hell strohgelb. Geruch: delikat, aromatisch, sortentypisch. Geschmack: trocken, körperreich, harmonisch, still. Alkoholgehalt: 12%. Zu gekochtem Fisch, Huhn oder Lamm zu trinken. – **Colline Marconiane Barbera.** Rebsorten: Barbera (85–100%). Farbe: volles, ins Violette spielendes Rot. Geruch: weinig, sortentypisch. Geschmack: harmonisch, trocken. Alkoholgehalt: 12,5%. Alterung: bis zu 3 Jahren. Zu allen Gerichten zu trinken. Qualitätsstufen: *Riserva* mindestens 3 Jahre Alterung (dann bis zu 6–7 Jahren); zu Gebratenem zu trinken. – **Colline Marconiane Cabernet Sauvignon.** Rebsorten: Cabernet Sauvignon (85–100%). Farbe: intensives Rubinrot. Geruch: weinig, sortentypisch. Geschmack: weich, voll, harmonisch, still. Alkoholgehalt: 12%. Alterung: bis zu 3–4 Jahren. Zu Rind- und Schweinefleisch sowie zu Wild zu trinken. Qualitätsstufen: *Riserva* mindestens 12,5% Alkohol und 3 Jahre Alterung (dann bis zu 7–8 Jahren); zu Festtagsbraten zu trinken. – **Colline Oliveto Pignoletto.** Rebsorten: Pignoletto (80–100%). Farbe: helles Strohgelb, bisweilen mit grünlichen Reflexen. Geruch: delikat, sortentypisch. Geschmack: trocken, sortentypisch, harmonisch, still, fein. Alkoholgehalt: 11,5%. Zu allen Gerichten zu trinken. Arten: *Frizzante* 11% Alkohol, zu den Mahlzeiten zu trinken, *Passito* 15% Alkohol, in besinnlichen Stunden zu trinken. – **Colline Oliveto Chardonnay Spumante.** Rebsorten: Chardonnay (85 bis 100%). Farbe: hell strohgelb. Geruch: delikat, sortentypisch. Geschmack: trocken oder lieblich, sortentypisch, harmonisch. Alkoholgehalt: 11%. Als Aperitif sowie zu allen Gerichten zu trinken. – **Colline Oliveto Sauvignon.** Rebsorten: Sauvignon blanc (85 bis 100%). Farbe: mehr oder weniger volles Strohgelb. Geruch: delikat, leicht aromatisch, sortentypisch. Geschmack: trocken, frisch, harmonisch, still, fein.

## Agriturismo

**Bologna**
**Cavaione**
Paderno
via Cavaioni 4
☎ 051589006

**Calderara di Reno**
**Fattoria San Martino**
Sacerno
via di Mezzo Ponente 17
☎ 0516469000

**Monte San Pietro**
**Tenuta Bonzara**
San Chierlo
via San Chierlo 37/a
☎ 0516768324

**Monteveglio**
**Corte d'Aibo**
via Marzatore 15
☎ 051832583

## DOC-Weine aus den Colli Bolognesi und der Renoebene

### Enoteche

**Bologna**

**Antica Drogheria Calzolari**
via Petroni 9
☎ 051222858

**Drogheria Eliseo**
via Drapperie 5 a/b
☎ 051223925

**Enoteca delle Lame**
via Lame 20 b
☎ 051228518

**Enoteca Il Caffè Bazar**
via Guerrazzi 8
☎ 051228454

**Enoteca Italiana**
via Marsala 2/b
☎ 051235989

**Enoteca Montanari Alessandro**
via del Sostegno 15
☎ 0516343100

**Bottega del Vino Olindo Faccioli**
via Altabella 15/b
☎ 051223171

**Godot**
via Cartoleria 12
☎ 051550547

**Tumedei Franco**
via Ortolani 32
☎ 051540239

**Vini d'Italia**
via Emilia Levante 142
☎ 051541509

**Casalecchio**

**Enoteca della Dolcelucia**
via Marconi 80
☎ 0516132791

Alkoholgehalt: 12%. Zu Fisch zu trinken. – **Colline Oliveto Cabernet Sauvignon.** Rebsorten: Cabernet Sauvignon (85–100%). Farbe: rot, bei zunehmendem Alter Tendenz zu granatrot. Geruch: weinig, sortentypisch. Geschmack: trocken, weich, voll, harmonisch, still, fein. Alkoholgehalt: 12%. Alterung: bis zu 3–4 Jahren. Zu Rind- und Schweinefleisch sowie zu Wild zu trinken. Qualitätsstufen: *Riserva* mindestens 3 Jahre Alterung, zu Festtagsbraten zu trinken. – **Monte San Pietro Pignoletto.** Rebsorten: Pignoletto (100%). Farbe: hell strohgelb mit grünlichen Reflexen. Geruch: delikat, sortentypisch. Geschmack: trocken, still, fein. Alkoholgehalt: 12%. Zu allen Gerichten zu trinken. – **Monte San Pietro Pinot Bianco.** Rebsorten: Pinot bianco (100%). Farbe: mehr oder weniger volles Strohgelb, bisweilen mit grünlichen Reflexen. Geruch: delikat, sortentypisch. Geschmack: trocken, still, fein. Alkoholgehalt: 12%. Zu Vorspeisen sowie zu Eier- und Fischgerichten zu trinken. – **Monte San Pietro Sauvignon.** Rebsorten: Sauvignon blanc (100%). Farbe: mehr oder weniger volles Strohgelb. Geruch: leicht aromatisch, sortentypisch, delikat. Geschmack: trocken, still, fein. Alkoholgehalt: 12%. Zu gekochtem Fisch sowie zu Huhn oder Lamm zu trinken. – **Monte San Pietro Barbera.** Rebsorten: Barbera (100%). Farbe: volles, ins Violette spielendes Rot. Geruch: weinig, sortentypisch. Geschmack: trocken, harmonisch, voll, weich. Alkoholgehalt: 12%. Alterung: bis zu 3 Jahren. Zu Gebratenem zu trinken. – **Monte San Pietro Cabernet Sauvignon.** Rebsorten: Cabernet Sauvignon (100%). Farbe: rot, bei zunehmendem Alter Tendenz zu granatrot. Geruch: weinig, sortentypisch. Geschmack: trocken, weich, voll, harmonisch und still. Alkoholgehalt: 12%. Alterung: bis zu 3–4 Jahren. Zu Rind- und Schweinefleisch sowie zu Wild zu trinken. – **Serravalle Pignoletto.** Rebsorten: Pignoletto (85–100%). Farbe: helles Strohgelb, bisweilen mit grünlichen Reflexen. Geruch: delikat, sortentypisch. Geschmack: trocken, fein, still. Alkoholgehalt: 12%. Alterung: mindestens 5 Monate. Zu allen Gerichten zu trinken. – **Serravalle Sauvignon.** Rebsorten: Sauvignon blanc (100%). Farbe: mehr oder weniger volles Strohgelb. Geruch: aromatisch, sortentypisch, delikat. Geschmack: trocken, fein, still. Alkoholgehalt: 12%. Alterung: mindestens 5 Monate. Zu Huhn und Lamm sowie zu gekochtem Fisch zu trinken. – **Serravalle Barbera.** Rebsorten: Barbera (85–100%), Cabernet Sauvignon (bis 15%). Farbe: volles, ins Violette spielendes Rot. Geruch: weinig, sortentypisch. Geschmack: harmonisch, trocken, still. Alkoholgehalt: 12%. Alterung: mindestens 1 Jahr, danach bis zu 3–4 Jahren. Zu allen Gerichten zu trinken. Qualitätsstufen: *Riserva* mindestens 3 Jahre Alterung (dann bis zu 6–7 Jahren); zu Rind- und Schweinefleisch zu trinken. – **Serravalle Cabernet Sauvignon.** Rebsorten: Cabernet Sauvignon (85–100%), Merlot (bis 15%). Farbe: rot, mit zunehmendem Alter Tendenz zu granatrot. Geruch: weinig, sortentypisch. Geschmack: trocken, weich, voll, harmonisch, still. Alkoholgehalt: 12,5%. Alterung: mindestens 1 Jahr, danach 4 Jahre und mehr. Zu Rind- und Schweinefleisch sowie zu Wild zu trinken. Qualitätsstufen: *Riserva* mindestens 12,5% Alkohol und 3 Jahre Alterung (dann bis zu 7 bis 8 Jahren); zu Festtagsbraten zu trinken. – **Terre di Montebudello Pignoletto.** Rebsorten: Pignoletto (85–100%). Farbe: hell strohgelb mit grünlichen Reflexen. Geruch: delikat, sortentypisch. Geschmack: still, fein. Alkoholgehalt: 12%. Arten: *Spumante* 11% Alkohol. Qualitätsstufen: *Superiore*. Zu allen Gerichten zu trinken. – **Terre di Montebudello Sauvignon.** Rebsorten: Sauvignon blanc (85–100%). Farbe: mehr oder weniger volles Strohgelb. Geruch: leicht aromatisch, sortentypisch, delikat. Geschmack: still, fein. Alkoholgehalt: 12%. Qualitätsstufen: *Superiore*. Zu Fisch zu trinken. – **Terre di Montebudello Barbera.** Rebsorten: Barbera (85–100%). Farbe: volles, ins Violette spielendes Rot. Geruch: weinig, sortentypisch. Geschmack: harmonisch, bei der Riserva ausgereift. Alkoholgehalt: 12%. Alterung: bis zu 3 Jahren. Zu allen Gerichten zu trinken. Qualitätsstufen: *Riserva* mindestens 3 Jahre Alterung, zu Rind- und Schweinefleisch zu trinken. – **Terre di Montebudello Cabernet Sauvignon.** Rebsorten: Cabernet Sauvignon (85–100%). Farbe: ins Granatrote spielendes Rot. Geruch: weinig, sortentypisch. Geschmack: weich, voll, harmonisch. Alkoholgehalt: 12%. Alterung: bis zu 3–4 Jahren. Zu Rind- und Schweinefleisch sowie zu Wild zu trinken. Qualitätsstufen: *Riserva* mindestens 3 Jahre Alterung (dann bis zu 7–8 Jahren); zu Festtagsbraten zu trinken. – **Zola Predosa Chardonnay.** Rebsorten: Chardonnay (100%). Produktion: 105 hl (2,2 ha). Farbe: strohgelb. Geruch: charakteristisch, delikat, sortentypisch. Geschmack: trocken oder vollmundig, harmonisch. Alkoholgehalt: 11,5%. Zu allen Gerichten zu trinken. – **Zola Predosa Pignoletto.** Rebsorten: Pignoletto (100%). Farbe: strohgelb. Geruch: delikat, sortentypisch. Geschmack: trocken oder vollmundig, harmonisch, leicht aromatisch. Alkoholgehalt: 11,5%. Als Aperitif sowie zu allen Gerichten zu trinken. – **Zola Predosa Sauvignon.** Rebsorten: Sauvignon blanc (100%). Produktion: 136 hl (6,3 ha). Farbe: strohgelb. Geruch: delikat, leicht aromatisch. Geschmack: trocken, körperreich, frisch. Alkoholgehalt: 11,5%. Zu allen Gerichten zu trinken. – **Zola Predosa Cabernet Sauvignon.** Rebsorten: Cabernet Sauvignon (85 bis 100%). Produktion: 195 hl (6,4 ha). Farbe: rubinrot. Geruch: sortentypisch. Geschmack: harmonisch, trocken, weich. Alkoholgehalt: 12%. Alterung: mindestens 30 Monate, danach 4 Jahre und mehr. Zu Rind- und Schweinefleisch zu trinken. – **Zola Predosa Merlot.** Rebsorten: Merlot (85–100%). Farbe: rubinrot. Geruch: sortentypisch, kräuterwürzig. Geschmack: trocken, harmonisch, weich. Alkoholgehalt: 12%. Alterung: mindestens 2 Jahre, dann bis zu 4 Jahren. Zu allen Gerichten zu trinken.

**VINI DEL RENO.** – **Bianco.** Rebsorten: Albana und/oder Trebbiano romagnolo (40–100%). Farbe: unterschiedlich intensives Strohgelb. Geruch: angenehm, delikat. Geschmack: trocken oder vollmundig oder lieblich oder süß, schmackhaft, harmonisch. Alkoholgehalt: 10,5%. Arten: *Vivace* und *Frizzante.* Zu allen Gerichten, besonders zu Fisch zu trinken. – **Montuni.** Rebsorten: Montù (85–100%). Produktion: 31144 hl (409 ha). Farbe: strohgelb. Geruch: angenehm, sortentypisch, weinig. Geschmack: trocken oder vollmundig oder lieblich oder süß, schmackhaft, angemessener Körper. Alkoholgehalt: 10,5%. Arten: *Vivace* und *Frizzante.* Zu allen Gerichten, besonders zu Fisch zu trinken. – **Pignoletto.** Rebsorten: Pignoletto (85–100%). Farbe: blasses Strohgelb mit grünlichen Reflexen. Geruch: delikat, sortentypisch. Geschmack: trocken oder vollmundig oder lieblich oder süß, harmonisch, fein. Alkoholgehalt: 10,5%. Arten: *Vivace* und *Frizzante.* Zu Fischgerichten und mildem Käse zu trinken.

## Veranstaltungskalender

**März**
**Casalfiumanese**
① Sagra del Raviolo Dolce (Fest der süßen Ravioli)
**Mai**
**Altedo**
③ Sagra dell'Asparago Verde (Fest des grünen Spargels)
**Juni**
**Castel Guelfo**
④ Sagra del Vino e della Ciambella (Wein- und Teigkringelfest)
**September**
**Castel San Pietro Terme**
② Sagra Castellana della Braciola (Schnitzelfest der Burgherren)
**Monte San Pietro**
① Sagra del Vino (Weinfest)
**Oktober**
**Castel del Rio**
② Sagra della Castagna (Kastanienfest)
**Castel di Casio**
❹ Settimana del Tartufo (Trüffelwoche)
**November**
**Savigno**
2. November
Sagra del Tartufo (Trüffelfest)
**Vergato**
① Festa della Caldarrosta e di San Martino (Röstkastanien- und Sankt-Martins-Fest)

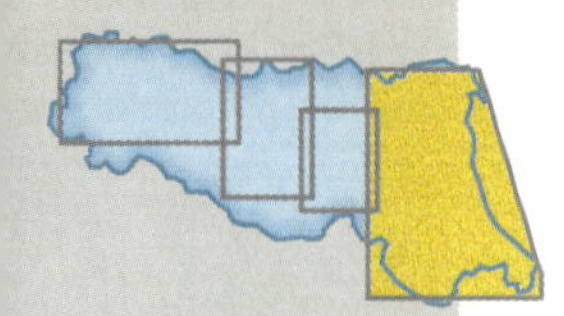

# Die Weine der Romagna

## und die Weinberge von Ferrara

*Entlang der Adriaküste erstreckt sich eine ungewöhnlich fruchtbare Weinbauregion, zu deren Markenzeichen das Spitzengewächs Albana DOCG geworden ist.*

Für den Reisenden, der auf der Via Emilia in südöstlicher Richtung unterwegs ist, beginnt die Romagna unweit von Bologna, in Castel San Pietro Terme. Einstmals markierte der Ort die Grenze zum Kirchenstaat, dessen hiesiger Herrschaftsbereich in etwa das Gebiet der heutigen Provinzen Forlì, Ravenna und Rimini umfasste. Die interessantesten Rebflächen der Region liegen auf einem Streifen, der sich von den mittleren Erhebungen des Hügellands bis zum Städtchen Lugo in der Ebene zieht.

### Die Romagna: Land der Spitzenweine

Der unumstrittene König der Romagna ist Sangiovese, der zu den am weitesten verbreiteten roten Rebsorten in ganz Italien gehört. Bei den weißen sind im Hinblick auf das Produktionsvolumen Trebbiano zu nennen sowie die traditionsreiche Albana, die bereits in der Römerzeit angebaut wurde und heute den einzigen DOCG-Wein der Emilia-Romagna

**Hotels und Restaurants**

**Bertinoro**
**Panorama** ★★★
piazza Libertà 11
☎ 0543445465

**Brisighella**
**Relais Torre Pratesi** ★★★★ 🍴🍴🍴
7 km nach Fognano
via Cavina 11
☎ 054684545
**Gigiolè** ★★★★ 🍴🍴🍴
piazza Carducci 5
☎ 054681209
**Osteria La Grotta** 🍴🍴🍴
via Metelli 1
☎ 054681829

**Casola Valsenio**
**Il Melograno** ★★★
via Roma 38
☎ 054676060

**Castrocaro Terme**
**Ambasciatori** ★★★
via Cantarelli 10
☎ 0543767345
**La Frasca** 🍴🍴🍴🍴🍴
via Matteotti 38
☎ 0543767471

**Cattolica**
**Park Hotel** ★★★★
lungomare Rasi Spinelli 46
☎ 0541953732

liefert. Vervollständigt wird die Palette durch zwei einheimische Rebsorten, die dank strengerer Qualitätsbestimmungen zu neuer Bedeutung gelangt sind: die rote Cagnina, aus der ein Süßwein von seltener Qualität bereitet wird, sowie der außerordentlich ergiebige weiße Pagadebit.

## Ferrara und die Weine des Bosco Eliceo

Obwohl der DOC-Bereich Bosco Eliceo etwas abseits im Norden liegt, kann man ihn aufgrund klimatischer und geologischer Übereinstimmungen, die sich durch die Nähe zur Adria ergeben, dem Weinbaugebiet der Romagna zurechnen. Der Name geht auf die Ländereien der mittelalterlichen Abteien im Podelta zurück, allerdings umfasst die Erzeugerregion den gesamten Küstenstreifen östlich von Ferrara sowie ein kleines Gelände südlich von Ravenna. Die wichtigste Rebsorte dieses Gebiets ist Uva d'Oro, anderswo auch als Fortana bekannt. Aus ihr bereitet man einen Roten mit geringem Alkoholgehalt, der als junger Wein zu Gerichten wie der Ferrareser Spezialität «salama da sugo» (Kochwurst aus Schweinefleisch) oder zu Aal aus Comacchio getrunken wird.

## Weinstädte

**Bertinoro.** Sobald der Besucher eines der Stadttore passiert hat, empfängt ihn eine Ortschaft mit mittelalterlichem Charakter und herrlichem Panoramablick über die Weinberge bis hin zur Adria. Nach altem Brauch wird hier jedes Jahr Anfang September die **Festa dell'Ospitalità** (Fest der Gastfreundschaft) gefeiert, die eine willkommene Gelegenheit zur Verkostung der lokalen Weine bietet.

**Faenza.** Die Stadt ist weltbekannt für ihre Keramikwaren und ihr berühmtes Museum ist ganz diesem Handwerk gewidmet. Doch auch die großzügig angelegte Piazza del Popolo mit ihrem Palazzo Comunale und der Kathedrale lädt den Besucher zum Verweilen ein und unter den romantischen Laubengängen des Corso Mazzini lässt sich trefflich flanieren.

**Imola.** Zu den berühmtesten Sehenswürdigkeiten dieser alten, von den Römern an der Via Emilia erbauten Stadt gehört die Festung, die im Auftrag der Mailänder Adelsfamilie Sforza von Leonardo da Vinci entworfen wurde. Ferner kann man das Museo dell'Agricoltura (Landwirtschaftsmuseum) im Palazzo Tazzoni besuchen, das dem Getreide- und Hanfanbau sowie dem Weinbau gewidmet ist. Zu den überaus reizvollen Veranstaltungen im Herbst gehören die **Festa della Sfuiareja** im September, gefolgt vom **Baccanale** und der **Settimana Nazionale del Sangiovese** im November.

**Predappio.** Im Rabbital wird es dem Besucher der Kirche San Cassiano in Pennino schwerlich gelingen, nicht auch einen Blick auf das Grab Benito Mussolinis auf dem angrenzenden Friedhof zu werfen. Das nahe gelegene Predappio Alta besticht durch seine Burg und eine empfehlenswerte Enoteca. Zu den Veranstaltungen zählen die **Festa della Bruschetta e del Sangiovese** (Röstbrot- und Sangiovese-Fest) im Mai sowie die **Festa della Mosta-**

### Hotels und Restaurants

**Cattolica**
**Marconi** ★★★
via Marconi 68
☎ 0541962219
**Lampara** 🍴🍴🍴
piazzale Galluzzi 3
☎ 0541963296
**Stazione** 🍴🍴
via N. Sauro 3
☎ 0541830421

**Cesena**
**Casali** ★★★★
via Croce 81
**Casali** 🍴🍴
☎ 054722745
☎ 054727485

**Cesenatico**
**Bistro No Code** 🍴🍴
viale dei Mille 55
☎ 054782055

**Dozza**
**Monte del Re** ★★★★
via Monte del Re 43
☎ 0542678400

**Faenza**
**La Pavona** 🍴
via S. Lucia 45
☎ 054631075
**Sesto Continente** 🍴
piazza Nenni 2
☎ 054621909

### Hotels und Restaurants

**Ferrara**
**Ripagrande** ★★★
**Riparestaurant** 🍴🍴
via Ripagrande 21
☎ 0532765721
☎ 0532765250

**Forlì**
**Della Città et de la Ville** ★★★
corso della Repubblica Ecke via Fortis 8
☎ 054328297
**Gusto** 🍴
via Zampeschi 7
☎ 0543720165
**Trattoria La Monda** 🍴
via Monda-Collina 72
☎ 054386372

**Forlimpopoli**
**Al Maneggio** 🍴🍴🍴🍴
3 km nach Selbagnone
via Meldola 1930
☎ 0543742042

**Imola**
**Molino Rosso** ★★★
via Statale Selice 49
☎ 054263111
**San Domenico** 🍴🍴🍴🍴🍴
via Sacchi 1
☎ 054229000

**tura** (Mostfest) am zweiten Sonntag im November.

**Und außerdem ...** Im DOC-Bereich Colli di Imola: **Dozza,** Sitz der Enoteca Regionale, und **Fontanelice.** Im DOC-Bereich Colli di Faenza: **Castel Bolognese** und **Riolo Terme.**

**Und schließlich ... Longiano, San Clemente** und **Santarcangelo.**

## Kellereien

**Bertinoro.** *Fattoria Paradiso, via Palmeggiana 285, Tel. 0543445044. Öffnungszeiten: nach Voranmeldung 8–12 und 14–19 Uhr.* Neben all den DOC-Weinen, die die Romagna bekannt gemacht haben, hält der Betrieb auch Überraschungen wie den verlockenden Süßwein Passito Gradisca bereit, der reinsortig aus Albana-Trauben bereitet wird. In den beiden alten Gehöften am Rande kann man Ferien auf dem Bauernhof (Agriturismo) machen und demnächst wird der Gast hier auch zum Mittag- oder Abendessen einkehren können. Zu den Kuriositäten dieser wirklich schwungvollen Kellerei zählen eine Sammlung von Oldtimern sowie das Museo delle Contadinerie.

**Imola.** *Tre Monti, via Lola 3, Tel. 0542657116. Öffnungszeiten: 8–12 und 13–19 Uhr.* Ideal gelegene, von der Sonne verwöhnte Weinberge, die von einem passionierten Winzer und hochrangigen Önologen und seinen beiden Söhnen bewirtschaftet werden – hier sind sämtliche Voraussetzungen für qualitativ hochwertige Erzeugnisse erfüllt. Auch den Kritikern ist dies nicht verborgen geblieben, und so wurde die Kellerei in die exklusive Riege der Spitzenweinbauern Italiens (Vitivinicoltori Italiani di Eccellenza – VIDE) aufgenommen.

**Und außerdem ... Bagnacavallo.** *Roberto Ercolani, via Albergone Vecchio 24, Tel. 054552381.* **Bertinoro.** *Ca' Rossa, via Cellaino 735, Tel. 0543 445130.* **Coriano.** *Podere Vecciano, via Vecciano 23, Tel. 0541658388. Valle delle Lepri, via Ca' Righetti 17, Tel. 0541656464.* **Faenza.** *Conti Leone, via Pozzo 1, Tenuta Santa Lucia, Tel. 0546 642149. Spinetta, via Pozzo 26, Tel. 0546642037.* **Fontanelice.** *Fattoria Cornacchia Villa Spadoni, via Gesso 9, Tel. 054292625.* **Forlì.** *Calonga, via Castel Leone 8, Tel. 0543753044. Guidi Guarini Matteucci, via Minarda 2, San Tomè, Tel. 0543476147.* **Mirabello.** *Le Pradine, corso Italia 539, Tel. 0532847448.* **Modigliana.** *Castelluccio, via Tramonto 15, Tel. 0546942486.* **Monte Colombo.** *Fattoria del Piccione, località San Savino, via Roma 1185, Tel. 0541985664.* **Predappio.** *Fattoria Casetto dei Mandorli, via Umberto 121, Predappio Alta, Tel. 0543 922361. Pandolfa, via Pandolfa 35, Fiumana, Tel. 0543940073.* **Rimini.** *San Valentino, frazione San Martino ai Venti, via Tomasetta 1, Tel. 0541 752231.* **San Giovanni in Marignano.** *Tenuta del Monsignore, via Patarino 154, Tel. 0541955128.* **Vecchiazzano.** *La Palazza, via del Tesoro 23, Massa, Tel. 0543769371.* **Villa Verrucchio.** *La Cantina della Gea Vini Tenuta Amalia, via Molino Bianco 836, Tel. 0541670405.*

## Enoteche

**Dozza.** *Enoteca Regionale dell'Emilia-Romagna, Rocca Sforzesca, Tel. 0542678089. Öffnungszeiten: im Win-*

*ter 10–12 und 14–17 Uhr, im Sommer 10–12 und 15–18 Uhr, Montag geschlossen.* «Guter Wein bereichert das Leben, eine gesunde Umwelt bereichert den Wein. Schützt du die Umwelt, schützt du den Wein.» So lautet das Motto dieser Institution, der 160 Betriebe angehören. **Und außerdem ... Bertinoro.** *Enoteca Ca' de Bé, piazza Libertà 4, Tel. 0543445303.* **Predappio.** *Enoteca Ca' de Sanzves, piazza Cavour 41, Tel. 0543922410.* **Ravenna.** *Enoteca Ca' de Vén, via Corrado Ricci, Tel. 05443013.*

## Tourenvorschläge

**Die Hügel der Romagna.** Die Route verläuft überwiegend durch das hügelige Hinterland der Via Emilia. Entlang dieser Orientierungslinie sowie im Flachland vor der Adriaküste lädt eine Fülle von Weinlokalen und Restaurants den Reisenden zum Verweilen ein. **Castel San Pietro Terme.** Die Ortschaft ist das erste wichtige Zentrum des DOC-Bereichs Colli di Imola. Begibt man sich hingegen von der Via Emilia aus talwärts, so gelangt man in das Gelände der DOC Vini del Reno. **Dozza.** In der Festung der Weinstadt (→) hat die Enoteca Regionale ihren Sitz. **Imola.** Eine besondere Empfehlung in dieser Weinstadt (→) gilt dem traditionsreichen Haus San Domenico, das zu Italiens Spitzenrestaurants zählt. In der stilvollen Kellerei der Osteria del Vicolo Nuovo sowie im bekannten Betrieb Tre Monti (→ Kellereien) kann man ein gutes Glas Wein genießen. Einen angenehmen Aufenthalt verspricht das erstklassige Hotelrestaurant Molino Rosso. **Fontanelice.** Wenn man aus dem Santernotal kommend den Berg hinauffährt, so trifft man auf diese Weinstadt. Besichtigungen und Weinproben stehen bei der Fattoria Cornacchia Villa Spadoni (→ Kellereien) auf dem Programm. **Castel Bolognese.** Die Weinstadt (→) an der Via Emilia markiert den Beginn des DOC-Bereichs Colli di Faenza. Empfehlenswert ist die dortige Kellerei Marabini. **Riolo Terme.** Die Weinstadt (→) bildet die erste größere Ortschaft des Seniotals. Einen Besuch wert ist auch das Restaurant Melograno im etwas weiter entfernten Casola Valsenio, dessen Gerichte durch frische Kräuter ihre besondere Note

### Hotels und Restaurants

**Poggio Berni**
**I Tre Re** ★★★
via Roma 10
☎ 0541629760

**Ravenna**
**Cappello** ★★★
via IV Novembre 41
☎ 0544219813
**Romea** ★★★
via Romea Sud 1
☎ 054461247
**Trattoria al Gallo** 🍴🍴🍴
via Maggiore 87
☎ 0544213775
**Tre Spade** 🍴🍴🍴
via Faentina 136
☎ 0544500522
**Trattoria Capannetti** 🍴🍴
vicolo Capannetti 21
☎ 054466681

**Riccione**
**Casale** 🍴🍴
viale Abruzzi
☎ 0541604620
**Azzurra** 🍴🍴
piazzale Azzarita 2
☎ 0541648604

**Rimini**
**Grand Hotel** ★★★★★
Parco Fellini 1
☎ 054156000
**Rivadonda** 🍴🍴🍴
via Farini 13
☎ 054127657

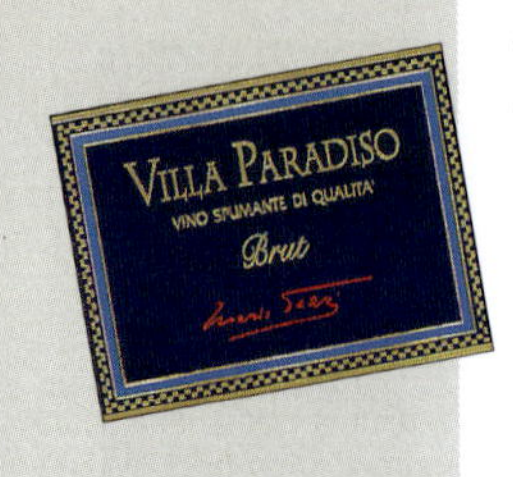


## Hotels und Restaurants

**Riolo Terme**
**Golf Hotel Terme** ★★★
via Belvedere 6
☎ 054671447

**Santarcangelo di Romagna**
**Della Porta** ★★★
via A. Costa 85
☎ 0541622152

**Osteria La Sangiovesa**
piazza Simone Balacchi 14
☎ 0541620710

**Torriana**
**Osteria del Povero Diavolo**
via Roma 30
☎ 0541675060

## Agriturismo

**Bertinoro**
**Fattoria Paradiso**
via Palmeggiana 285
☎ 0543445044

**Brisighella**
**Relais Torre Pratesi**
Cavina
via Cavina 11
☎ 054684545

**Faenza**
**La Sabbiona**
Oriolo Fichi
via Oriolo 10
☎ 0546642142

**Ferrara**
**Ca' Spinazzino**
Spinazzino
via Taglione 5
☎ 0532725035

erhalten. **Faenza.** An der malerischen Piazza der Weinstadt (→) steht der Palazzo Ladeschi, in dem die Enoteca Astorre ihr Domizil hat. Hier kann man Weinproben und regionale Spezialitäten genießen. Unter den Kellereien der Colli di Faenza sind vor allem Conti Leone (→) und Spinetta (→) zu empfehlen. Für den Liebhaber der gehobenen Küche schließlich bietet sich das Restaurant Turandot an. Auf der Via Emilia sieht sich der Reisende nun vor die Wahl gestellt, entweder den Weg bergan nach Brisighella einzuschlagen oder einen Abstecher nach Ravenna zu machen. **Brisighella.** Das wichtigste Zentrum des unteren Lamonetals erhebt sich zu Füßen dreier Selenit-Felszacken, auf denen sich der Torre dell'Orologio (Uhrturm), eine Festung sowie ein Marienheiligtum befinden. Die Ortschaft mit ihrem historischen Flair birgt zahlreiche Gelegenheiten zum Kennenlernen von Küche und Keller der Region: In erster Linie ist die Osteria La Grotta zu nennen, die das Movimento del Turismo del Vino unterstützt, daneben aber auch das in den Mauern eines Klosters aus dem 18. Jahrhundert untergebrachte Restaurant Gigiolè. An der eindrucksvollen Strada degli Asini (Eselsweg) liegt die Enoteca Hostaria Picatrix. Quartier sollte man im Relais Torre Pratesi nehmen, das ebenso durch sein mittelalterliches Ambiente wie durch seine erstklassige Küche besticht. Nicht weit davon, in Modigliana, bietet die Kellerei Castelluccio (→) ihren Gästen Führungen inklusive Verkostung an. **Ravenna.** Zu einer Zeit, da sich der Untergang des Römischen Weltreichs bereits abzuzeichnen begann, trafen sich in dieser Stadt Orient und Okzident. Ihre 150-jährige Geschichte als Hauptstadt wird in den einzigartigen Mosaiken ihrer Kirchen verherrlicht. Ravenna ist ein absolutes Muss für den Romagna-Touristen und die dortige Gastronomie hat sich entsprechend darauf eingestellt. Das Restaurant Tre Spade, ein großzügiges Herrenhaus, serviert zum Beispiel hervorragende Spezialitäten von Land und Meer, während man dem Gast in der vom Ente di Tutela dei Vini (Vereinigung zur Überwachung der Einhaltung der DOC-Vorschriften) geführten Enoteca Ca' de Vén (→) einen sehr persönlichen Empfang bereitet. Von Ravenna aus führt die Route über Comacchio und Mesola in die Gegend des Podeltas. Hier ist der Betrieb Corte Madonnina an der Staatsstraße nach Rom zu empfehlen, der neben den Weinen des DOC-Bereichs Bosco Eliceo ein Restaurant mit regionalen Spezialitäten sowie Ferien auf dem Bauernhof (Agriturismo) zu bieten hat. Nicht weit entfernt liegt die überaus sehenswerte Abtei Pomposa. **Forlì.** An jener Teilstrecke der Via Emilia, die durch die Stadt führt, befinden sich zwei Plätze: Am Platz der Ordelaffi, der einstigen Herrscher der Stadt, liegt der Dom, am nach dem Mazzinianer Aurelio Saffi benannten Platz stehen sich das Rathaus und die Kirche San Mercuriale gegenüber, deren gewaltiger Glockenturm sie zum Wahrzeichen der Stadt werden ließ. Die besten gastronomischen Angebote finden sich jedoch im Montone-

und im Rabbital, weshalb ein Abstecher etwa nach Castrocaro Terme unbedingt eingeplant werden sollte. Dort erwartet den Gast im Schatten der Rocca Medicea das Restaurant Frasca, eine der ersten Adressen Italiens. Wer ein gutes Glas Wein genießen möchte, sollte die Kellereien Guidi Guarini Matteucci in San Tomè und La Palazza in Vecchiazzano besuchen. **Predappio.** Im alten Ortskern der Weinstadt (→) befindet sich die Enoteca Ca' de Sanzves (→), in der sich ganz offensichtlich alles um Sangiovese dreht. Zu den Erzeugern, die Führungen und Weinproben anbieten, gehört die Fattoria Casetto dei Mandorli (→ Kellereien). Ein Stück weiter die Via Emilia hinunter trifft man in Forlimpopoli auf das Maneggio, ein bemerkenswertes Restaurant in einer Villa aus dem 17. Jahrhundert, das über zwei Speisesäle und einen reich bestückten Weinkeller verfügt. **Bertinoro.** Hier wird der Besucher mit einer liebenswürdigen Anekdote empfangen: Im 13. Jahrhundert errichteten die ortsansässigen Familien auf der Piazza eine Säule, an der jede von ihnen einen Ring befestigte. Wenn nun ein Fremder sein Pferd an einem dieser Ringe anband, so wurde er von der jeweiligen Besitzerfamilie als Gast aufgenommen. Heute hat die Ortschaft zwar ihre Stadtmauern eingebüßt, nicht jedoch ihre besondere Atmosphäre und die ausgesucht gastfreundliche Haltung ihrer Bewohner. Im Bereich des Weins mögen dafür die Enoteca Ca' de Bé (→), ein geräumiges Lokal in rustikalem Stil, und die Kellereien Fattoria Paradiso (→) und Ca' Rossa (→) als Beweis gelten. **Cesena.** Von hier aus gelangt man auf verschiedenen Straßen ans Meer. Will man seinen Gaumen kitzeln, sollte man im vornehmen Bistrot Claridge in Cesenatico einkehren, das müde Haupt kann man anschließend im hübschen, traditionsreichen Hotel Casali zur Ruhe betten. **Santarcangelo di Romagna.** Das historische Stadtviertel mit seinem Gassengewirr und den alten Häusern befindet sich auf der Anhöhe des Monte Giove, wo sich die Festung der Malatesta erhebt. Der moderne Teil der Stadt an der Via Emilia hat sich zu einer lebhaften Kommerzmeile entwickelt. Erwähnung verdient das Restaurant Rugantino mit der darüber gelegenen Enoteca. Fährt man wieder ein Stück Wegs zurück, kann man im Bistrot La Piazzetta in dem Städtchen Savignano sul Rubicone Weinproben und gute Küche genießen. Das herrliche Marecchiatal ist in jedem Fall einen Ausflug wert: In Poggio Berni empfiehlt sich eine Rast im Gasthof Tre Re mit traditionellen Gerichten und Zimmern im alten Stil. In Torriano schließlich erwartet den Reisenden die Osteria del Povero Diavolo, die mit Panoramablick, bodenständiger regionaler Küche und interessanten historischen Rezepten lockt. **Rimini.** Dem Ferienort sollte man sich möglichst unvoreingenommen nähern. Im historischen Stadtkern und im Hinterland gibt es noch viele unentdeckte Ecken, vor allem außerhalb der Saison. Unter den zahlreichen völlig überlaufenen Lokalen der Stadt soll hier lediglich das Restaurant Rivadonda empfohlen werden.

## Agriturismo

**Fontanelice**
**Ca' Monti**
Sassoleone
via Montemorosino 4
☎ 054297666

**Poggio Berni**
**Palazzo Marcosanti**
Sant'Andrea,
via Ripa Bianca 441
☎ 0541629522

**Predappio**
**Pian dei Goti**
Predappio Alta,
via Montemirabello 1
☎ 0543921118

**Ravenna**
**L'Azdôra**
Madonna dell'Albero,
via Vangaticcio 14
☎ 0544497669

## Enoteche

**Bertinoro**
**Enoteca Ca' de Be'**
piazza Libertà 1
☎ 0543445303

**Brisighella**
**Showfood Stryx**
via Stabilimento 11
☎ 054680266

**Hostaria Picatrix**
piazza Marconi 3
☎ 054680266

**Castrocaro Terme**
**La Madia della Frasca**
via Matteotti 34
☎ 0543767471

## DOCG- und DOC-Weine aus der Romagna

### DOCG

**ALBANA DI ROMAGNA.** Rebsorten: Albana (100%). Produktion: 18557 hl (490 ha). Farbe: helles Strohgelb, bei altem Wein ins Goldgelbe spielend. Geruch: leichter, für Albana typischer Duft. Geschmack: trocken, leicht tanninhaltig, warm und harmonisch. Alkoholgehalt: 11,5%. Alterung: bis zu 3 Jahren. Zu Fisch und leichten Speisen zu trinken. Arten: *Amabile* und *Dolce* 12% Alkohol, als Dessertwein zu trinken. Qualitätsstufen: *Passito* mindestens 12+3,5% Alkohol und 5 Monate Alterung (dann noch 5 Jahre und mehr); als Dessertwein zu trinken.

### DOC

**CAGNINA DI ROMAGNA.** Rebsorten: Refosco terrano (85–100%). Produktion: 3127 hl (48 ha). Farbe: ins Violette spielendes Rot. Geruch: weinig, sortentypisch. Geschmack: süß und körperreich, leicht tanninhaltig, leicht säuerlich. Alkoholgehalt: 11%. Alterung: bis zu 2–3 Jahren. Als Dessertwein zu trinken.

**COLLI D'IMOLA.** – **Bianco.** Rebsorten: eine oder mehrere nicht aromatische Rebsorte(n) gleicher Farbe, empfohlen und/oder zugelassen für die Provinz Bologna. Farbe: strohgelb. Geruch: weinig, leicht fruchtig. Geschmack: trocken oder lieblich oder süß. Alkoholgehalt: 11%. Arten: *Frizzante.* Qualitätsstufen: *Superiore* 11,5% Alkohol. Zu allen Gerichten zu trinken. – **Chardonnay.** Rebsorten: Chardonnay (85–100%). Farbe: mehr oder weniger volles Strohgelb. Geruch: weinig, delikat und sortentypisch. Geschmack: trocken oder vollmundig, harmonisch. Alkoholgehalt: 11,5%. Arten: *Frizzante.* Zu allen Gerichten, besonders zu Fisch zu trinken. – **Pignoletto.** Rebsorten: Pignoletto (85–100%). Farbe: helles Strohgelb, bisweilen mit grünlichen Reflexen. Geruch: weinig, delikat und sortentypisch. Geschmack: trocken oder vollmundig, weich. Alkoholgehalt: 11,5%. Arten: *Frizzante.* Zu allen Gerichten, besonders zu Fisch zu trinken. – **Trebbiano.** Rebsorten: Trebbiano romagnolo (85–100%). Farbe: unterschiedlich intensives Strohgelb. Geruch: weinig, angenehm. Geschmack: trocken oder vollmundig, schmackhaft, harmonisch. Alkoholgehalt: 11%. Arten: *Frizzante.* Zu allen Gerichten zu trinken. – **Rosso.** Rebsorten: eine oder mehrere nicht aromatische Rebsorte(n) gleicher Farbe, empfohlen und/oder zugelassen für die Provinz Bologna. Farbe: rubinrot, bei zunehmendem Alter mit granatroten Reflexen. Geruch: weinig, intensiv. Geschmack: trocken oder vollmundig oder lieblich oder süß. Alkoholgehalt: 11,5%. Alterung: bis zu 2–3 Jahren. Arten: *Novello* 11% Alkohol. Qualitätsstufen: *Riserva* mindestens 18 Monate Alterung (dann bis zu 3–4 Jahren). Zu allen Gerichten zu trinken, die Riserva zu Rind- und Schweinefleisch. – **Barbera.** Rebsorten: Barbera (85–100%). Farbe: volles, ins Violette spielendes Rot. Geruch: weinig, sortentypisch. Geschmack: voll und weich, trocken oder vollmundig. Alkoholgehalt: 11,5%. Alterung: bis zu 3 Jahren. Arten: *Frizzante.* Zu allen Gerichten zu trinken. – **Cabernet Sauvignon.** Rebsorten: Cabernet Sauvignon (85–100%). Farbe: rubinrot, bei zunehmendem Alter mit granatroten Reflexen. Geruch: weinig, sortentypisch. Geschmack: voll, trocken, harmonisch. Alkoholgehalt: 11,5%. Alterung: bis zu 3–4 Jahren. Qualitätsstufen: *Riserva* mindestens 18 Monate Alterung (dann 4 Jahre und mehr). Zu Rind- und Schweinefleisch zu trinken, die Riserva zu üppigen Bratengerichten. – **Sangiovese.** Rebsorten: Sangiovese (85 bis 100%). Farbe: rubinrot, manchmal mit violetten Rändern. Geruch: weinig, mit delikatem Duft. Geschmack: trocken oder vollmundig und harmonisch. Alkoholgehalt: 11,5%. Alterung: bis zu 3 Jahren. Qualitätsstufen: *Riserva* mindestens 18 Monate Alterung. Zu allen Gerichten zu trinken, die Riserva zu würzigen Speisen und altem Käse.

### Enoteche

**Cattolica**

**Enoteca Arduini**
via Caduti
del Mare 41
☎ 0541961850

**Enoteca Generi Alimentari & Vino**
via Mazzini 25
☎ 0541952532

**Dozza**

**Enoteca Regionale Emilia Romagna**
Rocca Sforzesca
☎ 0542678089

**Faenza**

**Enoteca Astorre**
piazza Libertà 16
☎ 0546681407

**Ferrara**

**Enoteca Al Brindisi**
via degli Adelardi 11
☎ 0532209142

**Enoteca Enogalleria**
via Palestro 73
☎ 0532206062

**Trattoria Le Fate**
via Bologna 247
☎ 053291769

**COLLI DI FAENZA.** – **Bianco.** Rebsorten: Chardonnay (40–60%), Pignoletto und/oder Pinot bianco und/oder Sauvignon blanc und/oder Trebbiano romagnolo (40–60%). Farbe: unterschiedlich intensives Strohgelb. Geruch: intensiv, delikat, fruchtig. Geschmack: trocken, schmackhaft, harmonisch. Alkoholgehalt: 11%. Zu allen Gerichten zu trinken. – **Pinot Bianco.** Rebsorten: Pinot bianco (100%). Farbe: strohgelb, bisweilen mit grünlichen Reflexen. Geruch: delikat, sortentypisch, intensiv. Geschmack: trocken, frisch und harmonisch. Alkoholgehalt: 11%. Zu allen Gerichten zu trinken. – **Trebbiano.** Rebsorten: Trebbiano romagnolo (100%). Farbe: unterschiedlich intensives Strohgelb. Geruch: weinig, sortentypisch, angenehm. Geschmack: trocken, frisch und harmonisch. Alkoholgehalt: 11,5%. Zu allen Gerichten, besonders zu Fisch zu trinken. – **Rosso.** Rebsorten: Cabernet Sauvignon (40–60%), Ancellotta und/oder Ciliegiolo und/oder Merlot und/oder Sangiovese (40–60%). Farbe: intensives Rubinrot. Geruch: ätherisch, angenehm kräuterwürzig. Geschmack: trocken, körperreich, bisweilen leicht tanninhaltig. Alkoholgehalt: 12%. Alterung: mindestens 6 Monate, danach bis zu 3–4 Jahren. Qualitätsstufen: *Riserva* mindestens 2 Jahre Alterung (dann bis zu 5–6 Jahren). Zu allen Gerichten zu trinken, die Riserva zu Rind- und Schweinefleisch. – **Sangiovese.** Rebsorten: Sangiovese (100%). Farbe: rubinrot. Geruch: sortentypisch, delikat, mit Veilchennote. Geschmack: trocken und harmonisch, mit sortentypischem Abgang. Alkoholgehalt: 12%. Alterung: mindestens 6 Monate, danach bis zu 4–5 Jahren. Zu allen Gerichten, besonders zu Rind- und Schweinefleisch zu trinken. Qualitätsstufen: *Riserva* mindestens 2 Jahre Alterung (dann bis zu 8–9 Jahren); zu Rind- und Schweinefleisch, Wild und pikantem Käse zu trinken.

**COLLI DI RIMINI.** – **Bianco.** Rebsorten: Trebbiano romagnolo (50–70%), Biancame und/oder Mostosa (30 bis 50%), sonstige (bis 20%). Farbe: unterschiedlich intensives Strohgelb. Geruch: delikat, von fruchtig bis blumig. Geschmack: trocken, schmackhaft, harmonisch. Alkoholgehalt: 11%. Zu allen Gerichten zu trinken. – **Biancame.** Rebsorten: Biancame (85–100%), Pignoletto und/oder Chardonnay und/oder Riesling italico und/oder Sauvignon blanc und/oder Pinot bianco und/oder Müller-Thurgau (bis 15%). Farbe: blasses Strohgelb mit grünlichen Reflexen. Geruch: sortentypisch, bisweilen mit blumiger Note. Geschmack: trocken, frisch, ausgewogen. Alkoholgehalt: 10,5%. Zu Fisch zu trinken. – **Rebola.** Rebsorten: Pignoletto (85 bis 100%), Biancame und/oder Mostosa und/oder Trebbiano romagnolo (bis 15%). Farbe: von hell strohgelb bis leicht goldgelb. Geruch: sortentypisch, zart fruchtig. Geschmack: trocken, harmonisch, von sortentypischer Weichheit. Alkoholgehalt: 11,5%. Arten: *Amabile* und *Dolce*. Qualitätsstufen: *Passito* mindestens 11,5+4% Alkohol. Die trockene Sorte und der Amabile zu allen Gerichten, der Dolce sowie der Passito als Dessertwein zu trinken. – **Rosso.** Rebsorten: Sangiovese (60–75%), Cabernet Sauvignon (15–25%), Merlot und/oder Barbera und/oder Montepulciano und/oder Ciliegiolo und/oder Terrano und/oder Ancellotta (bis 25%). Farbe: intensives Rubinrot. Geruch: voll und sortentypisch. Geschmack: trocken, körperreich, bisweilen leicht tanninhaltig. Alkoholgehalt: 11,5%. Alterung: bis zu 3 Jahren. Zu allen Gerichten zu trinken. – **Cabernet Sauvignon.** Rebsorten: Cabernet Sauvignon (85–100%). Farbe: bisweilen intensives Rubinrot. Geruch: sortentypisch, ätherisch, angenehm kräuterwürzig. Geschmack: trocken, voll, harmonisch, mitunter leicht tanninhaltig. Alkoholgehalt: 11,5%. Alterung: bis zu 3–4 Jahren. Qualitätsstufen: *Riserva* mindestens 12% Alkohol und 2 Jahre Alterung (dann bis zu 7–8 Jahren). Zu

## Enoteche

**Fusignano**
**Zaffagnini Loverie**
via Teatro 15
☎ 054550174

**Imola**
**Osteria del Vicolo Nuovo**
vicolo Codronchi 6
☎ 054232552
**Adria**
viale Costa 38
☎ 054522722

**Predappio Alta**
**Enoteca Ca' de Sanzvès**
piazza Cavour 41
☎ 0543922410

**Riccione**
**Al Vicolo di Bacco**
viale Ceccarini 73
☎ 0541601082

**Rimini**
**Al Fiasco d'Oro**
via Castelfidardo 2
☎ 054125701
**Arlotti**
via Soleri Brancaleoni 11
☎ 0541780558

**Rimini Miramare**
**Berardi Wine & Spirit Merchant**
via Regina Margherita 241
☎ 0541372653

**Sant'Arcangelo di Romagna**
**Trattoria del Passatore**
via Cavour 1
☎ 0541625466

**Savignano Sul Rubicone**
**Bistrot Ristorantino La Piazzetta**
via C. Battisti 23/d
☎ 0541941844

## DOCG- und DOC-Weine aus der Romagna

Rind- und Schweinefleisch zu trinken, die Riserva zu gehaltvolleren Speisen, beispielsweise üppigen Bratenplatten.

**PAGADEBIT DI ROMAGNA.** Rebsorten: Bombino bianco (85–100%). Produktion: 3719 hl (25 ha). Farbe: unterschiedlich intensives Strohgelb. Geruch: sortentypisch, nach Weißdorn. Geschmack: trocken, kräuterwürzig, harmonisch, angenehm und delikat. Alkoholgehalt: 10,5%. Arten: *Amabile* 11% Alkohol, auch perlend. Qualitätsstufen: *Bertinoro* aus der begrenzten Erzeugerregion der gleichnamigen Gemeinde, 11,5% Alkohol, trocken oder lieblich, auch perlend. Zu allen Gerichten zu trinken.

**ROMAGNA ALBANA SPUMANTE.** Rebsorten: Albana (100%). Farbe: goldgelb. Geruch: sortentypisch, intensiv, delikat. Geschmack: süß, angenehm, samtig. Alkoholgehalt: 15%. Alterung: bis zu 5 Jahren. Als Dessertwein zu trinken.

**SANGIOVESE DI ROMAGNA.** Rebsorten: Sangiovese (85–100%). Produktion: 60821 hl (1599 ha). Farbe: rubinrot, bisweilen mit violetten Rändern. Geruch: weinig, mit zartem, veilchenähnlichem Duft. Geschmack: trocken, harmonisch, bisweilen auch leicht tanninhaltig, angenehm bitter im Abgang. Alkoholgehalt: 11,5%. Alterung: bis zu 4 Jahren. Arten: *Novello* 11% Alkohol. Zu allen Gerichten, vor allem zu würzigen Speisen zu trinken. Qualitätsstufen: *Superiore* mindestens 12% Alkohol und 6 Monate Alterung (dann bis zu 6 Jahren), *Riserva* mindestens 11,5% Alkohol und 2 Jahre Alterung (dann bis zu 9 Jahren); zu Fleischsorten mit starkem Eigengeschmack und pikantem Käse zu trinken.

**TREBBIANO DI ROMAGNA.** Rebsorten: Trebbiano romagnolo (85 bis 100%), sonstige nicht aromatische weiße Sorten mit Ausnahme von Albana (bis 15%). Produktion: 68721 hl (1365 ha). Farbe: unterschiedlich intensives Strohgelb. Geruch: weinig, angenehm. Geschmack: trocken, schmackhaft, harmonisch. Alkoholgehalt: 11%. Arten: *Frizzante* und *Spumante* 10,5% Alkohol. Zu allen Gerichten, besonders zu Fisch zu trinken.

**BOSCO ELICEO. – Bianco.** Rebsorten: Trebbiano romagnolo (70–100%), Sauvignon blanc und/oder Malvasia bianca di Candia (bis 30%), sonstige (bis 5%). Produktion: 2647 hl (36 ha). Farbe: hell strohgelb. Geruch: delikat, angenehm, sortentypisch, nicht sehr intensiv. Geschmack: trocken oder lieblich, frisch, angenehm, harmonisch. Alkoholgehalt: 10,5%. Arten: *Frizzante.* Zu allen Gerichten zu trinken. – **Sauvignon.** Rebsorten: Sauvignon blanc (85–100%), Trebbiano romagnolo (bis 15%). Produktion: 1417 hl (15 ha). Farbe: strohgelb. Geruch: delikat, fast aromatisch. Geschmack: trocken oder lieblich, warm, samtig, still oder lebhaft. Alkoholgehalt: 11%. Arten: *Frizzante.* Zu Fisch zu trinken. – **Fortana.** Rebsorten: Fortana (85–100%). Produktion: 1983 hl (47 ha). Farbe: unterschiedlich intensives Rubinrot. Geruch: weinig, angenehm. Geschmack: trocken oder lieblich, körperreich, leicht tanninhaltig, schmackhaft, still oder lebhaft. Alkoholgehalt: 10,5%. Arten: *Frizzante.* Zu allen Gerichten zu trinken. – **Merlot.** Rebsorten: Merlot (85–100%). Produktion: 500 hl (4,8 ha). Farbe: rubinrot mit violetten Reflexen. Geruch: sortentypisch, leicht kräuterwürzig. Geschmack: trocken, schmackhaft, harmonisch, still oder lebhaft. Alkoholgehalt: 10,5%. Alterung: bis zu 2 Jahren. Zu allen Gerichten zu trinken.

### Veranstaltungskalender

**April**
**Modigliana**
③ Sagra del Sangiovese (Weinfest)
**Mai**
**Dozza**
③ Festa dell'Albana (Weinfest)
**September**
**Cattolica**
① Sagra dell'Uva (Traubenfest)
**Castrocaro**
① Sagra dell'Uva
**Dozza**
❹ Festa dell'Uva
**Riolo Terme**
② Sagra dell'Uva
**Rocofreddo**
③ Sagra del Sangiovese

## Gaumenfreuden

In den Hügeln der Romagna breiten sich neben den Trebbiano-Rebstöcken bereits die Reihen der Importtrauben Chardonnay und Merlot aus, und auch Sangiovese wird hier nach moderneren Methoden angepflanzt, um geringere, dafür aber qualitativ klar verbesserte Erträge zu ermöglichen. Die Trinkkultur – und vielleicht auch die Esskultur – verfeinert sich, man legt zunehmend größeren Wert auf Qualität als auf Quantität. Immer mehr Fischlokale werden eröffnet – doch unsere Vorliebe gilt nach wie vor jenen Restaurants, die traditionelle Gerichte fantasievoll neu zuzubereiten verstehen. So halten es etwa die drei Brüder Lancellotti in Soliera, die neben den allgegenwärtigen Tortellini- und Schweinefleischgerichten eine ganz eigene Küche entwickelt haben. Sie ist aufs engste mit der Region verbunden und gründet sich vor allem auf frische, im eigenen Garten gezogene Zutaten. Auf der Speisekarte steht eine Auswahl von Suppen und traditionellen Gerichten, für die absolut erstklassige Naturprodukte aus biologischem Anbau verwendet werden. Der Ort liegt in unmittelbarer Nähe von Modena, und ganz offensichtlich verwendet das Lancellotti für seine Gerichte ein weiteres bekanntes Erzeugnis der Region, den Aceto Balsamico tradizionale di Modena. Beim Einkauf dieses Balsamessigs sollte man unbedingt auf die genaue Bezeichnung achten, die es leider in sich hat. Zu empfehlen ist nur das Produkt mit dem kompletten Namenszug, also auch dem Hinweis «tradizionale». Er ist zwar der teuerste, aber auch mit Abstand der beste.

Doch Modena hält noch eine andere Überraschung bereit: die Hosteria Giusti, ein kleiner, wie ein Privatzimmer anmutender Raum, der sich hinter der berühmten alteingesessenen Wurstspezialitätenhandlung Salumeria Giusti befindet. Hier pflegen Laura und Adriano Morandi die traditionelle Küche der Emilia, mit luftig-locker gebackenen Nockerln («gnocchi fritti»), süßsaurem Kapaunsalat im Renaissance-Stil, Tortellini, Garganelli (Röhrennudeln) und ähnlichen Köstlichkeiten.

Zumindest ein weiteres Restaurant soll an dieser Stelle noch erwähnt werden, denn sein Name verbindet sich für uns mit einer berühmten Spezialität, dem Culatello. Dieser auf besonders kostspielige Art zubereitete Schweineschinken wird heute noch von einigen Dutzend Kleinerzeugern in den Gemeinden rund um Zibello kunstvoll von Hand hergestellt. Mit besonderem Vergnügen weisen wir also auf das Cavallino Bianco in Polesine Parmense hin, ein bodenständiger Betrieb, der in höchst ehrenhafter Weise die Tradition des einstmals hier ansässigen, weithin berühmten Restaurants Cantarelli fortführt. Das wunderschön eingerichtete Lokal, in dessen Küche einige hundert Culatelli zubereitet werden, ist in jedem Fall einen Besuch wert, und das Mittagessen dort sollte man sich nicht entgehen lassen. Voranmeldung beim Inhaber Massimo Spigaroli ist zu empfehlen.

### Veranstaltungskalender

**Oktober**

**Predappio**
① Festa della Mostatura e Asta dei Vini Tipici (Mostfest und Versteigerung regionaler Weine)

**Torriana**
①②③④ Festa dei Vini DOC di Romagna (Weinfest)

**November**

**Castel Bolognese**
① Sagra del Vino Novello (Fest des neuen Weines)

**Imola**
Settimana Nazionale del Sangiovese (Nationale Sangiovese-Woche)

**Predappio**
② Festa dei Vignaioli (Winzerfest)

# Die Straße der fünf Sinne

Täler und einzigartige Orte von besonderem Reiz besuchen, Geschichte und Naturschönheiten auf einer Entdeckungsreise durch weinbauliche und gastronomische Tradition und Kultur erleben. Wenn Sie die „Strada dei vini e dei sapori dei Colli d'Imola"(Straße der Weine und des Aromas auf den Hügeln rund um Imola) befahren, so werden Sie eine hinreißende Erfahrung im Zeichen gepflegten Essens und hochwertiger lokaler Produkte machen.

- Verkostungen und Besuche bei landwirtschaftlichen Betrieben und in der Enoteca Regionale
- Kochkurse und didaktische Unterweisung auf Bauernhöfen
- Führungen durch Museen, Festungen und zur Rennstrecke von Imola
- Touristische Angebote unter bestimmten Themen
- Exkursionen mit Motorrad, Fahrrad und Pferd

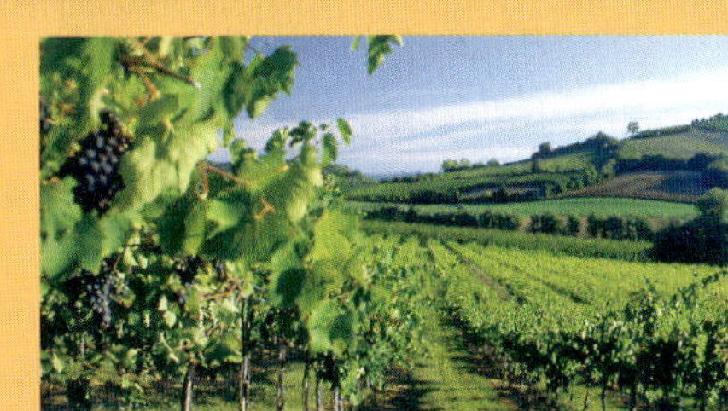

**Associazione**
**Strada dei Vini e dei Sapori dei Colli d'Imola**
Via Boccaccio, 27
40026 Imola BO Italy
www.stradaviniesapori.it
e-mail info@stradaviniesapori.it
telefono +39 0542 25413
fax +39 0542 613252

# Toskana

## Die Renaissance des Weins

*Beim Stichwort Toskana denkt der Weinliebhaber sogleich an Namen wie Chianti oder Brunello di Montalcino, doch sind das nur die Aushängeschilder einer Weinregion, die weltweit ihresgleichen sucht. Zu danken ist dies gewiss dem Geschick der Winzer, aber auch den idealen natürlichen Voraussetzungen sowie einer Weinkultur, die sich hier über Jahrhunderte hinweg verfeinern konnte.*

Bei einer Unterhaltung über die Toskana wird man früher oder später unweigerlich auf den Maler Ambrogio Lorenzetti und sein Fresko «Das gute Regiment» im Palazzo Comunale von Siena zu sprechen kommen, eine allegorische Darstellung der vollkommenen Herrschaft, die neben der Stadt und ihren strebsamen Bewohnern auch eine nach allen Regeln der Kunst betriebene Landwirtschaft zeigt. Freilich wird bald auch von Wein und Tourismus die Rede sein, vielleicht sogar vom Beitrag der Winzer zur Bewahrung einer Umwelt, die im Zeichen der Harmonie zwischen Mensch und Natur steht. Und nirgends ist der Zusammenhang zwischen Lorenzettis gutem Regiment und dem modernen Weinbau so eindrucksvoll nachvollziehbar wie hier in der Toskana, wo Stadt und Land auch heute noch wirken, als hätten sie dem Freskenmaler als Vorlage gedient – und wo in jüngerer Zeit neben Oliven und anderen typischen Erzeugnissen gerade die Weinproduktion den Anstoß zu fröhlichen kulinarischen Urständen gegeben hat.

### Das Reich des Chianti birgt so manche Entdeckung

Wo auch immer man in der Toskana gerade unterwegs ist, überall prägen Zypressen und Ginster, Olivenhaine und nicht zuletzt Weinberge das Landschaftsbild. Die Statistik bestätigt, dass die

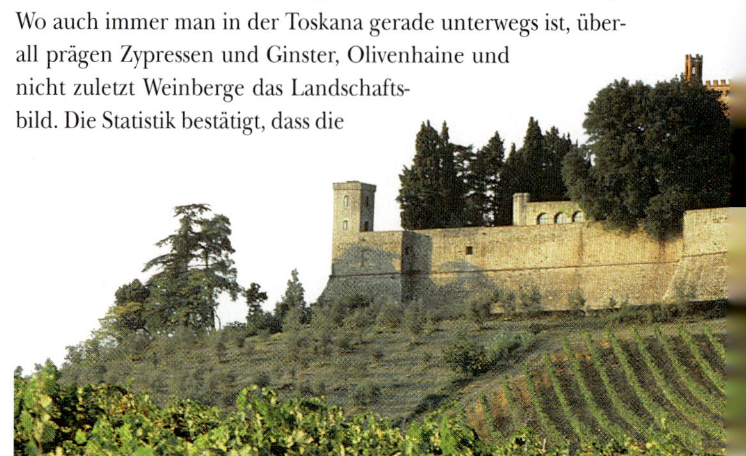

*Das Castello di Brolio in Gaiole in Chianti.*

**Movimento del Turismo del Vino**
Beauftragter:
Paolo Valdastri
piazza
XX Settembre 18
Livorno
☎ 0586896060

Weinrebe in der Toskana bevorzugt auf Hügeln gedeiht, wo mehr als doppelt so viele Trauben gelesen werden wie auf dem flachen Land. Im Mittelpunkt der hiesigen Weinproduktion steht unangefochten der Chianti, der das größte in sich geschlossene Anbaugebiet Italiens für sich beansprucht: Es erstreckt sich weit über die Berge hinaus, die ihm seinen Namen gegeben haben, und umfasst über 100 Gemeinden in sechs verschiedenen Provinzen. Doch neben dieser gewaltigen Präsenz gibt es natürlich zahlreiche weitere bedeutende Weinregionen, sogar in den Provinzen Firenze und Siena, dem Stammland des Chianti Classico selbst, wo man von den Hügeln des Arno bis zum Sieneser Bergland, vom Montalbano bis zum Val di Chiana auf eine vielfältige Weinproduktion stößt. Ein relativ homogenes Gebiet bilden dann die drei nördlichen Provinzen Massa-Carrara, Lucca und Pistoia an der Schwelle des ligurischen zum toskanischen Apennin, denen weiter südlich die «etruskischen» Provinzen Pisa und Livorno mit ihren sanft gewellten, zur tyrrhenischen Küste hin abfallenden Hügeln folgen, wobei natürlich die Sonderstellung der Insel Elba nicht außer Acht gelassen werden darf. In der Provinz Grosseto schließlich, besonders in der Vulkanlandschaft rund um den Monte Amiata, kündigt sich in den Weinen bereits nachdrücklich das nahe Latium an.

## Sangiovese und Trebbiano – ein toskanisches Traumpaar

In erster Linie ist die Toskana zwar für ihre großen Roten bekannt, doch werden auch einige rühmenswerte Weißweine produziert. Das Verhältnis bei den Spitzenerzeugnissen, wo fünf rote DOCG-Weine auf einen Weißwein kommen, dürfte in etwa auf die Gesamtproduktion übertragbar sein. Die Statistiken über den Anteil der verschiedenen hier angebauten Rebsorten sprechen jedenfalls eine klare Sprache: Sangiovese (79,5 Prozent) und Trebbiano toscano (11,4 Prozent) stehen unan-

gefochten an der Spitze, gefolgt von Brunello (1,8 Prozent), der freilich nur eine lokale Sangiovese-Spielart ist, und Ciliegiolo (1,2 Prozent). Alle anderen Rebsorten – unter den roten könnten noch Prugnolo gentile, Merlot oder Pollera nera genannt werden, unter den weißen Vernaccia, Vermentino, Ansonica oder Malvasia del Chianti – machen nicht einmal ein Hundertstel des Gesamtaufkommens aus. Was nun die beiden Spitzenreiter anbelangt, so teilen sie das glückliche Schicksal, einen uralten toskanischen Ursprung vorweisen zu können und sich im Lauf der Zeit andere Regionen erobert zu haben. Nachdem der Baron Ricasoli im 19. Jahrhundert auf die glänzende Idee gekommen war, bei der Suche nach dem optimalen Verschnittrezept für den Chianti die beiden Rebsorten miteinander zu vermählen, war ihr Siegeszug nicht mehr aufzuhalten: Die Sangiovese-Traube hat im ganzen Land, von den Alpen bis nach Sizilien, so gründlich Wurzeln gefasst, dass sie heute mit einem Anteil von etwa zehn Prozent die meistangebaute Rebsorte Italiens ist. Ähnliches gilt für den ob seines Ertragreichtums seit jeher geschätzten Trebbiano, dessen Ursprung auf den Trebulanum der alten Römer zurückgeht. Diese Rebsorte, die heute kurioserweise im Norden Italiens weiter verbreitet ist als in der Mitte, beansprucht etwa sieben Prozent der gesamten nationalen Weinbaufläche und steht damit bei den weißen Trauben an erster Stelle. Die Rebenerziehung erfolgt nach verschiedenen Methoden: Am verbreitetsten sind die Ein- oder Zwei-Bogen-Erziehung sowie das Cordon-System, selten hingegen finden sich Intensivkulturen, bei denen es allein auf eine möglichst hohe Ausbeute ankommt – auch dies ein deutlicher Beweis, dass Qualität das oberste Anliegen der Winzer ist.

## Eine Region setzt neue Qualitätsmaßstäbe

Die jüngste Entwicklung der toskanischen Weinproduktion ist gekennzeichnet durch einen Rückgang des Gesamtertrags (zuletzt 2 680 000 Hektoliter) bei gleichzeitiger Zunahme der DOC-Weinerzeugung (derzeit 1 272 000 Hektoliter). Dies bedeutet, dass der Anteil der Qualitätsweine nun bei 47,5 Prozent liegt und somit nur noch von Trentino–Südtirol übertroffen wird. Allein diese Zahlen

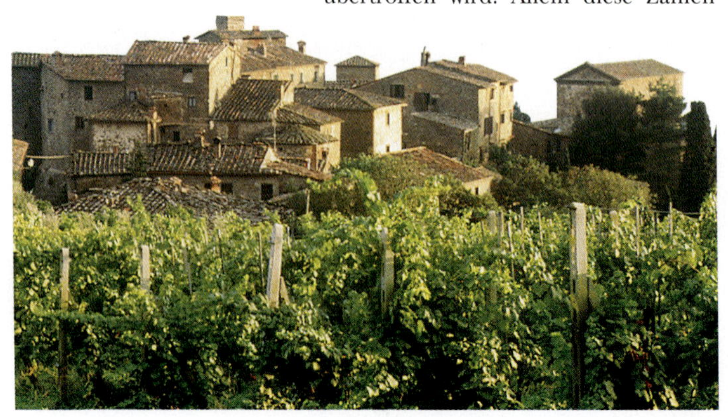

*Das Castello di Volpaia in Radda in Chianti.*

belegen den hohen Anspruch einer Region, die sich schon seit langem dem Ziel verschrieben hat, Qualität auf allen Ebenen zu erreichen. Im Hinblick darauf wurden zunächst einige neue DOC-Gebiete abgesteckt; vor allem aber hat man die Qualitätsbestimmungen überarbeitet, um auf dieser Grundlage marktgerechtere Weine produzieren zu können. Das betrifft in erster Linie die Roten, die seit jeher stärker dem Wandel der Geschmäcker und Trinkgewohnheiten unterworfen sind, sowie die reinsortigen Gewächse, die dank ihrer Individualität die richtige Antwort auf das langweilige Einerlei darstellen, zu dem die internationale Weinproduktion in zunehmendem Maße tendiert. Die sechs DOCG- und 34 DOC-Bereiche werden bald um den flächenübergreifenden DOC-Bereich Toscana ergänzt, der unter seinem Dach alle anderen Herkunftsbezeichnungen vereinen soll. Dahinter steckt die Idee, toskanische Weine mit einem Namen zu versehen, der als Markenzeichen weltweit für Kunstschätze, Naturschönheiten und gute Küche steht.

## Mitten hinein ins Reich der Reben: Die Weinstraßen

Schon bei der Förderung des Agriturismo, hatte die Toskana die Nase vorn, als Bauernhöfe, Landgüter und sogar Schlösser ihre Pforten für Erholungsbedürftige und Liebhaber der ländlichen Küche öffneten. So entstand ein mittlerweile beachtlicher Fremdenverkehrszweig, von dem zwar das Bewirtungs- und Beherbergungsgewerbe mehr profitierte als die landwirtschaftliche Produktion, der aber trotzdem in erheblichem Maße zu einer Neubelebung vieler ländlicher Gebiete beitrug. Eine Domäne blieb den Reisenden jedoch bis vor kurzem verschlossen: die der Weingüter und Kellereien. Und so ist es kein Zufall, dass das erste Projekt, mit dem das Movimento del Turismo del Vino 1993 an die Öffentlichkeit trat, ausgerechnet «Cantine Aperte» (offene Weinkeller) hieß. Ein voller Erfolg, wie sich bald herausstellen sollte, der seither alljährlich im Frühling in heiter-gelöster Atmosphäre wiederholt wird. Heute, da sich die «offenen Keller» längst etabliert haben, richten sich die Zukunftshoffnungen vor allem auf das Projekt «Strade del Vino», bei dem erneut die Toskana eine Vorreiterrolle spielt: Als einzige Region Italiens hat sie präzise Richtlinien für die Umsetzung dieses Weinstaßenkonzepts erlassen. Dabei geht es nicht nur um schlichte Streckenempfehlungen für den Autofahrer, vielmehr wird das ganze umliegende Gebiet samt Kellereien, Restaurants, Enoteche und Sehenswürdigkeiten einbezogen, also alles, was den Weintouristen interessieren könnte. Bislang wurden 14 Strecken zu Weinstraßen erklärt, nämlich Carmignano, Chianti Colli Fiorentini, Chianti Rufina e Pomino, Colli di Candia e di Lunigiana, Colli di Maremma, Colline Lucchesi e Montecarlo, Colline Pisane, Costa degli Etruschi, Montecucco, Monteregio di Massa Marittima, Montespertoli, Terre di Arezzo, Vernaccia di San Gimignano und Vino Nobile di Montepulciano. Nur wenige, wenn man bedenkt, dass so wichtige Namen wie Chianti Classico und Brunello di Montalcino noch fehlen – viele jedoch, wenn man sich die große organisatorische Leistung vor Augen hält.

DOCG- und DOC-Bereiche
in der Toskana
Anbaugebiet mit kontrollierter Herkunftsbezeichnung
Anbauzone mit DOCG-Status
Anbauzone mit DOC-Status
Scala 1:1 500 000
0 15 30 km
MAR LIGURE
MAR TIRRENO
EMILIA-ROMAGNA
BOLOGNA
FIRENZE
Parma
Ferrara
Modena
Reggio nell'Emilia
Borgo Val di Taro
Passo d. Cisa 1039
Pontremoli
Passo d. Cerreto 1261
Pavullo nel Frignano
Imola
Ravenna
Forlì
Aulla
La Spezia
Carrara
Massa
Passo d. Futa 903
Bagni di Lucca
Lucca
Pistoia
Prato
Pisa
Empoli
Poppi
Livorno
S. Gimignano
Poggibonsi
Arezzo
Volterra
Siena
Cecina
Cortona
Castagneto Carducci
Montepulciano
Lago Trasimeno
Massa Marittima
Montalcino
Piombino
Follonica
Portoferraio
Isola d'Elba
Grosseto
Orvieto
Pitigliano
Lago di Bolsena
Orbetello
Viterbo
Civitavecchia
LAZIO
I. di Gorgona
I. di Capraia
I. Pianosa
I. di Montecristo
I. del Giglio
I. di Giannutri
Valli di Comacchio
Arno
Cecina
Ombrone
Albegna
Tevere
Reno
Panaro
Taro
Secchia
Montone
Savio
A1
A11
A12
A14
A14d.
A15
A22

1. DOCG Brunello di Montalcino – 1237 ha im gesamten Gebiet der Gemeinde Montalcino, Provinz Siena
2. DOCG Carmignano – 122 ha in den Gemeinden Carmignano und Poggio a Caiano, Provinz Prato
3. DOCG Chianti – 16726 ha in etwa 100 Gemeinden der Provinzen Firenze, Siena, Arezzo, Pistoia, Pisa und Prato
4. DOCG Chianti Classico – 6939 ha in 7 Gemeinden entlang der Grenze zwischen den Provinzen Firenze und Siena
5. DOCG Vernaccia di San Gimignano – 729 ha in der Gemeinde San Gimignano, Provinz Siena
6. DOCG Vino Nobile di Montepulciano – 820 ha in der Gemeinde Montepulciano, Provinz Siena
7. DOC Ansonica Costa dell'Argentario – 47 ha um den Monte Argentario und auf der Insel Isola del Giglio, Provinz Grosseto
8. DOC Barco Reale di Carmignano e Carmignano – 209 ha in den Gemeinden Carmignano und Poggio a Caiano, Provinz Prato
9. DOC Bianco della Valdinievole – 62 ha in 9 Gemeinden der Provinz Pistoia
10. DOC Bianco dell'Empolese – 187 ha in 6 Gemeinden der Hügellandschaft um Empoli, Provinz Firenze
11. DOC Bianco di Pitigliano – 1055 ha in Pitigliano sowie einer Reihe weiterer Gemeinden der Provinz Grosseto
12. DOC Bianco Pisano di San Torpè – 301 ha in 15 Gemeinden der Provinz Pisa sowie 1 Gemeinde in der Provinz Livorno
13. DOC Bolgheri – 239 ha in der Gemeinde Castagneto Carducci, Provinz Livorno
14. DOC Candia dei Colli Apuani – 29 ha in 3 Gemeinden der Provinz Massa-Carrara
15. DOC Capalbio – in der Provinz Grossetto
16. DOC Colli dell'Etruria Centrale – 802 ha in zahlreichen Gemeinden der Provinzen Arezzo, Firenze, Pisa, Pistoia und Siena
17. DOC Colli di Luni – 135 ha in 14 Gemeinden der Provinz La Spezia und in 3 Gemeinden der Provinz Massa-Carrara (siehe Ligurien)
18. DOC Colline Lucchesi – 187 ha in Lucca und 2 benachbarten Gemeinden
19. DOC Cortona – in der Provinz Arezzo
20. DOC Elba – 126 ha auf der Insel Elba, Provinz Livorno
21. DOC Montecarlo – 224 ha in Lucca und 3 umliegenden Gemeinden
22. DOC Montecucco – in der Provinz Grossetto
23. DOC Monteregio di Massa Marittima – 303 ha in 7 Gemeinden der Provinz Grosseto, darunter Massa Marittima
24. DOC Montescudaio – 231 ha in 7 Gemeinden der Provinz Pisa, darunter Montescudaio
25. DOC Morellino di Scansano – 457 ha in Scansano und 6 umliegenden Gemeinden, Provinz Grosseto
26. DOC Moscadello di Montalcino – 149 ha in der Gemeinde Montalcino, Provinz Siena
27. DOC Orcia – in 13 Gemeinden der Provinz Siena
28. DOC Parrina – 103 ha in einem Teil der Gemeinde Orbetello, Provinz Grosseto
29. DOC Pomino – 74 ha in der Gemeinde Rufina, Provinz Firenze
30. DOC Rosso di Montalcino – 20 ha in der Gemeinde Montalcino, Provinz Siena
31. DOC Rosso di Montepulciano – 97 ha in der Gemeinde Montepulciano, Provinz Siena
32. DOC San Gimignano – 3 ha in der Gemeinde San Gimignano, Provinz Siena
33. DOC Sant'Antimo – 171 ha in der Gemeinde Montalcino, Provinz Siena
34. DOC Sovana – in der Provinz Grossetto
35. DOC Val d'Arbia – 243 ha in 11 Gemeinden der Provinz Siena und Siena selbst
36. DOC Valdichiana – 687 ha in 12 Gemeinden zwischen Siena und Arezzo
37. DOC Val di Cornia – 134 ha in 5 Gemeinden der Provinz Livorno und 1 Gemeinde der Provinz Pisa
38. DOC Vin Santo del Chianti – in einem weiten Gebiet, das sich über die Provinzen Firenze, Siena, Arezzo, Pistoia, Pisa und Prato erstreckt
39. DOC Vin Santo del Chianti Classico – 30 ha im gesamten Anbaugebiet des Chianti Classico, Provinzen Firenze und Siena
40. DOC Vin Santo di Montepulciano – 0,5 ha in der Gemeinde Montepulciano, Provinz Siena

# Wein genießen in Florenz

In der toskanischen Hauptstadt, Ziel eines zunehmend internationaleren Tourismus (in den letzten Monaten hat das historische Savoy nach vollständigem Umbau seine Tore wieder geöffnet und das prachtvolle Helvetia & Bristol hat durch den Erwerb des bereits früher einmal zum Hotel gehörigen Nachbargebäudes seine Bettenzahl erhöht), wächst tagtäglich das Angebot an Weinlokalen, Weinprobierstuben und Weinläden.

Eines der Vorzeigelokale und einen Besuch wert ist zweifellos das kürzlich eröffnete **Beccofino**, eines der wenigen Weinlokale mit einer speziellen Maschine, die eine gute Konservierung bereits geöffneter Flaschen ermöglicht. Die Lokalität liegt nicht weit vom Ponte Vecchio entfernt und ist in modernem Stil mit schöner Rundtheke eingerichtet. Auf dem Speiseplan stehen traditionelle warme Speisen (Tomatensuppe, Suppen oder Röstbrot mit Geflügelleber) ebenso wie kalte Gerichte mit Aufschnitt und Käse. Hervorzuheben ist weiterhin die große Vielfalt an offen ausgeschenkten Weinen oder von der Karte, die insbesondere toskanische Gewächse verzeichnet. Ein weiteres Weinlokal, das mittlerweile als historische Einrichtung gilt, ist die **Enoteca Fuoriporta**, unweit der Porta San Nicolò, kurz hinter der Stadtmauer. Das Lokal ist stets sehr gut besucht und erfreut sich größter Beliebtheit, insbesondere bei den zahllosen ausländischen Studenten, die Florenz bevölkern. Aus der Küche kommen Wurst, Schwertfisch-Carpaccio und einige warme Gerichte. Das umfassende Weinangebot, im Glas oder von der Karte zu haben, bildet ein breites und erlesenes Panorama der bedeutendsten italienischen und ausländischen Weine. Etwas zentraler zwischen Palazzo Vecchio und Dom gelegen befindet sich die **Cantinetta di Verrazzano**. Das Lokal ist sehr stark frequentiert, auch von Touristen, und in den Stoßzeiten findet man nur schwer einen Platz. Das Speisenangebot umfasst Aufschnitt, Käse, Röstbrot, belegte Teigfladen und eine breite Palette verschiedenster Brotsorten. Die Weinkarte dagegen ist klein, es werden ausschließlich die Gewächse des Weinguts, nach dem das Lokal benannt ist, serviert.

Ebenfalls an ein Weingut angeschlossen und gleichzeitig Osteria ist die **Cantinetta Antinori**. In charakteristischer Atmosphäre speist man toskanische Spezialitäten, etwa Bohnensuppe oder Tomatensuppe, und trinkt dazu einen Wein vom berühmten, gleichnamigen florentinischen Weingut. Ein gutes Angebot an nationalen und ausländischen Weinen hält die **Osteria del Caffè Italiano** bereit. Das Mittagsangebot beschränkt sich auf Wurstplatten, Käse und in Öl eingelegtes Gemüse, abends jedoch verwandelt sich das Lokal in eine Osteria mit schöner Auswahl an warmen Gerichten, bemerkenswert das klassische Bistecca Fiorentina. Nicht weit von Santa Croce liegt das gemütliche **Baldovino** mit großem Sortiment an Weinen und Leckerbissen, eine Spezialität ist hier das Röstbrot. Typisch

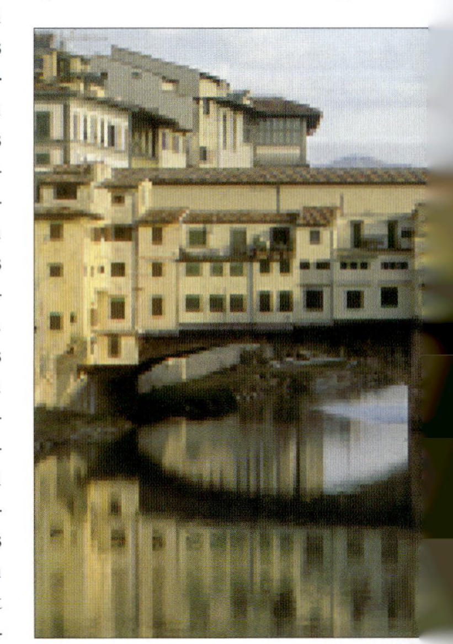

## Enoteche

**Florenz**

**Baldovino**
via San Giuseppe 18/r
☎ 0552347220

**Beccofino**
piazza degli Scarlatti 1/r
☎ 055290076

**Cantinetta Antinori**
piazza degli Antinori 3
☎ 055292234

**Cantinetta dei Verrazzano**
via de' Tavolini 18–20
☎ 055268590

**Cibreo**
via de' Macci 114
☎ 0552341100

**Coquinarius**
via delle Oche 15/r
☎ 0552302153

**Enoteca de' Giraldi**
via de' Giraldi 4/r
☎ 055216518

**Enoteca Fuoriporta**
via del Monte alla Croci 10/r
☎ 0552342483

toskanisch ist auch das **Fiaschetteria** in der Via de' Neri. In der Atmosphäre einer Osteria aus vergangenen Zeiten vereint sich solide, traditionelle Küche mit den Weinen der Region. Interessant ist auch die **Enoteca de' Giraldi**, die mit Aufschnitt, Salaten und Käse sowie mit Weinen ausgesuchter Erzeuger aufwartet. In der Via del Leone stößt man auf das Weinlokal **La Barrique**, das eine erlesene Vielfalt an Weinen und Kulinarischem bereithält. Einen Besuch wert ist auch das **Coquinarius** unweit vom Dom. Diese schöne Enoteca verwöhnt mit offenem Wein aus dem In- und Ausland und Spezialitäten aus der Küche. Wer Handfesteres sucht, kommt im **Cibreo** auf seine Kosten. Hier bekommt man traditionelle Gerichte wie Glatthai nach Livorneser Art, Tauben, kleine Tintenfische mit Gemüse und den klassischen und raren gefüllten Hühnerhals. Eine Besonderheit ist die «stanza del Porto», ein spezieller Raum, wo man nach dem Essen einen Portwein genießt.

Ein Muss für jeden Weinliebhaber und der Bacchus-Tempel schlechthin ist das berühmte und gefeierte Restaurant **Enoteca Pinchiorri**. In raffiniertem und elegantem Ambiente wird Spitzenküche gereicht, darunter Köstlichkeiten wie Fischsuppe, Risotto mit Meeresfrüchten, Dinkel-Bohnensuppe, mit Foie gras gefüllte Meerbarben und Schollen, Taube im Teigmantel, halbgefrorenes Biskuit mit Kaffee-Zabaione. Die Krönung des Ganzen ein traumhafter Weinkeller, randvoll mit Raritäten und erlesenen Tropfen. Ohne Reservierung geht hier nichts. Auf hohem Niveau in Küche, Service und Weinkeller und einen Abstecher wert ist auch das **Tenda Rossa** im Ortsteil Cerbaia von San Casciano in Val di Pesa in der näheren Umgebung von Florenz. Das Ambiente ist raffiniert und elegant, aus der Küche kommen Fischgerichte wie Zahnbrasse in Blätterteigmuschel mit Orangen-Käsecreme, Teighütchen mit Stockfisch und knackigen Tomaten, aber auch Fleischspeisen, etwa schmackhafte Taubenbrust in Portwein und knusprigem Hühnerklein oder entbeintes Kaninchen mit Gartenkräutern, kandierten Tomaten, Pfifferlingen und Foie gras.

Ebenfalls im Umland von Florenz und zwar in Galluzzo, an der Straße nach Certosa, liegt **Bibe al Ponte dell'Asse**. Diese Trattoria verfügt im Sommer über einen erfrischenden Garten und serviert typische, traditionelle Küche. Zu den Spezialitäten gehören in Öl eingelegtes Gemüse, klassisches Röstbrot mit Geflügelleber, die nicht weniger typischen Bandnudeln, Kaninchen und gegrilltes Hähnchen. Nicht zu verachten die Weinkarte, vorwiegend mit toskanischen Gewächsen.

## Enoteche

**Fiaschetteria**
via de' Neri 17/r
☎ 055217411

**La Barrique**
via del Leone 40/r
☎ 055224192

**Osteria del Caffè Italiano**
via Isola delle Stinche 11/r
☎ 055289368

## Restaurants

**Florenz**

**Bibe al Ponte dell'Asse** 🍴
località Galluzzo
via delle Bagnesse 1
☎ 0552049085

**Enoteca Pinchiorri** 🍴🍴🍴🍴🍴
via Ghibellina 87
☎ 055242757-77

**San Casciano Val di Pesa**

**Tenda Rossa** 🍴🍴🍴🍴
frazione Cerbaia
piazza Monumento 9/14
☎ 0558261327

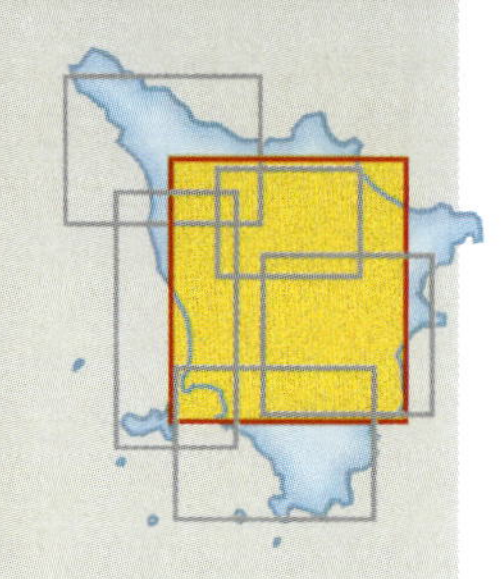

# Das Chianti

*Der Name dieses heute so ausgedehnten Anbaugebiets weist den Weg zu seinem ursprünglichen Zentrum an der Grenze zwischen den Provinzen Firenze und Siena – eben dort, wo sich die Chiantiberge erheben.*

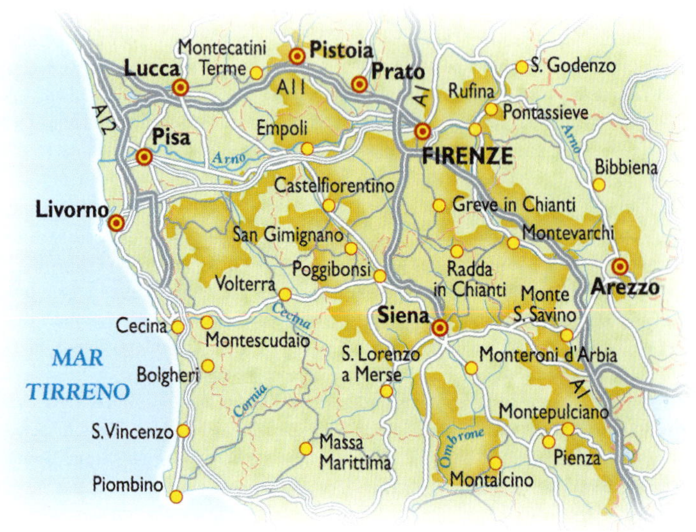


Die Chianti-Weine können auf eine lange Geschichte zurückblicken und stehen wahrscheinlich in der Tradition der im Mittelalter gern besungenen Roten, den so genannten Vermigli. Die frühesten Hinweise auf Chianti-Gewächse stammen aus dem späten 14. Jahrhundert, doch geht die heute übliche Kombination von hauptsächlich Sangiovese-, Canaiolo- und Trebbiano-Trauben auf Bettino Ricasoli zurück, dessen Verschnittrezept sich im ausgehenden 19. Jahrhunderts durchsetzte. Heute steht der Chianti mit einer Produktion von einer Million Hektolitern pro Jahr an erster Stelle unter den italienischen DOC-Weinen, und sein Name ist im internationalen Weinhandel zu einer festen Größe geworden.

## Ein Anbaugebiet, das keine Grenzen kennt

Zwar bezeichnet der Name Chianti im geographischen Sinne lediglich eine Bergkette an der Grenze zwischen den Provinzen Firenze und Siena, doch ist das Weinbaugebiet längst über diesen engen Rahmen hinausgewachsen: Hatte der Großherzog der Toskana schon 1726 verfügt, dass die Grenzen wesentlich weiter zu ziehen seien, so wurde die großzügige Verwendung der Weinbezeichnung «Chianti» definitiv durch ein königliches Dekret von 1932 bestätigt, das freilich auch dem alten Kern-

gebiet Tribut zollte, indem es ihm die Bezeichnung «Chianti Classico» zuerkannte. Mit der Abgrenzung des DOC-Bereichs im Jahr 1967 sowie des DOCG-Bereichs 1984 setzte sich diese Entwicklung fort, sodass sich das gesamte Anbaugebiet heute über sechs Provinzen erstreckt. Dabei werden sieben Teilbereiche unterschieden: Colli Aretini, Colli Fiorentini, Colline Pisane, Colli Senesi, Montalbano, Montespertoli und Rufina. Fortschritte wurden aber auch im Hinblick auf die Qualität erzielt, was vor allem auf verbesserte Methoden bei der Rebenerziehung und der Weinbereitung zurückzuführen ist. Gegenwärtig richten sich die Hoffnungen auf das Projekt «Chianti Classico 2000», das insbesondere darauf abhebt, für jede Gegend die optimale Rebsortenkombination zu finden und auf diese Weise möglichst charakteristische Weine zu erzeugen.

*Sangiovese.*

## Die Weine der Colli Centrali dell'Etruria

Da sich die Chianti-Erzeugung über einen Großteil der Toskana erstreckt, erscheint es gerechtfertigt, diesen Wein nicht im Rahmen der Produktion einzelner Provinzen vorzustellen. Hinzu kommt, dass selbst das Gebiet der DOCG Chianti von drei weiteren DOC-Bereichen überlagert wird. Einer davon steht sogar in unmittelbarem Zusammenhang mit der Einführung des DOCG-Gütesiegels, da er all jene Trauben erfasst, die dessen strengen Bestimmungen nicht genügen. Es handelt sich um die DOC Colli Centrali dell'Etruria, die Rot-, Weiß- und Roséweine sowie Novello und Vin Santo erzeugt. Die beiden anderen abgegrenzten Herkunftsgebiete sind neuesten Datums und betreffen den Vin Santo del Chianti beziehungsweise den Vin Santo del Chianti Classico.

*Canaiolo.*

*Trebbiano.*

## DOCG- und DOC-Weine aus dem Chianti

### DOCG

**CHIANTI.** Rebsorten: Sangiovese (75–100%), Canaiolo (bis 10%), Trebbiano toscano und/oder Malvasia del Chianti (bis 10%), sonstige (bis 10%). Produktion: 757685 hl (14288 ha). Farbe: lebhaftes Rubinrot, mit zunehmendem Alter zu granatrot tendierend. Geruch: intensiv weinig, mit zunehmendem Alter immer feiner. Geschmack: harmonisch, trocken, leicht tanninhaltig; je reifer, desto weicher und samtiger. Jahrgangsweine, die nach der Governo-Methode hergestellt werden, zeichnen sich durch Lebhaftigkeit und Ausgewogenheit aus. Alkoholgehalt: 11,5%. Alterung: mindestens bis zum 1. März des auf die Weinlese folgenden Jahres, bis zu 3 Jahren empfohlen. Qualitätsstufen: *Superiore* 12% Alkohol, Alterung 5 Jahre und mehr, *Riserva* mindestens 12% Alkohol und 2 Jahre Alterung (dann noch 5 Jahre und mehr). Unterbereich: *Colli Aretini* mindestens

## DOCG- und DOC-Weine aus dem Chianti

11,5% Alkohol und Alterung bis zum 1. März des auf die Weinlese folgenden Jahres (dann bis zu 5 Jahren); auch als *Colli Aretini Riserva* mindestens 12,5% Alkohol und 2 Jahre Alterung (dann noch 10 Jahre und mehr). Unterbereich: *Colli Fiorentini* mindestens 12% Alkohol und Alterung bis zum 1. Juni des auf die Weinlese folgenden Jahres (dann bis zu 5 Jahren); auch als *Colli Fiorentini Riserva* mindestens 12,5% Alkohol und 2 Jahre Alterung (dann noch 10 Jahre und mehr). Unterbereich: *Colli Senesi* mindestens 11,5% Alkohol und Alterung bis zum 1. März des auf die Weinlese folgenden Jahres (dann bis zu 5 Jahren); auch als *Colli Senesi Riserva* mindestens 12,5% Alkohol und 2 Jahre Alterung (dann noch 10 Jahre und mehr). Unterbereich: *Colline Pisane* mindestens 11,5% Alkohol und Alterung bis zum 1. März des auf die Weinlese folgenden Jahres (dann bis zu 5 Jahren); auch als *Colline Pisane Riserva* mindestens 12,5% Alkohol und 2 Jahre Alterung (dann noch 10 Jahre und mehr). Unterbereich: *Montalbano* mindestens 11,5% Alkohol und Alterung bis zum 1. März des auf die Weinlese folgenden Jahres (dann bis zu 5 Jahren); auch als *Montalbano Riserva* mindestens 12,5% Alkohol und 2 Jahre Alterung (dann noch 10 Jahre und mehr). Unterbereich: *Montespertoli* mindestens 12% Alkohol und Alterung bis zum 1. Juni des auf die Weinlese folgenden Jahres (dann bis zu 5 Jahren); auch als *Montespertoli Riserva* mindestens 12,5% Alkohol und 2 Jahre Alterung (dann noch 10 Jahre und mehr). Unterbereich: *Rufina* mindestens 12% Alkohol und Alterung bis zum 1. Juni des auf die Weinlese folgenden Jahres (dann bis zu 5 Jahren); auch als *Rufina Riserva* mindestens 12,5% Alkohol und 2 Jahre Alterung (dann noch 10 Jahre und mehr). Die jungen Weine sind zu allen Speisen zu trinken, die etwas körperreicheren Weine mittleren Alters zu Geflügel und anderem hellen Fleisch und die großen, alkoholstarken Weine mit langer Lagerung zu rotem Fleisch, Wild und altem Käse.

**CHIANTI CLASSICO.** Rebsorten: Sangiovese (75–100%), Canaiolo nero (bis 10%), Trebbiano toscano und/oder Malvasia bianca (bis 6%), andere (bis 15%). Produktion: 229730 hl (im alten Kerngebiet, das sind 2733 ha in der Provinz Firenze und 2650 ha in der Provinz Siena). Farbe: klares und lebhaftes Rubinrot, mit zunehmender Alterung zu granatrot tendierend. Geruch: intensiv weinig, gelegentlich mit Veilchenduft, mit zunehmender Alterung immer feiner. Geschmack: harmonisch, trocken, leicht tanninhaltig; je reifer, desto weicher und samtiger. Alkoholgehalt: 12%. Alterung: mindestens 1 Jahr, dann bis zu 5 Jahren. Qualitätsstufen: *Riserva* mindestens 12,5% Alkohol und 2 Jahre Alterung (dann noch 10 Jahre und mehr). Zu allen Speisen zu trinken, besonders zu sehr würzigen Gerichten, die Riserva zu rotem Fleisch und Wild.

### DOC

**COLLI DELL'ETRURIA CENTRALE.** – **Bianco.** Rebsorten: Trebbiano toscano (mindestens 50%), Chardonnay und/oder Pinot bianco und/oder Pinot grigio und/oder Vernaccia di San Gimignano und/oder Malvasia del Chianti und/oder Sauvignon blanc (bis 50%), sonstige (bis 25%). Produktion: 8825 hl (248 ha). Farbe: strohgelb, auch mit grünlichen Reflexen. Geruch: zart und fruchtig. Geschmack: lebhaft, frisch, harmonisch. Alkoholgehalt: 10%. Zu allen Speisen. – **Vin Santo.** Rebsorten: Trebbiano toscano und/oder Malvasia del Chianti (70–100%). Farbe: goldgelb bis intensiv bernsteinfarben. Geruch: ätherisch, intensiv. Geschmack: harmonisch, samtig; je lieblicher, umso runder. Arten: *Secco* 14+2% Alkohol, *Amabile* 13+3% Alkohol. Alterung: mindestens 3 Jahre, dann bis zu 6 Jahren. *Riserva* mindestens 15,5% Alkohol und 4 Jahre Alterung (dann bis zu 7 Jahren). Zu allen Speisen und in Mußestunden zu trinken. – **Rosato.** Rebsorten: Sangiovese (mindestens 50%), Cabernet Sauvi-

gnon und/oder Cabernet franc und/ oder Pinot nero und/oder Cannaiolo nero (bis 50%), sonstige (bis 25%). Farbe: rosé. Geruch: fruchtig, duftend, frisch. Geschmack: frisch, lebhaft. Alkoholgehalt: 10,5%. Zu allen Speisen. – **Vin Santo Occhio di Pernice.** Rebsorten: Sangiovese (50–100%). Farbe: zart bis intensiv roséfarben. Geruch: warm, ausgeprägt. Geschmack: süß, weich, samtig, rund. Alkoholgehalt: 14+2,5%. Alterung: mindestens 3 Jahre, dann bis zu 7 Jahren. Zum Abschluss der Mahlzeiten oder in Mußestunden zu trinken. – **Rosso** (auch **Vermiglio**). Rebsorten: Sangiovese (mindestens 50%), Cabernet Sauvignon und/oder Cabernet franc und/oder Pinot nero und/oder Cannaiolo nero (bis 50%), sonstige (bis 25%). Produktion: 2605 hl (215 ha). Farbe: mehr oder minder volles, leuchtendes Rubinrot. Geruch: weinig bis fruchtig, frisch und zart. Geschmack: lebhaft, harmonisch. Alkoholgehalt: 10,5%. Alterung: bis zu 3 Jahren. Zu allen Speisen zu trinken. – **Novello.** Rebsorten: Sangiovese (mindestens 50%), Cannaiolo nero und/oder Merlot und/oder Gamay und/oder Ciliegiolo (bis 50%), sonstige (bis 25%). Farbe: kirschrot, manchmal zu violett neigend. Geruch: lebhaft, fruchtig, frisch. Geschmack: lebhaft, frisch, feurig, harmonisch. Alkoholgehalt: 10,5%. Zu allen Speisen zu trinken.

**VIN SANTO DEL CHIANTI.** Rebsorten: Trebbiano toscano und/oder Malvasia (70–100%). Farbe: von strohgelb über goldgelb bis intensiv bernsteinfarben. Geruch: ätherisch, intensiv, ausgeprägt. Geschmack: harmonisch, samtig, trocken; je lieblicher, umso runder. Alkoholgehalt: 15,5%. Alterung: mindestens 3 Jahre, dann noch 10 Jahre und mehr. Arten: *Colli Aretini, Colli Fiorentini, Colli Senesi, Colline Pisane, Montalbano, Rufina, Montespertoli* mindestens 13+3% Alkohol und 3 Jahre Alterung. Qualitätsstufen: *Riserva* mindestens 15,5% Alkohol und 4 Jahre Alterung; *Colli Aretini Riserva, Colli Fiorentini Riserva, Colli Senesi Riserva, Colline Pisane Riserva, Montalbano Riserva, Rufina Riserva, Montespertoli Riserva* mindestens 13+3% Alkohol und 4 Jahre Alterung. Zum Abschluss der Mahlzeiten oder in Mußestunden zu trinken. – **Occhio di Pernice.** Rebsorten: Sangiovese (50–100%). Farbe: mehr oder weniger intensiv roséfarben. Geruch: warm, ausgeprägt. Geschmack: lieblich oder süß, weich, samtig, rund. Alkoholgehalt: 14+2,5%. Alterung: mindestens 3 Jahre, dann noch 10 Jahre und mehr. Arten: *Colli Aretini, Colli Fiorentini, Colli Senesi, Colline Pisane, Montalbano, Rufina, Montespertoli* mindestens 14+3% Alkohol und 3 Jahre Alterung. Qualitätsstufen: *Riserva* mindestens 14+2,5% Alkohol und 4 Jahre Alterung; *Colli Aretini Riserva, Colli Fiorentini Riserva, Colli Senesi Riserva, Colline Pisane Riserva, Montalbano Riserva, Rufina Riserva, Montespertoli Riserva* mindestens 14+2,5% Alkohol und 4 Jahre Alterung. Zum Abschluss der Mahlzeiten oder in Mußestunden zu trinken.

**VIN SANTO DEL CHIANTI CLASSICO.** Rebsorten: Trebbiano toscano und/oder Malvasia (70–100%). Produktion: 476 hl (30 ha). Farbe: von strohgelb über goldfarben bis intensiv bernsteinfarben. Geruch: ätherisch, ausgeprägt. Geschmack: harmonisch, samtig, trocken; je lieblicher, umso runder. Arten: *Secco* 14+2% Alkohol, *Amabile* 13+3% Alkohol. Alterung: 10 Jahre und mehr. Qualitätsstufen: *Secco Riserva* 14+2% Alkohol und mindestens 4 Jahre Alterung, *Amabile Riserva* 13+3% Alkohol und mindestens 4 Jahre Alterung. Als Dessertwein oder in besinnlichen Stunden zu trinken. – **Occhio di Pernice.** Rebsorten: Sangiovese (50 bis 100%). Produktion: 41 hl (4 ha). Farbe: mehr oder weniger intensiv roséfarben. Geruch: warm, ausgeprägt. Geschmack: süß, weich, samtig, rund. Alkoholgehalt: 14+3%. Alterung: mindestens 3 Jahre, dann noch 10 Jahre und mehr. Als Dessertwein oder in besinnlichen Stunden zu trinken.

## Tourenvorschläge

**Auf den Spuren der Medici.** Schon vor Jahren wurden im Chianti-Gebiet vom Consorzio del Chianti mehrere touristisch interessante Strecken ausgewiesen und ausführlich beschildert. Diese bleiben weiterhin bestehen, um das neue Projekt «Strada del Vino», das die wichtigsten Erzeugerbetriebe und Sehenswürdigkeiten mit einbeziehen soll, in sinnvoller Weise zu ergänzen.

**Colli Fiorentini und Rufina.** Der Weg von **Florenz** nach Bagno a Ripoli führt durch eine an Türmen und Burgen reiche Landschaft, die einst von wohlhabenden Städtern in Auftrag gegeben worden waren. Hinter San Donato bietet die Gegend um Rignano zahlreiche schöne Aussichtspunkte und romanische Kirchen. Von hier aus ist es nicht mehr weit bis **Pontassieve** mit seinem gut erhaltenen mittelalterlichen Stadtkern. Auf der Staatsstraße 70 führt der Weg sodann durch die schönen Weinberge um Nipozzano; in Borselli zweigt man nach **Rufina** ab, dem Zentrum des gleichnamigen Chianti-Teilbereichs. Nachdem man die Sieve überquert hat, gelangt man schließlich in die von Weinbergen und Burgen umgebene Ortschaft Tigliano. Danach führt der Weg über Molin del Piano nach Sieci, und von dort aus über die Staatsstraße 67 zurück nach Florenz.

**Colli Fiorentini, Montespertoli und Colli Senesi.** Von **Florenz** aus geht es zunächst nach Scandicci und hinter Cerbaia dann durch das Pesatal. So gelangt man nach **Montespertoli,** dem Herzen des gleichnamigen Chianti-Teilbereiches, der sich von Empoli bis nach Tavarnelle Val di Pesa erstreckt. Anschließend führt die Route über Barberino Val d'Elsa und Poggibonsi nach **San Gimignano,** das mit seinen Türmen und Plätzen zu den beeindruckendsten mittelalterlichen Städtchen der Toskana gehört. Danach folgt man der Via Cassia, die in diesem Abschnitt von unzähligen Kirchen und Kapellen gesäumt ist, da hier einst Scharen von Pilgern gen Rom zogen. Weiter führt der Weg über **Colle di Val d'Elsa** und **Monteriggioni,** eine von einer Stadtmauer mit beeindruckenden Wehrtürmen umfriedete Ortschaft, bis man wieder in **Siena** anlangt.

**Colli Senesi und Colli Aretini.** Verlässt man **Siena** durch die Porta San Marco, gelangt man auf die Straße nach Corsano und Murlo, das auf eine etruskische Siedlung zurückgeht. Wieder auf der Via Cassia, fährt man nach **Buonconvento** mit der nahe gelegenen prachtvollen Abtei Monte Oliveto Maggiore. Dann folgen **Montalcino,** das über dem Tal der Orcia thront, und die Abtei S. Antimo, die Karl der Große begründet haben soll. Es folgen die heiter wirkenden Renaissance-Städtchen **Pienza** und **Montepulciano.** Danach geht es über Torrita di Siena nach **Sinalunga,** von wo aus man auf das Val di Chiana herabblickt. Talaufwärts erreicht man über **Lucignano** und **Monte San Savino** schließlich **Arezzo.**

**Chianti Classico und Colli Aretini.** Von **Florenz** aus führt die Staatsstraße 222 nach **Greve in Chianti,** einem einstmals bedeutenden

Marktflecken inmitten von Burgen und Wehrdörfern, die rings umher auf den Bergspitzen thronen. Von Panzana aus geht es weiter nach **Castellina in Chianti** mit seiner majestätischen Festung und der historisch bedeutsamen Via delle Volte, die an die Zeit der florentinischen Republik erinnert. Danach hat man die Wahl: Entweder man steuert direkt auf Siena zu, oder man macht noch einen Abstecher in Richtung des Naturschutzgebiets von Cavriglia, über **Radda in Chianti,** den Hauptort des einstigen Chianti-Bundes, sowie Gaiole in Chianti. Nach Überquerung der Chiantiberge duchstreift man das Gebiet der Colli Aretini und erreicht schließlich **Montevarchi** im Arnotal.

**Colli Aretini und Colli Fiorentini.** Von **Arezzo** aus, das sowohl einen etruskischen Ursprung wie auch eine große Renaissance-Vergangenheit vorweisen kann, führt der Weg zunächst hinauf nach **Civitella in Val di Chiana,** das mit seinen Stadtmauern und Festungstürmen über der Wasserscheide thront. Nun geht es über Bucine wieder hinab ins Arnotal. In **Montevarchi** überquert man den Fluss und steuert auf Loro Ciuffenna zu, von wo aus man die Strada Provinciale «der sieben Brücken» einschlägt, die an Weinbergen, romanischen Kirchen und Burgen vorbei von Arezzo nach Reggello führt. Danach fährt man an den Hängen des Pratomagnogebirges entlang, bis man **Pontassieve** und schließlich **Florenz** erreicht.

**Colline Pisane und Montalbano.** Von Pisa kommend, erreicht man über die Staatsstraße 67 hinter Pontedra den Ort La Rotta, wo das Chianti-Gebiet beginnt. Nun führt eine Abzweigung nach San Gervasio, **Palaia** und Montefoscoli. Die folgende Etappe besticht durch eine malerische Landschaft, die reich an Wasserläufen, Obstgärten und Weinbergen, aber auch an Trüffeln ist, und endet in **Terricciola,** wo die Enoteca Provinciale ihren Sitz hat. Jetzt geht es an Casciana Terme vorbei nach Lari und Capannoli und zurück nach Palaia. Von dort aus steuert man das für seine Burg und seine Kathedrale berühmte San Miniato an. Auf **Fucecchio** folgt das auf einem Berg gelegene **Cerreto Guidi,** wo nicht nur ein Landsitz der Medici zu bewundern ist, sondern auch alljährlich im Frühling eine Verkaufsmesse für Chianti-Weine stattfindet. Wunderschöne Weinberge säumen sodann die Straße über Toiano nach **Vinci,** dem Geburtsort Leonardos, dem im örtlichen Schloss ein Museum gewidmet ist. Es folgen **Carmignano** und die prachtvolle Medici-Villa von Artimino. An Seano und Quarrata vorbei gelangt man nun nach **Pistoia** und zu den westlichen Ausläufern des Montalbano. Das letzte Wegstück führt über das Städtchen **Lamporecchio** zurück nach Cerreto Guidi, und von hier aus über **Empoli** und Montelupo schließlich nach **Florenz.**

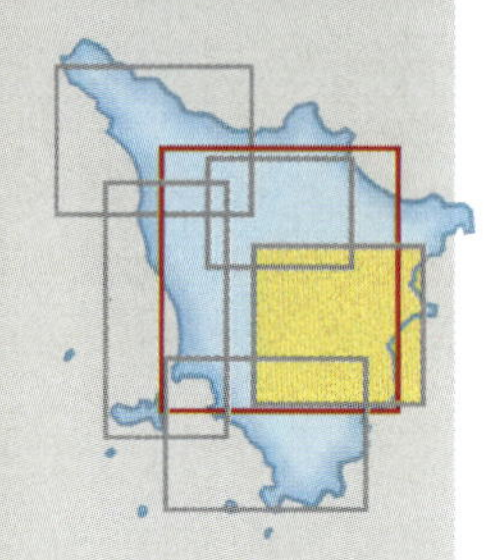

# Die Provinz Siena

## und das Val di Chiana

*Es nimmt kaum Wunder, dass diese idyllische Landschaft auch Weine hervorbringt, die weltweit in den höchsten Tönen gepriesen werden.*

In puncto Weinerzeugung dürften nur wenige Gebiete einem Vergleich mit der Provinz Siena standhalten: Sie kann sich nicht nur zwölf verschiedener DOC-Bereiche rühmen, nein, auch rund 80 Prozent der toskanischen DOCG-Weine werden hier produziert und zu den Rotweinen, die schon immer eine feste Größe darstellten, gesellen sich in jüngerer Zeit auch bei den weißen Gewächsen beachtliche Entwicklungen. Um die Weingeographie der Provinz Siena zu beschreiben, geht man am besten von den fünf renommierten DOCG-Anbaugebieten aus: Da ist mit dem Unterbereich Colli Senesi natürlich zunächst der Chianti vertreten, dann im Norden an der Grenze zur Provinz Firenze der Chianti Classico, im Val di Chiana der Vino Nobile di Montepulciano und ganz im Süden, an der Grenze zur Provinz Grosseto, der berühmte Brunello di Montalcino – und schließlich darf man bei so viel Konkurrenz auch den Vernaccia di San Gimignano nordwestlich von Siena nicht übersehen. Ergänzt werden diese fünf «Großen» durch die DOC-Weine, die in mehrerlei Hinsicht ebenfalls Beachtung verdienen. Zunächst einmal, weil zu ihnen ganz besondere Produkte wie der berühmte Vin Santo gehören, vor allem aber

### Hotels und Restaurants

**Casole d'Elsa**

**Relais La Suvera** ★★★★
10 km nach Pievescola
via della Suvera
☎ 0577960300

**Castellina in Chianti**

**Tenuta di Ricavo** ★★★★
5 km nach Ricavo
☎ 0577740221

**Villa Casalecchi** ★★★★
località Casalecchi
☎ 0577740240

**Albergaccio di Castellina** 🍴🍴
via Fiorentina 35
☎ 0577741042

**Antica Trattoria La Torre** 🍴
piazza Umberto I 17
☎ 0577740236

**Castelnuovo Berardenga**

**Posta del Chianti** ★★★
Colonna del Grillo
☎ 0577353000

**Relais Borgo San Felice** ★★★★
**Poggio Rosso** 🍴🍴🍴
10 km nach San Felice
☎ 0577359260

**Bottega del 30** 🍴🍴🍴
6 km nach Villa a Sesta
via S. Caterina 2
☎ 0577359226

**Da Antonio** 🍴🍴🍴🍴
via Fiorita 38
☎ 0577355321

**Vecchia Osteria** 🍴🍴
15 km nach Ponte a Bozzone
via della Certosa 13/15
☎ 0577356809

deshalb, weil dank der DOC-Weine aus den gleichen Rebsorten, die sonst nur den großen Gewächsen mit langer Reifezeit vorbehalten wären, auch jung zu trinkende Weine bereitet werden. Und schließlich bekommen in Gebieten mit einer überwiegenden Rotweinproduktion auch die weißen Sorten ihre Chance – und umgekehrt.

## Das Sieneser Chianti

### und die Weißweine aus dem Val d'Arbia

Es gibt wohl nur wenige Landschaften, die das Herz eines reisenden Weinliebhabers höher schlagen lassen als die Umgebung von Siena. Mittelalterliche Burgen wechseln sich mit namhaften Weingütern ab, insbesondere zu bewundern im DOCG-Bereich Chianti Classico, der sich über die Gemeindebezirke von Castellina, Gaiole und Radda in Chianti sowie teilweise über jene von Castelnuovo Berardenga und Poggibonsi erstreckt. Sehr viel ausgedehnter, aber auch wesentlich zergliederter ist der DOCG-Bereich Chianti, in dessen Unterbereich Colli Senesi sowohl hinsichtlich der verwendeten Reben als auch der Weinbereitung strengere Bestimmungen einzuhalten sind. Des Weiteren sind die DOC-Bereiche Colli dell'Etruria Centrale, Vin Santo del Chianti Classico und Vin Santo del Chianti zu nennen. Erst seit jüngerer Zeit gibt es schließlich den ausgedehnten DOC-Bereich Val d'Arbia, der sich in Nord-Süd-Richtung über die Provinz Siena erstreckt und teilweise in den Bereich Chianti Classico hineinreicht. Hier werden ein Weißwein und ein Vin Santo hergestellt, bei denen die Rebsorten Trebbiano toscano und Malvasia del Chianti mit der Chardonnay-Traube verschnitten werden.

### Weinstädte

**Siena.** Es ist schlichtweg ein Ding der Unmöglichkeit, diese Stadt mit ihrer weltberühmten Piazza del Campo und dem Palio in wenigen Worten zu beschreiben! Halten wir uns der Einfachheit halber an Prinz Charles, der vor einigen Jahren seiner Liebe zu Siena mit den Worten Ausdruck verlieh, dies sei «die ideale Stadt». Für den Weinfreund ist sie es ganz gewiss: Die erste Anlaufstation sollte für ihn die Enoteca Italiana (siehe Seite 29) sein, in der alljährlich von Mai bis Juni die **Settimana dei Vini** (Weinwoche) veranstaltet wird.

**Radda in Chianti** erhebt sich mitten im Chianti-Classico-Gebiet, also im Norden der Provinz Siena, über den Tälern der Flüsse Pesa und Arbia. Der Ort kann auf etruskische Ursprünge zurückblicken und stand häufig im Mittelpunkt der bewegten Geschichte dieses Landstrichs. Alljährlich wird hier von Mai bis Juni unter dem Motto **Prendi un bicchiere e scopri la magia dei vini di Radda** («Trink ein Glas und entdecke den Zauber der Weine Raddas») die lokale Weinproduktion vorgestellt, außerdem findet am dritten Sonntag im Juli die **Festa dei Rondoni** statt. Unweit von Radda liegt das mittelalter-

### Hotels und Restaurants

**Colle di Val d'Elsa**

**La Vecchia Cartiera** ★★★
via Oberdan 5/9
☎ 0577921107

**Arnolfo** 🍴🍴🍴🍴
via XX Settembre 50
☎ 0577920549

**L'Antica Trattoria** 🍴🍴🍴
piazza Arnolfo 23
☎ 0577923747

**Gaiole in Chianti**

**Castello di Spantenna** ★★★ 🍴🍴🍴
☎ 0577749483

**L'Ultimo Mulino** ★★★
località La Ripresa
Vistarenni
☎ 0577738520

**Badia a Coltibuono** 🍴🍴
6 km nach
Badia a Coltibuono
☎ 0577749424

**Osteria del Castello** 🍴🍴
12 km nach Brolio
☎ 0577747277

**Monteriggioni**

**Monteriggioni** ★★★
via I Maggio 4
☎ 0577305009

**Casalta** 🍴🍴
6 km nach Strove
via Matteotti 22
☎ 0577301171

**Pozzo** 🍴🍴
piazza Roma 2
☎ 0577304127

**Murlo**

**L'Albergo di Murlo** ★★★
Vescovado
via Martiri
di Rigosecco 1
☎ 0577814033

## Hotels und Restaurants

**Poggibonsi**
**Villa San Lucchese ★★★**
1 km nach San Lucchese
☎ 0577934231

**Radda in Chianti**
**Relais Fattoria Vignale ★★★**
via Pianigiani 8
☎ 0577738300
**Albergo Vescine ★★★**
6 km nach Vescine
☎ 0577741144
**Vignale**
via XX Settembre 23
☎ 0577738094

**Rapolano Terme**
**Due Mari ★★★**
via Giotto 1
☎ 0577724070

**Siena**
**Antica Torre ★★★**
via Fieravecchia 7
☎ 0577222255
**Duomo ★★★**
via Stalloreggi 38
☎ 0577289088
**Piccolo Hotel Oliveta ★★★**
via Piccolomini 35
☎ 0577283930
**Villa Scacciapensieri ★★★**
via di Scacciapensieri 10
☎ 057741441
**Antica Osteria da Divo**
via Franciosa 25
☎ 0577286054
**Antica Trattoria Botteganova**
via Chiantigiana 29
☎ 0577284230

liche Wehrdorf Volpaia, eine Attraktion für jeden Weintouristen. **Castellina in Chianti,** ebenfalls an der «Chiantigiana» gelegen, hat mit seiner majestätischen Festung und seinen Stadtmauern bis heute das Aussehen einer typischen Ortschaft des ehemaligen Grenzlands bewahrt. **Gaiole in Chianti** beeindruckt mit dem schon fast kulissenhaft schönen Schloss Brolio, einst Sitz des Barons Bettino Ricasoli, jenes ebenso mächtigen wie umstrittenen Ministers des Königreichs Italien, der als «Erfinder» des Chianti gilt. Die wichtigste Veranstaltung ist hier der **Settembre Gaiolese,** auf den fast unmittelbar die sympathische **Sagra della Bruschetta** in Monti folgt. **Castelnuovo Berardenga** im Süden des Chianti-Classico-Gebiets strahlt ebenfalls eine gewisse Würde aus, doch ist es hier vor allem die Umgebung, die mit atemberaubenden Rundblicken und einer Fülle historischer Bauwerke verblüfft. Die Veranstaltungen rund um den Wein werden in Campi mit der **Festa di Giugno** eröffnet, im August mit **Merende** in Geggiano fortgesetzt, um schließlich in der zweiten Septemberhälfte mit der **Festa dell'Uva** in Vagliagli zu enden. **Poggibonsi** am westlichen Rand des Chianti-Classico-Gebiets war einst eine bedeutende Zwischenstation für Pilger und Kaufleute, die entlang der Via Cassia durchs Land zogen.

**Murlo.** Genetische Untersuchungen haben ergeben, dass die Bewohner dieses südlich von Siena im Val d'Arbia gelegenen Städtchens die direktesten Nachkommen der Etrusker sein dürften. Gegründet wurde der Ort allerdings erst im Jahr 1777 auf Geheiß des Großherzogs der Toskana. Besonders beeindruckend sind die Wehranlagen sowie die das Gemäuer flankierenden Häuserreihen und der alles überragende Bischofspalast. Unter den zahlreichen Veranstaltungen sind besonders das **Banchetto Etrusco** Mitte September und die **Sagra del Tordo** (Drosselfest) am dritten Sonntag im Oktober hervorzuheben, außerdem die **Festa in Collina,** die in Casciano jeden zweiten und dritten Sonntag im Mai stattfindet.

**Und außerdem ... Chiusi** und **Rapolano Terme.**

*Colle di Val d'Elsa. Fattoria Il Palagio.*

## DOCG- und DOC-Weine aus dem Sieneser Chianti

**DOCG**

**CHIANTI CLASSICO*.** Produktion: 110962 hl (2650 ha im gesamten Gebiet der Gemeinden Castellina in Chianti, Gaiole in Chianti und Radda in Chianti sowie in Unterbereichen der Gemeinden Castelnuovo Berardenga und Poggibonsi).

**CHIANTI** und **CHIANTI COLLI SENESI*.** Produktion: 977 hl (1351 ha).

**DOC**

**COLLI DELL'ETRURIA CENTRALE*.** Produktion: 33 hl (73 ha)

**VAL D'ARBIA.** Rebsorten: Trebbiano toscano und Malvasia del Chianti (70–90%), Chardonnay (10–30%), sonstige nicht aromatische (bis 10%). Produktion: 6600 hl (182 ha in den Gemeinden Siena, Castellina in Chianti, Radda in Chianti, Gaiole in Chianti, Monteriggioni, Castelnuovo Berardenga, Sovicille, Asciano, Monteroni d'Arbia, Murlo und Buonconvento). Farbe: zartes Strohgelb mit grünlichen Reflexen. Geruch: zart, fein, fruchtig. Geschmack: trocken, frisch, harmonisch. Alkoholgehalt: 10,5%. Zu Fisch zu trinken. – **Vin Santo.** Rebsorten: siehe Val d'Arbia. Produktion 232 hl. Farbe: von strohgelb bis mehr oder weniger intensiv bernsteinfarben. Geruch: ausgeprägt, ätherisch, sortentypisch. Geschmack: trocken bis süß, harmonisch, weich, mit charakteristischem leicht bitterem Abgang. Alkoholgehalt: süß 12+5%, halbtrocken 13+4%, trocken 14+3%. Alterung: mindestens 3 Jahre in Barriques, dann noch 10 Jahre und mehr. Als Dessertwein zu trinken.

**VIN SANTO DEL CHIANTI*.**

**VIN SANTO DEL CHIANTI CLASSICO*.** Produktion: 517 hl (34 ha).

* Nähere Angaben entnehmen Sie bitte dem Verzeichnis auf S. 311–313.

## Kellereien

**Monteroni d'Arbia.** *Tenuta della Selva, località la Selva, Tel. 0577 377063. Öffnungszeiten: 9–12 und 16–19 Uhr nach Voranmeldung.* Ein prachtvolles Landhaus, errichtet über den Relikten einer Burg und umgeben von Weinbergen, in denen neben den üblichen Rebsorten des Chianti-Gebiets – Sangiovese, Canaiolo, Malvasia und Trebbiano – auch die Pinot-nero-Traube gedeiht. Und die hauseigenen Weine, ob nun reinsortig oder verschnitten, können sich wirklich sehen lassen. Übernachtungsmöglichkeiten in Appartements.

**Radda in Chianti.** *Fattoria Castello di Volpaia, località Volpaia, Tel. 0577 738066. Öffnungszeiten: nach Voranmeldung.* Die Szenerie ist wirklich einzigartig: Stellen Sie sich ein mittelalterliches Wehrdorf vor, das sich ganz dem Wein und ländlicher Gastfreundschaft verschrieben hat! Und in dem hinter jeder Tür eine neue Entdeckung wartet: Mal ist es ein Keller mit Vin-Santo-Kelter, dann wieder eine Ölpresse und Gärbottiche zur Essigherstellung ... Darüber hinaus finden hier regelmäßig Veranstaltungen statt, beispielsweise in der Komturei S. Eufrosino. Neben den DOC- und DOCG-Weinen aus dem Chianti-Classico- und Val-d'Arbia-Gebiet verdienen auch einige raffinierte Verschnitte Beachtung, so der Coltassala, eine Kombination aus Sangiovese- und Mammolo-Trauben, und der Balifico, der aus Sangiovese und Cabernet Sauvignon bereitet wird. Bewirtung auf Anfrage; 40 Betten in Appartements und Einzelzimmern.

### Hotels und Restaurants

**Guido** 🍴🍴
vicolo Pier Pettinaio 7
☎ 0577280042

**Hosteria Il Carroccio** 🍴
via del Casato di Sotto 32
☎ 057741165

**Osteria Castelvecchio** 🍴
via Castelvecchio 65
☎ 057749586

**Osteria Le Logge** 🍴
via del Porrione 33
☎ 057748013

**Sovicille**

**Borgo Pretale** ★★★
Pretale
☎ 0577345401

### Agriturismo

**Asciano**

**Podere Scurcoli**
località Case Sparse
☎ 0444695209

**Tenuta di Monte Sante Marie**
località Monte Sante Marie
☎ 0577700020

**Buonconvento**

**La Ripolina**
località Pieve di Piana
☎ 0577282280

**Casole d'Elsa**

**Farneta**
località Farneta
☎ 058835045

**Castellina in Chianti**

**Querceto**
località Querceto 9
☎ 0577733590

**Castelnuovo Berardenga**

**Casalgallo**
Quercegrosse
via del Chianti Classico 5
☎ 0577328008

**Agriturismo**

**Castelnuovo Berardenga**
**Pacina – Giovanna Tiezzi**
Fattoria Pacina
☎ 0577355044
**Colle di Val d'Elsa**
**Fattoria Belvedere**
località Belvedere
☎ 0577920009
**Gaiole in Chianti**
**Borgo Casa al Vento**
località Casa al Vento
☎ 0577749068
**Monteriggioni**
**Fattoria Gavina di Sopra**
Santa Colomba
località Gavina
☎ 0577317046
**Poggibonsi**
**Fattoria di Piecorto**
località Piecorto
☎ 0558072915
**Radda in Chianti**
**Castello di Volpaia**
Volpaia
☎ 0577738066
**Rapolano Terme**
**Castello di Modanella**
Modanella
☎ 0577704604
**Siena**
**Podere Il Palazzetto**
Larniano
strada di Larniano 2
☎ 0577369193
**Sovicille**
**Monte Stigliano**
Rosia
località Monte Stigliano
☎ 0577342189

**Rapolano Terme.** *Villa Buoninsegna, località Buoninsegna, Tel. 0577 724380. Öffnungszeiten: 8–12 und 14–20 Uhr, Gruppen nach Voranmeldung.* In der traditionsreichen Kellerei kann man qualitativ überdurchschnittliche Weine degustieren, so etwa den Villa Buoninsegna IGT (Landwein), der im Wesentlichen aus der Sangiovese-Rebe gewonnen wird, sein besonderes Aroma aber der Beimischung von Cabernet-Sauvignon- und Sirah-Trauben verdankt. Der Vin Santo hingegen wird reinsortig aus der Malvasia gekeltert. In der Anlage mit Garten und Schwimmbad stehen Appartements mit insgesamt 14 Betten zur Verfügung.

**San Gusmè.** *Agricola San Felice, località San Felice, Tel. 0577359087. Öffnungszeiten: nach Voranmeldung 9–18.30 Uhr.* Im Ort San Felice befinden sich in unmittelbarer Nachbarschaft ein Vier-Sterne-Hotel der Kette Relais Chateaux und eine der bedeutendsten Chianti-Classico-Kellereien. Die Palette ihrer Weine ist kaum zu übertreffen: Zunächst wären da die zwei großen Chianti-Classico-Riserva-Gewächse Il Grigio (100 Prozent Sangiovese) und Il Poggio (95 Prozent Sangiovese, fünf Prozent Ciliegiolo) zu nennen, dann auch interessante Verschnitte wie der Vigorello (Sangiovese und Cabernet Sauvignon), der Belcaro (Vermentino und Sauvignon blanc) und der Ancherona (Chardonnay und Sauvignon blanc). Schließlich gibt es sogar einen hauseigenen Brunello, der aus den Trauben eines bei Montalcino gelegenen Weinbergs gekeltert wird. Darüber hinaus werden Olivenöl und regionale Spezialitäten zum Verkauf angeboten.

**Und außerdem ... Buonconvento.** *La Ripolina, località Pieve di Piana, Tel. 0577282280.* **Casole d'Elsa.** *Tenuta di Scorgiano, località Scorgiano, Tel. 057740907.* **Castellina in Chianti.** *Castellare di Castellina Nettuno, Tel. 0577742903. Castello di Fonterutoli, località Fonterutoli, Tel. 0577740476. Luigi Cecchi & Figli, località Casina dei Ponti 56, Tel. 0577743024. Rocca delle Macie, località le Macie, Tel. 05777321. Tenuta di Bibbiano, via Bibbiano 76, Tel. 0577743065. Tenuta Lilliano, località Lilliano, Tel. 0577743070.*

*Die Kellerei Castello d'Albola in Radda in Chianti.*

**Castelnuovo Berardenga.** *Fattoria dell'Aiola, località Vagliagli, Tel. 0577322615.* **Colle di Val d'Elsa.** *Fattoria Belvedere, località Belvedere, Tel. 0577920009, E-Mail: chianti @mbox.vol.it.* **Gaiole in Chianti.** *Barone Ricasoli, Cantine del Castello di Brolio, piazza Goldoni 2, Tel. 0577 7301. Tenimenti Pile Lamole e Vistarenni, località Vistarenni, Tel. 0577 738186. Tenuta di Coltibuono, località Badia a Coltibuono, Tel. 0577 749498.* **Radda in Chianti.** *Castello d'Albola, via Pian d'Albola 31, Tel. 0577738019. Colle Bereto, località Collebereto, Tel. 0577738083. Enoteca Porciatti, Camminamento Medioevale, Tel. 0577738055, Internet: casapor ciatti@chiantinet.it, www.chiantinet. it/casaporciatti. Fattoria di Montevertine, località Montevertine, Tel. 0577 738009 (siehe auch «Rund um den Wein»). Fattoria Vignavecchia, via Sdrucciolo di Piazza 7, Tel. 0577 738090. Podere Capaccia, località Capaccia, Tel. 0577738385, E-Mail: ca paccia@chian tinet.it. Podere Pruneto, località Pruneto 37, Tel. 0577738013. Podere Terreno, via della Volpaia 21, Tel. 0577 738312, E-Mail: podereter reno@chian tinet.it. Poggerino, località Poggerino, Tel. 0577 738232.* **Sovicille.** *Tenuta di Trecciano, località Trecciano, Tel. 0577314357.*

## Rund um den Wein

**Radda in Chianti.** *Piccolo Museo del Chianti, Fattoria di Montevertine, Tel. 0577738009, Öffnungszeiten: ganzjährig Montag–Samstag 9–12 und 14–17 Uhr.* Ein altes Gutshaus beherbergt dieses kleine Museum über die Geschichte des Weinbaus im Chianti-Gebiet. Die Sammlung präsntiert Gebrauchsgegenstände des täglichen Lebens und Gerätschaften, die früher im Weinbau verwendet wurden. Interessant ist auch die Konzeption des Guts, auf dem neben selten gewordenen Rebsorten wie dem Colorino auch längst nicht mehr praktizierte Anbaumethoden bewundert werden können, bei denen etwa Bäume den Reben als Stützen dienen.

*Die Kellerei Agricola San Felice in San Gusmè.*

## Agriturismo

**Montioni**
San Rocco a Pilli
località Montioni
☎ 0577342016

## Enoteche

**Castellina in Chianti**
**Enoteca Le Volte**
via Ferruccio 12
☎ 0577741314
**Castelnuovo Berardenga**
**Enoteca Bengodi**
via Società Operaia 11
☎ 0577355116
**Radda in Chianti**
**Enoteca Arte Vino Wine Bar**
viale 11 Febbraio 21
☎ 0577738605
**Siena**
**Enoteca Italiana**
piazza della Libertà
☎ 0577288497

## Veranstaltungskalender

**Mai–Juni**
**Radda in Chianti**
Prendi un bicchiere e scopri la magia dei vini di Radda (Trink ein Glas und entdecke den Zauber der Weine Raddas)
**Siena**
Settimana dei Vini (Weinwoche)
**September**
**Castellina in Chianti**
Settembre Gaiolese
**Castelnuovo Berardenga**
Festa dell'Uva (Traubenfest)

# Montalcino

## Im gelobten Land des Brunello

Kaum einer, der bei Erwähnung des Städtchens Montalcino nicht sofort an den berühmten Brunello denken würde! Seine Ausnahmestellung verdankt dieser Wein, der aus einer ebenfalls Brunello genannten Spielart der Sangiovese-Traube bereitet wird, in erster Linie den idealen Rahmenbedingungen hinsichtlich Klima und Bodenbeschaffenheit. Doch ist das freilich noch nicht alles: Auch die Herstellung des Brunello erfolgt nach einem besonderen Verfahren, das beispielsweise einen relativ langen Gärvorgang auf den Schalen sowie einen mehrjährigen Ausbau in Eichenfässern vorsieht. Nachdem dieser Wein um die Mitte des 19. Jahrhunderts offiziell aus der Taufe gehoben worden war, förderten die klugen Winzer von Montalcino systematisch und über Jahrzehnte hinweg das Ansehen und den Ruf ihres außergewöhnlichen Produkts, sodass der Brunello heute weltweit als das Flaggschiff der italienischen Weinkultur gelten darf, ja in geradezu mythischer Weise exklusive Qualität verkörpert.
Dabei wird in Montalcino keineswegs nur Brunello produziert. Die kleine Gemeinde steuert nicht nur ihren Anteil zu den drei weitläufigen Anbaugebieten Chianti Colli Senesi DOCG, Colli dell'Etruria Centrale und Vin Santo del Chianti DOC bei, sondern kann sich obendrein rühmen, gleich drei völlig eigenständige DOC-Weine hervorzubringen (die es freilich erwartungsgemäß etwas schwer haben, sich gegen den großen Brunello zu behaupten). Als erster wäre da der Rosso di Montalcino zu nennen, der seine Existenz dem Anliegen verdankt, aus den gleichen Trauben, die sonst dem Brunello vorbehalten sind, einen wesentlich kürzer zu lagernden Wein mit ähnlichen Geschmacksnoten zu erhalten. Dann gibt es den seit alters her in diesem Gebiet heimischen Moscadello, der aus spät gelesenen Muskatellertrauben bereitet wird, und schließlich noch einen Neuankömmling im erlauchten Kreise, den Sant'Antimo, der seinen Namen einer berühmten Abtei nahe Montalcino verdankt und vorwiegend der Erprobung neuer Verschnittrezepte dienen soll.

### Weinstädte

**Montalcino.** Die mittelalterliche Festung, die sich majestätisch über dem Orciatal erhebt, ist noch heute stummer Zeuge jener kriegerischen Zeiten, in denen Montalcino zum letzten Bollwerk der Sieneser im Kampf gegen den Vormarsch der Florentiner wurde. An ein ganz anderes Kapitel der Geschichte erinnert die Abtei Sant'Antimo, ein beeindruckendes romanisches Bauwerk, das an der Via Cassia errichtet wurde, um den Pilgern auf dem Weg nach Rom neues Gottvertrauen einzuflößen. Nicht zuletzt haben aber auch die Weinbauern von Montalcino Geschichte geschrieben: Ihre Namen sind heute dank des Brunello in aller Welt bekannt. Natürlich gibt

### Hotels und Restaurants

**Montalcino**

**Al Brunello di Montalcino** ★★★
località Bellaria
☎ 0577849304

**Bellaria** ★★★
via Osticcio 19
☎ 0577848668

**Dei Capitani** ★★★
via Lapini 6
☎ 0577847227

es auch im Ort selbst, den man noch immer durch sechs verschiedene Stadttore betreten kann, mannigfaltige Gelegenheit zur Verkostung der berühmten Weine: Zum Beispiel beim **Torneo d'Apertura delle Cacce** (Turnier zur Eröffnung der Jagdsaison) im August, bei der **Fiera del Miele** (Honigfest) im September, oder bei der **Sagra del Galletto** (Hähnchenfest) und der **Sagra del Tordo** (Drosselfest), die am ersten beziehungsweise letzten Sonntag im Oktober stattfinden.

## Kellereien

**Montalcino.** *Altesino, località Altesino, Tel. 0577806208. Öffnungszeiten: 9–18 Uhr, Samstag und Sonntag nach Voranmeldung.* Ein Landgut aus dem 15. Jahrhundert mit beeindruckenden Kellergewölben, in denen man natürlich Brunello und Rosso di Montalcino erzeugt, aber auch interessante Eigenkreationen, wie den in Barriques gereiften Palazzo d'Altesi (100 Prozent Brunello), den Alte d'Altesi (70 Prozent Brunello, 30 Prozent Cabernet), den Borgo d'Altesi (100 Prozent Cabernet) und den Quarto d'Altesi (100 Prozent Merlot). Neben den Weinen gibt es hier ein Arabergestüt zu bewundern. *Banfi, Castello di Poggio alle Mura, Tel. 0577840111. Öffnungszeiten: nach Voranmeldung 8–19 Uhr.* Der 1978 gegründete Betrieb ist ein Gemeinschaftswerk des renommierten Önologen Ezio Rivella und des italoamerikanischen Brüderpaars John und Henry Mariani, Inhaber des größten Weinimportunternehmens der USA. Das Gut umfasst 1850 Hektar, von denen 800 dem Weinbau vorbehalten sind. Neben den einheimischen Brunello- und Muskatellertrauben, aus denen die klassischen Weine Montalcinos bereitet werden, kommen hier auch neu eingeführte Rebsorten zum Zuge: Das Ergebnis sind zwei so ungewöhnliche Vini da Tavola wie der Summus, ein Verschnitt von Brunello, Cabernet Sauvignon und Sirah, sowie der aus Cabernet Sauvignon und Merlot gewonnene Excelsus. Dem Betrieb angeschlossen sind die Enoteca Il Castello und ein kleines Glas- und Flaschenmuseum. Landestypische Küche gibt's im Restaurant Castello di Poggio alle Mura. *Fattoria dei Barbi, località Podernovi, Tel. 0577848277. Öffnungszeiten: nach Voranmeldung 10–13 und 15–18 Uhr, am Wochenende nur Direktverkauf.* Sie sind nun wirklich keine Unbekannten, die Cinelli Colombini! Schon gar nicht Donna Francesca, die «Herrin des

Montalcino.

### Hotels und Restaurants

**Osteria del Vecchio Castello** 🍴🍴🍴
18 km nach Poggio alle Mura
podere La Pieve 19
☎ 0577816026

**Poggio Antico** 🍴🍴🍴
Poggio Antico
☎ 0577849200

**Taverna dei Barbi** 🍴🍴
Podernovi
☎ 0577849357

**Pienza**

**Relais Il Chiostro di Pienza** ★★★
corso Rossellino 26
☎ 0578748400

# DOCG- und DOC-Weine aus Montalcino

## DOCG

**BRUNELLO DI MONTALCINO.** Rebsorten: Sangiovese (Brunello 100%). Produktion: 57949 hl (1213 ha). Farbe: intensives Rubinrot, zu Granatrot neigend. Geruch: sortentypisch und intensiv. Geschmack: trocken, warm, leicht tanninherb, kräftig, harmonisch, nachhaltig. Alkoholgehalt: 12,5%. Alterung: mindestens 4 Jahre (davon 3 in Eichenfässern), dann noch 10 Jahre und mehr. Qualitätsstufen: *Riserva* mindestens 5 Jahre Alterung. Zu rotem Fleisch, Wild und altem Käse zu trinken.

**CHIANTI COLLI SENESI.** Nähere Angaben entnehmen Sie bitte dem Verzeichnis auf S. 311–313.

## DOC

**COLLI DELL'ETRURIA CENTRALE.** Nähere Angaben entnehmen Sie bitte dem Verzeichnis auf S. 311–313.

**MOSCADELLO DI MONTALCINO.** Rebsorten: Moscato bianco (85–100%). Produktion: 1300 hl (128 ha). Farbe: strohgelb. Geruch: ausgeprägt, fein, frisch, nachhaltig. Geschmack: aromatisch, süß, harmonisch, sortentypisch. Alkoholgehalt: 10,5% (7,9%+2,6%, mindestens ein Viertel des Alkoholgehalts entwickelt sich erst nachträglich). Arten: *Frizzante*. Zum Abschluss der Mahlzeiten zu trinken. – **Vendemmia Tardiva.** Rebsorten: Moscato bianco (85–100%). Produktion: 254 hl (13 ha). Farbe: von strohgelb bis goldgelb. Geruch: sortentypisch, fein, nachhaltig. Geschmack: aromatisch, süß, harmonisch. Alkoholgehalt: 15% (11,5% +3,5%, mindestens ein Viertel des Alkoholgehalts entwickelt sich erst nachträglich). Alterung: mindestens 1 Jahr, dann bis zu 4–5 Jahren. Als Dessertwein zu trinken.

**ROSSO DI MONTALCINO.** Rebsorten: Sangiovese (Brunello 100%). Produktion: 970 hl (18,5 ha). Farbe: intensives Rubinrot. Geruch: sortentypisch, intensiv. Geschmack: trocken, warm, leicht tanninhaltig. Alkoholgehalt: 12%. Alterung: bis zu 5 Jahren. Qualitätsstufen: *Vigna*. Zu allen Speisen zu trinken.

**SANT'ANTIMO.** – **Bianco.** Rebsorten: Von der Provinz Siena empfohlene und/oder zugelassene weiße Trauben. Produktion: 420 hl (7,7 ha). Farbe: strohgelb. Geruch: delikat, angenehm. Geschmack: trocken, voll, harmonisch. Alkoholgehalt: 11,5%. Zu Fisch zu trinken. – **Chardonnay.** Rebsorten: Chardonnay (85–100%). Produktion: 1040 hl (19 ha). Farbe: strohgelb. Geruch: delikat, angenehm, sortentypisch. Geschmack: trocken, voll, harmonisch. Alkoholgehalt: 11,5%. Zu Fisch zu trinken. – **Pinot Grigio.** Rebsorten: Pinot grigio (85–100%). Farbe: strohgelb. Geruch: delikat, blumig, sortentypisch. Geschmack: trocken, harmonisch. Alkoholgehalt: 11,5%. Zu Fisch zu trinken. – **Sauvignon.** Rebsorten: Sauvignon blanc (85–100%). Produktion: 193 hl (4,7 ha). Farbe: strohgelb. Geruch: delikat, sortentypisch, intensiv. Geschmack: trocken, harmonisch, leicht säuerlich. Alkoholgehalt: 11,5%. Zu Fisch zu trinken. – **Vin Santo.** Rebsorten: Trebbiano toscano und/oder Malvasia bianca (70–100%). Produktion: 44 hl (1,4 ha). Farbe: von strohgelb über goldgelb bis intensiv bernsteinfarben. Geruch: ätherisch, intensiv, sortentypisch. Geschmack: harmonisch, samtig; je lieblicher, desto runder. Alkoholgehalt: 16%. Alterung: mindestens 3 Jahre in Barriques, dann noch 10 Jahre und mehr. Arten: *Amabile* 13+3% Alkohol, *Secco* 14+2% Alkohol. Qualitätsstufen: *Riserva* mindestens 4 Jahre Alterung in Barriques. Zum Abschluss der Mahlzeiten zu trinken. – **Vin Santo Occhio di Pernice.** Rebsorten: Sangiovese (50–70%), Malvasia nera (30–50%), sonstige (bis 20%). Produktion: 3,8 hl (0,12 ha). Farbe: mehr oder weniger intensiv roséfarben. Geruch: warm, intensiv. Geschmack: süß, weich, samtig, rund. Alkoholgehalt: 14+2%. Alterung: mindestens 3 Jahre, dann noch 10 Jahre und mehr. Qualitätsstufen: *Riserva* mindestens

## Agriturismo

**Castiglione d'Orcia**
**Grossola**
via Grossola 4
☎ 0577887537

**Montalcino**
**Fattoria dei Barbi**
località Podernovi
☎ 0577841111
**La Crociona**
località La Croce
☎ 0577848007
**La Verbena**
località I Verbi
☎ 0577848432

**Pienza**
**Podere Cretaiole**
via S. Gregorio 14
☎ 0578748083

**San Quirico d'Orcia**
**Il Rigo**
Casabianca
☎ 0577897575

**Trequanda**
**Fattoria del Colle**
☎ 0577662108

## DOCG- und DOC-Weine aus Montalcino

4 Jahre Alterung. Zum Abschluss der Mahlzeiten zu trinken. – **Rosso.** Rebsorten: von der Provinz Siena empfohlene und/oder zugelassene rote Trauben. Produktion: 1918 hl (40 ha). Farbe: intensives Rubinrot, mit der Alterung zu Granatrot neigend. Geruch: weinig, angenehm. Geschmack: würzig, harmonisch, manchmal spröde. Alkoholgehalt: 12%. Alterung: bis zu 3 Jahren. Zu allen Speisen zu trinken. Qualitätsstufen: *Novello* 11% Alkohol. – **Cabernet Sauvignon.** Rebsorten: Cabernet Sauvignon (85–100%). Produktion: 2609 hl (49 ha). Farbe: intensives Rubinrot. Geruch: sortentypisch, intensiv. Geschmack: voll, samtig, ausgewogene Tannine. Alkoholgehalt: 12%. Alterung: bis zu 4 Jahren. Zu allen Speisen zu trinken. – **Merlot.** Rebsorten: Merlot (85–100%). Produktion: 947 hl (18 ha). Farbe: intensives Rubinrot. Geruch: sortentypisch, intensiv. Geschmack: voll, samtig, mit fruchtiger Note. Alkoholgehalt: 12%. Alterung: bis zu 3 Jahren. Zu allen Speisen zu trinken. – **Pinot Nero.** Rebsorten: Pinot nero (85 bis 100%). Produktion: 907 hl (16 ha). Farbe: helles Rubinrot. Geruch: sortentypisch, ausgeprägt, manchmal mit Erdbeernoten. Geschmack: trocken, samtig. Alkoholgehalt: 12%. Alterung: bis zu 3 Jahren. Zu allen Speisen zu trinken.

Brunello», die sich nebenher als Stifterin eines jährlich Ende September in Montalcino verliehenen internationalen Literaturpreises einen Namen gemacht hat. Und auch ihre Tochter Donatella genießt als unermüdliche Streiterin im Dienste des Movimento del Turismo del Vino beträchtliches Ansehen. Die Fattoria besteht aus einem Gutshaus aus dem 18. Jahrhundert, natürlich mit großer Brunello-Kellerei, das außerdem über Appartements für Gäste und das Restaurant Taverna dei Barbi verfügt, wo mit Zutaten aus eigener Produktion traditionelle Gerichte zubereitet werden. Zu den hier erzeugten Weinen gehören neben Brunello und Rosso di Montalcino der Brusco dei Barbi, ein reinsortiges Sangiovese-Gewächs, der Brigante dei Barbi mit gleichem Anteil an Sangiovese- und Merlot-Trauben, der aus Trebbiano und Malvasia erzeugte Bianco del Beato sowie der Vin Santo dei Barbi. *Tenuta di Castel Giocondo, Castel Giocondo, Tel. 0577848492. Öffnungszeiten: nach Voranmeldung Montag bis Freitag.* Gemäß neuester Methoden der Rebenerziehung an-

*Die Fattoria dei Barbi in Montalcino.*

## Enoteche

**Montalcino**

**Bacchus**
via Matteotti 15
☎ 0577847054

**Cantina del Fregoli**
S. Angelo in Colle
piazza Castello 4
☎ 0577844012

**Dalmazio**
via Traversa dei Monti 214
☎ 0577849019

**Enoteca Frantoio La Spiga**
via Circonvallazione 212
☎ 0577848611

**Franci**
piazzale Fortezza 6
☎ 0577848191

**Grotta del Brunello**
via Costa Garibaldi 3
☎ 0577847177

gelegte Weinberge umgeben die mittelalterliche Ortschaft, deren önologische Tradition erwiesenermaßen bis ins 14. Jahrhundert zurückreicht. Auch bei der Weinbereitung kommt hier modernste Technologie zum Einsatz. Dies gilt sowohl für den Brunello Castel Giocondo und den Rosso di Montalcino Campo ai Sassi als auch für die anderen Tropfen, etwa den reinsortig aus Merlot bereiteten Lamaione oder den Luce und den Lucente, zwei Verschnitte mit überwiegendem Sangiovese-Anteil.

**Trequanda.** *Fattoria del Colle, Tel. 0577662108. Öffnungszeiten: durchgehend geöffnet, Gruppen nach Voranmeldung.* Ein altehrwürdiges, sagenumwobenes Landhaus, umgeben von einem 300 Hektar großen Areal mit Weinbergen, Olivenhainen und Waldstücken, in deren Erdreich Trüffel schlummern – wo fände Donatella Cinelli Colombini ein besseres Terrain, um die Grundsätze des von ihr ins Leben gerufenen und geleiteten Movimento del Turismo del Vino in die Praxis umzusetzen? Ihren Gästen stehen neben Unterkünften in den sorgfältig renovierten Nebengebäuden des Gutshofs drei Schwimmbäder und eine Osteria zur Verfügung, in deren Küche die lokale Tradition hochgehalten wird. Und dann erst die außergewöhnlichen Weine! Als erster ist der Brunello Prime Donne zu nennen, der im angeschlossenen Weingut Casato bereitet wird, dann der Chianti Superiore del Colle, der köstliche Rosso di Montalcino, der von Traminer bereitete Bianco Sanchimento und schließlich der Leone Rosso.

**Und außerdem ... Montalcino.** *Castello di Camigliano, via d'Ingresso 2, Tel. 0577844068. Cerbaia, via Moglio 45, Tel. 0577848301. Donatella Cinelli Colombini, località Podernovi, Tel. 0577849421. Fattoria Poggio di Sotto, Castelnuovo dell'Abate, Tel. 0577835502. La Gerla, località Canalicchio, Tel. 0577848599. Palazzina, strada Provinciale 55 nach Sant'Antonio, bei km 4,55, Tel. 0665 943790. Tenuta Col d'Orcia, Sant'Angelo in Colle, Tel. 0577808001. Tenute Silvio Nardi, località Casale del Bosco, Tel. 0577808269. Tenuta di Sesta, Castelnuovo dell'Abate, Tel. 0577835612. Villa Le Prata, via Castiglione del Bosco 261, Tel. 0577 848325.*

*Das Castello di Poggio alle Mura in Montalcino.*

## Enoteche

**La Casa del Vino**
piazza del Popolo 16
☎ 0577849113

**La Fortezza**
piazzale Fortezza
☎ 0577849211

**Montalcino Produce**
piazza Garibaldi 6

## Veranstaltungskalender

**Montalcino**

**August**
Torneo d'Apertura delle Cacce (Turnier zur Eröffnung der Jagdsaison)

**September**
Fiera del Miele (Honigfest)

**Oktober**
① Sagra del Galletto (Hähnchenfest)
④ Sagra del Tordo (Drosselfest)

# Montepulciano

## und die Colli Aretini

Der zwischen dem Val d'Orcia und dem Val di Chiana verlaufende Höhenzug ist das Land des Vino Nobile di Montepulciano. Hinsichtlich der Rebsorten, aus denen er bereitet wird, ist an erster Stelle ein weiterer berühmter Abkömmling der Sangiovese-Traube namens Prugnolo gentile zu nennen, der mit Canaiolo nero und – in geringerem Umfang – auch mit anderen einheimischen Sorten kombiniert wird. Die Rebflächen des Vino Nobile, einer der renommiertesten Rotweine Italiens, umfassen 800 Hektar, die Produktion beläuft sich auf rund 5 Millionen Flaschen, von denen mehr als die Hälfte exportiert wird.
Als den kleinen Bruder des «noblen» Gewächses könnte man den jung zu trinkenden Rosso di Montepulciano DOC bezeichnen, dem vor kurzem der Vin Santo di Montepulciano zur Seite gestellt wurde. Vervollständigt wird das önologische Angebot des Gebiets südlich von Siena durch die DOC Orcia und DOC Valdichiana. Letztere reicht bis in die Provinz Arezzo hinein, wo sie sich dann der exklusiven Herkunftsbezeichnung DOC Cortona rühmen darf. Natürlich ist mit den Unterbereichen Colli Senesi und Colli Aretini auch der Chianti in der Gegend um Montepulciano vertreten.

### Weinstädte

**Montepulciano.** Gewundene Straßen und verwinkelte Gassen prägen das Bild dieses stolz auf einem Bergkamm thronenden Renaissance-Städtchens: Nach der einen Seite hin überblickt man das Tal des Orcia, nach der anderen das des Chiana, und je nach Sonnenstand scheint sich die Landschaft zu wandeln. Besonders beeindruckend sind die Paläste und Kirchen entlang der Hauptstraße, die von der Porta al Prato zur Piazza Grande führt. Vom Turm des Palazzo Comunale aus reicht das Auge bis zur Kirche S. Biagio, einem Meisterwerk von Antonio Sangallo d. Ä. Ende August findet der **Bravio delle Botti** statt, bei dem die acht verschiedenen Stadtviertel («Kontraden») zum Wettrennen mit großen Fässern antreten. Ein wenig nördlich von Montepulciano liegen **Torrita di Siena,** eine turmbewehrte Ortschaft mit wunderschöner Piazza, und **Sinalunga,** ein Flecken mit langer landwirtschaftlicher Tradition, der auch die Heimat des mächtigen Chianina-Rinds ist.

**Cortona.** An einen steilen Berghang über dem Val di Chiana schmiegt sich diese vornehmlich mittelalterlich geprägte Stadt mit ihren Sandsteingebäuden. Nur noch zum Teil füllt der Ort die Fläche innerhalb der Befestigungsmauern aus, die noch von den Etruskern stammen (andere Hinterlassenschaften sind im Museo dell'Accademia zu besichtigen). Etwas außerhalb liegt zwischen Zypressen und Olivenhainen die Kirche Santa Maria del Calcinaio. Im

### Hotels und Restaurants

**Arezzo**

**Etrusco Palace Hotel** ★★★★
via Fleming 39
☎ 0575984067

**Milano** ★★★
via Madonna del Prato 83
☎ 057526836

**Minerva** ★★★
via Fiorentina 4
☎ 0575370390

**Buca di S. Francesco** 🍴🍴
via S. Francesco 1
☎ 057523271

**Le Tastevin** 🍴
via de' Cenci 9
☎ 057528304

**Saraceno** 🍴🍴
via Mazzini 6
☎ 057527644

**Barberino Val d'Elsa**

**Osteria di Vico** 🍴
Vico d'Elsa
via della Villa 11
☎ 055807322

**Bucine**

**Castello di Montepenichi** ★★★★
Ambra
località Monte Benichi
☎ 0559910110

**Le Antiche Sere** 🍴🍴🍴
Sogna
☎ 055998149

**Cortona**

**Il Falconiere** ★★★★ 🍴🍴🍴
3 km nach San Martino a Bocena
☎ 0575612679

## Hotels und Restaurants

**Oasi Neumann** ★★★
via Contesse 1
☎ 0575630354

**Portole** ★★★
9 km nach Portole
via Umbro
Cortonese 39
☎ 0575691008

**Osteria del Teatro** 🍴
via Maffei 5
☎ 0575630556

**Montepulciano**

**Gran Ducato** ★★★
via delle Lettere 62
☎ 0578758610

**Il Marzocco** ★★★
piazza Savonarola 18
☎ 0578757262

**La Grotta** 🍴🍴
località San Biagio
☎ 0578757607

**Sinalunga**

**Locanda dell'Amorosa** 🍴🍴🍴🍴 ★★★★
L'Amorosa
☎ 0577679497

**Torrita di Siena**

**Chiusa** 🍴🍴🍴🍴
9 km nach
Montefollonico
via della Madonnina 88
☎ 0577669668



# DOCG- und DOC-Weine aus Montepulciano und aus den Colli Aretini

## DOCG

**VINO NOBILE DI MONTEPULCIANO.** Rebsorten: Sangiovese (Prugnolo gentile 60–80%), Canaiolo nero (10 bis 20%), sonstige (bis 20%, davon höchstens 10% weiße Trauben; mit Ausnahme der Malvasia del Chianti sind keine aromatischen Sorten zugelassen). Produktion: 36564 hl (803 ha). Farbe: mehr oder weniger intensives Granatrot, bei zunehmender Alterung mit orangefarbenen Reflexen. Geruch: feiner, mehr oder weniger stark ausgeprägter Veilchenduft. Geschmack: trocken, leicht tanninherb. Alkoholgehalt: 12,5%. Alterung: mindestens 2 Jahre im Holzfass, dann noch 10 Jahre und mehr. Qualitätsstufen: *Riserva* mindestens 3 Jahre Alterung. Zu rotem Fleisch und Wildgerichten zu trinken.

## DOC

**CORTONA.** – **Chardonnay.** Rebsorten: Chardonnay (85–100%). Farbe: strohgelb. Geruch: fruchtig mit leicht aromatischer Note. Geschmack: trocken und harmonisch, elegant. Alkoholgehalt: 11%. Alterung: mindestens bis zum 1. Februar nach dem Erntejahr. Zu Fisch zu trinken. – **Grechetto.** Rebsorten: Grechetto (85–100%). Farbe: strohgelb. Geruch: frisch, delikat, charakteristisch, leicht aromatisch. Geschmack: trocken und harmonisch. Alkoholgehalt: 11%. Alterung: siehe Chardonnay. Zu Fisch und leichten Gerichten zu trinken. – **Pinot Bianco.** Rebsorten: Pinot bianco (85–100%). Farbe: strohgelb. Geruch: delikat, fein, charakteristisch. Geschmack: trocken und harmonisch, elegant. Alkoholgehalt: 11%. Alterung: siehe Chardonnay. Zu Fisch zu trinken. – **Riesling Italico.** Rebsorten: Riesling italico (85–100%). Farbe: strohgelb. Geruch: intensiv, aromatisch, charakteristisch. Geschmack: trocken und harmonisch, mit deutlich aromatischem Abgang. Alkoholgehalt: 11%. Alterung: siehe Chardonnay. Zu Fisch zu trinken. – **Sauvignon.** Rebsorten: Sauvignon blanc (85–100%). Farbe: strohgelb. Geruch: intensiver Duft, elegant, charakteristisch mit aromatischem Unterton. Geschmack: trocken und harmonisch, elegant. Alkoholgehalt: 11%. Alterung: siehe Chardonnay. Zu leichten Gerichten, Vorspeisen und Fisch zu trinken. – **Rosato.** Rebsorten: Sangiovese (40–60%), Canaiolo nero (10–30%). Farbe: rosé bis hellrot, bis zum 31. März nach der Lese ohne Reflexe. Zu leichten Gerichten zu trinken. – **Cabernet Sauvignon.** Rebsorten: Cabernet Sauvignon (85–100%). Farbe: rubin- bis granatrot. Geruch: intensiv, charakteristisch, würzig. Geschmack: vollmundig, harmonisch, herb. Alkoholgehalt: 12%. Alterung: siehe Rosato, dann noch 3–4 Jahre. Zu Fleischgerichten und Käse zu trinken. – **Gamay.** Rebsorten: Gamay (85–100%). Farbe: rubin- bis granatrot. Geruch: weinig, intensiv, charakteristisch. Geschmack: trocken und harmonisch. Alkoholgehalt: 12%. Alterung und Trinkempfehlung: siehe Cabernet Sauvignon. – **Merlot.** Rebsorten: Merlot (85–100%). Farbe: lebhaftes Granatrot, bisweilen mit violetten Reflexen, mit dem Alter zu ziegelrot neigend. Geruch: nach Beerenfrüchten, gelegentlich mit Kräuternote. Geschmack: trocken und harmonisch, voll. Alkoholgehalt: 12%. Alterung und Trinkempfehlung: siehe Cabernet Sauvignon. – **Pinot Nero.** Rebsorten: Pinot nero (85–100%). Farbe: rubin- bis granatrot. Geruch: intensiv, weinig. Geschmack: trocken, voll, charakteristisch. Alkoholgehalt: 12%. Alterung und Trinkempfehlung: siehe Cabernet Sauvignon. – **Sangiovese.** Rebsorten: Sangiovese (85–100%). Farbe: rubinrot, mit dem Alter zu orangerot neigend. Geruch: weinig, intensiv, elegant. Geschmack: trocken und harmonisch. Alkoholgehalt: 12%. Alterung und Trinkempfehlung: siehe Cabernet Sauvignon. – **Syrah.** Rebsorten:

Syrah (85–100%). Farbe: rubin- bis granatrot. Geruch: charakteristisch, elegant. Geschmack: trocken und harmonisch. Alkoholgehalt: 12%. Alterung und Trinkempfehlung: siehe Cabernet Sauvignon. – **Vin Santo.** Rebsorten: Trebbiano toscano und/oder Grechetto und/oder Malvasia bianca lunga (80–100%). Farbe: goldgelb bis intensiv bernsteinfarben. Geruch: intensiv, ätherisch, charakteristischer Duft nach reifen Früchten. Geschmack: üppig, samtig, ausgeprägt abgerundet. Alkoholgehalt: 15+2%. Alterung: mindestens 3 Jahre im Holzfass, dann noch 10 Jahre und mehr. Qualitätsstufen: *Riserva* mit mindestens 14,5+2,5% Alkohol und 5 Jahren Alterung im Holzfass. Zum Dessert oder in Mußestunden zu trinken. – **Occhio de pernice.** Rebsorten: Sangiovese und/oder Malvasia nera (80 bis 100%). Farbe: bernsteinfarben bis goldgelb mit breitem rötlichem Rand, der mit dem Alter ins Kastanienbraune tendiert. Geruch: intensiv, reichhaltig, komplexer Duft nach reifen Früchten. Geschmack: fein, nachhaltig, mit süßem Nachgeschmack. Alkoholgehalt: 15+3%. Alterung: mindestens 8 Jahre im Holzfass. Zum Abschluss der Mahlzeit oder in Mußestunden zu trinken.

**ORCIA.** – **Bianco.** Rebsorten: Trebbiano toscano (50–100%). Farbe: hell strohgelb, bisweilen mit grünlichen Reflexen. Geruch: fein, fruchtig. Geschmack: trocken, harmonisch. Alkoholgehalt: 11%. Alterung: mindestens 4 Monate. Zu leichten Gerichten und Fisch zu trinken. – **Rosso.** Rebsorten: Sangiovese (60–100%). Farbe: rubinrot, mit der Zeit zu granatrot neigend. Geruch: weinig, fruchtig. Geschmack: ansprechend, harmonisch. Alkoholgehalt: 12%. Alterung: mindestens 4 Monate, dann noch bis zu 3 Jahren. Zur ganzen Mahlzeit zu trinken. Qualitätsstufen: *Novello* (11%). – **Vin Santo.** Rebsorten: Trebbiano toscano und/oder Malvasia bianca lunga (50–100%). Farbe: von stroh- über goldgelb bis intensiv bernsteinfarben. Geruch: intensiv, ätherisch, charakteristisches Aroma. Geschmack: harmonisch, weich, voll. Alkoholgehalt: 13+3%. Alterung: mindestens 3 Jahre im Holzfass, dann noch 10 Jahre und mehr. Zum Abschluss der Mahlzeit zu trinken.

**ROSSO DI MONTEPULCIANO.** Rebsorten: Sangiovese (Prugnolo gentile 60–80%), Canaiolo nero (10–20%), sonstige (bis 20%, davon höchstens 10% weiße Trauben; mit Ausnahme der Malvasia del Chianti sind keine aromatischen Sorten zugelassen). Produktion: 2941 hl (70 ha). Farbe: rubinrot. Geruch: ausgeprägt weinig. Geschmack: trocken, harmonisch, leicht tanninherb. Alkoholgehalt: 11%. Alterung: mindestens bis zum 1. März des auf die Weinlese folgenden Jahres, dann bis zu 4–5 Jahren. Zu allen Speisen zu trinken.

**VALDICHIANA.** Rebsorten: Trebbiano toscano (60–80%), sonstige (20 bis 40%, maximal 10% pro Rebsorte). Produktion: 19349 hl (357 ha). Farbe: strohgelb, manchmal mit grünlichen Reflexen. Geruch: sortentypisch, mit delikat würzigem Aroma und reichem Bukett. Geschmack: trocken, im Abgang leichte Bittermandelnote. Alkoholgehalt: 10%. Alterung: mindestens bis zum 31. Januar des auf die Weinlese folgenden Jahres. Arten: *Frizzante* und *Spumante* 11% Alkohol. Zu allen Speisen zu trinken.

**VIN SANTO DI MONTEPULCIANO.** Rebsorten: Malvasia bianca und/oder Grechetto bianco (Pulcinculo) und/oder Trebbiano toscano (70 bis 100%), sonstige nicht aromatische Sorten (bis 30%). Produktion: 52 hl (1,85 ha). Farbe: von goldgelb bis intensiv bernsteinfarben. Geruch: intensiv, ätherisch, mit sortentypischem Duft nach reifen Früchten. Geschmack: voll, samtig, sehr rund. Alkoholgehalt: 15+2%. Alterung: mindestens 3 Jahre, dann

## Agriturismo

**Arezzo**
**Magnanini Massimo**
via Fontebranda 47
☎ 057527627

**Bucine**
**Villa La Selva**
via Montebenichi
☎ 055998203

**Castiglion Fiorentino**
**La Pievuccia**
località Santa Lucia 118
☎ 0575651007
**Lodolazzo**
Brolio 69
☎ 0575652220
**Villa Schiatti**
Montecchio
☎ 0575651481

**Cortona**
**Fontelunga**
Montalla 747
☎ 057562462
**I Pagliai**
Montalla 23
☎ 0575603676

**Montepulciano**
**Il Greppo**
Abbadia
via dei Greppi 47
☎ 0578707112

**San Casciano dei Bagni**
**Il Poggio**
Celle sul Rigo
località Il Poggio
☎ 057853747

**Sarteano**
**Moggiano**
via Moggiano 3
☎ 0578265349

**Sinalunga**
**La Fratta**
località La Fratta
☎ 0577679472

## DOCG- und DOC-Weine aus Montepulciano und aus den Colli Aretini

noch 10 Jahre und mehr. Qualitätsstufen: *Riserva* mindestens 14,5+2,5% Alkohol und 5 Jahre Alterung. Als Dessertwein oder in Mußestunden zu trinken. – **Occhio di Pernice.** Rebsorten: Sangiovese (Prugnolo gentile 50 bis 100%). Farbe: von bernstein- bis topasfarben, deutlich ins Rötliche, mit der Alterung auch ins Bräunliche spielend. Geruch: intensiv, vielschichtig, mit Duft nach reifen Früchten und anderen Nuancen. Geschmack: fein, nachhaltig, süß im Abgang. Alkoholgehalt: 15+3%. Alterung: mindestens 8 Jahre, dann noch 20 Jahre und mehr. Zum Abschluss der Mahlzeiten oder in Mußestunden.

August lösen mit der **Sagra del Piccione** (Taubenfest), der **Sagra della Bistecca Chianina** und der **Sagra del Fungo Porcino** (Steinpilzfest) gleich drei gastronomische Höhepunkte einander ab.

**Monte San Savino.** Auf einem mit Olivenhainen bestandenen Hügel über dem malerischen Valle dell'Esse thront dieser mittelalterlich geprägte Ort. Freilich gibt es auch einige Bauwerke aus der Spätrenaissance, vom berühmtesten Sohn der Stadt, dem Baumeister Andrea Contucci (genannt Il Sansovino). Am zweiten Sonntag im September findet hier die **Sagra della Porchetta** (Spanferkelessen) statt. Nur wenige Kilometer entfernt ist auf der Straße nach Siena das Schloss von Gargonza zu bewundern. Weiter im Norden liegt **Civitella in Val di Chiana,** ein traditionsreicher Winzerort, der einen fantastischen Ausblick von Arezzo bis zum Trasimenischen See bietet.

Im Süden, fast an der Grenze zum Latium, sind im Anbaugebiet Chianti Colli Senesi zwei weitere äußerst geschichtsträchtige Ortschaften zu besichtigen: das seit Jahrhunderten ob seiner Thermalquellen gerühmte **San Casciano dei Bagni** sowie **Cetona.**

## Kellereien

**Montepulciano.** *Dei, via di Martiena 35, Tel. 0578716878. Öffnungszeiten: nach Voranmeldung.* Inmitten eines jahrhundertealten Parks liegt das in den 30er-Jahren von den Piacentini übernommene Wohnhaus, in dessen Kellern kostbare Vini Nobili (auch Riserva), lagern. Darüber hinaus werden hier aus den Trauben, die von den insgesamt rund 30 Hektar umfassenden Landgütern Martiena und Bossona stammen, auch der DOC-Wein Rosso di Montepulciano sowie der IGT-Wein Sancta Catharina hergestellt. *Redi, via di Collazzi 5, Tel. 0578757102. Öffnungszeiten: 10–13 und 15–19 Uhr, nach Voranmeldung.* Hier halte man sich an die über dem Eingang stehende mittelalterliche Ermahnung, die Wachsamkeit des hundertäugigen Argus der rein physischen Kraft des Giganten Briareos vorzuziehen («Argo et non Briareo»), und durchwandere die Kellerei mit offenen Augen. Denn was sich hier in den aus dem nackten Fels herausgeschlagenen Gewölben unter dem von Peruzzi errichteten Renaissance-Palast den Blicken darbietet, mutet schon wie eine Kathedrale

## Enoteche

**Arezzo**
**Cristallo**
piazza S. Jacopo 286
☎ 057527202
**La Torre di Gnicche**
piaggia S. Martino 8
☎ 057352035
**Montepulciano**
**Enoteca Piccoli Produttori Vino Nobile**
lo Strettoio
piazza Pasquino
da Montepulciano
☎ 0578788444
**Oinochoe Enoteca Antichità**
via Voltaia
nel Corso 82
☎ 0578757524
**Pienza**
**La Cornucopia**
piazza Martiri
della Libertà 2
☎ 0578748150
**Le Crete**
piazza Martiri
della Libertà 12
☎ 0578749098

des Weins an! Neben den Fässern mit Vino Nobile und Rosso di Montepulciano finden sich auch ein Bianco Vergine di Valdichiana, ein Bianco di Toscana Riccio (Grechetto di Todi, Sauvignon blanc und Viognier) sowie ein überaus feiner Vin Santo (70 Prozent Grechetto, 30 Prozent Malvasia).

**Und außerdem ... Bucine.** *Fattoria Le Ginestre, località Greti 56, Tel. 0559918032. Fattoria Villa la Selva, Montebenichi, Tel. 055998203. Iesolana Giovanni Toscano, località Iesolana, Tel. 055992988.* **Cetona.** *Tre Case, via Roma 13, Tel. 0578238081.* **Cortona.** *Istituto Agrario «Angelo Vegni», Centoia, località Capezzine, via Laurentana 10, Tel. 0575613026.* **Foiano della Chiana.** *Fattoria S. Vittoria, via Piana 43, località Pozzo, Tel. 057566807.* **Mercatale Valdarno.** *Fattoria Petrolo, località Galatrona, via Petrolo 30, Tel. 0559911322. Öffnungszeiten: nach Voranmeldung.* **Montepulciano.** *Avignonesi, via di Gracciano nel Corso 91, Tel. 0578 757872. Contucci, via del Teatro 1, Tel. 0578757005. Fattoria del Cerro-Saiagricola, via Grazianella 5, Acquaviva, Tel. 0578767722. Fattoria della Talosa, via Talosa 8, Tel. 0578 758277. Fazi Battaglia, via di Graccianello 3/A, Tel. 0578708708. Tenuta S. Agnese, viale Calamandrei 27, Tel. 0578 757266.* **Montevarchi.** *I Selvatici, via Ricasoli 61, Tel. 055 901146. Öffnungszeiten: Montag bis Samstag 9–18 Uhr, nach Voranmeldung. Poggio il Pino, località Rendola 85, Tel. 0559707594.* **Pergine Valdarno.** *La Pieve, via Roma 8, Tel. 0575897038.* **Pieve al Bagnoro.** *Villa Cilnia, località al Montoncello 27, Tel. 0575365017.*

## Tourenvorschläge

**Die Strada del Nobile di Montepulciano.** Drei interessante Strecken führen durch die sanft geschwungene Hügellandschaft westlich des Val di Chiana rund um Montepulciano. Die erste Route beginnt an der Porta al Prato in Montepulciano und führt über Madonna delle Grazie und Gracciano nach Abbadia, dann kehrt man nach zweimaligem Unterqueren der Bahnstrecke über Montepulciano Stazione und Nottola wieder zum Ausgangspunkt zurück. Auf dem zweiten Rundweg fährt man zunächst an den östlichen Stadtmauern Montepulcianos entlang, passiert dann die Kirche Madonna delle Querce und gelangt nach Cervognano und Acquaviva; nach zweimaligem Überqueren der Autobahn geht es dann über Argiano, Villa la Cappella und Sant'Albino zurück. Die dritte Route führt durch die Hügel um Valiano im Nordosten der Provinzhauptstadt, jenseits des Canale Maestro Chiana.

## Veranstaltungskalender

**August**

**Cortona**

① Sagra del Piccione (Taubenfest)

② Sagra della Bistecca Chianina (Steaks vom Chianina-Rind)

③ Sagra del Fungo Porcino (Steinpilzfest)

**Montepulciano**

④ Bravio delle Botti (Fässerwettlauf)

**September**

**Monte San Savino**

① Sagra della Porchetta (Spanferkelschmaus)

# San Gimignano

## Wunderland des Vernaccia

In San Gimignano, dem berühmten Städtchen der mittelalterlichen Türme, wird auch der bekannteste aller Vernaccia-Weine produziert, ein Gewächs, das schon in früheren Jahrhunderten bei Fürsten wie Päpsten allergrößtes Ansehen (und reichlich Zuspruch) genoss. Der Vernaccia di San Gimignano war denn auch der erste Wein Italiens, dem das DOC- und später das DOCG-Prädikat verliehen wurde und bis heute ist er der einzige toskanische Weiße, der diese höchste Qualitätsauszeichnung vorweisen kann. So viel zu Vergangenheit und Gegenwart. Was die Zukunft betrifft, so arbeitet man emsig an einer genetischen Verbesserung der Rebstöcke, doch dürften wohl nur absolute Spezialisten in der Lage sein, sich bei einem Wein, der dem Gaumen gewöhnlicher Sterblicher als unübertrefflich gilt, noch Steigerungen vorstellen zu können. Neben dem Vernaccia werden im Gebiet um San Gimignano auch Chianti-Weine hergestellt; außerdem wurde vor kurzem die DOC-Bezeichnung San Gimignano aus der Taufe gehoben, um in diesem Gebiet auch anderen Weinarten eine Chance zu geben.

### Weinstädte

**San Gimignano.** Dieses Städtchen, einst Rastplatz für Rompilger, später Marktflecken für die umliegenden Gebiete, präsentiert sich aufgrund einzigartiger historischer Fügungen noch heute in völlig unverfälschtem mittelalterlichem Gewand. Um die beiden Hauptplätze herum drängen sich die 15 noch erhaltenen Türme – ursprünglich waren es 72 –, die sich die bedeutendsten Geschlechter des Orts zum Zeichen ihres Wohlstands errichten ließen. Diesen «Geschlechtertürmen» verdankt San Gimignano seine ganz besondere Anziehungskraft unter den an mittelalterlichen Bauten gewiss

*San Gimignano.*

### Hotels und Restaurants

**San Gimignano**

**Bel Soggiorno** ★★★
via S. Giovanni 91
☎ 0577940375

**Da Graziano** ★★★
via Matteotti 39
☎ 0577940101

**La Cisterna** ★★★
**Le Terrazze** 🍴
piazza della Cisterna 24
☎ 0577940328

**Leon Bianco** ★★★
piazza della Cisterna 13
☎ 0577941294

**Villa San Paolo** ★★★★
4 km auf der Straße nach Certaldo
☎ 0577955100

**Dorandò** 🍴
vicolo dell'Oro 2
☎ 0577941862

**La Griglia** 🍴
via S. Matteo 34
☎ 0577940005

**Osteria della Catene** 🍴
via Mainardi 18
☎ 0577941966

nicht armen Ortschaften der Toskana. Was die Weine anbelangt, so ragt natürlich der Vernaccia heraus, gewonnen aus der gleichnamigen Rebe, die laut Überlieferung der Kaufmann Perone Peroni im 13. Jahrhundert aus dem Orient mitgebracht haben soll.

## Kellereien

**San Gimignano.** *Guicciardini Strozzi – Fattoria Cusona, località Cusona, Tel. 0577950028. Öffnungszeiten: nach Voranmeldung Montag bis Freitag 9–12 und 14–18 Uhr.* Schon bald nach dem Erwerb dieses stattlichen Landguts im Jahr 1524 begannen die Grafen Guicciardini auch mit dem Anbau der Vernaccia-Rebe. Eine lange Tradition also, die bis heute mit großartigen Riserva-Gewächsen fortgesetzt wird. Des Weiteren werden hier ein Chianti Colli Senesi DOC, ein San Gimignano Rosso, ein Vin Santo DOC sowie einige besondere Tropfen auf Sangiovese-Basis erzeugt,

## DOCG- und DOC-Weine aus San Gimignano

**DOCG**

**VERNACCIA DI SAN GIMIGNANO.** Rebsorten: Vernaccia di San Gimignano (90–100%), sonstige nicht aromatische Sorten (bis 10%). Produktion: 39426 hl (654 ha). Farbe: blasses Strohgelb, mit der Alterung zu goldgelb neigend. Geruch: fein, ausgeprägt, sortentypisch. Geschmack: trocken, harmonisch, mit sortentypischem, leicht bitterem Abgang. Alkoholgehalt: 11%. Alterung: bis zu 2 Jahren. Qualitätsstufen: *Riserva* mindestens 11,5% Alkohol und 1 Jahr Alterung (dann bis zu 3 Jahren). Zu Fisch zu trinken.

**DOC**

**SAN GIMIGNANO. – Vin Santo.** Rebsorten: Malvasia del Chianti (bis 50%), Trebbiano toscano (mindestens 30%), Vernaccia di San Gimignano (bis 20%), sonstige (bis 10%). Produktion: 14 hl (0,4 ha). Farbe: von goldgelb bis bernsteinfarben. Geruch: ätherisch, intensiv, fein, sortentypisch. Geschmack: trocken bis lieblich, voll, weich, nachhaltig. Alkoholgehalt: 14,5+2%. Alterung: mindestens 3 Jahre, dann noch 10 Jahre und mehr. Zum Abschluss der Mahlzeiten und in Mußestunden zu trinken. **– Rosato.** Rebsorten: Sangiovese (mindestens 60%), Canaiolo nero (bis 20%), Trebbiano toscano und/oder Malvasia del Chianti und/oder Vernaccia di San Gimignano (bis 15%), sonstige rote Sorten (bis 15%). Farbe: mehr oder weniger kräftiges Rosé mit rubinroten Reflexen. Geruch: weinig, fruchtig, mit dem feinen Duft frisch gepresster Trauben. Geschmack: fein, harmonisch, samtig. Alkoholgehalt: 10,5%. Arten: *Sangiovese Rosato* mindestens 15% Sangiovese-Anteil. Zu allen Speisen zu trinken. **– Vin Santo Occhio di Pernice.** Rebsorten: Sangiovese (70–100%). Farbe: zart bis intensiv roséfarben. Geruch: intensiv. Geschmack: süß, weich, samtig, rund. Alkoholgehalt: 14+2%. Alterung: mindestens 3 Jahre, dann noch 10 Jahre und mehr. Zum Abschluss der Mahlzeiten und in Mußestunden. **– Rosso.** Rebsorten: Sangiovese (mindestens 50%). Produktion: 84 hl (1,2 ha). Farbe: mehr oder weniger intensives Rubinrot, mit der Alterung zu granatrot neigend. Geruch: weinig, fein. Geschmack: trocken, harmonisch, körperreich, mit ausgewogenen Tanninen. Alkoholgehalt: 11,5%. Alterung: bis zu 3–4 Jahren. Qualitätsstufen: *Sangiovese* mindestens 85% Sangiovese-Anteil, *Novello* 11% Alkohol, *Riserva* mindestens 12% Alkohol und 2 Jahre Alterung (dann noch 5 Jahre und mehr). Zu allen Speisen zu trinken, die Riserva zu rotem Fleisch, Wild und altem Käse.

## Agriturismo

**San Gimignano**

**Casanova di Pescille**
località Pescille
☎ 0577941902

**Fattoria di Pietrafitta**
località Cortennano 54
☎ 0577943200

**Fattoria San Donato**
San Donato
☎ 0577943091

**Podere Arcangelo**
località Capezzano 26
☎ 0577944404

**Podere Poggio Alloro**
località Sant'Andrea 23
☎ 0577950153

**Podere Villuzza**
località Strada 25
☎ 0577940585

**Poderino La Fidanza**
località Montenidoli
☎ 0577941565

etwa der reinsortige Sodole und der Millanni, dessen Verschnittrezept streng geheim gehalten wird. *Montenidoli, località Montenidoli, Tel. 0577941565, E-Mail: montenid@cyber.dada.it. Öffnungszeiten: nach Voranmeldung Montag bis Samstag.* In Montenidoli, wo schon mindestens seit dem 15. Jahrhundert Weinbau betrieben wird, hält man sich strikt an die Tradition. Dies gilt für den Vernaccia ebenso wie für den Chianti Garrulo, der nach den Regeln des Barons Ricasoli bereitet wird. Drei weitere ganz besondere Gewächse sind der Sono Montenidoli und der Canaiolo Rosato (beide reinsortig Sangiovese) sowie der Vin Brusco (70 Prozent Trebbiano, 30 Prozent Malvasia). Bewirtung auf Anfrage; im Poderino La Fidanza kann man Ferien auf dem Lande (Agriturismo) machen.

**Und außerdem ... San Gimignano.** *Casa alle Vacche, località Lucignano, 73/a, Tel. 0577955103. Castello di Montauto, località Montauto, Tel. 0577743024. Fattoria Pietrafitta, località Cortennano 54, Tel. 0577943200. Fattoria San Donato, località San Donato 6, Tel. 0577 941616. Panizzi, località Racciano, Santa Margherita 24, Tel. 0577941576. Pietraserena, via di Casale 5, Tel. 0577940083. Signano, località Santa Margherita, Tel. 0577941085. Sovestro, località Sovestro, Tel. 0577 940600. Torciano, via Crocetta 18, località Ulignano, Tel. 0577950055.* **Colle di Val d'Elsa.** *Fattoria il Palagio, località Il Palagio, Tel. 0577953004.*

## Tourenvorschläge

**Die Strada della Vernaccia di San Gimignano.** Die 1998 von der Verwaltung der Region Toskana anerkannte Weinstraße deckt einen Großteil des Gemeindebezirks von San Gimignano ab und besteht aus vier Abschnitten. Die Straßen sind mit Wegweisern zu den 75 Weingütern beschildert, die sich der Initiative angeschlossen haben. Der Rundweg in nördlicher Richtung führt fast bis nach Certaldo. Nach Osten hin, also in Richtung Poggibonsi, teilt sich die Strecke: Eine Straße geht nach Cusona und Ulignano, die andere nach Villa Pietrafitta. Auf der südlichen Route gelangt man über Castel San Gimignano nach Castelvecchio, wobei Abstecher nach Santa Lucia und Montauto vorgesehen sind. Im Westen schließlich führt der Weg über Cellole nach Larniano und Libbiano, mit Abzweigung nach Pancole und Villa del Monte.

## Enoteche

**San Gimignano**

**Enoteca Bruni**
via Quercecchio 61
☎ 0577940442

**Enoteca Casa del Caffè**
via S. Matteo 2
☎ 0577940371

**Enoteca Gustavo**
via S. Matteo 29
☎ 0577940057

**Enoteca La Botte e il Frantoio**
via S. Giovanni 56
☎ 0577940353

## Gaumenfreuden

Die großartigen Weine der Toskana treffen auf eine absolut ebenbürtige Küche, die auf einzigartige Naturprodukte zurückgreifen kann. So gilt etwa das toskanische Olivenöl vielen Gourmets als das beste der Welt, zumal man es in kaum einer anderen Region verstanden hat, so konsequent auf eine zunehmende Verfeinerung des Produkts hinzuarbeiten und dieses auch entsprechend zu vermarkten. Des Weiteren bringt die Toskana in der Gegend um San Miniato die besten Weißen Trüffeln hervor und dank der Chianina- und Maremmana-Rinder zudem das beste Fleisch. Auch mit Wildbret ist das Land reich gesegnet, vom fast schon banalen Kaninchen bis hin zu den Täubchen und Wildschweinen der Maremma. Einst besaß man mit dem berühmten, fast schon verschwunden geglaubten Cinto Senese, das erst jetzt wieder heimisch gemacht wird, auch das beste Schweinefleisch. Und vergessen wir nicht all das Gute aus dem Gemüsegarten! Etwa die weißen Bohnen und den schwarzen Kohl, Grundzutaten so einzigartiger Gerichte wie der Ribollita oder der berühmten «Bohnen in der Flasche» (fagioli al fiasco), die früher mit Olivenöl und Rosmarin unter glühender Asche gegart wurden. Gaumenfreuden bereiten schließlich noch die Meerestiere, die in der Fischsuppe Caciucco livornese eine unvergleichliche Symbiose eingehen.

Will man in der Toskana gut speisen, so gibt es also höchstens ein Problem: die Qual der Wahl. Vor allem im Chiantigebiet, wo neben Trattorien und Restaurants in zunehmendem Maße auch Gutshäuser und ländliche Betriebe, die sich dem Agriturismo geöffnet haben, eine hervorragende landestypische Küche bieten. Traditionelle Gerichte serviert man beispielsweise in der Bottega del 30 in Villa a Sesta bei Castelnuovo della Berardenga, in der Osteria della Rendola in Montevarchi, im Albergaccio in Castellina, im Casalta in Monteriggioni sowie im feinen Salotto del Chianti in San Casciano in Val di Pesa. In letztgenanntem Ort befindet sich auch eines der berühmtesten Retaurants der Toskana, nämlich La Tenda Rossa, zu dem sich noch das Arnolfo in Colle di Val d'Elsa gesellt. Vorzügliche Fischgerichte bekommt man im Da Antonio in Castelnuovo Berardenga sowie im Alle Antiche Sere in dem verträumten Ort Sogna di Bucine. Ein ganz eigenes Pflaster in kulinarischer Hinsicht bietet Montalcino: In der Fattoria dei Barbi, wo exzellente Weine und Wurstspezialitäten hergestellt werden, kann man auch unverfälschte traditionelle Gerichte wie Acquacotta oder Scottiglia probieren. Ein anderes höchst angenehmes Lokal dieser Gegend ist das Pieve di San Sigismondo, an Berühmtheit noch übertroffen vom Poggio Antico: Während sich Roberto in der Küche zu schaffen macht und seine Frau Patrizia bedient, kann man sich dort an Speisen laben, die den Vergleich mit den kostbaren Weinen nun wirklich nicht zu scheuen brauchen.

### Veranstaltungskalender

**San Gimignano**

**Februar/März**
Karneval

**Juli**
①②③④ Festival Internazionale

**August**
④ Festa di Sant'Agostino

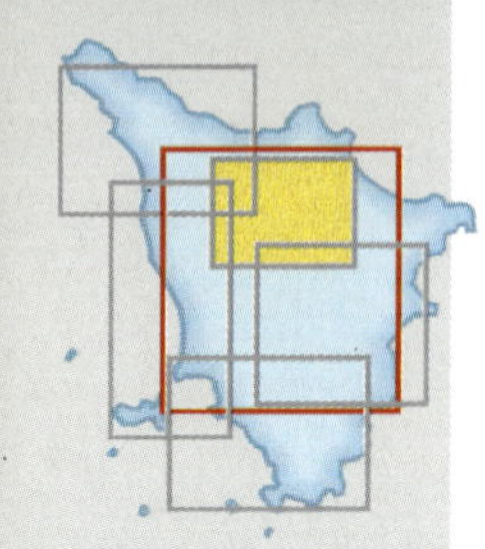

# Die Colli Fiorentini

## und der Montalbano

*Die Hügellandschaft um Florenz bietet dem Weinliebhaber zahlreiche Gelegenheiten, seiner Leidenschaft zu frönen.*

Unter den Weinen der Gegend um Florenz, zu der auch die noch junge Provinz Prato gerechnet werden muss, genießt der Chianti eine unangefochtene Vorrangstellung. Am renommiertesten ist natürlich der Chianti Classico DOCG, dessen Anbaugebiet teilweise in die Provinz Siena hineinreicht und sich auf florentinischer Seite über die Gemeindebezirke von Greve in Chianti, Barberino Val d'Elsa, San Casciano und Tavernelle Val di Pesa erstreckt. Der sehr viel weitläufigere Bereich des Chianti DOCG ist hier mit vier Unterbereichen vertreten: Chianti Colli Fiorentini in der näheren Umgebung von Florenz, Chianti Rufina am Rand des Mugellotals, Chianti Montalbano in der Provinz Prato und schließlich der Chianti Montespertoli in der Gegend der gleichnamigen Ortschaft südwestlich von Florenz.

## Colli Fiorentini

### Von wegen nur Chianti, es lebe der Pomino!

Ein wahres Juwel unter den Weinen des Florentiner Umlands ist der Pomino. Er wird auf einem nur rund 2000 Hektar großen Areal in den Hügeln über dem Sievetal angebaut und beansprucht damit einen der kleinsten DOC-Bereiche der Toskana. Umso ruhmreicher ist jedoch die

**Hotels und Restaurants**

**Barberino Val d'Elsa**
**Il Paese dei Campanelli** 🍴
Petrognano
☎ 0558075318

**Carmignano**
**Paggeria Medicea** ★★★
**Biagio Pignatta** 🍴🍴
frazione Artimino
viale Papa Giovanni XXIII 3
☎ 0558718081
☎ 0558718086
**Delfina** 🍴🍴🍴
frazione Artimino
via della Chiesa 1
☎ 0558718074

**Fiesole**
**Villa Aurora** ★★★
piazza Mino 39
☎ 05559100
**Villa Bonelli** ★★★
via F. Poeti 1
☎ 05559513
**Villa Fiesole** ★★★
via Fra' Angelico 35
☎ 055597252
**La Panacea del Bartolini** 🍴🍴🍴
9 km nach Olmo
via dei Bosconi 58/a
☎ 055548972

Tradition, auf die er zurückblicken kann: Wurden die Pomino-Weine schon im 18. Jahrhundert zu den besten der Toskana gerechnet, so gehörten sie auch zu den Ersten, die von der Spezialisierung auf Weinanbau und von der Einführung edler französischer Rebsorten profitierten. Heute gibt es den Pomino in den Arten Bianco, Rosso und Vin Santo, die zwar allesamt in recht bescheidenen Mengen produziert werden, dafür aber von umso herausragenderer Qualität sind.

## Weinstädte

**Florenz.** Müßig wäre es und darüber hinaus aus Platzgründen auch gar nicht möglich, auch nur zu versuchen, die kunsthistorischen Schätze dieser einmaligen Stadt aufzuzählen. Beschränken wir uns also auf eine kurze Skizzierung dessen, was Florenz als Wein- und Gastronomie-Zentrum der Toskana auszeichnet. An Weinen wird in der Stadt selbst zwar ausschließlich der Chianti Colli Fiorentini erzeugt – und auch das nur in einigen wenigen Kellereien –, doch halten die örtlichen Restaurants und Enoteche eine umso reichere Auswahl an kostbarsten toskanischen Gewächsen bereit. Unsere Lieblingsadresse war und ist die Enoteca Nazionale von Giorgio Pinchiorri, die nicht nur über den vielleicht berühmtesten Weinkeller der Welt verfügt, sondern auch eine exzellente Küche bietet. Darüber hinaus ist die viel besungene Hügellandschaft um Florenz reich an überaus reizvollen Ausflugszielen, die das Herz eines jeden Weinfreundes höher schlagen lassen. Hierbei empfiehlt es sich, die stets wertvollen Tipps des Consorzio del Chianti zu befolgen, das auch vor kurzem die Weinstraße Strada del Vino Chianti Colli Fiorentini (→ Tourenvorschläge) ausgewiesen hat.

Im Gebiet des Chianti Classico sind vor allem zwei Weinstädte zu nennen: Zunächst der alte Marktflecken **Greve in Chianti** an der Chiantigiana, der Straße durch das Chianti Classico. Eine dreieckige Piazza mit samstäglichem Wochenmarkt bildet hier den Mittelpunkt des städtischen Lebens. Weiter östlich, an der Via Cassia, liegt **San Casciano in Val di Pesa,** das mit zwei bedeutenden Museen christlicher Kunst und zahlreichen Hinterlassenschaften einer bewegten mittelalterlichen Geschichte lockt. An Veranstaltungen rund um den Wein ist hier das in der letzten Septemberwoche stattfindende Weinlesefest **Festa della Vendemmia** zu nennen.

Ohne das Chianti-Gebiet zu verlassen, stößt man 30 Kilometer südwestlich von Florenz auf **Montespertoli,** ein kleines Städtchen mit einer Vielzahl von Veranstaltungen rund ums leibliche Wohl: Ende Mai findet die muntere **Mostra del Chianti** statt, im November die **Festa per il Vino Novello,** woraufhin man Ende November mit **Paneolio** dem zu Recht berühmten hiesigen Olivenöl huldigt. Auf keinen Fall sollte man das Museo d'Arte Sacra der Pfarrkirche S. Pietro in Mercato auslassen, wo unter anderem eine großartige Madonna von Filippo Lippi zu bewundern ist.

## Hotels und Restaurants

**Florenz**

**Helvetia & Bristol** ★★★★★
via dei Pescioni 2
☎ 055287814

**Excelsior** ★★★★★
piazza Ognissanti 3
☎ 055264201

**G.H. Villa Cora** ★★★★★
viale Machiavelli 18
☎ 0552298451

**G.H. Baglioni** ★★★★
piazza Unità Italiana 6
☎ 05523580

**G.H. Minerva** ★★★★
piazza S. Maria Novella 16
☎ 05528455

**Londra** ★★★★
via Jacopo da Diacceto 18
☎ 0552382791

**Relais Certosa** ★★★★
5 km nach Galluzzo
via Colle Ramole 2
☎ 0552047171

**Rivoli** ★★★★
via della Scala 33
☎ 055282853

**Malaspina** ★★★
piazza Indipendenza 24
☎ 055489869

**Porta Faenza** ★★★
via Faenza 77
☎ 055217975

**Select** ★★★
via G. Galliano 24
☎ 055330342

**Enoteca Pinchiorri** 🍴🍴🍴🍴🍴
via Ghibellina 87
☎ 055242777

## Hotels und Restaurants

**Florenz**

**Sabatini** ¥¥¥¥
via de' Panzani 9/a
☎ 055211559

**Alle Murate** ¥¥¥
via Ghibellina 52/r
☎ 055240618

**Cibreo** ¥¥¥
via dei Macci 118/r
☎ 0552341100

**Taverna del Bronzino** ¥¥
via delle Ruote 25/r
☎ 055495220

**Osteria del Caffè Italiano** ¥¥
via Isola delle Stinche 11/13r
☎ 055289368

**Greve in Chianti**

**Villa Le Barone** ★★★
Panzano
via S. Leolino 19
☎ 055852621

**Villa Sangiovese** ★★★
Panzano
piazza Bucciarelli 5
☎ 055852461

**Incisa in Val d'Arno**

**Galileo** ★★★
Prulli
☎ 055863341

Im Val di Sieve am Fuß des Apennin lohnt **Rufina,** der Hauptort des gleichnamigen Chianti-Unterbereichs, einen Besuch. Inmitten von Weinbergen und Olivenhainen erhebt sich dort der Renaissance-Bau der Villa di Poggio Reale, in dem sich ein Weinbaumuseum nebst Enoteca befindet. Weine und andere regionale Spezialitäten stehen auch im Mittelpunkt des Ende September stattfindenden Fests **Bacco Artigiano.** Nicht weit entfernt liegt an der Einmündung des Mugello in den Arno das betriebsame Städtchen **Pontassieve** inmitten einer überaus reizvollen Landschaft mit stattlichen Höfen und herrschaftlichen Gütern.

**Und außerdem ... Pelago.** 21 km von Florenz. Donnerstags Markt. In der zweiten Juliwoche findet das **On The Road Festival** statt, am vorletzten Freitag im August begeht man die **Fiere di Pelago**.

## Kellereien

**Montelupo Fiorentino.** *Tenuta San Vito in Fior di Selva, via S. Vito 32, Tel. 057151411, E-Mail: Fiordiselva @leone.it, Internet: www.leonet.it/ firms/fiordiselva. Öffnungszeiten: nach Voranmeldung 8 bis 18 Uhr.* Ein moderner Betrieb, der sich dem biologischen Anbau verschrieben hat. Neben dem Chianti, der erwartungsgemäß an erster Stelle rangiert, gibt es hier auch einige andere interessante Gewächse zu entdecken, so den roten Fior di Selva, ein Sangiovese-Cabernet-Verschnitt, den weißen Verdiglio aus Trebbiano und Malvasia und schließlich den Spumante San Vito. Ferien auf dem Land (Agriturismo) mit erstklassiger Beherbergung in den drei alten Wohnhäusern des Landguts sowie ein Restaurant mit regionaler Küche.

**Pelago.** *Castello di Nipozzano, Tel. 0558311325. Öffnungszeiten: nach Voranmeldung Montag bis Freitag 10.30–13 und 14–19 Uhr.* Ein wahres Idyll ist dieses inmitten eines 130 Hektar großen Landguts gelegene herrschaftliche Anwesen aus dem 14. Jahrhundert. In der zum Betrieb gehörenden Enoteca (Sonntag und Montag geschlossen) kann man die edlen Chianti-Rufina-Weine Nipozzano und Montesodi verkosten, beides Riserva-Gewächse, oder aber den innovativeren Cabernet di Toscana Mormoreto. Weitere hier gelagerte Weine, darunter auch ein Brunello di Montalcino, stammen von anderen Landgütern des Betriebs Marchesi de' Frescobaldi. Bewirtung für Gruppen.

**Pontassieve.** *Tenuta Bossi, via dello Stracchino 32, Tel. 0558317830. Öffnungszeiten: Montag und Mittwoch 14–18 Uhr, Samstag 8–12 Uhr, nach Voranmeldung.* In einem Gutshaus aus dem 16. Jahrhundert führen die Marchesi Gondi ihren Betrieb. Auf den Weinbergen gedeihen nicht nur die klassischen Chianti-Rebsorten, aus denen hier eine großartige Riserva Villa Bossi gekeltert wird, sondern auch Cabernet-Sauvignon-, Sauvignon-blanc- und Chardonnay-Trauben. Erstere dienen der Herstellung des reinsortigen, in Eichenfässern ausgebauten roten Mazzaferrata, während aus den beiden anderen der Bianco Colli dell'Etruria Centrale Marchese Gondi gewonnen wird.

**Rufina.** *Colognole, via del Palagio 15, Tel. 0558319870. Öffnungszeiten: Montag–Freitag 10–12 und 14 bis 18 Uhr, Sonntag 10–14 Uhr, Samstag geschlossen, Verkostungen und Führungen nach Vereinbarung.* In diesem Betrieb widmet man sich hauptsächlich der Erzeugung von DOCG-Weinen des Unterbereichs Chianti Rufina, doch findet sich mit dem Quattro Chiacchiere auch ein reinsortiger Chardonnay im Sortiment. Hier gibt es außerdem die Möglichkeit zu einem Agriturismo-Urlaubsaufenthalt in einem der Gebäude rund um das alte Gutshaus. *Fattoria Selvapiana, via Selvapiana 43, Tel. 0558369948. Öffnungszeiten: 9–12 und 15–19 Uhr, Samstagnachmittag und Sonntag geschlossen, Gruppen nach Voranmeldung.* Das Gutshaus aus dem 16. Jahrhundert mit seinem noch älteren mittelalterlichen Turm steht mitten im Zentrum eines 60 Hektar umfassenden Areals mit Weinbergen und Olivenhainen. Zur Verkostung steht neben Chianti-Rufina-Weinen, unter denen die reinsortige Sangiovese-Kreszenz Vendemmia und die Riserva Vigna Fornace herausragen, ein Pomino Rosso bereit, der eine überaus gelungene Rebensynthese von Sangiovese, Cabernet und Merlot darstellt.

**Und außerdem ... Bagno a Ripoli.** *Fattoria di Lilliano, località Antella, via Lilliano e Meoli 82, Tel. 055 642602.* **Barberino Val d'Elsa.** *Casa Emma, località S. Donato in Poggio, strada provinciale Castellina in Chianti 3, Tel. 0558072859. Fattorie Pasolini Dall'Onda, località Pieve di Piana, piazza Mazzini 10, Tel. 0558 075019.* **Capraia e Limite.** *Tenuta Cantagallo, via Valicarda 35, Tel. 0571910078.* **Castelnuovo d'Elsa.** *Castello di Coiano, via Coianese 71, Tel. 0571680185.* **Greve in Chianti.** *Distillerie Bonollo, località Citille 43/b, Tel. 0558544466.* **Impruneta.** *Fattoria di Bagnolo, via Imprunetana*

*Die Weinstraße von Montespertoli.*

## Hotels und Restaurants

**Montelupo Fiorentino**
**I' Boccale** 🍴
Sammontana
via del Gelsomino 14
☎ 0571993598

**Reggello**
**Villa Rigacci** ★★★
Vaggio
via Manzoni 76
☎ 0558656718

**Rufina**
**La Speranza – da Grazzini** ★★★
via Piave 14
☎ 0558397027

**San Casciano in Val di Pesa**
**Tenda Rossa** 🍴🍴🍴🍴
6 km nach Cerbaia
piazza del Monumento 9
☎ 055826132

**Il Salotto del Chianti** 🍴
5 km nach Mercatale
via Sonnino 92
☎ 0558218016

## DOCG- und DOC-Weine aus den Colli Fiorentini und dem Montalbano

### DOCG

**CARMIGNANO.** Rebsorten: Sangiovese (45–70%), Canaiolo nero (10 bis 20%), Cabernet franc und/oder Cabernet Sauvignon (6–15%), Trebbiano toscano und/oder Canaiolo bianco und/oder Malvasia del Chianti (bis 10%), sonstige rote Sorten (bis 5%). Produktion: 2062 hl (112 ha in den Gemeindebezirken von Carmignano und Poggio a Caiano). Farbe: lebhaftes, kräftiges Rubinrot, mit zunehmender Alterung zu Granatrot neigend. Geruch: weinig mit ausgeprägtem Bukett, auch mit Veilchenduft, mit der Alterung zunehmend feiner. Geschmack: trocken, schmackhaft, voll, harmonisch, weich und samtig. Alkoholgehalt: 12,5%. Alterung: mindestens 1,5 Jahre, dann noch 6 Jahre und mehr. Qualitätsstufen: *Riserva* mindestens 3 Jahre Alterung. Zu rotem Fleisch, Wildgerichten und altem Käse zu trinken.

**CHIANTI.** (Unterbereiche **COLLI FIORENTINI, MONTALBANO, RUFINA**)*.

**CHIANTI CLASSICO*.** Produktion: 118767 hl (2733 ha im gesamten Gemeindebezirk von Greve in Chianti sowie in Teilen der Gemeinden San Casciano in Val di Pesa, Tavarnelle Val di Pesa und Barberino Val d'Elsa).

### DOC

**BARCO REALE DI CARMIGNANO.** Rebsorten: Sangiovese (45–70%), Canaiolo nero (10–20%), Cabernet franc und/oder Cabernet Sauvignon (6 bis 15%), Trebbiano toscano und/oder Canaiolo bianco und/oder Malvasia (bis 10%), sonstige (bis 5%). Produktion: 893 hl (50 ha). Farbe: lebhaftes, leuchtendes Rubinrot. Geruch: weinig mit ausgeprägt fruchtigem Bukett. Geschmack: trocken, frisch, voll, harmonisch. Alkoholgehalt: 11%. Alterung: bis zu 3–4 Jahren. Zu Fleisch und altem Käse zu trinken.

**BIANCO DELL'EMPOLESE.** Rebsorten: Trebbiano toscano (80–100%), sonstige (bis 20%, davon höchstens 8% Malvasia del Chianti). Produktion: 6873 hl (123 ha). Farbe: hellgelb, zu Strohgelb neigend. Geruch: sortentypisch. Geschmack: trocken, harmonisch, frisch, delikat. Alkoholgehalt: 10,5%. Zu Fisch zu trinken. – **Vin Santo.** Rebsorten: siehe Bianco. Farbe: von goldgelb bis mehr oder weniger intensiv bernsteinfarben. Geruch: intensiv, ätherisch, sortentypisch. Geschmack: trocken oder lieblich, harmonisch, weich, mit sortentypischem Abgang. Alkoholgehalt: *Amabile* 15%, *Secco* 16%. Alterung: mindestens 3 Jahre. Zum Dessert und außerhalb der Mahlzeiten zu trinken.

**CARMIGNANO. – Rosato.** Rebsorten: siehe Barco Reale di Carmignano. Produktion: 624 hl (75 ha). Farbe: mehr oder weniger kräftiges Rosé, manchmal mit rubinroten Reflexen. Geruch: fruchtig, mehr oder weniger intensiv weinig, sortentypisch. Geschmack: tro-

*per Tavarnuzze 48, Tel. 0552313403. Fattoria le Querce, via Impruneta per Tavarnuzze 41, Tel. 0552011380. Fattoria Montanine, via Volterrana 45, La Romola, Tel. 0552373055. Lanciola, via Impruneta 210, Tel. 055 208362.* **Lastra a Signa.** *Fattoria la Luna, via Maremmana 57, Tel. 055878322.* **Mercatale Val di Pesa.** *Castelli Del Greve Pesa, località Ponte Gabb., via Grevigiana 34, Tel. 055 821911, E-Mail: castelgreve@chianticlassico.com.* **Montespertoli.** *Fattoria le Calvane, via Castiglioni 1, Montagnana Val di Pesa, Tel. 0571 671073. Le Fonti a San Giorgio, via Colle S. Lorenzo, Tel. 0571609298.* **Panzano in Chianti.** *Cennatoio, via S. Leonino 35, Tel. 055852134. La Marcellina, via Casesparse 74, Tel.*

### Hotels und Restaurants

**Tavarnelle Val di Pesa**
**La Gramola**
via delle Fonti 1
☎ 0558050321

**Vinci**
**Alexandra** ★★★
via dei Martiri 38/40
☎ 057156224

### Agriturismo

**Carmignano**
**Fattoria di Artimino**
frazione Artimino
via 5 Martiri 29
☎ 0558718081

**Fiesole**
**Fattoria Poggiopiano**
Conpiobbi
via dei Bassi 13
☎ 0556593020

**Firenze**
**La Fattoressa**
Galluzzo
via Volterrana 58
☎ 0552048418

cken, frisch, angenehm säuerlich, harmonisch. Alkoholgehalt: 11%. Zu allen Speisen zu trinken. – **Vin Santo.** Rebsorten: Trebbiano toscano und/oder Malvasia (75–100%). Produktion: 68 hl (3,5 ha). Farbe: von strohgelb über goldgelb bis intensiv bernsteinfarben. Geruch: ätherisch, ausgeprägt, sortentypisch. Geschmack: harmonisch, samtig; je lieblicher, umso runder. Alkoholgehalt: 13+3%. Alterung: mindestens 3 Jahre, dann noch 10 Jahre und mehr. Arten: *Secco* und *Amabile.* Qualitätsstufen: *Riserva* mindestens 4 Jahre Alterung. Zum Abschluss der Mahlzeiten oder in Mußestunden zu trinken. – **Vin Santo Occhio di Pernice.** Rebsorten: Sangiovese (50–70%), Malvasia nera (10–50%), sonstige rote Sorten (bis 30%). Produktion: 20 hl (1,3 ha). Farbe: blasses bis kräftiges Rosé. Geruch: warm, ausgeprägt. Geschmack: süß, weich, samtig und rund. Alkoholgehalt: 14+2%. Alterung: mindestens 3 Jahre, dann noch 10 Jahre und mehr. Qualitätsstufen: *Riserva* mindestens 4 Jahre Alterung. Zum Abschluss der Mahlzeiten oder auch in Mußestunden zu trinken.

**COLLI DELL'ETRURIA CENTRALE*.**

**POMINO.** – **Bianco.** Rebsorten: Pinot bianco und/oder Chardonnay (60 bis 80%). Produktion: 3038 hl (49 ha). Farbe: helles Strohgelb, manchmal mit grünlichen Reflexen. Geruch: fein, angenehm. Geschmack: harmonisch, trocken, von mittlerem Körper und mit leicht bitterem Abgang. Alkoholgehalt: 11%. Zu Fischgerichten und Eierspeisen zu trinken. – **Rosso.** Rebsorten: Sangiovese (60–75%), Canaiolo und/oder Cabernet Sauvignon und/oder Cabernet franc (15–25%), Merlot (10–20%), sonstige (bis 15%). Produktion: 1583 hl (26 ha). Farbe: lebhaftes Rubinrot, mit der Alterung zunehmend ins Granatrote spielend. Geruch: weinig, ausgeprägt, mit sortentypischem Aroma, das mit zunehmender Esterbildung im Verlauf der Alterung an Intensität gewinnt. Geschmack: harmonisch, trocken, kräftig, je nach Alter leicht tanninherb bis samtig. Alkoholgehalt: 12%. Alterung: mindestens 1 Jahr, dann bis zu 4–5 Jahren. Qualitätsstufen: *Riserva* mindestens 3 Jahre Alterung. Zu allen Speisen zu trinken. – **Vin Santo.** Rebsorten und Produktion: siehe Bianco und Rosso. Farbe: von strohgelb bis intensiv bernsteinfarben der Bianco, mehr oder weniger intensiv granatrot der Rosso. Geruch: ätherisch, ausgeprägt. Geschmack: harmonisch, samtig. Alkoholgehalt: 14+1,5%. Alterung: mindestens 3 Jahre, dann noch 10 Jahre und mehr. Zum Abschluss der Mahlzeiten zu trinken.

**VIN SANTO DEL CHIANTI*.**

**VIN SANTO DEL CHIANTI CLASSICO*.**

* Nähere Angaben entnehmen Sie bitte dem Verzeichnis auf Seite 311–313.

*055852126.* **Pontassieve.** *Cantina Vicas, via Lisbona 39, Tel. 0558 314020. Lavacchio, via Montefiesole 55, Tel. 0558317472.* **Rufina.** *Castello di Pomino, via Pomino 82, Tel. 0558318810. Dreolino, via Fiorentina 5/6, Tel. 0558397021. Fattoria di Basciano, viale Duca della Vittoria 19, Tel. 0558397034. Fattoria di Galiga e Vetrice, via Vetrice 5, Montebonello, Tel. 0558397008.* **San Casciano in Val di Pesa.** *Castello il Palagio, Mercatale, via Campoli 140, Tel. 0558218157. Fattoria le Corti, via San Pietro di Sotto 1, Tel. 055820123. Tenuta Castello il Corno, via Malafrasca 64, Tel. 0558248009.* **Scandicci.** *Villa Torgiani Roveta, San Martino alla Palma 41, Tel. 0557 68748.*

## Agriturismo

**Impruneta**
**Inalbi**
via Terre Bianche 32
☎ 0552011797

**Incisa in Val d'Arno**
**Bellavista**
via Montelfi 1
☎ 0558335768

**Lastra a Signa**
**I Mori**
Ginestra Fiorentina
via Maremmana 22
☎ 0558784452

**Montelupo Fiorentino**
**Fattoria Petrognano**
via Bottinaccio 116
☎ 0571913795

**Montespertoli**
**Castello di Montegufoni**
Montagnana
via Montegufoni 18
☎ 0571671131

**San Casciano in Val di Pesa**
**La Foresteria**
Canciulle
via Cassia per Siena 35
☎ 0558228119

## Tourenvorschläge

**Strada del Vino Chianti Rufina e Pomino.** Detaillierte Informationen über diese Route erhalten Sie beim Consorzio Chianti Rufina, Lungarno Corsini 4, Florenz, Tel. 055268204, E-Mail: c.rufina@fi.flashnet.it. Ein mittlerweile bewährtes Weinstraßenprojekt, an dem sich 15 Kellereien und mehrere Landgüter beteiligen, die Ferien auf dem Land (Agriturismo) anbieten. Von **Florenz** aus geht es zunächst nach Sieci, wo eine Abzweigung über die Schlucht Borro delle Sieci weiterführt nach Santa Brigida, wo die Kellerei Castello del Trebbio ansässig ist. Auf der direkten Verbindungsstraße zwischen Sieci und Rufina befindet sich bei Pontassieve außerdem das Weingut Tenuta Bossi (→). Die Hauptstraße durch das obere Arnotal führt hingegen direkt in die Weinstadt (→) **Pontassieve.** Auf dem Weg hügelaufwärts lohnt auch ein Abstecher zur Fattoria Selvapiana (→ Kellereien) in Panzano in Chianti. In der Weinstadt (→) **Rufina** lädt die beeindruckende Villa del Poggio Reale zu einem Besuch ihres Weinbaumuseums. Für Übernachtungen und Lukullisches empfehlen wir das erstklassige Hotelrestaurant La Speranza – da Grazzini, ein traditionsreicher Familienbetrieb, in dessen Küche die Erzeugnisse aus eigener Landwirtschaft zu köstlichen Speisen werden. Noch weiter talaufwärts, nach der Abzweigung zum Landgut Colognole (→ Kellereien), gabelt sich der Weg: Die Hauptstraße führt weiter nach **Dicomano;** folgt man hingegen dem Seitental, so gelangt man nach **Londa.** Auf dem Rückweg führt die Strecke an **Pomino** und der Weinstadt (→) **Pelago** vorbei.

**Strada del Vino Chianti Colli Fiorentini.** Informationen beim Consorzio Vino Chianti, Lungarno Corsini 4, Florenz, Tel. 055212333 oder 055210168. Eine ausgedehnte Fahrt, die in vier Abschnitten durch die Hügellandschaft rund um Florenz und in den Südosten der Provinz führt. Im ersten Abschnitt wird das Gebiet westlich der Stadt erkundet: Zunächst fährt man über **Scandicci** nach San Martino alla Palma, dann hinauf nach San Vincenzo a Torri. In Ginestra nimmt man die Straße nach **Lastra a Signa,** von wo aus man dem Lauf des Arno folgend nach **Montelupo Fiorentino** gelangt. Der zweite Ab-

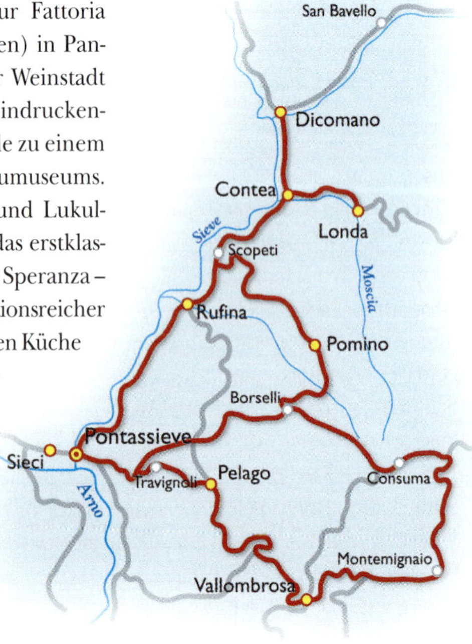


## Enoteche

**Calenzano**
**Tucano Bar**
via Puccini 273
☎ 0558825429

**Carmignano**
**Su pe' i canto**
piazza Matteotti 25/26
☎ 0558712490

schnitt führt über Galluzzo und Tavarnuzze nach **Impruneta** und von dort aus über Grassina weiter nach **Bagno a Ripoli,** wo eine Rundstrecke beginnt: Erst geht es hinauf nach Torre a Cona, dann über Bombone, Petriolo und Volognano nach Rosano und schließlich am Arno entlang zurück nach Florenz. Der dritte Abschnitt ist eine Erweiterung des vorigen und beginnt in **Rignano sull'Arno:** Nachdem man den Fluss überquert hat, nimmt man die Staatsstraße nach **Incisa** und **Figline Valdarno,** wo man wiederum den Fluss überquert und dann der Straße folgt, die erst hinauf nach **Reggello** und dann wieder hinab zur Straße durch das obere Arnotal führt. Der vierte Abschnitt, der dem Osten gilt, hat seinen Ausgangspunkt in **Fiesole,** von wo aus man Montereggi und danach den Berg Vetta le Croci ansteuert. Anschließend geht es durch die Schlucht Borro delle Sieci über Molina del Piano nach **Sieci** und schließlich zurück nach Florenz.

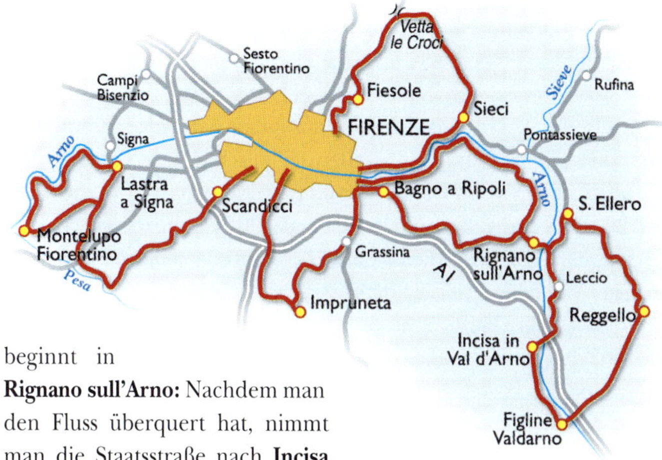


**Strada del Vino di Montespertoli.** Nähere Auskünfte bei der Gemeinde Montespertoli, piazza del Popolo 1, Tel. 05716001. Nachdem die Herkunftsbezeichnung Montespertoli anerkannt wurde, folgte in diesem Unterbereich der DOCG Chianti die Einrichtung einer Weinstraße, zu der zahlreiche Kellereien, Restaurants und Enoteche gehören. Die einzelnen Abschnitte folgen im Wesentlichen den drei aus der Ortschaft hinausführenden Hauptstraßen: In Richtung Empoli folgt man dem Tal des Orme bis nach

## Enoteche

**Greve in Chianti**
**Enoteca del Chianti Classico**
piazza S. Croce 8
☎ 055853297

Martignana, in Richtung Montelupo führt der Weg zunächst an Molino al Ponte vorbei und anschließend, nach Überquerung des Wildwassers Virgilio, über Baccaiano und Anselmo nach Ginestra. Wenn Sie in Montespertoli schließlich in Richtung Certaldo fahren, steuert man Aliano und Lucardo an. Unter den Kellereien in Montespertoli verdienen die Betriebe Fattoria le Calvane (→) und Le Fonti a San Giorgio (→) besondere Beachtung.

## Der Montalbano

### Wo der DOCG-Wein Carmignano reift

Montalbano heißt der Höhenzug, der sich längs des rechten Arnoufers südlich von Florenz erhebt. An seinen wie für den Weinbau geschaffenen Hängen gedeihen jene Reben, die den Stolz der noch jungen Provinz Prato ausmachen, wird doch aus ihnen der Carmignano DOCG gewonnen, der wie kaum ein zweiter italienischer Wein internationale Wertschätzung genießt. Dabei bestand das Erfolgsgeheimnis dieses Gewächses «nur» darin, dass man das klassische Verschnittrezept der Chianti-Weine, eine Kombination aus Sangiovese und Canaiolo, zusätzlich um Cabernet-Trauben anreicherte. Andere Weine dieser Gegend sind der Barco Reale del Carmignano, der aus denselben Rebsorten wie der DOCG-Wein gewonnen wird, dann der Carmignano DOC mit den Arten Rosato und Vin Santo und schließlich der bereits zuvor beschriebene Chianti Montalbano. Nicht zu vergessen der Bianco dell'Empolese, der zwar erst kürzlich ein DOC-Prädikat erhielt, dafür aber als würdiger Nachfahre jener Trebbiano-Gewächse gelten darf, die man früher in Florenz so hoch schätzte.

#### Weinstädte

**Carmignano.** Ein Ausflug nach Carmignano, dessen Weine bereits im 17. Jahrhundert durch den berühmten Arzt und Dichter Francesco Redi besungen wurden, ist auch heute noch ein Muss für den Weinfreund. Umso mehr, als dem Reisenden hier eine überaus attraktive Weinstraße zu Hilfe kommt, die an zahlreichen traditionsreichen Kellereien und Landgütern vorbei führt, so auch an der großartigen Villa Medicea di Artimino. Auch der Veranstaltungskalender hat einiges zu bieten: Volkstümlich geht es zu bei der **Antica Fiera di Carmignano,** die Anfang Dezember zu Ehren des hiesigen Weins abgehalten wird, und für jeden das Richtige gibt es das ganze Jahr über jeweils am ersten Sonntag des Monats auf dem Antiquitäten- und Secondhand-Markt **Mercato dell'Antiquariato e dell'Usato.**
**Cerreto Guidi.** Auf einer Anhöhe ist die beeindruckende Anlage einer von Bernardo Buontalenti errichteten Medici-Villa zu bewundern – ein weiterer Beleg für die Vorliebe, die das mächtige Geschlecht einst für diese Landschaft hegte. Darüber hinaus lockt die

#### Enoteche

**Rufina**
**Enoteca Puliti**
viale Duca della Vittoria 15
☎ 0558397081

**Sesto Fiorentino**
**Gensini Enoteca**
piazza del Mercato 23
☎ 0554489408

Ortschaft mit mehreren Veranstaltungen rund ums leibliche Wohl, als da wären die **Mostra del Vino** im Juli, der örtliche Wettstreit **Palio del Cerro** Ende August und schließlich am ersten Sonntag im September die **Festa di Santa Liberata.**
**Vinci.** In diesem Ort am Fuß des Montalbano sollte man es auf keinen Fall versäumen, dem Schloss, in dem einst die Conti Guidi residierten, einen Besuch abzustatten: Heute ist es nämlich Sitz eines Museums, das ganz dem berühmtesten Sohn des Städtchens, keinem Geringeren als Leonardo da Vinci, gewidmet ist. Äußerst reizvoll ist auch der Fußweg nach Anchiano, wo sich das Geburtshaus des großen Meisters befindet. Für den Weinfreund sind in Vinci zwei Veranstaltungen von besonderem Interesse: die **Fiera di Luglio** im Juli und die **Festa dell'Olio e del Vin Novo** Ende November.

## Kellereien

**Carmignano.** *Tenuta di Capezzana, Seano, via Capezzana 100, Tel. 055 8706005. Öffnungszeiten: nach Voranmeldung Montag–Freitag 8–12 und 14–18 Uhr.* 25 Kilometer vor Florenz thront auf einer Anhöhe über dem Arno eine stattliche Medici-Villa. Dort werden Chianti-Montalbano- und Carmignano-Weine gekeltert, und man muss wohl nicht extra betonen, dass sich darunter auch DOCG-Gewächse finden. Ebenfalls Beachtung verdient der rote Ghiaie della Furba, ein Wein neuerer Machart, der aus Cabernet- und Merlot-Reben bereitet und in Barriques ausgebaut wird. Bewirtung und Übernachtung nach Voranmeldung.
**Und außerdem ... Carmignano.** *Castelvecchio, via delle Mannelle 19, Tel. 0558705451. Fattoria di Bacchereto, Bacchereto, via Fontemorana 179, Tel. 0558717191. Il Poggiolo di Carmignano, via Pistoiese 90, Tel. 055 8711242.*

*Das Schloss von Vinci.*

### Veranstaltungskalender

**Mai**
**Montespertoli**
❹ Mostra del Chianti (Weinmesse)
**September**
**Rufina**
❹ Bacco Artigiano (Weinfest)

## Tourenvorschläge

**Strada Medicea dei Vini di Carmignano.** Nähere Informationen über die Weinstraße und weitere Auskünfte erteilt die Gemeinde Carmignano, piazza Vittorio Emanuele II 2, Tel. 0558712002. Diese bewährte Route führt durch den Gemeindebezirk von Carmignano und einen Teil des Gebiets von Poggio a Caiano. An der Initiative sind 22 Weingüter, zwölf Restaurants, drei Hotels und zwei Enoteche beteiligt. Detaillierte Broschüren liegen außerdem in den Fremdenverkehrsbüros bereit. Die Weinstraße, in Wirklichkeit ein weit verzweigtes Streckennetz, lässt sich leicht in drei verschiedene Abschnitte gliedern: Einer davon folgt im Wesentlichen der Straße, die in südwestlicher Richtung nach Vinci und Empoli führt; direkt am Wege liegen die Ortschaften Santa Cristina a Mezzana und San Giusto al Montalbano, etwas abseits Bacchereto und Verghereto. Beim zweiten Abschnitt, der nach Süden, also in Richtung Arno, führt, gabelt sich der Weg, sobald man die Ortschaft Serra passiert hat: Linker Hand geht es erst nach Artimino, wo die berühmte Medici-Villa La Ferdinanda, überdies Sitz einer Kellerei, zu besichtigen ist, dann weiter nach Poggio alla Malva, das schon

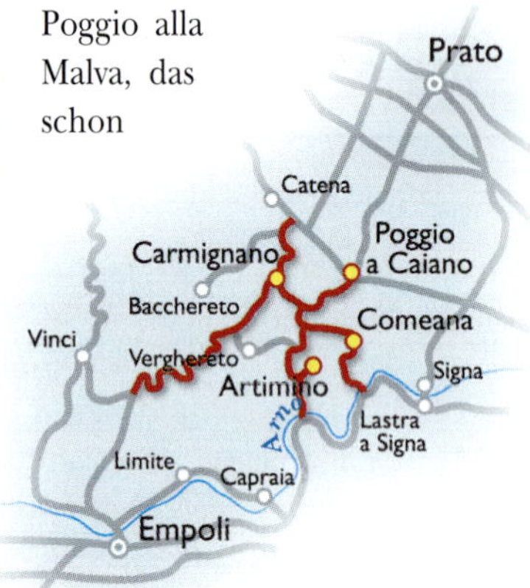


ziemlich nahe am Fluss liegt; rechter Hand führt die Straße nach Comeana an den Ufern des Wildwassers Ombrone entlang. Da die beiden letztgenannten Orte durch eine Nebenstraße verbunden sind, ist hier eine Rundfahrt möglich. Dies gilt auch für den dritten, in nordöstliche Richtung führenden Abschnitt, der an die Staatsstraße 66 Richtung Pistoia heranreicht: Von Carmignano aus folgt man der Straße nach Prato, auf der man recht bald nach Poggio a Caiano gelangt, wo sich eine weitere berühmte Medici-Villa befindet; von dort aus steuert man Poggetto und Seano an und kehrt schließlich nach Carmignano zurück.

**September–Oktober**
**San Casciano in Val di Pesa**
Festa della Vendemmia (Weinlesefest)
**November**
**Montespertoli**
① Festa per il Vino Novello (Fest des neuen Weins)

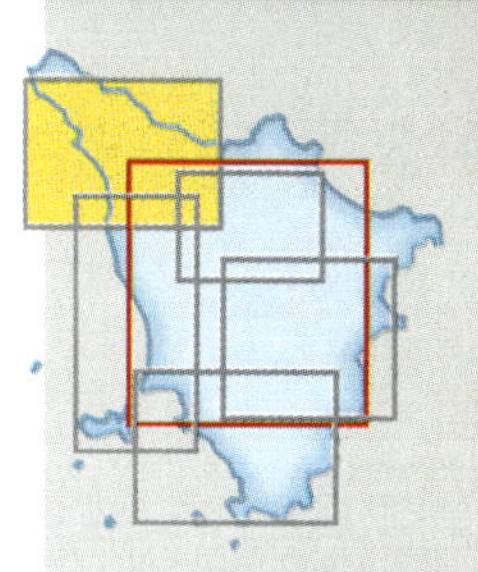

# Die Weinberge im Nordwesten

*Am Fuß des Apennin, in den Provinzen Pistoia, Lucca und Massa-Carrara, weichen die roten Rebsorten zunehmend weißen Trauben, Vorboten der ligurischen Weinbautradition.*

Typisch für die Weinlandschaft im Nordwesten der Toskana, die sich über das Bergland am Fuß des Apennin in den Provinzen Pistoia, Lucca und Massa-Carrara erstreckt, ist die Präsenz weißer Rebsorten, die sonst eher in Ligurien beheimatet sind. In erster Linie gilt dies für die Vermentino-Traube, die schon im Gebiet um Pistoia großzügig angebaut wird, um dann, je mehr man sich der toskanisch-ligurischen Grenze nähert, zur vorherrschenden Rebsorte zu werden. Auch die Albarola-Traube ist immer häufiger anzutreffen. Ansonsten entspricht das Rebsortenspektrum im Wesentlichen dem in der Toskana gewohnten Bild, wobei sich auf den Rebflächen in zunehmendem Maße französische Importe finden, so etwa Cabernet franc, Cabernet Sauvignon und Merlot, mit denen schon so mancher beachtliche Erfolg erzielt werden konnte.

## Die Provinz Pistoia

### Vom Chianti Montalbano zum Bianco della Valdinievole

Auch die Provinz Pistoia hat noch Anteil am weitläufigen Anbaugebiet des Chianti: Mit seinen nordwestlichen Ausläufern reicht es bis an die Hänge des Montalbano, wo die Weine des gleichnamigen Chianti-Unter-

## Hotels und Restaurants

**Camaiore**

**Locanda Le Monache** ★★★ 🍴🍴
piazza XXIX Maggio 36
☎ 0584989258

**Emilio e Bona** 🍴🍴🍴
Lombrici
☎ 0584989289

**Capannori**

**Country Club** ★★★
Gragnano
via Pesciatina 874
☎ 0583434404

**Il Ponte** 🍴
Pieve di Compito
via di Pieve 142
☎ 0583977281

**Carrara**

**Enoteca Ninan** 🍴🍴
via Bartolini 3
☎ 058574741

**Venanzio** 🍴🍴
7 km nach Colonnata
piazza Palestro 3
☎ 0585758062

**Locanda Apuana** 🍴
via Comunale di Colonnata bei km 7
☎ 0585768017

**Forte dei Marmi**

**Ritz Forte dei Marmi** ★★★★
via F. Gioia 2
☎ 0584787531

**Franceschi** ★★★
via XX Settembre 19
☎ 0584787114

bereichs gekeltert werden, und dann weiter bis zur Hügellandschaft um Pistoia selbst. Weiter westlich, in Richtung Lucca, wandelt sich dann allerdings das Rebsortenspektrum, denn hier beginnt das Reich des Bianco della Valdinievole, der auf eine jahrhundertealte Tradition zurückblicken kann. Zwar beansprucht dieser Wein mit nur rund 70 Hektar ein recht bescheidenes Areal, doch was dort auf Flaschen gezogen wird, gehört zur absoluten Spitzenklasse. Zu danken ist dies den örtlichen Winzern, die auf die glänzende Idee verfielen, die weit verbreitete Trebbiano-toscano-Rebe mit Malvasia, Canaiolo bianco und neuerdings auch Vermentino zu vermählen. Schließlich ist der Vin Santo zu nennen, der entsprechend alter Gepflogenheit mindestens drei Jahre in Holzfässern gelagert werden muss.

## Kellereien

**Serravalle Pistoiese.** *Fattoria le Poggiola, via di Treggiaia 13, Tel. 0573 51071. Öffnungszeiten: nach Voranmeldung.* Blühende Oleandersträucher säumen den Weg zu dem reizvollen kleinen Landhaus, das sich zwischen den Weinbergen und Olivenhainen des 20 Hektar großen Guts verbirgt. Zu den Schätzen des Kellers gehören ein Chianti nebst Vin Santo sowie je ein Weißwein und ein Rosé der Herkunftsbezeichnung Colli dell'Etruria Centrale. Ferienunterkünfte (Agriturismo) mit verlockenden Ausflugsmöglichkeiten.

**Und außerdem … Pistoia.** *Marini, in Pontenuovo, via Sestini 274, Tel. 0573452096.* **Quarrata.** *Fattoria di Lucciano, via delle Gorga 38, Tel. 0573750209.*

## DOCG- und DOC-Weine aus der Provinz Pistoia

**DOCG**

**CHIANTI** (Unterbereich **MONTALBANO**)*.

**DOC**

**BIANCO DELLA VALDINIEVOLE.** Rebsorten: Trebbiano toscano (70 bis 100%), Malvasia del Chianti und/oder Canaiolo bianco und/oder Vermentino (bis 25%), sonstige (bis 5%). Produktion: 1545 hl (40 ha). Farbe: helles Goldgelb, zu strohgelb neigend. Geruch: leicht weinig, gefällig. Geschmack: trocken, lebhaft, harmonisch, manchmal leicht perlend. Alkoholgehalt: 11%. Zu Fisch zu trinken. – **Vin Santo.** Rebsorten und Produktion: siehe Bianco. Farbe: von strohgelb bis bernsteinfarben, mehr oder weniger stark ins Rötliche spielend. Geruch: intensiv, ätherisch, sortentypisch. Geschmack: harmonisch, weich, mit sortentypischem, leicht bitterem Abgang. Alkoholgehalt: 17%. Arten: *Dolce* 12+5%, *Semisecco* 13+4%, *Secco* 14+3% Alkohol. Alterung: mindestens 3 Jahre, dann noch 5 Jahre und mehr. Außerhalb der Mahlzeiten und in Mußestunden zu trinken.

**COLLI DELL'ETRURIA CENTRALE*.**

**VIN SANTO DEL CHIANTI** (Unterbereich **MONTALBANO**)*.

* Nähere Angaben entnehmen Sie bitte dem Verzeichnis auf Seite 311–313.

### Hotels und Restaurants

**Forte dei Marmi**
**La Magnolia** 🍴🍴🍴
viale Morin 46
☎ 0584787052

**Fosdinovo**
**Il Cucco** 🍴
via Cucco 26
☎ 018768907

**Lucca**
**Grand Hotel Guinigi** ★★★
via Romana 1247
☎ 058349991

**Villa San Michele** ★★★
4 km nach San Michele in Escheto
via della Chiesa 462
☎ 0583370276

**La Luna** ★★★
via Fillungo
☎ 0583493634

**Buca di Sant'Antonio** 🍴🍴🍴
via della Cervia 3
☎ 058355881

**Antica Locanda dell'Angelo** 🍴🍴
via Pescheria 21
☎ 058347711

# Die Provinz Lucca

## Die große Vergangenheit der Weißweine aus Montecarlo

Kein anderer Ort der Provinz Lucca kann sich in puncto Wein mit Montecarlo messen, jener mittelalterlichen Ortschaft, deren Trebbiano-Gewächse einst bei Kardinälen wie Fürsten in allerhöchstem Ansehen standen. Ihre Sonderstellung verdanken die um Montecarlo erzeugten Weine den kiesigen Böden, auf denen neben der Trebbiano-Traube seit dem letzten Jahrhundert in zunehmendem Maße auch edle französische Rebsorten wie Pinot bianco, Roussanne, Sémillon und Sauvignon blanc gedeihen. Seit einigen Jahren wird das DOC-Prädikat Montecarlo auch Rotweinen zuerkannt, bei denen die herkömmlichen Rebsorten der Toskana mit Cabernet, Merlot oder auch Sirah kombiniert werden. Umgekehrt verlief die Entwicklung beim DOC-Bereich Colline Lucchesi: Diese Herkunftsbezeichnung, die das nähere Umland der Stadt Lucca betrifft, war bei ihrer Einführung im Jahr 1968 eigentlich nur für Rotweine vorgesehen, gilt seit 1985 aber auch für Weiße. Quantitativ betrachtet, ist deren Produktion zwar eher bescheiden, doch sind einige recht interessante Gewächse darunter, die aus selteneren Rebsorten gekeltert werden.

### Weinstädte

**Montecarlo.** Südlich von Pescia auf einem Hügel über dem Valdinievole gelegen, schmiegt sich das Städtchen dicht an die Festungsmauern der im 14. Jahrhundert errichteten Rocca del Cerruglio. Ursprünglich hieß der Ort Viviana, abgeleitet von «Via Vinaria», was auf den regen Weinhandel verweist, der hier seit jeher betrieben wurde. Heute erinnern an diese Tradition die in der ersten Septemberwoche stattfindende Verkaufsmesse **Mostra Mercato del Vino Montecarlo e delle Colline Lucchesi** sowie die **Festa del Vino Novello** Anfang November.

**Und außerdem ... Capannori.**

### Hotels und Restaurants

**Marina di Carrara**
**Mediterraneo** ★★★
via Genova 2/h
☎ 0585785222
**Muraglione** 🍴🍴🍴
Avenza
via Fivizzano 13
☎ 058552337

**Marina di Massa**
**Excelsior** ★★★
via C. Battisti 1
☎ 05858601
**Villa Irene** ★★★
Poveromo
via delle Macchie 125
☎ 0585309310

**Massa**
**Passeggero** 🍴
piazza Aranci
☎ 0585489651

**Massarosa**
**La Chandelle** 🍴🍴🍴
via Casa Rossa 1
☎ 0584938290

**Montecarlo**
**Alla Taverna** 🍴🍴
piazza Francesco Carrara 12
☎ 058322588

## DOC-Weine aus der Provinz Lucca

**COLLINE LUCCHESI. – Bianco.** Rebsorten: Trebbiano toscano (45–70%), Greco und/oder Grechetto und/oder Vermentino und/oder Malvasia del Chianti (bis 45%), Chardonnay und/oder Sauvignon blanc (bis 30%), sonstige (bis 15%). Produktion: 1251 hl (28 ha). Farbe: mehr oder weniger kräftiges Strohgelb. Geruch: fein, angenehm, sortentypisch. Geschmack: trocken, fein, harmonisch. Alkoholgehalt: 10,5%. Zu allen Speisen zu trinken. – **Sauvignon.** Rebsorten: Sauvignon blanc (85–100%). Farbe: von strohgelb bis hin zu leuchtendem Goldgelb. Geruch: fein, nahczu aromatisch. Geschmack: trocken, samtig, angenehm. Alkoholgehalt: 11%. Zu Vorspeisen und zu Fisch zu trinken. – **Vermentino.** Rebsorten: Vermentino (85–100%). Farbe: mehr oder weniger kräftiges Strohgelb. Geruch: fein, delikat. Geschmack: weich, fruchtig, trocken. Alkoholgehalt: 11%. Alterung: bis zu 2 Jahren. Zu Fisch zu trinken. – **Vin Santo.** Rebsorten: Für die Provinz Lucca zugelassene weiße Sorten. Farbe: kräftiges Goldgelb, zu bernsteinfarben neigend. Geruch: angenehm, harmonisch, sortentypisch. Geschmack: angenehm süß mit Passito-Note der Amabile, trocken, samtig und harmonisch der Secco. Alkoholgehalt: 16%. Alterung: mindestens 3 Jahre, dann noch 5 Jahre und mehr. Arten: *Amabile* und *Secco.* Zum Dessert und außerhalb der Mahlzeiten zu trinken. – **Vin Santo Occhio di Pernice.** Rebsorten: Für die Provinz Lucca zugelassene rote Sorten. Farbe: blasses bis kräftiges Rosé mit ins Granatrote spielenden Reflexen. Geruch: ausgeprägt, sortentypisch. Geschmack: süß, weich, samtig. Alkoholgehalt: 16%. Alterung: mindestens 3 Jahre, dann noch 5 Jahre und mehr. Zum Dessert oder in Mußestunden zu trinken. – **Rosso.** Rebsorten: Sangiovese (45–70%), Canaiolo und/oder Ciliegiolo (bis 30%), Merlot (bis 15%), sonstige (bis 15%, davon höchstens 5% Aleatico und Moscato). Produktion: 3624 hl (104 ha). Farbe: leuchtendes Rubinrot, mit der Alterung zu Granatrot neigend. Geruch: angenehm, sortentypisch. Geschmack: trocken, harmonisch, weich, als junger Wein auch lebhaft. Alkoholgehalt: 11%. Alterung: bis zu 3 Jahren. Qualitätsstufen: *Riserva* mindestens 11,5% Alkohol und 2 Jahre Alterung (dann bis zu 4 bis 5 Jahren). Zu allen Speisen zu trinken, die Riserva zu Speisen der gehobenen Küche.– **Merlot.** Rebsorten: Merlot (85–100%). Farbe: rubinrot, mit der Alterung zu Granatrot neigend. Geruch: sortentypisch, angenehm. Geschmack: voll, trocken. Alkoholgehalt: 11,5%. Alterung: bis zu 3 Jahren. Qualitätsstufen: *Riserva* mindestens 12% Alkohol und 2 Jahre Alterung (dann bis zu 4 Jahren). Zu allen Speisen zu trinken, die Riserva zu kräftigen Fleischgerichten und Käse. – **Sangiovese.** Rebsorten: Sangiovese (85–100%). Farbe: rubinrot, mit zunehmender Alterung granatrot. Geruch: sortentypisch, angenehm. Geschmack: trocken, harmonisch. Alkoholgehalt: 11,5%. Alterung: bis zu 3 Jahren. Qualitätsstufen: *Riserva* mindestens 12% Alkohol und 2 Jahre Alterung (dann bis zu 4–5 Jahren). Zu allen Speisen zu trinken, die Riserva zu gebratenem Fleisch und Wild.

**MONTECARLO. – Bianco.** Rebsorten: Trebbiano toscano (40–60%), Sémillon, Pinot grigio, Pinot bianco, Vermentino, Sauvignon blanc, Roussanne (40–60%, wobei mindestens 3 der genannten Rebsorten einen Anteil von jeweils 10% überschreiten müssen). Produktion: 6145 hl (124 ha). Farbe: klares, mehr oder minder kräftiges helles Strohgelb. Geruch: fein, sortentypisch. Geschmack: trocken, fein, harmonisch. Alkoholgehalt: 11%. Zu Fisch, Eierspeisen und Frischkäse zu trinken. – **Vin Santo.** Rebsorten und Produktion: siehe Bianco. Farbe: von strohgelb über goldgelb bis intensiv bernsteinfarben. Geruch: ätherisch, intensiv, sortentypisch. Geschmack: harmonisch, samtig; sehr rund der Amabile. Alkoholgehalt: 16%. Alterung: mindestens 3 Jahre,

### Hotels und Restaurants

**Montignoso**

**Eden** ★★★
5 km nach Cinquale
via Gramsci
☎ 0585807676

**Bottaccio** (5 Gabeln)
via Bottaccio 1
☎ 0585340031

**Grazia** (2 Gabeln)
5 km nach Cinquale
via Gramsci 155
☎ 0585309070

**Pistoia**

**Leon Bianco** ★★★
via Panciatichi 2
☎ 057326676

**Castagno di Pier Angelo** (3 Gabeln)
12 km nach
Castagno di Pitecchio
via del Castagno 46/b
☎ 057342214

**Casa degli Amici** (2 Gabeln)
via Bonellina 111
☎ 0573380305

**Lo Storno** (1 Gabel)
via del Lastrone 8
☎ 057326193

## DOC-Weine aus der Provinz Lucca

dann noch 5 Jahre und mehr. Arten: *Secco* 14+2%, *Amabile* 13+3% Alkohol. Qualitätsstufen: *Secco Riserva* mindestens 14+2% Alkohol und 4 Jahre Alterung, *Amabile Riserva* mindestens 13+3% Alkohol und 4 Jahre Alterung. Zum Abschluss der Mahlzeiten oder in Mußestunden zu trinken. – **Vin Santo Occhio di Pernice.** Rebsorten und Produktion: siehe Rosso. Farbe: blasses bis kräftiges Rosé. Geruch: warm, intensiv. Geschmack: süß, weich, samtig, rund. Alkoholgehalt: 14+2%. Alterung: mindestens 3 Jahre, dann noch 5 Jahre und mehr. Qualitätsstufen: *Riserva* mindestens 14+2% Alkohol und 4 Jahre Alterung. Zum Dessert und außerhalb der Mahlzeiten zu trinken. – **Rosso.** Rebsorten: Sangiovese (50–75%), Canaiolo nero (5–15%), Ciliegiolo und/oder Colorino und/oder Malvasia nera und/oder Sirah und/oder Cabernet franc und/oder Cabernet Sauvignon und/oder Merlot (10–15%), sonstige (bis 20%). Produktion: 474 hl (58 ha). Farbe: funkelndes, lebhaftes Rubinrot. Geruch: weinig, intensiv. Geschmack: trocken, schmackhaft. Alkoholgehalt: 11,5%. Alterung: bis zu 3 Jahren. Qualitätsstufen: *Riserva* mindestens 12% Alkohol und 2 Jahre Alterung (dann bis zu 4 bis 5 Jahren). Zu allen Speisen zu trinken, die Riserva zu rotem Fleisch, Wild und altem Käse.

## Kellereien

**Tofori.** *Fattoria Maionchi, via di Tofori 81, Tel. 0583978194, E-Mail: villamaionchi@lunet.it. Öffnungszeiten: 9–12 und 14–18 Uhr, Voranmeldung erwünscht.* Auf halbem Weg zwischen Lucca und Pescia lädt dieses Gut mit seinem malerischen Landhaus aus dem 17. Jahrhundert zum Verweilen ein. Weine mit der DOC-Bezeichnung Colline Lucchesi werden hier ebenso gekeltert wie einige interessante Tafelweine, etwa der Cintello, der zu gleichen Teilen aus Sangiovese- und Canaiolo-Trauben bereitet wird, oder der Colle Grosso, ein reinsortiger Sangiovese. Weinproben und Bewirtung nach Voranmeldung, darüber hinaus werden Urlaubsunterkünfte (Agriturismo) angeboten.

**Und außerdem ... Capannori.** *Fattoria di Fubbiano, San Gennaro, via di Tofori 2a, Tel. 0583978311.* **Montecarlo.** *Enoteca Mini, via Provinciale di Montecarlo 140, Tel. 0583276019. Fattoria del Buonamico, via Provinciale 43, Tel. 0583 22038. Fattoria del Teso, via Poltroniera, Tel. 0583286288. Fattoria la Torre, via Provinciale 7, Tel. 0583 22981, E-Mail: latorre@lunet.it. Fattoria Michi, via S. Martino 34, Tel. 058322011. Selmi, via della Pace 210, Tel. 058322434-22386, E-Mail: confare@interbusiness.it.* **San Casciano in Val di Pesa.** *Villa Sant'Andrea,*

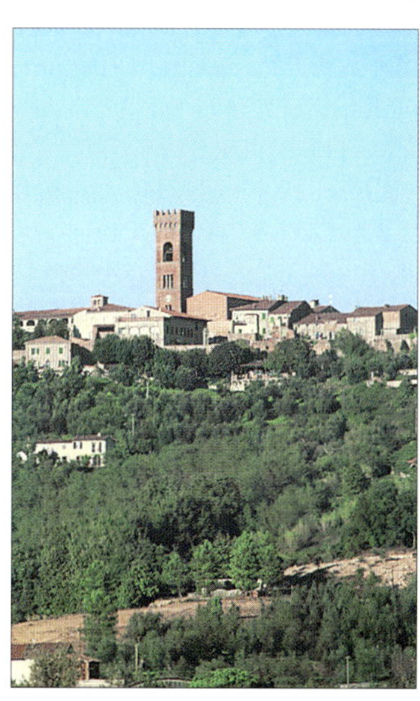

*Montecarlo.*

## Hotels und Restaurants

**Quarrata**
**Bussola – da Gino** 🍴🍴
4 km nach Catena
☎ 0573743128

**Serravalle Pistoiese**
**Lago Verde** ★★★
via Castellani 4
☎ 0573518262
**Da Marino** 🍴
località Ponte
via Lucchese 101
☎ 057351042

**Viareggio**
**Oca Bianca** 🍴🍴🍴🍴
via Coppino 409
☎ 0584388477
**Romano** 🍴🍴🍴🍴
via Mazzini 122
☎ 058431382
**Villa Basilica**
**Da Aldo** 🍴
via Cartiere 175
☎ 057243008

*località Monefiridolfi, via di Fabbrica 63, 0558244254.* **San Marco.** *Fondin, via delle Tagliate 124, Tel. 0583 490420, fondin@lunet.it, www.winegolf.it.* **Segromigno in Monte.** *Colle di Bordocheo, via Piaggiori Basso 123, Tel. 0583929821.*

## Tourenvorschläge

**Strada del Vino Montecarlo e Colline Lucchesi.** Diese Weinstraße führt durch das dem Apennin vorgelagerte Hügelland nördlich und östlich von Lucca. Sie wird durch die Staatsstraße 12, die dem Flusslauf des Serchio folgt, in zwei Abschnitte geteilt. Eine Broschüre, die in den Fremdenverkehrsbüros aufliegt, gibt über die 35 an dem Projekt beteiligten Weingüter Aufschluss. Der westliche Abschnitt führt durch den DOC-Bereich Colline Lucchesi: Ausgangspunkt ist Monte San Quirico, von wo aus man zunächst Pieve Santo Stefano und Castagnori ansteuert, um dann nach Osten Richtung Mutigliano, Arsina und San Quirico di Moriano abzuzweigen. Jenseits des Serchio beginnt der östliche Abschnitt der Weinstraße, der sich wiederum in zwei Strecken teilt: Eine der beiden ist eigentlich nur die Fortsetzung des vorigen Streckenverlaufs, denn sie führt weiterhin durch das Gebiet der Colline Lucchesi, vorbei an San Pancrazio, Matraia, Valgiano, Segromigno in Monte, Camigliano, Tofori, Gragnano und Mura; auf der anderen Strecke hingegen gelangt man südlich der Staatsstraße 435 in die nähere Umgebung von Montecarlo. Hier werden die DOC-Weine gleichen Namens erzeugt.

### Agriturismo

**Lucca**
**Le Murelle**
La Cappella
via per Camaiore
☎ 0583394055
**Villa Lenzi**
San Concordio
di Moriano
via della Maolina 3644
☎ 0583395187
**Montecarlo**
**Da Baffo**
via della Tinaia 7
☎ 058322381
**Montignoso**
**Karma**
via Guadagni 1
☎ 0585821237
**Serravalle Pistoiese**
**Fattorie Le Poggiola**
Ponti di Serravalle
via Treggiaia 13
☎ 057351071

# Die Colli Apuani und die Colli di Luni

## Die Vermentino-Rebe kündet vom nahen Ligurien

In den DOC-Bereichen Candia dei Colli Apuani und Colli di Luni im Nordwesten der Toskana deutet schon so manches auf die typischen Eigenheiten der ligurischen Weinbautradition hin. Der Candia beispielsweise, der seit Menschengedenken auf den schroff zum Meer hin abfallenden Hängen der Apuanischen Alpen erzeugt wird, aber erst relativ spät ein DOC-Prädikat erhielt, wird vorwiegend aus den in Ligurien beheimateten Rebsorten Vermentino und Albarola gekeltert, während Trebbiano- und Malvasia-Trauben nur gelegentlich Verwendung finden. In noch stärkerem Maße verweisen aber die Weine der Colli di Luni auf die westliche Nachbarregion, schon allein deshalb, weil sich mit der knapp sieben Hektar großen Anbaufläche entlang des unteren Magritals nur ein geringer Teil dieses DOC-Bereichs auf toskanischen Boden befindet. Zudem werden die berühmtesten Colli-di-Luni-Gewächse sicherlich in den Cinque Terre, also jenseits der Grenze zu Ligurien, produziert. Auch einige Rotweine aus Sangiovese-, Canaiolo-, Pollera- und Ciliegiolo-Trauben können sich mit dem DOC-Siegel Colli di Luni schmücken.

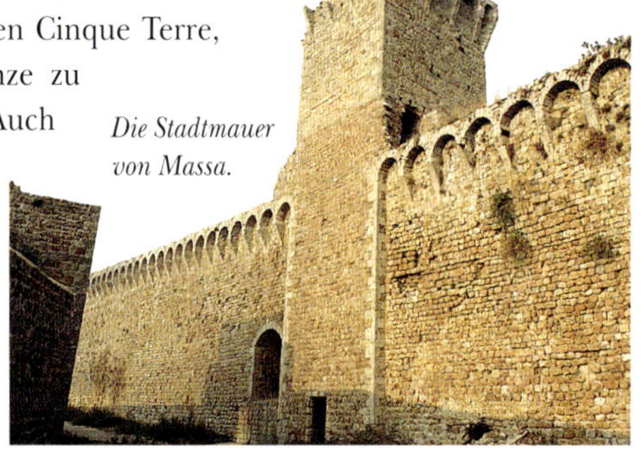

*Die Stadtmauer von Massa.*

### DOC-Weine aus der Provinz Massa-Carrara

**CANDIA DEI COLLI APUANI.** – **Bianco.** Rebsorten: Vermentino (70 bis 80%), Albarola (10–20%), Trebbiano toscano (bis 20%) und/oder Malvasia (bis 5%). Produktion: 920 hl (24 ha in den Gemeindebezirken von Massa, Carrara und Montignoso). Arten: *Secco* (auch als *Frizzante*). Farbe: mehr oder weniger kräftiges Strohgelb. Geruch: fein, intensiv, sortentypisch. Geschmack: trocken, mitunter weich, fruchtig, voll, harmonisch, leicht bitter im Abgang. Alkoholgehalt: 11,5%. Arten: *Amabile* oder *Abboccato* (auch als *Frizzante*). Farbe: mehr oder weniger kräftiges Strohgelb. Geruch: angenehm duftend, fein, leicht würzig, sortentypisch. Geschmack: fruchtig, lieblich, harmonisch, lebhaft oder still. Alkoholgehalt: 11,5%. Der Amabile zu allen Speisen, der Abboccato auch zum Dessert. – **Vin Santo.** Rebsorten und Produktion: siehe Bianco. Farbe: von strohgelb bis mehr oder weniger intensiv bernsteinfarben. Geruch: ätherisch, intensiv, aromatisch. Geschmack: trocken bis lieblich, harmonisch. Alkoholgehalt: 14+2,5%. Alterung: mindestens 3 Jahre, dann noch 5 Jahre und mehr. Zum Dessertwein oder außerhalb der Mahlzeiten.

**COLLI DI LUNI.** Produktion: 210 hl (6 ha in den Gemeindebezirken von Fosdinovo, Aulla und Podenzana). Nähere Angaben siehe Ligurien.

### Enoteche

**Borgo a Buggiano**
**La Cantina del Borgo**
via Circonvallazione 106/108
☎ 05732025

**Camaiore**
**Baldaccini Vini & Liquori**
via Carignoni 23
☎ 0584989047

**Larciano**
**Enoteca Bar Bonfanti**
piazza Vittorio Veneto 17
☎ 057383117

**Lucca**
**Enoteca Lucca in Tavola**
via S. Paolino 130
☎ 0583581022

## Gaumenfreuden

Der Küstenstreifen entlang der Maremma galt ja lange Zeit nicht gerade als Hochburg einer gehobenen Weinkultur, doch in letzter Zeit sind Kenner ins Staunen geraten. Bestes Beispiel für die rasante Entwicklung ist das Städtchen Castagneto Carducci, Heimat des Dichter Giosuè Carducci, der hier im Schatten der weithin bekannten Zypressen von San Guido Inspiration suchte. Heute indes suchen Touristen den Ort zu Tausenden wegen der in jüngerer Vergangenheit hier entstandenen großen Weine auf; vor allem der Sassicaia ist das Zugpferd der örtlichen Weinproduktion geworden. Glücklicherweise hat man über den Erfolg die angestammte Naturverbundenheit nicht vergessen, auch in vielen Restaurants nicht, die in angenehmer Atmosphäre landestypische Gerichte servieren. Zwei Musterbeispiele hierfür bieten die Familienbetriebe Da Ugo im Ortszentrum, wo ein köstlicher Wildschweinbraten gereicht wird, und das im Wald versteckte Bagnoli, wo man unter den vergilbten Fotos von Carducci Tagliatelle mit Gänsefleisch speisen kann. Übernachtung mit Meeresrauschen inklusive und eine hervorragende Küche bietet das direkt am Strand gelegene I Ginepri. Landeinwärts, in Volterra, sollte man im Vecchio Mulino di Saline unbedingt den Wildschweinbraten mit Lorbeer probieren. Das direkt am Meer gelegene Pineta in Marina di Bibbona und das Bagatelle in Marina di Cecina wiederum servieren einfache, aber köstliche Fischgerichte.

Ein anderer großer Wein der Maremma ist der Morellino, der um Scansano herum beheimatet ist, inmitten einer malerischen, von üppigem Grün bewachsenen Landschaft, in der hie und da ein pittoreskes Dörfchen auf einem Hügel thront. So zum Beispiel Montemerano, ein kleiner, perfekt proportionierter Ort mit behutsam renovierten Häusern, einer entzückenden Piazza und nicht zuletzt einem ganz ausgezeichneten Restaurant, dem Caino, wo man von den unaufdringlichen, hingebungsvoll schaffenden Eheleuten Maurizio und Valeria nach Strich und Faden verwöhnt wird: Während er die Gäste bedient und für die Auswahl der phänomenalen Weine verantwortlich zeichnet, liefert sie in der Küche, wo vom Brot bis zu den Desserts alle Speisen selbst zubereitet werden, immer neue Beweise ihres außergewöhnlichen Könnens; wer dann auch noch über Nacht bleiben will, dem stehen sogar drei hübsche Zimmer zur Wahl. Etwas abgelegener ist die Osteria del Vecchio Castello in Roccalbegna, wo man nicht nur einen Ausflug zum Monte Amiata machen, sondern auch die Leckerbissen eines der kleinsten Restaurants Italiens kennen lernen kann. Empfohlen sei schließlich auch das Bracali in Ghirlanda di Massa Marittima, das seit eh und je ob seiner ausgezeichneten Wildgerichte Berühmtheit genießt und in dem mittlerweile die junge Generation in Gestalt eines tüchtigen Brüderpaars das Ruder übernommen hat.

### Enoteche

**Montecarlo**
**Enoteca Mini**
via di Montecarlo 138
☎ 0583276019

**Pietrasanta**
**Enoteca Marcucci**
via Garibaldi 40
☎ 0584791962

**Viareggio**
**Magazzino del Vino – Novi**
via Zanardelli 116
☎ 058445581

**Taverna dell'Assassino**
viale Manin 1
☎ 058445011

### Veranstaltungskalender

**September**
**Montecarlo**
❶ Mostra mercato del Vino Montecarlo (Weinmesse)

**November**
**Montecarlo**
① Festa del Vino Novello (Fest des neuen Weins)

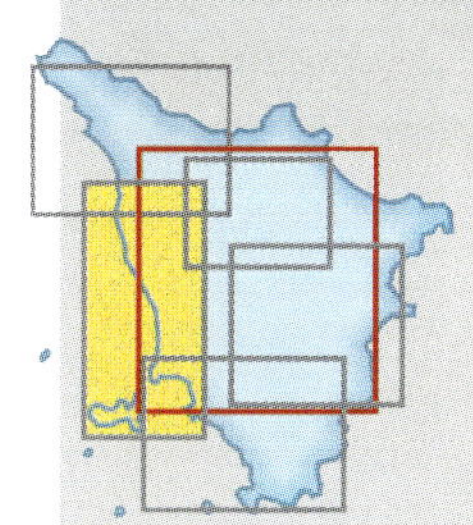

# Die Küste von Pisa bis Elba

*In den Provinzen Pisa und Livorno reichen die Wurzeln des Weinbaus bis in die Zeit der Etrusker zurück. Gewächse ganz eigener Art bietet die Insel Elba.*

Vom Unterlauf des Arno bis zum Fluss Cornia breitet sich die sanft gewellte Hügellandschaft der Provinzen Pisa und Livorno aus, ihrer Herkunft nach ein Apenninausläufer, der zum Landesinneren hin an die Colli della Toscana Centrale grenzt und jenseits des Flüsschens Cecina übergeht in dessen Quellgebiet, das toskanische «Erzgebirge» Colline Metallifere. Insgesamt ein sehr dankbares Gelände für den Weinbau, der hier zudem durch die Nähe des Meeres begünstigt wird. Das Rebsortenspektrum umfasst die wohl bekanntesten Sorten Sangiovese und Trebbiano und außerdem Vermentino. Die wichtigsten Weine von Nord nach Süd: Auf den Chianti des Unterbereichs Colline Pisane folgt der etwas eigenständigere Bianco Pisano di San Torpé und die beiden DOC-Bereiche Montescudaio und Bolgheri (Provinz Livorno) die zwischen Cecina und Cornia liegen. Die Insel Elba stellt in jeder Hinsicht einen Sonderfall dar: Das Klima, die geologischen Gegebenheiten und die ungewöhnlichen Rebsorten sorgen für ganz eigene Weine, deren vornehmster Vertreter der Aleatico ist.

## Hotels und Restaurants

**Bibbona**

**Marinetta** ★★★★
via dei Cavalleggeri 2
☎ 0586600598

**Campiglia Marittima**

**Enoteca Pizzica** 🍴
piazza della Vittoria 2
☎ 0565838383

**Castagneto Carducci**

**I Ginepri** ★★★
8 km nach Marina di Castagneto
viale Italia 13
☎ 0565744027

**Nuovo Hotel Bambolo** ★★★
3 km nach Donoratico
località il Bambolo 31
☎ 0565775206

**Il Bambolo** 🍴
3 km nach Donoratico
località Il Bambolo 149
☎ 0565775055

**Da Ugo** 🍴
via Pari 3/a
☎ 0565763746

**Cecina**

**Il Gabbiano** ★★★
3 km nach Marina di Cecina
viale della Vittoria 109
☎ 0586620248

**Posta** ★★★
piazza Gramsci 12
☎ 0586686338

# Die Hügel um Pisa

## Heimat der Weine von San Torpé und Montescudaio

Auch die Provinz Pisa hat mit dem DOC-Unterbereich Colline Pisane ihren Anteil am weitläufigen Chianti-Gebiet. Freilich müssen sich die Hügel um Pisa die Anbaufläche nicht nur mit dem toskanatypischen Vin Santo teilen, sondern auch mit dem vorzüglichen Bianco Pisano di San Torpé DOC, den die Chianti-Winzer «artfremd» aus Trebbiano toscano keltern. An der Grenze zur Provinz Livorno, insbesondere dort, wo sich das Val di Cornia auftut, ist die Weinlandschaft dann eine ganz andere: Dem DOC-Bereich Montescudaio dürfte, nach der Qualität der Weine zu urteilen, die hier in den letzten Jahren produziert wurden, eine große Zukunft beschieden sein. Dabei können die sieben Gemeinden dieses Anbaugebiets auf eine lange önologische Tradition zurückblicken, die höchstwahrscheinlich bereits zur Zeit der Etrusker ihren Anfang nahm. Der Montescudaio Rosso wird zwar aus fast denselben Rebsorten wie der Chianti gekeltert, doch sorgt das milde Meeresklima für weichere Geschmacksnoten. Die übrigen für dieses Gebiet zugelassenen Weinarten sind Bianco und Vin Santo, doch befassen sich die örtlichen Kellereien auch damit, neue Weine zu kreieren.

### Weinstädte

**Montescudaio.** Herrlich ist der Ausblick, den dieser auf einem Hügel gelegene Ort eröffnet: Zu Füßen breitet sich das Tal des Cecina aus, dahinter erkennt man das Meer und in der Ferne die Insel Elba. Vor mehr als 1000 Jahren wurde hier ein Kloster gegründet, das später, vor allem nachdem das Adelsgeschlecht der Gherardesca in unmittelbarer Nachbarschaft eine Burg bezog, zum Mittelpunkt einer ländlichen Ansiedlung wurde. Heute ist Montescudaio Hauptort des gleichnamigen Anbaugebiets, dessen Erzeugnisse im Mittelpunkt von zwei Weinfesten stehen, dem **Vino Estate** an Mariä Himmelfahrt und der **Sagra del Vino DOC** Anfang Oktober.

**Terricciola.** Ein geschichtsträchtiges Städtchen, das von den Etruskern begründet wurde und auf ein bewegtes Mittelalter zurückblickt. In der Umgebung grün gewelltes Land mit stattlichen Gutshäusern, Pfarrkirchen und sogar einer Abtei, vor allem aber Rebstöcken, die das Lesegut für den Chianti Colline Pisane und den Bianco Pisano di San Torpé liefern. Beste Gelegenheit zur Verkostung bietet sich bei der **Festa dell'Uva e del Vino** am zweiten Septembersonntag. Bereits Mitte Mai lohnt sich ein Besuch beim **Festival della Fragola** (Erdbeerfest).

### Kellereien

**Crespina.** *Tenuta Torre, frazione Cenaia, via delle Colline, Tel. 0506 43739.* **Palaia.** *San Gervasio, località San Gervasio, Tel. 0587483360.* **Ponsacco.** *San Martino, via Paggino 15, Tel. 0587732949.* **San Miniato.**

### Hotels und Restaurants

**Cecina**

**Bagatelle** 🍴
3 km nach Marina di Cecina
via Carlo Ginori 51
☎ 0586620089

**Elba**

**Del Golfo** ★★★★
Marciana
località Procchio
☎ 0565907565

**Hermitage** ★★★★
Portoferraio
località La Biodola
☎ 0565936911

**Villa Ottone** ★★★★
Portoferraio
località Ottone
☎ 0565933042

**Antares** ★★★
Lido di Capoliveri
☎ 0565940131

**Le Acacie** ★★★
Capoliveri
località Naregno
☎ 0565966111

**Bologna** 🍴
Marina di Campo
via Firenze 27
☎ 0565976105

**Il Chiasso** 🍴
Capoliveri
vicolo N. Sauro 9
☎ 0565968709

## DOCG- und DOC-Weine aus der Provinz Pisa

**DOCG**

**CHIANTI** (Unterbereich **COLLINE PISANE**)*.

**DOC**

**BIANCO PISANO DI SAN TORPÈ.** Rebsorten: Trebbiano toscano (75 bis 100%). Produktion: 8533 hl (199 ha). Farbe: mehr oder weniger kräftiges Strohgelb. Geruch: weinig, lebhaft, sortentypisch. Geschmack: trocken, fein, harmonisch. Alkoholgehalt: 11%. Zu allen Speisen zu trinken. – **Vin Santo.** Rebsorten: siehe Bianco. Produktion: 27 hl (15 ha). Farbe: von goldgelb bis intensiv bernsteinfarben. Geruch: ätherisch, intensiv, aromatisch, sortentypisch. Geschmack: lieblich oder trocken, harmonisch, mit sortentypischem Abgang. Alkoholgehalt: 16%. Alterung: mindestens 3 Jahre, dann noch 7 Jahre und mehr. Zum Dessert oder in Mußestunden zu trinken.

**COLLI DELL'ETRURIA CENTRALE*.**

**MONTESCUDAIO.** – **Bianco.** Rebsorten: Trebbiano toscano (70–85%), Malvasia del Chianti und/oder Vermentino (15–30%), sonstige (bis 10%). Produktion: 1931 hl (60 ha). Farbe: strohgelb. Geruch: weinig, fein. Geschmack: trocken, harmonisch und angenehm. Alkoholgehalt: 11,5%. Zu Fischgerichten zu trinken. – **Vin Santo.** Rebsorten: siehe Bianco. Produktion: 23 hl (8 ha). Farbe: von strohgelb bis mehr oder weniger intensiv bernsteinfarben. Geruch: intensiv, ätherisch, sortentypisch. Geschmack: harmonisch, weich, mit sortentypischem leicht bitterem Abgang. Alkoholgehalt: 14+3%. Alterung: mindestens 3 Jahre, dann noch 6 Jahre und mehr. Zum Dessert oder außerhalb der Mahlzeiten zu trinken. – **Rosso.** Rebsorten: Sangiovese (65–85%), Trebbiano toscano und/oder Malvasia del Chianti (15–25%), sonstige (bis 10%). Produktion: 2171 hl (98 ha). Farbe: kräftiges Rubinrot. Geruch: weinig, weich und leicht fruchtig. Geschmack: trocken, von ausgewogenem Körper und mäßigem Tanningehalt, harmonisch. Alkoholgehalt: 11,5%. Alterung: bis zu 3 Jahren. Zu allen Speisen.

**VIN SANTO DEL CHIANTI*.**

* Nähere Angaben entnehmen Sie bitte dem Verzeichnis auf Seite 311–313.

*Fattoria di Sassolo, località La Serra, via Bucciano 59, Tel. 0571 460001.* **Terricciola.** *Vallorsi, via della Cascina 19, Tel. 0587658470.*

## Tourenvorschläge

**Die Strada del Vino Colline Pisane.** Nähere Informationen im Büro der Provinz Pisa, piazza Vittorio Emanuele II 14, Pisa, Tel. 050 929366. Die Strecke führt durch das Hügelland der Provinz Pisa südlich des Arnotals, von der Grenze der Provinz Firenze bis ins Umland von Livorno. Da die Weinstraße eben erst von der Regionalverwaltung der Toskana anerkannt wurde, harrt das Projekt hinsichtlich Beschilderung und Gesamtstruktur noch seiner vollständigen Verwirklichung. Ausgangspunkt ist **San Miniato,** ein mittelalterliches Städtchen, das auf einer sanft ansteigenden Anhöhe über dem Arno liegt. An Sorrezzana und La Serra vorbei führt der Weg alsdann nach **Palaia,** wo die schöne Pfarrkirche S. Andrea und das etwas abseits gelegene gotische Gotteshaus S. Martino besichtigt werden können. Anschließend geht es über Montefoscoli, Fabbrica di Peccioli und Peccioli hinab ins Tal des Era. Jenseits dieses Flüsschens sollte man in der Weinstadt (→)

### Hotels und Restaurants

**Isola d'Elba**
**Osteria del Noce**
Marciana Marina
via d. Madonna 14
☎ 0565901284
**La Pineta di Zazzeri**
Marciana Marina
via dei Cavalleggeri Nord 27
☎ 0586600016
**Montescudaio**
**Il Frantoio**
via della Madonna 9
☎ 0586650381
**Piombino**
**Centrale** ★★★
piazza Verdi 2
☎ 0565220188
**Pisa**
**Artilafo**
via Volturno 38
☎ 05027010
**Osteria dei Cavalieri**
via S. Frediano 16
☎ 050580858
**San Vincenzo**
**Park Hotel I Lecci** ★★★
via della Principessa 116
☎ 0565704111
**La Vela** ★★★
via V. Emanuele II 72
☎ 0565701529

**Terricciola** unbedingt eine Pause einlegen, bevor man entlang einer schönen Aussichtsstraße seinen Weg fortsetzt. Dabei kommt man durch so reizvolle Ortschaften wie Lari, das eine Medici-Festung und eine prachtvolle Marienkirche zu bieten hat, und Crespina, wo in der Kirche San Michele ein wertvolles Gemälde zu bestaunen ist. Über Fauglia und Lorenzana geht es nun weiter nach **Casciana Terme,** das inmitten von Weinbergen und Olivenhainen auf einer Hügelkuppe ins Blickfeld rückt. Die Kirche San Niccolò in Casciana Alta wartet mit großartigen Altargemälden auf, bevor dann einige Kilometer weiter in Chianni die Tour beendet ist.

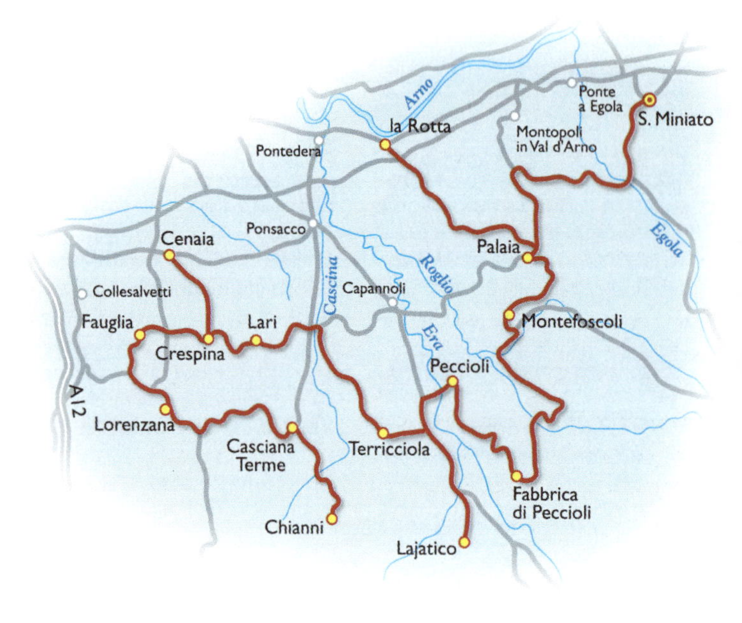


## Hotels und Restaurants

**San Miniato**
**Taverna dell'Ozio**
via Zara 85
☎ 0571462862

**San Vincenzo**
**Riva degli Etruschi** ★★★
via della Principessa 120
☎ 0565702351

**Gambero Rosso**
piazza della Vittoria 13
☎ 0565701021

**La Bitta**
via Vittorio Emanuele II 119
☎ 0565704080

**Volterra**
**San Lino** ★★★★
via S. Lino 26
☎ 058885250

**Sole** ★★★
via dei Cappuccini 10
☎ 058884000

**Villa Nencini** ★★★
borgo S. Stefano 55
☎ 058886386

**Il Vecchio Mulino**
9 km nach Saline
via del Molino
☎ 058844060

# Der Küstenstreifen südlich von Livorno

## Die DOC-Gebiete Bolgheri und Val di Cornia

Will man von Livorno aus das Küstengebiet in südlicher Richtung erforschen, so streift man zunächst die schon erwähnten Weinberge von Montescudaio, um dann in den kleinen DOC-Bereich Bolgheri zu gelangen. War das gleichnamige Städtchen bis vor kurzem eigentlich nur dafür bekannt, dass hier einst der Dichter Giosuè Carducci weilte, an den hier unter anderem die berühmten Zypressen von San Guido erinnern, so sind es neuerdings auch die Weine, mit denen der Ort von sich reden macht. Bolgheri ist nämlich das Zentrum einer jetzt äußerst dynamischen Weinregion: Zugpferd dieser Entwicklung sind die im DOC-Unterbereich Sassicaia erzeugten Gewächse, wo man in weiser Voraussicht auf die

Cabernet-Sauvignon-Traube gesetzt hat, doch zeugen auch zahlreiche andere große Rotweine von einem geglückten Gleichgewicht zwischen Tradition und Erneuerung. Weiter im Süden, ungefähr auf der Höhe der Insel Elba, befindet sich der DOC-Bereich Val di Cornia, der mit sanft ansteigenden Rebgärten eine weitere viel versprechende Weinlandschaft stellt. Die Roten werden hier vorwiegend aus Sangiovese gewonnen, die man mit Canaiolo nero, Ciliegiolo, Cabernet Sauvignon und Merlot verschneidet, während bei den Weißweinen Trebbiano und Vermentino den Ton angeben. Auch dieses Anbaugebiet befindet sich momentan in einem rasanten Aufwärtstrend, der mit der Zulassung neuer Rebsorten und mit der Einführung der DOC-Bezeichnung Suvereto für die roten Rebensäfte aus dem Gebiet noch weiter beschleunigt werden dürfte.

## Weinstädte

**Campiglia Marittima.** Der unweit des Meers im Schatten der Ruinen einer Festung gelegene Ort atmet mit seinen verwinkelten Gassen und seinen steinernen mit Freitreppen und kleinen Loggien versehenen Gebäuden unverfälschtes Mittelalter. Im Veranstaltungskalender: der **Maggio Campigliese** in der ersten Maihälfte, der **Estate Campigliese** von Ende Juli bis Anfang August und die **Sagra d'Autunno** im November.

**Castagneto Carducci.** Hat man den Torbogen der mittelalterlichen Stadtmauer passiert, so führt die Straße zunächst hinauf zum Haus des berühmten Dichters und Nobelpreisträger Giosuè Carducci. Ganz oben thront die Gherardesca-Burg. Nicht weit ist es von hier bis zur Ortschaft Bolgheri, die nicht nur wegen der Zypressen von San Guido, sondern auch wegen der großartigen Sassicaia-Weine einen Besuch wert ist. Unter dem Motto **Castagneto in Tavola** (Castagneto bittet zu Tisch) bietet sich Ende April eine erstklassige Gelegenheit, seinem Gaumen Gutes zu tun.

**Piombino.** Die Stadt, Zentrum der Stahlproduktion, die sich heute größtenteils in modernem Gewand präsentiert, ist dem Touristen hauptsächlich als Fährhafen für Überfahrten zur Insel Elba geläufig. Weniger bekannt sind indes die erstklassigen landwirtschaftlichen Produkte des Hinterlands, darunter nicht zuletzt die erlesenen Weine des Val di Cornia. Hiervon kann man sich beispielsweise beim **Artischockenfest** Ende April, oder beim **Fischfest** Ende Juli überzeugen. Im Sommer findet die Veranstaltung **Cavallo & Maremma** statt.

**San Vincenzo.** Ein von den Pisanern im 14. Jahrhundert errichteter Turm erhebt sich gravitätisch über dem bunten Treiben des belebten Badestrands. Interessiert man sich für die einstige Lebensweise in der Maremma, empfiehlt sich ein Besuch des Parco di Rimigliano oder des Museums der bäuerlichen Kultur (Museo della Civiltà Contadina).

**Suvereto.** Der Palazzo Comunale und die Kirche S. Giusto erinnern noch an jene Zeiten, als sich das Leben im Ort im Schutz der Stadtmauern und der Festung abspielte. Zu den lokalen kulinarischen Le-

### Agriturismo

**Castagneto Carducci**
**Podere Grattamacco**
località Grattamacco 129
☎ 0565763840

**Cecina**
**Elisabetta**
Collemezzano
via Tronto 10
☎ 0586661392

ckerbissen gehören das Fleisch von Chianina-Rind und Wildschwein, aber auch die in der Umgebung erzeugten Weine. Kostproben davon werden bei der Anfang Dezember stattfindenden **Sagra di Suvereto** und beim **Palio di Santa Croce** Anfang Mai geboten.

## Die DOC-Weine aus der Provinz Livorno

**BOLGHERI. – Bianco.** Rebsorten: Trebbiano toscano (10–70%), Vermentino (10–70%), Sauvignon blanc (10–70%), sonstige (bis 30%). Produktion: 426 hl (13 ha). Farbe: strohgelb. Geruch: fein, delikat. Geschmack: trocken, harmonisch. Alkoholgehalt: 10,5%. Zu allen Speisen zu trinken. – **Sauvignon.** Rebsorten: Sauvignon blanc (85–100%). Produktion: 645 hl (10 ha). Farbe: strohgelb. Geruch: fein, sortentypisch, leicht würzig. Geschmack: trocken, harmonisch. Alkoholgehalt: 10,5%. Zu Vorspeisen und Fisch zu trinken. – **Vermentino.** Rebsorten: Vermentino (85 bis 100%). Produktion: 225 hl (3,5 ha). Farbe: strohgelb. Geruch: fein, sortentypisch. Geschmack: trocken, harmonisch, weich. Alkoholgehalt: 10,5%. Zu Fisch zu trinken. – **Rosato.** Rebsorten und Produktion: siehe Rosso. Farbe: rosé. Geruch: weinig mit feinem Duft. Geschmack: trocken, harmonisch. Alkoholgehalt: 11,5%. Zu allen Speisen zu trinken. – **Vin Santo Occhio di Pernice.** Rebsorten: Sangiovese (50–70%), Malvasia nera (30 bis 50%), sonstige (bis 30%). Farbe: zartes bis kräftiges Rosé. Geruch: intensiv. Geschmack: süß, weich, samtig, rund. Alkoholgehalt: 14,5+1,5%. Alterung: mindestens 3 Jahre, dann noch 7–8 Jahre und mehr. Qualitätsstufen: *Riserva* mindestens 4 Jahre Alterung. Zum Dessert oder in Mußestunden zu trinken. – **Rosso.** Rebsorten: Cabernet Sauvignon (10–80%), Merlot (bis 70%), Sangiovese (bis 70%), sonstige (bis 30%). Produktion: 4121 hl (104 ha). Farbe: von rubin- bis granatrot. Geruch: sehr weinig. Geschmack: trocken, harmonisch. Alkoholgehalt: 11,5%. Alterung: bis zu 3–4 Jahren. Qualitätsstufen: *Superiore* mindestens 12,5% Alkohol und 2 Jahre Alterung (dann bis zu 5 Jahren). Zu allen Speisen zu trinken, der Superiore besonders zu rotem Fleisch, Wild und altem Käse. – **Sassicaia.** Rebsorten: Cabernet Sauvignon (80–100%). Produktion: 1742 hl (54 ha). Farbe: kräftiges Rubinrot oder granatrot. Geruch: weinig, nuancenreich, elegant. Geschmack: trocken, voll, kräftig, harmonisch, gut strukturiert. Alkoholgehalt: 12%. Alterung: 5 Jahre und mehr. Zu rotem Fleisch und Wild zu trinken.

**VAL DI CORNIA. – Bianco.** Rebsorten: Trebbiano toscano (60–70%), Vermentino (15–30%), Malvasia del Chianti und/oder Ansonica und/oder Biancone di Portoferraio und/oder Clairette (bis 10%), Pinot bianco und/oder Pinot grigio (bis 20%). Produktion: 1578 hl (45 ha). Farbe: helles Strohgelb von leuchtender Klarheit. Geruch: fein, mit mehr oder minder fruchtiger Note. Geschmack: trocken, frisch. Alkoholgehalt: 10,5%. Qualitätsstufen: Unterbereiche *Campiglia Marittima, Suvereto, San Vincenzo, Piombino.* Zu Fischgerichten zu trinken. – **Rosato.** Rebsorten und Produktion: siehe Rosso. Farbe: kräftiges bis helles Rosé von leuchtender Klarheit. Geruch: weinig, fein, mit mehr oder minder fruchtiger Note. Geschmack: trocken, frisch, angenehm. Alkoholgehalt: 11%. Zu allen Speisen zu trinken. – **Rosso.** Rebsorten: Sangiovese (70–100%), Canaiolo nero und/oder Ciliegiolo und/oder Cabernet Sauvignon und/oder Merlot (jeweils bis 15%). Produktion: 1183 hl (31 ha). Farbe: recht kräftiges Rubinrot von leuchtender Klarheit. Geruch: weinig, fein. Geschmack: trocken, samtig, harmonisch, körperreich. Alkoholgehalt: 11,5%. Alterung: bis zu 3 Jahren. Qualitätsstufen: *Riserva* mindestens 12,5% Alkohol und 3 Jahre Alterung (dann noch 5 Jahre und mehr). Zu allen Speisen zu trinken, die Riserva zu rotem Fleisch, Wild und altem Käse.

### Agriturismo

**Elba**

**Agricoop Isola d'Elba**
Campo nell'Elba
località Seccheto
☎ 0565987035

**Casa Felici**
Marciana
via Costarella 36
☎ 0565901297

**Fortino del Buraccio**
Portoferraio
località Buraccio 6
☎ 0565940245

## Kellereien

**Piombino.** *Tenuta di Vignale, località Vignale, Riotorto, Tel. 056520812.* **Suvereto.** *Bulichella, località la Bulichella, Tel. 0565829892.*

## Tourenvorschläge

**Die Strada del Vino Costa degli Etruschi.** Informationen bei der Gemeinde Donoratico, via della Repubblica 15, Tel. 0565773025. Die Weinstraße führt durch den küstennahen Abschnitt der Maremma und sieht auch einen Abstecher in die Weinberge der Insel Elba vor. Eine detaillierte Wegbeschreibung enthalten die in den Fremdenverkehrsbüros ausliegenden Broschüren, in denen auf über 50 Kellereien, Landgüter mit Ferienangeboten (Agriturismo), Restaurants und kunsthandwerkliche Betriebe eingegangen wird. Von **Cecina** aus führt der Weg erst einmal ins Landesinnere nach **Montescudaio,** das im Zentrum des gleichnamigen DOC-Bereichs liegt. Danach geht es über Guardistallo und Casale Marittimo nach **Bibbona,** von wo aus man sich zunächst wieder der Küste nähert, um dann, unter Vermeidung der verkehrsreichen Via Aurelia, etwas weiter südlich an den berühmten Zypressen von San Guido vorbei nach **Bolgheri** hinaufzufahren. Ringsumher liegen die Weinberge des DOC-Bereichs Bolgheri. Eine andere Straße führt dann von Bibbona aus über die ersten sanften Erhebungen der Maremma an Bolgheri vorbei in die Weinstadt (→) **Castagneto Carducci.** Auf einer kurvenreichen Strecke fährt man von hier aus hinauf nach Sassetta und auf der anderen Seite des Höhenzugs hinab nach **Suvereto** und **Campiglia Marittima,** zwei Weinstädten (→), die bereits im DOC-Bereich Val di Cornia liegen. Von hier aus geht es auf der Staatsstraße weiter zur Weinstadt (→) **Piombino,** in der man direkt den Hafen ansteuert und mit der Fähre nach Elba übersetzt. Im Hafenstädtchen Rio Marino angelangt, führt die Wegstrecke an Porto Azzurro, **Portoferraio** und Campo nell'Elba vorbei durch die Weinberge der Insel.

### Agriturismo

**Piombino**
**Tenuta Vignale**
Vignale
☎ 056520846
**San Vincenzo**
**Costa Etrusca**
via Castelluccio 87
☎ 0565798019
**Sassetta**
**Santa Lorica**
Pian delle Vigne
via Campagna Nord
☎ 0565794335
**Suvereto**
**La Fontanella**
località La Fontanella 207
☎ 0565828087
**Rosignano Marittimo**
**Villa Graziani**
frazione Vada
via per Rosignano 14
☎ 0586788244
**Volterra**
**Lischeto**
località La Bacchettona
☎ 058830403
**Tenuta Orgiaglia**
Ponsano
☎ 058835029

# Die Insel Elba

## Domäne des süßen Aleatico

Seit langem schon ist der Weinstock an den sonnenverwöhnten Küsten der Insel Elba heimisch, wie die ältesten Zeugnisse aus römischer Zeit belegen. Aufgrund der steilen Hänge ist die Aufzucht des knorrigen Gesträuchs jedoch ein äußerst mühseliges Geschäft, was dazu geführt hat, dass inzwischen viele Weinberge, die auf allzu unwegsamem Gelände lagen, aufgegeben wurden. Dank der Anstrengungen einiger Winzer ist der Weinbau auf der Insel aber nach wie vor lebendig. Bei den Traubensorten überwiegen mittlerweile Sangiovese und Trebbiano, doch konnten sie die von alters her hier heimischen Reben Biancone, Moscato und Aleatico nicht vollständig verdrängen, aus denen man, den örtlichen DOC-Bestimmungen entsprechend, reinsortige Weine keltert. Unter den hiesigen Gewächsen ist besonders der Aleatico hervorzuheben, ein Tropfen mit antiken Vorfahren, der aus der gleichnamigen urtümlichen Rebe gekeltert wird, die wie keine Zweite die so eigene Weinbautradition der Insel verkörpert: Zwar wird sie auch andernorts angebaut, sei es in der Toskana, in Latium oder in Süditalien, doch sind die süßen, fast archaisch anmutenden Weine, die man auf der Insel Elba aus ihr bereitet, schlicht einzigartig.

### Kellereien

**Campo nell'Elba.** *Vitivinicola Cecilia, località la Pila, Tel. 0565977322.*

### Enoteche

**Livorno**

**Enoteca Doc Parole e Cibi**
via Goldoni 40
☎ 0586887583

**Enoteca Faraoni**
via Mentana 85
☎ 0586886078

**Enoteca Nardi**
via Cambini 6
☎ 0586808006

**Pisa**

**Caffè dell'Ussero**
Palazzo Agostini
lungarno Pacinotti 27
☎ 050581100

**Enotria**
via Contessa Matilde 3
☎ 050818858

**Marcellino ... Pane e Vino**
piazza Bartolo da Sassoferrato 16
☎ 050544559

**Suvereto**

**Enoteca dei Difficili**
via S. Leonardo 2
☎ 0565828018

## DOC-Weine von der Insel Elba

**ELBA. – Bianco.** Rebsorten: Trebbiano toscano (Procanico) (80–100%). Produktion: 2467 hl (68 ha). Farbe: leuchtend klares, mehr oder minder kräftiges Strohgelb. Geruch: weinig, mit feinem Duft. Geschmack: trocken, harmonisch. Alkoholgehalt: 11%. Arten: *Spumante* 11,5% Alkohol. Zu Fisch zu trinken, der Spumante zu allen Speisen. – **Ansonica.** Rebsorten: Ansonica bianca (100%). Produktion: 94 hl (2 ha). Farbe: strohgelb bis bernsteinfarben, von leuchtender Klarheit. Geruch: ausgeprägt, intensiv, weinig. Geschmack: trocken bis lieblich, harmonisch. Alkoholgehalt: 11,5%. Arten: *Passito* 13+2% Alkohol, lieblich, 5 Jahre Alterung und mehr. Zum Dessert und außerhalb der Mahlzeiten. – **Vin Santo.** Rebsorten: Trebbiano toscano (Procanico) und/oder Malvasia bianca (bis 70%). Farbe: von strohgelb über goldgelb bis intensiv bernsteinfarben. Geruch: ätherisch, intensiv, sortentypisch. Geschmack: harmonisch, samtig, sehr rund der Amabile. Alkoholgehalt: 16%. Alterung: mindestens 3 Jahre, dann noch 10 Jahre und mehr. Arten: *Secco* 14+2%, *Amabile* 13+3% Alkohol. Qualitätsstufen: *Secco Riserva* und *Amabile Riserva* mindestens 4 Jahre Alterung. Zum Dessert und in Mußestunden. – **Rosato.** Rebsorten und Produktion: siehe Rosso. Farbe: leuchtend klares, mehr oder weniger kräftiges Rosé. Geruch: weinig, frisch. Geschmack: trocken, harmonisch. Alkoholgehalt: 11%. Alterung: bis zu 2 Jahren. Zu allen Speisen. – **Vin Santo Occhio di Pernice.** Rebsorten: Sangiovese (50–70%), Malvasia nera (10–50%), sonstige (bis 30%). Produktion: 1285 hl (31 ha). Farbe: blasses bis kräftiges Rosé. Geruch: warm, intensiv. Geschmack: süß, weich. Alkoholgehalt: 14+2%. Alterung: mindestens 3 Jahre, dann noch 10 Jahre und mehr. Zum Dessert und außerhalb der Mahlzeiten. – **Rosso.** Rebsorten: Sangiovese (Sangioveto; mindestens 75%). Produktion: 1285 hl (31 ha). Farbe: leuchtend klares, kräftiges Rubinrot. Geruch: weinig, fruchtig. Geschmack: trocken, körperreich. Alkoholgehalt: 12%. Alterung: bis zu 3 Jahren und mehr. Qualitätsstufen: *Riserva* mindestens 12,5% Alkohol und 2 Jahre Alterung (dann bis zu 4–5 Jahren). Zu allen Speisen zu trinken, die Riserva zu rotem Fleisch, Wild und altem Käse. – **Aleatico.** Rebsorten: Aleatico (100%). Produktion: 116 hl (8,7 ha). Farbe: von intensiv rubinrot bis tiefrot, von leuchtender Klarheit. Geruch: ausgeprägt, angenehm, sortentypisch. Geschmack: leicht süßlich, körperreich. Alkoholgehalt: 13+3%. Alterung: 10 Jahre und mehr. Zum Dessert und außerhalb der Mahlzeiten zu trinken.

### Veranstaltungskalender

**August**
**Montescudaio**
15. August (Mariä Himmelfahrt) Vino Estate
**September**
**Terricciola**
② Festa dell'Uva (Traubenfest)
**Oktober**
**Montescudaio**
❶ Sagra del Vino DOC (Weinfest)

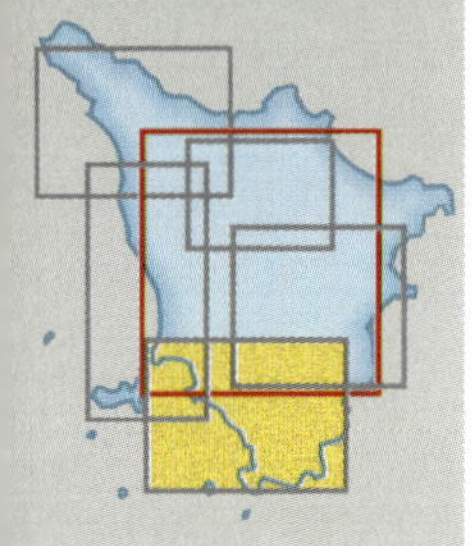

# Die Gegend um Grosseto

*In der Provinz Grosseto gibt es beste Anzeichen für eine zukunftsweisende Entwicklung.*

## Hotels und Restaurants

**Ansedonia**
**Pitorsino**
via Aurelia km 140
☎ 0564862179

**Capalbio**
**Valle del Buttero** ★★★
via Silone 21
☎ 0564896097

**Castiglione della Pescaia**
**Corallo**
via Sauro 1
☎ 054933996

**Grosseto**
**Bastiani Grand Hotel** ★★★★
piazza Gioberti 64
☎ 056420047

**La Maremma**
via Fulceri Paolucci de' Calboli 5
☎ 056421177

**Manciano**
**Villa Acquaviva** ★★★
6 km nach Montemerano
località Acquaviva
☎ 0564602890

**Caino**
6 km nach Montemerano
via Chiesa 4
☎ 0564602817

Schon im Verlauf der letzten Jahrzehnte deutete sich an, was sich nun immer mehr bestätigt, dass nämlich die Weinproduktion der Provinz Grosseto einen ebenso bemerkenswerten wie rasanten Aufschwung nimmt. Im Sog dieses Aufwärtstrends erlebte einerseits die jahrhundertealte Weinbautradition einen neuen Frühling, andererseits bildete sich aber auch eine so umsichtige Innovationsbereitschaft heraus, dass sich die hiesigen Winzer heute als Vorreiter zukünftiger Entwicklungen betrachten dürfen. In der Provinz Grosseto sind grundsätzlich zwei verschiedene Weinlandschaften zu unterscheiden: Richtung Latium, also im Süden, erheben sich die Hügel eines vulkanischen Berglands, das sanft geschwungen bis zur Lagune von Orbetello hin abfällt. Die DOC-Weine dieser Gegend führen die Herkunftsbezeichnungen Scansano, Pitigliano, Parrina und Costa dell'Argentario. Die am häufigsten angebauten Rebsorten sind Trebbiano und Sangiovese, wobei Letzterer hier Morellino genannt wird. Beide liegen sie zahlreichen Verschnitten zugrunde, doch haben sich daneben auch seltenere Trauben fest etablieren können: Unter den weißen Sorten sind besonders Ansonica, deren sizilianischer Ursprung außer Frage steht, sowie die aus Umbrien stammenden Greco und Verdello zu nennen. Unter den roten hingegen nimmt Alicante eine wichtige Stellung ein, eine im 17. Jahrhundert von den Aragoniern eingeführte Rebe. Im nördlichen Teil der Provinz Grosseto, wo sich das toskanische «Erzgebirge» Colline Metallifere erhebt, wurde vor kurzem der DOC-Bereich Monte Regio di Massa Marittima aus der Taufe gehoben, der immerhin acht verschiedene Weinarten umfasst; und noch jüngeren Datums ist der DOC-Bereich Montecucco, der an die Gefilde des Brunello di Montalcino grenzt. Und nun sind noch zwei weitere DOC-Bereiche ausgewiesen worden: Der eine wurde in Erinnerung an den etruskischen Namen für die umliegende Gegend Sovana genannt und gilt für Rotweine, die sich ihr Terrain mit den weißen DOC-Gewächsen von Pitigliano teilen. Die andere neu geschaffene DOC wurde nach der Ortschaft Capalbio benannt und erfüllt dieselbe Funktion in der DOC des Ansonica Costa dell'Argentario.

## Weinstädte

**Massa Marittima.** Der mittelalterlich geprägte Stadtkern ist reich an kunsthistorisch bedeutenden Baudenkmälern, darunter vor allem die großartige Piazza mit Dom und Palazzo Comunale. Auch die etwas höher gelegene, nach regelmäßigem Grundriss angelegte Neustadt wurde bereits im Jahr 1228 konzipiert. Gute Gelegenheiten zur Verkostung der örtlichen Monteregio-Weine bieten sich bei den Veranstaltungen **La Bruschettata** im Januar und **Balestro del Girifalco** im Mai beziehungsweise August sowie bei der **Fiera di Ghirlanda** am 1. September. Ebenfalls im DOC-Bereich Monteregio liegt **Scarlino.**

**Magliano in Toscana.** Der Ort liegt auf einer Bergkuppe über der Albegnaebene und bietet einen wunderbaren Ausblick über die Ebene bis hin zum Monte Argentario und zur Insel Giglio. Hinter seinen Stadtmauern birgt er zahlreiche Hinterlassenschaften aus dem 15. Jahrhundert, als das Adelsgeschlecht der Aldobrandeschi di Santa Fiora auf dem Höhepunkt seiner Macht stand. Hier bereitet man die ausgezeichneten Gewächse des DOC-Bereichs Morellino di Scansano.

**Pitigliano.** Der Ort wurde auf einem Tuffsteinfelsen errichtet, der ringsum von Macchia und Weinbergen umgeben ist. Unter den Gebäuden, die sich farblich kaum vom Felsgestein unterscheiden, ragt ein stattlicher Palast heraus, der an das einst so ruhmreiche Grafengeschlecht der Orsini erinnert. Die Weißweine des DOC-Bereichs Pitigliano stehen im Mittelpunkt der **Festa del Vino e di S. Maria** und des **Maremma DOC Festival** im September.

**Scansano.** Das historische Zentrum der Ortschaft beherbergt zahlreiche mittelalterliche Gebäude mit schönen Portalen. Sehr reizvoll ist es, von der Piazza Garibaldi aus durch die Via Vittorio Emanuele zu flanieren. Zu Ehren des Morellino DOC findet am letzten Septembersonntag das Weinfest **Festa dell'Uva** statt.

**Und außerdem ... Castiglione della Pescaia, Cinigiano** und **Grosseto.**

## Hotels und Restaurants

**Marina di Grosseto**
**Principe** ★★★★
6 km nach
Principina a Mare
via dello Squalo 100
☎ 056431400
**Grifone** ★★★
6 km nach
Principina a Mare
via del Pesce Persico 2
☎ 056431300

**Massa Marittima**
**Il Sole** ★★★
via della Libertà 43
☎ 0566901971

**Orbetello**
**Vecchia Maremma** ★★★
Quattrostrade
Via Aurelia bei km 146
☎ 0564862147
**Poggio al Pero** 🍴
Albinia
via Maremmana 181
☎ 0564870012

**Pitigliano**
**Corano** ★★
SS 74 Maremmana Ovest
☎ 0564616112
**Guastini** ★★
piazza Petruccioli 4
☎ 0564616065

## Kellereien

**Orbetello.** *Tenuta la Parrina, località Parrina, Tel. 0564862626. Öffnungszeiten: nach Voranmeldung 8–13 und 15–20 Uhr (im Winter 15–18 Uhr), Sonntag geschlossen (im Juli und August nur nachmittags).* Von einem 60 Hektar großen Anwesen stammt das Lesegut für die Weine der DOC-Bereiche Ansonica Costa dell'Argentario und Parrina: Allen voran ein Rosso Riserva aus Sangiovese, Cabernet Sauvignon und Merlot, sowie ein Bianco Podere Tinaro aus Chardonnay, Trebbiano und Sauvignon blanc. Bewirtung und Urlaubsunterkünfte (Agriturismo).

**Und außerdem ... Grosseto.** *Val delle Rose, località Poggio la Mozza, Tel. 0564409062.*

## Tourenvorschläge

**Die Strada del Vino Colli di Maremma.** Nähere Informationen bei der Gemeinde Scansano, piazza del Pretorio 4, Tel. 0564507122.

Die Weinstraße führt durch den südlichsten Teil der Provinz Grosseto und berührt dabei vier verschiedene DOC-Bereiche mit über 170 an dem Projekt beteiligten Landgütern, Restaurants und Kellereien. Detaillierte Informationsbroschüren liegen in den Fremdenverkehrsbüros aus. Die Weinstadt (→) **Grosseto,** eine Kommune mit beachtlichem kulturellem und gastronomischem Angebot, ist Ausgangspunkt zweier Strecken: Die nördliche Route führt auf der Staatsstraße 322 zunächst zur Weinstadt (→) **Scansano** und dann nach **Manciano,** von wo aus man auf der Staatsstraße 74 in die Weinstadt (→) **Pitigliano** gelangt. Auf der südlichen Route verlässt man schon bald die Via Aurelia, um nach Montiano und zur Weinstadt (→) **Magliano in Toscana** hinaufzufahren; von dort aus führt der Weg durch die DOC-Bereiche Parrina mit dem Hauptort **Capalbio** sowie Ansonica Costa dell'Argentario mit den Ortschaften **Orbetello** und Parrina.

**Die Strada del Vino Monteregio di Massa Marittima.** Weitere Informationen bei der Gemeinde Massa Marittima, via Garibaldi 10, Tel. 0566902756, E-Mail: giuntini@cometanet.it. Die Straße führt durch das Gebiet der Colline Metallifere im Norden der Provinz Grosseto. Ein vom Förderausschuss des Projekts herausgegebenes Informationsblatt erteilt Auskunft über den Streckenverlauf und die 40 beteiligten Betriebe. Ausgangspunkt aller Routen ist

### Hotels und Restaurants

**Talamone**
**Corte dei Butteri** ★★★★
Fonteblanda
via Aurelia bei km 156
☎ 0564885548
**Rombino** ★★★
Fonteblanda
via Aurelia Vecchia 5
☎ 0564885516
**Flavia** 🍴
piazza IV Novembre
☎ 0564887091

## DOC-Weine aus der Provinz Grosseto

**ANSONICA COSTA DELL'ARGENTARIO.** Rebsorten: Ansonica bianco (mindestens 85%). Produktion: 2591 hl (45 ha). Farbe: mehr oder minder kräftiges Strohgelb. Geruch: sortentypisch, mehr oder weniger stark ausgeprägt. Geschmack: trocken, weich, lebhaft, harmonisch. Alkoholgehalt: 11,5%. Zu allen Speisen zu trinken.

**BIANCO DI PITIGLIANO.** Rebsorten: Trebbiano toscano (50–80%), Greco und/oder Malvasia bianca toscana und/oder Verdello (bis 20%), Grechetto, Chardonnay, Sauvignon blanc, Pinot bianco, Riesling italico (jeweils bis 15%, zusammengenommen höchstens 30%). Produktion: 15701 hl (457 ha). Farbe: strohgelb mit grünlichen Reflexen. Geruch: fein. Geschmack: trocken, lebhaft, neutral, mit leicht bitterer Note, von mittlerem Körper, weich. Alkoholgehalt: 11%. Arten: *Spumante* 11,5% Alkohol. Qualitätsstufen: *Superiore* 12% Alkohol. Zu allen Speisen.

**CAPALBIO.** – **Bianco.** Rebsorten: Trebbiano toscano (min. 50%). Farbe: tiefes Strohgelb. Geruch: delikat, frisch, fruchtig. Geschmack: trocken. Alkoholgehalt: 10,5%. Zur Mahlzeit. – **Vermentino.** Rebsorten: Vermentino (85–100%). Farbe: mehr oder weniger intensives Strohgelb, mitunter mit grünlichen Reflexen. Geruch: delikat, charakteristisch, fruchtig. Geschmack: trocken, süffig. Alkoholgehalt: 11%. Zu Fisch. – **Vin Santo.** Rebsorten: siehe Bianco. Farbe: goldgelb bis intensiv bernsteinfarben. Geruch: ätherisch, intensiv, charakteristisch. Geschmack: harmonisch, samtig, rund. Alkoholgehalt: 16%. Arten: *Secco* (14+2%), *Amabile* (von 10+6% bis 13+3%). Alterung: mindestens 3 Jahre, dann noch 10 Jahre und mehr. Zum Abschluss des Mahls und in Mußestunden. – **Rosso.** Rebsorten: Sangiovese (min. 50%). Farbe: mehr oder weniger intensives Rubinrot. Geruch: charakteristisch, weinig. Geschmack: harmonisch, trocken, angemessen tanninherb. Alkoholgehalt: 11%. Alterung: bis zu 2 Jahren. Qualitätsstufen: *Riserva* mit 12% und mindestens 30 Monaten Alterung, dann noch 5–6 Jahre. Zur ganzen Mahlzeit; die Riserva zu gegrilltem Fleisch, Braten und würzigen Käsesorten. – **Rosato.** Rebsorten: siehe Rosso. Farbe: mehr oder weniger intensives Rosé. Geruch: weinig, fruchtig, frisch. Geschmack: trocken, fruchtig, frisch, charakteristisch. Alkoholgehalt: 10,5%. Zu leichten Speisen. – **Sangiovese.** Rebsorten: Sangiovese (85–100%). Farbe: mehr oder weniger intensives Rubinrot. Geruch: üppig, weinig. Geschmack: voll, trocken, angemessen tanninherb. Alkoholgehalt: 12%. Alterung: mindestens 3 Monate, dann noch 4–5 Jahre. Zur ganzen Mahlzeit, v. a. zu Fleisch und Käse. – **Cabernet Sauvignon.** Rebsorten: Cabernet Sauvignon (85–100%). Farbe: rot, bisweilen mit violetten Reflexen. Geruch: weinig mit typischer würziger Note. Geschmack: körperreich, herb, würzig, angemessene Tannine. Alkoholgehalt: 12%. Alterung: siehe Sangiovese. Zu rotem Fleisch, Braten, Gegrilltem und würzigem Käse.

**MONTECUCCO.** – **Bianco.** Rebsorten: Trebbiano toscano (60–100%). Farbe: strohgelb. Geruch: delikat, frisch, mehr oder weniger fruchtig. Geschmack: trocken und lebhaft. Alkoholgehalt: 11,5%. Alterung: mindestens 2 Monate. Zu leichten Gerichten und Fisch. – **Vermentino.** Rebsorten: Vermentino (85–100%). Farbe: strohgelb. Geruch: delikat, frisch, charakteristisch. Geschmack: trocken, weich, würzig. Alkoholgehalt: 11,5%. Alterung: siehe Bianco. Zu Fisch. – **Rosso.** Rebsorten: Sangiovese (min. 60%). Farbe: intensives Rubinrot. Geruch: weinig, voll. Geschmack: harmonisch, herb, angemessene Taninne. Alkoholgehalt: 12%. Alterung: mindestens 3 Monate, dann noch 2–3 Jahre. Qualitätsstufen: *Riserva* mit 12,5% und mindestens 2 Jahren Alterung (davon 18 Monate in Eiche), dann noch 4–5 Jahre. Zu allen Mahlzeiten; die Riserva zu Fleisch, Wild und Käse mit ausgeprägtem Eigenge-

### Agriturismo

**Magliano in Toscana**

**Da Remo**
Colle di Lupo
via Tombarina 43
☎ 0564592408

**Pian del Noce**
Pereta
☎ 0564505100

**Tenuta Poggio Alto**
Cupi di Montiano
via Aurelia bei km 169
☎ 0564589696

**Orbetello**

**Grazia**
Orbetello Scalo
località
Provincaccia 110
☎ 0564881182

## DOC-Weine aus der Provinz Grosseto

schmack. – **Sangiovese.** Rebsorten: Sangiovese (85–100%). Farbe: intensives Rubinrot. Geruch: weinig, fruchtig, charakteristisch. Geschmack: harmonisch, herb, leicht tanninbetont. Alkoholgehalt: 12%. Alterung, Qualitätsstufen und Trinkempfehlung: siehe Rosso.

**MONTEREGIO DI MASSA MARITTIMA.** – **Bianco.** Rebsorten: Trebbiano toscano (mindestens 50%), Vermentino und/oder Malvasia bianca und/oder Malvasia di Candia und/oder Ansonica (bis 30%). Produktion: 2486 hl (71 ha). Farbe: zartes Strohgelb. Geruch: intensiv, fein. Geschmack: trocken, von mittlerem Körper. Alkoholgehalt: 11%. Zu allen Speisen. – **Vermentino.** Rebsorten: Vermentino (90–100%). Produktion: 57 hl (1 ha). Farbe: leuchtendes Strohgelb, mitunter mit grünlichen Reflexen. Geruch: fein, sortentypisch. Geschmack: trocken, weich, fein. Alkoholgehalt: 11,5%. Zu Fisch. – **Vin Santo.** Rebsorten: Trebbiano toscano und/oder Malvasia (70–100%). Farbe: von strohgelb über goldgelb bis intensiv bernsteinfarben. Geruch: ätherisch, intensiv, sortentypisch. Geschmack: harmonisch, samtig, sehr rund der Amabile. Alkoholgehalt: 16%. Arten: *Secco* 14+2%, *Amabile* 13+3% Alkohol. Alterung: mindestens 3 Jahre, dann noch 10 Jahre und mehr. Qualitätsstufen: *Secco Riserva* mindestens 14+2% Alkohol und 4 Jahre Alterung, *Amabile Riserva* mindestens 13+3% Alkohol und 4 Jahre Alterung. Zum Abschluss der Mahlzeiten und in Mußestunden. – **Rosato.** Rebsorten und Produktion: siehe Rosso. Farbe: recht kräftiges Rosé. Geruch: weinig, intensiv, fruchtig. Geschmack: trocken. Alkoholgehalt: 11%. Zu allen Speisen. – **Vin Santo Occhio di Pernice.** Rebsorten: Sangiovese (50 bis 70%), Malvasia nera (10–50%), sonstige (bis 30%). Farbe: blasses bis kräftiges Rosé. Geruch: warm, intensiv. Geschmack: süß, weich, samtig, rund. Alkoholgehalt: 14+2%. Alterung: mindestens 3 Jahre, dann noch 10 Jahre und mehr. Zum Dessert und außerhalb der Mahlzeiten. – **Rosso.** Rebsorten: Sangiovese (80–100%). Produktion: 3110 hl (100 ha). Farbe: recht kräftiges Rubinrot. Geruch: weinig, fruchtig. Geschmack: trocken. Alkoholgehalt: 11,5%. Alterung: bis zu 3 Jahren. Qualitätsstufen: *Novello* 11%, *Riserva* mindestens 12% Alkohol und 2 Jahre Alterung (dann bis zu 4–5 Jahren). Zu allen Speisen zu trinken; die Riserva zu kräftigen Fleischgerichten und pikantem Käse.

**MORELLINO DI SCANSANO.** Rebsorten: Sangiovese (85–100%). Produktion: 12446 hl (284 ha). Farbe: rubinrot, mit der Alterung zu Granatrot neigend. Geruch: weinig und mit zunehmender Alterung bukettreicher, ätherisch, intensiv, angenehm, fein. Geschmack: trocken, streng, warm, leicht tanninherb. Alkoholgehalt: 11,5%. Alterung: bis zu 3 Jahren. Qualitätsstufen: *Riserva* mindestens 12% Alkohol und 2 Jahre Alterung (dann bis zu 4–5 Jahren). Zu allen Speisen; die Riserva zu rotem Fleisch, Wild und altem Käse.

**PARRINA.** – **Bianco.** Rebsorten: Trebbiano toscano (Procanico; 30–50%), Ansonica und/oder Chardonnay (30 bis 50%), sonstige (bis 20%). Produktion: 1144 hl (30 ha). Farbe: strohgelb, zu goldgelb tendierend. Geruch: weinig, fein, aromatisch, nachhaltig. Geschmack: trocken, samtig, mit leicht bitterem Abgang. Alkoholgehalt: 11,5%. Alterung: bis zu 2 Jahren. Zu Vorspeisen, Fisch und Eierspeisen. – **Rosato.** Rebsorten: siehe Rosso. Produktion: 140 hl. Farbe: leuchtendes Rosé. Geruch: fein, mit eleganten Duftnoten. Geschmack: trocken, rund, fein, harmonisch. Alkoholgehalt: 11%. Alterung: bis zu 2 Jahren. Zu allen Speisen. – **Rosso.** Rebsorten: Sangiovese (70 bis 100%). Produktion: 1400 hl (28 ha). Farbe: rubinrot. Geruch: fein, angenehm. Geschmack: trocken, harmonisch, fein. Alkoholgehalt: 11,5%. Alterung: mindestens 6 Monate, dann bis zu 3–4 Jahren. Qualitätsstufen: *Riserva* mindestens 12,5% Alkohol und 2 Jahre Al-

### Enoteche

**Castiglione della Pescaia**

**Enoteca Castiglionese**
piazza Orsini 18
☎ 0564933572

**Enoteca Porrini**
calle della Libertà 9
☎ 0564933606

**La Cantinetta**
via Celso Camaiori 21
☎ 0564939396

**Posto Pubblico**
via dell'Amore
☎ 0564936467

**Saturnia**

**Enoteca Bacco e Cerere**
Mazzini 4
☎ 0564601235

## DOC-Weine aus der Provinz Grosseto

terung (dann noch 5 Jahre und mehr). Zu allen Speisen; die Riserva zu Fleischgerichten der gehobenen Küche und altem Käse.
**SOVANA.** – **Rosato.** Rebsorten: Sangiovese (50–100%). Farbe: rosé mit rubinroten Reflexen. Geruch: weinig, delikat, mit ausgeprägter Fruchtnote. Geschmack: harmonisch, leicht säuerlich. Alkoholgehalt: 11%. Zu leichten Speisen. – **Rosso.** Rebsorten: siehe Rosato. Farbe: rubinrot mit violetten Reflexen. Geruch: weinig. Geschmack: harmonisch, ausgewogen. Alkoholgehalt: 11%. Alterung: mindestens 3 Monate, dann noch 2–3 Jahre. Qualitätsstufen: *Superiore* (12%) mit mindestens 6 Monaten Alterung, dann noch 4–5 Jahre. Zu jeder Mahlzeit; der Superiore zu Braten und Grillfleisch. – **Aleatico.** Rebsorten: Aleatico (85–100%). Farbe: leuchtendes Rubinrot. Geruch: weinig, charakteristisch. Geschmack: harmonisch, ausgewogen. Alkoholgehalt: 9,2+ 2,5%. Qualitätsstufen: *Riserva* mit mindestens 30 Monaten Alterung, dann noch 6–7 Jahre. Zum Abschluss der Mahlzeit und in Mußestunden. – **Cabernet Sauvignon.** Rebsorten: Cabernet Sauvignon (85–100%). Farbe: intensives Rot, bisweilen mit violetten Reflexen, mit der Zeit Tendenz ins Granatrote. Geruch: weinig, Gewürznote. Geschmack: körperreich, schmackhaft, herb, angemessene Tannine. Alkoholgehalt: 12%. Alterung: bis zu 4–5 Jahren. Qualitätsstufen: *Riserva* mit mindestens 30 Monaten Alterung, dann noch 10 Jahre. Zu Gerichten mit rotem Fleisch und zu würzigem Käse zu trinken; die Riserva zu Wild, Braten und anspruchsvolleren Speisen. – **Merlot.** Rebsorten: Merlot (85–100%). Farbe: rubinrot mit violetten Reflexen, mit der Zeit Tendenz ins Granatrote. Geruch: sortentypische Fruchtnote. Geschmack: vollmundig, samtig. Alkoholgehalt: 12%. Alterung, Qualitätsstufen, Trinkempfehlung: siehe Cabernet Sauvignon. – **Sangiovese.** Rebsorten: Sangiovese (85–100%). Farbe: rubinrot, später mit Tendenz ins Granatrote. Geruch: weinig, bisweilen mit vorherrschenden Kirsch- und Veilchennoten. Geschmack: herb, körperreich, harmonisch. Alkoholgehalt: 12%. Alterung, Qualitätsstufen, Trinkempfehlung: siehe Cabernet Sauvignon.

die Weinstadt (→) **Massa Marittima,** die nicht nur über zahlreiche sehenswerte Baudenkmäler verfügt, sondern auch Mittelpunkt des DOC-Bereichs Monteregio ist. Landeinwärts führt die Weinstraße nach **Monterotondo Marittimo** und **Roccastrada;** in Richtung Küste streift man zunächst **Follonica** und die Weinstadt (→) **Scarlino,** um dann in (→) **Castiglione della Pescaia** das Meer zu erreichen. Weitere Straßen verbinden die Ortschaften miteinander, sodass man kreuz und quer durch das gesamte Weinbaugebiet reisen kann.

### Veranstaltungskalender

**September**
**Pitigliano**
❶ Maremma DOC Festival
**Scansano**
❹ Festa dell'Uva (Traubenfest)

sich verlieren.
sich wiederfinden
Gefühle für Natur.
für Orte reich an
Kunstschätzen.
Augenblicke des
Wohlbefindens
in absolutem
Gleichgewicht
von Raum
und Zeit.
Raum um sich
zu verlieren.
Zeit um sich
wiederzufinden.
DIE AGENZIE PER IL TURISMO DI
SIENA - +39 0577 280551
CHIANCIANO TERME VAL DI CHIANA - +39 0578 671122
AMIATA - +39 0577 775811
HEISSEN SIE
IM SIENESER LAND
HERZLICH WILLKOMMEN
Terre di Siena
the essence of tusca
siena | chianti | val d'elsa | val di merse | crete senesi | val d'orcia | val di chiana | amiata | www.terresiena.it

# Azienda Agricola CAPANNA

Inh. Benito Cencioni und Söhne

Loc. Capanna, 333 - 53024 MONTALCINO (SI)
Tel. +39 0577 848298 - Fax +39 0577 848298

DIREKTVERKAUF - TÄGLICH GEÖFFNET

*Das seit 1957 im Besitz der Familie Cencioni befindliche landwirtschaftliche Unternehmen liegt nördlich von Montalcino, in der Gegend von Montosoli, und gilt seit jeher und jenseits aller Moden als eine der besten "crus" des Brunello. Die mit Reben kultivierte Fläche beträgt etwa 12 ha, während die übrigen 11 ha von Olivenhainen bedeckt sind. Die ausgezeichnete Lage und das steinige Terrain ermöglichen es, zusammen mit dem trockenen und gut ventilierten Klima, einen körperreichen und eleganten Brunello zu erzielen, der bestens zu einer langen Flaschenreifung. Die vorteilhaften natürlichen Bedingungen werden durch die energische Ausdünnung der Rebstöcke begünstigt, wodurch auch in weniger guten Jahren ein gehobenes Qualitätsniveau gewährleistet ist, sowie durch die Selektion der Trauben schon bei der Weinlese, die sorgfältige Weinbereitung bei streng kontrollierter Temperatur und die Auslese während des Alterungsprozesses. In der Tat ist jeweils nur ein Teil der Produktion nach vier Jahren Ausbau in Eichenfässern aus Slawonien für den Brunello DOCG vorgesehen, während der Rest nach einem oder zwei Jahren als Rosso di Montalcino DOC abgefüllt wird oder zum Tischwein bestimmt ist. In guten Jahren wird das beste Fass von Brunello für die "Riserva" zurückgehalten und nach 5 Jahren auf Flaschen gezogen. Auch der Ausbau des Weines in der Flasche wird für einige Monate beobachtet. Unsere sämtlichen Weine stammen ausschließlich aus eigenen Weinbergen.*

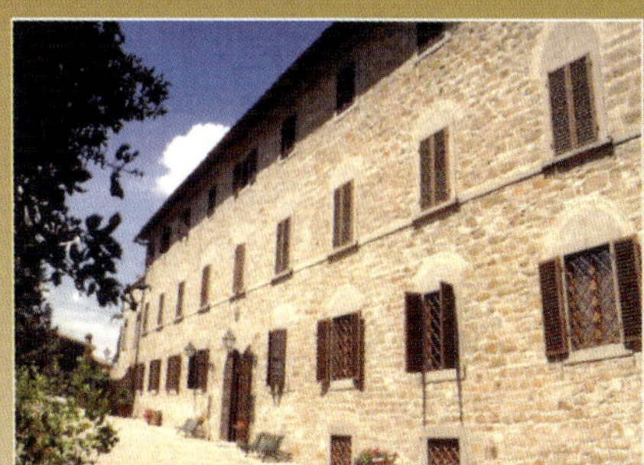


# Fattoria CASTELVECCHI

**Fattoria CASTELVECCHI**: Auf diesem alten Weingut, bieten wunderschöne und angenehm ausgestattete Bauernhäuser, den Gästen romantische und unvergeßliche Ferien an. En werden Zwei-, Vier- oder Sechszimmerwohnungen (Schlafzimmer, Wohnraum mit Kamin, Küche, Badezimmer) fur sieben, fünfzehn oder mehrere Tage vermietet. Alle Wohnungen sind im rustikalen landhausstil eingerichtet und haben Telefon und Einzel-Heizgeräte. Rustikale Doppelzimmer, Badezimmer, Telefon und private Heizung) bieten kürzerere aber nicht weniger schöne Aufenthalte an. Zwei Schwimmbäder; Tennisplatz, Ping Pong-Einrichtung; ein stilvolles Restaurant mit kleiner Bar, das in der alten Olmühle entstanden ist; ein schöner, rustikaler Raum mit Satellitenfernsehen; Ausritte in das Herz des alten, grünen "Chianti" -Gebietes tragen zum Gelingen eines unvergeßlichen Aufenthaltes bei.

53017 Radda in Chianti (SI)
Tel. 0577738050 - Fax 0577738608

# JACOPO BIONDI SANTI

## DIE INNOVATION DER TRADITION

Jacopo Biondi Santi, Nachkomme einer der traditionsreichen und hoch geschätzten Weinbaufamilien Italiens, hat sein ganzes Augenmerk auf die höchstmögliche Qualität der Produkte gelegt. In ihm vereinigt sich der moderne und leidenschaftliche Impuls mit der Macht der historischen Erfahrung: diese Grundhaltung

hat ihn dazu bewogen, eine ganz besondere Lage auszuwählen, nämlich das Castello di Montepò in Scansano (450 m.ü.M.), im Herzen der Maremma. Bei der Kultivierung der Rebstöcke ist die 150-jährige Erfahrung der Familie bei der Verfeinerung von Rebsorten und hier insbesondere des Sangiovese grosso, als der Grundlage für den Brunello di Montalcino, eingeflossen. In dieser mutigen Entscheidung, die sich auf die Weine auswirkt, spiegelt sich eine kraftvolle und geradlinige Persönlichkeit wider. Das Weingut Castello di Montepò mit seiner Gesamtfläche von 360 Hektar, von denen 35 Hektar auf den Weinbau entfallen (Sangiovese, Cabernet Sauvignon, Merlot) wird von einer mächtigen und romantischen mittelalterlichen Festung aus dem 10. Jahrhundert beherrscht. In der Zukunft werden in Castello di Montepò auch bodenständige Reben (auf 44 Hektar) von neuem gepflegt und es wird als Zentrum für die Produktion sämtlicher „Super Tuscans" von Jacopo Biondi Santi dienen: Schidione, Montepaone, Sassoalloro, Rivolo.

Jacopo Biondi Santi hat anläßlich des einzigartigen und unwiederholbaren Übergangs zum dritten Jahrtausend den „Schidione III Millennio" (ein Blend aus Sangiovese, Cabernet und Merlot) kreiert und damit einen weiteren „Super Tuscan" von großer Persönlichkeit und höchster Qualität geschaffen: Etikett aus 23 kt. Gold, auf 13.987 Magnum-Flaschen limitierte Auflage und Echtheitszertifikat, das jeder Flasche eine besondere Geschichte verleiht, wobei Besitzerwechsel und Abfüllung verzeichnet sind, eine Expertise, wodurch die Lebensdauer dieses Weines verlängert wird.

**Jacopo Biondi Santi** - F.I.B.S.
Via Panfilo dell'Oca, 3 - 53024 Montalcino (Siena)
Tel. +39 0577 847121/2/3 - Fax +39 0577 847131
E-mail: bsanti@sienanet.it

# Die Marken

## Eine Region in Aufbruchsstimmung

*Der Weinbau der Marken, lange Zeit nur für seine Weißweine bekannt, an deren erster Stelle natürlich der berühmte Verdicchio steht, kann mittlerweile mit Stolz auf einige Rote von beachtlichem Format verweisen.*

Die Marken, Inbegriff einer Hügellandschaft, bieten dem Rebstock mit den für die Appeninausläufer typischen Lehmböden einheitliche Lebensbedingungen (einzige Ausnahme bildet der Kalkboden des Monte Conero). Und der Weinberg, einst eine Domäne der weißen Rebsorten, zeigt sich mittlerweile wesentlich ausgewogener als in früheren Jahrzehnten: Einerseits wachsen da die roten Sangiovese- und Montepulciano-Trauben, andererseits aber auch der weiße Trebbiano toscano und die einheimischen Sorten Verdicchio und Biancame. Neben diesen Großen gibt es natürlich noch eine Fülle weniger bedeutender Reben wie Vernaccia nera und Lacrima, die von einer längst vergangenen Weinbautradition künden. Das Erscheinungsbild der Anbauflächen folgt der sich von Norden nach Süden hin merklich verändernden Landschaft: Da sind die Colli Pesaresi, die noch im Einflussbereich der Romagna liegen, dann das Hinterland von Ancona und Macerata, die Heimat des Verdicchio, und schließlich das Grenzland zu den Abruzzen, wo der Rosso Piceno zu Hause ist.

*Verdicchio.*

### Weinbau in rasantem Wandel

Die Produktion der elf DOC-Bereiche der Marken liegt italienweit an zehnter Stelle, doch nimmt der Verdicchio dei Castelli di Jesi unter den Einzelweinen eine Spitzenstellung ein – Zahlen, die die bedeutenden Veränderungen beschreiben, denen der Weinbau der Marken gegenwärtig unterworfen ist. Dazu gehört beispielsweise, dass – im Vergleich zum Sangiovese – der Montepulciano-Rebe eine immer größere Bedeutung zugemessen wird, da sie sich als geeigneter für den Boden erwiesen hat, oder dass im Bereich der Weißen die autochthonen Sorten dem Trebbiano toscano langsam den Rang ablaufen. Darüber hinaus werden die Rebflächen zunehmend mit internationalen Sorten wie Cabernet Sauvignon, Merlot, Chardonnay und Sauvignon blanc bestockt, mit deren Hilfe die lokalen Weine verbessert werden können, ohne sie deshalb zu verfälschen.

**Movimento del Turismo del Vino**
Beauftragter:
Michele Bernetti
SS 16
km 310, 400, 74
Osimo Scalo (An)
☎ 0742344214

# DOC-Bereiche in den Marken

1. DOC Bianchello del Metauro – 519 ha in zahlreichen Gemeinden der Provinz Pesaro
2. DOC Colli Maceratesi – 236 ha im gesamten Gebiet der Provinz Macerata sowie in 1 Gemeinde in der Provinz Ancona
3. DOC Colli Pesaresi – 960 ha in 36 Gemeinden der Provinz und Stadt Pesaro
4. DOC Esino – 930 ha in der gesamten Provinz Ancona und in einigen Orten der Provinz Macerata
5. DOC Falerio dei Colli Ascolani – 642 ha in der Provinz Ascoli Piceno
6. DOC Lacrima di Morro oder Lacrima di Morro d'Alba – 35 ha in 6 Gemeinden der Provinz Ancona, darunter Morro d'Alba
7. DOC Rosso Conero – 543 ha in 7 Gemeinden der Provinz Ancona, einschließlich der Provinzhauptstadt selbst
8. DOC Rosso Piceno – 4355 ha in einem Gebiet, das die Provinzen Ancona, Macerata und Ascoli Piceno berührt
9. DOC Verdicchio dei Castelli di Jesi – 3267 ha in den Provinzen Ancona und Macerata auf einem Gebiet, das die Gemeinde Jesi einbezieht
10. DOC Verdicchio di Matelica – 311 ha in zahlreichen Gemeinden der Provinzen Macerata und Ancona, darunter auch Matelica
11. DOC Vernaccia di Serrapetrona – 53 ha in der Gemeinde Serrapetrona und in weiteren Gemeinden der Provinz Macerata

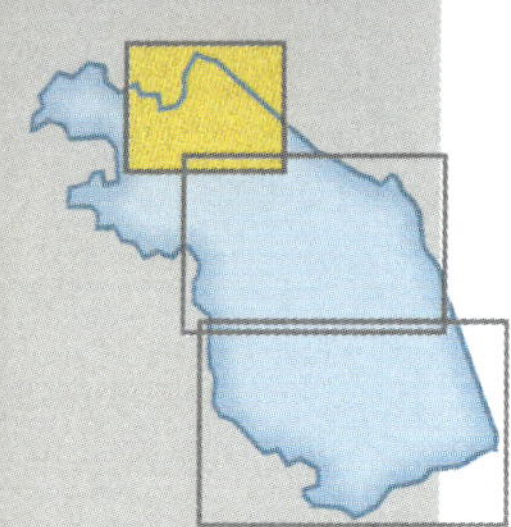

# Die Weinberge von Pesaro

*Bianchello del Metauro heißt der Spitzenwein dieser von der nahen Romagna noch stark geprägten Gegend.*

Erkennungsmerkmal des Weinbaugebiets der Provinz Pesaro, das kurz hinter der Küste beginnt und sich bis nach Sassocorvaro und Frontone erstreckt, ist in erster Linie jene Bianchello oder auch Biancame genannte Rebe, deren Ursprung im Metaurobecken vermutet wird. Der daraus gekelterte, unter Umständen mit Welschriesling (Riesling italico), Verdicchio oder Chardonnay verschnittene Wein ist frisch und lebhaft und ein idealer Begleiter zu den typischen Fischgerichten der Region. Das zweite Charakteristikum dieser Gegend ist die starke Präsenz der Sangiovese-Traube, ein offenkundiges Erbstück der nahen Romagna, aus der man im Allgemeinen jung zu trinkende Rote bereitet. In den renommiertesten Unterbereichen, Focara und Roncaglia, gehen aus ihr allerdings hervorragende Weine mit hohem Alterungspotenzial hervor.

## Weinstädte

**Pesaro.** Die Altstadt mit ihrer Aura längst vergangener Zeiten umschließt die Piazza del Popolo mit dem mächtigen Herzogspalast. In der nahe gelegenen Pinakothek ist Giovanni Bellinis Meisterwerk «Die Krönung der Maria» zu bewundern. Dann geht es weiter in das Keramikmuseum, das einen historischen Rückblick auf die auch heute noch außergewöhnliche Keramikproduktion der Gegend bietet. Im August findet das **Rossini Opera Festival** zu Ehren des

### Hotels und Restaurants

**Cartoceto**
**Symposium – Quattro Stagioni** 🍴🍴🍴🍴
via Cartoceto 38
☎ 0721898320

**Fano**
**Grand Hotel Elisabeth** ★★★★
viale Carducci 12
☎ 0721804241
**Corallo** ★★★
via L. da Vinci 3
☎ 0721804200
**Ristorantino – da Giulio** 🍴🍴
viale Adriatico 100
☎ 0721805680
**Pesce Azzurro** 🍴
viale Adriatico 48
☎ 0721803165

**Fossombrone**
**Al Lago** ★★★
2 km nach San Lazzaro
via Cattedrale 79
☎ 0721726129

**Gabicce Mare**
**Grand Hotel Michelacci** ★★★★
Giard. Unità d'Italia 1
☎ 0541954361
**Cavalluccio Marino** ★★
via Vittorio Veneto 111
☎ 0541950053

**Gradara**
**Hosteria La Botte** 🍴🍴
piazza V Novembre 11
☎ 0541964404

hier im Jahr 1792 geborenen Komponisten statt.

**Gradara.** Die Altstadt lugt noch heute hinter ihrer Mauer aus dem 14. Jahrhundert hervor und die Burg war Schauplatz der tragischen Liebesgeschichte zwischen Paolo und Francesca. Dante erzählt sie in seiner «Göttlichen Komödie», und auch wenn es keine historisch gesicherten Daten gibt, glaubt man ihm nur allzu gern. Vom Söller aus schweift der Blick von den Hügeln der Romagna bis zu denen von Pesaro, die Lust machen auf eine Erkundungstour durch die Weinkeller. Wichtigstes Ereignis für Weinfreunde ist Ende Juni die nationale Wein- und Olivenölschau, die **Rassegna Nazionale di Vini e Olio.**

**Und außerdem ... Mombaroccio** mit seiner Stadtmauer aus dem 15. Jahrhundert. Das nicht weit entfernt gelegene **Monteciccardo** in den Hügeln, die das Foglia- vom Metaurotal trennen. **Montemaggiore al Metauro,** hinter einer Stadtmauer verborgen, mit einer Straße, die herrliche Ausblicke gewährt, und **Tavullia** mit der vielbesuchten Wallfahrtskirche San Pio in der Nähe von Gradara.

**Und schließlich ... Colbordolo.**

## Kellereien

**Barchi.** *Fiorini, via Campioli 5, Tel. 072197151.*

**Fano.** *Morelli, viale Romagna 478, Tel. 07218223352.*

**Mondavio.** *Libenzi, via S. Filippo sul Cesano, Tel. 0721979353.*

**Pesaro.** *Mancini, via dei Colli 35, Tel. 0721 51828.*

**Saltara.** *Solazzi, via Laghi 10, Calcinelli, Tel. 0721895491.*

## Tourenvorschläge

**Die Colli Pesaresi und das Metaurotal.** Der Rundweg verläuft durch die Täler der Flüsse Foglia und Metauro und steuert Pesaro, Urbino, Fossombrone und Fano als Etappen an. Einige Abstecher führen zu eher unbekannten Orten. **Pesaro.** Weinstadt (→) mit vielfältigem Angebot. Verkostung und Einkaufsmöglichkeit der Weine der Colli Pesaresi in der Kellerei Mancini (→). Für Übernachtungen empfehlen wir das 1908 gegründete Hotel Vittoria mit herrlichen Jugenstilräumen, in denen schon so manche Berühmtheit weilte. Zu den lohnenden Restaurants zählt das zum Hotel Principe gehörende Da Teresa direkt an der

### Hotels und Restaurants

**Montemaggiore al Metauro**
**La Locanda del Borgoantico** ★★★ 🍴
via Panoramica 4
☎ 0721896553

**Pesaro**
**Vittoria** ★★★★
piazzale Libertà 2
☎ 072134343
**Principe** ★★★
**Teresa** 🍴🍴🍴
viale Trieste 180
☎ 072130222
**Villa Serena** ★★★
via S. Nicola 6/3
☎ 072155211
**Alceo** 🍴🍴🍴
via Panoramica Ardizio 101
☎ 072155875
**Scudiero** 🍴🍴🍴
via Baldassini 2
☎ 072164107

**San Lorenzo in Campo**
**Giardino** ★★★
**Giardino** 🍴🍴🍴
via Mattei 4
☎ 0721776803

**Sassocorvaro**
**Le Logge** 🍴
via Crescentini
☎ 072276594
**Nido del Corvo** 🍴
via Colle Igea 22
☎ 072276334

Strandpromenade, das eine der besten Küchen vor Ort sowie eine Weinkarte der Spitzenklasse bietet. Aber auch das Lo Scudiero in einem alten Palazzo im Stadtzentrum und das Alceo mit einer blumenbewachsenen Terrasse hoch über dem Meer sind einen Besuch wert. Von Pesaro aus gelangt man schnell nach **Gabicce Mare,** wo das schön gelegene Hotel Cavalluccio Marino mit einer ausgesprochen gepflegten Küche aufwartet. Anschließend geht es weiter ins Hinterland Richtung Gradara (→) und Tavullia, zwei atmosphärisch sehr ansprechenden Weinstädten. Wer dagegen direkt das Fogliatal hinauffährt, sollte einen Abstecher Richtung Süden nach Monteciccardo und Mombaroccio, zwei sehr alten kleinen Weinstädten (→), einplanen. **Urbino.** Auch heute noch erinnert die Stadt an jeder Ecke an die aufgeklärten Herzöge Montefeltro, die sie in einen der schönsten Höfe der Renaissance verwandelt hatten. Mittelpunkt und Symbol dieses geschichtlichen Höhepunkts war der Palazzo Ducale, der auch heute noch durch die einmalige Architektur von Luciano da Laurana besticht und darüber hinaus die Kunstschätze der Galleria Nazionale beherbergt. Nach dem kulturellen Pflichtprogramm lockt das Restaurant Cortigiano, das beste regionale Küche in erhabenem historischen Rahmen serviert. Ebenfalls in der Altstadt liegt das Vecchia Urbino, das sich ganz der traditionellen hiesigen Küche verschrieben hat. Von Urbino aus kann man die Route bis nach **Sassocorvaro** ausdehnen: Der Ort mit seiner kühn aufragenden ubaldinischen Festung liegt am äußersten Rand der Weinregion und galt lange Zeit als Wächter der Ländereien derer von Montefeltro. **Fossombrone.** Im Jahr 1444 verkaufte ein Malatesta, Herrscher über Pesaro, diese Stadt an Federico da Montefeltro, der sich hier dann gern zur Sommerfrische niederließ. Entlang des Corso Garibaldi reihen sich die alten Gebäude, die mit der Kathedrale und dem Herzogspalast, der so genannten Corte Alta, beredtes Zeugnis von der Stadtgeschichte ablegen. Von Fossombrone aus lohnt ein Abstecher in das Cesanotal mit dem malerischen alten Städtchen Pergola e San Lorenzo in Campo, wo das Hotel Giardino mit ausgezeichneter regionaler Küche, deren Höhepunkte Pilz- und Wildgerichte sind, zum Verweilen einlädt. Im Ortsteil Barchi ist die Kellerei Fiorini (→) für Verkostungen und Einkäufe zu empfehlen. **Fano.** Von der römischen Stadt an der Mündung des Metauro und der antiken

## Hotels und Restaurants

### Urbino

**Mamiani** ★★★
via Bernini 6
☎ 0722322309

**Raffaello** ★★★
via S. Margherita 40
☎ 07224896

**Locanda La Brombolona** ★★
10 km nach Canavaccio
☎ 072253501

**Il Cortegiano** 🍴
via Puccinotti 13
☎ 0722320307

**Vecchia Urbino** 🍴
via dei Vasari 3/5
☎ 07224447

## Agriturismo

### Fano

**Il Prato**
Torrette
via Metaurilia 81
☎ 0721884390

**Santa Cristina**
Rosciano
☎ 0721862685

Via Flaminia an der Adriaküste zeugen noch der Augustusbogen und die gleichmäßige Anlage der Altstadt. Doch den größeren und auch heute noch spürbaren Einfluss hatten die Malatesta, die vom Ende des 13. Jahrhunderts bis ins Jahr 1463 die Stadt regierten. Sinnbild ihrer Herrschaft ist die Piazza mit dem romanisch-gotischen Palazzo della Ragione (Rathaus) und dem Palazzo della Casata im Renaissance-Stil. Das Metaurotal bietet einige Varianten zum Tourenverlauf, beispielsweise **Montemaggiore,** eine kleine Weinstadt (→) am rechten Hang, oder **Cartoceto** auf der gegenüberliegenden Seite, berühmt für die regionale, aber moderne Küche und den enormen Weinkeller des Edelrestaurants Symposium – Quattro Stagioni. Weinfreunde kommen auch bei einem Besuch mit Verkostung in der Kellerei Solazzi (→) in Saltara voll auf ihre Kosten.

## DOC-Weine aus den Colli Pesaresi und dem Metaurotal

**BIANCHELLO DEL METAURO.** Rebsorten: Bianchello (95–100%), Malvasia toscana (bis 5%). Produktion: 12212 hl (285 ha). Farbe: strohgelb. Geruch: delikat, sortentypisch. Geschmack: trocken, frisch, harmonisch, angenehm. Alkoholgehalt: 11,5%. Zu Fischgerichten zu trinken.

**COLLI PESARESI.** – **Bianco.** Rebsorten: Trebbiano toscano (85–100%). Produktion: 330 hl (5,5 ha). Farbe: strohgelb. Geruch: angenehm und delikat duftend. Geschmack: trocken, würzig und harmonisch. Alkoholgehalt: 11,5%. Zu allen Speisen zu trinken. – **Roncaglia Bianco.** Rebsorten: Trebbiano toscano (85 bis 100%), Pinot nero (bis 15%). Produktion: 207 hl (3,3 ha). Farbe: strohgelb. Geruch: angenehm und delikat duftend. Geschmack: trocken, würzig und harmonisch. Alkoholgehalt: 12%. Alterung: 1 Jahr. Als Aperitif und zu allen Speisen zu trinken. – **Rosso** (auch **Sangiovese**). Rebsorten: Sangiovese (85 bis 100%). Produktion: 6577 hl (190 ha). Farbe: nicht zu kräftiges Granatrot mit leichten, zu violett tendierenden Reflexen. Geruch: delikat und sortentypisch. Geschmack: trocken und harmonisch, mit leicht bitterer Note im Hintergrund. Alkoholgehalt: 11,5%. Alterung: bis zu 3 Jahren. Qualitätsstufen: *Novello.* Zu allen Speisen zu trinken. – **Focara Rosso.** Rebsorten: Sangiovese (85 bis 100%), Pinot nero (bis 15%). Produktion: 109 hl (1,7 ha). Farbe: nicht zu kräftiges Granatrot mit leichten, zu violett tendierenden Reflexen. Geruch: delikat und sortentypisch. Geschmack: trocken und harmonisch, mit leicht bitterer Note im Hintergrund. Alkoholgehalt: 12%. Alterung: bis zu 3–4 Jahren. Zu allen Speisen zu trinken.

## Agriturismo

**Fossombrone**
**El Gatarel**
Isola di Fano
via Pantaneto 10
☎ 0721727189

**Pesaro**
**Le Limonaie di Muraglia**
via Flaminia 305
☎ 072155577

**Urbino**
**Fosso del Lupo**
Scotaneto
via Scotaneto 11
☎ 0722340233

**La Corte della Miniera**
Miniera
podere Pozzo Nuovo
Miniera 74
☎ 0722345322

## Enoteche

**Pesaro**
**Il Cantuccio di Leo**
via Persetti 18
☎ 072168088

## Veranstaltungskalender

**Februar**
**Fano**
Carnevale dell'Adriatico (Karneval an der Adriaküste)

**Juni**
**Gradara**
❹ Rassegna Nazionale di Vini e Olio (nationale Wein- und Olivenölschau)

**Oktober–November**
**Sant'Angelo in Vado**
❷ Oktober und ❶❷ November Mostra Mercato Nazionale del Tartufo (nationale Trüffelmesse) und Sagra del Tartufo bianco (Trüffelfest)

## Gaumenfreuden

Kaum eine andere italienische Region hat in den letzten Jahren eine ähnlich rasante Entwicklung durchgemacht wie die Marken. Das gilt sowohl für den Wein als auch für die Küche, wobei die qualitativ hochwertigen lokalen Produkte reichlich Schwung in Töpfe und Pfannen gebracht haben. So ist etwa das Olivenöl der Marken außerordentlich gefragt, ganz besonders das Cru di Cartoceto, das es dank des leidenschaftlichen Einsatzes von Vittorio Beltrami zu einiger Berühmtheit gebracht hat. Auch die Tenera ascolana, eine Speiseolive, die mit Fleisch gefüllt und ausgebacken wird, ist in aller Welt bekannt geworden. Dann gibt es neben edlen Käsesorten, beispielsweise einem in den Tuffsteinhöhlen des Montefeltro gereiften Höhlenkäse oder der «casciotta» aus Urbino, auch so manche Wurstspezialität, wie die Salami aus Fabriano und den Schinken aus Carpegna. Doch das ist alles nichts im Vergleich zur Pasta: Die Maccheroncini aus Campofilone zählen zu den besten Frischnudeln Italiens, und Carlo Latini, der mit seinen hausgemachten, aus traditionellen Weizensorten hergestellten Spaghetti einen Siegeszug durch die besten Restaurants angetreten hat, stammt woher? Natürlich aus den Marken. Als ob das nicht bereits genügte, sind die Marken auch die am reichsten mit Weißen Trüffeln gesegnete Region Italiens, die in den ausgedehnten Tälern von Acqualagna ideale Wachstumsbedingungen finden. Und was über das Landesinnere gesagt wurde, gilt ebenso für die Küste: Das Meer liefert Fisch, Muscheln und Krustentiere im Überfluss. Nicht weiter verwunderlich also, dass eine an feinsten Zutaten so reiche Region auch schmackhafte Rezepte und ansprechende Restaurants zu bieten hat. Die Spitzengastronomie hat sich in der Regel entlang der Küste angesiedelt. Die derzeit besten Lokale sind Da Teresa im Hotel Principe in Pesaro sowie Uliassi und La Madonnina del Pescatore in Senigallia, während sich das Torcoletto in Porto Recanati und Il Saraghino in Numana noch auf dem Weg in den Olymp der Gourmettempel befinden. Was die Übernachtung betrifft, sollte man es sich nicht entgehen lassen, die einzigartige Landschaft des Monte Conero von seinem schönsten und berühmtesten Aussichtspunkt, Portonovo, aus zu genießen, wo sich auch ausgezeichnete Hotels finden, etwa in dem eindrucksvollen, direkt am Meer gelegenen Festungsbau Fortino Napoleonico. Auch im Landesinneren bewegt sich etwas: Die noch nicht vom Tourismus überlaufenen Hügel sind eine wahre Entdeckung, stößt man hier doch noch auf echte Gastfreundschaft und eine ausgezeichnete, landestypische Küche in einfachen und unverfälschten Lokalen, darunter zum Beispiel La Luma in Montecosaro, La Locanda Villa Federici in Serrungarina, Il Passo in Acquasanta, Il Furlo bei Acqualagna und schließlich die exzellenten Restaurants Il Giardino in San Lorenzo und Symposium in Cartoceto.

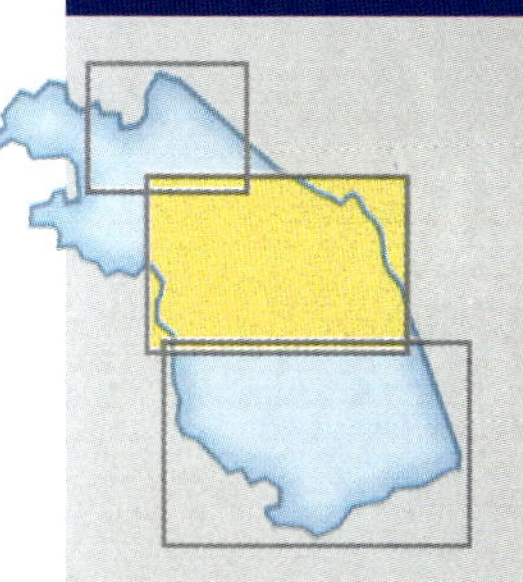

# Das Land des Verdicchio

## und der Monte Conero

*In der Heimat eines der berühmtesten Weißweine der Welt gibt es auch Rotweine mit Charakter und stolzer Tradition zu entdecken.*

Die Provinzen Ancona und Macerata bilden das Kernland des Verdicchio, der bekanntesten Rebsorte der Region, die dank neuer Initiativen der Kellereien gerade eine große Renaissance erlebt. Doch kann diese Weinregion durchaus auch mit anderen angenehmen Entdeckungen aufwarten.

### Die Castelli di Jesi: Heimat des Verdicchio Classico

Dieser Name bezeichnet das weite, hügelige Landesinnere hinter Ancona, das von Corinaldo parallel zur Küste bis hin zum Musone abfällt. Das Renommee dieser Heimat des Verdicchio Classico ist eng verwoben mit der schönen Amphorenflasche, in die der fertige Tropfen abgefüllt wird. Weitere traditionsreiche weiße Rebsorten sind Passarina und Pecorino, bei den roten herrschen auch hier Sangiovese und Montepulciano vor, die hie und da auch zu jenem Rosso Piceno gekeltert werden, der den Touristen noch bis zur Grenze der Region Abruzzen begleiten wird. Eine Erwähnung verdient auch der Lacrima di Morro d'Alba DOC, ein aromatischer Rotwein, den schon Friedrich Barbarossa geschätzt haben soll und der in einer 35 Hektar umfassenden Rebenoase angebaut wird. Erst kürzlich ist der Bereich Esino, vormals Erzeuger hochwertiger Vini da Tavola, mit dem DOC-Prädikat geadelt worden.

**Hotels und Restaurants**

**Ancona**
**Grand Hotel Palace** ★★★
lungomare, Vanvitelli 24
☎ 071201813
**Emilia** ★★★
12 km nach Portonovo
via Poggio 149
☎ 071801145
**Fortino Napoleonico** ★★★
12 km nach Portonovo
via Poggio 166
☎ 071801450
**Corte** ΨΨΨ
via della Loggia 5
☎ 071200806
**Passetto** ΨΨΨ
piazza IV Novembre 1
☎ 07133214
**Giacchetti** ΨΨ
12 km nach Portonovo
via Portonovo 171
☎ 071801384
**Laghetto** ΨΨ
2 km nach Portonovo
☎ 071801183
**Moreretta** ΨΨ
piazza Plebiscito 52
☎ 071202317

**Corinaldo**
**Bellavista** Ψ
via Cappuccini 8
☎ 07167073

**Fabriano**
**Janus Hotel Fabriano** ★★★
**La Pergola** ΨΨΨ
piazzale Matteotti 45
☎ 07324191
**Villa del Grillo** ΨΨ
località Rocchetta 73
☎ 0732625690

## Hotels und Restaurants

**Falconara Marittima**
**Villa Amalia** 🍴🍴🍴
via degli Spagnoli 4
☎ 0719160550
**Il Camino** 🍴🍴
via Tito Speri 2
☎ 0719171647
**Jesi**
**Federico II** ★★★
via Ancona 100
☎ 0731211079
**Hostaria Santa Lucia** 🍴🍴
viale Marche 2/b
☎ 073164409
**Italia** 🍴🍴
viale Trieste 28
☎ 07314844
**Loreto**
**Andreina** 🍴🍴
via Buffaloreccia 14
☎ 071970124
**Macerata**
**Claudiani** ★★★
via Ulissi 8
☎ 0733261400
**Osteria dei Fiori** 🍴🍴
via Lauro Rossi 61
☎ 0733260142
**Montecosaro**
**Luma Hotel** ★★★
via Cavour 1
☎ 0733229466
**Luma** 🍴🍴🍴
via Bruscantini 1
☎ 0733229701
**Numana**
**Il Saraghino** 🍴🍴🍴
2 km nach Marcelli
via Litoranea
☎ 0717391596

## Ein seltener Vernaccia aus den Hügeln von Macerata

Diese Weinbauregion beginnt als schmaler Streifen an der Küste, um sich dann ins Landesinnere hinein allmählich auszudehnen. Mit dem Bianco Colli Maceratesi DOC erweist sie der autochthonen Maceratino-Rebe, wahrscheinlich eine Angehörige der großen Greco-Familie, ihre Reverenz. Auch hier wird Verdicchio bereitet, zum einen als Castelli di Jesi Classico, der sogar bis in die Gegend um Apiro und Cingoli erzeugt wird, zum anderen als angesehener Matelica, der sich durch eine bessere Struktur und ein sehr viel höheres Alterungspotenzial auszeichnet. Natürlich wird auch Rosso Piceno bereitet, doch unsere ganze Aufmerksamkeit gilt dem Vernaccia di Serrapetrona, der ein wirklich ergreifendes Revival feiert: Der erste rote Schaumwein Italiens, der bereits gegen Ende des 19. Jahrhunderts einen bedrohlichen Rückgang hinnehmen musste, verfügt heute über ein 53 Hektar großes Reservat und den Schutz eines DOC-Prädikats.

## Ein Rotwein aus der Montepulciano-Rebe vom Monte Conero

Das Besondere an dieser Weingegend ist ihre Geomorphologie: Der Monte Conero ist ein Ausläufer des Appenin, der wie ein Keil die lange Reihe der Sandstrände entlang der Adria unterbricht. Er bildet eine Art Kalkbodenkuppel, die optimale Bedingungen für den Weinbau und im Besonderen für die Montepulciano-Rebe bietet, die hier häufiger als die Sangiovese-Traube dem Rosso Conero Körper verleiht. Dieser traditionsreiche und allseits beliebte Tropfen kann sowohl als Jüngling in Kombination mit gekochtem Fisch wie auch als gealterter Wein zu Gerichten der gehobenen Küche getrunken werden.

## Weinstädte

**Jesi.** Der Ort liegt nahe der Küste, an der Öffnung des Esinotals zum Meer hin. Die Altstadt ist umgeben von einer mit Kragsteinen und Wachttürmen bestandenen Mauer. Rund um die drei Piazzas stehen die herrschaftlichen Gebäude, darunter auch das Teatro Pergolesi mit seinem beachtlichen Programm **Stagione Lirica**. Die schmalen, stillen Gässchen führen so anmutig hinauf und hinab, dass es eine Freude ist, nach Werkstätten ortsansässiger Zünfte und typischen Lokalen zu stöbern. In einem alten Gebäude unweit des Palazzo della Signoria hat die Enoteca Regionale ihren Sitz.

**Cupramontana.** Der auf der rechten Esinoseite gelegene Ort ist nicht nur die heimliche Hauptstadt des Verdicchio, sondern bietet auch eine bezaubernde Aussicht, die dem Hintergrund auf alten Fresken ähnelt. Vom Rathausplatz führt der Weg hinauf in die Altstadt zur schönen Kollegiatskirche. Ob man Sammler ist oder nicht, das Etikettenmuseum (Museo dell'Etichetta; → Rund um den Wein) sollte man sich keinesfalls entgehen lassen. Anfang Oktober wird das Traubenfest **Festa dell'Uva** gefeiert.

**Staffolo** ist eine kleine Ortschaft mit Stadtmauer und Wachturm unweit von Cupramontana. Die Pfarrkirche birgt eine schöne Altartafel aus der Schule von Lorenzo Lotto. Im August und September finden die **Festa del Verdicchio** und die Verleihung des Preises **Premio Verdicchio d'Oro** statt.

**Montecarotto.** Inmitten der Hügel, die die Flüsse Misa und Esino trennen, liegt dieser Ort, in dem sich Überreste der mittelalterlichen Mauern und Wachtürme erhalten haben. Doch auch das 19. Jahrhundert ist mit einigen schmucken Bauten, etwa dem Theater, vertreten. Kleine Kirchlein finden sich rings umher über die gesamte Landschaft verstreut. Anfang Juli findet **Verdicchio in Festa** statt, eine Verkaufsmesse mit Weinen der Marken.

**Castelplanio**. Das ehemaligen Wehrdorf liegt nur wenige Kilometer von Montecarotto entfernt, schon fast am Talgrund des Esino, und kann heute eine bedeutende Weinproduktion vorweisen.

**Und schließlich ... Matelica, Morro d'Alba** und **Serrapetrona.**

## Kellereien

**Ancona.** *Moroder, Montacuto 112, Tel. 071898232. Öffnungszeiten: 8–12 und 14–18 Uhr, an Sonn- und Feiertagen nach Voranmeldung.* Diese malerische Kellerei mitten im Parco naturale del Conero ist zwar in einem Gebäude aus dem 19. Jahrhundert untergebracht, doch bei der Weinbereitung befindet man sich ganz auf der Höhe der Zeit. Prunkstück des Hauses ist der Dorico, ein sortenrein aus Montepulciano-Trauben gekelterter Rosso Conero. Ein rustikales Landhaus im Weinberg bietet sich für Ferien auf dem Lande (Agriturismo) mit typischen Gerichten und Weinen der Gegend an.

**Cupramontana.** *Colonnara, via Mandriole 6, Tel. 0731780273. Öffnungszeiten: 9.30–24 Uhr, Voranmeldung erwünscht, Mittwoch geschlossen.* Die Produktion dieser Winzergenossenschaft ist fast gänzlich der Verdicchio-Traube gewidmet und findet mit dem in großen Eichenfässern oder Barriques vergorenen Romitello delle Mandriole Superiore ihren Höhepunkt. Daneben gibt es noch spezielle Cuvées, Schaumweine, Grappa, Öl und Honig. Die Verkostung erfolgt im alten Kellergewölbe, dann kann man ins Restaurant Antiche Fonti della Romita überwechseln. *Vallerosa Bonci, via Torre 13, Tel. 0731 789129. Öffnungszeiten: 8–12 und 14–16 Uhr, Samstag 8–12 Uhr, Samstagnachmittag und Sonntag nach Voranmeldung.* Domenico Bonci gründete Anfang des 20. Jahrhunderts diesen Betrieb, der heute über 35 Hektar Weinbaufläche in einer der renommiertesten Lagen der Classico-Zone der DOC Verdicchio Castelli di Jesi verfügt. Spitzenprodukt des Hauses ist der Cru San Michele.

**Montecarotto.** *Terre Cortesi Moncaro, via Piandole 7a, Tel. 073189245. Öffnungszeiten: 8–12 und 14–18 Uhr, nach Voranmeldung.* Die größte Winzergenossenschaft der Marken mit 830 Mitgliedern, 900 Hektar Weinbaufläche und einer bunten Palette an Still- und Schaumweinen sowie Crus von ausgewählten Reben. Die Genossenschaft ist auch im

### Hotels und Restaurants

**Porto Potenza Picena**
**Il Pontino** 🍴
via IV Novembre 13
☎ 0733688638

**Porto Recanati**
**Enzo** ★★★
corso Matteotti 23
☎ 0717590734
**Fatatis** 🍴
2 km nach Scossicci
via Vespucci 2
☎ 0719799366
**Torcoletto** 🍴
corso Matteotti 21
☎ 0717590196

**San Severino Marche**
**Due Torri** 🍴
via S. Francesco 21
☎ 0733645419

**Senigallia**
**Duchi della Rovere** ★★★
via Corridoni 3
☎ 0717927623
**Uliassi** 🍴🍴🍴
banchina di Levante 6
☎ 071659327

## Hotels und Restaurants

**Senigallia**
**Madonnina del Pescatore** 🍴🍴🍴
7 km nach Marzocca
lungomare Italia 11
☎ 071698267

**Sirolo**
**Conchiglia Verde** ★★★
via Giovanni XXIII 12
☎ 0719330019

**Monteconero** ★★★
5 km nach Monte Conero
via Monteconero 26
☎ 0719331955

**Locanda Rocca** 🍴🍴
via Torrione 1
☎ 0719330558

**Staffolo**
**La Ciminiera 1846** 🍴
via S. Caterina 18
☎ 0731779762

**Tolentino**
**Hotel 77** ★★★★
viale Buozzi 90
☎ 0733967400

## Agriturismo

**Ancona**
**Il Rustico del Conero**
Varano
via Boranico 197/199
☎ 0712861821

**Civitanova Marche**
**Campolungo**
contrada Migliarino 30
☎ 0733709504

**Macerata**
**Floriani di Villamagna**
contrada Montanello 5
☎ 0733492267

Umweltschutz aktiv, was in 30 Hektar Weinberg für den Verdicchio dei Castelli di Jesi zum Ausdruck kommt, die gemäß der EU-Richtlinien für biologischen Anbau bewirtschaftet werden. Verkosten kann man die Weine im Le Busche, das ganz in der Nähe des Genossenschaftssitzes liegt und auch regionale Spezialitäten anbietet.

**Morro d'Alba.** *Mancinelli, via Roma 62, Tel. 073163021. Öffnungszeiten: Montag–Samstag 8–12 und 14–17 Uhr, Gruppen nach Voranmeldung.* Hier werden der Verdicchio dei Castelli di Jesi Classico und der seltene Lacrima di Morro d'Alba erzeugt. Interessant sind aber auch der Rosato aus der Sangiovese-Traube und der Rotwein San Michele, für den Lacrima mit Sangiovese und Montepulciano verschnitten wird. Neben den Weinen gibt es hier auch hervorragendes Öl und Produkte aus der Destille.

**Numana.** *Leopardi Dittajuti, via Marina II 26, Tel. 0717390116. Öffnungszeiten: 8.30–12.30 und 14.20–19.30 Uhr, im Winter Sonntagnachmittag geschlossen, Gruppen nach Voranmeldung.* Der Betrieb verarbeitet die Trauben eines nur zwei Kilometer vom Meer entfernten Gutshofs am Fuße des Monte Conero. Neben der Montepulciano-Rebe, aus der der Rosso Conero gewonnen wird, werden noch Sauvignon blanc, Trebbiano und Cabernet Sauvignon angebaut. Allein aus Sauvignon blanc werden drei Versionen gekeltert: der Bianco del Coppo, der Calcare und der Villa Marina.

**Und außerdem ... Ancona.** *Marchetti, via Pontelungo 165, Tel. 071 8897386.* **Barbara.** *Santa Barbara, borgo Mazzini 35, Tel. 0719674249.* **Camerano.** *Terre Cortesi Moncaro, Direttissima del Conero, Tel. 071 731023.* **Castelfidardo.** *Garofoli, via C. Marx 123, Tel. 0717820162.* **Castelplanio.** *Fazi Battaglia, via Roma 117, Tel. 0731813444.* **Cingoli.** *Lucangeli Aymerich, località Tavignano, Tel. 0733617303.* **Colmurano.** *Saputi, Contrada Fiastra 2, Tel. 0733508137.* **Jesi.** *Brunori, viale della Vittoria 103, Tel. 0731207213.* **Maiolati Spontini.** *La Vite, via Vivaio, Moie, Tel. 0731700385. Benito Mancini, località Moie, via S. Lucia 7, Tel. 0731702975.* **Matelica.** *Belisario – Cantina Sociale Matelica e Cerreto d'Esi, via Merloni 12, Tel. 0737 787247. San Biagio, via San Biagio 32, Tel. 073783997.* **Montefano.** *Azzoni Avogadro, via Don Minzoni 26, Tel. 0733850219.* **Morro d'Alba.** *Mario Lucchetti, via Santa Maria del Fiore 17, Tel. 073163314. Marotti Campi, frazione Sant'Amico 14, Tel. 0731618027.* **Numana.** *Fattoria le Terrazze, via Musone 4, Tel. 071 7390352.* **Offagna.** *Malacari, via Malacari, Tel. 0717107002.* **Osimo.** *Umani Ronchi, Strada Statale 16, bei km 310,400,74, Tel. 0717108019.* **Ostra Vetere.** *Bucci, frazione Pongelli, via Cona 30, Tel. 0719964179.* **San Marcello.** *Marconi, via Melano 23, Tel. 0731267223.* **Serra de' Conti.** *Casalfarneto, via Farneto 16, Tel. 0731889001.* **Serrapetrona.** *Serboni, via Case Sparse, Borgiano, Tel. 0733904088.*

## Rund um den Wein

**Cupramontana.** *Museo dell'Etichetta, corso Leopardi 58, Tel. 0731 780199. Öffnungszeiten: Montag bis Samstag 10–12, Montag und Mitt-*

*woch auch 16–18 Uhr, Samstagnachmittag und Sonntag auf Anfrage.* Der aus dem 18. Jahrhundert stammende Palazzo Leoni beherbergt eine bis ins frühe 19. Jahrhundert zurückreichende Sammlung von Weinetiketten aus aller Welt. Unter anderem hält das Museum jedes Jahr einen Wettbewerb ab, bei dem das gelungenste italienische Etikett ausgezeichnet wird.

## Tourenvorschläge

**In den Weinbergen des Verdicchio.** Diese ausgedehnte Tour folgt im Wesentlichen dem Verlauf der Appenintäler und führt – mit zahlreichen Varianten – durch die Provinzen Ancona und Macerata. Man kann die Strecke entweder in zwei Touren aufteilen oder aber die später beschriebene und gleich bei Ancona beginnende Straße des Rosso Conero mit einbeziehen. **Ancona.** Man sollte die Stadt unbedingt vom Colle Guasco aus bewundern, wo man zudem eine der interessantesten mittelalterlichen Kirchen der Marken, die Kathedrale San Ciriaco, besichtigen kann. Für die Übernachtung ist man im Umland besser aufgehoben: In Portonovo zum Beispiel bieten sich die Hotels Emilia und Fortino Napoleonico an, wobei man in letzterem auch hervorragend speisen kann, ebenso wie im hübschen Giacchetti, das mit einfachen, aber leckeren Gerichten aufwartet. Auf dem gegenüberliegenden Hügel, in Falconara Marittima, empfehlen sich das Hotelrestaurant Villa Amalia mit Sommerterrasse sowie die Enoteche Dell'Angolo und Scortichini. **Senigallia.** Der Fluss Misa durchquert die Ortschaft und bildet einen Kanalhafen. Heute ist Senigallia dank seines schönen Strandes ein beliebter Ferienort, doch erinnern die Festung und die Stadtmauern aus dem 15. Jahrhundert noch an frühere Zeiten. Das Flair der guten alten Zeit sucht und findet man im traditionsreichen Hotel Duchi della Rovere mit seinem Restaurant La Corte. Unter den Fischlokalen seien das Uliassi und das von einem jungen Team geführte hervorragende La Madonnina del Pescatore in Mazorca genannt. Die Staatsstraße 360 Richtung Arcevia führt ins Landesinnere und bietet Abfahrtsmöglichkeiten nach Corinaldo, einem eindrucksvollen, hinter einer Stadtmauer verborgenen Städtchen, oder nach Ostra und (→) Morro d'Alba mit der Kellerei Mancinelli (→). Weiter bergauf zweigt eine Straße nach Serra de' Conti in Richtung zweier weiterer Weinstädte (→) ab: Montecarotto und Castelplanio mit Verkostungsmöglichkeit in der Kellerei Terre Cortesi Moncaro (→). **Jesi.** Auch das Esinotal bietet einen Zugang zur Heimat des Verdicchio: Hinter Falconara führt die Strada Provinciale über Chiaravalle (mit der bedeutenden gotischen Zisterzienserabtei) in diese Weinstadt (→) mit ihren vielen Sehenswürdigkeiten. Empfehlenswert sind die Osteria Forno Ercoli, das Weinlokal La Serva Padrona und die Bar Trieste. Übernachtungsmöglichkeit im erstklassigen Hotel Federico II oder im eher familiären Hotel Italia mit sehr gepflegtem Restaurants. Nun nimmt man die Staatsstraße nach Cingoli und San Severino Marche,

### Agriturismo

**San Severino Marche**
**La Locanda dei Comacini**
via S. Francesco 2
☎ 0733639691

### Enoteche

**Ancona**
**Enoteca Ancona Vini**
via Damiano Chiesa 19
☎ 07131790
**Bottega del Caffè**
corso Garibaldi 122
☎ 0712074942
**Casablanca**
corso Garibaldi 58
☎ 071203721
**Enoteca Mimotti**
via Grazie 42
☎ 0712802359
**Osteria del Poggio**
Portonovo
località Poggio 57
☎ 0712139018
**Chiaravalle**
**Enoteca Essentia**
via Carducci 27
☎ 07194126

## DOC-Weine aus Ancona und Macerata

**COLLI MACERATESI.** Rebsorten: Maceratino (80–100%), Tebbiano toscano und/oder Verdicchio und/oder Malvasia toscana und/oder Chardonnay (bis 20%). Produktion: 5418 hl (146 ha). Farbe: helles Strohgelb. Geruch: sortentypisch, angenehm. Geschmack: trocken und harmonisch. Alkoholgehalt: 11%. Zu Fischgerichten zu trinken.

**ESINO. – Bianco.** Rebsorten: Verdicchio (50–100%). Produktion: 7781 hl (318 ha). Farbe: helles Strohgelb. Geruch: sortentypisch und intensiv. Geschmack: trocken. Alkoholgehalt: 10,5%. Arten: *Frizzante* 9,5% Alkohol. Zu Fisch zu trinken. – **Rosso.** Rebsorten: Sangiovese und/oder Montepulciano (60–100%). Produktion: 634 hl (23 ha). Farbe: rubinrot. Geruch: sortentypisch und intensiv. Geschmack: trocken. Alkoholgehalt: 10,5%. Alterung: bis zu 2 Jahren. Qualitätsstufen: *Novello* 11% Alkohol. Zu allen Speisen zu trinken.

**LACRIMA DI MORRO D'ALBA.** Rebsorten: Lacrima (85–100%), Montepulciano und/oder Verdicchio (bis 15%). Produktion: 2373 hl (29 ha). Farbe: kräftiges Rubinrot. Geruch: angenehm, intensiv. Geschmack: angenehm, weich, sortentypisch, von mittlerem Körper. Alkoholgehalt: 11%. Alterung: bis zu 3 Jahren. Zu allen Speisen zu trinken.

**ROSSO CONERO.** Rebsorten: Montepulciano (85–100%), Sangiovese (bis 15%). Produktion: 9892 hl (252 ha). Farbe: rubinrot. Geruch: angenehm, weinig. Geschmack: schmackhaft, harmonisch, trocken, körperreich. Alkoholgehalt: 11,5%. Alterung: bis zu 3 Jahren. Qualitätsstufen: *Riserva* mindestens 12,5% Alkohol und 2 Jahre Alterung (dann bis zu 6–7 Jahren). Zu allen Speisen zu trinken, die Riserva zu geschmacksintensivem Fleisch wie Wild und zu altem Käse.

**VERDICCHIO DEI CASTELLI DI JESI.** Rebsorten: Verdicchio (85 bis 100%). Produktion: 21897 hl (209 ha). Farbe: helles Strohgelb. Geruch: delikat und sortentypisch. Geschmack: trocken und harmonisch mit angenehm bitterem Abgang. Alkoholgehalt: 11,5%. Alterung: bis zu 2 Jahren. Arten: *Passito* mindestens 12+3% Alkohol und 1 Jahr Alterung (dann noch 10 Jahre und mehr), *Spumante* 11,5% Alkohol, auch als *Spumante Riserva* mindestens 9 Monate Alterung. Qualitätsstufen: *Riserva* mindestens 2 Jahre Alterung, *Classico* aus dem traditionsreichsten Anbaugebiet (158248 hl von 1698 ha), auch als *Superiore* mindestens 12% Alkohol (8938 hl von 113 ha) und *Riserva* mindestens 12,5% Alkohol und 2 Jahre Alterung (830 hl von 11 ha). Zu Fischgerichten zu trinken, der Passito als Dessertwein oder auch außerhalb der Mahlzeiten.

**VERDICCHIO DI MATELICA.** Rebsorten: Verdicchio (85–100%). Produktion: 11062 hl (244 ha). Farbe: helles Strohgelb. Geruch: delikat, sortentypisch. Geschmack: trocken, harmonisch, mit angenehm bitterem Abgang. Alkoholgehalt: 11,5%. Alterung: bis zu 2 Jahren. Arten: *Spumante, Passito* 14+1% Alkohol. Qualitätsstufen: *Riserva* mindestens 12,5% Alkohol und 2 Jahre Alterung (105 hl von 1,6 ha). Zu Fischgerichten zu trinken, der Passito als Dessertwein oder außerhalb der Mahlzeiten.

**VERNACCIA DI SERRAPETRONA.** Rebsorten: Vernaccia nera (85–100%). Produktion: 1203 hl (33 ha). Farbe: von granat- bis rubinrot. Geruch: sortentypisch, weinig. Geschmack: sortentypisch, von trocken bis süß, mit angenehm bitterer Note im Hintergrund. Alkoholgehalt: 11%. Alterung: mindestens bis zum 30. Juni des auf die Weinlese folgenden Jahres, dann noch bis zu 2 Jahren. Den trockenen Wein als Aperitif und zu allen Speisen zu trinken, den süßen als Dessertwein.

### Enoteche

**Cingoli**
**La Cantina del Palazzo**
corso Garibaldi 87
☎ 0733602531

**Cupra Montana**
**Enoteca di Cupra Montana**
vicolo Leoni
Ecke corso Leopardi 58
☎ 0731780199

**Fabriano**
**La Bottega di Vini, Liquori ... e Dolciumi**
via Martiri di Marzabotto 5
☎ 07325587

**Falconara Marittima**
**Enoteca dell'Angolo**
via Trento 25
☎ 071912459

**Jesi**
**Osteria Forno Ercoli**
piazza Nova 8
☎ 073156960

**Bar Enoteca La Serva Padrona**
piazza Pergolesi 1
☎ 0731212550

inklusive Abstecher zu zwei interessanten Weinstädten (→): **Cupramontana** mit den Kellereien Colonnara (→) und Vallerosa Bonci (→) sowie **Staffolo** mit dem hervorragenden Restaurant La Ciminiera 1846. In Cingoli bietet die Kellerei Cantina del Palazzo inmitten des charakteristischen Gassengewirrs des Stadtteils I Ponti Degustationen und regionale Spezialitäten. **Matelica.** Wieder zurück auf der Staatsstraße, gelangt man über die Abfahrt Fabriano zu der im Herzen des gleichnamigen Verdicchio-Bereichs malerisch gelegenen Ortschaft Matelica mit der schmucken Enoteca der Cantina Sociale Belisario (→ Kellereien) und der Kellerei San Biagio (→). **San Severino Marche** liegt am Fuß des Montenerohügels im Potenzatal und die Bauwerke aus Mittelalter und Renaissance künden von seiner einstmaligen Bedeutung. In der Altstadt liegt das traditionsverbundene Restaurant Due Torri der erfahrenen Wirtsfamilie Severini. Dann geht es weiter in Richtung Tolentino, sobald man sich entschieden hat, welche Route man nehmen will: Die kürzere der beiden Straßen ist steil und bietet herrliche Ausblicke, die andere führt dafür über Serrapetrona, Heimat der berühmten Vernaccia-Rebe. **Tolentino.** Im Innern der Basilika S. Nicola, einer der meistbesuchten Wallfahrtskirchen von Italien, kann man gut erhaltene Fresken im Stil Giottos bewundern. Das Städtchen mit seinen mittelalterlichen Gassen und Häusern schmiegt sich dicht an die Kirche, umringt von den Hügeln des Chientitals. Auf der Straße nach

## Enoteche

**Enoteca Bar Trieste**
viale Trieste 10
☎ 07314860

**Enoteca Regionale**
via Federico Conti 5
☎ 0731538250

**Macerata**

**Simoncini Enoteca**
Galleria del Commercio 14
☎ 0733260576

**Matelica**

**Enoteca Belisario**
via Merloni 12
☎ 0737787247

**Montecosaro**

**Enoteca Ristorante La Luma**
via Bruscantini 1
☎ 0733229701

**Numana**

**Enoteca Le Fattorie**
piazza del Santuario 28
☎ 0719331000

**Senigallia**

**Barzetti Vini e Liquori**
via Silli 42
☎ 07163292

## Enoteche

**Senigallia**
**Caffetteria Gelateria La Meridiana**
piazza Roma 16
☎ 07163961
**Galli Enoteca**
via Armellini 16
☎ 07163811
**Enogastronomia La Fenice**
via C. Battisti 11
☎ 071659262
**Vino e Cucina La Via Granda**
via Pisacane 30
☎ 07163481
**Osteria del Teatro**
via F.lli Bandiera 70
☎ 07160517

## Veranstaltungskalender

**Juli**
**Montecarotto**
①❷ Mostra dei Vini Marchigiani (Weinmesse der Marken)
**Montefano**
❶❷❸❹ Sagra d'Estate (Sommerfest)
**August**
**Matelica**
① Sagra del Verdicchio
**Montefano**
❶❷❸❹ Sagra della Gastronomia Picena e Vini DOC
**Serrapetrona**
③ Sagra della Vernaccia
**Staffolo**
❶ Sagra del Verdicchio
**Oktober**
**Cupramontana**
❶ Sagra dell'Uva (Traubenfest)

Macerata stößt man auf das Castello della Rancia, einen von Benediktinern befestigten Gutshof, und in unmittelbarer Nähe, inmitten eines Naturschutzgebiets von 1000 Hektar Grund, liegt die Zisterzienserabtei von Fiastra. **Macerata.** Die Stadtmauern umschließen den Kern der alten Stadt, die ihre große Zeit zwischen dem 16. und dem 19. Jahrhundert hatte: Davon zeugen die aus der Renaissance stammende Piazza della Libertà mit der prächtigen Loggia dei Mercanti und der Torre Maggiore sowie weitere historische Gebäude aus dem 17. und 18. Jahrhundert. In der Osteria dei Fiori wird mit Unterstützung der Inhaber, gelernten Sommeliers, saisonal abgewandelte Küche geboten. Einen Abstecher nach Montecosaro lohnt das ausgezeichnete, in einem alten Kloster untergebrachte Restaurant Luma. Direkt am Meer, in Porto Potenza Picena, serviert das einfache und ruhige Restaurant Pontino leckere Primi sowie hervorragende Fischgerichte. **Recanati.** Die Staatsstraße durch das Chientital ist eine schöne Alternative zur Küstenstraße und führt nach Recanati, einem wunderschönen Städtchen mit einer beeindruckenden Altstadt. Die Pinacoteca Civica beherbergt untert anderem Gemälde von Lorenzo Lotto. In Porto Recanati Übernachtungsmöglichkeit im Enzo mit dem ordentlichen Restaurant Torcoletto. Eine weitere Empfehlung gilt dem hübschen und einladenden Restaurant Fatatis mit gut sortiertem Weinkeller.

**Rund um den Rosso Conero.** Eine der jüngsten und zugleich bestorganisierten Weinstraßen Italiens beginnt gleich vor den Toren von Ancona und führt dann zu einem Gutteil durch den Naturpark Monte Conero. In einem Faltblatt des Fremdenverkehrsbüros (APT) wird die Weinstraße ausführlich beschrieben. Erste Station ist **Portonovo,** ein zauberhaftes Fischerdorf am Fuß des Monte Conero mit dem romanischen Kirchlein S. Maria. (Hotel- und Restaurantempfehlungen siehe Ancona.) Die Weinstraße führt dann zunächst Richtung Süden, an den Hängen des Conero entlang, um kurz vor der Ortschaft Fonte d'Olio ins Landesinnere abzubiegen. Dennoch sollte man auf jeden Fall einen Abstecher nach **Sirolo** einplanen, einem pittoresken Badeort und Ausgangspunkt für Wanderungen auf den Monte Conero. Von dort aus ist es nicht weit nach **Numana,** einer alten Hafenstadt mit schönem Strand. Die Kellerei Conte Leopardi Dittajuti (→) und die Fattoria le Terrazze (→) lohnen einen Besuch, exquisite Speisen bietet das direkt am Meer gelegene Restaurant Saraghino. Zurück auf der Weinstraße, geht es weiter Richtung **Loreto** mit der berühmten marianischen Wallfahrtskirche und Verkostungsmöglichkeit in der Kellerei Garofoli (→) in Castelfidardo. Die Route führt nun in nördlicher Richtung nach **Camerano,** wo sich dem Weinliebhaber eine Gelegenheit zur Weindegustation bietet: in der Kellerei Umani Ronchi (→) in Osimo Scalo; zu erwähnen ist der Betrieb Marchetti (→) im Ortsteil Pontelungo und in **Montacuto** schließlich das Weingut Moroder (→ Kellereien, Ancona).

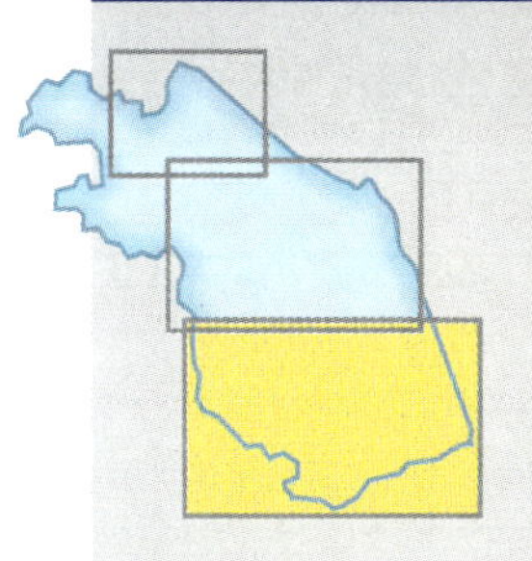

# Die Weinberge des Rosso Piceno

*In der Gegend um Ascoli Piceno, an der Grenze zu den Abruzzen, findet der Rosso Piceno seine höchste Vollendung. Darüber hinaus gibt es den Falerio, ein Weißwein mit interessanter Rebenzusammensetzung.*

Der Weinbau um die Stadt Ascoli Piceno konzentriert sich auf zwei DOC-Bereiche. Rosso Piceno, dessen Superiore-Zone ganz in der Nähe der Region Abruzzen liegt, ist das zwar kleinere, hinsichtlich seiner Produktion aber weit bedeutendere Gebiet. Der Wein wird ganz traditionell aus Sangiovese- und Montepulciano-Trauben verschnitten, denen jedoch internationale oder auch alteingesessene Rebsorten wie Gaglioppa beigemischt werden. Zum Rosso Piceno gesellt sich der weiße Falerio dei Colli Ascolani, der zwar zum Großteil aus Trebbiano toscano besteht, aber sein Anteil an den beiden traditionellen Reben Pecorino und Passerina ist höher als in anderen Gegenden.

## Weinstädte

**Ripatransone.** Das «Belvedere des Piceno» thront hoch oben auf einem Hügel, der einen herrlichen Ausblick vom Monte Conero bis zum Gargano und vom Gran Sasso bis zu den Sibelliner Bergen gewährt. Der mauerbewehrte Ort beherbergt mit seiner Kathedrale Ss. Gregorio e Margherita und weiteren stattlichen Monumenten so manchen Zeugen aus vergangener Zeit. Wir befinden uns im Bereich des Rosso Piceno Superiore, zu dem die deftigen lokalen Speisen, die am 15. August (Mariä Himmelfahrt) anlässlich des **Puzzle Gastronomico** dargeboten werden, erst so richtig munden.

### Hotels und Restaurants

**Ascoli Piceno**
**Pennile** ★★★
via Spalvieri
☎ 073641645
**Gallo d'Oro** 🍴
corso Vittorio Emanuele 13
☎ 0736253520
**Tornasacco** 🍴
piazza del Popolo 36
☎ 0736254151
**Cantina dell'Arte** 🍴
rua della Lupa 5/8
☎ 0736251135
**Fermo**
**Astoria** ★★★
viale Vittorio Veneto 8
☎ 0734228601
**Grottammare**
**Villa Helvetia** ★★★
via V. Salvi 1
☎ 0735631293
**Borgo Antico** 🍴🍴🍴
via S. Lucia 1
☎ 0735634357
**Osteria dell'Arancio** 🍴
piazza Peretti 1
☎ 0735631059

## Hotels und Restaurants

**Lido di Fermo**
**Royal** ★★★
1 km nach Casabianca
piazza Piccolomini 3
☎ 0734642244
**Offida**
**Taverna degli Artisti** 🍴
corso Serp. Aureo 54/b
☎ 0736889920
**Porto San Giorgio**
**Tritone** ★★★
via S. Martino 36
☎ 0734677104
**Damiani e Rossi** 🍴🍴
via Misericordia 2
☎ 0734674401
**Davide** 🍴🍴
lungomare
Gramsci S. 503
☎ 0734677700
**San Benedetto del Tronto**
**Arlecchino** ★★★
**Il Pescatore** 🍴🍴
4 km nach Porto d'Ascoli
viale Trieste 22/27
☎ 073585635
☎ 073583782
**Regent** ★★★
viale Gramsci 31
☎ 0735582720
**Ristorantino Da Vittorio** 🍴🍴
via Manara 102
☎ 0735583344

## Kellereien

**Offida.** *Vinea, via Garibaldi 75, Tel. 0736880005. Öffnungszeiten: 9–12.30 und 16–20 Uhr, im Winter Samstag und Sonntag geschlossen, Gruppen nach Voranmeldung.* Als Plattform etwa 2000 lokaler Erzeuger nimmt dieser Betrieb eine Spitzenstellung ein: 90 Prozent der Weinproduktion der Provinz werden hier abgefüllt. Im Weinberg werden umweltfreundliche Methoden eingesetzt, in der Kellerei schließen moderne Technik und beste Tradition einander nicht aus. Betriebseigene, in den Räumlichkeiten eines Klosters aus dem 13. Jahrhundert untergebrachte Enoteca. Außerdem organisiert die Kellerei Verkaufsmessen und Verkostungen, wie beispielsweise den von Juli bis September in San Benedetto del Tronto aufgebauten Probierstand mit typischen lokalen Weinen und Spezialitäten.
**Acquaviva Picena.** *San Francesco, via Roma 40, Tel. 0735764416.* **Ascoli Piceno.** *Velenosi, via dei Biancospini 11, Tel. 0736341216.* **Castel di Lama.** *Panichi, via Colle Cese 22, Tel. 0736812096.* **Offida.** *Aurora, contrada Ciafone 98, zona S. Carro, Tel. 0736810007.* **Ripatransone.** *Cantina dei Colli Ripani, contrada Tosciano 28, Tel. 07359505. Cocci Grifoni, frazione San Savino, contrada Messieri 11, Tel. 073590143. Fontursia, contrada Fontursia 1, Tel. 07359496. Le Caniette, via Canali 3, Tel. 07359200.*

## Tourenvorschläge

**In den Weinkellern des Rosso Piceno.** Die Route beschreibt ein Dreieck mit den Städten San Benedetto del Tronto, Fermo und Ascoli als Eckpunkten und ist dem Gebiet des Rosso Piceno Superiore mit seinen Kellereien gewidmet. **San Benedetto del Tronto.** Oleander, Pinien und Palmen säumen den kilometerlangen Strand, der aus dieser einst von Fischfang und Schiffbau lebenden Stadt einen beliebten Badeort gemacht hat. Nicht weit vom Ortszentrum entfernt und mitten im Grünen liegt das kleine Restaurant Da Vittorio, in dem die Eheleute Cameli mit vorzüglicher Küche aufwarten. Gute Einkaufsmöglichkeiten in der Enoteca Fratelli Bulgari. **Grottammare.** Am Fuß des Monte Castello gelegen, hat der Ort neben einer mittelalterlichen Altstadt eine beachtliche Gastronomie zu bieten, darunter die Osteria dell'Arancio, ein einfaches, aber typisches Lokal mit reichhaltiger Auswahl an regio-

nalen Spezialitäten, die man im angeschlossenen Geschäft auch kaufen kann. Übernachtungsmöglichkeit in der stilvollen Villa Helvetia. **Porto San Giorgio.** Lange Zeit Seehafen der Stadt Fermo, hat sich Porto San Giorgio heute zum Badeort und Fischereizentrum gemausert. Die zwei Seelen des Städtchens spiegeln sich im Meeresfest, der Festa del Mare, zu der im Juni riesige Mengen an Fisch in einem gewaltigen Topf ausgebacken werden. Sehr empfehlenswert sind das Hotel Tritone mit seinem Restaurant Da Mario und das Damiani e Rossi, in dem man hervorragende Fleischgerichte und typische lokale Speisen aufgetischt bekommt. **Fermo.** An der Stelle der 1446 von aufständischen Bürgern zerstörten Festung der Sforza thront heute der Dom hoch auf einem Hügel. Zu beiden Seiten führen die engen Gässchen der mittelalterlichen Altstadt zu sehenswerten Plätzen. **Ripatransone.** Vorbei an Monterubbiano, einem herrlich gelegenen Ort im Asotal, gelangt man nach Ripatransone, einer Weinstadt (→) im Gebiet des Rosso Piceno Superiore. Beachtlich die Anzahl an Kellereien, die der Weintourismusbewegung Movimento Turismo del Vino angehören. **Offida.** Abseits auf einem Bergkamm gelegen, der das Tesino- vom Trontotal trennt, bewahrt diese Ortschaft noch heute das Aussehen und die Gebräuche vergangener Tage, allen voran die Spitzenklöppelei. Die Kellerei Vinea (→), Haupterzeuger der Provinz, hat hier ihren Sitz – mit bemerkenswerter Enoteca. **Ascoli Piceno.** Drei Seiten der Stadt sind durch den Zusammenfluss des Castellano und des Tronto geschützt, die vierte Seite vom Colle dell'Annunziata. Das schachbrettartig angelegte Straßennetz stammt von den Römern; den Besucher erwarten einige prächtige Sehenswürdigkeiten aus dem Mittelalter und den nachfolgenden Jahrhunderten. Neben den Baudenkmälern rund um die beiden Hauptplätze finden sich ausgezeichnete Restaurants wie das Gallo d'Oro oder das Tornasacco. Die ganz in der Nähe gelegene Cantina dell'Arte betreibt auch ein Hotel. Verkostungen und Menüs bieten die Enoteca Kursaal sowie die Gastronomia Migliori.

## DOC-Weine aus der Provinz Ascoli Piceno

**FALERIO DEI COLLI ASCOLANI.** Rebsorten: Trebbiano toscano (20 bis 50%), Passerina (10–30%), Pecorino (10–30%), sonstige (bis 20%). Produktion: 24659 hl (411 ha). Farbe: mehr oder weniger helles Strohgelb. Geruch: zart duftend. Geschmack: trocken, harmonisch, leicht säuerlich. Alkoholgehalt 11,5%. Zu Fisch zu trinken.
**ROSSO PICENO.** Rebsorten: Montepulciano (35–70%), Sangiovese (30 bis 50%), sonstige (bis 15%). Produktion: 21255 hl (488 ha). Farbe: mehr oder weniger intensives Rubinrot. Geruch: sortentypisch, delikat. Geschmack: harmonisch, angenehm trocken. Alkoholgehalt: 11,5%. Alterung: bis zu 3 Jahren. Qualitätsstufen: *Novello* 11% Alkohol, *Superiore* mindestens 12% Alkohol und 1 Jahr Alterung, dann bis zu 4 Jahren (Produktion: 28689 hl von 626 ha). Zu rotem Fleisch und mittelaltem Käse zu trinken, der Superiore zu Wild und Festtagsbraten.

### Enoteche

**Ascoli Piceno**
**Enoteca Kursaal**
via Mercantini 68
☎ 0736253140
**Gastronomia Migliori**
piazza Arringo 2
☎ 0736250042
**San Benedetto del Tronto**
**Enoteca Internazionale Fratelli Bulgari**
lungalbula
Montello 18
☎ 073583075

### Veranstaltungskalender

**Juni**
**Porto San Giorgio**
② Festa del Mare
**August**
**Ripatransone**
14.–15. August
Puzzle Gastronomico

# Umbrien

## Kleines Weinbaugebiet mit großen Weinen

*Im grünen Herzen Mittelitaliens, entlang des Tibertals und rund um den Trasimenischen See, bereichern die klaren, geometrischen Formen der ausgedehnten Weingärten die reizvolle Landschaft. Die Produktion ist klein, aber fein.*

Die ersten Hinweise auf Weinbau in Umbrien stammen aus den etruskischen Nekropolen, in denen die verschiedenartigsten Gefäße gefunden wurden. Auch von römischen Chronisten werden umbrische Weine erwähnt, und bereits im Mittelalter ist die Kellerei von Orvieto eine erste Adresse für ganz Italien. Im Vergleich zu dieser ehrwürdigen Tradition hat die Region heute hinsichtlich ihrer Produktionsmenge gewaltigen Nachholbedarf – allerdings erzeugt sie qualitativ hochwertige Weine: Neben einer ganzen Reihe interessanter DOC-Gewächse, die bei Kennern immer mehr Zuspruch finden, gibt es auch zwei Inhaber eines DOCG-Prädikats, den Torgiano Rosso Riserva und den Montefalco Sagrantino. Das «kleine» Umbrien profiliert sich also auch im Ausland zunehmend als eine der besten Weinbauregionen Italiens.

### Weinberge entlang des Tiberlaufs und rund um den Trasimenischen See

Umbrien, die einzige Region des Apennin ohne eigenen Küstenzugang (Umbrien besteht zu 70 Prozent aus Hügelland, der Rest ist Gebirge), ist nicht unwesentlich durch den Lauf des Tiber geprägt. Auf den Hügeln

**Movimento del Turismo del Vino**
Beauftragter:
Maurizio Pescari
strada Olmo Valle 37c
Perugia
☎ 0742344214

und in den Quertälern in seinem Umkreis herrscht ein freundliches Klima und auch die Böden bieten der Weinrebe einen guten Lebensraum. Eine für den Weinbau außerordentlich günstige Klimainsel bildet außerdem der Trasimenische See an der Grenze zur Toskana.

## Sagrantino, die große Rebe Umbriens

Die umbrischen Weinberge nebst der dort angebauten Rebsorten zeigen deutlich den Einfluss der nahen Toskana: Trebbiano und Sangiovese allein decken bereits mehr als 75 Prozent der Gesamtproduktion ab und bilden zugleich die Grundlage der meisten Weine der Region (nur dass im Vergleich zur Toskana die Rollen der beiden Reben vertauscht sind, denn Umbrien erzeugt eindeutig mehr Weiße als Rote). Dennoch dienen auch einheimische Rebsorten als Basis für erstklassige Weine, so zum Beispiel die Grechetto-Traube, die sich im Verschnitt der besten DOC-Weißweine findet, und erst recht die vor allem im Gebiet von Montefalco wachsende Sagrantino-Rebe, aus der der gleichnamige DOCG-Rotwein gekeltert wird. Bei der Rebenerziehung überwiegt das ebenfalls aus der Toskana übernommene moderne Palmetta-System.

## Zwei DOCG-, elf DOC- und sechs IGT-Bereiche

Umbrien steht mit seiner DOC-Produktion von 245 000 Hektolitern italienweit an zwölfter Stelle. Innerhalb der Region selbst machen hochwertige Weine nicht mehr als 25 Prozent der Gesamtproduktion aus, von denen allein der Orvieto, der zu den 20 besten italienischen DOC-Weinen überhaupt zählt, bereits zwei Drittel bestreitet. Doch es gibt auch zwei DOCG-Gebiete: Montefalco Sagrantino und Torgiano Rosso Riserva. Insgesamt lässt sich festhalten, dass die Produktion in den elf DOC-Gebieten noch über ein großes Wachstumspotenzial verfügt. Andererseits zeichnet sich ein Aufwärtstrend ab, erkennbar allein schon an den seit 1997 gleich

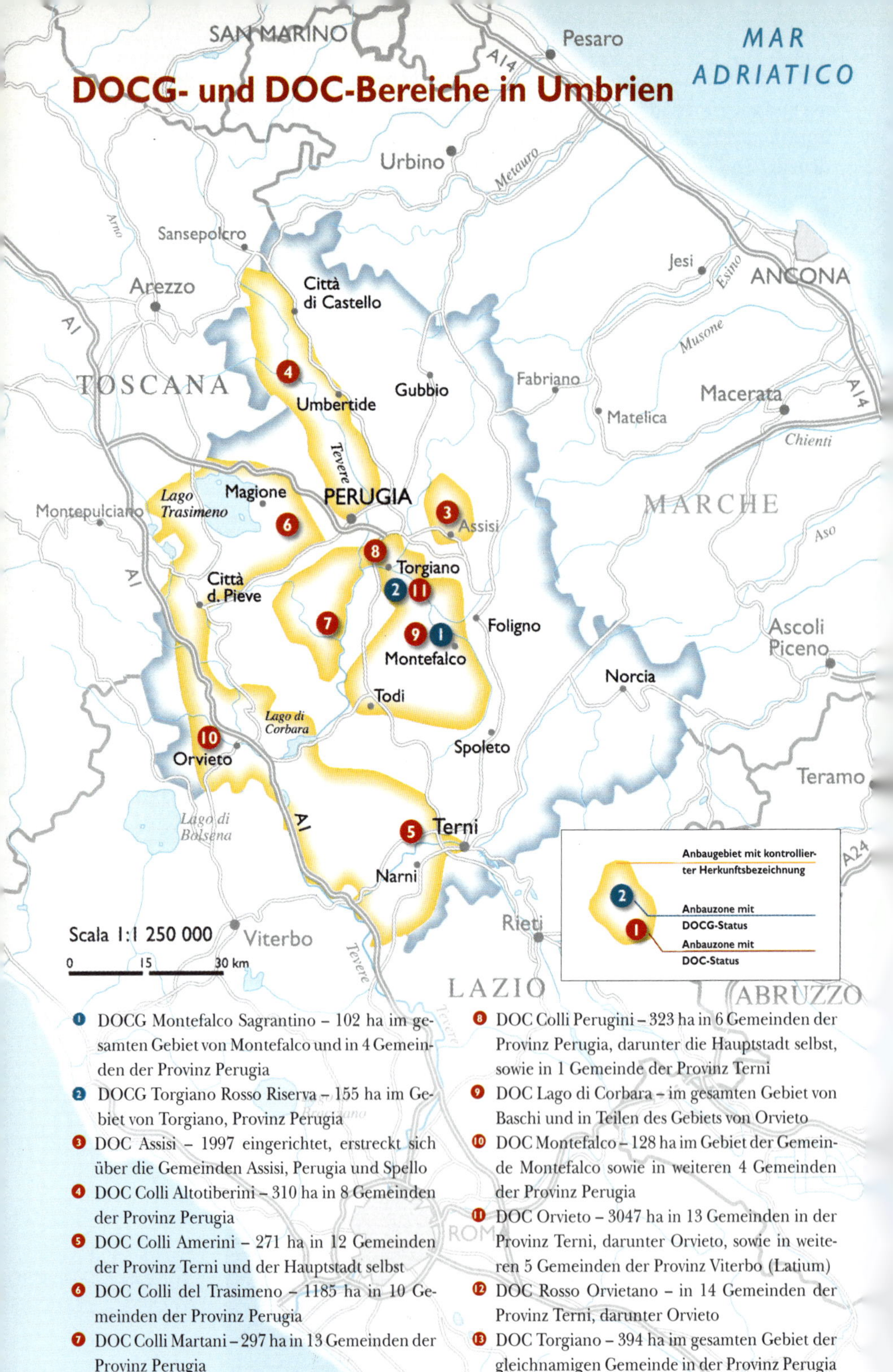


1. DOCG Montefalco Sagrantino – 102 ha im gesamten Gebiet von Montefalco und in 4 Gemeinden der Provinz Perugia
2. DOCG Torgiano Rosso Riserva – 155 ha im Gebiet von Torgiano, Provinz Perugia
3. DOC Assisi – 1997 eingerichtet, erstreckt sich über die Gemeinden Assisi, Perugia und Spello
4. DOC Colli Altotiberini – 310 ha in 8 Gemeinden der Provinz Perugia
5. DOC Colli Amerini – 271 ha in 12 Gemeinden der Provinz Terni und der Hauptstadt selbst
6. DOC Colli del Trasimeno – 1185 ha in 10 Gemeinden der Provinz Perugia
7. DOC Colli Martani – 297 ha in 13 Gemeinden der Provinz Perugia
8. DOC Colli Perugini – 323 ha in 6 Gemeinden der Provinz Perugia, darunter die Hauptstadt selbst, sowie in 1 Gemeinde der Provinz Terni
9. DOC Lago di Corbara – im gesamten Gebiet von Baschi und in Teilen des Gebiets von Orvieto
10. DOC Montefalco – 128 ha im Gebiet der Gemeinde Montefalco sowie in weiteren 4 Gemeinden der Provinz Perugia
11. DOC Orvieto – 3047 ha in 13 Gemeinden in der Provinz Terni, darunter Orvieto, sowie in weiteren 5 Gemeinden der Provinz Viterbo (Latium)
12. DOC Rosso Orvietano – in 14 Gemeinden der Provinz Terni, darunter Orvieto
13. DOC Torgiano – 394 ha im gesamten Gebiet der gleichnamigen Gemeinde in der Provinz Perugia

drei neu eingerichteten DOC-Bereichen Assisi, Lago di Corbara und Rosso Orvietano. Erfreulich aber ist vor allem der Qualitätsanstieg: Ein Dutzend Kellereien setzen mit ihren Weinen international Maßstäbe und werden mit viel Lob bedacht.

## Die Heimat des Orvieto

Im Süden der Region, in einem Dreieck, das von den Flüssen Paglia und Tiber gebildet wird, erstreckt sich das DOC-Gebiet Orvieto. Es reicht von Monteleone d'Orvieto nach Ficulle, Orvieto und Alviano hinab, erstreckt sich über die Grenze zu Latium bis nach Bagnoregio, begleitet anschließend den Tiber wieder flussaufwärts und umfasst zu guter Letzt die Ufer des Corbara-Sees. Seine Bedeutung verdankt es einem der traditionsreichsten Weißweine Italiens, dem Orvieto, in dem die Trebbiano-Rebe (örtlich Procanico genannt) mit autochthonen Sorten wie Drupeggio, Verdello und Grechetto verschnitten wird. Von der Fachwelt sehr begrüßt wurden die Weine der DOC Rosso Orvietano, die kürzlich, gewissermaßen als Gegengewicht, für die Rotweintraubensorten geschaffen wurde. Vervollständigt wird die Reihe der hiesigen DOCs durch die Bereiche Colli Amerini (Trebbiano toscano, Malvasia, Sangiovese) und, seit neuestem, Lago di Corbara (Cabernet Sauvignon, Merlot, Pinot nero, Sangiovese).

## Die Hügel Mittelumbriens

Im mittleren Abschnitt des Tibertals erstreckt sich etwa von Perugia bis Todi das reichste und interessanteste Weingebiet der Region. Ebenso unterschiedlich und vielfältig wie die Lagen sind auch die hier angebauten Rebsorten, wobei lokale Sorten überwiegen. Zunächst ist die schon seit dem Mittelalter bekannte Sagrantino-di-Montefalco-Rebe zu nennen, die womöglich sogar iberischen Ursprungs ist. Der aus ihr gekelterte Rotwein hat es bereits zu DOCG-Ehren gebracht. Daneben verdienen Grechetto di Todi und Trebbiano di Spoleto Beachtung, die für die renommierten Weißweine der Gegend verwendet werden. Neben den drei DOC-Gebieten, die sich um das Tibertal gruppieren – Montefalco, Torgiano (mit dem Rosso Riserva DOCG) und Colli Perugini – gibt es noch die beiden etwas entlegeneren DOCs Colli Martani und Assisi, die dem Lauf der Nebenflüsse Clitunno und Topino folgen.

## Das Hochtal des Tiber und die Hügel des Trasimenischen Sees

In dem nördlich von Perugia gelegenen Tiberabschnitt liegt der DOC-Bereich Colli Altotiberini, dessen wichtigste Weinbauzentren Umbertide, Città di Castello und Perugia sind. Hier ist der Einfluss der Toskana am deutlichsten spürbar: Bei den roten Trauben überwiegen Sangiovese, Cabernet und Merlot, während bei den weißen Trebbiano toscano, Malvasia toscana und Garganega Spitzenreiter sind. An der nordwestlichen Ecke Umbriens liegt der Trasimenische See, in dessen Mikroklima

### Hotels und Restaurants

**Assisi**
**Le Silve** ★★★
10 km nach Armenzano
☎ 07588019000
**Subasio** ★★★
via Frate Elia 2
☎ 075812206
**Umbra 3** 🍴
via degli Archi 6
☎ 075812240
**Frantoio** 🍴
vicolo Illuminati
☎ 075812883

**Baschi**
**Villa Bellago** ★★★
4 km zum Corbara-See
☎ 0744950521
**Vissani** 🍴🍴🍴🍴🍴
12 km nach Civitella del Lago, SS 448
☎ 0744950396

**Bevagna**
**Palazzo Brunamonti** ★★★
corso Matteotti 79
☎ 0742361932

**Cannara**
**Perbacco** 🍴
via Umbero I 14
☎ 0742720492

**Castiglione del Lago**
**Miralago** ★★★
piazza Mazzini 6
☎ 075951157
**Fazzuoli** ★★
piazza Marconi 11
☎ 075951119
**Cantina** 🍴
via V. Emanuele 89
☎ 0759652463

**Città di Castello**
**Tiferno** ★★★
piazza R. Sanzio 13
☎ 0758550331

## Hotels und Restaurants

**Città di Castello**
**Garden** ★★★
via A. Bologni
☎ 0758550587
**Bersaglio** 🍴
via V. Emanuele Orlando 14
☎ 0758555534

**Corciano**
**El Patio** ★★★
1 km nach Taverne di Corciano
via dell'Osteria 5
☎ 0756978464
**Ficulle**
**La Casella** ★★★
strada La Casella 4
☎ 076386588
**Foligno**
**Italia** ★★★
piazza Matteotti 12
☎ 0742350412
**Poledrini** ★★★
viale Mezzetti 2
☎ 0742341041
**Villa Roncalli** ★★★ 🍴🍴🍴
viale Roma 25
☎ 0742391091
**Osteria del Teatro** 🍴
via Petrucci 8
☎ 0742350745
**Gubbio**
**Park Hotel ai Cappuccini** ★★★★
via Tifernate
☎ 0759234
**Bosone Palace** ★★★
via XX Settembre 22
☎ 0759220688
**Gattapone** ★★★
via Ansidei 6
☎ 0759272489
**La Rocca** ★★★
4 km nach Monte Ingino
☎ 0759221222

ideale Voraussetzungen für den Weinbau herrschen. Schon seit alters her wachsen Rebstöcke von seinem Ufer bis hinauf in die umliegenden Hügel, die sich im Südwesten bis vor die Tore von Città della Pieve erstrecken. Hier im DOC-Bereich Colli del Trasimeno überwiegen Sangiovese in Verbindung mit Ciliegiolo, Gamay, Merlot und Cabernet beziehungsweise Trebbiano in Verbindung mit Grechetto, Chardonnay, Pinot bianco und Pinot grigio.

## Weinstädte

**Bevagna.** Dieses mittelalterliche Städtchen mit seiner prächtigen Piazza liegt am Fuße der grünen Hügel, die die Ebene von Foligno im Westen abschließen. In den letzten zehn Junitagen findet der **Mercato delle Gaite** statt, ein Stück Mittelalter zum Anfassen, und Ende August dann die **Sagra della Lumaca** (Schneckenfest).

**Castiglione del Lago.** Umgeben von einer turmbewehrten Stadtmauer, thront dieses Städtchen hoch auf einem von Olivenhainen bestandenen Ausläufer des Vorgebirges, der sanft zum Trasimenischen See hin abfällt. Eigentlich ein Badeort, bietet Castiglione aber auch so vorzüglichen Rebensaft, dass man gerne eine Entdeckungsreise in die umliegenden Weinberge unternimmt. Im März heißt es **Trasimeno a Tavola,** im Juni dann **Mostra Mercato Qualità Trasimeno.**

**Città di Castello.** Alter Adelssitz im Tibertal mit Palazzi und Kunstschätzen aus den verschiedensten Epochen. Unbedingt empfehlenswert sind die Gemäldesammlung (Pinacoteca) des Palazzo Vitelli, die Cannoniera und die Collezione Burri im Renaissance-Palast Albizzini. Ende Juli ist es Zeit für das **Festival delle Nazioni;** in den ersten zehn Novembertagen findet die **Mostra Mercato del Tartufo** statt (Trüffelschau mit Verkauf).

**Montefalco.** Weinberge und Olivenhaine bestimmen das Bild der Landschaft rings um die mittelalterliche Stadt. Von hier stammt der berühmte Sagrantino. In der Stadt sollte man die Kirche S. Francesco aus dem 14. Jahrhundert gesehen haben, die mit Fresken von Benozzo Gozzoli und Perugino ausgemalt ist. Um Ostern herum findet eine **Settimana Enologica** (Weinwoche) statt, am dritten Septembersonntag die **Festa dell'Uva** (Traubenfest).

**Orvieto.** Die Stadt liegt hoch über dem grünen Tal des Paglia auf einem Tuffsteinfelsen. Ein Rundgang sollte den Dom und den Brunnen Pozzo di S. Patrizio im Borgo nicht auslassen, der heute noch von dem erstaunlichen Können der Renaissance-Ingenieure zeugt. Der Veranstaltungskalender dreht sich rund um das Thema Musik: Anfang Januar **Umbria Jazz Winter,** im Juli und August dann **Spazio Musica.**

**Perugia.** Unweit des Trasimenischen Sees liegt die Hauptstadt Umbriens auf einem lang gestreckten Hügel über dem Tibertal. Unter der Jahrhunderte währenden Herrschaft des Kirchenstaats gelang es der Stadt, eine Reihe bedeutender Kunstschätze anzusammeln. Am beeindruckendsten sind jedoch die vielen kleinen Dinge – Momentaufnahmen, Menschen,

Stimmen – die dem alten Borgo seine unvergessliche Atmosphäre verleihen. An kulinarischen Highlights sind die **Sagra della Lumaca** (Schneckenfest) Mitte Juni zu erwähnen, im Juli die **Sagra del Tartufo** (Trüffelfest) und **Mangialonga** und im November die **Sagra del Vino e della Castagna** (Wein- und Kastanienfest).

**Und außerdem … Castel Ritaldi.** Von einer Stadtmauer umgebener mittelalterlicher Flecken zwischen Spoleto und Montefalco. Ende Juli und Anfang August gedenkt man hier im **Palio del Fantasma** der Ankunft Lucrezia Borgias. **Castel Viscardo.** Der Ort unweit von Orvieto ist für sein traditionelles Terrakotta-Handwerk bekannt. Auch die Burg ist sehenswert. In der zweiten Augusthälfte findet die **Sagra della Cannelletta** statt. Im Winter, am 5. und 6. Januar, feiert man **La Vecchierella,** im Februar dann den **Giudice a carnevale.**

**Corciano.** An der Straße von Perugia zum Trasimenischen See. Das befestigte Castello und die Kirche S. Maria, in der sich ein wertvolles Gemälde von Perugino befindet, sind einen Besuch wert. In der Osterwoche findet das Frühlingsfest **Publica Fiera de Primavera** statt, im August das **Corciano Festival.** **Magione.** Am östlichen Ufer des Trasimenischen Sees. Schöne Burg, die die Malteser um eine romanische Abtei herum errichten ließen. Anfang November wird der neue Wein bei der **Presentazione del Vino Novello** vorgestellt. **Marsciano.** Dieser Ort im Tal des Nestore hütet noch Überreste seiner Burg und seiner Stadtmauer. Mitte September findet in Sant'Elena die **Festa dell'Uva** (Traubenfest), im Oktober, in Cerqueto, die **Sagra del Fungo** (Pilzfest) statt. **Spoleto.** Freitags Markt. Ende April und Anfang Mai findet das Spargelfest **Sagra degli Asparagi** statt, am 15. August dann die **Festa dell'Assunta** (Mariä Himmelfahrt) und am 8. und 9. September die **Fiera di Loreto**. **Torgiano.** Wo der Chiascio in den Tiber fließt, also etwas flussabwärts von Perugia, liegt dieser Ort mit seinem sehenswerten Weinmuseum (→ Rund um den Wein) im Palazzo Graziani Baglioni. Weinfeste sind Mitte November **Vaselle del Vino Novello** und Ende des Monats **Banco d'Assaggio dei Vini d'Italia.**

**Und schließlich … Baschi.**

*Die Festung von Castiglione del Lago am Trasimenischen See.*

## Hotels und Restaurants

**Taverna del Lupo** 🍴🍴🍴
via Ansidei 6
☎ 0759274368

**Villa Montegranelli** 🍴🍴🍴
località Monteluiano
☎ 0759220185

**La Fornace di Mastro Giorgio** 🍴🍴
via Mastro Giorgio 2
☎ 0759221836

**Montefalco**

**Villa Pambuffetti** ★★★
viale della Vittoria 20
☎ 0742378823

**Coccorone** 🍴
via N. Fabbri 7
☎ 0742379535

**Orvieto**

**La Bada** ★★★
3 km nach La Badia
☎ 0763301959

**Maitani** ★★★
via Maitani 5
☎ 0763342011

**Palazzo Piccolomino** ★★★
piazza Ranieri 36
☎ 0763341743

**Villa Ciconia** ★★★
frazione Orvieto Scalo
località Ciconia
☎ 0763305582

**Valentino** ★★★
via Angelo
da Orvieto 32
☎ 0763342464

**Giglio d'Oro** 🍴🍴🍴
piazza Duomo 8
☎ 0763341903

## Hotels und Restaurants

**Orvieto**

**Osteria dell'Angelo** 🍴🍴🍴
piazza XXIX Marzo 8/a
☎ 0763341805

**Sette Consoli** 🍴🍴
piazza S. Angelo 1/A
☎ 0763343911

**Perugia**

**Brufani** ★★★★L
piazza Italia 12
☎ 0755732541

**Castello dell'Oscano** ★★★★
8 km nach Cenerentole
via della Forcella 37
☎ 075690125

**Giò Arte e Vini** ★★★★
**Enoteca Giò** 🍴🍴
via D'Andreotto 19
☎ 0755731100

**Perugia Plaza Hotel** ★★★★
**Fortebraccio** 🍴🍴
via Palermo 88
☎ 07534643

**Relais San Clemente** ★★★★
10 km nach Bosco
☎ 0755915100

**Ilgo** ★★★
via A. Di Duccio 1
☎ 0755736641

**Aladino** 🍴🍴
via delle Prome 11
☎ 0755720938

**Osteria del Gambero** 🍴
via Baldeschi 17
☎ 0755735461

## Kellereien

**Corciano.** *Pieve del Vescovo, via G. Leopardi 82, Tel. 0756978874. Öffnungszeiten: nach Voranmeldung 9–12 und 15–17 Uhr, Samstag und Sonntag geschlossen.* Die Weinberge des Betriebs, die unter den DOC-Bereich Colli del Trasimeno fallen, umrahmen die majestätisch emporragende Burg von Pieve del Vescovo. Spitzenprodukte dieser modernen Kellerei sind der weiße Etesiaco, dessen Name auf eine alte etruskische Rebe zurückgeht, sowie der Rotwein, bei dessen Namensgebung das Gut Lucciaio Pate stand.

**Ficulle.** *Castello della Sala – Marchesi Antinori, località Sala, Tel. 0763 86051. Öffnungszeiten: nach Voranmeldung.* Als der Florentiner Niccolò Antinori beschloss, sich der Produktion von Weißweinen zu widmen, weckte das in Umbrien an der Grenze zur Toskana gelegene große Weingut Castello della Sala sein besonderes Interesse: 29 Bauernhäuser nebst 550 Hektar Wald und Ackerland, auf dem heute größtenteils Wein angebaut wird. Sehr fortschrittliche Methoden haben zu einer erstklassigen Produktion geführt, die Orvieto Classico ebenso umfasst wie Weine von Chardonnay, Sauvignon blanc und Pinot nero.

**Montefalco.** *Rocca di Fabbri, località Fabbri, Tel. 0742399379. Öffnungszeiten: nach Voranmeldung 8.30 bis 12.30 und 14–18 Uhr, Samstagnachmittag und Sonntag geschlossen.* Malerische Kulisse in einer ehemaligen päpstlichen Festung, kunstvoll gestaltete Etiketten, große Weine. Die Produktion reicht vom Sagrantino di Montefalco DOCG, dem Stolz des Hauses, bis zu neueren Erzeugnissen wie dem Pinot Nero dell'Umbria, der reinsortig von ausgelesenen Trauben gekeltert wird. *Val di Maggio – Arnaldo Caprai, località Torre di Montefalco, Tel. 0742 378802. Öffnungszeiten: 9–13 und 15–18.30 Uhr, Samstagnachmittag und Sonntag geschlossen, Voranmeldung erwünscht.* Mit dem 1994er Montefalco Sagrantino DOCG konnte dieser qualitätsbewusste Betrieb sein 25-jähriges Bestehen

*Das Weingut Castello della Sala in Ficulle.*

feiern. Erwähnenswert sind ferner auch die DOC-Weine Montefalco Bianco und Rosso (auch Riserva) sowie der Grechetto dei Colli Martani.

**Orvieto.** *Decugnano dei Barbi, località Fossatello di Corbara 50, Tel. 0763 308255. Öffnungszeiten: nach Voranmeldung 8.30–12.30 und 14–18 Uhr, an Sonn- und Feiertagen geschlossen.* Die technisch hervorragend ausgestattete Kellerei verfügt noch über altehrwürdige, in Tuffstein gehauene Reifekeller. Eine besondere Perle unter den Orvieto-Classico-Weinen ist der Decugnano Pourriture Noble, eine Edelfäule-Version des berühmten Tropfens.

**Torgiano.** *Lungarotti, via Mario Angeloni 16, Tel. 0759880348. Öffnungszeiten: nach Voranmeldung 8.30–12.30 und 15.30–17.30.* Die Kellerei produziert nicht nur erstklassige Weine, sondern ist auch auf zahlreichen anderen Gebieten aktiv, was sie zu einer ersten Adresse im italienischen Weintourismus gemacht hat. Zum Betrieb gehören das Museo del Vino di Torgiano (→ Rund um den Wein) mit angeschlossener Osteria, das Museo dell'Olivo e dell'Olio (in Vorbereitung), die Stiftung Lungarotti, das Hotelrestaurant Le Tre Vaselle, der Agriturismo-Betrieb Poggio alle Vigne (Fax 0759887014) im Ortsteil Brufa sowie das kunsthandwerkliche Atelier La Spola. 19 verschiedene Sorten Wein werden produziert; an der Spitze der Torgiano Rosso Riserva Vigna Monticchio DOCG, gefolgt von interessanten Gewächsen wie dem körperreichen roten San Giorgio (Sangiovese, Cabernet Sauvignon und Canaiolo), oder dem Brezza, einem jungen und frischen Weißen aus Chardonnay, Pinot grigio und Grechetto.

**Und außerdem ... Allerona.** *Tenuta Antica Selva di Meana, località Poggio Barile, Tel. 076367157.* **Amelia.** *Cantina Colli Amerini, località Fornole, Tel. 0744989721. Zanchi, via Ortana 122, Tel. 0744970011.* **Baschi.** *Vallesanta, località Cerreto, Tel. 0763341820.* **Bevagna.** *Fattoria Colleallodole – cav. Milziade Antano, località Campoletame, Tel. 0742 360371. Fratelli Adanti, località Arquata, Tel. 0742360295.* **Cannara.** *Cantina Di Filippo, Conversino 153, Tel. 074272310, www.bcsnet.it/difilippo.* **Castiglione del Lago.** *Podere Marella, località Ferretto 32, Tel. 0759659028.* **Città della Pieve.** *Villa Po' del Vento, Tel. 0578299950. Cantina del Trasimeno, piazza XIX Giugno, Tel. 0759653210.* **Magione.** *Cantina Intercomunale del Trasimeno, via Formanuova 87, Tel. 075840298.* **Montefalco.** *Agraria Napolini Mario, località Gallo 71, Tel. 0742 379362. Antonelli, località San Marco 59, Tel. 0742 379158. Scacciadiavoli, località Cantinone, Tel. 0742 378972.* **Orvieto.** *La Carraia , località Tordimonte 56, Tel. 0763304013. Palazzone, località Rocca Ripensa 68, Tel. 0763344921. Petrangeli, località Tordimonte 48, Tel. 0763304189. Villa Pagliano, località Castellunchio, Tel. 0763304051.* **Orvieto Scalo.** *Cardeto, località Cardeto, Tel. 0763 43189.* **Penna in Teverina.** *Rio Grande, località Montecchie, Tel. 0744993102, E-Mail: pastoredme@interbusines.it.* **Perugia.** *Cantina Chiorri, frazione Sant'Enea, via Todi 98, Tel. 075607141. Goretti Gisberto, frazione Pila, strada del Pino 4, Tel. 075607316.* **Spello.** *Sportoletti, via Lombardia 1, Tel. 0742651461.*

## Hotels und Restaurants

**Spello**
**Palazzo Bocci** ★★★
via Cavour 17
☎ 0742301021
**La Bastiglia** ★★★
via dei Molini 17
☎ 0742651277
**Cacciatore** 🍴
via Giulia 42
☎ 0742651141
**Il Molino** 🍴
piazza Matteotti 6/7
☎ 0742651305
**Spoleto**
**Gattapone** ★★★
via del Ponte 6
☎ 0743223447
**San Luca** ★★★
via Interna delle Mura 21
☎ 0743223399
**Apollinare** 🍴🍴
via S. Agata 14
☎ 0743223256
**Tartufo** 🍴🍴
piazza Garibaldi 24
☎ 074340236
**Terni**
**Valentino** ★★★
**Fontanella** 🍴
via Plinio il Giovane 3
☎ 0744402550

## Hotels und Restaurants

**Terni**
**Villa Graziani** 🍴🍴🍴
4 km nach Papigno
Villa Valle 11
☎ 074467138

**Todi**
**Fonte Cesia** ★★★
via L. Leony 3
☎ 0758943737
**La Mulinella** 🍴
località Ponte Naia 29
☎ 0758944779

**Torgiano**
**Le Tre Vaselle** ★★★ 🍴🍴🍴
via Garibaldi 48
☎ 0759880447

**Trevi**
**Taverna del Pescatore** 🍴🍴
4 km nach Pigge
via Chiesa Tonda 50
☎ 0742780920

**Umbertide**
**Moderno** ★★
SS 3 bis
☎ 0759413759

**Umbertide.** *Colle del Sole, località Colle del Sole, Pierantonio, Tel. 075 9414266.*

## Rund um den Wein

**Torgiano.** *Museo del Vino, corso V. Emanuele 11, Tel. 0759880200. Öffnungszeiten: Sommer 9–13 und 15–19 Uhr; Winter 9–13 und 15–18 Uhr.* Das Museum, das im Jahre 1974 im Palazzo Graziani Baglioni aus dem 17. Jahrhundert eingerichtet wurde, gehört der Familie Lungarotti und wird von deren gleichnamiger Stiftung verwaltet. Die archäologische Abteilung behandelt die Geschichte des Weinbaus von seinen Ursprüngen im Nahen Osten über das Mittelalter und die Renaissance bis hinein in unsere Zeit. Die völkerkundliche Abteilung stellt den jährlichen Ablauf der Arbeit im Weinberg und in der Kellerei vor, wobei auch auf alte Techniken und Methoden sowie die Besonderheiten von Torgiano eingegangen wird. Es folgt eine beachtliche Sammlung von Keramikgegenständen – darunter Stücke alter Meister ebenso wie zeitgenössischer Künstler –, die in drei Themen aufgegliedert ist: Wein als Lebensmittel, Wein als Heilmittel und Wein im Mythos. Abgerundet wird die Sammlung von einer grafischen Abteilung, in der alte Stiche, Zeichnungen und Exlibris zum Thema Wein ausgestellt sind, sowie einer bibliographischen Abteilung, in der man sich alte Traktate und andere Schriftstücke ansehen kann. Doch das Museum ist nicht die einzige Aktivität der Fondazione Lungarotti, sie richtet auch zahlreiche Kulturveranstaltungen aus, darunter im Herbst den Banco d'Assaggio dei Vini d'Italia im Beisein der internationalen Presse. Ein Museo dell'Olivo e dell'Olio, in dem sich alles um die Olive und ihr Öl dreht, wird gerade fertig gestellt.

## Tourenvorschläge

**Das Tibertal und die umbrischen Hügel.** Die Reiseroute besteht aus drei in Perugia beginnenden Rundstrecken: Die erste führt durch das Valle Umbra und dann nach Foligno, Spoleto und Todi; die zweite hält sich an der Grenze zur Toskana und bietet Gelegenheit, Orvieto und Città della Pieve kennen zu lernen; die dritte schließlich, die den nördlich von Perugia gelegenen Landstrich abdeckt, führt zunächst an den Ufern des Trasimenischen Sees vorbei und anschließend durch das Hochtal Val Tiberina bis nach Città di Castello.
**Perugia.** In der Hauptstadt, die nicht nur Weinstadt (→), sondern vor allem ein Hort der Künste ist, kann der Weintourist beispielsweise im Hotel Giò Arte e Vini mit zugehöriger Ristorante-Enoteca Quartier nehmen. Erwähnenswert auch die Ristorante-Enoteca Aladino sowie die Osteria del Bartolo.
**1. Spello.** Auf einem Ausläufer des Subasio gelegen, hütet das Städtchen in der Cappella Baglioni Fresken des Pinturicchio. Weinverkostung in der nahe gelegenen Kellerei Sportoletti. Schöne Übernachtungsmöglichkeiten bietet das Hotel La Bastiglia mit Panoramablick, sehr einladender Atmosphäre und Restaurant im Hause. Ein Muss sind schließlich die regiona-

len Spezialitäten des Ristorante Molino, das für seine Fleischgerichte und den hervorragenden Weinkeller bekannt ist. **Foligno.** Wer sich im September in dieser emsigen Stadt aufhält, dem empfehlen wir den Besuch der Giostra della Quintana, mittelalterlicher Turnierspiele, sowie die Segni Barocchi, Kunst- und Kulturveranstaltungen an verschiedenen Orten der Stadt. Namentliche Erwähnung verdient auch das Restaurant des Hotels Villa Roncalli: Es bietet strikt hausgemachte umbrische Küche, die sich virtuos zwischen Tradition und Innovation bewegt. Wer Interesse an Degustationen hat und auf ein typisches kleines Gericht dazu nicht verzichten mag, der sollte im Bacco Felice in der belebten Via Garibaldi einkehren. **Montefalco.** Eine der interessantesten Weinstädte (→), Heimat des Sagrantino. Der Weinliebhaber kann sich im Centro Studi Vini Passiti Italiani am Rathausplatz detailliert über seine Leidenschaft informieren. Daraufhin lohnt sich ein Besuch der Kellereien Rocca di Fabbri (→), Val di Maggio (→) und Antonelli (→). Für längere Aufenthalte empfehlen wir die Villa Pambuffetti aus dem 19. Jahrhundert mit ihrem jahrhundertealten Park. Im Umkreis von nur wenigen Kilometern liegen zwei weitere interessante Weinstädte: das mittelalterliche Bevagna (→) mit der Kellerei der Fratelli Adanti (→) sowie der Fattoria Colleallodole (→). **Trevi.** Wer dem reizvollen Clitunnotal mit seinen zahlreichen Wasserläufen und den Zeugnissen längst vergangener Zeiten folgt, stößt auf diesen Ort, der sich kreisförmig um einen Hügel windet. Kulinarische Genüsse in der Taverna del Pescatore im Ortsteil Pigge, wo umbrische Spezialitäten, insbesondere Flussfisch, meisterhaft zubereitet werden. **Spoleto.** In der Weinstadt (→), die im Spätsommer alljährlich das Festival dei Due Mondi ausrichtet, kann man Kultur der Jetztzeit auf einem Spaziergang durchs Mittelalter erleben. Herausragend das Restaurant Il Tartufo, in dessen Küche die Erfahrung der alten Generation mit der unbeschwerten Experimentierfreude der jungen eine glückliche Verbindung eingeht. **Todi.** Unvermittelt taucht hoch droben auf einem Hügel, dort, wo sich das Tibertal verengt, dieses Städtchen mit seinen in der Morgensonne gleißenden Glockentürmen, Mauern und Dächern auf. Auf dem Veranstaltungskalender stehen zwischen August und September die Kunsthandwerksmesse Mostra Nazionale dell'Artigianato sowie das Todi Festival mit Literatur-, Musik-, Tanz- und Kinoveranstaltungen. Einkaufsmöglichkeiten in der Enoteca der Accademia dei Convivanti; drei Kilometer weiter, in Ponte Naia, empfehlen wir das Restaurant La Mulinella.

**II.** Man fährt von Perugia aus das Tibertal hinab und kreuzt in Todi die erste Rundstrecke. **Torgiano.** In der Welt des Weins ist der Name dieses Ortes untrennbar verbunden mit dem Namen Lungarotti (→ Kellereien). Der berühmte Betrieb ist weit über die reine Weinproduktion hinaus aktiv: Er unterhält das weltweit einzigartige Museo del Vino (→ Rund um den Wein), ferner eine Osteria, das

## Agriturismo

**Assisi**
**Casa Faustina**
località Mora 28
☎ 0758039377
**Malvarina**
Capodacqua
via Malvarina 32
☎ 0758064280
**Bettona**
**Torre Burchio**
vocabolo Burchio
☎ 0759869346
**Bevagna**
**La Fonte**
Torre del Colle
località Fiaggia
☎ 0742360968
☎ 03473680082
**Castiglione del Lago**
**Villa Osvaldo**
Villastrada
località Salticchio 70
☎ 075825317

hervorragende Hotelrestaurant Tre Vaselle sowie den Agriturismo-Betrieb Poggio alle Vigne. Zurück auf der Staatsstraße nach Orvieto kurzer Halt in **Marsciano,** einer Weinstadt (→), die teils zum DOC-Bereich Colli Perugini, teils zum DOC-Bereich Colli Martani gehört. **Orvieto.** An dieser Weinstadt (→), in der die Kellereien Decugnano dei Barbi (→), Petrangeli (→), Palazzone (→) und Villa Pagliano (→) zu Degustationen laden, führt für Weintouristen in Umbrien kein Weg vorbei. Das Restaurant Sette Consoli bietet eine ausgezeichnete bodenständige Küche mit innovativen Nuancen. Zu empfehlen ist auch das Giglio d'Oro am Domplatz. Wein und regionale Spezialitäten können Sie in der Enoteca La Loggia kaufen und probieren. Wer seinen Aufenthalt in Orvieto verlängert, dem empfehlen wir einen Ausflug nach **Castel Viscardo,** einer kleinen Weinstadt (→) im Pagliatal, sowie zum Weingut Antica Selva di Meana (→) in der Nähe von Allerona. **Città della Pieve.** Auf der hübschen Straße, die zum Trasimenischen See führt, durchquert man zunächst Ficulle. Hier lohnt die Besichtigung des Castello della Sala (→ Kellereien), Herrenhaus des riesigen Weingutes, auf dem die Florentiner Marchesi Antinori großartige Weißweine erzeugen. Fährt man weiter bergauf, erblickt man auf einem Bergkamm Città della Pieve, wo Pietro Vannucci,

## Agriturismo

**Città di Castello**
**Villa Bice**
Cerbara
Villa Zampini 43/45
☎ 0758511430

**Ficulle**
**La Casella-Antico Feudo di Campagna**
tenuta La Casella
☎ 076386588

**Gubbio**
**Abbazia di Vallingegno**
località Vallingegno
☎ 075920158
03683049406

**Oasi Verde Mengara**
località Mengara 1
☎ 075920156

**Magione**
**Podere I Sette**
Caligiana
via Case Sparse 7
☎ 0758409364
0360488457

besser bekannt als Perugino, das Licht der Welt erblickte. Einmal in der Gegend, lohnt auch ein Besuch der Kellerei Villa Po' del Vento (→), die dem Movimento del Turismo del Vino angehört.
**III.** Die dritte Rundstrecke führt von Perugia zum Trasimenischen See. Unterwegs kommt man an zwei kleinen Weinstädten vorbei: **Corciano** (→) und **Magione** (→). Unweit der Hauptstraße befindet sich in dem gleichnamigen Ortsteil das Weingut Pieve del Vescovo (→ Kellereien). **Castiglione del Lago.** Die Fische des Trasimenischen Sees, vorwiegend Barsche und Schleien, sind gemeinsam mit dem Wein und dem Olivenöl aus den umliegenden Hügeln die Hauptattraktion der örtlichen Küche. **Città di Castello.** Vor der Kulisse des Doms und des Palazzo dei Priori verkostet man die Weine in der Enoteca Altotiberina. Ganz in der Nähe das altehrwürdige Hotel Tiferno. **Umbertide.** Auf der Rückfahrt nach Perugia empfehlen wir einen Besuch des Weinbaubetriebs Colle del Sole (→), der auf biologischen Anbau spezialisiert ist. **Gubbio.** Für dieses mittelalterliche Kleinod machen wir einen Abstecher in Richtung Marken. Übernachtung im Park Hotel ai Cappuccini – schon im Namen klingen alte Klostermauern an. Unter den Restaurants empfehlen wir, besonders in der Trüffelsaison, die Taverna del Lupo.

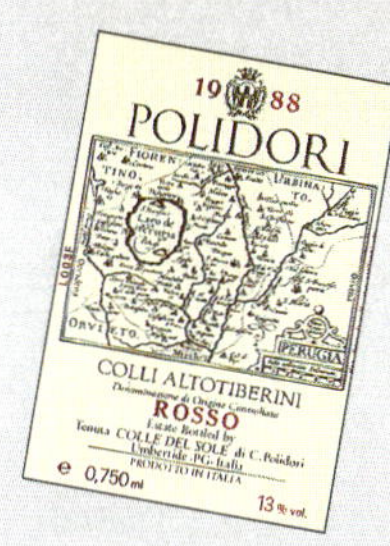


## DOCG- und DOC-Weine aus Umbrien

### DOCG

**MONTEFALCO SAGRANTINO.** Rebsorten: Sagrantino (100%). Produktion: 2716 hl (86 ha). Farbe: intensives Rubinrot, zuweilen mit violetten Reflexen, mit der Alterung zu granatrot neigend. Geruch: delikat, sortentypischer Brombeerduft. Geschmack: trocken, harmonisch. Alkoholgehalt: 13%. Alterung: mindestens 30 Monate, davon 12 in Holzfässern, dann bis zu 5 Jahren. Zu festlichen Gerichten aus rotem Fleisch und zu Wild. Arten: *Passito* mindestens 14,5% Alkohol und 30 Monate Alterung, dann bis zu 6–7 Jahren; als Dessertwein und zwischen den Mahlzeiten zu trinken.

**TORGIANO.** – **Rosso Riserva.** Rebsorten: Sangiovese (50–70%), Canaiolo (15–30%), Trebbiano toscano (bis 10%), Ciliegiolo und Montepulciano (bis 10%). Produktion: siehe Torgiano Rosso DOC. Farbe: rubinrot. Geruch: weinig, delikat. Geschmack: trocken, harmonisch, angemessener Körper. Alkoholgehalt: 12,5%. Alterung: mindestens 3 Jahre, dann bis zu 5 Jahren. Zu rotem Fleisch und Wild zu trinken.

### DOC

**ASSISI.** – **Bianco.** Rebsorten: Trebbiano (50–70%), Grechetto (10–30%), andere (bis 40%). Farbe: strohgelb mit leicht grünlichen Reflexen. Geruch: angenehm, frisch, sortentypisch. Geschmack: trocken, frisch, leicht fruchtig. Alkoholgehalt: 10,5%. Zu leichten Speisen zu trinken. – **Grechetto.** Rebsorten: Grechetto (85–100%). Farbe: blasses Strohgelb. Geruch: angenehm, frisch, sortentypisch. Geschmack: trocken, frisch, leicht bitter, fruchtig, harmonisch. Alkoholgehalt: 11,5%. Zu Fisch zu trinken. – **Rosato.** Rebsorten: Sangiovese (50–70%), Merlot (10 bis 30%), andere (bis 40%). Farbe: mehr oder weniger intensives Rosé. Geruch: weinig, delikat. Geschmack: trocken, frisch, harmonisch. Alkoholgehalt: 11%. Zu allen Speisen zu trinken. – **Rosso.** Rebsorten: Sangiovese (50–70%), Merlot (10–30%), andere (bis 40%). Far-

## Agriturismo

**Marsciano**
**Teveraccio**
località Cerro
☎ 0758743787

**Montefalco**
**Camiano Piccolo**
via Camiano Piccolo 5
☎ 0742379492

**Orvieto**
**La Cacciata**
Canale
località La Cacciata 6
☎ 0763305481

**Locanda Rosati**
Buonviaggio
☎ 076327314

**Perugia**
**Agricola Arna**
località Civitella d'Arna
☎ 075602896
☎ 03473514476

be: rubinrot. Geruch: weinig, sortentypisch, duftend. Geschmack: trocken, körperreich, harmonisch, intensiv, nachhaltig. Alkoholgehalt: 12%. Alterung: bis zu 3–4 Jahren. Zu allen Speisen zu trinken. Qualitätsstufen: *Novello*.

**COLLI ALTOTIBERINI.** – **Bianco.** Rebsorten: Trebbiano toscano (75–90%), Malvasia del Chianti (bis 10%), andere (bis 15%). Produktion: 1021 hl (37 ha). Farbe: mehr oder weniger intensives Strohgelb. Geruch: sortentypisch, angenehm. Geschmack: trocken, angenehm, harmonisch. Alkoholgehalt: 10,5%. Zu allen Speisen zu trinken. – **Rosato.** Rebsorten: Sangiovese (55–70%), Merlot (10–20%), Trebbiano toscano und/oder Malvasia del Chianti (bis 10%). Produktion: siehe Rosso. Farbe: zart rosa. Geruch: leicht fruchtig. Geschmack: frisch, trocken, lebhaft. Alkoholgehalt: 11,5%. Zu allen Speisen zu trinken. – **Rosso.** Rebsorten: Sangiovese (55 bis 70%), Merlot (10 20%), Trebbiano toscano und/oder Malvasia del Chianti (bis 10%). Produktion: 308 hl (27 ha). Farbe: rubinrot. Geruch: weinig, angenehm. Geschmack: trocken, rund, angenehm. Alkoholgehalt: 11,5%. Zu allen Speisen zu trinken.

**COLLI AMERINI.** – **Bianco.** Rebsorten: Trebbiano toscano (70–85%), Grechetto und/oder Verdello und/oder Garganega und/oder Malvasia toscana (bis 30%, Malvasia toscana höchstens 10%). Produktion: 1568 hl (22 ha). Farbe: strohgelb mit grünlichen Reflexen. Geruch: delikat fruchtig, sehr intensiv. Geschmack: trocken, harmonisch, samtig, aber voll, leicht bitter im Abgang. Alkoholgehalt: 11%. Sommerwein, zu allen Speisen zu trinken. – **Malvasia.** Rebsorten: Malvasia toscana (85 bis 100%), Trebbiano toscano und/oder andere (bis 15%). Produktion: 392 hl (5,6 ha). Farbe: strohgelb. Geruch: weinig, angenehm, sortentypisch, zart duftend. Geschmack: trocken, guter Körper, mit sortentypischer Note und leicht samtig. Alkoholgehalt: 11,5%. Zu Krustentieren zu trinken. – **Rosato.** Rebsorten und Produktion: siehe Rosso. Farbe: mehr oder weniger intensiv lachsfarben. Geruch: intensiv fruchtig, sehr delikat und nachhaltig. Geschmack: zart rund, frisch, jung, aber körperreich. Alkoholgehalt: 11%. Zu allen Speisen zu trinken. – **Rosso.** Rebsorten: Sangiovese (65–80%), Montepulciano und/oder Ciliegiolo und/oder Canaiolo und/oder Merlot und/oder Barbera (bis 35%, Merlot höchstens 10%). Produktion: 3697 hl (53 ha). Farbe: als junger Wein rubinrot, bei Alterung zu granatrot neigend. Geruch: als junger Wein weinig und angenehm, bei Alterung fein und sehr nachhaltig. Geschmack: als junger Wein frisch, perlend und körperreich, mit der Alterung zunehmend harmonisch, rund, mit leichtem Mandelaroma. Alkoholgehalt: 11%. Alterung: bis zu 2 Jahren. Zu allen Speisen zu trinken. Qualitätsstufen: *Novello* mit violetten Nuancen; *Superiore* mindestens 12% Alkohol und bis zu 3 Jahren Alterung.

**COLLI DEL TRASIMENO** oder **Trasimeno**. – **Bianco.** Rebsorten: Trebbiano (40–70%), Grechetto und/oder Pinot bianco und/oder Pinot grigio (30 bis 60%), andere (bis 30%). Produktion: 4548 hl (202 ha). Farbe: mehr oder weniger intensives Strohgelb, zuweilen mit grünlichen Reflexen. Geruch: delikat, frisch, fruchtig. Geschmack: trocken, frisch, harmonisch. Alkoholgehalt: 10,5%. Alterung: mindestens 4 Monate. Arten: *Frizzante*. Zu Fisch, vor allem zu Süßwasserfisch, zu trinken. – **Bianco Scelto.** Rebsorten: Vermentino und/oder Grechetto und/oder Chardonnay und/oder Pinot grigio und/oder Pinot bianco und/oder Sauvignon blanc und/oder Riesling italico (85–100%). Farbe: hell strohgelb, zuweilen mit grünlichen Reflexen. Geruch: fein, delikat, fruchtig, nachhaltig. Geschmack: trocken, weich, samtig, harmonisch. Alkoholgehalt: 11,5%. Reifung: mindestens 4 Monate. Zu Fisch zu trinken. – **Grechetto.** Rebsorten: Gre-

**Agriturismo**

**Spoleto**
**Il Casale Grande**
Beroide
☎ 0330646124

**Torgiano**
**Poggio alle Vigne**
via Montespinello
☎ 075982994

**Trevi**
**Villa Silvana**
Parrano
via Fonte Pigge 6
☎ 0755053642

**Umbertide**
**La Chiusa**
Niccone
2,3 km auf der SS Niccone
☎ 0759410848

chetto (85–100%). Farbe: mehr oder weniger intensives Strohgelb bis hin zu goldgelb. Geruch: leicht weinig, delikat, sortentypisch. Geschmack: trocken oder leicht vollmundig, samtig, leicht bitter im Abgang, fruchtig, sortentypisch, harmonisch. Alkoholgehalt: 11,5%. Zu Fisch zu trinken. – **Spumante Classico.** Rebsorten: Chardonnay und/oder Pinot bianco und/oder Pinot grigio und/oder Pinot nero und/ oder Grechetto (70–100%). Farbe: mehr oder weniger intensives Strohgelb. Geruch: angenehm, sortentypisch. Geschmack: trocken, harmonisch. Alkoholgehalt: 12%. Als Aperitif und zu den Mahlzeiten zu trinken. – **Vin Santo.** Rebsorten: Trebbiano (40–70%), Grechetto und/oder Pinot bianco und/ oder Pinot grigio (30–60%), andere (bis 30%). Farbe: von strohgelb bis bernsteinfarben, mit goldgelben Reflexen. Geruch: ätherisch, intensiv, charakteristisch, sortentypisch. Geschmack: charakteristisch, nachhaltig, harmonisch. Alkoholgehalt: 14+2%. Alterung: bis zu 10 Jahren. Als Dessertwein und zwischen den Mahlzeiten zu trinken. – **Rosato.** Rebsorten: siehe Rosso. Farbe: mehr oder weniger intensives Rosé. Geruch: weinig, fruchtig. Geschmack: frisch, lebhaft, trocken, harmonisch. Alkoholgehalt: 11%. Alterung: mindestens 4 Monate. Zu den Mahlzeiten zu trinken. – **Rosso.** Rebsorten: Sangiovese (40–70%), Ciliegiolo und/oder Gamay und/oder Merlot und/oder Cabernet (30–60%), andere (bis 30%). Produktion: 5226 hl (208 ha). Farbe: rubinrot. Geruch: weinig, fruchtig. Geschmack: trocken, harmonisch. Alkoholgehalt: 11,5%. Alterung: mindestens 4 Monate, dann bis zu 2 Jahren. Zu allen Speisen zu trinken. Arten: *Frizzante*. Qualitätsstufen: *Novello* (11%); *Riserva* mindestens 12,5% Alkohol und 2 Jahre Alterung, dann bis zu 4 Jahren. – **Rosso Scelto.** Rebsorten: Gamay und/ oder Cabernet Sauvignon und/oder Merlot und/oder Pinot nero (70 bis 100%), Sangiovese (15–30%), andere (bis 15%). Farbe: rubinrot, zuweilen mit violetten Reflexen. Geruch: weinig, duftend, intensiv. Geschmack: trocken, harmonisch, strukturiert, nachhaltig. Alkoholgehalt: 11,5%. Alterung: mindestens 11 Monate, dann bis zu 2 bis 3 Jahren. Zu allen Speisen zu trinken. – **Cabernet Sauvignon.** Rebsorten: Cabernet Sauvignon (85–100%). Farbe: intensives Rubinrot mit leicht violetten Reflexen, mit der Alterung zu granatrot neigend. Geruch: intensiv, nachhaltig, sortentypisch. Geschmack: trocken, sortentypischer Abgang, leicht kräuterwürzig. Alkoholgehalt: 12%. Alterung: bis zu 3–4 Jahren. Zu allen Speisen zu trinken. Qualitätsstufen: *Riserva* mindestens 13% Alkohol und 2 Jahre Alterung, dann bis zu 5 Jahren; zu kräftigen Fleischgerichten zu trinken. – **Gamay.** Rebsorten: Gamay (85–100%). Farbe: mehr oder weniger intensives Granatrot, mit der Alterung zu ziegelrot neigend. Geruch: weinig, delikat. Geschmack: trocken, harmonisch, mit Mandelaroma. Alkoholgehalt: 12,5%. Alterung: bis zu 3–4 Jahren. Zu allen Speisen zu trinken. Qualitätsstufen: *Riserva* mindestens 13% Alkohol und 2 Jahre Alterung, dann bis zu 3–4 Jahren; zu gehobener Küche zu trinken. – **Merlot.** Rebsorten: Merlot (85–100%). Farbe: rubinrot mit violetten Reflexen, mit der Alterung zuweilen zu Ziegelrot neigend. Geruch: weinig. Geschmack: voll, weich, harmonisch. Alkoholgehalt: 12,5%. Alterung: bis zu 3–4 Jahren. Zu allen Speisen zu trinken. Qualitätsstufen: *Riserva* mindestens 13% Alkohol und 2 Jahre Alterung, dann bis zu 3–4 Jahren; zu Speisen mit ausgeprägtem Geschmack zu trinken.

**COLLI MARTANI.** – **Grechetto.** Rebsorten: Grechetto (85–100%), Trebbiano toscano und/oder Trebbiano spoletino und/oder Malvasia bianca di Candia und/oder Malvasia bianca del Chianti und/oder Garganega und/oder Verdicchio (bis 15%). Produktion: 3112 hl (59 ha). Farbe: strohgelb. Geruch: leicht weinig, delikat, sortentypisch.

## Enoteche

**Bastia Umbra**
**L'Etichetta**
viale Umbria 8
☎ 0758000554

**Bevagna**
**Enoteca Piazza Onofri**
piazza Onofri 1
☎ 0742361920

**Città di Castello**
**Enoteca Altotiberina**
piazza Gabriotti
☎ 0758553089
**Lo Sfizio**
via A. Marchesani 3
☎ 0758520333

**Foligno**
**Enoteca Il Bacco Felice**
via Garibaldi 73
☎ 0742341019

**Gualdo Tadino**
**Bere Alto**
via Flaminia km 189
☎ 0759140872
**Enoteca La Baita**
piazza Martiri 16
☎ 075916991

**Montefalco**
**Centro Studi e Ricerche Vini Passiti Italiani**
piazza del Comune
☎ 0742378881
**Federico II**
piazza del Comune 1
☎ 0742378902

## DOCG- und DOC-Weine aus Umbrien

Geschmack: trocken oder leicht vollmundig, samtig, leicht bitterer Abgang, fruchtig, sortentypisch, harmonisch. Alkoholgehalt: 11,5%. Zu Fischgerichten zu trinken. Qualitätsstufen: *di Todi* (12%), sofern in der Gemeinde Todi produziert; auch im zweiten Jahr gut zu trinken. – **Trebbiano.** Rebsorten: Trebbiano toscano (85–100%), Trebbiano spoletino und/oder Grechetto und/oder Malvasia bianca di Candia und/oder Malvasia bianca del Chianti und/oder Garganega und/oder Verdicchio (bis 15%). Produktion: 1523 hl (48 ha). Farbe: grünlich gelb. Geruch: leicht weinig, sortentypisch. Geschmack: trocken, säuerlich, leicht fruchtig, fein. Alkoholgehalt: 11%. Zu Fisch zu trinken. – **Sangiovese.** Rebsorten: Sangiovese (85–100%), Canaiolo und/oder Barbera und/oder Merlot und/oder Montepulciano und/oder Trebbiano toscano und/oder Trebbiano spoletino und/oder Grechetto und/oder Malvasia bianca di Candia und/oder Malvasia bianca del Chianti und/oder Garganega und/oder Verdicchio (bis 15%, weiße Rebsorten höchstens 10%). Produktion: 1572 hl (37 ha). Farbe: als junger Wein rubinrot, bei Alterung mit orangerotem Einschlag. Geruch: weinig, bei Alterung ätherisch. Geschmack: trocken, harmonisch, als junger Wein zuweilen leicht tanninhaltig und angenehm bitter, fruchtig, zart kräuterwürzig. Alkoholgehalt: 11,5%. Alterung: mindestens 1 Jahr, dann bis zu 3 Jahren. Zu rotem Fleisch zu trinken. Qualitätsstufen: *Riserva* mindestens 12% Alkohol und 2 Jahre Alterung, dann bis zu 4 Jahren; zu Wild zu trinken.

**COLLI PERUGINI.** – **Bianco.** Rebsorten: Trebbiano toscano (65–85%), Verdicchio und/oder Grechetto und/oder Garganega und/oder Malvasia bianca del Chianti (15–35%, Malvasia del Chianti höchstens 10%). Produktion: 5079 hl (110 ha). Farbe: strohgelb mit grünlichen Reflexen. Geruch: ätherisch, angenehm, sortentypisch. Geschmack: trocken, frisch, leicht fruchtiges Aroma. Alkoholgehalt: 11%. Zu allen Speisen zu trinken. – **Rosato.** Rebsorten und Produktion: siehe Rosso. Farbe: mehr oder weniger intensives Rosé. Geruch: weinig, delikat. Geschmack: trocken, harmonisch, frisch. Alkoholgehalt: 11,5%. Zu allen Speisen zu trinken. – **Rosso.** Rebsorten: Sangiovese (65–85%), Montepulciano und/oder Ciliegiolo und/oder Barbera und/oder Merlot (15–35%, Merlot höchstens 10%). Produktion: 3467 hl (79 ha). Farbe: mehr oder weniger intensives Rubinrot. Geruch: weinig, delikat, sortentypischer Duft. Geschmack: trocken, würzig, guter Körper. Alkoholgehalt: 11,5%. Alterung: bis zu 2 Jahren. Zu allen Speisen zu trinken.

**LAGO DI CORBARA.** – **Rosso.** Rebsorten: Cabernet Sauvignon und/oder Merlot und/oder Pinot nero und/oder Sangiovese (min. 70%), Aleatico und/oder Barbera und/oder Cabernet franc und/oder Canaiolo und/oder Cesanese und/oder Ciliegiolo und/oder Colorino und/oder Dolcetto und/oder Montepulciano (max. 30%). Farbe: rubinrot, nach Alterung zu orangerot tendierend. Geruch: angenehm weinig. Geschmack: harmonisch, schmackhaft, gelegentlich verschlossen. Alkoholgehalt: 12,5%. Alterung: mindestens 9 Monate, dann bis zu 7–8 Jahren. Zu allen Speisen zu trinken, vor allem zu rotem Fleisch und Käse. – **Cabernet Sauvignon.** Rebsorten: Cabernet Sauvignon (85–100%). Farbe: intensives Rubinrot. Geruch: intensiv, charakteristisch. Geschmack: voll, samtig, angenehm tanninherb. Alkoholgehalt: 12,5%. Alterung und Trinkempfehlung: siehe Rosso. – **Merlot.** Rebsorten: Merlot (85–100%). Farbe: intensives Rubinrot. Geruch: charakteristisch, intensiv. Geschmack: voll, samtig, Fruchtnoten. Alkoholgehalt: 12,5%. Alterung und Trinkempfehlung: siehe Rosso. – **Pinot Nero.** Rebsorten: Pinot nero (85 bis 100%). Farbe: mäßig intensives Rubinrot. Geruch: charakteristisch, bisweilen mit deutlichen Himbeernoten. Ge-

### Enoteche

**Orvieto**
**Enoteca La Loggia**
via Loggia dei Mercanti 6
☎ 0763344371

**Perugia**
**Enoteca Giò**
via Ruggetto d'Andreotto 19
☎ 0755735159

**Terni**
**Enoteca Vino Vino**
corso Vecchio 201
☎ 0744406683

**Todi**
**San Lorenzo**
via San Lorenzo 1
☎ 0758944400

schmack: trrocken, samtig. Alkoholgehalt: 12,5%. Alterung und Trinkempfehlung: siehe Rosso.

**MONTEFALCO.** – **Bianco.** Rebsorten: Grechetto (mindestens 50%), Trebbiano toscano (20–35%), andere (bis 30%). Produktion: 448 hl (11 ha). Farbe: strohgelb. Geruch: leicht weinig, fruchtig. Geschmack: trocken, leicht fruchtig, sortentypisch. Alkoholgehalt: 11%. Zu allen Speisen zu trinken. – **Rosso.** Rebsorten: Sangiovese (60–70%), Sagrantino (10–15%), andere (15–25%). Produktion: 4627 hl (98 ha). Farbe: rubinrot. Geruch: weinig, sortentypisch, delikat. Geschmack: harmonisch, trocken, angemessener Körper. Alkoholgehalt: 12%. Alterung: mindestens 18 Monate, dann bis zu 3 Jahren. Zu rotem Fleisch zu trinken. Qualitätsstufen: *Riserva* mindestens 12% Alkohol und 30 Monate Alterung, zu Braten, Wild und altem Käse zu trinken.

**ORVIETO.** Rebsorten: Trebbiano toscano (Procanico, 40–60%), Verdello (15–25%), Grechetto und/oder Canaiolo bianco (Drupeggio) und/oder Malvasia toscana (15–45%, Malvasia toscana höchstens 25%). Produktion: 155638 hl (2539 ha). Farbe: mehr oder weniger intensives Strohgelb. Geruch: delikat und angenehm. Geschmack: trocken mit leicht bitterem Abgang oder vollmundig oder lieblich oder süß, fein, delikat. Alkoholgehalt: 11,5%. Zu allen Speisen und zu Fisch zu trinken; die eher süßen Weine auch als Dessertwein. Qualitätsstufen: *Classico,* sofern im traditionellen Gebiet, d. h. im Tal des Paglia erzeugt; *Superiore* (auch *Classico*) mindestens 12% Alkohol und 4 Monate Alterung.

**ROSSO ORVIETANO** oder **Orvietano Rosso.** – **Rosso.** Rebsorten: Aleatico und/oder Cabernet franc und/oder Cabernet Sauvignon und/oder Canaiolo rosso und/oder Ciliegiolo und/oder Merlot und/oder Montepulciano und/oder Sangiovese und/oder Pinot nero (min. 70%), Barbera und/oder Cesanese comune und/oder Colorino und/oder Dolcetto (max. 30%). Farbe: intensives, lebhaftes Rubinrot, mitunter mit violetten Reflexen. Geruch: intensiv weinig, mitunter kräuterwürzig. Geschmack: geschmeidig, elegant, samtig. Alkoholgehalt: 11,5%. Alterung: bis zu 2–3 Jahren. Zu allen Speisen zu trinken. – **Aleatico.** Rebsorten: Aleatico (85–100%). Farbe: granatrot mit violettem Schimmer. Geruch: fein aromatisch, charakteristisch. Geschmack: sortentypisch, weich, samtig, bisweilen lieblich oder süß. Alkoholgehalt: 9,5+2%. Alterung: bis zu 2 bis 3 Jahren. Zu allen Speisen zu trinken. – **Cabernet** (oder **Cabernet franc** oder **Cabernet Sauvignon**). Rebsorten: Cabernet franc und/oder Cabernet Sauvignon (85–100%). Farbe: rubinrot mit schwach violetten Reflexen, im Alter zu granatrot tendierend. Geruch: intensiv, nachhaltig, charakteristisch. Geschmack: trocken, mit charakteristischem Nachgeschmack, delikat kräuterwürzig. Alkoholgehalt: 11,5%. Alterung: bis zu 2–3 Jahren. Zu allen Speisen zu trinken. – **Canaiolo.** Rebsorten: Canaiolo (85–100%). Farbe: rubinrot, im Alter zu granatrot tendierend. Geruch: delikat, charakteristisch. Geschmack: samtig, sortentypisch. Alkoholgehalt: 11,5%. Alterung und Trinkempfehlung: siehe Cabernet. – **Ciliegiolo.** Rebsorten: Ciliegiolo (85 bis 100%). Farbe: intensives Rubinrot. Geruch: weinig, delikat. Geschmack: fruchtig, mit charakteristischem Abgang. Alkoholgehalt: 11,5%. Alterung und Trinkempfehlung: siehe Cabernet. – **Merlot.** Rebsorten: Merlot (85 bis 100%). Farbe: rubinrot mit violetten Reflexen, im Alter mitunter zu ziegelrot tendierend. Geruch: weinig, angenehm. Geschmack: voll, weich, harmonisch. Alkoholgehalt: 11,5%. Alterung und Trinkempfehlung: siehe Cabernet. – **Pinot Nero.** Rebsorten: Pinot nero (85–100%). Farbe: rubinrot mit Tendenz ins Granatrote. Geruch: intensiv, nachhaltig, charakteristisch. Geschmack: trocken, körperreich, charak-

## Veranstaltungskalender

**April**
**Montefalco**
❶ Settimana enologica (Weinwoche)

**Juni–Juli**
**Pila (Perugia)**
❹❶ Festa della Torta al Testo – Rassegna dei Vini Colli Perugini (Weinschau)

**Juli**
**Perugia**
❸❹ Sagra del Tartufo (Trüffelfest) und Mangialonga (Festschmaus)

## DOCG- und DOC-Weine aus Umbrien

teristisch harmonisch. Alkoholgehalt: 11,5%. Alterung und Trinkempfehlung: siehe Cabernet. – **Sangiovese.** Rebsorten: Sangiovese (85–100%). Farbe: rubinrot, im Alter zu granatrot tendierend. Geruch: weinig, charakteristisch. Geschmack: trocken, harmonisch, in der Jugend angenehme Tanninnote, gefälliger Bitterton, fruchtig, charakteristisch. Alkoholgehalt: 11,5%. Alterung und Trinkempfehlung: siehe Cabernet.

**TORGIANO.** – **Bianco.** Rebsorten: Trebbiano toscano (50–70%), Grechetto (15–40%), andere (bis 15%). Produktion: 6721 hl (110 ha). Farbe: mehr oder weniger intensives Strohgelb. Geruch: weinig, blumig, angenehm. Geschmack: trocken, leicht fruchtig, angenehm säuerlich. Alkoholgehalt: 10,5%. Zu allen Speisen zu trinken. – **Chardonnay.** Rebsorten: Chardonnay (85 bis 100%), andere (bis 15%). Produktion: 269 hl (3,1 ha). Farbe: mehr oder weniger intensives Strohgelb. Geruch: sortentypischer, intensiver, angenehmer Duft. Geschmack: trocken, fruchtig, leicht säuerlich. Alkoholgehalt: 10,5%. Zu Fisch zu trinken. – **Pinot Grigio.** Rebsorten: Pinot grigio (85–100%), andere (bis 15%). Farbe: mehr oder weniger intensives Strohgelb. Geruch: delikat, fein und fruchtig. Geschmack: trocken, fruchtig, duftig und schmackhaft. Alkoholgehalt: 10,5%. Zu Fisch zu trinken.

– **Riesling Italico.** Rebsorten: Riesling italico (85–100%), andere (bis 15%). Farbe: mehr oder weniger intensives Strohgelb. Geruch: delikat. Geschmack: angenehm säuerlich, fruchtig. Alkoholgehalt: 10,5%. Zu Fisch zu trinken. – **Rosato.** Rebsorten: Sangiovese (50%), Canaiolo (15–30%), Trebbiano toscano (bis 10%), andere (bis 15%). Produktion: siehe Rosso. Farbe: zart lachsfarben. Geruch: fruchtig. Geschmack: trocken, frisch, lebhaft. Alkoholgehalt: 11,5%. Zu allen Speisen zu trinken. – **Rosso.** Rebsorten: Sangiovese (50 bis 70%), Canaiolo (15–30%), Trebbiano toscano (bis 10%), andere (bis 10%). Produktion: 8850 hl (156 ha). Farbe: rubinrot. Geruch: weinig, delikat. Geschmack: trocken, harmonisch, angemessener Körper. Alkoholgehalt: 12%. Alterung: mindestens 1 Jahr, dann bis zu 3 Jahren. Zu rotem Bratenfleisch zu trinken. – **Cabernet Sauvignon.** Rebsorten: Cabernet Sauvignon (85 bis 100%), andere (bis 15%). Produktion: 587 hl (9,4 ha). Farbe: granatrot. Geruch: intensiv, nachhaltig, sortentypisch. Geschmack: trocken, mit sortentypischem Abgang. Alkoholgehalt: 12%. Alterung: mindestens 1 Jahr, dann bis zu 3 Jahren. Zu Bratengerichten, Wild und altem Käse zu trinken. – **Pinot Nero.** Rebsorten: Pinot nero (85–100%), andere (bis 15%). Farbe: granatrot, zu purpurrot neigend. Geruch: voll, nachhaltig, sortentypisch. Geschmack: trocken, körperreich. Alkoholgehalt: 12%. Alterung: mindestens 1 Jahr, dann bis zu 3 Jahren. Zu Bratengerichten zu trinken. – **Spumante.** Rebsorten: Chardonnay (40 bis 50%), Pinot nero (40–50%), andere (bis 15%). Produktion: 217 hl (4 ha). Perlage: fein und beständig. Farbe: mehr oder weniger intensives Strohgelb. Geruch: leicht und angenehm fruchtig. Geschmack: trocken und rein, elegant und harmonisch, mit leichter Apfel- und Weißdornnote. Alkoholgehalt: 11,5%. Als Aperitif und zu allen Speisen zu trinken.

### Veranstaltungskalender

**August**
**Corciano**
❸❹ Agosto corcianese (Augustfest)
**Torchiagina**
❸ Settimana gastronomica chiaginese (Gastronomische Woche)
**August–September**
**Bevagna**
❸❹ Sagra della Lumaca (Schneckenfest)
**September**
**Marsciano**
Sagra dell'Uva (Traubenfest)
**Montefalco**
④ Festa dell'Uva
**Oktober**
**Gubbio**
❸❹ Mostra del Tartufo bianco e dei Prodotti tipici (Trüffelschau)
**Montecchio**
② Sagra della Castagna e dei Prodotti d'alta Montagna (Kastanienfest)

## Gaumenfreuden

Die umbrische Küche ist in aller Regel unkompliziert und setzt vor allem auf Gerichte vom Grill oder am Spieß. Fleisch und Gemüse dominieren in der Küche. Mehr Abwechslung herrscht bei der Pasta, hier gibt es beispielsweise Ciriole ternane (eine Spaghetti-Art mit Öl, Knoblauch und Pfefferschoten), Strascinati (Ravioli-ähnliche Nudeln) und Umbricelli (frische Bandnudeln). Hochklassige Produkte sind eher rar, doch ist Umbrien mit ausgezeichnetem Olivenöl und feinen Schwarzen Trüffeln gesegnet, die vor allem in den ersten Monaten des Jahres die verschiedensten Speisen mit ihrem unnachahmlichen Aroma bereichern. In der ganzen Region finden sich die unterschiedlichsten Rezepte rund um die Trüffel – allerdings nicht ohne Kehrseite, denn es gibt Trüffel und Trüffel, und die beste von ihnen, die echte Schwarze Trüffel, kommt nicht immer auf den Tisch, nicht einmal in ihrer Hauptsaison von Januar bis März. Dies ist jedenfalls der richtige Zeitpunkt, um die Wiege jener Köstlichkeit anzusteuern, Spoleto, dort im Restaurant Tartufo zu speisen, dessen Gerichte eine einzige kulinarische Liebeserklärung an den feinen Pilz sind, und dann vielleicht im Hotel San Luca den Tag ausklingen zu lassen. Da es von Spoleto nach Foligno nur ein Katzensprung ist, empfehlen wir auch einen Abstecher zur Villa Roncalli, einem malerischen Herrenhaus, das nicht nur über jeden Komfort verfügt, sondern auch über einen hübschen Gemüsegarten, aus dem all die frischen Zutaten für die Speisen stammen, die die Familie Scolastra ihren Gästen auftischt. Montefalco lohnt immer einen Besuch, nicht nur wegen des einzigartigen Sagrantino, sondern auch wegen seiner faszinierenden Villa Pambuffetti. Gubbio zählt zwar nicht unbedingt zu den typischen Weinstädten, bietet aber eine unverfälschte, schmackhafte Küche und hervorragende Hotels, wie das Park Hotel ai Cappuccini in einem ehemaligen Kloster und das eindrucksvolle Relais Ducale im Herzen der Altstadt. Zu den berühmtesten Restaurants zählt zu Recht die Taverna del Lupo: Hier heißt es Pilze, Fleisch und Trüffel satt! Orvieto mit seinem herrlichen Dom ist ein weiteres klassisches Ziel für den Weintouristen. Hier entstehen berühmte Weine, Weiße vor allem und neuerdings auch Süßweine aus edelfaulen Trauben, die besonders im Ausland sehr gefragt sind. Probieren kann man sie in den vorzüglichen Trattorien der Altstadt wie etwa im Sette Consoli und der Osteria dell'Angelo. Das Stichwort «süß» aber führt uns in die Hauptstadt der Region, Perugia, wo man – neben allen anderen Köstlichkeiten Umbriens, die es natürlich auch gibt – stolz auf eine noch recht junge eigene Tradition sein darf: Schokolade wird hier nicht nur von der Firma Perugina hergestellt, jedes Jahr Ende Oktober ist ihr auch eine Veranstaltung gewidmet, die mittlerweile den Rang eines nationalen Großereignisses erreicht hat: Eurochocolate.

### Veranstaltungskalender

**November**

**Città di Castello**
❸❹ Mostra mercato del Tartufo (Trüffel-Verkaufsausstellung)

**Gubbio**
① Mostra Mercato del Tartufo bianco (Verkaufsausstellung von weißen Trüffeln)

**Magione**
❶❷ Presentazione del Vino novello (Vorstellung des neuen Weins)

**Perugia**
Sagra del Vino e della Castagna (Wein- und Kastanienfest)

**Torgiano**
❷❸❹ Vaselle del Vino novello e Banco d'Assaggio dei Vini d'Italia (Weinschau mit Probierstand)

**Valtopina**
❸ Mostra Mercato del Tartufo (Trüffelschau und -markt)

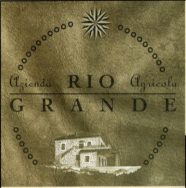

# Latium

## Der Mythos der Castelli Romani

*Die von Reisenden aller Zeiten besungenen Castelli Romani gehören auch heute noch zu den faszinierendsten Eindrücken, die den Weintouristen in Italien erwarten, und stehen doch gleichzeitig für einen rasant sich wandelnden Weinbau.*

Die Weingüter Latiums fügen sich in bewundernswerter Harmonie in eine abwechslungsreiche Landschaft aus Hügeln, Ebenen und Gebirge ein. Mit ihrer jahrtausendealten Tradition und ihrem einzigartigen Zusammenspiel von Kunst und Natur erfüllt die Region alle Voraussetzungen, um sich zu einem der Lieblingsreiseziele des Weintouristen zu mausern. Noch wird dieser Aufstieg durch einen gewissen Nachholbedarf verzögert, doch ist der Landstrich so überreich gesegnet, dass Optimismus mehr als gerechtfertigt erscheint.

### Von den Castelli Romani zu den Weinbergen der Etrusker

Der Weinbau Latiums konzentriert sich hauptsächlich auf zwei Produktionsgebiete. Da sind zum einen die Castelli Romani im Bereich der Colli Albani (Albaner Berge), seit jeher Hochburg der hiesigen Weinproduktion, und zum anderen die Gegend um Viterbo, auch unter dem Namen Tuscia bekannt, eine Bezeichnung, die dem antiken Etrurien galt und die den bis zum unteren Tiberlauf vorstoßenden Weinbergen besser entspricht. Die Provinz Roma teilt sich mit der Provinz Rieti ein Weinbaugebiet in den Colli della Sabina (Sabiner Bergen) entlang des Tibers und mit der Provinz Frosinone die Produktion des hochwertigen Rot-

**Movimento del Turismo del Vino**
Beauftragte:
Rossana De Dominicis
circonvallazione
Nomentana 288
Rom
☎ 068604694

weins Cesanese. Bleibt die Provinz Latina, Weinneuland in Latium, mit den interessanten Bereichen Aprilia und Circeo.

## Der große Weingarten der Malvasia- und Trebbiano-Reben

Latium ist eine ausgesprochene Weißweinregion: Allein die Rebsorten Malvasia del Lazio und Malvasia bianca di Candia besetzen bereits 55 Prozent der insgesamt 39 000 Hektar umfassenden latinischen Rebflächen, und wenn man noch Trebbiano toscano und Trebbiano giallo hinzurechnet, kommt man leicht auf über 70 Prozent. Gute Ergebnisse bei den Rotweinen erzielen autochthone Reben – Nero buono di Cori und die beiden Cesanese-Sorten –, denen inzwischen auch Sangiovese, Montepulciano und Merlot beigegeben werden. Im Weinberg löst die Spalier-Rebenerziehung allmählich das noch auf 20 Prozent der Anbaufläche praktizierte Pergola-System ab, Vermächtnis aus einer Zeit, als Masse noch vor Klasse ging. Die Anstrengungen der Winzer in den letzten Jahren zielen also unverkennbar auf eine Qualitätsverbesserung ihrer Produkte ab.

## Große Veränderungen auf dem Weinbausektor

Die Weinbauflächen Latiums wurden erst kürzlich neu klassifiziert: Der Gesetzgeber hat die Anzahl der DOC-Bereiche auf 25 erhöht und fünf IGT-Gebiete (Civitella d'Agliano, Colli Cimini, Frusinate, Lazio und Nettuno) ausgewiesen. Erklärtes Ziel dieser Bemühungen ist es, das Angebot durch eine engere Bindung der Weine an ihr ursprüngliches Herkunftsgebiet zu verbessern. Die Gesamtproduktion beträgt stolze 3 000 000 Hektoliter, wobei mehr als 500 000 Hektoliter aus DOC-Bereichen stammen. Damit liegt Latium zwar mit 18 Prozent über dem Landesdurchschnitt, ist aber immer noch weit entfernt von den Ergebnissen vergleichbar renommierter Regionen. Dies zeigt sich am Frascati, dem Stolz des latinischen Weinbaus und Mitglied im illustren Zirkel der 20 besten DOC-Weine Italiens, dessen Produktionsmenge sich auf gerade mal 180 000 Hektoliter pro Jahr beläuft.

DOC-Bereiche in Latium
Gubbio
Fabriano
Umbertide
Macerata
Potenza
Ombrone
Montepulciano
Lago Trasimeno
Perugia
A1
MARCHE
Città d. Pieve
Tevere
Foligno
TOSCANA
UMBRIA
Orvieto
Spoleto
Nera
Pitigliano
Amatrice
1
Bolsena
21
Lago di Bolsena
Terni
16
Montefiascone
Narni
13
Salto
Lago di Campotosto
Marta
Viterbo
Fiora
Rieti
L'AQUIL
24
Lago di Vico
22
Tarquinia
Civita Castellana
12
Lago d. Salto
Mignone
4
Lago di Turano
Lago di Bracciano
Bracciano
Civitavecchia
A24
A25
6
Cerveteri
Avezzar
A12
Arrone
Tivoli
Subiaco
G.R.A.
ROMA
25
9
8
Palestrina
7
17
20
Fiuggi
18
Frascati
11
19
L. di Albano
Lago di Nemi
14
Sacco
Lido di Ostia
Velletri
Frosinone
Pomezia
5
23
15
2
Aprilia
MAR
Ceccano
TIRRENO
Latina
Anzio
Sisto
10
Terracina
Scala 1:1 250 000
0
15
30 km

1. DOC Aleatico di Gradoli – 26 ha in der gleichnamigen Gemeinde sowie in 3 weiteren Orten der Provinz Viterbo
2. DOC Aprilia – 3765 ha auf dem gesamten Gebiet der gleichnamigen Gemeinde sowie in 2 weiteren Orten der Provinz und der Stadt Latina selbst; darüber hinaus erstreckt sich der Bereich bis in die Gemeinde Nettuno, Provinz Roma
3. DOC Atina – in 10 Gemeinden der Provinz Frosinone
4. DOC Bianco Capena – 159 ha in 4 Gemeinden der Provinz Roma, darunter Capena
5. DOC Castelli Romani – Im Jahr 1996 anerkannter Bereich, der zahlreiche Gemeinden in den Provinzen Roma und Latina umfasst
6. DOC Cerveteri – 711 ha in 7 Gemeinden der Provinz Roma, einschließlich Cerveteri und Rom, sowie in einem Teil der Gemeinde Tarquinia, Provinz Viterbo
7. DOC Cesanese del Piglio – 402 ha in 5 Gemeinden der Provinz Frosinone, darunter Piglio
8. DOC Cesanese di Affile oder Affile – umfasst das Gebiet der Gemeinde Affile sowie 2 weitere Gemeinden in der Provinz Roma
9. DOC Cesanese di Olevano Romano – 417 ha im Gebiet von Olevano Romano sowie in einem Teil des Gebiets von Genazzano, Provinz Roma
10. DOC Circeo – Seit 1996 anerkannter Bereich, der sich über 4 Gemeinden in der Provinz Latina erstreckt: die Provinzhauptstadt Latina selbst, Sabaudia, San Felice Circeo und Terracina
11. DOC Colli Albani – 1493 ha in 6 Gemeinden der Provinz Roma
12. DOC Colli della Sabina – 40 ha in 14 Gemeinden der Provinz Rieti sowie in weiteren 11 Gemeinden der Provinz Roma
13. DOC Colli Etruschi Viterbesi – 54 ha in 38 Gemeinden der Stadt und Provinz Viterbo
14. DOC Colli Lanuvini – 1885 ha auf dem Gebiet von Genzano und Lanuvio, Provinz Roma
15. DOC Cori – 422 ha auf dem Gebiet von Cori und Cisterna, Provinz Latina
16. DOC Est! Est!! Est!!! di Montefiascone – 574 ha in 7 Gemeinden der Provinz Viterbo, darunter Montefiascone
17. DOC Frascati – 2620 ha in 5 Gemeinden der Provinz Roma, darunter Frascati und Rom
18. DOC Genazzano – 35 ha in der gleichnamigen Gemeinde sowie in weiteren Orten der Provinzen Roma und Frosinone
19. DOC Marino – 1610 ha auf dem gesamten Gebiet von Marino sowie in Teilen der Gemeinden Castel Gandolfo und Rom
20. DOC Montecompatri-Colonna oder Montecompatri oder Colonna – 265 ha in den Gemeinden Colonna, Montecompatri, Roccapriora und Zagarolo, Provinz Roma
21. DOC Orvieto – 3047 ha in 13 Gemeinden der Provinz Terni, darunter Orvieto, sowie in 5 weiteren Gemeinden der Provinz Viterbo (siehe auch Umbrien)
22. DOC Tarquinia – 6 ha in zahlreichen Gemeinden der Provinzen Roma und Viterbo
23. DOC Velletri – 2319 ha in den Gemeinden Velletri und Lariano, Provinz Roma, sowie in einem Teil des Gebiets von Cisterna, Provinz Latina
24. DOC Vignanello – 83 ha in 7 Gemeinden der Provinz Viterbo, darunter Vignanello
25. DOC Zagarolo – 185 ha auf dem Gebiet von Gallicano und Zagarolo, Provinz Roma

# Wein genießen in Rom

Seit einigen Jahren gilt Rom als Hauptstadt des Weins, betrachtet man die zahlreichen Veranstaltungen, häufigen Darbietungen und unzähligen Kurse rund um die Welt des Bacchus. In diesem günstigen Klima ist die Eröffnung neuer Lokalitäten und insbesondere neuer Weinlokale eine logische Folge.
Zu den sicheren Adressen inmitten der historischen Altstadt gehört zweifellos das **'Gusto**. Dieses Lokal besteht aus einer Pizzeria, einer Cocktailbar, einem Weinlokal und einem Weinladen. In der Weinstube bekommt man sowohl warme als auch kalte Speisen, wie geräucherten Lachs, Salate oder Käse, die zum glasweise oder in der Flasche ausgeschenkten Wein serviert werden. Die Weinkarte ist umfangreich und bietet eine interessante internationale Auswahl. Ein weiteres Ziel und ein Klassiker in der Hauptstadt ist das **Trimani Il Wine Bar**, mit der dazugehörigen gleichnamigen historischen Enoteca. Zum einladenden und behaglichen Ambiente tragen die Holzvertäfelung und die charakteristische lange Theke bei, aus der Küche kommen zahlreiche leckere Kleinigkeiten (Salami mit Barolo, gefüllte Peperoni, hart gekochte Eier usw.), in den Mittags- und Abendstunden auch größere Gerichte. Abends Happy Hour. Die umfassende Weinkarte bietet offene Weine oder ganze Flaschen. Ebenfalls im Zentrum, unweit des Judenviertels, befindet sich eines der bekanntesten Weinlokale von Rom, die **Bottega del Vino da Bleve**. In einladender und gemütlicher Atmosphäre werden schmackhafte Gerichte wie Carpaccio von geräuchertem Fisch, Aufschnitt, üppige Salate, Käse und andere Leckerbissen serviert. Nicht weniger interessant die Weinkarte, von der man sowohl Gläser als auch Flaschen bestellen kann. Eine historische

## Enoteche

### Rom

**Bottega del Vino da Bleve**
Santa Maria del Pianto 9
☎ 066865970

**Cavour 313**
via Cavour 313
☎ 066785496

**Cul de Sac**
piazza Pasquino 73
☎ 0668801094

**Enoteca Ferrara Il Ferrarino**
via del Moro 1/a
☎ 065803769

**Enoteca Regionale**
via Margutta 51/a

Einrichtung ist auch die **Enoteca Ferrara**, die kürzlich renoviert und ausgebaut wurde: Es gibt ein Restaurant, eine Enoteca, ein Delikatessengeschäft und ein Weinlokal. **Il Ferrarino**. Hier speist man verführerische Appetithappen und kleinere kalte und warme Gerichte, dazu einen der über 800 gebotenen Weine.

Nicht weit vom Kolosseum stößt man auf eines der traditionsreichsten Lokale der Metropole, von vielen als Begründer der Weinlokale betrachtet, das **Cavour 313**. Das eher kleine Speisenangebot konzentriert sich auf wenige, aber interessante Gerichte, beispielsweise salzige Torten, Salate, Aufschnitt und Käse, weitaus umfangreicher und beeindruckender hingegen ist die Weinauswahl. Auf gleichem Niveau und einen Besuch wert ist auch das Lokal **Cul de Sac**, das mit 700 Etiketten aufwartet, die man zu einem vielseitigen Angebot an kalten Speisen, darunter Käse, Aufschnitt, Pasteten, salzige Torten usw., trinken kann. In der Nähe der Piazza di Spagna präsentiert sich **Il Brillo Parlante**, ein Weinlokal besonderer Art, das nicht nur klassische Weinkostproben bietet, sondern gleichzeitig auch Restaurant und Pizzeria ist. Ein großes Angebot an Weinen im Glas und in der Flasche steht bereit, aus der Küche kommen warme Gerichte, zum Beispiel Primi und Fleisch vom Grill, sowie kalte Speisen, darunter Aufschnitt und Käse. Ganz zentral, nämlich in der Via Margutta, liegt die **Enoteca Regionale**. Hier findet man ein enormes Angebot an Weinen aus Latium, und zwar die klassischen Weißen aus den lokalen Rebsorten ebenso wie international bekannte Tropfen, berühmte Rotweine, aber auch liebliche und süße Weine oder Passito.

Unbedingt empfehlenswert ist schließlich noch das Lokal **Marchesi de' Frescobaldi** im Flughafen Fiumicino. Hier empfängt den Reisenden nahe dem Flugsteig Richtung Mailand und Turin ein gemütliches, modernes Weinlokal, das für jeden Geschmack etwas zu bieten hat. Auf dem Speiseplan stehen in Öl eingelegtes Gemüse, etwa getrocknete Tomaten, Artischocken oder Steinpilze, aber auch Aufschnitt, darunter feine toskanische Wurst und Salami, sowie Käse. Das große Sortiment an Weinen, im Glas oder in der Flasche zu haben, stammt nicht nur von dem bekannten Florentiner Weingut, nach dem das Lokal benannt ist, sondern umfasst auch ein ausgesuchtes Angebot an Gewächsen aus dem In- und Ausland.

## Enoteche

**'Gusto**
piazza Augusto
Imperatore 9
☎ 063226273

**Il Brillo Parlante**
via della Fontanella 12
☎ 063243334
und 063235017

**Marchesi de' Frescobaldi**
Aeroporto di Roma
Fiumicino

**Trimani Il Wine Bar**
via Cernaia 37/b
☎ 06469630

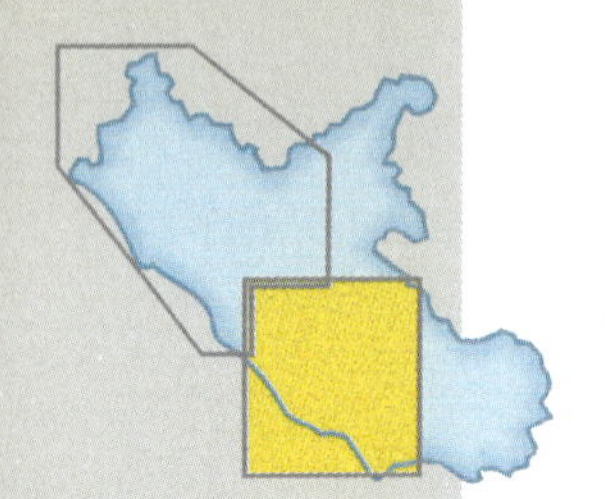

# Die Castelli Romani

## Die Ciociaria und die Pontinischen Sümpfe

*Vor den Toren Roms erstreckt sich die heitere Welt der Castelli mit ihren Villen, Gärten und Gasthöfen, in denen der Wein schon seit Menschengedenken zu Hause ist.*

Die Hügellandschaft südöstlich von Rom, die zwar in die Albaner und die Tuscolaner Berge auftgeteilt werden kann, historisch gesehen jedoch untrennbar in der Bezeichnung Castelli Romani verschmilzt, bildet das Herzstück des Weinbaus in Latium. Da die Rebflächen der Provinzen Frosinone und Latina in demselben Gebiet liegen, werden sie in diesem Abschnitt sinnvollerweise gleich mit besprochen.

### Von den Castelli an die Tafeln von Kaisern und Päpsten

Die Erhebungen der Castelli sind die Überbleibsel eines gewaltigen urzeitlichen Vulkans, dessen Kraterschlünde sich in Seen verwandelten, während seine Ablagerungen außerordentlich fruchtbare Böden entstehen ließen. Die Weinrebe wurde daher schon in der Antike hier heimisch, nicht zuletzt auch durch die guten Absatzmöglichkeiten in der nahe gelegenen Hauptstadt. Die Gegend selbst, ebenfalls schon seit alters her besiedelt, kann sich heute mit mittelalterlichen Dörfern und römischen Villen schmücken, die, eingebettet in Weinberge und Wälder, zu den traditionellen Ausflugszielen der Römer zählen. Im Weinberg herrschen weiße Trauben vor, vorzugsweise verschiedene Spielarten von Malvasia und Trebbiano, gefolgt von Bellone, Bombino, Greco und

**Hotels und Restaurants**

**Albano Laziale**
**Miralago** ★★
via dei Cappuccini 12
☎ 069321018

**Anzio**
**Lido Garda** ★★★
piazza Caboto 8
☎ 069870354
**Pierino** 🍴
piazza C. Battisti 3
☎ 069845683
**Romolo al Porto** 🍴
via Porto Innocenziano 20
☎ 069844079

**Aprilia**
**Focarile** 🍴🍴
via Pontina bei km 46,5
☎ 069280392

**Ariccia**
**Villa Aricia** ★★★
via Villini 4/6 (Appia Nuova)
☎ 069321161

**Castel Gandolfo**
**Castelvecchio** ★★★★
viale Pio XI 23
☎ 069360308

weiteren lokalen Sorten. Unter den roten Reben trifft man vor allem Cesanese, Sangiovese und Montepulciano an, aber auch Merlot, Ciliegiolo und Bombino nero. Das Kernstück der Region bildet der DOC-Bereich Castelli Romani, der neben dem gleichnamigen Wein auch zahlreiche weitere Gewächse hervorbringt, allen voran den Frascati, und dann, im Uhrzeigersinn, Montecompatri Colonna, Zagarolo, Cori, Velletri, Colli Lanuvini, Colli Albani und Marino.

## In Richtung Ciociaria liegt eine Insel der Rotweine

Entlang des Grenzgebiets zwischen den Provinzen Roma und Frosinone erstreckt sich die ausgedehnte Anbaufläche der einheimischen roten Cesanese-Traube, aus der sowohl trockene wie liebliche, mitunter auch perlende Weine gekeltert werden. Als Verschnittpartner gesellen sich vorzugsweise Barbera, Montepulciano und Sangiovese mit Beimischungen von Trebbiano toscano und Bombino bianco hinzu. Die drei DOC-Bezeichnungen des Cesanese verbinden den Namen des Weinstocks mit den drei Gemeinden, in deren Bereiche seine Anbauflächen fallen: Olevano Romano und Affile in der Provinz Roma und Piglio im Alto Frusinate. Genazzano schließlich darf sich des vierten DOC-Prädikats dieser Gegend rühmen, das sowohl für Rote wie für Weiße gilt: Der Bereich zählt zu den wenigen, in denen qualitätsaufwertende Rebsorten, in diesem Fall Pinot bianco, zugelassen sind.

## In den Pontinischen Sümpfen blickt der Weinbau unbeschwert in die Zukunft

In der Provinz Latina wird erst seit jüngerer Zeit Weinbau betrieben. Ihr Aufschwung begann mit der Trockenlegung der Pontinischen Sümpfe in den 30er-Jahren und der daraufhin einsetzenden Zuwanderung von Siedlern aus anderen italienischen Regionen. Sie fanden einen Boden vor, auf dem praktisch noch nie eine Weinrebe gesprossen war, und pflanzten Trebbiano, Merlot und Sangiovese. Mit der Zeit wurden, trotz der Übermacht der Weißen, die Rotweine immer wichtiger, bis sie sich zum Aushängeschild der gesamten lokalen Produktion aufschwangen. Die Provinz Latina kennt keine Last der Geschichte, sie blickt mit Enthusiasmus und Neugierde in die Zukunft und gehört damit heute zu den interessantesten Phänomenen der italienischen Weinwelt. Der erste durch Weinbau geadelte Bereich war die Gegend um Aprilia, auf die sich das gleichnamige DOC-Prädikat bezieht. Jüngeres Mitglied ist das die Küste von Latina bis Terracina einbeziehende Gebiet mit der DOC-Bezeichnung Circeo, das seinen Namen von seinem landschaftlichen Höhepunkt, dem gleichnamigen Vorgebirge (und dem Nationalpark) ableitet.

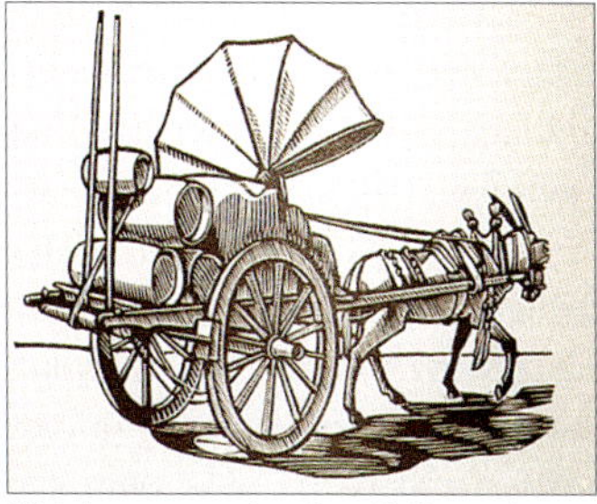

*Weinkarren aus den Castelli Romani.*

### Hotels und Restaurants

**Antico Ristorante Pagnanelli** 🍴
via A. Gramsci 4
☎ 069360004

**Colonna**

**Osteria della Colonna** 🍴
via Casilina bei km 25,5
☎ 069438816

**Fiuggi**

**G. H. Palazzo della Fonte** ★★★★L
via dei Villini 7
☎ 07755081

**Fiuggi Terme** ★★★★
via Prenestina 9
☎ 0775515212

**Silva Hotel Splendid** ★★★★
corso Nuova Italia 40
☎ 0775515791

**La Torre Al Centro Storico** 🍴
4 km nach Fiuggi Città
piazza Trento e Trieste 23
☎ 0775515382

**Frascati**

**Flora** ★★★
viale Vittorio Veneto 8
☎ 069416110

**Eden Tuscolano** ★★
via Tuscolana 15
☎ 069408589

### Hotels und Restaurants

**Frascati**
**Cacciani** 🍴🍴
via Diaz 13
☎ 069420378

**Frosinone**
**Henry** ★★★
via Piave 10
☎ 0775211222

**Palombella** ★★★ 🍴🍴
via Maria 234
☎ 0775872163

**Quadrato** 🍴🍴
pizzale De Matthaeis 53
☎ 0775874474

**Genzano di Roma**
**Villa Robinia** ★★
via F.lli Rosselli 19
☎ 069398617

**Grottaferrata**
**G. H. Villa Florio** ★★★
viale Dusmet 28
☎ 0694548007

**Park Hotel Villa Grazioli** ★★★
via Pavoni 19
☎ 06945400

**La Briciola** 🍴🍴
via D'Annunzio 12
☎ 069459338

**Labico**
**Antonello Colonna** 🍴🍴🍴
via Roma 89
☎ 069510032

## Weinstädte

**Frascati.** Der hübscheste und meistbesuchte Ort der Castelli Romani zieht sich mit seinen antiken Villen und jahrhundertealten Parks über einen der Stadt Rom zugewandten Hang der Albaner Berge hin. Architektonisches Glanzlicht ist die aus dem 17. Jahrhundert stammende und reich geschmückte Villa Aldobrandini, die mit ihren malerischen Terrassen und Wasserspielen hoch über dem Ort thront. Nicht weit entfernt finden sich die Überreste der antiken latinischen Gründung Tusculum, die später zum kaiserlichen Sommersitz avancierte und deren Zerstörung im Jahr 1191 zur Geburtsstunde Frascatis wurde. Mehr als 1000 Hektar Weinberg umgeben den Ort: Malvasia di Candia und del Lazio, Trebbiano toscano und Greco sind die Ingredienzien ebenjenes berühmten Frascati.

**Genzano di Roma.** Die Piazza öffnet sich auf der einen Seite wie eine Terrasse zur Ebene hin, auf der anderen gehen drei Straßen von ihr ab: Die Via Garibaldi führt zum Nemisee, einer azurblauen Ellipse inmitten der grünen Wälder, auf der Via Buozzi gelangt man zum Palazzo Sforza Cesarini aus dem 17. Jahrhundert und die Via Berardi leitet an der Kirche S. Maria della Cima vorbei in den mittelalterlichen Stadtkern. Die umliegenden Weinberge gehören zu den Colli Lanuvini, und passend zum DOC-Prädikat des hiesigen Weins trägt das hausgebackene Brot die von der EU verliehene geschützte Herkunftsbezeichnung DOP (Denominazione di Origine Protetta). Natürlich gilt dem Brot auch ein Stadtfest (in der ersten Septemberwoche), während im Juni die berühmte **Infiorata** gefeiert wird, für die liebevolle Hände die zur Kirche hin ansteigende Straße kunstvoll mit Blüten schmücken.

**Marino.** Dieser für seine weißen DOC-Weine berühmte Ort liegt auf einem Ausläufer des Peperingebirges über dem Lago Albano. Wo einst die Burg der Frangipani stand – von der nur noch drei mit den Häusern verschmolzene Türme erhalten sind – öffnet sich heute die Piazza Matteotti mit dem Moribrunnen: Er ist das beliebteste Baudenkmal, nicht zuletzt wegen der alljährlich Anfang Oktober stattfindenden **Sagra dell'Uva,** bei der dank einer einfallsreichen Vorrichtung Wein aus ihm strömt.

**Monte Porzio Catone.** Im Mittelalter gehörte dieser Wehrort zum römischen Kloster San Paolo. Im 16. Jahrhundert wurde er dann auf Geheiß Papst Gregors XIII. neu angelegt, der auch die Pfarrkirche errichten ließ. Sie ist durch die Hauptstraße mit dem aus dem 17. Jahrhundert stammenden Palazzo Colonna verbunden, der gleichzeitig Stadttor und Teil der Stadtmauern ist. In der Umgebung gibt es eine Reihe von Gutshöfen der römischen Aristokratie, die jedes Jahr zwischen Juli und September im Zentrum des **Festival delle Ville Tuscolane** stehen. Im Dezember dann die **Festa del Vino Novello.**

**Velletri.** Umrahmt von Weinbergen liegt dieser Ort auf einem südlichen Ausläufer der Albaner Berge. Über gewundene Straßen erreicht man seine drei zentralen

Plätze mit den drei Wahrzeichen der Stadt: an der Piazza Cairoli steht der romanische Turm Torre del Trivio, an der Piazza Umberto I die Kathedrale und an der Piazza del Comune schließlich finden sich das Rathaus und das archäologische Museum. Der abwechslungsreiche Veranstaltungskalender bietet manch gastronomisches Glanzlicht: am 1. Mai die **Carciofolata,** die der mit der lokalen Tradition eng verbundenen Artischocke gewidmet ist, und am zweiten Sonntag im Oktober das Weinfest **Festa dell'Uva e dei Vini.**

**Und außerdem ... Colonna** und **Zagarolo,** Orte nahe der Via Casilina. Beide begehen im Oktober das Traubenfest **Sagra dell'Uva. Genazzano.** Freitags Markt. **Lanuvio.** Zwischen Genzano und Velletri liegt dieser Ort, Namensgeber der DOC-Weine Colli Lanuvini, die man in der dritten Septemberwoche mit einem fröhlichen Fest hochleben lässt. **Olevano Romano** und **Piglio,** an der Grenze zur Provinz Frosinone gelegen. Beide verfügen über je ein DOC-Prädikat für ihren Cesanese-Wein und beide feiern ihn mit der Weinwoche **Settimana del Vino Cesanese** Ende September und der **Sagra dell'Uva** am ersten Sonntag im Oktober.

**Und schließlich ... Atina,** Namensgeberin der neuen DOC in der Provinz Frosinone.

## Kellereien

**Colonna.** *Principe Pallavicini, Via Casilina bei km 25,5, Tel. 069438816. Öffnungszeiten: nach Voranmeldung.* Der Betrieb ist im Herzen der Altstadt in einer alten Poststation der ehemaligen Postkutschenstrecke Rom–Neapel untergebracht. Ebenfalls aus jener Zeit stammt die Osteria della Colonna, über die schon so mancher illustre Reisende vergangener Tage berichtet hat. Nur wenige Kilometer entfernt liegen der Gutshof mit Kellerei und die Ölmühle. Das Weinangebot konzentriert sich auf die Hausweine Frascati Superiore Principe Pallavicini, der zu einem geringen Prozentsatz mit Chardonnay und weiteren Reben der Gegend veredelt wird, sowie auf den Pallavicini Rosso Riserva aus Cabernet Sauvignon, Montepulciano und Ciliegiolo, der in großen Eichenfässern ausgebaut wird.

**Grottaferrata.** *Castel De Paolis, via Val De Paolis, Tel. 069413648. Internet: www.tno.it/depaolis. Öffnungszeiten: Montag–Freitag 9–18 Uhr, nach Voranmeldung.* Tradition und Moderne gehen in diesem Betrieb eine harmonische Verbindung ein. Dafür stehen neben dem Frascati DOC auch einige interessante Tafelweine: der in der Barrique vergorene Selve Vecchie aus Sauvignon blanc und Chardonnay, der Campovecchio, ein würziger Rotwein auf Sirah-Basis, der Dessertwein Muffa Nobile aus Sémillon-Trauben und schließlich der reinsortig aus Moscato rosa gekelterte süße Rotwein Rosa Thea.

**Frascati.** *Cantine Conte Zandotti, Tenimento S. Paolo, via Vigne di Colle Mattia 8, Tel. 0620609000, www.cantinecontezandotti.it, Öffnungszeiten: nach Voranmeldung.* Der Betrieb hat seinen Sitz in einer Villa aus dem 17. Jahrhundert, die auf einem noch älteren Gebäudes errichtet wurde, dessen Räumlichkei-

### Hotels und Restaurants

**Latina**
**De La Ville** ★★★
via Canova 12
☎ 0773661281
**Victoria Residence Palace Hotel** ★★★
**Abaco** 🍴🍴
via Rossetti 24
☎ 0773663966
☎ 0773661923

**Marino**
**G. H. Helio Cabala** ★★★
via Spinabella 13/15
☎ 0693661235
**Al Vigneto** 🍴
via dei Laghi bei km 4,5
☎ 069387034

**Monte Porzio Catone**
**Giovannella** ★★★
piazza Trieste 1
☎ 069449038

**Nemi**
**Diana Park Hotel** ★★★
via Nemorense 44
☎ 069364041
**Al Rifugio** ★★
via Nemorense 30
☎ 069368656

**Rocca di Papa**
**Europa** ★★★
piazza Repubblica 20
☎ 0694749361

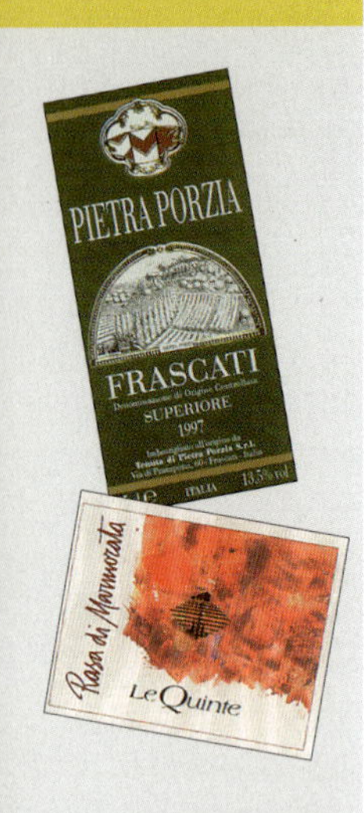


## Hotels und Restaurants

**Rocca di Papa**
**Villa Ortensie** ★★
via Ariccia 19
☎ 06949108
**S. Felice Circeo**
**Circeo Park Hotel** ★★★
lungomare Circe 49
☎ 0773548815
**Terracina**
**G. H. L'Approdo** ★★★
viale Circe
☎ 0773727671
**Velletri**
**Benito Al Bosco** 🍴
contrada Morice 20
☎ 069633991

## Agriturismo

**Aprilia**
**Tre Confini**
via Pantanelle 257
☎ 06926539
**Genzano di Roma**
**Tre Palme**
Landi
strada Muti 73
☎ 069370286
**Velletri**
**Iacchelli**
Via dei Laghi
bei km 15
☎ 069633256

ten heute als Weinkeller ausgebaut sind. Stolz des Hauses ist der Frascati Superiore, aber es wird auch ein in elegante Flaschen abgefüllter Cannellino von außerordentlicher Qualität geboten. *Casale Marchese, via di Vermicino 68, Tel. 069408932, www.casalemarchese.it. Öffnungszeiten: Montag–Samstag 8.30–13 und 16–19 Uhr, nach Voranmeldung.* Der Betrieb hat eine stolze Vergangenheit, ruht das Gebäude doch auf den Zisternen einer antiken römischen Villa. Seit dem 19. Jahrhundert gehört das Anwesen der Familie Carletti, die besonders stolz ist auf ihren meisterhaft bereiteten Frascati Superiore. Interessant sind auch die beiden weißen Vini da Tavola Vigna del Caveliere von Bombino-bianco-Reben und Cortesia von Cannelino dolce. *Casale Vallechiesa, via Pietra Porzia 19/23, Tel. 0695 460086. Öffnungszeiten: nach Voranmeldung Dienstag–Sonntag.* Die Kellerei ist nach einer besonders renommierten Lage benannt, die einen Frascati Superiore Le Rubbie, einen Cannellino von nach strengsten Kriterien ausgewählten Trauben und einen sehr charaktervollen Rotwein hervorbringt. Nach dem Keltern wird aus dem Weintrester eine durchscheinend klare Grappa mit intensivem und nachhaltigem Duft hergestellt. *Tenuta di Pietra Porzia, via Pietra Porzia 60, Tel. 069464392. Öffnungszeiten: Montag bis Samstag 7–12.30 und 15.30 bis 19.00 Uhr, an Sonn- und Feiertagen 7–12.30 Uhr, Gruppen nach Voranmeldung.* Das Gutsgelände erstreckt sich über den Grund eines einstigen Vulkankraters, der heute ein weites, kreisrundes Tal ist. In seiner Mitte liegt der Regillosee, der aufgrund einer legendären Schlacht Eingang in die römischen Annalen gefunden hat. Auf einem Hügel inmitten von Schirmpinien thront strahlend weiß das Gutshaus, das als Gästehaus genutzt wird. Auf den umliegenden Weinbergen gedeihen die Trauben für hochkarätige Gewächse. Die jüngste internationale Anerkennung erhielt der Betrieb für den Frascati Superiore Regillo, der auf der Vinitaly 1997 mit einem Diploma di Gran Menzione ausgezeichnet wurde.

**Montecompatri.** *Tenuta Le Quinte, via delle Marmorelle 91, Tel. 06 9438778. Öffnungszeiten: Montag bis Samstag 9–13 und 15–19 Uhr, Voranmeldung erwünscht.* Herzstück des Anwesens ist ein Herrenhaus aus dem 17. Jahrhundert, das auf dem Fundament einer einst zum Besitz Kaiser Caligulas zählenden Villa steht. In den weitläufigen einstigen Zisternen hält die Familie Papi Verkostungen ihrer Hausweine ab, die das Hohelied der lokalen Reben Malvasia di Candia und del Lazio, Trebbiano toscano, Greco Bonvino und Bellone singen.

**Borgo Montello.** *Casale del Giglio, bei km 13 auf der Straße Cisterna–Nettuno, Tel. 065746378. Öffnungszeiten: nach Voranmeldung Montag bis Freitag 8–12 und 13–16 Uhr.* Ringsum erstreckt sich das Agro Pontino, die einstigen Pontinischen Sümpfe, deren erst seit der Trockenlegung genutzte jungfräuliche Böden ideale Voraussetzungen für modernen Weinbau bieten, zumal die Winzer dieser Region keinerlei historischen Ballast mit sich herumschleppen müssen. Der Betrieb verfügt über 120 Hektar Rebfläche, auf denen die von der DOC Aprilia geforderten Rebsorten Trebbiano, Merlot und Sangiovese gepflanzt werden, teilweise aber auch neu eingeführte Weinstöcke, aus denen – insbesondere im Bereich der Roten – interessante Tropfen bereitet werden.

**Und außerdem ... Anagni.** *Casale Della Ioria, strada Provinciale von Anagni nach Paliano bei km 4,2, località La Gloria, Tel. 066865913.* **Ardea.** *Vini Donnardea, via Fosso di Valle Caia 7 (auf der via Laurentina bei km 27,2 links ab), Tel. 069115435.* **Frascati.** *Casale Mattia F. Rotelli, via G. Buttarelli 16, Tel. 069486930.* **Lanuvio.** *Camponeschi, via Piastrarelle 10, Tel. 069374390.* **Montecompatri.** *Casale Mattia, località Colle Mattia, Straße von Frascati nach Colonna, via Pantano Pallotta 19, Tel. 069486930 oder 069426249.* **Terracina.** *Cantina Sant'Andrea, frazione Sabaudia, borgo Vodice, via Renibbio 1720, Tel. 0773755028.* **Torrimpietra.** *Torre in Pietra Leprignana, via di Torre in Pietra 247, Tel. 0661697070.*

## Tourenvorschläge

**Die Weine der Castelli Romani.** Die Route beschreibt einen doppelten Kreis in der Gegend der Colli Romani und der Albaner Berge, deren Bezugspunkte die Städtchen Frascati und Velletri bilden. Einige Abstecher führen darüber hinaus in etwas abseits gelegene Weingegenden in den Provinzen Frosinone und Latina. **Frascati.** Weinstadt (→) mit gleichnamigem DOC-Prädikat. Bemerkenswert das Angebot aus Küche und Keller, angefangen bei den Kellereien, die dem Movimento del Turismo del Vino angehören: Conte Zandotti (→), Casale Marchese (→), Casale Vallechiesa (→) und Tenuta di Pietra Porzia (→). Gelegenheit zur Verkostung mit kleiner Speisekarte bieten auch verschiedene Lokale mit Weinausschank, darunter die Enoteca Frascati mit fünf Räumen in einem schönen Palazzo aus der Zeit des Risorgimento. Sehr zu empfehlen ist das Restaurant Cacciani mit vom Gastraum aus einsehbarer Küche, aus der ebenso reichliche wie abwechslungsreiche Gerichte kommen. **Monte Porzio Catone.** Weinstadt (→) mit Cantina Sociale. Danach gelangt man in die Weinberge von **Montecompatri** und **Colonna,** zweier Weinstädte (→), die sich ein DOC-Prädikat teilen. In Montecompatri kann man in der Cantina Sociale einkaufen, während in Colonna die Kellerei des Fürsten Pallavicini (→) und die Tenuta Le Quinte Interessantes bieten. **Zagarolo.** Weinstadt (→) und Heimat des gleichnamigen DOC-Weins. Der Ort liegt unweit der Staatsstraße 155 Richtung Fiuggi und ist die erste Etappe des Abstechers in die Umgebung von Frosinone, das so genannte Frusinate. Die hiesigen Ortschaften können mit speziellen önologischen Erzeugnissen aufwarten: Da wäre zuerst einmal die Weinstadt (→) **Genazzano** mit seiner Kellerei Nuova Cantina di Genazzano, dann, im weitläufigen Gebiet des Cesanese, die Weinstadt (→) **Piglio** sowie **Affile** und die Weinstadt (→) **Olevano Romano.** Einkäufe empfehlen sich in der jeweiligen Cantina Sociale. Auf dem Rückweg lohnt ein Halt in

## Enoteche

**Anzio**
**Enoteca Franco del Gatto**
via XX Settembre 21
☎ 069846269

**Aprilia**
**Enoteca La Primula**
via Matteotti 156
☎ 06924964

**Ferentino**
**Enoteca Pio Roffi Isabelli**
piazza Matteotti 19
☎ 0775245737

**Frascati**
**Enoteca Frascati**
via A. Diaz 42
☎ 069417449

**Fregene**
**Enoteca Il Tappo**
via Atrani 37
☎ 0666560392

**Frosinone**
**Bar Enoteca Celani**
via Aldo Moro 451
☎ 0775210882

Labico an der Via Casilina, um die exzellente innovative Küche von Antonello Colonna zu genießen. **Grottaferrata.** Hinter der Ortschaft Rocca Priora, die kastanienumstanden auf dem höchsten Hügel thront, folgt die Wegstrecke der Via Tuscolana und führt dann in Richtung Grottaferrata. Nach einem Pflichtbesuch in der Abtei S. Nilo stehen die Kellerei Castel de Paolis (→) und das Restaurant La Briciola auf dem Programm, das Gerichte aus Latium in traditionellem und modernem Gewand serviert. Dann geht es weiter auf der Straße Maremmana III, die an die Ufer des Lago Albano führt. **Marino.** Weinstadt (→) mit gleichnamigem DOC-Prädikat. Ein dem Weinfreund anheimelnd klingendes Lokal ist das Al Vigneto («Zum Weinberg») an der Via dei Laghi, wo mitten im Grünen in freundlicher Atmosphäre Fisch- und Pilzspezialitäten gereicht werden. Einkaufsmöglichkeit in der Cantina Sociale Gotto d'Oro. **Castel Gandolfo.** Schon lange bevor Urban VIII. im Jahr 1625 Carlo Maderno mit dem Bau des päpstlichen Palastes beauftragte, hatten seine Vorgänger auf dem Heiligen Stuhl unter allen Castelli Romani genau diesen Ort zu ihrer Sommerresidenz erkoren. Auf der Piazza steht die von Bernini errichtete Pfarrkirche. Rundherum erstreckt sich die mittelalterliche, von einer Stadtmauer umgebene Altstadt. Das ausgezeichnete Fischrestaurant Antico Ristorante Pagnanelli bietet eine wunderbare Aussicht, darunter liegt der in den Felsen gehauene Weinkeller. **Albano Laziale.** Dieses Weinzentrum der DOC Colli Albani wacht über ein vielgestaltiges kulturelles Erbe, das von der römischen Antike bis ins Mittelalter reicht. Besonderes Augenmerk im reichhaltigen Veranstaltungskalender verdient der jeden zweiten Sonntag im Monat stattfindende Antiquitätenmarkt im Stadtviertel Cellomaio. Einkäufe am besten in der

## Enoteche

**Latina**
**Enoteca Assunta**
via Pontina bei km 74,5
☎ 0773241940
**Sezzi**
via Emanuele Filiberto 5
☎ 0773690227
**Rom**
**Enoteca Al Parlamento**
via Dei Prefetti 15
☎ 066873446
**Arte del Bere**
via Tuscolana 230-234
☎ 067808584
**Buccone**
via Ripetta 19/20
☎ 063612154
**Enoteca Bulzoni**
viale Parioli 36-36 a
☎ 064456272

Kellerei Colli Albani im Ortsteil Cecchina. Dann ein weiterer Abstecher auf der Strada Statale Nettunense in Richtung DOC-Bereich Aprilia. Im Restaurant Focarile an der Via Pontina kann der Gast eine interessante innovative Küche, vorzugsweise mit Fisch, kosten, in Anzio wartet dann der Familienbetrieb Pierino, dessen Küche nur Speisen aus frischesten Zutaten verlassen. **Ariccia.** Im Jahr 1661 wurde dieser Ort von den Chigi erworben und vom Baumeister Gian Lorenzo Bernini in barockem Stil gestaltet. Auf sein Wirken gehen die Anlage der Piazza mit der Kirche Santa Maria dell'Assunzione und der Palazzo des mächtigen römischen Adelsgeschlechts zurück. Am ersten Sonntag im September wird die muntere Sagra della Porchetta abgehalten, eine Huldigung an das berühmte hiesige Spanferkel. **Genzano di Roma.** Weinstadt (→) im DOC-Bereich Colli Lanuvini. Hier ist man auch stolz auf das erst kürzlich von der EU mit einem DOP-Prädikat geadelte hausgebackene Brot. Zu kaufen gibt es diese Spezialität nebst anderen Köstlichkeiten in der Holzofenbäckerei Ripanucci am Corso Don Minzoni, Weine kann man in der Cantina Sociale La Selva erwerben. Anschließend bietet sich ein kurzer Abstecher über die Weinstadt (→) Lanuvio nach Velletri an. **Velletri.** Bedeutende Weinstadt (→), die über ein gleichnamiges DOC-Prädikat verfügt. Einkäufe bei der Genossenschaft Consorzio Produttori, Leib und Seele stärke man bei Benito Al Bosco. Wer dann noch Unternehmungslust verspürt, kann weiterfahren, um die DOC-Erzeugnisse von Cori und dem Circeo zu kosten, die man in der Cantina Sociale Cincinnato in Cori erstehen kann. In Borgo Montello, auf der Straße von Cisterna nach Nettuno, lege man einen Halt bei der interessanten Kellerei Casale del Giglio (→) ein. In Latina verdient das Restaurant Abaco im Victoria Residence Palace Hotel eine Erwähnung, in San Felice Circeo die Enoteca la Primula, die Verkostungen und regionale Spezialitäten bietet. **Nemi.** Von Velletri aus führt die Seenstraße (Via dei Laghi) wieder zurück in Richtung Rom. In Nemi sollte man den Hauptplatz mit dem aus der Renaissance stammenden Palazzo Ruspoli aufsuchen, von dessen Terrassen aus man einen herrlichen Blick über den See und dessen Ufer genießt, das von Erdbeerplantagen und Blumen gesäumt ist. **Rocca di Papa.** Dieser Ort liegt auf 680 Meter Höhe an einem Hang des Monte Cavo. Hier kann man eine schöne Kirche mit bedeutenden Kunstwerken und einen mittelalterlichen Stadtkern bewundern, der in Anlehnung an eine historische bewaffnete Auseinandersetzung den Namen Quartiere dei Bavaresi (Bayernviertel) trägt. Wem der Sinn nach Naturerlebnissen steht, sollte das Büro des Parco Regionale dei Castelli Romani aufsuchen, das zahlreiche Tipps für Ausflüge ins Grüne bereithält.

## Enoteche

**Centrovini Arcioni**
via Nemorense 57
☎ 0686206616

**Centrovini Arcioni Filiale**
via della Giuliana 11
☎ 0639733205

**Enoteca Costantini**
piazza Cavour 16
☎ 063203575

**G. P. Bar Import**
via Sardegna 36/a
☎ 0642818995

## DOC-Weine aus den Castelli Romani

**APRILIA. – Trebbiano.** Rebsorten: Trebbiano (95–100%). Produktion: 8472 hl (53 ha). Farbe: strohgelb, mitunter mit grünlichen Reflexen. Geruch: zarter und delikater Duft. Geschmack: trocken oder lieblich, frisch, leicht säuerlich, aromatisch. Alkoholgehalt: 10,5%. Zu Fisch. – **Merlot.** Rebsorten: Merlot (95–100%). Produktion: 3566 hl (53 ha). Farbe: granatrot, mit der Alterung mitunter zu ziegelrot tendierend. Geruch: weinig, angenehm. Geschmack: voll, weich, harmonisch, angemessener Körper. Alkoholgehalt: 12%. Zu allen Speisen. – **Sangiovese.** Rebsorten: Sangiovese (95 bis 100%). Produktion: 306 hl (11 ha). Farbe: mehr oder weniger kräftiges Rosé. Geruch: weinig, mit sortentypischem Duft. Geschmack: trocken, harmonisch. Alkoholgehalt: 11,5%. Zu allen Speisen.

**ATINA. – Rosso.** Rebsorten: Cabernet Sauvignon (min. 50%), Syrah und/oder Merlot und/oder Cabernet franc (max. 10%). Farbe: mehr oder weniger intensives Rot, nach Alterung ins Granatrote tendierend. Geruch: fruchtig, sortentypisch. Geschmack. harmonisch, voll, trocken, mitunter mit Kräuternote. Alkoholgehalt: 12%. Alterung: bis zu 4–5 Jahren. Qualitätsstufen: *Riserva* mindestens 12,5% Alkohol und 2 Jahre Alterung (davon mind. 6 Monate im Holzfass), dann noch 10 Jahre und mehr. Zu Fleischgerichten, aber auch zur ganzen Mahlzeit; die Riserva zu Grillgerichten, Wild und würzigem Käse. – **Cabernet.** Rebsorten: Cabernet Sauvignon und/oder Cabernet franc (85 bis 100%). Farbe, Geruch, Geschmack, Alkoholgehalt, Alterung, Qualitätsstufen und Trinkempfehlung: siehe Rosso.

**CASTELLI ROMANI. – Bianco.** Rebsorten: Malvasia bianca und puntinata und/oder Trebbiano toscano, romagnolo, di Soave, verde und giallo (70–100%). Farbe: mehr oder weniger kräftiges Strohgelb. Geruch: fruchtig, intensiv, erinnert an den Duft von Novello-Most. Geschmack: frisch, harmonisch und trocken, mitunter perlend und/oder lieblich. Alkoholgehalt: 10,5%. Arten: *Frizzante.* Zu allen Speisen. – **Rosato.** Rebsorten: Gemisch von weißen und roten Trauben (oder rosé gekelterte rote Trauben) der für den Castelli Romani Bianco oder Rosso zugelassenen Rebsorten. Farbe: mehr oder minder kräftiges Rosé, mitunter mit Rubinton. Geruch: fruchtig, intensiv und weinig. Geschmack: frisch, harmonisch, trocken, mitunter perlend und/oder lieblich. Alkoholgehalt: 10,5%. Arten: *Frizzante.* Zu allen Speisen. – **Rosso.** Rebsorten: Cesanese und/oder Merlot und/oder Montepulciano und/oder Nero buono und/oder Sangiovese (85–100%). Farbe: mehr oder weniger volles Rubinrot. Geruch: weinig, nachhaltig, sortentypisch, der Novello fruchtig. Geschmack: frisch, harmonisch, trocken, rund, mitunter perlend und/oder lieblich, der Novello lebhaft und duftend. Alkoholgehalt: 11%. Alterung: bis zu 3–4 Jahren. Arten: *Frizzante.* Qualitätsstufen: *Novello.* Zu allen Speisen.

**CESANESE DEL PIGLIO.** Rebsorten: Cesanese di Affile und/oder Cesanese comune (90–100%), Sangiovese und/oder Montepulciano und/oder Barbera und/oder Trebbiano toscano (Passerana) und/oder Bombino bianco (Ottenese; bis 10%). Produktion: 1493 hl (121 ha). Farbe: rubinrot, mit zunehmender Alterung zu granatrot tendierend. Geruch: delikat, typisch für die Hauptrebsorte. Geschmack: weich, leicht bitter. Alkoholgehalt: 12%. Alterung: bis zu 3 Jahren. Arten: *Amabile, Dolce, Frizzante, Spumante.* Zu allen Speisen.

**CESANESE DI AFFILE.** Rebsorten: Cesanese di Affile und/oder Cesanese comune (90–100%), Sangiovese und/oder Montepulciano und/oder Barbera und/oder Trebbiano toscano (Passerana) und/oder Bombino bianco (Ottenese; bis 10%). Farbe: rubinrot, mit zunehmender Alterung zu granatrot tendierend. Geruch: delikat, typisch für die Hauptrebsorte. Geschmack: weich, leicht bitter. Alkohol-

### Enoteche

**Rom**

**Enoteca Guerrini**
viale Regina Margherita 205
☎ 0644250986

**Ostiense Enoteca**
via Ostiense 34
☎ 065746768

**Enoteca Rocchi**
via Scarlatti 7
☎ 068551022

**Il Cantiniere di Santadorotea**
via di Santa Dorotea 9
☎ 065819025

gehalt: 12%. Alterung: bis zu 2 Jahren. Arten: *Amabile, Dolce, Frizzante, Spumante.* Zu allen Speisen

**CESANESE DI OLEVANO ROMANO.** Rebsorten: Cesanese di Affile und/oder Cesanese comune (90–100%), Sangiovese und/oder Montepulciano und/oder Barbera und/oder Trebbiano toscano (Passerano) und/oder Bombino bianco (Ottenese; bis 10%). Produktion: 1006 hl (52 ha). Farbe: rubinrot, mit zunehmender Alterung zu granatrot tendierend. Geruch: delikat, typisch für die Hauptrebsorte. Geschmack: weich, leicht bitter. Alkoholgehalt: 12%. Alterung: bis zu 3 Jahren. Arten: *Amabile, Dolce, Frizzante, Spumante.* Zu allen Speisen.

**CIRCEO.** – **Bianco.** Rebsorten: Trebbiano toscano (mindestens 60%), Malvasia di Candia (bis 30%), sonstige (bis 30%). Farbe: mehr oder weniger kräftiges Strohgelb. Geruch: sortentypisch, weinig, delikat. Geschmack: trocken oder lieblich, harmonisch, schmackhaft, frisch. Alkoholgehalt: 10,5%. Zu allen Speisen. – **Trebbiano.** Rebsorten: Trebbiano toscano (85 bis 100%). Farbe: helles Strohgelb. Geruch: sortentypisch, delikat, angenehm. Geschmack: trocken, frisch, mit sortentypischem Abgang. Alkoholgehalt: 11%. Zu allen Speisen und zu Fisch. – **Rosato.** Rebsorten: Merlot (85–100%). Farbe: mehr oder weniger kräftiges Rosé mit violetten Reflexen. Geruch: fein, angenehm. Geschmack: trocken oder lieblich, harmonisch, delikat, samtig. Alkoholgehalt: 11%. Zu allen Speisen. – **Rosso.** Rebsorten: Trebbiano toscano (85 bis 100%). Farbe: mehr oder weniger volles Rubinrot. Geruch: sortentypisch, weinig. Geschmack: trocken oder lieblich, voll, harmonisch, tanninhaltig. Alkoholgehalt: 11,5%. Alterung: bis zu 3 Jahren. Zu allen Speisen. – **Sangiovese.** Rebsorten: Sangiovese (85–100%). Farbe: mehr oder weniger volles Rubinrot. Geruch: sortentypisch, duftend. Geschmack: trocken, harmonisch. Alkoholgehalt: 11,5%. Alterung: bis zu 3 Jahren. Arten: *Rosato* 11% Alkohol. Zu allen Speisen.

**COLLI ALBANI.** Rebsorten: Malvasia bianca di Candia (Malvasia rossa; bis 60%), Trebbiano (toscano, romagnolo, giallo oder di Soave; 25–50%), Malvasia del Lazio (Malvasia puntinata; 5–45%), sonstige (bis 10%). Produktion: 82629 hl (1115 ha). Farbe: von hell bis matt strohgelb. Geruch: weinig, delikat. Geschmack: trocken oder vollmundig oder lieblich oder süß, sortentypisch, fruchtig. Alkoholgehalt: 10,5%. Zu allen Speisen. Arten: *Spumante.* Qualitätsstufen: *Novello; Superiore* 11,5% Alkohol, auch im zweiten Jahr gut zu trinken.

**COLLI LANUVINI.** Rebsorten: Malvasia bianca di Candia und puntinata (bis 70%), Trebbiano toscano, verde und giallo (mindestens 30%), sonstige (bis 10%). Produktion: 27785 hl (953 ha). Farbe: mehr oder weniger kräftiges Strohgelb. Geruch: weinig, delikat, angenehm. Geschmack: trocken oder lieblich, schmackhaft, angemessener Körper, harmonisch, samtig. Alkoholgehalt: 11%. Zu Fisch. Qualitätsstufen: *Superiore* 12% Alkohol, zu allen Speisen, besonders zu Fisch.

**CORI.** – **Bianco.** Rebsorten: Malvasia bianca di Candia (bis 70%), Trebbiano toscano (bis 40%), Bellone und/oder Trebbiano giallo (bis 30%). Produktion: 13536 hl (171 ha). Farbe: mehr oder weniger kräftiges Strohgelb. Geruch: angenehm, sortentypisch. Geschmack: trocken oder lieblich oder süß, angemessener Körper, harmonisch. Alkoholgehalt: 11%. Zu allen Speisen. – **Rosso.** Rebsorten: Montepulciano (40 bis 60%), Nero buono di Cori (20 bis 40%), Cesanese (10–30%). Produktion: 1217 hl (30 ha). Farbe: rubinrot. Geruch: angenehm weinig, sortentypisch, nachhaltig. Geschmack: trocken, weich, samtig, frisch. Alkoholgehalt: 11,5%. Alterung: bis zu 2 Jahren. Zu allen Speisen.

**FRASCATI.** Rebsorten: Malvasia bianca di Candia und/oder Trebbiano toscano (70–100%), Greco und/oder Malvasia del Lazio (bis 30%, wobei die Beimi-

## Enoteche

**Enoteca Le Sommelier**
viale Europa 21
☎ 065923300

**Enoteca Semidivino**
via Alessandria 230
☎ 0644250966

**Enoteca Trimani**
via Goito 20
☎ 064469661

**Enoteca Umberto Valentini**
via Anastasio II 38
☎ 06633744

## DOC-Weine aus den Castelli Romani

schung von bis zu 10% anderer Rebsorten für diesen Anteil möglich ist). Produktion: 23264 hl (382 ha). Farbe: mehr oder weniger kräftiges Strohgelb. Geruch: weinig mit delikatem, sortentypischem Duft. Geschmack: schmackhaft, weich, fein, samtig. Alkoholgehalt: 11%. Arten: *Amabile, Cannellino, Novello* 10,5% Alkohol; *Spumante* 11,5% Alkohol. Zu allen Speisen. Qualitätsstufen: *Superiore* 11,5% Alkohol mit einer Produktion von 156465 hl (1720 ha); zu allen Speisen.

**GENAZZANO. – Bianco.** Rebsorten: Malvasia bianca di Candia (50–70%), Bellone und Bombino (10–30%), Trebbiano toscano und/oder Pinot bianco und/oder sonstige (bis 40%). Produktion: 1244 hl (22 ha). Farbe: mehr oder weniger kräftiges Strohgelb mit grünlichen Reflexen. Geruch: delikat, mehr oder weniger fruchtig. Geschmack: lebhaft, frisch, harmonisch, mitunter lieblich. Alkoholgehalt: 10,5%. Arten: *Novello*. Zu allen Speisen. – **Rosso.** Rebsorten: Sangiovese (70–90%), Cesanese (10 bis 30%), sonstige (bis 20%). Produktion: 49 hl (1 ha). Farbe: leuchtendes, lebhaftes Rubinrot von mittlerer Intensität. Geruch: weinig, fruchtig, duftend, frisch, delikat. Geschmack: lebhaft, frisch, mitunter lieblich. Alkoholgehalt: 11%. Alterung: bis zu 2 Jahren. Zu allen Speisen.

**MARINO.** Rebsorten: Malvasia bianca di Candia (bis 60%), Trebbiano toscano und/oder romagnolo und/oder giallo und/oder di Soave (25–55%), Malvasia del Lazio (5–45%), sonstige außer Moscato (bis 10%). Produktion: 82278 hl (1031 ha). Farbe: von stroh- bis hellgelb. Geruch: weinig, delikat. Geschmack: trocken oder vollmundig oder lieblich oder süß, sortentypisch, fruchtig. Alkoholgehalt: 11%. Zu allen Speisen, besonders zu Fisch. Arten: *Spumante*. Qualitätsstufen: *Superiore* 11,5% Alkohol, zu Fisch.

**MONTECOMPATRI-COLONNA.** Rebsorten: Malvasia bianca di Candia und puntinata (bis 70%), Trebbiano toscano, verde und giallo (mindestens 30%), Bellone und/oder Bonvino (bis 10%). Produktion: 1068 ha (12 ha). Farbe: mehr oder weniger kräftiges Strohgelb. Geruch: weinig, delikat, angenehm. Geschmack: herb oder trocken oder lieblich oder süß, sortentypisch, harmonisch. Alkoholgehalt: 11%. Arten: *Frizzante*. Qualitätsstufen: *Superiore* 11,5% Alkohol. Zu Fisch zu trinken.

**VELLETRI. – Bianco.** Rebsorten: Malvasia bianca di Candia und/oder puntinata (bis 70%), Trebbiano toscano und/oder verde und/oder giallo (mindestens 30%), Bellone und/oder Bonvino (bis 10%). Produktion: 32402 hl (625 ha). Farbe: mehr oder weniger kräftiges Strohgelb. Geruch: weinig, angenehm, delikat. Geschmack: trocken oder lieblich oder süß, angemessener Körper, harmonisch, samtig. Alkoholgehalt: 11%. Qualitätsstufen: *Superiore* 11,5% Alkohol. Trocken ausgebaut zu Fisch, lieblich zu allen Speisen und süß als Dessertwein. – **Rosso.** Rebsorten: Sangiovese (30–45%), Montepulciano (30–40%), Cesanese comune und/oder d'Affile (mindestens 15%), Bombino nero und/oder Merlot und/oder Ciliegiolo (bis 10%). Produktion: 2958 hl (65 ha). Farbe: mehr oder weniger kräftiges Rubinrot, die Riserva zu granatrot tendierend. Geruch: intensiv weinig, nach Alterung ätherisch. Geschmack: trocken oder lieblich, samtig, harmonisch, ausgewogene Tannine. Alkoholgehalt: 11,5%. Alterung: bis zu 2 Jahren. Zu allen Speisen. Qualitätsstufen: *Riserva* mindestens 12,5% Alkohol und 2 Jahre Alterung (dann bis zu 6–7 Jahren); ideal zu Wildgerichten.

**ZAGAROLO.** Rebsorten: Malvasia bianca di Candia und puntinata (bis 70%), Trebbiano toscano und/oder verde und/oder giallo (mindestens 30%), Bellone und/oder Bonvino (bis 10%). Produktion: 317 hl (5 ha). Farbe: mehr oder weniger kräftiges Strohgelb. Geruch: weinig, delikat, angenehm. Geschmack: trocken oder lieblich, weich, sortentypisch, harmonisch. Alkoholgehalt: 11,5%. Qualitätsstufen: *Superiore* 12,5% Alkohol. Zu Fisch.

### Veranstaltungskalender

**September**

**Lanuvio**
②❸ Festa dell'Uva e del Vino (Trauben- und Weinfest)

**Olevano Romano**
❹ Settimana del Vino Cesanese (Weinwoche)

**Velletri**
③ Festa dell'Uva e Mostra di Vini (Weinmesse)

**Oktober**

**Colonna**
① Sagra dell'Uva Italia e del Vino (Weinfest)

**Cori**
① Sagra dei Vini e dei Prodotti Tipici Locali (Wein- und Gastronomiefest)

**Frascati**
④ Festa della Cortesia di Fine Vendemmia (Weinlesefest)

## Gaumenfreuden

«Springbrunnen, aus denen Wein fließt, so viel es dich gelüstet!», ging eine alte römische Weise. Ein Schlaraffenland also? Keineswegs, denn in Wirklichkeit war die Produktion bescheiden (aber immer noch zu groß) und die Qualität mäßig, wie etwa in den typischen «Frasche dei Castelli» genannten Osterien von einst, wo der Wein direkt aus riesigen Bottichen serviert wurde. Von dieser Zeit ist nicht viel geblieben, die Gerichte entsprechen denen, die man überall antrifft: Filet, zartes, in Streifen geschnittenes und gegrilltes Rindfleisch, die so genannte Tagliata di Manzo, und Lammbraten. In der einen oder anderen Gasse jedoch kann man noch so manche Überraschung erleben und Überbleibsel aus einer längst vergangenen Zeit wiederentdecken, darunter die berühmte Porchetta (Spanferkel).

Im römischen Stadtviertel Ghetto ist es inzwischen schwierig geworden, Speisen der einst verbreiteten hochinteressanten jüdisch-römischen Küche zu finden. Eine ihrer typischsten Vertreterinnen ist die alte Bäckerei am Portico d'Ottavia, wo die Römer für ihre «tozzetti» genannten kleinen Brote oder die köstlichen Ricotta-Kuchen anstehen. Auch Evangelista mit seinen unübertrefflichen Carciofi al Mattone (Artischocken vom heißen Stein) und den Baccalà genannten Klippfisch bei Er Filettaro in Santa Barbara gibt es noch, oder auch den Campo de' Fiori mit seinem quirligen Markt. Und im charmanten Stadtviertel Testaccio mit seinem hübschen Markt haben typisch römische Spezialitäten überlebt, wie die im Dialekt «pajata» genannte Speise aus Kalbsbries, die Bucatini-Nudeln und die traditionell donnerstags zubereiteten Gnocchi, die man bei Felice oder aber im berühmten Checchino al Mattatoio (mit hervorragender Weinkarte) kosten sollte. Überall bekommt man Artischocken auf jüdische Art (Carciofo alla Giudia), wenngleich nicht mehr in der ursprünglichen Zubereitungsart; andere Geriche wie die «ciriole» genannten kleinen Aale sind fast ganz verschwunden. Neben jener «Importküche», die Reisende aus aller Herren Länder über die Jahrhunderte den Römern hinterlassen haben, bieten in letzter Zeit immer mehr junge Leute eine ordentliche zeitgemäße Küche und die eine oder andere wirklich gut zubereitete Speise römischer Tradition: Schauen Sie einmal im Antico Arco vorbei, im Ponte della Ranocchia oder auch im Sora Lella.

Die Römer selbst jedoch zog es, wie eingangs erwähnt, hinaus aufs Land. Allerdings bieten die Castelli, wie wir meinen, zwar manche Alternative, aber kaum Überzeugendes. Fährt man indes etwas weiter, entdeckt man auch schon interessante Restaurants: In den kleinen Ortschaften Richtung Frosinone finden sich beispielsweise das Antonello Colonna in Labico, das Colline Ciociare in Acuto und La Torre in Fiuggi – oder weiter im Norden L'altra Bottiglia in Civita Castellana.

### Veranstaltungskalender

**Oktober**

**Marino**
① Sagra dell'Uva con il «Miracolo delle Fontane che danno Vino» (Traubenfest mit dem Wunder des Rebensaft speienden Brunnens)

**Piglio**
① Sagra dell'Uva Cesanese del Piglio

**Velletri**
② Festa dell'Uva e dei Vini

**Zagarolo**
① Sagra dell'Uva e Mostra dei Vini Locali (Weinmesse)

**November**

**Frascati**
② «Fesca Vin» und «Vino»

**Rom**
②❸ Rassegna di Vini Novelli (Schau der neuen Weine)

**Dezember**

**Monte Porzio Catone**
Festa del Vino Novello

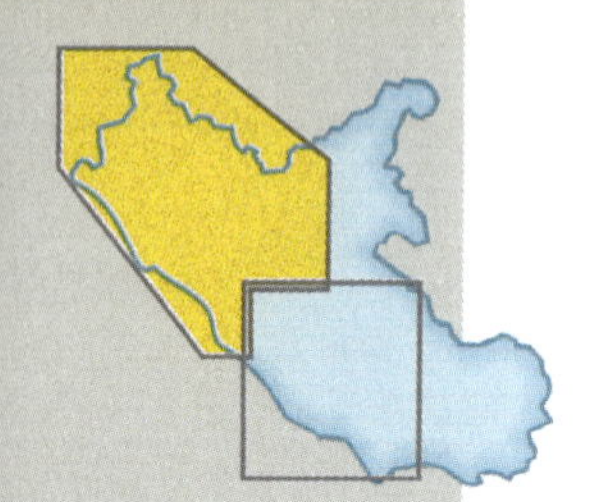

# Tuscia

## und die Colli della Sabina

*Die Provinz Viterbo mit dem Bolsenasee und den antiken Etruskerstätten bietet dem Weintouristen vielfältige Attraktionen.*

Verwaltungstechnisch ist der Name Tuscia (Tuszien) zwar nicht mehr gebräuchlich, doch beschreibt er recht präzise die Weinregion, die die Provinz Viterbo und den nordwestlichen Teil der Provinz Roma umfasst. Dieser Landstrich ist aufs engste verbunden mit der etruskischen Kultur und blickt damit auf eine uralte Weintradition zurück. Doch sollte man über den bacchantischen Freuden nicht Landschaft und Kultur vergessen, die zu den interessantesten Mittelitaliens zählen.

### Der EST!EST!!EST!!! vom Bolsenasee

Die Böden rund um den Bolsenasee sind vulkanischen Ursprungs und bieten dem Weinstock daher einen besonders zuträglichen Lebensraum. Unverkennbar dominieren die weißen Reben mit den Trebbiano-Sorten toscano und giallo sowie den Malvasia-Sorten di Candia und del Lazio. Daraus wird der unangefochtene Champion unter den Weinen Viterbos gewonnen, der EST!EST!!EST!!! aus Montefiascone. Unter den Rotweinen verdient der Aleatico Beachtung, der in Gradoli in DOC-Qualität abgefüllt wird. Beide Gebiete gehören zur übergeordneten DOC Colli Etruschi Viterbesi.

### Hotels und Restaurants

**Bolsena**

**Ai Platani Hotel Moderno** ★★★
via Roma 2
☎ 0761798787

**Columbus Hotel del Lago** ★★★
viale Colesanti 27
☎ 0761799009

**Lido** ★★★
via Cassia bei km 115
☎ 0761799026

**Da Picchietto** 🍴🍴
via Porta Fiorentina 15
☎ 0761799158

**Bracciano**

**Da Alfredo** 🍴
via Sposetta Vecchia
☎ 0699805585

**Civita Castellana**

**Aldero** ★★★
6 km nach Quartaccio
☎ 0761514757

**L'Altra Bottiglia** 🍴🍴🍴
via Delle Palme 18
☎ 0761517403

**Civitavecchia**

**Sunbay Park Hotel** ★★★★
Via Aurelia Sud bei km 68
☎ 076622801

**Mediterraneo Suisse** ★★★
lungomare Garibaldi 38
☎ 076623156

## Etruskische Weinberge – von Tarquinia nach Cerveteri

Der Küstenstreifen, der von der toskanischen Grenze bis hinunter zur Tibermündung reicht, bildet gemeinsam mit dem Landesinneren und dem Braccianosee das zweite Weinbaugebiet Tusziens. Hier finden sich zwei DOC-Bereiche, die die Bezeichnung «etruskische Weinberge» rechtfertigen: Tarquinia in der Provinz Viterbo und Cerveteri in der Provinz Roma. Unaufholbar ist der Vorsprung der weißen Trauben mit den verschiedenen Trebbiano- und Malvasia-Sorten, denen weniger bedeutende Reben wie der einheimische Bellone, aber auch Bombino, Tocai und Verdicchio beigemischt werden. Unter den roten finden sich neben Sangiovese und Montepulciano auch Canaiolo nero und die autochthone Cesanese-Rebe.

## Von der Umgebung Viterbos zu den Colli della Sabina

Der aus Umbrien kommende Tiber wird ab der Grenze zu Latium von Hügeln gesäumt, die wunderbare Voraussetzungen für den Weinbau bieten. Die ersten Weinberge in der Provinz Viterbo sind streng genommen noch Ausläufer des Orvieto, dessen hiesige Hochburg Castiglione in Teverina ist. Dann folgen an beiden Ufern die Rebflächen des DOC-Bereichs Colli Etruschi Viterbesi, denen sich der DOC-Bereich Vignanello mit Rotweinen aus Sangiovese und Ciliegiolo sowie Weißweinen aus Trebbiano-, Malvasia- und Greco-Trauben anschließt. Diesem wiederum folgt, fast ausschließlich entlang des linken Tiberufers, das ausgedehnte Gebiet der Colli della Sabina, mit einem Rebenquerschnitt, der vollständig den örtlichen Gepflogenheiten entspricht. Zu guter Letzt trifft man dann im Dreieck der Städte Fiano Romano, Morlupo und Castelnuovo di Porto auf die Rebflächen des Bianco Capena, die mit Malvasia und Trebbiano bestockt sind. Dieser Wein steht in der Tradition des antiken Feronia, dessen Qualitäten bereits Cicero rühmte.

### Weinstädte

**Cerveteri.** Zur Zeit der Etrusker war dieser Ort eine Seemacht mit drei Küstenhäfen. Davon zeugen umfangreiche Ausgrabungen und beeindruckende Fundstücke, die im archäologischen Museum in der mittelalterlichen Burg ausgestellt sind. Aber da ist man auch schon in der Altstadt, im Burghof, an den auch die Kirche S. Maria und der aus dem 16. Jahrhundert stammende Palazzo Ruspoli grenzen. Weinbau wird von den 600 ortsansässigen Winzern auf 1300 Hektar betrieben, die auch drei DOC-Weine erbringen: Cerveteri Bianco, Cerveteri Rosso und Tarquinia. Ende August findet das **Traubenfest** statt, aber auch sonst wird zwischen Frühling und Herbst so manches Mal an festlich gedeckten Tafeln auf der Piazza nach Herzenslust gespeist.

**Castiglione in Teverina.** Wir befinden uns an der Grenze zu Umbrien im Bereich des Orvieto, den die Winzer hier meisterlich von trocken bis süß zu bereiten wissen.

### Hotels und Restaurants

**Scaletta** 🍴
lungoporto Gramsci 65
☎ 076624334

**Villa dei Principi** 🍴
via Borgo Odescalchi 11/a
☎ 076621200

**Ladispoli**

**Sora Olga** 🍴
via Odescalchi 99
☎ 0699222006

**Manziana**

**Degli Etruschi** ★★★
via Roma 101
☎ 069964102

**Montefiascone**

**Dante** 🍴
via Nazionale 2
☎ 0761826015

**Morlupo**

**Agostino – al Campanaccio** 🍴
piazza A. Diaz 13
☎ 069070008

**Ronciglione**

**Da Maria** 🍴
viale Garibaldi 102
☎ 0761625702

**Tarquinia**

**Tarconte** ★★★
via della Tuscia 19
☎ 0766856141

**Velcamare** ★★★
Tarquinia Lido
via degli Argonauti 1
☎ 0766864380

Die Ortschaft selbst mit ihrer Burg Rocca dei Monaldeschi und der Kirche Madonna della Neve thront hoch über dem Tibertal. In der ersten Augustwoche steht das Fest der lokalen Weine, die **Festa del Vino dei Colli del Tevere,** auf dem Programm und am 11. November wird **San Martino – Funghi e Vino** zu Ehren des Weins und der Pilze begangen.

**Und außerdem ... Cori** und **Montefiascone.**

## Kellereien

**Castiglione in Teverina.** *Paolo und Noemia D'Amico, frazione Vaiano, località Palombaro, Tel. 0668134079.*
**Montefiascone.** *Antica Cantina Leonardi, strada statale Cassia bei km 94.155, Tel. 0761 827032.*

## Tourenvorschläge

**In den Weinbergen der Etrusker.** Viterbo bildet den Ausgangspunkt für diese beiden Rundwege. Die erste Strecke führt rund um den Bolsenasee und anschließend entlang der umbrischen Grenze weit hinab ins Tibertal. Auf der zweiten Route gelangt man auf der Via del Tirreno über Cerveteri zum Bracciano- und zum Vicosee und von dort aus zurück nach Viterbo.

**Bolsenasee und Tibertal. Viterbo.** Die Stadt liegt an der Straße, über die schon im Mittelalter die Pilger gen Rom zogen. Am berühmtesten ist wohl die Piazza mit der Kathedrale und dem Palazzo dei Papi. Zur Einkehr empfohlen sei die Enoteca La Torre, die alle 14 Tage neue Spezialitäten auf die Speisekarte setzt. **Montefiascone.** Ein Muss für den Weintouristen ist ein Besuch von S. Flaviano, wo sich das Grab von Giovanni Defuk befindet – eine These lautet, dass es sich dabei um Johannes Fugger handelt, seines Zeichens Erzbischof. Alle Überlieferungen sind sich jedenfalls darin einig, dass dieser Mann den glücklichen Ausspruch «Est, Est, Est» tat, als er dem lokalen Wein zusprach, der ihm derart mundete, dass er ihn schließlich ins Grab beförderte. Aber auch abgesehen von solchen Anekdoten ist diese hübsche Weinstadt (→) einen Besuch wert: Es grüßen die Kuppel des Doms und die Burg, ihren ganzen Zauber aber entfaltet sie dann in den malerischen Gassen. Nach der Einkehr im Dante, einem traditionellen Lokal mit Übernachtungsmöglichkeiten, lädt die Cantina di Montefiascone zu Einkäufen. In der ersten Augusthälfte findet die Fiera dell'Est, Est, Est statt. **Gradoli.** Die Straße entlang des westlichen Seeufers führt auch in dieses mittelalterliche Städtchen, das mit dem Palazzo Farnese ein wahres Juwel hütet. Ganzer Stolz des örtlichen Weinbaus ist der Aleatico di Gradoli DOC, den man in der Cantina Sociale erwerben kann. Von hier aus ist ein Abstecher nach Acquapendente möglich, dem letzten bedeutenden Ort des DOC-Bereichs Colli Etruschi Viterbesi. **Bolsena.** Nach vorne hin tut sich die Aussicht auf den See auf, im Hintergrund erheben sich die majestätischen Monti Volsini. Die Kirche S. Cristina ist in erster Linie wegen ihres sagenumwobenen »Hostienwunders« berühmt. Im Palazzo Monaldeschi befindet sich

### Hotels und Restaurants

**Tarquinia**
**Arcadia** 🍴🍴
via Mazzini 6
☎ 076685550
**Bersagliere** 🍴🍴
via B. Croce 2
☎ 0766856047
**Gradinoro** 🍴
Tarquinia Lido
lungomare dei Tirreni 17
☎ 0766864045

**Tuscania**
**Al Gallo** ★★★ 🍴🍴
via del Gallo 22
☎ 0761443388

**Viterbo**
**Balletti Park Hotel** ★★★★
7 km nach San Marino al Cimino
via Umbria 2/a
☎ 07613771
**Mini Palace Hotel** ★★★★
via Santa Maria della Grotticella 2/b
☎ 0761309744
**Niccolò V Delle Terme Dei Papi** ★★★★
strada Bagni 12
☎ 0761350555
**La Zaffera** 🍴🍴🍴
piazza S. Carluccio 7
☎ 0761344265
**Richiastro** 🍴
via d. Marrocca 16/18
☎ 0761228009

das Heimatmuseum (Museo del Territorio), das Wissenswertes zur Geschichte des Sees und der Fischerei birgt. Um die örtlichen Spezialitäten kennen zu lernen, begebe man sich ins Picchietto, das in einem Gebäude aus dem 14. Jahrhundert untergebracht ist. **Bagnoregio.** Die älteste Siedlung, Civita, wurde durch die Erosion, die nach und nach den Tuffuntergrund aushöhlt, isoliert und bietet nun ein ebenso atemberaubendes wie beklemmendes Bild: Die «sterbende Stadt» erreicht man zu Fuß über eine lange Brücke. In einer Kirche wird ein wertvolles hölzernes Kruzifix aus der Schule Donatellos aufbewahrt. **Castiglione in Teverina.** Die Weinstadt (→) liegt fast schon an der Grenze zu Umbrien und wir befinden uns im Gebiet des Orvieto. Eine Verkostung dieses Weins, begleitet von der lokalen Spezialität, der Porchetta (Spanferkel), empfiehlt sich in der Enoteca Tiber Amnis. **Vignanello.** Die Fahrt hinab ins Tibertal führt zunächst durch Bomarzo mit dem berühmten Parco dei Mostri, dann durch die bezaubernde Ortschaft Soriano nel Cimino. Schließlich gelangt man nach Vignanello im Herzen des gleichnamigen DOC-Bereichs, wo die Cantina Sociale dei Colli Cimini ihren Sitz hat. Der Ort bietet neben herrlichen Ausblicken in die Umgebung auch uralte volkstümliche Traditionen. Noch weiter unten im Tal gelangt man in die Weinberge der Colli della Sabina, den einzigen DOC-Bereich in der Provinz Rieti. **Tuscania.** In der hügeligen, einsamen Umgebung des Martatals stechen zwei Schmuckstücke sakraler Architektur hervor, die romanischen Kirchen S. Pietro und S. Maria Maggiore. Dass wir uns im Land der Etrusker befinden, bezeugen

## Agriturismo

**Acquapendente**
**Casale Monaldesca**
Monaldesca
SP Trevinano-Monaldesca 44
☎ 0763717078

**Bagnoregio**
**Rocchi Raffaele**
Vetriolo
☎ 0761288298

**Bolsena**
**La Riserva – Montebello**
località Montebello
☎ 0761799492

**Civita Castellana**
**Casa Ciotti**
via Terni 14
☎ 0761513090

**Civitella d'Agliano**
**Il Molinaccio**
località Molinaccio 1
☎ 0761914438

**Grotte di Castro**
**Castello di Santa Cristina**
località Santa Cristina
☎ 076378011

**Monterosi**
**Axel**
località Macchia del Cardinale
☎ 0761699535

**Tuscania**
**Casa Caponetti**
Tenuta del Guado Antico
☎ 0761435792

die Nekropolen der Gegend und das reich bestückte archäologische Museum. Herrlich speisen lässt es sich im Restaurant des Hotels Gallo. **Tarquinia.** Bedenkt man, dass die Stadt auf dem etruskischen Tarxuna gründet, entstammt ihr heutiges mittelalterliches Erscheinungsbild eigentlich eher der jüngeren Vergangenheit. Im Palazzo Vitelleschi, einem würdevollen Bauwerk aus dem 15. Jahrhundert, haben Reisende Gelegenheit, die von den Archäologen ausgegrabenen Schätze zu bestaunen. Was den Wein betrifft, hat die Stadt einem DOC-Bereich ihren Namen gegeben, der die Küste und ein ausgedehntes, bis nach Rom reichendes Gebiet im Landesinneren umfasst. Mittagessen im Bersagliere am Lido da Gradinoro. **Civitavecchia.** Auf dem Weg nach Cerveteri empfehlen sich zwei Restaurants am Meer: das Scaletta, das eine gepflegte Küche mit sorgfältigst ausgesuchten Zutaten bietet, und das Villa dei Principi, ein ausgezeichnet geführter Familienbetrieb. Eine gut sortierte Enoteca ist das Al Vicolo di Bacco an der Piazza Fratti, das obendrein auch typische kleine Speisen bereit hält. **Cerveteri.** Weinstadt (→) mit einer beachtlichen DOC-Produktion. Verkostungen und Einkäufe in der Cantina Sociale an der Via Aurelia. **Bracciano.** Die Burg Orsini Odescalchi ist eines der schönsten und besterhaltenen militärischen Bauwerke in Latium: Hier gibt es Fresken mit Darstellungen höfischer Szenen zu bewundern und vom Wehrgang aus genießt man einen wundervollen Panoramablick. Danach kann man sich bei Alfredo stärken, der in einer Gartenlaube mit Seeblick beste Fischgerichte serviert. In der Via delle Cantine (Weinkellerstraße – man hätte keinen besseren Namen finden können) empfehlen wir Vino e Camino, eine Enoteca mit Ausschank und Küche. **Sutri.** Über die Via Cassia, die am Rand des DOC-Bereichs Tarquinia im Landesinneren entlang führt, erreicht man dieses Städtchen. Es hütet zahlreiche Zeugnisse einer Vergangenheit, die von etruskischen Ursprüngen bis hin zum Glanz der Renaissance reicht. Gleich vor den Toren der Stadt liegt das eindrucksvolle archäologische Ausgrabungsgelände mit einer Nekropole, einem Amphitheater und einer mittelalterlichen Kirche. Wer jetzt noch Unternehmungslust verspürt, sollte nach Capena abzweigen, Namensgeberin des DOC-Bereichs am rechten Tiberufer. **Ronciglione.** Innerhalb des elliptischen Grundrisses dieser Ortschaft befinden sich sowohl der mittelalterliche Stadtkern als auch die zwischen dem 16. und dem 18. Jahrhundert angelegten Straßen mit ihren ehrwürdigen Gebäuden. Das Gasthaus Da Maria, ein ruhiger Familienbetrieb, bietet hervorragende Fleischgerichte vom Grill. Einkäufe bei der Enoteca Cantiani. Danach geht's weiter zum Vicosee, einem urzeitlichen Krater mit einsamen, bewaldeten Ufern, der heute Naturschutzgebiet ist. Von hier aus kann man noch einen Abstecher nach Caprano machen, wo einen der prächtige Palazzo Farnese mit seinen zahlreichen Fresken und den terrassenförmig angelegten Gärten mit Wasserspielen erwartet.

## Enoteche

**Bracciano**
**Vino e Camino**
via delle Cantine 11
☎ 0699803433

**Civitavecchia**
**Al Vicolo di Bacco**
piazza Fratti 10
☎ 076623260
**Enoteca Camilletti**
via Bernini 54
☎ 076620645
**La Rosa**
via Isonzo 8/10
☎ 076624690

**Ronciglione**
**Enoteca Vittorio Cantiani**
Circonvallazione 24
☎ 0761625181

**Viterbo**
**Distillerie Enoteca Viterbium**
via Trento 8
☎ 0761304779
**Enoteca La Torre**
via della Torre 5
☎ 0761226467

## DOC-Weine aus Tuscia

**ALEATICO DI GRADOLI.** Rebsorten: Aleatico (100%). Produktion: 354 hl (17 ha). Farbe: granatrot mit violetten Nuancen. Geruch: fein aromatisch, sortentypisch. Geschmack: frisch, weich, samtig, süß. Alkoholgehalt: 9,5+2,5%. Alterung: bis zu 4 Jahren. Arten: *Liquoroso* mindestens 15+2,5% Alkohol und 6 Monate Alterung (dann bis zu 6 Jahren). Zum Dessert zu trinken. Qualitätsstufen: *Riserva* mindestens 11,5+2,5% Alkohol und 2 Jahre Alterung (dann bis zu 6 Jahren); in Mußestunden zu trinken.

**BIANCO CAPENA.** Rebsorten: Malvasia di Candia und/oder del Lazio und/oder toscana (bis 55%), Trebbiano toscano und/oder romagnolo und/oder giallo (mindestens 25%), Bellone und/oder Bombino (Uva di Spagna; bis 20%). Produktion: 521 hl (14 ha). Farbe: mehr oder weniger kräftiges Strohgelb. Geruch: leicht aromatisch, fein, sortentypisch. Geschmack: trocken oder leicht vollmundig, sortentypisch, angenehm. Alkoholgehalt: 11%. Qualitätsstufen: *Superiore* 12% Alkohol, auch im zweiten Jahr gut zu trinken. Zu allen Speisen.

**CERVETERI.** – **Bianco.** Rebsorten: Trebbiano toscano und/oder giallo (mindestens 50%), Malvasia di Candia und/oder del Lazio (bis 35%), sonstige weiße Rebsorten außer Pinot grigio (bis 30%). Produktion: 23016 hl (295 ha). Farbe: mehr oder weniger kräftiges Strohgelb. Geruch: weinig, angenehm, delikat. Geschmack: trocken, voll, harmonisch. Alkoholgehalt: 11%. Arten: *Frizzante* und *Amabile*. Zu allen Speisen zu trinken. – **Rosato.** Rebsorten und Produktion: siehe Rosso. Farbe: mehr oder weniger kräftiges Rosé. Geruch: fruchtig, angenehm. Geschmack: fein, delikat, harmonisch. Alkoholgehalt: 11%. Zu allen Speisen zu trinken. – **Rosso.** Rebsorten: Sangiovese und Montepulciano (mindestens 60% bei einem Mindestanteil von 25% pro Rebsorte), Cesanese comune (bis 25%), sonstige (bis 30%). Produktion: 2591 hl (56 ha). Farbe: mehr oder weniger kräftiges Rubinrot. Geruch: weinig. Geschmack: trocken, würzig, harmonisch, angemessener Körper. Alkoholgehalt: 11,5%. Alterung: bis zu 3 Jahren. Arten: *Amabile* 11% Alkohol. Qualitätsstufen: *Novello* 11% Alkohol. Zu allen Speisen zu trinken.

**COLLI DELLA SABINA.** – **Bianco.** Rebsorten: Trebbiano toscano und/oder giallo (40–60%), Malvasia del Lazio und/oder di Candia (40–60%), sonstige (bis 20%). Produktion: 1078 hl (21 ha). Farbe: mehr oder weniger kräftiges Strohgelb. Geruch: delikat, sortentypisch. Geschmack: trocken, delikat und harmonisch, mitunter lieblich. Alkoholgehalt: 10,5%. Arten: *Frizzante* 10%, *Spumante* 11% Alkohol. Zu allen Speisen, besonders zu Fisch zu trinken. – **Rosato.** Rebsorten und Produktion: siehe Rosso. Farbe: mehr oder weniger kräftiges Rosé. Geruch: weinig und delikat fruchtig. Geschmack: frisch, von trocken bis lieblich. Alkoholgehalt: 11%. Arten: *Frizzante* 10,5% Alkohol. Zu allen Speisen zu trinken. – **Rosso.** Rebsorten: Sangiovese (40–70%), Montepulciano (15 bis 40%), sonstige (bis 30%). Produktion: 155 hl (3 ha). Farbe: lebhaftes Rubinrot. Geruch: weinig, intensiv. Geschmack: trocken und rund, von trocken bis lieblich. Alkoholgehalt: 11%. Alterung: bis zu 3 Jahren. Arten: *Frizzante* 10,5%, *Spumante* 11% Alkohol. Qualitätsstufen: *Novello* 11% Alkohol. Zu allen Speisen zu trinken.

**COLLI ETRUSCHI VITERBESI.** – **Bianco.** Rebsorten: Malvasia toscana oder del Lazio (bis 30%), Procanico oder Trebbiano toscano (40–80%), sonstige (bis 30%). Produktion: 4193 hl (49 ha). Farbe: mehr oder weniger kräftiges Strohgelb. Geruch: delikat, sortentypisch. Geschmack: trocken oder lieblich, harmonisch, sortentypisch. Alkoholgehalt: 10%. Arten: *Frizzante*. Zu Fisch zu trinken. – **Grechetto.** Rebsorten: Greco bianco (85–100%), sonstige außer Malvasia di Candia (bis 15%). Farbe: mehr oder weniger kräftiges

### Veranstaltungskalender

**Januar**
**Tuscania**
② Sagra della Frittella (Krapfenfest)
**Mai**
**Nepi**
① Sagra del Pecorino e del Salame Cotto (Ziegenkäse- und Kochsalamifest)

## DOC-Weine aus Tuscia

Strohgelb bis hin zu goldgelb. Geruch: leicht weinig, delikat, sortentypisch. Geschmack: trocken, samtig, fruchtig, sortentypisch, mitunter mit leicht bitterem Abgang. Alkoholgehalt: 11%. Arten: *Frizzante.* Qualitätsstufen: *Novello.* Zu allen Speisen, besonders zu Fisch zu trinken. – **Moscatello.** Rebsorten: Moscato bianco (85–100%), sonstige außer Malvasia di Candia (bis 15%). Farbe: mehr oder weniger kräftiges Strohgelb oder Goldgelb. Geruch: typischer Duft der Moscato-Rebe. Geschmack: aromatisch, typisch für die Moscato-Rebe. Alkoholgehalt: 11%. Arten: *Frizzante; Passito* 11+4,5% Alkohol. Alterung: 5 Jahre und mehr. Qualitätsstufen: *Novello.* Zu Süßem oder Desserts zu trinken, der Passito in Mußestunden. – **Procanico.** Rebsorten: Trebbiano toscano (85 bis 100%), sonstige außer Malvasia di Candia (bis 15%). Farbe: helles Strohgelb. Geruch: sortentypisch, delikat, angenehm. Geschmack: trocken, frisch, ausgewogen. Alkoholgehalt: 11%. Arten: *Frizzante.* Zu allen Speisen, besonders zu Fisch zu trinken. – **Rossetto.** Rebsorten: Trebbiano giallo (85–100%), sonstige außer Malvasia di Candia (bis 15%). Farbe: mehr oder weniger kräftiges Strohgelb. Geruch: intensiv, delikat, angenehm, fein aromatisch. Geschmack: trocken oder lieblich, harmonisch. Alkoholgehalt: 11%. Zu allen Speisen zu trinken. – **Rosato.** Rebsorten und Produktion: siehe Rosso. Farbe: mehr oder weniger kräftiges Rosé, mitunter mit violetten Reflexen. Geruch: intensiv, delikat, angenehm. Geschmack: trocken oder lieblich, harmonisch, ausgewogen, mitunter frisch und lebhaft. Alkoholgehalt: 10%. Zu allen Speisen zu trinken. – **Sangiovese Rosato.** Rebsorten: Sangiovese (85–100%), sonstige außer Ciliegiolo (bis 15%). Farbe: mehr oder weniger kräftiges Rosé, mitunter mit violetten Reflexen. Geruch: intensiv, delikat, angenehm. Geschmack: trocken oder lieblich, harmonisch, ausgewogen, mitunter frisch und lebhaft. Alkoholgehalt: 11%. Arten: *Frizzante.* Zu allen Speisen zu trinken. – **Rosso.** Rebsorten: Montepulciano (20–45%), Sangiovese (50–65%), sonstige (bis 30%). Produktion: 520 hl (5,5 ha). Farbe: mehr oder weniger kräftiges Rubinrot. Geruch: sortentypisch, duftend, mehr oder minder fruchtig. Geschmack: trocken oder lieblich, voll, harmonisch. Alkoholgehalt: 10%. Alterung: bis zu 2 Jahren. Arten: *Frizzante.* Qualitätsstufen: *Novello* 11% Alkohol. Zu allen Speisen zu trinken. – **Canaiolo.** Rebsorten: Canaiolo nero (85–100%), sonstige außer Ciliegiolo (bis 15%). Farbe: kräftiges Rubinrot. Geruch: sortentypisch, aromatisch, nachhaltig. Geschmack: lieblich, körperreich, mehr oder weniger tanninreich, harmonisch. Alkoholgehalt: 11%. Alterung: bis zu 3 Jahren. Zu allen Speisen zu trinken. – **Grechetto.** Rebsorten: Grechetto rosso (85 bis 100%), sonstige außer Ciliegiolo (bis 15%). Farbe: mehr oder weniger kräftiges Rubinrot. Geruch: sortentypisch, duftend, mehr oder weniger fruchtig. Geschmack: trocken, schmackhaft, harmonisch, nachhaltig. Alkoholgehalt: 11%. Alterung: bis zu 3 Jahren. Zu allen Speisen zu trinken. – **Merlot.** Rebsorten: Merlot (85–100%), sonstige außer Ciliegiolo (bis 15%). Farbe: rubinrot mit violetten Reflexen. Geruch: angenehm, leicht kräuterwürzig. Geschmack: voll, weich, harmonisch, ausgewogene Tannine, leicht kräuterwürziger Abgang. Alkoholgehalt: 11%. Alterung: bis zu 3 Jahren. Zu allen Speisen zu trinken. – **Violone.** Rebsorten: Montepulciano (85–100%), sonstige außer Ciliegiolo (bis 15%). Farbe: rubinrot, zu violett neigend. Geruch: sortentypisch, mit Sauerkirscharoma im Abgang. Geschmack: trocken, voll, mehr oder weniger tanninhaltig, harmonisch. Alkoholgehalt: 11%. Alterung: bis zu 3 Jahren. Zu allen Speisen zu trinken.

**EST!EST!!EST!!! DI MONTEFIASCONE.** Rebsorten: Trebbiano toscano (Procanico; um 65%), Malvasia bianca toscana (20%), Rossetto (Trebbiano giallo; um 15%). Produktion: 20055 hl

### Veranstaltungskalender

**Juni**

**Monterosi**

① Sagra del Tozzetto (Brotfest)

**Juli**

**Civitavecchia**

① Rassegna della Gastronomia Etrusca (Messe der etruskischen Gastronomie)

**August**

**Castiglione in Teverina**

❶ Festa del Vino dei Colli del Tevere (Weinfest)

**Cerveteri**

④ Sagra dell'Uva (Traubenfest)

(423 ha). Farbe: mehr oder weniger kräftiges Strohgelb. Geruch: fein, sortentypisch, leicht aromatisch. Geschmack: trocken oder vollmundig oder lieblich, schmackhaft, harmonisch, nachhaltig. Alkoholgehalt: 10,5%. Arten: *Amabile* und *Spumante*. Zu Süßwasserfisch.

**ORVIETO.** Siehe Umbrien.

**TARQUINIA.** – **Bianco.** Rebsorten: Trebbiano toscano und/oder Trebbiano giallo (mindestens 50%), Malvasia di Candia und/oder Malvasia del Lazio (bis 35%), sonstige außer Pinot grigio (bis 30%). Produktion: 44 hl (3 ha). Farbe: mehr oder weniger kräftiges Strohgelb. Geruch: weinig, angenehm, delikat. Geschmack: trocken, voll, harmonisch. Alkoholgehalt: 10,5%. Arten: *Frizzante*. Zu allen Speisen, besonders zu Fisch zu trinken. – **Rosso.** Rebsorten: Sangiovese und Montepulciano (mindestens 60% bei einem Mindestanteil von 25% pro Rebsorte), Cesanese comune (bis 25%), sonstige (bis 30%). Produktion: 71 hl (3 ha). Farbe: mehr oder weniger kräftiges Rubinrot. Geruch: weinig. Geschmack: trocken, harmonisch, angemessener Körper. Alkoholgehalt: 10,5%. Alterung: bis zu 2 Jahren. Arten: *Rosato, Novello* 11% Alkohol. Zu allen Speisen zu trinken.

**VIGNANELLO.** – **Bianco.** Rebsorten: Trebbiano giallo und/oder toscano (60–70%), Malvasia bianca di Candia und del Chianti (20–40%), sonstige (bis 10%). Produktion: 3367 hl (56 ha). Farbe: mehr oder weniger kräftiges Strohgelb mit leicht grünlichen Reflexen. Geruch: delikat, mehr oder weniger fruchtig. Geschmack: trocken mit leicht bitterem Abgang, geschmeidig, fein, delikat. Alkoholgehalt: 10,5%. Qualitätsstufen: *Superiore* 11,5% Alkohol. Zu Fisch zu trinken. – **Greco.** Rebsorten: Greco (85–100%). Produktion: 112 hl (2 ha). Farbe: mehr oder weniger kräftiges Strohgelb. Geruch: weinig, angenehm, sortentypisch. Geschmack: trocken, vollmundig, körperreich, harmonisch, mit leicht bitterem Abgang. Alkoholgehalt: 11,5%. Arten: *Spumante* 11% Alkohol. Zu Fisch zu trinken. – **Rosato.** Rebsorten und Produktion: siehe Rosso. Farbe: mehr oder weniger kräftiges Rosé mit violetten Reflexen. Geruch: weinig, delikat fruchtig. Geschmack: trocken, frisch, angenehm. Alkoholgehalt: 11%. Zu allen Speisen zu trinken. – **Rosso.** Rebsorten: Sangiovese (40–60%), Ciliegiolo (40–50%), sonstige (bis 20%). Produktion: 441 hl (6 ha). Farbe: als junger Wein rubinrot, mit der Alterung zu granatrot tendierend. Geruch: sortentypischer, intensiver Duft. Geschmack: trocken, warm, harmonisch. Alkoholgehalt: 11%. Alterung: bis zu 3 Jahren. Arten: *Novello*. Qualitätsstufen: *Riserva* mindestens 12% Alkohol und 2 Jahre Alterung (dann bis zu 6–7 Jahren). Zu allen Speisen zu trinken; die Riserva zu rotem Fleisch und zu Wildgerichten.

*Ausgrabungen in einer Etruskerstadt in Cerveteri.*

## Veranstaltungskalender

**August**

**Gradoli**
15. August
Sagra dell'Aleatico

**Montefiascone**
❶❷ Fiera del Est, Est, Est

**Vignanello**
❷ Festa del Vino con Degustazione (Weinfest mit Verkostung)

**November**

**Castiglione in Teverina**
11. November
San Martino – Funghi e Vino (Wein- und Pilzfest)

# Abruzzen

## Die Heimat des Montepulciano

*Durch den Erfolg des Montepulciano beflügelt, setzen die Abruzzen in der Entwicklung ihres regionalen Weinbaus verstärkt auf Weintourismus.*

Die Abruzzen waren bis vor nicht allzu langer Zeit hauptsächlich als Erzeuger von Weinen zum Verschneiden bekannt. Seit einigen Jahren aber wächst nicht nur die Menge der abgefüllten Flaschen kontinuierlich an, sondern auch die Qualität hat sich deutlich verbessert. Die Weinproduktion, die sich auf die Hügel an der Küste und dort vorwiegend auf die Provinz Chieti konzentriert, wird durch die Einführung von genau auf die einzelnen Anbaugebiete zugeschnittenen Rebsorten und Methoden zunehmend differenzierter, und auch in der Kellertechnik setzt man auf Qualität und passt sich modernen Standards an.

### Ein neuartiger und dynamischer Weinbau

Das Rebsortenspektrum wird von der roten Traube Montepulciano beherrscht, die auf der Hälfte der Rebflächen in der Region angebaut wird. Der daraus gekelterte Wein ist sehr vielseitig: Als Cerasuolo passt er zu allen Gelegenheiten, einige Jahre Fassreifung ergeben einen charaktervollen Roten und seit neuestem wird auch ein Dessertwein hergestellt. Hinsichtlich der Produktionszahlen steht der Montepulciano an fünfter Stelle in der Rangliste der italienischen DOC-Weine. Die Palette der Rebsorten wird ergänzt durch das weiße Zweiergespann Trebbiano toscano und Trebbiano d'Abruzzo, aus denen der zweite DOC-Wein der Region gewonnen wird. Die Reihe der erst seit jüngster Zeit hier angebauten Trauben Chardonnay, Pinot bianco und Pinot grigio, Riesling italico und Riesling renano, Traminer, Cabernet Sauvignon, Merlot und Pinot nero sorgte für einige Neuerungen in der Produktion und nicht zuletzt für die Einführung des neuen DOC-Weins Controguerra.

**Movimento del Turismo del Vino**
Beauftragter:
Giuseppe Cavaliere
c/o Arssa
via S. Camillo
de Lellis 16
Chieti
☎ 087163538

# DOC-Bereiche in den Abruzzen

❶ DOC Controguerra – 42 ha in 5 Gemeinden der Provinz Teramo, darunter die Gemeinde Controguerra

❷ DOC Montepulciano d'Abruzzo – 9062 ha in den Provinzen L'Aquila, Chieti, Pescara und Teramo

❸ DOC Trebbiano d'Abruzzo – 4065 ha in den Provinzen Chieti, L'Aquila, Pescara und Teramo

## Weinstädte

**Colonnella.** Der herrlich auf einem Hügel gelegene Ort nennt einige schöne Bauwerke sein Eigen. Colonnella ist ein agrarisch geprägter Ort, der am zweiten Sonntag im Juli die Getreideernte mit der traditionellen **Festa dei Mannoppi** feiert und alle anderen Köstlichkeiten mit dem **Gastronomiefest** im August: Protagonisten sind hier die typischen, durch Drähte gepressten Maccheroni alla chitarra und – natürlich – die Weine.

**Controguerra.** Der Ort stand Pate für den jüngsten DOC-Wein der Abruzzen, interessant durch den Verschnitt von Montepulciano mit Cabernet Sauvignon und Merlot – eine Kombination, die dem Wein Weichheit verleiht – und durch die Mischung von Trebbiano mit Chardonnay, die einen sehr eleganten Weißwein hervorbringt. Dieser neue Wein allein lohnt schon den Besuch; ein weiterer Anreiz ist die **Sagra Enogastronomica** am 24. Juli und am 2. August mit allem, was die Tradition an Teigwaren und gegrilltem Fleisch zu bieten hat.

**Miglianico.** Zwischen dem Meer und den Abruzzen liegt dieses Weindorf auf einem Hügel. Die Überreste des antiken Sauria erinnern an die Ursprünge seiner Besiedelung, die Burg und die Kirche an die Herrschaft der Barone Valignani. Neben Wein werden hier Fleisch und Wurst erster Güte sowie bestimmte Gemüsesorten erzeugt; letzteren ist die **Sagra del Pomodoro e del Peperone** (Tomaten- und Paprikafest) im August gewidmet.

**Orsogna.** Wenn man von Ortona aus in die Berge fährt, gelangt man in diesen Weinort im Morotal. Von den Bauwerken, die den zweiten Weltkrieg überlebt haben, ist die barocke Pfarrkirche hervorzuheben. Hier findet am ersten Dienstag nach Ostern die **Festa dei Talami** statt, ein schönes Fest mit der Darstellung biblischer Szenen.

**Tollo.** Anfang August kann man dort die **Festa della Madonna dei Turchi** erleben, ein kurioses religiöses Schauspiel, bei dem die Christen in römischen Gewändern die Ungläubigen besiegen, die dann durch die Rosenkranzmadonna bekehrt werden.

**Und außerdem ... Rocca San Giovanni.** Am 12. und 13. August wird das Weinfest **Incontriamoci in Cantina** abgehalten. **Vittorito.** Am 6. und 7. August findet die **Sagra del Vino** statt.

## Kellereien

**Bolognano.** *Zaccagnini, contrada Pozzo, Tel. 0858880195. Öffnungszeiten: auf Voranmeldung 8.30–12 und 14.30–17 Uhr, Sonntag geschlossen (außer nach Vereinbarung).* Dass Marcello Zaccagnini mit Leib und Seele Winzer ist, merkt man schon an der Art, in der er seinen Betrieb und die modernen Techniken erläutert. Die 31 Hektar Rebfläche im oberen Ortatal gehören zu den DOC-Bereichen Montepulciano und Trebbiano d'Abruzzo, bringen jedoch auch interessante IGT-Gewächse hervor, zum Beispiel den reinsortig von Cabernet Sauvignon gekelterten Capsico Rosso und den Bianco di Ciccio aus Trebbiano und Sauvignon blanc. Im Fasslager der Kellerei werden Kunstausstellungen veranstaltet.

### Hotels und Restaurants

**Alba Adriatica**
**Mediterraneo**
viale Mazzini 148
☎ 0861752000

**Atri**
**Du Parc** ★★★
viale Umberto I 6
☎ 0858798324

**Locanda Duca d'Atri**
via San Domenico 11
☎ 0858797586

**Canzano**
**La Tacchinella**
via Roma 18
☎ 0861555107

**Chieti**
**Dangiò** ★★★
via Solferino 20
☎ 0871347356

**Venturini**
via De Lollis 10
☎ 0871330663

**Chieti**
**Nonna Elisa**
via P. Bentivoglio 2
☎ 0871684152

**Città Sant'Angelo**
**Villa Nacalua** ★★★★
10 km nach Marina
contrada
Fonte Umano
☎ 085959225

**Locanda dell'Arte**
via S. Chiara 7
☎ 08596669

**Civitella del Tronto**
**Zunica** ★★★
piazza Filippi Pepe 14
☎ 086191319

**Controguerra.** *Illuminati, contrada S. Biagio 18, Tel. 0861808008. Öffnungszeiten: auf Voranmeldung 8–12 und 14–18 Uhr, Samstagnachmittag und Sonntag geschlossen.* «Seit 1890 die besten Weine der Abruzzen» – das ist das Motto der Kellerei in dem alten Gutshaus, das die Eleganz älterer Zeiten bewahrt hat und gleichzeitig modernste Technologie beherbergt. Beweis dafür sind die drei wärmeregulierten Keller für die Spumante-Herstellung und den Fass- und Barriqueausbau. In puncto Qualität mag es ausreichen zu erwähnen, dass die Kellerei Illuminati den Londoner Gourmettempel Fortnum & Mason beliefert.

**Nocciano.** *Bosco, contrada Casali 7, Tel. 085847345. Öffnungszeiten: auf Voranmeldung, Sonntag geschlossen.* Die Musterkellerei in den Hügeln von Pescara hat 1997 ihr hundertjähriges Bestehen gefeiert. Beeindruckend die lange Reihe riesiger Eichenfässer und die unterirdischen Gänge, in denen die Flaschen mit Montepulciano lagern. Der große Rotwein ist natürlich der Star der Weinprobe, doch Liebhaber werden sich auch die originellen Gewächse der Grappolo-Reihe nicht entgehen lassen.

**Notaresco.** *Nicodemi, contrada Veniglio, Tel. 085895493. Öffnungszeiten: 9–12 und 13–17 Uhr, für Gruppen Voranmeldung erforderlich, Samstagnachmittag und Sonntag geschlossen.* Der Besitz in der sanften Hügellandschaft umfasst 38 Hektar, davon zehn mit Olivenbäumen. Die DOC-Weine Montepulciano und Trebbiano werden in den Gewölben des alten Gutshauses aus dem Fass verkostet.

**Und außerdem ... Casalbordino.** *Cooperativa Casal Bordino, contrada Termine 38, Tel. 0873918107.* **Città Sant'Angelo.** *Cooperativa Sant'Angelo, Contrada Vertonica, Tel. 0859 59323. Di Biase, Contrada Fonte Umano 87, Tel. 085959463.* **Chieti.** *La Torre de' Bianchi, via Peschiera 137, Tel. 087141759. Monti, via dei Frentani, contrada Crocifisso, Tel. 0871347143.* **Colonnella.** *Lepore, contrada Civita, Tel. 086170860. Cantina Sociale Colonnella, via Vibrata 72, Tel. 0861714777.* **Controguerra.** *Montori, località Piane Tronto 80, Tel. 0861809900.* **Corropoli.** *Giuseppe Marcocelli, Contrada Colle 76, 086182958.* **Francavilla al Mare.** *Pasetti, via S. Paolo 21, contrada Pretaro, Tel. 08561875.* **Giulianova.** *Fael Dario D'Angelo, via Paduni 36, Tel. 0858002550. Francesco di Giovanpietro, Traversa Moruzzi 9, Tel. 0858002569. Faraone, Staatsstraße 80 Richtung Teramo, Colleranesco 290, Tel. 0858071804.* **Guastameroli di Frisa.** *Cantina Sociale Colle Moro, via del Mare 35, Tel. 087258128.* **Lanciano.** *Madonna del Carmine, via Nasuti 169, Tel. 087245210. Spinelli, via Piana la Fara 90, Tel. 0872 897916.* **Ofena.** *Riccardo Gentile, via del Giardino 14, Tel. 08622956138.* **Ortona.** *Agriverde, frazione Caldari, via Monte Maiella 118, Tel. 0859 032101. Dora Sarchese, contrada Caldari, Tel. 0859031249.* **Pineto.** *Fratelli Barba, via Patini 7, Tel. 0859 461020.* **Pollutri.** *Cooperativa Agraria San Nicola, Contrada Crivella, Tel. 0873902606.* **Prezza.** *Praesidium, via Giovannucci 24, Tel. 086445103.* **Ripa Teatina.** *Tenuta di Valletta, località S. Stefano 16, Tel. 0871390770.* **Rocca San Giovanni.** *Cantina Sociale Frentana, Contrada Mortellete*

## Hotels und Restaurants

**Colonnella**
**Bellavista** ★★
via Icona 3
☎ 086170627

**Fossacesia**
**Levante** ★★★
3 km nach Fossacesia Marina
SS Adriatica 106
☎ 087260169

**Francavilla al Mare**
**Sporting Hotel Villamaria** ★★★★
4 km nach Pretaro
☎ 0854511001
**La Fenice** ★★★
viale Nettuno 125
☎ 085810580
**Al Brigantino – Da Sergio** 🍴🍴
viale Alcione 101
☎ 085810929

**Giulianova**
**Da Beccaceci** 🍴🍴🍴
via Zola 28
☎ 0858003550
**Lo Stracciacocc** 🍴🍴
via Trieste 159
☎ 0858005326

**Guardiagrele**
**Villa Maiella** 🍴🍴
via Sette Dolori 30
☎ 0871809319

**Isola del Gran Sasso d'Italia**
**Insula** 🍴🍴
borgo San Leonardo 78
☎ 0861976202

**L'Aquila**
**Grand Hotel del Parco** ★★★★
corso Federico II 74
☎ 0862413248

## Hotels und Restaurants

**L'Aquila**
**Duca degli Abruzzi** ★★★
viale Giovanni XIII 10
☎ 086228341
**Duomo** ★★★
via Dragonetti 6/10
☎ 0862410893
**Tre Marie** 🍴🍴🍴
via Tre Marie 3
☎ 0862413191
**Osteria Antiche Mura** 🍴🍴
via XXV Aprile 2
☎ 086262422
**Loreto Aprutino**
**Castello di Chiola** ★★★★
via degli Aquino 12
☎ 0858290690
**La Bilancia** ★★★
5 km nach
Contrada Palazzo
☎ 0858289321
**Martinsicuro**
**Leon d'Or** 🍴🍴
via A. Moro 55/57
☎ 0861797070
**Montesilvano Marina**
**Promenade** ★★★★
viale A. Moro 63
☎ 0854452221
**Mosciano Sant'Angelo**
**Fattoria Cerreto** ★★★
contrada
Colle Cerreto
☎ 0858061579
**Orsogna**
**Altamira** ★★★
via Ortonese 18
☎ 087186521

*91, Tel. 087260152.* **Roseto degli Abruzzi.** *Di Nicola Dunatill, località Solagne 11a, Tel. 0858992180. Orlandi Contucci Ponno, via Piana degli Ulivi 1, contrada Voltarrosto, Tel. 0858944049.* **Sant'Omero.** *Valori, via Torquato al Salinello, Tel. 086188461.* **Scerni.** *Istituto Agrario Ridolfi, via Colle Comuni 1, Tel. 0873 914006.* **Spoltore.** *Fattoria La Valentina, via Colle Cesi 10, Tel. 0854 478158.* **Tocco da Casauria.** *Guardiani Farchione, via XX Settembre 30, Tel. 085880509. Filomusi Guelfi, via F. Filomusi Guelfi 11, Tel. 08598353.* **Tollo.** *Cantina Tollo, via Garibaldi 68, Tel. 08719625.* **Torano Nuovo.** *Barone Cornacchia, contrada Torri 19, Tel. 0861887412. Cantine del Palazzetto, via Regina Margherita, 29, Tel. 0861856933. Pepe, via Chiesi 10, Tel. 0861856493.* **Vacri.** *Fattoria Buccicatino, via Fontanelle 7, contrada Sterpara, Tel. 0871720273.* **Vasto.** *San Michele Arcangelo, Contrada Difenza, Tel. 0873310122.* **Villamagna.** *Fattoria Licia, via Val di Foro 64, Tel. 0871300252.* **Vittorito.** *Pierantoni, via S. Sebastiano 38, Tel. 0864 727102.*

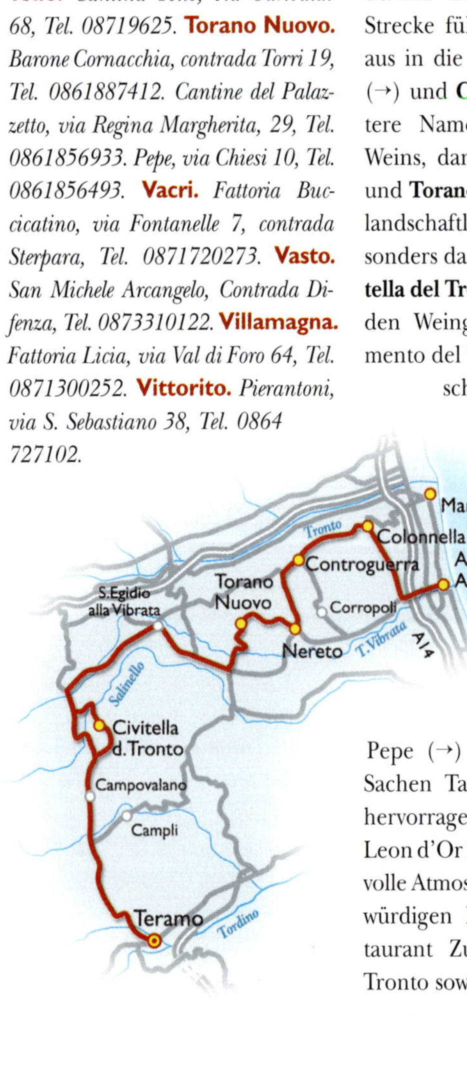


## Tourenvorschläge

**Sechs Weinstraßen.** Die Region ist mustergültig auf Weintouristen eingestellt: Die Weinstraßen sind gut ausgeschildert und in einem Führer detailliert beschrieben, den man in den Fremdenverkehrsbüros auch in einer deutschen und einer englischen Ausgabe erhält. 38 Kellereien wurden ausgewählt, daneben über 200 Restaurants, Hotels, Agriturismo-Betriebe und andere touristische Einrichtungen.

**Strada del Controguerra.** Die Strecke führt von Alba Adriatica aus in die Weinstädte **Colonnella** (→) und **Controguerra** (→), Letztere Namensgeberin des DOC-Weins, dann weiter nach **Nereto** und **Torano Nuovo.** Kulturell und landschaftlich interessant ist besonders das letzte Stück über **Civitella del Tronto** nach **Teramo.** Von den Weingütern, die dem Movimento del Turismo del Vino angeschlossen sind, verdienen besondere Beachtung Illuminati (→ Kellereien) und Montori (→) in Controguerra sowie Barone Cornacchia (→) und Pepe (→) in Torano Nuovo. In Sachen Tafelfreuden sei auf die hervorragenden Fischgerichte des Leon d'Or in Martinsicuro, die reizvolle Atmosphäre und den liebenswürdigen Empfang im Hotelrestaurant Zunica in Civitella del Tronto sowie die Pilz- und Trüffelspezialitäten im Duomo in Teramo hingewiesen. In Controguerra sollte man sich auch La Credenza nicht entgehen lassen, ein schönes Haus im Kolonialstil mitten in den Weinbergen, das zu einer Enoteca mit Speisenangebot umgebaut wurde.

**Strada delle Colline del Ducato.** Die Strecke verläuft durch die Hügellandschaft des ehemaligen Herzogtum Atri. Von **Giulianova** aus fährt man ins Landesinnere über **Mosciano Sant'Angelo** nach **Notaresco** und dann zurück an die Küste über **Roseto degli Abruzzi** hinunter nach **Pineto** und **Silvi Marina.** Lohnenswert der Abstecher nach **Isola del Gran Sasso d'Italia** und **Atri.** Von den Kellereien sei besonders Nicodemi (→) in Notaresco empfohlen, von den Restaurants das 1870 gegründete elegante Fischlokal Da Beccaceci. Der gleichen Familie gehört eine Enoteca in der Via Gorizia mit einer schönen Auswahl typischer Produkte. Wenn man das Vomanotal wieder hinauffährt, kommt man nach Canzano, wo das Restaurant La Tacchinella köstliche Truthahnspezialitäten bietet.

**Strada delle Colline Aprutine.** In **Montesilvano Marina** nimmt man den Weg nach **Penne.** Von dort aus geht es weiter nach **Loreto Aprutino** und **Pianella** ins Pescaratal hinab über **Villa San Giovanni** nach **Rosciano.** Auf dem ersten Stück Abzweigungen nach **Città Sant'Angelo** und **Elice.** Von Penne aus ein Abstecher in den Apennin nach **Farindola, Montebello di Bertona** und **Carpineto della Nora.** Lohnenswert ein Besuch beim Gut Bosco (→ Kellereien) in Nocciano.

**Strada di Tremonti e della Valle Peligna.** Von **Pescara** aus steuert man **Chieti** an, danach gelangt man auf der Staatsstraße 5 nach **Torre de' Passeri** und **Tocco da**

## Hotels und Restaurants

**Ortona**
**Ideale** ★★★
via Garibaldi 65
☎ 0859063735

**Pacentro**
**Caldora** 🍴
piazza Umberto I 13
☎ 086441139

**Pescara**
**Carlton** ★★★
viale della Riviera 35
☎ 085373125
**Guerino** 🍴🍴🍴
viale della Riviera 4
☎ 0854212065
**Cantina di Jozz** 🍴🍴
via delle Caserme 61
☎ 085690383
**Taverna 58** 🍴🍴
corso Manthonè 46
☎ 085690724

**Pineto**
**Garden** ★★★
viale G. D'Annunzio 203
☎ 0859491430
**Pier delle Vigne** 🍴🍴
2 km nach Borgo Santa Maria Immacolata
via Respighi 24
☎ 0859491071
**Al Bacucco d'Oro** 🍴
via del Pozzo 6
☎ 085936227

**Popoli**
**Tre Monti** ★★★
via Tiburtina bei km 181
☎ 08598481

**Roccaraso**
**Grande Albergo** ★★★
via Roma 21
☎ 0864602352
**Iris** ★★★
viale Iris 5
☎ 0864602366

## Hotels und Restaurants

**Rocca San Giovanni**
**Thema** ★★★★
6 km zur Autobahnauffahrt Lanciano
☎ 087215446

**Roseto degli Abruzzi**
**Miramare** ★★★
lungomare Roma 38
☎ 0858990230
**Tonino – Da Rosanna** 🍴🍴
via Volturno 11
☎ 0858990274
**L'Approdo** 🍴🍴
via Napoli 5
☎ 0858930464

**San Vito Chietino**
**Garden** ★★★
**L'Angolino Da Filippo** 🍴🍴
2 km nach Marina di San Vito
via Sangritana 1
☎ 087261632

**Silvi Marina**
**G. H. Berti** ★★★★★
via della Marina
☎ 0859350760
**Mion** ★★★★
via Garibaldi 22
☎ 0859350935
**Asplenio** 🍴🍴
via Roma 310
☎ 0859352446

**Sulmona**
**Rigoletto** 🍴🍴
via Stazione Introdacqua 46
☎ 086455529
**Cesidio** 🍴
piazza Solimo
☎ 086452724

## DOC-Weine aus den Abruzzen

**CONTROGUERRA.** – **Bianco.** Rebsorten: Trebbiano toscano (60–85%), Passerina (15–40%), andere (bis 25%). Produktion: 1003 hl (16 ha). Farbe: strohgelb. Geruch: fruchtig. Geschmack: trocken, leicht bitter im Abgang. Alkoholgehalt: 11%. Arten: *Frizzante* (10,5% Alkohol). Zu Fisch zu trinken. – **Chardonnay.** Rebsorten: Chardonnay (85 bis 100%). Produktion: 231 hl (2,8 ha). Farbe: blasses Strohgelb. Geruch: delikat, angenehm, sortentypisch. Geschmack: trocken, harmonisch. Alkoholgehalt: 11%. Zu Fischgerichten zu trinken. – **Malvasia.** Rebsorten: Malvasia (85–100%). Farbe: kräftiges Strohgelb. Geruch: sortentypisch. Geschmack: angenehm trocken. Alkoholgehalt: 11%. Zum Essen zu trinken. – **Moscato.** Rebsorten: Moscato (85 bis 100%). Farbe: kräftiges Strohgelb. Geruch: harmonisch, sortentypisch. Geschmack: lieblich, harmonisch. Alkoholgehalt: 9+1,5%. Zum Dessert zu trinken. – **Passerina.** Rebsorten: Passerina (85–100%). Produktion: 208 hl (2,2 ha). Farbe: strohgelb mit goldgelben Reflexen. Geruch: zart. Geschmack: frisch und schmackhaft. Alkoholgehalt: 11%. Zu allen Speisen zu trinken. – **Riesling.** Rebsorten: Riesling (85–100%). Farbe: strohgelb mit grünlichen Nuancen. Geruch: sortentypisch, angenehm. Geschmack: trocken, frisch, harmonisch. Alkoholgehalt: 11%. Zu allen Speisen zu trinken. – **Passito bianco.** Rebsorten: Trebbiano toscano und/oder Malvasia und/oder Passerina (60–100%). Farbe: strohgelb bis kräftig bernsteinfarben. Geruch: ätherisch, sortentypisch. Geschmack: harmonisch, samtig. Alkoholgehalt: 14%. Alterung: mindestens 1 Jahr, dann noch 5 Jahre und länger. Qualitätsstufen: *Annoso* mindestens 2 Jahre Alterung. Zum Dessert zu trinken. – **Spumante.** Rebsorten: Trebbiano (60–70%), Chardonnay und/oder Verdicchio und/oder Pecorino (30 bis 40%), andere (bis 10%). Farbe: strohgelb. Geruch: feines Bukett, nachhaltig. Geschmack: angenehm frisch, voll, lang, elegante Struktur, fein perlend. Alkoholgehalt: 11,5%. Als Aperitif, aber auch zu allen Speisen zu trinken. – **Rosso.** Rebsorten: Montepulciano nero (mindestens 60–85%), Merlot und/oder Cabernet Sauvignon (15–40%), andere (bis 25%). Produktion: 908 hl (21 ha). Farbe: kräftiges Rubinrot. Geruch: weinig. Geschmack: trocken, leichte Tannine, sortentypisch. Alkoholgehalt: 12%. Alterung: mindestens 6 Monate, dann noch 10 Jahre. Qualitätsstufen: *Novello* (11% Alkohol); *Riserva* mindestens 12,5% Alkohol und 2 Jahre Alterung (dann noch 10 Jahre und länger). Zu dunklem Fleisch zu trinken, die Riserva zu erstklassigen Bratengerichten. – **Cabernet.** Rebsorten: Cabernet (85–100%). Farbe: rubinrot.

**Casauria.** Hier zweigt eine für Weinliebhaber interessante Strecke nach **Capestrano** und **Ofena** auf der Straße nach **L'Aquila** ab. Die Hauptroute führt weiter nach **Popoli, Pratola Peligna** und **Prezza** und ist bis nach **Sulmona** ausdehnbar. Empfehlenswert die Kellerei Zaccagnini (→) in Bolognano und das Restaurant Cantina di Jozz in Pescara mit schlichtem Ambiente und traditionellen Gerichten. In **L'Aquila** gibt es zwei interessante Enoteche mit Speisenangebot: Viaggio und Bacco Club. In Chieti bietet das Restaurant Nonna Elisa ausgefallene Spezialitäten an; für Einkäufe sei die Enoteca Templi Romani Giannini erwähnt, in Sulmona das Geschäft Di Loreto Vinattieri. Wer es bis nach **Pacentro** schafft, einem hübschen Ort am Fuß des Maiellagebirges, wird im Restaurant Caldora mit typischen Gerichten der Region belohnt. In **L'Aquila** muss das Tre Marie er-

Geruch: kräuterwürzig, sortentypisch. Geschmack: trocken, sortentypisch. Alkoholgehalt: 12%. Alterung: 5 Jahre und länger. Zu dunklem Fleisch zu trinken. – **Ciliegiolo.** Rebsorten: Ciliegiolo (85–100%). Farbe: ins Kirschrot spielendes Rosé. Geruch: sortentypisch. Geschmack: trocken und harmonisch. Alkoholgehalt: 11,5%. Alterung: bis zu 3–4 Jahren. Zu allen Speisen zu trinken. – **Passito rosso.** Rebsorten: Montepulciano (60–100%). Farbe: ins Ziegelrot spielendes Granatrot. Geruch: ätherisch, sortentypisch. Geschmack: harmonisch, samtig. Alkoholgehalt: 14%. Alterung: mindestens 1 Jahr, dann noch 10 Jahre und länger. Arten: *Annoso* mindestens 3 Jahre Alterung. Zum Dessert zu trinken. – **Merlot.** Rebsorten: Merlot (85–100%). Farbe: rubinrot. Geruch: fruchtig und sortentypisch. Geschmack: trocken und sortentypisch. Alkoholgehalt: 12%. Alterung: bis zu 3 bis 4 Jahren. Zu allen Speisen zu trinken. – **Pinot Nero.** Rebsorten: Pinot nero (85–100%). Farbe: blasses Rubinrot. Geruch: intensiv und sortentypisch. Geschmack: harmonisch und leicht bitter. Alkoholgehalt: 11,5%. Alterung: bis zu 3–4 Jahren. Zu allen Speisen zu trinken.

**MONTEPULCIANO D'ABRUZZO.** Rebsorten: Montepulciano (85–100%). Produktion: 465405 hl (6444 ha). Farbe: kräftiges Rubinrot mit leichten violetten Nuancen, nach Alterung ins Orangefarbene spielend. Geruch: weinig, zart, angenehm. Geschmack: trocken, weich, schmackhaft, leichte Tannine. Alkoholgehalt: 11,5%. Alterung: mindestens bis zum 1. März, dann noch 3–4 Jahre. Arten: *Cerasuolo.* Qualitätsstufen: *Riserva* mit Ortsbezeichnung mindestens 12,5% Alkohol und 2 Jahre Alterung (dann bis zu 4–5 Jahren). Zu allen Speisen zu trinken. – **Colline Teramane.** Rebsorten: Montepulciano (90–100%), Sangiovese (bis 10%). Produktion: 600 hl (24 ha). Farbe: kräftiges Rubinrot mit leichten violetten Nuancen, nach Alterung ins Orangefarbene spielend. Geruch: sortentypischer Duft, ätherisch, intensiv. Geschmack: trocken, voll, kernig, aber harmonisch und samtig. Alkoholgehalt: 12,5%. Alterung: mindestens 2 Jahre, dann bis zu 4 bis 5 Jahren. Qualitätsstufen: *Riserva* mindestens 3 Jahre Alterung. Zu dunklem Fleisch zu trinken.

**TREBBIANO D'ABRUZZO.** Rebsorten: Trebbiano d'Abruzzo und/ oder Trebbiano toscano (85–100%). Produktion: 217723 hl (3046 ha). Farbe: strohgelb. Geruch: weinig, angenehm, zart duftend. Geschmack: trocken, schmackhaft, samtig, harmonisch. Alkoholgehalt: 11%. Qualitätsstufen: *Trebbiano d'Abruzzo* mit Ortsbezeichnung (11,5% Alkohol). Zu Fisch und allen Speisen zu trinken.

wähnt werden, ein traditionsreiches Lokal mit dem Besten, was Küche und Weinproduktion der Region zu bieten haben. Einen Hinweis wert ist auch die an das gleichnamige Restaurant angeschlosse-

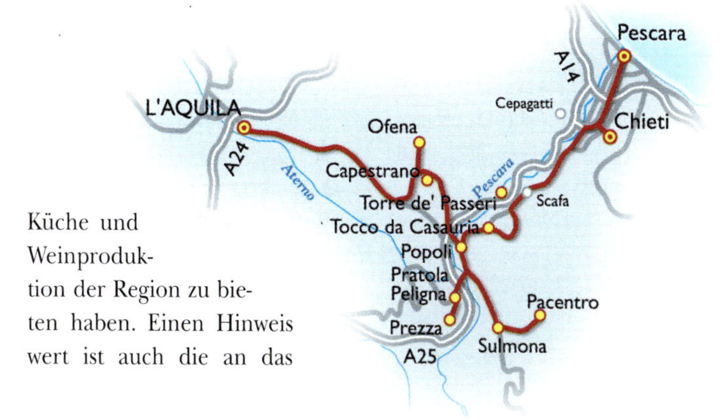


## Hotels und Restaurants

**Teramo**
**Sporting** ★★★
via De Gasperi 41
☎ 0861414723
**Duomo** 🍴🍴
via Stazio 9
☎ 0861241774
**Sotto le Stelle** 🍴
via N. Sauro 50
☎ 0861247126
**Vasto**
**Dei Sette** ★★
via San Michele 66
☎ 0873367700
**Corsaro** 🍴🍴🍴
Porto di Vasto
via Osca 51
☎ 0873310113
**Villa Vignola** 🍴🍴🍴
6 km nach Vignola
☎ 0873310050
**Zi' Albina** 🍴🍴
via Marchesani 15
☎ 0873367429

## Agriturismo

**Atri**
**Il Berrettino**
contrada
Berrettino 31
☎ 0859353122
**Bucchianico**
**Casa Bianca**
contrada
Cese Colle Torino
☎ 0871381887
**Controguerra**
**Gioie di Fattoria**
contrada
San Biagio 13
☎ 086182269
**Loreto Aprutino**
**Ai Calanchi**
contrada
Fiorano
☎ 0854214473
**Vasto**
**Pozzitello**
contrada
Buonanotte
☎ 0873549888

## Enoteche

**Chieti**
**Enoteca Templi Romani Giannini**
via Priscilla 13
☎ 087169277

**Controguerra**
**Enoteca La Credenza**
Piane Tronto 65
☎ 086189757

**Francavilla al Mare**
**Harry's Bar**
via d'Annunzio 3
☎ 0854914377

**Lanciano**
**Premier Food**
via del Verde 16
☎ 087240039

**L'Aquila**
**Enoteca Ernesto**
via Cavour 42
☎ 086222042

**Ortona**
**Enoteca Regionale**
corso Matteotti 1
☎ 0859068302

**Pescara**
**Enoteca Visaggio**
via Clemente de Cesaris 44
☎ 0854216692

**Bacco Club**
via Enzo Ferrari
☎ 085291279

**Roseto degli Abruzzi**
**Alta Gamma**
via degli Orti 13
☎ 0858937142

**Sulmona**
**Di Loreto Vinattieri**
via Gramsci 41
☎ 086451919

**Teramo**
**Staniscia**
via G. Pannella 16/22
☎ 0861415639

**Vasto**
**Sfizierie di Bacco**
via Giulio Cesare 4
☎ 0873365773

ne Enoteca Ernesto an der Piazza Palazzo.

**Strada delle Colline Teatine.** Von **Pescara** nach **Francavilla al Mare,** dann ins Landesinnere über **Ripa Teatina** nach **Bucchianico.** Halt in **Guardiagrele** und zurück an die Küste nach **Ortona.** Ausflug in den Maiella-Nationalpark. Von den Winzern sei besonders der mehrfach ausgezeichnete Gianni Maciarelli in San Martino sulla Marrucina erwähnt, außerdem die Kellereien Tenuta di Valletta (→) in Ripa Teatina und Sarchese (→) in Ortona. In Francavilla Weinprobe mit kulinarischen Beilagen in Harry's Bar. In Guardiagrele bietet das Hotelrestaurant Villa Maiella regionale Wild-, Pilz- und Trüfelspezialitäten, während die Hostaria del Castello in Ortona vorzügliche Weine zu typischen Speisen aus heimischen Zutaten reicht.

**Strada del Tratturo del Re.** Die Hauptstrecke verläuft entlang der Küste zwischen **Vasto** und **San Vito Chietino** mit Abstechern ins Landesinnere nach **Casalbordino** und **Lanciano.** Daran schließt sich eine Route durch den Apennin an, die im Sangrotal nach **Bomba** führt. Es lohnt sich, zunächst nach **Atessa,** dann nach **Lama dei Peligni** im Maiellagebirge abzuzweigen. Schließlich kann man noch weiter nach **Castel di Sangro** und **Roccaraso** fahren. Empfehlenswert das Restaurant Angolino di Filippo in San Vito Chietino mit anspruchsvoller Fischküche und vorzüglichem Weinkeller sowie dem angeschlossenen Hotel Garden. Am Meer, in der Nähe von Vasto, liegt das ebenfalls erstklassige Hotelrestaurant Villa Vignola.

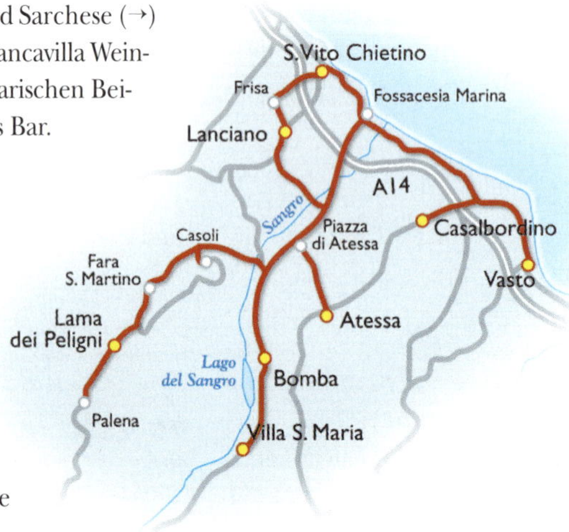

## Gaumenfreuden

Durchaus möglich, dass dieser Mann alle anderen Weine in den Hintergrund gedrängt hat, aber dafür hat er dem Montepulciano und dem Trebbiano d'Abruzzo den Weg geebnet und der Welt gezeigt, was man aus ihnen machen kann. Keine Frage, die Rede ist von Edoardo Valentini, dem Weinkönig der Abruzzen, der durch seine Besonnenheit und seinen Perfektionismus schon eine lebende Legende geworden ist – und ein Vorbild für andere Winzer. Der Ort Loreto Aprutino, wo Valentinis Rebstöcke gedeihen, ist auch die Hochburg einer anderen großen Ressource des abruzzischen Hügellands: dem Olivenöl. Hier wird eines der besten Öle in ganz Italien erzeugt; seine Qualität ist so hoch, dass ihm vor kurzem die geschützte Herkunftsbezeichnung DOP (Denominazione di Origine Protetta) verliehen wurde. In den Bergen stellt man Käse heute noch nach den alten Rezepten her, die von Generation zu Generation überliefert werden; Sorten wie Fior di Latte, Scamorza Caciocavallo, Caprino, Pecorino, Giuncata und Ricotta sind auch weit über Italien hinaus bekannt geworden. Die interessantesten Produkte, auch weil sie weitestgehend mit organisch-biologischen Methoden hergestellt werden, stammen von der regionalen Erzeugergemeinschaft Associazione Regionale Produttori Ovicaprini. Fleisch spielt eine tragende Rolle in der Küche der Abruzzen, vor allem Lamm und Milchlamm – und das nicht nur zu Ostern, wenn man in ganz Mittelitalien Lammbraten auftischt. Auch was besondere Zubereitungsweisen angeht, mangelt es der Region nicht an typischen Gerichten: Truthahn nach Art von Teramo, Fischsuppe nach Art von Vasto, «scrippelle 'mbusse», eine Art gefüllter Crêpes in Brühe, und schließlich die «virtù», eine dicke, kräftige Gemüsesuppe, die eine langwierige, ganz spezielle Zubereitung erfordert und die man in der ursprünglichen Form kaum noch irgendwo bekommt. Restaurants, die uns noch nie enttäuscht haben, sind das Bandiera im Stadtviertel Pastini von Civitella Casanova und das Hotelrestaurant Zunica in Civitella del Tronto, beides ausgezeichnete Lokale mit sorgfältig zubereiteten regionalen Speisen. Außerdem empfehlen wir das Leon d'Or in Martinsicuro für seine Fischgerichte und das Nonna Elisa in Chieti für die schlichte, aber originelle Küche mit vielen mittlerweile rar gewordenen Spezialitäten. Zum Schluss die Süßspeisen, der ganze Stolz der Region: An erster Stelle der Torrone, dann die süßen Crêpes aus Lanciano, die Hefekränze aus Guardiagrele, die Scarponi aus Sulmona, kleine, mit Trockenobst und unvergorenem Most gefüllte Pasteten, ganz zu schweigen von der jahrhundertealten Tradition der Konfektherstellung. Jüngeren Datums, aber vielleicht noch bekannter, ist das mit Schokolade überzogene Mandelgebäck namens Parrozzo, das in dem aus den Abruzzen stammenden Dichter Gabriele d'Annunzio einen berühmten Liebhaber hatte.

### Veranstaltungskalender

**März**
**Roccapia**
③ Sagra della Primavera (Frühlingsfest)
**Juli**
**Roseto**
❸ Internationale Ausstellung von DOC-Weinen
**Tollo**
① Weinfest
**Controguerra**
2. Juli–2. August
Sagra Enogastronomica (Wein- und Gastronomiefest)
**August**
**Miglianico**
① Fest des Montepulciano d'Abruzzo
**Pollutri**
① Sagra dell'Uva e del Vino (Trauben- und Weinfest)
**Sant'Agostino di Basciano**
❸ Verkostungsausstellung der Weine aus den Hügeln von Pratolungo
**September**
**Fossacesia**
③ Sagra dell'Uva
**Paglieta**
③ Sagra dell'Uva e del Vino
**Oktober**
**Mosciano S. Angelo**
❶ Sagra dell'Uva

# Molise

## Neuland für den Weinbau

*Eine Region, die zu 80 Prozent aus Bergland besteht, bietet wenig Raum für Rebstöcke. Dennoch werden in den drei DOC-Bereichen an der Adria und im Apennin Qualitätsweine erzeugt, die die Region würdig vertreten und auf ein großes Entwicklungspotenzial schließen lassen.*

Der Weinbau in Molise, dessen Ursprünge sich in die vorrömische Zeit zurückverfolgen lassen, spielt in der Wirtschaft der Region keine große Rolle. Die Küste Molises und die sanfte Hügellandschaft, die sich daran anschließt, bieten ideale Bedingungen für die Olivenölproduktion; der geringe Stellenwert des Weinbaus muss also andere Ursachen haben, die wohl eher geschichtlicher und politischer Natur sind. Die Rebflächen beschränken sich auf die vom sanften Seewind begünstigten Hügel im unteren Bifernotal und auf die Talbecken der Flüsse Trigno und Volturno im Apennin, wo sich der Weinbau den Bedingungen des Gebirges anpassen muss. Die Produktion ist gering, doch die Qualität der Weine aus Molise kann sich durchaus sehen lassen, und in den letzten Jahren waren einige Entwicklungen festzustellen, die auf eine mögliche Renaissance dieser ursprünglichen und traditionsreichen Region hindeuten.

### Rebsorten und Herkunftsbezeichnungen

Das Rebsortenspektrum, in dem durchaus eine gewisse Vielfalt von traditionellen Sorten vertreten ist, wird von der roten Traube Montepulciano beherrscht, die 64 Prozent der regionalen Anbaufläche bedeckt. Rechnet man Sangiovese und die beiden weißen Sorten Trebbiano d'Abruzzo und Trebbiano toscano hinzu, ist man bereits bei fast 85 Prozent; gleichzeitig wird der Einfluss von Importreben deutlich. Molise verfügt über drei DOC-Zonen, Molise, Biferno und Pentro di Isernia, und zwei IGT-Bereiche, Osco oder Terre degli Osci sowie Rotae.

### Das Anbaugebiet Biferno

Das untere Tal des Biferno, der wenige Kilometer südlich von Termoli in die Adria mündet, ist das Hauptanbaugebiet in Molise. Es gehört zur Provinz Campobasso und umfasst etwa 380 Hektar als DOC ausgezeichnete Rebfläche. Die besten Weingüter dieser leicht zur Küste hin abfallenden Hügellandschaft sind in der Umgebung von Larino und Guglionesi angesiedelt. Eine große Vielfalt an Traubensorten findet Verwendung, darunter viele traditionelle. Im Rotwein werden vor allem Montepulciano und Aglianico verarbeitet, während die Weißen hauptsächlich aus Trebbiano,

**Movimento del Turismo del Vino**
Beauftragter:
Luigi Di Majo
via Ramitelli 4
Campomarino (Cb)
☎ 087557208

# DOC-Bereiche in Molise

❶ DOC Biferno – 383 ha in 42 Gemeinden der Provinz Campobasso, darunter die Städte Campobasso, Guglionesi, Larino und Petrella Tifernina

❷ DOC Molise – in 70 Gemeinden der Provinzen Campobasso und Isernia sowie der Provinzhauptstadt selbst

❸ DOC Pentro di Isernia – 2 ha in 16 Gemeinden der Provinz Isernia, darunter die Stadt Isernia.

Malvasia und Bombino bestehen. Die Rebflächen für die weißen Sorten befinden sich in höheren Lagen zwischen 500 und 600 Metern ü. d. M.

## Die Heimat der Pentro-Weine

Die zweite Anbauzone von Molise liegt in zwei voneinander getrennten Gebieten in der Provinz Isernia im Landesinnern. Das nördlichere, an der Grenze zur Nachbarregion Abruzzen gelegene Gebiet erstreckt sich über das Tal des Verrone, bevor dieser in den Trigno fließt; das Zentrum ist Agnone. Hier wird in einer Höhe von 600 bis 800 Metern der beschwerliche Weinbau des Gebirges betrieben. Der zweite Bereich liegt südwestlich von Isernia auf der Hügelkette, die sich entlang des Volturno bis zur Grenze nach Kampanien hinzieht. Die Berge sind hier nicht ganz so hoch und die Rebflächen liegen günstiger. Bei den weißen Traubensorten dominieren Trebbiano und Bombino, bei den roten Montepulciano und Sangiovese.

## Weinstädte

**Campomarino.** Die inmitten von Weingärten und Olivenhainen aufragende Stadt bietet ein schönes Panorama über das Bifernotal bis hin zum Meer und den Tremiti-Inseln. Der auf den Ruinen des römischen Cliterna erbaute Stadtkern ist immer noch von mittelalterlicher Architektur geprägt. Die Stadt wurde im 14. Jahrhundert von Albanern neu besiedelt, deren Erbe in den Gebräuchen und im Dialekt fortlebt. In der Mitte erhebt sich die Kirche S. Maria a Mare, von deren Vorgängerbau die Krypta mit schönen Kapitellen erhalten ist. Gastronomisch bleiben keine Wünsche offen, besonders zu empfehlen die Fusilli mit Lammfleischsauce. Am 13. August Besuch des **Weinfests** mit einer Ausstellung der Erzeugnisse der DOC Biferno.

## Kellereien

**Campomarino.** *Di Majo Norante, contrada Ramitello 4, Tel. 087557208. E-Mail: dimajo.norante@mail3.clio.it. Öffnungszeiten: auf Voranmeldung.* Auf dem ehemaligen Lehen der Marquis Norante aus Santa Cristina sind Klima und Lage so vortrefflich, dass die Reben in den Weingärten prächtig gedeihen. Abgesehen vom DOC Biferno sei auf den herausragenden Biferno Rosso Ramitello (Verschnitt aus Montepulciano und Aglianico) hingewiesen sowie auf die interessante Reihe «Vini di antichi vitigni» (Weine aus alten Rebsorten), die reinsortig gekelterte Gewächse von den Trauben Falanghina, Fiano und Greco (weiß) sowie Ellenico und Prugnolo (rot) umfasst; aus Moscato reale wird der Passito Dolce Apianae gewonnen. Außerdem erzeugt das Gut Olivenöl, Eingemachtes, Saucen, Konfitüren ...

## Tourenvorschläge

**Durch die Weingärten an der Adria.** Die Rundstrecke führt von Termoli aus durch das Bifernotal. Ein Abstecher nach Campobasso ist unbedingt zu empfehlen, schon

### Hotels und Restaurants

**Agnone**
**Sammartino** ★★★
largo P. Micca 44
☎ 086577577
**Selvaggi** 🍴🍴
località Staffoli
☎ 086577177
**Da Casciano** 🍴
viale Marconi 29
☎ 086577511
**Campobasso**
**Eden** ★★★
via Colle delle Alpi 91
☎ 0874698441
**Skanderberg** ★★★
via Novelli 3/b
☎ 0874698441
**Vecchia Trattoria da Tonino** 🍴🍴🍴
corso Vittorio Emanuele 8
☎ 0874415200
**Campomarino**
**Acquario** ★★★
via Vanoni 140
☎ 0875530180
**Guglionesi**
**Ribo** 🍴🍴🍴
contrada Malecoste 7
☎ 0875680655

allein um das hervorragende Speisenangebot der Vecchia Trattoria da Tonino zu kosten. **Termoli.** Auf dem Gebirgsvorsprung, der die sonst sandige Küste durchbricht, erhebt sich die Altstadt mit dem großartigen romanischen Dom und der Burg. In der Neustadt tummeln sich im Sommer die Badegäste; vom Hafen aus kann man zu den Tremiti-Inseln übersetzen. In der ehemaligen Kirche S. Antonio hat man die sehenswerte städtische Galerie moderner Kunst untergebracht. Vielfältiges Angebot an regionaler Küche; besondere Erwähnung verdient das hervorragende Restaurant Z'Bass. **Campomarino.** Die Weinstadt (→) liefert den Löwenanteil der in Molise erzeugten Rebensäfte. Verkostung im Gut der Brüder Di Majo (→ Kellereien). Auf der Weiterfahrt sollte man in San Martino in Pensilis – in der Ortsmitte steht der prächtige Palazzo Baronale mit einer Renaissance-Loggia – und in dem Weinort Ururi Halt machen. **Larino.** Überreste aus römischer Zeit und dem Mittelalter machen dieses von der Landwirtschaft geprägte Städtchen interessant. Eine schöne gotische

## DOC-Weine aus Molise

**BIFERNO.** – **Bianco.** Rebsorten: Trebbiano toscano (65–70%), Bombino bianco (25–30%), Malvasia bianca (5–10%). Produktion: 2618 hl (48 ha). Farbe: strohgelb mit grünlichen Reflexen. Geruch: angenehm, delikat, leicht aromatisch. Geschmack: trocken, harmonisch, frisch. Alkoholgehalt: 10,5%. Zu allen Speisen. – **Rosato.** Rebsorten: siehe Rosso. Produktion: 315 hl. Farbe: mehr oder weniger kräftiges Rosé. Geruch: fruchtig, delikat. Geschmack: trocken, frisch, harmonisch, fruchtig. Alkoholgehalt: 11,5%. Alterung: bis zu 2 Jahren. Zu allen Speisen. – **Rosso.** Rebsorten: Montepulciano (60–70%), Trebbiano toscano (15–20%), Aglianico (15 bis 20%), andere (bis 5%). Produktion: 6548 hl (131 ha). Farbe: mehr oder weniger kräftiges Rubinrot, nach Alterung mit granatroten Reflexen. Geruch: angenehm, sortentypisch, nach Alterung mit ätherischem Duft. Geschmack: trocken, harmonisch, samtig, angemessene Tannine. Alkoholgehalt: 11,5%. Alterung: bis zu 3 Jahren. Zu allen Speisen. Qualitätsstufen: *Riserva* mindestens 13% Alkohol und 3 Jahre Alterung (dann bis zu 5 Jahren); zu Wild und pikantem Käse. **PENTRO DI ISERNIA.** – **Bianco.** Rebsorten: Trebbiano toscano (60–70%), Bombino bianco (30–40%), andere (bis 10%). Farbe: zartes Strohgelb mit grünlichen Reflexen. Geruch: delikat, sortentypisch, mehr oder weniger stark duftend. Geschmack: trocken, intensiv, relativ frisch und harmonisch. Alkoholgehalt: 10,5%. Zu allen Speisen. – **Rosato.** Rebsorten: siehe Rosso. Farbe: mehr oder weniger kräftiges Rosé. Geruch: delikat, angenehm, sortentypisch. Geschmack: trocken, harmonisch, leicht fruchtig, frisch. Alkoholgehalt: 11%. Zu allen Speisen. – **Rosso.** Rebsorten: Montepulciano (45–55%), Sangiovese (45 bis 55%), andere (bis 10%). Farbe: mehr oder weniger kräftiges Rubinrot. Geruch: angenehm, sortentypisch. Geschmack: trocken, harmonisch und samtig, leichte Tannine. Alkoholgehalt: 11%. Alterung: bis zu 3 Jahren. Zu allen Speisen zu trinken.

Seit dem Erntejahr 1998 gibt es die neue DOC **MOLISE** mit folgenden Weinen (Anteil der jeweiligen Rebsorte 85–100%): Chardonnay, Falanghina, Greco bianco, Moscato, Pinot bianco, Sauvignon, Trebbiano, Novello (aus 85–100% Montepulciano), Aglianico, Cabernet Sauvignon, Montepulciano, Sangiovese, Tintilia.

### Hotels und Restaurants

**Isernia**

**G. H. Europa** ★★★
SS 17 Isernia Nord
☎ 0865411450

**La Tequila** ★★★
**Cafè Mescal** 🍴🍴
via S. Lazzaro 85
☎ 0865412345

**Taverna Maresca** 🍴
corso Marcelli 186
☎ 08653976

**Montenero di Bisaccia**

**Strand** ★★★
21 km nach Marina di Montenero
via Costa Verde
☎ 0873803106

**Pozzilli**

**Dora** ★★★
SS 85 bei km 24
☎ 0865908006

**Termoli**

**G. H. Somerist** ★★★
**Ippocampo** 🍴🍴
via V. Cuoco 14
☎ 0875706760

**Mistral** ★★★
lungomare Colombo 50
☎ 0875705246

**Rosa dei Venti** ★★★
2,5 km nach Casa La Croce
☎ 0875752131

**Bellevue** 🍴🍴
via F.lli Brigida 28
☎ 0875706632

**Z'Bass** 🍴🍴
via Oberdan 8
☎ 0875706703

Kirche und der Palazzo Ducale zeugen von einer ruhmvollen Vergangenheit. Einige Kilometer weiter kann man in der Fattoria La Quercia mitten im Grünen Station machen. Nachdem man beim Lago di Guardialfiera den Talgrund passiert hat, kommt man in den Ort **Palata,** der auf eine slawische Gründung zurückgeht. Etwa zehn Kilometer weiter nördlich bietet die Masseria Bisaccia Übernachtungsgelegenheiten in freier Natur, nur etwa eine Viertelstunde vom Meer entfernt. **Guglionesi.** Dieses Dorf prunkt mit einer Reihe von bedeutenden Bauwerken. In der Oberstadt steht die Kirche S. Maria Maggiore, ursprünglich romanisch, wie die schöne Krypta zeigt;



sehenswert sind auch S. Nicola und S. Maria delle Grazie. Im Restaurant Ribo im Stadtviertel Malecoste kann man das Beste der regionalen Küche genießen. Ferien auf dem Lande (Agriturismo) bietet La Masseria in Petriglione.

**Die Pentro-Kellereien.** Von Isernia aus kann man zu zwei verschiedenen Rundfahrten aufbrechen; eine führt nach Norden in Richtung Trignotal, die andere verläuft am Volturno entlang in südlicher Richtung. **Isernia.** Der alte Teil der von samnitischen Pentrern gegründeten, später römischen Stadt liegt auf einem Travertinfelsen zwischen zwei Zuflüssen des Volturno. Ruhe und Komfort findet man im Grand Hotel Europa, das auch für sein Restaurant Pantagruel berühmt ist. Agriturismo bietet Il Tratturo in Roccasicura an der Strada Istonia.

**Die Nordroute.** Auf einer steil ansteigenden Straße gelangt man nach **Pescolanciano** mit einer ursprünglichen mittelalterlichen Burg. Ein kleiner Umweg führt zu einem sehr schönen Wasserfall am Trigno. **Agnone.** In der alten Stadt leben alte Handwerkstraditionen fort. Berühmt sind die Glockengießer; von ihren Fertigkeiten kann man sich in der Päpstlichen Gießerei Marinelli mit angeschlossenem Museum überzeugen. Im Gasthof Selvaggi in Staffoli reicht man leckere Kostproben der regionalen Küche. Empfehlenswert auch das Agritrekking Alto Molise im Stadtteil Maranconi. In der Umgebung liegen die Weindörfer Belmonte di Sannio, Poggio Sannita, Castelverrino und Pietrabbondante. Auf dem Rückweg kann man zu dem 1421 Meter hoch gelegenen Gebirgskurort Capracotta abzweigen.

**Die Südroute. Venafro.** Der beliebte Ferienort wurde schon von Horaz beschrieben. Die gotisch-romanische Kathedrale ist sehenswert, doch der eigentliche Reiz des

## Agriturismo

**Agnone**
**Antica Masseria Mastronardi dei Maranconi**
contrada Maranconi 15/A
☎ 0865770361
**Selvaggi**
1 km auf der Provinciale Montesangrina nach Staffoli
☎ 086577177

**Cascalenda**
**Fattoria La Quercia**
contrada Convento
☎ 0874841146

**Guglionesi**
**La Masseria**
contrada Petriglione 11
☎ 0875689827

**Montenero di Bisaccia**
**Masseria Bisaccia**
contrada Piscone
☎ 0875966972

Ortes besteht in der Vielfalt seiner archäologischen Funde. Eine Abzweigung führt ins Weindorf Pozzilli, wo man im Hotel Dora zwischen Olivenbäumen übernachtet. **Die Höhen des Volturno.** Die Straße

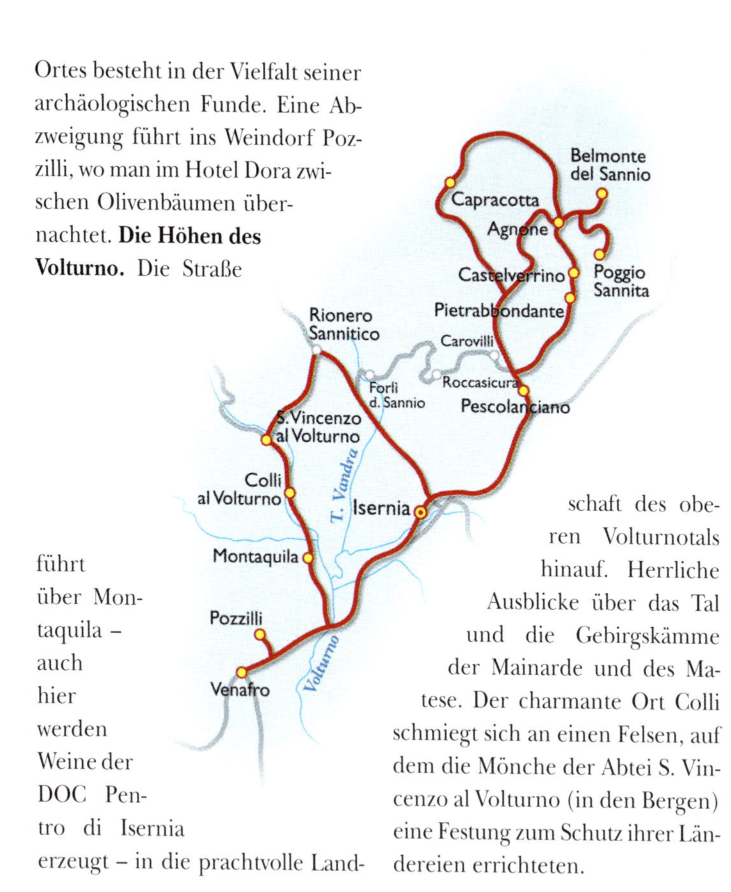


führt über Montaquila – auch hier werden Weine der DOC Pentro di Isernia erzeugt – in die prachtvolle Landschaft des oberen Volturnotals hinauf. Herrliche Ausblicke über das Tal und die Gebirgskämme der Mainarde und des Matese. Der charmante Ort Colli schmiegt sich an einen Felsen, auf dem die Mönche der Abtei S. Vincenzo al Volturno (in den Bergen) eine Festung zum Schutz ihrer Ländereien errichteten.

## Gaumenfreuden

Molise bildet eine Art Pufferzone zwischen Mittel- und Süditalien, eine kleine, aber variationsreiche und deshalb interessante Region. Obwohl nur ein wenige Kilometer langer Küstenstreifen rund um Termoli zur Region gehört, mangelt es nicht an Gerichten mit Fisch oder Meeresfrüchten, und auch nicht an renommierten Restaurants. Im Landesinneren wachsen Oliven: Larino ist seit der Römerzeit für sein Olivenöl berühmt. In den Bergen wird Käse und erstklassige Wurst erzeugt, zum Beispiel Presskopf (soppressata) und Würstchen, dann die typische Muletta, Schweinewurst mit Pfefferschötchen, sowie die berühmte Ventricina, eine weiche Rollwurst. Die Pasta wird meist frisch mit verschiedenen Arten von Mehl und ohne Ei zubereitet. Zu Röhren- und Spiralnudeln gibt es Fleischragout, vorwiegend vom Lamm, während die Bandnudeln üblicherweise mit Bohnen serviert werden. Drei Restaurants sind besonders zu empfehlen: das Z'Bass in Termoli, ein fröhliches, belebtes Fischlokal, das Ribo in Guglionesi, das anspruchsvolle Küche aus hervorragenden regionalen Zutaten bietet und das Tonino in Campobasso mit einem Speisenangebot von beständig hoher Qualität.

### Agriturismo

**Roccasicura**
**Il Tratturo**
contrada Frescialete
☎ 0865837151
**Sepino**
**La Taverna**
contrada Piana d'Olmo 6
☎ 087479626

### Veranstaltungskalender

**April**
**S. Martino in Pensilis**
30. April Fest
von San Leo
**August**
**Campomarino**
13. August
Weinfest
**September**
**Macchia d'Isernia**
① Verkaufsausstellung
von Pentro-Weinen

# Kampanien

## Uraltes Weinland

*In den fünf Provinzen Kampaniens findet sich eine Fülle von Kunstdenkmälern und historischen Stätten. Die Weine wurden schon von den alten Römern gerühmt und üben auch heute noch eine einzigartige Anziehungskraft auf Liebhaber edler Rebensäfte aus.*

In allen italienischen Regionen hat der Weinbau Tradition, doch an kaum einem Ort lässt er sich so weit zurückverfolgen wie in Kampanien. Der Name «Campania felix», den die Römer der Region gaben, bezog sich mit Sicherheit auch auf ihre vorzüglichen Weine. Das Glanzstück war der Falerno, der heute an der Grenze zu Latium wieder belebt wird. Der jetzige Aglianico ist mit der alten «Vitis hellenica» verwandt und der Fiano erinnert an die oft erwähnte «Vitis apiana».

### Vulkangestein und Kalkfelsen

Die größte geschichtliche Bedeutung kommt dem Anbaugebiet um Neapel zu, wo das Vulkangestein des Vesuv, die Campi Flegrei und die Insel Ischia den Gegenpol zu den Kalkfelsen der Sorrentiner Halbinsel und ihrem Ausläufer im Meer, der Insel Capri, bilden. Der Löwenanteil der Weinproduktion stammt dagegen aus den Hügellandschaften Irpinia und Sannio in den Provinzen Avellino und Benevento. Die Anbaugebiete der Provinz Caserta liegen im Norden der Region zwischen den Kalkhügeln des Monte Massico und dem erloschenen Vulkan Roccamonfina,

**Movimento del Turismo del Vino**
Beauftragter: Corrado D'Ambra
via Porta 24
Ischia (Na)
☎ 081991046

während die Reben der Provinz Salerno im Süden, an der Küste von Amalfi und in Cilento, gezogen werden.

## Bastion der Tradition

Auf den Rebflächen Kampaniens, die fast ausschließlich auf Hügeln (71 Prozent) oder Bergen (15 Prozent) liegen, nehmen die roten Trauben, nämlich das Dreiergespann Aglianico, Sangiovese und Barbera, den ersten Platz ein, gefolgt von den weißen Sorten Trebbiano toscano, Malvasia bianca di Candia und Greco di Tufo. Einen kleinen Anteil machen einheimische Rebsorten wie Piedirosso, Falanghina, Sciascinoso, Coda di Volpe bianca und Forastera aus. Der Trend geht dahin, die lokalen Rebsorten stärker zu fördern; zu diesem Zweck werden unter anderem die am besten für sie geeigneten Böden in Karten erfasst. Die in den letzten Jahren aus dem In- und Ausland eingeführten Sorten werden dadurch zurückgedrängt. Bei der Reberziehung dominiert das Tendone-System (41 Prozent); relativ häufig trifft man jedoch auch auf verschiedene Formen von Spalier-Erziehung und hier und da wird das traditionelle Alberata-Verfahren praktiziert.

## Neun neue DOC-Bereiche in den letzten zehn Jahren

Der Erneuerungswille im Weinbau Kampaniens zeigt sich am deutlichsten im raschen Anstieg der Anzahl klassifizierter Anbaugebiete. Der Stolz der Region ist der Taurasi DOCG, der erste süditalienische Wein, der diese Auszeichnung erhalten hat; darüber hinaus gibt es 18 DOC- und zahlreiche IGT-Gewächse. Das Nebeneinander von 70 verschiedenen Weinarten, darunter Spumante, Passito und Liquoroso, ist bemerkenswert, beachtlich auch die Bemühungen, traditionelle Erzeugnisse aus lokalen Rebsorten, die auf althergebrachte Weise angebaut werden, am Markt zu fördern. In Kampanien wird der Boden für einen anspruchsvollen Weintourismus bereitet, der ausgetretene Pfade verlässt.

DOCG- und DOC-Bereiche in Kampanien
Roccaraso
Larino
MOLISE
LAZIO
Melfa
Isernia
Biferno
L. di Occhito
CAMPOBASSO
Cassino
Liri
Volturno
Piedimonte Matese
A1
Garigliano
Sessa Aurunca
Teano
Telese
Calore
Ariano Irpino
Benevento
Grottaminarda
Mondragone
Capua
Volturno
S. Maria Capua Vetere
Caserta
Sabato
Afragola
A30
Aversa
Nola
Avellino
Montemarano
A16
Calore
Pozzuoli
NAPOLI
Pompei
Golfo di Napoli
Castellammare di Stabia
A3
Salerno
I. d'Ischia
Sorrento
Amalfi
Positano
Eboli
Battipaglia
Sele
I. di Capri
Golfo di Salerno
Agropoli
MAR TIRRENO
Anbaugebiet mit kontrollierter Herkunftsbezeichnung
Anbauzone mit DOCG-Status
Anbauzone mit DOC-Status
Scala 1:1 000 000
0
15
30 km

1. DOCG Taurasi – 402 ha in 17 Gemeinden der Provinz Avellino, darunter Taurasi
2. DOC Aglianico del Taburno – 598 ha in 13 Gemeinden der Provinz Benevento, darunter ein Teil der Stadt Benevento
3. DOC Asprinio di Aversa – 89 ha in 19 Gemeinden der Provinz Caserta, darunter Aversa, sowie in 3 Gemeinden der Provinz Napoli
4. DOC Campi Flegrei – 59 ha in 7 Gemeinden der Provinz Napoli und im Einzugsbereich der Stadt Neapel
5. DOC Capri – 29 ha auf der Insel Capri, Provinz Napoli
6. DOC Castel San Lorenzo – 76 ha auf dem Gebiet des gleichnamigen Orts und in 7 weiteren Gemeinden der Provinz Salerno
7. DOC Cilento – 35 ha in zahlreichen Gemeinden der Provinz Salerno
8. DOC Costa d'Amalfi – 30 ha in 13 Gemeinden der Provinz Salerno, darunter Amalfi
9. DOC Falerno del Massico – 80 ha in 5 Gemeinden der Provinz Caserta
10. DOC Fiano di Avellino – 248 ha in 26 Gemeinden der Provinz Avellino, darunter ein Teil der Stadt Avellino
11. DOC Galluccio – 1997 eingeführter DOC-Bereich, für den noch keine Daten vorliegen; er erstreckt sich auf 6 Gemeinden der Provinz Casterta, darunter Galluccio
12. DOC Greco di Tufo – 381 ha in 8 Gemeinden der Provinz Avellino, darunter Tufo
13. DOC Guardia Sanframondi oder Guardiolo – 74 ha in 4 Gemeinden der Provinz Benevento, darunter Guardia Sanframondi
14. DOC Ischia – 80 ha auf der Insel Ischia in der Provinz Napoli
15. DOC Penisola Sorrentina – 43 ha in 13 Gemeinden der Provinz Napoli, darunter Sorrent
16. DOC Sannio – 1997 eingeführter DOC-Bereich, für den noch keine Daten vorliegen; er erstreckt sich über das gesamte Gebiet der Provinz Benevento
17. Sant'Agata de' Goti – 24 ha auf dem Gebiet des gleichnamigen Orts in der Provinz Benevento
18. DOC Solopaca – 948 ha in 12 Gemeinden der Provinz Benevento, darunter Solopaca
19. DOC Vesuvio – 170 ha in 15 Gemeinden der Provinz Napoli

# Wein genießen in Neapel

«Bacari» in Venedig, «bar à vin» und «Bistrot» in Frankreich, «wine bar» im angelsächsischen Raum und «Osteria» im weitesten Sinne in Italien. So lauten die Bezeichnungen für die verschiedenen Lokale rund um den Wein. In Neapel jedoch heißt es schlicht und einfach «vini e cucina» und damit weiß der Gast ganz genau, was das Lokal zu bieten hat. Obwohl die kampanische Hauptstadt auf diesem Sektor keine große Auswahl zu präsentieren hat, kommt der Weinliebhaber doch auf seine Kosten.

Ein gutes Beispiel ist **La Cantina di Triunfo**, ein historisches Lokal aus dem Jahr 1890. Hier kostet man offene oder in der Flasche gereichte Weine der Region, insbesondere Fiano di Avellino und Greco di Tufo, und speist dazu typische, bodenständige Gerichte, eine Spezialität sind zum Beispiel die Kartoffelkroketten. Eine sichere Adresse ist auch die **Enoteca La Mia Cantina**, die zum Restaurant la Cantinella gehört. Aus der Küche kommen Schweinehals, neapolitanische Salami, Käse, etwa frische Büffelmilch-Mozzarella, und andere Spezialitäten, dazu eine umfangreiche Auswahl an kampanischen, in- und ausländischen Weinen. Bemerkenswert das große Spirituosensortiment. Die **Enoteca del Ristorante Gra.Pa.Lù. Il Mangiarbere** präsentiert sich mit mehr als 600 Etiketten, die zu den Speisen des Restaurants gereicht werden. Zur Wahl steht auch ein Menü, zu dessen Gängen man verschiedene Weine genießen kann.

Die kürzlich eröffnete **La Cantina di Masaniello** war einst eine Pizzeria, widmet sich heute aber ausschließlich dem Wein. In den ehemaligen Stallungen eines Adelshauses speist man typische Küche, etwa Gemüsesuppe, traditionelle neapolitanische Makkaroni oder die nicht weniger klassische Cassata napoletana und bekommt dazu eine gute Auswahl an kampanischen und anderen italienischen Weinen. Ein Weinlokal im klassischen Sinne ist **l'Antica Enoteca da Tonino**.

Gute, empfehlenswerte Weinlokale findet man auch in der Umgebung von Neapel und in den angrenzenden Provinzen, vor allem in Caserta und Avellino. In der Stadt mit der berühmten Schlossanlage ist das **Perbacco 2 La Vendemmia** ein

*Die Weingärten der Kellerei Grotta del Sole in Quarto.*

## Enoteche

**Avellino**
**Evoè**
via del Gaizo 12
☎ 082574951

**Caserta**
**Perbacco 2 La Vendemmia**
viale Lincoln II

**Ischia**
**Oh! Per Bacco**
Ischia Ponte
piazzale Aragonese
Ecke via Luigi Mazzella 20
☎ 081991354

**D'Ambra Vini d'Ischia**
via Porto 24
☎ 081991046

**Neapel**
**Antica Enoteca da Tonino**
via Santa Teresa Chiaia 47
☎ 081421533

**Enoteca del Ristorante Gra.Pa.Lù Il Mangiarbere**
via Toledo 16
☎ 0815754300

**Enoteca La Mia Cantina**
c/o Ristorante la Cantinella
via Cuma 38
☎ 0817648684

Muss. Im Hauptort der Irpinia liegt in zentraler Lage das Lokal **Evoè**. In lauschigem, gepflegtem, oft von jungen Leuten besuchtem Ambiente kostet man die Weine der Gegend, wie Taurasi, Fiano di Avellino und Greco di Tufo, aber auch bekannte nationale und internationale Tropfen. Das Speisenangebot umfasst eine kleine, aber feine Auswahl an kalten Gerichten, hauptsächlich mit Aufschnitt und Käse; es handelt sich hier um ein reines Weinlokal, die Speisen sind letztlich nichts weiter als Appetithappen.
Begibt man sich auf die Phlegräischen Inseln, beispielsweise nach Ischia, dem Erzeugerland der Weine DOC Ischia, sollte man unbedingt dem Weinlokal **Oh! Per Bacco** einen Besuch abstatten und sich von der interessanten Auswahl an nicht nur lokalen Weinen verführen lassen. Weiterhin gibt es auf Ischia das **D'Ambra Vini d'Ischia**, wo man typische Weine und Produkte zu kaufen bekommt.
Wer ein Restaurant vorzieht, kommt im **Don Alfonso dal 1890** in Sant'Agata sui Due Golfi, einem charakteristischen Ort auf der Punta Campanella, die den Golf von Sorrent vom Golf von Salerno trennt, auf seine Kosten. Markenzeichen des Restaurants sind seine Fischgerichte und bodenständigen Speisen, die einfache Zubereitung und die kreative Küche. Ein umfangreicher, gut bestückter Weinkeller und ein behagliches, raffiniertes Ambiente bilden den passenden Rahmen. Da man nur schwer einen Platz bekommt, sollte man unbedingt vorher reservieren.

Öl und Gemüse kommen übrigens aus dem hauseigenen Biogarten auf der Punta Campanella. Verweilt man auf der Sorrentiner Halbinsel, lohnt sich ein Besuch der **Taverna del Capitano** in Massa Lubrense. In elegantem und sehr gepflegtem Ambiente speist man vorwiegend Fischgerichte. Zu den Spezialitäten gehören Suppe mit Venusmuscheln, dicke, würzige Nudeln mit Zucchini, Basilikum und gedünsteten Zwiebeln oder mit Brotbröseln und Mittelmeerkräutern bestreute Langusten. Nicht zu unterschätzen die Weinkarte. Eine gute Adresse in Massa Lubrense ist auch das Restaurant **I Quattro Passi**. Auf der schönen Sommerterrasse mit Garten serviert man Ihnen gedünstete Scampi auf gekochtem Spinat, neapolitanische Makkaroni mit Ragout im Tontopf und eine knusprige und würzige frittierte Fischplatte. Beide Lokale verfügen über Fremdenzimmer, eine sehr vorzeitige Reservierung ist allerdings erforderlich. Nicht weit entfernt, in Vico Equense, empfiehlt sich das Restaurant **Torre del Saracino**. Die Küche ist ganz vom Meer geprägt: neapolitanische Makkaroni mit Gragnano, Sardellen und grünen Peperoni, Seehechtfilet mit Auberginenpüree und Törtchen mit kleinen Tomaten und Zucchini.
Auf der anderen Küstenseite, in Amalfi, endet diese gastronomische Reise im Restaurant **La Caravella**. Auch hier spielt der Fisch die Hauptrolle, zu den Spezialitäten des Hauses gehören der mit Zucchini gefüllte Tintenfisch mit Tomatenaroma und das Püree aus getrockneten Saubohnen. Umfangreich und sehr interessant die Weinkarte.

## Enoteche

**La Cantina di Masaniello**
via Donnalbina 28
☎ 0815528863
**La Cantina di Triunfo**
Riviera di Chiaia 64
☎ 081668101

## Restaurants

**Amalfi**
**La Caravella** 🍴🍴🍴
via M. Camera 12
☎ 089871029
**Massa Lubrense**
**Taverna del Capitano** 🍴🍴🍴
località Nerano
piazza Marina del Cantone
☎ 0818081892
**I Quattro Passi** 🍴🍴
via Vespucci 13/n
☎ 0818081271
**Sant'Agata sui Due Golfi**
**Don Alfonso dal 1890** 🍴🍴🍴🍴
corso Sant'Agata 11
☎ 0818780026
**Vico Equense**
**Torre del Saracino** 🍴🍴
via Torretta 9
☎ 081802855

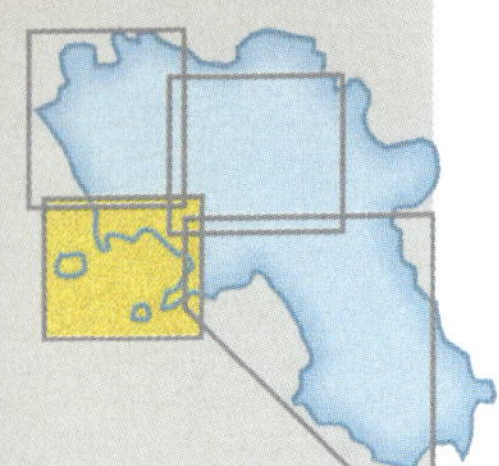

# Neapel

## mit den Inseln und der Sorrentiner Halbinsel

*Vom Vesuv bis nach Ischia, von Sorrent bis nach Capri bietet sich dem Weintouristen eine einzigartige Szenerie.*

Dass der Golf von Neapel eine Wiege des Weinbaus ist, davon zeugen nicht zuletzt die Weinkeller der Villen in Pompeji. Trotz der begrenzten Flächen spielt das Gebiet auch heute noch eine bedeutende Rolle für den Weinbau Kampaniens.

### Die Anbauflächen auf Vulkangestein

Dreh- und Angelpunkt dieses Gebiets ist die DOC Vesuvio auf den Hängen des Vulkans, der unter anderem den seit der Antike berühmten Lacryma Christi hervorbringt. Mit vulkanischen Böden sind auch der DOC-Bereich Campi Flegrei westlich des Golfes und der DOC-Bereich Ischia gesegnet. Hier, auf der größten Insel Kampaniens, findet Weinbau hauptsächlich in den Bergen statt, ein Überbleibsel aus der Zeit, in der die Bewohner sich zum Schutz vor Piraten in die unzugänglichsten Gegenden zurückzogen und ihre Keller tief in den Tuffstein gruben.

### Sorrent: Terrassen hoch über dem Meer

Einen krassen Gegensatz zu den sanften Hängen des Vulkans bietet die Sorrentiner Halbinsel: Die Dörfer krallen sich an den nackten Fels und für den Anbau von Wein und Zitrusfrüchten müssen mühsam Terrassen angelegt werden. Dennoch werden hier drei große Weine erzeugt, Lettere, Gragnano und Sorrento, die heute als Unterbereiche der DOC Penisola Sorrentina eingetragen sind. Auf der Insel Capri werden etwa 40 Hektar Rebland in der gleichnamigen DOC bewirtschaftet.

### Hotels und Restaurants

**Bacoli**

**La Misenetta** ŸŸŸ
via Lungolago 2
☎ 0815234169

**Capri**

**Grand Hotel Quisisana** ★★★★L
**Quisi** ŸŸŸŸ
via Camerelle 2
☎ 0818370788

**La Pazziella** ★★★★
via P. Reginaldo Giuliani 4
☎ 0818370044

**Capannina** ŸŸŸ
via delle Botteghe 12 bis
☎ 0818370732

**Ischia**

**Grand Hotel Punta Molino Terme** ★★★★★
lungomare C. Colombo 23
☎ 081991544

**La Villarosa** ★★★★
via G. Gigante 5
☎ 081991316

**Mezzatorre** ★★★★
Sammontano
via Mezzatorre 23
☎ 081986111

**Damiano** ŸŸŸ
Nuova Circonvallazione
☎ 081983032

**Gennaro** ŸŸŸ
via Porto 66
☎ 081992917

**Giardini Eden** ŸŸ
via Nuova Cartaromana 68
☎ 081985015

## Weinstädte

**Forio d'Ischia.** Zentrum der Weinproduktion auf Ischia.

## Kellereien

**Forio d'Ischia.** *Terra Mia, via Provinciale Panza 267, Tel. 081908206. Öffnungszeiten: im Sommer 17–23 Uhr, sonst 10.30–16 Uhr, Voranmeldung erwünscht.* In den Gewölben verkostet man die Weine des DOC-Bereichs Ischia und interessante Tafelweine: den Tifeo Rosso aus Guarnaccia und Piedirosso oder den Gran Riserva Bianco aus Biancolella, Forastera und anderen Rebsorten. *D'Ambra Vini d'Ischia strada statale 270, località Panza, via Mario D'Ambra, Tel. 081907210. Öffnungszeiten: auf Voranmeldung 8.30–18 Uhr, Samstag und Sonntag nach Vereinbarung.* Die Kellerei mit Museum ist auf Tourismus eingerichtet, im Weingarten Frassitelli finden Musikveranstaltungen statt.
**Quarto.** *Grotta del Sole, via Spinelli 2, Tel. 0818762566. Öffnungszeiten: 9–19 Uhr, Voranmeldung erwünscht, Sonntag geschlossen.* Moderner Betrieb mit großer Auswahl an DOC-Weinen, unter anderem Falanghina Campi Flegrei, Lacryma Christi del Vesuvio, Asprinio di Aversa, Fiano di Avellino, Greco di Tufo, und verschiedenen Weinen der Sorrentiner Halbinsel.

**Und außerdem ...**
**Bacoli.** *Cantine Farro di Farro Michele, via Virgilio 30/36, Tel. 081 8545555. I Vini della Sibilla di Di Meo Luigi, via Torre di Capella 13, Tel. 0818688778.* **Boscotrecase.** *Sorrentino, via Casciello 5, Tel. 0818584194.* **Ottaviano.** *Saviano 1760, via Piazza 1, Tel. 081 8278018.*

## Tourenvorschläge

**Weinberge am Golf von Neapel.** Die Organisation für Weintourismus in Kampanien hat einen umfangreichen Führer durch die Kellereien der Region herausgegeben, mit Routenvorschlägen und vielen nützlichen Adressen. Es folgt eine Kurzfassung des Tourenvorschlags für die Umgebung von **Neapel.** Zwei Strecken: Die südliche führt an der Küste entlang über **Torre Annunziata** und **Castellamare di Stabia** nach **Sorrent,** von wo aus man nach **Capri** übersetzen kann. Die nördliche streift **Pozzuoli, Cuma** und **Quarto** und sieht einen Ausflug nach **Ischia** vor. Auf die zahlreichen geschichtlichen und kulturellen Sehenswürdigkeiten näher einzugehen würde ein eigenes Buch füllen. In **Neapel** sei an dieser Stelle nur auf die nicht allzu bekannte Taverna dell'Arte hingewiesen. Zum Schluss eine kleine Anregung: Im Stadtgebiet

### Hotels und Restaurants

**Da Cocò** ǀ
piazzale Aragonese
☎ 081981823

**Massa Lubrense**

**Taverna del Capitano** ǀǀǀ
10 km nach Marina del Cantone
piazza delle Sirene 10
☎ 0818081028

**Neapel**

**Grand Hotel Parker's** ★★★★
corso Vittorio Emanuele 135
☎ 0817612474

**Paradiso** ★★★★
via Catullo 11
☎ 0817614161

**Cantinella** ǀǀǀǀ
via Cuma 42
☎ 0817648684

**Sacrestia** ǀǀǀǀ
via Orazio 116
☎ 0817611051

**Enoteca Gra.Pa.Lù.** ǀǀǀ
via Toledo 16
☎ 0815522114

**Vadinchenia** ǀǀ
via Pontano 21
☎ 081660265

**Taverna dell'Arte** ǀǀ
rampe S. Giovanni Maggiore 1/A
☎ 0815527558

**Masaniello** ǀ
via Donnalbina 28
☎ 0815528863

**Pompeji**

**Forum** ★★★
via Roma 99
☎ 0818501170

gibt es noch zahlreiche Weingärten, teils mit historischer Bedeutung, zum Beispiel auf dem Posillipo oder bei der Certosa di S. Martino. In **Pompeji** sei das Restaurant Principe empfohlen: hoher Anspruch und eine umfangreiche Weinkarte direkt gegenüber der berühmten Basilika. **Sorrent** hat außer ein paar bekannten Namen nicht viel zu bieten, deshalb besser weiter nach **Massa Lubrense,** um die Küche der Taverna del Capitano zu genießen. In **Capri** führt der erste Weg ins Capannina, berühmt für den mit

## DOC-Weine aus der Provinz Napoli

**CAMPI FLEGREI. – Bianco.** Rebsorten: Falanghina (50–70%), Biancolella und/oder Coda di Volpe (10–30%), andere (bis 30%). Farbe: mehr oder weniger kräftiges Strohgelb. Geruch: weinig, delikat. Geschmack: frisch, trocken, harmonisch. Alkoholgehalt: 10,5%. Zu Fisch zu trinken. – **Falanghina.** Rebsorten: Falanghina (90–100%). Produktion: 1853 hl (37 ha). Farbe: mehr oder weniger kräftiges Strohgelb mit grünlichen Reflexen. Geruch: delikat, angenehm, sortentypisch. Geschmack: trocken, harmonisch, weich. Alkoholgehalt: 11%. Arten: *Spumante* (11,5%). Zu Fisch zu trinken; Spumante als Aperitif oder zum Essen. – **Rosso.** Rebsorten: Piedirosso (Pér'e Palumno; 50–70%), Aglianico und/oder Sciascinoso (10–30%), Produktion: 20 hl (0,8 ha). Farbe: mehr oder weniger kräftiges Rubinrot, nach Alterung ins Granatrote spielend. Geruch: weinig, angenehm, sortentypisch. Geschmack: trocken, sortentypisch, harmonisch. Alkoholgehalt: 11,5%. Alterung: bis zu 2–3 Jahren. Qualitätsstufen: *Novello.* Als Tischwein zu trinken. – **Piedirosso.** Rebsorten: Piedirosso (Pér'e Palumno; 90–100%). Produktion: 128 hl (4,4 ha). Farbe: mehr oder weniger kräftiges Rubinrot, nach Alterung ins Granatrote spielend. Geruch: intensiv, sortentypisch. Geschmack: trocken, harmonisch. Alkoholgehalt: 11,5%. Alterung: bis zu 3 Jahren. Arten: *Passito secco* (14+3%) und *Passito dolce* (12+5%). Qualitätsstufen: *Riserva* mindestens 12% Alkohol und 2 Jahre Alterung, dann bis zu 4 Jahren. Als Tischwein zu trinken, die Riserva zu dunklem Fleisch, den Passito zum Dessert.

**CAPRI. – Bianco.** Rebsorten: Falanghina und Greco (80–100%, der Greco-Anteil darf 50% nicht überschreiten), Biancolella (bis 20%). Produktion: 210 hl (9,6 ha). Farbe: mehr oder weniger kräftiges helles Strohgelb. Geruch: angenehm mit sortentypischem Duft. Geschmack: trocken und frisch. Alkoholgehalt: 11%. Alterung: bis zu 2 Jahren. Zu Fischgerichten zu trinken. – **Rosso.** Rebsorten: Piedirosso (80 bis 100%). Produktion: 30 hl (1,1 ha). Farbe: mehr oder weniger kräftiges Rubinrot. Geruch: angenehm weinig. Geschmack: trocken, schmackhaft. Alkoholgehalt: 11,5%. Alterung: bis zu 2 Jahren. Als Tischwein zu trinken.

**ISCHIA. – Bianco.** Rebsorten: Forastera (45–70%), Biancolella (30–55%). Produktion: 1409 hl (28 ha). Farbe: mehr oder weniger kräftiges Strohgelb. Geruch: weinig, delikat, angenehm. Geschmack: trocken, angemessener Körper, harmonisch. Alkoholgehalt: 10,5%. Arten: *Spumante* (11,5%). Qualitätsstufen: *Superiore* (11,5%), Produktion 372 hl (6,9 ha). Zu Fisch zu trinken; der Spumante als Aperitif und zu allen Speisen. – **Biancolella.** Rebsorten: Biancolella (85–100%). Produktion: 1070 hl (22 ha). Farbe: strohgelb mit grünlichen Reflexen. Geruch: weinig, sortentypisch. Geschmack: trocken, harmonisch. Alkoholgehalt: 10,5%. Zu Fisch und Meeresfrüchten zu trinken. – **Forastera.** Rebsorten: Forastera (85–100%). Produktion: 192 hl (3,4 ha). Farbe: mehr oder weniger kräftiges

## Hotels und Restaurants

**Pompeji**
**Il Principe** 🍴🍴🍴🍴
piazza B. Longo 8
☎ 0818505566

**Sorrent**
**Caruso** 🍴🍴🍴
via S. Antonino 12
☎ 0818073156
**Favorita – O' Parrucchiano** 🍴🍴
corso Italia 71/73
☎ 0818781321

## Agriturismo

**Meta**
**La Pergola**
via T. Astarita 80
☎ 0818083240

**Pimonte**
**La Casa del Ghiro**
Franche
via San Nicola 15
☎ 0818749241

## Enoteche

**Capri**
**Enoteca e Gourmet Shop La Capannina Più**
via delle Botteghe 39/41
☎ 0818378899

köstlichem Gemüse zubereiteten Fisch. Nostalgiker sollten das Restaurant des Grand Hotel Quisisana aufsuchen: Der Blick ist unvergesslich, der Weinkeller kann mithalten. Auf der anderen Seite des Golfs, in **Bacoli,** ist Salvatore Di Meos Lokal Misenetta erste Anlaufstelle. Hier wird jedes Essen zum Erlebnis. In **Quarto** Besuch der Kellerei Grotta del Sole (→), Einkäufe bei der Elaioteca Armonia. In **Ischia** Verkostung in den Kellereien D'Ambra (→) und Terra Mia (→); in Porto d'Ischia die Enoteca Perrazzo Appuntamento Vino.

Strohgelb. Geruch: weinig, sortentypisch, delikat. Geschmack: trocken, harmonisch. Alkoholgehalt: 10,5%. Alterung: bis zu 2 Jahren. Zu Fisch und allen Speisen. – **Rosso.** Rebsorten: Guarnaccia (40–50%), Piedirosso (40–50%), andere (bis 15%). Produktion: 112 hl (1,7 ha). Farbe: mehr oder weniger kräftiges Rubinrot. Geruch: weinig. Geschmack: trocken, mittlerer Körper, angemessene Tannine. Alkoholgehalt: 11%. Alterung: mindestens 3 Monate, dann bis zu 4–5 Jahren. Zu allen Speisen zu trinken. – **Piedirosso** (oder **Pér'e Palumno**). Rebsorten: Piedirosso (85–100%). Produktion: 182 hl (3 ha). Farbe: rubinrot. Geruch: weinig, sortentypisch. Geschmack: trocken, mittlerer Körper, angemessene Tannine. Alkoholgehalt: 11%. Alterung: bis zu 4 Jahren. Arten: *Passito* (13,5+1%), 10 Jahre Alterung und länger. Zu allen Speisen; der Passito zum Dessert und zur Entspannung.

**PENISOLA SORRENTINA. – Bianco.** Rebsorten: Falanghina und/oder Biancolella und/oder Greco bianco (60 bis 100%, mindestens 40% Falanghina). Produktion: 153 hl (4,3 ha). Farbe: mehr oder weniger kräftiges Strohgelb. Geruch: delikat, weinig. Geschmack: trocken, angemessener Körper. Alkoholgehalt: 10%. Qualitätsstufen: geographische Spezifikation *Sorrento* (11%), Produktion 64 hl (1,2 ha). Zu Fisch. – **Rosso.** Rebsorten: Piedirosso und/oder Sciascinoso und/oder Aglianico (60–100%; mindestens 40% Piedirosso). Farbe: mehr oder weniger kräftiges Rubinrot. Geruch: weinig. Geschmack: trocken, mittlerer Körper, angemessene Tannine. Alkoholgehalt: 10,5%. Alterung: bis zu 2 Jahren. Arten: *Frizzante* (10%). Qualitätsstufen: geographische Spezifikation *Sorrento* (11,5%), Produktion 19 hl (0,3 ha); *Frizzante Gragnano* (11%), Produktion 581 hl (12,5 ha); *Frizzante Lettere* (11%), Produktion 491 hl (10,7 ha). Als Tischwein.

**VESUVIO. – Bianco.** Rebsorten: Coda di Volpe und/oder Verdeca (80–100%, mindestens 35% Coda di Volpe), Falanghina und/oder Greco (bis 20%). Produktion: 1079 hl (90 ha). Farbe: zart gelb bis strohgelb. Geruch: weinig, angenehm. Geschmack: trocken, leicht säuerlich. Alkoholgehalt: 11%. Qualitätsstufen: *Lacryma Christi* (auch *Spumante*) 12% Alkohol, Alterung bis zu 2 Jahren, Produktion 4165 hl; *Lacryma Christi Liquoroso* 12% Alkohol, 10 Jahre Alterung und länger. Zu allen Speisen zu trinken; Lacryma Christi zu Fisch; Spumante als Aperitif; Liquoroso zum Dessert und zur Entspannung. – **Rosso.** Rebsorten: Piedirosso und/oder Sciascinoso (80–100%, mindestens 50% Piedirosso), Aglianico (bis 20%). Produktion: 9435 hl (157 ha). Farbe: rubinrot bis mehr oder weniger kräftiges Rosé. Geruch: angenehm weinig. Geschmack: trocken, harmonisch. Alkoholgehalt: 10,5%. Alterung: bis zu 3 bis 4 Jahren. Arten: *Rosato.* Qualitätsstufen: *Lacryma Christi* (auch *Spumante* und *Rosato Spumante*) 12% Alkohol, Alterung bis zu 4–5 Jahren, Produktion 3270 hl. Zu allen Speisen zu trinken, auch der Rosato; der Lacryma Christi passt zu Fleisch- und Wildgerichten.

## Enoteche

**Ischia**

**Enoteca Perrazzo Appuntamento Vino**
via Porto 36
☎ 081991600

**Neapel**

**Belledonne**
vicolo Belledonne
A. Chiaia 18
☎ 081403162

**Enoteca Del Buon Bere**
via Marino Turchi 15
☎ 0817647843

**Enoteca Partenopea**
viale Augusto 2
☎ 0815937982

**Vinarium**
via Cappella Vecchia 7
☎ 0817644114

**Quarto Flegreo**

**Enoteca Elaioteca Armonia**
corso Italia 322
☎ 0818767475

**Sorrent**

**Enoteca Baccus**
piazza S. Antonino 20
☎ 0818074610

**Enoteca Enovip**
via S. Cesareo 15
☎ 0818781669

## Veranstaltungskalender

**Juli**
① «Zandraglia»-Fest

**November**
Somma Vesuviana
Sagra e Mostra del Fungo e delle Castagne (Pilz- und Kastanienfest)

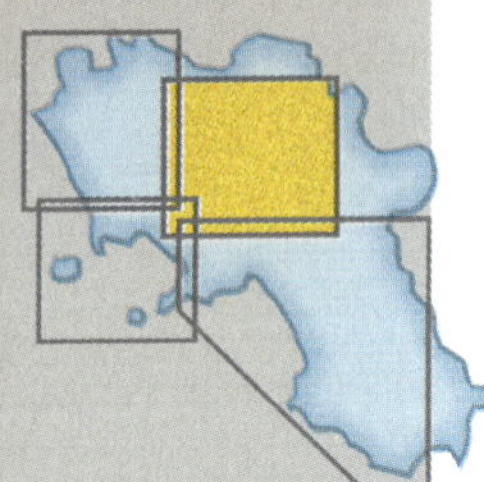

# Sannio und Irpinia

*Die waldigen Hügel im Landesinneren sind das wichtigste Weinbaugebiet der Region.*

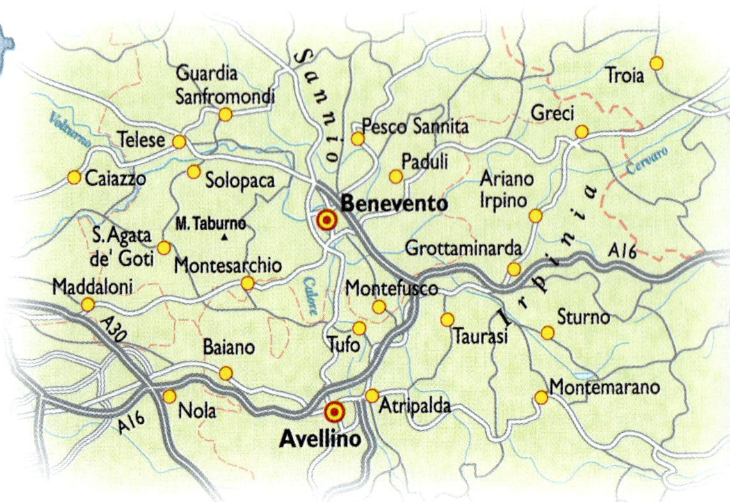


Aus den Provinzen Benevento und Avellino ganz im Osten Kampaniens stammen fast zwei Drittel der regionalen Weinproduktion. Herausragend ist der Taurasi, der erste DOCG-Wein in Süditalien, doch lässt sich hier auch manch andere Entdeckung machen.

## Benevento: Haupterzeuger in Kampanien

Im Sannio in der Provinz Benevento wird ein dynamischer Weinbau mit modernster Technik betrieben, sowohl im Weinberg als auch in den Kellereien. Hier entstehen 40 Prozent der regionalen Produktion. Dies schlägt sich auch auf die gesetzlichen Regelungen nieder: Relativ lange schon bestehen die DOC-Bereiche Solopaca und Taburno, in jüngerer Vergangenheit kamen Guardiolo und Sant'Agata dei Goti dazu, und der jüngste Zuwachs heißt Sannio.

## Die grüne Heimat des Taurasi

Die Irpinia, im Wesentlichen also die Provinz Avellino, ist die gebirgigste Gegend Kampaniens, mit einem für die südliche Lage sehr frischen Klima und üppiger Waldvegetation. Sie liefert ein Fünftel der regionalen Produktion; die erstklassige Qualität ist den angestammten einheimischen Reben zu verdanken: Aglianico, aus dem der Taurasi DOCG gekeltert wird, und zwei weiße Trauben, nach denen zwei der größten DOC-Bereiche benannt sind: Fiano di Avellino und Greco di Tufo.

### Hotels und Restaurants

**Atripalda**
**Valleverde** 🍴
via Pianodardine 112
☎ 0825626115

**Avellino**
**De la Ville** ★★★
via Palatucci 20
☎ 0825780911
**Hermitage** ★★★
5 km nach Contrada
SS 88 bei km 29
☎ 0825674788
**Jolly** ★★★
via Tuoro
Cappuccini 97/A
☎ 082525922
**Antica Trattoria Martella** 🍴🍴
via Chiesa
Conservatorio 10
☎ 082531117
**Caveja** 🍴🍴
via Scandone 48
☎ 082538277

## Weinstädte

**Avellino.** Moderne Stadt im grünen Sabatotal, umgeben von einer bezaubernden Bergkulisse.

**Benevento.** Die uralte Stadt am Calore hat noch einige bedeutende Bauwerke und ein archäologisches Museum zu bieten. Hier hat die Enoteca Provinciale del Sannio (→) ihren Sitz. Berühmt ist auch der Kräuterlikör Strega, der seinen Namen von einer alten Hexengeschichte hat.

**Solopaca.** Der wichtigste Weinort im mittleren Caloretal. Hingewiesen sei auf die Enoteca der Winzergenossenschaft und auf zwei Veranstaltungen: das **Traubenfest** im September und die **Ausstellung des neuen Weins** am 11. November.

**Guardia Sanframondi.** Pate des DOC-Weins Guardiolo. In dem Dorfgeht es im Juli und August bei den abendlichen Aufführungen im Rahmen des **Estate all'Castello** (Burgensommer) und den Veranstaltungen der **Vinalia** hoch her.

Auf den Hügeln beidseits des Calore liegen außerdem **Castelvenere** mit Landwirtschaftsmuseum (und angeschlossener Enoteca) und einem **Weinfest** Ende August; **Paupisi,** bekannt für die Pastaspezialität «cecatielli», die man unter anderem am letzten Sonntag im August bei der **Sagra dei Prodotti Tipici** probieren kann; **Ponte,** das im September zu dem Festival **Giochi senza Quartiere** einlädt; **Torrecuso** mit dem **Vinestate** (Weinsommer) Ende August, Anfang September.

**Campoli del Monte Taburno** ist berühmt für seinen Aglianico-Wein und für seine Bohnen, die mit der **Sagra del Fagiolo** am zweiten Samstag im August gefeiert werden.

**Taurasi.** Hier wird der erste und bisher einzige DOCG-Wein Kampaniens reinsortig aus der Aglianico-Traube gekeltert. Anfang Juli findet das **Aglianico-Fest** statt; der Wein spielt jedoch auch bei der Septemberveranstaltung **Da Porta a Porta** eine tragende Rolle.

**Tufo.** Auch dieser kleine Ort gibt einem erstklassigen Wein seinen Namen; ihm ist das **Fest des Greco di Tufo** in der ersten Septemberwoche gewidmet. Ganz in der Nähe liegt **Petruro Irpino** auf einem Felsen, der von Weinbergen und Wald umgeben ist. Mitte August findet hier das **Fusilli-Fest** statt. Wenige Kilometer oberhalb von Avellino stoßen wir kurz vor **Pratola Serra** auf **Montefredane.** Dort ist auf das Castello Caracciolo hinzuweisen, in dem demnächst eine Enoteca eröffnet wird, und auf die **Sagra del Fusillo e del Cotechino,** die in der letzten Juniwoche diesen Leckerbissen gewidmet ist.

**Und außerdem ... Altavilla Irpina** In der letzten Juniwoche findet die Nacht der Hexen, die **Notte delle Streghe**, statt. **Lapio.** Am 25. November feiert man mit der

*Der Trajansbogen in Benevento.*

### Hotels und Restaurants

**Benevento**

**Grand Hotel Italiano** ★★★
viale Principe di Napoli 137
☎ 082424111

**President** ★★★
via Perasso 1
☎ 0824316716

**De La Ville** ★★★
5 km nach Piano Cappelle
☎ 0824313787

**Da Pina e Gino** 🍴
viale dell'Università 1
☎ 082424947

**Pedicini** 🍴
via Grimoaldo Re 16
☎ 082421731

**Traiano** 🍴
via Manciotti 48
☎ 082425013

**Vecchie Carrozze** 🍴
5 km nach Piano Cappelle
☎ 0824778115

**Melito Irpino**

**Di Pietro** 🍴
corso Italia 8
☎ 0825472010

**Sagra delle Salsicce e Vino** die Wurstspezialitäten und den Wein. **Und schließlich ... Sorbo Serpico.**

## Kellereien

**Montefusco.** *Terre Dora di Paolo, via Serra, Tel. 0825968215. Öffnungszeiten: auf Voranmeldung 9–13 und 15–17 Uhr.* Großes Weingut mit DOCG Taurasi DOC Fiano d'Avellino und Greco di Tufo und interessanten Tafelweinen aus der Irpinia. Übernachtungsmöglichkeiten. **Salza Irpina.** *Di Meo, contrada Coccovoni 1, Tel. 0825981419. Öffnungszeiten: auf Voranmeldung 9 bis 18 Uhr.* In einem ehemaligen Jagdhaus verkostet man die DOC-Weine Fiano d'Avellino (den Stolz des Hauses), Greco und Aglianico sowie die Tafelweine Vigna Olmo Bianco (Coda di Volpe mit Fiano und Grecodi Tufo) und Vigna Olmo Rosso (Aglianico). **Sant'Agata de' Goti.** *Mustilli, via dei Fiori 20, Tel. 08237174433. Öffnungszeiten: 9–13 und 15–18; Verkostung nur auf Voranmeldung.* Das Gut verfügt über Kellerräume aus dem 15. Jahrhundert. Mit dem Restaurant und Gästezimmern im Herrenhaus will die Familie Gäste anziehen und hat das Projekt «Arcadia» mit verschiedenen Angeboten für Weintouristen initiiert. **Taurasi.** *Caggiano, Case D'Alto, Tel. 082774262. Öffnungszeiten: auf Voranmeldung 8–13 und 15–18 Uhr.* Hervorragend die in der Barrique ausgebauten Vini da Tavola: der weiße Fiagrè (zwei Drittel Fiano, ein Drittel Greco) sowie die beiden Roten Salae Domini (Aglianico) und Taurì (Aglianico mit Piedirosso und Fiano). **Tufo.** *Di Marzo, via Gaetano di Marzo 17, Tel. 0825998022. Öffnungszeiten: 8–12 und 13–17 Uhr, vorzugsweise auf Voranmeldung, Sonntag geschlossen.* Der Palazzo Di Marzo thront über dem Sabatotal, der Stolz des Hauses ist der DOC Greco di Tufo, hervorragend auch der IGT-Wein Aglianico d'Irpinia.

**Und außerdem ... Avellino.** *Marianna, via Filande 6, Tel. 0825 627252. Terranera, via Moro 3a, Tel. 0825671455.* **Castelvenere.** *Fattoria Ciabrelli, via Italia 3, Tel. 0824 940565. Antica Masseria Venditti, via Sannitica 122, Tel. 0824940306.* **Cesinali.** *Del Nonno, via Nocelleto 14, Tel. 0825666347.* **Chiusano di San Domenico.** *Colle di San Domenico, via Ofantina, Tel. 0825 985423.* **Guardia Sanframondi.** *De Lucia, contrada Starze, Tel. 0824 817705.* **Manocalzati.** *D'Antiche Terre, contrada Lo Piano, SS 7 bis, Tel. 0825675358.* **Montefredane.** *Vadiaperti, contrada Vadiaperti, frazione Arcella, Tel. 0825607270.* **Ponte.** *Ocone – dal 1910 i vini del Sannio, via Monte-C.P. 56, Tel. 0824 874040.* **Prata di Principato Ultra.** *Giulia, via Boschetto 42, Tel. 0825961219.* **Pratola Serra.** *Castel di Serra di Elio Sellino, via Piloni 1. La Casa dell'Orco, via Limaturo, frazione San Michele, Tel. 082537247.* **Sorbo Serpico.** *Feudi di San Gregorio, via Cerza Grossa 1, Tel 0825 986266.* **Taurasi.** *Alessandro Caggiano, Case d'Alto, Tel. 082774262. Antonio Caggiano, contrada Sala, Tel. 082774043. Cantine Antica Irpinia, contrada Lenze, Tel. 0827 74546.* **Torrecuso.** *Rillo, via Fontanavecchia, Tel. 0824876275.* **Tufo.** *Ferrara, frazione San Paolo, Tel. 0825 998194.*

### Hotels und Restaurants

**Mercogliano**
**Green Park Hotel Titino** ★★★
via Loreto 9
☎ 0825788961
**Mercurio** ★★★
viale San Modestino 42
☎ 0825787149
**Mirabella Eclano**
**Mirabella** ★★★
2 km nach Passo di Mirabella
via Bosco-Passo
☎ 0825449724
**Morcone**
**La Formica** ★★★
raccordo Cappuccini
☎ 0824957100

## Enoteche

**Benevento.** *Enoteca Provinciale del Sannio, piazza Guerrazzi 4, Tel. 0824 47845. Öffnungszeiten: 9.30–13 und 16.30–20 Uhr, Montagvormittag geschlossen.* Zwei originelle Räume in zentraler Lage. Die Weinkarte umfasst eine aktuelle Auswahl kampanischer Weine, die wichtigsten italienischen Gewächse und eine lange Reihe von Spirituosen. Kampanische Küche.

## Tourenvorschläge

**Die Weingärten des Sannio.** Die Strecke ist ausführlich im Führer «Il turismo del vino in Campania» beschrieben. Ausgangspunkt ist die Weinstadt **Benevento** (→), in der vor allem die Enoteca del Sannio (→) empfohlen sei, daneben die Restaurants Pedicini und Vecchie Carrozze (in Piano Cappelle). Von der Provinzhauptstadt fährt man zunächst auf die SS 88 und zweigt nach wenigen Kilometern auf die 372 Telesina ab, die entlang des Flusses Calore verläuft. Abzweigungen von dieser Straße führen zu den wichtigsten Weinorten: **Ponte,** Weinstadt (→) mit der Kellerei Ocone (→); **Paupisi** (→); **Torrecuso** (→) mit Besuch der Kellerei Rillo (→) und möglichem Abstecher nach **Campoli del Monte Taburno** (→). Ein Stück weiter **Solopaca** (→), mit eventueller Weiterfahrt nach **Sant'Agata de' Goti**, wo man in der gut ausgestatteten Kellerei Mustilli übernachten kann. Die letzte Abfahrt von der Telesina-Straße führt rechts zur Weinstadt **Castelvenere** (→), mit den beiden Kellereien Fattoria Ciabrelli (→) und Antica Masseria Venditti (→), dann nach **Guardia Sanframondi** (→) mit der Kellerei De Lucia (→). In **Telese Terme** sollte man im Grand Hotel Telese übernachten, ein Fin-de-siècle-Gebäude inmitten eines riesigen Parks.

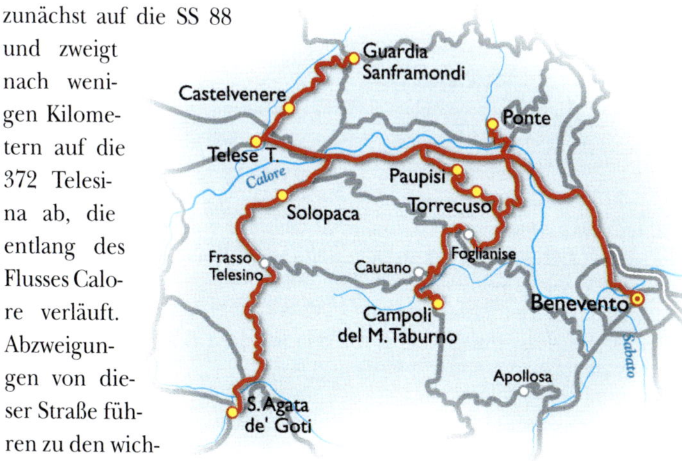


**Grünes Irpinia.** Die Strecke beginnt in **Avellino,** einer modernen Stadt mit Überresten einer normannischen Siedlung. Leckere Gerichte der traditionellen Arme-Leute-Küche in der Antica Trattoria Martella. Ein Hotel der obersten Kategorie ist das Hermitage, reizvoll in einem Festungspalast aus dem 17. Jahrhundert untergebracht. Kundig geführt, lädt auch das zentral gelegene Weinlokal Evoè zu einem guten Tropfen ein. Man verlässt die Stadt auf der Via

### Hotels und Restaurants

**San Giorgio del Sannio**
**Villa San Marco** ★★★
2 km nach Monterone
SS Appia bei km 271
☎ 0824338357

**San Salvatore Telesino**
**Villa Gioia** 🍴
via Pugliano 4
☎ 0824947229

**Sant'Agata de' Goti**
**La Taverna dei Goti** 🍴
piazza Castello 3
☎ 0823717358

**Serino**
**Serino** ★★★
via Terminio 119
☎ 0825594901

**Taurasi**
**La Buca di Bacco** 🍴
via Matteotti 1
☎ 082774737

**Telese Terme**
**Grand Hotel Telese** ★★★
via Provinciale Telese-Cerreto
☎ 0824940500

Appia, von der Abzweigungen zu den interessantesten Kellereien führen. Schon kurz hinter **Atripalda,** wo das hübsche Lokal Valleverde auch Übernachtungsmöglichkeiten bietet, biegt man nach **Salza Irpina** zu einer Verkostung in der Kellerei Di Meo (→) ab. Nach der Abzweigung nach **Montefredane** (→) teilt sich die Strecke: Links gelangt man nach **Pratola Serra,** der Weinstadt **Tufo** (→) mit der Kellerei Di Marzo (→), **Montefusco,** wo ein Besuch der Kellerei Terre Dora Di Paolo (→) geboten ist, und **Petruro Irpino** (→). Die rechte Route führt dagegen nach **Taurasi** (→) mit der Kellerei Caggiano (→) und dem hübschen Lokal Buca di Bacco. Wer den Weg bis Vallesaccarda fortsetzt, dem werden Küche und Keller des Restaurants Oasis ein unvergessliches Erlebnis bescheren.

## DOCG- und DOC-Weine aus Avellino und Benevento

**DOCG**

**TAURASI.** Rebsorten: Aglianico (85 bis 100%). Produktion: 4163 hl (146 ha). Farbe: kräftiges Rubinrot, ins Granatrot spielend, nach Alterung mit orangefarbenen Reflexen. Geruch: sortentypisch, ätherisch, angenehm, mehr oder weniger intensiv. Geschmack: trocken, voll, harmonisch, ausgewogen, langer Abgang. Alkoholgehalt: 12%. Alterung: mindestens 3 Jahre, dann noch 8 Jahre und länger. Qualitätsstufen: *Riserva* mindestens 12,5% Alkohol und 4 Jahre Alterung, dann noch 10 Jahre und länger. Zu dunklem Fleisch, Wild und abgelagertem Käse zu trinken.

**DOC**

**AGLIANICO DEL TABURNO. – Rosato.** Rebsorten: Aglianico (85–100%). Farbe: mehr oder weniger volles Rosé. Geruch: delikat, frisch, fruchtig. Geschmack: frisch, eher weich. Alkoholgehalt: 11,5%. Alterung: mindestens bis zum 1. März nach der Lese. Zu allen Speisen. – **Rosso.** Rebsorten: Aglianico (85–100%). Produktion: 4837 hl (133 ha). Farbe: mehr oder weniger kräftiges Rubinrot, nach Alterung ins Granatrot spielend. Geruch: sortentypisch, angenehm, nachhaltig. Geschmack: trocken, leichte Tannine, nach Alterung samtig. Alkoholgehalt: 11,5%. Alterung: mindestens 2 Jahre, dann noch 5 Jahre und mehr. Qualitätsstufen: *Riserva* mindestens 12% Alkohol und 3 Jahre Alterung. Zu dunklem Bratenfleisch und mittelaltem Käse zu trinken, Riserva zu Wild und altem Käse.

**FIANO DI AVELLINO** (oder **Apianum**). Rebsorten: Fiano (85–100%), Greco und/oder Coda di Volpe bianca

### Hotels und Restaurants

**Vallesaccarda**
**Minicuccio** ★★★
**Minicuccio** 🍴
via Santa Maria 24/26
☎ 082797030
**Oasis** 🍴
via Provinciale
☎ 082797021

## DOCG- und DOC-Weine aus Avellino und Benevento

und/oder Trebbiano toscano (bis 15%). Produktion: 7740 hl (206 ha). Farbe: mehr oder weniger kräftiges Strohgelb. Geruch: intensiv, sortentypisch. Geschmack: trocken, harmonisch, Alkoholgehalt: 11,5%. Alterung: 3 Jahre und länger. Zu Fischgerichten.

**GRECO DI TUFO.** Rebsorten: Greco di Tufo (85–100%), Coda di Volpe bianca (bis 15%). Produktion: 18153 hl (350 ha). Farbe: strohgelb bis goldgelb. Geruch: klar, sortentypisch. Geschmack: zart, trocken, harmonisch, Alkoholgehalt: 11,5%. Alterung: bis zu 3 Jahren. Arten: *Spumante.* Zu Fischgerichten; der Spumante als Aperitif und zu allen Speisen.

**GUARDIA SANFRAMONDI** (oder **Guardiolo**). – **Bianco.** Rebsorten: Malvasia bianca di Candia (50–70%), Falanghina (20–30%), andere (bis 10%). Produktion: 1572 hl (24 ha). Farbe: mehr oder weniger kräftiges Strohgelb. Geruch: intensiv, delikat, angenehm. Geschmack: trocken, frisch, harmonisch. Alkoholgehalt: 11%. Zu allen Speisen. – **Falanghina.** Rebsorten: Falanghina (90–100%). Produktion: 607 hl (9,4 ha). Farbe: zart strohgelb. Geruch: delikat, sortentypisch. Geschmack: trocken, leicht säuerlich. Alkoholgehalt: 11,5%. Arten: *Spumante* (11%). Zu Fisch; Spumante als Aperitif und zu allen Speisen. – **Rosato.** Rebsorten: Sangiovese (80–100%). Produktion: siehe Rosso. Farbe: mehr oder weniger kräftiges Rosa. Geruch: fruchtig, delikat. Geschmack: trocken, frisch. Alkoholgehalt: 11%. Zu allen Speisen. – **Rosso.** Rebsorten: Sangiovese (80–100%). Produktion: 394 hl (6,6 ha). Farbe: mehr oder weniger kräftiges Rubinrot, bei Riserva ins Granatrot spielend. Geruch: weinig, mit fruchtigen Nuancen, Riserva ätherisch. Geschmack: trocken, angemessene Tannine, harmonisch, Riserva samtig, Novello weich. Alkoholgehalt: 11,5%. Alterung: bis zu 2 Jahren. Qualitätsstufen: *Novello; Riserva* mindestens 12,5% Alkohol und 2 Jahre Alterung, dann bis zu 10 Jahren. Zu dunklem Fleisch; Novello zu allen Speisen; Riserva zu Wild und altem Käse.

**SANNIO.** – **Bianco.** Rebsorten: Trebbiano toscano (50–100%). Farbe: mehr oder weniger kräftiges Strohgelb. Geruch: weinig, angenehm. Geschmack: trocken, harmonisch, bisweilen lebhaft und/oder lieblich. Alkoholgehalt: 10,5%. Zu Fisch. – **Coda di Volpe.** Rebsorten: Coda di Volpe (85–100%). Farbe: mehr oder weniger kräftiges Strohgelb. Geruch: delikat, sortentypisch. Geschmack: trocken, voll, sortentypisch, bisweilen lebhaft. Alkoholgehalt: 11%. Arten: *Spumante* (11,5%); *Passito* (14,5%). Zu Fisch; Spumante als Aperitif und zum Essen; Passito zum Dessert. – **Falanghina.** Rebsorten: Falanghina (85–100%). Farbe: mehr oder weniger kräftiges Strohgelb. Geruch: sortentypisch, mehr oder weniger fruchtig. Geschmack: trocken, frisch, leicht säuerlich, bisweilen lebhaft. Alkoholgehalt: 11%. Arten: *Spumante* (11,5%); *Passito* (14,5%). Zu Fisch; Spumante als Aperitif und zum Essen; Passito zum Dessert. – **Fiano.** Rebsorten: Fiano (85–100%). Farbe: mehr oder weniger kräftiges Strohgelb. Geruch: sortentypisch, mehr oder weniger weinig. Geschmack: trocken, harmonisch, sortentypisch. Alkoholgehalt: 11,5%. Arten: *Spumante.* Zu Fisch; Spumante zu allen Speisen. – **Greco.** Rebsorten: Greco bianco (85–100%). Farbe: mehr oder weniger kräftiges Strohgelb. Geruch: sortentypisch, delikat. Geschmack: trocken, frisch, harmonisch, sortentypisch, bisweilen lebhaft. Alkoholgehalt: 11,5%. Arten: *Spumante; Passito* (14,5%). Zu Fisch, Spumante zu allen Speisen, Passito zum Dessert. – **Moscato.** Rebsorten: Moscato (85–100%). Farbe: mehr oder weniger kräftiges Strohgelb, bisweilen bernsteinfarben. Geruch: sortentypisch, fruchtig, Alkoholgehalt: 10,5%. Arten: *Spumante* (11,5%); *Passito* (14,5%). Zu Fisch, Spumante zu allen Speisen, Passito zum Dessert. – **Spumante Metodo Classico.** Rebsorten: Aglianico und/oder Greco und/oder Falanghina

### Agriturismo

**Castelfranci**
**Stella**
località Braiole
☎ 082772012

**Circello**
**La Fattoria**
contrada Casaldianni
☎ 0824938002
**Taverna dei Liguri**
contrada Macchia
☎ 0824938222

## DOCG- und DOC-Weine aus Avellino und Benevento

(100%). Farbe: mehr oder weniger kräftiges Rosa oder Strohgelb. Geruch: sortentypisch. Geschmack: trocken, harmonisch, frisch. Alkoholgehalt: 11,5%. Alterung: mindestens 1 Jahr. Als Aperitif und zu allen Speisen. – **Rosato.** Rebsorten: Sangiovese (50–100%). Farbe: mehr oder weniger kräftiges Rosa. Geruch: delikat, fruchtig. Geschmack: duftend, trocken, frisch, bisweilen lieblich und/oder lebhaft. Alkoholgehalt: 11%. Zu allen Speisen. – **Rosso.** Rebsorten: Sangiovese (50–100%). Farbe: mehr oder weniger kräftiges Rubinrot. Geruch: weinig. Geschmack: trocken, angemessene Tannine, bisweilen lebhaft, weich und/oder lieblich. Alkoholgehalt: 11%. Alterung: bis zu 3 Jahren. Arten: *Frizzante.* Qualitätsstufen: *Novello.* Zu allen Speisen. – **Aglianico.** Rebsorten: Aglianico (85–100%). Farbe: mehr oder weniger kräftiges Rubinrot, mit der Zeit ins Granatrot spielend. Geruch: weinig. Geschmack: trocken, sortentypisch, körperreich, bisweilen weich. Alkoholgehalt: 11,5%. Alterung: bis zu 4 Jahren. Arten: *Spumante; Passito* (14,5%). Zu dunklem Fleisch und Wild, Spumante zu allen Speisen, Passito zum Dessert. – **Barbera.** Rebsorten: Barbera (85–100%). Farbe: mehr oder weniger kräftiges Rubinrot. Geruch: sortentypisch, bisweilen blumig. Geschmack: trocken, sortentypisch, bisweilen lebhaft und/oder süß. Alkoholgehalt: 11,5%. Alterung: bis zu 4–5 Jahren. Arten: *Spumante; Passito* (14,5%). Zu allen Speisen, auch Spumante; Passito zum Dessert. – **Piedirosso.** Rebsorten: Piedirosso (85–100%). Farbe: mehr oder weniger kräftiges Rubinrot. Geruch: weinig, sortentypisch, angenehm. Geschmack: trocken, harmonisch, bisweilen weich. Alkoholgehalt: 11%. Alterung: bis zu 4 Jahren. Arten: *Spumante* (11,5%). Zu allen Speisen. – **Sciascinoso.** Rebsorten: Sciascinoso (85–100%). Farbe: mehr oder weniger intensives Rubinrot. Geruch: weinig, sortentypisch. Geschmack: trocken, sortentypisch, bisweilen weich. Alkoholgehalt: 11%. Alterung: bis zu 3 Jahren. Arten: *Spumante* (11,5%); *Passito* (14,5%). Zu allen Speisen, auch Spumante; Passito zum Dessert.

**SANT'AGATA DE' GOTI.** – **Bianco.** Rebsorten: Falanghina (40–60%), Greco (40–60%). Farbe: weiß bis strohgelb. Geruch: intensiv, fein, nachhaltig. Geschmack: voll, delikat. Alkoholgehalt: 11%. Zu allen Speisen. – **Falanghina.** Rebsorten: Falanghina (90–100%). Produktion: 542 hl (7,2 ha). Farbe: mehr oder weniger kräftiges Strohgelb mit grünlichen Reflexen. Geruch: fruchtig, delikat. Geschmack: trocken, frisch, harmonisch. Alkoholgehalt: 11%. Arten: *Passito* (15%). Alterung: 10 Jahre und länger. Zu Fisch, Passito zum Dessert und zur Entspannung. – **Greco.** Rebsorten: Greco bianco (90–100%). Farbe: mehr oder weniger zartes Strohgelb. Geruch: fruchtig, delikat. Geschmack: frisch, bisweilen lebhaft. Alkoholgehalt: 11%. Alterung: bis zu 2 Jahren. Zu Fisch. – **Rosato.** Rebsorten: Aglianico (40–60%), Piedirosso (40 bis 60%). Farbe: blassrosa. Geruch: delikat, nachhaltig. Geschmack: frisch. Alkoholgehalt: 11%. Zu allen Speisen. – **Rosso.** Rebsorten: Aglianico (40–60%), Piedirosso (40–60%). Farbe: relativ kräftiges Rubinrot. Geruch: weinig. Geschmack: trocken, frisch. Alkoholgehalt: 11%. Alterung: bis zu 3 Jahren. Qualitätsstufen: *Novello.* Zu allen Speisen. – **Aglianico.** Rebsorten: Aglianico (90–100%). Produktion: 293 hl (4,3 ha). Farbe: mehr oder weniger kräftiges Rot, bisweilen ins Granatrot spielend. Geruch: harmonisch, nachhaltig. Geschmack: ausgewogen, angemessene Tannine. Alkoholgehalt: 11,5%. Alterung: mindestens 2 Jahre, dann bis zu 7 Jahren. Qualitätsstufen: *Riserva* mindestens 12,5% und 3 Jahre Alterung, dann noch 10 Jahre und länger. Zu dunklem Fleisch, Riserva zu Wild und altem Käse. – **Piedirosso.** Rebsorten: Piedirosso (90–100%). Produktion: 99 hl (4,2 ha). Farbe: mehr oder weniger kräftiges Rubinrot. Geruch: intensiv. Geschmack:

### Agriturismo

**Colle Sannita**
**Lisone**
contrada Lisone 3
☎ 0824931519

**San Giorgio del Sannio**
**Tufini**
contrada Tufini
☎ 082479139

**Sant'Agata de' Goti**
**Mustilli**
via dei Fiori 20
☎ 0823717433

### Enoteche

**Avellino**
**Wine Bar Evoè**
via M. del Galzo 12-14
☎ 082574951

körperreich, angemessene Tannine. Alkoholgehalt: 11,5%. Alterung: bis zu 3 Jahren. Qualitätsstufen: *Riserva* mindestens 12% Alkohol und 2 Jahre Alterung, dann bis zu 6–7 Jahren. Zu allen Speisen, Riserva zu deftigen Fleischgerichten und altem Käse.

**SOLOPACA.** – **Bianco.** Rebsorten: Trebbiano toscano (40–60%), Falanghina und/oder Coda di Volpe und/oder Malvasia toscana und/oder Malvasia di Candia (40–60%, mindestens 20% aromatische Sorten). Produktion: 17398 hl (247 ha). Farbe: mehr oder weniger kräftiges Strohgelb. Geruch: weinig. Geschmack: trocken, samtig. Alkoholgehalt: 11%. Zu allen Speisen. – **Falanghina.** Rebsorten: Falanghina (85–100%). Produktion: 1081 hl (15 ha). Farbe: blasses Strohgelb. Geruch: weinig, frisch. Geschmack: trocken, harmonisch, leicht säuerlich. Alkoholgehalt: 11%. Zu Fisch. – **Spumante.** Rebsorten: Falanghina (60–100%). Produktion: 157 hl (2 ha). Farbe: hell strohgelb. Geruch: weinig. Geschmack: sortentypisch, trocken, weich, samtig. Alkoholgehalt: 11,5%. Zu allen Speisen und als Aperitif. – **Rosso.** Rebsorten: Sangiovese (50–60%), Aglianico (20–40%), Piedirosso und/oder Sciascinoso (bis 30%). Produktion: 7315 hl (147 ha). Farbe: mehr oder weniger kräftiges Rubinrot, nach Alterung schwächer. Geruch: intensiv, sortentypisch. Geschmack: trocken, harmonisch, samtig. Alkoholgehalt: 11,5%. Alterung: bis zu 3–4 Jahren. Arten: *Rosato.* Qualitätsstufen: *Superiore* mindestens 12,5% Alkohol und 1 Jahr Alterung, dann bis zu 6–7 Jahren. Zu allen Speisen, auch Rosato; Superiore zu dunklem Fleisch, Wild und altem Käse. – **Aglianico.** Rebsorten: Aglianico (85–100%). Produktion: 422 hl (9 ha). Farbe: mehr oder weniger kräftiges Rubinrot. Geruch: weinig. Geschmack: trocken, weich, samtig. Alkoholgehalt: 11,5%. Alterung: mindestens 1 Jahr, dann bis zu 6 Jahren. Zu allen Speisen.

**TABURNO.** – **Bianco.** Rebsorten: Trebbiano toscano (40–50%), Falanghina (30–40%). Produktion: 1032 hl (15 ha). Farbe: mehr oder weniger kräftiges Strohgelb. Geruch: delikat, sortentypisch. Geschmack: trocken, frisch. Alkoholgehalt: 11%. Alterung: bis zu 2 Jahren. Zu allen Speisen. – **Coda di Volpe.** Rebsorten: Coda di Volpe (85 bis 100%). Produktion: 334 hl (5,3 ha). Farbe: mehr oder weniger kräftiges Strohgelb. Geruch: delikat, sortentypisch. Geschmack: trocken, voll, sortentypisch. Alkoholgehalt: 11%. Alterung: bis zu 2 Jahren. Zu Fisch. – **Falanghina.** Rebsorten: Falanghina (85–100%). Produktion: 4231 hl (63 ha). Farbe: mehr oder weniger kräftiges Strohgelb. Geruch: sortentypisch. Geschmack: trocken, intensiv, sortentypisch. Alkoholgehalt: 11%. Alterung: bis zu 2 Jahren. Zu Fisch. – **Greco.** Rebsorten: Greco bianco (85–100%). Produktion: 824 hl (8 ha). Farbe: mehr oder weniger kräftiges Strohgelb. Geruch: sortentypisch. Geschmack: trocken, frisch, sortentypisch. Alkoholgehalt: 11%. Alterung: bis zu 2 Jahren. Zu Fisch. – **Spumante.** Rebsorten: Coda di Volpe und/oder Falanghina (60–70%). Farbe: mehr oder weniger kräftiges Strohgelb. Geruch: fein, leicht, fruchtig. Geschmack: nachhaltig, trocken, elegant. Alkoholgehalt: 11%. Zu allen Speisen. – **Rosso.** Rebsorten: Sangiovese (40 bis 50%), Aglianico (30–40%), andere (bis 30%). Produktion: 702 hl (14 ha). Farbe: mehr oder weniger kräftiges Rubinrot. Geruch: sortentypisch, fruchtig, weinig. Geschmack: rund, leichte Tannine. Alkoholgehalt: 11,5%. Zum Essen. – **Novello.** Rebsorten: Aglianico (85 bis 100%). Produktion: 429 hl (12 ha). Farbe: mehr oder weniger intensives Rubinrot. Geruch: fruchtig, weinig. Geschmack: rund, wenig Tannin. Alkoholgehalt: 11,5%. Zum Essen. – **Piedirosso.** Rebsorten: Piedirosso (85–100%). Produktion: 23 hl (0,3 ha). Farbe: mehr oder weniger kräftiges Rubinrot. Geruch: weinig, sortentypisch. Geschmack: fruchtig, trocken. Alterung: bis zu 3 Jahren. Zu allen Speisen zu trinken.

## Enoteche

**Benevento**
**Enoteca Paradiso**
viale Mellusi 90
☎ 0824315565
**Enoteca Provinciale del Sannio**
piazza Guerrazzi 4
☎ 082447845

## Veranstaltungskalender

**Juni**
**Pratoveiano**
① Weißweinfest
**Juli**
**Guardia Sanframondi**
❸❹ und Anfang August Vinalia
**Taurasi**
❶ Aglianico-Fest
**Tufo**
① Fest des Greco di Tufo

## Gaumenfreuden

«Campania felix» nannten schon die alten Römer diese mit kulinarischen Spezialitäten aller Art gesegnete Region. Besonderen Ruhm brachte diesem Landstrich in der Antike ein Wein ein, der heutzutage wieder belebt werden soll: der Falernum. Von hier stammen die in ihrer Schlichtheit unwiderstehlichen Gerichte, die Italiens Küche in der ganzen Welt berühmt gemacht haben: Pizza, Pasta mit Hackfleischsauce, Tomaten mit Mozzarella und Basilikum.

Ein Restaurant sei vor allen anderen gennnt: das Stalla della Caveja von Berardino Lombardo in Pietravairano. Berardino, ein Wirt, wie er im Buche steht, serviert uns das Beste, was traditionelle Hausmannskost zu bieten hat: eine himmlische Brotsuppe, Brokkoliröschen mit Würstchen, Lende und geschmortes Zicklein. Doch dann zieht es uns in die Irpinia. In Taurasi machen wir nicht nur wegen des Weines halt, sondern auch um Cicatielli mit Bohnen und Schwarte oder Kartoffelsuppe mit Stockfisch im Buca di Bacco zu essen. Weiter geht's nach Vallesaccarda ins Oasis mit seiner Vielfalt an hausgemachten Teigwaren, deren seltsame Namen selbst für Italiener Zungenbrecher sind: Trilli, Trilluzzi, Laccettini, Orecchiette, Orecchioni und traumhafte Ravioli, die mit täglich frischer Ricotta gefüllte sind.

Ausgezeichneten Wein gibt es nicht nur in den Hügeln, sondern auch auf Ischia, Capri, der Sorrentiner Halbinsel und in der Nähe von Salerno. Von hier stammt ein einmalig einfaches und schmackhaftes Gericht: Acqua pazza, Fisch in einem Sud aus (ursprünglich Meer-) Wasser und Tomaten. Auch ein paar Restaurants dieser Gegend wollen wir Ihnen nicht verschweigen. Sie essen hervorragend im Cenacolo in Salerno und im Caravella in Amalfi, das auch eine erlesene Weinauswahl bietet. Weitere gute Adressen finden sich am Ende der Halbinsel in Richtung Punta Campanella, etwa die Taverna del Capitano oder das Fischrestaurant Quattro Passi in der hübschen Bucht von Marina del Cantore. In Sant'Agata sui Due Golfi erwartet Sie ein einzigartiges Panorama und ein vortreffliches Restaurant: das Don Alfonso.

*Benevento.*

### Veranstaltungskalender

**August**
**Castelvenere**
❸❹ Weinfest
**Solopaca**
15. August
Sagra dell'Uva
(Traubenfest mit Umzug)
**September**
**Montemiletto**
③ Trauben- und Weinfest
**Puglianello**
② Weinfest
**Torrecuso**
❶❷ Aglianico-Fest
**November**
**Solopaca**
11. November
Schau des neuen Weins

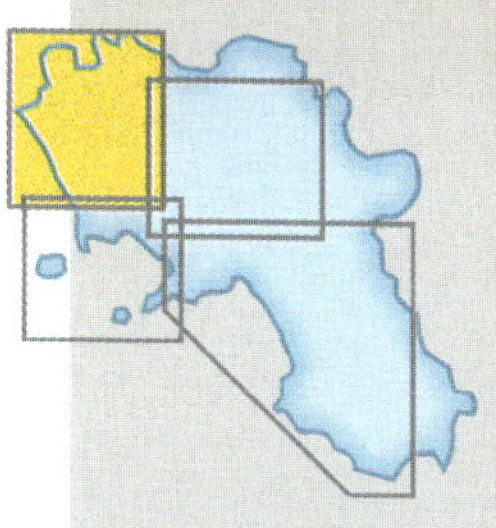

# Caserta

## und Terra di Lavoro

*Der Falerno, schon im alten Rom eine Köstlichkeit, ist das Aushängeschild einer Weinbaukultur, die uralte Traditionen wieder aufleben lassen will.*

Im Norden Kampaniens, an der Grenze zur Nachbarregion Latium, erstreckt sich zwischen den Kalkhügeln des Monte Massico und dem erloschenen Vulkan Roccamonfina ein Anbaugebiet höchster geschichtlicher Bedeutung, das heute durch das Rebland in der Ebene von Caserta ergänzt wird.

### Ein Name ist Programm: Falerno

Schon die Römer bewahrten ihren Falernum in Amphoren auf, die mit Garantiesiegeln versehen waren. Auch heute noch werden für den Falerno die besten Rebsorten Kampaniens verwendet. Vor dem Vergessen bewahrt wurden daneben zwei weitere Gewächse durch die Einführung entsprechender DOC-Bereiche: der Asprinio, ein außerordentlich trockener Weißer, dessen Reben nach der für die Gegend um Aversa typischen Alberata-Erziehung an Pappelreihen wachsen, und der Galluccio, der an den Hängen des Vulkans Roccamonfina angebaut wird.

### Kellereien

**Cellole.** *Fattoria Villa Matilde, SS Dominiziana bei km 4,7, Tel. 0823 932088. Öffnungszeiten: auf Voranmeldung 8.30–13.30 und 16–19.30 Uhr (im Winter 15–18.30 Uhr), Sonntag geschlossen.* Auf 62 Hektar Rebfläche werden hauptsächlich Falerno-Weine angebaut, davon einige hervorragende weiße Lagenweine und eine ausgezeichnete rote

### Hotels und Restaurants

**Aversa**

**Albergo del Sole ★★★**
via Mazzini 27
☎ 0818901266

**Caserta**

**Jolly ★★★★**
viale V. Veneto 9
☎ 0823325222

**Ciacco 🍴🍴**
via Majelli 37
☎ 0823327505

**La Castellana 🍴🍴**
10 km nach Casertavecchia
via Torre 4
☎ 0823371230

**Mastrangelo 🍴🍴**
piazza Duomo 5
☎ 0823371587

**Leucio 🍴🍴**
4 km nach San Leucio
via Panoramica
☎ 0823301241

**Adamo Bistrot 🍴**
via Mazzini 47
☎ 0823323110

Riserva. Außerdem einige interessante Vini da Tavola aus heimischen Rebsorten, zum Beispiel der bernsteinfarbene Eleusi, eine Spätlese von der Falanghina-Traube. Gästehaus mit zwölf Betten, Verkostung in der eigenen Enoteca.

**Galluccio.** *Cooperativa Lavoro e Salute – Vini Telaro, via Starza, Tel. 0823 925841. Öffnungszeiten: auf Voranmeldung 8–12 und 13.30–17.30 Uhr, Sonntag geschlossen.* Die Weine des Hauses sind der Galluccio DOC Rosso aus Aglianico, Merlot und Piedirosso und der Galluccio DOC Bianco aus Falanghina, Coda di Volpe und Trebbiano. Außerdem Roccamonfina-Tafelweine, unter anderem der reinsortig von Aleatico gekelterte rote Passito del-

## DOC-Weine aus der Provinz Caserta

**ASPRINIO DI AVERSA.** Rebsorten: Asprinio (85–100%). Produktion: 2007 hl (43 ha). Farbe: mehr oder weniger volles Strohgelb. Geruch: fein, duftend, sortentypisch. Geschmack: trocken, frisch, sortentypisch. Alkoholgehalt: 10,5%. Zu Fischgerichten zu trinken. – **Spumante.** Rebsorten: Asprinio (100%). Farbe: mehr oder weniger kräftiges Strohgelb. Geruch: fein, duftend, sortentypisch. Geschmack: trocken, frisch, sortentypisch. Alkoholgehalt: 11%. Alterung: bis zu 2 Jahren. Als Aperitif und zu allen Speisen.

**FALERNO DEL MASSICO. – Bianco.** Rebsorten: Falanghina (100%). Produktion: 804 hl (43 ha). Farbe: strohgelb mit grünlichen Reflexen. Geruch: weinig, angenehm. Geschmack: trocken, schmackhaft. Alkoholgehalt: 11%. Zu Fischgerichten zu trinken. – **Rosso.** Rebsorten: Aglianico (60–80%), Piedirosso (20–40%), Primitivo und/oder Barbera (bis 20%). Produktion: 233 hl (27 ha). Farbe: mehr oder weniger kräftiges Rubinrot, nach Alterung ins Granatrot spielend. Geruch: sortentypischer und intensiver Duft. Geschmack: trocken, warm, robust und harmonisch. Alkoholgehalt: 12,5%. Alterung: bis zu 7 Jahren. Qualitätsstufen: *Riserva* mindestens 2 Jahre Alterung, dann bis zu 10–11 Jahren. Zu dunklem Fleisch und mittelaltem Käse; die Riserva passt

### Hotels und Restaurants

**Gaeta**
**Antico Vico** 🍴
vico del Cavallo 2
☎ 0771465116

**Pietravairano**
**La Caveja** 🍴🍴
via Santissima Annunziata 10
☎ 0823984824

**Roccamonfina**
**Il Castagneto** 🍴
via Sant'Antonio 7
☎ 0823921366

**Santa Maria Capua Vetere**
**Milano** ★★★
viale De Gasperi 102
☎ 0823843323
**Ninfeo** 🍴🍴
via Cappabianca
☎ 0823846700

le Cinque Pietre. Unterkunft in dem nahegelegenen Agriturismo-Betrieb La Starza, das auch ein Freizeitprogramm für Jagdliebhaber und Angler anbietet.
**Sessa Aurunca.** *Fontana Galardi, località Galardi, via Provinciale, San Carlo, Tel. 0823 708034. Öffnungszeiten: auf Voranmeldung.* Ein land- und forstwirtschaftlicher Betrieb, auf dem neben Kastanien und Oliven auch Wein angebaut wird. Der beeindruckende rote Vino da Tavola Terra di Lavoro aus 70 Prozent Aglianico und 30 Prozent Piedirosso hat einen Alkoholgehalt von 13 Prozent, der ihm große Alterungsfähigkeit verleiht.
**Und außerdem ... Caiazzo.** *Vestini Campagnano di Sia, frazione Ss.*

zu Wild und altem Käse. – **Primitivo.** Rebsorten: Primitivo (85–100%). Produktion: 108 hl (1,6 ha). Farbe: sehr kräftiges Rubinrot. Geruch: sortentypischer, intensiver, anhaltender Duft. Geschmack: trocken oder leicht vollmundig, warm, robust und harmonisch. Alkoholgehalt: 13%. Alterung: mindestens 1 Jahr, dann noch 5 Jahre und länger. Zu dunklem Fleisch, Wild und altem Käse zu trinken.
**GALUCCIO.** – **Bianco.** Rebsorten: Falanghina (70–100%). Farbe: mehr oder weniger kräftiges Strohgelb. Geruch: delikat, fruchtig, sortentypisch. Geschmack: trocken, frisch, harmonisch. Alkoholgehalt: 11%. Zu Fischgerichten. – **Rosato.** Rebsorten: Aglianico (70–100%). Farbe: mehr oder weniger kräftiges Rosa. Geruch: delikat, fruchtig, sortentypisch. Geschmack: trocken, frisch, harmonisch. Alkoholgehalt: 11%. Alterung: bis zu 2 Jahren. Zu allen Speisen. – **Rosso.** Rebsorten: Aglianico (70–100%). Farbe: mehr oder weniger kräftiges Rubinrot, nach Alterung ins Granatrot spielend. Geruch: delikat, sortentypisch. Geschmack: trocken, frisch, harmonisch. Alkoholgehalt: 11,5%. Alterung: bis zu 5 Jahren. Qualitätsstufen: *Riserva* mindestens 12% Alkohol und 2 Jahre Alterung, dann noch 8 Jahre und länger. Zu allen Speisen, Riserva zu sehr gehaltvollen Gerichten.

## Agriturismo

**Alvignano**
**Le Torri Aragonesi**
località Cappella
via Terminiello
☎ 0823865056
**Caiazzo**
**Eden**
San Giovanni e Paolo
contrada
Montemilo 3
☎ 0823862437

*Giovanni e Paolo, via Barraccone 5, Tel. 0823862770.* **Lusciano.** *I Borboni, via Macedonia 38, Tel. 081 8141386.* **Rocca d'Evandro.** *Fattoria Prattico, SS 330 bei km 17, Tel. 0817690031.* **Teverola.** *Caputo, via Garibaldi 64, Tel. 0815033955. Cicala, via Roma 268, Tel. 081 811803.*

## Tourenvorschläge

**Auf den Spuren des Falerno.** Die Strecke verläuft von der Ebene bei Caserta bis zu den Hügeln an der Grenze zu Latium. **Caserta**. In der Provinzhauptstadt sollte man unbedingt den Palazzo Reale und den mittelalterlichen Stadtkern Casertavecchia besichtigen; sehenswert sind auch die nahe gelegenen Orte Capua und Santa Maria Capua Vetere. Gleich beim Palazzo Reale findet sich das Restaurant Ciacco mit leckeren Fischgerichten, wenig weiter entlang der Strada Statale Sannitica gibt es gute Fisch- und Fleischgerichte bei Leucio. In Casertavecchia empfehlen wir La Castellana mit einer schönen Sommerterrasse und das altbewährte Mastrangelo. In der südlichen Vorstadt Marcianise lockt die Enoteca Prosit mit feinen regionalen Weinen und saisonalem Speisenangebot. In Santa Maria Capua Vetere kann man bei Ninfeo vorzügliche Nudelgerichte und gegrillten Fisch genießen. Die Reise durch die Terra di Lavoro beginnt in **Teverola,** wo ein ganz vorzüglicher Asprinio erzeugt wird. Es empfiehlt sich ein Abstecher nach **Aversa,** um die normannische Kathedrale zu besichtigen. Weiter geht's an die Küste, nach **Mondragone** im Herzen des antiken Agro Falerno. Verkostung bei der Kellerei Moio. Um den mächtigen Monte Massico herum führt der Weg nach **Cellole,** wo man die Kellerei Villa Matilde (→) besucht. Von hier aus kann man einen Abstecher ins benachbarte Latium machen, um in **Gaeta** die köstlichen Fischgerichte des Restaurants Antico Vico zu genießen. Zurück auf der Hauptstrecke biegt man nach **Sessa Aurunca** ab, wo die Kellerei Fontana Galardi (→) zu einem Besuch einlädt. Die letzte Fahrt führt ins Landesinnere bis nach **Galluccio** mit der Kellerei Vini Telaro (→) und schließlich nach **Rocca d'Evandro** mit der Fattoria Prattico.

### Agriturismo

**Capua**
**Masseria Giòsole**
via Giardini 31
☎ 0823961108

### Enoteche

**Aversa**
**Enoteca Il Vino**
via Belvedere 50
☎ 0815038361

**Casagiove**
**Enoteca La Botte**
via Nazionale Appia 168-178
☎ 0823468130

**Marcianise**
**Prosit Enoteca con Cucina**
via Musone 10/12
☎ 0823831587

### Veranstaltungskalender

**Oktober**
**Riardo**
① Sagra del Bosco (Waldfest)

# Cilento

## und die Küste von Amalfi

*Die Provinz Salerno ist das ausgedehnteste, an DOC-Weinen aber ärmste Anbaugebiet der Region. Ihr Herzstück sind die Weinberge an der Steilküste von Amalfi.*

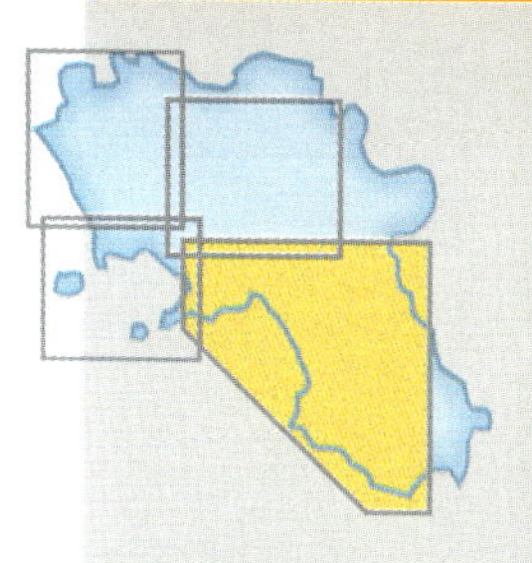

In der Provinz Salerno liegt ein Drittel der gesamten Rebfläche Kampaniens, gleichzeitig liefert sie mit 4,5 Prozent den geringsten Anteil an DOC-Weinen. Im Cilento, einer der schönsten Landschaften der Region, erzwingt das unebene Gelände die Anlage von kleinsten Rebflächen, was einen spezialisierten Anbau unmöglich macht. Typisch dafür ist der DOC-Bereich Costa d'Amalfi, wo Rebstöcke zusammen mit Zitronenbäumen auf Terrassen hoch über dem Meer stehen. Neben den herkömmlichen Trauben wachsen hier einheimische Sorten, die in den Unterbereichen Furore, Ravello und Tramonti Weine von außergewöhnlicher Qualität ergeben. Der größte Teil der Weinproduktion der Provinz entfällt auf die DOC-Zone Castel San Lorenzo, eine zum Calore hin abfallende Hügellandschaft mit lehmhaltigem Boden, der günstige Bedingungen für die Erzeugung von Qualitätsweinen schafft. Hier spielen neben einheimischen Trauben auch Barbera und Moscato eine nicht unerhebliche Rolle.

### Weinstädte

**Ravello.** Ein märchenhaftes Städtchen auf einem Ausläufer des Küstengebirges mit arabisch anmutenden Häusern und Palazzi. Im Sommer ist der Ort von der Musik Richard Wagners erfüllt, der hier zu den bezaubernden Harmonien seines Parsifal inspiriert wurde. Da-

### Hotels und Restaurants

**Agropoli**
**Ceppo** 🍴
via Madonna
del Carmine 31
☎ 0974843036

**Amalfi**
**Santa Caterina** ★★★★★
1 km nach Pastena
SS Amalfitana 9
☎ 089871012

**La Bussola** ★★★
lungomare
dei Cavalieri 16
☎ 089871533

**Eolo** 🍴🍴🍴
via P. Comite 3
☎ 089871241

**La Caravella** 🍴🍴🍴
via M. Camera 12
☎ 089871029

**Gemma** 🍴🍴
via Fra' Gerardo
Sasso 10
☎ 089871345

hinter liegt das Tal von **Tramonti.** Eine Straße schlängelt sich durch Weinberge und Olivenhaine zu den Dörfern. Wenn man dagegen von Amalfi aus auf die Hochebene Agerola hinauffährt, passiert man die über das gleichnamige Tal verstreuten Ortsteile von **Furore.**

## Kellereien

**Furore.** *Cuomo – Vini Gran Furor Divina Costiera, via G. B. Lama 14, Tel. 089830348. Öffnungszeiten: auf Voranmeldung.* Eine namhafte Kellerei mit Restaurant und Übernachtungsmöglichkeiten – was will man mehr? Die Kellerei bietet Weine aus den Unterbereichen Ravello und Furore der DOC Costa d'Amalfi, das Restaurant nennt sich Hostaria di Bacco und die Zimmer sind trotz des einzigartigen Blicks durchaus bezahlbar.

**Tramonti.** *Apicella, frazione Capitignano, via Castello S. Maria 1, Tel. 089876075. Öffnungszeiten: auf Voranmeldung.* In den Gewölben des alten Gebäudes, das von 4 Hektar Rebfläche umgeben ist, verkostet man einen Tramonti Rosso Costa d'Amalfi DOC, für den schon seit Jahrhunderten die Trauben auf Terrassen hoch über dem Meer wachsen.

**Castellabate.** *Maffini, località Cenito, San Marco, Tel. 0974966345. Öffnungszeiten: auf Voranmeldung 8–12 und 17–20 Uhr.* Der kleine moderne Betrieb liegt etwas unterhalb des Ortes auf dem Gebiet des Nationalparks Cilento. Erzeugt werden drei raffinierte Vini da Tavola: Kratos, reinsortig aus Riano gekeltert, Kleos, zu gleichen Teilen aus Piedirosso und Aglianico, und Cenito, ein in der Barrique ausgebauter, charaktervoller Rotwein. *San Giovanni, località Punta Tresino, Tel. 089224896. Öffnungszeiten: auf Voranmeldung.* Mit großem Umweltbewusstsein haben diese Winzer die in einer der reizvollsten Gegenden des Cilento direkt am Meer gelegene Rebfläche wieder bestockt. Aus 85 Prozent Fiano sowie Greco und Trebbiano erzeugen sie einen Weißwein, der nicht zuletzt wegen des ausgezeichneten Preis-Leistungs-Verhältnisses auf sich aufmerksam macht.

**Prignano Cilento.** *De Conciliis, località Quercia 1, Tel. 0974831090. Öffnungszeiten: auf Voranmeldung 9–12 Uhr, Sonntag geschlossen.* Der moderne Familienbetrieb auf den Hügeln im Hinterland von Agropoli bewirtschaftet 50 Hektar Rebstöcke, Oliven- und Feigenbäume. Reinsortig von Fiano-Reben wird der DOC-Wein Donnaluna Cilento Bianco mit 13,5 Prozent Alkoholgehalt gekeltert. Das Spektrum umfasst außerdem eine ganze Reihe von Tafelweinen. 17 Prozent enthält der Carpinito, ein in der Barrique ausgebauter roter Passito aus einheimischen Reben.

**Und außerdem ... Agropoli.** *Marino Raffaele, contrada Moio 9, Tel. 0974823558.* **Ravello.** *Episcopio, via Toro 16, Tel. 089857244.*

## Tourenvorschläge

Auch die zwei folgenden Strecken sind dem Führer «Il turismo del vino in Campania» entnommen.

**Die Küste von Amalfi.** Nach dem Besuch des Doms in **Salerno** und einem angenehmen Bummel durch die Via dei Mercanti wird den Be-

### Hotels und Restaurants

**Furore**
**Hostaria di Bacco** ★★★
via G. B. Lama 9
☎ 089830360

**Maiori**
**Panorama** ★★★★
via S. Tecla 8
☎ 089877202
**San Francesco** ★★★
via S. Tecla 54
☎ 089877070
**Mammato** 🍴
via Amendola
☎ 089877036

**Marina di Camerota**
**Pepè** 🍴
via delle Sirene 41
☎ 0974932461
**Valentone** 🍴
piazza S. Domenico 5
☎ 0974932004

**Paestum**
**Ariston** ★★★★
5 km nach Laura
☎ 0828851333
**Esplanade** ★★★
via Sterpina
☎ 0828851043
**La Pergola** 🍴
4 km nach Capaccio Scalo
via Nazionale 1
☎ 0828723377

dürfnissen von Wein- und Feinschmeckern Genüge getan: An der Piazza Alfano I im Zentrum stößt man auf das Cenacolo mit interessanten Variationen der traditionellen Küche, leckeren Fischgerichten und einer angemessenen Weinkarte. Weiter geht es nach **Maiori** im Küstengebirge, wo wir das ruhig gelegene Hotel S. Francesco mit seinen stimmungsvollen Gärten und Terrassen empfehlen. Erwähnenswert ist auch die traditionelle Küche des Mammato, das seit 1890 jeweils vom Vater an den Sohn weitergegeben wurde. Danach verlässt man die Küste in Richtung der Weinstadt **Tramonti** (→), um die Kellerei Apicella (→) zu besichtigen. Zurück Richtung Meer passiert man Atrani auf dem Weg nach **Ravello,** eine idyllische Weinstadt (→) und das kulturelle Zentrum des Küstenstreifens. Unter den Hotels sei besonders das Palazzo Sasso empfohlen, eine mittelalterliche Residenz mit antiken Möbeln und reizvollen Terrassen; unter den Restaurants das Cumpa' Cosimo, ein typischer Familienbetrieb im Ortskern aus dem 18. Jahrhundert. In **Amalfi** locken die Küstenstraße sowie der Dom und das berühmte Chiostro del Paradiso. Von den vielen Hotels seien zwei genannt: das Santa Caterina, die Krönung dessen, was ein Hotel bieten kann, und das Bussola mit gutem Preis-Leistungs-Verhältnis. Romantische Diners auf den berühmten Terrassen der Restaurants Eolo und Gemma oder traditionelle Rezepte und vorzügliche Weine im Caravella. In Serpentinen geht es dann hinauf in die Weinstadt **Furore** (→). Die Mühe wird durch den freundlichen Empfang im Kellereibetrieb Cuomo (→) belohnt. Am Meer entlang geht es weiter nach **Positano,** einem noblen Ferienort mit internationalem Flair. Auf zwei märchenhafte Hotels sei dabei hingewiesen, deren Restaurants nicht allein den Hotelgästen vorbehalten sind: Le Agavi, eine Kaskade aus blühenden Terrassen über dem Meer, und Le Sirenuse, eine ehemalige Residenz aus dem 19. Jahrhundert mit vorzüglichem Speisenangebot. Die letzte Etappe führt nach **Sant'Agata sui Due Golfi,** das schon zur Provinz Neapel gehört. Wer möchte, kann hier dem Tourenvorschlag für die Sorrentiner

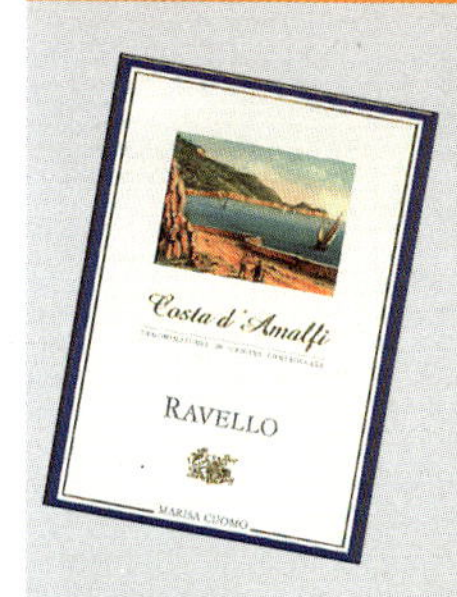


## Hotels und Restaurants

**Palinuro**
**King's Residence** ★★★
località Piano Faracchio
☎ 0974931324

**Positano**
**San Pietro** ★★★★★
via Laurito 2
☎ 089875455

**Le Agavi** ★★★★★
via G. Marconi 127
☎ 089875733

**Le Sirenuse** ★★★★★
**La Sponda** 🍴🍴🍴🍴
via C. Colombo 30
☎ 089875066

**Ravello**
**Palazzo Sasso** ★★★★★
**Rossellinis** 🍴🍴🍴🍴
via S. Giovanni del Toro 28
☎ 089818181

**Palumbo** ★★★★★
**Confalone** 🍴🍴🍴🍴
via Toro 16
☎ 089857244

**Rufolo** ★★★★
via S. Francesco 1
☎ 089857133

**Cumpa' Cosimo** 🍴
via Roma 44/46
☎ 089857156

**Salerno**
**Al Cenacolo** 🍴🍴
piazza Alfano I 4
☎ 089238818

**Sant'Agata sui Due Golfi**
**Don Alfonso 1890** 🍴🍴🍴🍴🍴
corso S. Agata 11
☎ 0818780026

## DOC-Weine aus der Provinz Salerno

**CASTEL SAN LORENZO. – Bianco.** Rebsorten: Trebbiano toscano (50 bis 60%), Malvasia bianca (30–40%), andere (bis 20%). Produktion: 749 hl (10 ha). Farbe: mehr oder weniger kräftiges Strohgelb. Geruch: weinig, sortentypisch. Geschmack: trocken, säuerlich, fruchtig, leicht bitter, harmonisch. Alkoholgehalt: 11%. Zu allen Speisen zu trinken. – **Moscato.** Rebsorten: Moscato bianco (85–100%). Produktion: 357 hl (7,4 ha). Farbe: mehr oder weniger kräftiges Strohgelb. Geruch: sortentypisch, delikat. Geschmack: süß, samtig, harmonisch. Alkoholgehalt: 8,5+3,5%. Arten: *Spumante* (9+3%); *Lambiccato* (8,5+5%). Alterung: 5 Jahre und länger. Zum Abschluss des Essens und außerhalb der Mahlzeiten zu trinken. – **Rosato.** Rebsorten: Barbera (60–80%), Sangiovese (20–30%), andere (bis 20%). Produktion: 110 hl (3,1 ha). Farbe: mehr oder weniger kräftiges Rosa. Geruch: weinig, zart, mit sortentypischem Duft. Geschmack: trocken, bisweilen weich, delikat, leicht säuerlich, samtig, harmonisch. Alkoholgehalt: 11,5%. Zu allen Speisen zu trinken. – **Rosso.** Rebsorten: Barbera (60–80%), Sangiovese (20–30%), andere (bis 20%). Produktion: 62 hl (0,8 ha). Farbe: mehr oder weniger kräftiges Rubinrot. Geruch: weinig, sortentypisch, bisweilen fruchtig. Geschmack: trocken, leicht säuerlich, angemessene Tannine, harmonisch. Alkoholgehalt: 11,5%. Alterung: bis zu 3 Jahren. Zu allen Speisen zu trinken. – **Barbera.** Rebsorten: Barbera (85 bis 100%). Produktion: 1607 hl (36 ha). Farbe: mehr oder weniger kräftiges Rubinrot, nach Alterung ins Granatrot spielend. Geruch: weinig, sortentypisch, angenehm, intensiv. Geschmack: trocken, angemessene Tannine und säuerlich als junger Wein; warm, schmackhaft, ätherisch, harmonisch und samtig nach Alterung. Alkoholgehalt: 11,5%. Alterung: bis zu 3 Jahren. Qualitätsstufen: *Riserva* mindestens 12,5% und 2 Jahre Alterung, dann bis zu 8 Jahren. Zu allen Speisen zu trinken; die Riserva zu hellem und dunklem Fleisch, Wild und altem Käse.

**CILENTO. – Bianco.** Rebsorten: Fiano (60–65%), Trebbiano toscano (20 bis 30%), Greco bianco und/oder Malvasia bianca (10–15%), andere (bis 10%). Produktion: 393 hl (9,9 ha). Farbe: mehr oder weniger kräftiges Strohgelb. Geruch: delikat, sortentypisch. Geschmack: frisch, harmonisch. Alko-

Vigna Colle & Marina
COSTA d'AMALFI
TRAMONTI BIANCO
DENOMINAZIONE DI ORIGINE CONTROLLATA
75 cl
11,5 % vol.

### Agriturismo

**Cava de' Tirreni**
**Saura – Country Club Santa Lucia**
Santa Lucia
via S. Felice 2
☎ 089342366

**Paestum**
**Seliano**
Capaccio Scalo SS 18
☎ 0828724544

**Palinuro**
**Sant'Agata**
località S. Agata Nord
☎ 0974931716

**Tramonti**
**Mare e Monti**
Corsano
via Trugnano 3
☎ 089876665

Halbinsel weiter folgen. Abschluss der Tour an der Amalfiküste ist das Hotelrestaurant Don Alfonso 1890 mit meisterhaft zubereiteten Gerichten aus Zutaten vom Gut der Familie und einem hervorragenden Weinkeller.

**Im Nationalpark Cilento.** Von **Salerno** aus fährt man auf der Küstenstraße nach Süden und durchquert die Ebene des Flusses Sele, in der ausgezeichnete Büffel-Mozzarella hergestellt wird. Erste Station ist **Paestum** mit den berühmten dorischen Tempeln und dem Restaurant Pergola di Capaccio Scalo, das für seine leckeren Gerichte aus köstlichen Gemüsen und fangfrischem Fisch bekannt ist. **Agropoli** lockt mit einem traumhaften Panorama und zwei guten Restaurants: Ceppo (auch Hotel), ein Familienbetrieb mit traditioneller Küche, und U' Saracino, ein Lokal mit festlichem Ambiente und einer großen Tanzfläche im Grünen. Auf der Weiterfahrt ein Abstecher ins Landesinnere nach **Prignano Cilento** mit einem Besuch der Kellerei De Conciliis (→). Zurück auf der Küstenstraße erreicht man **Castellabate,** wo besonders auf die Weine der

holgehalt: 11%. Zu allen Speisen zu trinken. – **Rosato.** Rebsorten: Sangiovese (70–80%), Aglianico (10–15%), Primitivo und/oder Piedirosso (10 bis 15%), andere (bis 10%). Produktion: 97 hl (4 ha). Farbe: mehr oder weniger kräftiges Rosa. Geruch: sortentypisch. Geschmack: harmonisch, frisch. Alkoholgehalt: 11%. Zu allen Speisen zu trinken. – **Rosso.** Rebsorten: Sangiovese (70–80%), Aglianico (10–15%), Primitivo und/oder Piedirosso (10–15%), andere (bis 10%). Produktion: 96 hl (14 ha). Farbe: rubinrot. Geruch: weinig, sortentypisch. Geschmack: delikat, trocken. Alkoholgehalt: 11,5%. Alterung: bis zu 4–5 Jahren. Zu allen Speisen zu trinken. – **Aglianico.** Rebsorten: Aglianico (85–100%), Piedirosso und/oder Primitivo (bis 15%). Produktion: 104 hl (2,3 ha). Farbe: rubinrot. Geruch: weinig, sortentypisch. Geschmack: trocken, körperreich, schmackhaft. Alkoholgehalt: 12%. Alterung: mindestens 1 Jahr, dann bis zu 5 Jahren. Zu allen Speisen zu trinken.

**COSTA D'AMALFI.** – **Bianco.** Rebsorten: Falanghina und Biancolella (60 bis 100%, zu zwei Dritteln Falanghina, zu einem Drittel Biancolella). Produktion: 95 hl (2,8 ha). Farbe: mehr oder weniger kräftiges Strohgelb. Geruch: delikat. Geschmack: trocken, körperreich, harmonisch. Alkoholgehalt: 10%. Qualitätsstufen: geographische Spezifikation *Ravello, Tramonti* und *Furore* (11% Alkohol). Zu Fischgerichten. – **Rosato.** Rebsorten: Piedirosso (mindestens 40%), Sciascinoso und/oder Aglianico (höchstens 60%), andere (bis 40%). Produktion: siehe Rosso. Farbe: mehr oder weniger kräftiges Rosa. Geruch: intensiv, fruchtig. Geschmack: trocken, frisch, delikat. Alkoholgehalt: 10,5%. Alterung: bis zu 2 Jahren. Qualitätsstufen: geographische Spezifikation *Ravello, Tramonti* und *Furore* (11,5%). Zu allen Speisen. – **Rosso.** Rebsorten: Piedirosso (mindestens 40%), Sciascinoso und/oder Aglianico (höchstens 60%), andere (bis 40%). Produktion: 56 hl (2,6 ha). Farbe: mehr oder weniger kräftiges Rubinrot. Geruch: weinig. Geschmack: trocken, mittlerer Körper, angemessene Tannine. Alkoholgehalt: 10,5%. Alterung: bis zu 2–3 Jahren. Qualitätsstufen: geographische Spezifikation *Ravello, Tramonti* und *Furore* (11,5%). Produktion: 257 hl (5 ha). Zu allen Speisen zu trinken, Weine mit geographischer Spezifikation zu deftigen Gerichten der einheimischen Küche.

Kellereien Maffini (→) und San Giovanni (→) hingewiesen sei. Endspurt mit Bademöglichkeiten in Palinuro und **Marina di Camerota**. Dort bieten zwei Lokale gute einheimische Küche: das Pepè, auch Hotel mit Meerblick, und das Valentone in der Ortsmitte.

## Enoteche

**Pisciotta**
**Enoteca Osteria Perbacco**
contrada
Marina Campagna 5
☎ 089973849

**Salerno**
**Enoteca Manzo**
lungomare Colombo 44
☎ 089752520
**Enoteca Manzoni**
via P. da Granita 11
☎ 089227465
**Testa**
via dei Marcanti 104
☎ 089241192

## Veranstaltungskalender

**August**
**Moio della Civitella**
14.–15. August
Weinschau und -verkaufsausstellung

**September**
**Bellosguardo**
①❷ Sagra dell'Uva (Traubenfest)

# Apulien

## Die großen Roten des Südens

*Der apulische Weinberg, traditionell bekannt für seine körperreichen Rotweine, könnte sich – nicht zuletzt wegen der traumhaften Meeresstrände – zu einem der beliebtesten Ziele des italienischen Weintourismus entwickeln.*

Apulien, Erbe einer Weinbautradition, deren Wurzeln bis in die griechische Antike zurückreichen, galt bis vor gar nicht allzu langer Zeit als «Weinkeller Europas». Diesen Ruf verdankte die Region ihren exzellenten, besonders im europäischen Ausland geschätzten Tropfen, vor allem jedoch der Produktion zahlreicher für den Verschnitt bestimmter Weine, die den Gewächsen aus klimatisch weniger begünstigten Gegenden Körper und Farbe verleihen sollten.

### Vom Garganomassiv nach Santa Maria di Leuca

Die apulische Weinbaufläche, eine der ertragreichsten Italiens, kann im Wesentlichen in drei Gebiete unterteilt werden: Im Norden befindet sich die Daunia, also das Gebiet der Provinz Foggia mit den südlichen Hügeln des Apennin, der apulischen Ebene Tavoliere di Puglia sowie dem Vorgebirge des Gargano. Hier ist der traditionsreiche Bianco di San Severo beheimatet. Jenseits des Ofanto erstrecken sich dann die Weingärten der Provinz Bari, die die berühmten Castel-del-Monte-Weine sowie andere Rote mit großer Persönlichkeit hervorbringen. In der hügeligen Hochebene der Murge finden sich zahlreiche Flächen mit roter Erde, die Weinstöcken und Olivenbäumen hervorragende Lebensbedingungen

**Movimento del Turismo del Vino**
Beauftragte:
Vittoria Cisonno
c/o Tirso
via Cardassi 6
Bari
☎ 0805231926

bieten. Südlich der Via Appia, die zwischen Tarent und Lecce verläuft und die so genannte Soglia Messapica (Schwelle Messapiens) bildet, liegt schließlich die Halbinsel des Salento. Im Süden dehnt sich die weite Ebene des Tavoliere di Lecce aus, weiter im Norden finden sich die sanften Anhöhen der Murge Tarantine und der Serre. Neben einigen Weißen werden hier zahlreiche Rote und Rosés erzeugt, die zu den berühmtesten Apuliens zählen.

*Primitivo.*

## Heimat traditionsreicher Rotweine

Die Statistiken zeichnen ein eindeutiges Bild der apulischen Weinlandschaft: Mit Abstand an erster Stelle stehen die Rotweine aus den beiden autochthonen Rebsorten Negro amaro (22,5 Prozent) und Primitivo (11 Prozent) sowie aus der Sangiovese-Traube (10 Prozent), die Anfang des 19. Jahrhunderts eingeführt wurde, nachdem eine verheerende Reblausplage die apulischen Rebbestände schwer geschädigt hatte. Darüber hinaus werden weitere einheimische rote Sorten wie Malvasia nera di Brindisi, Uva di Troia und Bombino nero in nennenswerter Zahl angebaut. Bei den weißen Reben überwiegen Trebbiano toscano und Trebbiano d'Abruzzo sowie die hier beheimateten Verdeca, Bianco d'Alessano, Bombino und Pampanuto. Die Reben werden hauptsächlich nach dem Pergola-System (49 Prozent) und dem Alberello-System (32 Prozent) erzogen, allerdings findet seit einigen Jahren auch die Spalier-Erziehung zunehmende Verbreitung. Darüber hinaus ist Apulien ein bedeutender Erzeuger von Regina- und Italia-Tafeltrauben.

## Ein Programm zum Schutz der Tradition

Der apulische Weinbau befindet sich auf dem Wege der Erneuerung und gleichzeitig der Rückkehr zur Tradition: Importreben werden zunehmend durch autochthone Rebsorten ersetzt (was die Verdienste von Chardonnay und Cabernet keineswegs schmälern soll), mit dem Ergebnis eines qualitativen Aufschwungs, der sich nach dem Wunsch und Willen der Erzeuger auch in den Kellereien fortsetzen soll. Apulien verfügt zwar über stolze 25 DOC-Bereiche, doch beläuft sich deren Produktion auf gerade mal 200 000 Hektoliter, was in der landesweiten Statistik einen enttäuschenden elften Rang vor Umbrien bedeutet – insbesondere wenn man die Zahlen mit der Gesamtproduktion der Region vergleicht, die je nach Jahrgang zwischen acht und zehn Millionen Hektolitern liegt. Besser ist es um die sechs IGT-Bereiche bestellt, deren Produktionsvolumen von 900 000 Hektoliter pro Jahr eine Vorstellung von den wahren Kapazitäten des apulischen Weinbaus vermittelt.

DOC-Bereiche in Apulien
Termoli
Rodi Garganico
Lago di Lesina
Lago di Varano
Vieste
MOLISE
Larino
Fortore
A14
S. Giovanni Rotondo
Monte S. Angelo
Pugnochiuso
S. Severo
MAR ADRIATIC
Manfredonia
L. di Occhito
Lucera
Foggia
Cervaro
Troia
Margherita di Savoia
Barletta
Trani
Cerignola
Canosa di Puglia
Molfe
Benevento
Ariano Irpino
Carapelle
Ofanto
A16
Ruvo di Puglia
Bitonto
Melfi
Spinazzola
Avellino
Rionero in Vulture
Gravina in Puglia
Altam
CAMPANIA
Salerno
Eboli
A3
POTENZA
Matera
Sele
Golfo di Salerno
Calore
Marsico Nuovo
Ferrandina
Basento
Sala Consilina
Agropoli
BASILICATA
Tanagro
Vallo di Lucania
Scala 1:1 250 000
0 15 30 km
S. Arcangelo
Policor
Sinni
Lagonegro
Anbaugebiet mit kontrollierter Herkunftsbezeichnung
Anbauzone mit DOCG-Status
Anbauzone mit DOC-Status
Sapri
Golfo di Policastro
Trebisacce
Castrovillari
MAR TIRRENO
Scalea
CALABRIA

1. DOC Aleatico di Puglia – 6 ha im gesamten Gebiet der Region
2. DOC Alezio – 54 ha in 4 Gemeinden der Provinz Lecce, darunter Alezio
3. DOC Brindisi – 562 ha im gesamten Gebiet von Brindisi und Mesagne, Provinz Brindisi
4. DOC Cacc'e mmitte di Lucera – 60 ha in Lucera, Troia und Biccari, Provinz Foggia
5. DOC Castel del Monte – 4948 ha in 10 Gemeinden der Provinz Bari
6. DOC Copertino – 631 ha in 6 Gemeinden der Provinz Lecce, darunter Copertino
7. DOC Galatina – umfasst 7 Gemeinden der Provinz Lecce, darunter Galatina
8. DOC Gioia del Colle – 101 ha in 16 Gemeinden der Provinz Bari, darunter Gioia del Colle
9. DOC Gravina – 43 ha in 4 Gemeinden der Provinz Bari, darunter Gravina in Puglia
10. DOC Leverano – 225 ha im gesamten Gebiet der Gemeinde Leverano, Provinz Lecce
11. DOC Lizzano – 79 ha in Lizzano, Faggiano und im Umland von Tarent
12. DOC Locorotondo – 1224 ha in 3 Gemeinden zwischen Bari und Brindisi, u. a. Locorotondo
13. DOC Martina oder auch Martina Franca – 931 ha in 5 Gemeinden der Provinzen Taranto, Bari und Brindisi, darunter Martina Franca
14. DOC Matino – 100 ha in 8 Gemeinden der Provinz Lecce, darunter Matino
15. DOC Moscato di Trani – 25 ha in 12 Gemeinden der Provinzen Bari und Foggia, u. a. Trani
16. DOC Nardò – 22 ha in den Gemeinden Nardò und Porto Cesareo, Provinz Lecce
17. DOC Orta Nova – 2 ha in einigen Gemeinden der Provinz Foggia, darunter Orta Nova
18. DOC Ostuni – 21 ha in 7 Gemeinden der Provinz Brindisi, darunter Ostuni
19. DOC Primitivo di Manduria – 659 ha in zahlreichen Gemeinden der Provinzen Taranto und Brindisi, darunter ganz Manduria
20. DOC Rosso Barletta – 71 ha in der Gemeinde Barletta und in 4 weiteren Gemeinden zwischen Bari und Foggia
21. DOC Rosso Canosa – 100 ha in der Gemeinde Canosa di Puglia, Provinz Bari
22. DOC Rosso di Cerignola – 11 ha in 4 Gemeinden der Provinz Foggia, darunter Cerignola
23. DOC Salice Salentino – 1848 ha in den Provinzen Lecce und Brindisi, einschließlich Salice Salentino
24. DOC San Severo – 1582 ha in 7 Gemeinden der Provinz Foggia, darunter San Severo
25. DOC Squinzano – 284 ha in 9 Gemeinden der Provinzen Lecce und Brindisi, u. a. Squinzano

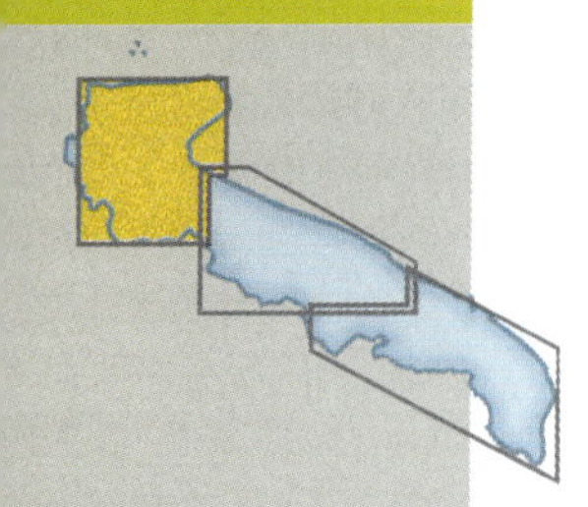

# Am Fuß der Dauniaberge

*Wo die Ebene des Tavoliere in den Apennin übergeht, in den Weingärten von San Severo und Lucera, entstehen die charakteristischen Gewächse der Provinz Foggia.*

Die Provinz Foggia nimmt den nördlichsten Teil der Weinlandschaft Apuliens ein. Die Provinzhauptstadt selbst liegt mitten im Tavoliere, der größten Ebene Mittel- und Süditaliens, die fast unmerklich zu den Dauniabergen hin ansteigt. Auf diesem an den Läufen der Flüsse Fortore und Carapelle leicht auszumachenden Höhenzug haben sich mehrere Hochebenen mit überwiegend lehmigen Böden herausgebildet. Vor allem ein Ort genießt hier schon seit Jahrhunderten den Ruf, die Produktionsstätte außergewöhnlich guter Weine zu sein: San Severo, heute Zentrum des gleichnamigen DOC-Bereichs, in dem hauptsächlich Weiße aus der traditionellen Bombino-bianco-Rebe in Kombination mit Trebbiano toscano hergestellt werden. Ein weiteres bedeutendes DOC-Gebiet ist Lucera, von alters her eine Hochburg der Troia-Rebe, aus der man hier den roten Cacc'e mmitte keltert. Schließlich sind noch die Weinberge am rechten Ofantoufer zu nennen, wo in den Kellereien von Cerignola und Orta Nova die berühmten Roten von Bari erzeugt werden.

## Weinstädte

**Orta Nova.** In unmittelbarer Nähe dieses von der Landwirtschaft geprägten Städtchens können die Ausgrabungen des antiken Herdonia, einstiges Zentrum der Dauniaberge, besichtigt werden. Orta Nova selbst wurde freilich erst im späten 18. Jahrhundert nach Auf-

### Hotels und Restaurants

**Cerignola**
**Bagatto** 🍴
via G. Gentile 7
☎ 0885427850

**Foggia**
**Cicolella** ★★★
viale XXIV Maggio 60
☎ 0881566111
**In Fiera-Cicolella** 🍴
viale Fortore
☎ 0881632166
**Ventaglio** 🍴
via Postiglione 6
☎ 0881661500

**Lucera**
**Alhambra** 🍴
via De Nicastri 10/14
☎ 0881547066

**Manfredonia**
**Gargano** ★★★
**Gargano** 🍴
viale Beccarini 2
☎ 0884587621
**Il Baracchio** 🍴
corso Roma 38
☎ 0884583874
**Porto** 🍴
via del Porto 8/10
☎ 0884581800

**Mattinata**
**Baia delle Zagare** ★★★
Baia delle Zagare
☎ 0884550155
**Apeneste** ★★★
piazza Turati 3/4
☎ 0884550743
**Trattoria dalla Nonna** 🍴
contrada Funni
☎ 0884559205

lösung des Jesuitenordens gegründet, dem bis dahin die umliegenden Ländereien gehört hatten. Ein Kloster und drei Kirchen erinnern noch daran. Uns interessieren jedoch mehr die gastronomischen Genüsse des Städtchens: Zum einen gibt es hier eine hervorragende Küche rund um Teigwaren und Gemüse, zum anderen einen vorzüglichen DOC-Rotwein. Am 13. Juni begeht man in Orta Nova das Fest des hl. Antonius von Padua, **Sant'Antonio da Padua,** und im August die **Festa Ortese**.

## Kellereien

**San Severo.** *D'Alfonso Del Sordo, strada statale 89, contrada Sant'Antonino, Tel. 0882221444. D'Araprì, via Zannotti 30, Tel. 0882227643. Torretta Zamarra, via Croce Santa 48, Tel. 0882374295.*

## Tourenvorschläge

**In den Weinbergen der Provinz Foggia.** Ausgehend von Foggia führt die Tour vor allem durch die Weinbaugebiete des Tavoliere und der Dauniaberge, doch bleibt genug Zeit für einen Abstecher an die überwältigend schöne Küste zu Füßen des Garganomassivs. **Foggia.** Der Name der Stadt leitet sich vom lateinischen «fovea» her, was Getreidespeicher bedeutet und an die Kornfelder erinnert, die einst die weite Ebene des Tavoliere bedeckten. Nach Besichtigung der Kathedrale kann man sich den kulinarischen Genüssen widmen: Unsere erste Empfehlung gilt dem zentral gelegenen, traditionsreichen Restaurant des Hotels Cicolella, das im Sommer mit einer schönen Terrasse lockt, die zweite dem Ventaglia, das in einer Villa aus dem frühen 20. Jahrhundert untergebracht ist und in dessen Küche bei allem Erfindungsgeist doch auch die gute alte Tradition mit berücksichtigt wird. Weiter führt die Reise nach **Troia,** wo man eine der schönsten romanischen Kathedralen Apuliens besichtigen kann, und dann nach **Lucera,** dessen Dom in mancherlei Hinsicht einen typisch französischen Baustil verrät, der von den Herrschern des Hauses Anjou hier eingeführt wurde. Die Burg geht sogar noch bis auf die Zeit der Staufer zurück. Zwischen Dom und Museum wird im Tonnengewölbe eines Gebäudes aus dem 18. Jahrhundert das stimmungsvolle Restaurant Alhambra betrieben. Nächste Station ist das wegen seiner Weine hochinteressante Städtchen **San Severo,** der Hauptort des gleichnamigen DOC-

### Hotels und Restaurants

**Peschici**
**D'Amato** ★★★
località Spiaggia
☎ 0884963415
**Timiama** ★★★
viale Libetta 71/73
☎ 0884964321
**La Collinetta** 🍴🍴
località Madonna di Loreto
☎ 0884964151
**San Ferdinando di Puglia**
**Roma** 🍴
via Cerignola 64/66
☎ 0883621027
**San Severo**
**Milano** ★★★
via Teano Appulo 10
☎ 0882375643
**Arcate** 🍴
piazza Cavallotti 29
☎ 0882226025
**Vieste**
**Pizzomunno Vieste Palace** ★★★★
spiaggia di Pizzomunno
☎ 0884708741
**Al Dragone** 🍴🍴
via Duomo 8
☎ 0884701212

Bereichs. Gelegenheit zu Verkostung und Kauf bietet sich in den Kellereien Torretta Zamarra und L'Antica Cantina. Das Restaurant Arcate an der Piazza Matteotti wartet mit vorzüglichen Pizzen aus dem Holzofen und Olivenöl aus eigener Produktion auf. Anschließend beginnt die weiträumige Umrundung des Garganomassivs, wo es selbstverständlich ebenfalls nicht an gastronomischen Angeboten fehlt. In **Vieste** beispielsweise kann man direkt am Strand von Pizzomunno im gleichnamigen Hotelrestaurant seinen Gaumen mit den erlesensten Köstlichkeiten der einheimischen Küche verwöhnen. Auch in der Enoteca Vesta, einem typischen Lokal mitten im Zentrum des mittelalterlichen Städtchens, werden zu fast ausschließlich apulischen Weinen hervorragend zubereitete Meeresfrüchte gereicht. In **Mattinata** kann man dann in der Trattoria della Nonna auf einer schönen Veranda mit Blick aufs Meer ausgezeichneten Fisch speisen. Hoch droben über der Küste und über den Olivenhainen liegt die Enoteca Bisceglia, ein einfaches, gemütliches Lokal, das neben über 50 apulischen Gewächsen auch Weine aus anderen Regionen zu bieten hat, zu denen es Käse und verschiedene Häppchen gibt. Lohnend ist von hier aus ein Abstecher ins Landesinnere, wo die kunsthistorisch bedeutenden Ortschaften Monte Sant'Angelo, San Giovanni Rotondo und San Marco in Lamis liegen. In **Manfredonia** endet dann die Rundfahrt um das Garganomassiv: Hier zeigt das Museo delle Stele Daune wertvolle Funde aus vorgeschichtlicher Zeit, während die Fischrestaurants Il Baracchio und Porto – Da Michele Gaumenfreuden bieten. Der Weg zurück ins Landesinnere folgt dem Lauf des Flusses Ofanto durch nicht weniger als drei DOC-Bereiche, nämlich Rosso Barletta, Moscato di Trani und Rosso di Cerignola. Hegt man die Absicht, sich hier mit ein paar Flaschen einzudecken, kann man die Cooperativa Produttori Agricoli in **Trinitapoli** oder die Cantina Coldiretti Paladino in **San Ferdinando di Puglia** ansteuern, wo im Hotelrestaurant Roma zudem vorzügliche Fisch- und Gemüsegerichte serviert werden. Eine Fahrtunterbrechung in **Cerignola** lohnt aus mehreren Gründen. Zum einen sollte man den Dom besichtigen, wo an sechs Monaten im Jahr das aus dem 13. Jahrhundert stammende Tafelbild der Madonna di Ripalta aufbewahrt wird. Besonders bemerkenswert ist das Wunder seiner Wiederauffindung an den Ufern des Ofanto, nachdem es schon verloren geglaubt schien – die an ebenjener Fundstelle errichtete Wallfahrtskirche dient dem Gemälde während der anderen Jahreshälfte als Refugium. Zum anderen aber verfügt Cerignola mit dem traditionsreichen Familienbetrieb Bagatto nicht nur über ein vorzügliches Restaurant, sondern mit der Enoteca di Gianni dell'Olio und der Cantina Antica Enotria auch über zwei gute Adressen für den Weinkauf. Auf dem Rückweg nach Foggia empfiehlt sich zum Abschluss ein Abstecher nach **Orta Nova,** einer sowohl in touristischer als auch gastronomischer Hinsicht interessanten Weinstadt (→).

## Agriturismo

**Cerignola**
**San Lorenzo**
località Quarto
☎ 088541 8436
**Manfredonia**
**Posta del Falco**
contrada San Leonardo
SS 89 bei km 174
☎ 0884586261
**Mattinata**
**Monte Sacro**
contrada Stinco
☎ 0884558941
**Vieste**
**Azzarone Francesco**
contrada Piano Grande
☎ 0884701332
**Fara del Falco**
località Delfino
☎ 0884705796

## DOC-Weine aus der Provinz Foggia

**CACC'E MMITTE DI LUCERA.** Rebsorten: Uva di Troia (35–60%), Montepulciano und/oder Sangiovese und/oder Malvasia nera di Brindisi (25 bis 35%), Trebbiano toscano und/oder Bombino bianco und/oder Malvasia del Chianti (15–30%). Produktion: 3888 hl (49 ha). Farbe: mehr oder weniger kräftiges Rubinrot. Geruch: sortentypisch, intensiv. Geschmack: voll, harmonisch, mit sortentypischem Abgang. Alkoholgehalt: 11,5%. Alterung: bis zu 3 Jahren. Zu allen Speisen zu trinken.

**ORTA NOVA. – Rosato.** Rebsorten: siehe Rosso. Farbe: mehr oder weniger kräftiges Rosé. Geruch: leicht weinig, angenehm, als junger Wein fruchtig. Alkoholgehalt: 11,5%. Alterung: bis zu 2 Jahren. Zu allen Speisen zu trinken. **– Rosso.** Rebsorten: Sangiovese (60 bis 100%), Uva di Troia und/oder Montepulciano und/oder Lambrusco Maestri und/oder Trebbiano toscano (bis 40%, davon höchstens 10% Lambrusco Maestri oder Trebbiano toscano). Farbe: rubin- bis granatrot, nach Alterung mit orangefarbenen Reflexen. Geruch: weinig, angenehm. Geschmack: trocken, harmonisch, körperreich, mit ausgewogenen Tanninen. Alkoholgehalt: 12%. Alterung: bis zu 4 Jahren. Zu gebratenem rotem Fleisch, Wild und altem Käse zu trinken.

**ROSSO DI CERIGNOLA.** Rebsorten: Uva di Troia (mindestens 55%), Negro amaro (15–30%) Sangiovese und/oder Barbera und/oder Montepulciano und/oder Malbech und/oder Trebbiano toscano (bis 15%). Farbe: mehr oder weniger kräftiges Rubinrot, mit der Alterung zu ziegelrot neigend. Geruch: weinig, alkoholstark, angenehm. Geschmack: trocken, körperreich, harmonisch, mit ausgewogenen Tanninen und angenehmem, leicht bitterem Abgang. Alkoholgehalt: 12%. Alterung: bis zu 4 Jahren. Qualitätsstufen: *Riserva* mindestens 13% Alkohol und 2 Jahre Alterung (dann bis zu 6–7 Jahren). Zu allen Speisen zu trinken, die Riserva besonders zu Fleisch- und Wildgerichten.

**SAN SEVERO. – Bianco.** Rebsorten: Bombino bianco (40–60%), Trebbiano toscano (40–60%), Malvasia bianca lunga, Verdeca (bis 20%). Produktion: 41070 hl (590 ha). Farbe: helles Strohgelb. Geruch: leicht weinig, angenehm. Geschmack: trocken, frisch, harmonisch. Alkoholgehalt: 11%. Alterung: bis zu 2 Jahren. Arten: *Spumante.* Zu allen Speisen zu trinken. **– Rosso.** Rebsorten: Montepulciano di Abruzzo (70–100%), Sangiovese (bis 30%). Produktion: 10105 hl (154 ha). Farbe: rubinrot, mit der Alterung zu ziegelrot neigend; auch roséfarben, zu rubinrot tendierend. Geruch: weinig, mit angenehmem Duft, sortentypisch. Geschmack: trocken, körperreich, harmonisch. Alkoholgehalt: 11,5%. Alterung: bis zu 3 Jahren. Arten: *Rosato.* Zu allen Speisen zu trinken.

### DOC-WEINE AUS DER GESAMTREGION APULIEN

**ALEATICO DI PUGLIA.** Rebsorten: Aleatico (85–100%), Negro amaro und/oder Malvasia nera und/oder Primitivo (bis 15%). Farbe: mehr oder weniger kräftiges Granatrot mit violetten Reflexen, mit der Alterung zu orange neigend. Geruch: feiner, sortentypischer Duft, der mit dem Bukett verschmilzt, den der Wein mit der Alterung entwickelt. Geschmack: voll, leicht süß, samtig. Alkoholgehalt: 13+2%. Alterung: mindestens 4 Monate, dann noch 10 Jahre und mehr. Qualitätsstufen: *Riserva* mindestens 3 Jahre Alterung. Arten: *Liquoroso* mindestens 16+2,5% Alkohol und 4 Monate Alterung (dann noch 10 Jahre und mehr). Zum Abschluss der Mahlzeiten oder in Mußestunden zu trinken.

*Uva di Troia.*

## Enoteche

**Cerignola**
**Enoteca di Gianni dell'Olio**
via Puglia 6
☎ 0885426834

**Foggia**
**Enoteca della Nuvola**
via Trento 5/b
☎ 0881723388

**Lucera**
**Enoteca Regionale Permanente di Lucera**
piazza Nocelli 5
☎ 0881522020

**Mattinata**
**Enoteca Bisceglia**
piazza Aldo Moro 5
☎ 0884551003

**Vieste**
**Enoteca Vesta**
via Duomo 14
☎ 0884706154

## Gaumenfreuden

Äußerst schmackhaft sind die Speisen, mit denen Apulien zu Tisch bittet. In erster Linie liegt dies an den kräftigen und aromatischen Saucen, denn die Auswahl der Hauptzutaten ist eher klein: Reis, Weizen, Innereien, Geflügel und Kaninchen, vor allem aber Hülsenfrüchte und anderes Gemüse – damit wäre das Wesentliche bereits aufgezählt. Man kann also mit Fug und Recht von einer Küche der kleinen Gehöfte und Gemüsegärten sprechen, die in den teilweise wunderschönen, noch heute bestehenden bäuerlichen Anwesen ihren Ursprung hat. Gleichwohl kennt man hier zahlreiche komplizierte Zubereitungsarten, bei denen häufig sehr lange Garzeiten das Geheimnis der köstlichen, saftigen Speisen sind. Eine weitere wesentliche Grundzutat der apulischen Küche sind Fische und Meeresfrüchte, die man in Geschäften bewundern oder an einfachen Imbissständen in Form von rohen Austern oder fangfrischen Kraken kosten kann. Die Restaurants, zumeist eher einfache Familienbetriebe, sind größtenteils noch recht stark der kulinarischen Tradition Apuliens verhaftet. Da wäre im Nordwesten, an der Grenze zu Kampanien, zunächst das Lokal Moreno in Faeto, in dem man nach uralten Rezepten des provenzalischen Gefolges der Könige von Anjou allerlei Köstliches zubereitet. In der Trattoria Antichi Sapori in Andrano lohnen insbesondere die vorzüglichen Wurst- und Käsespezialitäten. Raffinierter und lecker kocht man im Torrente Antico in Trani, das zudem mit einem hervorragend bestückten Weinkeller aufwartet, und im Luna nel Pozzo in Giovinazzo wird vor allem Fisch und Gemüse aufs Trefflichste zubereitet. In Bari empfiehlt sich das beispielhaft geführte, stilvolle Palace Hotel mit ausgezeichneter Küche und wundervollem Ausblick. Im faszinierenden Lokal Van Westerhout in Moli di Bari hingegen glaubt man sich in eine andere Zeit zurückversetzt: Vergilbte Fotos an den Wänden und eine gepflegte, wenngleich nicht mehr ganz neue Einrichtung bilden hier den Rahmen für ein unvergessliches kulinarisches Erlebnis – vor allem die Schmetterlingsnudeln mit Sardinen und die köstlichen Bocche di dama, kleine, süße Mandeltörtchen, suchen ihresgleichen! Kulinarischer Höhepunkt einer Reise in den Süden des insgesamt recht flachen Berglands der Murge, in dem sich so bezaubernde Städtchen wie Martina Franca und Alberobello befinden, könnte ein Besuch des Restaurants Fornello in Ceglie sein, wo sich die Familie Ricci, allen voran Mamma Dora, mit viel Hingabe und ebenso großem Können um das leibliche Wohl ihrer Gäste kümmert. Auch vorzügliche Käsesorten, insbesondere Mozzarella und Scamorza, haben wir diesem Landstrich zu verdanken: Das Zentrum der Produktion ist sicherlich die Ortschaft Gioia del Colle, wo man in der Käserei Gentile nicht nur hervorragende Milchprodukte bekommt, sondern überdies im Hotel Svevo ganz vorzüglich speisen kann.

Moscato di Trani
Denominazione di origine controllata
Liquoroso
Prodotto ed imbottigliato dalla Azienda Vinicola Gennaro Marasciuolo - Trani
Italia

### Veranstaltungskalender

**Juni**
**San Giovanni Rotondo**
21. und 23.–24. Juni
Sagra dell'Orecchietta (Fest der Öhrchennudeln)

**November**
**Orta Nova**
15. November
Sagra della Bruschetta con Olio d'Oliva (Röstbrot- und Olivenölfest)

# Das Umland von Bari

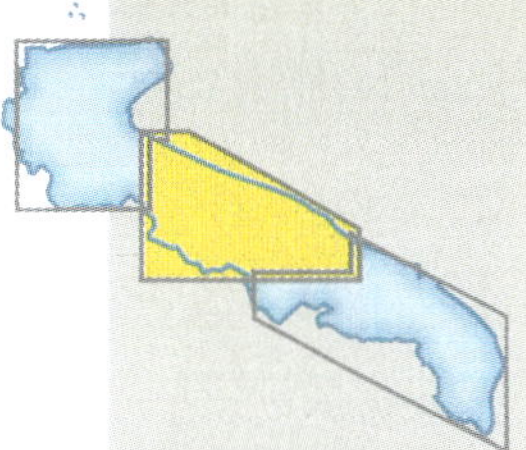

*Aus dem Bergland der Murge mit seinen roten Lehmböden stammen vorzügliche Tropfen, die zu den besten Apuliens gehören.*

Die zweite bedeutende Weinlandschaft Apuliens erstreckt sich über das insgesamt recht flache und niedrige Bergland der Murge, das vom Fluss Ofanto zur Halbinsel Salento hin sanft abfällt. In seinen höher gelegenen Teilen kommt deutlich der Unterboden aus Kalkstein zum Vorschein. Mit zunehmender Küstennähe dominiert dann aber eine rötliche Erdschicht das Bild: Sie ist das Charakteristikum der Böden in der Gegend um Bari, die der Landwirtschaft ideale Voraussetzungen bieten.

## Der Bombino Nero und andere berühmte Rotweine der Gegend um Bari

Das Bergland der Murge liegt fast vollständig auf dem Gebiet der Provinz Bari: Im nördlichen Teil sind die großen Rotweine von Barletta, Canosa, Trani und Castel del Monte beheimatet, während weiter südlich, etwas landeinwärts um Gravina und Altamura, die Gravina-Gewächse bereitet werden. Mit den Weinen des Anbaugebiets von Gioia del Colle am Südrand der Provinz Bari kündigen sich dann schon unverkennbar jene typischen Merkmale an, die auch die auf der Halbinsel Salento gekelterten Rebensäfte auszeichnen. Unter den autochthonen Sorten sind die interessantesten sicherlich Primitivo und Bombino nero, die seit unvordenklichen Zeiten hier gedeihen und denen wir auch heute noch hochwertige Rotweine zu verdanken haben. Den Weißweinen liegen zumeist die ebenfalls traditionsreichen Rebsorten Pampanuto, Palumbo und Bombino bianco zugrunde.

### Hotels und Restaurants

**Alberobello**
**Dei Trulli** ★★★★★
via Cadore 32
☎ 0804323555
**Il Poeta Contadino** 🍴🍴🍴🍴
via Indipendenza 21
☎ 0804321917

**Altamura**
**Svevia** ★★★
via Matera 2/A
☎ 0803111742

**Andria**
**Arco Marchese** 🍴🍴
via Arco Marchese 1
☎ 0883557826
**Tenuta Cocevola** 🍴🍴
via Castel del Monte 1
☎ 0883569704
**Antichi Sapori** 🍴
15 km nach Montegrosso
piazza S. Isidoro 9/10
☎ 0883569529

**Bari**
**Palace Hotel** ★★★★
**Murat** 🍴🍴🍴
via Lombardi 13
☎ 0805216551
**Nuova Vecchia Bari** 🍴🍴
via Dante 47
☎ 0805216496
**Piccinni** 🍴🍴
via Piccinni 28
☎ 0805211227
**Terranima** 🍴🍴
via Putignani 213/215
☎ 0805219725

**Barletta**
**Dei Cavalieri** ★★★
via Foggia 24
☎ 0883571461

## Hotels und Restaurants

**Barletta**
**Antica Cucina** 🍴
via Milano 73
☎ 0883521718
**Baccosteria** 🍴
via S. Giorgio 5
☎ 088353400
**Corato**
**Mulino** 🍴
via Castel Monte 135
☎ 0808723925
**Gioia del Colle**
**Svevo** ★★★
**Svevo** 🍴
via per Santeramo 319
☎ 0803482739
**Giovinazzo**
**La Luna nel Pozzo** 🍴🍴🍴
via G. Sasso 6
☎ 0803946554
**Gravina in Puglia**
**Madonna della Stella** 🍴
via Madonna d. Stella
☎ 080856383
**Mola di Bari**
**Niccolò Van Westerhout** 🍴
via De Amicis 3/5
☎ 0804744253
**Molfetta**
**Bufi** 🍴
via V. Emanuele 17
☎ 0803971597
**Polignano a Mare**
**Da Tuccino** 🍴🍴🍴
via S. Caterina 69/F
☎ 0804241560

## Weinstädte

**Locorotondo.** Auf einem Hügel über dem Itriatal gelegen, eröffnet die Ortschaft einen wunderbaren Ausblick auf das umliegende Gebiet der Murgia dei Trulli. Archäologische Funde haben zwar den Beleg für eine noch ältere Besiedelung geliefert, in historischen Quellen taucht ein Ort namens Rotondo jedoch erstmals im Jahr 1098 auf, zu jener Zeit also, als hier die Staufer-Kaiser herrschten. Sehenswert sind unter anderem die Kirchen San Giorgio und Santa Maria della Greca. Locorotondo ist heute Hauptort des renommierten gleichnamigen DOC-Bereichs, dem über 1400 Winzer angeschlossen sind. Am ersten Augustsonntag findet hier die der Roulade (apulisch «gnumeredde suffuchete») gewidmete **Sagra degli Involtini Bianchi** statt und am zweiten Novembersonntag die **Sagra del Vino Novello.**

## Kellereien

**Andria.** *Rivera, SS 98 bei km 19,8, Contrada Rivera, Tel. 0883569510. Öffnungszeiten: 9–13 und 14–18 Uhr, Voranmeldung erwünscht, Samstag und Sonntag nur nach Vereinbarung.* Vor knapp 100 Jahren erwarb Giuseppe di Corato das große Landgut Rivera, um hier den Weinbau zu neuem Leben zu erwecken. Seit den 1950er-Jahren wurden mit der Einrichtung einer modernen Kellerei und der Einführung ausländischer Rebsorten immer wieder Weichen für die Zukunft gestellt. Das Spitzengewächs des Betriebs ist zweifelsohne der in französischen Eichenholzfässern ausgebaute Rosso Riserva Il Falcone, doch verdient auch der süße Moscato di Trani DOC Beachtung, der hier die Unterbezeichnung Piani di Tufara tragen darf. Auf Anfrage werden vom Gut auch Führungen ins 20 Kilometer entfernt liegende Castel del Monte angeboten.

**Und außerdem ... Andria.** *Spagnoletti Zeuli Onofrio, contrada S. Domenico, via Montegrosso, SS 98 bei km 21, Tel. 0883569511.* **Barletta.** *Cantina Sociale di Barletta, via Foggia bei km 743+900, Tel. 0883510681.* **Corato.** *Piarulli, contrada Murgetta, via Castel del Monte, Tel. 080 8980980. Santa Lucia, via S. Vittore 1, Tel. 0808721168. Torrevento, SS 170 bei km 28, Tel. 0808980929.* **Gravina in Puglia.** *Botromagno, via Fratelli Cervi 12, Tel. 0803265865.* **Locorotondo.** *Cantina Sociale Locorotondo, via Madonna della Catena 99,Tel. 0809311644. Cardone Vini Classici, via Martiri della Libertà 28, Tel. 0804312561.* **Ruvo.** *Il Grifo, via Madonna delle Grazie 8/A, Tel. 080 3601611.* **Trani.** *Schinosa, SS Trani–Corato 178, Tel. 0883580612.* **Turi.** *Cantine Coppi, via Putignano 116, Tel. 080 8911990.*

## Tourenvorschläge

**Die Straße der Burgen und Kathedralen.** Eine als Rundfahrt angelegte Weinstraße, bei der auch der kunsthistorisch interessierte Reisende nicht zu kurz kommt, begegnet er auf dieser in Bari beginnenden Strecke doch einer Vielzahl interessanter mittelalterlicher Baudenkmäler. Die Altstadt von **Bari,** die zu Recht für ihre romanischen Bauwerke einschließlich der großartigen Kathedrale San Nicola berühmt ist, muss man einfach gesehen haben. Dem Gourmet sei das Restaurant Piccinni in der Nähe des alten Hafens wärmstens empfohlen, das auch über einen gut bestückten Weinkeller verfügt. Im weit weniger bekannten, schlichten Terranima bekommt man einfach fabelhafte Orecchiette (Öhrchennudeln) und Meeresfrüchte. Erstklassige Beherbergung findet man im Palace Hotel, wo es sich im Aussichtsrestaurant Murat zudem gut speisen lässt. Schließlich stehen in mehreren Enoteche die besten Weine der Region zum Verkauf. Auch **Bitonto** hat eine prächtige romanische Kathedrale: Löwen tragen die Säulen des Portals und weisen den Weg ins Innere, wo den Besucher ein außergewöhnlicher Ambo aus dem Jahr 1229 mit der Signatur »Nicolaus Sacerdos et Magister« erwartet. Die Fassade der normannischen Kathedrale von **Ruvo di Puglia** wirkt durch ihre steilen Dachflächen sehr gedrungen, das Hauptportal ist in den Archivolten mit figürlichen Reliefs geschmückt. Das Städtchen hat mit dem Pineta zudem ein sehr angenehmes, ruhiges Hotel nebst hervorragendem Restaurant zu bieten. Im Angolo di Vino werden zum Wein einfache, leckere Speisen gereicht, für Einkäufe sei die Cooperativa Grifo empfohlen. In **Corato** kommen im Restaurant Mulino vor allem köstlich zubereitete Nudelgerichte, Fisch und Lamm auf den Tisch. Außerdem haben hier die Kellereien Santa Lucia und Vinicola Torrevento ihren Sitz. Der nächste Ort, **Andria,** besitzt ebenfalls einige sehenswerte Bauten. Freilich stehen diese im Schatten des unweit auf den Murgebergen gelegenen Castel del Monte, das sich Friedrich II. nach Ansicht mancher Historiker als monumentales Jagdschloss oder, wie andere meinen, als symbolische Kaiserkrone errichten ließ. Die Trattoria Antichi Sapori in Andria setzt, wie ihr Name verspricht, auf Tradition und serviert außerordentlich schmackhafte Leckerbissen. In der Enoteca Giuseppe De Corato bekommt man nicht nur Wein, sondern auch hervorragendes Olivenöl und Gebäck. Zur Weinprobe sei außerdem das stattliche Gut Rivera (→ Kellereien) empfohlen. Die letzte Ortschaft im Landesinneren ist schließlich **Canosa di Puglia,**

## Hotels und Restaurants

**Monopoli**
**Il Melograno ★★★★★**
contrada Torricella 345
☎ 0806909030

**Palo del Colle**
**La Stalla del Nonno 🍴**
via XXIV Maggio 26
☎ 080629598

**Putignano**
**Plaza ★★★**
via Roma
☎ 0804911266

**Rutigliano**
**Locanda 🍴🍴**
via Leopardi 71
☎ 0804761152

**Ruvo di Puglia**
**Pineta ★★★★**
via Carlo Marx 5
☎ 0808111578

**Selva di Fasano**
**Il Fagiano – da Vittorio 🍴🍴🍴**
via Toledo 13
☎ 0804331157

**Trani**
**Torrente Antico 🍴🍴🍴**
via Fusco 3
☎ 0883487911

## Agriturismo

**Castellana Grotte**
**Serragambetta**
contrada Serragambetta
☎ 0804962181

**Fasano**
**Masseria Marzalossa**
contrada Pezze Vicine 65
☎ 0804413780

**Ruvo di Puglia**
**Modesti**
contrada Lama d'Ape
☎ 0809501788

## Enoteche

**Alberobello**
**Laterza Grandi Vini**
via Cavour 7
☎ 0809322683

**Andria**
**Enoteca Pellegrino Doc**
via Firenze 53 A
☎ 0883559727

**Enoteca Giuseppe De Corato**
via Salvator Rosa 71
☎ 0883563318

**Bari**
**Enoteca De Candia**
via Buccari 30
☎ 0805425341

**Enoteca Vinarius di Luigi de Pasquale**
via Marchese di Montrone 87
☎ 0805213192

**Enotria Domus**
via V. De Vitofrancesco 6
☎ 0805225481



Zentrum des gleichnamigen DOC-Bereichs, mit interessanten normannischen Bauten, allen voran die Kathedrale mit dem Grabmal Beomunds. Anschließend geht es zurück zur Küste, nach **Barletta.** Die Bauwerke dieses Städtchens lassen die Zeit der Kreuzzüge wieder lebendig werden, so zum Beispiel die Kirche San Sepolcro, der Dom und das Kastell. Berühmt ist vor allem der »Koloss von Bari«, eine riesige, aus Konstantinopel stammende antike Bronzestatue. Köstliche Muschelsuppen gibt es im Restaurant Antica Cucina. Weine des umliegenden DOC-Bereichs Rosso di Barletta kann man bei der Kellerei Falcone erstehen. In **Trani,** dem Hauptort des für seine Moscato-Gewächse bekannten gleichnamigen DOC-Bereichs, bietet die Kathedrale mit ihrer isolierten Lage über dem Meer einen atemberaubenden Anblick, während das stilvolle Restaurant Torrente Antico neben hervorragenden Fischgerichten auch einige feine Weine zur Auswahl hat. Einkäufe bei der Enoteca Il Tempio Divino oder auch direkt bei der Kellerei Schinosa. Die nächsten Stationen sind **Bisceglie,** wo abermals zwischen Weinbergen und Olivenhainen die Silhouette einer Kathedrale aufragt, sowie **Molfetta,** dessen einzigartiger Dom mit drei Kuppeln und zwei Glockentürmen sich über das Städtchen am Meer erhebt. Das Restaurant Bufi wartet mit köstlichen Fleisch- und Fischgerichten sowie exzellenten Weinen auf, in der Enoteca del Viale können sich Kenner zum Meinungsaustausch treffen. In **Giovinazzo** lockt das kleine, aber feine Restaurants Luna nel Pozzo.

**Vom Herzen der Murgia hinab ins Gebiet der Trulli.** Eine Route von besonderem landschaftlichem Reiz, bei der man erst die blühenden Landstriche der Gegend um Bari durchstreift, dann ins Murgegebirge hinauffährt, um schließlich im Itriatal wieder in eine lieblichere Umgebung einzutauchen. Gleich hinter **Bari** liegt in Palo del Colle das sympathische Restaurant Stalla del Nonno, das nicht nur gute landestypische Gerichte serviert, sondern auch eine reiche Auswahl an Weinen bereithält. Weiter geht's nach **Altamura,** wo neben dem eine romanische Kathedrale mit skulpturengeschmücktem gotischem Portal zu bewundern ist. Nur wenige Kilometer entfernt liegt am Rand einer der zerklüfteten Schluchten des Murgegebirges **Gravina in Puglia:** Im Zentrum des Gassengewirrs ragt hier abermals eine stattliche Kathedrale auf; die Weine des örtlichen DOC-Bereichs gibt es in der ausgezeichneten Kellerei Botromagno. Nun führt die Staatsstraße weiter nach **Gioia del Colle,** dem Hauptort des gleichnamigen DOC-Bereichs: Weithin sichtbar ist das von Friedrich II. errichtete Kastell mit seinem Mauerwerk aus Bossenquadern. Eine vorzügliche Küche wird im Hotel Svevo geboten: Vor allem die Wild-, Pilz- und Fischgerichte sind zu empfehlen, zu denen die kräftigen Weine der Umgebung ganz ausgezeichnet munden. Weiter führt die Reise hinab ins Itriatal nach **Alberobello,** wo die berühmten Trulli zu bestaunen sind, archaische Behausungen mit konisch zugespitzten Dächern. Das Restaurant Il Poeta Contadino offeriert in einem einzigartigen Gewölbe traditionelle Gerichte mit allerfeinsten Weinen. Schon fast an der Grenze zur Provinz Brindisi liegt dann die Weinstadt (→) **Locorotondo** inmitten des gleichnamigen DOC-Bereichs. Möglichkeiten zu Verkostung und Kauf bieten die Cantina Sociale sowie die Kellerei Cantine Calella. Von hier aus führt die Rundreise geradewegs zurück nach Bari, vorbei an renommierten Weindörfern wie **Putignano** und **Turi.** Wer dann noch aufnahmefähig ist, kann einen Abstecher zu den Höhlen von Castellana machen oder aber die Straße Richtung Küste nehmen. Auf ihr gelangt man zunächst nach **Fasano,** wo das Restaurant Il Fagiano – Da Vittorio einen Besuch wert ist, und dann nach **Monopoli,** wo die Enoteca Il Tralcio neben den besten Gewächsen Apuliens auch viele Weine aus anderen Gegenden Italiens offeriert. Wer mag, kann die Reise in einem hervorragenden Fischrestaurant beschließen, entweder im Da Tuccino in Polignano a Mare oder im stilvollen Niccolò Van Westerhout in Mola di Bari.

## DOC-Weine aus Bari und seinem Umland

**CASTEL DEL MONTE. – Bianco.** Rebsorten: Pampanuto und/oder Chardonnay und/oder Bombino bianco (65 bis 100%). Produktion: 8338 hl (129 ha). Farbe: mehr oder weniger kräftiges Strohgelb. Geruch: angenehm, leicht weinig, delikat. Geschmack: trocken, frisch. Alkoholgehalt: 10,5%. Arten: *Frizzante.* Als Aperitif und zu Fisch. **– Bombino Bianco.** Rebsorten: Bombino bianco (90–100%). Farbe: mehr oder weniger kräftiges Strohgelb. Geruch: delikat, sortentypischer Duft, fruchtig. Geschmack: trocken, harmonisch. Alkoholgehalt: 10,5%. Arten: *Frizzante.* Als Aperitif und zu allen Speisen. **– Chardonnay.** Rebsorten: Chardonnay (90–100%). Produktion: 718 hl (27 ha). Farbe: mehr oder weniger kräftiges Strohgelb. Geruch: delikat, sortentypisch, zuweilen fruchtig. Geschmack: trocken, voll, harmonisch. Alkoholgehalt: 10,5%. Arten: *Frizzante.* Zu Fisch. **– Pinot Bianco.** Rebsorten: Pinot bianco (90 bis 100%). Produktion: 541 hl (13 ha). Farbe: mehr oder weniger kräftiges Strohgelb. Geruch: delikat, fein, sortentypisch. Geschmack: harmonisch, trocken. Alkoholgehalt: 10,5%. Arten: *Frizzante.* Zu Fisch. **– Sauvignon.** Rebsorten: Sauvignon blanc (90–100%). Produktion: 622 hl (16 ha). Farbe: mehr oder weniger kräftiges Strohgelb. Geruch: intensiv, sortentypisch. Ge-

### Enoteche

**Nuova Enoteca Tambone**
via Abate Gimma 215
☎ 0805237372

**Molfetta**

**Enoteca del Ristorante Bufi**
via V. Emanuele 15
☎ 0803971597

**Enoteca del Viale**
via Pio IX 14
☎ 080914651

**Monopoli**

**Enoteca Il Tralcio**
via Daniele Manin 33
☎ 0809301366

## DOC-Weine aus Bari und seinem Umland

schmack: trocken, harmonisch. Alkoholgehalt: 10,5%. Arten: *Frizzante*. Zu Fisch. – **Rosato.** Rebsorten: Bombino nero und/oder Aglianico und/oder Uva di Troia (65–100%). Produktion: 14857 hl (399 ha). Farbe: mehr oder weniger kräftiges Rosé. Geruch: leicht weinig, sortentypisch, zuweilen fruchtig. Geschmack: trocken, harmonisch, angenehm. Alkoholgehalt: 11%. Alterung: bis zu 2 Jahren. Arten: *Frizzante*. Zu allen Speisen. – **Aglianico Rosato.** Rebsorten: Aglianico (90–100%). Produktion: 242 hl (3 ha). Farbe: mehr oder weniger kräftiges Rosé. Geruch: delikat, duftend, intensiv. Geschmack: trocken, harmonisch. Alkoholgehalt: 11%. Alterung: bis zu 2 Jahren. Arten: *Frizzante*. Zu allen Speisen zu trinken. – **Bombino Nero.** Rebsorten: Bombino nero (90 bis 100%). Farbe: mehr oder weniger kräftiges Rosé. Geruch: leicht weinig, sortentypisch, zuweilen fruchtig. Geschmack: trocken, harmonisch, angenehm. Alkoholgehalt: 11%. Alterung: bis zu 2 Jahren. Zu allen Speisen. – **Rosso.** Rebsorten: Uva di Troia und/oder Aglianico und/oder Montepulciano (65–100%). Produktion: 18744 hl (314 ha). Farbe: rubin- bis granatrot. Geruch: weinig, angenehm, sortentypisch. Geschmack: trocken, harmonisch, ausgewogene Tannine. Alkoholgehalt: 12%. Alterung: bis zu 5 Jahren. Qualitätsstufen: *Novello* 11,5%, *Riserva* mindestens 12,5% Alkohol und 2 Jahre Alterung (dann bis zu 6–7 Jahren). Zu rotem Fleisch und Wild. – **Aglianico.** Rebsorten: Aglianico (90–100%). Farbe: rubin- bis granatrot. Geruch: delikat, sortentypisch. Geschmack: weinig, trocken, voll, harmonisch. Alkoholgehalt: 12%. Alterung: bis zu 3 Jahren. Qualitätsstufen: *Riserva* mindestens 12,5% Alkohol und 2 Jahre Alterung (dann bis zu 6–7 Jahren). Zu allen Speisen zu trinken, die Riserva zu rotem Fleisch und Wild. – **Cabernet.** Rebsorten: Cabernet franc und/oder Cabernet Sauvignon (90–100%). Farbe: rot, mit Tendenz zu granatrot. Geruch: weinig, sortentypisch. Geschmack: trocken, weich, voll, harmonisch. Alkoholgehalt: 12,5%. Alterung: bis zu 5 Jahren. Qualitätsstufen: *Riserva* mindestens 2 Jahre Alterung (dann noch 5 Jahre und mehr). Zu rotem Fleisch, Wild und altem Käse, die Riserva zu aufwendigeren Gerichten. – **Pinot Nero.** Rebsorten: Pinot nero (90–100%). Farbe: mehr oder weniger kräftiges Rubinrot. Geruch: fein, angenehm. Geschmack: trocken, voll, harmonisch. Alkoholgehalt: 11,5%. Alterung: bis zu 3 Jahren. Zu allen Speisen. – **Uva di Troia.** Rebsorten: Uva di Troia (90–100%). Farbe: von rubin- bis granatrot. Geruch: angenehm, sortentypisch. Geschmack: weinig, trocken, harmonisch, ausgewogene Tannine. Alkoholgehalt: 12%. Alterung: bis zu 4 Jahren. Qualitätsstufen: *Riserva* mindestens 12,5% Alkohol und 2 Jahre Alterung (dann noch 5 Jahre und mehr). Zu rotem Fleisch und Wild zu trinken, die Riserva zu Speisen der gehobenen Küche.

**GIOIA DEL COLLE.** – **Bianco.** Rebsorten: Trebbiano toscano (50–70%), sonstige (30–50%). Produktion: 411 hl (5,5 ha). Farbe: weiß, zu strohgelb neigend. Geruch: angenehm, fruchtig, delikat. Geschmack: trocken, frisch, harmonisch. Alkoholgehalt: 10,5%. Alterung: bis zu 2 Jahren. Zu allen Speisen zu trinken. – **Rosato.** Rebsorten: Primitivo (50–60%), Montepulciano und/oder Sangiovese und/oder Negro amaro und/oder Malvasia nera (40–50%, davon höchstens 10% Malvasia). Produktion: 195 hl (2,7 ha). Farbe: feines Rubinrot. Geruch: leicht weinig, als junger Wein sortentypisch fruchtig. Geschmack: trocken, frisch, harmonisch, angenehm. Alkoholgehalt: 11%. Alterung: bis zu 2 Jahren. Zu allen Speisen. – **Rosso.** Rebsorten: Primitivo (50 bis 60%), Montepulciano und/oder Sangiovese und/oder Negro amaro und/oder Malvasia nera (40–50%, davon höchstens 10% Malvasia). Produktion: 411 hl (4,9 ha). Farbe: von rubin- bis granatrot. Geruch: weinig, angenehm, sortentypischer Duft. Geschmack: tro-

### Enoteche

**Polignano a Mare**
**Enoteca La Tartaruga**
via Roma 59
☎ 0804247973

**Ruvo di Puglia**
**L'Angolo di Vino**
corso Giovanni Satta 11
☎ 0803628544

**Trani**
**Enoteca Dell'Olio Il Tempio Divino**
via Pozzo Piano 52-54
☎ 0883403789

**Enoteca De Toma**
via Edoardo Pusco 36
☎ 0883588838

**Martira Donna**
via de Brando 159
☎ 0883509545

cken, harmonisch, ausgewogene Tannine. Alkoholgehalt: 11,5%. Alterung: bis zu 4 Jahren. Zu allen Speisen. – **Aleatico.** Rebsorten: Aleatico (85–100%), Negro amaro und/oder Malvasia nera und/oder Primitivo (bis 15%). Farbe: mehr oder weniger kräftiges Granatrot. Geruch: delikater, sortentypischer Duft, der mit dem Bukett verschmilzt, den der Wein mit seiner Alterung entwickelt. Geschmack: voll, leicht süß, samtig. Alkoholgehalt: 13+2%. Alterung: mindestens 4 Monate, dann noch 7 Jahre und mehr. Arten: *Liquoroso Dolce* 16+2,5% Alkohol, bis zu 10 Jahre Alterung und länger. Qualitätsstufen: *Riserva* mindestens 13+2% Alkohol und 2 Jahre Alterung (dann noch 10 Jahre und mehr). Zum Abschluss der Mahlzeiten und in Mußestunden. – **Primitivo.** Rebsorten: Primitivo (100%). Produktion: 322 hl (27 ha). Farbe: rot, mit der Alterung zu violett und orange neigend. Geruch: leichter, sortentypischer Duft. Geschmack: angenehm, voll, harmonisch, mit der Alterung zunehmend samtig. Alkoholgehalt: 13%. Alterung: bis zu 6–7 Jahren. Arten: *Amabile.* Qualitätsstufen: *Riserva* mindestens 14% Alkohol und 2 Jahre Alterung (dann noch 6 Jahre und mehr). Zu Braten, Wild und altem Käse zu trinken.

**GRAVINA. – Bianco.** Rebsorten: Malvasia del Chianti (40–65%), Greco di Tufo und/oder Bianco d'Alessano (35 bis 60%), Bombino bianco und/oder Trebbiano toscano und/oder Verdeca (bis 10%). Produktion: 1569 hl (22 ha). Farbe: strohgelb, zu grünlich neigend. Geruch: sortentypisch, angenehm. Geschmack: trocken oder lieblich, frisch, harmonisch, delikat, zuweilen etwas lebhaft. Alkoholgehalt: 11%. Alterung: bis zu 2 Jahren. Arten: *Spumante.* Zu Fisch zu trinken, der Spumante als Aperitif und zu allen Speisen.

**LOCOROTONDO.** Rebsorten: Verdeca (50–65%), Bianco d'Alessano (30 bis 50%), Fiano und/oder Bombino bianco und/oder Malvasia toscana (bis 5%). Produktion: 17481 hl (395 ha). Farbe: grünlich oder hell strohgelb. Geruch: delikat, sortentypisch, angenehm. Geschmack: trocken, delikat. Alkoholgehalt: 11%. Alterung: bis zu 2 Jahren. Arten: *Spumante.* Zu Fisch, vor allem gegrillt, zu trinken, der Spumante als Aperitif und zu allen Speisen.

**MOSCATO DI TRANI. – Dolce.** Rebsorten: Moscato bianco (85–100%), sonstige mit Muskateller-Aroma (bis 15%). Produktion: 268 hl (7,2 ha). Farbe: goldgelb. Geruch: intensiv, sortentypischer Duft. Geschmack: süß, samtig. Alkoholgehalt: 12,5+2%. Alterung: mindestens 4 Monate, dann bis zu 3 Jahren. Arten: *Liquoroso* mindestens 16+2% Alkohol und 1 Jahr Alterung (dann bis zu 5–6 Jahren). Zum Abschluss der Mahlzeiten und zum Dessert zu trinken, der Liquoroso in Mußestunden.

**ROSSO BARLETTA.** Rebsorten: Uva di Troia (70–100%), Montepulciano und/oder Sangiovese und/oder Malbech (bis 30%, davon höchstens 10% Malbech). Produktion: 417 hl (8,1 ha). Farbe: rubin- bis granatrot, mit der Alterung zunehmend orangefarbene Reflexe. Geruch: weinig, sortentypisch. Geschmack: trocken, harmonisch, körperreich. Alkoholgehalt: 12%. Alterung: bis zu 4 Jahren. Qualitätsstufen: *Invecchiato* mindestens 2 Jahre Alterung (dann bis zu 7 Jahren). Zu allen Speisen zu trinken, der Invecchiato zu rotem Fleisch, Wild und altem Käse.

**ROSSO CANOSA.** Rebsorten: Uva di Troia (65–100%), Montepulciano und/oder Sangiovese (bis 35%, davon höchstens 15% Sangiovese). Farbe: mehr oder weniger kräftiges Rubinrot, mit der Alterung zunehmend orangefarbene Reflexe. Geruch: weinig, alkoholisch, angenehm, sortentypischer Duft. Geschmack: trocken mit gutem Körper und ausgewogenen Tanninen, angenehm bitter im Abgang. Alkoholgehalt: 12%. Alterung: bis zu 4 Jahren. Qualitätsstufen: *Riserva* mindestens 13% Alkohol und 2 Jahre Alterung (dann bis zu 6–7 Jahren). Zu allen Speisen, die Riserva zu rotem Fleisch und Wild.

## Veranstaltungskalender

**November**

**Adelfia**

① Sagra dell'Agnello e del Vino (Lamm- und Weinfest)

**Locorotondo**

② Sagra del Vino Novello (Fest des neuen Weins)

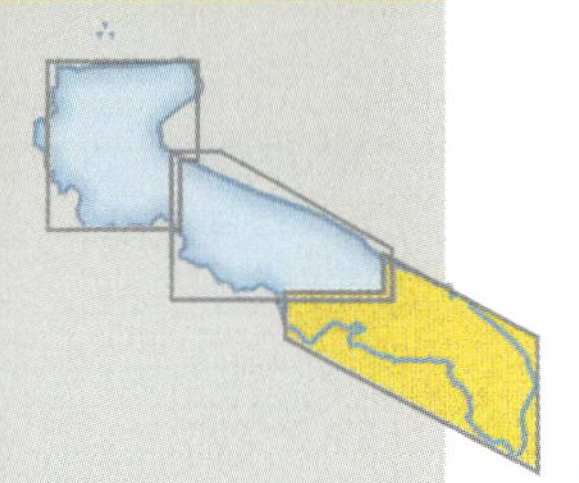

# Das Salento

*Großer Sortenreichtum und kraftvolle Weine charakterisieren die Produktion der von Adria und Ionischem Meer geprägten Halbinsel.*

Wir befinden uns am Absatz des italienischen Stiefels, auf jener Halbinsel also, die die Adria vom Ionischen Meer trennt und dabei grottenreiche Klippen herausgebildet hat. Höher gelegen sind die südlichen Ausläufer der Murge, die in die weite Tiefebene des Tavoliere di Lecce und die eher flachen Hügel der Serre Salentine übergehen. Der Weingarten des Salento, gemeinsames Gut der Provinzen Brindisi, Taranto und Lecce, kann in zwei weitere Gebiete unterteilt werden. Im Norden überwiegen die Weißweine, die eng mit den Namen Martina Franca und Ostuni verbunden sind. Vinifiziert werden vor allem traditionelle Rebsorten wie Verdeca, Bianco d'Alessano, Bombino bianco und Fiano, allerdings werden im Umland von Ostuni auch Impigno- und Francavilla-Trauben gekeltert. Der Süden hingegen ist die Heimat der Rot- und Roséweine. Wichtigste Rebsorte ist Primitivo, dessen Name sich von seiner frühen Reife ableitet und der vor allem in der Gegend um Tarent verbreitet ist. Daneben gibt es noch Negro amaro, der typisch für das Salento, aber auch im Gebiet um Brindisi anzutreffen ist.

## Hotels und Restaurants

**Brindisi**
**Barsotti** ★★★
via Cavour 1
☎ 0831560877
**La Lanterna**
via Tarantini 14
☎ 0831564026
**Giubilo**
via Cavour 36
☎ 0831529688

**Cavallino**
**Osteria del Pozzo Vecchio**
via M. Silvestro 16
☎ 0832611649

**Ceglie Messapica**
**Fornello – da Ricci**
contrada Montevicoli
☎ 0831377104
**Cibus**
via Chianche di Scarano 7
☎ 0831388980
**Gino**
contrada Montevicoli 57
☎ 0831377916

## Weinstädte

**Brindisi.** Eine moderne Stadt, deren Wurzeln jedoch weit in die Vergangenheit zurückreichen. Sie liegt auf einer kleinen Insel zwischen zwei Meerbusen, die den vielleicht sichersten Binnenhafen der Adria bilden.

**Cellino San Marco.** Eine emsige Gemeinde der Provinz Brindisi, die unweit der Adriaküste auf der Höhe von Lecce liegt. Aus den Weingärten des Tavoliere di Lecce stammen die DOC-Weine Squinzano und Salice. Auf dem Veranstaltungskalender: **Estate Cellinese** im Juli und August.

**Martina Franca.** Der Name dieser anmutigen Ortschaft geht auf den Hügel San Martino zurück, auf dem sie errichtet wurde, und auf die Steuerfreiheit (franca), die Filippo d'Angiò all jenen gewährte, die sich dort niederließen. Innerhalb der Stadtmauern finden sich interessante barocke Bauwerke, darunter der herrliche Palazzo Ducale und die Stiftskirche San Martino. Lohnenswert ist ein Besuch im Museo della Civiltà del Trullo direkt neben dem Gutshof Montedoro, das jener Kultur gewidmet ist, die das charakteristische Gebäude mit dem kegelförmigen Dach hervorgebracht hat.

**Manduria.** Dieses eindrucksvolle Städtchen liegt an der Straße, die von der ionischen Hauptstadt nach Lecce führt. Noch immer trägt es jenen Namen, den ihm seine Gründer, das Volk der Messapier, gegeben haben – die Ausgrabungsstätte mit den Überresten des megalithischen dreifachen Mauerrings ist ganz in der Nähe zu besichtigen. In der Ortschaft selbst sind besonders der romanische Dom und das benachbarte Ghetto degli Ebrei sowie der aus dem 18. Jahrhundert stammende Palazzo Imperiale an der Piazza Garibaldi im Zentrum sehenswert. Vom 9. bis 12. März findet die **Fiera Pessima** statt, eine ausgezeichnete Gelegenheit, den berühmten Primitivo-Wein und weitere lokale Agrarprodukte kennen zu lernen. Nur wenige Kilometer weiter in Richtung Tarent kommt man durch **Sava,** ein wichtiges landwirtschaftliches Zentrum: Typische Lebensmittel wie Brot, Gemüse, Käse und getrocknete Feigen gesellen sich hier zur Weinproduktion. Nahe am Meer liegt **Lizzano,** ein Städtchen, das der allen Stürmen der Geschichte tapfer trotzende Wachturm der alten Burg bereits von ferne ankündigt.

**Und außerdem ... Galatina** und **Latiano.** 25 km von Brindisi. Freitags Markt. Am 19. August findet die **Fiera di San Bernardo** statt.

## Kellereien

**Leverano.** *Conti Zecca, via Cesarea, Tel. 0832925613. Öffnungszeiten: nach Voranmeldung 8–14 Uhr, Sonntag geschlossen.* Ein Betrieb mit jahrhundertealter Tradition, dessen beste Weine von den Gütern Tenuta Saracena in Agro di Leverano und Tenuta Cantalupi in Agro di Salice Salentino stammen.

**Salice Salentino.** *Azienda dei Conti Leone De Castris, via Senatore De Castris 50, Tel. 0832731112/-13. Öffnungszeiten: nach Voranmeldung Montag–Samstag 8–14 Uhr.* 300 Jahre Geschichte und 300 Hektar Wein, so lässt sich dieser große Betrieb am besten charakterisieren, der seit jeher apulische Weine in das übrige Europa und nach Übersee exportiert. Die Kellerei befindet sich in einer Halle aus dem 19. Jahrhundert, die von einem uralten Turm überragt wird. Das Lesegut aus den DOC-Bereichen Salice Salentino, Copertino und Locorotondo wird zu großen Riserva-Weinen und modernen Gewächsen aus internationalen Rebsorten vinifiziert. Ganz anderer Art sind die Tafelweine des Salento, allen voran der traditionsreiche Five Roses, der 1942 als erster Rosé Italiens abgefüllt wurde. Zu den weiteren Erzeugnissen zählen Spumanti, Grappe und hochwertiges Olivenöl. Dem Betrieb angeschlossen ist das Hotel Villa Donna Lisa.

### Hotels und Restaurants

**Cisternino**
**Aia del Vento** ★★★
via Locorotondo 7
☎ 0804448388
**Villa Cenci** ★★★
via per Ceglie Messapica
☎ 080718208

**Fasano**
**Fagiano** 🍴🍴
viale Toledo 17
☎ 0804331157

**Francavilla Fontana**
**Al Piccolo Mondo** 🍴
via S. Francesco 98
☎ 0831853618

**Galatina**
**Hermitage** ★★★
SS 476 bei km 18
☎ 0836565422
**Borgo Antico** 🍴🍴
via P. Siciliani 80
☎ 0836566800

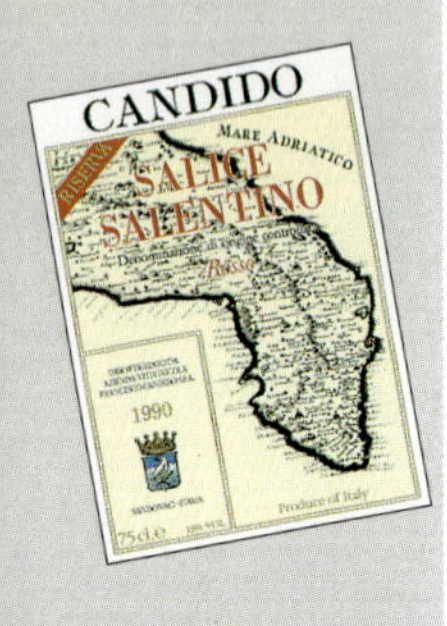


## Hotels und Restaurants

**Gallipoli**
**G. H. Costa Brada** ★★★
Baia Verde
litor. S. Maria di Leuca
☎ 0833202551
**Marechiaro** 🍴
lungomare Marconi
☎ 0833266143

**Lecce**
**Grand Hotel Tiziano e dei Congressi** ★★★
an der Autobahn-auffahrt nach Brindisi
☎ 0832272111
**President** ★★★
via Salandra 6
☎ 0832311881
**Picton** 🍴🍴🍴
via Idomeneo 14
☎ 0832332383
**Barbablu** 🍴
via Umberto I 7
☎ 0832241183

**Manduria**
**Dei Bizantini** ★★★
San Pietro in Bevagna
via Borraco 264
☎ 0999729820
**Castello** 🍴
piazza Garibaldi
☎ 0999794741

**Marina di Ostuni**
**G. H. Masseria Santa Lucia** ★★★
7 km nach Costa Merlata
SS 379 bei km 23,5
☎ 0831356111



**Und außerdem ... Fasano.** *Cantine Borgo Canale, via Canale di Pirro 23, Tel. 0804331351.* **Galatina.** *Valle dell'Asso, via Guidano 18, Tel. 0836 561470.* **Guagnano.** *Antica Masseria Del Sigillo, via Provinciale 143, Tel. 0832706331.* **Latiano.** *Vitivinicola Lomazzi & Sarli, contrada Partemio, SS 7, Tel. 0831725898.* **Lecce.** *Ca'ntele, Z. I. via Balsamo 13, Tel. 0832240962.* **Leverano.** *Vecchia Torre, via Marche 1, Tel. 0832925053.* **Lizzano.** *Cantine Lizzano, corso Europa 37/39, Tel. 0999552013.* **Manduria.** *Consorzio Produttori Vini e Mosti Rossi, via Fabio Massimo 19, Tel. 099973532. Daggiano, contrada Acuti, Tel. 0999738928. Soloperto, SS 7 ter, Tel. 099974286.* **Martina Franca.** *Miali Vinicola, via Madonna Piccola 1, Tel. 0804303222. San Martino Colucci, via Massafra 9, Tel. 0804305511.* **Monteroni di Lecce.** *Apollonio, via San Pietro in Lama 6, Tel. 0832327182. Mocavero, via Rubichi 2, Tel. 0832327194.* **Mottola.** *Cantina Dolcemorso, SS 100, San Basilio 267, Tel. 0998833076.* **Nardò.** *Cantina Sociale di Nardò, via A. De Gasperi 43, Tel. 0833871606.* **Roccaforzata.** *Tenuta Benefici, Tel. 0832241138.* **San Pietro Vernotico.** *Santa Barbara, via Maternità e Infanzia 23, Tel. 0831652749. Vigneti del Sud, via Maternità e Infanzia 21, Tel. 0804771392.* **Sava.** *Cantina ed Oleificio Soc. di Sava, SS 7 ter bei km 17,8, Tel. 0999726139.* **Scorrano.** *Duca Guarini di Poggiardo, largo Frisari 1, Tel. 0836460288.*

## Tourenvorschläge

**Das Tor zum Orient und die Via Appia.** Die erste Fahrt über die Halbinsel des Salento führt uns von der Küste Brindisis durch die Weiten der Tavoliereebene bis hin zu den südlichen Ausläufern der Murgeberge und in das herrliche Itriatal. **Brindisi.** Ursprünglich war es der schützende fjordähnliche Meeresarm, der den Reichtum Brindisis begründete, wurden doch seit frühester Zeit in seinem Handelshafen die über die Via Appia ankommenden Güter in den Orient verschifft. Heute zeigt sich die Weinstadt (→) zwar weitgehend in modernem Gewand, kann aber nichtsdestotrotz noch ansehnliche historische Zeugnisse, vor allem aus der Zeit der Kreuzzüge, vorweisen. Wer nach der anregenden Entdeckungstour Hunger bekommen hat, darf sich guten Gewissens der örtlichen Gastronomie zuwenden: zum Beispiel dem Ristorante Giubilo, das seit über 50 Jahren für eine abwechslungsreiche, mitunter traditionelle Küche steht, oder der Trattoria Pantagruele mit ihren ausgewogenen Fisch- und Fleischgerichten und einer erstklassigen Wein-

karte. Wer sich mit lokalen Weinen aus dem gleichnamigen DOC-Bereich eindecken will, ist bei der Enoteca Delizie-Anelli oder der Cantina Cooperativa Brundisium an der richtigen Adresse. Fährt man dann die Staatsstraße Adriatica in Richtung Norden weiter, gelangt man zur Ortschaft **Ostuni,** nach der bereits der nächste DOC-Bereich benannt ist. Sie erstreckt sich über den Gipfel und die Sättel von sieben Hügeln: Am höchsten befindet sich La Terra, der mittelalterliche Stadtkern, in dem sich schneeweiße Häuser zwischen Mauern und Wachtürmen drängen. Nach der Besichtigung der Kathedrale lädt gleich nebenan die Osteria del Tempo, eine ehemalige Backstube, zu einem Päuschen ein. In unmittelbarer Nähe befindet sich auch die Enoteca Apulia mit Degustierstube, reichem Speisenangebot und einem Dachgarten mit herrlichem Ausblick. Einkaufsmöglichkeiten im Drink Shop oder in der Cooperativa de Laurentis. Erstklassige Übernachtungsmöglichkeiten und ein ausgezeichnetes Restaurant im Haus bietet das Grand Hotel Masseria Santa Lucia in Martina di Ostuni. In **Cisternino,** einer wegen ihrer terrassenförmig angelegten weißen Häuser orientalisch anmutenden Ortschaft antiken Ursprungs, befinden wir uns in unmittelbarer Nähe zur Provinzgrenze. Hier gibt es zwei ausgezeichnete Übernachtungsmöglichkeiten: das in die zauberhaftete Atmosphäre des Itriatals eingebettete Aia del Vento mit großem Garten und gutem Restaurant sowie die Villa Cenci, ein ehemaliger Gutshof, der mitten im Grünen liegt und auch die Möglichkeit bietet, in einem Trullo Quartier zu nehmen, dem für die Region typischen weiß getünchten Rundhaus mit kegelförmigem Dach. Weiter geht es nun in Richtung Süden. In **Ceglie Messapica** sei dem Gourmet das Restaurant Al Fornello – Da Ricci ans Herz gelegt, das mit seiner mehr als überzeugenden Küche schon seit Jahren zu den führenden Adressen des Salento gehört. Probieren Sie einmal die überbackenen Karden (cardoncelli mollicati al gratin) oder auch das Lammkotelett auf frischen Tomaten! Jenseits der Via Appia liegt dann **Francavilla Fontana,** ein Städtchen mit schöner barocker Architektur, darunter der gewaltige Palazzo Imperiali. Für eine Rast zwischendrin empfehlen wir das Ristorante-Pizzeria Piccolo Mondo, die beste Adresse am Ort. Von hier aus beginnt der Rückweg nach Brindisi, auf dem indes noch einige Zwischenstationen liegen. Die erste ist die Weinstadt (→) **Latiano,** mit Degustations- und Einkaufsmöglichkeiten in der Vinicola Lomazzi und in der Kellerei Sarli, gefolgt von der zwischen Olivenhainen, Weinbergen und Tabakplantagen versteckten Ortschaft **Mesagne,** zu deren Sehenswürdigkeiten ein bedeutendes archäologisches Museum zählt, das der Kultur der Urbevölkerung Apuliens, den Messapiern, gewidmet ist. Alternativ kann man die Rundfahrt verlängern und die Weinbauzentren des Tavoliere di Lecce besuchen: Allen voran **Oria,** dann in rascher Abfolge und beinahe schon vor den Toren Brindisis **San Donaci** mit dem Wein-

## Hotels und Restaurants

**Martina Franca**

**Dell'Erba** ★★★
viale dei Cedri 1
☎ 0804301055

**Il Ritrovo degli Amici** 🍴🍴
corso Messapia 8
☎ 0804839249

**Massafra**

**Le Rocce** 🍴🍴
parco Sant'Oronzo
☎ 0998801607

**Mesagne**

**Duepi** ★★
via Marconi 158
☎ 0831734096

**Ostuni**

**Osteria Cantone** 🍴🍴
contrada Fantese
☎ 0804446902

**Osteria del Tempo Perso** 🍴
via Tanzarella Vitale 47
☎ 0831303320

**Otranto**

**Degli Haethey** ★★★
via F, Sforza 33
☎ 0836801548

**Albania** ★★★
via S. Francesco di Paola 10
☎ 0836801183

## DOC-Weine von der salentinischen Halbinsel

**ALEZIO.** – **Rosato.** Rebsorten: Negro amaro (80–100%), Malvasia nera di Lecce und/oder Sangiovese und/oder Montepulciano (bis 20%). Produktion: 468 hl (18 ha, gemeinsam mit dem Rosso). Farbe: kräftiges Korallenrot. Geruch: weinig, nachhaltig. Geschmack: trocken, harmonisch, samtig, leicht bitter im Abgang. Alkoholgehalt: 12%. Alterung: bis zu 2 Jahren. Zu allen Speisen zu trinken. – **Rosso.** Rebsorten: Negro amaro (80–100%), Malvasia nera di Lecce und/oder Sangiovese und/oder Montepulciano (bis 20%). Produktion: 140 hl (18 ha, gemeinsam mit dem Rosato). Farbe: rubinrot, bei Alterung mit leicht orangefarbenen Reflexen. Geruch: als junger Wein weinig, bei Alterung ätherisch und bukettreich. Geschmack: trocken, warm, angenehm bitter im Abgang, mit ausgewogenen Tanninen. Alkoholgehalt: 12%. Alterung: bis zu 5 Jahren. Qualitätsstufen: *Riserva* mindestens 12,5% Alkohol und 2 Jahre Alterung (dann noch 6 Jahre und mehr). Zu rotem Fleisch und Wild zu trinken, die Riserva zu kräftigeren Speisen und altem Käse.

**BRINDISI.** – **Rosato.** Rebsorten: Negro amaro (70–100%), Malvasia nera di Brindisi und/oder Sussumaniello und/oder Montepulciano und/oder Sangiovese (bis 30%, davon höchstens 10% Sangiovese). Farbe: lachsfarben, zuweilen zu zartem Kirschrot neigend. Geruch: leicht fruchtig, als junger Wein delikat und sortentypisch. Geschmack: trocken, harmonisch, angenehm bitter. Alkoholgehalt: 12%. Alterung: bis zu 2 Jahren. Zu allen Speisen zu trinken. – **Rosso.** Rebsorten: Negro amaro (70–100%), Malvasia nera di Brindisi und/oder Sussumaniello und/oder Montepulciano und/oder Sangiovese (bis 30%, davon höchstens 10% Sangiovese). Produktion: 8340 hl (265 ha). Farbe: mehr oder weniger kräftiges Rubinrot, bei Alterung mit leicht orangefarbenen Nuancen. Geruch: weinig, intensiver Duft. Geschmack: trocken, harmonisch, leicht bitter im Abgang, samtig, ausgewogene Tannine. Alkoholgehalt: 12%. Alterung: bis zu 4 Jahren. Qualitätsstufen: *Riserva* mindestens 12,5% Alkohol und 2 Jahre Alterung (dann bis zu 6–7 Jahren). Zu allen Speisen zu trinken, die Riserva zu Braten und Wild.

**COPERTINO.** – **Rosato.** Rebsorten: Negro amaro (70–100%), Malvasia nera di Brindisi und/oder Malvasia nera di Lecce und/oder Montepulciano und/oder Sangiovese (bis 30%, davon höchstens 15% Sangiovese). Farbe: lachsfarben, zuweilen zu zartem Kirschrot neigend. Geruch: leicht weinig, edel, angenehm nachhaltig. Geschmack: trocken, ohne säuerlichen Beigeschmack, kräuterwürzige Note, angenehm bitter im Abgang. Alkoholgehalt: 12%. Alterung: bis zu 2 Jahren. Zu allen Speisen zu trinken. – **Rosso.** Rebsorten: Negro amaro (70–100%), Malvasia nera di Brindisi und/oder Malvasia nera di Lecce und/oder Montepulciano und/oder Sangiovese (bis 30%, davon höchstens 15% Sangiovese). Produktion: 5507 hl (294 ha). Farbe: mehr oder weniger kräftiges Rubinrot, bei Alterung mit leicht orangefarbenen Nuancen. Geruch: weinig, nachhaltig. Geschmack: trocken, leicht bitter im Abgang, samtig und großzügig. Alkoholgehalt: 12%. Alterung: bis zu 4 Jahren. Qualitätsstufen: *Riserva* mindestens 12,5% Alkohol und 2 Jahre Alterung (dann bis zu 6–7 Jahren). Zu Fleisch zu trinken, die Riserva zu Wild.

**GALATINA.** – **Bianco.** Rebsorten: Chardonnay (55–100%). Farbe: zartes Strohgelb, zuweilen mit grünlichen Reflexen. Geruch: delikat, angenehm fruchtig. Geschmack: trocken, lebhaft, sortentypisch. Alkoholgehalt: 11%. Arten: *Frizzante*. Als Aperitif und zu Fisch zu trinken. – **Chardonnay.** Rebsorten: Chardonnay (85–100%). Farbe: strohgelb. Geruch: delikat, angenehm. Geschmack: trocken, gute Struktur. Alkoholgehalt: 11%. Zu allen Speisen, besonders zu Fisch zu trinken. – **Rosato.** Rebsorten: Negro amaro (85–100%).

### Hotels und Restaurants

**Otranto**

**Valle dell'Idro** ★★★
via G. Grasso 4
☎ 0836804427

**Acmet Pascià** 🍴
lungomare degli Eroi
☎ 0836801282

**Porto Cesareo**

**L'Angolo di Beppe** ★★★
5 km nach Torre Lapillo
via Zanella 24
☎ 0833565333

**Salice Salentino**

**Villa Donna Lisa** ★★★
via F. Marangi
☎ 0832732222

**Savelletri**

**Masseria San Domenico** ★★★★★
località Fasano
☎ 0804827990

**Renzina** 🍴
piazza Roma 6
☎ 0804829075

Farbe: zu zartem Kirschrot neigendes Rosé. Geruch: leicht weinig, angenehm nachhaltig, fruchtig. Geschmack: trocken, samtig. Alkoholgehalt: 11,5%. Arten: *Frizzante.* Zu allen Speisen zu trinken. – **Rosso.** Rebsorten: Negro amaro (85–100%). Farbe: mehr oder weniger kräftiges Rubinrot, bei Alterung mit zu ziegelrot neigenden Reflexen. Geruch: weinig, sortentypisch, angenehm und intensiv. Geschmack: voll, trocken, robust, samtig, warm, harmonisch. Alkoholgehalt: 12%. Alterung: bis zu 3 bis 4 Jahren. Qualitätsstufen: *Novello.* Zu allen Speisen zu trinken. – **Negro Amaro.** Rebsorten: Negro amaro (85 bis 100%). Farbe: mehr oder weniger kräftiges Rubinrot, bei Alterung mit zu ziegelrot neigenden Reflexen. Geruch: sortentypisch, angenehm, intensiv. Geschmack: voll, elegant, harmonisch. Alkoholgehalt: 12%. Alterung: bis zu 3 bis 4 Jahren. Qualitätsstufen: *Riserva* mindestens 12,5% Alkohol und 2 Jahre Alterung (dann noch 5 Jahre und mehr). Zu allen Speisen zu trinken, die Riserva zu rotem Fleisch und altem Käse.

**LEVERANO.** – **Bianco.** Rebsorten: Malvasia bianca (mindestens 50%), Bombino bianco (bis 40%). Produktion: 840 hl (37 ha). Farbe: mehr oder weniger volles Strohgelb. Geruch: angenehm, leicht weinig, delikat. Geschmack: trocken, weich, harmonisch, sortentypisch. Alkoholgehalt: 10,5%. Alterung: bis zu 2 Jahren. Zu Fisch zu trinken. Arten: *Passito* 12+3%, *Vendemmia Tardiva* 12+3% Alkohol, Alterung bis zu 5 Jahren und länger empfohlen. Zum Dessert zu trinken. – **Malvasia.** Rebsorten: Malvasia bianca (85–100%). Farbe: mehr oder weniger volles Strohgelb. Geruch: weinig, sortentypisch. Geschmack: trocken, frisch, harmonisch, sortentypisch. Alkoholgehalt: 10,5%. Zu allen Speisen, besonders zu Fisch zu trinken. – **Rosato.** Rebsorten: Negro amaro (mindestens 50%), Malvasia nera di Lecce und/oder Montepulciano und/oder Sangiovese (bis 40%), sonstige (bis 30%). Produktion: 1898 hl. Farbe: zu zartem Kirschrot neigendes Rosé, zuweilen mit leicht orangefarbenen Reflexen. Geruch: leicht weinig, als junger Wein fruchtig. Geschmack: trocken, frisch, harmonisch, angenehm. Alkoholgehalt: 11%. Alterung: bis zu 2 Jahren. Zu allen Speisen zu trinken. – **Negro Amaro Rosato.** Rebsorten: Negro amaro (85–100%). Farbe: zu zartem Kirschrot neigendes Rosé. Geruch: leicht weinig, als junger Wein fruchtig. Geschmack: trocken, samtig, sortentypisch. Alkoholgehalt: 11%. Zu allen Speisen zu trinken. – **Rosso.** Rebsorten: Negro amaro (mindestens 50%), Malvasia nera di Lecce und/oder Montepulciano und/oder Sangiovese (bis 40%), sonstige (bis 30%). Produktion: 2178 hl (170 ha). Farbe: rubin- bis granatrot. Geruch: weinig, angenehm, sortentypischer Duft. Geschmack: trocken, harmonisch, mit fein bitterer Note. Alkoholgehalt: 11,5%. Alterung: bis zu 4 Jahren. Qualitätsstufen: *Novello; Riserva* mindestens 12,5% Alkohol und 2 Jahre Alterung (dann bis zu 6–7 Jahren). Zu allen Speisen zu trinken, die Riserva zu rotem Fleisch und Wild. – **Negro Amaro Rosso.** Rebsorten: Negro amaro (85–100%). Farbe: mehr oder weniger kräftiges Rubinrot, bei Alterung zunehmend mit zu Ziegelrot neigenden Reflexen. Geruch: weinig, ätherisch, sortentypisch. Geschmack: voll, trocken, samtig, mit angenehm bitterer Note. Alkoholgehalt: 12%. Alterung: bis zu 3–4 Jahren. Zu rotem Fleisch und mittelaltem Käse zu trinken.

**LIZZANO.** – **Bianco.** Rebsorten: Trebbiano toscano (40–60%), Chardonnay und/oder Pinot bianco (mindestens 30%), Malvasia lunga bianca (bis 10%), Sauvignon blanc und/oder Bianco di Alessano (bis 25%). Produktion: 804 hl (10 ha). Farbe: blasses Strohgelb. Geruch: angenehm, fruchtig, delikat. Geschmack: trocken, frisch, harmonisch. Alkoholgehalt: 10,5%. Arten: *Frizzante; Spumante* 11,5% Alkohol. Zu allen Speisen zu trinken, der Spumante auch als Aperitif. – **Rosato.** Rebsorten: Negro

## Hotels und Restaurants

**Tarent**

**G. H. Delfino** ★★★
viale Virgilio 66
☎ 0997323232

**Palace** ★★★
viale Virgilio 10
☎ 0994594771

**Monsieur Mimmo** 🍴🍴🍴
viale Virgilio 101
☎ 099372691

**Al Faro** 🍴🍴
via Galeso 126
☎ 0994714444

**Uggiano La Chiesa**

**Masseria Gattamora** 🍴🍴
via Campo Sportivo 33
☎ 0836817936

## DOC-Weine von der salentinischen Halbinsel

amaro (60–80%), Montepulciano und/oder Sangiovese und/oder Bombino nero und/oder Pinot nero (20 bis 40%), Malvasia nera di Brindisi und/oder di Lecce (bis 10%). Produktion: 502 hl. Farbe: zartes Rubinrot. Geruch: leicht weinig, als junger Wein fruchtig. Geschmack: trocken, frisch, harmonisch. Alkoholgehalt: 11,5%. Alterung: bis zu 2 Jahren. Arten: *Frizzante.* Qualitätsstufen: *Giovane; Spumante* 12% Alkohol. Zu allen Speisen zu trinken, der Spumante auch als Aperitif. – **Negro Amaro Rosato.** Rebsorten: Negro amaro (85–100%), Malvasia nera di Brindisi und/oder di Lecce und/oder Montepulciano und/oder Sangiovese und/oder Pinot nero (bis 15%). Farbe: zartrosa mit purpurroten Reflexen. Geruch: duftend, sortentypisch. Geschmack: trocken, delikat. Alkoholgehalt: 12%. Alterung: bis zu 2 Jahren. Zu allen Speisen zu trinken. – **Rosso.** Rebsorten: Negro amaro (60–80%), Montepulciano und/oder Sangiovese und/oder Bombino nero und/oder Pinot nero (20–40%), Malvasia nera di Brindisi und/oder di Lecce (bis 10%). Produktion: 966 hl (17 ha). Farbe: von rubin- bis granatrot. Geruch: weinig, angenehm, sortentypisch. Geschmack: trocken, harmonisch. Alkoholgehalt: 11,5%. Alterung: bis zu 3 Jahren. Arten: *Frizzante.* Qualitätsstufen: *Novello; Giovane.* Zu allen Speisen zu trinken. – **Malvasia Nera.** Rebsorten: Malvasia nera di Brindisi und/oder di Lecce (85–100%), Negro amaro und/oder Montepulciano und/oder Sangiovese und/oder Pinot nero (bis 15%). Farbe: rot. Geruch: sortentypischer Duft. Geschmack: samtig, leicht aromatisch. Alkoholgehalt: 12%. Alterung: bis zu 3 Jahren. Qualitätsstufen: *Superiore* mindestens 13% Alkohol und 1 Jahr Alterung (dann bis zu 5–6 Jahren). Zu allen Speisen zu trinken, der Superiore zu rotem Fleisch und altem Käse. – **Negro Amaro Rosso.** Rebsorten: Negro amaro (85–100%), Malvasia nera di Brindisi und/oder di Lecce und/oder Montepulciano und/oder Sangiovese und/oder Pinot nero (bis 15%). Farbe: rubinrot, zu granatrot neigend. Geruch: weinig, sortentypisch. Geschmack: trocken, harmonisch. Alkoholgehalt: 12%. Alterung: bis zu 4 Jahren. Qualitätsstufen: *Superiore* mindestens 13% Alkohol und 1 Jahr Alterung (dann bis zu 7–8 Jahren). Zu rotem Fleisch, insbesondere zu Braten zu trinken, der Superiore zu Wild und pikantem altem Käse.

**MARTINA** (oder **Martina Franca**). Rebsorten: Verdeca (50–65%), Bianco d'Alessano (35–50%), Fiano und/oder Bombino bianco und/oder Malvasia toscana (bis 5%). Produktion: 12480 hl (256 ha). Farbe: grünlich oder hell strohgelb. Geruch: weinig, delikat, sortentypisch, angenehm. Geschmack: trocken, delikat. Alkoholgehalt: 11%. Alterung: bis zu 2 Jahren. Arten: *Spumante.* Zu Fisch und Meeresfrüchten zu trinken, der Spumante als Aperitif und zu allen Speisen.

**MATINO.** – **Rosato.** Rebsorten: Negro amaro (70–100%), Malvasia nera und/oder Sangiovese (bis 30%). Produktion: 515 hl. Farbe: kräftiges Rosé, nach einem Jahr mit leicht goldgelben Reflexen. Geruch: leicht weinig. Geschmack: trocken, sortentypisch, harmonisch. Alkoholgehalt: 11,5%. Alterung: bis zu 2 Jahren. Zu allen Speisen zu trinken. – **Rosso.** Rebsorten: Negro amaro (70–100%), Malvasia nera und/oder Sangiovese (bis 30%). Produktion: 1046 hl (59 ha). Farbe: rubinrot, bei Alterung mit orangefarbenen Reflexen. Geruch: weinig. Geschmack: trocken, harmonisch. Alkoholgehalt: 11,5%. Alterung: bis zu 4 Jahren. Zu allen Speisen zu trinken.

**NARDÒ.** – **Rosato.** Rebsorten: Negro amaro (80–100%), Malvasia nera di Brindisi und/oder di Lecce und/oder Montepulciano (bis 20%). Produktion: 180 hl. Farbe: zart leuchtendes Korallenrot bis hell kirschrot. Geruch: weinig, delikat, sortentypisch, als junger Wein auch leicht fruchtig. Geschmack: trocken, samtig, leicht bittere

**Agriturismo**

**Castrignano del Capo**
**Serine**
contrada Serine
☎ 0833751337

**Martina Franca**
**Il Vignaletto**
via Minco di Tata 1
zona F
☎ 0804490354

Note, angenehm. Alkoholgehalt: 11,5%. Alterung: bis zu 2 Jahren. Zu allen Speisen zu trinken. – **Rosso.** Rebsorten: Negro amaro (80–100%), Malvasia nera di Brindisi und/oder di Lecce und/oder Montepulciano (bis 20%). Produktion: 113 hl (93 ha). Farbe: mehr oder weniger kräftiges Rubinrot, bei Alterung mit leicht orangefarbenen Nuancen. Geruch: weinig, intensiver Duft. Geschmack: harmonisch, kaum bitter, samtig, ausgewogene Tannine. Alkoholgehalt: 11,5%. Alterung: bis zu 3 Jahren. Qualitätsstufen: *Riserva* mindestens 12,5% Alkohol und 2 Jahre Alterung (dann bis zu 5–6 Jahren). Zu allen Speisen zu trinken, die Riserva zu rotem Fleisch und altem Käse.

**OSTUNI.** – **Bianco.** Rebsorten: Impigno (50–80%), Francavilla (15–50%), Bianco di Alessano und/oder Verdeca (bis 10%). Produktion: 84 hl (4,7 ha). Farbe: sehr helles Strohgelb. Geruch: weinig mit delikatem Duft. Geschmack: trocken und harmonisch, sauber. Alkoholgehalt: 11%. Alterung: bis zu 2 Jahren. Zu Fischgerichten zu trinken. – **Ottavianello.** Rebsorten: Ottavianello (85–100%), Negro amaro und/oder Malvasia nera und/oder Notar Domenico und/oder Sussumaniello (bis 15%). Produktion: 49 hl (2,3 ha). Farbe: kirschrot bis zart rubinrot. Geruch: weinig mit delikatem Duft. Geschmack: trocken und harmonisch. Alkoholgehalt: 11,5%. Alterung: bis zu 3 Jahren. Zu allen Speisen zu trinken.

**PRIMITIVO DI MANDURIA.** Rebsorten: Primitivo (100%). Produktion: 8744 hl (287 ha). Farbe: rot, mit der Alterung zu violett und orange neigend. Geruch: leichter, sortentypischer Duft. Geschmack: angenehm, voll, harmonisch, mit der Alterung zunehmend samtig. Alkoholgehalt: 14%. Alterung: bis zu 5–6 Jahren. Zu rotem Fleisch und Wild zu trinken. Arten: *Dolce Naturale* mindestens 13+3% Alkohol und 1 Jahr Alterung (dann bis zu 5–6 Jahren), zum Dessert zu trinken; *Dolce Naturale Liquoroso* mindestens 15+2,5% Alkohol und 2 Jahre Alterung (dann bis zu 9–10 Jahren), in Mußestunden zu trinken; *Liquoroso Secco* mindestens 16,5+1,5% Alkohol und 2 Jahre Alterung (dann bis zu 9–10 Jahren), als Aperitif und in Mußestunden zu trinken.

**SALICE SALENTINO.** – **Bianco.** Rebsorten: Chardonnay (70–100%), sonstige (bis 30%, keine Muskateller-Sorten). Produktion: 4213 hl (119 ha). Farbe: zartes Strohgelb, zuweilen mit grünlichen Reflexen. Geruch: delikat und als junger Wein angenehm fruchtig. Geschmack: trocken, lebhaft, perlend, sortentypisch. Alkoholgehalt: 11%. Alterung: bis zu 2 Jahren. Zu allen Speisen zu trinken. – **Pinot Bianco.** Rebsorten: Pinot bianco (85–100%), Chardonnay und/oder Sauvignon blanc (bis 15%). Produktion: 592 hl (7,8 ha). Farbe: zartes Strohgelb. Geruch: sortentypisch, angenehm fruchtig. Geschmack: trocken, samtig, sortentypisch. Alkoholgehalt: 10,5%. Arten: *Spumante.* Zu Fisch und Meeresfrüchten zu trinken. – **Rosato.** Rebsorten: Negro amaro (80 bis 100%), Malvasia nera di Lecce und/oder di Brindisi (bis 20%). Produktion: 876 hl. Farbe: zu zartem Kirschrot neigendes Rosé. Geruch: leicht weinig, angenehm nachhaltig, als junger Wein fruchtig. Geschmack: trocken, samtig, angenehm sortentypisch, zuweilen perlend. Alkoholgehalt: 11,5%. Arten: *Spumante.* Zu allen Speisen zu trinken. – **Rosso.** Rebsorten: Negro amaro (80–100%), Malvasia nera di Lecce und/oder di Brindisi (bis 20%). Produktion: 23322 hl (790 ha). Farbe: mehr oder weniger kräftiges Rubinrot, mit der Alterung zuweilen mit zu Ziegelrot neigenden Reflexen. Geruch: weinig, ätherisch, sortentypisch, angenehm, intensiv. Geschmack: voll, trocken, robust und doch samtig, warm, harmonisch. Alkoholgehalt: 12%. Alterung: bis zu 4 Jahren. Qualitätsstufen: *Novello* (Produktion: 245 hl); *Riserva* (Produktion: 14417 hl) mindestens 12,5% Alkohol und 2 Jahre Alterung (dann bis zu 6–7 Jahren). Zu allen Spei-

## Agriturismo

**Mottola**
**Masseria Il Porticello**
contrada Marinara
☎ 0998867294

**Ostuni**
**Lo Spagnulo**
contrada Spagnulo
☎ 0831350209

**Masseria Salinola**
contrada Salinola 134
☎ 0831330683

## DOC-Weine von der salentinischen Halbinsel

sen zu trinken, die Riserva zu Fleisch, Wild und altem Käse. – **Aleatico Dolce.** Rebsorten: Aleatico (85–100%), Negro amaro und/oder Malvasia nera und/ oder Primitivo (bis 15%). Produktion: 139 hl (2,5 ha). Farbe: mehr oder weniger kräftiges Granatrot mit violetten Reflexen, mit der Alterung zu orange neigend. Geruch: delikater, sortentypischer Duft, der mit dem Bukett verschmilzt, das der Wein mit der Alterung entwickelt. Geschmack: voll, leicht süß, samtig. Alkoholgehalt: 13+2%. Alterung: mindestens 4 Monate, dann bis zu 9–10 Jahren. Zum Abschluss der Mahlzeiten und zum Dessert zu trinken. – **Aleatico Liquoroso Dolce.** Rebsorten: Aleatico (85–100%), Negro amaro und/oder Malvasia nera und/ oder Primitivo (bis 15%). Farbe: mehr oder weniger kräftiges Granatrot mit violetten Reflexen, mit der Alterung zu orange neigend. Geruch: delikater, sortentypischer Duft, der mit dem Bukett verschmilzt, das der Wein mit der Alterung entwickelt. Geschmack: voll, warm, süß, harmonisch, angenehm. Alkoholgehalt: 16+2,5%. Alterung: bis zu 10 Jahren. Qualitätsstufen: *Riserva* mindestens 2 Jahre Alterung (dann noch 10 Jahre und mehr). Zum Dessert und in Mußestunden zu trinken.

**SQUINZANO.** – **Rosato.** Rebsorten: Negro amaro (70–100%), Malvasia nera di Brindisi und/oder di Lecce und/ oder Sangiovese (bis 30%, davon höchstens 15% Sangiovese). Produktion: 25 hl. Farbe: hell rubinrot bis zart kirschrot. Geruch: weinig, zart duftend, sortentypisch. Geschmack: fein und samtig. Alkoholgehalt: 12,5%. Alterung: bis zu 3 Jahren. Zu allen Speisen zu trinken. – **Rosso.** Rebsorten: Negro amaro (70–100%), Malvasia nera di Brindisi und/oder di Lecce und/oder Sangiovese (bis 30%, davon höchstens 15% Sangiovese). Produktion: 7337 hl (137 ha). Farbe: mehr oder weniger kräftiges Rubinrot, bei Alterung zuweilen mit orangefarbenen Reflexen. Geruch: weinig, ätherisch, sortentypisch, intensiv. Geschmack: voll, trocken, robust und doch samtig, harmonisch. Alkoholgehalt: 12,5%. Alterung: bis zu 5 Jahren. Qualitätsstufen: *Riserva* mindestens 13% Alkohol und 2 Jahre Alterung (dann bis zu 8 Jahren). Zu Fleisch, Wild und altem Käse zu trinken.

baubetrieb Candido, die Weinstadt (→) **Cellino San Marco** mit den Kellereien La Mea und Libra und schließlich noch **San Pietro Vernotico** mit dem Betrieb Santa Barbara, die allesamt natürlich Gelegenheit zu Degustation und Einkauf bieten.

**Vom Mar Piccolo zu den Weingärten des Primitivo.** Die wild zerklüftete Karstlandschaft der Murge, die den Golf von Tarent umgibt, bildet auch den malerischen Hintergrund für diese Reiseroute, in deren Verlauf Sie die Stätten einer altehrwürdigen Weinbautradition kennen lernen. **Tarent.** Mehr über die griechische Vergangenheit dieser Stadt lässt sich im Museo Archeologico Nazionale erfahren. Jenseits des Kanals, der das Mar Grande vom Mar Piccolo trennt, liegt dann die schmucke Altstadt mit der Burg und dem Dom. Einheimische Weine kauft man am besten in der Enoteca Nel Regno di Bacco, die mit 2000 Etiketten von 300 verschiedenen Weinen außerordentlich gut sortiert ist. Erstes Ziel im Hinterland ist **Massafra,** das am linken und rechten Rand der San-Marco-Schlucht entstanden ist: mittelalterliches Gassengewirr auf der einen Seite, schachbrettartige Anlage auf der anderen. Weiter geht es mit dem

**Agriturismo**

**Pulsano**
**Tenuta del Barco**
Marina di Pulsano
contrada Porvica
☎ 099633051

inmitten einer Felsenlandschaft gelegenen Ort **Mottola,** von wo aus sich ein Abstecher nach San Basilio anbietet, dessen Kellerei Dolcemorso den Reisenden für die Mühen der Anfahrt entschädigt. Die Strecke verläuft nun in östlicher Richtung, der nächste Haltepunkt ist die Weinstadt (→) **Martina Franca** mit eigenem gleichnamigen DOC-Bereich. Wer seinen Hunger stillen möchte, kann dies beispielsweise im Ritrovo degli Amici tun: exzellente lokale Wurstspezialitäten, köstliche Reis- und Nudelgerichte, ein Rotweinschmorbraten, der seinesgleichen sucht, und nicht zuletzt ein gut sortierter Weinkeller. In der Kellerei Miali dann Gelegenheit zu Weinproben und -käufen. Weiter geht es in Richtung Süden. Nach Überquerung der Via Appia gelangt man nach **Grottaglie,** wo die Chiesa Madre und die traditionsreichen Keramikfabriken einen Besuch lohnen. In der Cantina Sociale Pruvas kann man Weine verkosten und erstehen. Nächster Halt ist **Manduria,** Weinstadt (→) und Hauptstadt des Primitivo-Gebiets. Erwähnung unter den örtlichen Weinerzeugern verdienen die Cantine Pervini sowie die Cantina Sociale in der benachbarten Weinstadt (→) **Sava.** Letzte Station der Reise ist die Weinstadt (→) **Lizzano** mit der gleichnamigen Kellerei, die örtliche DOC-Weine anbietet.

**Vom barocken Lecce ins Gebiet von Otranto.** Die letzte gastronomische Reiseroute durch Apulien führt durch den äußersten Süden des Salento, dessen Klima, Landschaft und Reichtum an großen Weinen vielleicht den nachhaltigsten Eindruck hinterlassen. **Lecce.** Der einheimische Stein, der so weich ist, dass man ihn unmittelbar nach dem Schneiden verarbeiten kann, ist von goldener Farbe und wird fast rosa, wenn er einmal ausgehärtet ist. Ihm verdankt die Stadt ihre auf der ganzen Welt einzigartige architektonische und bildhauerische Blüte: Verwinkelte Gässchen und kleine Plätze im Schutz der Stadtmauern bilden die barocke Szenerie, die von Kirchen und Palazzi von überwältigender Schönheit überragt wird. Noch angenehmer machen den Aufenthalt natürlich ein gutes Glas Wein und ein appetitlich gefüllter Teller: Das Barbablu zum Beispiel bietet in schönem Ambiente eine ansprechende Speisekarte, auf der sich modern zubereitete traditionelle Gerichte finden. Eine gute Adresse ist auch die Enoteca Caffetteria Carlo V in einem altehrwürdigen Palazzo im Stadtkern, wo man neben den 300 Weinen typi-

Martina Franca
A14
Mottola
Massafra
Ceglie Messapica
Palagiano
Grottaglie
Taranto
Golfo di Taranto
S. Giorgio Ionico
Manduria
Sava
S. Pancrazio Salentino
Lizzano
Avetrana

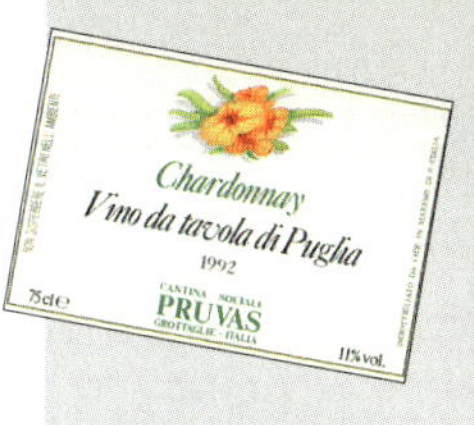


## Enoteche

**Brindisi**
**Delizie-Anelli**
via Rubini 5
☎ 0831563507

**Lecce**
**Enoteca Caffetteria Carlo V**
via Palmieri 42
**Enoteca Internazionale Rollo**
via Cesare Battisti 33
☎ 0832302832

**Ostuni**
**Drink Shop**
piazza Italia 27
☎ 0831302132
**Enoteca Apulia**
piazzetta Cattedrale 27

**Tarent**
**Nel Regno di Bacco**
via Berardi 56
☎ 0994596218

sche kleine Imbisse im Angebot hat. In Cavallino, fünf Kilometer südlich von Lecce, empfehlen wir die Osteria del Pozzo Vecchio, ein kleines Lokal mit einem der besten Weinkeller des Salento. Schließlich sei noch der Betrieb Cantele genannt, für alle, die den Wein direkt beim Erzeuger kaufen – und zuvor verkosten – möchten. Gleich zu Anfang führt uns die nun beginnende Rundfahrt durch die Provinz in zwei DOC-Bereiche mit den Ortschaften **Squinzano** und **Salice Salentino,** nach denen sie heißen. Hier wartet die bekannte Kellerei Conti Leone De Castris (→), ein Betrieb des Movimento del Turismo del Vino, auf Ihren Besuch; im nahe gelegenen Guagnano finden Sie die Vinicola Taurino. Weiter südlich folgen unmittelbar aufeinander drei weitere Weinstädte, die sich jeweils einer eigenen DOC-Produktion rühmen dürfen: **Leverano, Copertino** und **Nardò.** Im ersten Ort ist ein Besuch der Cantina Conti Zecca (→), ebenfalls Mitglied des Movimento del Turismo del Vino, ein absolutes Muss. Von hier aus können die Neugierigsten einen Abstecher ans Meer machen, um dort den ausgezeichneten Ruf des Angolo di Beppe, eines direkt am Meer gelegenen Hotelrestaurants in Porto Cesareo, persönlich auf die Probe zu stellen oder um im Gran Caffè Enoteca an der Promenade Corso Garibaldi Weine zu verkosten. Im Hinterland von Nardò liegt **Galatina,** wo sich die Kellerei Agricola Valle dell'Asso für Weinproben und günstige Weinkäufe anbietet. Dann geht es weiter nach **Gallipoli** am äußersten Ende einer kleinen Halbinsel, mit einer Brücke, die den schachbrettförmig angelegten modernen Teil der Stadt mit den alten weißen Häusern nebst Burg und Kathedrale verbindet. Eines der besten Restaurants ist das charakteristische Marechiaro, ein Tempel der örtlichen Küche mit großen Terrassen zum Meer hin, die durch einen kleinen Steg mit der Altstadt verbunden sind. In der Nähe des Hafens liegt die Trattoria Paranza, die fangfrischen Fisch aus dem eigenen Geschäft serviert.

## Veranstaltungskalender

**März**
**San Donaci**
19. März
Tavola di San Giuseppe

**April**
**Corigliano d'Otranto**
③ Fest von San Giorgio

Unter den Kellereien sei der Betrieb Niccolò Zoppola genannt. Im Landesinneren dann zwei Orte mit eigenen DOC-Weinen: **Alezio** mit den Kellereien Calò und Vinolea sowie **Matino.** Der letzte Abschnitt unserer Route führt uns wieder in Richtung Adria nach **Maglie.** Der Ort ist nicht nur für sein paläontologisches Museum berühmt, in dem die Überreste von Mammuts und anderen Tieren aus dem Pleistozän gezeigt werden, sondern auch für die hier betriebenen Künste des Schmiedehandwerks, der Spitzenklöppelei und der Binsenflechterei. Wieder zurück auf den Spuren des Weins, gelangen wir nach Scorrano, wo der Betrieb Duca Carlo Guarini Gelegenheit zu Degustation und Kauf bietet. Letzte Station ist schließlich **Otranto,** dessen Kathedrale mit dem prächtigen Mosaikfußboden, ein Meisterwerk apulischer Romanik, man gesehen haben sollte. Obwohl die Restaurants der Stadt zweifelsohne ausgezeichnet sind, sei ein Abstecher nach Uggiano la Chiesa empfohlen, und zwar zur Masseria Gattamora: In dem eindrucksvollen Lokal werden hervorragende Kompositionen von Fisch und Gemüse serviert, so zum Beispiel Muschelnudeln mit Sprossenbrokkoli und Tintenfisch.

## Veranstaltungskalender

**Mai**

**Minervino**
① Sagra degli «onguli e casu»

**Porto Cesareo**
① Sagra del Pesce (Fischfest)

**September**

**Carpignano Salentino**
① Festa Te lu Mieru

# Basilikata

## Die Weingärten des Vulture

*Im Herzen der waldreichen Basilikata gedeiht auf Böden vulkanischen Ursprungs ein traditionsreicher Weinstock, der Aglianico del Vulture. Der aus seinen Trauben gekelterte Rotwein ist das Aushängeschild einer Region, die mit ihrem üppigen gastronomischen Angebot wahrlich eine Reise wert ist.*

Die seit der Antike für ihr sattes Grün und ihre ausgezeichneten deftigen Wurstspezialitäten bekannte Basilikata erfreut sich auch unter Weinfreunden eines gewissen Rufs. Zwar werden hier nur relativ geringe Mengen erzeugt – hinsichtlich ihres Produktionsvolumens zählt die Region innerhalb Italiens eher zu den Schlusslichtern –, dafür hat man aber einen Rotwein mit uralter Tradition: den Aglianico del Vulture.

### Ein Wein, den schon Horaz besang

Bereits die Römer feierten den Aglianico, dessen Name sich von «Ellenicon» herleitet, einem Weinstock orientalischen Ursprungs. In jener fernen Zeit kelterte man aus seinen Trauben den berühmten Falernum; sein heutiger Nachfahr kommt als trockener, samtiger Roter daher, der sich für lange Lagerung eignet. Aglianico beansprucht nahezu die Hälfte der lukanischen Rebflächen und ist das einzige hiesige Gewächs mit DOC-Prädikat. Die verbleibende Hälfte der Weingärten ist neben der Tafeltraube Italia von zweitrangigen Sorten besetzt, darunter die beiden traditionsreichen Reben Malvasia nera di Basilicata (5,3 Prozent) und Aleatico (fünf Prozent), die trotz ihres guten Rufs unter dem nachlassenden Bedarf an süßen Rotweinen gelitten haben. Neben Rebsorten aus Apulien und Kampanien bleiben schließlich noch die erst in jüngster Vergangenheit eingeführten Sorten Chardonnay, Pinot bianco und grigio, Sauvignon blanc und Merlot, die in diversen Arten als IGT-Weine auf den Markt kommen.

### Die Weinberge des Vulture

Das Anbaugebiet des Aglianico liegt im Nordwesten der Region, rund um den Vulture, eine Erhebung vulkanischen Ursprungs, die für den Weinbau besonders geeignete Böden und Umweltbedingungen aufweist. Die Gegend selbst mit ihren Wäldern, Seen und alten normannischen Städten gehört zu den schönsten der Basilikata und hat wirklich genug zu bieten, um den von weither angereisten Gästen unvergessliche Eindrücke und Erlebnisse zu schenken.

**Movimento del Turismo del Vino**
Beauftragte:
Giovanna Basile
c/o Tour Service
piazza Vittorio
Veneto 42
Matera
☎ 0835334633

## DOC-Bereiche in der Basilikata

1 DOC Aglianico del Vulture – 1390 ha in 15 Gemeinden der Provinz Potenza, darunter Acerenza, Melfi, Palazzo San Gervasio, Rapolla, Rionero in Vulture und Venosa

## Hotels und Restaurants

**Lavello**

**San Barbato** ★★★
SS 93 bei km 56
☎ 097281392

**Maratea**

**La Locanda delle Donne Monache** ★★★★
via C. Mazzei 4
☎ 0973877487

**Villa Cheta Elite** ★★★★
12 km nach Acquafredda
via Timpone 24
☎ 0973878134

**Villa del Mare** ★★★★
SS 18 nach Acquafredda bei km 12
☎ 0973878007

**Gabbiano** ★★★
via Luppa 24
☎ 0973878011

**Taverna Rovita** 🍴
via Rovita 63
☎ 0973876588

**Matera**

**Del Campo** ★★★★
via Lucrezio
☎ 0835388844

**Sassi Hotel** ★★★
via S. Giovanni Vecchio 89
☎ 0835331009

## Weinstädte

**Barile** und **Venosa** gehören seit 1998 dem Kreis der Weinstädte an (→ Tourenvorschläge).

**Und außerdem … Rionero in Vulture.** Auf der A 3 nach Potenza, SS 93 Potenza–Foggia, Ausfahrt Rionero. Zu Ostern (Karsamstag) werden in einem religiösen Schauspiel die Kreuzwegstationen dargestellt: **Rappresentazione della Via Crucis figurata**.

## Kellereien

**Viggiano.** *Azienda Agricola Biologica Pisani, contrada San Lorenzo, Tel. 0975352603. Öffnungszeiten: nach Voranmeldung Montag–Samstag 9–17 Uhr, an Sonn- und Feiertagen 10–17 Uhr.* Dieser Weinbaubetrieb im Hochtal des Val d'Agri hat sich ganz dem ausschließlich biologischen Anbau verschrieben, wofür das Zertifikat der Associazione Italiana per l'Agricoltura Biologica (AIAB) bürgt. In den Weingärten tummeln sich die Protagonisten der neuen lukanischen Weinkultur: neben den roten Rebsorten Merlot, Cabernet und Freisa gibt es die weißen Chardonnay, Cortese und Malvasia.

**Und außerdem … Barile.** *Consorzio Viticoltori Associati del Vulture, SS 93, Tel. 0972 770386.* **Matera.** *De Montigny, via R. Scotellaro 8, Tel. 0835334557. Fratelli Dragone, contrada Pietrapenta, Agro Di Matera, Tel. 0835319970. Il Buongustaio, piazza Vittorio Veneto 1/2, Tel. 0835331982.* **Montescaglioso.** *La Doganella L'Orto di Lucania, SS 175 bei km 14,4, Tel. 0835200054.* **Nova Siri.** *Associazione Agricola Taverna, SS 106, Jonica bei km 417,5, Tel. 0835877083.* **Rionero in Volture.** *Fratelli Napolitano, via Matteotti 40, Tel. 0972721040.* **Viggiano.** *Caseificio Santa Lucia, contrada Carpinata, Tel. 097561070.*

## Tourenvorschläge

**Der Vulture und die Heimat des Aglianico.** Die Route beginnt im Landesinneren und führt durch nahezu die gesamte Provinz Potenza, kann aber auch von Matera aus angegangen werden, das ohnehin ein unverzichtbares Ausflugsziel bei einer Reise durch die Basilikata ist. **Potenza.** Der alte Kern dieser modern wirkenden Stadt befindet sich im höher gelegenen Teil. Eine große Auswahl an guten Weinen bieten die Antica Osteria Marconi und die Trattoria Zi Ming. Von Potenza aus nimmt man die Apulien und Lukanien verbindende Staatsstraße 93, von der aus nach kurzer Zeit die landschaftlich schöne Straße zur Burg von Lagopesole und nach Atella abzweigt. **Rionero in Vulture.** Die grüne Landschaft rund um den Vulture gibt eine schöne Kulisse für diese zwischen zwei Hügeln gelegene historische Stadt ab. Hier finden sich mehrere Weinerzeuger, darunter auch die Cantina Sociale del Vulture. Neben den DOC-Weinen lohnen auch andere lokale Tropfen eine Verkostung, so zum Beispiel der Rosé Louise, der aus Aglianico-Trauben gekeltert wird, und ein zart aromatischer Malvasia Spumante. **Barile.** In dieser über die Landesgrenzen hinaus bekannten Weinstadt (→) werden noch albanische Bräuche gepflegt, hatten sich doch im 15. Jahrhundert Albaner hier angesiedelt, die der Stadt zu neuer Blüte verhalfen. Außerhalb der Ortschaft gibt es in Tuffstein gehauene Gewölbe, in deren Nähe auch die beiden Kellereien Viticoltori del Vulture (→) und Vinicola Paternoster ansässig sind. Wohl das beste Erzeugnis dieser Gegend ist der Verdalba, ein Tafelwein aus Malvasia- und Pinot-bianco-Trauben. **Rapolla.** Der bereits zu Zeiten der Römer wegen seiner Thermalquellen berühmte Ort erlebte im Mittelalter eine wechselvolle Geschichte, von deren Ereignissen noch einige Bauwerke künden: die von den Normannen nach byzantinischem Vorbild errichtete Kirche S. Lucia, die inmitten eines dichten Gassengewirrs emporragt, oder auch die Kathedrale weiter oben am Hang, deren Glockenturm und großes Portal noch aus romanischer Zeit stammen. **Melfi.** Auf einem Hügel vulkanischen Ursprungs am Fuß des Vulture liegt diese Stadt mit ihrer mächtigen, auf quadratischem Grundriss angelegten Burg und ihrem Dom. Schon die normannischen Könige und der Staufer Friedrich II. hielten sich gern hier auf. Übernachtungsmöglichkeiten bietet das Hotel Farese, dem ein Restaurant mit landestypischer Küche angeschlossen ist. Empfehlenswerte lukanische Küche auch im ebenso einfachen wie gemütlichen Vaddone im Stadtviertel S. Abruzzese. Unter den Weinerzeugern ist vor allem der Betrieb der Fratelli Carbone zu nennen. **Lavello.** Zeuge längst vergangener Zeiten, liegt Lavello, heute ein landwirtschaftliches Zentrum, auf einem Ausläufer der Hochebene Tavolato delle Murge über dem Lauf des Flusses Ofanto. In der gut erhaltenen mittelalterlichen Altstadt steht die Burg, in der sich heute das Rathaus sowie ein Museum der bäuerlichen Kultur befinden. Hier kann man in nachgebauten alten Bauernstuben traditionelle landwirtschaftliche Geräte besichtigen. **Venosa.** Die Weinstadt (→) ist Nachfahrin der römischen Stadt Venusia, einer Kolonie an der Via Appia, von der noch heute Über-

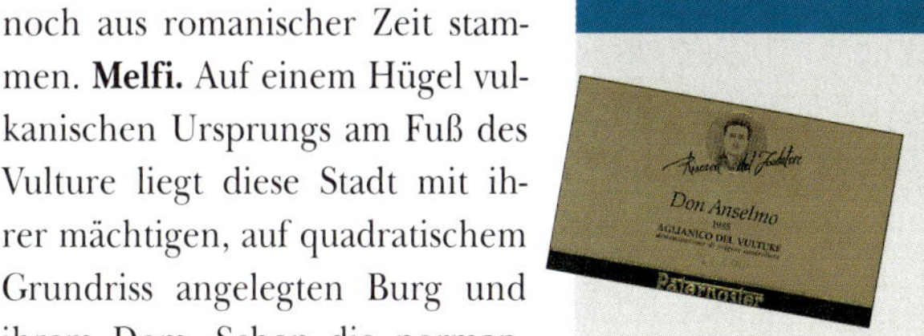

## Hotels und Restaurants

**Venusio** 🍴
7 km nach Venusio
via Lussemburgo 2
☎ 0835259081

**Casino del Diavolo** 🍴
via La Martella 48
☎ 0835261986

**Trattoria Lucana** 🍴
via Lucana 48
☎ 0835336117

**Melfi**

**Due Pini** ★★★
piazzale Stazione
☎ 097221031

**Castagneto** ★★
SS 401 bei km 3
☎ 0972236487

**Farese** 🍴
contrada Foggianello 1
☎ 0972236478

**Vaddone** 🍴
contrada S. Abruzzese
☎ 097224323

**Potenza**

**Grande Albergo** ★★★
corso XVIII Agosto 46
☎ 0971410220

**Antica Osteria Marconi** 🍴
viale Marconi 233
☎ 097156900

**La Fattoria** 🍴
via Verderuolo Inferiore 13
☎ 097134501

reste in dem archäologischen Park vor der Ortschaft zeugen. Außerdem befindet sich hier einer der eigenwilligsten Sakralbauten Süditaliens: die Abtei SS. Trinità. Gemäß den Plänen der Bauherren hätte die Alte Kirche in die imposante Neue Kirche integriert werden sollen, die jedoch nie vollendet werden konnte und sich nun der Nachwelt in all ihrer lediglich angedeuteten Schönheit zeigt. Der Weg durch die Stadt führt über den Corso Vittorio Emanuele, an Burg und Kathedrale vorbei bis hin zur Piazza, wo die Taverna Ducale bereits seit dem Mittelalter hungrige Reisende verköstigt: regionaltypische Küche, dazu Fisch- und Pilzgerichte. Für einen Weinkauf empfiehlt sich die Cantina Riforma Fondiaria. **Acerenza.** Auf einer Felskuppe im Hochtal des Bradano thront dieser Ort mit seiner weithin sichtbaren Kathedrale, die ab 1080 in romanisch-gotischem Stil französischer Prägung errichtet wurde. Französich beeinflusst zeigt sich vor allem die einzigartige Choranlage mit Umgang und Radialkapellen, wobei der Kapellenkranz in Verbindung mit den Fialen auch das reich bewegte Äußere des Chors prägt. Empfehlenswert die Kellerei Cooperativa Vitivinicola Basilium im Stadtviertel Pipoli. **Matera.** Eine Gesamtsicht der «Sassi», der berühmten Felswohnungen, genießt man am besten vom Platz vor dem Dom aus, einem schmucken Bauwerk in romanisch-apulischem Stil. Anschließend geht es wieder hinab und an der Altstadt entlang, die einst als «nationale Schande» galt, bis sie von der UNESCO rehabilitiert wurde und Aufnahme in das Weltkulturerbe fand. Speisen kann man im Terrazzino sui Sassi in den Kellergewölben eines Palazzo aus dem 18. Jahrhundert oder in der Trattoria Lucana, die seit 50 Jahren von der Familie Sanrocco geführt wird. In Venusio, ein paar Kilometer weiter in Richtung Altamura, lohnt das gleichnamige Restaurant eine Einkehr: Die Küche tut sich insbesondere durch vorzügliche Meeresspezialitäten und ihren Weinkeller hervor.

## DOC-Weine aus der Basilikata

**AGLIANICO DEL VULTURE.** Rebsorten: Aglianico (100%). Produktion: 9836 hl (200 ha). Farbe: mehr oder weniger volles Rubinrot oder lebhaftes Granatrot, nach Alterung mit orangefarbenen Reflexen. Geruch: weinig, mit feinem sortentypischem Duft, der sich mit der Alterung verstärkt. Geschmack: trocken, frisch, harmonisch, ausgewogene Tannine, bei Alterung zunehmend samtig; kann auch leicht lieblich sein. Alkoholgehalt: 11,5%. Alterung: mindestens 1 Jahr, dann bis zu 5 Jahren. Der trockene Wein zu Fleisch, der liebliche zum Abschluss der Mahlzeiten zu trinken. Arten: *Spumante* rot und weiß, lieblich, mindestens 11,5% Alkohol und 1 Jahr Alterung (dann bis zu 6 Jahren), als Dessertwein zu trinken. Qualitätsstufen: *Vecchio* mindestens 12,5% Alkohol und 3 Jahre Alterung, davon 2 in Holzfässern (dann noch 7 Jahre und mehr), *Riserva* mindestens 12,5% Alkohol und 5 Jahre Alterung (dann noch 10 Jahre und mehr). Trocken ausgebaut zu rotem Fleisch, Wild und altem Käse zu trinken, lieblich als Dessertwein und zwischen den Mahlzeiten.

### Hotels und Restaurants

**Rotonda**
**Da Peppe** 🍴
corso Garibaldi 13
☎ 0973667838

**Terranova di Pollino**
**Picchio Nero** ★★★
via Mulino 1
☎ 097393170
**Luna Rossa** 🍴
via Marconi 18
☎ 097393254

**Viggiano**
**Kiris** ★★★
6 km nach Case Rosse
☎ 0975311053

### Agriturismo

**Marsiconuovo**
**Vignola**
località Capo d'Acqua
☎ 0975342511

**Matera**
**Gaudiano Giovanni**
località Matinelle
☎ 0835388868

## Gaumenfreuden

Klein ist sie, die Basilikata, aber nichtsdestotrotz ein gastronomisches Schatzkästlein: Ihre Küche zeigt zwar Einflüsse der angrenzenden Regionen Kampanien und Apulien, die Zubereitung der Gerichte indes ist unverwechselbar. So werden Lagane und Fusilli, Orecchiette und Maccheroni hier mit Saucen gereicht, die üppiger, fleischhaltiger und nicht zuletzt aufgrund der Pfefferschoten auch schärfer sind als anderswo. Die Basis bildet vor allem Schaf- und Ziegenfleisch, aber auch Schwein, aus dem all die berühmten Wurstsorten wie der Presskopf (Soppressata) und die bereits in römischer Zeit verbreiteten Würstchen gemacht werden. Besondere Beachtung verdient auch der Käse: In der Basilikata seit Menschengedenken erzeugt, hat er erst kürzlich eine neue Aufwertung erfahren, dank einer Initiative, die sich den Schutz und die Qualitätssicherung von Käse, der von Weidevieh stammt, auf die Fahnen geschrieben hat. Auch beim Brot gibt es so manchen Schatz zu heben: Viele Bäcker verwenden noch natürliche Hefe für ihre Brotlaibe, deren Teig entsprechend lange geht und den charakteristischen leicht säuerlichen Geschmack entwickelt. Typische Nachspeisen sind zum Beispiel die Cicirata, winzige frittierte Bällchen, die in Honig und bunten Zucker gehüllt werden, und die süßen Panzerotti, frittierte oder gebackene Teigtaschen, die mit gekochten Früchten, Vincotto (eingekochtem Most) und Kichererbsen gefüllt werden.

Das beste Restaurant der Region ist wohl unangefochten die Antica Osteria Marconi in Potenza, in der Qualität ganz groß geschrieben wird: Hier kommen jeden Tag frische hausgemachte Pasta, Fleisch mit Trüffeln oder Aglianico und selbst gemachte Süßspeisen in erfrischend unprätentiöser, familiärer Atmosphäre auf den Tisch. Einen ebenso angenehmen wie eleganten Aufenthalt bietet das Hotel Villa Cheta Elite in Maratea, das mit seinen komfortablen Übernachtungsmöglichkeiten und der guten Meeresfrüchteküche dem schönen Ort wirklich alle Ehre macht. Wer eher landestypische Gerichte sucht, sollte dagegen im Pollino einkehren: Hier kann man die schöne Landschaft bei traditionell zubereiteten Nudel-, Reis- und Fleischgerichten der Gegend genießen. Zwei weitere Lokale mit sehr unterschiedlichem Angebot, das Luna Rossa in Terranova del Pollino und das Da Peppe in Rotonda, verdienen ebenfalls eine Erwähnung. Im Val d'Agri gibt es schließlich im Hotel Vecchio Ponte in Moliterno neben Übernachtungsmöglichkeiten einfache, gesunde Speisen und die hervorragenden Käsesorten der Gegend.

### Agriturismo

**Trecchina**
**La Colla**
località Colla
☎ 0973826067

**Viggiano**
**Agricola Pisani**
località San Lorenzo
☎ 0975354054

### Enoteche

**Potenza**
**Enoteca Lucana**
via Messina 201
☎ 0971442489

### Veranstaltungskalender

**August**
**Roccanova**
14.–15. August
Sagra del Vino (Weinfest)

**September**
**Ripacandida**
① Sagra del coniglio e dell'Aglianico (Kaninchen- und Aglianico-Fest)

**Dezember**
**Melfi**
① Traditionelles «Paneduzze»-Fest

# Kalabrien

## Weinberge zwischen zwei Meeren

*Mit dem Slogan «der älteste Wein Europas» soll für eines der bemerkenswertesten Erzeugnisse des sonnenverwöhnten Landstrichs im äußersten Süden Italiens geworben werden. Die Tradition des Weinbaus reicht hier, an der Stiefelspitze der Apenninenhalbinsel, bis in die Magna Graecia, das antike griechische Großreich, zurück.*

Ein bemerkenswert gut entwickelter Küstenstreifen und ein im Wesentlichen gebirgiges Binnenland zeichnen diese Region aus, deren Weinbautradition sich bis in die Antike zurückverfolgen lässt. Über das Klima muss nicht viel gesagt werden: An den Küsten Kalabriens gedeihen Bergamottebäume, und Jasmin wird in großem Stil angebaut. Ganz offensichtlich bietet eine so glückliche Kombination von Meer und Gebirge auch den anspruchsvollsten Pflanzenkulturen optimale Voraussetzungen. Die hiesige Weinbaufläche lässt sich geographisch in drei Zonen unterteilen. Die nördlichste von ihnen bildet das Pollinomassiv, ein Kalksteingebirge, in dem Karstbildung die Vorkommen von Oberflächenwasser reduziert. Die anderen beiden Zonen umfassen die grün bewaldeten Ausläufer des Silagebirges zum Tyrrhenischen und zum Ionischen Meer hin sowie die Ausläufer des Aspromontegebirges ganz im Süden, das mit fast 2000 Meter Höhe schon alpinen Charakter besitzt – der Name «rauer Berg» spricht für sich.

### Gaglioppo und Greco bianco – Protagonisten der Weinlandschaft

Trotz der unterschiedlichen Beschaffenheit der Böden bietet Kalabriens Weinlandschaft ein einheitliches Bild: Die roten Rebsorten stellen eindeutig die Mehrheit, wobei Gaglioppo mit 28 Prozent der größte Anteil zukommt, gefolgt von zwei Nerello-Sorten sowie Greco nero und einigen anderen. Gaglioppo ist zwar auch an der südlichen Adriaküste verbreitet, doch seine ursprüngliche Heimat soll in den kalabrischen Provinzen Cosenza und Catanzaro liegen. Der aus ihm bereitete Wein bildet eine hervorragende Grundlage für körperreiche Verschnitte: Im Zusammenspiel mit anderen roten Sorten erbringt er charaktervolle Rotweine, fügt man ihm nach kalabrischer Tradition weiße Trauben hinzu, so entstehen erlesene Vini da Tavola. Unter den weißen Rebsorten ist mit elf Prozent besonders Greco bianco von Bedeutung, der in der Geschichte des Weins von der griechischen Antike bis zur Gegenwart eine entscheidende Rolle gespielt hat. Heute wird aus seinen teilgetrockneten Trauben ein bern-

**Movimento del Turismo del Vino**
Beauftragter:
Pier Luigi Aceti
via Roma 62
Figline
Vegliaturo (Cs)
☎ 033884168

## DOC-Bereiche in Kalabrien

1. DOC Bivongi – 9 ha in 9 Gemeinden der Provinz Reggio di Calabria, darunter Bivongi, sowie in 1 Gemeinde der Provinz Catanzaro
2. DOC Cirò – 2699 ha auf dem gesamten Gebiet von Cirò und Cirò Marina sowie in weiteren 2 Gemeinden der Provinz Catanzaro
3. DOC Donnici – 111 ha in 10 Gemeinden der Provinz Cosenza, darunter die Provinzhauptstadt
4. DOC Greco di Bianco – 45 ha in den Gemeinden Bianco und Casignana in der Provinz Reggio di Calabria
5. DOC Lamezia – 162 ha in 9 Gemeinden der Provinz Catanzaro, darunter Lamezia Terme
6. DOC Melissa – 238 ha in 14 Gemeinden der Provinz Catanzaro, darunter Melissa
7. DOC Pollino – 251 ha in 6 Gemeinden der Provinz Cosenza
8. DOC Sant'Anna di Isola Capo Rizzuto – erzeugt in Isola di Capo Rizzuto sowie in weiteren 2 Gemeinden der Provinz Crotone
9. DOC San Vito di Luzzi – 28 ha in der Provinz Cosenza, im Umkreis des Bezirks San Vito in der Gemeinde Luzzi
10. DOC Savuto – 93 ha in zahlreichen Gemeinden der Provinzen Cosenza und Catanzaro
11. DOC Scavigna – 33 ha in den Gemeinden Nocera Terinese und Falerna in der Provinz Catanzaro
12. DOC Verbicaro – 1995 anerkannt, umfasst Verbicaro sowie weitere 4 Ortschaften der Provinz Cosenza

steinfarbener Dessertwein bereitet. Hervorzuheben ist schließlich auch die Tatsache, dass 80 Prozent der Reben nach dem bereits in der Römerzeit praktizierten Gobelet-System (hier Alberello genannt) einzeln stehend in Buschform erzogen werden, was ganz der önologischen Tradition einer Region entspricht, die sich Weinen mit hohem Alkoholgehalt verschrieben hat.

## Die Täler um das Pollinomassiv

Diese Gebirgsgruppe, die sich bis nach Kampanien und in die Basilikata hinein erstreckt, bietet dem Weinstock mit ihrem Kalkgestein ideale Wachstumsbedingungen, was sich in drei DOC-Prädikaten niederschlägt. Das traditionsreichste Gebiet mit dem größten Produktionsvolumen bildet der DOC-Bereich Pollino in der Umgebung von Castrovillari. Der hier erzeugte Rote enthält hauptsächlich Gaglioppo-Trauben, die unter Zusatz von Greco nero und weißen Rebsorten wie Malvasia und Guarnaccia verarbeitet werden. Neueren Datums sind die DOC-Bereiche San Vito di Luzzi, benannt nach der gleichnamigen Ortschaft im Cratital, sowie Verbicaro, das auf der tyrrhenischen Gebirgsseite gelegen ist. In beiden Regionen wird neben einem an den Pollino erinnernden Rotwein auch ein Weißer aus Greco- und Malvasia-Trauben erzeugt. Erwähnenswert ist ferner der IGT-Bereich Esaro, der das gleichnamige Tal mit Produktionsschwerpunkt San Marco Argentano umfasst.

## Von den Wäldern des Silamassivs bis zur tyrrhenischen Küste

Von den Westhängen des Silagebirges bis hinunter ans Meer erstreckt sich die zweite Weinbauzone Kalabriens. Drei Gebiete zeichnen sich durch hohe Qualität aus: der DOC-Bereich Donnici im Gebiet Casali Cosentini im Cratital am Südrand von Cosenza, der DOC-Bereich Savuto im gleichnamigen Flusstal mit der Ortschaft Rogliano als wichtigstem Erzeuger und schließlich der DOC-Bereich Lamezia im Hinterland der gleichnamigen Provinzhauptstadt. In diesem Landstrich liegt auch der IGT-Bereich Valdamato (Indicazione Geografica Tipica, Landwein). Bei den Rebsorten bestätigt sich die Vorherrschaft von Gaglioppo und Greco nero. Die Donnici-Weine enthalten darüber hinaus Pecorello, während der Rosso Lamezia ergänzend mit zwei Nerello-Sorten verschnitten wird. Bei den weißen Rebsorten bietet sich ein unverändertes Bild. Am südlichen Zipfel der tyrrhenischen Küste, in der Umgebung von Reggio di Calabria, verdienen die IGT-Bereiche Pellaro, Arghillà, Scilla und Costa Viola eine Erwähnung.

## Die Weinberge des Greco bianco – mit Blick aufs Ionische Meer

Auf den Anhöhen von Punta Alice bis Capo Rizzuto, die auf das Ionische Meer hinausblicken, stehen die Rebstöcke der DOC-Bereiche Cirò, Melissa und Sant'Anna di Isola di Capo Rizzuto. Die Ursprünge dieses

### Hotels und Restaurants

**Altomonte**
**Barbieri** ★★★ 🍴
via San Nicola 30
☎ 0981948072

**Amantea**
**La Tonnara** ★★★
via Tonnara 13
☎ 0982424272

**Bagnara Calabra**
**Delle Rose** ★★★
corso Vittorio Emanuele 37
☎ 0966371088
**Kerkyra** 🍴🍴
corso Vittorio Emanuele 217
☎ 0966372260

**Bianco**
**Vittoria** ★★★
via C. Alvaro 2
☎ 0964911015

**Bivongi**
**Vecchia Miniera** 🍴
contrada Perrocalli
☎ 0964731869

**Camigliatello Silano**
**Camigliatello** ★★★
via Federici
☎ 0984578496
**Aquila & Edelweiss** ★★★ 🍴🍴
viale Stazione 11
☎ 0984578044

**Castrovillari**
**La locanda di Alia** ★★★ 🍴🍴🍴
via Jetticelle 69
☎ 098146370
**President Joli Hotel** ★★★
corso L. Saraceni 22
☎ 098121122

sehr einheitlichen Gebiets gehen auf die antike Weinbaukultur der Magna Graecia zurück. Auch hier dominieren die roten Sorten Gaglioppo und Greco nero, allerdings gedeiht im DOC-Bereich Sant'Anna bereits der eigentlich in Sizilien beheimatete Nerello (unter dem Namen Nerello Cappuccio oder Mascalese). Verbreitete weiße Traubensorten sind Trebbiano toscano und Malvasia, besonders typisch für diese Region ist indes Greco bianco, der am südlichsten Zipfel der ionischen Küste zu voller Entfaltung gelangt. Die DOC Greco di Bianco ist zwar winzig – sie beschränkt sich auf die unmittelbare Umgebung der Ortschaft Bianco –, erzeugt jedoch einen hervorragenden Passito, dessen Herkunft sich bis in die Antike zurückverfolgen lässt. Erst vor kurzem als DOC-Bereich anerkannt wurde auch das etwas weiter nördlich gelegene Bivongi. Schließlich gibt es die fünf IGT-Bereiche Condoleo, Lipuda, Val di Neto, Locride und Palizzi (von Nord nach Süd).

## Weinstädte

**Cosenza.** An der Mündung des Busento in den Crati liegt an einen Hang des Colle Pancrazio geschmiegt die geschichtsträchtige Altstadt, ursprünglich ein Stützpunkt des einheimischen Volks der Lukaner oder Bruttier. Weiter talwärts erstreckt sich das Ende des 19. Jahrhunderts entstandene neue Stadtviertel, das der Altstadt an Lebendigkeit und charakteristischer Atmosphäre in nichts nachsteht. Seit jüngster Zeit wird das Stadtbild von der zukunftsorientierten Università della Calabria bestimmt. Die Hochschule steht in einer Bildungstradition, die vor etwa 500 Jahren von der Accademia Cosentina begründet wurde. Cosenza bildet das Zentrum der drei DOC-Bereiche Donnici, Pollino und Savuto.

**Figline Vegliaturo.** Auf 650 Meter Höhe, wenige Kilometer stromaufwärts von Cosenza, liegt diese ruhige Ortschaft, deren schmale Gässchen sich bis zum Gipfel des Hügels hinaufwinden. Diese kleine Weinstadt steckt voller neuer Ideen, beispielsweise plant man den Bau einer Casali-Cosentini-Straße, die eine Anbindung der umliegenden Weinbauorte an das Cratital ermöglichen soll. Im Frühjahr wird hier die **Settimana dei Vini Calabresi,** die Woche der kalabrischen Weine, abgehalten, und im November feiert man die **Festa del Vino Novello,** das Fest des neuen Weins.

**Melissa.** In der ersten Augusthälfte wird des Heiligen Francesco da Paola gedacht. Wie so häufig in Italien nutzt man auch hier in Melissa gerne die Gelegenheit, das Religiöse mit dem Profanen zu verbinden, und feiert mit der **Sagra della Cucina Calabrese** ein ausgelassenes Fest zum Ruhme der kalabrischen Küche. Eine besondere Spezialität ist Pasta alla metiturisca, ein typisches Nudelgericht, das traditionell in der Erntezeit mit Tomaten, Zwiebeln und geräucherter Ricotta zubereitet wurde – das sollte man sich auf keinen Fall entgehen lassen. Und das alles findet statt vor dem Hintergrund der mittelalterlichen Ortschaft mit der Burg und dem Turm, die an die

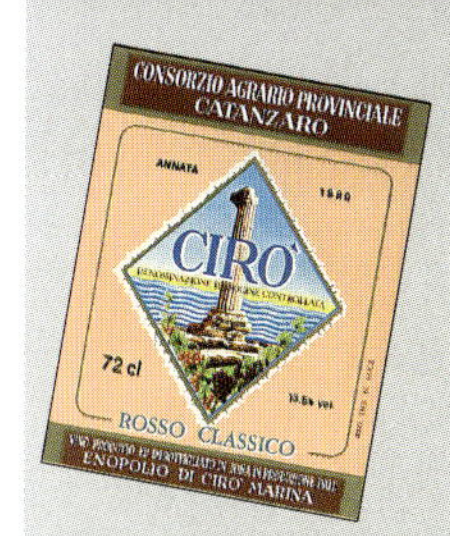


### Hotels und Restaurants

**Catanzaro**

**Guglielmo ★★★**
via A. Tedeschi 1
☎ 0961741922

**Stillhotel ★★★**

**Brace**
3 km nach Catanzaro Marina
via Melito Porto Salvo 102/A
☎ 096132851 oder 096131340

**Da Pepè**
piazza Roma 6, vico 1
☎ 0961726254

**Da Salvatore**
sal. 1 del Rosario 28
☎ 0961724318

**Fattoria di Chiattine**
locanda Chiattine
via Magne Grecia 83
☎ 0961780064

**Cirò**

**Costa Elisabeth ★★★**
SS 106 bei km 291
☎ 096232963

**L'Aquila d'Oro**
via Sant'Elia
☎ 096238550

**Cirò Marina**

**Il Gabbiano ★★★**
4 km nach Punta Alice
☎ 096231338

**Cosenza**

**President ★★★**
6 km nach Castiglione Cosentino Scalo
via A. Volta 47/49
☎ 0984839101

**Centrale ★★★**
via del Tigrai 3
☎ 098473681

## Hotels und Restaurants

**Cosenza**

**Executive Nabucco** ★★★★
10 km nach Rende
via Marconi 59
☎ 0984401010

**L'Arco Vecchio**
p. Archi di Ciaccio 21
☎ 098472564

**La Calavrisella**
via de Rada 11/a
☎ 098428012

**Il Setaccio – Osteria del Tempo Antico**
4 km nach S. Rosa di Rende
☎ 09848372 11

**Crotone**

**Helios** ★★★
Straße nach Capo Colonna
☎ 0962901291

**Casa di Rosa**
via C. Colombo 117
☎ 096221946

**La Sosta da Marcello**
via C. Alvaro
☎ 0962902243

**'A Pignata**
vico Orfeo 4
☎ 096229742

Missetaten eines boshaften Grafen und an die Überfälle der Sarazenen erinnern.

**Und außerdem ... Lamezia Terme.**

## Kellereien

**Aprigliano.** *Vigne Piccole, contrada da San Nicola delle Vigne, Tel. 0984 28920. Öffnungszeiten: nach Voranmeldung.* Inmitten des grünen Cratitals liegt dieser kleine Betrieb, in dem man neben den Weinen des DOC-Bereichs Donnici den bemerkenswerten, aus Maiocco- und Greco-Trauben bereiteten roten Vino da Tavola Vigna di Attilio verkosten kann.

**Casignana.** *Franceso Stelitano, contrada da Palazzi 1, Tel. 0964913023. Öffnungszeiten: 8–20 Uhr, Voranmeldung erwünscht.* Hier wird biologischer Anbau betrieben, wie das Qualitätssiegel AIAB der italienischen Vereinigung für biologische Landwirtschaft bestätigt. Dass der Aufwand sich lohnt, zeigt die hervorragende Qualität der beiden Hausweine: der Greco di Bianco DOC ist ein Passito für besinnliche Stunden, der Montonico di Bianco IGT wird aus der gleichnamigen Rebsorte bereitet und ist in Charakter und antikem Ursprung dem Greco di Bianco vergleichbar.

**Cirò Marina.** *Caparra & Siciliani, bivio SS 106, Tel. 0962371435. Öffnungszeiten: nach Voranmeldung, an Sonn- und Feiertagen geschlossen.* Die moderne Genossenschaftskellerei ist für das Anbaugebiet Cirò Classico zuständig und verarbeitet die Trauben aus den Weinbergen ihrer Mitglieder. Neben der kompletten Bandbreite der Cirò-Weine Rosso, Rosato und Bianco zählen zu ihren Spitzenerzeugnissen der in Barriques gereifte Cirò Rosso Classico Superiore Volvito sowie der Cirò Bianco Curiale. *Librandi, contrada San Gennaro, SS 106, Tel. 096231518. Öffnungszeiten: nach Voranmeldung Montag–Freitag 8 bis 13 und 15–18 Uhr, Samstag 8 bis 13 Uhr.* Die Kellerei mit ihrer familiären Atmosphäre ist seit 50 Jahren in der Region des Cirò Classico tätig. In den hauseigenen Weinbergen werden Gaglioppo- und Greco-Trauben angebaut. Aus ihnen bereitet man, abgesehen von den DOC-Weinen, hervorragende reinsortige Tropfen wie den Rosso Riserva Duca San Felice. Ein weiteres Landgut befindet sich im nahe gelegenen Strongoli. Hier hat man neue Rebsorten eingeführt: Chardonnay und Cabernet Sauvignon sollen die Palette der in Kalabrien heimischen Sorten bereichern.

**Lamezia Terme.** *Cantine Frantoio Statti, contr. Lenti, Tel. 0968456138. Öffnungszeiten: nach Voranmeldung.* Auf dem 500 Hektar großen Landgut findet sich ein Nebeneinander von Weideland, Weinreben, Olivenbäuen, Gemüsebeeten und Erdbeerpflanzungen. Unbedingt empfehlenswert ist das hauseigene Olivenöl Olio del Barone, das bei früher Ernte grün, intensiv und fruchtig im Aroma, bei später Ernte hingegen goldfarben, süß und angenehm duftend ist. An Weinen hat die Kellerei neben dem DOC-Gewächs Lamezia ein breit gefächertes Spektrum an Vini da Tavola zu bieten. In erster Linie ist in diesem Zusammenhang ein Novello zu nennen, bei dem sich einheimischer Gaglioppo mit der Importtraube Merlot verbindet. Darüber hinaus bereichern eine Reihe von Weißen und Roten das Angebot, die mit ihren neuartigen Verschnittrezepten in erster Linie für eine verstärkte Verbreitung lokaler Weine und Rebsorten sorgen sollen. *Cantine Lento, via del Progresso 1, Tel. 096828028. Öffnungszeiten: nach Voranmeldung, Samstag und Sonntag geschlossen.* Auf dem hügeligen Besitz des Landguts Romeo gedeihen die Rebstöcke der seit 100 Jahren hier ansässigen Kellerei Lento. Der Ertrag der 6000 Rebstöcke pro Hektar wird absichtlich niedrig gehalten, und auf diese Weise entstehen hier auf diesem Gut Rotweine mit langem Alterungspotenzial wie etwa der Lamezia Riserva oder auch der Sauvignon Contessa Emburga.

**Piane Crati.** *Cooperativa San Michele, via Nazionale, Tel. 0984422021. Öffnungszeiten: 16–19 Uhr, im Sommer 16–20 Uhr, Gruppen nur nach Voranmeldung.* In der Kellerei werden Trauben von 100 Erzeugern des DOC-Bereichs Donnici verarbeitet. Der Betrieb kümmert sich darüber hinaus um die Vermarktung der lokalen Erzeugnisse und richtet seit 1998 jedes Jahr im November ein Fest aus, mit dem das erste Fass des neuen Weins gefeiert wird.

**Torre Melissa.** *Cantina Sociale Torre Melissa, SS 106, Tel. 0962 865610. Öffnungszeiten: 8–16 Uhr, Mittwoch 15–20 Uhr, nach Voranmeldung.* Gut 646 mittlere und kleine Winzerbetriebe liefern ihre Trauben bei dieser mit modernster Technologie ausgestatteten Kellerei ab. Die Produktion umfasst neben Weinen der DOC-Gebiete Cirò und Melissa eine Hand voll Tafelweine, für deren Bereitung die typischen Rebsorten der Region in jeweils unterschiedlichen Anteilen Verwendung finden: Für den roten Sirio sowie den Rosé Tolegro werden Gaglioppo und Greco Nero verschnitten, für die Weißweine Playa und Tolegro die Sorten Greco bianco, Malvasia und Trebbiano toscano.

**Und außerdem … Frascineto.** *Vignaioli del Pollino, Tel. 098138035.*

## Tourenvorschläge

**Von der tyrrhenischen zur ionischen Küste.** Die ausgedehnte Rundreise bietet einen umfassenden Überblick über alle Weinbaugebiete und Kellereien Kalabriens. **Cosenza.** In dieser dem Tyrrhenischen Meer zugewandten Weinstadt (→) wird der DOC-Wein Donnici erzeugt. Im historischen Stadtkern kann man während eines Spaziergangs auf dem Corso Telesio, der sich in zahllosen Windungen zum Dom hinaufzieht, das mittelalterliche Ambiente genießen. Begibt man sich entlang des Cratitals weiter bergwärts, so kann man die Casali Cosentini, traditionsreiche Weinbauzentren der Region, besuchen. Von hier aus bietet sich ein Ausflug in die kleine Weinstadt (→) Figline Vegliaturo an. Zu den erwähnenswerten Kellereien zählen die Cooperativa San Michele (→) in Piane Crati und das Vigne Piccole (→) in Aprigliano, wo das Gran Caffè Renzelli in der Innenstadt bereits seit beinahe zwei Jahrhunderten eine Institution auf dem Corso ist. In Santa Rosa di Rende empfiehlt sich Il Setaccio – Osteria del Tempo Antico, ein bodenstän-

### Hotels und Restaurants

**Frascineto**
**Scanderbeg** ★★
**Scanderbeg** 🍴🍴
via Arcuri 24
☎ 098132682

**Gerace**
**A Squella** 🍴
via d. Resistenza 8
☎ 0964356086

**Le Castella**
**Club Le Castella** ★★★
località Isola di Capo Rizzuto
☎ 0962795054
**La Calabrese** 🍴🍴
via Duomo 11
☎ 0962795325

**Locri**
**La Fontanella** 🍴
4 km nach Moschetta
☎ 0964390005

**Polistena**
**Mommo** ★★
via Comm. Grio 32
☎ 0966932233

**Reggio di Calabria**
**Baylik** 🍴🍴
vico Leone 3
☎ 096548624
**Bonaccorso** 🍴🍴
via Bixio 5
☎ 0965896048

diges Restaurant mit überzeugender Küche. Auf einem Ausflug nach Sila sollte man das Hotelrestaurant Aquila-Edelweiss aufsuchen: Der Betrieb mit familiärer Atmosphäre ist vor allem für seine Lamm-, Forellen- und Pilzgerichte bekannt. **Castrovillari.** Die Staatsstraße Kalabriens führt hinunter in die Ebene Piana di Sibari und durchquert dabei den DOC-Bereich San Vito di Luzzi und die IGT-Bereiche Valle del Crati und Esaro (San Marco Argentano). Über ein weitläufiges Trogtal am Fuß des Pollinomassivs gelangt man in die Ortschaft Castrovillari. Hier liegt auf einem Felsvorsprung die Civita, der teilweise verfallene und von seinen Bewohnern verlassene antike Ortskern, während sich in der Ebene die schachbrettförmig angelegten modernen Stadtviertel ausbreiten. In der Locanda di Alia sollte man unbedingt die Pasta mit roten Tropea-Zwiebeln oder eine der anderen Köstlichkeiten aus der «Arme-Leute-Küche» Süditaliens probieren. Wer in Frascineto Weine aus dem DOC-Bereich Pollino verkosten oder einkaufen möchte, dem seien die Kellereien Miraglia und Vignaioli del Pollino (→) ans Herz gelegt. Unsere Empfehlung gilt ebenso dem am selben Ort ansässigen Hotelrestaurant Scanderbeg. Die besondere Spezialität dieses Familienbetriebs sind Fleisch- und Pilzgerichte sowie ausgesuchte Weine. Zu den Attraktionen der Umgebung gehört der Parco Nazionale del Pollino. **Verbicaro.** Nur über einen ziemlichen Umweg erreicht man dieses Weinbauzentrum an der tyrrhenischen Gebirgsseite, nach dem der gleichnamige DOC-Bereich benannt ist. Doch die Mühe lohnt sich – natürlich in erster Linie wegen der Weine, die die Cantina Sociale San Giuseppe im Ortsteil San Leonardo anbietet. Aber auch der Weiler Altomonte, den man erreicht, wenn man von der Staatsstraße 105 Richtung Passo dello Scalone abzweigt, entschädigt für den Umweg. Dort erwartet den Reisenden das Barbieri, ein Hotel mit angenehm familiärer Atmosphäre, dessen Restaurant ein Eldorado für Pilzliebhaber ist. **Cirò.** Auf der ionischen Seite der Staatsstraße 106 geht es in südlicher Richtung weiter, wobei sich unterwegs zahlreiche Gelegenheiten zum Kennenlernen des Landesinneren bieten. So etwa sei

## Hotels und Restaurants

**Reggio di Calabria**
**Fata Morgana** ★★★
8 km nach Gallico Marina
via Lungomare
☎ 0965370009

**Rossano**
**Antiche Mura**
via Prigioni 40
☎ 0983520042

**Santa Severina**
**Locanda del Re**
disc. Vittorio Emanuele III
☎ 096251734

**Siderno**
**Dei Gelsomini** ★★★★
via Amendola
☎ 0964381996

**G. H. President** ★★★
SS 106
☎ 0964343191

ein Abstecher zur Ortschaft Rossano empfohlen, deren Geschichte bis in die byzantinische Zeit zurückreicht, oder nach Mandatoriccio, wo man die wichtigsten Kellereien des IGT-Bereichs Condoleo findet. Die nächste Station ist Cirò Marina, wo der Reisende auf der Landzunge Punta Alice die Ruinen eines griechischen Tempels besichtigen kann. Im Hinterland lädt die Ortschaft Cirò mit ihrem Gassengewirr in der Altstadt zu einer Erkundungstour ein. Über die Weine der DOC Cirò sowie des IGT-Gebiets Lipuda kann man sich bei der Kellerei Librandi (→) einen Überblick verschaffen. Weitere Gelegenheiten hierzu bieten die Kellereien Enotria, Ippolito, Zito und Linardi. **Melissa.** Die Weinstadt (→) ist Namensgeberin des umliegenden DOC-Bereichs und gleichzeitig wichtigstes Zentrum des IGT-Gebiets Val di Neto. Für Weinproben und Einkäufe steht die Cantina Sociale Torre Melissa (→ Kellereien) zur Verfügung. Um nicht denselben Weg zurückfahren zu müssen, empfiehlt es sich, die Route nach Strongoli zu nehmen. Von der dortigen Burg aus schweift der Blick über das herrliche Panorama der Ortschaft mit ihren bedeutenden Kirchen und bis zur nahe gelegenen Küste. **Crotone.** Die Burg der Stadt ist genau an der Stelle errichtet worden, wo einst die Akropolis von Kroton stand, jener mächtigen Stadt der griechischen Antike mit ihrer zwölf Kilometer langen Stadtmauer und ihrer stolzen Geschichte. Bollwerke aus dem 16. Jahrhundert umfangen die Altstadt mit ihrem undurchschaubaren Gassengewirr. Kommt der Besucher von Porto Vecchio aus in die Stadt, so trifft er auf das Restaurant Casa di Rosa, wo man im Seefahrerambiente köstliche Fischgerichte genießen kann. Ein Ausflug ins Hinterland nach Santa Severina sollte unbedingt auf dem Programm stehen: In der Ortschaft sorgen byzantinische und normannische Einflüsse für besonderes Flair. **Isola di Capo Rizzuto.** Das bedeutende landwirtschaftliche Zentrum ist den meisten Touristen durch seine Feriendörfer bekannt, die sich an der Küste entlangziehen. Das Aushängeschild des Orts ist der Club Le Castella mit der Ritterburg der Aragonier, die auf der vorgelagerten kleinen Insel thront. Besondere Beachtung verdient das dortige Restaurant La Calabrese, das sich vor allem durch seine abwechslungsreichen Fischgerichte sowie eine breit gefächerte Weinauswahl – vor allem aus der DOC Sant'Anna di Isola di Capo Rizzuto – auszeichnet. **Catanzaro.** Südlich des Gebirgsmassivs der Sila Piccola erhebt sich auf einem dem Ionischen Meer zugewandten windumtosten Felsvorsprung die Provinzhauptstadt Catanzaro. Ein Spaziergang auf dem Corso Mazzini führt in die abwechslungsreiche Altstadt mit ihren historischen Gebäuden aus dem 19. Jahrhundert und ihren monumentalen Plätzen. Die Provinzhauptstadt ist weniger für ihre Restaurants als vielmehr für ihre traditionellen Osterie bekannt. Hier gibt es eine ganze Reihe so genannter Putiche, deren kleines Angebot an rustikalen Spezialitäten dem Gast noch lange in angenehmer Erinnerung

## Hotels und Restaurants

**Soverato**
**San Domenico** ★★★
via della Galleria
☎ 096723121
**Palazzo** 🍴
corso Umberto I 40
☎ 096725336
**Vibo Valentia**
**Approdo** 🍴
10 km nach
Vibo Valentia Marina
via Roma 22
☎ 0963572640

## Agriturismo

**Acri**
**Santa Maria di Macchia**
contrada
Macchia di Baffi 73
☎ 0984946165

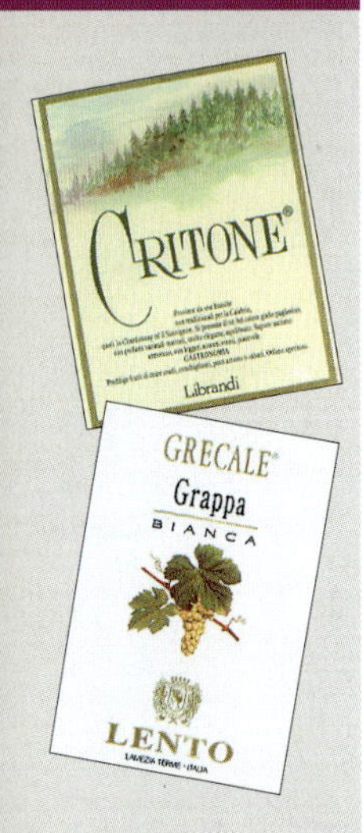


bleiben wird. Um nur einige Namen zu nennen: da Filippo, da Santo, da Teresa, La Stella del Sud, Palazzo Turco. Wer ein weniger bodenständiges Ambiente vorzieht, dem sei die Fattoria di Chiattine empfohlen, die in einer alten Ölmühle untergebracht ist. Setzt man seinen Weg entlang der Küste fort, kann man in Soverato Station machen und den herrlichem Badestrand genießen. Hier empfehlen sich das wunderbar gelegene Hotel San Domenico sowie das Restaurant Palazzo, dessen hervorragende Fisch- und Gemüsegerichte über jenes gewisse Etwas verfügen, das eine gute Küche auszeichnet. **Bivongi.** Dieser erneute Abstecher ins Landesinnere ist doppelt gerechtfertigt, zum einen durch die in der Cantina Sociale erhältlichen Weine des DOC-Bereichs Bivongi, zum anderen wegen der eigentümlich anmutenden Kirche, der Cattolica von Stilo, die ein außergewöhnliches Zeugnis byzantinischer Kultur darstellt. **Locri.** Der Touristenort geht auf eine antike griechische Siedlung zurück. Bei einem Besuch der Ausgrabungen und des archäologischen Museums kann sich der interessierte Besucher näher darüber informieren. In Moschetta wartet das Restaurant Fontanella mit köstlichen lokalen Gerichten und Weinen der Region Locride auf. Von hier aus kann man auf der Staatsstraße nach Gioia Tauro hinauffahren und unterwegs die herrliche Landschaft genießen. Gleich im Hinterland liegt die stille, beschauliche Ortschaft Gerace, zu deren Attraktionen neben einer eindrucksvollen Kathedrale ein blühendes Stoff- und Keramikgewerbe gehört. In Polistena ist das Hotel Mommo die richtige Adresse für Übernachtungen in familiärer Atmosphäre. **Bianco.** Aushängeschild und ganzer Stolz der Ortschaft ist der DOC-Wein Greco di Bianco. Kosten kann man ihn in der Kellerei Stelitano (→) im Bezirk Casignana, die mit dem italienischen Qualitätssiegel AIAB für biologischen Anbau ausgezeichnet ist. In Bovalino geht es an einer Abzweigung auf der Staatsstraße 112 in den Parco Nazionale dell'Aspromonte. Ein wenig weiter in Richtung Süden

*Das Landgut der Kellerei Statti in Lamezia Terme.*

## Agriturismo

**Bova Marina**
**La Spina Santa**
via Spina Santa
☎ 0965761012
**Casignana**
**Nereide**
contrada Palazzi
☎ 096491 3073
**Condofuri**
**Il Bergamotto**
Amendolea
☎ 0965727213
**Lamezia Terme**
**Tenuta Feudo de' Medici**
Sambiase
contrada Felicetta
☎ 096821012

*Malvasia bianca.*

zeichnen sich auf dem Küstenstreifen bereits die Weinberge des IGT-Bereichs Palizzi ab. **Reggio di Calabria.** Die Provinzhauptstadt bildet das Zentrum der IGT-Bereiche Pellaro, Scilla, Arghillà und Costa delle Viole. Ganz offensichtlich hat sie ebenso viele kulturelle wie kulinarische Attraktionen zu bieten. Um sein Gewissen zu beruhigen, sollte man zunächst den Bronzi di Riace einen Besuch abstatten. Die Bronzeplastiken bilden die Glanzpunkte des ausgezeichnet bestückten archäologischen Museums. Danach darf man sich ein Essen im Restaurant Bonaccorso gönnen. Hier erwarten den Reisenden zwei anheimelnde Säle, in denen er traditionelle Speisen der Region, daneben aber auch modernere Kreationen genießen kann. In Gallico Larino bietet das gemütliche Hotel Fata Morgana seinen Gästen eine Küche von gehobenem Niveau. **Vibo Valentia.** Als Alternative zur Tirrena Inferiore, der südlichen tyrrhenischen Gebirgsseite, bietet sich die Strecke entlang der Küste an, die an Nicotera und Tropea vorbeiführt. Die Schönheiten und Sehenswürdigkeiten dieser beiden Ortschaften machen eine Besichtigung zum absoluten Muss. Außerdem lädt das historische Lokal Pimm's mit seiner hübschen Terrasse mit Meerblick zum Verweilen ein. In Vibo Marina bietet das Restaurant Approdo seinen Gästen vorzüglichen Service und eine Speisekarte mit außerordentlich schmackhaften Meeresgerichten – vor allem der erste Gang ist zu empfehlen –, daneben einen gut bestückten Weinkeller. Die Stadt gleicht einem historisch-archäologischen Flickenteppich, doch einen wirklich unvergesslichen Eindruck hinterlässt der Panoramablick von der Burg aus auf die Gebirgsmassive Le Serre und Sila und dann weit übers Meer hinaus vom Capo Palinuro im Norden bis zum schneebedeckten Gipfel des Ätna auf Sizilien. **Lamezia Terme.** Die Weinstadt setzt sich aus drei Ortschaften zwischen Gebirge und Meer zusammen, nämlich aus dem byzantinischen Bischofssitz Nicastro – der Provinzhauptstadt –, dem Weinbauzentrum Sambiase sowie dem modernen Ort Sant'Eufemia Lamezia, nach dem auch der Golf benannt ist. Die hiesigen Weine stammen aus dem DOC-Bereich Lamezia und dem IGT-Gebiet Valdamato. Gelegenheit zu Weinproben und Einkäufen bieten die Kellerei Lento (→) und die Enoteca Ferraiuolo. Schließlich geht es entweder auf der Küstenstraße oder – noch besser – auf der Silana di Cariati, die durch das Savutotal führt, wieder zurück nach Cosenza. Unterwegs durchquert man den DOC-Bereich Savuto und passiert Rogliano, sein wichtigstes Produktionszentrum, wo man in der Kellerei Antiche Vigne Weine verkosten und einkaufen kann.

## Agriturismo

**Mammola**
**Cannazzi**
contrada Cannazzi
☎ 096418023

**Marina di Strongoli**
**Brasacchio**
contrada Serpito
☎ 096288320

**Dattilo**
contrada Dattilo
☎ 0962865613

**Roccella Ionica**
**Agriclub Placido**
contrada Marano
☎ 096485170

**Rossano**
**Il Giardino di Iti**
Amica
☎ 0983512448

## DOC-Weine aus Kalabrien

**BIVONGI. – Bianco.** Rebsorten: Greco bianco und/oder Guardavalle und/oder Montonico (30–50%), Malvasia bianca und/oder Ansonica (30–50%), sonstige (bis 30%). Farbe: unterschiedlich intensives Strohgelb. Geruch: weinig und angenehm. Geschmack: trocken, harmonisch und fruchtig. Alkoholgehalt: 10,5%. Zu Fisch zu trinken. **– Rosato.** Rebsorten: Gaglioppo und/oder Greco nero (30–50%), Nocera und/oder Calabrese und/oder Castiglione (30 bis 50%), sonstige (rote Sorten bis 10%, weiße bis 15%). Farbe: unterschiedlich intensives Hellrot. Geruch: weinig, sortentypisch. Geschmack: trocken, angenehm und fruchtig. Alkoholgehalt: 11,5%. Zu allen Gerichten zu trinken. **– Rosso.** Rebsorten: Gaglioppo und/oder Greco nero (30 bis 50%), Nocera und/oder Calabrese und/oder Castiglione (30 bis 50%), sonstige (rote Sorten bis 10%, weiße bis 15%). Farbe: unterschiedlich intensives Rot, bei zunehmender Alterung ins Granatrote spielend. Geruch: weinig, sortentypisch, delikat. Geschmack: trocken, harmonisch, bisweilen fruchtig. Alkoholgehalt: 12%. Zu Fleischgerichten zu trinken. Qualitätsstufen: *Novello* 11,5% Alkohol, zu würzigen Gerichten zu trinken, *Riserva* mindestens 12,5% Alkohol und 2 Jahre Alterung (dann bis zu 5 Jahren); zu Festtagsbraten und Wild.

**CIRÒ. – Bianco.** Rebsorten: Greco bianco (90–100%), Trebbiano toscano (bis 10%). Produktion: 6286 hl (96 ha). Farbe: unterschiedlich intensives Strohgelb. Geruch: weinig, angenehm. Geschmack: trocken, harmonisch, delikat, lebhaft, sortentypisch. Alkoholgehalt: 11%. Zu allen Gerichten zu trinken. **– Rosato.** Rebsorten und Produktion: siehe Rosso. Farbe: mehr oder weniger intensives Hellrot. Geruch: delikat und weinig. Geschmack: trocken, frisch, harmonisch, angenehm. Alkoholgehalt: 12,5%. Zu allen Gerichten zu trinken. **– Rosso.** Rebsorten: Gaglioppo (95 bis 100%), Trebbiano toscano und/oder Greco bianco (bis 5%). Produktion: 19700 hl (553 ha). Farbe: rubinrot. Geruch: angenehm, delikat, intensiv weinig. Geschmack: trocken, körperreich, warm, harmonisch, bei zunehmendem Alter samtig. Alkoholgehalt: 12,5%. Alterung: mindestens 6 Monate, dann bis zu 5 Jahren. Qualitätsstufen: *Superiore* 13,5% Alkohol und bis zu 6 Jahren Alterung, *Riserva* mindestens 13,5% Alkohol und 2 Jahre Alterung (dann 9 Jahre und mehr), *Classico* (auch Superiore und Riserva), erzeugt in der traditionsreichsten Region. Zu Rind- und Schweinefleisch sowie pikantem Käse zu trinken, der Superiore und die Riserva zu gehaltvolleren Gerichten und altem, pikantem Käse.

**DONNICI. – Bianco.** Rebsorten: Montonico bianco (mindestens 50%), Greco bianco und/oder Malvasia bianca und/oder Pecorello bianco (bis 30%), sonstige (weiße Sorten bis 20%). Farbe: hell strohgelb mit weißen oder grünlichen Reflexen. Geruch: frisch, weinig, angenehm, sortentypisch. Geschmack: trocken, voll, harmonisch, bisweilen fruchtig. Alkoholgehalt: 11%. Als Aperitif oder zu Fisch zu trinken. **– Rosato.** Rebsorten: siehe Rosso. Farbe: unterschiedlich intensives Hellrot. Geruch: sortentypisch, delikat. Geschmack: harmonisch, frisch, angenehm, bisweilen duftig. Alkoholgehalt: 11%. Zu allen Gerichten zu trinken. **– Rosso.** Rebsorten: Gaglioppo (Magliocco oder Montonico nero, mindestens 50%), Greco nero (mindestens 10%), Malvasia bianca und/oder Pecorello bianco und/oder Greco bianco und/oder Montonico bianco (bis 10%), sonstige (rote Sorten bis 20%, weiße bis 10%). Farbe: von rubinrot bis kirschrot. Geruch: weinig, angenehm. Geschmack: voll, trocken, harmonisch. Alkoholgehalt: 12%. Alterung: bis zu 5 Jahren. Qualitätsstufen: *Novello* 11% Alkohol, *Riserva* mindestens 2 Jahre Alterung (dann bis zu 6–7 Jahren). Zu allen Gerichten zu trinken, der Novello zu Vorspeisen auf Wurstbasis, die Riserva zu Rind- und Schweinefleisch.

### Agriturismo

**San Roberto**
**Romeo Rijtano**
Melia di San Roberto
via per Militino 18/20
☎ 0965755301

**Santa Severina**
**Biologica**
**Sant'Anastasia**
Cocina
☎ 096251161

**GRECO DI BIANCO.** Rebsorten: Greco bianco (95–100%). Produktion: 69 hl (5,7 ha). Farbe: ins Goldgelbe spielendes Gelb, bisweilen mit bernsteinfarbenen Reflexen. Geruch: alkoholisch, ätherisch, sortentypisch. Geschmack: weich, warm, harmonisch, mit sortentypischem Abgang. Alkoholgehalt: 14+3%. Alterung: mindestens 1 Jahr, dann 10 Jahre und mehr. Zum Abschluss der Mahlzeiten oder in besinnlichen Stunden zu trinken.

**LAMEZIA.** – **Bianco.** Rebsorten: Greco bianco (bis 50%), Trebbiano toscano (bis 40%), Malvasia (mindestens 20%), sonstige (bis 30%). Farbe: unterschiedlich intensives Strohgelb. Geruch: weinig, angenehm, sortentypisch. Geschmack: trocken, samtig, voll. Alkoholgehalt: 11%. Zu Fisch zu trinken. – **Greco.** Rebsorten: Greco bianco (85–100%). Farbe: unterschiedlich intensives Strohgelb. Geruch: angenehm, frisch, sortentypisch. Geschmack: trocken, harmonisch. Alkoholgehalt: 11%. Zu Vorspeisen und Fisch zu trinken. – **Rosato.** Rebsorten: siehe Rosso. Farbe: unterschiedlich intensives Hellrot. Geruch: delikat, sortentypisch. Geschmack: aromatisch, trocken. Alkoholgehalt: 11,5%. Zu allen Gerichten zu trinken. – **Rosso.** Rebsorten: Nerello mascalese und/oder Nerello Cappuccio (30–50%), Gaglioppo und/oder Magliocco (25–35%), Greco und/oder Marsigliana (25–35%), sonstige (bis 20%). Farbe: unterschiedlich intensives Kirschrot, bei zunehmendem Alter Tendenz zu vollem Rubinrot. Geruch: angenehm, fein weinig, bisweilen fruchtig. Geschmack: trocken, ausgewogener Körper, harmonisch, bisweilen weich. Alkoholgehalt: 12%. Alterung: bis zu 5–6 Jahren. Qualitätsstufen: *Novello*, *Riserva* mindestens 3 Jahre Alterung (dann 6 Jahre und mehr). Zu allen Gerichten zu trinken, die Riserva zu Gebratenem sowie zu würzigen Gerichten.

**MELISSA.** – **Bianco.** Rebsorten: Greco bianco (80–95%), Trebbiano toscano und/oder Malvasia bianca (5–20%). Produktion: 304 hl (13 ha). Farbe: mehr oder weniger zartes Strohgelb. Geruch: weinig, sortentypisch. Geschmack: trocken, delikat, harmonisch. Alkoholgehalt: 11,5%. Zu Fisch zu trinken. – **Rosso.** Rebsorten: Gaglioppo (75 bis 95%), Greco nero und/oder bianco und/oder Trebbiano toscano und/oder Malvasia bianca (5–25%). Produktion: 367 hl (19 ha). Farbe: von vollem Rot bis zu Rubinrot, bei zunehmender Alterung mit orangefarbenen Reflexen. Geruch: weinig, sortentypisch. Geschmack: trocken, körperreich, schmackhaft, sortentypisch. Alkoholgehalt: 12,5%. Alterung: bis zu 6 Jahren. Qualitätsstufen: *Superiore* mindestens 13% Alkohol und 2 Jahre Alterung (dann bis zu 8 Jahren). Zu Rind- und Schweinefleisch zu trinken, der Superiore zu Festtagsbraten und Wild.

**POLLINO.** Rebsorten: Gaglioppo (60–80%), Greco nero und/oder Malvasia bianca und/oder Montonico bianco und/oder Guarnaccia bianca (20–40%), sonstige (bis 20%). Produktion: 14 hl (6 ha). Farbe: rubin- oder kirschrot. Geruch: sortentypisch. Geschmack: voll, trocken. Alkoholgehalt: 12%. Alterung: bis zu 6 Jahren. Qualitätsstufen: *Superiore* mindestens 12,5% Alkohol und 2 Jahre Alterung (dann bis zu 8 Jahren). Zu Rind- und Schweinefleisch zu trinken, der Superiore zu Festtagsbraten und Wild.

**SANT'ANNA DI ISOLA CAPO RIZZUTO.** Rebsorten: Gaglioppo (40 bis 60%), Nocera und/oder Nerello mascalese und/oder Nerello Cappuccio und/oder Malvasia nera und/oder Malvasia bianca und/oder Greco bianco (40–60%, davon maximal 35% weiße Sorten). Farbe: mehr oder weniger kräftiges Hellrot. Geruch: weinig, sortentypisch. Geschmack: trocken, harmonisch und rund. Alkoholgehalt: 12%. Alterung: bis zu 3 Jahren. Zu allen Gerichten zu trinken.

**SAN VITO DI LUZZI.** – **Bianco.** Rebsorten: Malvasia bianca (40–60%), Greco bianco (20–30%), sonstige (bis

## Enoteche

**Altomonte**
**Bottega di Casa Barbieri**
via S. Nicola 30
☎ 0981948072

**Cosenza**
**Doc**
vico S. Tommaso 11
☎ 098473110
**Gran Caffè Renzelli**
piazza XX Settembre
☎ 098427005
corso Telesio 8
☎ 098426814
**Monaco & Scervino**
via Trento 51
☎ 098426589

**Crotone**
**Enoteca Marino**
via Nicoletta 3
☎ 096221798

**Reggio di Calabria**
**Crucitti**
via San Francesco da Paola 19
☎ 0965332548

## DOC-Weine aus Kalabrien

40%). Produktion: 367 hl (20 ha). Farbe: unterschiedlich intensives Strohgelb. Geruch: weinig, angenehm. Geschmack: trocken, harmonisch und delikat. Alkoholgehalt: 10,5%. Zu Fisch zu trinken. – **Rosato.** Rebsorten: siehe Rosso. Farbe: unterschiedlich intensives Hellrot, bisweilen mit orangefarbenen Nuancen. Geruch: delikat, sortentypisch. Geschmack: schmackhaft, frisch, trocken, harmonisch, elegant. Alkoholgehalt: 11%. Zu den Mahlzeiten zu trinken. – **Rosso.** Rebsorten: Gaglioppo (mindestens 70%), Malvasia (bis 10%), Greco nero und/oder Sangiovese und/oder sonstige (bis 30%). Farbe: unterschiedlich intensives Rubinrot. Geruch: angenehm, delikat und sortentypisch. Geschmack: trocken, samtig. Alkoholgehalt: 11,5%. Zu allen Gerichten zu trinken.

**SAVUTO.** Rebsorten: Gaglioppo (35–45%), Greco nero und/oder Nerello Cappuccio und/oder Magliocco Canino und/oder Sangiovese (30–40%, mit maximal 10% Sangiovese), Malvasia bianca und Pecorino (bis 25%). Produktion: 1051 hl (84 ha). Farbe: mehr oder weniger volles Rubinrot oder hellrot. Geruch: sortentypisch. Geschmack: voll, trocken. Alkoholgehalt: 12%. Alterung: bis zu 6 Jahren. Qualitätsstufen: *Superiore* mindestens 12,5% Alkohol und 2 Jahre Alterung (dann bis zu 8–9 Jahren). Zu allen Gerichten zu trinken, der Superiore passt besonders zu Wild, Festtagsbraten und pikantem Käse.

**SCAVIGNA.** – **Bianco.** Rebsorten: Trebbiano toscano (bis 50%), Chardonnay (bis 30%), Greco bianco (bis 20%), Malvasia bianca (bis 10%), sonstige (bis 35%). Produktion: 481 hl (14 ha). Farbe: hell strohgelb mit ins Grünliche spielenden Reflexen. Geruch: frisch, weinig, angenehm, sortentypisch. Geschmack: trocken, voll, harmonisch, überwiegend fruchtig. Alkoholgehalt: 10,5%. Zu allen Gerichten zu trinken. – **Rosato.** Rebsorten: siehe Rosso. Farbe: unterschiedlich intensives Hellrot, bisweilen mit orangefarbenen Nuancen. Geruch: delikat, sortentypisch. Geschmack: schmackhaft, frisch, trocken, harmonisch, elegant. Alkoholgehalt: 11%. Alterung: 1 Jahr. Zu allen Gerichten zu trinken. – **Rosso.** Rebsorten: Gaglioppo (bis 60%), Nerello Cappuccio (bis 40%), sonstige (rote Sorten bis 40%). Farbe: unterschiedlich intensives Rubinrot. Geruch: angenehm, intensiv, sortentypisch. Geschmack: trocken, kräftig, harmonisch. Alkoholgehalt: 11,5%. Zu allen Gerichten zu trinken.

**VERBICARO.** – **Bianco.** Rebsorten: Greco bianco (mindestens 30%), Malvasia bianca (bis 40%), Guarnaccia bianca (bis 30%), sonstige (bis 30%). Farbe: unterschiedlich intensives Strohgelb. Geruch: delikat, sortentypisch. Geschmack: trocken, weich, bisweilen aromatisch. Alkoholgehalt: 10,5%. Zu Fisch zu trinken. – **Rosato.** Rebsorten: siehe Rosso. Farbe: mehr oder weniger intensives Hellrot. Geruch: delikat, sortentypisch. Geschmack: frisch, trocken, harmonisch. Alkoholgehalt: 10,5%. Zu allen Gerichten zu trinken. – **Rosso.** Rebsorten: Gaglioppo und/oder Greco nero (60–80%), Malvasia bianca und/oder Guarnaccia bianca und/oder Greco bianco (20–40%), sonstige (bis 20%). Farbe: unterschiedlich intensives Rubinrot. Geruch: weinig, delikat, sortentypisch. Geschmack: angenehm, trocken, samtig, bisweilen leicht aromatisch. Alkoholgehalt: 12%. Alterung: bis zu 3 Jahren. Qualitätsstufen: *Riserva* mindestens 12,5% Alkohol und 3 Jahre Alterung (dann 5 Jahre und mehr). Zu allen Gerichten zu trinken, die Riserva zu Rind- und Schweinefleisch sowie zu würzigen Speisen.

### Veranstaltungskalender

**Februar**
**San Pietro**
① Carnevale della Sila e Sagra delle Salsicce (Karneval und Wurstfest)

**Mai**
**San Nicola Arcangelo**
① Grande Bouffe del Primo Maggio (Maifeier)

**Oktober**
**Sambatello**
① Festa dell'Uva e del Vino (Trauben- und Weinfest)

**Parenti**
① Sagra del Fungo (Pilzfest)

## Gaumenfreuden

Einem außergewöhnlich ausgeprägten Küstenstreifen steht ein gebirgiges Binnenland gegenüber, und die regionale Küche bietet folglich Fisch und Fleisch im Überfluss. Zu den Spezialitäten aus dem Meer gehört neben Thunfisch und gekochtem Fisch im Allgemeinen die Rosamarina, eine mit Peperoni gewürzte Creme aus getrocknetem Fischrogen. Ein typisches Fleischprodukt ist zum Beispiel die Soppressata, eine weiche Kochsalami, die üblicherweise mit Fenchelsamen, verschiedenen Gewürzen und den allgegenwärtigen Peperoni abgeschmeckt wird. Zu den regionalen Nudelspezialitäten zählen «maccaruni» oder Fusilli, kleine Spiralnudeln, die mit Hilfe von Stricknadeln von Hand geformt und mit Fleischragout, Tomaten und geriebener Räucher-Ricotta zubereitet werden. Ein weiteres Pasta-Rezept ergibt die «sagne chine», eine Lasagne-Variation, deren Schichten abwechselnd aus Hackfleischbällchen, Ei, Scamorza (Knetkäse), dem Schafskäse Pecorino und Tomatensauce bestehen. Die deftige traditionelle bäuerliche Vespermahlzeit der Region heißt «murseddu»: eine braune Sauce aus Kaldaunen und Innereien, zubereitet mit Rotwein, Gewürzen und Peperoni, zu der Brot gereicht wird.

In Kalabrien hat der Gast also die Qual der Wahl zwischen Land- und Meeresspezialitäten. Zu den besten Adressen für Gerichte der ersten Kategorie zählt die Locanda di Alia in Castrovillari, die sich bereits seit vielen Jahren einen Platz unter den Spitzenrestaurants der Region erobert hat. Ganz in der Nähe liegt die Ortschaft Altomonte, die in künstlerischer und kultureller Hinsicht auf eine lange Tradition zurückblicken kann. Ein Besuch des kleinen Heimatmuseums ist zu empfehlen, ebenso lohnt sich eine Einkehr im Hotelrestaurant Barbieri, dessen Speisekarte mit traditionellen kalabrischen Spezialitäten um einige Gerichte der albanischen Minderheit bereichert wird, die nach überlieferten Rezepten zubereitet werden. Daneben lädt das Hotel Aquila & Edelweiss in Camigliatello Silano mit seiner bodenständigen, leckeren Küche zum Genießen ein. Das in der gleichnamigen Ortschaft gelegene Vecchia Rende bringt dem Besucher die Schönheiten des traditionsreichen Orts nahe. Es befindet sich in einem stilvollen Gebäude, dessen Mauern die Jahrhunderte überdauert haben.

Eine eher an Fischgerichten orientierte Küche findet man entlang der ionischen Küste, etwa im Palazzo in Soverato oder in der Casa di Rosa in Crotone. Auf der tyrrhenischen Seite gilt unsere Empfehlung der Taverna Kerkyra in Bagnara Calabra mit ihren verlockenden Spezialitäten griechisch-kalabrischen Ursprungs sowie dem vornehmen Approdo, das weiter nördlich in Vibo Marina gelegen ist. Zum Schluss soll noch das hübsche Lokal Tempo Perso erwähnt werden, das in einem ehemaligen Postamt in der historischen Altstadt von Nicastro (Lamezia Terme) eingerichtet worden ist.

### Veranstaltungskalender

**November**

**Campo Calabro**
① Sagra dell'Uva e del Vino e «Frittolata»

**Parenti**
❶ Sagra della Castagna (Kastanienfest)

**Aiello**
① Sagra del Vino e delle Crocette

**Dezember**

**Bisignano**
❹ Sagra Natalizia (Weihnachtsfeier)

# Sizilien

## Im Südwesten viel Neues

*In Sizilien, wo lange Zeit hauptsächlich für den Verschnitt bestimmte Weine erzeugt wurden, machen sich in den letzten Jahren die Bemühungen um eine Verbesserung der Erziehungsmethoden und Kellertechniken positiv bemerkbar.*

Die Anbauregion Sizilien ist wie die Insel selbst in drei große Bereiche unterteilt: die westlich gelegene Provinz Trapani mit dem berühmten Marsala-Wein, der Nordosten mit den Etna-Weinen und die Provinz Ragusa im Süden. Die Rebstöcke finden auf der Insel außerordentlich günstige Bedingungen: Verschiedene Bodenarten und ein warmes, luftiges Klima bringen ohne viel menschliches Zutun beachtliche Resultate hervor. Diese natürlichen Gegebenheiten führen die sizilianischen Winzer zu Recht als eine der Stärken ihrer Weine ins Feld.

### Sizilien: Land der unbegrenzten Möglichkeiten

Angesichts der erwähnten günstigen Voraussetzungen nimmt es nicht wunder, dass die von römischer und arabischer Herrschaft geprägte Insel Sizilien schon immer die ertragreichste Region Italiens war und gegenwärtig sieben Millionen Hektoliter Wein im Jahr erzeugt. Weit weniger verständlich ist, warum die Weine bis in die 50er-Jahre hinein fast ausschließlich zu dem Zweck hergestellt wurden, mit anderen Gewächsen verschnitten zu werden und deren Alkoholgehalt zu erhöhen. In wenigen Jahrzehnten hat sich diese Situation in zweierlei Hinsicht komplett gewandelt. Erstens wurde durch eine sorgfältige Neubewertung der Rebstöcke und durch die Einführung von wärmeregulierten Gärverfahren der Schritt vom offenen Wein zum Flaschenwein und damit von der Quantität zur Qualität vollzogen. Zweitens wird versucht, bisher vernachlässigte Bereiche, etwa den der Rotweine, stärker zu fördern. Dies sind die Herausforderungen des modernen sizilianischen Weinbaus und die jüngsten Vorstöße großer süditalienischer Kellereibetriebe zeigen, dass die Region durchaus ernst zu nehmen ist.

### Tradition und neue Wege

Das sizilianische Sortenspektrum wird von vornehmlich weißen Traditionsreben beherrscht: Cataratto bianco comune (35 Prozent) und Cataratto bianco lucido stellen zusammen mit Trebbiano toscano den Löwenanteil. Bei den roten Reben belegt Nero d'Avola, auch Calabrese genannt, den ersten Rang, gefolgt von Nerello mascalese und Nerello Cappuccio. In geringerem Maße werden die weißen Trauben Grecanico dorato, Grillo und Zibbibbo sowie die roten Perricone und Frappato di

**Movimento del Turismo del Vino**
Elisabetta Scilio
viale delle Province 52
95014 Giarre (Ct)

Valle Galfina
Linguaglossa
2 km auf der
Strada Provinciale
nach Zafferana
contrada Arrigo
Linguaglossa (Ct)
☎ 095933694

Vittoria angebaut. Bei den Erziehungsmethoden überwiegt noch immer das für die Erzeugung von Weinen mit hohem Alkoholgehalt typische Alberello-System (38 Prozent), doch die von wachsendem Qualitätsbewusstsein zeugenden Guyot-Spaliere (35 Prozent) sind ihm in der Verbreitung fast ebenbürtig. Das Tendone-System (18 Prozent) wird vor allem beim Anbau von Italia-Tafeltrauben verwendet. Der sizilianische Weinbau ist also noch sehr traditionell geprägt, aber gleichzeitig im Wandel begriffen: Die einheimischen Reben werden durch verbesserte Klone ersetzt und immer mehr durch ausländische, vor allem französische Sorten ergänzt.

*Cataratto.*

## Warten auf eine DOC Sicilia

Der Wandel macht sich in erster Linie im Keller bemerkbar. Einerseits werden die einheimischen Reben aufgewertet, indem man sie reinsortig keltert – der sortenreine Nero d'Avola wird zu den besten Weinen der Welt gezählt – beziehungsweise mit Importreben mischt oder verschneidet, um ihre Eigenschaften besser zur Geltung zu bringen oder sie dem veränderten Verbrauchergeschmack anzupassen. Andererseits wird das Spektrum an reinsortig aus Chardonnay, Cabernet Sauvignon, Merlot und Sirah gekelterten Weinen erweitert, alles Rebsorten, die in Sizilien so üppig gedeihen wie nirgendwo sonst. Momentan gibt es 17 DOC-Bereiche, darunter Sciacca und Delia Nivolelli, die erst vor kurzem eingeführt wurden. Weitere stehen unmittelbar vor ihrer Anerkennung, zum Beispiel Riesi, Valle dei Templi und Madonie. Noch Zukunftsmusik ist eine DOC-Bezeichnung Sicilia, unter der alle Erzeugnisse der Insel zusammengefasst werden sollen, um sie besser auf dem internationalen Markt zu positionieren (was heute mit Hilfe der Indicazione Geografica Tipica, kurz IGT, geschieht). Um das Entwicklungspotenzial aufzuzeigen, genügt der Verweis auf die Tatsache, dass Sizilien, bei der Gesamtweinproduktion zu den Spitzenreitern Italiens zählend, an DOC-Weinen lediglich 125 000 Hektoliter erzeugt, was 2 Prozent der regionalen und 0,9 Prozent der italienischen Produktion entspricht.

# DOC-Bereiche in Sizilien

1. DOC Alcamo oder Bianco Alcamo – 3657 ha in der Gemeinde Alcamo und anderen Orten der Provinzen Trapani und Palermo
2. DOC Cerasuolo di Vittoria – 131 ha in der Gemeinde Vittoria und anderen Orten der Provinzen Ragusa, Caltanissetta und Catania
3. DOC Contea di Sclafani – 1996 eingeführt, erstreckt sich über verschiedene Gemeinden der Provinzen Palermo, Caltanissetta und Agrigento
4. DOC Contessa Entellina – 44 ha in der Gemeinde Contessa Entellina, Provinz Palermo
5. DOC Delia Nivolelli – in der Provinz Trapani
6. DOC Eloro – 42 ha in 4 Gemeinden der Provinz Siracusa und 1 Gemeinde der Provinz Ragusa
7. DOC Etna – 1828 ha in 20 Gemeinden der Provinz Catania am östlichen Hang des Ätna
8. DOC Faro – 8 ha in der Gemeinde Messina
9. DOC Malvasia delle Lipari – 23 ha auf den Liparischen Inseln
10. DOC Marsala – 14502 ha in der Provinz Trapani, unter anderem in den Gemeinden Pantelleria, Favignana und Alcamo
11. DOC Menfi – erstreckt sich über 3 Gemeinden der Provinz Agrigento, darunter Menfi, und 1 Gemeinde in der Provinz Trapani
12. DOC Moscato di Noto – 34 ha in 4 Gemeinden der Provinz Siracusa, darunter Noto
13. DOC Moscato di Pantelleria oder Moscato Passito di Pantelleria – 1560 ha auf der Insel Pantelleria in der Provinz Trapani
14. DOC Moscato di Siracusa – 0,5 ha in der Gemeinde Syrakus
15. DOC Sambuca di Sicilia – 18 ha in der Gemeinde Sambuca di Sicilia
16. DOC Santa Margherita di Belice – 17 ha in den Gemeinden Santa Margherita di Belice und Montevago in der Provinz Agrigento
17. DOC Scaicca – in der Provinz Agrigento

I. Filicudi
I. Salina
I. Panarea
I. Alicudi
Isole Eolie
o Lipari
I. Lipari
Lipari
I. Vulcano
Milazzo
Messina
Patti
Barcellona
Pozzo di Gotto
S. Agata
di Militello
A20
Cefalù
Reggio
di Calabria
A18
Mistretta
Randazzo
Alcantara
Taormina
Petralia
Sottana
Troina
3323
Etna
Salso
Nicosia
Adrano
A19
Paternò
Enna
MAR
IONIO
Catania
Caltanissetta
Gornalunga
Simeto
Piazza
Armerina
Canicattì
Lentini
Gela
Augusta
Caltagirone
Lentini
Salso
Siracusa
Licata
Palazzolo
Acreide
Gela
Acate
Cassibile
Comiso
Ragusa
Noto
Vittoria
Irminio
Modica
Marina
di Ragusa
Pozzallo
Anbaugebiet mit kontrollierter Herkunftsbezeichnung
Anbauzone mit
DOCG-Status
Anbauzone mit
DOC-Status

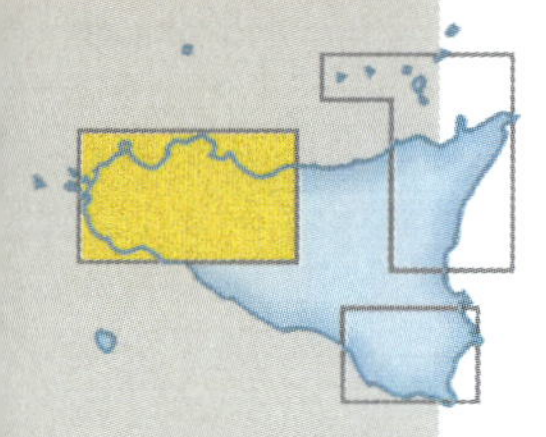

# Die Provinz Trapani und das Val di Mazara

*Das traditionellste und gleichzeitig fortschrittlichste Anbaugebiet Siziliens mit den meisten DOC-Bereichen.*

Der Westteil der Insel ist das wichtigste Anbaugebiet Siziliens, in dem der berühmte Marsala und der gefällige Weißwein Alcamo gewonnen werden. Die Böden sind äußerst kalkhaltig und es herrscht ein trockenes Klima mit hohen Temperaturen, die durch die leichten Meerwinde gemildert werden. Die Rebflächen dieser ländlichen Gegend sind vorwiegend mit weißen Trauben bestockt. Ein Kapitel für sich ist die Insel Pantelleria, wo die Weinreben, die in winzigen Tälern Schutz vor dem Wind suchen, eine faszinierende Landschaft erschaffen.

## Von den traditionellen Weißen zu den Weinen einer neuen Generation

Das Produktionsspektrum im westlichen Anbaugebiet Siziliens umfasst neben DOC-Weinen mit fast 30-jähriger Geschichte – Marsala, Alcamo und Pantelleria – eine ganze Reihe junger Bereiche wie Contessa Entellina, Sambuca di Sicilia, Contea di Sclafani und Santa Margherita del Belice. Dies zeugt von der Tendenz, das Angebot an Traditionsweinen durch moderne Erzeugnisse zu ergänzen, bei denen aus Frankreich importierte Reben eine tragende Rolle spielen. Die wichtigste Rebsorte ist und bleibt Cataratto, schon vor Urzeiten in dieser Gegend angebaut und nach wie vor die am weitesten verbreitete weiße Traube Siziliens. Ebenfalls aus der Gegend stammen die weißen Reben Grillo, Grundlage für den berühmten Marsala-Wermut, Inzolia, Damaschino, Grecanico und ande-

### Hotels und Restaurants

**Agrigent**

**Foresteria Baglio della Luna** ★★★★
contrada Maddalusa
☎ 0922511061

**Villa Eos** ★★★
Villaggio Pirandello
☎ 0922597170

**Le Caprice** 🍴
strada Panoramica dei Templi 51
☎ 092226469

**Alcamo**

**La Battigia** ★★
7 km nach Alcamo Marina
via Lungomare 503
☎ 0924597259

**Canicattì**

**Collina al Faro** ★★★
via Puccini 29
☎ 0922853062

re sowie die roten Reben Nero d'Avola und zwei Nerello-Varianten. Pantelleria hingegen ist das Reich der Zibibbo-Rebe, aus der Moscato- und Passito-Weine gekeltert wird.

## Weinstädte

**Alcamo.** Die im Hinterland des Golfs von Castellamare gelegene Stadt ist arabischen Ursprungs. Davon zeugen der Name und der rechtwinklige Grundriss mit einer Hauptader, dem Corso VI Aprile, und der großen Piazza. Viele Veranstaltungen werden abgehalten, darunter das im August und im November stattfindende **Weinfest** und das Sommerfest **Estate Alcamese** von Juli bis August. Nicht weit entfernt, an der Straße nach Palermo, liegt **Partinico** inmitten eines intensiv genutzten Weinbaugebiets.

**Marsala.** Die Stadt im äußersten Westen der Insel war zuerst Handelszentrum der Phönizier, dann römischer Flottenstützpunkt. Der ursprüngliche Name Lilibeo wurde von den Arabern, die dort über mehrere Jahrhunderte herrschten, in Marsa Allah («Hafen Allahs») geändert. Ihren heutigen Status verdankt die Stadt dem gleichnamigen Wein, der von den Römern erstmals erzeugt, von den Spaniern verfeinert und von den Engländern Ende des 17. Jahrhunderts in der ganzen Welt bekannt gemacht wurde. Neben den zahlreichen Sehenswürdigkeiten der Stadt sei auch ein Ausflug zu den Ausgrabungen in Mozia empfohlen. Gastronomische Highlights sind das **Brotfest** im Mai, das **Wein- und Käsefest** im August und das **Senffest** im Oktober. Vom 14. bis 17. Oktober findet die **Vinoro** statt, eine Ausstellung von diversen Süßweinen. Einen Besuch lohnen auch **Petrosino,** eine Gemeinde im Süden der Stadt mit großer Weintradition und vielen typischen Erzeugnissen, und **Salemi,** das mit seinem Gewirr aus Gässchen und Höfen sehr arabisch wirkt und von einem imposanten friderizianischen Kastell überragt wird.

**Mazara del Vallo.** Der alte quadratische Kern der Stadt, die Ausgangspunkt der arabischen Eroberungszüge war, liegt am Kanalhafen, die Piazza della Repubblica mit der Kathedrale und anderen Prachtbauten ist der pulsierende Mittelpunkt. Mit dem wirtschaftlichen Aufschwung durch Fischerei und Weinbau ist die Stadt stetig gewachsen. Eine kulinarische Spezialität ist Couscous, Reminiszenz an die Verbindungen zu Nordafrika. **Fischfest** Ende August.

**Menfi.** In dem Städtchen an der Südküste, Heimat des gleichnamigen DOC-Weins, hat von all den historischen Gebäuden einzig ein großer Turm den zahlreichen Erdbeben standgehalten. Das schmälert jedoch nicht den Reiz der Gegend, die über schöne Strände verfügt und deren DOC-Weinproduktion unter dem Motto **Menfi e il suo Vino** im Juni gefeiert wird. Zu den Weinstädten zählen außerdem drei Orte im Landesinneren: **Sambuca di Sicilia,** Heimat des gleichnamigen DOC-Weins, mit einem der besterhaltenen arabischen Landhäuser, **Santa Margherita di Belice,** mit von historischen Gebäuden umstandener

### Hotels und Restaurants

**Castellamare del Golfo**
**Al Madarig** ★★★
piazza Petrolo 7
☎ 092433533
**Torre Bennistra** 🍴
10 km nach Scopello
via Natale di Roma 19
☎ 0924541128
**Castelvetrano**
**Pierrot** 🍴
Selinunte
località Marinella
via M. Polo 108
☎ 092446205
**Cefalù**
**Le Calette 3**★★★
2 km nach Caldura
via V. Cavallaro 12
☎ 0921424144
**Ostaria del Duomo** 🍴🍴
via Seminario 5
☎ 0921421838
**Cinisi**
**Florio Park Hotel** ★★★
contrada Magaggiari
☎ 0918684222

großer Piazza und einem weiteren DOC-Wein, sowie **Montevago.** **Und außerdem ... Casteldaccia, Pantelleria** und **Poggioreale.**

## Kellereien

**Calatafimi.** *Marzuko, scalo Ferroviario, Tel. 0924951191. Öffnungszeiten: 8–17 Uhr, Gruppen nach Voranmeldung.* In den Weinbergen rings um den Segesta-Tempel beginnt Anfang September die Lese der Müller-Thurgau- und Chardonnay-Trauben, während sich die Ernte von Cataratto, Inzolia und Nero d'Avola bis in den späten Oktober hineinzieht. Unter den Weinen ist besonders der Lèrico hervorzuheben, ein feiner weißer Alcamo DOC, sowie die interessanten Vini da Tavola Solario Bianco, Solario Rosso und Baglio Rosso.

**Casteldaccia.** *Duca di Salaparuta, via Nazionale, Strada Statale 113, Tel. 09194511. Öffnungszeiten: nach Voranmeldung Montag–Freitag 9 bis 13 und 15–17 Uhr.* Wer kennt ihn nicht, den Corvo di Salaparuta? Der große Wein wurde 1824 von Giuseppe Alliata kreiert. Der Unternehmungsgeist des Begründers übertrug sich auf den Sohn Edoardo, der die erste Kellerei in Casteldaccia mit aus Frankreich importierten Pressen errichtete, und auf den Enkel Enrico, der bei dem berühmten Weinunternehmen Jean Lescombe in Sauternes in die Lehre ging. Und so bietet die Kellerei auch heute eine Auswahl erstklassiger Vini da Tavola an: von den noblen Riserva-Weinen Duca Enrico und Bianca di Valguarnera bis zum Spumante Duca di Salaparuta Brut und dem Ala, einem traditionellen Likörwein mit Sauerkirschnote.

**Marsala.** *Donnafugata, via Sebastiano Lipari 18, Tel. 0923999555. Öffnungszeiten: nach Voranmeldung Montag–Freitag 9–12 und 15–17 Uhr, im August geschlossen.* Das umfassende Angebot reicht vom Marsala Superiore Riserva Opera Unica über die DOC-Weine Contessa Entellina, die sowohl aus Ansonica und Nero d'Avola als auch aus Chardonnay und Cabernet Sauvignon gekeltert werden, bis hin zu den Moscato- und Passito-Weinen von der Insel Pantelleria. Die Trauben werden zwar in Marsala, in den Cantine Rallo, verarbeitet, die Weinberge jedoch sind über die Provinz Trapani und die kleine Insel im Canale di Sicilia verstreut.

**Sciacca.** *Planeta, contrada Ulmo, Tel. 092580009. Öffnungszeiten: nach Voranmeldung.* Am Ufer des Aranciosees zwischen Sambuca di Sicilia und Menfi liegt der Hauptteil der Rebflächen des Unternehmens, die sich insgesamt über 200 Hektar erstrecken. Ihre Zusammensetzung und die fortschrittliche Kellertechnik machen die 1995 gegründete Kellerei zu einem der bemerkenswertesten Standorte des modernen sizilianischen Weinbaus. Die Weine werden aus einheimischen Trauben, zum Teil in interessanter Kombination mit ausländischen Trauben, gekeltert.

**Vallelunga Pratameno.** *Tasca d'Almerita, contrada Regaleali, Tel. 0921 544011. Öffnungszeiten: Montag bis Samstag 8–13 und 14–18 Uhr, nach Voranmeldung.* Das inmitten sanfter Hügel an der Grenze zwischen den Provinzen Palermo und Agrigento gelegene Gut Regaleali ist seit Mit-

### Hotels und Restaurants

**Erice**

**Elimo** ★★★
via V. Emanuele 73
☎ 0923869377

**Moderno** ★★★
via V. Emanuele 63
☎ 0923869300

**Monte San Giuliano** 🍴
vicolo S. Rocco 7
☎ 0923869595

**Osteria di Venere** 🍴
via Roma 61
☎ 0923869362

**Marsala**

**Cap 3000** ★★★
via Trapani 161
☎ 0923989055

**President** ★★★
via Nino Bixio 1
☎ 0923999333

**Delfino** 🍴
lungomare Mediterraneo 672
☎ 0923969565

te des 19. Jahrhunderts im Besitz der Grafen Tasca d'Almerita. Auf diese Zeit geht auch der Regaleali Bianco zurück, der dann durch Regaleali Rosso und Rosato sowie den berühmten Rosso del Conte ergänzt wurde. Sie werden aus sizilianischen Rebsorten gekeltert, während Chardonnay und Cabernet Sauvignon die Protagonisten der neuesten Entwicklungen sind.
**Und außerdem ... Cerda.** *Fontanarossa, SS 120, bei km 13,7, Tel. 09167617444.* **Licata.** *Tenuta Barone La Lumia, contrada Castel Pozzillo, Tel. 0922891709.* **Marsala.** *Rallo, via Vincenzo Florio 2, Tel. 0923 721633.* **Menfi.** *Settesoli, Strada Statale 115, Tel. 092577111.* **Monreale.** *Pollara, contrada Malvello, Tel. 0918462922.* **Valledolmo.** *Castelluccio – Miano, via Sicilia 1, Tel. 0921 542385.*

## Rund um den Wein

**Castelvetrano.** *Eno-Agri-Museum, c/o Cantine Montalto, località Selinunte, zona S. Teresa-Latomie, Tel. 0924 44060. Öffnungszeiten: im Sommer 9.30–19 Uhr, im Winter 9.30–17 Uhr.* Das 1970 eröffnete Museum zeigt die Geschichte der sizilianischen Bauern ab dem Ende des 18. Jahrhunderts unter besonderer Berücksichtigung der Wein- und Ölherstellung. Weitere Attraktionen sind der ganz in der Nähe liegende Tempel von Selinunte und das angeschlossene Restaurant.

## Tourenvorschläge

Das Istituto Regionale della Vite e del Vino hat sieben Weinstraßen ausgearbeitet, die im Folgenden beschrieben werden. Die Routen können auch im Internet unter http://www.infcom.it/irvv abgerufen werden.
**Die Straße des Bianco d'Alcamo.** Eine beeindruckende Reise durch die Geschichte und durch eine großartige Landschaft, die von Palermo aus zum Golf von Castellamare und dann ins Landesinnere bis nach Segesta führt. **Palermo.** Die vielen normannischen Kirchen – rote Kuppeln zwischen Palmen, leuchtende Mosaiken im Halbdunkel – sind nur eine der vielen Facetten, die sich bei einem Rundgang durch die Stadt eröffnen. Ein ganz anderes Bild vermittelt der Lärm des alten Markts Vucciria, dessen kulinarisches Angebot von zwei guten Restaurants, Santandrea und Casa del Brodo, ergänzt wird. Etwas außerhalb liegt das hervorragende Fischlokal Il Ristorantino. Einkäufe in der Stadt bei den Enoteche Miceli und Picone. **Castellammare del Golfo.** Die Strände und das Meer am Kastell sowie das Hotel Al Madarig mit angeschlossenem Restaurant sind eine große Versuchung, den Aufenthalt auszudehnen. Beeindruckend auch die Thunfischfanganlage in Scopello und der Naturpark Riserva dello Zingaro. Die Weiterfahrt nach San Vito lo Capo lohnt sich wegen der ausgezeichneten Küche von Alfredo, zu genießen auf einer historischen Terrasse mit Meerblick, sowie wegen des Tha'am, das heimische und arabische Traditionen hochhält. **Alcamo.** Die Weinstadt (→) hat viel zu bieten, nicht zuletzt einige gute Enoteche und zahlreiche renommierte Kellereien, namentlich Ra-



## Hotels und Restaurants

**Mazara del Vallo**
**Pescatore** 🍴🍴
via Castelvetrano 191
☎ 0923947580
**Menfi**
**Il Vigneto** 🍴
4 km zur Abzweigung nach Porto Palo
☎ 092571732
**Monreale**
**La Botte** 🍴🍴
SS 186
contrada Lenzitti 20
☎ 091414051
**Palermo**
**Villa Igiea Grand Hotel – 1905** ★★★★★
salita Belmonte 43
☎ 091543744
**Baglio Conca d'Oro** ★★★
via Aquino 19/c-d
☎ 0916406286

pitalà und Spadafora. **Segesta.** Einer der reizvollsten Orte der Insel mit einem großen dorischen Tempel inmitten einer zeitlosen Landschaft. Ganz in der Nähe liegt **Calatafimi,** Schauplatz einer Risorgimento-Schlacht und heute Sitz der Genossenschaftskellerei Marzuko (→).

**Die Straße des Marsala und des Moscato di Pantelleria.** Die relativ kurze Strecke durch die Provinz Trapani wird durch die Überfahrt zur Insel Pantelleria gekrönt. **Trapani.** Im äußersten Westen Siziliens ragt die Stadt auf einer sichelförmigen Landspitze ins Meer. Die historische Altstadt ist arabisch geprägt; den Corso Vittorio Emanuele säumen die Kathedrale und prachtvolle Gebäude aus dem 18. Jahrhundert, und die Uferpromenade bietet einen herrlichen Ausblick bis zu den Salinen und den Ägadischen Inseln. Typische Küche – vor allem Fisch-Couscous – bietet das Lokal Peppe mit angenehmen Plätzen im Freien mitten im Zentrum. Die Geschichte der alten Ortschaft **Erice** am Hang des Monte San Giuliano lässt sich an ihren Stadtmauern ablesen: der Sockel aus groben Steinblöcken, die Mitte römischen Ursprungs und der obere Teil und die Tore aus der Zeit der Normannen. Mittelalterlich die von Steinhäusern gesäumten engen, gepflasterten Gassen, während den Corso barocke kleine Palazzi und der Dom zieren. Übernachtungs-

möglichkeit in den ausgezeichneten Hotels Elimo und Moderno. **Marsala.** Weinstadt (→) ersten Ranges mit einer außergewöhnlichen Kellereidichte: genannt seien Donnafugata (→), Mitglied im Movimento del Turismo del Vino, und das historische Weingut Florio. Lohnend auch das Restaurant Favorita und die Enoteca mit Ausschank La Maison du Vin. Das nächste Ziel ist **Petrosino,** eine kleine Weinstadt (→) mit traditionellen Kellereien, den so genannten Bagli. Dann fährt man wieder zurück, um kurz vor Marsala zur Weinstadt (→) **Salemi** und nach **Gibellina** im Landesinneren ab-

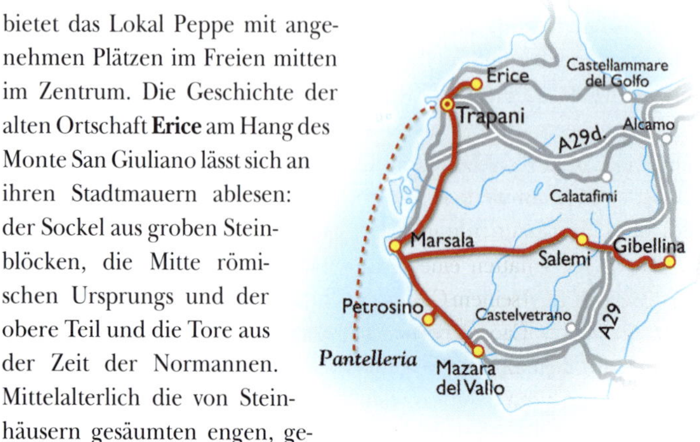


## Hotels und Restaurants

**Palermo**

**Jolly del Foro Italico** ★★★
Foro Italico 22
☎ 0916165090

**Bel 3** ★★★
via Ruffo di Calabria 20
☎ 091223560

**Splendid Hotel La Torre** ★★★
10 km nach Mondello
via Piano Gallo 11
☎ 091450222

**Villa Archirafi** ★★
via Lincoln 30
☎ 0916168827

**Charleston** 🍴🍴🍴🍴
piazzale Ungheria 30
☎ 091321366

**Il Ristorantino** 🍴🍴🍴
piazzale De Gasperi 19
☎ 0915128861

**Scuderia** 🍴🍴🍴
viale del Fante 9
☎ 091520323

**Santandrea** 🍴🍴
piazza S. Andrea 4
☎ 091334999

zubiegen – in beiden Orten gibt es Einkaufs- und Verkostungsmöglichkeiten. Die letzte Etappe ist die im Hafen von Trapani ausgehende Überfahrt nach **Pantelleria,** wo der Gourmet verschiedene Kellereien sowie das Restaurant I Mulini in einem Viertel mit typischen würfelförmigen Häusern aus Lavagestein besuchen kann.

**Die Straße des Inzolia.** Die Strecke führt ein langes Stück an der Südküste entlang und schließlich über Menfi durchs Landesinnere nach Monreale (eine Alternative zur Direktverbindung zwischen Agrigent und Palermo über die Strada Statale 189). **Agrigent.** Die Hauptattraktion sind die großen dorischen Tempel, die zwischen Getreide- und Mandelbaumfeldern hoch über dem Meer aufragen. Trotzdem sollte man auch Luigi Pirandellos Grab einen Besuch abstatten: Der Dramatiker ruht ganz in der Nähe, im Schatten einer großen Meerkiefer bei seinem Geburtshaus im Stadtteil Caos. Übernachtungsmöglichkeit im Baglio della Luna, einem alten Landsitz mit Blick auf das Valle dei Templi. Weiter geht's mit einem Abstecher gen Osten, nach **Licata,** zur Kellerei des Baron Nicolò La Lumia (→). Dann fährt man wieder auf der eigentlichen Route nach Nordwesten. **Eraclea Minoa** lockt mit Ausgrabungen und einem großartigen Strand. In **Sciacca** ein Muss ist die Hostaria del Vicolo in der Altstadt, wo es köstliche typische Fischgerichte gibt. Auf dem Weg nach **Castelvetrano** und der Weinstadt (→) **Mazara del Vallo** sollte man in **Selinunte** Station machen, einer der eindrucksvollsten Ausgrabungsstätten der Insel, wo die Überreste großer Tempel bei einem Erdbeben verschüttet wurden. Ganz in der Nähe das interessante Eno-Agri-Museum (→ Rund um den Wein) der Kellerei Montalto mit Restaurant. Ab **Menfi** verläuft die Route durch das Belicetal. Einen Besuch wert ist die Kellerei Settesoli. Auf dem Weg ins Hinterland stößt man auf eine ganze Reihe kleiner Weinstädte: **Sambuca di Sicilia** (→) mit der Kellerei Planeta, **Santa Margherita di Belice** (→), **Montevago** (→) sowie **Contessa Entellina,** der erste Ort in der Provinz Palermo, mit dem Weingut Donnafugata (→). Dann gelangt man nach **Camporeale** und **San Cipirello** mit weiteren empfehlenswerten Kellereien und schließlich nach **Monreale,** das mit dem berühmten normannischen Dom auf die nahe gelegene Hauptstadt **Palermo** verweist.

## Hotels und Restaurants

**Pantelleria**

**Port Hotel** ★★★
via Borgo Italia 6
☎ 0923911299

**Papuscia** ★★
12 km nach Tracino
☎ 0923915463

**I Mulini** 🍴🍴
contrada Tracino
☎ 0923915398

**Favarotta** 🍴
1 km nach Khamma Fuori
☎ 0923915347

**Salemi**

**Florence** ★★
località Monte delle Rose
☎ 092468511

**Santa Flavia**

**Muciara – Nello El Greco** 🍴🍴🍴
località Porticello
via Roma 105
☎ 091957868

**San Vito Lo Capo**

**Capo San Vito** ★★★
via Principe Tommaso 29
☎ 0923972122

## DOC-Weine aus Westsizilien

**ALCAMO** (oder **Bianco d'Alcamo**). Rebsorten: Cataratto bianco comune und/oder Cataratto bianco lucido (80–100%), Damaschino und/oder Grecanico und/oder Trebbiano toscano (bis 20%). Produktion: 20706 hl (667 ha). Farbe: helles Strohgelb mit grünlichen Reflexen. Geruch: neutral, duftet leicht nach der Ursprungstraube. Geschmack: trocken, schmackhaft, frisch, fruchtig. Alkoholgehalt: 11,5%. Alterung: bis zu 2 Jahren. Zu Fisch.

**CONTEA DI SCLAFANI. – Bianco.** Rebsorten: Cataratto und/oder Ansonica und/oder Grecanico (50–100%). Farbe: mehr oder weniger kräftiges Strohgelb, bisweilen mit grünlichen Reflexen. Geruch: angenehm, fein, elegant. Geschmack: harmonisch, delikat, schmackhaft. Alkoholgehalt: 10,5%. Arten: *Spumante* 11,5% Alkohol. Zu Fisch zu trinken, der Spumante als Aperitif und zum Essen. – **Bianco Dolce.** Rebsorten: Cataratto und/oder Grecanico und/oder Ansonica und/oder Grillo und/oder Chardonnay und/oder Pinot bianco (100%). Farbe: kräftiges Strohgelb. Geruch: sortentypisch, intensiv. Geschmack: samtig, harmonisch. Alkoholgehalt: 5,5+5,5%. Qualitätsstufen: *Vendemmia Tardiva* 5,5+12,5% Alkohol und mindestens 18 Monate Alterung. Zum Dessert zu trinken, die Vendemmia Tardiva in Mußestunden. – **Ansonica** (oder **Insolia**). Rebsorten: Ansonica (85–100%). Farbe: mehr oder weniger kräftiges Strohgelb. Geruch: delikat, angenehm. Geschmack: trocken, schmackhaft. Alkoholgehalt: 10,5%. Arten: *Spumante* 11,5% Alkohol. Zu allen Speisen, insbesondere zu Fisch zu trinken, der Spumante auch als Aperitif. – **Cataratto.** Rebsorten: Cataratto (85–100%). Farbe: mehr oder weniger kräftiges Strohgelb. Geruch: intensiv, sortentypisch. Geschmack: sortentypisch, bisweilen leicht bitter im Abgang. Alkoholgehalt: 10,5%. Arten: *Spumante* 11,5% Alkohol. Zu Fisch zu trinken, der Spumante als Aperitif und zu allen Speisen. – **Chardonnay.** Rebsorten: Chardonnay (85–100%). Farbe: mehr oder weniger kräftiges Strohgelb. Geruch: intensiv, sortentypisch. Geschmack: angenehm, fruchtig. Alkoholgehalt: 10,5%. Arten: *Spumante* 11,5 % Alkohol. Zu allen Speisen, der Spumante vor allem zu Fischgerichten. – **Grecanico.** Rebsorten: Grecanico (85–100%). Farbe: strohgelb mit grünlichen Reflexen. Geruch: fruchtig. Geschmack: harmonisch, rund, delikat. Alkoholgehalt: 10,5%. Arten: *Spumante* 11,5 % Alkohol. Zu allen Speisen zu trinken. – **Grillo.** Rebsorten: Grillo (85–100%). Farbe: mehr oder weniger kräftiges Strohgelb. Geruch: elegant, fein. Geschmack: trocken, strukturiert. Alkoholgehalt: 10,5%. Arten: *Spumante* 11,5 % Alkohol. Zu Fisch zu trinken, der Spumante auch zu Vorspeisen und weißem Fleisch. – **Pinot Bianco.** Rebsorten: Pinot bianco (85–100%). Farbe: mehr oder weniger kräftiges Strohgelb. Geruch: fein, delikat. Geschmack: harmonisch, rund. Alkoholgehalt: 10,5%. Arten: *Spumante* 11,5 % Alkohol. Zu Fischgerichten zu trinken, der Spumante zu allen Speisen und als Aperitif. – **Sauvignon.** Rebsorten: Sauvignon blanc (85–100%). Farbe: strohgelb mit grünlichen Reflexen. Geruch: fruchtig. Geschmack: angenehm, harmonisch. Alkoholgehalt: 10,5%. Arten: *Spumante* 11,5 % Alkohol. Zu allen Speisen zu trinken, der Spumante auch als Aperitif. – **Rosato.** Rebsorten: Nerello mascalese (50–100%). Farbe: mehr oder weniger kräftiges Hellrosé. Geruch: angenehm, fein, fruchtig, duftend. Geschmack: delikat, harmonisch, frisch, lebhaft. Alkoholgehalt: 10,5%. Arten: *Spumante* 11,5 % Alkohol. Zu allen Speisen zu trinken. – **Rosso.** Rebsorten: Nero d'Avola und/oder Perricone (50 bis 100%), sonstige (bis 50%). Farbe: mehr oder weniger kräftiges Rubinrot, bisweilen mit violetten Reflexen. Geruch: angenehm, fein, weinig, sortentypischer Duft. Geschmack: trocken, harmonisch, mit viel Struktur. Alkoholgehalt: 11%. Alterung: bis zu 3–4 Jahren.

### Hotels und Restaurants

**San Vito Lo Capo**

**Riva del Sole** ★★
via G. Arimondi 11
☎ 0923972629

**Alfredo** 🍴
zona Valanga
☎ 0923972366

**Tha'am** 🍴
via Abruzzi 32
☎ 0923972836

**Sciacca**

**Grand Hotel delle Terme** ★★★
lungomare Nuove Terme 1
☎ 092523133

**Hostaria del Vicolo** 🍴
vicolo Sammaritano 10
☎ 092523071

Qualitätsstufen: *Novello; Riserva* mindestens 12% Alkohol und 2 Jahre Alterung (dann bis zu 5 Jahren). Zu allen Speisen zu trinken, der Novello als Aperitif, zu Vorspeisen und weißem Fleisch, die Riserva zu gegrilltem Fleisch und Wild. – **Cabernet Sauvignon.** Rebsorten: Cabernet Sauvignon (85–100%). Farbe: volles Rubinrot, ins Granatrote spielend. Geruch: sortentypisch. Geschmack: voll, körperreich. Alkoholgehalt: 11%. Alterung: bis zu 3–4 Jahren. Qualitätsstufen: *Riserva* mindestens 12% Alkohol und 2 Jahre Alterung (dann bis zu 5 Jahren). Zu rotem Fleisch und altem Käse zu trinken, die Riserva zu Wild. – **Merlot.** Rebsorten: Merlot (85 bis 100%). Farbe: rubinrot. Geruch: intensiv, fruchtig. Geschmack: sortentypisch, strukturiert. Alkoholgehalt: 11%. Alterung: bis zu 3 Jahren. Zu allen Speisen zu trinken. – **Nerello Mascalese.** Rebsorten: Nerello mascalese (85–100%). Farbe: wenig intensives Rot. Geruch: fein, delikat. Geschmack: elegant, fruchtig. Alkoholgehalt: 11%. Alterung: bis zu 3 Jahren. Zu allen Speisen zu trinken. – **Nero d'Avola.** Rebsorten: Nero d'Avola (85–100%). Farbe: rubinrot mit violetten Reflexen. Geruch: delikat, sortentypisch, fruchtig. Geschmack: körperreich, harmonisch. Alkoholgehalt: 11%. Alterung: bis zu 3 Jahren. Qualitätsstufen: *Riserva* mindestens 12% Alkohol und 2 Jahre Alterung (dann bis zu 4–5 Jahren). Zu allen Speisen zu trinken, die Riserva zu rotem Fleisch und altem Käse. – **Pinot Nero.** Rebsorten: Pinot nero (85–100%). Farbe: mehr oder weniger kräftiges Rubinrot. Geruch: fruchtig. Geschmack: harmonisch, angenehm. Alkoholgehalt: 11%. Alterung: bis zu 3 Jahren. Qualitätsstufen: *Riserva* mindestens 12% Alkohol und 2 Jahre Alterung (dann bis zu 5 Jahren). Zu Fleischgerichten, die Riserva zu edlem Braten und altem Käse. – **Perricone.** Rebsorten: Perricone (85 bis 100%). Farbe: rubinrot. Geruch: fruchtig, sortentypisch. Geschmack: sortentypisch, leichte Tannine. Alkoholgehalt: 11%. Alterung: bis zu 3 Jahren. Qualitätsstufen: *Riserva* mindestens 12% Alkohol und 2 Jahre Alterung (dann bis zu 5 Jahren). Zu allen Speisen zu trinken, die Riserva zu rotem Fleisch. – **Sangiovese.** Rebsorten: Sangiovese (85 bis 100%). Farbe: rubinrot. Geruch: weinig, sortentypisch. Geschmack: rund, harmonisch. Alkoholgehalt: 11%. Alterung: bis zu 3 Jahren. Zu allen Speisen zu trinken. – **Sirah.** Rebsorten: Sirah (85–100%). Farbe: volles Rubinrot. Geruch: sortentypisch, fruchtig. Geschmack: voll, körperreich. Alkoholgehalt: 11%. Alterung: bis zu 3 Jahren. Qualitätsstufen: *Riserva* mindestens 12% Alkohol und 2 Jahre Alterung (dann bis zu 5 Jahren). Zu rotem Fleisch und mittelaltem Käse, die Riserva zu Braten, Wild und altem Käse.

**CONTESSA ENTELLINA.** – **Bianco.** Rebsorten: Ansonica (50–100%), Catarratto bianco lucido und/oder Grecanico dorato und/oder Chardonnay und/oder Müller-Thurgau und/oder Sauvignon blanc und/oder Pinot bianco und/oder Grillo (bis 50%). Produktion: 1190 hl (17 ha). Farbe: mehr oder weniger kräftiges Strohgelb, bisweilen mit grünlichen Reflexen. Geruch: delikat, fruchtig, sortentypisch. Geschmack: trocken, lebhaft, frisch. Alkoholgehalt: 11%. Alterung: bis zu 2 Jahren. Zu allen Speisen zu trinken. – **Chardonnay.** Rebsorten: Chardonnay (85–100%). Produktion: 437 hl (7,8 ha). Farbe: mehr oder weniger kräftiges Strohgelb. Geruch: delikat, sortentypisch. Geschmack: trocken, voll, harmonisch. Alkoholgehalt: 11,5%. Alterung: bis zu 2 Jahren. Zu Fisch zu trinken. – **Grecanico.** Rebsorten: Grecanico (85–100%). Farbe: mehr oder weniger kräftiges Strohgelb, bisweilen mit grünlichen Reflexen. Geruch: delikat, sortentypisch. Geschmack: trocken, frisch. Alkoholgehalt: 11,5%. Alterung: bis zu 2 Jahren. Zu Fisch zu trinken. – **Sauvignon.** Rebsorten: Sauvignon blanc (85–100%). Farbe: mehr oder weniger kräftiges Strohgelb. Geruch: delikat, sortentypisch, Geschmack:

## Hotels und Restaurants

**Termini Imerese**
**Himera Polis Hotel** ★★★
SS 113 zona Buonfornello
☎ 0918140566

**Terrasini**
**Azzolini Palm Beach** ★★★
via Ciucca
☎ 0918682033

**Trabia**
**Tonnara Trabia** ★★★
largo Tonnara
☎ 0918147967

**Trapani**
**Crystal** ★★★
via S. Giovanni Bosco 12
☎ 092320000
**Meeting** 🍴🍴
via G.B. Fardella 321
☎ 092323366
**Peppe** 🍴
via Spalti 50
☎ 092328246

sortentypisch, harmonisch, trocken. Alkoholgehalt: 11,5%. Alterung: bis zu 2 Jahren. Zu Fisch zu trinken.

**DELIA NIVOLELLI.** – **Bianco.** Rebsorten: Grecanico und/oder Inzolia und/oder Grillo (min. 65%), andere (max. 35%). Farbe: mehr oder weniger intensives Strohgelb, mitunter mit grünlichen Reflexen. Geruch: delikat, mehr oder weniger fruchtig, charakteristisch. Geschmack: trocken, harmonisch. Alkoholgehalt: 11%. Zu Fisch und Antipasti zu trinken. – **Spumante.** Rebsorten: Grecanico und/oder Chardonnay und/oder Inzolia und/oder Damaschino und/oder Grillo (85 bis 100%). Schaum: fein, lebhaft, beständig. Farbe: helles Strohgelb, mitunter mit grünlichen Reflexen. Geruch: delikat, mehr oder weniger fruchtig. Geschmack: frisch, schmackhaft, fein, harmonisch. Alkoholgehalt: 11,5%. Als Aperitif, aber auch zur ganzen Mahlzeit, zu leichten Gerichten und zu Fisch zu trinken. **Chardonnay.** Rebsorten: Chardonnay (85–100%). Farbe: mehr oder weniger kräftiges Strohgelb, mitunter mit grünlichen Reflexen. Geruch: fruchtig, fein, charakteristisch. Geschmack: trocken, voll, samtig, fruchtig, nachhaltig. Alkoholgehalt: 11%. Arten: *Spumante* (11,5%). Zu Fischgerichten zu trinken, der Spumante als Aperitif, aber auch zur ganzen Mahlzeit. – **Damaschino.** Rebsorten: Damaschino (85–100%). Farbe: helles Strohgelb, mitunter mit grünlichen Reflexen. Geruch: delikat, charakteristisch. Geschmack: trocken, harmonisch, weich. Alkoholgehalt: 10,5%. Arten und Trinkempfehlung: siehe Chardonnay. – **Grecanico.** Rebsorten: Grecanico (85 bis 100%). Farbe: blasses Strohgelb, mitunter mit grünlichen Reflexen. Geruch: delikat, mehr oder weniger fruchtig, charakteristisch. Geschmack: trocken, harmonisch, frisch. Alkoholgehalt: 11%. Arten und Trinkempfehlung: siehe Chardonnay. – **Grillo.** Rebsorten: Grillo (85–100%). Farbe: mehr oder weniger kräftiges Strohgelb. Geruch: delikat, angenehm, charakteristisch. Geschmack: harmonisch, voll, schmackhaft. Alkoholgehalt: 11%. Arten und Trinkempfehlung: siehe Chardonnay. – **Inzolia.** Rebsorten: Inzolia (85 bis 100%). Farbe: mehr oder weniger intensives Strohgelb. Geruch: charakteristisch, fruchtig. Geschmack: harmonisch, voll. Alkoholgehalt: 11%. Arten und Trinkempfehlung: siehe Chardonnay. – **Müller-Thurgau.** Rebsorten: Müller-Thurgau (85–100%). Farbe: mehr oder weniger kräftiges Strohgelb. Geruch: sortentypisch, delikat, leicht aromatisch. Geschmack: trocken, fruchtig. Alkoholgehalt: 11%. Zu Fisch zu trinken. – **Sauvignon.** Rebsorten: Sauvignon (85–100%). Farbe: mehr oder weniger kräftiges Strohgelb. Geruch: delikat, charakteristisch, angenehm. Geschmack: charakteristisch, angenehm, harmonisch. Alkoholgehalt: 11%. Zu leichten Zwischengerichten, Käse und Eierspeisen zu trinken. – **Rosso.** Rebsorten: Nero d'Avola und/oder Pignatello oder Perricone und/oder Merlot und/oder Cabernet Sauvignon und/oder Syrah und/oder Sangiovese (min. 65%), andere (max. 35%). Farbe: mehr oder weniger intensives Rot, nach Alterung lebhaftes Granatrot mit orangefarbenen Reflexen. Geruch: weinig, delikater Duft. Geschmack: trocken, schmackhaft, harmonisch, warm, angemessen tanninherb, später samtig. Alkoholgehalt: 11,5%. Alterung: bis zu 3–4 Jahren. Arten: *Novello*. Qualitätsstufen: *Riserva* mit mindestens 2 Jahren Alterung, dann noch 5 Jahre. Zu allen Speisen zu trinken, die Riserva zu Grillfleisch, Wild und würzigem Käse, der Novello zu leichten Gerichten und Vorspeisen. – **Cabernet Sauvignon.** Rebsorten: Cabernet Sauvignon (85–100%). Farbe: intensives Rubinrot, nach Alterung ins Orangerote tendierend. Geruch: angenehm intensiv, charakteristisch. Geschmack: trocken, voll, charakteristisch, angenehm, harmonisch, angemessen tanninherb. Alkoholgehalt: 11,5%. Alterung: bis zu 3–4 Jahren.

## Agriturismo

**Alia**
**Villa Dafne**
contrada Cozzo di Cicero
☎ 0918219174

**Buseto Palizzolo**
**La Pineta**
Pianoneve
via Agrigento 64
☎ 0923851227

**Castellamare del Golfo**
**Marmora**
Scopello
contrada Marmora 22
☎ 092439254

**Castelvetrano**
**Marinella di Selinunte**
Marinella di Selinunte
via Latomie
☎ 0924902863

**Erice**
**Pizzolungo**
Pizzolungo
contrada San Cusumano
☎ 0923563710

Qualitätsstufen: *Riserva* mit mindestens 2 Jahren Alterung, dann noch 5 Jahre. Zu allen Speisen zu trinken,die Riserva zu Grillfleisch und würzigem Käse. – **Merlot.** Rebsorten: Merlot (85 bis 100%). Farbe: rubinrot, nach Alterung ins Orangerote tendierend. Geruch: intensiv, charakteristisch. Geschmack: trocken, voll, angenehm. Alkoholgehalt: 11,5%. Alterung, Qualitätsstufen und Trinkempfehlung: siehe Cabernet Sauvignon. – **Nero d'Avola.** Rebsorten: Nero d'Avola (85–100%). Farbe: intensives Rubinrot, nach Alterung ins Orangerote tendierend. Geruch: charakteristisch, angenehm, mehr oder weniger intensiv. Geschmack: trocken, harmonisch, voll. Alkoholgehalt: 11,5%. Alterung, Qualitätsstufen und Trinkempfehlung: siehe Cabernet Sauvignon. – **Pignatello oder Perricone.** Rebsorten: Pignatello oder Perricone (85–100%). Farbe: intensives Rubinrot, nach Alterung ins Orangerote tendierend. Geruch: weinig, charakteristisch. Geschmack: trocken, schmackhaft, voll, leicht tanninherb. Alkoholgehalt: 11,5%. Alterung, Qualitätsstufen und Trinkempfehlung: siehe Cabernet Sauvignon. – **Sangiovese.** Rebsorten: Sangiovese (85–100%). Farbe: rubinrot, nach Alterung ins Orangerote tendierend. Geruch: weinig, delikater Duft. Geschmack: trocken, harmonisch, angemessener Körper, leicht tanninherb. Alkoholgehalt: 11,5%. Alterung, Qualitätsstufen und Trinkempfehlung: siehe Cabernet Sauvignon. – **Syrah.** Rebsorten: Syrah (85–100%). Farbe: intensives Rubinrot, nach Alterung ins Orangerote tendierend. Geruch: charakteristisch, intensiv, delikat, Anklänge an Gewürze. Geschmack: trocken, angemessener Körper, leicht tanninherb. Alkoholgehalt: 11,5%. Alterung, Qualitätsstufen und Trinkempfehlung: siehe Cabernet Sauvignon.

**MARSALA.** Produktion: 120054 hl (8275 ha). – **Oro** oder **Ambra.** Rebsorten: Grillo und/oder Cataratto und/oder Ansonica und/oder Damaschino (100%). Farbe: Marsala Oro mehr oder weniger kräftig goldgelb, Marsala Ambra mehr oder weniger kräftig bernsteinfarben. Geruch: sortentypischer Duft. Geschmack: sortentypisch. Arten: *Secco, Semisecco* und *Dolce.* Qualitätsstufen: *Fine* mindestens 17% Alkohol und 1 Jahr Alterung (dann 10 Jahre und mehr); zum Dessert zu trinken; *Superiore* mindestens 18% Alkohol und 2 Jahre Alterung (dann 10 Jahre und mehr); zum Abschluss der Mahlzeiten und in Mußestunden zu trinken; *Vergine* oder *Soleras* mindestens 18% Alkohol und 5 Jahre Alterung (dann 20 Jahre und mehr); zum Abschluss der Mahlzeiten und in Mußestunden zu trinken; *Vergine Stravecchio* oder *Riserva* mindestens 18% Alkohol und 10 Jahre Alterung (dann 20 Jahre und mehr), für Mußestunden. – **Rubino.** Rebsorten: Perricone und/oder Calabrese und/oder Nerello mascalese (70–100%), Grillo und/oder Cataratto und/oder Ansonica und/oder Damaschino (bis 30%). Farbe: rubinrot, nach Alterung mit bernsteinfarbenen Reflexen. Geruch: sortentypischer Duft. Geschmack: sortentypisch. Arten: *Secco, Semisecco* und *Dolce.* Qualitätsstufen: *Fine* mindestens 17% Alkohol und 1 Jahr Alterung (dann 10 Jahre und mehr); zum Dessert zu trinken; *Superiore* mindestens 18% Alkohol und 2 Jahre Alterung (dann 10 Jahre und mehr); zum Abschluss der Mahlzeiten und in Mußestunden zu trinken; *Superiore Riserva* mindestens 18% Alkohol und 4 Jahre Alterung (dann 20 Jahre und mehr), als Aperitif, zum Abschluss der Mahlzeiten und in Mußestunden zu trinken; *Vergine* oder *Soleras* mindestens 18% Alkohol und 5 Jahre Alterung (dann 20 Jahre und mehr), als Aperitif, zum Abschluss der Mahlzeiten und in Mußestunden zu trinken; *Vergine Stravecchio* oder *Riserva* mindestens 18% Alkohol und 10 Jahre Alterung (dann 20 Jahre und mehr), für Mußestunden.

**MENFI.** – **Bianco.** Rebsorten: Ansonica und/oder Chardonnay und/oder Cataratto bianco lucido und/oder Greca-

## Agriturismo

**Marsala**
**Vajarassa**
Spagnola
via Vajarassa 176
☎ 0923968628

**Montelepre**
**Don Vito – La Fattoria del Sorriso**
località Piano Aranci
☎ 0918784111

**Santa Cristina Gela**
**Al Poggetto**
contrada Pianetto
☎ 0918570213

**Sciacca**
**Montalbano**
località Scunchipani
☎ 092580154

## DOC-Weine aus Westsizilien

nico (75–100%). Farbe: strohgelb mit grünlichen Reflexen. Geruch: delikat, duftend. Geschmack: trocken, harmonisch, lebhaft. Alkoholgehalt: 11%. Alterung: bis zu 2 Jahren. Zu Fisch zu trinken. – **Chardonnay.** Rebsorten: Chardonnay (85–100%). Farbe: strohgelb mit goldgelben Reflexen. Geruch: sortentypisch. Geschmack: fruchtig, harmonisch, weich. Alkoholgehalt: 11,5%. Alterung: bis zu 2 Jahren. Zu Fisch zu trinken. – **Feudo di Fiori.** Rebsorten: Chardonnay und/oder Ansonica (80 bis 100%). Farbe: strohgelb mit grünen Nuancen. Geruch: frisch, zart weinig. Geschmack: weich, lebhaft, harmonisch, nachhaltig. Alkoholgehalt: 11,5%. Alterung: bis zu 2 Jahren. Als Aperitif und zu Fisch zu trinken. – **Grecanico.** Rebsorten: Grecanico (85–100%). Farbe: strohgelb mit grünlichen Nuancen. Geruch: delikat, angenehm, mit Obstduft. Geschmack: trocken, voll, sortentypisch. Alkoholgehalt: 11%. Alterung: bis zu 2 Jahren. Zu Fisch zu trinken. – **Ansonica** (oder **Inzolia**). Rebsorten: Ansonica (85–100%). Farbe: strohgelb mit grünlichen Reflexen. Geruch: delikat. Geschmack: trocken, harmonisch, nachhaltig. Alkoholgehalt: 11%. Alterung: bis zu 2 Jahren. Als Aperitif und zu allen Speisen zu trinken. – **Vendemmia Tardiva.** Rebsorten: Chardonnay und/oder Cataratto bianco lucido und/oder Ansonica und/oder Sauvignon blanc (100%). Farbe: strohgelb bis goldgelb. Geruch: sortentypisch, nachhaltig. Geschmack: angenehm süß, harmonisch. Alkoholgehalt: 12,5+2,5%. Alterung: 5 Jahre und mehr. Zum Dessert oder zum Abschluss der Mahlzeiten zu trinken. – **Rosso.** Rebsorten: Nero d'Avola und/oder Sangiovese und/oder Merlot und/oder Cabernet Sauvignon und/oder Sirah (70–100%). Farbe: kräftiges Rubinrot. Geruch: würzig, sortentypisch. Geschmack: trocken, mäßige Tannine. Alkoholgehalt: 11,5%. Alterung: bis zu 5 Jahren. Qualitätsstufen: *Riserva* mindestens 12,5% Alkohol und 2 Jahre Alterung (dann noch 5 Jahre und mehr). Zu rotem Fleisch zu trinken, die Riserva zu Festtagsbraten und altem Käse. – **Bonera.** Rebsorten: Cabernet Sauvignon und/oder Nero d'Avola und/oder Merlot und/oder Sangiovese und/oder Sirah (85–100%). Farbe: rubinrot, bisweilen mit granatroten Nuancen. Geruch: würzig, fein weinig. Geschmack: trocken, leichte Tannine, angenehm fruchtig. Alkoholgehalt: 12%. Alterung: mindestens 1 Jahr, dann bis zu 5 Jahren. Qualitätsstufen: *Riserva* mindestens 12,5% Alkohol und 2 Jahre Alterung (dann noch 7 Jahre und mehr). Zu rotem Fleisch und altem Käse zu trinken, die Riserva zu Wild, Festtagsbraten und sehr altem Käse. – **Cabernet Sauvignon.** Rebsorten: Cabernet Sauvignon (85–100%). Farbe: kräftiges Rubinrot. Geruch: ätherisch, angenehm, leicht kräuterwürzig. Geschmack: trocken, harmonisch. Alkoholgehalt: 12%. Alterung: bis zu 5 Jahren. Zu Wild und rotem Fleisch zu trinken. – **Merlot.** Rebsorten: Merlot (85–100%). Farbe: kräftiges Rubinrot. Geruch: sortentypisch, ausgeprägt. Geschmack: voll, angenehm. Alkoholgehalt: 12%. Alterung: bis zu 4 Jahren. Zu rotem Fleisch zu trinken. – **Nero d'Avola.** Rebsorten: Nero d'Avola (85–100%). Farbe: rubinrot. Geruch: delikat, sortentypisch. Geschmack: voll, mäßige Tannine. Alkoholgehalt: 11,5%. Alterung: bis zu 5 Jahren. Zu allen Speisen zu trinken. – **Sangiovese.** Rebsorten: Sangiovese (85–100%). Farbe: rubinrot, mit violetten Reflexen. Geruch: weinig, mit Waldfruchtnote. Geschmack: trocken, harmonisch, leichte Tannine. Alkoholgehalt: 11,5%. Alterung: bis zu 3 Jahren. Zu allen Speisen zu trinken. – **Sirah.** Rebsorten: Sirah (85–100%). Farbe: changierendes Rubinrot. Geruch: delikat, sortentypisch, angenehm. Geschmack: trocken, angenehme Tannine. Alkoholgehalt: 11,5%. Alterung: bis zu 5 Jahren. Zu allen Speisen zu trinken.

**MOSCATO DI PANTELLERIA.** Rebsorten: Zibibbo (100%). Produktion:

### Enoteche

**Erice**

**Enoteca Erice**
via Guarnotta 22
☎ 0923869126

**Marsala**

**Enoteca La Maison du Vin**
via Mazara 15
☎ 0923999162

**Palermo**

**Il Torchio**
via Valdi Mazara 72
☎ 091511057

**Vino d'Oroni**
piazza F. Nascè 11/9
☎ 091586274

3045 hl (193 ha). Farbe: mehr oder weniger kräftig goldgelb bis bernsteinfarben. Geruch: sortentypisch mit Muskatduft. Geschmack: süß, aromatisch, typisches Muskataroma. Alkoholgehalt: 8+4,5%. Alterung: bis zu 5 Jahren. Arten: *Spumante; Liquoroso; Naturalmente Dolce* 13+4,5% Alkohol und mindestens 10 Jahre Alterung. Zum Dessert und in Mußestunden zu trinken.

**MOSCATO PASSITO DI PANTELLERIA.** Rebsorten: Zibibbo (95 bis 100%). Produktion: 5360 hl (409 ha). Farbe: bernsteinfarben. Geruch: delikater Muskatduft. Geschmack: süß und angenehm. Alkoholgehalt: 14+6,6%. Alterung: bis zu 5 Jahren. Arten: *Liquoroso* 15+6,5% Alkohol und mindestens 10 Jahre Alterung. Qualitätsstufen: *Extra* mindestens 15,5+8,4% Alkohol und 1 Jahr Alterung (dann noch 10 Jahre und mehr). Zum Dessert und in Mußestunden zu trinken.

**SAMBUCA DI SICILIA.** – **Bianco.** Rebsorten: Ansonica (50–75%), Cataratto bianco lucido und/oder Chardonnay (25–50%). Farbe: mehr oder weniger kräftiges Strohgelb, bisweilen mit grünlichen Reflexen. Geruch: delikat, fein, intensiv, sortentypisch. Geschmack: trocken, delikat, frisch. Alkoholgehalt: 10,5%. Zu allen Speisen zu trinken. – **Chardonnay.** Rebsorten: Chardonnay (85–100%), sonstige (bis 15%, außer Trebbiano toscano). Farbe: mehr oder weniger kräftiges Strohgelb. Geruch: sortentypisch. Geschmack: voll, trocken, harmonisch, gut strukturiert und nachhaltig. Alkoholgehalt: 10,5%. Alterung: bis zu 2 Jahren. Zu Fisch zu trinken. – **Rosato.** Rebsorten: Nero d'Avola (50–75%), Nerello mascalese und/oder Sangiovese und/oder Cabernet Sauvignon (25–50%). Farbe: blasses Rosé, bisweilen mit orangefarbenen Reflexen. Geruch: fein, sortentypisch, intensiv. Geschmack: trocken, duftend, samtig. Alkoholgehalt: 11,5%. Alterung: bis zu 2–3 Jahren. Zu allen Speisen zu trinken. – **Rosso.** Rebsorten: Nero d'Avola (50–75%), Nerello mascalese und/oder Sangiovese und/oder Cabernet Sauvignon (25 bis 50%). Farbe: rubinrot, bisweilen mit granatroten Reflexen. Geruch: weinig, sortentypisch, intensiv. Geschmack: trocken, körperreich, samtig. Alkoholgehalt: 11,5%. Alterung: mindestens 6 Monate, dann bis zu 5 Jahren. Qualitätsstufen: *Riserva* mindestens 12% Alkohol und 2 Jahre Alterung (dann bis zu 8–10 Jahren). Zu rotem Fleisch zu trinken, die Riserva zu Braten, Wild und mittelaltem Käse. – **Cabernet Sauvignon.** Rebsorten: Cabernet Sauvignon (85 bis 100%). Farbe: kräftiges Rubinrot. Geruch: sortentypisch, angenehm, intensiv. Geschmack: trocken, rund, harmonisch. Alkoholgehalt: 12%. Alterung: bis zu 6 Jahren. Zu Braten und altem Käse zu trinken.

**SANTA MARGHERITA DI BELICE E MONTEVAGO.** – **Bianco.** Rebsorten: Ansonica (30–50%), Grecanico und/oder Cataratto bianco lucido (50 bis 70%). Farbe: zartes Strohgelb mit grünlichen Reflexen. Geruch: delikat, fruchtig, sortentypisch. Geschmack: trocken, harmonisch, lebhaft, frisch. Alkoholgehalt: 10,5%. Zu allen Speisen, insbesondere zu Fisch zu trinken. – **Ansonica.** Rebsorten: Ansonica (85 bis 100%). Farbe: zartes Strohgelb mit grünlichen Reflexen. Geruch: intensiv, fruchtig, sortentypisch. Geschmack: trocken, mit angenehm nachhaltigem Aroma. Alkoholgehalt: 10,5%. Als Aperitif und zu Fisch zu trinken. – **Cataratto.** Rebsorten: Cataratto (85–100%). Farbe: leuchtendes Strohgelb. Geruch: delikat, duftend. Geschmack: trocken, harmonisch, lebhaft. Alkoholgehalt: 10,5%. Zu allen Speisen zu trinken. – **Grecanico.** Rebsorten: Grecanico (85–100%). Farbe: zartes Strohgelb mit grünlichen Reflexen. Geruch: delikat, sortentypisch, fein. Geschmack: trocken, voll, sortentypisch. Alkoholgehalt: 10,5%. Zu Fisch zu trinken. – **Rosso.** Rebsorten: Nero d'Avola (20–50%), Sangiovese und/oder Cabernet Sauvignon (50–80%). Farbe: rubinrot mit

## Enoteche

**Enoteca Miceli**
via Gen. Streva 18/A
☎ 091306805

**Enoteca Picone**
via Marconi 36
☎ 091331300

**Trapani**

**Bourbon Street**
via Fardella 207
☎ 0923871188

## DOC-Weine aus Westsizilien

granatroten Nuancen. Geruch: weinig, ätherisch, besonders fein. Geschmack: trocken, leichte Tannine, gut strukturiert. Alkoholgehalt: 11,5%. Alterung: bis zu 4–5 Jahren. Zu allen Speisen, besonders zu rotem Fleisch zu trinken. – **Nero d'Avola.** Rebsorten: Nero d'Avola (85–100%). Farbe: lebhaftes Rubinrot. Geruch: weinig, sortentypisch. Geschmack: trocken, leichte Tannine, gut strukturiert. Alkoholgehalt: 11,5%. Alterung: bis zu 6 Jahren. Zu Braten und altem Käse zu trinken. – **Sangiovese.** Rebsorten: Sangiovese (85–100%). Farbe: rubinrot, bisweilen mit kirschroten Reflexen. Geruch: weinig, sortentypisch. Geschmack: trocken, gut strukturiert. Alkoholgehalt: 11,5%. Alterung: bis zu 4 Jahren. Zu allen Speisen.

**SCIACCA.** – **Bianco.** Rebsorten: Grecanico und/oder Inzolia und/oder Chardonnay und/oder Cataratto lucido (min. 70%). Farbe: strohgelb mit grünlichen Reflexen. Geruch: delikat, zart duftig. Geschmack: trocken, lebhaft, harmonisch. Alkoholgehalt: 11,5%. Alterung: bis zu 2 Jahren. Zu Fisch zu trinken. – **Chardonnay.** Rebsorten: Chardonnay (85–100%). Farbe: strohgelb mit goldgelben Reflexen. Geruch: fruchtig, charakteristisch. Geschmack: harmonisch, frisch. Alkoholgehalt: 11,5%. Alterung: bis zu 2 Jahren. Zu Fisch zu trinken. – **Grecanico.** Rebsorten: Grecanico (85–100%). Farbe: zur Blässe neigendes Strohgelb. Geruch: delikat, sortentypisch. Geschmack: harmonisch, angenehm. Alkoholgehalt: 10%. Zu Fisch zu trinken. – **Inzolia.** Rebsorten: Inzolia (85–100%). Farbe: mehr oder weniger kräftiges Strohgelb. Geruch: intensiv, charakteristisch, fruchtig. Geschmack: harmonisch, charakteristisch, angenehm. Alkoholgehalt: 10,5%. Als Aperitif oder zu Fisch. – **Riserva Rayana.** Rebsorten: Cataratto lucido oder Inzolia (85–100%). Farbe: tiefes Goldgelb. Geruch: intensiv, nachhaltig. Geschmack: voll, angenehm. Alkoholgehalt: 13,5%. Alterung: mindestens 2 Jahre, davon 1 Jahr im Holzfass, dann noch 7–8 Jahre. Zu ausgesuchten Speisen, würzigem Käse und zum Abschluss der Mahlzeit zu trinken. – **Rosato.** Rebsorten: Cabernet Sauvignon und/oder Merlot und/oder Nero d'Avola und/oder Sangiovese (min. 70%), oder gleichzeitige Vermaischung der für den Bianco und den Rosso vorgesehenen Traubensorten. Farbe: mehr oder weniger intensives Rosé. Geruch: delikat, fein duftig. Geschmack: harmonisch, lebhaft. Alkoholgehalt: 10,5%. Alterung: bis zu 2 Jahren. Zu allen Speisen zu trinken. – **Rosso.** Rebsorten: Cabernet Sauvignon und/oder Merlot und/oder Nero d'Avola und/oder Sangiovese (min. 70%). Farbe: rubinrot. Geruch: weinig, trocken. Geschmack: leicht tanninherb. Alkoholgehalt: 11,5%. Alterung: bis zu 3–4 Jahren. Qualitätsstufen: *Riserva* mit 12% Alkohol und mindestens 2 Jahren Alterung, davon 1 Jahr im Holzfass. Zu allen Speisen zu trinken, die Riserva zu Grillfleisch und würzigem Käse. – **Cabernet Sauvignon.** Rebsorten: Cabernet Sauvignon (85–100%). Farbe: intensives Rubinrot. Geruch: intensiv, charakteristisch. Geschmack: trocken, rund, harmonisch. Alkoholgehalt: 12%. Alterung: bis zu 5–6 Jahren. Zu rotem Fleisch und Käse zu trinken. – **Merlot.** Rebsorten: Merlot (85–100%). Farbe: mehr oder weniger intensives Rubinrot. Geruch: weinig, ziemlich intensiv, charakteristisch. Geschmack: trocken, mitunter geschmeidig, harmonisch. Alkoholgehalt: 12%. Alterung und Trinkempfehlung: siehe Cabernet Sauvignon. – **Nero d'Avola.** Rebsorten: Nero d'Avola (85–100%). Farbe: mehr oder weniger intensives Rubinrot. Geruch: delikat, charakteristisch. Geschmack: harmonisch, voll. Alkoholgehalt: 11,5%. Alterung: bis zu 5 Jahren. Zu allen Mahlzeiten. – **Sangiovese.** Rebsorten: Sangiovese (85–100%). Farbe: dunkles Rubinrot. Geruch: intensiv, charakteristisch. Geschmack: voll, harmonisch. Alkoholgehalt: 11,5%. Alterung: bis zu 5–6 Jahren. Zu allen Mahlzeiten.

### Veranstaltungskalender

**April**
**S. Biagio Platani**
❹ Gli Archi di Pasqua (Osterfest)

**Mai**
**Prizzi**
① Sagra Agropastorale (Bauern- und Hirtenfest)

**Juni**
**Menfi**
Menfi e il suo Vino (Weinfest)

## Gaumenfreuden

In Sizilien hat der Feinschmecker wirklich keine Schwierigkeiten, auf seine Kosten zu kommen. Die Küche ist so vielfältig wie vielleicht sonst nirgendwo in Italien: fürstliche Speisen kommen ebenso auf den Tisch wie einfache Gerichte aus dem Gefolge der einstigen zahlreichen Herrscher, und allen gemeinsam ist ein ausgeprägter Geschmack, wofür die Nudeln mit Sardinen und der wilde Fenchel das beste Beispiel sind.

In Palermo empfehlen wir vor allem die Restaurants Santandrea und Casa del Brodo am Vucciria-Markt, Cascinari beim Mercato delle Pulci (Flohmarkt) und Il Ristorantino außerhalb des Zentrums. In der Umgebung servieren Franco 'u Piscaturi und Nello il Greco in Porticelli fangfrischen Fisch. Zweifellos das beste Lokal der Provinz indes ist wohl das Mulinazzo an der Strada Statale nach Agrigent. In der Provinz Trapani weht ein afrikanischer Wind und der Fisch wird mit Hartweizengrieß zu einem Meeres-Couscous komponiert. In der Provinzhauptstadt selbst bekommt man dieses Gericht bei Peppe, in San Vito lo Capo bei Alfredo oder im Tha'am. Fest in der Tradition verwurzelt bleibt das Hotel Moderno in Erice, das arabisch-sizilianische Küche bietet und zudem über eine bezaubernde Terrasse verfügt. In Marsala ist das Restaurant La Favorita zu nennen und in Mazara das Pescatore. Wer an der Südküste in Richtung Agrigent unterwegs ist, sollte sich das Vigneto in Menfi und die Hostaria del Vicolo vormerken, ein Glanzpunkt im Zentrum von Sciacca.

Ein anderes Kapitel ist die Küche Ostsiziliens. Das Zentrum bildet Catania, inmitten einer Ebene gelegen, deren Gewächshäuser das ganze Jahr über Gemüse hervorbringen. In den Restaurants gibt es deshalb jede Menge Primi mit Gemüse, allen voran die Spaghetti alla Norma mit Auberginen, Tomaten und gesalzener Ricotta, die der Küchenchef des Hotelrestaurants Poggio Ducale meisterhaft zubereitet. In der Provinz Messina liefert das Meer die Zutaten, die Hauptrolle spielt Schwertfisch, besonders in Form der unvergleichlichen Rouladen (im Savoya lassen sie einen geradezu dahinschmelzen). Die Äolischen Inseln glänzen durch ausgezeichnete Fischgerichte, aber auch durch Zicklein und Käse, und das Filippino in Lipari ist berühmt für seine «maccaruna». In der Provinz Siracusa halten sich Meer und Land die Waage. Ein Beispiel bietet die bekannte Trattoria Don Camillo auf der Insel Ortigia, deren Spaghetti mit Auberginen und Schwertfisch oder mit Seeigelragout einfach hervorragend sind. Auch in der Provinz Ragusa geben sich Gemüse und Fisch ein Stelldichein – in Ragusa selbst verwöhnt das La Pergola mit einem Venusmuschel-Gemüse-Ragout –, doch die eigentliche Spezialität ist der Käse. Erwähnung verdient schließlich das Hotel Eremo della Giubiliana, ein wunderschön restauriertes historisches Weingut an der Straße nach Marina di Ragusa.

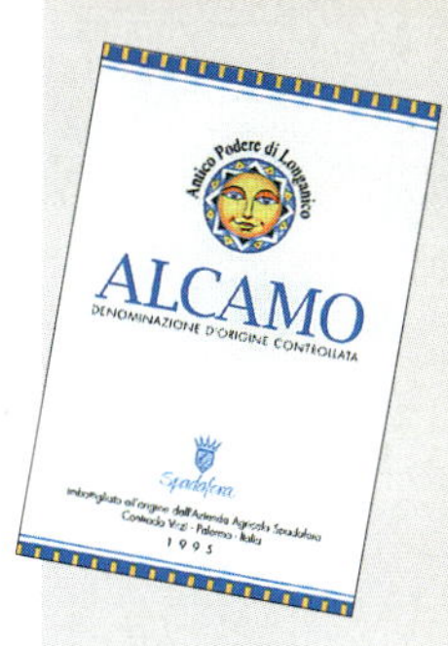


### Veranstaltungskalender

**August**
**Alcamo**
❶❷❸❹ Alcamo Doc Estate (Sommerliches DOC-Weinfest)

**September**
**Marsala**
❹ Giornate enoturistiche di Marsala (Weintage)
**Petrosino**
Sagra dell'Uva e del Vino (Trauben- und Weinfest)

**Oktober**
**Montevago**
Sagra del Vino (Weinfest)
**Palermo**
❶❷❸❹ Medivini

**November**
**Alcamo**
❶❷❸❹ Alcamo Doc (Weinfest)

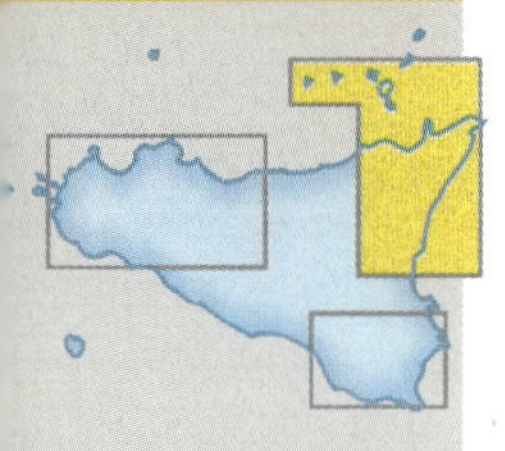

# Der Ätna und das Val Demone

*Im Nordosten der Insel kommt dem Gebiet um den Ätna die größte Bedeutung zu. Außerdem wird an den Hängen der Monti Peloritani und auf den Äolischen Inseln Wein angebaut.*

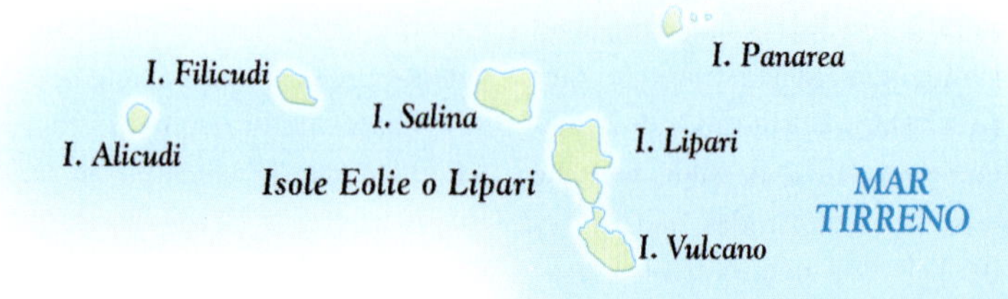


## Hotels und Restaurants

**Aci Castello**
**President Park Hotel ★★★**
via Litteri 88
☎ 0957116111
**Eden Riviera ★★★**
Aci Trezza
via Litteri 57
☎ 095277760
**Alioto**
2 km nach Cannizzaro
via Mollica 26
☎ 095494444
**Acireale**
**Santa Tecla Palace ★★★**
4 km nach Santa Tecla
via Balestrate 100
☎ 0957634015
**La Brocca D'u Cinc'Oru**
corso Savoia 49/A
☎ 095607196
**Äolische Inseln**
**Filippino – 1910**
Lipari
piazza Municipio
☎ 0909811002
**A Cannata**
Santa Marina Salina
via Umberto I 13
☎ 0909843161
**Capo d'Orlando**
**La Tartaruga ★★★**
località
Lido San Gregorio
☎ 0941955012

In der vom gewaltigen Massiv des Ätna überragten Provinz Catania bilden die Hänge des Vulkans das wichtigste Anbaugebiet. Die jenseits des beeindruckenden Alcantaratals gelegene Provinz Messina verfügt über Rebflächen auf den sowohl der Straße von Messina als auch dem Tyrrhenischen Meer zugewandten Flanken der Monti Peloritani; die Erzeuger sind in Milazzo angesiedelt. Die über die Vulkanfelsen verstreuten Weinberge der Äolischen Inseln runden das Spektrum ab.

## Nerello am Ätna, Malvasia auf den Äolischen Inseln

Der DOC-Bereich Etna erstreckt sich über die äußeren Hänge des Vulkans zwischen Randazzo und Adrano auf einer Höhe von 500 Metern. Auf dem fruchtbaren Lavaboden gedeihen hauptsächlich rote Trauben, namentlich der einheimische Nerello in den Varianten Nerello mascalese und Nerello Cappuccio, wobei Ersterer unter den roten Rebsorten der Region dominiert. Bei den weißen ist zunächst der allgegenwärtige Catarratto zu nennen, außerdem Carricante (Catanese bianco) und Minella bianca. Das Anbaugebiet in den Monti Peloritani gehört hingegen zum DOC-Bereich Faro, wo ebenfalls die roten Reben überwiegen, allen voran Nocera, aus der früher in Milazzo die bekannten für den Verschnitt bestimmten Weine erzeugt wurden. Im Archipel der Äolischen Inseln konzentriert sich die Produktion auf das grüne Eiland Salina, wo die Malvasia-Rebe trotz des mühsamen Anbaus auf unebenem Gelände so gut Fuß gefasst hat, dass ein DOC-Prädikat vergeben wurde.

## Weinstädte

**Randazzo.** Die ganz aus Lavagestein erbaute mittelalterliche Stadt liegt oberhalb des Flusses Alcantara an der Nordseite des Ätna. Drei Völker – Griechen, Römer und Langobarden – haben sie geprägt und jedes hat seine eigene Kirche errichtet. Ganz in der Nähe befindet sich die Abtei von Maniace, die Admiral Nelson zu einer prachtvollen Residenz umgestalten ließ. Die hiesige DOC-Produktion Etna wird am ersten Mai mit einem **Weinfest** gefeiert; im August das Sommerfest **Randazzo Estate.**

**Linguaglossa.** Der Ort an der Nordostseite des Vulkans ist nach dem Lavastrom benannt, der ihn vor Jahrhunderten einmal bedrohte. Von hier aus führt eine schöne Zufahrt zum Ätnapark und auf den Krater hinauf. Die Küche ist die einer Bergregion: Wurstspezialitäten, Käse und Pilze kann man samt den hervorragenden Weinen Mitte Juli bei der **Sagra dell'Etna** oder am 15. August bei der **Festa di San Rocco** zu Ehren des Ortsheiligen probieren.

Weiter unten, bei der berühmten Alcantaraschlucht, liegt **Castiglione di Sicilia** mit seinen «palmenti», den traditionellen Gärbehältern, und einer Enoteca Communale. **Piedimonte Etneo** an der Straße nach Fiumefreddo ist ein sehenswertes Dorf aus dem 17. Jahrhundert. Im Hinterland von Giarre reihen sich an der auf halber Höhe verlaufenden Straße drei Weinstädte aneinander: **Milo,** wo im September die Weinveranstaltung **Vinmilo** stattfindet, **Sant'Alfio** mit seinem **Sonntagsmarkt** und dem Sommerfest **Etna e Musica** sowie **Santa Venerina** mit zahlreichen gastronomischen Veranstaltungen Ende September: **Enoetna, Concorso Enologico S. Venerina, Mostra Mercato dei Prodotti Tipici.**

**Milazzo.** Die Rebflächen an den steil zum Tyrrhenischen Meer hin abfallenden Hängen der Monti Peloritani bringen eine Vielfalt von Weinen hervor. Sehenswert die Burg auf der Landzunge.

**Und außerdem ... Santa Maria di Salina** und **Viagrande.**

## Kellereien

**Linguaglossa.** *Valle Galfina, 2 km auf der Strada Provinciale nach Zafferana, contrada Arrigo, Tel. 0959 33694 und 095647789.* **Milo.** *Barone di Villagrande, via del Bosco 25, Tel. 0957894339.*

## Tourenvorschläge

**Die Straße der Ätnaweine.** Ein Streifzug durch die abwechslungsreiche Ätnalandschaft von **Catania.** Das Wahrzeichen der zweitgrößten Stadt Siziliens ist der von einem ägyptischen Obelisk und den Insignien der Stadtheiligen Sant'Agata gekrönte Elefantenbrunnen. Neben Kirchen und Palazzi sollte man sich die Häuser des

## Hotels und Restaurants

**Catania**
**Excelsior** ★★★
piazza Verga 39
☎ 095537071
**Poggio Ducale** ★★★
**Poggio Ducale – da Nino** 🍴🍴
via Paolo Gaifami 5
☎ 095330016
**La Siciliana** 🍴🍴🍴
viale Marco Polo 52/a
☎ 095376400
**Messina**
**Royal Palace Hotel** ★★★
via Cannizzaro 224
☎ 0906503
**Casa Savoya** 🍴🍴
via XXVII Luglio 36
☎ 0902934865
**Milazzo**
**Eolian Inn** ★★★
via Cappuccini 21
☎ 0909286133
**Villa Esperanza** 🍴🍴
via Baronia 191
☎ 0909222916
**Randazzo**
**Trattoria Veneziano** 🍴
via dei Romano 8
☎ 0957991353
**San Giovanni La Punta**
**Villa Paradiso dell'Etna** ★★★
**La Pigna** 🍴🍴🍴
via per Viagrande 37
☎ 0957512409
**Giardino di Bacco** 🍴🍴
via Piave 3
☎ 0957512727

Schriftstellers Verga und des Komponisten Bellini nicht entgehen lassen. Empfehlenswert das Jugendstil-Hotel Poggio Ducale mit dem hervorragenden Restaurant Da Nino. Weiter geht's entlang der Costa dei Ciclopi nach **Aci Castello** mit seiner Normannenburg und **Aci Trezza,** einem alten Fischerdorf mit den vorgelagerten Faraglioni-Inseln, die der Legende nach der Zyklop Polyphem dem flüchtenden Odysseus hinterhergeworfen haben soll. In **Acireale** sehenswerte Barockgebäude. Speisen sollte man im Restaurant La Brocca D'u Cinc'Oru oder im originellen Ouliveto in Trecastagni, ein Stück weiter im Landesinneren. Ganz in der Nähe führt eine Straße in den beeindruckenden Parco Naturale dell'Etna. Zurück an der Küste erreicht man **Giarre** und etwas weiter westlich davon auf halber Höhe des Kraterhangs eine Reihe von Weinstädten (→): Santa Venerina, Milo mit der Kellerei Barone di Villagrande (→) und Sant'Alfio. Weitere Weinstädte (→) liegen im nördlich des Vulkans verlaufenden Alcantaratal: Linguaglossa mit der Kellerei Valle Galfina (→), Piedimonte Etneo, Castiglione di Sicilia und Randazzo. Den krönenden Abschluss bildet das prachtvolle und elegante **Taormina,** wo man über den Corso bummeln und von der Piazza aus einen bezaubernden Blick genießen kann. Das Teatro Greco bietet mit seiner natürlichen Kulisse von Meer und Ätna unvergessliche Aufführungen. Unter den Hotels empfehlen wir Villa Belvedere, Villa Ducale und Villa Schuler, unter den Restaurants das zentral gelegene Al Duomo.

**Die Straße des Malvasia di Lipari.** Die «Meertour» bietet eine einzigartige Verbindung von Vulkanstränden und Inselkellereien. **Milazzo.** Die Weinstadt (→) lockt mit kleinen Stränden an der Landzunge, einem alten Ortskern mit Burg und einem reichhaltigen Angebot für Gourmets, darunter das des Restaurants Villa Esperanza. Verkostungen bei der exzellenten Kellerei Grasso. **Lipari.** Ausgrabungsstätten und prachtvolle Gebäude erzählen die Geschichte der größten Äolischen Insel, die nach ihrer Kolonisierung ein fester Anlaufpunkt für die Mittelmeervölker wurde. Man stärke sich in dem eleganten Lokal Filippino und breche zur Reise durch den Archipel auf: Die grüne Insel **Salina** ist das Zentrum der Weinproduktion und in der Kellerei Caravaglio Antonino kommt man dem berühmten äolischen Malvasia am besten näher. Danach «sprin-

## Hotels und Restaurants

**Taormina**

**Villa Belvedere** ★★★
via Bagnoli Croce 79
☎ 094223791

**Villa Ducale** ★★
via L. Da Vinci 60
☎ 094228153

**Villa Schuler** ★★
piazzetta Bastione
☎ 094223481

**Al Duomo** 🍴
vico Ebrei 11
☎ 0942625656

**Trecastagni**

**Uliveto** 🍴
via Perni 4
☎ 0957806988

## Agriturismo

**Acireale**

**Il Limoneto**
Scillichenti
via D'Amico 41
☎ 095886568

**Caltagirone**

**La Casa degli Angeli**
SP 39 bei km 9
☎ 093325317

ge» man von Insel zu Insel und genieße überall Bade- und Gaumenfreuden: z. B. im A Cannata.

**Zwischen zwei Meeren.** Schon vor mehreren tausend Jahren wurden auf dieser Ost-Süd-Querverbindung zwischen Catania und Camarina, den beiden Häfen am Ionischen Meer und am Golf von Gela, die Weine der Insel transportiert. Auf Betreiben von Salvatore Consentino, Wissenschaftler aus Caltagirone, wurde «die älteste Weinstraße der Welt» kürzlich von der Provinz Catania anerkannt und soll nun als solche wieder erstehen. Sie wird durch vier Provinzen und die DOC-Bereiche Etna und Cerasuolo di Vittorio führen, wobei archäologische Funde und Überreste der alten Straße die verlässliche Rekonstruktion erlauben. Die Händler aus der Ägäis landeten in **Catania** («Katane»). Auf dem Landweg durch die Ebene von Simeto trafen sie zunächst auf Lentini («Lentinoi»), eine Kolonie der Chalkiden aus Naxos, und Palagonia («Palica»), wichtige Stadt der Sikeler. Weitere Stationen waren Mineo («Mene») und **Caltagirone,** seit frühesten Zeiten Markt und Zentrum der auf Weinamphoren spezialisierten Keramikproduktion. Hier begann der Abstieg zur Südküste nach **Camarina,** der

## Agriturismo

**Catania**

**Bagnara**
contrada Cardinale
☎ 095336407

**Fondo 23**
via S. Giuseppe
La Rena, fondo 23
☎ 095592521

**Tusa**

**Borgo degli Olivi**
contrada Aielli
☎ 090712430

## Enoteche

**Acireale**

**Il Tocco di Vino**
via Galatea 18/20
☎ 0957634215

**Catania**

**Cantine del Cugno Mezzano**
via Museo Biscari 8
☎ 0957158710

**C.I.L.D.A. Scalia**
via V. Giuffrida 1
☎ 095445737

**Taormina**

**La Torinese**
corso Re Umberto I 56
☎ 094223321

bedeutenden, im 5. Jahrhundert v. Chr. gegründeten syrakusischen Kolonie. Auf der ganzen Strecke befanden sich in regelmäßigen Abständen Rastplätze, wohin vermutlich auch die landwirtschaftlichen Erzeugnisse der Gegend gebracht wurden. Aus diesen Siedlungen entstanden in späterer Zeit die Ortschaften, die heute die Handelsstraße säumen. Dass die Strecke im Gegensatz zu der geradlinigen Verbindung zwischen dem Golf von Catania und dem Golf von Gela so gewunden ist, liegt daran, dass Ebenen und Talsohlen damals zum Großteil mit Wasser bedeckt waren.

## DOC-Weine aus Nordostsizilien

**ETNA. – Bianco.** Rebsorten: Carricante (60–100%), Cataratto bianco comune und/oder Cataratto bianco lucido (bis 40%), Trebbiano und/oder Minnella bianca (bis 15%). Produktion: 1250 hl (70 ha). Farbe: strohgelb, bisweilen mit leichten goldgelben Reflexen. Geruch: delikater Carricante-Duft. Geschmack: trocken, frisch und harmonisch. Alkoholgehalt: 11,5%. Alterung: bis zu 2 Jahren. Qualitätsstufen: *Superiore* 12% Alkohol und bis zu 3 Jahren Alterung. Zu Meeresfrüchten und Krustentieren. **– Rosato.** Rebsorten und Produktion: siehe Rosso. Farbe: ins Rubinrote spielendes Rosé. Geruch: intensiv, sortentypisch. Geschmack: trocken, warm, robust, voll, harmonisch. Alkoholgehalt: 12,5%. Alterung: bis zu 3 Jahren. Zu allen Speisen zu trinken. **– Rosso.** Rebsorten: Nerello mascalese (80–100%), Nerello mantellato (bis 20%). Produktion: 6063 hl (190 ha). Farbe: rubinrot, bei zunehmender Alterung mit leicht granatroten Reflexen. Geruch: weinig, mit intensivem sortentypischem Duft. Geschmack: trocken, warm, robust, voll, harmonisch. Alkoholgehalt: 12,5%. Alterung: bis zu 6 Jahren. Zu Braten und Wildgerichten zu trinken.

**FARO.** Rebsorten: Nerello mascalese (45–60%), Nerello Cappuccio (15 bis 30%), Nocera (5–10%). Produktion: 51 hl (1 ha). Farbe: mehr oder weniger kräftiges Rubinrot, mit zunehmender Alterung ins Ziegelrote spielend. Geruch: delikat, ätherisch, nachhaltig. Geschmack: trocken, harmonisch, mit mittlerem Körper, sortentypisch. Alkoholgehalt: 12%. Alterung: mindestens 1 Jahr, dann bis zu 6 Jahren. Zu rotem Fleisch und Wild zu trinken.

**MALVASIA DELLE LIPARI.** Rebsorten: Malvasia di Lipari (höchstens 95%), Corinto nero (5–8%). Produktion: 323 hl (16 ha). Farbe: goldgelb bis bernsteinfarben. Geruch: aromatisch, sortentypisch. Geschmack: süß und aromatisch. Alkoholgehalt: 8+3,5%. Alterung: mindestens 1 Jahr, dann noch 10 Jahre und mehr. Arten: *Liquoroso* mindestens 20% Alkohol und 6 Jahre Alterung (dann noch 10 Jahre und mehr), *Passito* (auch dolce naturale) mindestens 18% Alkohol und 6 Monate Alterung (dann noch 10 Jahre und mehr). Zu Obst und Süßspeisen zu trinken, Liquoroso und Passito in Mußestunden.

### Veranstaltungskalender

**Mai**
**Randazzo**
1. Mai
Sagra del Vino (Weinfest)

**August**
**Milo**
① Verkaufsaustellung von Milo- und Ätna-Weinen
**Sant'Alfio**
③ Salsicciata e Vino (Würstchen- und Weinfest)

**September**
**Licodia Eubea**
① Sagra dell'Uva (Traubenfest)
**Santa Venerina**
Enoetna, Weinwettbewerb und Verleihung des Preises «A Cannata d'Oro»

**Dezember**
**Zafferana Etnea**
24.–26. Sagra del Vino e delle Castagne (Wein- und Kastanienfest)

# Die Provinz Siracusa und das Val di Noto

*Am Südzipfel der Insel, der das Ionische vom südlichen Mittelmeer trennt, stoßen auch zwei verschiedene Weingebiete aufeinander.*

Der Südosten Siziliens, geographisch durch die Kalksteinhochebene Ibleo geprägt, verfügt über zwei Anbauregionen, die ihre Berühmtheit tief in der Tradition verwurzelten Rebsorten verdanken: Auf der dem Ionischen Meer zugewandten Seite liegen die DOC-Gebiete Moscati di Noto und Siracusa, auf der Südseite wird der berühmte Cerasuolo di Vittoria gewonnen.

## Das große Erbe der Geschichte

Das Rebsortenspektrum ist klar definiert: In der Provinz Siracusa überwiegt Moscato bianco, während im Süden am weitesten Frappato verbreitet ist, eine rote Traube ungewissen Ursprungs, die aber seit jeher in der Provinz Ragusa angebaut wird. Gewöhnlich wird sie, wie zum Beispiel für den Cerasuolo di Vittoria, mit anderen Trauben gemischt, seit einigen Jahren erbringt sie jedoch auch reinsortig gekeltert beachtliche Ergebnisse. Gängig ist auch die Rebsorte Nero d'Avola oder Calabrese, die sich zwar auf der ganzen Insel findet, hier aber, ob reinsortig oder im Verschnitt, die besten Ergebnisse liefert. Bleibt noch der DOC-Bereich Eloro zu erwähnen, der eingeführt wurde, um die im Südteil der Provinz Siracusa erzeugten Rotweine zu fördern.

### Hotels und Restaurants

**Augusta**
**Donna Ina** 🍴
6 km nach
Faro Santa Croce
☎ 0931983422

**Caltagirone**
**G.H. Villa San Mauro** ★★★
via Porto Salvo 10
☎ 093326500

**Caltanissetta**
**San Michele** ★★★
via Fasci Siciliani
☎ 0934553750
**Cortese** 🍴
viale Sicilia 166
☎ 0934591686

**Castelbuono**
**Vecchio Palmento** 🍴
via Failla 4
☎ 0921672099

**Gela**
**Aurora** 🍴
piazza Vittorio Veneto 1
☎ 0933917711

**Isnello**
**Piano Torre Park Hotel** ★★★
8 km nach Piano Torre
☎ 0921662671

**Marina di Ragusa**
**Terraqua** ★★★
via delle Sirene 35
☎ 0932615600

**Palazzolo Acreide**
**Senatore** ★★★
largo Senatore Italia
☎ 0931883443
**Il Portico** 🍴
largo Senatore Italia
☎ 0931881532

## Hotels und Restaurants

**Piazza Armerina**
**Al Fogher**
contrada Bellia 1
☎ 0935684123

**Portopalo di Capo Passero**
**Alta Marea**
via L. Tasca 1
☎ 0931842979

**Ragusa**
**Mediterraneo Palace** ★★★
via Roma 189
☎ 0932621944

**La Pergola**
piazza Luigi Sturzo 6/7
☎ 0932255659

**Syrakus**
**Forte Agip** ★★★
viale Teracati 30
☎ 0931463232

**Grand Hotel** ★★★
viale Mazzini 12
☎ 0931464600

**Jolly** ★★★
corso Gelone 43
☎ 0931461111

**Jonico – a' Rutta 'e Ciauli**
riviera Dionisio il Grande 194
☎ 093165540

**Don Camillo**
via Maestranza 92
☎ 093167133

**Vittoria**
**Grand Hotel** ★★★
vico III Pisacane 53/B
☎ 0932863888

## Weinstädte

**Noto.** Der Corso und die Piazza geben eine großartige barocke Kulisse ab. Die architektonische Gestaltung ist deshalb so einheitlich, weil die Stadt nach dem Erdbeben von 1693 komplett neu aufgebaut wurde. Leider ist der Dom nicht im besten Zustand. Der berühmteste Wein ist der Moscato, ihm stehen die Roten des kürzlich eingeführten DOC-Bereichs Eloro zur Seite. Am dritten Sonntag im Mai gibt es das Blütenfest **Infiorata** und im August das Stadtfest **Agosto Netino.**

**Pachino.** Die wichtige Weinstadt in der Nähe des Capo Passero, der südlichen Spitze des sizilianischen Dreiecks, hat zuletzt mit dem DOC-Wein Eloro Rosso Pachino von sich reden gemacht. Touristische Attraktionen der Gegend sind die Strände und die Teiche mit vielfältiger Fauna. Ein großes Fischfest, das einen Einblick in die kulinarischen Spezialitäten des Orts verschafft, bildet den Höhepunkt des **Agosto Pachinese.**

**Vittoria.** Am Fuß der Monti Iblei, inmitten von Gewächshäusern, in denen Gemüse angebaut wird, hat sich das Städtchen um einen alten Kern herum ausgebreitet. Seine Gründung im Jahr 1607 geht auf Vittoria Colonna zurück, Gräfin von Modica, die damit ihrem Lehen neue Bedeutung verleihen wollte. Das verheerende Beben am Ende des 17. Jahrhunderts zerstörte die Stadt, doch wurde sie auf dem gleichen rechtwinkligen Grundriss wieder aufgebaut und hat sich mit vielen Gebäuden des 18. und 19. Jahrhunderts ein historisches Aussehen bewahrt. Aus Nero d'Avola und Frappato wird der Cerasuolo di Vittoria gekeltert, auf den sich die gleichnamige DOC gründet. Der Bereich ist so groß. dass er auch **Riesi,** genau zwischen Licata und Gela auf der Hochebene gelegen, mit einschließt.

**Und außerdem ... Butera.**

## Kellereien

**Acate.** *Valle dell'Acate, contrada Bidini, Tel. 0932874166. Öffnungszeiten: nach Voranmeldung Montag bis Freitag 9–17 Uhr.* Wenige Kilometer von Vittoria entfernt hat die überaus sympathische Kellermeisterin Gaetana Jacono hier eine Hochburg des modernen sizilianischen Weinbaus geschaffen. Von den Kellergewölben aus dem 19. Jahrhundert gelangt man direkt zu den hoch technisierten Kelteranlagen. In den alten Gärräumen werden dann die Weine des Hauses verkostet: zunächst die Roten, unter anderem ein in der Barrique ausgebauter DOC Cerasuolo di Vittoria und ein reinsortiger Frappato mit kräftigem Gewürzaroma, dann der mit unvergleichlicher Sorgfalt aus Inzolia gekelterte Bidis Bianco und schließlich die Grappa di Cerasuolo. Übernachtung (Agriturismo) und Restaurant im nahe gelegenen, sehr zu empfehlenden Il Carrubo.

**Und außerdem ... Acate.** *Torrevecchia, contrada Torrevecchia, Tel. 0932990951.* **Comiso.** *Avide, strada Provinciale 7 bei km 1,5, contrada Mendolilla, Tel. 0932967456.* **Vittoria.** *Cos, piazza del Popolo 34, Tel. 0932864042. Maggio Vini, contrada Marangio, Tel. 0932984771.*

## Tourenvorschläge

**Die Straßen des Nero d'Avola und des Cerasuolo di Vittoria.** Eine ausgedehnte Tour quer durch die Region, die man in der Mitte unterbrechen kann, wenn man nicht die lange Fahrt über enge, wenngleich bezaubernde Gebirgsstraßen auf sich nehmen will. Der nördliche Streckenabschnitt beginnt in **Palermo** und führt zunächst nach **Casteldaccia** mit der berühmten Kellerei Duca di Salaparuta. Dann geht es weiter nach **Cerda, Castelbuono** und **Vallelunga Pratameno,** wo ein Besuch bei der Kellerei Tasca d'Almerita und anderen vom Istituto Regionale della Vite e del Vino empfohlenen Erzeugern auf dem Programm steht. Speisen sollte man im Vecchio Palmento in Castelbuono, einem ruhigen, landestypischen Lokal, das in der Pilzsaison zu Bestform aufläuft. Zum Übernachten sei das Piano Torre Park Hotel in Isnello, im Herzen des Parco regionale delle Madonie, empfohlen. **Caltanissetta** in der Mitte der Insel und **Piazza Armerina** mit den berühmten Mosaiken in der römischen Villa von Casale sind die ersten Stationen im südöstlichen Streckenabschnitt. In **Caltagirone,** bekannt für die traditionelle Herstellung glasierter Keramik, betritt man das Gebiet des Cerasuolo. Die Weinstadt (→) **Vittoria** mit vielfältigem Angebot aus Küche und Keller ist Heimat des gleichnamigen DOC-Weins. Mitglied des Movimento del Turismo del Vino ist die Kellerei Cos (→), ebenso wie die Betriebe Valle dell'Acate (→) und Torrevecchia (→) im nahen Acate. Eine ganze Reihe von Erzeugern haben sich auch in **Comiso** angesiedelt. **Cava d'Ispica,** eine lang gestreckte Schlucht im Kalkplateau, lockt hingegen mit Ausgrabungsstätten und großartiger Natur. Schließlich erreicht man **Ragusa,** einst von den Sikelern gegründet, mit der für den Südosten Siziliens typischen barocken Architektur. Charakteristisch für die Stadt ist die Herzlichkeit ihrer Bewohner, die der Gast etwa im Restaurant La Pergola bei gekonnt variierten traditionellen Gerichten und einer guten Weinauswahl genießen kann. An der Straße nach Marina di Ragusa liegt das Eremo della Giubilana, ein zum stilvollen Hotel umgebautes traditionelles Weingut, wo es unter anderem leckeres Fisch-Couscous gibt. Wer will, kann noch bis **Modica** weiterfahren, ein weiteres Musterbeispiel des sizilianischen Barock sowie Sitz des Lokals Antica Dolceria Bonaiuto, einem Muss für Genießer.

### Agriturismo

**Acate**
**Il Carrubo**
contrada Bosco Grande-Canalotti
☎ 0932989038

**Carlentini**
**Tenuta di Roccadia**
contrada Roccadia
☎ 095990362

**Terias**
località Corridore del Pero
☎ 095997212

**Nicosia**
**Masseria Mercadante**
contrada Mercadante
☎ 0935640771

**Noto**
**Il Roveto**
località Roveto – Vendicari
☎ 093166024

**Piazza Armerina**
**Savoca**
contrada Polleri
☎ 0935683078

**Ragusa**
**Eremo della Giubilana**
contrada Giubilana
via L. da Vinci 24
☎ 0932669119

## DOC-Weine aus Südostsizilien

**CERASUOLO DI VITTORIA.** Rebsorten: Frappato (mindestens 40%), Calabrese (bis 60%), Grosso nero, Nerello mascalese (bis 20%). Produktion: 2254 hl (77 ha). Farbe: kirschrot. Geruch: weinig, alkoholstark, mit delikatem Duft. Geschmack: warm, trocken, voll, rund, harmonisch. Alkoholgehalt: 13%. Alterung: bis zu 2 bis 3 Jahren. Zu Grillfleisch, Wildbret und allen würzigen Speisen zu trinken.

**ELORO.** – **Rosato.** Rebsorten: Nero d'Avola und/oder Frappato und/oder Pignatello (90–100%). Farbe: mehr oder weniger kräftiges Graurosé (Œil de Perdrix) mit granatroten Reflexen. Geruch: delikat, mit Fruchtaroma. Geschmack: fruchtig, sortentypisch, samtig, leichte Säure. Alkoholgehalt: 11,5%. Alterung: bis zu 2 Jahren. Zu allen Speisen zu trinken. – **Rosso.** Rebsorten: Nero d'Avola und/oder Frappato und/oder Pignatello (90–100%). Produktion: 98 hl (14 ha). Farbe: mehr oder weniger kräftiges Rubinrot, bisweilen mit violetten oder granatroten Reflexen. Geruch: frisch, robust, leicht ätherisch. Geschmack: ausgewogene Tannine, angenehm trocken im Abgang, leicht bitter, frisch. Alkoholgehalt: 12%. Alterung: bis zu 5 Jahren. Zu Grillfleisch und Wildbret zu trinken. – **Frappato.** Rebsorten: Frappato (90 bis 100%). Farbe: mehr oder weniger kräftiges Rot. Geruch: sortentypisch, intensiv. Geschmack: trocken, harmonisch und sortentypisch. Alkoholgehalt: 12%. Alterung: bis zu 7 Jahren. Zu Bratengerichten und altem Käse zu trinken. – **Nero d'Avola.** Rebsorten: Nero d'Avola (90–100%). Farbe: mehr oder weniger kräftiges Rot. Geruch: weinig, sortentypisch. Geschmack: trocken und sortentypisch. Alkoholgehalt: 12%. Alterung: bis zu 6 Jahren. Zu Bratengerichten und altem Käse zu trinken. – **Pachino.** Rebsorten: Nero d'Avola (80–100%), Frappato und/oder Pignatello (bis 20%). Farbe: kräftiges Rubinrot, nach Alterung mit granatroten Reflexen. Geruch: intensiv, mit Moschusaroma, großzügig. Geschmack: körper- und tanninreich, samtig im Abgang, robust. Alkoholgehalt: 12,5%. Alterung: mindestens 6 Monate, dann bis zu 6 Jahren. Qualitätsstufen: *Riserva* mindestens 2 Jahre Alterung (dann bis zu 6–7 Jahren). Zu Wildbret zu trinken. – **Pignatello.** Rebsorten: Pignatello (90–100%). Farbe: mehr oder weniger kräftiges Rot. Geruch: zart weinig, sortentypisch. Geschmack: sortentypisch, trocken, angenehm. Alkoholgehalt: 12%. Alterung: bis zu 5 Jahren. Zu Bratengerichten und altem Käse zu trinken.

**MOSCATO DI NOTO.** Rebsorten: Moscato bianco (100%). Produktion: 191 hl (5,3 ha). Farbe: mehr oder weniger kräftiges Goldgelb bis hin zu bernsteinfarben. Geruch: sortentypisch mit Muskatduft. Geschmack: leicht aromatisch und sortentypisch. Alkoholgehalt: 8+3,5%. Alterung: bis zu 2 Jahren. Arten: *Spumante* 8+5% Alkohol. Qualitätsstufen: *Liquoroso* 16+6% Alkohol und mindestens 6 Monate Alterung (dann noch 10 Jahre und mehr). Der Weißwein und der Spumante sind zum Dessert zu trinken, der Liquoroso ist ein Tropfen für Mußestunden.

**MOSCATO DI SIRACUSA.** Rebsorten: Moscato bianco (100%). Farbe: goldgelb, bisweilen mit bernsteinfarbenen Reflexen. Geruch: delikat, sortentypisch. Geschmack: süß, samtig, angenehm. Alkoholgehalt: 14,5+2,5%. Alterung: 10 Jahre und mehr. Zum Dessert und in Mußestunden zu trinken.

*Frappato.*

### Enoteche

**Noto**
**Caffè Sicilia**
corso Vittorio Emanuele 125
☎ 0931835013

**Ragusa**
**Caffè Pasticceria Gelateria Ambassador**
via Archimede 6/8
☎ 0932624701

**Enoteca Ristorvip – Lo Presti**
via O. M. Corbino 29
☎ 0932652990

**Syrakus**
**Enoteca Solaria**
via Roma 86
☎ 0931463007

**Auf der Straße des Moscato di Noto.** Die Schönheit seiner Barockbauten und der jahrtausendealte Ruf seines Moscato machen Noto zur Hauptattraktion dieser kleinen Rundstrecke, deren Ausgangpunkt jedoch **Syrakus** bildet. In der Stadt selbst wie auf der Insel Ortigia haben viele Jahrhunderte ihre Spuren hinterlassen, und die antiken Bauten erzählen die Geschichte einer der mächtigsten Städte des alten Griechenland. Es gibt viele gute Restaurants, allen voran das Don Camillo mit seiner innovativen, leichten Meeresküche. Einen Besuch wert ist auch das berühmte Jonico – 'a Rutta 'e Ciauli in den Räumen einer Villa aus dem frühen 19. Jahrhundert, von deren Terrasse aus man auf die Felsen blickt. Auf dem Weg ins Landesinnere lege man bei den Ausgrabungsstätten **Pantalica** und **Palazzolo Acreide** einen Halt ein. Die Strecke ist auch landschaftlich interessant: Durch das wunderschöne Tal des Flusses Anapo, heute Naturschutzgebiet, kann sich, wer mag, mit dem Pferdewagen kutschieren lassen. Die Barock- und Weinstadt (→) **Noto** sollte sich kein Sizilienreisender entgehen lassen. Der Blick reicht über die herrlichen Strände bis zum Capo Passero und zu der nicht weit entfernten Weinstadt (→) **Pachino.**

## Veranstaltungskalender

**August–September**
**Riesi**
20. August–10. September
Sagra del Pesco dell'Uva
(Pfirsich- und Traubenfest)

# Sardinien

## Eine Insel mit Klasse

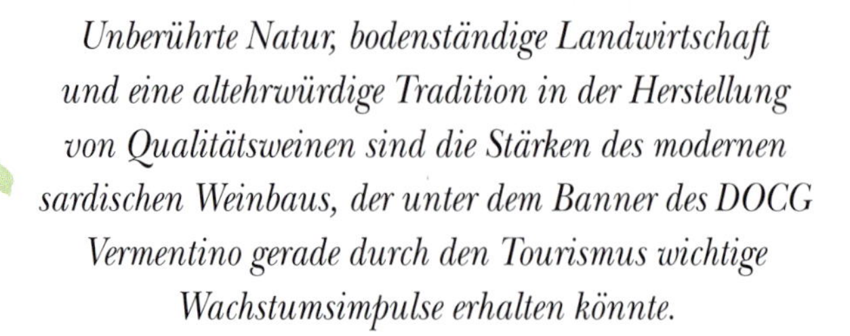

*Unberührte Natur, bodenständige Landwirtschaft und eine altehrwürdige Tradition in der Herstellung von Qualitätsweinen sind die Stärken des modernen sardischen Weinbaus, der unter dem Banner des DOCG Vermentino gerade durch den Tourismus wichtige Wachstumsimpulse erhalten könnte.*

Aus dem Jahr 1392 stammt die Urkunde «Carta de Logu», mittels derer Eleonora, Herrin über das Judikat von Arborea, die Pflanzung von Rebstöcken auf Brachland anordnete. Zwar blickte der Weinbau Sardiniens zu jenem Zeitpunkt bereits auf eine jahrtausendealte Geschichte zurück, doch legte erst dieses Dekret den Grundstein für seine weitere Verbreitung und damit letztlich auch für seine heutigen Erfolge.

### Vom Campidano nach Gallura

Trockene Weiße mit viel Charakter, eine einzigartige Auswahl an Dessertweinen und darüber hinaus rote Gewächse, die sich immer rascher Gunst und Anerkennung zu erobern wissen – so stellt sich in groben Zügen die moderne sardische Weinkultur dar. Die Anbaufläche kann, auch wenn bestimmte Rebsorten überall auf der Insel anzutreffen sind, in drei Weinregionen unterteilt werden: Im Süden das weitläufige Umland von Cagliari, das sowohl die Campidanoebene als auch die sie umgebenden Höhenzüge des Iglesiente und des Sarrabus umfasst, im Landesinneren die ausgedehnten Ebenen Alto Campidano und Sinis, die von Oristano ihren Ausgang nehmen und sich bis zum Bergland von Arborea und den Hügeln von Mandrolisai in der Gegend um Nuoro erstrecken, und im Norden schließlich die weiten Flächen der Nurra bei Alghero, die Hügellandschaft von Logudoro südlich von Sassari und die spröde, vom Wind geformte Landschaft der Gallura in Richtung Olbia.

### Eine traditionsbewusste Insel

Die Statistik zeichnet das Bild einer hinsichtlich ihres Weinbaus traditionsverbundenen Insel: Die Rebsorten sind in der Mehrheit autochthon, allen voran der weiße Nuragus (22 Prozent) sowie die roten Cannonau (20 Prozent) und Monica (18 Prozent). Zählt man noch Pascale di Cagliari, Vermentino bianco und Carignano hinzu, so sind bereits 80 Prozent der Produktion erfasst. Die bekanntesten unter den verbleibenden Rebsorten sind sicherlich Malvasia di Sardegna, Vernaccia di Oristano und Girò, und als einzige «Eindringlinge» vom italienischen Fest-

**Movimento del Turismo del Vino**
Pina Argiolas
c/o Cantina Argiolas
via Roma 54/58
Serdiana (Ca)
☎ 070740606

land konnten sich Sangiovese und Trebbiano durchsetzen. Einige Rebsorten sind mittlerweile auch außerhalb ihrer Ursprungsgegend auf der Insel anzutreffen: Typisches Beispiel hierfür sind Cannonau, Monica und Moscato, in jüngerer Vergangenheit jedoch war auch ein Vordringen der Vermentino-Traube über die Grenzen der Gallura hinaus zu verzeichnen. Auf mehr als drei Vierteln der sardischen Rebflächen herrscht die Gobelet-Erziehung vor, während die verbleibenden Rebstöcke nach dem Guyot-System erzogen werden.

## Weinbau mit Aufholbedarf

Bemerkenswert für den sardischen Weinbau ist der Umstand, dass die Produktion von zwei Millionen Hektolitern in den 70er-Jahren auf derzeit 700 000 bis 800 000 Hektoliter abgesunken ist. Dies erklärt sich unter anderem durch die im Hinblick auf Überschusskappungen von der EU geförderte Reduzierung der Anbauflächen, vor allem jedoch durch die regelmäßig wiederkehrenden Dürreperioden, in deren Folge zahlreiche Weinberge einfach aufgegeben wurden. Und so hat sich die merkwürdige Situation ergeben, dass Sardinien zwar qualitativ höherwertige Produkte auf Flaschen zieht als früher, dabei aber die stark gestiegene Nachfrage mangels Nachschub nicht erfüllen kann: Mehr als 90 Prozent der hiesigen Weine werden auf der Insel selbst getrunken, womit aber nur etwas mehr als die Hälfte des Bedarfs abgedeckt ist. Um diese Schieflage auszugleichen, wird die Neuanpflanzung einheimischer Rebsorten gefördert, ohne deswegen jedoch importierte Sorten gänzlich außer Acht zu lassen, die gleichzeitig die Produktion aufwerten und für ein breiteres Weinangebot sorgen.

## Qualität im Zentrum der Aufmerksamkeit

Angesichts eines DOCG-Prädikats, nämlich für den Vermentino di Gallura, weiterer 19 DOC-Bereiche und zahlreicher IGT-Weine ist es unschwer nachvollziehbar, dass die sardischen Önologen vor allem auf Qualität setzen. Die DOC-Erzeugnisse machen mehr als zehn Prozent des Gesamtproduktionsvolumens der Insel aus und liegen damit deutlich über dem Durchschnitt der anderen Regionen Mittel- und Süditaliens. Den DOC-Gewächsen kommt dabei die Aufgabe zu, die aus traditionellen oder auch aus importierten Reben reinsortig gekelterten Weine einem breiteren Publikum bekannt zu machen, während den Winzern bei den Vini da Tavola größere Gestaltungsmöglichkeiten für die Erprobung komplexerer Verschnittrezepte bleiben. Aushängeschild des Weinbaus der Zukunft ist der Vermentino, der als hochwertigstes Produkt in alle Welt exportiert wird.

*Vermentino.*

DOCG- und DOC-Bereiche in Sardinien
Bocche di Bonifacio
Santa Teresa Gallura
I. Maddalena
I. Caprera
Palau
I. Asinara
Golfo dell'Asinara
Liscia
Olbia
Castelsardo
Tempio Pausania
Coghinas
Porto Torres
Sassari
Lago di Coghinas
R. Mannu
Ozieri
Siniscola
C. Caccia
Alghero
Capo Comino
Tirso
Cedrino
Nuoro
Bosa
Macomer
Dorgali
MAR DI SARDEGNA
Orgosolo
Golfo di Orosei
Abbasanta
Lago Omodeo
Fonni
Monti del Gennargentu 1834
Tirso
Oristano
Laconi
Arbatax
Lanusei
Arborea
Ierzu
Terralba
MAR TIRRENO
Mannu
Lago Mulargia
Guspini
Sanluri
Flumendosa
S. Andrea Frius
Muravera
Iglesias
Cixerri
Carbonia
Stagno di Cagliari
CAGLIARI
Villasimius
Isola di San Pietro
S. Antioco
Isola di Sant'Antioco
Teulada
Golfo di Cagliari
Capo Carbonara
Capo Teulada
Anbaugebiet mit kontrollierter Herkunftsbezeichnung
Anbauzone mit DOCG-Status
Anbauzone mit DOC-Status
Scala 1:1 500 000
0 15 30 km

1. DOCG Vermentino di Gallura – 867 ha in 21 Gemeinden der Provinz Sassari und in zwei Orten der Provinz Nuoro
2. DOC Alghero – 622 ha in 7 Gemeinden der Provinz Sassari, darunter Alghero und ein Teil der Gemeinde Sassari
3. DOC Arborea – 17 ha in 50 Gemeinden der Provinz Oristano, darunter Arborea
4. DOC Campidano di Terralba oder Terralba – 81 ha in 23 Gemeinden der Provinzen Cagliari und Oristano, darunter Terralba
5. DOC Cannonau di Sardegna – 1774 ha in verschiedenen Gegenden der Insel in den Provinzen Cagliari, Oristano, Sassari und Nuoro.
6. DOC Carignano del Sulcis – 279 ha in 17 Gemeinden der Provinz Cagliari
7. DOC Girò di Cagliari – 11 ha in zahlreichen Gemeinden der Provinzen Cagliari und Oristano
8. DOC Malvasia di Bosa – 39 ha in 7 Gemeinden der Provinz Nuoro, darunter Bosa
9. DOC Malvasia di Cagliari – 49 ha auf dem Gebiet der Provinzen Cagliari und Oristano
10. DOC Mandrolisai – 212 ha auf dem Gebiet von 6 Gemeinden der Provinz Nuoro und 1 Gemeinde der Provinz Oristano
11. DOC Monica di Cagliari – 83 ha in zahlreichen Gemeinden der Provinzen Cagliari und Oristano
12. DOC Monica di Sardegna – 909 ha in ganz Sardinien
13. DOC Moscato di Cagliari – 29 ha in zahlreichen Gemeinden der Provinzen Cagliari und Oristano
14. DOC Moscato di Sardegna – 40 ha in ganz Sardinien
15. DOC Moscato di Sorso-Sennori – 13 ha auf dem Gebiet der Gemeinden Sorso und Sennori, Provinz Sassari
16. DOC Nasco di Cagliari – 42 ha in zahlreichen Gemeinden der Provinzen Cagliari und Oristano
17. DOC Nuragus di Cagliari – 1465 ha in zahlreichen Gemeinden der Provinzen Cagliari, Nuoro und Oristano
18. DOC Sardegna Semidano – 23 ha auf dem gesamten Gebiet der Provinzen Cagliari, Sassari, Nuoro und Oristano
19. DOC Vermentino di Sardegna – 879 ha in ganz Sardinien
20. DOC Vernaccia di Oristano – 870 ha in zahlreichen Gemeinden der Provinz Oristano sowie in der Provinzhauptstadt selbst

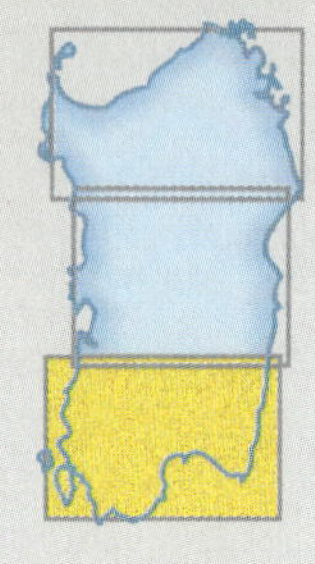

# Cagliari und sein Umland

*Die Weinberge im Süden der Insel reichen auf der einen Seite von der Campidanoebene bis ins Sulcis und nach Sant'Antioco, auf der anderen Seite bis zum Sarrabus und dem Tyrrhenischen Meer.*

Hinsichtlich ihrer Ausdehnung wie auch ihrer Produktion ist dies die bedeutendste Weingegend der Insel. Die Anbaufläche umfasst die gesamte Provinz Cagliari, sprich die Campidanoebene, die sich von Cagliari zunächst nach Oristano erstreckt und dann zum Meer hin auftut und die von den Höhenzügen Iglesiente und Sulcis im Westen sowie Trexenta und Sarrabus im Osten umrahmt ist. Dieser Landstrich, in dem praktisch alle sardischen DOC-Erzeugnisse vertreten sind, ist das Schatzkästlein traditioneller Weine, in dem sowohl exklusive Gewächse wie auch zwar ortsspezifische, aber dennoch für die gesamte Insel bedeutungsvolle Tropfen erzeugt werden.

## Das große Schaufenster der sardischen Weine

Die bekanntesten trockenen Weißweine werden von Nuragus und Cannonau gekeltert. Ersterer ist der Klassenprimus des sardischen Weinbaus und gilt gleichzeitig als die älteste Traube der Insel – es heißt, sie sei von den Phöniziern eingeführt worden oder vielleicht sogar auf Sardinien entstanden. Ihr Anbaugebiet reicht bis in die Provinz Oristano und in einige Gemeinden der Provinz Nuoro. Die Cannonau-Rebe mit mut-

### Hotels und Restaurants

**Barumini**
**Su Nuraxi** 🍴🍴
Strada Provinciale
☎ 0709368305

**Cagliari**
**Mediterraneo** ★★★
lungomare Colombo 46
☎ 070301271

**Regina Margherita** ★★★
viale Regina Margherita 44
☎ 070670342

**Dal Corsaro** 🍴🍴🍴
viale Regina Margherita 28
☎ 070664318

**Flora** 🍴🍴
via Sassari 47
☎ 070664735

**Antica Hostaria** 🍴🍴
via Cavour 60
☎ 070665870

**Calasetta**
**Cala di Seta** ★★★
via Regina Margherita 61
☎ 078188304

**Stella del Sud** ★★★
località Spiaggia Grande
☎ 0781810188

**Da Pasqualino** 🍴
via Roma 99
☎ 078188473

maßlich spanischer Abstammung ist eine Verwandte der französischen Grenache beziehungsweise der aragonesischen Garnacha. Aus ihr werden in den Ortschaften Villaputzu, Muravera und Capoferrato im Osten der Provinz Cagliari IGT-Weine gekeltert. Auf der gegenüberliegenden Seite, im Sulcis und besonders in der Gegend von Sant'Antioco, dreht sich hingegen alles um die rote Carignano-Rebe, die ebenfalls aus Spanien oder Südfrankreich stammt und Grundlage eines ausgesprochen großzügigen Weins ist. Farbintensiv ist auch der Girò, ein reinsortiges Gewächs aus der gleichnamigen Rebsorte, der mit seiner feinen Süße jede Mahlzeit auf wundervolle Weise ausklingen lässt. Unter den für Sardinien typischen Dessertweinen folgt dann der ebenfalls aus roten Trauben bereitete Monica, während die wohl schon von den Byzantinern eingeführte Malvasia und die Nasco-Traube, die insbesondere in der Campidanoebene angebaut wird und zu den ältesten Rebsorten der Insel zählt, Weißweine liefern.

## Kellereien

**Santadi.** *Cantina Sociale Santadi, via Su Pranu 12, Tel. 0781950012. Öffnungszeiten: 8–13, in den Sommermonaten auch 17.30–19.30 Uhr, Sonntag geschlossen (außer nach Voranmeldung).* Die Genossenschaftskellerei vertritt etwa 250 Winzer aus dem südlichen Sulcis, deren Reben auf einem weitläufigen Areal von der Küste bis hin zu den ersten Hügeln des Hinterlands gedeihen, mit einem trockenen warmen Klima, das der Qualität der lokalen Rebsorten besonders zuträglich ist. Die Spitzengewächse der Kellerei werden von Carignano gekeltert, darunter der Rosso DOC und die großartige Riserva Rocca Rubia sowie die ausgezeichneten Vini da Tavola Terre Brune (mit einem geringen Anteil an Bovaleddu-Trauben) und Araja (ein interessanter Verschnitt mit Sangiovese).

**Serdiana.** *Argiolas, via Roma 56/58, Tel. 070740606. Öffnungszeiten: Montag–Freitag 8–13 und 14.30 bis 17.30 Uhr, Voranmeldung erwünscht.* Weinberge wie «Gärten, Beispiele hoch professioneller Wein- und Rebkultur» heißt es über dieses

## Hotels und Restaurants

**Capoterra**
**Sa Cardiga e Su Schironi** 🍴🍴
5 km nach Maddalena Spiaggia
☎ 07071652

**Carloforte**
**Hieracon** ★★★
corso Cavour 62
☎ 0781854028

**Costa Rei**
**Sa Cardiga e Su Pisci** 🍴🍴
piazza Sardegna 10
☎ 070991108

**Decimomannu**
**Sa Mesa** 🍴
SS 196
☎ 0709647781

**Domus de Maria**
**Grand Hotel Chia Laguna** ★★★★
7 km nach Chia
☎ 07092391

**Iglesias**
**Artu** ★★★
piazza Q. Sella 15
☎ 078122492

**Portoscuso**
**La Ghinghetta** ★★★★ 🍴🍴🍴
via Cavour 28
☎ 0781508143

## DOC-Weine aus der Region Sardinien

**CANNONAU DI SARDEGNA. – Rosato.** Rebsorten: Cannonau (90–100%). Farbe: leuchtendes Rosé. Geruch: angenehm, sortentypisch. Geschmack: trocken, würzig, sortentypisch. Alkoholgehalt: 12,5%. Alterung: mindestens bis zum 1. März nach der Lese, dann bis zu 3 Jahren. Qualitätsstufen: geographische Spezifikation *Oliena, Nepente di Oliena, Capo Ferrato, Jerzu*. Zu allen Speisen, besonders zu weißem Fleisch zu trinken. **– Rosso.** Rebsorten: Cannonau (90 bis 100%). Produktion: 11303 hl (501 ha). Farbe: mehr oder weniger kräftiges Rubinrot, mit der Alterung zu orange tendierend. Geruch: angenehm, sortentypisch. Geschmack: trocken, schmackhaft, sortentypisch. Alkoholgehalt: 12,5%. Alterung: mindestens bis zum 1. März nach der Lese, dann bis zu 5 Jahren. Zu rotem Fleisch und pikantem Käse zu trinken. Arten: *Liquoroso Secco* 18+ höchstens 0,6% Alkohol und 1 Jahr Alterung (dann noch 10 Jahre und mehr), *Liquoroso Dolce Naturale* mindestens 18+3% Alkohol und 1 Jahr Alterung (dann noch 10 Jahre und mehr). Zum Dessert und in Mußestunden zu trinken. Qualitätsstufen: geographische Spezifikation *Oliena, Nepente di Oliena, Capo Ferrato, Jerzu; Riserva* mindestens 13% Alkohol und 2 Jahre Alterung (dann bis zu 7 Jahren); zu Wild und altem Käse.

**MONICA DI SARDEGNA.** Rebsorten: Monica (85–100%). Produktion: 9938 hl (247 ha). Farbe: leuchtendes, helles Rubinrot, mit der Alterung zu amarantrot tendierend. Geruch: angenehmer, intensiv ätherischer Duft. Geschmack: trocken oder lieblich, schmackhaft mit sortentypischem Abgang. Alkoholgehalt: 11%. Alterung: mindestens 6 Monate, dann bis zu 4 Jahren. Arten: *Frizzante Naturale*. Qualitätsstufen: *Superiore* mindestens 12,5% Alkohol und 1 Jahr Alterung (dann bis zu 6 Jahren). Zu allen Speisen zu trinken, der Superiore insbesondere zu Wild und pikantem Käse.

**MOSCATO DI SARDEGNA.** Rebsorten: Moscato bianco (90–100%). Produktion: 1511 hl (27 ha). Farbe: leuchtendes Strohgelb. Geruch: aromatisch, delikat, sortentypisch. Geschmack: süß, delikat, fruchtig, typisch für Moscato. Alkoholgehalt: 11,5%. Alterung: bis zu 2–3 Jahren. Arten: *Spumante*. Qualitätsstufen: geographische Spezifikation *Gallura* und *Tempio Pausania*. Als Dessertwein zu trinken.

**SARDEGNA SEMIDANO.** Rebsorten: Semidano (85–100%). Produktion: 633 hl (20 ha). Farbe: strohgelb mit zu Goldgelb tendierenden Reflexen. Geruch: delikat fruchtiger und sortentypischer Duft. Geschmack: weich, schmackhaft, frisch. Alkoholgehalt: 11,5%. Arten: *Spumante, Passito* 13+2% Alkohol. Qualitätsstufen: geographische Spezifikation *Mogoro* 11,5%; *Superiore* 13% Alkohol. Zu Fisch zu trinken, der Passito zum Abschluss der Mahlzeiten und in Mußestunden.

**VERMENTINO DI SARDEGNA.** Rebsorten: Vermentino (85–100%). Produktion: 28061 hl (551 ha). Farbe: von fast papierhellem Weiß bis strohgelb. Geruch: sortentypischer Duft, delikat und angenehm. Geschmack: trocken oder lieblich, schmackhaft, frisch und säuerlich, mit leicht bitterem Abgang. Alkoholgehalt: 9,5+1%. Zu Fischgerichten zu trinken. Arten: *Amabile*, zu allen Speisen zu trinken; *Spumante Secco* 10+1%, als Aperitif oder zu allen Speisen; *Spumante Amabile* 10+1% Alkohol, als Dessertwein zu trinken.

### Hotels und Restaurants

**Pula**

**Villa del Parco** ★★★
6 km nach S. Margherita
☎ 070921516

**Flamingo** ★★★
6 km nach S. Margherita
SS 195 bei km 33
☎ 0709208361

**Mare e Pineta** ★★★
6 km nach S. Margherita
SS 195 bei km 33
☎ 0709208361

**Su Gunventeddu** 🍴
3 km nach Nora
località Su Gunventeddu
☎ 0709209092

**Urru** 🍴
6 km nach S. Margherita
via Tirso 26
☎ 070921491

**Quartu Sant'Elena**

**Italia** ★★★
via Panzini Ecke
viale Colombo
☎ 070827070

große Gut im Trexenta, einer Gegend, die schon in der Antike für ihre Weine berühmt war. Das Angebot ist gewaltig: Zunächst sind die DOC-Weine mit Rebsortenangabe zu nennen, etwa die weißen Nuragus Sélegas und Vermentino Costamolino und die roten Cannonau Costera und Monica Perdera. Dann die Vini da Tavola, beispielsweise der überwiegend von Vermentino gekelterte weiße Argiolas, der in Barriques ausgebaute rote Turriga aus Cannonau, Carignano und Bovale sardo oder der Rosé Serra Loi aus Bovale, Monica und Pascale. Und schließlich gibt es den weißen Dessertwein Angialis aus überreifen Nasco-Trauben, der in französischem Holz ausgebaut wird. Erwähnenswert ist auch der Novello Alasi, dessen sardischer Traubenanteil durch einen Schuss Montepulciano abgerundet wird.
**Und außerdem ... Serdiana.** *Pala, via Verdi 7, Tel. 070740284, E-Mail: cantinapala@tiscalinet.it*

## Tourenvorschläge

**Campidano, Trexenta und Sarrabus.** Die Route führt durch das Hinterland von Cagliari und die Höhenzüge, die sich zur Ostküste hin erstrecken. Hierher stammen der Cannonau di Sardegna Capoferrato, der Nasco, der Girò, der Moscato di Cagliari und der Sardegna Semidano. **Cagliari.** Die Hafenstadt ist umschlossen von einem Gürtel aus Salinen und «stagni» genannten meernahen Seen, an denen man sogar Flamingos beobachten kann. Von ihrer stolzen Geschichte zeugen Türme und Kirchen aus der Zeit der Pisaner, eine spanisch gegrägte Festung sowie Stadtviertel aus dem 18. und 19. Jahrhundert, die auf ligurische und piemontesische Vorbilder verweisen. Im archäologischen Museum sind in zahlreichen Ausstellungsräumen Fundstücke aus der

Nuraghen-Kultur zu bestaunen, darunter wunderbare bronzene Kultgegenstände. Wem der Sinn nach weiteren Entdeckungen steht, findet in Cagliari und Umgebung eine ganze Reihe lohnender Ziele. Anschließend kann man sich im Dal Corsaro, einer Institution guter Regionalküche, in der Nähe des Hafens stärken: Familie Deidda serviert ausgezeichnete Fischgerichte und auch der schöne Weinkeller ist bestens bestückt. Unsere zweite Empfehlung gilt der in derselben Gegend gelegenen Antica Hostaria, einem kleinen, eleganten Lokal, in dem traditionelle

### Hotels und Restaurants

**Setar** ★★★
7 km nach S'Oru de Mari
via Leonardo da Vinci 1
☎ 070860210
**Hibiscus** 🍴🍴
via Dante 81
☎ 070881373
**Sant'Antioco**
**Moderno** ★★
via Nazionale 82
☎ 078183105
**La Laguna** 🍴🍴
lungomare
Vespucci 37
☎ 078183286
**Senorbì**
**Sporting Hotel Trexenta** ★★★
via Piemonte
☎ 0709809383
**Severino** 🍴🍴
via Piemonte 3
☎ 0709808181
**Teulada**
**Antica Trattoria del Vico** 🍴
vicolo I Martiri 10
☎ 0709270701
**Villanovaforru**
**Le Colline** ★★★
località Funtana Jannus
☎ 0709300123

Gerichte auf gelungene Weise neu interpretiert werden. DOC-Weine kauft man am besten in der Antica Enoteca Cagliaritana bei den Scalette di S. Chiara. Dann verlässt man die Stadt über die Staatsstraße 195 Sulcitana in Richtung Capoterra, Uta und Villaspeciosa im Landesinneren. Naturfreunde sollten den nahe gelegenen WWF-Naturpark Monte Arcosu besuchen, letztes Refugium des sardischen Hirschen. Weiter geht's nach **Decimomannu** mit seiner viel besuchten Wallfahrtskirche S. Greca und von dort aus über Monastir und die landschaftlich reizvolle Strada Centrale Sarda nach **Senorbì,** der einstigen Hauptstadt des historischen Verwaltungsbezirks Curatoria Trexenta mit einer altehrwürdigen Weintradition. Verkostungen und

## DOC-Weine aus dem Süden Sardiniens

**CARIGNANO DEL SULCIS. – Rosato.** Rebsorten: Carignano (85–100%). Produktion: 895 hl. Farbe: mehr oder weniger kräftiges Rosé. Geruch: angenehm weinig. Geschmack: trocken, harmonisch. Alkoholgehalt: 11,5%. Alterung: bis zu 2 Jahren. Arten: *Frizzante.* Zu allen Speisen, besonders zu weißem Fleisch zu trinken. – **Rosso.** Rebsorten: Carignano (85–100%). Produktion: 6204 hl (169 ha). Farbe: rubinrot. Geruch: weinig, angenehm intensiv. Geschmack: trocken, schmackhaft, harmonisch. Alkoholgehalt: 12%. Alterung: mindestens 6 Monate, dann bis zu 4 Jahren. Arten: *Passito* 14+2% Alkohol, 10 Jahre Alterung und länger. Qualitätsstufen: *Novello* 11,5% Alkohol, *Riserva* mindestens 12,5% Alkohol und 2 Jahre Alterung (dann bis zu 7 Jahren), *Superiore* mindestens 13% Alkohol und 2 Jahre Alterung (dann bis zu 10 Jahren). Zu allen Speisen zu trinken, die Riserva und der Superiore zu rotem Fleisch und Wild, der Passito in Mußestunden.

**GIRÒ DI CAGLIARI. – Dolce Naturale.** Rebsorten: Girò (100%). Farbe: mehr oder weniger zartes Rubinrot. Geruch: delikat mit leichtem Traubenaroma. Geschmack: angenehm, warm, samtig. Alkoholgehalt: 12+2,5%. Alterung: mindestens 8 Monate, dann bis zu 5 Jahren. Arten: *Secco, Liquoroso Dolce* oder *Secco* mindestens 17,5% Alkohol und 8 Monate Alterung (dann noch 10 Jahre und mehr). Qualitätsstufen: *Liquoroso Riserva* mindestens 17,5% Alkohol und 2 Jahre Alterung (dann noch 10 Jahre und mehr). Der Dolce ist zum Abschluss der Mahlzeiten oder zum Dessert zu trinken, der Secco zu rotem Fleisch und mittelaltem Käse, Liquoroso und Liquoroso Riserva zum Abschluss der Mahlzeiten und in Mußestunden.

**MALVASIA DI CAGLIARI. – Dolce.** Rebsorten: Malvasia di Sardegna (100%). Produktion: 154 hl (9,6 ha). Farbe: zu goldgelb tendierendes Strohgelb. Geruch: intensiver Duft, delikat, sortentypisch. Geschmack: süß, alkoholisch, mit dem Aroma gerösteter Bittermandeln im Abgang. Alkoholgehalt: 12+2%. Alterung: mindestens 8 Monate, dann bis zu 6 Jahren. Arten: *Secco* mindestens 13,5+0,5% Alkohol und 8 Monate Alterung (dann bis zu 6 Jahren), *Liquoroso Dolce* mindestens 15+2,5% Alkohol und 8 Monate Alterung (dann 10 Jahre und mehr), *Liquoroso Secco* mindestens 16,5+1% und 8 Monate Alterung (dann 10 Jahre und mehr). Qualitätsstufen: *Liquoroso Dolce* oder *Secco Riserva* mindestens 17,5% Alkohol und 2 Jahre Alterung (dann bis zu 5 Jahren der Secco, 10 Jahre und mehr der Dolce). Der Dolce zum Abschluss der Mahlzeiten, der Secco als Aperitif und zu Krustentieren, Liquoroso Dolce, Liquoroso Secco und Liquoroso Riserva (Secco und Dolce) zum Abschluss der Mahlzeiten und in Mußestunden.

**MONICA DI CAGLIARI. – Dolce.** Rebsorten: Monica (100%). Farbe: zar-

### Hotels und Restaurants

**Villasimius**

**Simius Playa** ★★★
via del Mare
☎ 07079311

**Stella Maris** ★★★
località Campolongu
☎ 070797100

**Moro** 🍴
villaggio dei Mandorli
☎ 070798180

Einkäufe empfehlen sich in der Cantina Sociale. Die Strecke wendet sich nun wieder nach Süden in Richtung Cagliari. Zwischenstopp in **Dolianova** mit Besichtigung der Kirche S. Pantaleo und der örtlichen Kellereien. Nur wenige Kilometer entfernt liegt Serdiana, wo die exzellente Kellerei Argiolas (→), Mitglied der Weintourismusorganisation Movimento del Turismo del Vino, ihren Sitz hat. Die Reise beschließen die Orte Monserrato (mit Cantina Sociale) und Pirri (Kellerei Picciau).

Wieder verlassen wir Cagliari, diesmal allerdings in Richtung **Quartu Sant'Elena,** vorbei am wunderschönen Poettostrand und den dahinter liegenden Seen Montelargius und Santa Gilla, an denen zahlreiche Vogelarten nisten. Im

tes Rubinrot, mit der Alterung zu orange tendierend. Geruch: ätherisch, intensiv, delikat. Geschmack: angenehm, weich, samtig. Alkoholgehalt: 12+2,5%. Alterung: mindestens 8 Monate, dann noch 5 Jahre und mehr. Arten: *Secco* mindestens 13,5+0,5% Alkohol und 8 Monate Alterung (dann bis zu 4 bis 5 Jahren), *Liquoroso Dolce* mindestens 15+2,5% Alkohol und 8 Monate Alterung (dann noch 10 Jahre und mehr), *Liquoroso Secco* mindestens 16,5+1% Alkohol und 8 Monate Alterung (dann bis zu 10 Jahren). Qualitätsstufen: *Liquoroso Riserva* mindestens 17,5% Alkohol und 2 Jahre Alterung (dann noch 10 Jahre und mehr). Der Dolce zum Dessert zu trinken, der Secco zu Fleisch- und Wildgerichten sowie zu pikantem Käse, Liquoroso Dolce, Liquoroso Secco und Liquoroso Riserva zum Dessert und in Mußestunden.

**MOSCATO DI CAGLIARI.** Rebsorten: Moscato bianco (100%). Produktion: 639 hl (17 ha). Farbe: leuchtendes Goldgelb. Geruch: intensives sortentypisches Aroma. Geschmack: fein süß, samtig, erinnert an die Rebsorte. Alkoholgehalt: 12+3%. Alterung: bis zum 1. März nach der Lese, dann bis zu 5 Jahren. Arten: *Liquoroso* mindestens 15+2,5% Alkohol und 4 Monate Alterung (dann bis zu 10 Jahren). Qualitätsstufen: *Liquoroso Riserva* mindestens 15+2,5% Alkohol und 1 Jahr Alterung (dann bis zu 10 Jahren). Zum Dessert zu trinken.

**NASCO DI CAGLIARI. – Dolce.** Rebsorten: Nasco (100%). Produktion: 194 hl (10 ha). Farbe: von strohgelb bis goldgelb. Geruch: delikat mit leichtem Aroma der Rebsorte. Geschmack: angenehm, mit leicht bitterem, sortentypischem Einschlag. Alkoholgehalt: 12+2,5%. Alterung: mindestens 8 Monate, dann bis zu 5 Jahren. Arten: *Secco* mindestens 13,5+0,5% Alkohol und 8 Monate Alterung (dann bis zu 5 Jahren), *Liquoroso Dolce* mindestens 15+2,5% Alkohol und 8 Monate Alterung (dann bis zu 10 Jahren), *Liquoroso Secco* mindestens 16,5+1% Alkohol und 8 Monate Alterung (dann bis zu 10 Jahren). Qualitätsstufen: *Liquoroso Riserva* mindestens 17,5% Alkohol und 2 Jahre Alterung (dann noch 10 Jahre und mehr). Der Dolce zum Dessert zu trinken, der Secco zu Fisch und Krustentieren, der Liquoroso Dolce zum Dessert und in Mußestunden, der Liquoroso Secco und der Liquoroso Riserva in Mußestunden und als Aperitif.

**NURAGUS DI CAGLIARI.** Rebsorten: Nuragus (85–100%). Produktion: 14254 hl (465 ha). Farbe: zartes Strohgelb, mitunter mit grünlichen Reflexen. Geruch: weinig, angenehm. Geschmack: trocken oder lieblich, harmonisch, leicht säuerlich, angenehm, gut zu trinken. Alkoholgehalt: 10,5%. Alterung: bis zu 2 Jahren. Arten: *Frizzante* und *Amabile*. Zu Fisch und Meeresfrüchten, von Freunden des sortentypischen Geschmacks auch zu allen Speisen.

## Agriturismo

**Arbus**
**La Quercia**
località Riu
Martini Sibiri
☎ 0709756035

**Castiadas**
**Gli Oleandri**
Olia Speciosa
☎ 0709949031

Ort Besichtigung des Völkerkundemuseums Sa dom'e farra (Haus des Mehls), das in einem für das Campidano typischen Bauernhaus untergebracht ist. Gaumenfreuden kann man im Restaurant Hibiscus genießen, wo ein Küchenchef von Format erlesene Gerichte zubereitet. In Selargius lohnt ein Besuch der Kellerei Meloni Vini. Entlang der Staatsstraße 125 Orientale Sarda fährt man dann weiter durch das urwüchsige Gebirgsmassiv Sette Fratelli (Sieben Brüder) und gelangt bei San Priamo ans Tyrrhenische Meer. Weiter nördlich, an der Mündung des Flumendosa, erreicht man **Muravera** nebst der umliegenden Weinzentren San Vito und Villaputzu. Anschließend führt die Route an der malerischen Küste entlang Richtung Süden. In Castiádas lohnt eine Verkostung in der Cantina Sociale, bevor man dann nach **Villasimius** am äußersten Südostzipfel der Insel gelangt. Bei diesem ehemaligen Fischerdorf, dessen Neuorientierung als Fremdenverkehrsort durch endlose Strände und eine herrliche Landschaft begünstigt wird, beginnt die an schönen Ausblicken reiche Küstenstraße zurück nach Cagliari.

**Das Sulcis und seine Inseln.** Wir befinden uns in der Heimat des Carignano, einem der großen Newcomer unter den Roten der Insel, zu denen natürlich auch Monica und Vermentino di Sardegna zählen. Die Route beginnt in Iglesias, das von Cagliari aus bequem über die Staatsstraße 130 zu erreichen ist. **Iglesias.** In dieser von den Pisanern gegründeten Stadt wurde bis vor nicht allzu langer Zeit noch Bergbau betrieben. Sehenswert sind die schöne Kathedrale und das über die gesamte Umgebung verstreute «Freilichtmuseum» mit Zeugnissen der industriellen Vergangenheit. Die Strada Sud-Occidentale Sarda führt aus dem Ort hinaus und ermöglicht landschaftlich reizvolle Abstecher nach Masua und Portoscuso sowie Zwischenstopps an Nuraghen und punisch-phönizischen Ausgrabungstätten (Nuraxi Figus und Monte Sirai). Sehr zu empfehlen ist das Restaurant La Ghinghetta in Portoscuso mit wunderschönem Blick auf die Insel San Pietro: Hier lädt ein preiswertes

*Die Kellerei Argiolas in Serdiana.*

**Agriturismo**

**Fluminimaggiore**
**Gutturu Mandara**
via Vittorio Emanuele 423
☎ 0781580192

**Pula**
**Consorzio Agriturismo di Sardegna**
Villa San Pietro
☎ 078373954

**Teulada**
**Cooperativa Agrituristica Matteu**
località Matteu
☎ 0709270003

Degustationsmenu zu einer kulinarischen Entdeckungsreise ein, die Sie begeistern wird. Der nächste Halt ist **Carbonia,** eine Bergbaustadt mit typisch faschistischer Architketur, die Mussolini (wie auch andere Städte) 1938 in dem Bestreben gegründet hatte, nach dem internationalen Boykott von 1936 Italiens Autarkie herbeizuführen. Von hier aus geht es weiter über einen Damm auf die Insel Sant'Antioco – das einstige punische Sulcis ist heute dem christlichen Märtyrer geweiht, der in Cagliari begraben liegt. Weintouristen sollten die Kellerei Sardus Pater für Verkostungen und Einkäufe ansteuern. In Calasetta, von wo aus man zur Insel San Pietro übersetzen kann, befindet sich das sympathische Gasthaus Da Pasqualino, das exzellente, levantinisch angehauchte Fischgerichte bietet. Zurück auf dem Festland, geht es weiter in Richtung **Santadi** mit seiner Cantina Sociale (→), Mitglied des Movimento del Turismo del Vino. Stärken kann man sich im Restaurant Mauritania, das eine schmackhafte, vom Festland inspirierte Küche bietet. Von hier aus fährt man nun entweder über Villamassargia nach Iglesias zurück oder aber entlang der südlichen Küstenstraße über Teulada, Pula und Sarroch nach Cagliari, wobei man in den Genuss einer unvergleichlichen Landschaft mit zahlreichen Zeugnissen einer längst vergangenen Zeit kommt. In Teulada bietet sich Gelegenheit zur Einkehr in der historischen Trattoria del Vico, die Fisch- und Fleischgerichte serviert.

## Enoteche

**Cagliari**

**Antica Enoteca Cagliaritana**
Scaletta S. Chiara 21
☎ 070669386

**Liquor Vini**
viale Trieste 51/53
☎ 070650825

## Gaumenfreuden

Die sardische Küche ist vor allem vom Land, das heißt von Fleisch und Käse geprägt. Typische Fleischgerichte sind der Jungziegenbraten und das berühmte «porceddu» (Spanferkel), das über aromatischen Hölzern und Myrtenzweigen am Spieß gegrillt oder ganz traditionell in einem Erdloch unter glühenden Steinen gegart wird. Ebenso zahlreich wie köstlich sind die Käsesorten, als deren bekanntester Vertreter der Fiore Sardo in seinen verschiedenen Reifegraden zu nennen ist.

Darüber hinaus bietet die Küste der Insel natürlich auch ideale Voraussetzungen für eine abwechslungsreiche Fischküche: Die sardischen Krustentiere gelten als die besten des Mittelmeers, und weitere Delikatessen wie die unvergleichliche Bottarga (luftgetrockneter Meeräschenrogen) finden sich in Hülle und Fülle. Hiervon kann man sich in den herausragenden Restaurants der Insel leicht überzeugen: Im Al Corsaro in Cagliari bekommt man Fregula serviert, kleine Kügelchen aus Hartweizengries mit Meeresfrüchten, das Hibiscus in Quartu Sant'Elena wartet mit innovativer Küche auf, das La Ghinghetta in Portoscuso besticht mit erlesenen Kompositionen. Weiter im Norden liefern die malerischen strandnahen Seen von Cabras alle erforderlichen Zutaten für die gepflegte Küche der Restaurants Meridiana in Cuglieri und Renzo in Oristano. In Bosa lockt das hinreißende Restaurant Borgo Sant'Ignazio und in Alghero, noch weiter im Norden, das exzellente Al Tuguri, ein weiteres Muss für den Gourmet. Die berühmten Hotels entlang der Costa Smeralda bieten eine meist erstklassige, mitunter aber etwas langweilige Küche. Empfehlenswert bleiben die Restaurants Gritta in Palau und Gallura in Olbia – Letzteres verdankt seine Berühmtheit dem hingebungsvollen Engagement von Rita d'Enza, einer leidenschaftlichen Sammlerin traditioneller sardischer Rezepte. Das wahre Herz der Insel, das Gennargentu, ist nun auch nicht mehr weit: In Oliena sollte man das Su Gologone aufsuchen, ein einzigartiges Lokal, das seinen Gästen auf faszinierende und unverfälschte Weise Sitten, Gebräuche und kulinarische Spezialitäten der Region vorstellt.

Über alledem darf man indes das Brot nicht vergessen, das neben seinen Alltagsvarianten, etwa dem hauchdünnen, röschen Pan Carasau, auch in tausenderlei kunstvollen Abwandlungen von liebevollen Bäckermeistern hergestellt wird. In der Gegend zwischen Orazia Garia und Maracalagonis in der Provinz Cagliari wird diese Tradition besonders hochgehalten. Und schließlich verdienen auch die Süßspeisen eine gebührende Erwähnung: Jede italienische Region hat eine umfangreiche Süßspeisentradition, doch keine reicht in Vielfalt und Unverfälschtheit an die sardische heran. Neugierig geworden? Dann probieren Sie es doch einmal in der Konditorei Piemontese gegenüber dem schönen Markt von Cagliari oder bei den Schwestern Piccioni in Quartu Sant'Elena!

### Veranstaltungskalender

**Mai**
**Decimoputzu**
① Sagra Sa Tundimenta (Schafschurfest)

**Juni**
**Sarroch**
7. Juni Sagra di Su Coccoi (Brotfest)

**August**
**Cagliari**
② Sagra del Pesce del Golfo degli Angeli (Fischfest)

**Castiádas**
③ Sagra dell'Uva e del Vino (Weinfest)

**September**
**Monserrato**
② Fiera del Dolce e del Vino (Süßspeisen und Wein)

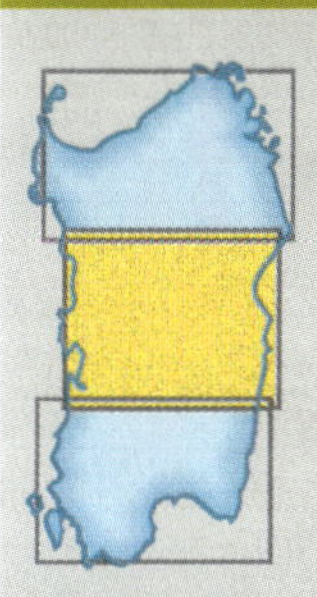

# Von Oristano nach Nuoro

*In der Region, die sich von der flachen Küste im Westen bis hin zum Bergland des Gennargentu erstreckt, vermag auch die Weinrebe ihren Teil zur faszinierenden Landschaft Mittelsardiniens beizutragen.*

Die meisten Weinbauflächen im Mittelteil der Insel liegen in der Campidano- und der Sinisebene im Umland von Oristano sowie entlang der Arboreahügel und des Mandrolisai genannten Höhenzugs zu Füßen des Gennargentugebirges. Zwei Ausläufer in der Ogliastra und am Golf von Orosei an der tyrrhenischen Küste gehören ebenfalls dazu. Typisch für diese Gegend ist das Zusammenspiel von traditionellen Rebsorten mit den erst in jüngerer Vergangenheit eingeführten Sangiovese- und Trebbiano-Trauben, wie wir es auch schon aus dem DOC-Bereich Arborea kennen. Gralshüterin der Tradition ist die aus dem Tirsotal stammende autochthone weiße Vernaccia di Oristano, von der der gleichnamige Wein reinsortig gekeltert wird. Zweiter traditioneller Weißer ist der Malvasia di Bosa DOC von Malvasia di Sardegna. Rot hingegen sind die Weine der DOC-Bereiche Campidano di Terralba und Mandrolisai. Die verbreiteste Rebsorte ist unangefochten die wahrscheinlich aus dem iberischen Raum stammende Bovale-Rebe mit den zwei Sorten Grande und Sardo; den Reigen schließen Cannonau (mit vereinzelten Anbauzonen in Oliena und Jerzu) und Monica.

## Hotels und Restaurants

**Arbatax**
**La Bitta** ★★★
località Porto Frailis
☎ 0782667080
**Del Porto** 🍴🍴
via Bellavista 14
☎ 0782667226

**Arborea**
**Giorgio e Elsa** 🍴
via Porcella 31
☎ 0783801426

**Bari Sardo**
**La Torre** ★★★ 🍴🍴
5 km nach Torre di Bari
☎ 078228030

**Bosa**
**Al Gabbiano** ★★★
2 km nach Bosa Marina
viale Mediterraneo
☎ 0785374123

**Cabras**
**Sa Funtà** 🍴🍴
via Garibaldi 25
☎ 0783290685

**Cala Gonone**
**Costa Dorada** ★★★
lungomare
Palmasera
☎ 078493333
**Al Porto** 🍴🍴
piazza del Porto 2
☎ 078493130

**Cuglieri**
**Meridiana** 🍴🍴
via Littorio 1
☎ 078539400

## Hotels und Restaurants

**Dorgali**

**Il Querceto** ★★★
via Lamarmora 4
☎ 078496509

**Ispinigoli** ★★★
12 km nach Ispinigoli
☎ 078495268

**Ghilarza**

**Su Cantaru** ★★
via Mons. Zucca 2
☎ 078554200

**Al Marchi** 🍴
via Concezione 1
☎ 078552280

**Laconi**

**Sardegna** 🍴
via Garibaldi 97
☎ 0782869033

**Lanusei**

**Villa Selene** ★★★
località Coroddis
☎ 078242471

**Nuoro**

**Canne al Vento** 🍴🍴
viale Repubblica 66
☎ 0784201762

**Giovanni** 🍴
via IV Novembre 9
☎ 078430562

**Oliena**

**Cikappa** 🍴🍴
via Martin Luther King 2
☎ 0784288024

## Weinstädte

**Jerzu.** Der altehrwürdige Ort liegt an der tyrrhenischen Küste vor der Kulisse der Tacchi, der turmhohen, steil abfallenden Kalkfelsen der Ogliastra. In dieser unwegsamen Gegend gedeiht die Cannonau-Rebe schon seit dem 18. Jahrhundert und ihr zu Ehren richtet man in der zweiten Augustwoche die **Sagra del Vino** aus.

**Oliena.** Dieses eng an an einen Ausläufer des Corrasimassivs geschmiegte Städtchen darf sich eines Cannonau rühmen, den unter anderen schon Gabriele D'Annunzio in den höchsten Tönen besang: Der wortgewaltige Dichter taufte ihn Nepente, nach dem Trank, dem die alten Griechen visionäre Kräfte zuschrieben. Der Ortsname dagegen leitet sich vom Olivenanbau her, den die Jesuiten im 17. Jahrhundert einführten.

Ganz in der Nähe in Richtung Meer liegt **Dorgali,** ein Ort mit uralten Wurzeln und einer einzigartigen Fülle an Kirchen aus dem 17. Jahrhundert, Stein gewordenes Zeugnis seiner Blütezeit. Auch dieser Ort hat sich ganz dem Cannonau verschrieben; die hier ansässige Winzergenossenschaft betreibt neben einer Enoteca auch ein Weinmuseum.

## Kellereien

**Cabras.** *Attilio Contini, via Genova 48/50, Tel. 0783290806. Öffnungszeiten: Montag–Freitag 9–13 und 15 bis 19 Uhr, Samstag und Sonntag nur nach Voranmeldung.* «Vernaccia – und mehr!» lautet das Motto dieses Unternehmens, der mit seinem über Jahrhunderte hinweg angesammelten Wissen unter dem Etikett Vernaccia di Oristano eine beachtliche Anzahl hochwertiger Tropfen erzeugt, die sowohl nach traditionellen Verfahren als auch unter Einsatz modernster Technik vinifiziert werden. Ihnen zur Seite stehen ein Cannonau und ein Vermentino di Sardegna DOC sowie der Rosso und der Rosato Nieddera, zwei Tafelweine, die ausschließlich in dieser Kellerei abgefüllt werden und deren Trauben von dem geschichtsträchtigen gleichnamigen Weinberg in dieser Gegend stammen. Das Angebot wird abgerundet durch einen Moscato Pontis Isola dei Nuraghi.

## Tourenvorschläge

**Das Campidano von Oristano und das Sinis, die Hügel von Arborea und des Mandrolisai.** Im Hinterland von Oristano und im Landstrich zu Füßen des Gennargentu-Massivs werden die DOC-Weine Vernaccia di Oristano, Arborea, Campidano di Terralba, Monica di Sardegna, Semidano di Sardegna und Mandrolisai erzeugt.

**Oristano.** Die ehemalige Hauptstadt des einstigen Judikats von Arborea ziert noch heute so manches mittelalterliche Gemäuer: Am eindrucksvollsten sind der Torturm S. Cristoforo, einst Hauptzugang zur Stadt, und die drei Kilometer südöstlich gelegene romanische Kirche S. Giusta, die auch Elemente noch früherer Epochen vorweisen kann. Die Geschichte des bereits in vorrömischer Zeit entstandenen Orts kann man anhand der bemerkenswerten Fundstücke im Antiquarium Arborense nachvollziehen. An Lukullischem bietet der Ort nicht nur das weithin bekannte Restaurant Faro, sondern auch typische Süßspeisen und den berühmten Vernaccia. Etwas außerhalb, an der Staatsstraße Carlo Felice, lockt das Renzo mit einladender Sommerterrasse. Einkäufe in der Cantina Sociale della Vernaccia. Von hier aus bietet sich ein Abstecher nach **Cabras** an, auf dessen Strandseen sich die Fischer noch mit archaischen Binsenbooten fortbewegen. Im von der italienischen Vogelschutzgesellschaft Lipu eingerichteten Reservat von San Vero Milis kann man eine einzigartige Flamingokolonie beobachten. Führungen und Verkostung in der Kellerei Attilio Contino (→). Anschließend steht ein Ausflug zu den Ausgrabungsstätten der phönizisch-römischen Stadt Tharros auf der abgeschiedenen Halbinsel Sinis auf dem Programm. Die Staatsstraße Carlo Felice führt weiter zur Hochebene von **Abbasanta,** einem stattlichen Ort mit schwarzen Basalthäusern, der von Landwirtschaft und Schafzucht lebt. Auf der Straße zum Omodeosee gelangt man nach **Ghilarza,** wo es die romanische Kirche S. Palmerio und das zum Museum umgebaute Geburtshaus des berühmten Kommunisten Antonio Gramsci zu besichtigen gibt. Weiter geht es nach **Fordongianus,** bekannt für seine jahrtausendealten Thermen, und nach **Sorgono,** der heimlichen Hauptstadt des Mandrolisai. Über die Strada Centrale Sarda, erreicht man binnen kurzem **Laconi** inmitten der eindrucksvollen Landschaft des Sarcidano, einer von gewaltigen Kalksteinzinnen ge-

prägten Hochebene. In **Barumini** kann man die großartige Nuraghen-Königsburg Su Nuraxi bewundern. Lohnenswert ist auch ein Abstecher zum grünen Hochplateau Giara di Gesturi, wo noch Wildpferde leben. Hat man die Hügel der Marmilla hinter sich gelassen, so führt die Strecke zurück ins Campidano nach **Mogoro** mit der Kellerei Il Nuraghe. Dann geht es weiter in das ursprünglich sumpfige, heute urbar gemachte Umland von **Arborea,** wo die Tour mit dem Besuch der Kellereien von Terralba und Marrubiu ausklingt.

**Barbagia und Ogliastra.** Diese landschaftlich besonders reizvolle Wegstrecke führt Sie durch die urwüchsige Natur des Gennargentu und der tyrrhenischen Küste. In den zum Meer hin ausgerichteten Gebieten gibt es besondere Cannonau- und Vermentino-Weine.

## Hotels und Restaurants

**Oliena**
**Su Gologone** ★★★ 🍴🍴
9 km nach Su Gologone
☎ 0784287512

**Orgosolo**
**Ai Monti del Gennargentu** 🍴🍴
località Settiles
☎ 0784402374

**Oristano**
**I.S.A.** ★★★
piazza Mariano 50
☎ 0783360101

**Faro** 🍴🍴🍴
via Bellini 25
☎ 078370002

**Da Renzo** 🍴🍴🍴
SS 131, Ausfahrt Siamaggiore
☎ 078333658

**Cocco e Dessì** 🍴🍴
via Tirso 31
☎ 0783300720

**Da Gino** 🍴
via Tirso 13
☎ 078371428

**Santu Lussurgiu**
**Malica** 🍴
via Macomer 5
☎ 0783550756

**Tortoli**
**Da Lenin** 🍴
via S. Gemiliano 19
☎ 0782624422

**Tresnuraghes**
**Piccolo Hotel Alabe** ★★★
5 km nach Porto Alabe
via Lungomare 48
☎ 0785359056

**Nuoro.** Trotz ihrer Nähe zum Meer ist die Stadt die Seele des weiter im Landesinneren gelegenen Gebirges. Hier kann man Geburtshaus und Grab der Schriftstellerin und Nobelpreisträgerin Grazia Deledda besichtigen, Letzteres auf dem Berg Ortobene in der Kapelle Nostra Signora della Solitudine, zu der ein herrlicher Spazierweg hinaufführt. Des Weiteren sind das Heimatmuseum (Museo della Vita e delle Tradizioni popolari) und zwei ausgezeichnete Restaurants mit regionaler Küche, das Canne al Vento und das Giovanni einen Besuch wert. Weiter geht es mit **Oliena,** einer Weinstadt (→) mit typisch sardischen Zügen und dem Restaurant Cikappa, das eine ganz vorzügliche «cucina povera» (gesunde, schnörkellose Küche) bietet. Das Su Gologone im gleichnamigen Ort serviert köstliche Grillgerichte. Ebenfalls hervorragende Küche der Barbagia gibt es im Restaurant Ai Monti del Gennargentu. Nächste Station ist die Weinstadt (→) **Dorgali,** von wo aus Sie einen Abstecher nach Cala Gonone an der wunderschönen Küste des Golfs von Orosei machen sollten – vielleicht sehen Sie sogar Mittelmeermönchsrobben! Empfehlenswert das Hotelrestaurant Ispinigoli in der Nähe der gleichnamigen Grotten an der Straße nach Orosei. In entgegengesetzter Richtung führt die Straße in die Berge des Gennargentu, nach **Urzulei,** dem Ausgangspunkt für Ausflüge in den Supramonte, die Heimat von Schäfern, Mufflons und Adlern. Bei **Baunei,** einem auf Kalkausläufern terrassenförmig angelegten Ort, gelangt man wieder in Küstennähe. Das Restaurant Golgo profitiert von seiner beeindruckenden ländlichen Umgebung und dem atemberaubenden Panoramablick. Ein kurzer Abstecher führt zur Hafenstadt **Arbatax** mit den berühmten Porphyrfelsen Rocce Rosse. In **Tortolì** warten die Restaurants Da Lenin und Lo Spiedo d'Ogliastra mit Fisch- beziehungsweise Fleischgerichten auf. Von **Lanusei** aus, dem einstigen Hauptort der Ogliastra, gelangt man zur uralten Ortschaft **Bari Sardo,** in deren Umgebung sich zahlreiche Nuraghen finden, **Cardedu** lockt mit der Kellerei Vitivinicola Alberto Loi und in der Weinstadt (→) **Jerzu** schließlich kann man in der Kellerei Antichi Poderi die örtlichen Cannonau-Gewächse verkosten. Landschaftlich hinreißende Rückfahrt durch das Gennargentu über Villanova Strisaili und Fonni.

## Agriturismo

**Arborea**
**Le Mimose**
strada 24 Ovest
☎ 0783800587

**Atzara**
**Zeminariu**
località Zeminariu
☎ 078465235070

**Cabras**
**Da Nino e Anna Maria**
via De Castro 188
☎ 0783290595

**Oliena**
**Camisadu**
località Logheri
☎ 03683479502

**Oristano**
**Consorzio Agriturismo di Sardegna**
via Duomo 17
☎ 078373954

**Posada**
**Guparza**
via Nazionale 26
☎ 0784854528

## Enoteche

**Nuoro**
**Mura & Pischedda**
via Catte 45
☎ 078437827

## DOC-Weine aus Zentralsardinien

**ARBOREA. – Trebbiano.** Rebsorten: Trebbiano romagnolo und/oder toscano (85–100%). Produktion: 122 hl (10 ha). Farbe: strohgelb, mitunter mit grünlichen Reflexen. Geruch: zarter und delikater Duft. Geschmack: trocken oder lieblich, frisch, leicht säuerlich, harmonisch. Alkoholgehalt: 10,5%. Alterung: bis zu 2 Jahren. Arten: *Amabile.* Zu allen Speisen zu trinken. – **Sangiovese.** Rebsorten: Sangiovese (85 bis 100%). Produktion: 163 hl (6,7 ha). Farbe: rubinrot. Geruch: intensiver Duft, weinig. Geschmack: trocken, aber weich, frisch, aromatisch. Alkoholgehalt: 11%. Alterung: bis zu 4 Jahren. Zu allen Speisen zu trinken.

**CAMPIDANO DI TERRALBA.** Rebsorten: Bovale sardo und/oder di Spagna (80–100%), Pascale di Cagliari und/oder Greco nero und/oder Monica (bis 20%). Produktion: 177 hl (8,2 ha). Farbe: mehr oder weniger helles Rubinrot. Geruch: weinig, intensiv. Geschmack: trocken, voll und sortentypisch. Alkoholgehalt: 11,5%. Alterung: mindestens 6 Monate, dann bis zu 4 Jahren. Zu allen Speisen.

**MALVASIA DI BOSA. – Dolce Naturale.** Rebsorten: Malvasia di Sardegna (100%). Produktion: 112 hl (5,8 ha). Farbe: von strohgelb bis goldgelb. Geruch: intensiv, sehr delikat. Geschmack: von süß bis trocken, alkoholisch, mit leicht bitterem Abgang. Alkoholgehalt: 13+2%. Alterung: mindestens 2 Jahre, dann bis zu 7 Jahren. Arten: *Secco* mindestens 14,5+0,5% Alkohol und 2 Jahre Alterung (dann bis zu 6–7 Jahren), *Liquoroso Dolce* mindestens 15+2,5% Alkohol und 2 Jahre Alterung (dann noch 10 Jahre und mehr), *Liquoroso Secco* mindestens 16,5+1% Alkohol und 2 Jahre Alterung (dann noch 10 Jahre und mehr). Süß ausgebaut zum Dessert, trocken zu Meeresfrüchten zu trinken, die Liquoroso-Weine zum Abschluss der Mahlzeiten und in Mußestunden.

**MANDROLISAI. – Rosato.** Rebsorten: Bovale sardo (35–60%), Cannonau (20–35%), Monica (20–35%). Farbe: zu kirschrot tendierendes Rosé. Geruch: weinig, mit sortentypisch angenehmem Duft. Geschmack: trocken, schmackhaft mit angenehm bitterem Abgang, harmonisch, samtig, sortentypisch. Alkoholgehalt: 11,5%. Alterung: bis zu 2 Jahren. Zu allen Speisen zu trinken. – **Rosso.** Rebsorten: Bovale sardo (35–60%), Cannonau (20–35%), Monica (20 bis 35%). Produktion: 141 hl (37 ha). Farbe: rubinrot, mit der Alterung zu orange tendierend. Geruch: weinig, mit sortentypisch angenehmem Duft. Geschmack: trocken, mit leicht bitterem Abgang. Alkoholgehalt: 11,5%. Alterung: bis zu 4 Jahren. Qualitätsstufen: *Superiore* mindestens 12,5% Alkohol und 2 Jahre Alterung (dann bis zu 7 Jahren). Zu allen Speisen zu trinken, der Superiore zu Fleisch und Wild sowie zu altem Käse.

**VERNACCIA DI ORISTANO.** Rebsorten: Vernaccia di Oristano (100%). Produktion: 1039 hl (70 ha). Farbe: goldgelb bis bernsteinfarben. Geruch: delikater Duft, alkoholisch, zuweilen mit Nuancen von Mandelblüten. Geschmack: fein, zart, warm, mit leichtem, angenehmem Bittermandelaroma im Abgang. Alkoholgehalt: 15%. Alterung: mindestens 2,5 Jahre, dann noch 10 Jahre und mehr. Zu Fisch zu trinken. Arten: *Liquoroso* mindestens 16,5% Alkohol und 2,5 Jahre Alterung (dann noch 10 Jahre und mehr), in Mußestunden zu trinken; *Liquoroso Secco* mindestens 18% Alkohol und 2,5 Jahre Alterung (dann noch 10 Jahre und mehr), als Aperitif und in Mußestunden. Qualitätsstufen: *Superiore* mindestens 15,5% Alkohol und 3,5 Jahre Alterung (dann noch 10 Jahre und mehr); zu Fisch und Krustentieren.

*Monica.*

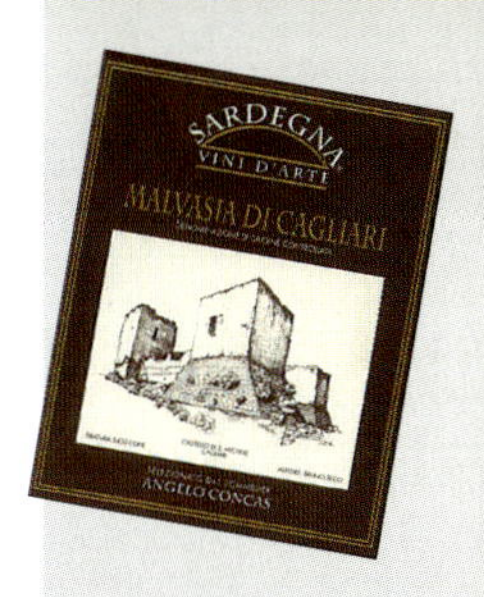


### Veranstaltungskalender

**Mai**

**Dorgali**
③ Sagra del Pesce (Fischfest)

**Lula**
1.–3. Mai
Sagra di San Francesco

**Juni**

**Oliena**
24. Juni
Fest von San Giovanni Battista

**Portoscuso**
7. Juni
Sagra del Tonno (Thunfischfest)

**August**

**Flussio**
24. August
Fest von San Bartolomeo

**Jerzu**
❷ Sagra del Vino (Weinfest)

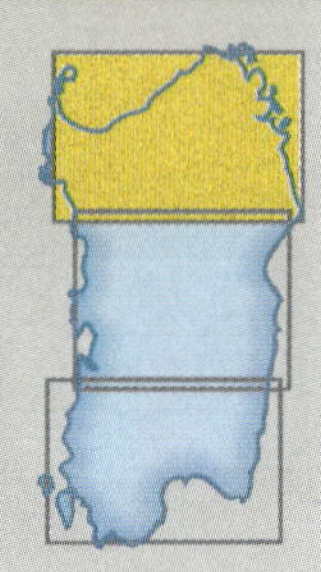

# Sassari und sein Umland

*In der beeindruckenden Landschaft des sardischen Nordens entsteht der unvergleichliche Vermentino di Gallura DOCG – dem die hervorragenden Weine aus Alghero und Umgebung allerdings kaum nachstehen.*

Die Weinbauflächen im Nordteil Sardiniens befinden sich in der Nurra und den trockengelegten Ländereien um Alghero im Westen, im Hügelland der Anglona und des Logudoro im Zentrum und in der felsigen Granitlandschaft der Gallura im Osten. Bannerträger des Weinbaus in Sassari und Umgebung ist der Vermentino di Gallura, gekeltert aus der gleichnamigen Rebsorte, der im Jahr 1996 DOCG-Status erlangte. Aus der Moscato-Traube wird im Bereich Sorso-Sennori der gleichnamige DOC-Wein bereitet. Alghero und sein Umland können mit interessanten reinsortigen Roten aufwarten, sowohl aus einheimischen Sorten wie Torbato und Cagnulari als auch aus Importreben. Außerdem wird an der Grenze zur Provinz Oristano noch Malvasia di Bosa angebaut.

## Weinstädte

**Alghero.** Herrlich über dem Meer gelegen, verrät die beeindruckende Stadt spätestens mit der Majolikakuppel ihrer Kathedrale ihre katalanischen Einflüsse. Ein reiches kulturelles Leben prägen die Atmosphäre, wovon auch der hiesige DOC-Wein beredtes Zeugnis

### Hotels und Restaurants

**Alghero**
**Villa Las Tronas** ★★★★
lungomare Valencia 1
☎ 079981818
**La Lepanto** 🍴🍴🍴
via C. Alberto 135
☎ 079979116
**Al Tuguri** 🍴🍴
via Maiorca 113
☎ 079976772
**Palau Real** 🍴🍴
via Sant'Erasmo 14
☎ 079980688

**Arzachena**
**Citti** ★★
viale Costa Smeralda 197
☎ 078982662

**Baia Sardinia**
**Mon Repos – Hermitage** ★★★★
via Emilia 69
☎ 078999093
**Grazia Deledda** 🍴🍴🍴🍴
località Tilzitta
☎ 078998988
**Tre Botti** 🍴🍴🍴
☎ 078999150

**Castelsardo**
**Riviera** ★★★★
**Fofò** 🍴🍴
lungomare Anglona 1
☎ 079470143

**Costa Paradiso**
**Li Rosi Marini** ★★★
☎ 079689731

**Golfo Aranci**
**Margherita** ★★★★
via Libertà 91
☎ 078946906

ablegt, der eine geglückte Synthese von Tradition und Moderne darstellt. **Sennori.** Gleich im Hinterland des Golfo dell'Asinara tun sich die Rebflächen des ebenso seltenen wie renommierten Moscato di Sorso-Sennori auf. **Berchidda** und **Monti** liegen in der Gallura, an den Südhängen des Monte Limbara. Hier wird folglich auf Vermentino gesetzt, doch nicht ausschließlich: Auf neugierige Weinfreunde warten auch Rebensäfte mit so urtümlich klingenden Namen wie Giogantino, Nastarre, Euntana, Liras, Selem und Aghloia. **Sagra del Vermentino** am 10. August.

**Und außerdem ... Tempio Pausania.**

## Kellereien

**Alghero.** *Tenute Sella e Mosca, località I Piani, Tel. 079997700, www.sellaemosca.com. Öffnungszeiten: nach Voranmeldung Montag bis Samstag 8.30–13 und 15–18.30 Uhr.* Die bedeutendste Kellerei Sardiniens wurde bereits im Jahr 1899 gegründet und hat sich seitdem sowohl um die Verbesserung sardischer Reben als auch um die Ausbreitung internationaler Sorten auf der Insel verdient gemacht. Tragende Säulen der Hausproduktion sind traditionell die roten Cannonau-Weine und der Likörwein Liquoroso Anghelu Ruju. Flankiert werden sie von Verschnitten moderner Ausrichtung sowie einem reinsortigen Weißen, der wie die ursardische Rebsorte heißt, aus der er gekeltert wird: Torbato. An die Enoteca angeschlossen ist ein Museum, dessen archäologische Abteilung Fundstücke aus der auf dem Gutsgelände liegenden Nekropole Anghelu Ruju ausstellt.

**Und außerdem ... Alghero.** *Cantina Sociale Santa Maria La Palma, frazione Santa Maria La Palma, Tel. 079999008.* **Monti.** *Cantina del Vermentino, via San Paolo 2, Tel. 078 944012.* **Tempio Pausania.** *Cantina Sociale della Gallura, via Val di Cossu 9, Tel. 0796 31241, www.cantinagallura.it, info@cantinagallura.it.*

## Tourenvorschläge

**Die Nurra und das Logudoro.** Hier befinden wir uns in dem ebenso jungen wie aufstrebenden DOC-Bereich Alghero, doch werden in dieser Gegend auch Malvasia di Bosa, Cannonau und Vermentino di Sardegna erzeugt. Über all dem sollte man aber die zahlreichen landschaftlichen und kulturellen Sehenswürdigkeiten nicht vergessen. Die Route beginnt in **Sassari,** einer traditionsreichen Kulturstadt mit uralten Bauwerken, deren Geschichte der interessierte Besucher im Museo Sanna oder bei einem Spaziergang auf dem Corso und rund um den Dom nachvoll-

### Hotels und Restaurants

**Golfo Aranci**
**Palumbalza** 🍴🍴
5 km zum Golfo di Marinella
☎ 078932005

**La Maddalena**
**Nido d'Aquila** ★★★
3 km nach Nido d'Aquila
☎ 0789722130

**Olbia**
**Martini** ★★★★
via G. D'Annunzio
☎ 078926066
**Gallura** 🍴🍴🍴
corso Umberto 145
☎ 078924648
**Stefania** ★★★★
**Nino's** 🍴🍴🍴
7 km nach Lido di Pittulongu
strada Panoramica bei km 4,8
☎ 078939027

**Palau**
**Franco** 🍴🍴🍴🍴
via Capo d'Orso 1
☎ 0789709558
**Gritta** 🍴🍴🍴
località Porto Faro
☎ 0789708045

**Porto Cervo**
**Pescatore** 🍴🍴🍴
☎ 0789931624
**Pitrizza** ★★★★L
2 km nach Liscia di Vacca
☎ 0789930111

**Porto Rotondo**
**Da Giovannino** 🍴🍴🍴
piazza Quadrata
☎ 078935280

## DOCG- und DOC-Weine aus dem Norden Sardiniens

**DOCG**

**VERMENTINO DI GALLURA.** Rebsorten: Vermentino (100%). Produktion: 15104 hl (520 ha). Farbe: strohgelb mit grünlichen Reflexen. Geruch: zarter Duft, intensiv, delikat. Geschmack: alkoholisch, weich, mit leicht bitterem Abgang. Alkoholgehalt: 12%. Alterung: bis zu 3 Jahren. Qualitätsstufen: *Superiore* 13% Alkohol. Zu Krustentieren, Meeresfrüchten und Austern.

**DOC**

**ALGHERO.** – **Bianco.** Rebsorten: für die Provinz Sassari empfohlene oder zugelassene Rebsorten. Produktion: 2394 hl (77 ha). Farbe: zartes Strohgelb. Geruch: delikater, angenehmer Duft. Geschmack: schmackhaft, harmonisch. Alkoholgehalt: 10%. Alterung: bis zu 2 Jahren. Arten: *Frizzante* 10,5%, *Spumante* 11,5%, *Passito* 15+2,4% Alkohol. Zu Krustentieren und Fisch, der Spumante zu allen Speisen, der Passito zum Dessert oder in Mußestunden. – **Chardonnay.** Rebsorten: Chardonnay (85–100%). Produktion: 543 hl (7 ha). Farbe: strohgelb, als junger Wein mit grünlichen Reflexen. Geruch: delikat, sortentypisch, fruchtig. Geschmack: trocken, voll, sortentypisch. Alkoholgehalt: 11%. Alterung: bis zu 2 Jahren. Arten: *Spumante* 11,5% Alkohol. Zu Fisch. – **Sauvignon.** Rebsorten: Sauvignon blanc (85–100%). Produktion: 1092 hl (13 ha). Farbe: strohgelb, als junger Wein mit grünlichen Reflexen. Geruch: angenehm, fruchtig, mit sortentypischem Aroma. Geschmack: trocken, voll, nachhaltig. Alkoholgehalt: 11%. Alterung: bis zu 2 Jahren. Zu Fisch. – **Torbato.** Rebsorten: Torbato (85–100%). Produktion: 13823 hl (146 ha). Farbe: strohgelb, als junger Wein mit grünlichen Reflexen. Geruch: leicht aromatisch, sortentypisch, intensiv. Geschmack: schmackhaft, harmonisch, mit angenehm bitterem Abgang. Alkoholgehalt: 11%. Arten: *Spumante* 11,5% Alkohol. Zu allen Speisen, besonders zu Fisch. – **Vermentino Frizzante.** Rebsorten: Vermentino (85–100%). Produktion: 13424 hl (127 ha). Farbe: blasses Strohgelb. Geruch: angenehm und sortentypisch fruchtig. Geschmack: trocken oder lieblich, perlend. Alkoholgehalt: 10,5%. Alterung: bis zu 2 Jahren. Zu Krustentieren und Fisch.

ziehen kann. Anschließend findet der hungrige Ausflügler im Restaurant Senato beste Verpflegung: Das landestypischste Menü umfasst Gnocchi al fumo, Fleisch vom Grill und zum Abschluss Torta della Suocera («Schwiegermuttertorte»). Der kleine Hunger kann während der Verkostung lokaler Weine in der Enoteca Viva Madrid gestillt werden. Weiter geht's nach **Porto Torres.** Auf dem Weg dorthin liegt die in ihrer Art einzigartige prähistorische Kultstätte von Monte d'Accoddi. In der Stadt steht dann ein Besuch der romanischen Basilika S. Gavino und des Ausgrabungsgeländes mit den Ruinen von Turris Libisonis, dem antiken römischen Getreidehafen, auf dem Programm. Quer durch die sanft gewellte Nurra geht es weiter in Richtung der Weinstadt (→) **Alghero.** Hervorragende Übernachtungsmöglichkeiten bietet das im Jugendstil gehaltene Hotel Villa Las Tronas mit fantastischem Ausblick, während bei den Restaurants gleich drei Kandidaten um die beste Fischküche wetteifern: La Lepanto, Palau Real und Al Tuguri. Unverzichtbar sind ein Besuch der Kellerei Sella & Mosca (→) und ein Ausflug nach Capo Caccia, wo steil zum Meer hin abfallende Klippen, Grotten, Adler und Gänsegeier die

### Hotels und Restaurants

**Porto Torres**
**Li Lioni** 🍴
SS 131
località Li Lioni
☎ 079502286

**Santa Teresa Gallura**
**Li Nibbari** ★★★
località La Testa
☎ 0789754453
**Miramare** ★★★
piazza della Libertà 6
☎ 0789754103

**Sassari**
**Leonardo da Vinci** ★★★
via Roma 79
☎ 079280744
**Giamaranto** 🍴
via Alghero 69
☎ 079274598
**Senato** 🍴
via Alghero 36
☎ 079277788

**Tempio Pausania**
**Petit Hotel** ★★★
piazza De Gasperi 9
☎ 079631134

– **Rosato.** Rebsorten: für die Provinz Sassari empfohlene oder zugelassene Rebsorten. Farbe: rosé. Geruch: weinig, delikat, angenehm. Geschmack: harmonisch, trocken, weich. Alkoholgehalt: 10,5%. Alterung: bis zu 2 Jahren. Arten: *Frizzante.* Zu allen Speisen. – **Rosso.** Rebsorten: für die Provinz Sassari empfohlene oder zugelassene Rebsorten. Produktion: 5134 hl (114 ha). Farbe: rubinrot, mit der Alterung zu granatrot tendierend. Geruch: weinig, angenehm, sortentypisch. Geschmack: trocken, körperreich, leichte Tanninnote. Alkoholgehalt: 11%. Alterung: bis zu 3 Jahren. Arten: *Spumante* 12%, *Liquoroso* mindestens 18% Alkohol und 3 Jahre Alterung (auch als *Liquoroso Riserva* mindestens 5 Jahre Alterung, dann bis zu 10 Jahren). Qualitätsstufen: *Novello.* Der Rosso, der Novello und der Spumante zu allen Speisen, Liquoroso sowie Liquoroso Riserva zum Dessert und in Mußestunden. – **Cabernet.** Rebsorten: Cabernet Sauvignon und/oder Cabernet franc und/oder Cabernet Carmenère (85 bis 100%). Produktion: 536 hl (6,5 ha). Farbe: von vollem Rubin- bis zu kräftigem Granatrot. Geruch: sortentypisch, ätherisch. Geschmack: trocken, voll, leichte Tanninnote. Alkoholgehalt: 11,5%. Alterung: bis zu 5–6 Jahren. Zu rotem Fleisch und altem Käse. – **Cagnulari.** Rebsorten: Cagnulari (85 bis 100%). Produktion: 84 hl (0,9 ha). Farbe: rubinrot. Geruch: weinig, sortentypisch. Geschmack: trocken, leichte Tanninnote, harmonisch. Alkoholgehalt: 11%. Alterung: bis zu 4–5 Jahren. Zu allen Speisen. – **Sangiovese.** Rebsorten: Sangiovese (85 bis 100%). Farbe: rot, mit der Alterung zu granatrot tendierend. Geruch: weinig, intensiv. Geschmack: trocken, harmonisch. Alkoholgehalt: 11%. Alterung: bis zu 3–4 Jahren. Zu allen Speisen.

**MOSCATO DI SORSO-SENNORI.** Rebsorten: Moscato bianco (100%). Produktion: 23 hl (1,5 ha). Farbe: tiefes Goldgelb. Geruch: sortentypisches intensives Aroma. Geschmack: süß, voll und fein. Alkoholgehalt: 13+2%. Alterung: mindestens bis zum 1. März des auf die Lese folgenden Jahres, dann bis zu 4 Jahren. Arten: *Liquoroso* mindestens 16+3% Alkohol und 4 Monate Alterung (dann noch 10 Jahre und mehr). Als Dessertwein zu trinken.

Mühen der Anreise reichlich entlohnen. Letztere ziehen auch ihre Kreise über dem Reisenden, wenn er sich wieder auf die Straße gen Süden begibt, und sorgen gemeinsam mit der wildromantischen Landschaft für ein unvergessliches Erlebnis. Nächste Station ist die Ortschaft **Bosa** an der Riviera di Corallo (Korallenküste), über deren hohen, zum Meer hin absteigenden Häusern die Burg von Serravalle thront. Nicht weit entfernt findet sich die hübsche Kirche S. Pietro extra Muras. Im Ort selbst empfehlen wir das ausgezeichnete Restaurant Borgo Sant'Ingazio. Weinfreunde sollten einen Abstecher zur Kellerei Cantina della Planargia in Flussìo einplanen. Landeinwärts geht es nun weiter Richtung **Torralba,** vorbei an bedeutenden romanischen Kirchen aus pisanischer Zeit und dem Valle dei Nuraghi mit der spektakulären Anlage von Santu Antine. Die Tour endet im grünen Logudoro, wo man ebenfalls Zeugnisse aus prähistorischer Zeit und mittelalterliche Kirchen antrifft, deren bedeutendste in **Ploaghe** steht: Die gestreifte Fassade von SS. Trinità di Saccargia verrät unverkennbar toskanischen Einfluss.

**Die Gallura und das Anglona.** Das nordöstliche Sardinien be-

## Agriturismo

**Alghero**
**Cooperativa Agrituristica Dulcamara**
Santa Maria
La Palma
☎ 079999197

**Arzachena**
**Ca' La Somara**
località Sarra Balestra
☎ 078998969

**Baia Sardinia**
**Le Querce**
località Vaddi di Fatta
☎ 078999248

**Sassari**
**Amelia Uras**
Campanedda
via Macomer 25
☎ 079306083

**L'Agliastru**
Campanedda
via Monte Casteddu
Podere 75
☎ 079306070

## Enoteche

**Santa Teresa Gallura**
**Gerolamo Usai**
via XX Settembre
☎ 0789755209

**Sassari**
**Bar Enoteca Viva Madrid**
via Porcellana 23
☎ 079210247
**Bar Nuovo Grattacielo**
piazza Cavallotti 2
☎ 079235736
**Enosarda**
via Napoli 43
☎ 079272368
**Enoteca Club**
via Torino 14
☎ 079274031

## Veranstaltungskalender

**Mai**
**Monti**
① Fest von San Michele

**August**
**Monti**
② Mostra del Vermentino (Vermentino-Messe)

**September**
**Monti**
❹ Fiera del Vino e delle Attrezzature enologiche (Weinfest und Ausstellung von Winzergerätschaften)



lohnt Reisende mit einem einzigartigen Wein, dem Vermentino di Gallura DOCG. Ausgangspunkt der Tour ist **Olbia,** eine von den Karthagern gegründete Hafenstadt mit der sehenswerten mittelalterlichen Kirche S. Simplicio. Ausgezeichnet ist hier das Hotelrestaurant Gallura, erwähnenswert auch das Hotel Stefania an der Panoramastraße zum Golfo Aranci. Erster Halt ist **Arzachena,** nach dem der tief ins Landesinnere hineinreichende Golf benannt ist. In der Umgebung kann man Nuraghen, Nekropolen und Hünengräber besichtigen, bedeutende Zeugnisse aus prähistorischer Zeit. Von hier aus ist ein Abstecher an die Costa Smeralda ein Muss – nicht nur wegen der atemberaubend schönen Landschaft, sondern auch, um einmal mit eigenen Augen gesehen zu haben, wie und wo der Jetset Urlaub macht. Eine Einkehr lohnen die Lokale La Mola in Porto Cervo, Da Giovannino in Porto Rotondo sowie Casablanca und Grazia Deledda in Baia Sardinia. Sie alle übertrifft allerdings das Restaurant Franco im benachbarten Palau mit seinen Tagliolini al Pesto di Gallura und dem Seebarsch alla Vernaccia. Auch das La Gritta am selben Ort ist zu empfehlen. Naturfreunde sollten es nicht versäumen, den Archipel der Maddalena, einen erst in jüngster Zeit eingerichteten Naturpark, per Boot zu erkunden. Nun setzt man die Fahrt entlang der Küste fort und erreicht Santa Teresa Gallura und **Castelsardo** mit seiner hoch über dem Hafen und dem Strand gelegenen, einst sehr bedeutenden Altstadt. In der Kathedrale kann man Teile eines Flügelaltars aus dem 15. Jahrhundert bewundern, die Burg birgt das Museo dell'Intreccio Mediterraneo (Museum der mediterranen Flechtkunst), in dem man allerlei Wissenswertes über den handwerklichen Umgang mit Pflanzenfasern erfahren kann. Auf dem Rückweg geht es durch das Anglona genannte Landesinnere, vorbei an Naturdenkmälern wie dem Elefantenfelsen oder Nuraghen und romanischen Kirchen. Gleich hinter Perfugas nimmt man die Strada Settentrionale Sarda nach **Tempio Pausania.** Zu einem angenehmen Zwischenstopp lädt die Cantina Sociale della Gallura. Von hier aus Rückreise nach Olbia oder aber ein Abstecher rund um den Hausberg, zu dem die Weinstädte (→) **Berchidda** und **Monti** mit den Kellereien Cantina Sociale Giogantinu beziehungsweise Cantina del Vermentino animieren mögen.

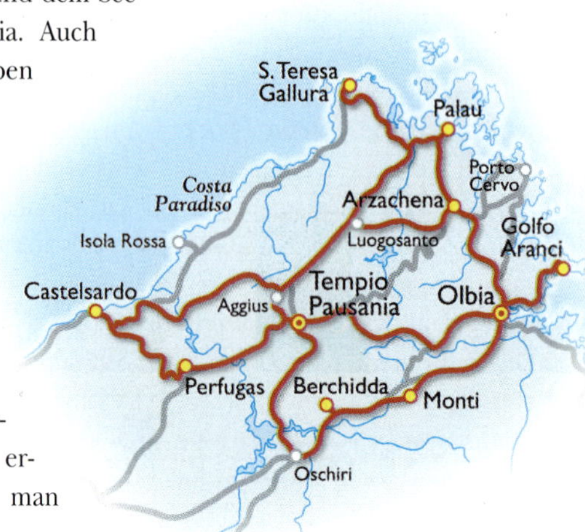

# Verzeichnis der DOCG- und DOC-Weine

**DOCG-Weine**



**DOC-Weine**

# Verzeichnis der Orte

**P**



**Q**



**R**

## BILDNACHWEIS

Alle ampelographischen Abbildungen nach Viala-Vermorel wurden freundlicherweise von der Bibliothek «La Vigna» in Vicenza zur Verfügung gestellt.

Der überwiegende Teil der abgebildeten Weinetiketten stammt aus der Sammlung «Giacomo Prato» der Associazione Italiana Collezionisti Etichette del Vino (AICEF).

*Archivio Fotografico TCI:* Chiaramonte: 256; Concina: 308/309; Nicolini: 251; Orcorte: 410; Pessina: 110

*Agenzia Focus Team Scagliola:* 43

*Agenzia Marka Huber:* 6/7, 18/19, 33
*Yarin:* 16/17, 362

*Collezione Zonin:* 411, 419

*Foto Mairani:* 13, 14, 20, 30/31, 38, 40, 43 oben, 46, 51, 63, 94, 106, 107, 108, 117, 136 oben, 141, 142, 143, 155, 157, 159, 200, 237, 254, 257, 323, 332, 345 unten, 349, 351, 352, 353, 363, 373, 388/389, 393, 394, 404, 406/407, 411, 431, 432, 459, 466, 475, 476, 502/503, 525, 551, 558, 563

*Foto Soletti:* 136 unten, 144, 192, 194, 202, 217, 265, 283, 302/303, 304, 315, 318, 321, 452, 546

*In diesem Nachweis nicht aufgeführte Abbildungen stammen von den Kellereien und Betrieben, die im Text genannt sind.*

**AZIENDA VINICOLA MOCAVERO S.A.S.**

*Via Rubichi, 2*
*73047 Monteroni di Lecce (LE)*
*Tel. e Fax 0039832327.194*

*Im Herzen des Salento, wo die Erde sehr großzügig und das Klima günstig ist und die Bauern viel Erfahrung besitzen, ist die Azienda Vinicola Mocavero seit drei Generationen ansässig. Seit 1989 steht das Weingut unter der Führung von Francesco und Marco Mocavero, den Söhnen von Pietro Mocavero. Unter Respektierung der Traditionen und der Erfahrung im Weinbau werden hier mit neuesten Techniken Weiss-, Rosé und vor allem Rotweine von großer Qualität hergestellt. Die Kellerei Mocavero ist in der Lage, dem Wein all jene Aufmerksamkeit zu widmen, die er verdient, um so dem Vergnügen und der Kultur des Weintrinkens Würde, Wert und Respekt zu verleihen.*

GESCHICHTE DES **„PUTEUS"** Salice Salentino Rosso Doc Riserva: Als Francesco und Marco 1987 die Führung der Kellerei übernahmen, sahen sie es als ihre besondere Herausforderung an, einen bedeutenden Rotwein zu produzieren. Nach zwei Jahren mühevoller Arbeit entstand so „Puteus". 1989 wurden 10.000 Flaschen für den europäischen und amerikanischen Markt abgefüllt. Der große Erfolg veranlasste die Brüder zu einer Erhöhung der Produktion. Es wurden französische Barrique-Fässer für den Ausbau des Weines angeschafft. Seit 1990 wurde die Produktion auf das heutige Niveau von 50.000 Flaschen pro Jahr erweitert.

GESCHICHTE DES **„SANTUFILI"**: Seit langem schon trugen Francesco und Marco Mocavero sich schon mit dem Gedanken einen außergewöhnlichen Rotwein herzustellen. Nach längerer Suche auf dem Gebiet des Salento haben sie dann einen ganz besonderen Weinberg ausfindig gemacht und beschlossen, hier die Trauben für ihren „SANTUFILI" anzubauen. Der Weinberg mit seiner idealen Lage, nur wenige Kilometer vom Meer entfernt, ist mehrere Jahrhunderte alt. Der maximale Ertrag pro Hektar liegt bei 40/50 Doppelzentnern, eben beste Voraussetzungen, um einen hervorragenden „Primitivo del Salento" hervorzubringen, eben den „SANTUFILI", mit einer beschränkten Produktion von jährlich 25.000 Flaschen.

GESCHICHTE DES **PRIMITIVO SALENTO I.G.T.**: 1996 entschlossen sich die Gebrüder Mocavero, ihrer Produktionspalette ein neues Produkt hinzuzufügen, nämlich den Primitivo. Es handelt sich dabei um eine uralte Rebsorte, die jedoch seit einigen Jahren auf allen Märkten einen beachtlichen Erfolg erzielt. Im ersten Jahr wurden 10.000 Flaschen abgefüllt, eine Menge, die weit unter den eingegangenen Bestellungen lag. Es war ein Aufsehen erregender Erfolg. Heute nähert sich die jährlich Produktion einer Menge von 100.000 Flaschen. Der „Primitivo" macht zur Zeit etwa 50% der gesamten Produktion der Kellerei aus.